中國考古學會

1979

中国社会科学年鉴

中国考古学年鉴 2017

YEARBOOK OF ARCHAEOLOGY IN CHINA

中国考古学会 编

中国社会科学出版社

图书在版编目（CIP）数据

中国考古学年鉴．2017／中国考古学会编．—北京：中国社会科学出版社，2018.11

ISBN 978－7－5203－3478－5

Ⅰ.①中… Ⅱ.①中… Ⅲ.①考古学—中国—2017—年鉴 Ⅳ.①K87－54

中国版本图书馆CIP数据核字(2018)第247871号

出 版 人　赵剑英
责任编辑　孙铁楠
责任校对　林福国
责任印制　张雪娇

出　　版　中国社会科学出版社
社　　址　北京鼓楼西大街甲158号
邮　　编　100720
网　　址　http://www.csspw.cn
发 行 部　010－84083685
门 市 部　010－84029450
经　　销　新华书店及其他书店

印刷装订　三河市东方印刷有限公司
版　　次　2018年11月第1版
印　　次　2018年11月第1次印刷

开　　本　787×1092　1/16
印　　张　54.25
插　　页　14
字　　数　1388千字
定　　价　328.00元

《中国考古学年鉴》编辑委员会

宁夏青铜峡鸽子山遗址——结构性火塘

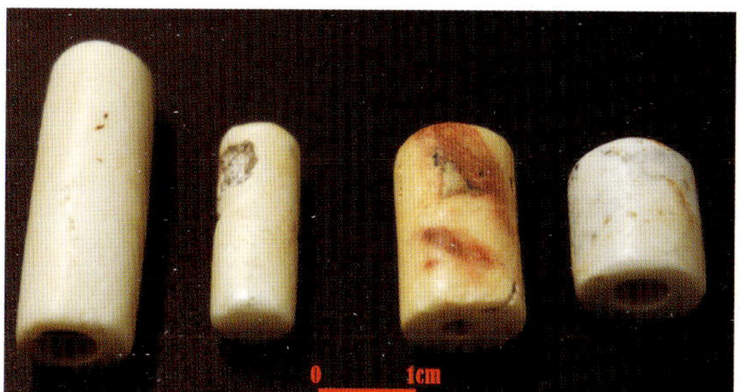

宁夏青铜峡鸽子山遗址——方解石穿孔装饰品

宁夏青铜峡鸽子山遗址——完整磨盘

贵州贵安新区牛坡洞洞穴遗址——B洞近景

贵州贵安新区牛坡洞洞穴遗址——第一期砍砸器、石核

贵州贵安新区牛坡洞洞穴遗址——第二期墓葬

贵州贵安新区牛坡洞洞穴遗址——第二期石锤、砍砸器

湖北天门石家河遗址——谭家岭城垣与城壕

湖北天门石家河遗址——印信台遗址套缸 7—10

湖北天门石家河遗址——三房湾东部制陶场发掘

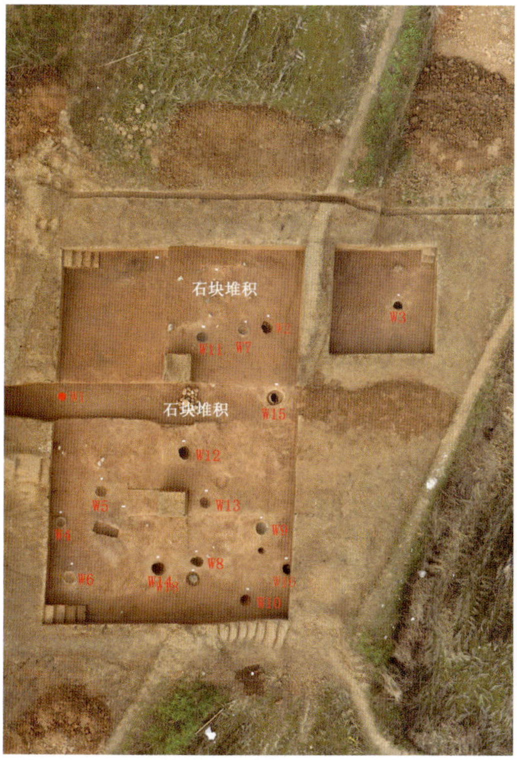

湖北天门石家河遗址
——严家山第 2 层下部分瓮棺分布

湖北天门石家河遗址
——严家山第 5 层下“界面”

福建永春苦寨坑原始青瓷窑址——苦寨坑窑址远景

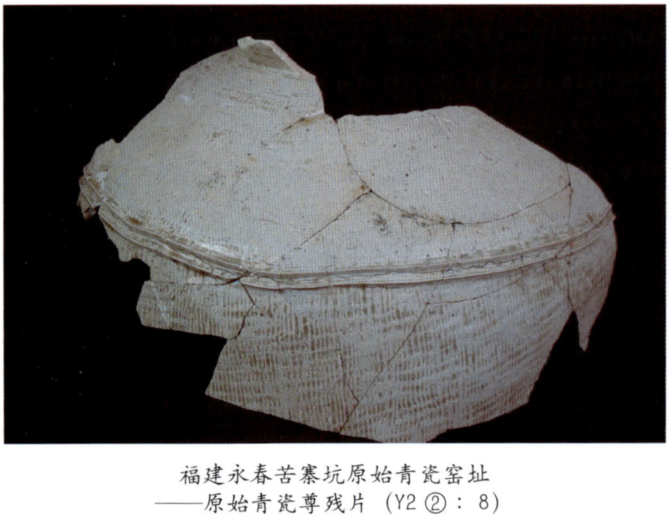

福建永春苦寨坑原始青瓷窑址
——原始青瓷尊残片（Y2②：8）

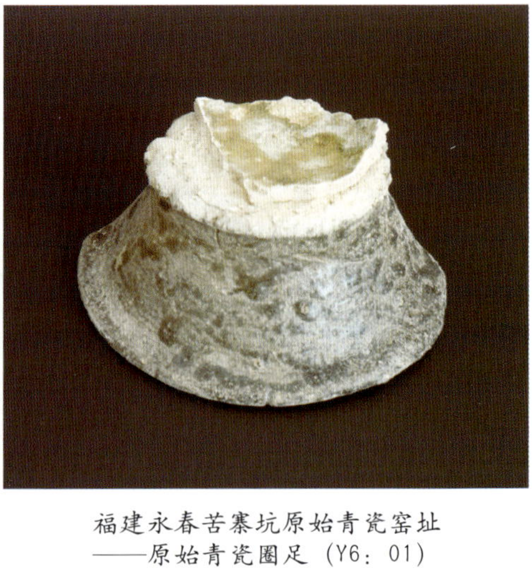

福建永春苦寨坑原始青瓷窑址
——原始青瓷圈足（Y6：01）

福建永春苦寨坑原始青瓷窑址——Y2 窑炉遗迹（由南向北）

福建永春苦寨坑原始青瓷窑址
——垫饼（Y7③：12）

福建永春苦寨坑原始青瓷窑址
——陶瓷片纹饰

陕西凤翔雍山血池秦汉祭祀遗址——坛场地貌

陕西凤翔雍山血池秦汉祭祀遗址——坛、壝、场

陕西凤翔雍山血池秦汉祭祀遗址——祭祀坑内的马牲骨骼

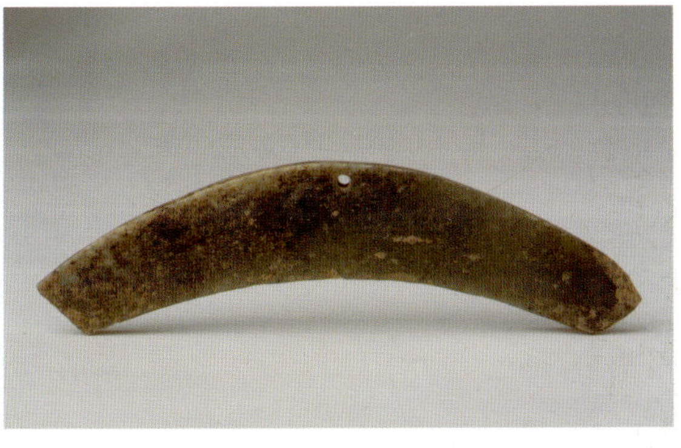

陕西凤翔雍山血池秦汉祭祀遗址
——出土的玉璜

陕西凤翔雍山血池秦汉祭祀遗址
——出土的玉人

陕西凤翔雍山血池秦汉祭祀遗址
——出土的明器化小弩机

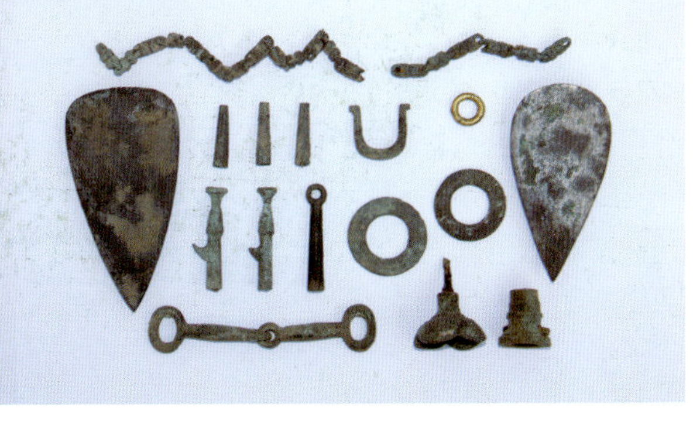

陕西凤翔雍山血池秦汉祭祀遗址
——祭祀坑出土的车马器

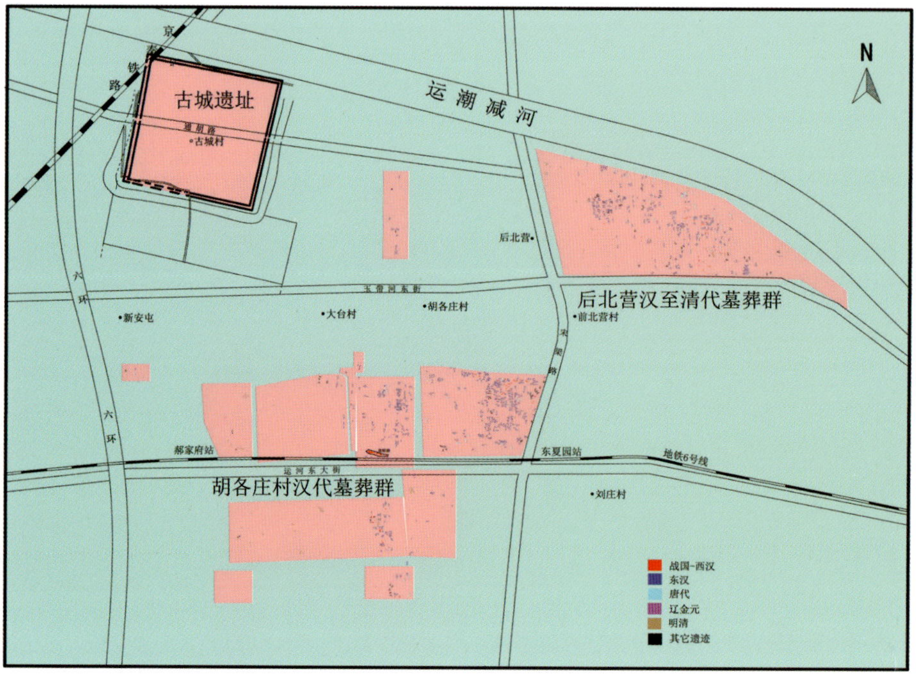

北京通州汉代路县故城遗址——路县故城遗址城址和墓葬平面示意图

北京通州汉代路县故城遗址——城址内北部的汉代道路

北京通州汉代路县故城遗址
——满胜铜印

北京通州汉代路县故城遗址
——满胜印文

北京通州汉代路县故城遗址
——山云纹瓦当

北京通州汉代路县故城遗址
——算筹

浙江慈溪上林湖后司岙唐五代秘色瓷窑址——窑址远景

浙江慈溪上林湖后司岙唐五代秘色瓷窑址
——秘色瓷八棱净瓶

浙江慈溪上林湖后司岙唐五代秘色瓷窑址
——秘色瓷薰炉

浙江慈溪上林湖后司岙唐五代秘色瓷窑址——窑址发掘现场

浙江慈溪上林湖后司岙唐五代秘色瓷窑址
——使用瓷质匣钵装烧的秘色瓷盘

浙江慈溪上林湖后司岙唐五代秘色瓷窑址
——官字款瓷质匣钵

上海青浦青龙镇遗址
——隆平寺塔基航拍照（上为北）

上海青浦青龙镇遗址
——铜瓶与舍利

上海青浦青龙镇遗址
——隆平寺塔地宫（由南向北）

上海青浦青龙镇遗址——唐代瓷片堆CD1（上为西）

上海青浦青龙镇遗址
——唐代长沙窑青釉褐彩执壶

上海青浦青龙镇遗址
——宋代龙泉窑青釉长颈瓶

山西河津固镇宋金瓷窑址——上八亩发掘地点

山西河津固镇宋金瓷窑址
——北宋精细白瓷

山西河津固镇宋金瓷窑址
——黑地白绘花研钵

山西河津固镇宋金瓷窑址——北宋时期窑炉Y1

山西河津固镇宋金瓷窑址
——剔花填黑缠枝牡丹纹八角枕

山西河津固镇宋金瓷窑址
——剔花填黑牡丹纹三彩枕

湖南桂阳桐木岭矿冶遗址——桐木岭遗址全景（由南向北）

湖南桂阳桐木岭矿冶遗址——桐木岭遗址功能分区图（由北向南）

湖南桂阳桐木岭矿冶遗址——槽形炉 1 冶炼作坊（由南向北）

湖南桂阳桐木岭矿冶遗址——槽形炉 1 西段局部

矿料

铅锌矿石

冷凝器及粗锌块

冷凝兜

铁锤

铁铲

冷凝盖

坩埚

精炼使用的铁锅

铁钎

石砧

湖南桂阳桐木岭矿冶遗址——桐木岭遗址出土的冶炼遗物

湖南桂阳桐木岭矿冶遗址——双排冶炼炉

目　录

第一篇　考古学研究

第二篇　考古文物新发现

第三篇　赴外考古

第四篇　学术会议

第五篇　对外学术交流

第六篇　考古教学

第七篇　逝世考古学家

第八篇　考古学文献资料目录

第九篇　大事记

第一篇

考古学研究

旧石器时代考古与古人类学研究

王春雪

2016年在中国旧石器时代考古与古人类学研究的发展历程上是较为重要的一年。重要考古遗址与材料的发现，丰硕研究成果的涌现，都为本学科的拓展与深化注入了鲜活的血液与活力。2016年度发表于重要期刊上的学术论文近百篇，经发表的旧石器时代遗址和地点近百处。这些发现进一步填补着中国境内旧石器时代遗址时间与空间上的空白，完善着人类演化与文化发展的序列，阐释着现代人演化、古文化交流与技术革新的历程与动因。

一　考古新发现与新发掘成果

有关2016年度考古学者调查与发掘工作的报道主要集中在河北泥河湾盆地、山西、辽宁、黑龙江等地区。

云南江川甘棠箐遗址位于云南省江川县路居镇上龙潭村西南约1.5千米处。1984年文物普查时发现，1989年进行了考古发掘，发掘面积约300平方米，出土了大量石制品和哺乳动物化石，初步判断为旧石器时代早期遗址。2014年10月~2015年2月，云南省文物考古研究所对其进行了发掘，发掘面积50平方米。遗址地处古抚仙湖山间凹地，地层为湖滨沼泽相地层，发掘深度6米左右，底层沉积连续且清晰，自上而下出现了5个由粗变细的沉积旋回。该遗址出土石制品25153件，其中石核658件、石片564件、初级砸击断块102件、石器192件、废品（含断块、断片和碎屑等）23637件；出土骨制品28件及木制品十多件。此外，还出了丰富的动植物化石，初步鉴定大哺乳动物有猫、猕猴、剑齿虎、犀、猪、鹿、麂、牛等，还有少量小哺乳动物、鸟类、爬行类和无脊椎动物化石，很多动物化石上保存有人类切割、砍砸痕迹和动物啃咬痕迹；植物种子初步鉴定有25科31属，其中包含有葡萄、松子等。最为重要的是，该遗址还发现了一处用火遗迹。甘棠箐遗址石器工业面貌与华北小型石器早期文化传统较为相似，与华南地区以大型石器早期文化传统存在较大差异。木制品的发现充分证明了人类加工使用木器的历史较为悠久，对于探讨木器的起源、加工技术、功能、演化发展等具有较大意义（《中国文物报》3月25日）。

河北泥河湾盆地的旧石器时代考古遗址与材料在2016年度多有研究成果的报道。板井子旧石器遗址位于河北省阳原县化稍营镇板井子村北约300米处的台地上。1984年，河北省文物考古研究所在泥河湾盆地开展旧石器考古调查时发现了该遗址，并于1984年、1986年、1988年、1990年、1991年分别进行了五次发掘。2015年7~9月，中国科学院古脊椎动物与古人类研究所、河北省文物考古研究所及河北省阳原县文物管理所对该遗址进行了系统的考古发掘。发掘范围位于1988年发掘区西侧，实际揭露面积约为36平方米，地层剖面厚约5.4米。此次发掘共获标本3600余件，包括石制品1900余件，无人工痕迹的砾石700余件、动物牙齿320余件、鸵鸟蛋皮6件，以及数量较多的石质碎屑和碎骨等。试制品原料以燧石为主，其次为硅质灰岩、石英岩、石英、石英砂岩等。石制品类型主要有石锤、石核、石片、石器、断块、碎屑等。剥片方法采用硬锤法，多以人工台面为台面进行剥片，也有少量修理台面者；存在一些典型的盘状石核。石器类型有边刮器、尖状器、凹缺刮器等，片状毛坯居多，主要采用硬锤锤击修理，修疤多规整细致。动物化石大多比较破碎，经初步鉴定，主要为马科、犀科等种类。此外，还发现了几件疑似打制骨器，其骨骼侧边的内外表面皆分布有连续的疤痕；部分动物化石表面可见人工切割痕迹。板井子遗址被认为是中国北方旧石器时代中期的典型遗址。此次发掘的新材料在丰富遗址文化内涵的同时，明确遗址的技术特征，为探讨中国旧石器时代中期存在与否及此时段中国北方石器技术的内涵提供了重要材料。同时，板井子遗址的新发现与研究也为完善泥河湾盆地旧石器文化发展序列及古人类的行为演化过程提供了材料（《中国文物报》6月17日）。

南山边遗址位于泥河湾盆地东缘、大田洼台地北缘，于2013年的旧石器调查中发现。随后的试掘中，出土石制品38件，动物化石3件，石制品包括石核、石片、刮削器、残片、断块等，属于中国北方以小石制品为主的主工业类型。石制品位于泥河湾层中下部，根据地层对比，与大长梁地点、小长梁遗址、照坡遗址、葡萄园遗址等属于同一层位，时代相同，由此在台地北缘形成一处面积广阔、时代接近、分布集中的遗址区，为探讨早更新世古人类的活动范围、栖居模式、遗址功能分析等提供了有益线索（《人类学学报》35卷3期）。

麻地沟遗址群（MDG）是近年来新发现的早更新世遗址群，它位于泥河湾盆地岑家湾台地古人类活动集中区域，由包括E6和E7在内的9个地点组成。MDG－E6与MDG－E7地点发现于2007年，2012～2013年正式发掘，揭露面积分别为30平方米和20平方米，出土遗物分别有184件和174件。石制品原料主要取自遗址周边的燧石、白云岩和火山岩，类型包括石核、石片和石器等，剥片和修理技术为硬锤直接打击法且简单随意，组合特征与非洲奥杜威工业（Oldowan）相似。动物化石均很破碎，难以鉴定动物种属。根据地层和初步古地磁测年资料，推测古人类在遗址活动的年龄大致为1.07MaBP，为揭示早期人类在该区域的生存方式和过程提供了难得的理想材料（《人类学学报》35卷3期）。麻地沟E5旧石器地点位于泥河湾盆地东端岑家湾台地古人类活动集中区，埋藏于泥河湾层灰白色—灰黄色细砂和粉砂层内。遗址发现于2007年，中国科学院古脊椎动物与古人类研究所于2014年对其进行考古发掘，揭露面积22平方米，出土143件石制品、8件动物碎骨和235件砾石。遗址成因（标本分布状况、原料与个体大小、风化磨蚀状况和标本空间聚集特征等）分析表明，遗址形成受到明显的水流搬运和改造。石制品原料均来自遗址周围1平方千米范围内，岩性以硅质白云岩、燧石和火山岩为主；锤击法剥片和修理石器，剥片和修理随意，石制品形态无定型，显示旧石器时代早期奥杜威（Oldowan）工业特点。初步古地磁年代测定显示古人类在该遗址活动的时间大致为1.20Ma。该遗址的发掘对研究泥河湾盆地早更新世遗址成因与古人类的生存方式具有重要意义（《人类学学报》35卷4期）。

枫林遗址位于吉林省抚松县漫江镇枫林村东约500米的山梁之上，分布面积超过3万平方米，所在山梁呈东北—西南走向，平均海拔在900米以上。遗址东北距头道松花江1千米，东距长白山主峰约43千米。2016年8月，吉林省文物考古研究所对该遗址进行了正式发掘，发掘面积300平方米。发掘区共分东西两个部分，共出土石制品500余件。第Ⅰ发掘区出土石制品原料以黑曜岩为主，偶见凝灰岩和燧石；石制品类型包括石片、石叶、细石叶石核、锤击石核、雕刻器、端刮器及大量碎屑等；石制品尺寸整体较小，多为石制品加工的副产品。第Ⅱ发掘区出土石制品原料同样以黑曜岩为主，但包括凝灰岩、火山碎屑岩、安山岩、燧石、石英岩等原料的数量明显增加；石制品类型包括西发掘区的所有类型，还发现了石叶石核、大型端刮器和尖状器等。枫林遗址的发现为研究石叶技术所代表的技术类型及人群扩散提供了重要材料（《中国文物报》10月21日）。

富康东山旧石器地点位于吉林省扶余市社里乡富康村东山的湖岸台地上，由吉林大学边疆考古研究中心和扶余市博物馆的同志于2012年4月在社里乡调查时发现，万晨晨等对发现的148件石制品进行了整理研究，石制品原料以玛瑙居多，类型包括石核、石片、刮削器、尖状器、钻器、锛形器和断块。属东北地区典型的细石器工业类型，富康东山地点的石器工业为探究旧石器时代晚期吉林地区乃至整个东北地区的人类生存环境、旧石器文化内涵、古人类对资源开发利用的策略、人类行为模式以及东北地区旧石器文化之间的关系研究提供了宝贵的资料（《北方文物》2期）。

2016年7~9月，新疆文物考古研究所对位于阿尔泰山南麓吉木乃县通天洞遗址进行了发掘，出土了400多件石制品、哺乳动物化石、陶片、铜器等遗物，初步发现旧石器时代、青铜时代和早期铁器时代等不同史前时期的文化堆积，这是新疆首次发现旧石器时代文化遗存。石器原料多为硅质岩和石英岩，其石制品风格与同类型的莫斯特文化石制品风格一致，呈现出较明显的旧大路西侧、旧石器时代中期向晚期过渡阶段的文化特征，这一发现在中国旧石器考古中较为罕见（《中国文物报》12月23日）。

桃山遗址发现于2011年，2013年6~7月对遗址展开试掘，发掘面积24平方米；共获得石制品982件、陶片46件、装饰品2件，未见动物骨骼。石制品类型包括石核、石片、刮削器、锯齿刃器、凹缺器、钻具、石镞、细石核、细石叶、石叶等，类型较为丰富。石制品原料以凝灰岩、玛瑙、白云岩、玄武岩和燧石为主，原料较为多样。石制品的剥片方法以锤击法为主，压制法也有使用；工具的修理方面主要采用锤击法，同时具有压制法修理的石镞和刮削器等工具。该遗址所处年代位于晚更新世末期向全新世早期转变的时期，环境变化剧烈；遗址石制品的文化内涵丰富，性质较为独特，总体呈现出从旧石器晚期向新石器时代过渡的文化面貌，层序清楚，对研究我国东北地区新旧石器文化过渡的演变机制具有非常重要的价值，并为探讨这一阶段东北亚与北美地区的人群迁徙与文化传播等学术问题提供了新的重要证据（《人类学学报》35卷2期）。

丹江口库区双河一号旧石器地点位于河南省淅川县双河镇，埋藏于丹江左岸第三级阶地棕红色黏土层中。2010年中国科学技术大学科技史与科技考古系受河南省文物局南水北调文物保护办公室委托，对该地点进行了考古发掘，揭露面积400平方米，出土石制品225件。石制品类型有石核、石片、石器、断块和裂片等。古人类选择河卵石为原料进行剥片和加工石器，岩性以石英岩为主；硬锤锤击法为剥片的主要技术；石制品总体以中小型居多；石器主要以砾石为毛坯，砍砸器是主要类型；石器多在砾石一端采用锤击法加工而成。石制品特点显示中国南方砾石石器工业的因素，同时石制品组合中出现了片状毛坯加工的尖状器。地貌和地层对比显示该地点形成于中更新世（《人类学学报》35卷3

期)。

丹江口库区双河二号旧石器地点位于河南省淅川县双河镇，埋藏于丹江左岸第三级阶地棕红色黏土层中。2010年中国科学技术大学科技史与科技考古系对该地点进行了考古发掘，揭露面积400平方米，出土石制品202件，类型包括石核、石片、石器、断块和裂片等。古人类选择河卵石为原料进行剥片和加工石器，且以石英岩为主；剥片工艺包括硬锤锤击法和砸击法；石制品总体以中小型居多；发现2件石器，刮削器和端刮器各1件，都以石片为毛坯；石制品特点中显示含有中国北方石器工业的因素。地层地貌对比表明，该地点可能形成于中更新世（《江汉考古》5期）。

余嘴遗址位于湖北省郧县安阳镇余嘴村，地处汉江二级阶地的后部，1994年，中国科学院古脊椎动物与古人类研究所在调查时发现了余嘴遗址，并于2004年复查时加以确认。2009年8～10月，为配合南水北调中线一期工程建设，吉林大学边疆考古研究中心对余嘴遗址及其东部约300米远的余嘴2号旧石器地点进行了抢救性发掘。此次发掘共出土石制品245件，原料以石英岩为主，石制品类型包括石核、石片、刮削器、尖状器、砍砸器、手斧和断块，其中剥片和工具修理均主要采用锤击法。遗址年代推测为中更新世晚期至晚更新世初期，这一遗址丰富了对华南地区旧石器文化面貌的认识，同时也为进一步探讨早期人类在汉江流域的行为活动与适应策略提供了重要资料（《考古》8期）。

华龙洞遗址位于安徽东至县尧渡镇汪村村一处名为梅源山的石灰岩山体上，最初被命名为“梅源山旧石器地点”。2006年，由安徽省文物考古研究所韩立刚主持，对华龙洞遗址进行第一次考古发掘。发现了1枚直立人下颌第二臼齿、2片可拼接在一起的直立人额骨化石、120件石制品，以及大量动物化石，部分动物骨骼化石表面有切割砍砸痕迹。2014年10～11月、2015年10～11月，安徽省文物考古研究所与中国科学院古脊椎动物与古人类研究所合作，联合东至县文物管理所，又对华龙洞遗址开展了两次考古发掘工作。2014年发现的古人类化石包括3枚牙齿、1件颞骨、1件额骨残片、4件头骨碎片；2015年发现的古人类化石包括1件保存有眼眶和部分面部的头骨、1件保存有眼眶上缘（眉脊部分）的头骨残片、3件下颌骨残段（附带4枚牙齿）、1件上颌骨残段（附带1枚牙齿）、3枚单个牙齿、若干头骨碎片，联合考古队正式将发现的直立人化石命名为“东至人”。发现石制品10余件，以石英和燧石质的石片和使用石片为主；发现动物化石6000余件，初步鉴定包括巴氏大熊猫、谷氏大额牛、东方剑齿象、陆龟、巨貘、肿骨大角鹿、中国鬣狗等中更新世典型动物种属，一些动物化石表面具有典型的人工切割、砍砸痕迹。华龙洞遗址是继北京周口店、陕西蓝田、安徽和县、南京汤山之后，在中国发现的又一处重要的包含有头骨化石的直立人化石地点，标志着中国古人类学研究取得新的重要进展（《大众考古》4期）。

2010年春季全国第三次文物普查期间对山西省广灵县进行调查时，在洗马庄遗址采集到一批石制品，标本数量共计300余件。李君等对所获得的301件石制品进行了整理研究，原料均为燧石，器形有石核、石片、刮削器、断块和碎屑，通过分析对洗马庄遗址的文化面貌和基本性质有了进一步的了解，这些遗物的发现不仅是第三次文物普查工作的重要组成部分，也为这一地区旧石器时代晚期的文化传承提供了新的佐证（《考古与文物》3期）。

2012年秋，山西省考古研究所对晋城市陵川县附城镇丈河流域的旧石器时代洞穴遗址进行复查，后河洞遗址即为其中一处。由于遗址受破坏程度较大，对后河洞进行了10

平方米的试掘。任海云对该遗址的调查石制品和扰乱层所过筛拣选出的石制品进行了初步观察与分析。这批标本主要为黑色燧石，以断块、断片和碎屑的数量最多，石片和石器数量相当，石器主要有刮削器和尖状器，另有一类三棱小尖状器，颇具特色。锤击法是打片和修整石器最主要的方法。后河洞遗址属于旧石器时代晚期（《中原文物》1 期）。

柿子滩遗址 S5 地点于 2009 年调查时发现，2010 年 4～5 月进行了正式发掘。发掘面积约 800 平方米，发掘深度 4 米，共发现四个文化层。此次发掘共清理人类用火遗迹 3 处，出土石制品和化石等遗物 1813 件，其中包括人类牙齿化石 1 枚。石制品原料主要为燧石，还有少量石英和石英岩，类型主要有石核、石片、细石核、细石叶、断片（块）、碎屑和石器，石器类型有砍砸器、刮削器、端刮器和雕刻器，锤击法为主要剥片方法，偶用砸击法，工具多采用压制法加工。多数化石已破碎，风化严重，保存不好，多为偶蹄目鹿科和奇蹄目马科动物化石。通过对文化层中出土化石和木炭的 AMS^{14}C 年代测定，第一文化层的年代为距今 10430～10288 年，而第二到第四文化层的年代距今约 20000 年（《考古》4 期）。

麻吉洞遗址地处太行山西麓南段，位于山西省晋城市陵川县附城镇西瑶泉村西北约 1.5 千米处。2012 年 9～10 月，山西省考古研究所对丈河流域进行考古调查时对麻吉洞遗址进行了小面积试掘。此次试掘共出土石制品 929 件，所用石料质地有燧石、石灰岩、石英岩、石英等。其中燧石所占比例为 77.4%；石制品类型包括石核、石片、刮削器、尖状器和砍砸器，剥片方式和石器加工方法最常采用的是锤击法，不见砸击技术，偶尔可能用到压制法，对石片的二次加工一般从腹面向背面进行。化石既有极破碎的碎骨，也有较长的骨片。遗址中还清理出用火遗迹面和烧骨。通过对遗址出土的 3 件化石标本所做的 ^{14}C测年，麻吉洞遗址的年代当为距今 3.5 万年左右，时代为旧石器时代晚期（《考古》5 期）。

穿洞遗址位于重庆市奉节县与湖北省利川县交界区域，2008 年 7 月，重庆师范大学科技考古实验室在三峡生态环境与古人类资源考察中，于洞穴内发现哺乳动物化石及石制品，出土遗物有蚌刀 1 件和石制品 20 件。其中石制品包括石核、石片、石锤、砍砸器、尖刃器、手镐、刮削器和断块。该地点发现的动物化石绝大部分为现生种，如藏酋猴、小麝鼩、斯氏缺齿鼩鼱、马铁菊头蝠、白腹管鼻蝠、西南鼠耳蝠、大马蹄蝠等。另有最后斑鬣狗、梅氏犀、华南巨貘 3 种属更新世的绝灭种动物。穿洞遗址的发现为讨论三峡地区远古人类活动规律、旧石器文化特征及生态环境演变等提供了重要资料（《考古》6 期）。

农大后山遗址位于沈阳市沈河区沈阳农业大学后山果园和百草园黄土岗地上，该遗址发现于 2012 年 4 月，同年 8～10 月，经国家文物局批准，沈阳市文物考古研究所与吉林大学边疆考古研究中心组成旧石器联合考古队对其试掘。发掘面积 49 平方米，4 个连续的旧石器文化层出土石器 211 件，原料以石英居多，另有少量石英岩、石英砂岩、角岩等，类型包括石核、石片、刮削器、尖状器、雕刻器、砍砸器和断块，剥片方法有锤击法和砸击法 2 种，以锤击法为主，工具多以石片为毛坯，以硬锤修理，加工方向以单向为主。综合各方数据，对各地层年代认识如下：第 2 层为距今 3 万～1.5 万年，第 3 层为距今5 万～3 万年，第 4 层为距今 7 万～5 万年，第 5 层为距今 10 万～7 万年，第 6 层为距今 11 万年，第 7 层为距今 12 万年以前；第 2、3 层属于旧石器时代晚期，第 4～6 层属于旧石器时代中期，第 7 层属于旧石器时代中期以前。农大后山旧石器遗址的发掘系沈阳地区旧石器时代遗址的首次考古发掘，此次发掘填补了沈阳地区有确切层位的旧石器遗址的空白，并为揭示东北亚地区古人类的迁徙、演变及文化传播交流提供了直接证据（《考古》11 期）。

后大屯二岭山地点位于沈阳市法库县卧牛石乡大屯村后大屯二岭山的Ⅱ级阶地上，是一处具有地域特点的旧石器地点。在地表共采集石器 183 件，包括石核、石片、细石叶、断块和工具。原料以玛瑙为主，还有蛋白石、石英斑岩、石英、板岩、燧石、安山岩等。石片数量最多，断块其次。其中，三类工具在工具中的比重最大。石器以微型为主，属于北方典型的细石叶工业类型。年代推测属于旧石器晚期（《北方文物》2 期）。

营坊旧石器地点于 2005 年 4 月发现，2005 年 5 月又对其进行了复查。该地点位于天津蓟县东北部渔阳镇营坊村西北的黄土台地中。在其黄色细粉砂层及亚黏土层和地表发现石制品 279 件，包括石核、石片、断块和石器。古人类主要选择燧石为原料进行剥片和加工石器，硬锤锤击法为剥片的主要技术，石制品总体以小型和微型居多，石器主要以石片为毛坯，刮削器是主要类型，石器多由古人类在石片的一侧采用锤击法正向加工而成。地貌与地层对比则显示遗址的时代大致属于晚更新世晚期之末，即旧石器时代晚期（《北方文物》3 期）。

河南省文物考古研究院对 2014 年灵井许昌人遗址出土的遗存进行了整理研究，在考古发掘 36 平方米的范围内，出土了大量的人类文化遗物，主要研究内容为 T14 第 11 层出土的石制品和骨器，其中石制品 1571 件，原料以脉石英为主，器形包括石核、石片、刮削器、尖状器、雕刻器、钻器、锯齿刃器、琢背小刀等，剥片和工具修理均以锤击法为主，部分细石器采用压制修理；骨器的类型包括骨刮削器、骨尖状器、骨尖刃器和骨雕刻器。这些遗物对了解 10 万年前人类的行为能力非常重要（《华夏考古》1 期）。

二　对已有材料的整理与研究

1. 对遗址调查或发掘所获材料的整理分析

周口店第一地点再次发掘的主要目的在于提升遗址西剖面的保护状态与水平，同时也为东亚直立人演化方面某些焦点问题的研究与解决提供机遇与可能。张双权等对 2009 ~ 2010 年在西剖面最顶部堆积（即第 3 层）的野外发掘中共计出土的 800 件大中型动物化石材料进行了分析研究。埋藏学研究表明，西剖面第 3 层中葛氏斑鹿［Cervus（Sika）grayi］等动物属种的骨骼富集并非古人类生存行为的结果；石制品以及古人类化石材料的缺失也在一定程度上印证了这一结论。结合发掘过程中揭露出来的一系列洞穴坍塌事件的证据，可初步认为，至少在第 3 层堆积形成时期，第一地点西剖面位置处的洞穴形态并不适合于古人类的栖居活动；葛氏斑鹿等骨骼材料则是当时在遗址附近活动的各种动物因意外因素陷落于其中而得以聚集的。这一研究有望为未来北京猿人化石材料的发现及相关科学问题的研究提供新的潜力与可能（《人类学学报》35 卷 1 期）。

周口店第 1 地点古人类用火证据是该遗址一系列重大科学发现中的一项重要内容，在很长时期内，作为同类遗存中最早的记录及其分析论证结果被国际学术界广泛接受。但随着少数西方学者的质疑和挑战，从 20 世纪 80 年代中期开始在这一问题上出现争议，其后开展的埋藏学和地球化学分析又得出进一步否定的结论。但周口店遗址的洞穴地层十分复杂，目前残存的堆积与古人类生存时期的状态有重大差别，与当初大规模发掘时见证的遗物遗迹的分布与埋藏状况也有很大不同，在剖面表层做局部有限的采样分析并不足以推翻以前的系统性研究结论，何况很多否定性的意见源自学术理论思潮的转变和缺乏具体分析的常规性推理。从以前的发掘记录和各种分析结果看，周口店遗址埋藏着丰富的古人类用火证据，这些证据不是孤立的，是可以相互验证和支持的。2009 年以来在遗址开展的新的发掘与研究获得重要进展，揭示出具有结构的火塘、烧骨、石灰化的灰岩块等原地用火产生的遗物与遗迹，对相关材料的现代科技分析进一步确定这些遗存的人类用火性质。这样，遗址上文化层的用火证据变得明确无误，相关争议终可尘埃落定。对于下部地层中的用火证据，尚需做同样的发掘、分析和研究工作（《人类学学报》35 卷 4 期）。

卫奇等对泥河湾盆地黑土沟遗址 2006 年出土的石制品进行了整理研究，该遗址是泥河湾盆地目前发现的时代较古老的一处早更新世旧石器时代考古遗址。根据磁性地层学资料判断，遗址位于 Matsuyama 反极性时的 Olduvai 正极性亚时阶段，其年龄为 1.77 ~ 1.95Ma。文化层厚 1.33 米，由 4 个自然层组成；在大约 7.6 立方米的堆积中，出土遗物 20585 件，包括石制品 20489 件、哺乳动物骨牙碎片 96 件。石制品中，石核、石片、断块和器物分别占 0.36%、97.90%、1.00% 和 0.74%，在石片中竟有 87.74% 的数量是碎屑。器物中出现旧石器晚期常见的圆盘状刮削器。石制品保存新鲜，发现拼合标本 3 组。石制品绝大部分属于微型和小型标本。砸击制品在地层中的密度较大，而且含有似棱柱状石核和似石叶薄长石片。该遗址为泥河湾盆地早期人类行为的研究提供了非常重要的材料（《人类学学报》35 卷 1 期）。

葡萄园遗址位于泥河湾盆地东端河北省阳原县官厅村北小长梁更新世早期旧石器遗址东侧的后石山基部，石制品和化石发现在由下更新统湖滨相冲—洪积砾石层构成的文化层中，层位与小长梁文化层大致相当，位于 Matsuyama 负极性时的 Jaramillo 正极性亚时层段之下，而靠近 Olduvai 正极性亚时层段顶面，推断其年龄为 150 万 ~ 160 万年。卫奇等对这批遗存进行了整理研究，文化遗物较为丰富，出土的石制品，多半是各种类型的石片，石器约占 1/4，其中有 1 件石锤；哺乳动物化石不少，但多为破碎骨骼残块和牙齿碎片，可以鉴定的有象类（elephants）、马类（equus）和犀类（rhinocerods）（《人类学学报》35 卷 3 期）。

刘扬等对鄂尔多斯乌兰木伦遗址 2010 年第 2 次试掘和 2011 ~ 2012 年正式发掘出土石制品中的 136 件经过修理的工具进行了研究。这些修理工具的类型以锯齿刃器、凹缺器和刮削器为主，比例均在 20% 以上。其他如钻具、尖状器、石镞、琢背石刀、雕刻器、鸟喙状器等器形的比例偏少。原料以等级较好的石英岩为主（92%）。毛坯以石片为主（99%），且以完整石片居多（74%）。多数修理工具的个体较小。修理主要采用锤击法修理；修理方式以单面修理为主（91%），其中又以正向修理为多（80%）。刃缘多为直刃，修疤层数多为一层，修疤进深偏短，修理长度指数较高。这批修理工具的整体特点，特别是修铤的出现反映出遗址古人类在狩猎、屠宰等方面的明显需求。这一研究为把握乌兰木伦遗址在中国旧石器文化演变当中的位置提供了更加清晰的认识（《人类学学报》35 卷 1 期）。

2002 年 7 月，考古队员在盆地东部岑家湾台地北缘发现了二道梁遗址，随即进行发掘，揭露面积 31 平方米，出土包含石制品、动物化石及骨制品等文化遗物 2000 余件。遗址埋藏于桑干河右岸第三级基座阶地上部，上覆黄土状堆积，文化层厚约 0.2 米，属水动力较弱的河流堆积。石制品原料多为采自附近阶地的砾石层或桑干河及洞沟河漫滩上的燧石；打片技术分为直接和间接两种，石核和石片全部使用锤击法，间接打片技术主要表现在船形石核的制备和细石叶的剥取上；石器类型包括雕刻器、刮削器及琢背刀。石器组合特征显示该遗址文化面貌属于典型的细石器工业。骨化石 ^{14}C 测年结果为 18085 ± 235BP，属旧石器时代晚期的较晚阶段。二道梁遗址是泥河湾盆地中首次发现的以船形石核作为主要技术类型，且以此为代表的细石器工业遗存，对研究泥河湾盆地乃至中国北方细石器工业不同技术类型，以及所蕴含的人类扩散与技术交流等学术问题具有重要意义（《人类学学报》35 卷 4 期）。

李万博等对吉林省延边和龙大洞遗址 2007 年出土的石制品进行了整理研究，遗址位于图们江三级阶地上，共出土石制品 71 件，原料除 1 件角岩外均为黑曜岩，石制品类型包括石片、刮削器、雕刻器、残器和断块，工具多以压制法进行修理，属东北地区典型的细石叶工业类型，^{14}C 测年结果显示该遗址距今 21350 ± 120 年，大洞遗址出土的石制品为探讨东北地区乃至全国的细石器工业的起源与发展提供了重要材料［《边疆考古研究》（第 20 辑），科学出版社］。

石晶等对 2011 年在本溪养树圈西南上地点调查发现的石制品进行了整理研究，该地点位于太子河的三级阶地上，共发现石制品 57 件，除少部分为砂岩外均为角岩，石制品类型有石核、石片、刮削器、砍砸器和断块，在剥片和工具修理过程中广泛采用锤击法，工具修理方式多为正向加工，从工具组合和器形大小来看，该地点属典型的东北地区大石器工业类型，与庙后山遗址有一定相似性。养树圈西南山地点发现的石制品为探讨庙后山遗址周边古人类的生活环境及生计方式提供了参考资料［《边疆考古研究》（第 19 辑），科学出版社］。

2012 年 4 月 6 ~ 20 日，吉林大学边疆考古研究中心和沈阳市文物考古研究所成立了旧石器考古调查队，在沈阳市康平县发现了老山头旧石器地点，该地点位于辽河的Ⅲ级阶地上，共发现石制品 26 件，原料以石英为主，少量石英砂岩、石英岩和板岩，石制品类型包括石核、石片、刮削器、砍砸器和钻器，属于北方大石器工业类型，推测年代为旧石器时代晚期。这一发现为沈阳地区史前人类文化的研究提供了重要材料［《边疆考古研究》（第 19 辑），科学出版社］。

张金凤通过对河南省许昌人遗址第 5 层出土遗物的研究表明，当时的许昌人不仅能够制造精美的细石器，还掌握了钻孔、磨光、制陶技术，出现了审美意识、自然崇拜等现象，具有新石器时代的文化特性，而催生这种现象的原因是多方面的。在采集渔猎经济迅速发展中产生的这种新文化，虽然还不成熟，比较弱小，却蕴含着巨大的生命力，经过长达数万年的孕育、萌芽，为新石器时代文化尤其是原始农业的产生准备了充分的条件（《中原文物》3 期）。

考古发掘中揭露的遗址，在其使用、废弃以及埋藏阶段都可能受到不同程度自然营力的影响。对遗址形成过程进行分析，成为判断遗址完整程度以及解释人类行为与活动的基础。李浩等从所在区域的地质地貌特征、地层沉积物性质、石制品风化磨蚀程度、空间分布方式、分布密度、尺寸范围以及石制品拼合等方面对丹江口库区果茶场Ⅱ旧石器遗址形成过程进行分析，并进而判断人类行为以及自然营力对遗址形成的影响（《江汉考古》1 期）。

盘状石核是旧石器时代尤其是旧石器时代中期的一种重要石器类型，是该期的特征之一。尤其是东亚，在旧石器时代中期存在数量较多的盘状石核，但罕见勒瓦娄哇石核，这一现象的成因目前还不是很清楚。陈宥成等从盘状石核的概念入手，探讨了盘状石核的技术特征与分类，以及中国盘状石核的文化地位等问题，为东亚盘状石核的起源和时空分布特征等问题的研究梳理了思路（《考古》2 期）。

旧、新石器时代的过渡一直是史前考古学中的重要课题，林壹从旧石器考古学的角度，以华北地区为例，通过梳理长时段的相关考古材料，来考察更新世末至全新世早期的文化变迁的连续性和间断性，从中提取出关键性的特征，并对其变化原因作初步探讨。从长时段看，华北地区从晚更新世晚期到全新世中期的文化变迁，在生计方式和工具技术上表现出一定的连续性。其中最关键的变化发生在旧石器晚期晚段和新石器早期的聚落之间，反映的是社会组织从游团到部落的跃进。聚落形态及其反映的社会复杂性的增加提供了一个农业起源之外的观察旧新过渡的视角（《文物春秋》2 期）。

龙王辿遗址第一地点的文化内涵具有典型的中国华北细石器工业传统的特征，王小庆等对这一地点出土的细石器制品和年代进行了研究，石制品原料以燧石和石英为主，在制作技术上直接法和间接法并用，具有十分成熟的间接打制和压制修整技术。经^{14}C年代测定和释光年代测定，其年代为 26000～21000aBP，为论证华北地区的细石器是本地起源的提供了可靠的科学依据（《南方文物》4 期）。

2. 区域性材料整理与分析

任海云梳理了进入 21 世纪以来山西旧石器时代考古发现和研究的概况，总结了山西旧石器考古发展的特点，初步分析了制约山西旧石器考古发展的因素，指出今后必须加强对后备人才的培养，同时联合全国同行的力量，除了继续在原有工作区域开展阶段性、立体式工作外，还需在大同盆地、忻定盆地、太行山西麓以及中条山南麓等旧石器考古与研究的薄弱地区展开调查、发掘和系统研究工作（《文物春秋》4 期）。

黑龙江省中部山区由南部的张广才岭山脉和北部的小兴安岭山脉组成，二者以松花江相隔。中部山区以西为开阔的松嫩平原，向东为平坦的三江平原，往北为相连的大兴安岭，面南为绵延的长白山山脉。以往中部山区报道的旧石器遗址有阿城交界和嘉荫常兴屯遗址，李有骞结合最近几年新发现的材料对该地区在旧石器考古工作中的新进展进行了介绍，涉及的遗址包括中部的杨林西山、杨林南山、秦家东山、炮台山、龙头山和满城南山遗址以及北部的小龙山、利民和桦阳遗址，通过比较发现，黑龙江省中部山区旧石器遗存与谢列姆贾文化和乌斯季诺夫卡文化虽然存在一些差异，但主要技术特征十分相似，因此中部山区发现的这些旧石器遗存大体应该属于旧石器时代晚期（《草原文物》1 期）。

王社江等对秦岭地区更新世黄土地层中发现的旧石器遗址进行了梳理，多年来的古人类和旧石器遗址地层年代学研究结果证实，距今 1.15（1.63/1.62）～0.6Ma，秦岭地区的旧石器文化面貌以砾石砍砸器、石核、石片和简单修理的石片工具为主，属旧大陆模式Ⅰ石器工业的范畴；距今 0.4～0.25Ma 时段的洛南花石浪龙牙洞遗址则继承了当地前期旷野模式Ⅰ旧石器遗存的特点，文化面貌以石核、石片和刮削器、尖状器、雕刻器等小型石片工具为主；距今 250～50ka，秦岭地区出现了大量模式Ⅱ（阿舍利类型）石器工业遗存，两面修理的手斧、手镐和薄刃斧等工具普遍被发现，说明该地区的石器工业完成了一个重要的转型过程；到晚更新世晚期与全新世之交，秦岭南北麓可能还存在小石片石器工业类型的遗存。秦岭地区不同阶段的旧石器组合展示了更新世期间人类生活与石器技术行为发展演化的历程（《中国科学：地球科学》46 卷 7 期）。

栾福明等运用最近邻指数和耦合分析方法，研究了旧石器时期至近现代新疆 432 处文化遗址时空分布特征及驱动因素。结果表明：（1）新疆文化遗址属于聚集分布模式，集中分布在以12个聚集区为主的丝绸之路南道、中道、北道和塔城—阿勒泰地区4个带。中道和北道的遗址数量约占总量的80.11%。(2)新疆文化遗址可划分为旧石器—商朝、西周—秦朝、汉代—南北朝、隋唐—五代、宋元明、清朝—近现代6个时期，不同时期遗址分布重心经历了塔城—阿勒泰→丝绸之路南道和中道→丝绸之路中道和北道→丝绸之路中道的演变。(3)文化遗址的格局演化与历史时期新疆自然和人文因素等有很好的耦合关系，文化遗址的快速发展期（如西汉、隋唐）与气候的相对凉湿期、中原政权的强盛、屯垦的高潮期、丝绸之路的繁荣期相对应。(4)文化遗址空间分布主要受控于自然因素，而时间变迁更多的是受人文因素的影响。早期自然因素的影响大，而后期人文力量起主导作用，是新疆文化遗址变迁与自然和人文耦合关系的总规律（《中国沙漠》36卷5期）。

张涛经过对云南旧石器时代晚期文化遗址在空间分布、地理特点、石器的原料、石器打制技术与方法、文化的传播等方面的特性进行比较研究，将云南地区旧石器时代晚期文化分为三种区域性文化类型，即呈贡—路南文化类型、木家桥文化类型和橄榄坝文化类型。这三种文化类型从整体来看，呈贡—路南文化类型以石片石器传统为主，另两种文化类型都是以砾石石器为主的旧石器工业，但各有特点。从成因来看，应是受到地理环境因素、原料、技术方法、相邻文化传播以及本地域旧石器时代早、中期文化的影响所致（《四川文物》1期）。

三　专题研究与理论阐述

1. 专题研究

(1) 骨制品及动物考古学研究

邹松林等对2014～2015年在江西萍乡上栗县长平乡杨家湾哺乳动物化石点发现的哺乳动物化石进行了整理研究，该地点出土化石最为丰富多样；目前已在杨家湾1号洞发现数千件哺乳动物牙齿化石，初步鉴定出40个属种；在化石数量上，野猪占绝对优势，其他常见种类还有鹿类、豪猪、黑熊、小型食肉类、鬣羚、水牛、犀牛及猴类等，而长鼻类及貘相对较少；在本地区同时代化石点中，猴类化石最丰富，食肉类属种也更多样。灭绝种类有巴氏大熊猫、最后斑鬣狗、德氏狸、剑齿象及巨貘等。从动物群组合来看，杨家湾1号洞与湖南道县福岩洞古人类化石点最为相似，其时代也应当属于晚更新世。这一研究对于我国南方地区的第四纪哺乳动物化石研究具有重要意义（《人类学学报》35卷1期）。

奇和洞遗址是福建境内第三次文物普查期间发现的最重要的遗址之一，洞口沉积物系列从晚更新世末期至全新世早期，出土的69件骨制品中，旧石器时代3件，新石器时代早期66件。范雪春对骨制品进行的统计、观察表明：制作骨制品一般都要根据所需工具的要求选择不同厚度和不同位置的骨骼做原料，经过敲击（或劈裂骨骼）、取坯（挑选适合的坯件）、整形、磨制等工序；时代越晚，骨制品数量越多，制作工艺水平也从粗糙、简单逐渐发展到成熟、规整、美观。骨制品的出现是人类工具改革的重要里程碑，标志着人类在获取食物资源方面有了更多的手段（《东南文化》2期）。

马鞍山遗址出土的这批骨角制品来源于遗址上部堆积的多个层位，其中相对较早的第6、第5层出现的工具类型包括骨锥、骨矛头及楔形器等，这是迄今为止中国境内发现的年代最早的同类骨角制品（^{14}C校正年龄为3.5万～3.4万年）；相对较晚的遗址第3层

(^{14}C 校正年龄为 2.3 万～1.8 万年）则以鱼镖、箭头等骨质工具为其代表。在埋藏学及动物考古学的分析基础之上，合作团队以“操作链”的动态视角较为系统地观察、探讨了上述骨角制品的选料、取坯、制作、使用、维护及废弃等工艺流程及其所透射出来的古人类技术水平与认知能力。这一发现为探讨骨角器在非洲与欧亚大陆的起源与传播提供了重要的线索。此外，相对于早期阶段而言，马鞍山遗址较晚阶段的骨角制品中开始出现了新的工具类型，表明古人类的生存模式已经在这一时期发生了较为重要的改变，开始将小型哺乳动物以及鱼类资源更为频繁地纳入他们的食谱范围，体现出了较为明显的广谱型食物获取趋势及生存模式（*Journal of Archaeological Science* 65 卷）。

在全球气候变化频繁的晚更新世晚期，中国古人类在生存行为方面发生了较为明显的变化。张双权等对晚更新世晚期中国北方水洞沟遗址与南方马鞍山遗址出土动物骨骼的考古学研究表明，古人类的食物广谱化过程以及与之伴随的资源强化现象在我国旧石器时代晚期的考古记录中是客观存在的：相对于此前以大中型有蹄类动物为主要猎捕对象的狩猎策略而言，这一时期的古人类在其食谱范围中更多纳入了体形相对更小的动物类别（尤其是快速型的小动物）；与此同时，古人类在大中型猎物资源开发、利用程度方面也出现了明显的增强趋势。然而，在古人类广谱适应事件的潜在驱动力方面，这两个遗址之间却有着较为重要的差别（《中国科学：地球科学》46 卷 8 期）。

朱生辉等收集有关出土骨针的各类文章，包括发掘简报、考古报告、研究文章等，阐述国内出土的从旧石器时代到先秦时期的骨针的发现情况。从手工业考古的角度，对出土骨针进行分类，尝试归纳总结骨针不同类型、不同形制，分析骨针形制的功能、特点（《文物鉴定与鉴赏》7 期）。

（2）石器功能与实验研究

赵海龙等通过分析雕刻器技术及制作过程，提出雕刻器的斜棱刃应作为主要使用部位的假设。结合我国长白山地区吉林大洞遗址出土的黑曜岩斜刃雕刻器材料，运用微痕观察，发现斜棱刃上存在三种不同特征的痕迹及痕迹组合。随后，通过模拟雕刻器技术打制雕刻器标本，并用其斜棱刃对不同材质的加工对象进行横向“刮刨”的动作，结果产生与考古标本上一致的特征，证实假设成立。根据对部分被加工的骨角器表面情况分析，推测斜刃雕刻器的主体功能是“微加工”，达到器物表面逐渐光滑的结果，为探讨磨制骨器技术起源提供了新的思路（《人类学学报》35 卷 4 期）。

（3）石器原料研究

2016 年 4 月，为了进一步揭示灵井许昌人遗址原理来源，河南省文物考古研究所联合中国科学院古脊椎动物与古人类研究所对颍河流域开展了系统的野外调查。调查范围从颍河上游白沙水库向下至襄城县颍河镇颍河河段。考察队在距离遗址不同直线距离的地方选取剖面，并对石料进行了初步观察，初步认为灵井古人类应在距离遗址较近的河滩获取原料，属就近取材行为。由于该河段脉石英砾径较小，古人类能够将原料而非半成品直接携带入遗址并进行后续的加工修理。从目前颍河河道距离遗址的直线距离（约 10 千米）来看，古人类生活时期的河道可能与遗址有一定的距离，导致古人类获取原料的时间和精力投入增加。作为应对策略，古人类对个体较小脉石英原料的利用效率会相应提高。遗址中出土较多的利用率较高的盘状石核、多面体石核，以及加工精致的工具能够一定程度上支持这一推论。另外，认为古人类对优质水源的需求大于石料的需求，体现了搬运石料的合理性。该阶段的古人类已经能够摆脱石料质地和尺寸的限制，根据当地可获得原料的性质发挥相应的石器技术，表现出灵活多样的石英与生存策略（《中国文物报》8 月 26 日）。

石料是石器制作过程中的重要因素，石料本身的力学性能不仅与古人类的原料利用方式密切相关，还会影响到石器打制方法、器物组合，甚至石器工业面貌。长期以来，旧石器考古学界对于石料力学性能的判断多基于简单的岩石矿物硬度和结构特征，实际上岩石的力学性能涵盖的内容远远超过其硬度和结构的范畴。周振宇等首次使用力学研究的方法，通过科学手段对石料的单轴抗压强度测试，了解不同原料的力学性能，并将其与遗址出土石制品进行比较研究，探讨了岩石本身力学性能与石制品面貌之间的关系，为旧石器考古学的研究提供了新的研究内容与方向（《人类学学报》35 卷 3 期）。

柿子滩遗址位于山西吉县清水河流域，属于旧石器时代晚期遗址。出土石制品以燧石为主，但石英岩占据一定比例，对石英岩石料的产地研究成为了解人类行为信息的一个重要方面。对遗址所在区域的地质勘查结果显示，柿子滩遗址的石英岩石料采集于当年的黄河河漫滩，而这些石英岩砾石的地质来源为清水河入黄河口处上游的上三叠统须家河组顶部、下侏罗统珍珠冲组和中下侏罗统自流井组底部地层。对现代黄河河漫滩砾石的地质采样分析认为，燧石石料的稀缺使得石英岩成为石制品制作中必要的石料补充（《华夏考古》3 期）。

（4）旧石器时代装饰品研究

装饰品是旧石器时代中晚期遗址中一类较特殊的遗存，作为早期人类现代行为的重要标志，它的出现及其学术意义一直受到国际学术界的关注和重视。魏屹等从装饰品的定义与分类、发现与研究现状、功能与作用、出现原因及研究意义的探讨等方面入手，对西方学术界对装饰品的研究现状和进展进行梳理，对我国发现的相关材料与研究进展做了简要介绍与评述，为我国旧石器时代装饰品的研究提供了有价值的参考资料与思路（《人类学学报》35 卷 1 期）。

（5）旧石器遗址测绘技术研究

多视角影像三维重建技术能够快速、准确地建立遗址的三维模型，在旧石器遗址发掘面的应用中，输出的影像可以精确到毫米。输出的各种通用格式的文件，通过类似 ARC-GIS、Global Mapper 等软件，可以最大限度地获取遗址信息并加以分析和研究，几乎可以完全取代旧石器遗址发掘中传统的野外测量工作。周振宇通过野外实例证明三维重建技术可以应用于旧石器遗址发掘，其精度与全站仪测量相当。易操作、低成本、高精度的三维重建技术应能在旧石器时代考古遗址的发掘与研究中发挥重要作用（《考古》7 期）。

2. 理论阐述

史前艺术遗存研究是探索古代社会生活面貌的重要手段，尤其是在精神领域，有关其研究方法的探讨非常重要，但国内学者鲜有涉足。旧石器时代艺术研究所涉及的方法中最有代表性的为结构主义与萨满教假说，以及其他一系列所应用的方法。这些方法涉及不同层次、视角与应用范围，它们可以相互结合，融入我们称为“关联的方法”的框架中，陈继玲等提出一个结合不同方法在内的关联的方法，并证明这一方法在通过遗存研究达到深入了解古代人类社会生活状况的研究中有一定的可行性（《东南文化》3 期）。

现代人行为起源及演化研究是近年来旧石器考古学研究的热点，石叶技术作为现代人行为表现的重要组成部分，曾被认为是现代人所独有的石器技术。新的研究表明石叶技术与现代人群并不能完全对应，然而，石叶技术的规范性与多样性、时间分布的不连续性和空间分布的差异性，使其在讨论古人类的生存适应方式、技术扩散和人群迁移等问题中具有重要作用。李峰等通过梳理中国境内主要的石叶遗存，指出中国北方主要存在两种石叶技术：勒瓦娄哇石叶技术与棱柱状石叶技术。距今 4 万 ~3 万年，勒瓦娄哇石叶技术与棱柱状石叶技术相结合形成旧石器晚期初段的石器技术特征，该类遗址主要存在于中国的西北、东北和青藏高原等地，技术上与西伯利亚、蒙古等地的同类发现相似，空间上与之相连且与中国北方石片技术遗存的分布具有明确的界限，可能指示了人群的迁入；距今 2.9 万 ~2.5 万年，棱柱状石叶技术与细石叶技术相结合，分布范围深入到了中国北方的腹地，但其代表人群的迁移或仅代表适应方式的扩散还未有定论（《中国科学：地球科学》46 卷 8 期）。

战世佳等从考古学学术史的角度对北京猿人遗址之争重新梳理和剖析，以宾福德对北京猿人遗址的观点和争论为出发点，回顾宾福德是如何应答中外学者针对其观点所提出的质疑，其观点的立足点又在何处，存在哪些局限，将当时人的观点置于整个学术发展的大环境中，提示我们系统地、关联地、整体地看待所出土的考古材料，拓展史前考古学的研究领域［《边疆考古研究》（第 20 辑），科学出版社］。

旧石器时代中期向晚期的转变是人类发展史上的一个重要转折，不仅涉及现代人类的出现，也表现在技术工具、社会形态和思想认知的明显进步。著名考古学家、哈佛大学教授巴尔·约瑟夫模仿柴尔德将农业起源称为新石器时代革命和将文明起源称为城市革命的方式，将旧石器时代中期向晚期的转变用革命来形容。他认为，旧石器晚期革命发生在距今 4 万年前或稍晚，这时欧洲尼人还没有绝灭。这一时段新的物质文化特点表明了有别于尼人的现代技术工具、社会结构、远程交换和认知能力的出现，是现代觅食社会的先声。进而讨论了相关术语的模糊性，年代学和地理学的一些问题，以及促成这一革命的原因。中国的旧石器时期晚期材料与非洲、西欧与近东有相当差异，特别是华南地区。然而，现代人的出现和扩散是与此革命进程有关的世界性事件，这一文化特点和观察视角，应该成为我国旧石器研究关注的焦点之一（《南方文物》1 期）。

按水平层发掘是国内外旧石器考古发掘的传统方法，在我国这一传统方法因为后岗三叠层的发现而受到了挑战，林壹通过对考古学科发展史的回顾，探讨了旧石器时代考古学的发掘方法与后段考古学发掘之间的异同，以及造成这一差异的原因，进而认为在旧石器考古发掘中，按水平层和按自然层发掘的方法应该互相借鉴，在发掘中应根据发掘对象的特点和研究目的来决定采用何种发掘方法（《考古》3 期）。

四　古人类及哺乳动物化石的发现与研究

吴新智等通过中国 13 万年来的旧石器和西亚的旧石器以及湖南道县福岩洞人牙化石对中国古老型人类在中国现代人起源中的作用的三种假说：多地区进化说、取代说和 2010 年后兴盛的同化说，进行研究和探讨。考古学研究表明从 13 万年前以来中国旧石器主流仍旧是第 1 模式，没有发生按照取代说和同化说都必然会导致的在大约 6 万年前或更早时发生石器技术从第 1 模式到第 3 模式的巨变。而 2015 年公布的道县 12 万 ~8 万年前人牙化石表明中国的现代人形态不是如 DNA 研究所主张的在 6 万年前才从境外移入的。这些证据显然不支持中国原住民被非洲移民完全取代的夏娃假说，也与主张中国古老型人类被非洲经过西亚来的移民大部取代的同化说有无法调和的矛盾，而与参与多地区进化说的推论一致（《人类学学报》35卷1期）。

釉面横纹的数目可用于推断个体牙齿的牙冠形成时间，在生长发育研究中具有重要的意义。王翠斌运用数码体视显微镜和扫描电镜观察了云南石灰坝禄丰古猿（简称禄丰古猿）30枚齿冠完整的前部牙齿，通过分析禄丰古猿唇侧面釉面横纹估算其牙冠形成时间，并对其进行差异性检验，可知禄丰古猿前部牙齿的牙冠形成时间在上下颌中不存在显著性差异；犬齿牙冠形成时间存在非常显著的性别差异，侧门齿也存在显著的性别差异，而中门齿无显著性的性别差异；中门齿和侧门齿的牙冠形成时间不存在显著性差异，而犬齿与中门齿和侧门齿均存在显著性差异；禄丰古猿前部牙齿的牙冠形成时间与齿冠高有极显著的正相关性。此外将禄丰古猿与其他古猿和现生大猿以及人属成员进行对比，结果显示其前部牙齿齿冠形成时间长于原康修尔猿、南方古猿、傍人、人属成员和尼人，接近于蝴蝶古猿和大猩猩，而明显小于黑猩猩、华南化石猩猩及现生猩猩（《人类学学报》35卷1期）。

吴秀杰等采用高分辨率CT技术对蓝田直立人的颞骨岩部进行了扫描，对骨性内耳迷路进行了3D虚拟复原，通过与和县直立人、欧洲古老型智人、早期人属成员、南方古猿非洲种、粗壮傍人和现代人内耳迷路的21项测量项目的对比和分析，结果显示蓝田人内耳迷路的测量数据与南方古猿非洲种最接近，其次为现代人和欧洲古老型智人，而与早期人属成员和粗壮傍人相差较大。主成分分析结果显示，蓝田人内耳迷路与早期人属成员、欧洲古老型智人、南方古猿非洲种及现代人都有重叠区域，距离最近的是南方古猿非洲种Sts5，其次为和县直立人和南方古猿非洲种Sts19，而与粗壮傍人距离较远。这一研究提供了中更新世中国古人类内耳迷路的形态数据，为进一步探讨蓝田人体质特征演化上的意义提供了参考资料（《人类学学报》35卷1期）。

自2002年在周口店附近的田园洞发现大约4万年前的现代人化石以来，相继在湖北郧西黄龙洞、广西崇左智人洞等地点发现了早期现代人化石。这些化石发现证实大约10万年前早期现代人在华南地区已经出现。最近在湖南道县福岩洞发现的人类牙齿化石及相关研究进一步揭示具有完全现代形态的人类12万～8万年前在华南局部地区已经出现；而在这个时间段的华北地区，以许家窑人为代表的人类化石形态仍较原始，其演化尚未进入早期现代人阶段。这些研究发现提示，在中国地区，华南是现代人形成与扩散的中心区域，早期现代人以及完全现代类型的人类都可能首先在华南地区出现，然后向华北地区扩散。现有的化石形态证据显示，更新世晚期华南地区人类具有较大的演化变异，可能同时生存有几种不同的演化类群。智人洞属于从古老型智人向现代人演化的过渡类型，而道县则代表着演化进入完全现代类型的人类。刘武等在梳理前人研究的基础上，认为柳江、资阳、丽江、田园洞等更新世晚期人类化石特征比较进步，在演化上属于与道县相似的现代类型人类（《人类学学报》35卷2期）。

2008年12月在贵州毕节团结乡首次发现麻窝口洞化石点，经2009年、2012年和2013年3次发掘，在麻窝口洞上部砂质黏土地层中共发现了四千余件哺乳动物牙齿化石。2013年7月发现的3枚古人类牙齿，分别为左上犬齿、左上第一臼齿和右上第二臼齿。人类牙齿尺寸偏小，臼齿咬合面沟纹简单，没有复杂的咬合面皱纹和附尖齿带结构，牙根短而不显粗壮，上述特点有别于我国已经发现的直立人和早期智人，可归入解剖学上的现代人。与人类相伴的哺乳动物化石，经初步鉴定共计8目20科43属53种，动物群组合反映出亚热带森林生态环境。根据动物群的时代特点，地貌地层及堆积物的光释光年代测定，指示毕节麻窝口洞古人类的时代可能为中更新世晚期，或者晚更新世早期，毕节古人类牙齿的发现为东亚地区现代人的起源及演化增添了新的证据（《人类学学报》35 卷 1 期）。

中更新世晚期以来，中国境内生存有古老型智人、早期现代人以及一些分类尚待确定的古人类。一些学者认为，这些古人类经过当地连续演化，同时接受其他地区古人类基因流的影响，最终演化为现代中国人群。刘武等基于对部分中国中更新世晚期及晚更新世人类化石的研究及数据分析，获得了一些新的发现和认识：（1）10 万年前或更早，具有现代人标志性特征的早期现代人在华南部分地区已经出现；（2）在华北地区，以许家窑人为代表的晚更新世早期人类仍保留较原始的化石形态，其演化尚未进入早期现代人阶段；（3）近 20 万年以来的中国古人类化石形态特征呈现出非常复杂的多样性，主要表现为原始与现代类型并存，这种情况既出现在不同地区古人类之间，也呈现于同一地区古人类内部；（4）部分中国更新世晚期人类化石呈现有可能属于尼安德特人的特征；（5）中更新世晚期以来不同地区古人类之间在化石形态上的差异与生存时代不具有明显的对应关系，部分古人类化石呈现的原始及特殊特征提示在一些地区存在相对隔离人群，其演化地位有待深入研究。基于这些发现，认为早期现代人可能首先在中国华南地区出现，然后向北扩散。更新世晚期中国古人类与尼安德特人之间是否存在基因交流还需要更多的化石证据来证实（《中国科学：地球科学》46 卷 7 期）。

盛桂莲等以第二代测序技术问世之后古 DNA 研究流程为主线，系统回顾了古 DNA 各阶段的进展以及近年来取得的突破，阐明古 DNA 数据的应用领域，并基于现有研究实例对古 DNA 将来可能的发展前景提出展望（《中国科学：地球科学》46 卷 12 期）。

五　古环境与年代学研究

木炭作为重要的植物遗存，是重建植被历史、恢复古气候、探讨早期人类活动的理想材料，已成为地质学和考古学领域的一个重要指标，有着一整套系统的研究手段和方法，孙楠等通过对近年来国内外最新研究成果的归纳和总结，提供了在木炭的鉴别，样品的采集、鉴定和统计等方面的完整研究方法和手段，对我国的木炭研究工作的开展和深入起到了良好的促进作用（《人类学学报》35 卷 1 期）。

末次盛冰期（LGM）以来的增温期和全新世高温期是人类古文化进步的重要时期。黄土高原北部沙漠—黄土过渡带两个自然剖面高分辨率花粉分析结果显示，该区 LGM 以来为草原植被景观，但优势群落和伴生植物随气候变化而有所不同，温度和降水变化对植被演替有着重要的控制作用。气候干冷时，以耐干旱的草本植物种属为主，群落成分单一，植被盖度低；增温期和高温期，出现少量暖温带乔木植物如胡桃科、栎属等，植被盖度高，群落发育良好。全新世暖期是植被发育良好、植被盖度高的适宜期。本研究为黄土高原地区未来增温下植被响应的分析提供了历史相似型（《人类学学报》35 卷 3 期）。

顺山集遗址（8500 ~ 7000aBP）是淮河中游地区目前所见年代最早的新石器时代遗址，杨玉璋等选择该遗址出土的代表性石器圆形石球、石磨盘及石锤等石制工具 17 件及陶釜残片 29 件进行了淀粉粒残留物分析。结果显示，这些器物表面的古代淀粉粒主要来源于禾本科薏苡（Coix lacryma-jobi）、小麦族（Triticeae）、水稻（Oryza sativa.）、葫芦科栝楼（Trichosanthes kirilowii）根以及 1 种未知的植物种属。研究结果表明，淮河中游地区在距今7000年前的新石器时代中期，人类同样依靠采集和农业种植获取植物性食物资源，但与淮河上游地区不同的是，该区域的农业模式为稻作农业。值得注意的是，不同种属来源的淀粉粒在石器和陶器表面的出现频率分析结果表明，薏苡可能是顺山集先民主要的植物性食物来源，而水稻在当时的利用程度并不高。圆形石磨球、磨盘及长柱状石锤使用面上不同种类淀粉粒的发现表明这两类石器都曾被用于加工多种植物性食物，而石斧刃端发现丰富的植物淀粉粒，表明该类工具在当时除了用于砍斫工具以外，可能也曾被用来加工食物，其功能具有一器多用的特征。该研究结果对了解顺山集先民的生业形式与出土石器的使用功能，探明淮河中游地区新石器时代早中期人类的植物资源利用与农业发展状况等问题具有重要的科学意义（《中国科学：地球科学》46卷7期）。

侯家窑遗址是目前国内外综合研究水平较高的旧石器遗址之一。恢复和重建遗址形成时期的气候和环境背景，对还原侯家窑人生存条件，理解古人类进化过程和行为具有重要意义。最新的地层学、年代学和古生物学综合研究显示：侯家窑人生活在距今24万～13万年，下文化层属牛轭湖相沉积，由泥河湾古湖退却和消亡过程中形成的冲沟或水道被随后发育的NNW-SSE向古河流切割阻塞形成；上文化层对应于后期发育的古土壤层。距今13万～8万年，遗址区被冲洪积层掩埋。轨道参数引起的太阳辐射量变化是导致研究区气候变化的主要驱动因素；孢粉资料显示，研究区古气候、古环境经历了明显的冷暖交替过程，与北半球中低纬度地区具有较好的一致性：MIS7阶段气候相对温和，植被景观为稀树灌丛草原；MIS6阶段气候寒冷，年均温较现今下降3℃～4℃，发育典型的针叶林植被；MIS5阶段气候温暖，植被景观为针阔叶混交林—草原。侯家窑文化经历了由温和向寒冷的气候变化，表明寒冷的气候条件并未导致侯家窑人灭绝，相反在一定程度上促进了侯家窑文化的进步；MIS5阶段以来，河流作用破坏了侯家窑人原有的生存条件，是导致侯家窑文化中断的主要原因（《古生物学报》55卷1期）。

青藏高原史前人类的活动历史历来是国际学术界广泛关注的热点科学问题。近年来相关研究取得明显进展，提供了梳理史前人类向青藏高原扩散和定居的过程与驱动机制的可能。张冬菊等通过整理和总结在青藏高原已开展的考古工作，提出史前人类主要通过河湟谷地扩散到青藏高原东北部再进一步扩散到整个青藏高原，其扩散过程可概括为四个阶段，分别为末次冰消期的旧石器时代晚期（距今1.5万～1.16万年）、全新世早中期的中石器时代（距今11600～6000年）、全新世中晚期的新石器时代（距今6000～4000年）和全新世晚期的青铜时代（距今4000～2300年），而曾报道的青藏高原末次盛冰期及其以前的旧石器遗址的年代需要重新厘定。末次冰消期的人类扩散主要与盛冰期之后的气候转暖转湿事件和细石器文化的盛行有关，全新世早中期的扩散则受到温暖湿润气候条件的驱动和黄土高原粟作农业发展的压迫，这两个时段高原上的史前人类均以季节性的狩猎采集为主；黄土高原粟作农业的传播推动史前人类于距今6000～4000年进入青藏高原东北和东南部的低海拔河谷地带并定居，从事以粟作农业为主的经济活动，而麦作农业的传入推动史前人类距今3600年前开始长年定居到青藏高原高海拔地区（《中国科学：地球科学》46卷8期）。

青藏高原是对人类生存最具挑战性的地区之一，研究史前人类向青藏高原扩散的历史及其主要的影响因素，对认识和理解人类对高寒缺氧极端环境的适应机制具有重要价值。陈发虎等通过总结分析青藏高原旧石器、新石器和青铜时代遗址的空间分布，不同时代遗址动植物遗存的组合特征，以及可靠文化地层出土炭化植物遗存的精确测年结果，对比古气候记录，梳理史前人类向青藏高原扩散的过程和不同阶段人类的生计方式，研究结果显示史前人类向青藏高原的扩散主要经历了三个阶段：旧石器人群在距今 15000 年之前到青藏高原季节性游猎；新石器人群距今 5200 年后大规模定居到青藏高原海拔 2500 米以下的河谷地带；距今 3600 年后人类永久定居至海拔 3000 米以上地区。气候变化对狩猎采集人群在高原的活动有重要影响，而新石器—青铜时代欧亚大陆农业发展与传播是促使人类向青藏高原大规模扩张和定居的最主要因素，为认识和理解古人类适应高寒缺氧环境的策略和藏族人的起源问题提供了科学依据（《自然杂志》48 卷 4 期）。

青藏高原是全球高寒自然环境最为典型的地区，同时它又是人类最早进入高原的重要通道，也是高原史前人类活动较频繁的区域。侯光良分析了青藏高原史前人类活动的特点，即高原早期人类活动具有对极端环境适应的特殊性、其文化遗存保留的特殊性和高原人类活动与环境演变关系的密切性，将青藏高原史前人类活动分为两个阶段，第一阶段为旧石器与细石器阶段人类向青藏高原的扩张，其历程明显分为由高原东北缘向高原腹地深入，表现为由低海拔向高海拔、由东向西和由高原边缘向腹心的三级跳扩张过程；第二阶段为新石器—青铜时代人类在高原的活动，表现为农业活动在高原东部河谷地带的扩张，人类在高原定居聚落的诞生，调整种植结构、畜牧业的主导地位的确定等（《盐湖研究》24 卷 2 期）。

在当代考古研究中，埋藏学已经成为必要的构成。曲彤丽等对埋藏学的发展进行了简要梳理，在此基础上介绍当前旧石器时代遗址埋藏学的内涵和研究理念，并通过一些实例简要说明其在考古研究中的作用与意义（《南方文物》2 期）。

泥河湾盆地是国际地质界公认的华北第四纪早更新世标准地层，在中国第四纪研究和旧石器时代考古领域具有十分重要的地位。最早对泥河湾进行地质古生物学考察并做出开拓性贡献的有巴尔博、桑志华和德日进三位外国科学家。陈蜜等依据新发现的书信、日记等原始文献，并结合考察记和出版物，通过回顾泥河湾地质遗址的发现过程以及早期研究情况，梳理了泥河湾研究史上的若干重要问题：考证了泥河湾地点线索提供人樊尚神父的重要作用，首次深入探讨了巴尔博与桑志华围绕泥河湾地点发现展开的优先权之争，分析了两人在泥河湾早期研究中的具体参与情况和做出的贡献（《自然科学史研究》35 卷 3 期）。

六 会议召开

中国古脊椎动物学会第 15 次学术年会暨中国第四纪古人类—旧石器专业委员会第 6 次年会于 2016 年 8 月 21 ~25 日在黑龙江省大庆市举行。会议开幕式由学会副理事长石金鸣院长主持。中科院古脊椎动物与古人类研究所所长周忠和院士、大庆市副市长常城及中科院古脊椎所副所长邓涛等领导应邀出席。来自全国各科研院所、高校、文博系统 90 多家单位及美国、加拿大等国内外代表 260 余位参加会议，论文集收录了 30 余篇文章，展示了各相关学科领域的研究新成果；近 60 位专家学者以及国外同行的精彩报告涵盖了古脊椎动物学、古人类学、旧石器考古学、分子生物学、古环境学以及新技术新方法在古生物研究中的应用。这次会议促进了东北第四纪哺乳动物群和古环境的研究以及更好地推动了我国古脊椎动物学、古人类学和旧石器考古学的科学研究，促进了科普教育和科学传播（《化石》4 期）。

新石器时代考古

韩建业　李小龙

2016年发表的有关新石器时代的考古报告（简报）和论文等约340篇，出版的以新石器时代遗存为主体的田野考古报告有《浦江上山》（文物出版社）、《顺山集——泗洪县新石器时代遗址考古发掘报告》（科学出版社）、《东山村：新石器时代遗址发掘报告》（文物出版社）、《溧阳神墩》（文物出版社）、《清凉寺史前墓地》（文物出版社）、《孝感叶家庙》（科学出版社）、《两城镇：1998—2001年发掘报告》（文物出版社）、《宿州芦城孜》（文物出版社）、《贵南尕马台》（科学出版社）、《先秦南洞庭——南洞庭湖古遗址发掘报告集》（科学出版社）等十余部。还出版了《崧泽文化学术研讨会论文集（2014）》（文物出版社）、《"城市与文明"学术研讨会论文集》（上海古籍出版社）等论文集。

2016年召开了"上山文化命名十周年暨稻作农业起源国际学术研讨会""顺山集文化学术研讨会""寺墩遗址群考古调查暨象墩遗址群考古发掘成果论证会""良渚遗址考古发现八十周年学术研讨会""中国石家河文化玉器主题研讨会""淮河中下游地区的龙山时代学术研讨会""早期石城和文明化进程——中国陕西神木石峁遗址国际学术研讨会""陶器研究：技术、经济与社会学术研讨会""石器研究：新发现、新思考与新进展"等十余次学术会议。

和以往相比，考古资料的发表大致保持稳定，中国文明起源问题依然是研究重点，基于自然科学的多学科研究成果越来越多，而基于民族学、人类学、历史学等人文社会科学的多学科研究相对冷落，传统的文化谱系研究也日趋减少。

一　考古发现

（一）东北地区

吉林大安后套木嘎遗址AⅢ区于2011～2012年进行发掘，发现房址8座、墓葬95座，以及灰坑、灰沟等。被分为七期，其中第一至四期属于新石器时代，流行罐、盆类器物。第一期遗存陶器上的栉齿短平行线纹、栉齿之字纹等，与黑龙江下游属于奥西波夫卡文化的贡恰尔卡Ⅰ号遗址陶器特征相似，距今1万年左右，应为嫩江中下游地区一种新的考古学文化；第二期遗存器表所饰平行的窄条附加堆纹很有特色，发掘者将其归入"黄家围子类型"，年代被推定为距今8000～7000年；第三期遗存有圆角长方形半地穴式房屋，陶器纹饰复杂，难以归入已发现的任何一种考古学文化，年代被推定在距今6500～5600年；第四期遗存相当于红山文化晚期阶段，可归入哈民忙哈文化（《考古》9期）。2012～2013年对吉林大安进行区域系统调查，其中新石器时代遗存和上述后套木嘎遗址的情况类似（《边疆考古研究》19辑）。上述发现表明，嫩江下游地区有较为独特的新石器时代文化谱系，并且存在距今万年左右的新石器时代早期遗存。

辽宁朝阳半拉山墓地于 2014～2015 年进行发掘，发现有冢体、墓葬及祭祀遗迹组成的积石冢。54 座墓葬彼此存在叠压打破关系，二次葬多于一次葬，一次葬有土圹竖穴墓、土圹立石墓、土圹嵌石墓和石圹积石墓四种，均为仰身直肢葬，只随葬玉器。祭祀遗迹由祭坛和祭祀坑组成，祭坛位于冢体北部，外围有一道近方形石墙，石墙外侧成排放置陶筒形器，祭祀坑位于祭坛上或东冢界墙外侧。随葬品中有多件陶塑和石雕人头像，有龙、鸟、斧、钺、环、璧等玉器。这次发现的积石冢规模较大，人头像多且奇特，还发现玉钺，对于研究红山文化的社会复杂化、重要聚落间的关系、与江淮等地的关系，甚至与欧亚草原地区的文化关系等，都具有重要意义（《2015 中国重要考古发现》，文物出版社）。

河北滦县后迁义遗址于 1999 年和 2001 年进行两次抢救性发掘，所发现的第一类文化遗存属于龙山时代，和喇叭庄类型近似（《后迁义遗址考古发掘报告及冀东地区考古学文化研究》，文物出版社）。

（二）北方和西北地区

内蒙古化德裕民遗址于 2010 年、2014 年和 2015 年进行发掘，发现 9 座不大的圆形半地穴式房址。陶器有圜底筒形罐、尖圜底釜等，质地疏松，可能为泥片贴筑法制作，装饰麻点纹、戳印旋纹、不规则划纹及草编纹等，石器以打制为主，也有磨盘、磨棒等，发掘者推断生业方式以狩猎和采集为主，测年约距今 8400 年。这是首次在中国北方地区东缘，发现以陶圜底筒形罐为代表的新石器时代中期遗存，待材料增多后或可命名为裕民文化，为研究中国北方地区和蒙古东部、贝加尔湖地区等的文化关系提供了珍贵资料（《2015 中国重要考古发现》，文物出版社）。

内蒙古准格尔阳湾遗址于 1993 年进行发掘，发现房址 30 座、环壕 1 条，有罐、尖底瓶、盆、双耳壶、火种炉等陶器。简报中将其划分为两期，认为第一期与所谓半坡文化和后岗一期文化年代相当，第二期与白泥窑子一期和北橄榄一期遗存年代相当。这批遗存主体当属于仰韶文化鲁家坡类型，个别单位可晚至仰韶文化白泥窑子类型（《考古与文物》2 期）。托克托海生不浪遗址于 2014 年再次进行发掘，发现所谓海生不浪文化房址 11 座，灰坑 22 个（《草原文物》1 期）。

陕西佳县石摞摞山遗址于 2003 年进行发掘，发现石块包砌的内外城墙和护壕，发现房址 18 座，以及灰坑、窖穴、陶窑等，发掘者将其分为三期，认为第一期相当于庙底沟二期，第二期为龙山早期，第三期为龙山晚期（《考古与文物》4 期）。陕西神木石峁遗址韩家圪旦地点于 2014 年进行发掘，发现房址 31 座（组）、墓葬 41 座，以及灰坑、灰沟、窑址等，发掘者将其分为早、晚两期，认为早期的居住区和老虎山文化时代相当，晚期的墓葬区和神木新华墓葬年代相当。墓葬中的石棺墓和偏洞室墓引人注目（《考古与文物》4 期）。陕西神木神圪垯梁遗址于 2013 年进行发掘，发现房址 20 座、墓葬 28 座，以及灰坑、陶窑等，出土双鋬鬲、折肩罐、三足瓮、斝等陶器，发掘者认为其年代相当于龙山晚期（《考古与文物》4 期）。陕西榆林寨峁梁遗址于 2014～2015 年进行发掘，发现南城墙 1 段、房址 109 座（组），城墙由石块垒砌的主墙和护坡墙构成，房址成排分布，均为前后室窑洞式结构。陶器有双鋬鬲、单把鬲、圜底瓮、敛口瓮、高领罐等，发掘者认为其年代为距今 4500～4300 年。这是继内蒙古凉城老虎山城址后，又一个揭露较为完整的老虎山文化城址聚落（《2015 中国重要考古发现》，文物出版社）。山西兴县碧村石城遗址面积达75万平方米，于2015年进行发掘，其中在小玉梁地点发现护坡墙1段、连排式石砌房址2座，在遗址东部的城墙圪垛地点发现1段石砌墙体，出土鬲、斝、盉、三足瓮等陶器，尤其重要的是发现璧、环、琮、钺、刀等玉器，发掘者认为其年代属于龙山晚期（《考古与文物》4期）。以上陕北和晋西北地区的石城聚落，时代从庙底沟二期到龙山时代，主体属于老虎山文化，构成以石城—双鋬鬲为特征的北方文化区。对以石峁和碧村城址为代表的北方文化区的揭示研究，是近年中国文明起源研究的重要进展之一。

青海贵南尕马台遗址于1977年进行发掘，发现马家窑文化居住面1处、瓮棺葬19座，陶器有大口罐、双耳罐、单耳罐、盆、碗等，发掘者认为其文化特征与宗日遗存相同（《贵南尕马台》，文物出版社）。

（三）中原地区

河南灵宝西坡遗址于2013年进行发掘，发现南部壕沟大致呈西北—东南走向，堆积过程大致分为五个阶段，从西坡遗址庙底沟类型早、中期延续至晚期（《考古》5期）。

山西芮城清凉寺墓地于2003～2005年进行发掘，发现土坑竖穴墓葬355座、房址2座、瓮棺葬7座，报告将其分为四期，第一期的17座土坑竖穴墓和房址、瓮棺葬等，当属于"枣园文化中后期"或"庙底沟文化早期"，测年为公元前4050～前3770年；其余第二至四期的土坑竖穴墓，大小有别，排列有序，第三、四期的大墓还有二层台，第三期大墓殉人普遍，随葬钺、多孔刀、璧、琮、环等玉石器和少量陶器，属于庙底沟二期文化和三里桥类型。另外报告还公布了环境考古、人骨特征与病理分析、食性分析、人骨锶同位素比值分析、动物骨骸研究、玉石器用料研究等多学科研究的成果，并推测墓主人职业可能与盐湖开发有关。该墓的葬玉、毁墓、殉人现象引人注目，为深入理解文明形成时期中原地区的文化变迁和社会变革提供了十分重要的资料（《清凉寺史前墓地》，文物出版社）。

河南淮阳平粮台城址于2014～2015年再次进行发掘，发现南门外的壕沟变窄，城墙外有延伸的坡状台地，可能是在南门口有意设置较窄的壕沟以方便出入，另外在城址南部发现两组有早晚关系的陶排水管道（《2015中国重要考古发现》，文物出版社）。

（四）淮北和黄河下游地区

江苏泗洪顺山集遗址于2010～2013年进行发掘，发掘者将其划分为三期，第一期发现房址、灰坑、灰沟等，陶器以圜底器为主，常见器类有釜、罐、钵、匜、盆、壶等，年代为距今8500～8300年；第二期发现有环壕、房址、灰坑、墓葬等，墓葬大致成排分布，均为长方形竖穴土坑墓，以单人仰身直肢葬为主，大部分无随葬品，陶器新出豆、灶及少量平底器，另外还发现有数量较多的陶塑，年代为距今8300～8000年；第三期发现有灰坑和墓葬，陶器仍以圜底器为主，年代为距今8000～7500年。发掘者将前两期命名为顺山集文化。实际上这三期基本一脉相承，都属于新石器时代中期，只是第三期有了更多新因素。另报告后附录有植硅体分析、动物考古、石器功能分析、残留物分析等相关的科技研究成果。该发现对于完善淮河下游地区新石器时代文化谱系，以及稻作农业考古等，有重要学术价值（《顺山集——泗洪县新石器时代遗址考古发掘报告》，科学出版社）。

安徽宿州芦城孜遗址于2009年进行发掘，发现"新石器时代早期"、大汶口文化晚期和龙山文化等阶段新石器遗存，"新石器时代早期"陶器以釜为主，被认为属于所谓小山口一期文化，年代为公元前6220～前6060年，实属新石器时代中期遗存，当与顺山集文化大同小异。大汶口文化晚期遗存有灰坑和灰沟等，属于大汶口文化尉迟寺类型，年代为公元前2580～前2460年；龙山文化遗存有房基、墓葬、灰坑和垫土台基等，发掘者称其为龙山文化芦城孜类型。报告还附有动物考古等相关的科技研究成果（《宿州芦城孜》，文物出版社）。

山东薛河流域于2010～2012年进行区域系统调查，发现后李文化至秦汉时期遗址107处，调查者对不同时期遗址、遗物分布区与散点区进行初步分析，认为北辛文化时期聚落可以划分为两级；大汶口文化时期聚落可划分为三级，且可进一步区分为三四个聚落小群；龙山文化时期聚落可划分为四级（《山东薛河流域系统考古调查报告》，科学出版社）。

山东日照两城镇遗址于1998～2001年进行勘探和发掘，发现龙山文化环壕和大量房址、灰坑、墓葬等遗迹。房屋多为地面式建筑，分土坯墙、夯土墙和木骨泥墙等。发掘者将第一发掘区划分为八个时期，认为与龙山文化第二期末段至第五期相对应。通过钻探和解剖，确认该遗址存在大、中、小三道早晚不同时期的环壕。报告还发表了地质考古调查、遥感考古、人类遗骸、动物遗存、植物遗存、混合型古酒、陶器、石器、人为化学残留物等方面科技分析的结果。两城镇的考古工作，在年代分期、聚落考古、中外合作、多学科研究等诸多方面，都可圈可点（《两城镇——1998～2001年发掘报告》，文物出版社）。

（五）长江上游地区

重庆云阳丝栗包遗址于2003～2004年进行调查和发掘，发现罐、盆、钵、缸等陶器，发掘者认为与屈家岭文化存在交流，推断其年代为距今5000～4400年（《考古学报》2期）。

四川马尔康孔龙村、白赊村、哈休村三处新石器文化遗址，于2013年进行考古调查，发现马家窑文化石岭下、马家窑阶段的遗存。川西山地这类源于甘青的遗存有越来越多的发现，又具有一定地方特征，当可命名为马家窑文化的新地方类型（《成都考古发现（2014）》，科学出版社）。四川西昌横栏山遗址于2014年再次进行发掘，发现灰坑、灰沟等，陶器盛行附加堆纹和戳印纹，发掘者称之为横栏山文化（《成都考古发现（2014）》，科学出版社）。

四川崇州紫竹古城于2014～2015年进行调查和试掘，发现宝墩文化灰坑，以及敞口圈足尊、盘口圈足尊、折沿绳纹花边口瓮、喇叭口高领罐等陶器，发掘者认为属于宝墩文化一期遗存（《成都考古发现（2014）》，科学出版社）。四川大邑盐店古城遗址于2002～2003年进行发掘，发现宝墩文化一期遗存。对城墙初步解剖发现，中部为夯筑，两侧为斜坡堆筑加固（《成都考古发现（2014）》，科学出版社）。四川大邑高山古城遗址于2015年进行发掘，发现墓葬16座、人祭坑1座、奠基坑1座，以及灰坑、灰沟、水井等，墓葬为竖穴土坑墓，仰身直肢葬，未发现随葬品和葬具。奠基坑位于城墙西南角夯土层，人骨呈捆缚状。发现宽大耳器、窄沿盘口罐、直口壶等宝墩文化新器形。发掘者将其分为两期，认为早期年代早于宝墩文化一期，晚期属于宝墩文化一期（《2015中国重要考古发现》，文物出版社）。

（六）长江中游地区

湖北郧县庹家洲遗址于2011～2012年进行发掘，在一个灰坑（H60）和文化层中，发现深腹罐、鼓腹罐、圜底钵、平底钵、三足钵、圈足或假圈足钵等陶器，发掘者认为属于“老官台文化”，实即新石器时代中期的白家文化。表明白家文化晚期已经扩展至鄂西北地区，其中假圈足钵等则体现来自裴李岗文化晚期的影响（《考古》1期）。

湖北郧县三明寺遗址于2012年进行发掘，发现不同时期的房址、灰坑、窑址、灰沟等，发掘者认为其文化性质分属于所谓下王岗一期文化、西阴文化、朱家台文化和煤山文化等，实际就是仰韶文化前后期至王湾三期文化后期阶段（《江汉考古》1期）。河南淅川单岗遗址于2011年和2013年先后两次进行发掘，其中第一次发现屈家岭文化时期房址26座，以及灰坑、灰沟、墓葬、瓮棺等，发掘者认为属于屈家岭文化的早期晚段，部分遗存可能延续到晚期（《中原文物》4期）。

湖北孝感叶家庙遗址群于2008年进行发掘，发现城址、墓地等，堆筑而成的城垣内面积约15万平方米，居址位于城址东南部，发现房基、灰坑、瓮棺葬、水井等。城外西部的家山墓地发现43座瓮棺葬，以及土坑墓等。发掘者将其分为三期，认为第一期相当于屈家岭文化早期，仅见于家山墓地；第二期相当于屈家岭文化晚期，家山墓地继续使用，且出现了城垣、环壕及居住区；第三期相当于石家河文化早期，城址沿用前期，但壕沟开始淤塞，逐渐趋于废弃。实际上第一期遗存当稍早于屈家岭文化。报告另附有植物考古等相关科技研究成果（《孝感叶家庙》，科学出版社）。

湖北天门石家河遗址群于2014年再次进行发掘，在印信台遗址发现4处人工黄土台基和6组套缸等祭祀遗存。谭家岭遗址发现5座所谓后石家河文化时期的瓮棺葬，出土双人连体头像玉玦、虎座双鹰玉饰、玉牌饰、虎形玉冠饰、玉虎、玉鹰等大量精美玉器，另外在北部发现20万平方米的带环壕的小城，时代不晚于屈家岭文化。这次发现为进一步了解石家河古城的聚落演变、文化交流、宗教习俗、玉器工艺等，提供了非常重要的材料（《江汉考古》1期）。

湖南南县新湖、大通湖，益阳蔡家园、石咀头，沅江玉竹包、漉湖六处遗址，在1986～1994年进行发掘，发现房址、陶窑、灰坑和墓葬，以及陶器、石器和骨器等，除漉湖遗址外，其余遗址基本都以大溪文化遗存为主体，此外还有汤家岗文化、屈家岭文化和石家河文化阶段遗存。其中益阳蔡家园晚期遗存时当大溪文化第三期，发掘者认为属于堆子岭文化系列，称其为“蔡家园类型”（《先秦南洞庭——南洞庭湖古遗址发掘报告集》，科学出版社）。

（七）长江下游地区

浙江浦江上山遗址于2001年、2004年、2005～2008年先后进行发掘，发现上山文化、跨湖桥文化和所谓新石器晚期阶段遗存。上山文化遗存又可划分为早、中、晚三期，测年在距今10000～8500年。发现所谓“柱列式”“沟槽式”房址，以及灰坑等。陶器主要有盆、罐、钵、盘、杯、筒状器等，大部分都有红陶衣。报告还包括了稻作起源与生业方式、石器微痕分析、植物浮选和植硅体分析、体质人类学和动物考古等研究内容。该遗址的发掘，为研究长江下游新石器时代文化谱系、稻作农业起源等提供了很重要的资料（《浦江上山》，文物出版社）。

江苏张家港东山村遗址继 1989～1990 年两次发掘后，又在 2008～2010 年进行了两次发掘，发掘出马家浜文化房址 1 座、墓葬 16 座，以及灰坑、灰沟等，发现釜、鼎、豆、罐、盆、盉、尖底缸等陶器，测年为距今 6300～6000 年；发掘出崧泽文化房址 5 座、墓葬 37 座，以及灰坑等，大小墓葬分区埋葬，分化明显，出土鼎、鬶、豆、盉、罐、大口缸等陶器和玉石器。发掘者将崧泽文化遗存分为六段三期，年代为距今 6000～5300 年。另外报告附有古环境、动植物遗存、玉石器等相关的科技分析研究成果。该遗址马家浜文化墓葬中典型仰韶文化前期陶器的出现，崧泽文化早期大型墓葬区的发现，表明距今 6000 年前长江下游和中原地区存在明确交流，稍后长江下游社会显著复杂化（《东山村：新石器时代遗址发掘报告》，文物出版社）。

江苏溧阳神墩遗址于 2004～2006 年进行了三次发掘，发现马家浜文化时期房址 10 座、墓葬 252 座、瓮棺葬 16 座，以及灰坑、灰沟等，被分为早、晚两期，推测年代在距今 7000～5900 年。发现崧泽—良渚文化时期墓葬 9 座。另报告附有孢粉分析、植物考古、动物考古、玉石器分析、体质人类学等相关科技研究成果。该报告还对太湖流域马家浜文化的分期和类型进行了较为细致的讨论（《溧阳神墩》，文物出版社）。

江苏兴化、东台蒋庄遗址于 2011～2015 年进行调查和发掘，共发掘良渚文化墓葬 284 座、房址 8 座，以及灰坑、水井、灰沟等遗迹。墓葬埋葬密集，叠压打破关系十分复杂，人骨保存相对较好，是长江以北首次发现随葬琮、璧等玉器的等级较高的良渚文化墓地（《考古》7 期）。

上海广富林遗址多年连续发掘，2012 年在南京大学发掘区内发现 10 座良渚文化时期墓葬（《江汉考古》4 期）。2014～2015 年，在广富林遗址发现崧泽文化墓葬 81 座，良渚文化墓葬 19 座，良渚文化土台和石圈各 1 处，另外还发现所谓钱山漾文化的灰坑和广富林文化的墓葬。崧泽文化墓地北部为儿童葬，南部为成人墓，这是值得注意的。良渚文化土台由人工堆筑草裹泥逐层堆砌而成，土台东北侧长条形凹槽内发现有竖立的篱笆痕迹（《2015 中国重要考古发现》，文物出版社）。

2015～2016 年对浙江余杭良渚遗址外围低坝的狮子山、鲤鱼山和高坝的老虎岭进行小规模发掘，发现大部分的高坝和低坝坝体的底部采用淤泥堆筑，部分松软地基处还采取挖槽填入淤泥的工艺，外部包裹以黄土，与良渚古城宫殿区莫角山的堆筑方式相同，推测具有防洪、运输、用水、灌溉等诸方面的综合功能（《中国文物报》3 月 11 日）。

（八）岭南地区

2012～2016 年对海南东南部沿海地区陵水桥山、莲子湾以及三亚英墩三处遗址进行发掘，初步建立起该地区"英墩文化遗存—莲子湾文化遗存—桥山文化遗存"的基本年代框架，其中英墩遗存和莲子湾遗存属于新石器时代，英墩遗存距今 6000～5500 年，陶器有盘形釜、罐、钵等；莲子湾遗存距今约 5000 年，陶器有盘形釜、罐、钵、碗、圈足盘、尊等。两个遗址都有双肩斧、锛等石器（《考古》7 期）。

福建武夷山葫芦山遗址于 2014 年进行发掘，发掘者将其划分为三期，其中第一期为新石器时代遗存，年代距今 5000～4000 年，发现陶窑、台基、柱洞、灰坑等，陶器以鼎、釜、钵、豆和罐类器为主，发现的一座完整陶窑（Y1）在我国东南地区大致同时期罕见。该类遗存被认为是有别于牛鼻山类型的一类新遗存（《东南文化》2 期）。福建诏安、平和乾岗遗址于 2011 年进行发掘，发现一座墓葬（M1）及陶壶、罐等随葬品，发掘者推断其年代与溪头下层晚期墓葬和虎头埔文化相近（《考古》12 期）。

二　专题研究

（一）分期年代和文化谱系

朱永刚将西辽河及上游西拉木伦河以北的新石器时代文化遗存，从早到晚划分为西梁类型、富河文化、哈民文化、南宝力皋吐类型四个阶段，分别与以辽西地区兴隆洼文化、赵宝沟文化、红山文化、小河沿文化为代表的主体文化序列在年代上基本对应，称其为非主体文化序列（《考古学报》1 期）。赵宾福和于怀石将《农安左家山新石器时代遗址》中的三期四段细化为五段，并将左家山遗址原第五段遗存和这次新识别出的第四段遗存统称为“左家山上层文化”；第一、二、三段称为“左家山下层文化”，推断年代在公元前5500～前4000 年（《边疆考古研究》19 辑）。徐昭峰和谢迪昕将辽东半岛分为三个小区，认为南端及临近海岛区有小珠山下层文化、小珠山中层文化和小珠山上层文化三个阶段，东北部黄海沿岸区有后洼下层文化、后洼上层文化和北沟文化三个阶段，西北侧渤海沿岸区有三堂一期文化和三堂二期文化（《边疆考古研究》19 辑）。赵宾福和白玉川将牛河梁遗址红山文化遗存划分为两期三段，认为早、晚两期分别代表了“居址”和“墓地”两个不同阶段，墓地阶段的早段属于红山文化中期，与中原地区的所谓庙底沟文化年代相当，墓地阶段的晚段属于红山文化晚期［《辽宁师范大学学报》（社会科学版）2 期］。王芬和栾丰实将牛河梁积石冢分为两期四段，并推断积石冢的年代在距今 5700～5100 年（《中原文物》4 期）。赵宾福和任瑞波将东北地区新石器时代彩陶纹样分为十二类，划分为四个阶段（《考古与文物》1 期）。张雪莲、金英熙和贾笑冰等通过系统测年分析，认为小珠山下层遗存的年代为距今 6700～6300 年，中层早段为距今 6500～6300 年，中层晚段距今 5500～5300 年，上层距今 4800～4100 年（《考古》5 期）。

张宏彦通过分析宝鸡北首岭下层遗存，认为以小口平底瓶和直腹弦纹罐为代表的遗存，晚于“老官台文化”而早于仰韶文化半坡期，属于仰韶文化的最早阶段，可称为仰韶文化初期或北首岭期（《西部考古》11 辑）。张宏彦对渭河流域“史家类型遗存”的时空分布及其源流进行探讨，认为其源自仰韶文化“半坡类型”，介于仰韶文化“半坡类型”和“庙底沟类型”之间，所谓庙底沟文化主要源自“史家类遗存”，关中地区应是仰韶文化的演化中心（《考古》4 期）。陈小三对宁夏海原林子梁遗址进行分析，认为存在两类遗存，第一、二段属于常山下层文化，第三至第五段可称“页河子类型”，认为当是齐家文化源头之一（《考古》1 期）。王晓毅和张光辉分析认为，山西兴县碧村遗存应属于所谓新华文化，吕梁山以西的黄河东岸地区，是晋陕蒙交会地区石城文化圈的重要组成部分（《考古与文物》4 期）。魏兴涛将豫西晋西南地区的庙底沟二期文化分为早、中、晚三期，认为其形成是仰韶文化晚期的发展和大汶口文化、屈家岭文化影响共同作用的结果，绝对年代为公元前 2700～前 2300 年（《考古与文物》5 期）。

栾丰实认为以淄河都鲁山和蒙山为界，可将海岱地区划分为东、西两个区域，东部地区大汶口文化中期之前发现的遗址数量很少，进入大汶口文化晚期至龙山文化前期，数量迅速增多，龙山文化后期开始数量急剧减少，而西部地区龙山文化后期遗存数量明显增多，究其原因可能与自然环境的灾难性事件或者社会关系发生重大变动有关（《海岱考古》9 辑）。

何锟宇认为宝墩文化主要源自川西北以姜维城、营盘山遗址为代表的马家窑类型以及稍晚的下关子遗存，又吸收了来自长江中游的挖壕筑城、水稻种植技术，以及四川盆地东部峡江地区的一些文化因素（《南方民族考古》12辑，科学出版社）。

尹检顺将湖南发现的史前白陶分为以环洞庭湖平原和湘江、沅水中上游的岭北山区为代表的南、北两区，其年代集中在距今7500～5500年，认为南区作为白陶的发源地的可能性更大，其对外传播主要是通过水系展开（《湖南省文物考古研究所三十周年纪念文集》，科学出版社）。郭伟民对长江中游文化与聚落进程进行考察，认为经过了一个“连续—断裂—连续”的过程，其中汤家岗文化到大溪文化发展是连续的，从大溪文化到油子岭文化发展则是断裂的，油子岭文化到石家河文化又是连续的。从城头山到石家河，不仅是长江中游文化重心的变化，也反映出长江中游文化与社会的发展演进（《湖南省文物考古研究所三十周年纪念文集》，科学出版社）。

蒋乐平将中国新石器时代早期文化，分为华北类型、长江中下游类型和华南类型，又将三个类型分为前后两大阶段，认为华南类型是典型的原生类型，长江下游类型是典型的续生类型，由于稻作农业的促进，上山文化在续生阶段中处于先进位置（《南方文物》3期）。孙瀚龙和蒋乐平将浙江浦江上山遗址上山文化阶段的陶器遗存，划分为早、中、晚三期，早期进一步划分出前、后两段，注意到绝大多数以素面红衣陶为主，到中、晚期才出现少量纹饰（《南方文物》3期）。郭梦雨将河姆渡文化划分为三期六段，认为早、中期的年代大致相当于马家浜文化，中期受到马家浜文化的强烈影响，晚期受崧泽文化影响较大（《边疆考古研究》20辑）。陈明辉提出，后岗一期文化系统的扩张，使得皖北、里下河平原、宁镇地区、皖江流域和环太湖地区发生剧烈变化，可将距今7000～6000年这一时期称之为后岗时代［《崧泽文化学术研讨会论文集》（2014），文物出版社］。甘大明和仲召兵认为鄂皖苏沿江地区至迟在马家浜文化时期已初步形成文化带，崧泽文化早中期之后，这一文化带在政治、军事、经济等多种社会关系方面都可能是较统一的联合体［《中国考古学会第十六次年会论文集》（2013），文物出版社］。陈杰认为崧泽文化在形成过程中，除了来自马家浜文化的影响外，更多的是来自皖江地区甚至皖江流域以西文化的影响［《崧泽文化学术研讨会论文集》（2014），文物出版社］。朔知讨论了崧泽文化时期皖江两岸的聚落和文化等，认为其在形成发展过程中，曾受到东、西两侧及淮河中下游同时期文化的影响，尤其晚期阶段“崧泽化”趋向较为明显［《崧泽文化学术研讨会论文集》（2014），文物出版社］。彭辉通过对江苏常州新岗遗址出土的崧泽文化时期的觚形杯进行类型学分析，认为敞口觚形杯可能来源于大汶口文化，束颈觚形杯可能来源于薛家岗文化塞墩类型，新岗遗址觚形杯体现了从简单到复杂、从模仿到创造的过程［《崧泽文化学术研讨会论文集》（2014），文物出版社］。栾丰实以陶豆和陶大口尊为例，讨论崧泽文化对大汶口文化的影响，认为崧泽文化向北方黄淮下游地区的扩散，可以分为四个层次和四个区域［《崧泽文化学术研讨会论文集》（2014），文物出版社］。赵晔通过对大雄山南麓史前文化进行梳理，认为这一地区隐藏着良渚遗址群重要源头信息，尤其是官头井遗址存在崧泽文化向良渚文化转变的基本脉络，是良渚遗址群兴起的关键节点［《崧泽文化学术研讨会论文集》（2014），文物出版社］。阎凯凯认为在崧泽文化时期，余杭地区内部自成一体，与周边的崧泽文化遗存相比有着自己的文化特点，可作为一个文化的区域单元来看待［《崧泽文化学术研讨会论文集》（2014），文物出版社］。赵东升认为环太湖地区闭合的环境，使新石器时代区域内各区块考古学文化的同质性日趋显著，各种文化要素无法向外部扩散，只能在区域内传播、移动、整合，环太湖地区的考古学文化仅是不同分区，没有形成不同的文化（《南方文物》3 期）。

陈伟驹对岭南地区距今 20000 ~ 10000 年的考古遗存进行梳理，认为陶器的存在与否不是年代早晚所致，而是空间差异的表现，并将这一地区遗存划分为南北两大类型，北部类型有陶器，多见石铲、骨铲等工具，南部类型未见陶器，少见铲类工具，反映的是生计适应策略的差异（《江汉考古》1 期）。贺刚将史前时期华南地区的屈肢葬分为岭南和岭北两个区域类群，认为岭南类群是屈肢葬的原生形态，岭北类群是衍生出的一个分支（《湖南省文物考古研究所三十周年纪念文集》，科学出版社）。陈洪波通过对华南与东南亚新石器时代的文化面貌、生业经济和族群迁徙进行梳理，认为华南与东南亚新石器时代文化具有早期领先性、中后期的滞后性、石器的长过程、狩猎采集经济始终占有重要地位和特征鲜明的海洋文化等特征，为中华文明的形成提供了“海洋性”因素（《华南与东南亚新石器时代的文化面貌、生业经济与族群迁徙》，广西师范大学出版社）。乔晓勤探讨了华南地区史前海洋文化的形成和发展，进而讨论了中国东南沿海、东南亚海岛区及大洋洲史前文化的交流和互动过程，认为海洋文化的产生与华南地区人类向沿海地区的扩展有关，渔猎、捕捞业的发展使航海工具和技术不断完善，各种资源在岛屿间流动和交换，使地区间交易网络得以建立，进而加速了海洋文化地域性中心的出现（《区域互动框架下的史前中国南方海洋文化》，广西师范大学出版社）。

李晓杨和韩建业对中国新石器时代陶甑、甗谱系进行梳理，认为自约公元前 6000 年以来经历了五个发展阶段，二者基本是一个大的传统，黄河长江流域一直是其主体分布区。陶甗可分为有腰隔鬲式甗、无腰隔鬲式甗、鼎式甗三个区（《湖南考古辑刊》12 集）。赵雅楠将黄河下游及其以北地区发现的新石器时代陶支脚分为七型，并归为五个小分布区（《中原文物》6 期）。

（二）聚落形态和三文明起源

关于国家和文明起源总论。林沄梳理了中国考古学中关于“古国”“方国”“王国”的讨论，认为应不断仔细观察和检测材料，反复比较不同的个案，对深思熟虑得到的结论，进行坦诚直率的讨论（《中原文化研究》2 期）。李伯谦梳理了中国文明化历程相关研究，认为研究中国国家的起源、形成和发展，应该放在中国所处的特定地理自然环境和特定的文化格局中（《中原文化研究》1 期）。谢维扬认为历史性事实对早期国家起源研究中考古学证据的合理分析具有关键作用，主要体现在对文献资料所体现的历史性事实的掌握、对特定地域合法政治传统的研究及对国家制度发展的长期性影响的研究三个方面（《“城市与文明”学术研讨会论文集》，上海古籍出版社）。裴安平认为酋邦理论的系统性还不完整，研究方法上过度依赖现代民族学和人类学材料，而且结论与中国的实际情况不符，应该充分利用中国独有的考古资源和文献资料来研究文明与国家起源问题（《湖南省文物考古研究所三十周年纪念文集》，科学出版社）。宋建认为中国学者所使用的“文明进程”和“古国”概念，与西方的“社会复杂化”和“酋邦”概念类似，并以凌家滩和福泉山为例，探讨了中国早期文明进程中的社会分化和古国演进（《“城市与文明”学术研讨会论文集》，上海古籍出版社）。常怀颖通过系统梳理 20 世纪 90 年代以来不同学科学者对中国文明与国家起源相关研究的学术史，认为考古学材料实际上已经成为各学科研究早期国家的关键（《四川文物》1 期）。

关于早期中国或最初中国。李新伟认为在公元前第四千纪的后半叶，中国史前各主要文化区在社会同步发展的基础上，存在着以社会上层远距离交流为核心的各层次、各方面的深入交流，逐渐形成并共享着相似的文化精粹，连结成为一个在地理单元和文化上与历史时期中国的发展均有密切而深刻联系的文化共同体，即“最初的中国”，且具有“多元一体”的结构（《考古》3 期）。他又通过对仰韶文化庙底沟类型和崧泽文化之间相似性的比较，认为二者体现出以社会上层交流为核心的“中国相互作用圈”模式，庙底沟类型的社会复杂化道路接近“集体取向”和“合作型”，而崧泽文化的道路接近“个人取向型”和“网络型”，这一时期“最初的中国”的形成是以各地区平等的多元互动为前提的［《崧泽文化学术研讨会论文集》（2014），文物出版社］。刘庆柱和韩国河梳理了中原地区从史前至明清时期的考古学文化演进轨迹，认为中原历史文化是中国古代文明形成与早期发展时期的社会主导文化，其中史前时期是从“多元”走向中原文化“一体”格局的时期（《考古学报》3 期）。许宏提议以公元前 1800 年前后的二里头国家为界，可以将东亚大陆的早期文明史划分为政治实体林立的“前中国时代”或“前王朝时代”，和以中原为中心的“中原（中国）王朝时代”两个大的阶段，东亚大陆的国家起源进程则呈现出非连续性和多歧性。他不支持东亚文明与国家数千年来由小到大、单线进化的认知模式（《中原文化研究》2 期）。徐良高通过对古代文献和相关学术史进行梳理，认为“最早的中国”说法具有明显当代性，对考古学文化有过度解读之嫌（《南方文物》4 期）。

关于早期中国文明模式和特质。韩建业对新石器时代中原和江汉地区文明化进程的异同进行了比较，认为中原和江汉地区都经历了数千年的文明化进程，中原的文明演进之路曾经跌宕起伏，终究能顽强复兴；江汉的文明演进之路多半一帆风顺，最后却走向衰微。中原和江汉存在稍有不同的文明演进模式，即中原模式和东方模式中的江汉亚模式。中原生计较为艰苦，文化颇多波折，故能长存忧患，自强不息，而江汉生活较为优裕，文化发展平稳，难免耽于安乐，少思进取，这或许就是中原之兴与江汉之衰的内因，所谓“生于忧患而死于安乐”（《江汉考古》6 期）。戴向明从宏观和微观两个方面，对北方地区龙山时代的聚落形态及其反映的社会变化进行分析，认为北方地区在龙山时代经历了与中原不同的发展轨迹，代表着不同的社会演变模式（《考古与文物》4 期）。冯时认为色彩的自然属性决定其哲学属性，以红山文化牛河梁第二地点发现的祭坛、墓葬及出土玉猪龙为代表，体现出以五色配五方的方色理论已经形成，这种古代不同遗物所呈现的不同颜色对上古制度史和思想史的研究具有重要意义（《考古学报》4 期）。

关于经济基础和阶级分化。郭大顺将崧泽文化的斧钺分为三类，认为斧和钺的分化在东南、东北和中原地区具有普遍性和延续性，反映的是军权与神权的分立［《崧泽文化学术研讨会论文集》（2014），文物出版社］。戴向明对黄河中游新石器时代生业经济和手工业生产发展变化的情况进行分析，认为社群中具有相对独立性的基层组织逐渐趋于小型化，与社会生产力的持续发展有直接关系，并且手工业生产从家庭专业化到作坊群再到“核心作坊”式的生产方式，与社会复杂化的发展密切相关（《华夏考古》4 期）。何驽认为崧泽文化的经济基础是石器和玉器小商品生产，这样的经济模式能够较快积累社会财富，而优秀的工商业主通过垄断和扩大商品贸易成为社会的精英即贵族，引发了社会的等级分化［《崧泽文化学术研讨会论文集》（2014），文物出版社］。他还认为浙江余杭瑶山、反山贵族墓地属于两个不同的统治阶级集团，集团内均是由男性担当社会管理和防卫职能，由女性担当社会宗教和纺织业职能，但前者偏重于宗教祭祀，后者偏重于社会管理和政府财富，两个职能侧重不同的集团轮流执政或联合执政，而支撑这种民主政治的中坚力量可能是掌握财富的“中产阶级”（《东南文化》4 期）。他提出从经济基础到政治意识形态的视角，才能全面理解早期中国为何在中原地区形成，他认为长江流域史前时期尤其是崧泽文化到良渚文化时期，以农业商品经济为基础催生出“中产阶级”，进而形成民主管理政治体制，而黄河中游地区从仰韶文化到庙底沟二期文化时期以小农经济为社会经济基础，而形成“王权”政治，但黄河流域最终出现早期中国，与长江流域的挤压、利诱与碰撞所起到的刺激作用有关（《南方文物》2 期）。陈杰认为玉钺、玉琮、玉璧等重要玉器可以成为划分良渚社会权力等级的重要物化指标，依据随葬品组合和数量等，可将良渚社会大致划分为显贵阶层、一般权贵阶层和平民阶层三个等级，家族构成是良渚文化权力结构的社会基础，社会权力在不同家族之间转移和传承（《“城市与文明”学术研讨会论文集》，上海古籍出版社）。

关于聚落形态和社会复杂化。孙周勇通过对榆林地区公元前第三千纪的聚落形态进行梳理，认为其间经历了社会复杂化过程，最终形成了石峁遗址为代表的早期王权国家（《考古与文物》4 期）。王炜林和郭小宁对陕北地区龙山晚期至所谓夏时期的聚落形态及其所反映的社会变化进行梳理，将聚落按面积大小分为三个等级，墓葬分为四个等级，其中石峁遗址是这一时期的中心所在，可能是通过神权模式来巩固其中心地位（《考古与文物》4 期）。鲁鹏、田燕和陈盼盼等利用 GIS 空间分析和模型分析，对环嵩山地区史前聚落分布时空模式进行研究，认为裴李岗和夏商时期聚落分别有 2 个集聚中心，仰韶和龙山时期聚落有 3 个集聚中心，从早到晚分布重心由南向北迁移（《地理学报》9 期）。栾丰实认为鲁东南沿海龙山文化时期形成了以两城镇和尧王城为中心的南、北两区，聚落形态均为大、中、小三级，并在数量上呈现出金字塔状结构，南区的聚落数量和人口总规模及密度小于北区，且人口规模呈现倒金字塔形态（《“城市与文明”学术研讨会论文集》，上海古籍出版社）。方向明通过对环太湖流域新石器时代晚期以来聚落形态的梳理，认为马家浜文化的凝聚式聚落形态尚未出现分化，崧泽文化的凝聚式聚落形态开始出现分化，良渚文化的聚落形态体现着分化中的凝聚（《“城市与文明”学术研讨会论文集》，上海古籍出版社）。江章华和何锟宇对成都平原史前时期的桂圆桥一期遗存、宝墩文化进行分析，认为宝墩文化三期以前的聚落多分布在平原北部、西部至西南，靠近平原边缘地势相对较高的地带，平原腹地则多为宝墩文化三、四期的聚落（《四川文物》6 期）。赵亚峰认为在大溪文化四期至屈家岭文化时期，洞庭湖地区城头山遗址与周边墓葬的随葬陶器具有高度相似性，体现出中心聚落对整个区域的强大影响力，另据微量元素分析，认为区域内各聚落的陶器主要还是本地生产（《湖南省文物考古研究所三十周年纪念文集》，科学出版社）。

关于早期城址。孙周勇和邵晶认为马面大致形成于龙山晚期的北方地区，以石峁遗址外城东门址为代表，其形成初期主要是出于对防御功能的诉求，且有了较为固定的形制与结构（《考古》6 期）。在另一文中，他们以石峁遗址外城东城门发现的内外瓮城为切入点，认为中国早期瓮城的形成时间可追溯至龙山文化晚期，可能与早期大型宫室外的门蓬、影壁及半闭合或不闭合的门外围墙等设施的影响有关（《文物》2 期）。邵晶以石峁遗址内城韩家圪旦地点分期为基础，将整个石峁遗址分为 A、B、C 三段，认为 A 段约公元前 2300 年，主要分布在皇城台和内城部分区域，B 段约公元前 2100 年，已扩展至外城区域，并修建了外城及马面、角台、墩台等附属设施，C 段约公元前 1800 年，外城东门址及周边的城墙、马面、角台等建筑局部坍塌后经过重新修葺（《考古与文物》4 期）。国庆华、孙周勇和邵晶对石峁外城东门址的规划设计、建筑材料和结构技术进行分析，并与同期中国北方和中原城址及世界早期城址实例进行比较，对外城东门的形状、高度和大门位置进行尝试性复原（《考古与文物》4 期）。张天恩和丁岩通过将石摞摞山城址与五女河流域其他石城进行比较，认为石摞摞山城址具有特殊地位，并将陕北和内蒙古中南部的古城分为四期（《考古与文物》4 期）。何锟宇和左志强将成都平原龙山时代城址分为单重城墙和双重城墙两类，并根据城墙的形制总结出成都平原城址类型的演变特点，即双重城墙较单重城墙出现时间晚，长方形城址是城址形制的主流［《成都考古研究》（三），科学出版社］。左志强、何锟宇和白铁勇认为宝墩文化的来源，是以桂圆桥一期为代表的营盘山类型，接受了来自长江中游文化因素的影响，宝墩文化早期阶段，城址多聚集在成都平原西缘的山前过渡地带，城墙防洪功能突出，宝墩文化偏晚阶段，成都平原出现大量中、小型聚落，城址内聚落分化出现［《成都考古研究》（三），科学出版社］。裴安平认为中国史前与古代早期的城址、都城发展，大体经历了五个阶段，第一阶段距今6000～5000 年，是作为聚落群中心的城址，只是军事中心；第二阶段距今 5000～4500 年，是作为聚落群团中心的城址，出现属性各有差异的军事和政治中心；第三阶段距今 4500～4000 年，作为聚落集团中心、早期国家和文明古国都城的城址；第四阶段是作为方国都城的城址，以殷墟为代表；第五阶段是作为城市的城址，以地缘关系为基础，成为军事、政治、经济中心（《“城市与文明”学术研讨会论文集》，上海古籍出版社）。赵春青对中国史前城址研究的学术史进行简单梳理，并总结了史前城址的研究现状和未来研究趋向（《“城市与文明”学术研讨会论文集》，上海古籍出版社）。

关于房屋建筑。王中伟和方拥将裴李岗文化房址归纳为居住类、作坊类和综合类三种不同功能，并认为居住类房址从早至晚面积不断扩大，立柱存在由早期向心倾斜到中期垂直的变化（《中原文物》5 期）。于璞依据具有叠压或打破关系的房屋之间门向的异同，将大地湾二期遗址各段房屋分为三类，认为先后出现过九批同时共存的房屋，反映出聚落布局的三次重大变化（《西部考古》11 辑）。罗晓艳将关中地区仰韶文化晚期的房址分为半地穴式、地面式和窑洞式三类，认为这一时期地面式房址明显增多，新出现窑洞式房址，房址结构趋于固定，房址的规模和功能出现差异（《文物》7 期）。林壹对尉迟寺遗址以排房为代表的前期遗存的房屋和灰坑进行分析，认为尉迟寺所代表的社区以扩展家庭为基层社会单元，扩展家庭之间的关系是相对平等的（《南方文物》4 期）。李晓杨将中国早期发现的土坯建筑房屋分为东部和西部两大技术系统，认为东部技术系统从铜石并用时代早期开始在长江下游地区、长江中游地区和豫北地区普遍出现，铜石并用时代晚期，长江中游地区和豫北地区则继承早期的土坯建筑传统，并以豫北冀南地区为中心向周围地区扩展，西部技术系统则从青铜时代开始出现（《草原文物》1 期）。

关于文字符号。王磊认为淮河流域刻划符号既是对中原地区的继承和发展，也是和江汉地区相互融合的结果，同时促进了长江下游及海岱地区刻划符号的演化和发展（《华夏考古》3 期）。卢雪梅认为浙江余杭南湖出土的良渚文化黑色陶罐上的图形符号，表现的是良渚文化人们狩猎过程的记事图画，而非文字（《南方文物》3 期）。

（三）环境考古与人地关系

关于遗址环境。汤卓炜、朱永刚和安硕等通过对内蒙古通辽哈民忙哈遗址孢粉进行分析，推断当时属于适应多样性生态环境的复合型生业模式（《边疆考古研究》19辑）。胡松梅、张翔宇和杨苗苗等通过对陕西西安鱼化寨遗址可鉴定动物骨骼进行鉴定和分类统计，认为周围环境是以森林为主的森林、灌丛草原环境［《环境考古研究》（第5辑），科学出版社］。王树芝、方燕明和赵志军通过对河南登封王城岗和禹州瓦店遗址出土的木炭种属的鉴定，和对植物群组成成分生态特性的分析，认为龙山文化晚期颍河上游气候温暖湿润，栎属植物在当地古代人类生活中具有非常重要的作用［《环境考古研究》（第5辑），科学出版社］。张海、庄奕杰和方燕明等通过对河南禹州瓦店遗址龙山文化壕沟的土壤微形态进行分析，认为壕沟直接与古颍河河道相通，应为引水排灌的水利设施，在经过连续的使用和维护后进入废弃阶段，并很可能经历了再度开发利用的过程（《华夏考古》4期）。王辉、兰玉富和刘延常等对山东章丘西河遗址的古地貌及相关问题进行探讨，认为后李文化时期西河遗址先民生活在山前黄土台塬中河谷地带二级阶地上，后李文化之后随着农业的发展，这一地区不再被看重，聚落重心发生了转移（《南方文物》3期）。孔昭宸、李玉梅和盛定国通过稻作遗存、植硅体、动物遗存和孢粉分析等方法，对湖南省南县新湖、沅江玉竹包和漉湖三处古遗址进行古环境分析，认为距今5000年前后湖水位置多次发生涨落，致使生活在洞庭湖南部先民的生活方式和食物结构并不单一，形成复合的经济形态（《先秦南洞庭——南洞庭湖古遗址发掘报告集》，科学出版社）。

关于人地关系。朱永刚认为哈民忙哈遗址的经济形态为狩猎采集兼营农业，啮齿类动物的大量捕食可能引起疾病传播，而长时间攫取性经济又会造成资源的过度消耗，人地关系不协调（《边疆考古研究》19辑）。朱永刚和吉平认为，哈民忙哈房址内的大批人骨，表明存在居民群体死亡事件，应缘于一场肆虐的鼠疫，并由此引发了辽西新石器文化的变迁（《考古与文物》5期）。张东菊、董光辉和陈发虎等将史前人类向青藏高原扩散的历史过程分为四个阶段，其中全新世早中期（距今11600～6000年）的扩散，受到温暖湿润的气候条件的驱动，和黄土高原粟作农业发展的压迫，距今6000～4000年扩展至青藏高原东北和东南部的低海拔河谷地带并定居，从事粟作农业为主的经济活动（《中国科学：地球科学》8期）。魏继印认为河济地区文化最繁荣期应为距今5500～4500年的仰韶文化晚期和所谓龙山早期，可能是当时华夏文明的中心，龙山时代后期，洪水的到来使得河济地区的文明走向衰落（《中原文物》1期）。马寅清利用GIS空间分析技术和数字高程模型，对洛阳地区仰韶和龙山文化聚落遗址分布等进行研究，认为洛阳地区古代人类在选择居住地时，偏好于海拔500米以下、坡度小于3度、朝向最近的水源、距离水源不超过1000米的地区（《洛阳考古》2期）。张俊娜和夏正楷通过梳理中原地区古代农业和古环境研究的学术史，对以农业为切入点的史前人地关系研究进行了展望［《环境考古研究》（第5辑），科学出版社］。刘辉认为长江中游史前城址的兴废与全新世气候波动有着高度的耦合关系，两次兴起均为全新世气候暖湿时期，而城址的两次废弃则与全新世气候异常事件即气候转干凉相对应［《环境考古研究》（第5辑），科学出版社］。林怡婷、林舟和蒋乐平等利用GIS手段，发现上山文化遗址主要分布在高度适中、坡度和缓的盆地中腹部区域，靠近支流、远离干流；水热条件优渥，土壤适宜耕作；后方山地地势和缓，有丰富的植被资源，方便古人类进入并开展采集打猎活动（《南方文物》3期）。胡飞、杨玉璋和张居中等通过对浙江嵊州小黄山遗址地层地球化学元素、磁化率等的分析，发现小黄山Ⅰ期气候环境温和湿润，Ⅱ期环境比Ⅰ期温暖干燥，Ⅲ期比前两期更干燥，并分别在小黄山Ⅱ期、Ⅲ期后段发生了显著的突发性干旱事件，认为气候环境的逐渐暖干以及两次突发性的干旱事件，很可能是导致小黄山遗址上山文化向跨湖桥文化转变，以及最终跨湖桥文化在小黄山遗址衰亡的主要原因（《南方文物》4 期）。孙国平认为造成距今 6000 年以后杭州湾北岸的杭嘉湖平原的史前文化比南岸的宁绍平原发达的原因，是北岸地区的环境有利于稻作农业经济的发展［《崧泽文化学术研讨会论文集》（2014），文物出版社］。高蒙河认为上海岗身以西地区曾经有过一条崧泽文化时期的人类生存的分界线，这条分界线直到良渚文化时期才随着环境的趋好，向东拓展到岗身之上（《崧泽文化学术研讨会论文集》（2014），文物出版社）。张弛和洪晓纯通过对沿海地区早期海洋适应性文化进行研究，认为距今 7000 ~ 5000 年，胶东半岛和辽东半岛沿海岛屿，从北辛文化至大汶口文化早期一直有稳定的海洋适应性文化存在，且可能已形成不同层次的社会组织。东南地区贝丘和沙丘遗址至少从 7000 年前就开始有了依赖海洋资源的壳丘头文化、大坌坑文化和咸头岭文化的人群，在距今 5000 年或者 4500 年以后，农业扩展至岭南和东南，海洋适应性文化发生了一定程度的转变（《南方文物》3 期）。

（四）动植物考古和农业起源

关于农业起源和发展总论。潘艳、卢宝荣和陈淳通过考古学与民族学的案例分析，认为除了驯化物种，一些未出现驯化物种的社会，也会通过主动改造环境和干预物种生命周期建立起农业生态（《江汉考古》5 期）。袁靖认为中原地区的生业特征可分为仰韶文化和龙山—二里头文化两个阶段，整体上持续发展，但大豆、黄牛、绵羊等新的生产力要素在公元前 2200 年左右才进入中原地区，这个过程及变化在中华文明早期发展过程中发挥了重要的作用（《西部考古》11 辑）。赵越云和樊志民认为中国早期农业和中华文明的起源和早期发展的路径具有一致性，两者都经历了起源时期的多元性和独立性、发展时期的交汇性［《西北农林科技大学学报》（社会科学版）2 期］。

关于稻作农业。彭博将早期稻作农业经济的发展过程划分为移植阶段、驯化阶段、强化阶段，认为普通野生稻在当地的生长，以及人们对其长时间的利用和熟悉，仍是人工栽培的基础，但栽培过程中的人为干涉更加重要（《农业考古》1 期）。谭惠忠、郑卓和张镇洪认为广东英德牛栏洞遗址发现的水稻植硅体属非籼非粳类型，说明距今 10000 ~ 8000 年，当地居民虽然仍以渔猎为生存的主要手段，但也不排除已具备最初级的水稻栽培技术［《环境考古研究》（第 5 辑），科学出版社］。赵志军和蒋乐平分析认为，上山文化时期的炭化稻米，是目前通过系统的浮选法，在层位清晰的考古遗址中所发现的最早的稻米遗存，另外，属于新石器时代晚期的炭化粟粒的发现，填补了长江下游地区新石器时代粟遗存的空白，并将中国北方旱地作物粟传播到长江以南地区的时间向前推到了距今 6500 年前后（《南方文物》3 期）。郑云飞和蒋乐平等从形态和组织两方面观察了距今 9000 ~ 8400 年前浙江永康湖西遗址出土的稻谷小穗轴，发现当时长江下游地区已经栽培水稻，但带有很多野生祖先种习性。认为长江下游地区的稻作起源于距今 1 万年前，粳稻是原始栽培稻的驯化方向，距今 7000 年前的河姆渡文化时期水稻落粒性驯化已基本完成（《南方文物》3 期）。顾海滨、David Joel Cohen 和吴小红等对杉龙岗遗址彭头山文化阶段植物遗存进行浮选，发现以水稻为主，野生采集植物为辅，出土的炭化米全部经过脱壳处理，44% 炭化米的粒形和胚的生物性状已经接近现代的栽培稻（《湖南省文物考古研究所三十周年纪念文集》，科学出版社）。程至杰、杨玉璋和张居中等通过对双墩文化小孙岗遗址炭化植物遗存进行浮选，认为小孙岗先民虽然已开始栽培水稻，但采集仍是先民获取植物性食物资源的主要途径（《第四纪研究》2 期）。邱振威、尚雪和蒋洪恩等通过对江苏无锡杨家遗址植物遗存进行分析，发现其中炭化水稻比例最高，认为马家浜文化晚期，杨家遗址附近以禾本科为代表的陆生植物发育，水域面积扩大，气候总体温暖湿润，稻作农业生产得到迅速发展（《中国科学：地球科学》8 期）。陈昌富和张居中认为仰韶文化时期栽培稻分别从洛阳盆地和汉水流域传播到陇东地区，在仰韶文化晚期和马家窑文化不断向南扩展，栽培稻和粟类作物一起传播到成都平原及云贵和广西等地［《环境考古研究》（第 5 辑），科学出版社］。杨玉璋、程至杰和李为亚等通过对淮河上中游地区史前稻旱混作农业模式的形成、发展与区域差异进行研究，认为该模式在淮河上游裴李岗文化中晚期最早出现，而淮河中游这一时期为单一的稻作农业模式，在新石器时代末期才成为淮河上中游地区普遍盛行的农业生产方式（《中国科学：地球科学》8 期）。董广辉、黎海明和任乐乐等将云贵高原新石器—青铜时代的农业发展划分为三个阶段：稻作农业发展阶段（距今 4800 ~ 3900 年），稻—粟混合农业发展阶段（距今 3900 ~ 3400 年）和稻、粟、麦类混作农业发展阶段（距今 3400 ~ 2300 年）（《中国科学：地球科学》7 期）。

关于粟作农业。马志坤、杨晓燕和张弛等通过对西辽河流域史前时期出土的 12 件磨盘和磨棒表层残留淀粉粒进行提取和分析，认为小河西文化时期粟类植物驯化已经开始，粟类植物驯化的过程非常漫长（《中国科学：地球科学》7 期）。孙永刚、赵志军和吉平通过对哈民忙哈遗址出土植物遗存进行浮选、鉴定，发现其经济结构是以黍为代表的农作物为主导，采集和渔猎是重要补充（《华夏考古》2 期）。夏秀敏、吴妍和王昌燧等通过对陕北榆林王阳畔遗址出土植硅体的分析，认为仰韶晚期粟和黍是先民的主要粮食作物，且黍始终有种植优势，龙山早期粟作农业逐渐衰落，可能与气候的干凉化有关（《人类学学报》2 期）。高升、孙周勇和邵晶等通过对 2014 年陕西榆林寨峁梁遗址采集的土样进行浮选分析，认为当时是以粟和黍为主的旱作农业经济（《农业考古》3 期）。唐丽雅通过对湖北郧县大寺、青龙泉和河南淅川沟湾等遗址的植物遗存进行分析，认为鄂西北豫西南山区在公元前 5000 ~ 前 2000 年，基本以旱作为主、稻作为辅（《西部考古》11 辑）。王育茜、靳桂云和陈松涛等通过对安徽宿州芦城孜遗址 2013 年发掘样品进行浮选，发现该遗址从大汶口文化至汉代一直处于粟稻混作的农业生产模式，大汶口文化时期粟作农业所占比重更大，龙山文化时期稻作农业所占比例明显上升（《海岱考古》9 辑）。程至杰、杨玉璋和袁增箭等对安徽宿州杨堡遗址浮选所获的炭化植物遗存进行分析，认为以杨堡遗址为代表的淮河中游地区，最晚在新石器时代晚期就开始实行多种作物的种植制度（《江汉考古》1 期）。陈雪香对山东日照六甲庄遗址 2007 年度浮选植物遗存进行分析，发现龙山文化时期有水稻、小麦、粟等（《考古》11 期）。

关于麻类作物。孙永刚和张倩通过梳理文献记载和考古资料中的大麻，同时结合野生大麻的分布及生长习性，认为在新石器时代晚期黄河流域及周边地区最早开始驯化、栽培和利用大麻（《中国麻业科学》1 期），孙永刚并认为其利用方式除了食用和提取纤维原料外，在其早期阶段多与宗教行为有关（《农业考古》1 期）。

关于残留物分析。杨玉璋、袁增箭和张居中等对安徽繁昌缪墩遗址出土的陶器进行残留物分析，认为稻属植物的利用在食物结构中占据重要地位，另外莲属、芡实等植物淀粉粒的大量发现，体现了皖南沿江平原地区先民对水生植物性食物资源的依赖（《第四纪研究》6 期）。杨玉璋、姚凌和程至杰等通过对顺山集遗址石器和陶釜残片表面残留物的淀粉粒分析，认为先民植物利用具有多样性，圆形磨石、磨球及长柱状石锤主要用于加工植物性食物，石斧也被用来加工植物性食物，具有“一器多用”的特征（《中国科学：地球科学》7 期）。

关于动物考古总论。武庄、袁靖和赵欣等认为，新石器时代早、中期，北方地区在推广驯化家犬方面明显快于南方，新石器时代晚期以来，南北方在驯化家犬进程上的差异基本消失（《南方文物》3 期）。刘丁辉对新石器时代到汉代狗在人类社会中的角色演变进行讨论，认为新石器时代狗主要用于协助狩猎，并开始关注其食用和守卫价值（《中原文物》2 期）。袁靖认为东北地区北部新石器时代生业特征主要是采集和渔猎，南部地区至少从距今 8000 年前开始出现少量农作物，当时可能开始饲养家畜。在整个新石器时代，种植农作物和饲养家畜的行为在燕山南北地区发展缓慢，而在辽东半岛南端地区则逐渐成为主要的生业模式（《南方文物》3 期）。莫林恒对长江中下游地区 28 处新石器时代遗址出土的鱼类遗存进行统计分析，将出土的鱼类分为常见骨骼、一般骨骼、少见骨骼三类，并对长江中游和长江下游的鱼类进行比较分析，另将这一地区捕鱼经济分为四个时期（《南方文物》4 期）。

关于各遗址动物遗存。胡松梅、杨苗苗和孙周勇等鉴定认为，陕西神木石峁遗址有扬子鳄、猪、狗、马、黄牛、绵羊、山羊等人工饲养动物，经济类型为半农半牧形式，当时遗址周围是一个以草原为主，有树木、水域和沙漠的环境（《考古与文物》4 期）。蔡大伟、胡松梅和孙玮璐等对陕西石峁遗址后阳湾地点出土的 11 个古代黄牛进行古 DNA 分析，发现全部是普通牛，从侧面反映了石峁与欧亚草原的文化交流（《考古与文物》4 期）。赵春燕、胡松梅和孙周勇等通过热电离质谱分析方法，对陕西石峁后阳湾地点出土的猪、黄牛和绵羊等动物牙釉质的锶同位素比值进行测定，认为它们可能是在遗址当地饲养的（《考古与文物》4 期）。宋艳波通过对济南地区后李文化时期的小荆山、西河、月庄、张马屯四处遗址出土的动物遗存进行综合分析，认为此时先民们已经驯养了狗，并且开始驯养家猪，并充分利用食剩的动物骨骼等熟练制作各种生产生活用品（《华夏考古》3 期）。宋艳波和田名利通过对江苏宜兴西溪遗址马家浜文化时期各阶段的脊椎动物进行统计、鉴定，发现家养动物有猪和狗，野生动物有麋鹿、斑鹿、牛等（《海岱考古》9 辑）。宋艳波和田名利通过对江苏溧阳神墩遗址马家浜文化早期阶段动物遗存进行统计和鉴定，认为当时先民主要依靠狩猎和捕捞野生动物来获取肉食资源，同时可能会饲养家猪作为肉食资源的补充（《海岱考古》9 辑）。宋艳波和谢光茂对广西百色地区百达、革新桥和坎屯三个新石器时代遗址出土的动物遗存进行鉴定分析，认为在全新世早中期该地区自然资源比较丰富，先民以渔猎经济作为主要的经济生活方式（《南方文物》1 期）。

（五）石器、玉器、陶器及其他

关于石器类型和功能。黄可佳以中锋端刃器的分类为例，探讨了磨制石器的量化分类方法（《东方考古》13 集）。肖宇认为史前石锛存在多种安柄形态、缚柄技术，表明其使用方式和功能的多元化，不同安柄形态的石锛，组成成套使用、方式各异的精细木材加工工具（《农业考古》4 期）。陈胜前、杨宽和朱永刚等通过对哈民忙哈遗址出土石器工具组合的研究，发现缺乏典型的农耕工具，而食物加工工具种类丰富，反映出当时狩猎采集兼营农业的生产方式，并认为先民生活在一个此前很少为人利用的农业边缘环境，高度聚居的人口形成对资源的巨大压力，为哈民忙哈遗址的灾难埋下了伏笔（《人类学学报》4 期）。王佳静和蒋乐平对上山遗址上山文化的部分石片石器进行微痕和残留物的分析，认为其功能包括收割水稻、芦苇、莎草等植物，也有用于竹木加工等（《南方文物》3 期）。孙瀚龙通过实验考古和微痕分析的方法对“石犁”进行研究，认为“石犁”并非进行犁耕生产的工具，其功能呈现复杂多样的特性，单体石犁应该是切割柔软植物的刀具，或被用作挖掘工具，组合式分体石犁大多数情况下作为整体器物使用，也不排除在拆卸后各部件单独使用的可能性［《崧泽文化学术研讨会论文集》（2014），文物出版社］。

关于石器制作和生产。陈醉通过石器的改制工艺、使用痕迹观察，认为哈民忙哈遗址存在大量改制石器的现象，与遗址内石料资源供给不足有关（《边疆考古研究》19 辑）。翟少冬根据对陶寺遗址石制品复制实验的结果，认为陶寺晚期变质砂岩石器的生产，可能远远高于自身消费的需求，多余的产品可能输出到周边来换取自身需要的物资（《南方文物》2 期）。邸楠运用实验考古的研究方法，对陕西蓝田新街遗址出土的石刀进行了研究，认为石刀的加工制作主要采用锤击和锐棱砸击两种方法，用途主要为收割（《西部考古》11 辑）。

关于玉器研究方法和总论。张忠培提出要将中国玉器与玉文化研究放在中国文化变革之路中进行考察，要以考古学方法研究考古学发现的玉器，首先要在认识上搞清楚一件玉器的概念，其次要观察出玉器与玉文化之间的关联，最后要找出玉器发展演变的规律（《江汉考古》6 期）。杨伯达对中国史前时期的玉器进行综合研究，归纳出史前玉器的六大成因，包括社会、巫觋、玉人、玉石、工艺、形饰因素，并对不同时期、不同地区发现的玉器进行分类和功能分析，总结了不同区域玉器的社会特征（《中国史前玉器史》，故宫出版社）。杨晶以东北和长江下游地区玉文化为主，探讨了我国东部地区史前玉器的发展轨迹，认为形成了以红山文化和良渚文化为代表的两大玉文化中心，南、北两大玉文化系统之间的互动，促成了黄河下游地区龙山时代玉文化的高峰（《“城市与文明”学术研讨会论文集》，上海古籍出版社）。朱乃诚以玉琮为线索探讨了广富林文化对中原地区的影响（《“城市与文明”学术研讨会论文集》，上海古籍出版社）。

关于玉器功能和原料。杨晶认为在史前时期的长江下游地区三角洲平原和苏皖平原，玉璜佩戴方式在排列、组合和布局等方面既有共性，又有差异，共性是两地均流行以单璜作为项饰或胸饰的样式，差异性则主要表现在排列、组合和布局等方面［《崧泽文化学术研讨会论文集》（2014），文物出版社］。秦岭和崔剑锋对浙北崧泽—良渚文化遗址出土的玉器进行无损分析，认为软玉在马家浜—崧泽文化时期被引入环太湖流域，崧泽—良渚时期透闪石玉已成为最主要的玉石材料，小兜里遗址和普安桥遗址的玉料来源并不相同，且同一遗址从崧泽晚期到良渚中期均体现出在玉料来源上具有一定的延续性［《崧泽文化学术研讨会论文集》（2014），文物出版社］。

关于玉器内涵。黄翠梅对中国新石器时代的耳珰进行研究，认为耳珰大约萌芽于公元前第五千纪后半至公元前第四千纪之交的长江中下游地区，外形均为滑轮形，材质有骨、牙、石质等；到公元前第四千纪前半，凸纽状的骨耳珰开始出现；到公元前第四千纪后半，玉质的耳珰开始盛行，并出现滑轮状、凸纽状和喇叭状等不同类型；公元前第三千纪以后，只在个别墓葬中有发现［《崧泽文化学术研讨会论文集》（2014），文物出版社］。崔天兴认为红山文化玉猪龙的原型，来源于玉玦和兽首的结合，其平面形象为兽面纹玉璋，兽面形玉璋与红山文化玉蚕蛹从构图图式上存在极大的相似性，是“蚕”的变态形象（《北方文物》3 期）。高江涛认为多璜联璧首先出现在龙山文化时期的晋南地区，主要是佩戴饰物，之后北传至新华文化，再西传至齐家文化分布区，在晋南主要是佩戴饰物，在齐家文化中多与祭祀相关（《南方文物》4 期）。费玲伢将长江下游新石器时代的动物形玉器分为全形动物、半形动物和复合形动物三类，并认为玉器的动物造型与原始宗教有着密切的关系（《华夏考古》4 期）。邓淑苹认为太湖地区公元前 3000 年前后出现的胚胎形玉雕可能分为两种，一种有大眼、立耳翘鼻的是虎，另一种不刻划眼睛、长鼻吻、有角或鬣的是龙［《崧泽文化学术研讨会论文集》(2014)，文物出版社］。宋建认为反山 M12 出土玉琮上的人虎复合神像是良渚文化的主神，人形神与虎神分别代表巫师与神灵（《南方文物》2 期）。

关于陶器的起源、制作和功能。周广明与和奇认为，作为炊器的陶器出现，是人类饮食文化进程中的内在需求，其外因是广谱经济对炊煮载体的需求刺激（《南方文物》1 期）。黄建秋通过对南河浜遗址崧泽文化陶豆和高把盅结构进行分析，认为这两种器物可以分解成多个独立部件，各个部件分别由专人制作，再由专人把不同部件拼接成完整器［《崧泽文化学术研讨会论文集》(2014)，文物出版社］。张伟认为杨官寨遗址出土的“喇叭形器”是陶鼓，应该是借鉴和发展了长江与汉江流域的束腰形陶鼓，并影响到甘青地区（《西部考古》12 辑）。郁永彬、吴小红和崔剑锋等通过对宜昌中堡岛新石器时代遗址彩陶进行检测分析，认为与邻近的枝江关庙山彩陶使用的原料相近，而与长江上游及西北地区马家窑文化彩陶不同（《中原文物》3 期）。郭梦认为河南汤阴白营遗址龙山文化“含金沙陶片”所用羼合料应该是云母（《西部考古》11 辑）。高兴超认为大青山以南地区仰韶至龙山时期陶窑窑室以圆形为主，椭圆形次之，火道由仰韶晚期以直向加环形火道系统为主，转变为龙山时代以主火道和分火道组合为主的结构（《中国国家博物馆馆刊》1 期）。郭梦对陶器无窑烧制技术和陶窑烧制技术之间的关系进行讨论，认为二者并非单一的技术进化模式，而可能是当地自然环境、社会环境、文化传统等多种因素影响下的多元技术选择的结果（《考古》3 期）。

关于陶器与宗教艺术。陈继玲和陈胜前综述了史前艺术类遗存研究的方法，注意到了不同方法之间存在层次、视角、应用范围等方面的区别，在此基础上，提出多种方法结合的关联方法，并以兴隆洼文化和哈民忙哈遗址筒形罐表面的“之”字纹、“麻点纹”为例做了分析（《东南文化》3 期）。曲枫认为青海柳湾墓地彩陶壶上的人像，表达了萨满的身体变形现象，作为死亡萨满生前使用的神器，可能代表着萨满的第二个身体（《华夏考古》3 期）。朱乃诚对仰韶文化庙底沟类型彩陶鸟纹进行研究，着重释读了一种尚未被识别的阴文鸟纹图案，认为半坡类型彩陶鸟纹应是当时人们看到的鱼鹰捕鱼实景的艺术写照，而庙底沟类型彩陶上的鸟图案可能与崇尚鸟（鹰）有关（《南方文物》4 期）。赵春青认为庙底沟遗址彩陶罐上的“鱼鸟共融图”盛行于庙底沟类型早期，鸟和鱼分别代表同属于仰韶文化组团的两个集团，它的出现说明自庙底沟类型之始，鸟集团逐渐夺取了战斗中的胜利，且鸟集团内部仍可以划分次一级别的若干族团（《南方文物》4 期）。王小盾认为新石器时代黄河流域东方和西方流行两种鸟崇拜，且都有自身的发展演变规律，由此催生了日鸟和月蛙这两种历史悠久的象征传统（《中原文化研究》3 期）。朱永刚通过对哈民忙哈遗址出土“丫”形陶器形制特点、出土状态、生业类型进行分析，并结合民族学资料，认为是一种与原始宗教活动有关的信物，可能是狩猎时行巫术的辅助器工具（《北方文物》3 期）。

关于骨器等的制作和功能。陈全家、陈君和吉平等对哈民忙哈遗址出土骨、角和牙制品进行分析，发现其种类繁多，原料来源广泛，加工技术纯熟，主要是从事狩猎、采集的生产工具和日常生活用具（《人类学学报》3 期）。王春雪、陈全家和陈君等对哈民忙哈遗址出土的 4 件蚌制品观察分析，认为是装饰品，其制作流程是选料、截料、改料后，在蚌坯中部管钻钻孔，取得蚌环雏形，再抛光加工（《边疆考古研究》19 辑）。吴卫对昙石山文化诸遗址中出土贝制工具进行分类统计，将其大致分为耕作工具、收获工具和加工工具三类（《农业考古》3 期）。

（六）体质人类学和同位素分析

关于人种类型和病理分析。陈靓、熊建雪和邵晶等对石峁遗址祭祀坑出土的头骨进行研究，发现女性明显多于男性，且不见未成年个体。从头骨形态特征来看，与内蒙古长城沿线一带先秦时期的土著居民具有高度一致性，而头骨上留有明显的火烧痕迹，可能与祭祀仪式或者卸取头骨有关，头骨上的创伤可能与战争有关（《考古与文物》4 期）。魏东和肖晓鸣通过对后套木嘎遗址 2011 年出土人骨进行研究，其中第一期遗存的 M45 属于新石器时代，墓主人盆骨形态受损，倾向于男性，脑颅方面为长颅型、高颅型、窄颅型结合，面颅方面为窄额型、狭上面型、中眶型与中鼻型相结合（《考古》9 期）。赵东月、朱泓和闵锐对云南宾川白羊村遗址出土的人骨标本进行研究，认为死亡年龄主要在未成年期和中年期，女性居民颅骨特征与古西北类型和古华北类型较为相似（《南方文物》1 期）。

关于稳定同位素分析与食谱。郭怡、夏阳和董艳芳等通过对北刘遗址人骨的稳定同位素进行分析，认为是以粟类食物为主的食物结构，进一步认为从所谓老官台文化到仰韶文化时期，一直以粟类食物为主，且在先民食物结构比例上升，但到仰韶文化中晚期，粟类食物的比重下降（《考古与文物》1 期）。舒涛、魏兴涛和吴小红对河南灵宝晓坞遗址发现的 2 座仰韶早期的二次合葬墓人骨做了碳氮稳定同位素分析，发现都以粟（黍）为主食，规模较大的一号墓成员内部饮食差异小，规模较小的二号墓降低了采集量，粟（黍）和肉食比例有所提高，同时男女性别之间的饮食差异达到极显著水平（《华夏考古》1 期）。吴梦洋、葛威和陈兆善通过对昙石山遗址人骨的碳氮稳定同位素进行分析，认为昙石山先民有广泛的肉食来源和一定量的 C3 类植物，其中肉食以海生类资源为多，食物营养级与社会贫富并无关联，两性食性无显著差异，未成年人的食物结构较成年人更偏于高级营养级食物（《人类学学报》2 期）。

夏商周时期考古

张国硕　赫素祯　夏腾辉

2016年度，夏商周三代考古取得一系列重大收获，新发现山东定陶十里铺北城址、湖北大冶铜绿山四方塘遗址墓葬区以及陕西宝鸡周原遗址新遗存，围绕城市考古与都城考古、方国与封国文明、礼制、考古学文化形成发展与交流、手工业生产、生业状况及专题考古研究等方面，进行了深入的研讨。据不完全统计，共发表相关考古简报及论文300余篇，出版考古发掘报告及著作近40部，召开相关学术会议10余次。

一　夏商周考古综合研究

2016年度公布较多的夏商周考古发掘报告，主要集中在河南、陕西、山东等省，江苏、安徽、浙江、福建、湖北、重庆、四川等省市也有一定的新材料。有关综合研究，主要涉及三代都城和城市、考古学文化、三代生业等方面。

河南境内发布的考古新报告较为丰富。《新郑望京楼》（科学出版社）汇集新郑望京楼遗址考古勘探和发掘工作的主要成果，重点介绍城墙、城门、建筑遗迹和墓葬以及城内生活区的勘探发掘情况，并对该遗址二里头文化、二里冈文化遗存进行分期研究。《郑州大师姑图录》（科学出版社），收集大师姑遗址2002～2003年考古发掘出土遗物219件，包括陶器、石器、骨器等，以大幅面、多角度的形式进行全方位的展示。荥阳官庄遗址发现一座大小城南北相连、带有多重环壕的周代城址，并确认出城壕、城墙、小城南城门和相关建筑等遗存（《考古》8期）。官庄遗址西北部还发现一批西周晚期至战国中期遗存，尤以大量的窖穴遗存最为重要，推测可能为仓储区（《中原文物》3期）。《荥阳西司马墓地》（大象出版社）介绍西司马墓地三次考古发掘研究的成果，墓葬年代包括晚商西周、战国、魏晋等时期墓葬。此外，温县徐堡遗址发掘清理9座两周时期墓葬，出土有陶器、玉器、贝饰等遗物（《中原文物》2期）；信阳孙寨遗址发现龙山晚期到周代遗存（《中国文物报》9月27日）；三门峡李家窑遗址西南部清理出4座西周至春秋时期小型土坑墓（《华夏考古》4期）。

晋陕境内公布一些考古调查材料。彬县考古调查发现13处商周时期遗址，年代主要为先周和西周时期（《中国国家博物馆馆刊》3期）。沁县南涅水遗址发现涵盖仰韶文化至商代各主要文化阶段的遗存，为晋东南地区考古提供了新资料（《华夏考古》3期）。

山东境内公布的考古新材料较多。定陶十里铺北遗址发现从大汶口文化到汉唐等不同时期的文化遗存，其中最重要的是岳石文化、晚商时期的城址（《中国文物报》2月26日）。《山东薛河流域系统考古调查报告》（科学出版社）对薛河流域发现的160余处遗址和遗物分布区进行介绍，考察该地区北辛文化至秦汉时期的宏观聚落形态和变迁情况。

《沂源东安古城》（文物出版社）对东安古城遗址进行介绍。该遗址面积约40万平方米，发现龙山、商、春秋遗存及汉代城墙。此外，日照六甲庄遗址出土一批龙山文化、岳石文化、周代及汉代遗存（《考古》11期）；济南孟家阿遗址发现一批商代及东周时期遗存（《中国文物报》9月27日）。

苏皖地区发现一些周代遗址。苏州木渎古城城内及周边考古调查与发掘，在城内合丰地点发现一座西周晚期至春秋早期小城，城址周边发现一座战国早中期千年寺小城。城内五峰地点发掘调查表明，该城有可能未构筑完整的城墙，而是在山口处因地制宜构筑防御设施，利用周边的山体作为天然屏障（《考古学报》2期）。霍山戴家院遗址年代为西周中期至春秋早期，发现有祭坛、房屋、墓葬等遗存，出土有陶器、石器、铜器、木器等（《考古学报》1期）。《马鞍山五担岗》（文物出版社）完整揭示马鞍山地区从新石器时代末期到夏商周时期的文化序列和文化内涵，对长江下游地区商周时期考古学文化研究具有重要价值。

浙闽地区发现有少量史前至商周遗存。镇海鱼山遗址Ⅰ期发现河姆渡、良渚、商周和唐宋四个时期的文化遗存。其中河姆渡文化二、三期遗存，良渚文化晚期和商周时期堆积之间的自然淤泥层，为研究沿海地区史前至商周时期文化面貌、人地关系提供了重要资料（《东南文化》4期）。长泰龙津溪中游发现四处商周时期浮滨文化石器制造场遗址，其中后厝山遗址保存最好，文化内涵单一，应为石器初级加工营地（《考古》5期）。武夷山市葫芦山遗址发现有灰坑、灰沟、柱洞以及建筑台基、窑址等遗迹，初步揭露出一处新石器时代晚期至商周时期的聚落遗址（《东南文化》2期）。

湖北宜昌万福垴为一处大型周代聚落遗址。遗存可分为三期，年代分别为西周晚期、春秋早期、春秋中期。遗址汇聚鄂东乃至长江下游和峡江地区、长江上游的多种文化因素，同时与周文化保持有亲缘关系，呈现出多元文化因素融合的特征（《江汉考古》4期）。

重庆云阳李家坝遗址清理出100余座墓葬及丰富的先秦时期遗存，其中早期遗存属于瓦渣地文化，年代为西周中晚期至春秋早中期；晚期遗存属于李家坝文化，年代为春秋晚期到战国晚期（《江汉考古》6期）。此外，巫山大溪遗址发现一批商周时期遗存，可分为三期，其中一、二期巴文化因素浓厚，三期楚文化因素占主导地位（《江汉考古》2期）。

四川境内，彭州天彭周家院子遗址发现有灰坑、灰沟、墓葬、窑炉、道路等商周至唐宋时期遗迹，其中以商周时期遗存最为丰富，对研究三星堆文化向十二桥文化演变具有重要价值（《文物》3期）。此外，郫县波罗村遗址总面积达30余万平方米，大致可分出居住区、陶器作坊区和墓葬区等功能区（《考古学报》1期）。汉源桃坪遗址清理多座商周时期灰坑、战国至汉初墓葬（《四川文物》6期）。

新疆境内遗存较为丰富。泉水沟、都木都厄布得格遗址发现有青铜时代晚期遗存，对于研究欧亚草原地带距今3500年以来的文化面貌具有重要价值（《中国文物报》9月13日）。温泉呼斯塔遗址发现一处规模庞大的青铜时代早期遗址。遗址分三部分，其中一处可能是青铜时代早期城址。发现有马头骨、青铜短剑和青铜锥等遗物（《中国文物报》12月2日）。阜康西沟遗址抢救性发掘，发现青铜时代遗存2处，清理墓葬23座（《考古与文物》5期）。于田流水青铜时代墓地发掘，首次在新疆发现以单纯刻划纹陶器为主要特点的青铜时代遗存。发掘墓葬52座，分石围墓与石堆墓两类，部分墓葬有殉祭动物

(《考古》12 期)。

内蒙古库伦三家子遗址发掘，清理出一批以高台山文化为主体，兼有少量来自夏家店下层文化、魏营子文化因素的遗存，为研究科尔沁沙地夏至战国时期考古学文化提供了一批新资料（《边疆考古研究》19 辑）。

2016 年度有多部三代考古研究方面的论文集出版。《高明先生九秩华诞庆寿论文集》(科学出版社)，收录论文 30 余篇，围绕甲骨文、金文考据和商周考古等方面展开研讨。张国硕《先秦历史与考古研究》(科学出版社）一书，“前言”部分系统阐述作者有关夏商周考古的学术观点与学术体系；正文部分收录其相关论文 46 篇，重点论述先秦城市与都邑、夏商周文化、夏商周方国与封国、族群迁徙与文化传播、夏王朝存在与否、学术史等课题。《东北与北方青铜时代》(文物出版社)，共收录论文 20 余篇，论题涉及东北地区青铜时代文化的遗迹、遗物、文化内涵等多方面。《后迁义遗址考古发掘报告及冀东地区考古学文化研究》(文物出版社)，内容涉及后迁义遗址考古发掘报告以及冀东地区考古学文化研究。《先秦南洞庭——南洞庭湖古遗址发掘报告集》(科学出版社)，收录洞庭湖南部新湖遗址等 8 处先秦遗址的发掘简报，时代经历汤家岗文化、大溪文化、屈家岭文化、石家河文化和商周时期。《“城市与文明”学术研讨会论文集》(上海古籍出版社)，是 2014 年上海“城市与文明学术研讨会”论文的精选，其中多篇论述涉及三代城市研究问题。

在三代都城和城市研究方面，许宏《大都无城》(生活·读书·新知三联书店）一书，对二里头到东汉时期的都城形态进行了梳理，认为中国都城形态经历汉代之前“大都无城”到汉之后“无邑不城”的转变。《中国古代都城考古发现与研究》(社会科学文献出版社)，分为绪论、上编、下编，其中上编是古代都城考古发现，包括“早期中国”、商、西周、东周以及秦至元时期；下编是古代都城考古研究。惠夕平《从商周都邑看早期城市功能的发展》(《殷都学刊》1 期)，从人口积聚、防御、政治和社会、智慧和知识、祭祀和礼制、手工业生产几个方面，研讨商周城市的功能及其特色。

生产及建筑技术研究方面，杜金鹏《夏商都邑水利文化遗产的考古发现及其价值》(《考古》1 期)，对夏商都邑遗址发现的护城河、壕沟、暗渠、水池、井、渡槽等水利设施进行研究，认为它们具有防护城市、改善人居环境、保障生产生活的水资源供给、提升区域景观等作用。史宝琳《公元前两千纪前后中原地区的水道设施》(《文物春秋》1 期)，通过对中原地区水道建筑材料与制造技术的分析，揭示水利系统对早期城市发展所具有的重要意义。郭明《商周时期府库建筑初探》(《考古与文物》1 期)，认为商周时期府库建筑往往为多座，整齐排列；形状均呈狭长方形，长宽比较大，屋顶为两面坡式；其内部空间的使用规划，纵向是分隔开的，门道不在东西两侧墙壁的正中央；府库建筑群往往自成一独立建筑区域，建筑周围的遗物相对较少。王迪《中国北方地区商周时期制陶作坊研究》(科学出版社)，首先确立考古上辨识制陶作坊的几个原则，再辨识出北方商周时期的制陶作坊，进而探讨制陶工艺、制陶禁忌与祭祀等问题。

在礼制研究方面，赵庆淼《关于先秦的“一车驾三马”之制》(《考古》1 期)，对先秦车马配驾制度进行分析，认为殷商时期基本为二马引挽一车，西周以后则以一车二马或四马的配驾方式为主，至战国时期才局部出现“驾三马”现象。杨文胜《中原地区两周随葬青铜礼乐器制度研究》(大象出版社)，论述两周时期随葬青铜礼乐器制度的形成、发展和演变过程，阐释青铜礼乐器随葬制度与贵族身份等级制度之间的内在联系。

考古学文化形成发展与交流方面，林沄《中国考古学中“古国”“方国”“王国”的理论与方法问题》（《中原文化研究》2期），认为考古材料作为社会发展的物化表现，在认识和理解上有相当多的客观困难。应重视已有材料的片断性和残存性，努力在年代上求得一致的看法；充分估计不同自然环境、不同文化传统下大致相同的社会发展水平会有不同的物化表现；在比较不同的考古案例时应参照人类学和历史学的研究成果，逐步细化。尚友萍《“国族”与“国族文化”辨析》（《文物春秋》Z1期），对林沄《由“文化形成的滞后性”引起的新思考》中提到的“国族”与“国族文化”进行辨析，认为王立新所讨论的“文化滞后”中的“文化”是“考古学文化”，不是“王朝文化”。许宏《中国考古学界国家起源探索的心路历程与相关思考》（《中原文化研究》2期），对中国考古学界有关国家起源的探索进行分期总结与思考，提出东亚大陆国家起源两大阶段论。崔天兴《先秦时期锯齿刃石钺的考古学研究》（《中原文物》6期），认为良渚文化早中期和大汶口文化早中期中锋锯齿刃石钺的设计已经基本定型；玉石钺至商周阶段均发现于大中型墓葬，可能反映商周时期的仿制和收藏的理念，因此这类器物参与文明形成阶段的阶层分化和固化过程。程玲《从横岭山墓地管窥夔纹陶时代的岭南社会》（《福建文博》1期），考察夔纹陶时代岭南社会复杂化程度，并探讨早期方国社会形成之前岭南分层社会的发展状况。关福英《光泽新发现的先秦时期印纹陶器及断代》（《福建文博》2期），对近年福建光泽县发现的印纹陶器进行断代研究，将其分为夏商时期、两周时期、东周时期。周志清《西南地区青铜时代墓葬随葬石范习俗管窥》（《江汉考古》6期），认为西南地区青铜时代随葬石范墓葬的墓主人身份可能为铸造工匠，随葬石范具有明身份、别认同功能，其文化传统可能源于欧亚草原青铜文化的“铸匠墓”习俗。李晓健、王立新《辽宁阜新代海墓地文化因素构成分析》（《北方文物》1期），认为代海墓地包含有邻近的夏家店下层文化、高台山文化以及小拉哈文化的成分，但又很难将其归属于上述任何一种文化，可以视为一种地域上的过渡性遗存，称为“代海遗存”。董哲等《赤峰大山前遗址第1地点夏家店下层文化梭形石刀的使用方式》（《考古》3期），认为梭形石刀不可能是手持使用的工具，而是装柄使用的，其断裂的位置就是装柄的位置；它也不是专门从事谷物收割的工具，而可能是一种具有多种用途的日用工具。赵少军《太子河流域青铜时代石构墓葬初探》（《文物春秋》2期），对辽东地区太子河流域青铜时代石构墓葬的渊源及与相邻地区石构墓葬关系进行探讨，揭示石构墓葬发生和发展过程中受到多元文化因素影响，并同时对外施加影响的互动过程。

有关商周国别族属及地望的探讨，孔华、杜勇《曩国地望新探》（《中国国家博物馆馆刊》1期），认为商末周初曩族的封地距周初的燕国不远；两周之际，曩国为避戎祸将都邑迁徙到山东黄县一带，而非莒县北部。赵炳清《略论巴人早期的历史与地望》（《江汉考古》3期），认为巴人是古东夷族西迁鄂西北融合当地土著居民而形成的，夏及商前期活动在豫西南鄂西北的丹阳地区；商代中晚期西迁至汉水上游地区，形成宝山文化；商周之际北迁至宝鸡，建立弶国，并参与武王伐纣；武王建立姬姓巴国。

有关三代生业研究方面，尤悦、吕鹏等《新疆地区家养绵羊的出现及早期利用》（《考古》12期），判断出石人子沟遗址出土的绵羊是家养动物，并认为新疆青铜时代和早期铁器时代家养绵羊开发利用的方式主要有获取肉食资源和羊毛、获取羊皮和羊奶、用羊祭祀随葬和用羊骨制作骨器等。袁靖《新石器时代至先秦时期东北地区的生业初探》（《南方文物》3期），将先秦东北地区的生业分为南、北两个部分，认为北部地区新石器时代主要是采集和渔猎，青铜时代种植农作物和饲养家畜的比重逐渐增加；南部地区至少从距今 8000 年前开始出现少量农作物，可能也开始饲养家畜。武庄、袁靖等《中国新石器时代至先秦时期遗址出土家犬的动物考古学研究》（《南方文物》3 期），认为新石器时代中期前北方地区在推广驯化家犬方面快于南方地区，新石器时代晚期南北方地区在驯化家犬进程上的差异基本消失，饲养家犬成为各地区人群的日常行为。刘丁辉《论新石器时代到汉代狗在人类社会中的角色演变》（《中原文物》2 期），认为新石器时代狗的角色为“工具化”，夏商西周时期为“宗教化”，而春秋至两汉时期则为“实用化”。

二　夏代考古研究

相关考古发掘报告和论文集的出版、二里头文化及夏代都城研究是 2016 年度夏代考古研究的重点。

考古材料方面，《酒泉干骨崖》（文物出版社）一书，全面介绍甘肃酒泉干骨崖墓地的发掘和收获。通过对出土陶器、石器、铜器、骨器和装饰品的研究，对墓地进行分期，并深入探讨四坝文化的文化面貌。

早期夏文化研究方面，《新砦遗址与新砦文化研究》（科学出版社）一书，对已发表的新砦遗址发掘资料和新砦文化研究文章进行汇总，分为田野考古发掘简报与简讯、综合研究、城址研究、出土遗物研究、多学科研究、学术争鸣、回顾与前瞻七个部分，是全面了解新砦遗址和新砦文化的综合性著作。

对于夏代都城的研究，李鑫《夏王朝时期的城市布局与功能特征》（《华夏考古》1 期），认为二里头遗址考古特征与《尚书·禹贡》五服之制十分吻合，二者在资料上互补。王朝辉《以古洪水为视角论“禹都阳城”非濮阳所在》（《洛阳考古》1 期），对于近年出现的禹都阳城“濮阳说”中所提及的古洪水分布、古文献中“大禹治水”的记载、古地貌和筑城与古洪水关系等问题逐一予以辨析，从而断定濮阳非“禹都阳城”所在。

在二里头遗址研究上，张国硕《论二里头遗址发现的学术价值与意义》（《华夏考古》1 期），认为二里头遗址的发现，奠定了夏商文化探索的基础，为研究早期都城聚落形态提供了难得的机遇和条件，对于推动夏史研究向前发展、了解夏代的都城面貌以及经济与文化生活状况提供了广阔的空间，还为历史学科的整合研究以及多学科研究夏史提供了重要平台。陈国梁、李志鹏《二里头遗址制骨遗存的考察》（《考古》5 期），认为二里头遗址制骨手工业位于遗址的核心或重要区域，零星的加工点与集中式的作坊并存，作坊区由不同的生产群体（小组）共同组成，或尚未出现专门制作某一器类的区域（作坊）。李志鹏、江田真毅《二里头遗址的野生动物资源获取与利用》（《南方文物》3 期），认为二里头遗址先民利用的主要动物资源是家养动物，但野生动物资源也占有较大比重。赵海涛《二里头遗址二里头文化四期晚段遗存探析》（《南方文物》4 期），认为二里头文化四期晚段第二阶段是其巨大变化期，除绿松石器作坊和铸铜作坊仍在使用外，四期晚段第一阶段的道路、宫城墙及 1、2 号基址群等均受到不同程度的叠压或破坏而废弃，且下七垣文化和岳石文化特征的器物大规模成组出现；下七垣文化、岳石文化入侵导致二里头都城的废弃，之后并未将二里头遗址上的设施全部毁坏，也未撤出二里头遗址，而是继续使用二里头铸铜作坊。

关于岳石文化研究，张小雷《略论安徽地区的岳石文化遗存》（《东南文化》4 期），将安徽地区的岳石文化遗存分为分布区和影响区。其中皖北中北部地区为分布区，命名为“南城孜类型”；皖西北亳州可归入安邱堌堆类型。沿淮及江淮中部一带为影响区，其南界徘徊于江淮分水岭南北两侧。岳石文化对南部的影响通过江淮东部、江淮中部和皖西北三条路径来实现。

三 商代考古研究

2016 年度的商代考古研究，主要围绕商文化的分期和范围、商都考古以及盘龙城、小双桥、三星堆等遗址展开研讨，成就斐然。

公布的商代考古发掘材料主要有：河南郑州陇海路和南关街交叉口西南角发掘两座商代灰坑，出土有较为丰富的陶器、骨器、石器等（《华夏考古》1 期）。郑州市紫荆山路和商城路交叉口正兴商务大厦抢救性发掘，发现夯土基址、灰坑、水井、墓葬等商代遗迹（《华夏考古》4 期）。殷墟新安庄西地发掘，发现商代建筑基址、灰坑（窖穴）、灰沟、水井、墓葬、祭祀坑（场）或杀殉坑等以及大量遗物（《考古》2 期）。罗山天湖商周墓地发掘 M57 商代晚期墓葬，出土随葬品较为丰富（《华夏考古》2 期）。河北临城西古鲁营商代遗址发掘，为研究邢台地区商代晚期各文化之间的分布与交流提供新资料（《文物春秋》1 期）。山东济南刘家庄遗址商代墓葬 M121、M122 的发掘表明，晚商时期刘家庄一带居住着至少一支与商都殷墟有密切关系的氏族（《中国国家博物馆馆刊》7 期）。湖北黄陂盘龙城杨家嘴遗址 M26、H14 发掘，不仅丰富了盘龙城研究考古资料，而且也为探讨商代“碎器”葬俗提供了实物依据（《江汉考古》2 期）。四川广汉三星堆遗址考古工作获新突破，发现青关山大型建筑群、青关山城墙、李家院子城墙和马屁股城墙拐角等重要文化遗存（《中国文物报》3 月 25 日）。广东东源龙尾排遗址发现独具风格的商时期墓地，对于进一步厘清广东地区先秦考古学文化谱系、文化传播与交流等课题增添了新材料（《中国文物报》8 月 12 日）。辽宁绥中东王岗台发现一批窖藏铜器，年代大多属于殷墟二期以后的晚商到商周之际（《文物》3 期）。内蒙古库伦三家子遗址出土有晚商时期的陶片、石器、动物骨骼等遗物（《边疆考古研究》19 辑）。此外，新疆伊犁发现的尼勒克吉仁台沟口聚落遗址，为认识伊犁地区青铜时代文化面貌提供了新资料（《中国文物报》12 月 30 日）。

部分学者对商文化的分期有新的认识。谷飞《关于商代文化分期的几点思考》（《华夏考古》4 期），回顾以往商文化分期过程，对以王震中为代表的三分法和以张国硕为代表的二分法两种商文化主流分期方法进行分析和对比，认为应将两种方法加以整合，依然采用三分法，将王震中三分法中的中商文化下限改定在洹北花园庄早段之前，并按张国硕的意见将洹北花园庄早、晚段均归入晚商文化之中。程平山《对殷墟文化一期的思考》（《古代文明》10 卷），认为殷墟文化可在邹衡的分期基础上，根据新资料补以早商文化第Ⅶ组，即花园庄期早段。盛伟《殷墟文化两个分期体系的比较研究》（《中国国家博物馆馆刊》7 期），对比邹衡和安阳工作队对殷墟分期的两个体系，指出两者的差异，并将这种差异归因为传统年代学研究方法的局限性、资料积累的阶段性、早期田野发掘技术的不足性。

几位学者对商文化的分布范围进行探讨。孙华《安阳时期商朝国家的政治版图》（《古代文明》10 卷），认为安阳时期今济青地区是商文化的分布区，但在殷墟晚期已不受商王朝掌控；晋南地区虽不是商文化分布区，却仍属商王朝统治区域；关中地区为多文化交流区，其政治实体仍长期从属于商王朝；长江一线仍受商王朝的政治影响。张翠莲《商文化的北界》（《考古》4期），认为商文化的北界是随着时代的变化而向南或向北摆动，这种变动与商王朝的国力强弱和对外政策息息相关。燕生东、丁燕杰《商文化前期在东方地区的发展特点》（《中原文物》6期），对商代前期商文化在东方地区的发展过程、聚落分布、区域中心聚落以及文化特点进行分析。丘山代、刘文阁《河南正阳出土"禽"铭铜器初探》（《南方文物》2期），认为正阳闰楼晚商遗址是禽族的居地，为商王朝置于南疆的具有浓厚军事色彩的重要据点。张天宇《一墓多族徽与商周分界》（《江汉考古》6期），认为可将一墓多族徽作为晚商时期非商文化分布区商、周分界的界标。

关于商代社会研究，王祁《商代陶质酒器组合的研究》（《南方文物》4期），观察商代陶质酒器组合的早晚变化，探析商人嗜酒等社会习俗和社会内涵的变化。李晓燕《从墓上建筑和墓地祭祀谈陵寝制度的渊源》（《文物春秋》4期），认为陵寝制度的渊源可上溯至商文化时期，商代已经存在墓祭。苏家寅《商代林业遗存研究》（《三代考古（六）》），认为商代林业生产活动已经取得一定的进步，但社会化程度仍然很低。王树芝等《殷商时期高分辨率的生态环境重建》（《南方文物》2期），认为水患可能是商都毁弃的一个重要原因。孙明《再论商王朝的衰亡与铅》（《华夏考古》1期），综合人骨和青铜器分析研究成果，论证商代晚期贵族阶层应该存在严重的铅中毒，而铅中毒应为商王朝衰亡的重要原因之一。

有关商代前期都城的研究，刘孝彬等《郑州商城遗址出土夯土材料的分析研究》（《文物保护与考古科学》4期），确认郑州商城遗址出土的夯筑灰土材料是二元的"三合土"结构，其比例非常接近明代灰、黄土、河砂1∶1∶1的三合土配比，体现出商代工匠高超的建筑技艺。侯卫东《试论二里冈文化构成的演变》（《江汉考古》4期），认为郑州商城代表的二里冈文化构成的总体演变趋势从多元逐渐走向一元，反映了中心都邑逐渐规范化和制度化的过程。刘绪《漫谈偃师商城西亳说的认识过程》（《古代文明》10卷），回忆偃师商城的发现、发表以及偃师商城西亳说的曲折发展过程，肯定当前的部分认识，又指出当前结论的一些缺陷。陈国梁《偃师商城遗址聚落形态的初步考察》（《三代考古（六）》），旨在揭示偃师商城遗址二里头文化出现、发展壮大、最终被二里冈文化所代替的过程。郑杰祥《试论郑州小双桥遗址的性质问题》（《古代文明》10卷），认为小双桥遗址应是商王仲丁迁隞都时期所建祭祀天地神祖或向天地神祖行献俘礼的"南单"遗迹。侯卫东《郑州小双桥商代都邑布局探索》（《中国国家博物馆馆刊》9期）肯定小双桥遗址的都邑性质，并对其范围和布局按阶段进行分析。郭荣臻、刘婷婷《考古学史视角下的小双桥商都说》（《洛阳考古》3期），评述各家之说，指出小双桥遗址性质研究仍处于"共识不居，假说依旧"的状态。

洹北商城、小屯殷墟、殷墟文化仍是商代考古的焦点之一。唐际根等《洹北商城与殷墟的水网路网》（《考古学报》3期），利用殷墟文化分期的新成果，通过路网和水网将宫庙、陵区、作坊、居民点等遗迹联系起来，并讨论殷墟的布局问题。赵俊杰《也谈洹北商城大城城垣的建造》（《中国文物报》1月15日），赞成张国硕提出的"洹北商城经历宫城与环壕、宫城与大城布局的演变"之观点，对洹北商城大城城垣的建筑进行具体分析。韩金秋《殷墟祭祀坑中的北方文化因素研究》（《边疆考古研究》19辑），认为殷墟祭祀坑中的北方文化因素多是寻常的工具和兵器，使用者是奴隶和战俘，其对殷墟文化产生潜移默化的影响。王恩田《武父乙盉与殷墟大型宗庙基址F1复原》(《中原文物》1期),认为《商书》所说的殷人“五世之庙”是不存在的,殷人也不曾实行昭穆制度。翟跃群《试析妇好带兵征战的原因》(《南方文物》1期),指出武丁让妇好带兵出征,不是因为妇好军事才能出众,或者商代有女子从军的传统,而是武丁为平衡内外服诸侯利益、缓和诸侯矛盾而采取的一种政治手段。

晋陕地区商文化研究方面,张海滨、解华顶《从甲骨文及金文探析殷商贾国之历史》(《华夏考古》4期),认为贾封国于武丁时代,与商王室关系密切,地处今临汾、襄汾之间,商周之际被灭国。李翔《东龙山商代遗存初探》(《南方文物》2期),辨析出东龙山遗址包含二里冈下层一期至殷墟早期的文化遗存。牛世山《商文化京当类型:判别、分歧与解析》(《古代文明》10卷),探讨京当类型的时代、地域分布特点以及与其他文化尤其是先周文化的关系等问题。张天恩《陕北高原商代考古学文化简论》(《中国国家博物馆馆刊》9期),分析陕北高原的商代考古学文化,旨在为该地区商代考古系统研究提供参考。

湖北盘龙城遗址是商代考古研究的热点之一。张昌平《湖北黄陂盘龙城遗址又获重大发现》(《中国文物报》4月8日),将2013年以来盘龙城考古总结为对遗址地理景观及其变化的认识、对聚落布局的新认识、聚落社会与生产的新发现三方面的收获。黎海超《试论盘龙城遗址的区域特征》(《南方文物》1期),认为盘龙城遗址虽主体因素属商文化,但具有一定的区域性特征。施劲松《盘龙城与长江中游的青铜文明》(《考古》8期),以盘龙城为中心,揭示长江中游青铜文明的面貌。

长江流域其他商代考古研究成果主要有:施劲松《江汉平原出土的商时期青铜器》(《江汉考古》1期),认为商人兴建盘龙城的目的应是控制长江沿岸地区而非占据江汉平原,殷墟时期商文化对江汉平原仍有影响,湘江流域出土的商式青铜器可能由中原经江汉平原传入。豆海峰《试论湖南澧阳平原商时期考古遗存的发展阶段》(《江汉考古》3期),将澧阳平原商时期遗存划分为皂市遗存与斑竹遗存两类,二者分别代表两个不同的发展阶段,这种变迁是外来商文化与本地传统文化冲击与调适的互动过程。高大伦、郭明《三星堆遗址古文明的长度、宽度和高度》(《四川文物》6期),认为三星堆遗址是研究人类由野蛮向文明蜕变以及文明起源、发展、辉煌、衰落的绝佳实物标本。

关于周边地区商时期考古,陈醉等《内蒙古库伦旗三家子遗址陶器工艺研究》(《草原文物》2期),认为三家子遗址陶器工艺技术的来源不仅有高台山文化的传承,而且还有来自魏营子文化、夏家店下层文化的影响。

四 西周考古研究

2016年度的西周考古发现研究,主要集中于周王朝的中心区域(今陕西、河南等地)以及晋、齐、曾、楚等诸侯国,研究的深度与广度都有所提高。

西周考古发掘材料主要有:《丰镐考古八十年》(科学出版社),系统介绍陕西西安丰镐遗址近80年的考古成果和研究资料,全面呈现地下遗存的分布状况和重要西周遗存现象,总结各方面的科研成果,并对丰镐遗址今后的工作提出看法。《周原庄白西周青铜器窖藏考古发掘报告》(科学出版社),系统介绍庄白窖藏坑出土的青铜器,为探讨周王封官赐爵以维护统治的政策提供新资料。周原遗址2014~2015年的勘探与发掘,大致摸清该遗址的分布情况，发现夯土基址、居址—墓地、车马坑以及池渠等遗迹，丰富了周原遗址的研究资料（《考古》7 期）。西安长安区发现两座西周中期或稍晚阶段墓葬，墓葬形制较大，为研究西周盗墓史和丰京遗址聚落布局提供新资料（《南方文物》4 期）。宝鸡石鼓山商周墓地 M4 发掘，出土遗物丰富，推测年代为西周早期，墓主属于姜戎族群，级别低于侯或侯夫人，与 M3 墓主可能为夫妻关系（《文物》1 期）。河南平顶山蒲城店遗址西周早中期遗存发掘报告，为豫中地区考古学文化序列的建立和西周考古研究提供新的重要资料（《考古》6 期）。山西长子西南呈西周晋文化墓地，共清理 15 座墓葬，出土丰富的陶器、铜器、玉石器和海贝等。其中“甲”字形大墓 M15 的墓道发现殉车 14 辆，是迄今发现西周墓葬墓道中葬车数量最多者（《考古》3 期）。山东临朐陈家河遗址发掘，发现西周初年至中期东夷文化遗存，反映出当时鲁北地区仍然保留着本地土著文化的传统（《文物》8 期）。江苏邳州梁王城遗址发掘，发现西周时期墓葬及兽坑 80 余座，推断应为殷遗民墓葬，可能与周初殷遗民的迁徙或周初分封有关（《东南文化》2 期）。福建德化辽田尖山原始瓷窑址，年代为西周早中期至西周晚期或春秋早期，系闽南地区首次发现原始瓷窑址（《福建文博》1 期）。江西新干石牛岗遗址发掘，为研究西周早期赣中地区聚落形态、生活习俗和文化交流提供了重要资料（《南方文物》2 期）。新疆吐鲁番鄯善洋海墓地 M21 及墓内出土的毛布合裆长裤，年代在公元前 1074 ~ 前 935 年，是迄今为止考古发现年代最早的合裆裤实物（《中国文物报》7 月 29 日）。内蒙古乌拉特中旗海流图镇发现公元前第一千纪前后的石板墓，为探索阴山中部青铜时代至早期铁器时代墓葬文化提供有力物证（《草原文物》1 期）。

关于西周社会研究，张礼艳《西周贵族墓葬所见性别差异》（《江汉考古》4 期），认为西周贵族妇女的社会地位虽总体上低于丈夫所在层级的男性贵族，但相差并不悬殊；与商代相比，其相对地位也未出现显著下降。刘源《周承殷制的新证据及其启示》（《历史研究》2 期），指出近年发现的古文字材料为“周承殷制”的观点提供新证据，认为周王朝建立之初在政体等方面很大程度上继承殷商旧制，西周中期以后周代礼乐文明之特色才逐步凸显成主流，春秋时代鲁史中仍可见殷人史官的记事传统。常怀颖《周初“三都”的葬车及其相关问题》（《古代文明》10 卷），就周初三座都邑的车马埋葬情况进行对比，并进一步探讨周文化的发展过程以及周初殷遗民的政治、社会地位。高婧聪《西周宗族形态及德教》（《历史研究》6 期），探讨琱器铭文反映的西周人物关系以及遣氏宗族形态等问题，并考察西周宗族建构的一般模式以及西周社会的德教问题。刘卓异《伯㦰族属及家族研究》（《殷都学刊》1 期），认为伯㦰是殷遗民，伯㦰家族可能是专司武事的家族，商周之际臣服于周王室后被迁往周原。辛怡华《扶风海家西周青铜爬龙窖藏与太公望家族》（《考古与文物》2 期），指出扶风海家一带应是姜尚家族的采邑地。

周原遗址考古研究是西周考古的一大热点。宋江宁《对周原遗址凤雏建筑群的新认识》（《中国国家博物馆馆刊》3 期），论证凤雏建筑基址甲组的始建年代应为西周早期，指出周人早期大型建筑应是对商代建筑形式的模仿与学习，推测凤雏建筑群设计者的族属为商人，而其使用者的身份为周王或其在周原的代理人。辛怡华《岐山凤雏西周建筑基址为“周庙”说》（《宝鸡社会科学》4 期），认为周原甲组建筑基址是西周王朝举行祭祀、献俘礼或“燎于周庙”的场所，即“周庙”。王恩田《凤雏三号基址与周武王“祀于天位”》（《中国国家博物馆馆刊》3 期），认为周原遗址是西周的都城周，凤雏甲组基址是都城内的宗庙，三号基址的主要功能是祭天。孙庆伟《凤雏三号建筑基址与周代的亳社》（《中国国家博物馆馆刊》3 期），论证凤雏三号建筑基址是西周时期居住在周原地区殷遗民所建的亳社，从而证明凤雏村一带西周时期是殷遗民的居邑，周原遗址是西周都邑“周”地所在。张天恩《凤雏三号建筑的祭祀遗存浅谈》（《中国国家博物馆馆刊》3 期），认为凤雏三号建筑基址明显具有宗教祀典场所的特征，但与周社不同，应为商遗民所建“亳社”。马赛《从手工业作坊看周原遗址西周晚期的变化》（《中国国家博物馆馆刊》3 期），对周原遗址发掘的三处手工业作坊遗址的生产状况进行分析，认为三处遗址均在西周晚期偏早阶段发生某种类型的变化，周原社会有可能在这一阶段经历过一次重要的变动。雷兴山《论周原齐家制块作坊的族徽与社会结构》（《古代文明》10 卷），在考释周原齐家制玦作坊陶器与石器上刻辞为族徽的基础上，认定作坊内的手工业者为周王直接管辖的殷遗民。

宝鸡石鼓山墓地是近年西周考古的重大发现，多数学者对其进行深入研究。丁岩、王占奎《石鼓山商周墓地 M4 再识》（《文物》1 期），指出石鼓山 M4 的发掘，丰富并深化对商周时期关中西部地区刘家文化的认识，推进对商末周初遗存的辨识，对于探讨关中西部姬姜部族文化的融合以及西周青铜礼器组合的雏形具有重要意义。曹斌《宝鸡石鼓山三号墓研究》（《考古与文物》2 期），认为石鼓山 M3 的时代为西周早期偏早阶段，墓葬的葬制、葬俗以及出土器物都展现出浓郁的“西土”风格，墓葬等级应属仅次于诸侯一级的“西土”高等级贵族，出土遗物展现西土集团列簋制度的雏形。张海滨、解华顶《石鼓山墓地 M3 及西周早期壁龛墓渊源及族属探析》（《中原文物》2 期），认为以石鼓山 M3 为代表的壁龛墓是西周早期较为特殊的一种墓葬，其源于先周晚期刘家文化、碾子坡文化壁龛墓，墓主族属应与戎狄有关。［日］西江清高著、路国权等译《宝鸡石鼓山西周墓的发现和高领袋足鬲的年代》（《西部考古》10 辑），主要讨论石鼓山 3 号墓的年代以及关中平原西部地区以高领袋足鬲为典型陶器的考古学文化的年代和历史背景。尹盛平、尹夏青《关于宝鸡市戴家湾、石鼓山商周墓地的国别与家族问题》（《考古与文物》2 期），推断石鼓山墓地可能是夨国姜太公家族的墓地。

芮国墓地研究也是一个热点。谢伟峰《陕西韩城梁带村墓葬群国别与墓主身份探析》（《华夏考古》1 期），认为韩城梁带村两周墓地北区的时代在西周中晚期，属于毕公后裔戎化的“戎人”；西区则是芮国大夫和庶民的墓地。陈小三《韩城梁带村墓地三题》（《中国国家博物馆馆刊》3 期），认为陕西韩城梁带村墓地不见西周晚期遗存。吴伟华《陕西韩城梁带村芮国墓地 M28 墓主新考》（《中原文物》3 期），认为梁带村芮国墓地 M28 墓主应不是芮国国君，而是等级略低的太子。张天恩《周代芮国君主的称谓及其世系》（《古代文明》10 卷），认为至少在西周末期梁带村一带已成为芮国都邑所在，并对芮国的君主称谓和世系进行探讨。赵庆淼《芮姞簋与古芮国探微》（《故宫博物院院刊》2 期），认为芮姞簋并非姞姓“⋈”族与姬姓芮国通婚的证据，而是嫁至“⋈”族的姞姓芮国女子所做之器；簋铭中所见的姞姓之芮，很可能正是居于汧陇地区的旧邦——古芮国。

中原西周考古研究主要是对成周、殷墟西周遗存进行探讨。徐昭峰《成周城析论》（《考古与文物》3 期），认为西周时期的洛邑即成周，周公营建的成周位于瀍河两岸，该城废弃于西周晚期；继之而起的是建于狄泉一带的西周晚期成周，即敬王东迁的东周成周；王城建于春秋初年，是平王东迁洛邑所都之地。侯卫东《论西周晚期成周的位置及营建背景》（《考古》6 期），指出西周晚期重建成周城，从瀍河两岸东移至汉魏洛阳城一带，重新营建成周城的背景与周王朝处于东、西方战争的高峰期有关。蔡运章、俞凉亘

《西周成周城的结构布局及其相关问题》（《中原文物》1 期），对西周成周城的位置和规模、形制特征、基本布局进行论述。此外，胡洪琼、何毓灵《殷墟遗址内西周遗存分布原因管窥》（《南方文物》4 期），探析殷墟西周时期遗存，认为其分布状况与西周初期周王安抚殷遗民政策、三监之乱和周公东征等事件有关。李宏飞《殷墟西北冈西周遗存分析》（《中国国家博物馆馆刊》11 期），指出西北冈大墓的早期盗掘坑并非“自然填塞”，殷墟王陵早期盗掘年代应不早于西周中期，并判断这批西周早中期活动于此的人群应是殷遗民。

齐鲁地区西周考古成果较为丰富。燕生东《晚商文化在东方地区的分布态势与周初东封》（《考古与文物》5 期），论述晚商文化在东方地区的发展进程及分布势力，并指出周初东封的姬姓、功臣、姻亲邦国均位于晚商文化的分布区内。曹斌《胶东半岛西周时期遗存的分期和年代》（《海岱考古》9 辑），将胶东半岛西周时期的遗存分为两期 6 段，并尝试建立该地区的考古学文化编年序列。侯乃峰《新见鲁叔四器与鲁国早期手工业》（《考古与文物》1 期），对鲁叔四器上的铭文进行补释，认为铭文内容与鲁国早期历史密切相关，从侧面反映出鲁国早期手工业技术已十分发达。王恩田《曲城齐仲簋与“丁公伐曲城”》（《管子学刊》4 期），认为曲城遗址出土的齐仲簋应与《晏子春秋》中“丁公伐曲”的记载有关。魏峭巍等《山东陈家河遗址西周陶器使用浅析》（《文物》8 期），认为陈家河遗址西周陶器可能是其先人——夷人所用，同时反映其先民逐渐融入周文化的过程。

江汉地区西周考古研究的焦点是曾国墓地。李维明《曾辨》（《中国文物报》7 月 29 日），对曾封国年代、地望、族属等问题进行考辨。张懋荣《再谈随州叶家山西周曾国墓地》（《江汉考古》3 期），认为叶家山曾国墓地是西周早期最典型、内涵最复杂、出土青铜器最多的姬姓诸侯国墓地；曾国不仅有很强的经济实力，而且已成为周王朝攫取土地与矿产资源的有力帮手。张天恩《试论随州叶家山墓地曾侯墓的年代和序列》（《文物》10 期），认为三代曾侯的顺序为曾侯犺（M111）→曾侯谏（M28）→曾侯（?）（M65）。王恩田《曾侯与编钟与曾国始封》（《江汉考古》2 期），认为叶家山曾国墓地只有两位曾侯，没有曾侯与夫人的合葬墓；墓地可以分为曾侯公室墓区和夷人墓区。张礼艳《随州叶家山西周曾国墓地 M1 墓主族属辨析》（《东北师范大学学报》5 期），认为叶家山西周墓地不一定均系姬姓周人墓，M1 墓主人的身份可能系灭商前居住在当地的广义的殷遗民或随南公一支就封至曾国的殷遗民。黄凤春《从叶家山新出曾伯爵铭谈西周金文中的“西宫”和“东宫”问题》（《江汉考古》3 期），认为叶家山 M107 墓主就是主政曾国西宫官署的人，西周早期金文中的“南公”就是南公适。于薇、常怀颖《叶家山“西宫”爵与两周金文“三宫”及其相关问题》（《江汉考古》5 期），指出“西宫”长期为寝、庙之称，用于人名或族姓名的情况不多，且地位不详；“东宫”则多为高等级贵族之称，亦有作为宫室名之情况；“南宫”为族氏名，极少用于宫、处所名；M107 定性为曾国一般公卿贵族较为稳妥。此外，方勤《郭家庙曾国墓地的性质》（《江汉考古》5 期），认为枣阳郭家庙曾国墓地是西周晚期至春秋早期以曾侯墓为核心的曾国公墓地，郭家庙一带是两周之际曾国都城的所在地。鹏宇《曾侯乙墓出土漆鹿考识》（《华夏考古》1 期），认为曾侯乙墓中出土的 1 件木质漆鹿并非鼓座，而应是古代盛筭用的鹿中。

周边地区西周考古研究也有新收获。王玮、张寒冰《长吉地区西团山文化生产工具及其所反映的经济形态》（《北方文物》4 期），分析统计长吉地区西团山文化出土的生产工具，对西团山文化居住址与墓葬出土生产工具及男女之间随葬生产工具的差异进行辨析。党郁、孙金松《夏家店上层文化祭祀性遗存初探》（《草原文物》1期），对夏家店上层文化遗址中发现的一系列祭祀性建筑和遗存进行梳理、分类和比较，探讨此类遗存的表象特征、规律及其背后所蕴含的精神世界。郭物《早期游牧王国的夏季礼仪中心》（《中国文物报》11月18日），认为新疆阿勒泰三道海子遗址群是公元前9～前6世纪北方山地草原地区游牧人群和文化的核心，西周的灭亡可能与三道海子文化的兴盛有关。

五　东周考古研究

2016年度的东周时代考古研究，公布的考古发掘资料丰富，涉及区域广，各诸侯国考古研究成果较为丰硕。

东周考古发掘资料方面，河南境内主要是郑州、洛阳、南阳等地的抢救性考古发掘报告。《新郑双楼东周墓地》（大象出版社）一书，是双楼村东周墓地抢救性发掘的研究成果。郑州航空港区冢刘战国墓2013ZZM9，为长方形竖穴土坑墓，棺内有人骨一具，出土器物有陶罐、陶钵、铜带钩各1件（《文物》11期）。洛阳西工区西小屯村发掘三座春秋墓葬，均为竖穴土坑墓（《考古》4期）。伊川徐阳发现东周陆浑戎贵族墓地，发掘墓葬24座，其中大型墓葬2座，车马坑2座，小型墓葬22座（《中国文物报》4月22日）。由科学出版社出版的河南省南水北调工程中线文物保护项目考古报告主要有：《淅川全寨子墓地》系统介绍全寨子墓地150座墓的考古报告成果；《淅川阎杆岭墓地》系统介绍阎杆岭墓地发掘的208座墓葬，包括战国楚墓、战国晚期至西汉初期的秦人墓以及两汉墓葬；《淅川马川墓地东周楚墓》为马川墓地208座东周墓葬的发掘成果；《淅川熊家岭墓地》公布熊家岭墓地79座墓葬的发掘成果；《汤阴五里岗战国墓地》系统介绍五里岗墓地700多座战国墓葬的考古成果。此外，淅川熊家岭墓地的发掘，共清理战国墓67座（《华夏考古》2期）；信阳城阳城址郭楼墓葬区发掘的两座楚墓，为长方形竖穴土坑木椁墓，年代为战国中期（《中国文物报》10月21日）；光山何小湾战国墓群共有墓葬9座，出土陶器、木漆器等，时代为战国中、晚期（《中原文物》3期）。

公布的齐鲁地区考古资料较多。临淄齐国故城10号建筑遗址发掘，清理战国时期灰沟9条、灰坑2个，汉代水井2处、墓葬2座及宋代墓葬7座（《文物》8期）；淄博隽山战国墓M1，为一条墓道的“甲”字形竖穴土坑墓，有陪葬坑6座，随葬器物以陶器为主，另有铜器、骨器、马车，墓主为战国早期齐国中小贵族（《文物》10期）。临淄区文物局负责多项抢救性发掘，其中范家墓地战国墓发掘，清理3座大型殉人陪葬墓，时代为战国早期后段（《考古》2期）；永流战国墓发掘，清理墓葬6座，其中M3墓主为大夫一级的齐国贵族（《海岱考古》9辑）；刘家村战国墓葬M38、M39，年代为战国中期偏晚，墓主身份当属士一级的齐国贵族（《海岱考古》9辑）；辛店街道办安乐店村战国墓，为“甲”字形土坑积石木椁墓，墓室北壁中部挖有两个东、西并列的壁龛，龛内各放置1件青铅釉陶罍（《中国文物报》8月12日）。此外，张光明、于崇远等《山东高青狄城故城遗址初探》（《管子学刊》1期），通过对狄城遗址的考古勘探，发现总面积约56万平方米的东周时期城垣遗迹，城内发现大型夯土建筑基址，出土陶、石、骨、蚌等遗物。

江浙地区，苏州真山土墩墓（D33），高约5米，直径30余米，出土有陶器、原始瓷等，等级较高，时代为春秋中晚期（《文物》5 期）。《绍兴越墓》（文物出版社），为绍兴地区越国贵族墓考古发掘报告，包括香山、祝家山、小家山、小黄山 4 个地点 7 座越国贵族墓葬，为研究越国墓葬等级、葬俗等提供了重要资料。

两湖地区，湖北大冶铜绿山四方塘遗址墓葬区发掘获重大成果，共清理墓葬 132 座，其中西周晚期墓 3 座，春秋时期墓 118 座；出土两周时期铜、陶、玉、铜铁矿石、石等质地文物 170 余件（《中国文物报》2 月 26 日）。襄阳鏖战岗发掘的三座墓葬，形制和随葬品具有强烈的楚文化特征，年代应在战国中期晚段（《考古》11 期）。枣阳郭家庙墓地曹门湾墓区 2014 年发掘的 M10、M13、M22 三座墓葬，推断年代为春秋早期（《江汉考古》5 期）；2015 年发掘的 M43，墓主人可能是士一级的女性贵族，年代为春秋早期晚段，出土的太保簠、矢叔匜是研究曾国官制以及曾国政治联姻关系的重要资料（《江汉考古》5 期）。长沙市石家山墓群发掘，共发掘战国、东汉、宋代墓葬 37 座，为研究长沙战国时期中小型墓葬的发展演变提供资料（《文博》1 期）。益阳兔子山遗址九号井平面为圆形，开凿于楚国，秦代沿用，出土陶器、铜器、石器、铁器、建筑构件以及简牍（《文物》5 期）。

川滇地区，青川郝家坪战国墓葬群 2010 年发掘，清理墓葬 34 座，包括有椁墓和无椁墓，出土一定数量的陶器、铜器和漆器，为研究四川地区战国中晚期墓葬形制及秦、蜀之间人员和文化交流等提供新线索（《四川文物》3 期）。木里县中铺子村石棺葬墓地发掘，清理石棺葬 13 座，推断年代可能在战国时期（《四川文物》5 期）。汉源县桃坪遗址发掘，发现商周时期灰坑 5 个及各时期墓葬 28 座（《四川文物》6 期）。昌宁大甸山墓地墓葬形制可分为竖穴土坑墓、土洞墓和瓮棺墓三种，随葬品有石器、陶器、铜器等（《考古》1 期）。

周边地区，新疆哈密巴里坤西沟遗址 1 号墓，墓葬包括地上封堆和地下墓圹两部分。出土器物 279 件，质地包括陶、金、银、铁、玻璃器及绿松石、红玛瑙等。年代推定为战国晚期至西汉早期（《文物》5 期）。《岱海地区东周墓群发掘报告》（科学出版社），系统介绍岱海地区忻州窑子、小双古城、水泉三处东周时期墓地的发掘成果。

东周考古研究方面，涉及中原地区的论文主要有：赵兆《周山王陵墓主身份考》（《洛阳考古》1 期），认为周山诸陵墓主是灵王、景王两代周王而非四代周王，灵王之墓使用“中”字形墓葬形制，景王之墓使用“甲”字形墓葬形制。王淡春、罗武干等《郑韩故城出土战国晚期铁器铸造工艺分析》（《华夏考古》4 期），认为郑韩故城出土战国晚期铁器种类较多，材质多样；战国晚期韩国工匠已掌握一定的铸后处理技术。赵晟伟等《南阳淅川下寺春秋楚墓青铜鼎保护修复技术研究》（《中原文物》5 期），通过对下寺春秋楚墓 M10 青铜鼎的保护与修复，探索传统工艺与现代科技在青铜文物保护过程中有机结合的新技术。秦臻、陈建立等《河南舞钢、西平地区战国秦汉冶铁遗址群的钢铁生产体系研究》（《中原文物》1 期），认为战国秦汉时期该地区已经形成完整的以生铁冶炼为基础的钢铁生产体系。孙蕾、杨树刚《焦作温县南平皋遗址东周人骨研究》（《中原文物》2 期），认为南平皋东周墓葬 7 例人骨中两性居民平均死亡年龄为四十二三岁，女性颅骨在种族特征上与现代亚洲蒙古人种的东亚类型和南亚类型存在较多相似之处。

有关秦国及邻近地区研究成果较多。陈洪《秦文化之考古学研究》（科学出版社），对早期秦人的社会状况以及秦文化的传统与变革、扩散与传播、形成与流向等问题进行研究，并重点讨论秦墓头向时空分布、秦人葬式与社会等级等相关问题。陈洪《秦人葬式与社会等级的关系及其演变》（《考古与文物》2 期），认为秦人葬式与社会等级密切相关，是身份地位的象征，这种象征意义只延续到春秋战国之交。战国早、中期后，随着小型秦墓中直肢葬的增加，秦人葬式中的等级色彩逐渐消失。朱连华《西安北郊战国晚期至东汉时期墓葬方向的几点认识》（《文博》1 期），认为战国晚期至汉初，西安北郊墓葬呈现以东向为主，西、南和北向均占相当比例的多元形态。韩建武《陕西历史博物馆藏东周秦汉有铭铜器丛考》（《文博》3 期），对陕西历史博物馆藏东周秦汉有铭铜器进行考释，对秦与诸国关系、秦汉职官、地理、度量衡制度研究有重要价值。黄晓娟、韦清等《甘肃马家塬战国墓地 M4 出土身体装饰件的保护修复及复原研究》（《中国国家博物馆馆刊》6 期），通过实验室考古对马家塬战国墓地 M4 出土的身体装饰组件进行清理、文物提取、保护处理，并对墓主人头饰、项饰、腰带及其坠饰进行复原。

晋国及邻近地区东周考古研究也取得一定进展。曹洋《关于侯马乔村围沟墓“殉人”问题的讨论》（《文物世界》2 期），认为围沟墓中的附葬人骨在社会身份上有巨大的差异。路国权《论太原金胜村 1988M251 铜器群的年代及相关问题》（《考古与文物》1 期），认为太原金胜村 1988M251 铜器群的年代不可能早至公元前 475 年，与随州擂鼓墩 1978M1 曾侯乙墓铜器群的年代比较接近。程勇《晋城市境内战国至五代长城保存现状与病害分析》（《文物世界》1 期），对晋城市境内战国至五代长城保存现状与病害进行分析，呼吁社会各界共同推动晋城的长城遗存得到更好的保护与展示。

燕、赵及邻近地区考古研究方面，裘炫俊《东周燕国铜敦、豆之年代辨微》（《考古与文物》2 期），发现东周燕式铜敦、豆的表面纹饰具有一定的演变规律，纹饰主题不仅融合周边地区因素，也表现出燕国独有的特点。张渭莲、段宏振《东周赵国考古学文化的演进历程》（《中国国家博物馆馆刊》1 期），将赵文化遗存分三期六段，可分为豫北冀南、晋东南、晋中、晋北河套和冀中五个区域，经历初创、发展、繁盛、衰落四个阶段。滕铭予《中山灵寿城东周时期墓葬研究》（《边疆考古研究》19 辑），认为春秋中晚期居住在灵寿城及其附近的人数并不很多，很可能存在着两个不同的人群。

有关齐、鲁考古研究的论文主要有：王震、滕铭予《新泰周家庄墓地的年代上限、国别及相关问题》（《文物》11 期），认为周家庄墓地的年代上限应为春秋末年，是齐国平阳城内较高阶层人群的墓地。任相宏、郑德平等《沂源东里东台地一号战国墓及相关问题的思考》（《管子学刊》1 期），认为东里东台地一号战国墓的身份为战国中期较早阶段盖邑盖大夫之夫人。印群《论临淄齐故城五号东周墓殉马坑的特点》（《管子学刊》3 期），揭示出齐故城五号东周墓殉马坑的几个特点。张志鹏《山东长清仙人台墓地五号墓国别与年代考》（《东南文化》1 期），认为仙人台墓地 M5 与该墓地内其余五座呈现鲁文化特征的郜国墓葬不同，应为齐国墓葬。

楚国及邻近地区东周考古研究取得丰硕成果。张昌平《江陵九店东周墓年代下限的讨论》（《江汉考古》4 期），认为《江陵九店东周墓》发掘报告 34 座墓葬的年代应属于白起拔郢之前，墓主应是楚统治之下外来的秦人，其经济地位低于当地楚人。王先福《湖北枣阳九连墩一号墓皮甲的复原》（《考古学报》3 期），对枣阳市九连墩遗址一号墩一号墓所出皮甲进行复原研究。此外，刘礼堂、祝恒富《浅析鄂西北地区“楚长城”遗迹》（《江汉考古》6 期），认为鄂西北地区所谓的“楚长城”遗迹是明清时期的山寨和关隘遗迹，与楚国之长城并没有任何关联。陈艺冠《钟离国礼制初探》（《中原文物》3 期），对蚌埠双墩 M1、凤阳卞庄 M1 和凤阳乔涧子 M2 三座钟离国墓葬的礼制进行研究，认为独特的墓葬形制与结构是钟离国礼制的重要内容，这应与其族属及崇日传统密切相关；楚文化对钟离国影响较大，底层贵族的葬制、随葬品等与中原地区较为接近。

两广地区东周考古研究成果主要有：李龙章《广东博罗横岭山墓地年代问题探讨》（《考古》5期），认为广东横岭山墓地前期墓葬年代应处于春秋早中期，后期墓葬的年代应处于春秋晚期。富霞、熊昭明《从广西发现的土墩墓看越人南迁》（《考古》8期），认为越人经由浙江南部、福建进入岭南甚至到达越南北部的这条南迁路线，正被越来越多的考古资料证实，移动轨迹也愈加清晰。

涉及周边地区的研究成果主要有：李悦等《新疆石人子沟与西沟遗址出土马骨脊椎异常现象研究》（《考古》1期），推断石人子沟与西沟遗址的年代约为战国晚期至西汉前期，并对出土马骨脊椎异常现象进行研究，探讨遗址出土马匹的骑乘问题。赵俊杰、马健等《吉林长白县干沟子墓地的文化性质与相关问题》（《考古》5期），认为干沟子遗存的文化性质是战国晚期图们江流域柳庭洞文化分裂的产物，并依据零星的考古发现试图探讨此时期鸭绿江流域积石墓的出现与汉人移民集团北上之间的内在联系。

六　专题研究

2016年度的夏商周时期考古研究，除对考古学文化进行传统的分析研究之外，还对这个时期的青铜器、原始瓷器、玉器等进行专题研究。

（一）青铜器

主要涉及综合研究、类型学研究、矿冶考古、铸造工艺探索、音乐考古等方面。

综合研究方面，李学勤《新出青铜器研究》（人民美术出版社），分析新出土或发表的商周以至战国青铜器，提出“重新估价中国古代文明”“走出疑古时代”等主张，提倡比较考古学和比较文明史研究、国际汉学研究和重写学术史。张昌平《商周时期南方青铜器研究》（商务印书馆），将南方青铜器分为商、西周、东周三个时期，研究该地区出土青铜器所反映的西周早期周文化的南下、对南方地区的控制以及相互之间的交流。曹斌《青铜觶研究》（科学出版社），对商周青铜觶进行考古学和礼制文化方面的系统研究。《皖南商周青铜器研究》（文物出版社），从器类、纹饰、铸造、文化属性等几个方面论述，是近十年间有关皖南青铜器研究的集大成之作。孙明《商周时期铜方尊及相关问题研究》（《文物春秋》3期），认为铜方尊方形的设计与方鼎、方爵、方尊形器有关，与圆形铜礼器相比使用者等级更高；殷墟青铜器三、四期铜方尊开始传播至周边地区，西周早期出现新的器形与装饰风格，西周中期发展至顶峰并逐渐消失。何毓灵等《试论妇好墓“铜尺形器”的功用》（《文物》12期），认为妇好墓铜尺形器应是铜柶，与觚、爵配合使用。王长丰《新见族铜器兼及相关盟姻族徽的再认识》（《中原文物》5期），阐释盟姻族徽在形式上是由基本族徽通过累加或连缀等形式形成的族徽类型。曹斌等《匽侯铜器与燕国早期世系》（《江汉考古》5期），通过对西周时期匽侯铜器的辨析，重新梳理燕国早期召公留守王室一支的世系。刘晓霞《小臣簋新论》（《考古》4期），从小臣簋的铭文书体特点入手，指出这两件簋长期存在器盖盖错的情况，其年代应在昭王前后。王恩田《滕楙编镈与滕用夏正》（《华夏考古》4期），对滕楙编镈铭文所涉及器主身份、编镈用途等进行研究，并对滕国使用夏代历法纪年及原因进行探讨。曹锦炎等《江苏盱眙西汉江都王墓出土越国鸟虫书錞于》（《文物》11 期），对江都王墓出土越国鸟虫书錞于的器形、纹饰、鸟虫书字体等方面进行探讨。蒋鲁敬、李亮《荆州李家堰墓地出土战国铜戈铭文考略》（《江汉考古》2 期），认为李家堰墓地出土的“卲（昭）王之諻”戈，属于楚器，年代大约为战国中晚期；另一件“廿八年雍丘令”戈可能是魏惠王二十八年。陶亮《新命楚王戈相关问题考》（《中原文物》4 期），认为淅川下寺 M2 所出新命楚王戈铭文中的楚王当以平王熊居为是，戈铭是《左传》“弃疾即位，名曰熊居”及“使子旗为令尹”两条记载的金文印证。

类型学研究方面，路国权《试论东周时期铜簠的分类和谱系》（《四川文物》4 期），将东周时期的铜簠分为 A 型折沿和 B 型无沿两型和八个次亚型以及不同的式。其中 A 型铜簠属于周文化系统，B 型铜簠属于楚文化系统。毛波《吴越系铜剑研究》（《考古学报》4 期），重点分析春秋晚期之前吴越系铜剑的发展演变，将其分为 A、B、C 三型，按其发展演变分若干式，推定各式的年代。向桃初等《商周青铜方罍序列及皿方罍的年代问题》（《文物》2 期），试图建立商周青铜方罍的发展演变序列，认为皿方罍的年代为西周早期偏早阶段。李维明《司母戊鼎纹饰与寓意蠡测》（《中原文物》6 期），认为先秦纹饰是在当时历史背景下设计形成具有特定含义的纹样。除装饰意义外，多蕴含设计者赋予其中的理念。

矿冶考古方面，陕西洛南河口遗址周边数次调查，发现 10 处古代开采绿松石的洞穴遗址，开采年代始于新石器时代晚期到青铜时代早期，延续到春秋时期（《考古与文物》3 期）。王立新等《辽宁建平两处早期冶铜遗址的调查与初步认识》（《边疆考古研究》19 辑），介绍建平、赤峰和通辽地区的专题考古调查材料。黎海超《长江中下游地区商周时期采矿遗址研究》（《考古》10 期），对长江中下游地区各采矿遗址进行对比研究，并对商周时期南、北方铜料交流问题进行思考。郁永彬等《湖北随州叶家山西周墓地 M28 出土铜锭相关问题研究》（《江汉考古》5 期），认为叶家山 M28 出土的两件铜锭不是同一批铜料制成，与已知的长江流域铜矿冶遗址未有直接的联系。陈树祥《关于早期铜矿业探索如何深化的思考》（《南方文物》1 期），对西亚和中国境内早期遗址出土的红铜制品、青铜器、黄铜器和冶铸遗物及学术观点进行梳理，认为长江中游可能为中国青铜文明的起源区之一。

铸造工艺探索方面，陈国梁《二里头遗址铸铜遗存再探讨》（《中原文物》3 期），认为未有明确证据表明二里头文化一期存在铸铜作坊，二期早段存在着分散的冶铸点，二期晚段至四期早段冶铸活动主要集中在铸铜作坊之内，四期晚段以后冶铸点再次呈现分散的特点。张昌平《湖北郧县李营发现的铸铜遗存》（《考古》6 期），分析李营遗址二里头文化时期 H37 出土有与铸铜相关的遗物。韩用祥等《盘龙城遗址首次发现铸造遗物及遗迹》（《江汉考古》2 期），公布盘龙城遗址首次发现铸造遗存信息。徐劲松、余夏红《盘龙城遗址灰烬沟遗迹性质浅析》（《江汉考古》2 期），认为盘龙城遗址灰烬沟遗迹可能是与冶铸有关的作坊遗存，出土的大口尖底陶缸可能是用作熔炼的熔炉，出土的大量青铜器应有相当部分是就地铸造的。邱诗萤《浅论盘龙城灰烬沟遗迹》（《南方文物》4 期），对比发现盘龙城遗址中的灰烬沟遗迹与中国各地冶炼遗迹相似，认为灰烬沟遗迹属于冶炼遗迹。苏昕《试析盘龙城杨家嘴遗址 M26 所出青铜器铸造缺陷及其补救措施》（《江汉考古》2 期），研究发现杨家嘴遗址 M26 出土青铜器总体制作较为精良，但个别器物在合范、浇铸等环节上仍存在一些问题，铸工曾采取补铸、涂抹等不同的补救措施。张昌平《二里头文化至殷墟文化时期青铜器鋬的铸造技术及其发展》（《文物》9 期），认为此时期鋬的铸造技术体现块范法铸造工艺适合处理复杂的几何体器形、便于装饰发展的特点。岳占伟、荆志淳等《殷墟陶模、陶范、泥芯的制作工艺研究》（《南方文物》2 期），对孝民屯村南及东南地所出铸铜遗物进行分析研究，探讨殷墟的陶模、陶范、泥芯的制作工艺。金锐等《殷墟孝民屯铸铜遗址出土陶范烧制工艺初探》（《南方文物》2 期），认为孝民屯出土的 10 件陶范含砂比例较高，且陶范内壁的烧成温度普遍高于外壁；烘范技术可能承于陶器的烧制工艺，同时结合铸造的要求，在温度控制等技术方面有重要的革新。陈建立等《西周时期周原地区的周原出土周原镀锡技术及文化意义》（《南方文物》1 期），通过对周原出土 4 件镀锡青铜器的分析，发现其均为热镀锡工艺所成，这种铜器镀锡技术自西周早中期开始出现直到东汉早期。张登毅、李延祥等《山西定襄中霍墓地出土铜器的初步科学分析》（《文物保护与考古科学》1 期），认为中霍墓地出土的 17 件春秋晚期青铜器基本上是用铜、锡二元合金和铜、锡、铅三元合金制造而成，存在铸造、热锻、热锻后冷加工三种制作方式，不同风格的铜豆采用的浇注方法不一样。

音乐考古方面，李玉洁《先秦编钟组合的礼制研究》（《考古与文物》1 期），认为《周礼》记载编钟的“乐县”形式是有的，但是“乐县”等级与考古所见编钟组合形式不完全符合。闫浩《商代编铙与先秦礼乐的肇始》（《中原文物》5 期），认为商代编铙的成熟使用是先秦礼乐的肇始，以编铙为代表的商代乐器组合和以编钟为代表的周代乐器组合有着明显的发展演进关系。汪培梓《郑州“舌”铭铜铙时代与性质浅析》（《中原文物》5 期），认为郑州“舌”铭铜铙当出土于郑州西北郊商代晚期墓内，且与另外两件下落不明的铜铙配套成编使用。朱晓芳《齐鲁金声——山东地区两周乐钟研究》（上海古籍出版社）一书，将山东地区分为鲁北、鲁南、鲁东南和胶东四个音乐文化区。郎剑锋、赵守祥《山东新见青铜句鑃初识》（《东南文化》5 期），认为山东出土的青铜句鑃主要用于祭祀，与青铜圭形器、璧形器形成固定的组合。黄文新、赵芳超《湖北宜昌万福垴遗址出土甬钟年代及相关问题研究》（《江汉考古》4 期），对万福垴遗址的甬钟铸造年代及铭文等相关问题进行讨论。

（二）原始瓷器

原始瓷器研究，主要涉及综合研究、瓷器的产地、南北运输路线以及原始瓷器所反映出的地区间文化交流等方面。

《印纹硬陶与原始瓷研究》（故宫出版社）一书，为中国古陶瓷学会 2016 年“印纹硬陶与原始瓷器研究”研讨会上论文选集，共 22 篇，涉及先秦印纹硬陶、各地博物馆馆藏印纹硬陶与原始瓷器、故宫博物院窑址调查与院藏印纹硬陶、印纹硬陶与原始瓷器工艺与特点等诸多问题。牛世山《殷墟出土的硬陶、原始瓷和釉陶源》（《考古》8 期），从胎质、器类等方面对这些器物进行分析，认为它们的整体风格与典型殷墟文化的普通陶器及青铜器的形态和演变轨迹没有可比性；商代原始瓷应产自南方，在特征上明显存在阶段性差异。陈铁梅《在宏观和历史的视角下对北方出土商周原始瓷产地的再探讨》（《文物》6 期），认为不同的瓷料导致南、北方不同的陶瓷业历史。并根据南、北方原始瓷胎体元素检测结果对北方说提出一些疑问，并认为南方说还需进一步补充和完善。秦超超、曹峻《试论夏商时期原始瓷的运输路线》（《南方文物》2 期），认为东南原始瓷烧造区可沿东、中、西三条主要路线将产品运往北方。

（三）玉器考古

玉器考古研究涉及玉器制作技术、玉器文化、玉文化传播等内容。

关于玉器制作，方辉《说“瑗”》（《江汉考古》6期），对瑗字本义考察，认为相对于璧、环而言，瑗是介于二者之间的一种器物，最初是由玉璧切分而成，是应璧、环类器物的解玉之需而产生的。叶晓红、唐际根等《殷墟晚商玉器切割技术试析》（《南方文物》4期），研究殷墟晚商时期玉器的切割技术，认为开料以锯片切割技术为主；二次加工中，带解玉砂的硬度和韧度都较高的线状工具用于镂雕等工艺。

涉及玉器文化的研究，朱乃诚《夏家店下层文化玉器六题》（《考古》2期），认为装饰类玉器盛行是夏家店下层文化玉器的主要特征；夏家店下层文化玉器群是在红山文化玉器的基础上，受到来自多方文化影响而使得各种文化因素并存，并逐步形成自身的特点。董洁《西周丰姬墓出土玉器初探》（《文博》4期），认为丰姬墓中出土玉器主要为佩饰和葬玉，佩饰玉中有较多的商晚期玉饰特点。朱歌敏《关中地区秦墓葬玉探析》（《文博》4期），认为春秋早期至秦代，秦墓中玉圭、玉戈等礼制性的玉器衰退并趋于消失，象征身份的玉剑具在低等级秦墓中的大量发现，表明秦人春秋至战国早期在多方面承袭西周礼制。

关于玉文化的南向传播，石荣传《从闽南、粤东浮滨文化玉（石）器看中原夏商文明的南渐》（《江汉考古》5期），认为中原夏、商文化因素经由长江流域及珠江水系影响闽南、粤东，由于不同时间、不同地域吸收外来文化因素的不同，直接决定中原夏商玉文化因素进入闽南粤东浮滨文化路径的不同。谌小灵等《关于岭南所见牙璋的分布及相关认识》（《华夏考古》4期），认为浮滨文化及广西所见牙璋应源于东莞村头遗址，岭南地区商周时期的大石铲和原始仿铜礼器与牙璋具有同等的祭祀意义。

七　学术评价

2016年度夏商周时期考古发现与研究，公布大量珍贵的考古调查发掘材料，有众多考古学者参与学术研讨，研究内容丰富多彩，取得了丰硕的科研成果。但专门研究夏代考古的成果相对较少，反映出近年出现的夏代考古“沉寂”状态仍在持续。

夏商考古方面，望京楼城址考古发掘报告的出版，为夏商时期考古和历史研究提供了重要的实物资料。《郑州大师姑图录》的问世，给研究者和公众鉴赏以全新的感受和多维度研究的便利。定陶十里铺北遗址的发掘，不仅可以廓清该区域新石器时代晚期至夏商时期的文化序列及面貌，还可以据此展开与周围区域的对比研究。尤其城址的存在及表现出的复杂文化面貌，对深入探讨以岳石文化为代表的东方势力在夏商文明形成期所扮演的角色和所起的作用，研究夏商时期东西方势力的互动、融合过程，具有重要价值。张国硕先前提出的将洹北花园庄早段、晚段归入晚商（殷墟）文化的商文化分期方法得到更多学者的认同。有关殷墟水网路网的研究成果是商代考古的新突破。许宏“大都无城”观点的提出，引起对夏商都城以及先秦都城形态的新思考。

两周考古方面，《丰镐考古八十年》的出版，为研究西周都城提供了丰富全面的基础资料。周原遗址的新发现，为研究西周时期建筑形制的发展演变、周原遗址聚落结构、凤雏建筑群性质、周代都邑遗址给水系统等，提供了重要资料。荥阳官庄遗址发现的大、小城周代城址以及城门遗迹，对于研究中原地区西周城址具有重要意义。伊川徐阳发现的东周陆浑戎贵族墓地，发现具有西北地区戎人埋葬习俗的现象，证实文献所载“戎人内迁伊洛”的历史事件，具有重要的学术价值和意义。苏州木渎古城城内小城、周边小城的确认以及利用周边山体作为天然屏障进行防御，对于研究先秦城市防御体系具有重要价值。大冶铜绿山四方塘遗址墓葬区的发掘，是中国矿冶考古中首次发现的古代矿冶生产者墓地，为研究春秋时期铜绿山乃至中国古代铜矿采冶生产中的人力分工和技术种类等问题提供了弥足珍贵的实物资料。

此外，青铜器、原始瓷器与玉器等专题考古成果，为全面认识三代历史文化面貌提供了指导、借鉴和启示。其中李学勤《新出青铜器研究》提出青铜器研究的新理论方法，值得引起学界的重视。张昌平《商周时期南方青铜器研究》填补了系统研究南方地区青铜器的空白。

秦汉时期考古

刘　瑞

2016年秦汉考古成绩显著，出版发掘报告、报告集、研究论著、论文集30余部，发表各类考古简报、研究论文700余篇部，研究角度广泛，无论是都城、陵墓、墓葬，还是画像砖石、简牍及科技考古等方面的研究成果都新见迭出。

《汉代陵墓考古与汉文化》（科学出版社）是2016年度出版的一部重要秦汉考古论文集，其精选收录了2014年在江苏徐州召开同名国际会议上学者所提交的有关汉代帝陵、诸侯王墓、列侯墓、土墩墓、汉代文物等方面的论文40篇，集中探讨了汉代陵墓考古的各个方面，是汉代陵墓考古的一部专题文集，有关论述既是对以往成果的总结，同时也为今后相关工作的开展提供了重要参考。《浙江汉墓》（文物出版社）、《新郑坡赵一号墓》（中国社会科学出版社）、《2009—2013年合浦汉晋墓发掘报告》（文物出版社）、《益阳罗家嘴楚汉墓葬》（科学出版社）、《双龙机床厂墓群发掘报告》（上海古籍出版社）、《鲁山杨南遗址》（科学出版社）、《临泽沙河汉晋墓葬》（甘肃人民出版社）、《长沙考古文存》（第2辑）（岳麓书社）、《长沙古城址考古发现与研究》（岳麓书社）、《西汉长沙王陵出土漆器辑录》（岳麓书社）等考古发掘报告，《中国古代都城考古发现与研究》（社会科学出版社）、《地下长安》（中华书局）、《秦文化之考古学研究》（科学出版社）、《礼仪与秩序——秦始皇帝陵研究》（科学出版社）、《秦漆器研究》（三秦出版社）、《西周至汉晋时期中国外来珠饰研究》（科学出版社）、《汉代郡国分治的考古学观察——以关东地区汉代墓葬为中心》（上海古籍出版社）、《从中心到边疆——汉帝国城市与城市体系的考古学研究》（科学出版社）、《汉代服饰的考古学研究》（大象出版社）、《汉长安城地区城市水利设施和水利系统的考古学研究》（科学出版社）、《北方地区汉墓的考古学研究》（浙江大学出版社）等研究专著的出版，不断推动着秦汉考古研究向前发展。

一　秦代考古

（一）遗址

刘庆柱、李毓芳系统梳理了秦咸阳城的历史与考古发现，指出咸阳宫一号宫殿并不具备门阙或门的功能，也不是大朝正殿，二号建筑为宫城中处理政务的重要建筑，它们均始建于战国中期，宫城东西发现的建筑遗址与六国宫室有关。并在系统分析渭南宫庙建筑分布时指出，在渭北咸阳宫之南存在渭南宫区，秦咸阳南北宫对西汉长安城有直接影响，渭南上林苑当基本建成在战国晚期（《中国古代都城考古发现与研究》）。

许卫红、苏庆元根据秦都咸阳城遗址功能区的分布，认为咸阳的西界不在长陵火车站，后根据该区瓮棺差异，并据夯土建筑、水井、排水管道的分布，提出咸阳西界的南段点应在长陵车站长兴村西不远处，据 2014 年勘探所获冶家台秦道路、宫殿区以北沟渠遗迹等材料，推断北段点在海拔 420 米左右的黄家沟与路家坡之间（《北方文物》1 期）。肖建一根据秦墓分布规律，认为秦咸阳若有外郭城，则其应在南北长约 14.6 千米、东西宽约 6.8 千米的范围之内，长宽比近秦始皇陵内外城垣比例，或为秦始皇时期修建（《秦始皇帝陵博物院 2016》）。

（二）墓葬

1. 秦始皇陵

近年来秦始皇陵的考古工作一直有序进行，《2014 年秦陵地区山形水系调查简报》和《秦始皇帝陵陵区 K1401 陪葬坑勘探简报》就分别是宏观陵园分布和微观陪葬坑勘探工作的重要成果（《秦始皇帝陵博物院 2016》）。在进行了艰苦而卓越的调查之后，在摸清了秦始皇陵所在的骊山山系和渭河南线直流的关系、梳理了早期遗址与河流后，认为在秦始皇陵选址营建之时就已经注意到了骊山山形和水系的关系。这项广泛采取聚落、景观考古概念方法而开展的调查，对于解决秦始皇陵的范围问题具有重要的参考价值。K1401 是 2014 年在秦始皇陵陵区勘探中的重要发现，其与秦始皇陵兵马俑、动物坑等陪葬坑一样，均位于传统认为的外陵园墙之外，且是目前为止距离陵园最近的一座陪葬坑，对于秦始皇陵陵园布局的研究，对于探寻更多的陪葬坑具有重要的标识意义。作为多年工作的总结，张卫星根据近年来秦始皇陵的考古资料，对秦始皇陵墓的墓道、封土、门阙、陵寝、附葬墓、陪葬坑、陵邑等方面进行了全面的考察，揭示其空间变化，并进而揭示秦始皇"天下观"，提出了一系列重要的新见（《礼仪与秩序——秦始皇帝陵研究》）。吕劲松认为秦始皇时期是历史上骨器生产和使用的最后一个高峰，王瑄对秦俑高级军吏俑的甲衣进行了更加细致的复原研究（《陕西历史博物馆馆刊》25 期、《秦始皇帝陵博物院 2016》），张卫星认为秦始皇陵兵马俑坑出土弓弩是明器化的产物（《汉阳陵与汉文化》3 期）。武丽娜认为秦始皇陵内城勘探的北侧十排院落式建筑为"天子六寝"与"后六宫"的象征（《秦始皇帝陵博物院 2016》）。

2. 其他墓葬

耿庆刚根据最近资料判断西安韩森寨秦墓的墓主当为秦昭襄王悼太子之墓（《文博》4 期），王望生在介绍西安一座中型偏小秦墓后，从该葬器物中陶罐置于耳室，陶蒜头壶、茧形壶、鼎和盒分置棺前外两角，陶博局、骨棋子和铜镜均置于棺内前部的位置出发，认为铜镜和陶博具是墓主生前常用物（《秦汉研究》10 期）。

秦都之外秦人墓，虽多是零星发现，但伴随着资料的发表和对时代判断的不断提高，学者对秦人统一步伐的认识在继续加深。杨哲峰在《苏州木渎古城 2011—2014 年考古报告》发表后指出，合丰 M80 出土的泥质灰陶大口罐在江东地区为外来文化，年代上晚于同墓共存的印纹硬陶瓿，同类罐最初流行于关中地区战国秦墓。后随着秦国东扩而向关东传播，过去见于三门峡、襄樊、荆州等地战国晚期至秦统一时期秦墓，有的甚至延续至西汉早期，因此合丰 M80 的时代应在秦灭楚并占领江东之后，为秦墓（《中国文物报》8 月 26 日）。曹洋认为习称为秦人墓的侯马围沟墓的围沟内人骨应并非殉人（《文物世界》2 期）。河南省文物局南水北调文物保护办公室等刊布了淅川马川墓地清理的三组六座异穴合葬秦墓，这些墓葬墓向一致，墓中铜鍪、蒜头壶及陶鼎、盒、壶、罐的年代和特征明显，对研究战国晚期至西汉早期楚都丹阳地区的埋葬制度及秦、楚文化交流具有重要价值

(《考古》11 期)。张天恩、煜珧对秦墓壁龛分析后指出，其应是受寺洼文化影响而来，战国中期秦献公颁布“止从死”令后结束，但作为放置陪葬品的设置到西汉以后还被长期继承(《秦始皇帝陵博物院 2016》)。贾强认为，凤翔孙家南头墓地中的先周墓葬为探寻早期秦人踪迹提供了线索，而该墓地附近的城址或与汧渭之会有关(《秦始皇帝陵博物院 2016》)。

陈洪梳理秦墓资料后指出，嬴秦贵族多用直肢葬、平民多用屈肢葬的葬式与社会等级之间的关系，只延续到春秋战国之交，到战国早、中期后，在变法革新削弱旧传统势力的内因，和外来移民将平民直肢葬带入关中秦地外因的共同作用下，小型墓中直肢葬大量增加，秦人葬式的等级色彩逐渐消失(《考古与文物》2 期)。该文发表后，陈洪更进一步全面梳理了春秋、战国秦和统一秦在渭水、江汉地区的秦墓，重构出土铜器、陶器编年及分期，对秦墓头向问题再做分析，进一步探讨了葬式与社会等级间关系，从考古学上具体而微地阐释了秦人的统一化、秦文化的日益强大化的过程(《秦文化之考古学研究》)。

二 汉代考古

(一) 遗址

陈博在对汉代城市进行分区、分级工作的基础上，尝试复原汉帝国的城市体系，并对帝国中心区及南北边疆地区进行比较后，归纳了不同地区城市与城市体系的共性特点和区域特征，考察了不同区域城市选址的差异，不同地点城市组成的特点，并以等级—规模分析为基础进行了人口分布与城市化程度的探讨，从新的视角观察了早期帝国及中央集权制度的发展(《从中心到边疆——汉帝国城市与城市体系的考古学研究》)。

1. 都城遗址

刘庆柱在 1988 年初版《长安春秋》的基础上，根据近三十年来不断增加的考古资料和研究成果，从汉长安城营建、形制、布局，到宫殿、离宫、礼制建筑、陵墓陵邑、治安管理、文化交流、经济、文化面貌等方面，对汉长安城进行了全新而系统的阐释(《地下长安》)。刘庆柱、李毓芳系统梳理了汉长安城考古发现，指出汉长安城的形制继承了先秦宫城崇方的传统，对后世建筑产生了重要影响，而长安城中多宫城的“亚宫城”体现了古代帝国时代初期的政治历史特点(《中国古代都城考古发现与研究》)。黄留珠指出汉长安城城墙形状为“斗城”的认识为附会之说，刘振东认为文献中的“长安市”特指长安东市(《汉阳陵与汉文化》3 期)。

刘瑞、李毓芳等介绍了秦汉栎阳城遗址出土墓葬，发表了勘探发现的栎阳城遗址二号古城平面图，该城虽东北被石川河冲毁，但面积仍近 9 平方千米，仅次于汉长安和洛阳城(《考古》9 期)。陕西省考古研究院与国家博物馆等单位合作在陕西凤翔雍城西侧血池村揭露了大量的祭祀遗址，根据出土遗物，参考传世文献，该区域当为秦汉时期祭祀天地之畤，是文献中秦国国君、秦始皇及西汉皇帝等亲临主祭的国家大型祭天场所，填补了关中地区秦汉祭天礼仪考古的空白(《中国文物报》12 月 9 日)。

陈苏镇据文献记载指出，秦汉皇宫中称作“某某殿”的建筑应由殿、室、房、厢、阶、庭等组成，其中殿是最大最重要的空间，殿建于台基之上，南有东西两阶，室位于殿北正中，有户、牖与殿相通，室两侧有房，堂两侧有箱。左房向北敞开，有阶。两厢分别向东西敞开，亦有阶。殿前有内外两庭院。内院称庭或中庭，庭前有门，其外有大门（《中国史研究》3 期）。刘振东梳理了长安城郊区建筑的文献和考古资料，提出汉长安城与郊存在内在联系，礼制建筑及墓葬都分布在城郊，而随着长安城的发展，城内设施亦外溢到郊，逐渐出现城郊一体的倾向（《考古与文物》5 期）。晏新志对建章宫太液池出土石鱼和文献所载昆明池内石鲸的关系进行了探讨（《文物天地》6 期）。张建峰系统梳理了汉长安城地区城市水利考古的发现，并参考历史地理和城市水利学成果，第一次从考古角度将之前零散的水利考古发现，组织起来开展城市水利研究，探讨不同时期城市水利建设的特点和规律，分析城市水利与自然、社会的辩证关系（《汉长安城地区城市水利设施和水利系统的考古学研究》）。

2. 地方城市

广西文物保护与考古研究所等公布了广西合浦草鞋村城址、大浪古城的考古资料，其中草鞋村城址面积甚大，发掘者判断为汉合浦郡的郡治所在。该城址发现的手工业作坊等遗存，在汉代考古及窑址考古中罕见，是研究中原制瓦技术南传及汉代官营手工业制度的新资料（《考古》8 期）。汪勃梳理了广陵城文献和考古资料，指出在扬州蜀岗上发现了汉广陵城即吴王刘濞城，其平面形状与长安城近似，是汉初诸侯王比制京师的特例（《汉代陵墓考古与汉文化》）。黄朴华整理长沙古城址的考古资料，回答了长沙城位置、规格、地位的演变及相关问题（《长沙古城址考古发现与研究》），洛阳市文物考古研究院在伊川县徐阳村开展墓葬发掘的过程中，在顺阳河上游量大支流的夹河地带，发现一座初步判断为两汉陆浑县城的城址（《2015 中国重要考古发现》）。湖南省文物考古研究所公布了益阳兔子山遗址九号井的发掘资料，并介绍了勘探发现水井所在的铁铺岭城址规模，判断其为益阳县城，并指出水井凿于楚，秦代沿用，井内堆积中不见汉代遗物，井中出土的大量建筑材料和器物对构建湖南秦代考古遗物序列具有重要价值（《湖南考古辑刊》12 辑）。原丰、李永乐在罗列徐州所知汉代城址后，重点介绍了石户城、司吾城、湖陵城和彭城四座工作开展较多的城址的相关情况（《汉代陵墓考古与汉文化》）。阮浩波等研究了毛乌素沙地 31 座汉代古城遗址的分布与地理环境间的关系（《地理学报》5 期）。云南普宁在石寨山文化的核心地区发现西汉中晚期遗存（《中国重要考古发现 2015》）。

徐超公布了调查获得的太行山东麓地区的汉代城址情况（《北京文博文丛 2016》），田小红等介绍了在新疆奇台县对石城子遗址的考古调查和发掘收获，指出其城址完整、房址保存较好，应为研究两汉时期管理西域的重要实证（《中国文物报》10 月 21 日）。此外，邝桂荣对南越国都城番禺城、陈泓钧对广州秦汉考古中出土的番禺铭文进行了研究（《西汉南越国史研究论集（一）》），陈泽泓认为汉灭南越之后，虽然岭南政治中心西移，但番禺仍在持续发展（《广州文博》9 期），郑君雷对岭南汉城与西汉时期岭南汉文化的形成进行了较为深入的分析（《“城市与文明”学术研讨会论文集》），李珍继续开展了对广西秦城的探索（《广西博物馆文集》11 辑）。

3. 长城与边城

张文平在长城调查的基础上重新对居延遗址进行了调查研究，认为居延都尉府的治所当为 K688 城西南的 K749 城，并赞同李并成居延县为绿城的观点（《草原文物》1 期）。王璞对疏勒河流域甘肃境内古烽燧进行了分析（《陇右文博》2 期），李硕确定敦煌汉简中的大煎都侯障位置（《敦煌研究》5 期），魏坚、任冠认为楼兰 LE 古城的下层为西汉晚期，上层的年代可能已进入西晋（《文物》4 期）。

4. 聚落遗址

韩维龙在河南鲁山杨南遗址报告中系统报道遗址发掘的房屋、水井、灰坑等汉代遗存，该处还发现判断为烧制板瓦、筒瓦和井圈并兼烧陶罐、陶盆的西汉末年到东汉初的陶窑作坊（《鲁山杨南遗址》）。刘尊志分析了秦汉时期一般庭院的内容和房屋布局（《汉阳陵与汉文化》3 期），赵德云提出汉代基层聚落研究应包括的相关内容（《汉代陵墓考古与汉文化》）。刘海旺对河南发现的汉代聚落遗址进行梳理后认为，以县城为中心，聚落分布较密集，聚落规模、等级有明显差异，指出一户一井是汉代聚落的最明显特征，认为中原地区汉代聚落可代表汉代聚落的最高水平（《中原文物》5 期）

5. 矿

耿建军分析了徐州汉代采石遗址后指出，该遗址主要开凿两种石料，即小长山开采石板和云龙山开采塞石（《汉代陵墓考古与汉文化》）。

6. 窑址

王睿在整理了浙江东周至汉晋时期龙窑的资料后指出，从春秋战国、汉代、三国至两晋，龙窑倾斜度虽然不断变化，但总体符合窑头倾斜度大而窑尾倾斜度小的规律（《汉代陵墓考古与汉文化》）。许卫红等报道了咸阳张闫遗址发掘的 5 座东汉陶窑（《文博》5 期），李继鹏报道了在孟津发现的窑址，判断其出土物与朱仓东汉陵园遗址出土建筑构件可对应，分析其当为东汉帝陵及陵园建材产地（《中国文物报》1 月 29 日）。

（二）陵墓

1. 帝陵

段清波探讨了秦汉帝陵外藏系统与中央集权制度的关系（《文物》8 期），张文江、关欣认为，之前判断为秦始皇祖母夏太后的神禾原大墓墓主应是汉代恭哀许后（《秦始皇帝陵博物院 2016》），杨武站认为西汉皇后在帝陵中的埋葬位置虽有制度，但与其去世时的身份有直接关系（《文博》3 期），胡小玉认为汉阳陵的墓葬系统具有内在的系统性构建（《文博》3 期），朱晨露认为傅皇后墓园应当是哀帝为董贤预做的“寿墓”（《考古与文物》2 期），梁安和认为西汉帝陵不存在宗庙祭祀排序中的昭穆制度（《秦汉研究》10 期），丁岩认为西汉帝陵的位置选择与血统有一定关联（《汉阳陵与汉文化》3 期），刘卫鹏认为汉武帝茂陵的位置正处于关中通往西北两条大道交叉之处，与设置在东南的粮仓和细柳营遥相对应，组成了长安城西北的重要屏障（《汉阳陵与汉文化》3 期），徐卫民对秦汉帝陵制度与社会问题、闫华军对帝陵陵邑问题、胡小玉对汉阳陵墓主系统的象征性问题进行了研究（《汉阳陵与汉文化》3 期），王子今注意到了汉阳陵外藏坑出土食物中的海产品问题（《汉阳陵与汉文化》3 期）。陈静、罗瑾鑫分别对汉代和两汉帝陵的演变做了新探索（《汉代陵墓考古与汉文化》）。

2. 诸侯王陵

墓主问题是诸侯王陵墓研究的核心问题之一，李银德在梳理徐州汉代诸侯王陵、列侯墓葬的文献和考古资料后指出，徐州早期 4 处楚王墓的墓主问题的解决或已不远（《汉代陵墓考古与汉文化》），邱永生、刘照建认为狮子山楚王墓墓主为楚元王刘交（《汉阳陵与汉文化》3 期），宗时珍认为驮篮山汉墓和东洞山汉墓墓主分别为有谋反行为的楚王刘戊和刘延寿夫妇（《文博》5 期），余国江认为仪征团山汉墓墓主为诸侯王妻妾，庙山汉墓墓主为吴王刘濞之妻而非刘濞（《秦汉研究》10 期），赵晓华认为风盘岭汉墓墓主以长沙戴王王后的可能性最大，指出吴氏长沙国王（后）陵主要围绕岳麓山分布，刘氏长沙国王（后）主要围绕谷山分布（《中国国家博物馆馆刊》8 期），吕健从出土封泥复原着手，判断巨野红土山汉墓的墓主当为山阳哀王刘定（《考古》9 期）。

田二卫认为徐州汉代诸侯王墓因山为陵的崖洞墓是当地在群山环绕情况下的独立起源，梁勇对汉楚王墓群的墓主提出了诸如狮子山楚王陵墓主为楚元王刘交的一系列新意见，缪华、梁勇从北洞山楚王墓的位置出发对秦梁洪问题提出了新见解，周金波对西汉楚王墓建筑的力学问题进行研究，杨爱国指出西汉时期一些诸侯王虽因谋反等罪而受到惩处，但包括犯罪诸侯王死后的葬礼依然不可比拟，并认为长清双乳山济北王墓的墓主当为刘胡（《汉代陵墓考古与汉文化》），靳宝对北京大葆台汉墓的墓葬结构进行了全新复原（《北方文物》3 期），王磊探讨了徐州北洞山崖洞墓建筑结构及象征意义（《美术研究》2 期），黄明乐将西汉南越王墓与长沙王（后）墓进行了比较分析（《西汉南越国史研究论集（一）》）。

海昏侯刘贺墓是年度列侯墓葬研究的核心墓葬，江西省考古研究所等及时公布了海昏侯墓的考古资料（《中国文物报》3 月 4 日、11 日，《中国重要考古发现 2015》，《考古》7 期），以此为基础，信立翔指出该墓为西汉列侯墓葬的研究提供了非常重要的典型标本，白云翔从西汉诸侯王及列侯墓葬研究的视野出发指出该墓陪葬的车马为墓主昌邑王时所用，编磬的发现也显示出墓葬超出列侯墓规格，刘瑞认为简报判断为“寝”的遗迹应为祠堂，而睡虎地 M77 所出《葬律》当为西汉早期产物，张仲立、刘慧中认为该墓具有明显的逾制特征（《南方文物》3 期），韩国河探讨了海昏侯刘贺墓的选址、封土、形制、棺椁等方面的相关制度（《光明日报》2 月 3 日）。王刚认为海昏侯墓出土“大刘印记”中的“大”主要与年辈相关［《江西师范大学学报》（哲社版）2 期］，王恩田认为海昏侯墓园内 9 座带墓道的墓中，前排 5 墓是海昏侯刘贺及夫人和刘贺之子充国及其弟奉世之墓，后排 4 座为元帝复封的海昏侯代宗及其子孙之墓（《中国文物报》9 月 27 日），刘瑞对墓葬出土马蹄金上的上中下含义进行了分析（《中国文物报》2 月 26 日），张传官指出海昏侯墓出土木楬中“绢执”的绢应指颜色（《中国文物报》7 月 8 日）。

刘瑞在梳理城固饶家营“张骞墓”的考古发掘历程和相关资料后指出墓主与张骞无关（《两个世界的徘徊》）。姜生认为马王堆一号墓四重棺分别代表冥界、昆仑、九天和大道，它们与内棺上的 T 形帛画一起表达着死后转变成仙“与道为一”的整个过程（《文史哲》3 期），李小旋关注了马王堆和金雀山墓葬出土帛画在内容、意义和功能等方面差异和由之而体现墓葬观、死后观的变化（《艺术探索》3 期）。刘尊志认为徐州荆山村西汉墓地是一处与楚国相关的列侯墓地（《中原文物》6 期）。

3. 其他墓葬

多部大型专题墓葬报告的出版，使得一般墓葬在 2016 年度公布的数量和分布范围都出现历年少见的景象。广西文物保护与考古研究所等单位公布了合浦发掘的 15 座西汉晚期墓、47 座东汉墓的全部资料，其发现的西汉晚期卷棚顶陶仓甚为重要，作者将汉墓与三国墓、晋墓一起公布的形式，将该区域墓葬发展的情况清晰展现出来（《2009—2013 年合浦汉晋墓发掘报告》）。河南省考古研究院公布了新郑坡赵 M1 相关资料，判断该墓墓主为东汉晚期两千石，清理过程中发现的多次开启行为和毁墓行为不多见（《新郑坡赵一号墓》）。湖南省文物考古研究所公布了益阳发掘的 92 座战国晚期至西汉早中期的墓葬资料，并进行出土随葬品组合的类型学研究，虽发掘者已指出这批墓葬的墓主均为平民，但据之建立的区域墓葬和器物发展的演变认识，对更大范围秦汉考古的研究具有重要价值（《益阳罗家嘴楚汉墓葬》）。安徽省文物考古研究所等公布了双龙机床厂清理的863座战国至两汉时期的墓葬资料，根据十二类陶器进行了墓葬分组，将墓葬分为七期十三段，构建起精细的区域墓葬及相关器物的考古学编年（《双龙机床厂墓群发掘报告》）。浙江省文物考古研究所系统整理了浙江省历年发掘的770座汉墓资料，对墓地类型、朝向、墓葬形制、结构、葬具、葬俗等进行了分类总结，在将相关墓葬分为6期12个段后，分区域进行了文化因素的研究，构建起了全新的浙江地区汉墓区域发展编年（《浙江汉墓》）。

不过虽然如此，杂志、集刊依然是一般墓葬报道的主体。陕西蒲城清理秦或汉初墓葬3座（《考古与文物》5期），广西合浦清理秦至西汉早期、西汉中期的多墓土墩各1个（《考古》4期），湖南中方发掘战国晚期到西汉早期墓葬11座（《湖南考古集刊》12辑），新疆哈密巴里坤发掘战国晚期至西汉早期墓葬1座（《文物》5期），陕西西安阎良栎阳城遗址发掘31座汉代墓葬（《考古》9期），咸阳崔家村发掘2座西汉中晚期墓，判断与平陵邑有关（《文博》4期），河南郑州发掘西汉晚期墓葬1座（《华夏考古》3期），宜阳马窑村发掘汉墓1座（《洛阳考古》12期），江苏镇江龙泉村发掘西汉中期家族墓葬10座，应为一处家族墓地（《东南文化》5期），安徽肥东小黄村发掘西汉晚期墓葬1座（《东南文化》1期），山东济南魏家庄发掘汉墓95座（《华夏考古》4期），辽宁盖州光荣村发掘西汉中晚期墓葬1座（《博物馆研究》4期），江苏扬州清理西汉晚期到东汉早期墓葬23座（《中国文物报》6月3日），湖北荆州清理西汉中晚期墓葬3座（《文博》1期），湖北荆州发掘西汉晚期墓10座、东汉早期墓3座（《文博》2期）。

内蒙古伊金霍洛旗清理西汉中晚期到东汉初期的墓葬6座（《草原文物》2期），辽宁营口发掘两汉之交墓葬4座（《北方文物》2期），甘肃环县清理新莽至东汉初期墓葬2座（《考古与文物》2期），河南登封发掘东汉早期墓葬1座（《中国国家博物馆馆刊》12期），湖北郧县清理西汉中晚期至东汉早中期墓1座、新莽至东汉早中期墓1座（《中原文物》6期），山西太原发掘东汉中晚期墓1座（《文物世界》5期），河南孟津发掘7座东汉晚期墓（《考古》12期），孟津卅里铺发掘2座大型东汉晚期墓，发掘者判断其与大汉冢帝陵陵园无关，为晚期迁到该地的墓葬（《文物》11期），河南淅川发掘东汉中期或略晚墓葬21座（《中原文物》1期），河南洛阳瞿家屯发掘东汉中晚期墓葬1座（《考古》1期），河南淅川马岭发掘33座从新莽至东汉晚期墓（《考古》6期），广东徐闻凸仔岭发掘1座东汉后期墓（《四川文物》1期），辽宁鞍山调军台发掘东汉晚期墓葬13座（《北方文物》3期），湖南郴州清理东汉晚期墓1座（《四川文物》1期），陕西西安发掘东汉中期、东汉末年墓葬各1座（《文博》2期），江西南昌清理东汉晚期墓葬1座（《南方文物》2期），甘肃临泽清理东汉晚期至曹魏时期墓葬5座（《中国国家博物馆馆刊》4期），四川乐山发现东汉晚期至蜀汉时期大型崖墓1座（《四川文物》5期），北京大兴三合庄清理东汉墓9座（《中国重要考古发现2015》），江苏淮安清理从西汉早期到东汉时期位于同一土墩下的墓葬97座（《东南文化》5期），湖南长沙清理东汉墓葬2座（《文博》1期），北京丰台石榴庄清理汉墓2座（《北京文博文丛》2期），重庆巫山清理东汉墓10座（《考古》2期），新疆和硕清理东汉墓4座（《西域研究》3期），西安临潼北庄发掘7座东汉墓葬（《文博》3期）。

基于多年积累的大量汉墓资料，综合研究不断深化。宋蓉在将关东分为东西部的基础上，进一步选择不同层面、不同程度的标准进行分区，据不同类型墓葬文化因素构成和墓葬规模变化，探讨了政治因素对不同阶层的影响，揭示出各区汉代考古学文化的发展格局和郡国分治问题（《汉代郡国分治的考古学观察——以关东地区汉代墓葬为中心》）。蒋璐在将北方地区汉墓分为六期后，根据墓葬形制和随葬品组合等的差异，归纳了相关地区不同阶段的发展特点，并对北方地区汉代居民构成进行了有益的探索（《北方地区汉墓的考古学研究》）。

索德浩认为成都老官山 M1 的墓主为关东豪族景氏（《考古》5 期）。刘翔宇、谢涛认为成都老官山 M3 和绵阳双包山 M2 的墓主为汉代的楚地移民（《江汉考古》4 期），陈立柱认为巢湖放王岗 M1 的墓主为文献中的荆州刺史柯（《巢湖学院学报》4 期）。

湖南省文物考古研究所等公布的中方竹子园战国至西汉墓葬虽仅 11 座，但发掘者指出其仅是大墓区中最晚的一个小墓区，通过其与整个墓区的对比，可见沅水上游地区战国晚期到汉代早期的墓葬演变（《湖南考古辑刊》12 辑）。张翔宇指出河南淇县大马庄汉墓具有明显的豫北地区汉墓特征（《汉阳陵与汉文化》3 期），吕健、林益华以徐州万达 M6 为中心考察了汉代权厝与祔葬的关系；林俊雄认为前斯基泰—匈奴墓葬其与当时帝陵的相似性要远远多于其与以前游牧贵族墓葬的相似性；刘兴林在梳理资料后对汉代墓葬封土的情况进行了总结，认为在西汉晚期封土墓得到大的发展（《汉代陵墓考古与汉文化》）。

自确定秦汉时期仍存在土墩墓后，相关的研究陆续展开。胡兵对江苏淮安王庄墓地的分析揭示了土墩墓的区域分布及相关问题（《东南文化》5 期），王婷以湖州地区的考古发现为例分析了土墩墓内墓主的关系，秦宗林、束家平指出扬州地区已发掘汉代土墩墓的墓室均为近正南北或正东西方向。张翔宇、朱连华根据西安北郊地区秦汉墓方向的差异和变化，认为西安北郊战国晚期至西汉初期应有大量关东移民存在；刘振东分析了汉代墓葬中的棺种类和变化；雷安迪在分析了越南发现汉代船棺葬后认为，该地船棺葬的习俗可能源自南中国和越南北部，而越溪 M2 大致在公元前 250 ~ 前 150 年（《汉代陵墓考古与汉文化》）。刘尊志分析了东汉之前对西汉墓葬的破坏问题［《南开学报》（哲社版）5 期］。吴桂兵分析了汉晋时期中心和边远地区的多人合葬传统，单月英分析了东汉魏晋时期降汉匈奴人墓葬的分布、特征与葬俗的变化（《两个世界的徘徊》）。

4. 壁画墓与壁画墓研究

陕西靖边杨桥畔渠树壕发掘的东汉壁画墓中首次见到了星形、星数、图像、题名四要素俱全的天文图，为二十八宿尤其是中外星官的研究提供了科学依据（《中国重要考古发现 2015》），李龙斌等介绍了辽宁辽阳发现的东汉壁画墓，判断其可能是公孙氏墓葬（《学问》1 期），内蒙古鄂尔多斯发现东汉壁画墓（《中国文物报》9 月 13 日）。黄佩贤对汉代墓室画像研究进行了综述（《汉代陵墓考古与汉文化》）。李林开展了辽东地区汉魏壁画墓的分区与分期研究（《中国汉画研究》5 卷），张媛媛认为望都一号汉墓的壁画布局反映了汉代郡国行政架构，昭示出墓主的显赫地位，展现了墓主勤勉工作和人们对他的爱戴（《中国历史博物馆馆刊》1 期）。

5. 画像石墓与画像石墓研究

四川广汉清理的 2 座东汉“永元八年”墓及 1 座东汉墓中均出土无论数量还是品类都甚为罕见的画像砖（《四川文物》1 期），山东邹城新发现“汉安元年”文通祠堂长篇题记（《中国汉画研究》5 卷），山西中阳发现 1 座彩绘汉画像石墓（《文物世界》1 期），河南宝丰清理 2 座东汉中晚期画像石墓（《考古》3 期）。

从研究方法上，刘道广提出，在汉画像石的研究中无须强纳现代西方美术史的纪念碑性分析，也不必把中国美术史研究的背景资料改换为“图像学”的“图像志”，研究应从数据实验开始，不能以概念交换来代替学术研究［《东南大学学报》（哲社版）5 期］。王煜系统梳理了汉代的牛郎织女图像，认为将牵牛、织女刻画在墓顶或棺顶表现天阙、天门，希望墓主能像牵牛、织女一样或得到主事者牵牛、织女的帮助，顺利过天关、越天梁、渡天河，进入天阙、天门而升天成仙（《考古》5 期），姜生认为汉墓画像用图像化语言保存了阴阳合气、龙虎交媾结精成丹信仰和仪轨，是东汉《老子想尔注》以墓室为“炼形之宫”进行死后“太阴炼形”结精不死、《周易参同契》论龙虎交媾之术以求尸解成仙的信仰的根据，因此判断《参同契》原本和丹田学说在东汉形成有时代信仰的根据（《历史研究》4 期）。

仲雨、闫勇从结构和画像分析出发，认为胶东石椁墓是从鲁中南发展而来（《文物春秋》5、6 期），索德浩、谢林从汉代石阙上画像的配置出发，认为存在川东和川西两种类型（《汉代陵墓考古与汉文化》）。赵元考证了吕梁左表墓的汉画像石题铭［《浙江师范大学学报》（社科版）3 期］，杨爱国梳理了山东长清孝堂山郭氏墓石祠的认识和传播过程（《社会科学战线》9 期），陈文利从类型、雕刻手法、地域特点等方面开展了许昌画像石铺首衔环的图像研究（《华夏考古》3 期），朱浒梳理汉代大象图像后提出，象题材画像石同骆驼题材伴生较多，也有与人物的复杂组合，并逐渐形成“胡人—象”模式，其在传递祥瑞观念的同时表现了汉人对其佛教的认识（《故宫博物院院刊》6 期），杨孝鸿认为画像石中的泗水捞鼎体现了汉代祠堂画像借用公众舆论的手段以获得丧家最大利益并博取声誉为仕途奠定基础的功用，同时表达了对长生不老的向往［《南京艺术学院学报》（美术与设计版）2 期］，杨赫、杨孝军提出树的画像所反映的是汉代的民间宗教信仰，表示死者已经进入另一个世界且在仙界重种生命树，可以长生（《文物世界》3 期），王志刚、臧之筠认为树纹是一种独特的民族艺术表现语言（《艺术评论》9 期），郑红莉整理了各地发现的荆轲刺秦的图像，指出该图像既见于宗祠庙堂、阁楼门阙，又见于幽冥石室，其既反映了儒家崇尚的忠义孝勇社会思想，也是汉代社会盛行血族复仇行为的折射（《考古与文物》3 期），认为白家山“交战图”描述的是汉平南匈奴的战争场面，是对汉北方边郡汉匈关系即胡汉战争的写照（《文博》3 期），曾磊认为过去称为酿酒的画像砖体现的实是酒肆，画像砖中的“羊”“酒”组合与汉代文献中多见的“羊酒”有关，酒肆前的平台乃用于沥酒的设备（《四川文物》5 期）。

（三）边疆地区

1. 东北地区

王天姿、吴博分析了辽东半岛汉墓的分布特征和汉文化传播路线（《学问》6 期），王禹浪、王俊铮从辽东半岛汉墓类型分析出发研究了汉文化在半岛乃至东北亚的传播等相关问题（《大连大学学报》4 期）。

2. 西北地区

王子今指出西汉上郡武库位置险要应与上郡地处北边防线居中位置有关，其虽距前沿有一定距离，但可通过秦直道完成作用的实现（《秦汉研究》10 期）。潘玲就战国晚期至西汉中期中国北方与欧亚草原之间的文化交流问题进行了研究，认为张骞出使西域应该是中国北方与欧亚草原文化交流的再次回复而非凿空（《汉代陵墓考古与汉文化》）。夏凡以丝绸之路的宗教艺术为视野，对新疆有品乐器的渊源、发展及其与宗教艺术的关联进行了研究（《世界宗教文化》3 期）。

3. 西南地区

吴小平、李冀源认为云南个旧黑蚂井墓地应为西汉晚期到东汉早期的句町贵族墓地（《考古》10 期）。杨勇对云贵高原西南夷文化中的铜釜做了系统整理，对不同类型铜釜的流行时间做出总结，并据此对人群流动、文化传播等问题提出了新意见（《汉代陵墓考古与汉文化》）。何志国认为见于《后汉书》和张衡《西京赋》等记载的东汉外来杂技幻术，可能由游方僧人从印度经蜀身毒道而非西域道传入，同时还带来中国最早的佛像，杂技幻术从西南地区先后传入中原和江南，成为南北朝佛教活动的重要内容（《民族艺术》1 期）。肖明华、排禄仙整理了西南地区汉代及其前后出土的海贝资料，结合民族志调查资料，认为西南地区出土的海贝应通过南方丝绸之路而来自印度一带（《汉代陵墓考古与汉文化》）。苏奎指出云南江川李家山出土的汉代雕花铜板饰应为新莽时期的龙首方形铜器——锉，是汉文化在当地传播的又一例证（《中华文化论坛》1 期）。

（四）专题

1. 文字

（1）秦汉简牍

《长沙尚德街东汉简牍》（岳麓书社）、《肩水金关汉简（五）》（中西书局）、《居延汉简（三）》（台北“中央研究院”历史语言研究所）出版。在《出土文献研究》（15 辑）、《出土文献》（8、9 辑）、《简帛研究》（2016 春夏卷）、《简帛》（12、13 辑）、《简牍学研究》（6 辑）等辑刊中，既刊布了新资料，更刊发了大量研究成果。

晏昌贵根据对天水放马滩木版地图的重新照相时发现“北方”而确定的地图上南下北方位，对地图内容进行了重新复原、释读，并提出了其所表现的今地域范围，认为其主要表示东柯河、永川河及永宁河上游的花庙河，其地域范围东西约 40 千米、南北约 50 千米，计 2000 平方千米，该地图绘制早于墓葬下葬，在公元前 300 年前后，其为墓主生前使用地图，各图反映地域的大小或系墓主生前职掌地域范围变化之故（《考古学报》3 期），郑威依据新公布简文论证认为新武陵当为洞庭郡治（《考古》11 期）。陈松长释读了岳麓秦简中出现的几个令名（《文物》12 期），李国强确定了先农的田祖原型及其与其他农业神的整合过程，区分了先秦时代十月腊祭和十二月蜡祭的功能特征，指出周家台祠先农简中的禾、黍均源于北方粟作农业，与楚地稻作农业无关，楚地先农祭是秦人强权文化一统天下和秦人国家宗教征服楚地信仰的见证（《中国文化研究》2 期），史达认为岳麓书院藏秦简《质日》的四枚漏简应附于《廿七年质日》末尾，为一名叫“爽”的小吏的履历，而“爽”可能是曾任江陵县丞的《质日》拥有者的下属［《湖南大学学报》（社科版）4 期］，沈刚认为秦简中的吏仆与吏养分指驾车和炊事人员，其来自徒隶而偶有戍卒，有特殊技能工匠不能任吏仆（《人文杂志》1 期）。李洪财认为岳麓秦简中的从人是一种“级别较高”的特殊犯人，可能就是传世文献中记载的主张合纵反秦的人，并对秦的从人管理进行了考察（《文物》12 期），周海锋从新出秦简中的礼俗分析出发，认为秦代对礼俗的重视反映其治国是礼、法并行而非唯法是从（《中国文化研究》2 期），杨艳辉、张显成提出简帛文献整理应组建文史兼备的专家库以减少释读欠妥的现象，并制定文字隶定和释读标注的体例，以防释文标注不严，并应辨明文献文句的层次，厘清句间逻辑，以防释文标点不当［《南通大学学报》（社科版）4 期］。

杨军、王楚宁、徐长青报道了海昏侯墓出土的《论语·知道》的相关内容（《文物》12 期），张存良、巨虹介绍了英国国家图书馆藏斯坦因所获汉文简牍未刊部分的相关内容（《文物》6 期）。张瑛从河西汉简中择取“律”性质较明确或自称“律”条文 25 条，参考睡虎地秦律和张家山汉律，对其内容、属性判断后确定共涉及《汉律》12 种［《西北师范大学学报》（社会科学版）4 期］，黄艳萍探讨了《肩水金关汉简》中所见“燧”的命名原则（《敦煌研究》1 期），焦天然提出作为新莽简判定标准的“亖”“二十”“三十”“十”等数字的使用始于始建国初年，终于地皇四年新朝结束，“桼”与“斛”不能单独作为新莽时期的断代标准（《中国国家博物馆馆刊》11 期），张丽萍、张显成从语义、语音上判断西北汉简中的“慈其”为文献中的“席萁”，为今天所说芨芨草（《敦煌研究》4 期），李婧嵘认为《二年律令》应由三位书手书写完成，其中一位书手书写半数以上简文，其他两位为辅助书手（《湖南大学学报（社科版）》4 期），秦进才、李艳舒指出海曲汉简“天汉二年城阳十一年”简目前所知上书皇帝年号纪年、下书诸侯王纪年的最早证据，其“城阳十一年”为城阳惠王刘武纪年（《四川文物》6 期），杨安结合残存在竹简上的细节以及与传世文献，对银雀山汉简中的“八风图”进行重新复原和研究（《中国国家博物馆馆刊》1 期），范常喜指出马王堆汉墓遣册原释的“白羹”当为“甘羹”，是用枣、栗、饴、蜜等甘物调和而成的甜羹（《中原文物》5 期）。

（2）碑刻

常德生对河南驻马店发现的永初七年“请雨铭”石刻进行了录文考订（《文物天地》1 期），么乃亮、赵楠介绍了东汉魏郡残碑立于东汉延熹至建安之间，可能为冀州土人所立（《中原文物》2 期），陈世庆释读出《开母阙铭》中“洪”字（《中原文物》2 期），景宏波认为芮城博物馆收藏的“汉大阳檀道界”摩崖当为西汉所刻（《文物世界》1 期）。胡广悦、孙坤对汉代碑刻研究的现状进行了梳理（《大众文艺》4 期），任小行介绍了山东金乡出土的禳盗刻石（《中国文物报》11 月 15 日）。

（3）砖铭、瓦当

刘云华介绍了山东威海不夜村遗址出土东周至汉代瓦当（《艺术品鉴》1 期），陈鸿钧梳理了广东出土的东汉铭文砖（《广州文博》9 期），闫璘介绍了青海平安县石家营买墓地出土的汉砖（《文物天地》9 期）。王森从造型艺术的角度出发，从造型样式、艺术特征及审美源流等方面对汉代凤鸟纹瓦当的造型艺术语言进行了分析（《中国陶瓷》7 期）。

（4）器铭

王文静以 1990～2010 年出土或首次公布的战国有铭秦兵器为研究对象，梳理出战国秦兵器的类型与监造体系和秦文字特征［《长江大学学报》（社科版）8 期］。韩建武考释了陕西历史博物馆收藏的 16 件有铭铜器、银器，指出高陵君鼎为第一件秦国纪年铜容器（《西部考古》12 期）。张天恩在主编出版的《陕西金文集成》中，第一次全面收集了收藏于陕西各地文博单位的秦汉铜器，不少青铜器器形铭文为首次刊布（《陕西金文集成》，三秦出版社）。刘瑞梳理了学者对汉长安城未央宫出土骨签性质和用途的研究情况（《汉代陵墓考古与汉文化》）。钱彦惠从大云山汉墓出土器铭出发，认为西汉前期诸侯国所用器物的生产机构既有专设府库，又有中央工官；西汉中期诸侯国在府库自造器的同时出现郡国工官；西汉晚期府库生产器物的情况基本消失，诸侯用器多转由铜官或工官制造（《东南文化》3 期）。潘天波考释了长沙望城庙坡山汉墓出土漆器上的相关文字（《中国书法》22 期)。李零在介绍国家博物馆藏战国干支仪的用法后，梳理了秦汉干支筹等类器物的出土和使用情况（《中国国家博物馆馆刊》5 期)。李宝才介绍了法国发现的与伯希和有关的 1 件鸟篆文铜壶，指出其当为西汉中期铸造（《文物天地》2 期)，曹锦炎、李则斌释读了江苏盱眙西汉江都王墓出土的越国鸟虫书錞于文字（《文物》11 期)。

（5）印章、封泥

曹发展、闫华军指出原释为“东织寝官”的汉阳陵出土印章当读为“东织染官”（《文博》3 期)。刘乐贤认为秦封泥中的“奴盧”当读为“若盧”，王辉释读了秦封泥中与府有关的 10 枚封泥（《出土文献与中国古代文明》)，王伟指出从高频字特殊写法和印面布局上可以进行秦印章封泥的断代，认为鱼纽是南越国官印特色，是秦印在岭南的发展，属秦印分支（《考古与文物》2 期)，谷丽芬、王爽从“临屯太守章”封泥出发，判断部集屯小荒地方城可能为汉辽西郡郡治（《北方文物》2 期)，杨勇对云贵高原的汉代印章做了集中梳理，指出云贵高原出土的汉代印章埋葬在汉武帝“开西南夷”之后，此前云贵高原土著族群可能不使用印章，印章在当地的出现是汉朝册封制与郡县制及内地人口迁入和中原文化传播的结果（《考古》10 期)，朱晨、吴红松对两枚秦封泥私印文字进行了考释（《江汉考古》4 期)。

（6）陶文

兰德省等人对秦俑一号坑第三次发掘新出的陶文进行了分析，认为存在部分新征调来的地方民营或市亭制陶作坊的陶工（《秦始皇帝陵博物院 2016》)。顾翔从秦陶文出发探讨了秦文字的隶变和秦统一后的书同文问题（《中国书法》8 期)。

2. 器物

赵德云在将西周至汉晋之间的十三类珠饰进行系统收集后，对它们的来源和传播、形态和功能变化进行了深入的分析，并通过外来珠饰的传播探讨了欧亚大陆中西文化交流的阶段性特征（《西周至汉晋时期中国外来珠饰研究》)。徐蕊对汉代服饰的文献和考古资料进行了认真的梳理，并分别对男性、女性服饰进行了类型学研究，在考察了汉代服饰与礼制的关系后，对汉代服饰的发展和变化做出研究，并将其放在世界范围内与罗马附近开展对比（《汉代服饰的考古学研究》)。

卢兆荫讨论了汉代玉文化的传承与创新问题，徐琳指出西汉中期以后儒家思想对用玉产生了明显的影响，尚如春、滕铭予分析了汉墓中出土玉石猪的类型和分期，探讨了其多样化的功能和分布情况，韩茗在对汉代牙形玉器做出类型学分析后，探讨了其风格演变和地域性特征，洪石系统梳理了汉代镶嵌宝石漆器的发现情况后，分析了宝石镶嵌的工艺和特征；张闻捷分析了南越王墓的用鼎制度，认为文帝在礼器使用上存在以九为节的原则，而墓志布局则似有前朝后寝的格局；朱笛系统收集汉代雁足铜灯的考古资料后认为，用雁足隐含着太阳崇拜的思想；苏奎探讨了不同类型汉代羽人乘兽熏炉的时代特征和生产流通情况；梁斌分析了国家博物馆新入藏的东汉永寿元年环首钢剑后指出，其是迄今为止发现最早的灌钢制品（《汉代陵墓考古与汉文化》)，石宁对西汉的仓、李曼丽对汉代的熏炉和熏香进行了分析（《汉阳陵与汉文化》3 期)。长沙市文物考古研究所系统整理了“12·29”案件追缴的西汉长沙王陵出土漆器，并制作漆器文字编（《西汉长沙王陵出土漆器辑录》)。

吴小平、蒋璐从考古类型学和文化因素着手分析了长江中游汉墓出土瓷器，分析了不同时期不同地区岭南因素、江东因素、长江中游因素三类瓷器的分布和传播（《考古学报》1 期)，刘章泽指出四川什邡出土的骰子是印度传入的骰子与中国原有的六博投琼和樗蒲“五木”结合的产物（《四川文物》2 期)，杨爱国将汉墓中发现的屏风分为三类，指出其明器和生器的差异，指出不同位置的屏风代表了不同的含义（《文物》3 期)，王煜等从雅安卢山汉墓出土的摇钱树座的图像判断其当为昆仑山的表现，与其上钱树构成了昆仑——建木的登天组合（《中国历史博物馆馆刊》5 期)，路懿菡、郭梅认为定州三盘山汉墓出土错金银青铜伞挺纹饰既表达出汉人对死后灵魂升入仙境的渴望，也展现出汉人心目中对仙境的想象和向往（《文博》2 期)。

王意乐、徐长青、杨军介绍了海昏侯刘贺墓出土的孔子衣镜（《南方文物》3 期)，徐龙国指出海昏侯刘贺墓出土的砝码是日常用具，可以用来称量黄金、贵重药材、进口香料、金银器及部分珍贵铜器等器物（《中国文物报》11 月 4 日)，戴自强、李君从刘贺墓出土钱币出发，认为西汉的马蹄金、麟趾金有不同的制作和用途与性质（《中国钱币》5 期)，闫璘报道了青海海晏县西海郡故城发现的新莽钱范（《中国钱币》1 期)，邵凤芝、李文龙报道了河北大学博物馆所藏的秦两诏铜权（《文物春秋》5 期)，高成林以海昏侯墓出土早期器物为契机，系统梳理了汉墓中出土的“古董”和相关含义（《大众考古》3 期)，韦正探讨了海昏侯墓出土马饰（《江西省博物馆集刊》7 期)。李云河从汉阳陵陵邑汉墓出土陶器的观察出发，指出汉代陶器纹饰制造中使用了滚筒滚压纹饰（《古代文明研究通讯》)。张世轩对战国至汉代漆木虎子的器形、制作工艺、用途及命名等问题进行了探讨（《东方博物》1 期)，郭强认为新乡吕村、大官庄东汉墓中陶俑当为胡僧（《西部考古》12 期)。刘超在对汉代女兵俑分析后讨论了汉代女子兵战的问题（《汉代陵墓考古与汉文化》)，潘攀认为汉代的有角神兽是汉文化信仰中常见的造神方式的产物，其“角”的神异性背后有着复杂的意图（《秦始皇帝陵博物院 2016》)。

徐勇捷分析了战国半两钱的类型后对相关类型钱币的生产进行了探讨（《中国钱币》1 期)，赵路花对战国半两钱的钱文演变规律进行了分析，认为半两钱钱文经历了从篆书之风到隶书之意，松散之姿到规整之态的转变（《中国钱币》1 期)。陈伟武指出秦简《金布律》“择行钱、布”之“择”当读为“释”，训为“舍弃”，《金布律》和《钱律》的类似律文是对市场流通货币的规范管理，禁止使用盗铸钱和伪劣布币及黄金。《金布律》无惩处盗铸钱犯罪律文［《中山大学学报》(社科版) 2 期］。张虎安认为汉武帝白金三品应是借鉴当时大夏以银为钱币制形状的产物，认为目前所见“希腊文铅饼”等是内需用品的废弃品或防治品（《秦汉研究》10 期)，孔茜报道了扬州市考古所发掘的外文铅饼（《扬州日报》11 月 8 日)，姜宝莲、赵强梳理国内出土的类似铅饼后指出，其当为汉武帝时期铸造的白金三品，龙纹币形状圆形鼓面，象征天，为当时“盖天说”的模仿，“少”字代表了铸币最高的管理机构少府，而龙纹币上铸造的一圈符号乃是二十八宿的星相符号（《中国文物报》12 月 13 日)，胡永祥、沈军民介绍了宁夏固原出土一枚汉代五铢压胜钱（《中国钱币》4 期)。

3. 丝绸之路

王巍指出秦始皇统一中国和在全国建立驰道、郡县，为西汉武帝时期张骞通西域奠定了基础，而张骞通西域，并非丝绸之路的开始，而是开启了古代东方与西方交流的新时代。即由零星的、断续的、小规模的民间交流转变为大规模的、持续的、官民结合的交流，对于促进丝绸之路沿线国家和地区的政治、经济、文化的发展发挥了极为重要的作用（《中国社会科学版》1 月 12 日)。吴春明在梳理“丝绸之路”的概念的来源和形成过程后指出，其在提出之初有着必然的时代局限性，而早年考古资料的缺环和跨时空比较研究的不足及传统史学思维的惯性等都制约了“海上丝绸之路”的深入探索，指出要重视域外世界自史前以来即已相继传入并深刻影响古代中国的诸经济、技术、思想、文化因素及从古代海外“诸蕃”登陆融合到近代西方传教士的活动等外来文化传播的研究（《南方文物》3 期），杨巨平指出丝绸之路和希腊化文明二者之间的联系却没有得到国内外学界应有的重视，没有把丝绸之路的开通、发展与希腊化世界的建立联系起来，没有把丝路重镇、丝路钱币与丝路宗教艺术与希腊化文明的遗产联系起来，没有意识到中希两大文明的接触早在公元前后就已经通过丝绸之路得以实现［《北京师范大学学报》（社会科学版）6 期］，杨静以在中国出土的外来玻璃以及受到西方玻璃工艺制作影响的玻璃制品为出发点，阐述了中西方的文化交流状况（《民族艺林》1 期）。

三国至五代十国时期考古

沈睿文　何　康

2016 年度三国至五代十国时期考古工作成果丰富，尤其以西朱村曹魏大墓、安徽当涂“天子坟”孙吴墓、洛阳北魏宫城八号建筑遗址、浙江慈溪上林湖后司岙秘色瓷窑址、上海青浦青龙镇遗址等遗址、墓葬的揭露为代表，为相关研究提供了重要资料。同时，以宗教和商贸题材为主的中外交通研究增多。

一　城邑及建筑遗址

四川地区针对蜀地三国时期遗存展开全方位的调查，目前已有一定的成果。成都武侯祠博物馆编著《全国三国文化遗存调查报告（成都地区）》（科学出版社）涵盖成都 16 个市区县，对这些地区三国文化遗存的历史及现状进行了调查，并收集刊布部分出土文物资料，对三国时期社会、经济等方面的研究具有重要意义。陈芳、樊博琛、曹静等报道了调查的遗址、遗迹情况，并探讨了相关问题（《中国文化遗产》6 期）。

2007 年，山西大同操场东二号遗址发现汉代、北魏、辽金和明清时期的建筑遗迹和灰坑，最重要的是北魏粮仓遗址。北魏粮仓遗址的地层大致为四层，即汉代、北魏、辽金明清与现代层。其中北魏层位最厚，厚 100 厘米～142 厘米，为夯筑建筑基址，夯层厚 8 厘米～12 厘米。夯土台基表面距今地表 1 米～1.2 米，整个台基表面都存在红烧土层，厚 10 厘米～44 厘米。夯土台基上分布有 50 多个柱础石和 5 个圆缸形粮窖遗迹。推测年代下限为北魏末年（《文物》4 期）。

西安地区首次发现唐代粮仓类遗址，至少有 3 排 24 座，还有不少粮仓及相关遗迹被现代道路和建筑占压，可能是太仓遗址（《考古》5 期）。徐龙国对此进行了论证（《考古》6 期）。

2007～2009 年发掘的吉林和龙西古城外城北门址、内城南门址及内城排水设施遗迹，不仅有助于进一步认识西古城城址的文化内涵，还为深化渤海都城研究拓展了学术视野（《文物》12 期）。

魏坚、任冠认为楼兰 LE 古城城址的修筑年代及墙体下层应属西汉晚期，但墙体上层的年代则可能进入了西晋时期（《文物》4 期）。

2012 年，成都文物考古研究所在成都天府广场东北侧古遗址发现有丰富的文化遗存，出土了大批文物，所属时代主要包括汉代、六朝、唐宋及明代等（《成都天府广场东北侧古遗址考古发掘报告》，文物出版社）。

中国社会科学院考古研究所洛阳汉魏故城队确认了汉魏洛阳城太极殿始建于三国曹魏时期，北魏时期重修沿用，北周时期仍有改建（《考古》7 期）。

1999 年，黑龙江省文物考古研究所发掘黑龙江友谊县凤林城址，其中的晚期遗存年代相当于魏晋南北朝时期（《北方文物》4 期）。

福建博物院介绍了福州市地铁屏山遗址出土的两晋至宋元时期的遗迹和遗物（《福建文博》3 期）。

吉林省文物考古研究所根据在临江市河南屯遗址地表采集的板瓦及瓦当推断，该遗址在渤海时期应存在较高等级的建筑遗迹，与抚松新安遗址类似，均作为水陆交通的重要节点（《北方文物》1 期）。根据最新发表的考古资料，李晓东对渤海文字瓦模印文字现象进行了初步探讨，进一步界定了渤海遗存三期说的时间节点（《北方文物》1 期）。

隋唐洛阳城水系考古项目取得一定进展。洛阳市文物考古研究院介绍了 2015 年清理的隋唐洛阳城西苑水利设施遗迹、遗物（《洛阳考古》2 期）。后又刊布了包括隋唐城内外流经的河流和人工开凿的渠道遗迹（《洛阳考古》3 期）。

安徽省博物馆等介绍了唐（五代）时期河道遗址及其出土文物，厘清了运河在柳孜段使用、管理及淤废的过程（《文物》12 期）。

贺云翱介绍了近 20 年来六朝考古工作的主要收获，包括都城中心区、“西州城”、佛教寺庙遗存及礼制建筑遗存等（《东南文化》4 期）。

根据当时整理公布的吐鲁番出土唐代文书中的相关材料，姜伯勤对“城”的形制进行了分类，特别是对唐代西北地区的“城”及与之相关的“城主”“城人”“城局”的职能、身份、权责作了进一步考察，指出其与军镇城防、北齐军制及吐鲁番麹氏高昌时期的传统有关（姜伯勤《论城主与城人城局——唐吐鲁番文书研究》，载广州市文物博物馆学会编《广州文博（玖）》，文物出版社）。

刘庆柱《地下长安》（中华书局）一书是《长安春秋》的再版，在原书的基础上新增了近年西安地区的考古新发现和综合研究，对唐代长安城市、墓葬和社会生活进行了系统介绍。张建林、田有前总结了近半个多世纪以来隋唐长安城的重要考古发现与研究情况（载《中国考古学会第十六次年会论文集（2013）》，文物出版社）。

结合文献与遗址材料，杨鸿勋《大明宫》（科学出版社）一书对大明宫从唐高宗到晚唐时期的部分主要宫殿与宫苑的面貌进行还原。

中国考古学会等编《扬州城考古学术研讨会论文集》（科学出版社）集中讨论了扬州城及周边地区从古至今的发展情况，重点分析了城市内部布局、交通网络、窑址、墓葬分布等问题。

黄朴华主编《长沙古城址考古发现与研究》（岳麓书社）一书汇集历年来长沙古城址的考古资料，同时结合文献资料及前人的研究成果，综合阐述长沙城的发展和演变。

何继英撰文《唐代青龙镇的功用》（载宋建、陈杰主编《“城市与文明”学术研讨会论文集》，上海古籍出版社），结合历史文献和考古发现，认为青龙镇既是一处海港重镇，也是当时重要手工业作坊所在；叶倩《青龙镇遗址出土唐代瓷器的相关探讨》一文亦证实了上述观点（载宋建、陈杰主编《“城市与文明”学术研讨会论文集》，上海古籍出版社）。

赵晓军以湖北出土的《算数书》所载计粮方法为蓝本，通过数理方式计算古代官仓储粮规模，加深了对粮仓规模的认识（《中国国家博物馆馆刊》8 期）。

易立补正了其早年关于该地此类瓦当出现年代和背景的判断（载成都文物考古研究所编著《成都考古研究（三）》，科学出版社）。

高义夫总结了长江流域及广东地区出土的唐宋元时期滴水的特点，其中唐—五代时期的滴水主要流行长条形，饰几何形图案（《东南文化》5期）。

二 陵墓

除了若干新资料的及时刊布之外，绝大部分为对此前墓葬资料的整理发布。一些纪年墓葬的发现，为当地的墓葬研究提供了重要的年代标尺。出土墓志则进一步补充了文献及志主家族世系。

2010年，在辽宁省葫芦岛市金星发现的两座“甲”字形砖室墓，可能为汉末至魏晋时期的遗存（《北方文物》1期）。

2014年，洛阳市文物考古研究院等在偃师大冢头发掘一座西晋中晚期墓葬，该墓为带斜坡墓道的前后双室方形砖墓，属西晋帝陵陪葬区。随葬品多出于前室，南侧多为陶模型明器，北侧以陶俑为主，其中骑吏俑为本地首次发现（《文物》9期）。

2016年，在洛阳市龙门石窟北发掘一座西晋时期的单室土洞墓，随葬品组合以陶俑为主，出土有弩机、砚板等（《洛阳考古》1期）。

2010年，甘肃省文物考古研究所在酒泉市侯家沟墓地施工范围内共清理9座十六国前凉时期墓葬。墓葬形制分为砖室墓、砖石混合墓、土洞墓三类。墓道均朝东，个别组发现巨大茔圈，体现其家族墓特征（《考古与文物》2期）。

2012年，在洛阳涧西衡山路发现一座带斜坡墓道砖室墓，出土随葬品若干，年代大致在北魏孝昌年间至北魏末（《文物》7期）。

2012年，在内蒙古自治区正镶白旗伊和淖尔墓群抢救性发掘了一座长斜坡土洞墓（M2），出土陶壶、陶罐、陶灯、木棺、鎏金铜铺首、鎏金铜泡钉等遗物，墓主为一名年轻男性，其所在墓群是目前国内发现的纬度最北的北魏墓群（《草原文物》1期）。

1995年发掘的山东寿光东魏贾思同墓为圆角方形的砖室壁画墓，出土随葬品80余件（《中原文物》5期）。

2015年，在北京市海淀区学院路发掘一座魏晋时期墓，未见有纪年遗物（北京市文物研究所《北京市海淀区学院路北朝墓葬发掘简报》，《北京文博》4辑）。

2012年，重庆市文化遗产研究院等发掘了水泥厂墓群、军营河墓群、龙头山墓群等墓葬，其中东晋时期墓葬约有8座，出土遗物以褐色点彩装饰的青瓷器为主（《考古》2期）。

2011年3～11月，杭州市文物考古研究所在余杭星桥马家山发现32座墓葬，分属竖穴土坑墓、砖椁墓和券顶砖室墓三类，年代自西汉至宋代。其中M1为四隅券进式纪年墓，墓砖侧面模印“咸康六”三字，为研究东晋墓葬形制特点提供了准确材料（《东方博物》58辑）。

2016年5月，嵊州市发掘东晋义熙二年（406）铭文砖的砖室墓（《东方博物》61辑）。

2013年，杭州市文物考古研究所等在富阳步桥乌龟山抢救发掘了11座东晋南朝墓葬，刊布了其中8座详细情况，其中M3出土有纪年砖（《东方博物》60辑）。

湖南省文物考古研究所编《2016湖湘文化考古之旅》（湖南省文物考古研究所）登载了几处考古发掘情况：陈斌《蓝山五里坪古墓群、古窑址2016年考古发掘》记载有少量两晋至宋元时期的墓葬发现；郑广《长沙枫树山古墓群2016年考古发掘》发现有魏晋至五代时期墓葬30座；谭远辉《汉寿聂家桥乡茶铺村大岭上东晋及隋代砖室墓考古发掘》刊载了两座东晋早期墓和一座隋代墓，其中M1出土纪年墓砖；罗胜强、唐涛《郴州走马岭壁画墓考古发掘》发现了三座两晋至南朝时期的墓葬。

荆州博物馆等在荆州市石首南岳山墓地发掘的3座六朝墓葬，为本地区六朝时期家族墓地的研究提供了难得的资料［载荆楚博物馆编《荆楚文物》（第2辑），科学出版社］。

2010年，在余杭七里亭抢救发掘了7座六朝墓葬，其中4座发现纪年砖（《东方博物》58辑）。

2010年6月，杭州市文物考古研究所等在富阳市抢救发掘了21座六朝墓葬，其中出土“泰和元年”的纪年墓砖（《杭州文博》16辑）。

2005年，在南安市官桥镇内厝村发现一座南朝砖室墓，出土碗、罐、壶、托盏、博山炉、灯台、五盅盘、砚台等青瓷文物数十件，对于研究闽南地区六朝历史有较大价值（《福建文博》1期）。

2010年，武汉大学考古系在辽瓦店子遗址发掘两座南朝墓葬，其中M4出土“永光元年（465）太岁乙巳”纪年砖，二者或为同一家族墓（《考古》4期）。

南京市博物总馆、南京市考古研究所《南京文物考古新发现（第四辑）》（文物出版社）汇集了南京地区五篇东晋至唐代的发掘简报，并收录有马涛《南京地区莲花纹砖文化因素初探——兼论韩国武宁王陵莲花纹砖渊源》、岳涌《南京地区发现的南朝佛寺遗迹、遗物》、骆鹏《南京出土南齐王珪之墓志考释》3篇论文。

镇江博物馆介绍了金家湾墓地7座保存较好的六朝至唐代墓葬（《江汉考古》2期）。

2011年11月，西安市文物保护考古研究院在西安曲江缪家寨村发掘清理了唐故监察御史杨筹墓，梳理了杨筹的家族世系、入仕经过及途径（《文物》7期）。

西安南郊杨贵夫妇墓为带长斜坡墓道、带天井和壁龛的单室土洞墓，出土三彩俑、陶器、铁剪、琉璃、墓志等随葬品（《文物》11期）。

唐总章二年（669）司宰寺丞刘智与夫人尹氏合葬墓，出土有组玉佩、金铜装班剑等珍贵文物（《考古与文物》3期）。据此，李明梳理了隋唐玉佩的考古发现状况，并结合文献资料，确定其来源于三国、两晋组玉佩，适用隋唐时代的贵族和高级官员，是当时“剑珮绶”朝服系统的重要组成部分（《考古与文物》3期）。

巩义市东区天玺尚城唐墓M234出土的茶具系列，为国内首次出土时代明确的组合茶器（《中原文物》2期）。这是墓中表示备茶的随葬品，据此可知该墓应随葬有备酒的器具。

2009年发现的唐段斯立墓为长斜坡阶梯式墓道土洞墓，随葬品损毁严重，墓志内容与史料可互证段斯立世系及人物履历（《中国国家博物馆馆刊》9期）。

西安市文物保护考古研究院《西安金浮沱小学汉、唐墓发掘简报》（《文博》2期）介绍了2012年发掘的汉唐时期长斜坡土洞墓，此次唐墓所出土的波斯萨珊朝银币应为佩饰。

2012年，西安市文物保护考古研究院在上塔坡村发掘两座唐代刀形单室土洞墓，其中M55墓主为唐英武军大将军杜江，M39为其夫人翟氏，二人皆终于长安义宁里私第，同茔异穴而葬，出土器物较少（《文博》4期）。

2008年，洛阳伊川昌营发掘一座唐代石椁墓（2008YCM1），该墓为刀字形土洞墓，发掘者认为墓主应属唐代高官、高官家属或皇戚，官品至少为五品。该石椁葬具为东都洛阳的首次发现（《文物》6 期）。

2012 年，西安市文物保护考古研究院在西安南郊上塔坡村发掘一座唐代早期土洞墓（编号 132 号），保存完整，出土陶俑、铁刀、口琀、铜钱等，是研究关中地区唐代中小型墓葬的新材料（《文博》1 期）。

20 世纪 80 年代初期，福建武夷山城村发现两座唐墓资料，出土了 10 多件青瓷碗、盅、罐、博山炉、盘口壶等器物，为研究福建特别是闽北地区唐代社会经济生活和埋葬习俗提供了珍贵的实物资料（《福建文博》2 期）。

2001 年，太原市文物考古研究所在太原果树场发掘一座船形唐墓（M611），出土有塔式罐、陶罐、瓷碗及铜钱等（《文物世界》5 期）。

2016 年的《洛阳考古》先后刊布了 10 座洛阳、郑州及沁阳等地区的唐墓。其中较为重要的为，洛阳市文物考古研究院 2008 年在洛阳新区香山路清理的一座竖穴土坑墓，该墓出土有带字铭铜鱼符，发掘者认为年代大概在唐高宗时期（《洛阳考古》4 期）。根据鱼符的铭文，可知该墓主为唐司驭少卿崔万石。该鱼符为目前所见最早的唐代鱼符，为研究唐代鱼符制度提供了重要的实物资料。

2005 年，在洛阳发掘唐神龙二年（706）安国相王孺人唐氏墓，该墓为单室砖墓，壁画保存基本完好，是目前洛阳地区发现唐代最早、有准确纪年、墓主身份明确的壁画墓（《中国国家博物馆馆刊》12 期）。

1965 年，河南省文物考古研究院在三门峡市印染厂发掘了 130 号唐墓，年代在650～670 年，随葬品自南向北放置于墓室中心线上（《华夏考古》2 期）。随葬品的摆放值得进一步关注。

2011 年，郑州市文物考古研究院在河南巩义王沟新村发掘一座初唐时期的刀把形土洞墓（M5），出土以粉彩器为代表的随葬品（《文物春秋》3 期）。

2010 年，郑州华南城唐范阳卢氏夫人墓的发掘，所出墓志进一步补正了历史文献及出土墓志中裴度家族之谱系（《中原文物》6 期）。

1995 年抢救发掘的巩义站街镇王沟村唐墓，出土遗物丰富，有“戊辰二月”纪年墓志砖（《东方博物》61 辑）。

2006 年，在新疆吐鲁番阿斯塔那古墓群西区发掘 5 座墓葬，出土有木器、陶器、铜器、铁器、服饰和文书等遗物，墓葬年代属于东晋至唐西州时期（《考古与文物》5 期）。

2010 年，新疆昌吉州阜康市西沟墓地、遗址的发掘，出土物反映出文化因素的多样化，弥补了天山北麓地区唐以后考古材料的空白（《考古与文物》5 期）。

2004 年发掘的黑龙江五常市香水河墓地是拉林河流域首次发现的渤海时期墓葬，盛行火葬、合葬，可归入靺鞨文化遗存 H 组遗存（《考古》4 期）。

1993 年，西藏朗县列山墓地发掘 4 座封土石室墓，出土遗物较少，墓地周边还有碑亭、房址等遗迹，总体年代为 7～8 世纪的吐蕃时期（《考古》11 期）。

2013 年，成都文物考古研究所等在邛崃市临邛镇蒋庵子发掘包括 4 座晚唐至五代时期在内的唐宋墓葬，出土了陶俑、瓷器、钱币等随葬品（成都文物考古研究所等著《邛崃市临邛镇蒋庵子唐宋墓葬发掘简报》，载成都文物考古研究所编著《成都考古发现（2014）》，科学出版社）。

2014 年，大同市考古研究所在大同西北郊发掘一座五代时期墓葬，该墓为长斜坡墓道的单室穹隆顶砖室墓，随葬品包括陶罐、铜镜、铜钱、铜带具、银下颌托、骨钗等（《文物》4期）。

2011年，广州市文物考古研究所在广州富力唐宁花园发掘一大宝三年墓，为一座带壁龛的长方形砖室墓，其中出土的买地券是经正式考古发掘出土的第一方五代南汉时期买地券（《东南文化》3期）。易西兵认为券文兼含道教和佛教色彩，与另外两方同时期的买地券仅细节上略有差异，已形成固定格式（《东南文化》3期）。

2013年，在江苏扬州发掘的五代杨吴李娀墓，为一小型砖室墓，刘刚等对墓志铭内容进行考释，复原陶氏夫妇的生平及其家族世系（《东南文化》3期）。

2014年，扬州市文物考古研究所发掘了位于一处五代墓葬群中的M4（谢俯军墓），该墓保存完好，出土一批精美的漆木器，并出土有明确纪年的买地券（《东方博物》59辑）。

2001年，在浙江临安余村发掘一座唐五代时期墓葬，根据墓葬形制和出土器物，倪亚清、张惠敏推断墓主可能为钱镠第二子钱元玑（《东南文化》4期）。

2001年，郑州市文物考古研究院在郑州市第十四中学发掘一座砖雕墓，根据墓葬形制及出土文物，其年代定为五代至北宋早期（《中原文物》3期）。

整理出版的考古报告有：

广西文物保护与考古研究所等编著《2009—2013年合浦汉晋墓发掘报告》（文物出版社）汇集了2009年至2013年合浦发掘的157座墓葬的详细资料，其中三国时期墓葬80座、晋墓12座，为复原合浦的汉晋社会及研究中西文化交流提供了重要实证。

王卫东《临泽沙河汉晋墓葬》（甘肃人民出版社）介绍了十座约为东汉晚期至西晋时期的墓葬，分别对墓葬形制和出土器物进行了单独叙述。该报道方式值得提倡。

李铭主编《济南考古图记》（济南出版社）刊布了济南汇苑家园隋代皇族墓、章丘女郎山墓地、山大路华强广场古墓葬、北齐宜阳国王太妃傅华墓等魏晋至隋唐时期墓葬的简要情况和器物图片。

2003年临沂市发现两座大型砖室墓，山东省文物考古研究所等编《临沂洗砚池晋墓》（文物出版社）以墓葬为单位详细刊布了这两座墓葬的墓制情况及出土器物，并初步讨论了墓葬年代、葬俗、墓主等问题及其所反映的当地手工业情况。

襄阳市博物馆等编《三国遗韵——襄阳樊城大型三国墓出土文物》（科学出版社）将2008年发掘的该地三国时期大型砖室墓的出土文物重新刊布，并附发掘简报等相关专文。

陕西省考古研究院、乾陵博物馆《唐懿德太子墓发掘报告》（科学出版社）对懿德太子墓的陵园布局、地宫形制、壁画、出土遗物进行分章系统叙述，为后续的研究提供了详细的出土情况，并在结语部分对懿德太子墓的研究状况进行了全面的概述。

洛阳市文物考古研究院《唐·王雄诞夫人魏氏墓》（中州古籍出版社）系统介绍了该墓发掘经过、地层情况、墓葬形制及出土器物，并就器物情况进行简要的讨论，该墓出土的三彩器为同时期墓葬中的佼佼者。

靳维柏等著《唐陈元通夫妇墓》（文物出版社）是厦门发现中唐时期的陈元通夫妇墓的发掘报告，其随葬的长沙窑褐绿彩双系罐、邢窑白瓷碗与厦门窑青釉瓷器体现了南北文化的交流和融会，出土的墓志是迄今厦门所见最早的铭刻。

湖南省文物考古研究所编《岳阳唐宋墓》（上海古籍出版社）介绍了桃花山M4、M12两座唐代墓葬的墓葬形制及出土遗物情况。

河南省文物局编《流过往事：南水北调中线工程河南段文物保护成果展》（河南大学出版社）辑录了南水北调工程中在南阳至安阳一线发现的该时期墓葬及部分出土文物。

2016 年，发表了若干对考古专题研究的评述和区域性研究。如郭晓涛《2015 年魏晋南北朝墓葬考古发现与研究述评》（载《西部考古》12 辑）分晋制研究、帝王陵墓、一般墓葬、出土文献等部分，对 2015 年发现的魏晋南北朝墓葬发现和研究情况进行辑录和评述。

圆形墓是北朝以降墓葬形制的一个特殊现象，对其出现原因的探讨聚讼不已。沈睿文《北朝隋唐圆形墓研究述评》（载中国社会科学院历史研究所编《理论与史学》第 2 辑，中国社会科学出版社）对相关研究做了系统梳理和评述。

刘卫鹏《浙江六朝墓概述》（《西部考古》12 辑）对浙江发现的六朝墓葬进行了梳理、分类和总结，从五个方面进行了概括和分析。

袁伟《湖南六朝墓葬分期研究》（载郭伟民主编《湖南省文物考古研究所建所三十周年纪念文集》，科学出版社）收集了湖南发掘的 238 座六朝墓葬和器物资料，将区分出的十型墓葬和 17 类器物分为九期，并对其特点进行总结。

马启亮《岭南六朝墓葬的区域研究》（《东南文化》2 期）一文对迄今发现的该地区六朝墓葬分期分区，并细分出大区域下的具有地方特点的小区域，指出影响墓葬区域差异的三大因素。

毕广德、魏坚对契丹早期墓葬进行归纳研究，将主要分布在内蒙古东南部与辽宁中西部的契丹墓葬遗存进行类型学的分析，并总结契丹树葬和土葬习俗的兴起、发展和衰亡（《考古学报》2 期）。

相关的学术研究，主要有：

苏晓威将东汉至南北朝的陶瓷烛台造型进行分型定式，并从空间分布和早晚演变上对其进行深入探讨（《中国国家博物馆馆刊》5 期）。

袁胜文认为各时期的扁壶间少有联系，汉晋瓷扁壶是中国传统铜、漆扁壶的延续，北朝隋代扁壶源于西方同形金属器，并在唐代华化（《中国国家博物馆馆刊》10 期）。

通过《魏书》与大兴安岭嘎仙洞所载祝文的比较分析，刘克桥认为，汉文化的天地信仰在太武帝时期已经占据北魏朝廷的主流地位，甚至南郊祭天与西郊祭天已经开始出现逐渐汇流的历史趋势（《中原文物》4 期）。

曹臣明认为平城地区鲜卑、北魏墓葬具有五点分布规律，其分布受到城市建设以及两种文化礼制混融的影响，在迁都平城前、中、后三个时期呈现了不同的特征（《文物》5 期）。

刘连香认为北魏冯熙冯诞父子墓地的选择，对以孝文帝为首的洛阳北魏帝陵区的规划具有巨大推动作用（《中原文物》3 期）。

沈丽华认为邺城附近的东魏北齐墓葬可明确区分为三个区域，与邺城的距离显示了墓葬等级的高低，由南向北分布的家族墓葬内则以南为尊。这种分布特点显示了来自秦汉的传统，以及对隋唐制度的影响（《考古》3 期）。

通过比对其他年代相近的墓葬中所见帷帐形象，魏曙光断定河南新安西晋墓 C12M262 所出铜帷帐架构件应是外置帷幔、内设幄帐的复合结构（载《中国考古学会第十六次年会论文集（2013）》，文物出版社）。何月馨梳理了隋唐墓葬出土的帐构，据其在墓内的设置情况分为两套不同的系统（《中原文物》2 期）。

杨效俊认为中古墓葬中的复古现象分为三个阶段：北魏太和改制后形成了墓葬中的汉魏传统；隋代汉族政权的建立促进了汉魏传统的中继；武周时期至盛唐墓葬中的汉魏传统成为一种文化资源而被灵活运用（《陕西历史博物馆馆刊》23辑）。不过，以“复古”来概括该政治文化现象是否准确，是需要重新思考的问题。

沈睿文认为天水石马坪石棺床的屏风画与同时期的墓葬壁画存在对应的转换关系，该墓葬的年代应为隋大业年间（载荣新江、罗丰主编《粟特人在中国：考古发现与出土文献的新印证》，科学出版社）。沈氏还系统讨论了中古中国粟特裔的丧葬形式的多元性与内在统一性及其与王朝丧葬制度之间的关系，指出以墓制探讨墓主国家认同和民族认同的复杂性（载吕章申主编《近藏集粹：中国国家博物馆新入藏文物》，北京时代华文书局）。

倪润安认为李寿墓壁画所见的规制反映了唐贞观年间对于礼仪制度的一个探索过程，是唐太宗在斟酌使用汉魏制度，走出北周礼制的一个探索，而李寿墓规制的孤例也反映了贞观礼最终回到了隋代的老路上（《考古》11期）。

胡元超提出昭陵壁画陪葬墓中凡夫妇合葬的，墓道东壁乘舆壁画反映官员乘舆制度，西壁乘舆壁画反映命妇乘舆制度（《文博》3期）。

赵超探讨了汉唐时期所见的石刻线画的整体情况，认为此时的石刻艺术应是绘画技法的突出代表，展现出古代绘画艺术的发展演变过程（载北京大学考古文博学院编《高明先生九秩华诞庆寿论文集》，科学出版社）。

鲁礼鹏认为结合出土墓葬和文献资料，吐鲁番阿斯塔纳墓地M336的年代应在武周时期至开元前后（《西部考古》12辑）。

郭明认为，朝阳地区的陶俑根据质地可分为早晚两期，该地区随葬俑群的大量出现表明当地居民对此种葬俗的认可，并从而产生了相应的买卖市场（载《中国考古学会第十六次年会论文集（2013）》，文物出版社）。

赵超、魏秋萍总结了隋唐中小型墓葬总体建筑面积逐渐减小、结构简化、墓葬中用于祭祀的空间逐渐消失这一发展趋势，揭示墓葬小型化与随葬品简约化与隋唐丧葬思想转变之间的关系（《中原文物》6期）。

李雨生认为，从唐墓发现概况、社会风气与丧葬变革、丧葬活动的运作与监管三个方面来看，唐墓营建过程、明器供应等考古学问题的深入探讨成为可能（《西部考古》12辑）。

秦颖探讨了设有十二个壁龛的五代十国墓中生肖俑与壁龛的关系，结合隋唐及两宋时期的考古发现，认为新出现的生肖形象应是反映了五代十国时期丧葬礼俗的过渡性质［载苏州博物馆编《苏州文博论丛》（7辑），文物出版社］。

［日］松浦史子《“山产玉璧”再考——海宁三国画像石墓中的山车图像研究》［载阮荣春《中国美术研究》（20辑），东南大学出版社］认为，1973年发现于海宁的三国画像石墓中，其所见与山车类似的山形祥瑞图应即见于《礼记·礼运》的“山出车”祥瑞，该祥瑞形象在东汉以降，逐渐成为显示强大皇权的重要祥瑞。

林圣智提出“图像观”的议题，梳理魏晋薄葬向“平城型厚葬”转变的过程，尝试兼顾鲜卑故俗、汉晋文化、佛教信仰等多重因素来探究魏晋时期人们观看、运用墓葬图像的方式（《“国立”台湾大学美术史研究集刊》41期）。

赵曦认为，竹林七贤画像砖极具平面装饰的构图特点与魏晋清谈之间关系密切，竹林七贤画像砖此种构图形式为隋唐时期绘画的兴盛及形式的丰富同样奠定了基础（《中原文物》3 期)。

刘卫鹏《浙江余杭小横山南朝画像砖墓飞仙和仙人》认为，2011～2012 年的发掘 112 座东晋南朝墓中所见飞仙可分为独幅和拼幅两类，佛教中的飞天就是采用我国流行的飞仙形象，装饰在造像或窟龛上端的天宫，是佛教中国化的重要表现之一(《中国国家博物馆馆刊》9 期)。

师若予认为，南北朝大型墓葬中所见的戴尖角帽的胡人画像砖或俑与古时方相氏用于大丧时开路驱邪镇墓有关，成为墓葬卤簿体系的构成要素。此类墓葬卤簿体系形成于以襄阳为中心的汉水中上游地区南朝系墓葬中，对东魏、北齐大型砖砌单室壁画墓中的卤簿体系产生影响，可能与其在南朝特别是萧梁时期成为一大政治文化中心有关(《中国国家博物馆馆刊》5 期)。李梅田对邓县南朝画像砖墓中的四幅乐舞图像进行重新考释，认为其中两幅表现了西曲歌和文康舞，另外两幅也深具地域文化内涵(《故宫博物院院刊》4 期)。

王雁卿、高峰认为，山西大同出土的北魏彩绘漆棺的图案较同时期彩绘木棺、墓葬壁画的题材略显不同，丰富的外来风格足证当时中西文化交流的盛况。北魏漆棺上各式以联珠纹为组织结构的纹样，都可以在同期的丝织物上找到与它们相同的或类似的纹样及关系，有可能起荒帷之作用，或者仿荒帷图案(《西部考古》11 辑)。

近年来，关于墓志的集中刊布越来越受重视。如：

西安市文物稽查队编《西安新获墓志集萃》(文物出版社)刊布了近年来追缴的 124 方墓志、志盖及镇墓石，年代范围横跨北朝至五代时期。

以墨香阁藏北朝墓志为基础，叶炜、刘秀峰等主编《墨香阁藏北朝墓志》(上海古籍出版社)辑录了百余方墓志、墓铭砖和墓碑的拓片，并附有相应的录文及描述。

大同北朝艺术研究院编《北朝艺术研究院藏品图录》(文物出版社)分四册对馆藏文物进行了系统的整理，并对部分馆藏撰文讨论。

赵超、吴强华等主编《永远的北朝——深圳博物馆北朝石刻艺术展》(文物出版社)为深圳博物馆"'永远的北朝'石刻艺术展"展览图册，共收录石刻艺术品 80 件和金铜佛像 20 件，以北朝时期为主，也包括一些隋唐时期的佛教遗物，并收录了赵超、李裕群、郑岩和黑田彰等人讨论展陈石棺床及佛教造像的专文。

南京市博物馆总馆等编《南朝真迹——南京新出土南朝砖印壁画墓与砖文精选》(江苏凤凰美术出版社)系统刊布了雨花台石子岗、铁心桥小村、狮子冲陵园及大墓的发掘情况，并附有上述几座墓葬砖文的拓片。

陕西省考古研究院编《长安高阳原新出土隋唐墓志》(文物出版社)收录了 113 种隋唐墓志，均为该院 2001～2006 年在西安高阳原发掘所得。

利用碑铭墓志、文书勘正传世文献的相关记载、补充史实的有：

王莉娜《从考古发现看西晋的门阀制度》(《中原文物》1 期)结合考古所见墓志，从君臣间的陪葬制、家族附葬制、士族内婚制等方面进行分析，探讨西晋社会门阀制度的发展。

殷宪《北魏建安王妻乐乡君墓砖》(《中国国家博物馆馆刊》2 期)认定该墓砖主人为北魏陆馛之妻，确定了乐乡君墓地处石家寨村以东的北魏平城时期贵族墓葬群。

戴春阳认为敦煌佛爷庙湾 M123、124、125 等墓为外任归葬的敦煌望族——阴氏家族墓葬，其中阴稠或阴仁协以及阴仁希可能与 M123 具有对应关系(《敦煌研究》3 期)。

郑雅如《唐代士族女儿与家族光荣——从天宝四年〈陈照墓志〉谈起》（《“中央研究院”历史语言研究所集刊》八十七本第一分）重新爬梳传统文献与墓志资料，揭示陈照背后连接的仍是“女儿嫁得贵婿、援引夫家资源援助本家”的模式，通过此墓志正可观察唐代士族女儿借助联姻与文化教养光显本家的现象。

李红《隋唐河东柳氏家族研究——以世系、迁移、婚宦、家族文化为中心》（文物出版社）利用出土墓志资料，较系统地梳理了河东柳氏的世系，着重探讨了隋唐时期柳氏的仕宦、婚姻、归葬等问题。

廖基添《论魏齐之际“河南—河北”政治格局的演变——从东魏张琼父子墓志说起》（《文史》3 辑）重新反思了侯景叛魏事情，认为张琼父子的生平一方面代表了这一时期政局演变的一角，另一方面又揭示了侯景叛魏有深刻的政治原因。这一事件既是“河南—河北”政治格局的产物，又是促成这一格局的转变。

张晓舟认为 20 世纪 80 年代发现的渤海国贞孝公主墓志志文与早年发现的贞惠公主墓志基本相同，墓志发生雷同的主要原因是渤海国晚年的政治动荡（《北方文物》4 期）。

20 世纪六七十年代，在山西晋城与河南济源两市交界处的太行山间曾发现一处曹魏正始年间的摩崖题记。郭洪义等对此做进一步的补充考释（《文物》6 期）。周鼎认为其中所见诸职体现出的时代特征，有助于从微观层面观察汉魏之际地方行政模式变革（《中国国家博物馆馆刊》4 期）。

张荣强、张慧芬介绍一件唐代交河县的貌阅文书，探讨了貌阅制度的源起，以及在唐代的施行情况（《文物》6 期）。

2016 年，出版的相关学术著作有：

郑岩《魏晋南北朝壁画墓研究》（增订版）（文物出版社）在原来的基础上做了部分修订，并增加了部分照片和材料。

陈长虹《汉魏六朝列女图像研究》（科学出版社）讨论了早期列女图像的产生、题材范围、图像范式、功能、各地列女图像的地域性与共性等问题，归纳出中国古代女性题材绘画的几个重要母题，并探讨了它们在历史上的演变。

商略等著《有虞故物——会稽余姚虞氏汉唐出土文献汇释》（上海古籍出版社）收录了当地出土的该时期砖瓦、墓志、文献等，并依次对其作有考释。

陈长安主编《洛阳古代石刻艺术·陵墓卷》（中州古籍出版社）刊布了东汉至宋元明时期洛阳地区陵墓地上、地下石刻的图片、拓片或线图，并配以简要的说明。

昭陵博物馆编《昭陵博物馆陶俑珍品集》（北京联合出版公司）对郑仁泰墓、张士贵墓、韦珪墓、安元寿墓、李承乾墓、李贞墓、昭陵 2、30、31、32 号墓、杨温墓、长乐公主墓、段蔺璧墓、尉迟敬德墓、新城公主墓、李震墓、临川公主墓等多座墓葬出土的彩绘陶俑进行展示。这是昭陵陪葬墓彩绘陶俑资料第一次较为全面的刊布。

刘毅《中国古代物质文化史·陵墓》（开明出版社）以古代帝王陵墓为对象，梳理了商周至明清时期的陵墓卜选规则、礼制建设和分期。

范淑英主编《陕西汉唐墓葬美术研究》（中国社会科学出版社）一书收录 9 篇已刊论文，从陕西地区汉唐墓葬考古出土的壁画、画像石、陶俑等遗迹和遗物出发，探讨该地区汉唐时期墓葬美术的地域风格、文化意蕴和礼仪制度。

齐东方、沈睿文主编《两个世界的徘徊：中古时期丧葬观念风俗与礼仪制度学术研讨会论文集》（科学出版社）为同名会议论文集，共收录论文 21 篇，分别从中古时期丧葬研究的五个方面入手，探讨该时期不同地域、民族、宗教影响下的丧葬的观念风俗和礼仪制度。

陈尚君《贞石诠唐》（复旦大学出版社）收录作者有关唐代石刻的31篇论文，反映了作者在墓志研究上由浅入深、融会贯通的渐进式发展。朱玉麒《评陈尚君〈贞石诠唐〉》［载荣新江主编《唐研究》（第22卷），北京大学出版社］对此有充分评述。

三 宗教遗存

2010年，在云冈石窟窟顶西区发掘一处北魏佛教寺院建筑遗址，可明确为北魏时期云冈的一处早期寺院（《考古学报》4期）。

2012年、2013年发掘的河北临漳邺城遗址核桃园一号建筑基址，根据地层堆积、相关遗迹及出土遗物，发掘者推断该遗址为建造于553～577年的北齐佛塔遗迹（《考古学报》4期）。

2011年7～8月，杭州市文物考古所等对碧沼寺进行考古调查，厘清了碧沼寺遗址的范围、建筑布局和结构等情况（《杭州文博》16辑）。

山西省和顺县沙峪存在的大量北朝至隋代摩崖造像，张弛认为其年代大约从北魏永安二年至隋开皇十年（《敦煌研究》4期）。

2009年4～6月，麦积山石窟艺术研究所发掘了麦积山舍利塔和地宫，其中最重要的是宋代藏入的10余件北朝晚期石刻造像（《中国文化遗产》1期）。

高金玉介绍了1995年成都市西安路出土的南朝石刻造像中，H1∶11造像应是佛教造像，其主尊应为汉装坐榻维摩诘像，其制作目的是祀祠祈福（《中国美术研究》19辑）。

临朐县文化广电新闻出版局报道了临朐明道寺舍利塔地宫发掘情况及出土佛教造像等文物，认为其年代大约为北齐至隋代，总体风格属于“青州佛教造像风格”（《海岱考古》9辑）。

龙门石窟隋大业六年黄法暾及大业十年女弟子文造天尊像一龛两则造像题记拓本，表明龙门石窟有两品隋代天尊造像，黄法暾一品也并非出自四川绵阳。它为龙门石窟这一佛教圣地的佛道之争，乃至“三教合一”趋势的研究，提供了新资料（《中原文物》6期）。

2013年，甘肃泾川大云寺博物馆东侧发现一处佛教造像窖藏坑，清理出窖藏坑、殿基等遗迹，出土佛教造像260余件（《文物》4期）。吴荭认为这批造像据题材内容、造像特征等可分为五期，且有多种因素在此混合（《文物》4期）。

陕西宜君秦家河有4处摩崖造像石窟，董彩琪认为其年代在西魏至唐代，分为佛教和道教造像，是研究该时期造像艺术和宗教信仰及民族融合的重要资料（《中原文物》4期）。

2014年，成都文物考古研究所在成都市下同仁路遗址南朝至唐代佛教造像坑发掘了16处灰坑，包括其中H3、H6出土的一批南朝至唐代佛教造像，极大充实了对成都地区佛教造像艺术的认识（《考古》6期）。

陕西文保考古咨询研究院《镇安兴隆寺唐文化遗址公园考古调查勘探报告》（三秦出版社）指出，经过详细的勘查，兴隆寺的始建年代可以确定为唐代。

成都文物考古研究所等著《仁寿县大化镇杀人槽摩崖造像调查简报》（载成都文物考古研究所编著《成都考古发现（2014）》，科学出版社）刊布了晚唐时期的14窟造像情况，从造像内容可知该地观音信仰之兴盛。

新疆文物考古研究所介绍了2009年和2012年对吐鲁番胜金口石窟的发掘情况，包括各类遗迹、壁画、出土器物等，认为其年代主要在唐高昌回鹘时期（《考古学报》3期）。

2010年，临朐县文化广电新闻出版局对临朐石门坊摩崖造像群进行调查，从纪年刻铭中可判断其均为唐天宝时期所造，反映了中下层民众的造像活动（《文物》7期）。

2013～2014年，河南省文物考古研究院在新乡时代华庭遗址H37发现佛教造像遗存，其废弃年代应是晚唐时期，或与历史上的灭佛事件有关（《华夏考古》3期）。

甘肃省民乐县童子寺石窟分南北二区，现存石窟9座，大致呈南北走向，坐东朝西，主要洞窟为3座中心柱窟。童子寺石窟始建于十六国时期，北朝、清代曾有营修，现存有壁画、题记及部分道教题材造像（《敦煌研究》3期）。

在调查的基础上，常青系统介绍了陕西麟游县喇嘛帽山千佛院的五处佛教遗迹，认为其年代约为唐宋时期（《考古与文物》3期）。

四川大学考古系介绍了安岳岳阳镇菩萨湾摩崖造像现存的19龛造像，认为其主体年代为唐宋时期（《敦煌研究》3期）。

2013年7月，为配合敦煌西千佛洞崖体抢险加固工程，敦煌研究院考古所对西千佛洞未编号的洞窟进行彻底清理发掘，共清理未编号的洞窟42个。石窟因近代有过使用，部分改变了石窟的形制，出土遗物也很少。此次清理进一步明确了石窟数量、形制、性质和功能，为石窟研究提供了新资料（《敦煌研究》6期）。

2006年，武汉市文物考古研究所在武昌区梅家山发掘了五代杨吴国超惠大师墓，出土一批精美的白釉瓷器、八棱体漆木葬具、木法器等（《江汉考古》4期）。根据新出土的五代杨吴国超惠大师塔铭，曹昭结合传世文献，梳理了超惠大师的生平事迹，考证黄龙院在今天江西省修水县境内的黄龙山中（《江汉考古》4期）。

除了相关调查发掘报道之外，有关宗教的研究大体可分为石窟寺或造像分期（年代）、壁画图像内容及年代的考证、探讨石窟寺间的艺术交流、相关器物研究等方面。

有关石窟寺或造像分期研究与年代，如：

于春认为长安北魏纪年造像可分为早、中、晚三期，主体上虽与核心区域造像大致相同，但均体现出地方特点，为西魏、北周长安造像奠定基础（《故宫博物院院刊》5期）。

根据麦积山现存洞窟的形制、造像特点等因素，魏文斌对麦积山石窟进行了分期，并着重介绍了石窟的造像题材及反映的佛教思想和信仰（《中国文化遗产》1期）。

根据遗迹现象和文献资料，曹社松认为龙门古阳洞杨大眼龛的规划始凿早于景明三年五月卅日，完成于正始二年或三年杨大眼参加对南朝军事斗争胜利后经龙门归阙之际（《中原文物》2期）。焦建辉认为龙门火烧洞（第1519窟）即杨大眼造像记中提及的“先皇之明踪”“盛圣之丽迹”，从而得出火烧洞是北魏孝文帝时期开凿的大型皇家洞窟的结论（《中原文物》5期）。

李柏华认为东京国立博物馆藏“十六国佛金铜坐像”的风格特征和铸造特点，与资料所见的所有十六国金铜佛造像均存有差异，极有可能是清末民初的古董商仿现存于美国哈佛大学福格美术馆所藏同名造像而做的伪品（《中原文物》5期）。

温玉成认为成都龙泉驿34号佛道合龛组合造像正是北周文王碑中所提到的强独乐为文王所造像，是四川境内最早的北周造像（《中原文物》2期）。

有关探讨石窟艺术交流的论文有：

赵丽娅认为克孜尔石窟壁画人物中的耳饰虽然受到了印度中亚的影响，但是在吸收外来文化的基础上，又改造以本地的审美和社会风尚，从而使耳饰具有某些本地化的特点（《吐鲁番学研究》1 期）。

张宝玺认为以大梵天和帝释天为胁侍的造像多见于河西石窟等小型石窟，其源于犍陀罗艺术，最早见于十六国末期。其中大梵天多着菩萨装，帝释天多为武士装（《敦煌研究》4 期）。

李静杰认为已发现的北魏中期金铜佛板主要来源于犍陀罗浮雕大神变图像，吸收了西域文化因素并经过整合设计，系汉地产生的创造性的佛教造像形式（《故宫博物院院刊》5 期）。

龙红、邓新航认为巴蜀石窟在唐以前兴起并初步发展，此间造像的粉本多来自洛阳、长安等地，南朝造像艺术主要是通过长安地区对巴蜀石窟产生间接影响（《中国国家博物馆馆刊》12 期）。

马兰认为北凉石塔造像的风格来源很可能是南方早期的汉晋佛像（《中国美术研究》18 辑）。

通过比对四川地区出土的南朝佛像，李裕群认为早年在重庆奉节白帝城所见的圆雕佛像既有南京南齐佛像的特征，又有川地齐梁佛像的特征（《文物》1 期）。

金建荣认为一铺三尊像题材是缘于南朝对北朝的影响，上层人士以及僧侣在南北之间的来往，对北朝借鉴南朝佛教文化艺术起到了推动作用（《宗教艺术研究》4 期）。

刘韬《胡地尚唐风——库木吐喇石窟第 16 窟壁画复原与塑绘内容考析》（《美术研究》6 期）利用前辈学者的研究成果，考析库木吐喇石窟第 16 窟主室正壁塑像尊格，兼论及塑像与壁画呈现的佛教宗派信仰。

有关石窟寺壁画图像内容及年代考证的有：

任平山整理和分析了佛教本生故事大施抒海，并对吐峪沟第 44 窟相关壁画进行释读。任氏认为吐峪沟壁画莲华夫人缘应该更名为抒海本生（《敦煌研究》4 期）。

吕德延认为北朝流行鹿头梵志可能与当时佛教宣传五戒十善的思想有关（《敦煌研究》1 期）。

于向东指出北周、隋代时敦煌传统绕塔修行、禅观方法及佛教思想发生明显的变化，敦煌中心柱窟的功能或许难以适应时代的需要，导致其主流地位逐渐被覆斗式窟取代，从而逐渐衰微（《宗教艺术研究》3 期）。

杨波认为克孜尔石窟具有头光的弥勒比丘，表现的是“弥勒受金衣”以及得到“摩顶授记”的题材，背后有着深刻的佛教教理基础，表现菩萨上升兜率前最后一次轮回的形象（《吐鲁番学研究》2 期）。

顾淑彦认为敦煌石窟牢度叉斗圣变在盛唐至中唐的消失是因为大乘佛教的流行而宣扬小乘佛教的《贤愚经》的不再受欢迎和流行，而此题材的再现是因为晚唐五代宋时期说话、变文等俗文学的流行（《敦煌研究》3 期）。

王芳认为敦煌唐五代洞窟壁画中所见携抱童子的男性图像应为旷野鬼夜叉，在当地已转变成庇护童子的善神（《敦煌研究》6 期）。

综合石窟形制、图像内容与题记等因素，刘韬对库木吐喇石窟群区第 12、15 ~ 17 窟的绝对年代进行探索，并以此为标型窟探索唐与回鹘时期库木吐喇部分洞窟壁画的相对年代（《敦煌研究》6期）。

王雨、沙武田认为敦煌弥勒经变中的“老人入墓”图是大唐盛世背景下佛教思想与孝道思想融合的产物，实与白衣弥勒信仰有关，是在当时末法思想的影响下，以中国传统信仰中“肉身不坏”的方式来等待弥勒降世，度化众生，进而往生弥勒净土（《吐鲁番学研究》1期）。

许栋、许敏将相关的文献及图像资料置于安史之乱后的特定历史背景中，认为新样文殊图像中的于阗王可能就是毗沙门天王，毗沙门天王作为文殊眷属出现与当时的社会环境及密教的流行有着密切的关系，二者的结合更加突出了密教中文殊菩萨所具有的护国护王的功能（《吐鲁番学研究》1期）。

对相关器物研究的有：

张晶选取唐以前的考古资料中跟佛教相关的玻璃器皿，结合图像和史载，对该时期中国佛教玻璃器皿的来源、用途以及象征意义作出阐释（《中国美术研究》19辑）。

从中亚及新疆地区的佛教遗存出发，在对石函图像的整体考察基础上，于薇认为蓝田出土唐代舍利石函图像表现既以“舍利”为中心，也与当时所流行的“三身”观念紧密相关（《美术研究》3期）。

在收集存世的18口唐钟的基础上，李阳将唐代梵钟划分为南北两型，并总结两型各自的形制与纹饰特征，试图廓清唐代梵钟的发展脉络（《常州文博论丛》总2辑）。

通过与佛教造像上佛座的莲花纹饰、法门寺供养器上莲花纹饰以及法门寺特色舍利容器的比较，文军认为何家村金银器属于皇家专用，且属于皇家的佛教供养器物（《文博》5期）。通过比较何家村和法门寺的金银器，程旭认为相比于何家村窖藏，法门寺文思院已形成非常华美富贵庄严的整体效果，且在纹饰题材和造型上完全中国化（《中国国家博物馆馆刊》10期）。

此外，何立群着力于对北朝特别是邺城地区佛教考古。通过整理历年新乡发现的佛教遗迹和遗物，何利群初步分析了北朝晚期新乡佛教史迹形成的历史背景及造像的艺术风格和传承（《华夏考古》3期）。通过梳理早期佛教史料，他对十六国至北魏时期邺下佛教史迹文物进行钩沉索隐，分析了邺城地区佛教初传阶段的师承脉络和造像传统（《中原文物》2期）。他还概述了近年来邺城的佛教考古发现，包括赵彭城和核桃园北朝佛寺以及部分埋藏坑出土的佛教造像（何利群《邺城佛教考古的主要发现与收获》，《西部考古》12辑，科学出版社）。

通过对蒲江石窟的实地考察，邓新航对该地观音造像进行了简单的梳理和分析，总结蒲江观音造像发展的特点（《中国美术研究》18辑）。

陈悦新选取了安岳石窟七处纪年较多、保存较好的石窟寺造像，梳理佛像衣着的演变脉络，指出安岳石窟唐五代承袭中原文化，两宋时期地方文化盛行的独特面貌（《文物》10期）。

徐怡涛揭示了5~13世纪中国砖石佛塔装饰题材在时间和空间上的演变脉络，佛塔在呈现“佛国”与“人间”不同倾向时，会有对材质的不同选择（《故宫博物院院刊》2期）。

相关著作包括调查报告、展览图录以及专题著述。主要有：

基于对四川地区的佛道龛窟的专题调查，唐飞、李冰雪等主编《四川散见唐宋佛道龛窟总录·达州卷》和周科华、陈刚等主编《自贡卷》（文物出版社）两书概述了二市的调查结果，包括各龛窟分布和时代，以及窟龛内造像的形制、内容、保存状况、题记等。

故宫博物院等编《梵天东土 并蒂莲华：公元400—700年印度与中国雕塑艺术》（故宫出版社）是同主题展览的图片辑录，展示了5～8世纪中印两国同时期的佛教造像遗存，并收录专文进行讨论。

罗华庆《佛国尊像》（华东师范大学出版社）一书将敦煌佛教造像重新结构，分佛陀、菩萨、罗汉弟子与护法四个方面，重新解释敦煌壁画和造像中题材的来源和演变。

麦积山石窟艺术研究所编《石窟艺术研究》（第1辑）（文物出版社）收录了15篇以讨论麦积山石窟造像艺术为主题的论文，内容包括石窟形制、图像内容及组合、保护修复、文献题记等。

常青主编《金石之躯寓慈悲：美国佛利尔美术馆藏中国佛教雕塑》（文物出版社）分著录篇和研究篇，全面发表弗利尔馆藏的300多件佛造像和道造像图文资料，并详录其研究状况、历次著录信息。

［日］水野清一、［日］长广敏雄著《云冈石窟（第二期第8—16卷）》（科学出版社）是20世纪50年代整理的云冈石窟考古调查资料，包括大量图片及现场实测图。

龙门石窟研究院编《石窟寺研究》（6辑）（科学出版社）收录了有关冀、豫、晋、川等地的佛教石窟造像的调查报告、风格分析、保护研究等多篇论文，年代范围涉及北朝至唐宋之际。

有关学者的著述主要有此下几种：

在深入调查晋南唐、宋、元寺观彩塑遗存现状的基础上，魏小杰《晋南唐宋元寺观彩塑样式研究》（文物出版社）结合资料做系统的考察论证与理论研究，提出“晋南样式”，并探讨该样式对后世寺观彩塑的影响。

在对龟兹石窟的深入调查基础上，霍旭初等著《龟兹石窟与佛教历史》（新疆人民出版社）结合前人研究的成果，论述了龟兹地区的佛教历史以及佛教对龟兹石窟寺开凿和修建的影响。

史忠平《莫高窟唐代观音画像研究》（中国社会科学出版社）以莫高窟唐代壁画、绢画、麻布画及纸画中的观音画像为样本，从五个方面对其进行研究，揭示唐代观音画像的特点及其为美术史中诸多问题提供的线索。

金建荣《中国南北朝时期佛教造像背光研究》（东南大学出版社）梳理了中国南北朝时期佛教造像背光图像，从宏观和微观两个方面，揭示其艺术特点和发展过程，以及东西、南北的文化差异与变迁。

王中旭《中国古代物质文化史：绘画·寺观壁画》（下）（开明出版社）是对明清寺观壁画史的专门研究，以年代顺序来分四个时期呈现明清壁画演变的历史，对资料搜寻、壁画年代、宗教和政治关系四个方面进行主要探讨。

赵建中《山西寺观壁画山水图示研究》（中央民族大学出版社）以平顺县大云院五代时期的壁画为例，分析此处壁画与“南宗”山水的关系，进而讨论“潇湘三图”的真伪。

夏生平、卢秀文著《敦煌石窟供养人研究述评》（浙江大学出版社）较为全面系统地探讨敦煌石窟供养人的内容、价值及意义，旨在把国内外敦煌学界的信息及前沿的学术理论介绍给读者，使读者能够及时掌握敦煌学的研究动态。

四　手工业遗存

2016 年 2 月，扬州市文物考古研究所在扬州三星村西庄抢救发掘的 3 座墓葬和 1 座窑址的情况，该处墓葬均为竖穴土坑墓，所见窑址系扬州地区首次发现（《东方博物》61 辑）。

2013～2014 年，安徽省文物考古研究所对安徽繁昌柯家冲窑遗址的发掘，显示其创烧年代早于此前认知，而与骆冲窑之间的关系有待重新审视（《文物》3 期）。

2006 年，中国社会科学院考古研究所洛阳汉魏考古队在洛阳市白马寺西院发掘两组窑址，其使用年代大致在唐中期至金代末期，应是用于专门烧造白马寺修建所需的建筑材料（《考古》4 期）。

根据安徽繁昌骆冲窑遗址 2014 年首次发掘所得资料，发掘者推断其创烧年代在五代时期（《文物》3 期）。

2015 年，洛阳市文物考古研究院在瀍河西岸清理一批唐宋时期砖瓦窑址，出土有“官”字砖，该处窑址可能为唐宋时期的官窑（《洛阳考古》3 期）。

孙媛认为新发现的倒畈窑址的烧造年代应可以早到五代时期（《杭州文博》17 辑）。

刘思然等推测江西上饶包家金银冶炼遗址工匠因受到其专业化程度及生产组织模式的影响，未从其他区域大量进口铅以提高提银效率（《南方文物》1 期）。

通过对徐兖、青齐和相州等地区窑业技术的全面分析，张勇盛认为三个地区之间既有自发因素又相互影响，提出北朝时期人口广泛而频繁的迁移是窑具技术得以传播的主要因素（《东南文化》2 期）。

按照彩瓷的装饰方法分类，再按类别划分区域，并结合彩瓷出土墓葬的信息，［韩］金智铉探讨彩瓷在南方地区生产、演变与扩散情况，全面认识青釉褐彩瓷（《洛阳考古》1 期）。

对这一时期的陶瓷遗存介绍，主要有以下著作：

在普查的基础上，《杭州市萧山区第一次全国可移动文物普查成果（陶瓷卷）》（文物出版社）收录了部分三国两晋南朝越窑、瓯窑、德清窑、湘阴窑青瓷器以及隋唐宋元越窑与龙泉窑青瓷器、景德镇窑青白瓷等。

叶佩兰《海外遗珍陶瓷（卷一）》（北京大学出版社）收录了西晋至唐时期的典型陶瓷器图片；魏嘉等著《山东陶瓷艺术发展史》（科学出版社）介绍了魏晋至五代时期的山东陶瓷艺术的相关文献资料和图片；张仁《瓯窑风度》（文物出版社）辑录了三国至五代瓯窑的代表性作品；西汉闽越王博物馆编《发现邢窑：邢窑陶瓷特展》（广东人民出版社）收录了展陈的邢窑陶瓷器作品图片，按年代、釉色、技法等顺序进行介绍；冯小琦编《故宫博物院藏中国古代窑址标本·福建》辑录了福建地区出土的部分魏晋至唐时期陶瓷标本图片；柴福有《浴火重生：衢州古陶瓷》（商务印书馆）对衢州地区所见这一时期遗址、墓葬和陶窑出土的陶瓷器进行了系统的介绍。

河南省文物考古研究院编《巩县黄冶窑》（科学出版社）是 2002～2004 年河南巩义窑的考古发掘成果，发现并清理了窑炉、作坊等遗迹，出土了大量的唐代陶瓷器，年代跨越了整个唐朝。

洛阳市文物考古研究院编著《洛阳市定鼎北路唐宋砖瓦窑址考古发掘报告》（中州古

籍出版社）公布了这一遗址砖瓦窑的具体情况，包括形制、遗物和窑壁题记等，推断其几处主要窑口的使用年代在672～707年。

此外，王利民编《平城文物精粹——大同市博物馆馆藏精品录》（江苏凤凰美术出版社）包含了博物馆及大同七县四区的代表性文物，在“魏都辉煌”部分详细介绍了北魏平城时期出土的石雕、陶器、陶俑、金银器、玻璃器等。

五 边疆民族与中外文化交流遗存

该研究日渐成为学者关注的焦点，相关的著述、图录以及文集渐多。

葛承雍认为2012中国国家博物馆入藏石堂具有祆教色彩，石棺中的祆教祭祀净化仪式反映了入华粟特人的信仰及不同文化之间的交融（《文物》1期）。结合文献与考古发现，翟战胜整理了《周书》《旧唐书》《往五天竺国传》和《酉阳杂组》四书所记波斯、粟特地区“火祆”的线索，进而辨析上述地区唐宋时期的“火祆”信仰（《西部考古》11辑）。

山西大学历史文化学院等刊布了2011年发掘的蒙古国后杭爱省赫列克斯浩莱山谷6号墓园和6号、7号墓园附近的2座石堆墓、5号墓园的墓室等资料（《文物》4期），其年代大致在于漠北回鹘汗国时期（745～840年），此次发掘初次揭开了回鹘墓园遗址的面纱。

［日］东潮认为发现于蒙古国境内的乌兰克热姆墓的年代应早于仆固乙突墓，正是设置瀚海都护府的时期，应是根据唐朝墓葬制度，以皇帝规格建造，墓主身份与都护府有关（《北方民族考古》3辑）。

赵丛苍认为丝绸之路的开通、繁荣、衰落都伴随着强烈的军事因素（《文物》2期）。

张晓霞认为唐代织物上禽鸟纹造型既有对前代传统纹样的传承，也有对西方异域装饰风格的吸收、融合，并对后世的中国传统纹样造型有着深远的影响（《南京艺术学院学报（美术与设计）》5期）。

姚沁从史料记载、出土香具等方面探寻隋唐五代时期福建的香料与海外贸易，认为海外贸易是香料进入福建地区的主要途径（《福建文博》4期）。易西兵结合文献和考古资料探讨五代南汉国的海外贸易情况，认为伴随商业贸易活动，文化交往特别是宗教文化的传播也十分密切（《南方文物》3期）。

林悟殊认为唐代景教以海路输入为主，论证以阿罗本为首的叙利亚基督教传教士于唐贞观年间，由海路登陆广州，促使了景教在唐代中国的传播（《广州文博（玖）》，文物出版社）。林梅村也介绍了景教艺术在丝绸之路上的传播，主要包括敦煌藏经洞和高昌古城出土的波斯景教细密画（《高明先生九秩华诞庆寿论文集》，科学出版社）。

冉万里分类介绍中国古代摩羯形象，并讨论与之有关的十二个问题，认为摩羯图像的传入主要是由于具有相似的文化基础（《西部考古》12辑）。

彭善国详细介绍了渤海地区出土的马具、铜镜、玉璧、鱼符等遗物，认为它们应代表了渤海地区的物质文化发展情况（《边疆考古研究》20辑）。

经过对日本石椁内部残余葬具痕迹的分析，［日］岗林孝作认为日本高松冢古坟的葬具、壁画等应是受到唐代墓葬的影响（《西部考古》12辑）。

［日］桥本裕行认为日本温泉功能认知的形成，可能受到北魏碑铭记述，以及对唐代

华清池温泉的温泉功能认知的影响（《西部考古》12 辑）。

通过梳理实物资料和文献，冯慧讨论了长柄香炉的命名问题，分析其演变规律，探讨具体用法，推测长柄香炉不仅用于供养，还有表示礼敬及导引的作用，佛、道二教均使用此物（《考古与文物》5 期）。

通过讨论来通、长杯等外来物品和纹饰，以及虞弘墓石椁图像，齐东方讨论了古代伊朗与中国之间的艺术交流（载程彤主编《丝绸之路上的照世杯——“中国与伊朗：丝绸之路上的文化交流”国际研讨会论文集》，中西书局）。

林梅村认为“拂菻”应在今称为“布拉纳古城”，两者皆源于粟特语（《中原文物》5 期）。杨森认为中国的交椅有可能是对古埃及等地交椅结构的删繁就简，实际上也属于另外一种创新（《敦煌研究》4 期）。

［美］Guitty Azarpay《阿弗拉西卜壁画——图像叙事的再思考》一文认为，阿弗拉西卜遗址“贵宾厅”壁画中神祇和宗教人物缺失，可能是由西壁壁画中描绘的诺鲁孜节日的世俗功能所导致（杨谨译，《陕西历史博物馆馆刊》23 辑）。

项坤鹏撰文认为“黑石号”沉船中的瓷器应是由两种途径先流散到扬州，再从扬州运送至室利佛逝，然后被网罗到“黑石船”上（《考古与文物》6 期）。

中古中国的粟特裔成为学者重要的一个关注点。荣新江、罗丰主编《粟特人在中国：考古发现与出土文献的相互印证》（科学出版社）收录了 51 篇同名研讨会参会学者提交的论文，着重于与粟特相关的墓志、葬具、画像等出土材料的刊布和研究，全方位展示了丝绸之路上粟特人的历史面貌。另外，其他文集亦见有粟特人遗存的讨论，如：［美］丁爱博（Albert E. Dien）著，陈昊雯译《粟特人史君漫谈》［载魏坚主编《北方民族考古》（3 辑），科学出版社］对史君墓葬出土的屏风图像进行深入解读，认为其中应该存在着三种宗教题材，这体现了折中主义和调和作用在文化交互中所发挥的作用。荣新江《一位粟特首领的丝路生涯——史君石椁图像素描》（载程彤主编《丝绸之路上的照世杯——“中国与伊朗：丝绸之路上的文化交流”国际研讨会论文集》，中西书局）对史君墓进行了简要介绍，认为史君墓采用了中国传统的墓葬形式，是丝路上典型的入华粟特商队首领的丧葬事例；进而结合墓志所载试图将史君石堂诸屏内容与墓主仕宦的阶段性相联系。毛铭译著的“丝路译丛”系列中《驶向撒马尔罕的金色旅程》《唐风吹拂撒马尔罕》《突厥人、粟特人与娜娜女神》（漓江出版社）相继汇编介绍了国外学者所撰中亚考古发掘、研究所得，主要关注粟特地区所见粟特人及袄教遗存等。王睿《唐代粟特人华化问题述论》（社会科学文献出版社）以唐朝华化礼俗为背景，探讨唐代入华粟特人在华化过程中的各种表现。张金龙《隋代虞弘族属及其袄教信仰管窥》（《文史哲》2 期）在确认虞弘为柔然族的基础上，指出北朝至隋代入华的柔然人信仰袄教有确切的文物证据，而高车人的历史及习俗显示，袁纥部或许早就接受了袄教信仰。

沈睿文《安禄山服散考（精）》（上海古籍出版社）结合考古学资料，考察发生在安禄山、唐玄宗以及二人之间的物事，意在揭示有着袄教信仰的安禄山、帝王道士唐玄宗的宗教实践及在安史之乱中所起的作用。

荣新江主编《唐研究》（22 卷）（北京大学出版社）系丝绸之路上的写本研究专号，共收录 23 篇论文和 9 篇书评文章，深入讨论了目前所见丝路写本所反映的文字、图像、书信格式等史料信息。

冉万里《丝路豹斑：不起眼的交流，不经意的发现》（科学出版社）以“丝绸之路”

为载体，通过探讨象牙、犀角、龟甲纹等九种题材在文化之间的流转，进而揭示唐代社会存在的同类器物的西域源流。

温翠芳编著《中古中国外来香药研究》（科学出版社）系统论述了中古中国进口的香药在种类上的特点、不同历史时期香药产地的变迁、香药朝贡贸易与民间贸易的状况、外来香药的多样化用途、不同阶层消费外来香药的状况以及消费特点。

程旭《丝路画语：唐墓壁画中的丝路文化》（陕西人民出版社）通过梳理唐墓壁画中的人、物、场景，从图像艺术中探讨唐代各民族交流、互鉴、融合、发展的轨迹，探索出唐代外来文化因素在唐墓壁画中的显现，反映丝路文明的传播和发展轨迹。程旭《唐韵胡风：唐墓壁画中的外来文化因素及其反映的民族关系》（文物出版社）在系统总结唐墓壁画分布、出土与研究现状的基础上，对唐墓壁画进行了系统的分类、归纳和总结，并对唐代民族关系思想与实践的动态演变脉络、唐代民族交往所带来的多向文化辐射等问题进行了着重研究。

拜根兴《石刻墓志与唐代东亚交流研究》（科学出版社）利用新出土的相关石刻墓志，探讨唐、新罗、日本的交流，也牵涉入唐高丽、百济移民在唐生活的诸多课题。

对高句丽民族的研究一直是东北地区考古的焦点问题。2016 年发表了多篇全面总结高句丽文化特点的文章。如葛继勇借助新出高乙德墓志厘清有关高句丽末期内政外交新的史实，而且还可以印证或纠正现存的史籍记载，具有极为重要的史料价值［《郑州大学学报》（哲社版）1 期］。魏存成《高句丽的山城与王城》（载宋建、陈杰主编《“城市与文明”学术研讨会论文集》，上海古籍出版社）对高句丽山城及西部长城的研究进行分类综述，以考古发掘的所见线索，将高句丽王城分三期并作了简要介绍。魏氏还总结了魏晋至隋唐时期中原地区都城规划布局的发展变化，认为高句丽和渤海地区在后期皆接受了中原都城的影响［载吉林边疆考古研究中心编《边疆考古研究》（20 辑），科学出版社］。赵俊杰以青瓷狮形器为例，探讨了在器物层面上所反映的，高句丽政权与南朝政权之间的交往关系（载《中国考古学会第十六次年会论文集（2013）》，文物出版社）。王飞峰认为国内城体育场地点高句丽遗址可能是高句丽时期一处与“御膳房”相关的仓储遗址，其年代上限不早于 371 年，在高句丽迁都平壤以后逐渐废弃（《东南文化》4 期）。魏存成系统介绍了分布于我国境内的高句丽封土石室墓，并推测连云港地区唐代此类墓葬应有可能是高句丽移民的遗存（《东南文化》4 期）。对此，［韩］朴淳发认为应是百济移民，并推测其留存原因；［日］山本孝文则结合日本地区封土石室墓对连云港石室墓进行探讨（杨萌译，《东南文化》4 期）。

此外，在已有研究成果的基础上，金维诺、谢继胜等主编《西域美术考古（全 12 册）》（天津人民美术出版社）将现存国内外西域美术遗存进行系统介绍，并作简要综述，其中以北朝至隋唐时期的石窟壁画为大宗。

吕章申主编《海外藏中国古代文物精粹·日本泉屋博古馆卷》（安徽美术出版社）刊布了日本泉屋博古馆藏的唐代铜镜及鎏金器物图片。

六　文物保护

通过分析检测新疆库车魏晋十六国墓 M15 所出的金线样本，杨军昌、于志勇、党小娟等认为其应是目前发现最早的无芯无衬捻金线，亦是目前发现最早的墓主服饰蹙金绣的实物材料（《文物》9 期）。

周智波等以新疆龟兹研究院所藏库木吐喇石窟已揭取壁画的具体保护修复方案为例，探讨石窟寺壁画保护技术（《中原文物》6 期）。

韩休墓壁画自该墓发掘后，其学术价值和保护便受到学者的重视。杨文宗指出，由于不适合在原址进行墓内壁画的修复、研究和展示，在调查与评估壁画保存现状、研究壁画制作材料与工艺、分析壁画病害原因的基础上，依据壁画地仗层与支撑体的粘接状况及操作环境等因素，采用科学方法将韩休墓壁画转移至博物馆壁画修复室（《中国国家博物馆馆刊》12 期）。通过利用仪器检测的方法，严静等也对韩休墓壁画材质和工艺进行了研究和探讨（《考古与文物》2 期）。

在这一年中，敦煌石窟的保护研究工作有较好的进展，从多方面着手考量莫高窟整体保护的方式方法。陈港泉等刊布了莫高窟疱疹病害的情况，对莫高窟壁画盐害机理及盐分活动规律研究，以及盐害壁画的保护措施均具有重要意义（《敦煌研究》3 期）；尚瑞华等验证了莫高窟绿化对窟区微气候环境的缓冲作用，并提出了窟区景观绿化的合理建议（《敦煌研究》3 期）；杜建国等刊布了莫高窟壁画地仗试件的实验结果，为莫高窟壁画的后续保护和修复工程技术研究奠定基础（《文物保护与考古科学》2 期）；刘洪丽等分析莫高窟降雨分布特征和窟顶戈壁降雨入渗和产流规律，为开展洞窟内壁画病害发育机理分析和实施莫高窟洪水风险预控提供理论依据（《文物保护与考古科学》2 期）；通过对比研究，李红寿等认为长期封闭虽可消除外界气候的影响，但湿度的增加不利于莫高窟洞窟壁画的保护（《文物保护与考古科学》3 期）；在数字化研究方面，吴健（《敦煌研究》1 期）、陈振旺（《敦煌研究》2 期）、梁金星等（《敦煌研究》2 期）等都对莫高窟的数字化建设提出实践途径。

刘仁植对云冈石窟 45 个有石雕艺术品的洞窟内的污染物病害进行了系统调查，对污染物种类和污染程度进行了分类统计，并分析研究了主要污染物病害的成因和危害性（《文物保护与考古科学》2 期）。

淳庆等认为采用不锈钢锚杆和改性泥浆灌浆的方法对六朝建康都城城墙夯土遗址进行锚杆加固，是最为合理的设计方案（《文物保护与考古科学》）。

通过对甘肃酒泉西沟村魏晋墓铜甑釜残留物的脂质分析，任萌等认为釜甑组合作为炊蒸器用于加工肉食，反映了魏晋时期当地汉人与北方游牧民族在饮食文化方面的交流与融合（《文物保护与考古科学》2 期）。

郑海玲等探讨利用丝蛋白加固技术对阿斯塔纳出土唐代米色绢袜进行加固保护，在此基础上对其进行针线修复（《文物保护与考古科学》3 期）。

相关的论著和文集有：新疆维吾尔自治区文物古迹保护中心编《新疆文物保护研究论文集》（两卷本，科学出版社），收录了近几年该地区文物保护事业人员的研究成果，包含不可移动文物保护、可移动文物保护、科学分析研究及其他四个方面。

郭青林等《敦煌莫高窟壁画病害水盐来源研究》（科学出版社）从壁画结构和病害调查入手，开展了莫高窟区域地质与洞窟地层工程地质特征方面的调查与研究，研究了莫高窟地层含水、含盐及渗透特性，分析了莫高窟水环境特征和导致窟内壁画产生病害的水盐来源关系。

汪万福等著《北齐徐显秀墓壁画保护修复研究》（文物出版社）针对徐显秀墓壁画原址保护面临的诸多问题，在全面评估保存现状及其价值的基础上，系统研究了徐显秀墓原址保护尤其是墓葬赋存环境、墓室结构稳定性和壁画病害特征等因素间的关联性，形成了徐显秀墓的保护研究方法和保护技术。

陕西历史博物馆编《2014 陕西历史博物馆壁画论坛——“全球视野下中国古代壁画保护研究”国际学术研讨会论文集》（三秦出版社）收录了论坛提交的 16 篇论文，重点讨论古代墓葬、石窟、古建筑壁画等多个领域的保护修复问题。

陕西历史博物馆编《中意合作古代壁画保护与研究学术研讨会论文集》（文物出版社）为古代壁画研讨会研究成果的汇编，内容涉及壁画研究、保护、展览陈列等方面，从壁画角度探讨古代物质文化生活、中外交流以及民族关系。

宋辽金元明清时期考古

张保卿　杭　侃

2016 年度，宋辽金元明清时期考古遗址的多样性和研究内涵的丰富性越来越受到学界的重视。据不完全统计，2016 年度刊布的考古学专刊、专著、考古发掘简报和论文约 560 部（篇），数量是 2015 年度的 2 倍多。

一　城市考古

城市考古是历史时期考古学的重要组成部分。2016 年度，学界除对都城和地方城市进行了持续发掘和研究之外，还对村镇、码头、园林和水陆交通等方面的遗址进行了相关考察。下文将从都城遗址、地方城市遗址、村镇和其他遗址三方面依次加以介绍。

（一）都城遗址

北宋西京洛阳城的政治地位呈动态变化趋势，韩建华《试论北宋西京洛阳宫城、皇城的布局及其演变》一文结合都城政治地位的变化，分析了西京宫城和皇城在不同时期的形态，归纳了布局特征，指出宋初西京宫、皇城呈回字形布局，宋徽宗时宫城扩大，出现了复合型宫殿建筑群（《考古》11 期）。

南宋临安城址的考古发现和研究有了一定进展，在临安城址首次发现了引西湖入城的地下引水系统，第一次大规模揭露了东城墙遗迹，而元代东城墙遗迹的发现，以实物形式例证了杭州的城市变迁，是临安城考古的重要延伸（《中国文物报》4 月 22 日、《杭州文博》2 期）。杜正贤《南宋都城临安研究——以考古为中心》（上海古籍出版社）以考古发掘材料为主线，对都城外城、皇城、主要街道、礼制建筑、官署建筑、私居、寺庙宫观、水利设施、教育机构和手工业遗址进行了研究，基本概括了近 30 年来临安城的考古工作成果。刘未结合考古材料和文献记载考证了南宋临安城太庙的建制始末，指出其故址范围东临中山南路、北至察院前巷、西和南均抵太庙巷（《江汉考古》2 期）。王征宇探讨了杭州府学在南宋、元、明、清各朝的变迁历史，认为其未易址，“左庙右学”的格局形成于元至正十三年（1353）至十五年的重建，此后布局未变（《杭州文博》1 期）。洪俊论证了南宋郊坛的建立过程和空间位置，基本判定其位于今杭州八卦田所在区域（《杭州文博》1 期）。

辽上京城址首次确认了曾有东向轴线，发现并确认皇城东门、宫城东门、宫城内东向大型院落的轴线布局及相关遗存，初步确认了院落主体建筑的规模和形制结构，为研究辽上京早期规划提供了翔实的材料（《中国文物报》5 月 6 日）。汪盈、董新林还公布了辽上京宫城城墙遗址、宫城西门遗址和晚期“西大院”北墙遗迹等考古发掘资料（《北方民族考古》3辑)。辽金燕京城是最早开展复原研究的古代城市之一,刘未系统梳理了相关研究史,进一步检讨城市考古方法论,指出源自城市史、建筑史或历史地理研究的某些解释模式在城市考古复原研究中可能会起到双刃剑的作用(《故宫博物院院刊》2期)。任冠梳理了辽中京道地区发现的78处城址,以城墙周长3600米和1000米为界将其分为大、中、小三类,并分析了府、方州、县、头下州等各等第城址在规模上的差异,提出政治因素自上而下的作用、经济因素自下而上的作用和自然环境因素的制约作用共同影响了中京道内城址规模(《故宫博物院院刊》2期)。金上京皇城揭露了一组大型带院落建筑基址,可能为一处重要的礼制性建筑遗存,出土的灰瓦、青砖等建筑构件较多,还出土了各式钉、车马具、兵器、生产工具等铁器和少量的瓷器、石器、铜器等,发现的铜钱多为北宋钱币(《中国文物报》4月22日)。刘冠缨总结了金上京城的历史沿革,并将其形制特点与其他辽金都城相比较,认为上京城显著体现了金代初期文化融合的特色(《学问》5期)。

[苏联] C. B. 吉谢列夫著、孙危译《古代蒙古城市》(商务印书馆)对20世纪60年代以前所进行的古代蒙古城市研究工作做了总结,着重介绍了蒙古帝国的首座都城哈拉和林,其研究对象还包含了13~14世纪漠北草原地区的西勒西勒古城、德尧—杰列克古城、康堆古城三座蒙元时期的地方城市遗址。

故宫博物院考古研究所于故宫东城墙南段内侧发现了一处古代排水设施,年代不晚于明代早期,应属于明北京城宫城初创时期的基础工程遗迹,填补了故宫初创时期建筑资料的空白(《故宫博物院院刊》3期)。

(二)地方城市遗址

张保卿梳理了河北钜鹿宋城的埋藏、发现、盗掘及发掘情况,对出土的遗物和流向进行了归纳,并探讨了其在学术史上的意义和影响(《华夏考古》3期)。彭娟英对宋代太原府城的选址、城池建设和布局进行了讨论,认为所谓"丁"字街是商业长街巷的附属产物(《文物世界》5期)。郑梯燕公布了温州市文物保护考古所对谯楼西侧地块的考古勘探与发掘情况,指出温州子城城墙始建于五代后梁,元至元十三年(1276)被拆除,谯楼西侧新发现的晚期城墙兴建于元至正二十五年,于明万历三十三年(1605)之前废弃(《东方博物》2期)。广西桂平弩滩村发掘了明代巡检司城址,平面呈长方形,发现城墙、城门1座、角楼1座、城壕1条、道路2条、铁器锻冶作坊1处、房址30座、早期防御工事、灰坑84个、灰沟39条、水井2口及采石场等重要遗迹,基本廓清了城址的结构、布局及周边附属设施情况,是明代巡检司城址的首次大面积发掘,为了解明代对西南地区的经营提供了考古学的材料(《中国文物报》6月17日)。蓝勇、彭学斌对秦汉至明清时期重庆主城城址的位置、范围进行了考证,系统分析了城门名称等问题(《中国历史地理论丛》2期)。周凤平对浙江长兴明清及民国时期城墙的基本情况进行了研究(《东方博物》4期)。

城四家子城址位于吉林省白城市洮北区德顺蒙古族乡古城村北部,是一处辽金城址。吉林省文物考古研究所对该城址南北向中轴线北部的建筑台基进行了考古发掘,完整地揭露了一座辽代始建、金代沿用的高台式建筑基址及相关附属建筑设施(《文物》9期)。在对前述高台式建筑基址的发掘过程中,于台基南部发现了一座具有取暖设施火炕的地面式房址F3,时代大致处于辽末金初至金代早期(《学问》3期)。吉林省文物考古研究所还对该城址北墙进行了解剖式发掘工作，指出城墙由夯土构筑，经历了多次补建和重修，现存遗迹的形成和主要使用时代应为金代（《草原文物》2 期）。

黑龙江绥滨发掘了辽金生女真五国部奥里米城址，出土遗物以陶器为主，有少量瓷片、铁器、骨器、铜钱等（《中国文物报》7 月 8 日）。黑龙江汤原发掘了郎君西古城，明晰了西门址的位置及瓮城城墙的走向和基本形制，城址的形制及结构具有辽金时期的普遍特征，战略与防御功能较为显著（《中国文物报》11 月 18 日）。李鹏通过对美国 Conora 卫星影像的观察在通辽市科左中旗境内发现了一处城址，将之命名为“苏尼吐城”，认为该城属于辽代小型城址，自辽金后一度废弃，清代曾有大量居民（《东北史地》1 期）。吉林安图宝马城遗址发现了一座大型夯土台基 JZ2，庭院以大块河卵石墁铺的做法很考究，为金代建筑中所罕见，是该城可能为金王朝长白山神庙故址的新证据（《中国文物报》1 月 15 日）。孙文政对金代泰州建制沿革进行了考证（《东北史地》2 期）。《武威地区西夏遗址调查与研究》（社会科学文献出版社）系统地建立起了武威市及其周边地区的西夏遗址档案，对西夏史和武威地方史的研究都有助益。吉林延边磨盘村山城进行了主动性考古发掘，出土了大量东夏国遗物，初步厘清了东门、北门两座主城门的形制结构，掌握了城墙和角楼的构筑方式，确认了两座院落内遗存的性质，验证了《元史》对“东夏国”的记载（载国家文物局主编《2015 中国重要考古发现》，文物出版社）。

（三）村镇和其他遗址

内蒙古自治区文物考古研究所对乌兰察布市卓资县庙坡底遗址进行了发掘，发现灰坑 28 个、石墙 1 处，出土了金元时期的建筑材料和生活用品，认为其应为一处低于县级建制的集镇遗址（《草原文物》2 期）。香港九龙圣山遗址发现了大量宋元时期南方窑口所产的陶瓷器片，数量超过百万片，主要是福建、浙江等地的窑口，该遗址在宋元时期是一个居住人群较为密集的大型聚落（《考古与文物》6 期）。山东垦利县海北遗址发现了大量的瓷器，包括景德镇窑系青白瓷、耀州窑系青瓷、定窑白瓷和淄博窑系陶瓷器等，初步推测该遗址可能为宋金时期的贸易码头，提示我们应加强宋金北方海路交通的相关研究（《华夏考古》1 期）。

北京市文物研究所对圆明园大宫门区域内的部分遗址进行了考古发掘，揭露了大宫门、西朝房、出入贤良门（二宫门）、东转角朝房遗址和御河遗存等（《北京文博文丛》3 期）。承德避暑山庄对内新所遗址、御路遗址进行了发掘，位于新所遗址的中殿为前后带廊、面阔七间、进深一间的建筑，御路为一条近南北向、宽约 2.3 米的石板路（《文物春秋》Z1 期）。鲍沁星《南宋园林史》（上海古籍出版社）收集了南宋名园遗存的分布情况，对“飞来峰”现象进行了专题研究，并汇编了园林相关的文献资料。

四川省文物考古研究院调查了通江县汉壁道上的阎王碥、小新场 2 处遗址，发现唐至清代的石栈、桥梁、石磴道、碑刻、摩崖造像等遗迹，阎王碥遗址的凹槽式石栈具有典型性，小新场遗址诸遗迹对明清时期汉壁道主道、旁道的认定至为关键，展现了清代乡镇基层社会民众保障汉壁道畅通的努力（《四川文物》4 期）。四川通江县渡水溪遗址发现了桥址、石磴道、石刻等遗迹，是清代通巴驿道一处较为重要的节点，简报还刊布了《三费局规费章程及杜弊章程碑》等石刻文字资料（《四川文物》4 期）。

郝园林对张家口明代卫所城进行了调查，公布了万全右卫城、洗马林堡、新河口堡、新开口堡、膳房堡和张家口堡的调查资料，并对卫所城的特征进行了研究（《北方民族考古》第3辑)。《上海市明清海防遗址调查报告》(上海大学出版社)通过不可移动文物调研、摄影摄像、史料收集等工作，公布了上海市现存的29处明清海防遗址的情况。

安徽淮北濉溪柳孜运河遗址公布了第二次发掘资料，发现了运河河道、河堤、石筑桥墩、石板路、道路、建筑址和木船等，出土了一批遗物，发掘者认为运河柳孜段的废弃年代应在金代晚期，元代初年则完全废弃，逐渐淤废为陆行道路(《文物》12期)。江苏扬州宝应刘堡减水闸遗址进行了发掘，清理出明清时期刘堡闸的完整结构，并出土了一批陶瓷器、铁器和钱币等文物(《东南文化》6期)。《京杭大运河清口水利枢纽考古报告》(文物出版社)公布了京杭大运河清口段水利枢纽考古发掘成果，包括对古河道、古堤坝、古码头、渡口、闸、涵洞及其他附属水工及遗迹调查，并对运河沿线古建筑、古城址、古遗址调查成果进行了记录。淮安博物馆勘探和发掘了江苏淮安里运河遗址，揭示的遗迹主要有里运河东堤、木桩、埽工、砖块及条石堆积等，出土了建筑构件、砖雕、陶瓷器、钱币及木桩等遗物，认为该段运河在明代晚期至清代早中期是使用较为频繁的时期(《东方博物》3期)。江苏淮安洪泽湖大堤高良涧船闸段进行了考古发掘，揭示了土堤、砖工、石工三者的砌筑方式，北断面的发掘确认了清代洪泽湖大堤石工墙下的木桩基础结构(《东方博物》3期)。北京大兴区旧宫镇小龙河故道清理出一处桥梁遗址，石桥为单孔，为清代官式做法，出土了银锭榫、铁钉、木桩和望柱等遗物，发掘者认为石桥的修建当与清代顺治至乾隆时期在旧宫地区扩建行宫有关，修建年代不早于顺治时期，损毁时间可能晚至清末(《北京文博文丛》2期)。

刘海旺结合考古发现、文献和绘画材料，对考古发掘所涉及的汴河遗存情况进行了概要梳理，指出汴河均为人工土质堤岸，一般河段的河岸略呈梯形；若沿河有县城及较大规模的集镇，内岸立面上部较为陡直、下部呈缓坡状；若沿河有较大的城市，河岸内面陡直，可以停泊大型的漕船和货船(《华夏考古》4期)。祁小东选取了江苏淮安清口水利枢纽为研究对象，分析了其体现的明清时期水工技术，主要包括土工技术、砖石工技术和埽工技术三类(《东南文化》5期)。

二　墓葬考古

墓葬考古资料比较丰富，2016年相关研究的数量也较多，刊布了不少重要的考古发现和精彩的研究成果。下文将从考古发掘资料和综合研究两方面对其进行介绍。

(一) 考古发掘资料

将年度资料按两宋、辽金元、明清三组分述。

1. 两宋

河南洛阳邙山镇营庄村发现了北宋太宗至道二年(996)王贻孙墓，为平面圆形的仿木结构砖室墓，使用了石墓门，是北宋初期中原地区纪年墓的重要资料(《洛阳考古》3期)。北京大学考古文博学院对洛阳古代艺术博物馆展示的新安县石寺李村宋四郎墓进行了测绘，该墓为仿木结构八边形单室砖墓，建于宣和八年(1126)，上距《营造法式》颁行仅23年，可作为探讨该地区墓葬考古、仿木构形制和壁画题材等问题的标尺(《故宫博物院院刊》1期)。巩义天玺华府清理了2座宋墓，其中M244为土洞墓，出土了一件绞胎“裴家花枕”(《中原文物》5期)。山东莱州南五里村发现了一座宋代仿木结构方形单室砖墓，墓室内保存了内容丰富的壁画，并有“元丰七年（1084）”的墨书题记，是胶东地区发现的首例带有明确纪年的宋代墓葬（《文物》2期）。济南长清崮云湖发掘了3座宋代石室墓，出土了2方墓志，墓主人应均属宋氏家族成员，M1、M3平面为圆形，M2为方形双椁墓（《文物》2期）。山西娄烦县下龙泉村清理了一处宋代家族墓地，共发现5座墓葬，墓室平面均呈圆形，内部绘有壁画，部分墓葬顶部保存了塔式建筑遗迹（《文物世界》5期）。

江西省博物馆编著《江西宋代纪年墓与纪年青白瓷》（文物出版社）收集了新中国江西省境内发现的两宋纪年墓葬40座，并对其中出土的青白瓷进行重点关注。江苏南京西天寺墓园发现一座宋代仿木结构雕砖壁画墓，墓室为券顶，出土铜镜上有南宋绍兴二十五年（1155）的铭文（载国家文物局主编《2015中国重要考古发现》，文物出版社）。安徽南陵铁拐发现了2座竖穴土坑灌浆重棺墓，推测应属于北宋晚期同一家族，保存了基本完整的纺织品、木俑和房屋家具组合，器物出土原始位置也基本得以保留，是安徽地区宋代考古的重要发现（《文物》12期）。《岳阳唐宋墓》（上海古籍出版社）集中公布了湖南岳阳地区出土的一批唐宋墓葬的资料，其中文桥宋墓为长方形并列双室券顶墓，出土了数件青白瓷；茆山发掘了一座宋代墓葬，为长方形并列双室券顶砖室墓，北室与南室仅前堂和后室的封门墙结构略有不同，出土的青瓷和青白瓷应分别产自耀州窑和景德镇窑（《文物》5期）；公田宋墓M1为长方形并列双室砖墓，出土青瓷、青白瓷和酱釉瓷器；伍市工业园公布了6座宋墓的材料，其中1座并列双室券顶墓，5座单室券顶砖墓。湖北荆州西胡家台墓地发掘了2座宋代长方形竖穴土坑墓和10座明代土坑墓（《文博》2期）。荆州和悦墓群清理了6座小型宋代长方形土坑墓和砖室墓，并公布了其中3座墓葬的详细资料（《文博》1期）。浙江杭州留下街道西穆坞墓地发现了7座宋墓，其中6座单室墓、1座并列双室墓，单室墓均为火葬墓，推测其为南宋时期（《东方博物》3期）。四川丹棱县宋代大雅杨氏家族墓地清理了3座砖室墓，均为竖穴土圹砖室墓，使用戳印铭文墓砖，铭文与宋代丹棱县大雅堂的兴建有着直接的关联（《四川文物》5期）。四川邻水县麻子坟清理了2座南宋石室墓，结构基本相同，共用一个封土冢，墓志有“淳熙丁未年（1187）”的确切纪年（载国家文物局主编《2015中国重要考古发现》，文物出版社）。四川大学考古实习队调查、测绘了广安市武胜县的一处圆形石室，石室内壁及顶部均雕饰精美图像，可能是一座宋元时期的崖墓，也不排除其是道教信众修行或士人读书的静室（《中国国家博物馆馆刊》6期）。

《宋代墓志辑释》（中州古籍出版社）收录了宋代墓志拓片226幅，并进行了录文，是研究宋代墓葬的重要资料。

2. 辽金元

辽宁省文物考古研究所对辽宁北镇市辽代帝陵进行了考古调查与试掘，报道了二道沟和三道沟陵区发现的主要遗址和遗物的基本情况，推测二道沟为辽乾陵所在地，三道沟为辽显陵所在地。考古工作者认为位于二道沟的琉璃寺遗址为等级较高的辽代建筑，可能与帝陵玄宫直接相关；琉璃寺西山遗址一号建筑基址的建造和使用年代应为辽代，等级明显低于琉璃寺遗址；瞭望台遗址年代应与琉璃寺西山遗址相当，可能起瞭望和岗哨作用；坝墙子遗址性质应为陵园内的分界墙；位于三道沟的偏坡寺遗址始建时代为辽早期，辽亡后建筑基址又曾被利用，可能是与辽代帝陵玄宫相关的建筑群址；骆驼峰遗址可能是辽代高级贵族登高望远的场所；瞭望台遗址与二道沟瞭望台遗址规模、位置相当，性质大体相同；新立辽代建筑遗址可能是一处辽代高等级陪葬墓地，墓葬附近还有相应的祭祀性建筑（《考古》10 期），有必要加强对医巫闾山辽代遗迹的总体性研究。

辽祖陵考古队发掘了陵园一号陪葬墓，墓葬为前中后三室带左右耳室，中室、后室和两个耳室都是圆角弧方形，应为辽代早期晚段墓葬，墓主人可能是辽太祖耶律阿保机的直系亲属（《考古》10 期）。内蒙古巴林左旗盘羊沟发现了一座辽代仿木结构砖室墓，主墓室为圆形，带左右耳室，出土随葬品共 208 件（套），根据墓志可知墓主人为后唐德妃伊氏，为研究后唐、后晋和契丹的关系提供了重要资料（《考古》3 期）。内蒙古多伦县小王力沟清理了 2 座辽代大型墓葬，M1 为双室砖墓，后室为八边形，应属于辽代中晚期墓葬；M2 为圆形单室砖墓，主室中部靠北有砖砌的棺床小帐基座，出土了数量较多的贵金属殓具组合、玻璃器和瓷器等，瓷器以定窑和越窑为主，墓主人为辽圣宗贵妃萧氏（《考古》10 期）。内蒙古开鲁金宝屯发现 2 座辽代墓葬，其中 M1 为砖砌多室墓，用砖均为绿色琉璃砖，墓主人为皇族耶律蒲古（骨），墓葬题记为辽代龙化州具体位置的确定提供了资料（《中国文物报》9 月 27 日）。内蒙古林西县刘家大院辽代墓地共发掘了 11 座墓葬，包括 5 座土坑墓、3 座土洞墓和 3 座石室墓（《考古》2 期）。乌兰察布市卓资县忽洞坝发现了一座被水冲毁的墓葬，在冲沟中收集到 167 件（套）遗物，判断其为辽代早期墓葬（《草原文物》1 期）。乌兰察布市集宁区清理了 2 座墓葬，M1 为平面呈不规则椭圆形的砖室墓，M2 为竖穴土坑石室墓，推测 2 座墓应属辽金时期（《草原文物》1 期）。辽宁朝阳马场村发掘了 3 座辽代圆形砖室墓，仿木装饰和出土器物组合相近，可能为属于同一家族的汉人地主阶级墓葬（《文物春秋》Z1 期）。河北承德隆化孙志沟清理了一座辽代中晚期贵族墓葬，墓室平面为六边形，并有柏木护墙（《中国文物报》12 月 2 日）。北京大兴三合庄遗址清理了 205 座墓，其中辽金墓 60 座、元墓 45 座、明墓 3 座、清墓 6 座，目前公布了部分材料（载国家文物局主编《2015 中国重要考古发现》，文物出版社）。

山西沁县上庄发掘了一座金代仿木结构单室墓，主墓室平面八边形，有五个耳室，墓室除北壁外，其余七壁上部均有一组三幅模制砖雕孝行图（《文物》8 期；国家文物局主编《2015 中国重要考古发现》，文物出版社）。山西阳泉古城发现了一座金代墓葬，同样也是八边形墓室，并带有 3 个耳室，墓室绘有墓主夫妇和庖厨备宴等壁画，出土了 3 件瓷枕（《文物》10 期）。山西长治贾掌镇发掘了一座石棺墓，石棺线刻孝行图，推测可能为金代（《中国文物报》7 月 8 日）。长治长子南沟发现了一座金代仿木结构壁画墓，墓室壁面绘孝行、劳作、庖厨、放牧等图（《中国文物报》11 月 18 日）。临汾市汾西郝家沟清理了 172 座金元、明清时期墓葬，其中金元时期砖雕壁画墓 4 座、明清时期砖券墓 7 座，其余多为明清时期竖穴土洞室墓，金代 M1 有“大定廿二年（1182）”的纪年；出土各类器物 200 余件（套），主要有陶器、瓷器、铁质文物、石质文物、铜钱、铜烟斗、镇墓砖、镇墓瓦等（《中国文物报》9 月 13 日）。太原市万柏林区王家庄村清理了一座金元时期六边形砖室墓，出土了 5 件瓷器，墓室内壁绘有壁画（《文物世界》6 期）。万柏林区移村发现了一座金元时期方形砖室墓（《文物世界》5 期）。陕西甘泉柳河渠湾清理了一座金代明昌七年（1196）墓，为平面呈八边形的仿木结构单室砖墓，墓壁以砖雕和壁画结合进行装饰，壁画内容有门吏武士、孝行题材、侍者、花卉、瑞兽及建筑彩画等，墓室东北壁和西北壁上分别砌出形制特殊的壁龛（《文物》11 期）。河南济源龙潭发现了两座方形砖室墓，M1 墓主人名为杨志，于金天眷二年（1139）迁葬于此，是济源地区发现的第一座带有明确纪年的金墓；M2 为夫妇合葬墓，丈夫土葬，妻子火葬，墓室四壁砌砖雕，推测为宋墓（《中国国家博物馆馆刊》2 期）。

山西阳泉东村发现了一座元代八边形单室砖墓，墓室内部砌五铺作双杪斗拱，各壁面有保存较好的壁画，北壁绘墓主夫妇对坐，并有“宗祖之位”的牌位，男主人身后男童梳“三搭头”、穿左衽衣（《文物》10 期）。太原刚玉五一生活区发现了三座元代砖室墓，其中 M1 保存了精致的壁画（《文物世界》5 期）。太原古交市河下村清理了一座元代八边形石室墓，墓顶装饰石刻，墓壁绘有壁画（《文物世界》5 期）。陕西横山县发掘了一座元代八边形壁画墓，保存有墓主人夫妇像、孝行图、备酒备茶图和伎乐图等壁画（《考古与文物》5 期）。西安曲江缪家寨发现了一座保存完好的元代元贞元年（1295）墓葬，为竖穴墓道前后室土洞墓，墓主人为袁贵安，出土了丰富的陶俑和陶制日用明器（《文物》7 期）。西安市文物保护考古研究院在西安航天城发掘了一座元代竖穴墓道土洞墓，墓室由前室、后室和小龛组成，随葬陶明器等未经扰动，可以对其器物种类、数量及其组合关系进行复原，朱书买地券上书“至元十二年（1275）”（《文博》3 期）。

3. 明清

《郢靖王墓》（文物出版社）公布了湖北钟祥郢靖王朱栋和其妃郭氏的合葬墓的发掘成果，为研究明代早期藩王墓葬制度提供了重要资料。中国社会科学院考古研究所安阳工作队报道了三座明墓，其中王裕口南地 M155 为长方形前后双室券顶墓，墓主人为明代汝源端僖王朱厚焆与其夫人李氏；豫北纱厂 M33 为张鲁夫妇合葬墓、M34 为张士隆夫妇合葬墓，均为品官，属于同一家族（《考古》5 期）。靖江王陵考古工作队先后完成了广西桂林靖江昭和、温裕、安肃、悼僖、怀顺、宪定、荣穆王陵 7 座王陵以及一处奉祠遗址的考古发掘清理工作，基本明确了各个王陵的陵园布局及构筑方式（《中国文物报》3 月 25 日；国家文物局主编《2015 中国重要考古发现》，文物出版社）。

河南孟津县朝阳镇发掘了一座明代长方形土洞墓，墓主人为姚印，篆盖者为书法家王铎（《洛阳考古》1 期）。河北邢台巨鹿县阎疃村发现了一座明代多室券顶墓，方形前室正中有一石供桌，其上刻有“嘉靖四年（1525）”等字样，后室由并列的东室和西室组成，壁面镶嵌砖雕（《草原文物》2 期）。陕西铜川公布了一座明代弘治十一年（1498）砖室墓的资料，墓主人为任福，墓葬带有过洞、天井，出土了釉陶祭器、瓷器、玻璃器和木器等随葬品（《考古与文物》2 期）。山西太原南内环东延与东环高速互通工程建设过程中发现了一座明代方形砖室墓，出土一块刻有“崇祯三年（1630）”的石碑（《文物春秋》5 期）。北京市丰台区石榴庄村发现了 2 座明代墓葬、2 座清代墓葬，明代 M3 规模较大，墓主人地位应该较高（《北京文博文丛》2 期）。《丽泽墓地：丽泽金融商务区园区规划绿地工程发掘报告》（科学出版社）公布了 2 座辽代墓葬、253 座明清时期墓葬的资料，并刊出了部分出土的陶、瓷、金、银、铜器等随葬器物。北京海淀玲珑巷西部墓葬区清理了明清墓 154 座、明代建筑基址 10 处和道路遗迹 1 处，东部墓葬区清理了明清墓 150 座和明代建筑基址 3 处，揭示了明代大规模的宦官墓葬区面貌（国家文物局主编《2015 中国重要考古发现》，文物出版社）。

贵州遵义团溪清理了明代播州土司杨辉墓地，确定了既往认知的杨辉墓是疑冢，而位于其正前方的一座三室合葬的大型石墓才是真正的杨辉墓，并指出其西侧建筑遗址是杨辉墓祠遗址，是播州土司考古的重大新进展（《中国文物报》4 月 8 日）。江苏徐州睢宁龙头山发掘了一座明代仿木结构方形砖室墓，有仿木构的门楼和庭院式的前后室，门楼和墓室有丰富多彩的砖雕和彩绘壁画，并有“万历二十三年（1596）”的题记（《东南文化》

6 期）。南京市博物馆在江宁县发掘了一座明代砖室墓，墓室三壁有拱形壁龛，随葬品大多不存，墓志记载墓主人为南京前军都督府都督同知范雄，曾参与镇压福建邓茂七农民起义（《江汉考古》6 期）。泰州发现了两座夫妇合葬墓，属于刘氏家族墓地，两墓平面均呈梯形，出土了墓志、丧葬仪仗及大量明代服饰，为研究泰州地区明代丧葬习俗及服饰制度提供了实物资料（《文物》6 期）。苏州吴山岭发掘明洪武三年（1370）刘德贞墓，结构为长方形单室券顶，是苏州地区明代早期较低等级墓葬的典型形制（《东南文化》6 期）。浙江杭州萧山水漾坞发现了 7 座明墓，其中 3 座石室墓、4 座砖室墓，M15 出土 1 合圹志，M23 出土大量金银首饰（《东方博物》3 期）。湖北襄阳桃花岭墓地发现了一座明代中晚期双室墓，夫妻同冢异穴合葬，出土石墓志 2 方，男墓主刘鹏生前服侍过明代襄阳王（《江汉考古》6 期）。武汉黄陂发现了一座明代双室墓，东、西两砖室并列，根据地券文判断下葬年代应在公元 1423～1428 年（《中国文物报》12 月 16 日）。重庆市文化遗产研究院公布了明代李文进夫妇合葬墓的基本情况，墓葬为双室，墓前有三层拜台，拜台前分布有石人、石马、石虎、石羊、望柱等石像生和石质建筑构件（《长江文明》2 期）。福建厦门市海沧区发现了一座长方形双室墓，墓主人为明代“大总戎”苏滨泉，墓志铭记述了墓主生平并刻有墓葬周围山川地貌图（《文物世界》1 期）。广州市文物考古研究院清理了明代文人伦文叙的夫人区氏墓，并发掘了附近的 1 座明代石棺墓（《广州文博》）。

《深圳盐田三洲田清代至民国时期墓葬群发掘报告》（文物出版社）公布了 31 座清代至民国墓葬的材料，墓葬基本形制由外护墙、前堂、祭台、墓室组成，墓主是明末清初由福建上杭迁入此地的客家民系。山东淄博发现了一座清代方形盝顶壁画墓，墓顶和四壁装饰彩绘壁画，绘制墓主日常生活场景及八仙祝寿、日月等画面，在鲁北地区尚属首见（《中国国家博物馆馆刊》10 期）。开封市文物考古研究所对清初刘昌墓进行了勘探，并清理了部分神道，于神道两侧发现 2 对石像生（《华夏考古》4 期）。浙江临安马家岭发现了一座清代并列三室砖室墓，出土银龙首杖、青铜镜、翡翠鼻烟壶等随葬器物，墓主人为清嘉庆年间的正五品官员（《杭州文博》2 期）。

（二）综合研究

葛林杰归纳了晚唐至宋元时期的墓葬悬镜现象，将其分为晚唐—辽宋早期、辽宋中晚期—金代中期和金代中期—元代三个阶段并分析了各阶段特点，指出悬镜葬俗以顶镜为主，传播呈现由贵族至平民的趋势，本质上是一种道教习俗，影响了堪舆及佛教信徒乃至普通人的葬俗（《考古》12 期）。徐婵菲对洛阳关林庙宋墓中的人物持画杂剧雕砖进行研究，认为其表现的是上寿宴会上演出的献香杂剧（《中原文物》3 期）。孙锦介绍了赵廷美墓园现状，统计了该墓地陪葬墓的数量，指出文献明文记载的墓葬约 80 座，实际应有数百座之多（《中原文物》4 期）。黄文博释读了买地券文中的“为佛采花”文辞，指出两宋时期的买地券一度出现了将“采花”和“醉酒”文辞杂糅共用于同一券文的现象，应为佛道两教之间文化交流互动的结果（《中国国家博物馆馆刊》4 期）。何沁冰、谢荔对四川合江县石室墓中出土的 2 具画像石棺进行了探讨，认为其属于北宋时期作品，与泸州南宋石室墓有着内在的联系，宋代四川地区依然存在使用大型葬具的土葬或其他葬式（《四川文物》1 期）。

刘未《辽代墓葬的考古学研究》（科学出版社）针对辽代墓葬的特点，分为契丹大型墓葬、契丹中小型墓葬、汉人墓葬三个专题，在此基础上对辽代墓葬等级制度的发展、制度与习俗的互动等问题作以总结，并深化对分区分期问题的理解，指出辽代社会结构的根本性差异与阶段性变动是左右其墓葬历史发展方向的深层次因素所在。毕德广、魏坚《契丹早期墓葬研究》系统梳理了辽建国以前的契丹人墓葬和部分沿用早期墓葬形制的辽初契丹墓，指出其一般为竖穴土坑墓，墓向一般为西北向或正北向，葬制分尸骨葬和火葬两种，随葬品的种类、形制及基本组合大致相同；并对墓中的随葬陶器进行了类型学分析，指出罐与壶是最基本的器物组合；在此基础上对墓葬加以分期，并结合文献研究了契丹早期葬俗（《考古学报》2 期）。林栋整合了辽代墓葬中棺尸床的相关资料，将其分为木床、砖土床和石床三类，研究了其族属和等级的差别，并探讨了各类型床的分布及源流（《东北史地》2 期）。张利芳从墓葬形制、墓志盖纹饰、壁画人物形象及出土铜钱四个方面，对北京晏家堡村壁画墓的年代再做探讨，指出该壁画墓应该是辽代晚期的墓葬（《中国国家博物馆馆刊》10 期）。么乃亮等人对辽宁法库叶茂台七号辽墓出土人骨进行了测量和鉴定，认为其应为 55 ±10 岁的女性，并对其颅骨进行了重点分析（《学问》3 期）。彭媛对北京地区辽金时期火葬墓的考古发现和相关研究进行了介绍和梳理（《文物春秋》Z1 期）。

梁娜梳理了女真萨满墓葬研究史，分析了此类墓葬的类型及特点（《学问》3 期）。赵维良、庞志国通过对墓葬形制规模及墓前石造像年代的综合判断，认为完颜希尹家族墓地一墓区 1 号墓墓主人为完颜希尹之孙完颜守贞（《学问》3 期）。夏天归纳了金代墓葬中的戏曲图像，对这些图像进行分类解读，并阐释了其礼仪性与功能性（《南方文物》3 期）。

郭正军总结了江苏地区明代浇浆墓的发现情况，指出墓葬出土服饰存在着比较多的逾制现象（《中国国家博物馆馆刊》10 期）。杨婧雅、左迟介绍了随州市安居镇出土的明代买地券（《江汉考古》3 期）。周加胜公布了深圳博物馆收藏的 3 块明清买地券的材料（《文物世界》3 期）。

陈捷、张昕分析了清代裕陵地宫石刻中的图像和梵字，探究设计者的创作意图和手法，阐释了地宫中仪式性场景的构建方式和意义（《故宫博物院院刊》5 期）。罗晓欢对四川地区清代墓葬建筑的亡堂及雕刻图像进行了讨论，认为亡堂建筑通过对高等级礼仪建筑的多重再现反映了对于建筑的特殊信仰，其中雕刻的宴饮场景传续了宋元时期的“开芳宴”并增加了地区和时代的新特征（《美术研究》1 期）。李飞对 2010 年发掘的贵州凯里炉山一号墓进行了研究，指出该墓年代应在乾隆后期至嘉庆、道光年间，七星板尸床、棺铺铭旌、两侧置翣、人牙随葬、陀罗尼经被覆尸等事象是对《钦定大清通礼》等礼仪规范的集中呈现（《中国国家博物馆馆刊》2 期）。

三　手工业遗存

与窑址和陶瓷相关的考古发现和研究的数量最为丰富，其他手工业遗存领域也刊布了不少重要成果。下文将依次介绍窑址、陶瓷器研究、窖藏和沉船、其他相关发现和研究。

（一）窑址

安徽省文物考古研究所、繁昌县文物局联合对安徽繁昌窑窑址、窑包分布情况进行了专项调查，确认繁昌境内五代至北宋时期青白瓷窑场4处，分别为柯冲窑、姚冲窑、半边街窑和骆冲窑，初步建立起繁昌窑系列窑场分布与发展的时空框架，认为北宋早、中期应是繁昌窑的兴盛时期，北宋中晚期开始衰落（《东南文化》1期）。在前述调查的基础上，对柯家冲窑遗址进行了发掘，发现了龙窑1座、作坊基址1处、工棚1处、排水沟和路面各1条，出土了大量青白瓷器和窑具，并将文化遗存分为两期（《文物》3期）。另外，对骆冲窑遗址进行了发掘，发现了龙窑1座（另有疑似窑炉1座）、房址1座、路面1条，认为龙窑内分室的做法应是分室龙窑的早期形式，房址可能是窑场祭祀活动的寺庙，或是窑场组织管理用房，骆冲窑创烧年代应为五代时期，烧造时间应持续到北宋早期（《文物》3期）。繁昌窑遗址还发现了完整的瓷器成型区，首次揭露了陶车基座、车辙、陈腐池、房址等多种遗迹，为探索和复原南方青白瓷窑址的作坊布局与制瓷工艺流程提供了珍贵资料，并判断作坊区的使用年代为五代—北宋早中期（《中国文物报》1月29日）。

中国社会科学院考古研究所洛阳汉魏城队对河南洛阳市白马寺西院唐宋时期窑址进行了发掘，揭露出窑址5座，出土遗物以砖、瓦等建筑构件为主，认为Y1和Y2组窑的始建年代当在唐中期以后，Y3、Y4和Y5为宋代扩建，窑址大致在金代晚期被废弃（《考古》4期）。洛阳市文物考古研究院在洛阳市瀍河区新街东部、九龙台街南侧清理了一批唐宋时期的砖瓦窑址，这批窑址由操作坑、窑门、火膛、窑室、烟道等几部分组成，出土有砖瓦等建筑材料以及陶罐等生活用器，根据出土的“官”字砖，推测可能是唐宋时期的官窑（《洛阳考古》3期）。陕西富平银沟遗址发现了318座古窑炉，通过科技考古手段确认其为唐代中晚期至北宋时期中国北方重要的制瓷窑场遗址（《中国文物报》3月29日）。

杭州市文物考古研究所与临安市文物馆在临安东北部南苕溪流域新发现一处倒畈窑址，产品为青瓷，胎釉特征、装烧工艺和装饰技法都和天目窑瓷器存在较大差异，与五代至北宋时期的越窑产品非常相似，推测其烧制时代应该是五代至北宋时期（《杭州文博》2期）。福建博物院对福建省福安市首洋村溪尾垱窑址进行了抢救性发掘，出土瓷器多为青瓷，以碗类为大宗，盘、盏也较多，该窑址受龙泉窑影响较大，属于龙泉窑主体的边缘区，烧造年代约在北宋末期到南宋初期之间（《福建文博》2期）。四川省宋瓷博物馆对遂宁市船山区龙凤镇宋代窑场堆积进行了整理，共收集、整理出瓷器、瓷片数千件，出土器物以窑场生产的残次产品为主，应即为当地的“龙凤窑”遗存，烧造年代在两宋时期（《四川文物》2期）。

辽宁省文物考古研究所发掘了辽阳市江官屯窑址第一地点，清理窑炉10座、灰坑6个、房址1座，出土了大量瓷器、窑具等，年代上限不早于辽末金初，下限不晚于元，金代应为此次发掘窑址的主要使用时期（《考古》11期）。福建闽清下窑岗窑址揭露了一处宋元时期窑炉遗迹以及一处作坊遗迹局部，发现了保存部分完好的窑顶、窑门、火膛、护窑墙、投柴孔、进气孔等遗迹，窑室内还有成排的匣钵柱等，出土标本主要有青白瓷碗、盘、碟等（《中国文物报》2月26日）。贵州省文物考古研究所与四川大学考古学系合作发掘了天柱县瓦罐滩元代瓷窑遗址，清理灰坑14个、灰沟3条、龙窑1座，出土完整或可复原的瓷器3100多件，认为该窑址应是一座主烧青瓷的民窑，年代应在元代早期（《考古》3期）。陕西省考古研究院在咸阳市渭城区张闫遗址发掘清理了古陶窑24座，其中宋元时期陶窑3座、明代以后陶窑12座，包括联窑和单体窑两种形式，遗物包括砖、瓦等建筑材料和灰陶容器，推测应是主要烧制日用陶容器和砖瓦的民窑，是关中地区重要的砖瓦窑址资料（《文博》5 期）。福建闽清下窑岗窑址发掘了一处保存较好的龙窑，还对储泥池、沉淀池等相关作坊遗迹进行了局部清理和解剖，认为其年代应在元代至明代早期（载国家文物局主编《2015 中国重要考古发现》，文物出版社）。

景德镇明清御窑遗址在 2014 年进行了考古发掘，揭露出房基 11 座、墙基 10 道、灰坑 30 个、水沟 2 条、天井和路面各 1 处、辘轳坑 3 个、澄泥池和缸各 2 个，出土了明代釉上彩半成品瓷器，推测此次发掘区域应为明御窑遗址内的制瓷作坊遗址，并可能存在给釉上彩半成品上彩的作坊遗址（《故宫博物院院刊》2 期）。武汉市考古研究所、江夏区文管所对江夏庙山明代官置砖窑进行了考古调查和发掘，共清理 3 座窑炉，出土青花瓷器及碎片和模印铭文的澄泥大砖，推测窑址始烧年代在明代前期，废弃年代在明代后期或明清之际（《江汉考古》6 期）。北京市文物考古研究所清理了昌平区朱辛庄的 4 座清代窑址和朝阳区豆各庄的 3 座唐代窑址，基本保存较好，都由操作间、窑门、火膛和窑床组成，其中一些窑址还发现了烟道或火道（《北京文博文丛》4 期）。福建博物院、华安县博物馆对东溪窑马饭坑、下洋坑 2 处窑址进行发掘，揭露 2 处横室阶级窑炉遗迹，并出土一批瓷器标本，马饭坑窑址的年代应该在明代晚期至清代早中期，下洋坑窑址的年代应为明代晚期至清代早期（《福建文博》2 期）。

（二）陶瓷器研究

故宫博物院古陶瓷研究所对 2015 年“故宫博物院汝窑学术研讨会”会议发言进行了综述（《故宫博物院院刊》3 期）。丁雨分析了宋元时期瓷器裹足支烧工艺的技术传统和渊源，指出西晋越窑部分器物可能是后来裹足支烧工艺之滥觞，晚唐五代的北方窑场也有类似做法，黄堡窑在五代至北宋早期基本采用了此类工艺，裹足支烧工艺在北宋末至南宋时期达到了发展的高峰阶段，汝窑、张公巷窑及南宋官窑均采用这种工艺（《文物》10 期）。沈岳明指出北宋晚期龙泉窑业与宫廷有着密切的联系，南宋早期龙泉窑因烧造宫廷用瓷的需要而应用厚釉技术，元代龙泉窑在大量外销的背景下也为宫廷烧造用瓷，明成化以前仍烧造宫廷用瓷，并认为枫洞岩窑址宫廷用瓷与景德镇珠山产品有共同的“样”（《文物天地》7 期）。羊泽林梳理了福建宋元时期的主要青瓷窑址及其基本特征，对福建宋元青瓷的兴衰和匣钵装烧技术进行了探讨（《东方博物》3 期）。张兴国对宋元时期湘江中游地区窑业遗存进行了考察与初步研究，并结合窑址分布情况和人口、城市等要素指出湘江中游地区陶瓷窑址的少数大规模窑场与市镇有着重要联系，而中小型窑址则主要依附于附近农业聚落（郭伟民主编《湖南省文物考古研究所建所三十周年纪念文集》，科学出版社）。徐华烽指出春秋以来文献所记的“钧台”和清代以来所称“钧台”是两个不同的遗迹，金大定二十四年（1184）钧州的建立、明万历三年（1575）钧州避讳改禹州、清康熙十九年（1679）禹州城内新建“古钧台”等时间节点直接影响着各时期人们对钧窑概念的认识（《中原文物》4 期）。陈芳红、郑建明结合浙江丽水地区纪年墓材料，归纳了龙泉窑从北宋晚期至明清时期的发展脉络，并指出此脉络与通过窑址考古所建立的龙泉窑发展过程脉络基本一致（《文物天地》7 期）。

朱梦园对两宋时期皈依瓶进行了研究，并对其形制、年代分期、烧造窑口及丧葬文化等方面的问题加以探讨（《华夏考古》3 期）。李小宇、袁晓春介绍了蓬莱古船博物馆收藏的 4 件唐宋瓷器，分别为越窑、长沙窑、耀州窑作品，是三大瓷窑在北方地区发现的新资料（《文物》6 期）。杨振威、孙小菲对巩义出土绿釉绞胎“裴家花枕”进行了探讨，指出其年代可能为北宋早期，为巩义芝田窑烧造（《华夏考古》3 期）。崔名芳、朱建华分析了繁昌窑与景德镇窑青白瓷的历史背景和生产技术，认为繁昌窑和景德镇窑青白瓷生产之间存在技术传承关系，南唐国和繁昌窑对景德镇窑青白瓷的崛起产生了重要作用（《东南文化》1 期）。牟宝蕾对杭州南宋遗址出土的余姚官窑瓷器、定窑瓷器、建窑曜变纹黑瓷盏进行了重点研究，并结合文献指出遗址中的定窑及建窑瓷器应为北宋产品，随宋室南迁一同带来（《东方博物》1 期）。黄晓蕙对广东佛山市博物馆收藏的佛山奇石窑标本加以介绍，指出奇石窑始烧于唐，盛烧于宋代，是佛山宋代重要的陶瓷生产基地（《南方文物》2 期）。

刘立丽整理了金代抚顺大官屯窑址的发现与发掘资料，介绍了旅顺博物馆藏大官屯窑瓷器，并结合文献探讨大官屯窑的兴衰及原因（《北方文物》1 期）。李进兴《西夏瓷》（宁夏人民教育出版社）对西夏瓷器的制作技法、装饰风格和特点等方面进行了研究。余金保指出元浮梁磁局初衷仅是烧造御用瓷以及部分中央机构用瓷，而磁局大使、副使的主要职责是充当“监工官”，泰定年间浮梁磁局已被裁撤，浮梁磁局和官窑的关系仍有待于进一步研究（《故宫博物院院刊》1 期）。崔鹏、周浩对 2 件元青花四爱图梅瓶纹饰进行了研究（《江汉考古》3 期）。

吕成龙分析了明成化朝御窑瓷器烧造的历史背景，归纳了御窑瓷器的主要品种，并对后仿成化御窑瓷器进行了研究（《故宫博物院院刊》4 期）。江小民根据景德镇珠山御窑厂遗址出土的明成化时期瓷器残片，分析了成化时期斗彩瓷器的釉上彩绘制作工艺，并指出成化斗彩瓷器淘汰率较高的原因（《故宫博物院院刊》2 期）。陈扬以纪年墓出土器物、传世纪年瓷器为主要对象，将明代龙泉窑分为三期，即洪武—宣德、正统—正德、嘉靖—崇祯，并分别论述了三个时期龙泉窑的发展特点（《东方博物》3 期）。陈殿分析了出土的官窑青花瓷，总结了混水与器形变化的相关规律，以期为明代官民窑青花瓷的断代提供更科学的依据（《装饰》2 期）。彭善国介绍了吉林大学考古与艺术博物馆收藏的 15 件明清青花瓷器，是研究明清时期陶瓷手工业发展的重要资料（《文物》8 期）。刘静根据清代《宫中进单》等材料和档案探析了乾隆朝民间对成化官窑的认识（《故宫博物院院刊》4 期）。

李合等人采用元素组成和锶同位素比值（$^{87}Sr/^{86}Sr$）方法对杭州老虎洞宋代官窑遗址周边的制瓷原料和老虎洞官窑青瓷标本胎体进行了测试分析，指出南宋官窑胎体采用的是高铝、低硅类原料，其原因可能与制瓷工艺（淘洗处理）和原料的风化程度有关（《中国陶瓷》8 期）。吴婧玮等人测试了 16 件唐宋时期耀州窑瓷片样品，指出耀州窑的热激活特性良好，热释光前剂量熄灭法是一个非常有效的测试方法，瓷样的含水率对其年代结果影响不大（《文物保护与考古科学》4 期）。明朝方等人对景德镇地区铜锣山、道塘里窑址出土的早期青白瓷进行了分析和研究，认为所谓的早期青白瓷，绝大多数更接近于定窑白瓷，而明显不同于典型的湖田窑青白瓷（《文物保护与考古科学》4 期）。马燕莹等人对明代广东“南澳Ⅰ号”出水的景德镇青花瓷标本钴蓝颜料进行了研究（《中国国家博物馆馆刊》5 期）。

（三）窖藏和沉船

济南老城区卫巷遗址发现了一处宋代金银器窖藏，出土一罐宋代金银器，其中金器 10 件，银器 25 件，器形包括金簪、金钗、金耳坠、金环、银钗、狮形银配饰、银钏、银镯、银壶、银盒、银块等，推测时代当为北宋早中期（《中国国家博物馆馆刊》6 期）。湖南宁乡冲天湾遗址清理了一处瓷器窖藏坑，其中青瓷、青白瓷分别产自龙泉窑和羊舞岭窑，埋藏年代大致为南宋晚期至元代早期，可能是因某种祭祀情况所遗留下的窖藏坑（《文博》6 期）。浙江安吉孝丰东山出土了一批窖藏瓷器，有青花、粉彩、白釉红彩、白釉瓷，器形包括碗、杯、碟、盘等，其年代为清代嘉庆至道光时期（《东方博物》3 期）。故宫博物院考古研究所在故宫南大库区域揭露出一处瓷器残片埋藏坑及周边建筑的原始地面，埋藏坑的形成年代在清光绪至宣统间，出土瓷器残片标本数万片，其年代自明洪武时期至清光绪时期，使我们得以了解宫廷废弃瓷器的处理方式（《故宫博物院院刊》4 期）。

“南海Ⅰ号”考古队公布了 2014 年的发掘和清理资料，基本揭露出沉船船体和船货表面轮廓，出土了一大批以瓷器占大宗的沉船遗物，指出“南海Ⅰ号”沉船属于福船，是一艘南宋中晚期远洋贸易商船，出土瓷器大部分产自江西、福建和浙江，几乎囊括了当时南方的主要窑口与瓷器种类（《考古》12 期；国家文物局主编《2015 中国重要考古发现》，文物出版社）。山东省文物考古研究所和菏泽市文物事业管理处发掘了一只沉船，沉船内及周围区域出土的器物有 100 余件，推断沉没的年代可能为元代晚期（《文物》2 期）。海南西沙群岛“珊瑚岛一号”沉船遗址进行了水下考古调查和遗物初步提取，认为出水石质造像的造型和服饰具有明代风格，瓷片则为清代遗物，推测该遗址有明代和清代两个不同时代的堆积（国家文物局主编《2015 中国重要考古发现》）。国家文物局水下文化遗产保护中心和辽宁省文物考古研究所联合调查了辽宁“丹东一号”清代沉船，提取水下遗物 180 余件，确认其为清北洋水师的致远舰（《考古》7 期、国家文物局主编《2015 中国重要考古发现》）。

（四）其他

四川省文物考古研究院公布了自贡井盐遗址及盐运古道考察资料，共考察古盐井 15 处、水运系统 10 处、陆路盐道 4 处、摩崖石刻 4 处、古墓葬 1 处、文物建筑 61 处及其他遗存 2 处，大部分与盐业生产、运销等有关，是自贡历史上规模最大的考古调查（《南方文物》1 期）。

刘思然等对江西上饶包家金银冶炼遗址进行了调查，初步廓清了该遗址的采矿、冶炼区域，认为该遗址的主要使用年代为唐宋，且有可能延续至更晚时期，为研究我国古代脉金开采以及火法冶炼金银技术提供了新的材料（《南方文物》1 期）。李延祥等介绍了河北邯郸武安市矿山村炼铁炉的考察情况，测定该炼铁炉年代为距今 1130 ± 30 年，属于唐宋时期，冶炼使用了木炭为燃料，其冶炼产物为含磷生铁（《华夏考古》4 期）。

罗飞对大钟寺古钟博物馆藏北宋道钟进行了分析，认为其钟纽与钟体曾经分属于两口不同的古钟，钟纽可能来自一件大晟钟（《北京文博文丛》1 期）。王春燕、冯恩学对辽代金银器中的西域胡文化因素进行了分析，重点探讨了其中的突厥和粟特文化因素（《北方民族考古》3 辑）。王成介绍了丽水市博物馆收藏的 2 件元代铁香炉（《东方博物》4 期）。扬之水选择了明藩王墓出土金银首饰的若干实例，考订了其造型、纹饰以及当日可能的设计构思，并为之命名（《中国国家博物馆馆刊》8 期）。李杨介绍了雍和宫陈列的明代铜铸须弥山（《北京文博文丛》2 期）。贾敏峰介绍了定州天庆观的镇殿铁狮子，其铸造于明正德四年（1509），并根据铭文还原了天庆观的历史沿革和建筑格局（《文物春秋》Z1 期）。

四 宗教考古

四川安岳岳阳镇菩萨湾摩崖造像现存造像19龛，有千佛、西方净土变、千手观音、五十三佛、十方佛等题材，造像分属唐—宋、清—现代两个大的时段，唐宋时期造像数量较多（《敦煌研究》3期）。常青调查了杭州宝石山摩崖造像，认为最早的龛像造于10世纪的吴越国时期，宋元明时代陆续补凿，而最为集中雕刻的年代是宋元时期，下限为明代（《东方博物》2期）。陈爱峰考释了柏孜克里克石窟第17窟券顶的壁画，确定其中6幅壁画出自《佛说大乘庄严宝王经》，将该窟壁画的绘制年代界定在北宋初（10世纪末）至回鹘归顺蒙古之前（13世纪初）（《敦煌研究》6期）。常青调查了杭州玉皇山天龙寺佛教摩崖造像，指出第1、2龛造像应雕于乾德三年（965）前后，且有统一规划；第3龛造像表现水月观音，年代约在至正三年（1343）重建天龙寺时期（《文博》1期）。徐汝聪对上海地区佛塔出土佛教文物中的藏传佛教因素进行了介绍，其时代从元代延续至清代，反映出不同朝代藏传佛教文化的融合方式和融入程度（《东南文化》5期）。谢鸿权梳理了顶幢的相关材料，明确了相关定义，指出其为经幢与碑铭、墓表等墓葬陈设的杂糅（《文物》11期）。刘合心、徐进梳理并公布了陕西发现的佛教供奉塔、造像塔和画像砖塔的基本情况，其时代自北魏至明清（《文博》6期）。雷玉华等《川北佛教石窟和摩崖造像研究》（甘肃教育出版社）在对川北石窟和摩崖石刻造像进行全面调查的基础上，通过对龛像类型进行分析，结合纪年龛像，对川北佛教石窟和摩崖造像作了分期研究。

陈悦新选择安岳石窟卧佛院、千佛寨、玄妙观、圆觉洞、毗卢洞、华严洞、茗山寺七处石窟寺为研究对象，指出该地区盛唐至五代继续流行唐两京地区的佛衣样式，两宋时期露胸通肩式佛衣和菩萨衣较为普遍，反映了川渝地区唐五代承袭中原文化、两宋时期地方文化盛行的独特面貌（《文物》10期）。陈悦新选择大足石窟北山、宝顶山、石篆山、石门山、妙高山五处石窟寺为研究对象，将佛衣与菩萨衣分为两期，第一期约晚唐五代时期（892～965），第二期约两宋时期（1078～1252），晚唐五代流行中衣搭肘式和通肩式佛衣，承袭中原文化；两宋时期流行的露胸通肩式佛衣，反映了地方文化盛行的面貌（《敦煌学辑刊》1期）。郭俊叶《敦煌莫高窟第454窟研究》（甘肃教育出版社）刊出了作者实地考察的一手资料，并在此基础上对其进行多方面的探讨。陈菊霞依据榆林窟第35窟后甬道南壁曹延禄、曹延瑞的供养人题记和后甬道北壁于阗公主和阴氏夫人的排列次序，将第35窟的重修年代推定在端拱元年（988）至咸平五年（1002）之间（《敦煌研究》3期）。曾文国对泉州宋代五塔岩佛教遗存及历史源流进行了探讨（《福建文博》2期）。

魏淑霞、胡明对西夏塔寺的研究成果进行了回顾梳理，并对未来研究作了简单展望（《西夏研究》1期）。张小刚、郭俊叶对文殊山石窟群后山古佛洞中发现的西夏《水月观音图》和《摩利支天图》进行了考证，并比对了瓜州榆林窟、东千佛洞等石窟和敦煌、黑水城等遗址的相似艺术品（《敦煌研究》2期）。邵军对西夏宏佛塔天宫出土的数件绢画进行了探讨，辨认了2件炽盛光十一曜图中诸曜的身份，确认了护法力士为月孛图，对玄武大帝、千手观音、大日如来等形象有新认识，并对千佛、护法神的图像性质与发展情况进行了研究（《敦煌研究》4期）。赵晓星、朱生云整理了山嘴沟、须弥山、阿尔寨石窟的西夏遗存，认为山嘴沟石窟是西夏中心区最为重要的石窟遗存，须弥山石窟群仅能找到西夏游人题记，阿尔寨石窟现存洞窟主要为蒙元时期的作品（《敦煌研究》5期）。何卯平、宁强对敦煌和瓜州两地西夏时期石窟艺术进行了比较研究，认为敦煌由于历史的惯性继续了归义军时期的佛教艺术制作热情，但仅限于改建或补绘前朝石窟；而相对稳定而强势的瓜州则营建了一批特色鲜明、原创性极强的新窟（《敦煌研究》6 期）。朱生云分析了西夏时期重修莫高窟第 61 窟的原因，认为其反映出西夏人重视五台山信仰的特点，新绘制的炽盛光佛经变说明西夏在重修时也引入了自身信仰（《敦煌学辑刊》3 期）。

李静杰介绍了巴林左旗盖家店出土的辽代青铜佛板，其内容关联北朝以来数百年造像史，还与印度造像艺术有关，反映了基层民众的西方净土信仰情况（《敦煌研究》6 期）。天津大学建筑学院和蓟县文物保管所公布了蓟县盘山天成寺"大朝丁酉"悉昙梵字经幢的调查资料，指出此幢造刻于金元交替之际，使用悉昙梵字书写真言，为研究悉昙梵字及其在汉地的流变提供了样本（《文物》7 期）。赖天兵公布了杭州吴山元代宝成寺摩崖南段的一组造像，考证其为观音或度母救难图中的诸难图像（《文博》5 期）。赖天兵对杭州余杭南山元代造像进行了研究，补录了新发现的大型残像，考察了佛和菩萨像的样式（《杭州文博》2 期）。

张磊以平武报恩寺和北京智化寺转轮藏为例，对明代转轮藏的沿革、形制特征和艺术造型进行了研究（《文物》11 期）。齐庆媛考察了榆林悬空寺万佛洞明代壁画地藏十王地狱变相，认为其表达了趣善之人生前预修诸功德、以期将来经由地藏菩萨救度往生西方净土世界的思想，同时具有追荐亡魂、普度众生的功能（《故宫博物院院刊》5 期）。杨小晋、刘显成介绍了四川蓬溪县慧严寺大雄殿明代壁画的基本情况（《四川文物》3 期）。陈凤贵调查了四川泸县玉蟾山明代十一面千手观音摩崖造像，指出其既学习藏传佛像的风格，又沿袭汉传造像风格，是汉藏造像文化传统相互学习交流的结果（《四川文物》5 期）。孙涛介绍了北京白塔寺收藏的一件明代释迦牟尼铜镀金造像，并分析其风格特征和藏文刻款，指出其极可能是由帕竹噶举高僧、丹萨替寺寺主京俄索南坚赞亲自主持铸造（《北京文博文丛》3 期）。刘丞对首都博物馆藏慈寿寺及永安寿塔发现的 9 尊造像身份和制作年代进行了考证，认为它们是研究明代晚期造像艺术风格的标准样式（《北京文博文丛》3 期）。李俊汇总整理了陕西地区现存的喇嘛塔资料，分析喇嘛塔的典型形制与汉藏佛塔构件的组合形制，指出其多为明清时期西安府与榆林卫汉传佛教寺院内的高僧墓塔（《文博》4 期）。李俊、乔建军调查了陕西榆林市神木、府谷二县石窟及摩崖石刻，共发现藏传佛教主题石窟四处，年代范围应为清代（《考古与文物》3 期）。张龙等人讨论了颐和园赅春园十八罗汉摩崖石刻，指出其雕刻于乾隆十七年（1752）前后，是乾隆厘定十八罗汉名称后的创作，构图方式以西藏地区十六、十八罗汉环绕佛陀的唐卡为原型，罗汉呈密宗相，为赅春园增添了藏密的色彩（《文物》10 期）。

五　古代建筑

徐怡涛探讨了公元 5～13 世纪中国砖石佛塔塔壁装饰题材类型在时间和空间上的演变脉络，指出砖石佛塔塔壁分别以佛教题材、仿木构建筑题材和佛教与仿木构的混合题材装饰，使佛塔呈现出"佛国"与"人间"的不同倾向（《故宫博物院院刊》2 期）。高义夫对南方地区唐宋元时期滴水进行了研究，指出滴水整体呈长条弧形和弧边三角形两种形状，大致可分为唐—五代时期和宋—元时期两个阶段，南北地区滴水呈现出鲜明的地方特色，纹饰相差较大（《东南文化》5 期）。陈玉宁等《西夏建筑研究》（社会科学文献出版社）运用古建筑类型学梳理了已发现的西夏建筑遗址遗迹，并对建筑结构布局、构筑特点、时代地域特征等进行比较性研究。

李会智以山西地区唐至清代表性宗教木结构建筑为研究对象，类比分析了其梁架结构的时代性和区域性特征，总结了梁架的组合形制和区域性结构手法，以及历代营造技术的继承、发展和创新（《文物世界》1、2、3期）。常亚平、任霄分析了山西五代—民国古建筑门枕石的时代特征，并对其发展规律进行了总结（《中国文物报》5月27日、6月24日）。俞莉娜、徐怡涛对晋东南地区五代宋元时期补间铺作挑斡形制进行了木构建筑形制类型学研究，将其分为三期，第一期为五代时期至北宋末期（10世纪初~12世纪初）、第二期为北宋末至金大定前期（12世纪初~1170年前后）、第三期为金大定后期至元末（1170年~14世纪中叶），并关注了挑斡形制在《营造法式》影响下的普及、金后期至元代挑斡的位置上移、“不出昂而用挑斡”等现象（《中国国家博物馆馆刊》5期）。常亚平等人对山西长治地区元、明、清、民国古建筑柱础石的时代特征进行了分型介绍（《中国文物报》3月18日、4月1日）。《山西万荣稷王庙建筑考古研究》（东南大学出版社）是北京大学考古文博学院师生自2007年始，对万荣稷王庙进行持续考察、测绘和建筑考古研究的成果，作者将考古学与建筑史学、自然科学研究方法结合，对稷王庙做了基于历史学视角的“精细测绘”和建筑考古研究。徐新云、徐怡涛以万荣稷王庙大殿为例，探讨了建筑形制考古类型学研究成果对解读^{14}C测年数据的作用，以明确^{14}C测年技术在中国古代建筑测年上的使用和研究潜力（《故宫博物院院刊》3期）。安建峰对山西晋城紫金山大云院进行了调查（《文物春秋》3期）。

王素辉、崔伟丽认为河北正定隆兴寺天王殿始建于宋初，乾隆时期的“那正”工程使天王殿外貌发生改变，成为反映不同时期特征的古建筑复合体（《文物春秋》Z1期）。汪盈、董新林分析了辽祖陵龟趺山基址的形制与营造，指出其即为“辽太祖纪功碑楼”，是辽祖陵陵区的重要组成部分，碑楼建筑为面阔三间、进深三间、辅以“副阶周匝”的平面布局，内柱采用“移柱造”的做法（《考古》10期）。裴蕾介绍了河北张家口威远台的历史沿革、建筑构造形制及现状概况（《文物春秋》Z1期）。杨红、纪立芳从大木梁檩枋彩画纹饰切入，对紫禁城现存明代官式彩画进行了分期探讨，将其分为早（永乐—弘治）、晚（正德—崇祯）两个时期（《故宫博物院院刊》4期）。王方捷、何蓓洁对清乾隆朝大高玄殿建筑群的演变进行了研究，指出乾隆帝赋予大高玄殿以祭天祈雨、追祭先祖的新功能，使大高玄殿转变为集观、坛、庙三重身份于一体的独特场所，并分别从组群、单体及形而上三个层面对该建筑群进行了有节制的改造（《故宫博物院院刊》5期）。

“中国古代建筑与营造科学价值发掘丛书”系列（天津大学出版社）包含了诸葛净、白颖《苏州东山轩辕宫》，徐怡涛等《山西长子成汤庙》，刘畅《山西北马玉皇庙》和丁垚《蓟县独乐寺山门》等书，是对古代建筑个体的细致研究和价值发掘。

六　中外文明交流

弓场纪知概述了1998年到2001年福斯塔特遗址出土的中国陶瓷情况，指出从9世纪的晚唐到18世纪初的清早期，中国陶瓷持续销往福斯塔特，中国在伊斯兰世界的陶瓷贸易市场中占有极其重要的地位（《故宫博物院院刊》1期）。王冠宇主要考察了收藏于东南亚、中东及欧洲等地的早期中葡贸易瓷器，探讨了此时期中葡瓷器贸易的规模、路线及交易模式等问题（《海交史研究》2 期）。辛光灿借助德罗乌兰遗址发现的大量中国陶瓷，对 13 至 16 世纪满者伯夷王国的发展史、满者伯夷和中国关系等问题进行了探讨（《考古与文物》6 期）。丁雨、秦大树介绍了肯尼亚乌瓜纳遗址出土的 299 件中国南宋—清代瓷器标本，指出元代—明早期和明代晚期是中国瓷器输入东非的高潮阶段，代表瓷器种类分别为龙泉青瓷和景德镇青花瓷，并对其变化原因进行了分析（《考古与文物》6 期）。申浚介绍了非洲地区发现的元明龙泉窑瓷器，指出非洲出土龙泉窑的瓷器年代为北宋至明代中期，元至明代早期的龙泉青瓷占中国出土外销瓷器数量的首位，并探讨了龙泉窑瓷器在非洲的传播路线与兴衰的现象和原因（《考古与文物》6 期）。王冠宇对葡萄牙中部一处修道院遗址出土的 16 世纪中后期中国瓷器进行了集中介绍，对其加以分期并归纳各期特点，可以补充对于此时期中葡贸易瓷器主要品类及风格的认知（《考古与文物》6 期）。

刘未收集了中国东南沿海和东南亚地区 31 处宋元时期沉船资料，将所出贸易陶瓷分为 7 期，发现宋元时期参与贸易活动的诸省窑场在空间分布上存在着明显的阶段性变动，同时期各窑场在外贸活动中也存在着较大的角色差异（《考古与文物》6 期）。袁泉、秦大树对元代新安沉船出水的花瓶进行了研究，从文献和实物上对“梅瓶”“胆瓶”和“花瓶”加以分析，结合赵宋王朝的文化复古取向介绍了新安金属仿古花瓶的不同种类，并讨论了花瓶用制在中世日本的迁播流变（《考古与文物》6 期）。郭学雷对“南澳Ⅰ号”出水瓷器与同类器物进行了比较，结合历史背景推测其应为隆庆开海不久后沉没，分析了它的始发港和可能的航路，并认为它是一艘正常出海的商船（《考古与文物》6 期）。田兴玲等对“南澳Ⅰ号”出水玻璃珠进行了分析，确认了明代玻璃制造的技术特征（《文物》12 期）。

刘冬媚公布了由广东省博物馆、广东省文物考古研究所、广州市文物考古研究院联合主办的“十六至十七世纪的海上丝绸之路国际学术研讨会”的会议纪要（《中国文物报》1 月 15 日）。森达也以南宋和元代为中心，考察了中国海外贸易陶瓷器生产地及海外贸易运输线路的变迁，认为南宋、元外销东南亚与西亚的线路以泉州为出发点，而销往日本的则是以福州和宁波为出发地（《考古与文物》6 期）。刘淼、羊泽林介绍了明清华南外销瓷业的考古发现，指出明清福建制瓷业逐渐向闽南进行集中和转移，西方人的参与进一步促进了东南沿海地区明清外销瓷业的兴盛，厦门港地位提升，清代以德化为中心的制瓷业格局形成（《考古与文物》6 期）。

七　墓志、碑刻

（一）墓志

魏军考释了北宋蓝田吕氏家族墓园出土的吕倩容墓志，志主祖父为吕大防（《考古与文物》3 期）。高建国对陕西神木出土的北宋徐德墓志铭进行了研究，志文反映了北宋与西夏的部分战事（《北方文物》4 期）。陈朝云、常乐介绍了现藏于郑州市古荥镇纪公庙的北宋孔宗尧墓志，并对北宋前期科举选官和任子推恩、恩荫奏补制度等进行了研究（《中原文物》1 期）。马智忠对南宋《胡纮墓志》进行了补释（《文物》9 期）。张树军释读了陕西安康南宋王诚夫妇墓碑的碑文，对志主夫妇和其子王彦的身份进行了考证（《文博》2 期）。

王策、周宇考证了辽代名臣刘六符和其子刘雨的墓志（《北京文博文丛》2 期）。孙勐、胡传耸公布了辽代李熙墓志志文，并分析了辽代前期的职官设置情况（《北方文物》1期）。李俊义、张梦雪公布了《辽萧德顺墓志铭》的铭文，并考证了其家族世系（《中国国家博物馆馆刊》1期）。孙勐考证了北京密云大唐庄出土的一合墓志，志主为辽代官员张晋卿（《中国国家博物馆馆刊》2期）。孙建权考释了金《孙即康坟祭文》暨辽《孙克构墓志铭》，并将其与北京市新街口豁口地区出土的"孙氏先茔残幢"相比对，指出二者应当出自同一人手笔（《中国国家博物馆馆刊》6期）。

王新英公布了金代时立爱家族成员时昌国的墓志铭，为金代早中期家族墓地研究提供了新材料（《北方文物》1期）。刁丽伟、赵哲夫考释了黑龙江省宁安市出土的女真文残碑，为金代胡里改路辖区奥屯将军（猛安）的墓碑（《北方文物》1期）。王新英考释了刊刻于金大定十九年（1179）的《李抟墓志铭》（《学问》5期）。

李雨濛介绍了《大元故光禄大夫大司徒领太常礼仪院事田公墓志铭》，志主为元代官员田忠良（《故宫博物院院刊》5期）。傅清音释读了西安碑林收藏的两方《元辅昌墓志》，一为砖志、一为石志，两者间隔35年（《文博》2期）。樊波考证了西安碑林收藏的元至元二十六年（1289）《张翼墓志》，并借此证明了志文提及的《张令尹去思碑》即陕西高陵出土的金明昌五年（1194）《张翺碑》（《文博》4期）。邹虎、赵鹏翔公布了山东莘县近出元代左庭墓志资料，志主左庭曾奉诏增修汴京故相国寺，是相国寺在元代发展的重要材料（《中国国家博物馆馆刊》1期）。呼啸考释了陕西历史博物馆收藏的元代高林墓志，志文涉及蒙宋之间在四川的多次战役（《四川文物》4期）。刘坤对河北宣化的元代潘泽神道碑进行了考证，其碑文为文学家姚燧所撰，并对神道碑出土位置及废弃时间加以推测（《文物春秋》3期）。

王三营、王庚公布了开封市采集的明代张述泉墓志的材料，志主与周王府存在姻亲关系（《华夏考古》3期）。孙媛考证了杭州萧山出土的《明故东垚处士赵公圹》墓志，志主为赵东垚，为明代萧山地区丧葬习俗的研究提供了资料（《东方博物》3期）。虞金永公布了南京淳化出土明代《梅母太孺人张氏墓志铭》的材料，志文的作者是著名政治家、文学家李东阳（《文物春秋》Z1期）。张丽芳公布了明代沁阳回族人买风妻马氏的墓志，是研究该地区回汉通婚、民族融合情况的基础资料（《洛阳考古》2期）。

（二）碑刻

程宇静对正定隆兴寺内的"惠演碑""田锡碑"和"葛虆碑"三通宋碑进行了考证（《文物春秋》2期）。李森公布了元代名臣张养浩碑文，碑阳面为张养浩署款的散曲和程文撰书的《遂闲堂记》，阴面为李泂撰书的《云庄先生张公画象赞》与题诗（《考古与文物》2期）。蔡春娟梳理了元代《涿州新建庙学记碑》和《涿州重修孔子庙碑》，修正了清代方志及金石记载的相关错误（《北方文物》2期）。李俊义等人调查了元顺帝至元二年（1336）《全宁张氏先德碑铭》，系汉蒙文合璧碑刻（《北方文物》1期）。

孙华对重庆涪陵白鹤梁题刻的数量和字数进行了核查，订证了部分题刻年代和内容，并对水文题刻的枯水水位问题进行了研究（《考古学报》1期）。四川阆中石室观石窟发现了18幅摩崖题刻，其中11幅保存较好，可分为造像记、粧修记、藏经记、高道记、游记等类别，时代自隋唐至明清，是珍贵的道教活动史料（《四川文物》2期）。马垒重新释读了北京房山孔水洞金代摩崖题记（《北京文博文丛》3期）。

2016年度召开了多次学术研讨会，内容涉及城市、墓葬、手工业、中外文化交流考古等领域，会议成果多结集出版。其中《扬州城考古学术研讨会论文集》（科学出版社）内容包括了扬州城遗址考古发掘研究、扬州历史文化和政治经济相关研究、隋唐宋辽金元明时期城址和墓葬的相关发掘研究、城市建设与规划历史的相关研究等方面共计43篇论文。《东亚都城和帝陵考古与契丹辽文化国际学术研讨会论文集》（科学出版社）内容包括10至12世纪东亚地区都城和重要城址考古发现和研究、帝王陵和墓葬考古发现和研究、辽代其他重要考古发现与契丹辽文化研究等方面的32篇研究成果。《宋代五大名窑科学技术国际学术讨论会论文集》（科学出版社）主要反映了近年国内外科技工作者对宋代汝窑（10篇）、官窑（7篇）、哥窑（2篇）、钧窑（12篇）和定窑（6篇）的瓷器产地、年代、胎釉原料、烧制工艺、釉色、釉质形成机理等方面的最新研究成果，也涉及考古、器物等方面的人文科学研究和综合研究成果（7篇）。《故宫博物院八十八华诞钧窑学术研讨会论文集》收录的文章涉及了钧窑遗址调查及考古发掘，钧瓷的品种、始烧年代、科学检测及研究方法等问题（20篇）。《华安东溪窑学术研究论文集》（文物出版社）对福建华安东溪窑的遗址情况、窑业生产、瓷器特征、烧造工艺和海外贸易等方面进行了研究（34篇）。广东省博物馆等编《“16至17世纪的海上丝绸之路”国际学术研讨会论文集》（岭南美术出版社）围绕沉船与水下考古、造船与航海、陶瓷贸易、海上丝绸之路贸易物品等议题进行了探讨和研究（24篇）。

综上所述，2016年度宋辽金元明清时期考古有较大程度的进展，在传统的重点研究领域如都城、制瓷业、墓葬等方面继续受到学者的普遍关注，一些以往关注较少的领域不论是在涉及的领域还是分布的地域上都有新的材料和研究成果。作为中国考古学的重要组成部分，这个时期的考古学还应更加关注考古学自身的问题，如不同类型遗址的田野考古技术与方法，尤其是开展工作较多的领域；对于一些不同种类遗迹比较集中的区域，已经具备开展区域性整体研究的条件，如医巫闾山辽代遗迹，重要的并不仅仅是帝陵，现有的材料可以看出辽代对这个区域有总体的规划，充分利用了自然景观；在考古材料的阐释方面，如何使考古材料与历史文献进行互补，发挥这个时期考古材料的作用，尚有许多提升的空间。

甲骨文、金文研究综述

孙亚冰

2016 年度出版的甲骨文、金文专著有 20 多部，论文集近 20 部，发表的单篇论文有 300 多篇。

一　甲骨文部分

（一）专著及论文集部分

专著部分，宋镇豪、黎小龙主编的《重庆三峡博物馆藏甲骨集》（上海古籍出版社）公布了 208 片甲骨，首次著录的有 140 多版。宋镇豪主编、赵鹏编纂的《笏之甲骨拓本集》（上海古籍出版社）公布了拓本 1867 片，新材料有 1474 片。黄天树主编的《甲骨拼合四集》（学苑出版社）收了 201 则缀合。刘影的《殷墟胛骨文例研究》（首都师范大学出版社）在两系说的基础上，探讨卜辞在牛肩胛骨上的分布规律。此外还有王宇信、王绍东的《殷墟甲骨文》（文物出版社）。

2016 年出版的论文集有彭裕商的《述古集》（巴蜀书社），《甲骨文与殷商史》新 6 辑（上海古籍出版社，以下简称“新 6 辑”），《古文字研究》第 31 辑（中华书局，以下简称“古研 31”），《出土文献》第 8、9 辑（中西书局），《中国文字研究》第 23、24 辑（上海书店出版社），《古文字论坛》第 2 辑（中西书局），《出土文献综合研究集刊》第 3、4 辑（巴蜀书社）等。

（二）单篇论文

按论文主要内容分述如下：

（1）新材料的公布与缀合成果

宋镇豪《介绍八宗殷墟甲骨文藏品的整理与著录》（古研 31）、马季凡和孙亚冰《介绍一部早期甲骨拓本集》（《南方文物》4 期）介绍了一些新的甲骨文材料。

甲骨新缀合，除了发表在中国社会科学院历史研究所先秦史研究室网站上的，还有刘影的《甲骨新缀四组》（古研 31）、《几组缀合为甲骨学研究提供的新材料》（《故宫博物院院刊》2 期）、《甲骨新缀七组及相关整理》（《中国文字研究》24 辑）、莫伯峰的《无名组甲骨拼合六则》（《考古与文物》1 期）、李爱辉的《〈北京大学珍藏甲骨文字〉收录甲骨缀合四则》（《华夏考古》3 期）、李延彦的《宾组卜甲新缀四则》（《华夏考古》2 期）、何会的《宾组三类龟腹甲新缀四则及考释》（《华夏考古》1 期）、张军涛的《何组祭祀卜骨缀合五例》（《华夏考古》1 期）、吴丽婉的《甲骨缀合提供的两条罕见辞例》（《中国国家博物馆馆刊》9 期）、《甲骨拼缀七则》（《出土文献综合研究集刊》4 辑）、孙亚冰的《读〈村中南〉札记三则》（《南方文物》3 期）以及黄天树的《龟腹甲的“腋凹”“胯凹”与甲骨缀合》（新 6 辑）。

（2）字词考释与语法研究

宋镇豪《甲骨文释义方法论的几点反思》（新 6 辑）通过举例介绍了作者本人考释甲骨文的方法，即通过甲骨文例和辞例语境比对，先确定其词性和用法，再结合字体构形，考释甲骨文字义。何景成《试释甲骨文的“盾”字——甲骨文所谓“智”字新释》（新 6 辑）认为甲骨文所谓的“智”字应释为“盾”，是隐藏、隐匿之“遁”字的初文，在祭祀卜辞中读为“循”，表示遵循、依循的含义。赵鹏《释“陷”及其相关问题》（新 6 辑）考证了“陷”的数个异体字。刘源《从文邑到文神——甲骨、金文中“文”字内涵再探》（新 6 辑）认为甲骨、金文中的“文”与“大”相通，可训为伟大。夏含夷《试论“鄉”字在何组卜辞里的一种特殊用法》（新 6 辑）认为何组卜辞中有一种“鄉”，不是命辞，而是占辞或兆辞，意思是鬼神“享受”了贞卜的希求。林沄《一组卜辞的释读》（古研 31）释甲骨文中像啄木鸟的字为“鴷”。陈剑《释殷墟甲骨文的“付”字》（古研 31）释甲骨文、为付，读为仆或踣，是向前扑倒的意思。彭裕商《关于“𢦏”字释读的一点浅见》（古研 31）认为“𢦏”与古书中常见的“翦、践”等字应为同一词汇，意为灭，其后起本字是“戬”。刘洪涛《甲骨金文“截”字补释》（《出土文献》9 辑）则认为“𢦏”像以戈断草之形，是截断之“截”的表意初文。谢明文《“或”字补说》（《出土文献研究》15 辑）认为甲、金、陶文中的、、等字本是“”“”等形的兵器纳“柲”之后的象形字，不能释作“戉”。他的《说𤷪与蔑》（《出土文献》8 辑）指出/是“𤷪”的初文，甲骨文“𤷪”当分析为从爿从**芇**，**芇**亦声；蔑是一个会意兼形声字，从戈从苋/䁔（眉的繁体），苋亦声。蒋玉斌《甲骨文“臺”字异体及“鼙”字释说》（古研 31）释为儓，释为臺，釋为鼙。方稚松《谈甲骨文中“姸”字的含义》（古研 31）认为“姸”是限定类范围副词，其含义和读音与“皆”接近。郭永秉《再谈甲骨金文所谓“𥁕”字》（古研 31）认为等字释为“温”的文字学根据不可靠，它可能是“盈”的早期形体。王子杨《甲骨文“**觜**（鬱）”的用法》（《文史》3 辑）将甲骨文、、释作“鬱”，认为“鬱”表示一个与军事行动有关的动词，与《淮南子・兵略训》中的“蔚伏”之“蔚”相同，是一种于草木繁茂处设伏打击敌人的军事战略。他的《释甲骨文中的“隮”字》（《出土文献》8 辑）释甲骨文中的、为隮，训为登、升。他的《释花东甲骨卜辞中的“禾”》（古研 31）认为花东卜辞里的、等字应释为禾，而不是“禾”。他的《甲骨文字浅释四例》（《出土文献综合研究集刊》3 辑）释等为“妟”；释等字为敵，表示谷物振藏、廪出之形；释出了《合集》33378 中的“暴”字；认为所谓的地名“白木”当释为“柏”字。董莲池《“皇”字取象皇羽说平议兼论“煌字说”》（古研 31）赞同“煌字说”，即认为“皇”字取象于灯。王蕴智《𦃃、肄、肆、𦘒诸字源流考》（古研 31）指出甲骨文演变为金文，此字隶古定作𦃃，是后来被认为“肄、隶、肆、𨽿（𦘒）”等字的同源母体。冯时《释“𠂢、永”——中国古文对脉的认识》（古研 31）认为旧释为“永”的字当释为“𠂢”，是“衇”的本字，字的构形反映了商人对经脉的认知。麦里筱《“喜”从何来?》（古研 31）认为“喜”字上部所从不是“鼓”的象形，而是丁山所说的“硙”（磨）的象形，“喜”与谷物做的食品有关。叶正渤《释古文字中的“中、侯、的”——兼论古代射侯礼》（《中原文化研究》2 期）认为甲骨文

"中"字不是风向标的象形，而是指箭靶子。马保春《说地名字"鄂"及相关问题》（古研31）指出传世文献中的地名字"鄂"所从"咢"有两种来源，一是甲骨文"屰、逆"，二是甲骨文、金文中的噩（），秦统一文字时，和合为"鄂"。邬可晶《甲骨文"弔"字补释》（《中国文字》新42期）认为"弔"字像人身上缠束缴之形，可能是当缠束、捆缚义讲的"约"的表意初文，从缴、奚的字是"弔"的异体。李春桃《释甲骨、金文中的"儓"——兼论〈说文〉中"𡙁"字来源》（《文史》4辑）将、字释为儓。董莲池《谈谈大龟七版中的"觀"》（《中国文字研究》24辑）认为《合集》27459中的"觀"字右半是"祝"，非"兄"，字或当分析为从祝风声，为"讽"的古文，在卜辞中假借为"风"。孙亚冰《释甲骨文中的"耕"字》（古研31）将等字释为"耕"，将等字释为"阱"。姚萱《说花东卜辞的"入有函"及相关问题》[《安徽大学学报》（哲社版）2期]指出花东106.8"入有函于丁"和446.8"入脛丁"应分别解释为是否向商王献胙牛牲的舌头和胃。她的《殷墟甲骨文"涿"、"㳄"两字考辨》（《中国文字研究》23辑）认为甲骨文中的涿字从豖声，用作贞人名，㳄字从㕛（豭）声，用作动词，读作"泝/溯"，甚至可能是"泝/溯"的古字。杨军会《花东卜辞新见字形再议》（《中国文字研究》24辑）认为花东卜辞的字体风格表现出的象形、原始性说明其年代较早，属于殷墟文化一期。李双芬《卜辞"示"与后世"主"之辨析》（《殷都学刊》2期）认为"示"指高而有平台的祭坛或案俎，"示"与后世的"主"并非同源字，而是古今字。王晖《甲骨文字文义新释》（《殷都学刊》3期）释甲骨文为"球"；认为甲骨文旁的本义是"房"，也是金文的声符，作为地名即京；认为甲骨文"富"字像放在地窖或地穴中装有酒且香气四溢的尖底瓶之状；指出"丑"的本义像人长着长指甲，《山海经》"女丑有大蟹"就是手指甲特长以至于像"大蟹"一般。莫伯峰《从字体类型看甲骨文"阜"字及字符"阜"的四种形体——兼与雷缙碚、喻遂生二先生商榷》（《中国语文》5期）认为甲骨文"阜"及字符"阜"的四种形体是甲骨文字体类型的差异造成的，有同一个来源，不存在两个不同的来源。单育辰《说甲骨文中的"豖"》（《出土文献》9辑）分析从豖的甲骨文字形，释为猪。他的《甲骨文所见的动物之"鹿"和"莧"》（《出土文献研究》15辑）则分析了从鹿的甲骨字形，认为莧是羊角比较粗大的羱羊。刘志基《殷商文字方向不定与同辞重见字镜像式异写》（《中国文字研究》23辑）认为同语境重见字镜像式避复异写是造成殷商文字方向不定的重要原因。此外还有韩江苏《甲骨文"閩"字考》（《南方文物》1期）及《甲骨文"阜辟"乃后世"象魏"考》（《殷都学刊》2期）、刘光《甲骨文"帚"的构形功能及从"帚"相关字考论》（《殷都学刊》3期）、谷斌《再论"巴"之本义为五步蛇——与曹定云先生再商榷》（《殷都学刊》1期）、郑继娥《甲、金"以"字的语法结构对比》（《出土文献综合研究集刊》3辑）、李芸鑫《甲骨卜辞中的"帝降若""帝降不若"新释》（《出土文献综合研究集刊》4辑）、黄劲伟和樊森《甲骨刻辞数量表达语法札记二则》（《出土文献综合研究集刊》4辑）。

齐航福《殷墟甲骨文"𠤎"、"攺"两字用法再探》（《故宫博物院院刊》2期）根据花东正反对贞卜辞论证"𠤎""攺"都是意义较虚的词，非实词。高嶋谦一《甲骨文、金文与〈尚书〉中"其"、"氒/厥"之辨略》[《扬州大学学报》（人社版）6期]认为所谓的情态助词"其"本身并不携带情态意义，在包含"其"的结构中所显现出的情态意义实际都是经由句法结构体现出来的。他的《"河"的词源学及古文字学阐释——黄河为何名之为"河"》（新6辑）认为"河"的词源跟锛斧手柄之"柯"的字音及形体皆有关系。

张惟捷《从古文字角度谈〈夏商周：从神话到史实〉的若干问题》（《历史研究》1期）通过18组34条讨论，认为《夏商周：从神话到史实》中的“上古南北对立与楚人复兴”“商族源于黑龙江北之游战民族”“商人与白种人联姻”“商代乘日神龙信仰”“殷人与姬周关系”“简册的祭祀性质”六个主要命题是缺乏过硬的古文字证据。

（3）殷商史研究

经济、政治、军事等方面，曹大志《甲骨文中的束字与商代财政》（《中国国家博物馆馆刊》11期）认为“束”应释为“积”，其含义是积聚之物或存储积聚之物的设施。宁镇疆《周代“籍礼”补议——兼说商代无“籍田”及“籍礼”》（《中国史研究》1期）认为从清华简《系年》对“帝籍”的论述看，周武王设“籍田”、行“籍礼”是谋取政权合法性的重大举措。商代不存在“籍田”和“籍礼”，它们是周人的创造。相关文章另有张俊成的《商代耤田考》（《殷都学刊》1期）。谢乃和《从非王卜辞看殷商时期的家臣制》（《古代文明》1期）认为从殷墟“非王卜辞”看，古代家臣制起源与形成于西周春秋时期的旧说难以成立，商代由于早期封建已形成颇具体系的家臣制。刘源《周承殷制的新证据及其启示》（《历史研究》2期）从周人贵族采用殷人日名及名号制度、周王朝继承商代内外服政体、周王朝对殷礼的继承等方面来说明文明程度较低的“小邦周”在克商以后，较大程度地借鉴和吸收了殷商王朝的政治制度和礼制，这一现象在西周早期表现尤为突出，其影响延及西周中期。张乃夫《从武丁时期的外交论“武丁中兴”的原因》（《殷都学刊》2期）认为武丁时期，商道复兴，与武丁的外交策略密不可分。朱凤瀚《重读小臣䲭骨版刻辞》（古研31）据较清晰的照片和拓本，对刻辞做了释读，认为所记战事发生在文丁时期。黄天树《论字数最长的一篇甲骨卜辞》（古研31）认为《合集》137的三条铭文文义相接，实为一篇卜辞，字数达154字，与战争有涉，是目前所见字数最长的一篇卜辞。

祭祀方面，晁福林《卜辞所见商代祭尸礼浅探》（《考古学报》3期）认为商代祭典和周代一样，除祭殇之外祭必有尸，卜辞“立尸”是选定神尸、“延尸”是引导神尸，神尸要在“尸次”稍作休息和更衣，王宾类卜辞的祭典都是由商王引导神尸。张亮《殷墟卜辞所见“夕祼”与“𫇳祼”探析》（《殷都学刊》4期）认为“夕祼”与“𫇳祼”是祼祭前的预备性祭仪，二者分别在祼祭前一日傍晚和祼祭当日早晨举行。王恩田《武父乙盉与殷墟大型宗庙基址F1复原》（《中原文物》1期）认为武父乙盉是武丁为其父小乙所造，F1的10个房间所奉祀的神主是卜辞中的“九示”，加上小乙。胡进驻《小议商代七主之祀》（《中原文物》2期）认为商代开国伊始就施行合始祖牌位在内的七主之祀，即以近亲六代神主集于始祖契（或帝喾）神位前进行一种特殊的合祭礼仪。侯乃峰《〈史记·殷本纪〉“三报”世系次序再议》（《历史研究》4期）认为甲骨刻辞材料所载的商代先公先王先妣的次序，仅仅是为迁就日干顺序而做过调整的祭祀顺序，不代表真正的世系或继位次序，王国维据甲骨刻辞否定《殷本纪》“三报”次序值得怀疑。

族氏人物方面，蔡哲茂《殷墟花园庄东地甲骨的主人“子”是谁》（古研31）认为王卜辞中的“㚖”可能是花东卜辞的主人。莫伯峰《通过字体分类来看甲骨卜辞中“子”的身份属性》（古研31）排比“某”和“子某”在不同字体中的称谓，认为“子”的身份并非与生俱来，而是通过继承或征战获得的。刘义峰《甲骨文与金文中的“后母”》（《南方文物》4期）认为“后母”是对商王后的尊称。刘桓《关于祖庚的两点考证》

（古研 31）认为子商是祖庚。

方国地理方面，陈隆文、代玄烨《卜辞缶方地望考辨》（《中原文物》1 期）认为卜辞中的“基方”在今山西太谷县东 10 公里，即《左传》僖公 33 年“晋人败狄于箕”之“箕”的所在，缶方位于今文水县西南 10 公里，即货币铭文中的“平陶”所在，两地在汾河两侧，相距 60 公里。陈絜《商周东土开发与象之南迁不复》（《历史研究》5 期）认为商末野象在淮河以北的主要活动区域在今山东泰山周边，也就是当时的“泰山田猎区”，周人东征后，田猎区被改造为农耕区，同时随着气候变冷，野象被迫南迁至淮河流域，春秋时期，气候虽然回暖，但齐鲁一带已物阜人众，野象栖息地遭受破坏，故野象未能北归，并一去不复返。他的《卜辞京、鸿地望与先秦齐鲁交通》（《史学集刊》6 期）将《合集》36567 中旧释为“亳”的字改释为“京”，即今山东平阴、肥城一带的京兹；读“鸿”为“红”，在今泰安东北；《合集》36567 商王的行进路线是从宁阳的“商”地出发，北上至“京”，再东向“鸿”，并东北至“徲”。赵庆淼《卜辞“𪊨”地与“黎之蒐”》（《中国史研究》2 期）否定了“黎之蒐”之“黎”在山西的说法，认为卜辞中的“𪊨”地即文献中的“黎”，在今济南、济阳附近。韩炳华《再论晋陕高原青铜器与商代方国的关系》（《北方民族考古》3 辑）指出晋陕高原在 3000 年前是以农业经济为主的定居社会，而以𢀛方为代表的、生计模式以游牧为主的方国，其活动范围当在晋陕高原附近或更北地区，晋陕高原是商王朝与𢀛方交战的前沿。孔华、杜勇《㠱国地望新探》（《中国国家博物馆馆刊》1 期）认为㠱国与杞、纪、莱没有等同关系，商末周初㠱国居于北土燕地，西周晚期迁至山东黄县。张海滨、解华顶《从甲骨文及金文探析殷商贾国之历史》（《华夏考古》4 期）认为殷商时期的贾国，武丁时立国，商周之际被灭，在今山西临汾、襄汾之间。连劭名《商代的召方》（《中国国家博物馆馆刊》1 期）认为召方是虞舜的后裔。张兴照《卜辞所见滴水考》（《南方文物》4 期）赞同滴水为淇水的说法。

思想文化方面，晁福林的《说商代的“天”和“帝”》（《史学集刊》3 期）认为卜辞是用“帝”来表达“天”的观念，“帝”不是至上神，而只是作为天神之一与祖先神、自然神并立。朱歧祥《谈甲骨文“中”的观念》（新 6 辑）通过甲骨文的字词和载体归纳殷人重视“中”的观念。张秋芳《从殷墟卜辞看梦与疾病的关系》（《中国典籍与文化》4 期）认为卜辞已能反映出梦与疾病之间存在着互为因果的生理性关系。顾史考《甲骨文中有关酒礼字义浅谈》（新 6 辑）通过文字探讨中国古代酒文化。

天文历法方面，莫伯峰《从字体分类看商代卜辞中“十三月置闰制”的源始》（《出土文献》8 辑）按甲骨文字体统计各类卜辞所出现的月份的情况，认为武丁中晚期才出现“十三月置闰”，以往所谓的武丁时期就有“十三月置闰”的说法不完全准确。刘坦《论殷历纪年》（《史学月刊》7 期）为一篇遗作，指出保存于刘歆《世经》中的殷历，形成于战国时期，不等于殷代之历，故不能据以推考殷代纪年。

（4）甲骨学与甲骨学史研究

赵鹏《宾组三类胛骨钻凿与兆序排列的初步整理与研究》（《出土文献研究》15 辑）、《师宾间类胛骨兆序排列及其相关问题》（古研 31）以及《宾一类胛骨兆序排列的整理研究》（《南方文物》3 期）对牛肩胛骨背面钻凿的排列以及正面卜辞的次序进行总结。刘影《文例规律对历组卜辞时代提前的新证》（《考古与文物》2 期）从牛肩胛骨骨首刻辞以及骨边相间刻辞的发展规律论证历组卜辞时代应当提前。曹定云《论历组卜辞中“小乙、父丁”称谓及其相关问题——揭示历组卜辞时代之确证》（新 6 辑）指出历组卜辞的

"小乙"和"父丁"之间有"三祖"，"三祖"即"孝己、祖庚、祖甲"，说明历组的"父丁"是"康丁"，历组时代不应提前。谭步云《〈合集〉第七册及〈花东〉甲骨文时间修饰语研究》（《古文字论坛》2辑）利用时间修饰语的时代标识性，推断师组时代最早，部分早至小辛小乙，午组次之，子组属武丁晚期，花东子卜辞属武丁早期，历组属武乙文丁。莫伯峰《殷墟甲骨文字体风格演进试论》（《出土文献综合研究集刊》3辑）认为甲骨文字体风格的演变是书写化和刻写化相互演变的一种流变过程，刻手的个人因素对字体风格有一定影响，但不会违背风格发展的大势。

利用新材料校勘旧著录，杨杨《故宫博物院藏田猎刻辞初探》（《故宫博物院院刊》3期）介绍故宫博物院的田猎刻辞，并纠正了旧著录的失误。韦心滢《据故宫博物院藏甲骨勘定〈甲骨文合集〉等著录释文脱讹举隅》（《故宫博物院院刊》3期）校正了5版甲骨旧释文。此外还有袁伦强、李发的《〈甲骨文合集〉释文四种校正四十三则》（《出土文献综合研究集刊》4辑）。

郅晓娜《金璋所藏甲骨的著录情况》（《南方文物》3期）对金璋所藏甲骨进行了介绍。陈光宇《儿氏家谱刻辞综述及其确为真品的证据》（新6辑）根据裂纹与真刻之间的关系，断定家谱刻辞是真品。

（5）周原甲骨研究

刘影《周原甲骨新缀及相关问题分析》（《出土文献》9辑）缀合了一版周原甲骨，即《周原》H11：52＋H11：133，并分析了周原甲骨的前辞、行款等特征。王恩田《凤雏庙号卜甲与商纣王伐周》（《殷都学刊》4期）认为凤雏出土的带有商王庙号的卜甲与纣王伐周、客居周庙祭祀商王神主以及册封周方伯有关。陈立柱《周原刻辞"乍天立"与朕簋"王祀于天室"合说》（《中原文化研究》4期）认为"乍天立"是周武王所做文王木主神像，载之以伐商纣。

二 金文研究

（一）专著与论文集部分

专著有吴镇烽的《商周青铜器铭文暨图像集成续编（全四卷）》（上海古籍出版社）、张天恩主编的《陕西金文集成》（三秦出版社）、孙合肥的《安徽商周金文汇编》（安徽大学出版社）、曹锦炎编的《商周金文选》（西泠印社）、胡琦峻和王新春的《商周金文族徽选编》（学苑出版社）、严志斌的《商金文编》（中国社会科学出版社）、张亚初的《商周金文姓氏通考》（中华书局）、傅华辰的《两周金文形容词研究》（黄山书社）、田炜的《西周金文字词关系研究》（上海古籍出版社）、罗新慧主编的《首阳吉金疏证》（上海古籍出版社）、张昌平的《商周时期南方青铜器研究》（商务印书馆）、杨文胜的《中原地区两周随葬青铜礼乐器制度研究》（大象出版社）、吴十洲的《两周礼器制度研究》（商务印书馆）、李峰的《西周的灭亡——中国早期国家的地理和政治危机（增订本）》（上海古籍出版社）、叶正渤的《金文历朔研究》（上海古籍出版社）、张闻玉等的《夏商周三代纪年》（科学出版社）、刘攀峰的《西周金文中的姬姓世族》（花木兰出版社）。

论文集有陈梦家的《陈梦家学术论文集》（中华书局）、李懿选编的《徐中舒文存》（江苏人民出版社）、李学勤的《新出青铜器研究（增订版）》（人民美术出版社）、张懋镕的《古文字与青铜器论集》第5辑（科学出版社）、丁一民编的《陈佩芬青铜器论集》（中西书局）、陆勤毅和宫希成主编的《皖南商周青铜器研究》（文物出版社）、《东北与北方青铜时代》（文物出版社）、《古代文明》第10卷（上海古籍出版社）、《出土文献与法律史研究》第5辑（法律出版社）。

（二）单篇论文

按论文主要内容分述如下：

（1）新材料介绍

此类文章有丘山代和刘文阁《河南正阳出土“禽”铭铜器初探》（《南方文物》2期）、郎剑锋《山东大学博物馆收藏的三件青铜器》（《文物》6期）、景宏伟和曹建宁《陕西凤翔小沙凹村发现春秋时期窖藏青铜器》（《考古与文物》4期）、胡嘉麟《上海博物馆藏伯弘父盨札记》（《中原文物》4期）、曹锦炎和李则斌《江苏盱眙西汉江都王墓出土越国鸟虫书錞于》（《文物》11期），此外还有《河南罗山天湖商周墓地M57发掘简报》（《华夏考古》2期）、《湖北宜昌万福垴遗址发掘简报》（《江汉考古》4期）等。刘源《谈一件新见宋叔方鼎》（古研31）介绍了一件昭穆之际的铜鼎铭文，铭文记载了密伯受天子之命赏赐宋叔贝、金一事。

（2）字词考释与语法研究

李学勤《再释䲜方尊》（古研31）根据较清楚的资料，重新释读䲜方尊铭，认为䲜方尊器主与《集成》4159、5430的器主同属“国”族，他们与器铭中的“公”都是殷遗民。他的《畯簋铭文读释》（《出土文献》8辑）释读铭文中的字词，认为簋铭记录的是懿王十年擢升畯到周王畿西部做司徒总管这件事。他的《鱼尊铭文简释》（《中原文化研究》4期）指出所谓的迦尊或大万尊的器主是鱼，迦或为乐官鱼的助手，与鱼共同受赏。李家浩《小臣唐簋“阑”与鄂侯驭方鼎“休阑”》（古研31）把“阑”读为“忓”，训为善。谢明文《释蔡侯器铭文中的“熙”》（古研31）释蔡侯申盘、尊中的[illegible]为䣛，乃“熙”之异体，训为光。他的《競之𡢁鼎考释》（《出土文献》9辑）考释出了𡢁、[illegible]、盎、用等字，而铭文大意是楚平王的后人𡢁制作了一件用来烹煮的鼎，以供给盟祀。他的《侯古堆一号墓编镈“音”字补释》（《华夏考古》3期）认为编镈铭文末字应释作音，读为“逝”，在铭文中讳称死亡。他的《试说麦方尊的“[illegible]”》（《古汉语研究》4期）认为麦方尊中的[illegible]应读作“赞”，训为佐助，作册般铜鼋中的[illegible]也当释[illegible]读赞，两者都与射礼中佐射相关。他的《牧簋“耤”字补说》（《中国文字研究》24辑）认为牧簋铭文中的[illegible]应视作“夗”字之讹，读作“怨”，而[illegible]字，释“耤”是正确的，读作“作”。他的《金文丛考（二）》（《出土文献综合研究集刊》3辑）读索爵（《集成》9091）中的“羔”为亲属称谓“舅”；释出了伯睘簋（《铭图》4622）中的“睘”字；释出了叶家山M28所出曾侯谏作媿铜壶中的“瞖”字；读此鼎等器中的“旅”为“假”，训作代理；读季子康镈中的“趮趮”为“仓仓”“鎗鎗”等；读秙室门键（《集成》10456）中的“鉠”为“键”。李鹏辉《平顶山应国墓地M257出土铜簋铭文补释》（《出土文献》8辑）释[illegible]为“峁（茆）”，释[illegible]为“攷”或“考”，释[illegible]为“唐”。黄益飞《丂史簋及相关问题》（《出土文献》9辑）则释[illegible]为“丂”，读为稽，铭文记载了姒姓稽史嫁女于阳侯一事。他的《金文所见“应”与西周政治统治》（《考古》9期）认为“应”是西周时期周王离宫的专字。昭王在南土设应有一定的军事意义，也有宣喻周礼、归化南土的政治意图；王畿内设应，不仅服务于天子对畿内的巡守，而且也服务于天子的德育教化。袁金平、杨婷婷《读金札记三则》（《出土文献》8 辑）认为叔多父簋铭中的“孙 =”应释为“孙孙”，读作“曾孙”；曾侯簠铭“叔姬作黄邦”的“作”应读作“徂”，训为往；新见的三十年巨鹿令戈是赵惠文王时的兵器，是巨鹿置县的最早证据。蔡一峰《叔多父簋铭“孙 =”释读斟议》（《出土文献》9 辑）则认为叔多父簋铭中“孙 =”的“=”是合文符号，“孙 =”当读作“子孙”。单育辰《瓡伯豐鼎考》（《历史语言学研究》10 辑）指出瓡伯豐鼎铭文特别，是由四次转引对他人所说的话构成的。张世超《金文“”字再考》（《中国文字研究》24 辑）释为“虢”，探讨“虢”“呼”同源及虎的得名。周宝宏《金文考释六则》（古研 31）认为：班簋的是“虢”字的初形、虢爵的是“暴”字；左边从人带兜鍪形，而不是从“矛”；学界对“俞”以及从“俞”之字有误读；大师人鼎的不从“马”“弁”，当隶定为“骈”；救簋的非“守”字，而应释为“采”；卫始豆字的右上所从是“萈”。陈伟武《读金零札》（古研 31）认为：训匜“叡乃可湛”的“叡”读为“且”而训为若，表示假设；壶“惟送先王”之“送”当训为助；史密簋“藋不”读作“藋（喧）不听（顺）”，指诸夷作乱不顺于周王朝的情形；保鼎簋“厥伐东夷”之“厥”当训为“乃、于是”；封孙宅盘“永用之”之“”当析为从贵、匋声，释为“宝”可从，不是“宝贵”的合文；向寿戈中补刻的“之”当置于“所”前，读作“……之所造”；宗人鼎“敬宗室”就是铭文下文的“帝宗室”，不同写法是为了避复。周忠兵《释金文中“观台”之“观”》（古研 31）释《集成》9890 中的字为“观”，字从京、藋声，义为高台建筑。刘洪涛《释“韩”》（古研 31）将《集成》5906 中的等字释作“韩”，当地名或族氏讲。黄锡全《介绍一件新见楚子黑臆戈》（古研 31）释读臆字，认为黑臆是《左传》中的黑肱。他的《介绍一枚新见多字圜权》（《出土文献》8 辑）释读圜权铭文为“右行谽为市益”，即右行谽制作市场交易的圜权镒，这件圜权可能属于三晋的韩或魏。商艳涛《西周军事铭文研究中的几个问题》（古研 31）提出了在研究西周铜器军事铭文时应注意的六个问题。他的《再说西周金文中的“𠂤”——〈寝戈考〉读后》（《古文字论坛》2 辑）认为金文中“𠂤”指军队或军队驻地，“师”表官职名，“師”是动词驻扎、屯驻。邓佩玲《从金文文例考释殷周彝铭所见与》（古研 31）认为从诸字应读为“休”或“铸”，则为《说文》的“宁”字，是承载器的象形字。袁金平《新出芮伯簋铭文释读补正——兼论横水 M2158 所出器铭中的人物关系》（《中国文字研究》23 辑）认为 M2158 所出的芮伯簋簋铭“宝朕簋”之“朕”不能读作“媵”，而应读作“尊”；盘、盉铭“王姊”非周王之姊，而是芮伯之姊，与“倗姬”或为一人。傅修才《新出仲太师器铭文释读》（《古文字论坛》2 辑）读“幵寿”为“匄寿”，改释“妥”“教”为“受”“孷”。柳洋《新见辰鼎小考》（《古文字论坛》2 辑）释器铭为“楚叔之孙辰之豆（厨）鼎”。林宏佳《两周金文“懌”、“斁”辞例释解五则》（《中国文化》44 期）读金文等字为“懌”。马晓稳《鸟虫文字考释二则》（《中国文字》新 42 期）将《鸟虫书通考（增订版）》一书中公布的一件越国戈上的字改释为“殷”、字改释为“元”；将该书公布的另一件应国戈上的字也改释为“殷”；将《集成》11580 剑铭字改释为“之”，铭文顺序改为“□钟之金”。吴雪飞《新见鱼颠匕通读》（《中国文字》

新42期）读铭文中的蠡为匙、歕为汤、鞲为汩，认为整篇铭文带有神话色彩，类似于神话故事。刘钊《襄阳陈坡“昭王之信戈”铭文补释》（《考古》6期）将M10出土的一件戈铭补为：昭王之信择其吉金，作持萃戈。“萃”指战车部队。吴良宝、徐俊刚《战国三晋“冶”字新考释》（古研31）从时间、国别、铸造地等角度考察了战国三晋“冶”字的写法。王伟《新见秦信宫鼎铭文补释》（古研31）重新释读信宫鼎上的刻铭，认为鼎盖上的2行5字铭文非同时所刻，但铭文显示此鼎是秦信宫用器，鼎腹下的铭文不甚清楚，可能当释为“平中私”。其他考释文章还有王秀丽《金文语词考释七则》（《现代语文》5期）、苏文英《商周金文“旅”字构形演变研究》（《出土文献综合研究集刊》3辑）、郑邦宏《两周金文时间词“夙”的搭配及相关问题研究》（《出土文献综合研究集刊》3辑）、杨怀源和孙银琼《读金札记四则》（《出土文献综合研究集刊》4辑）。

吴红松《西周金文赏赐动词初探》［《安徽农业大学学报》（社科版）3期］指出可以依据赏赐动词的特点，探讨赏赐行为中的授受关系和赏赐性质。武振玉《试论两周金文同义词的特点》（古研31）认为两周时期金文同义词的差异表现在：出现时间明显不同、组合功能不同、造句功能不同以及多方面特征不同。她的《周金文“肇”之词义试探》［《中山大学学报》（社科版）4期］指出金文中的“肇”有表敬义、勉义、始义、开拓义四种用法。王依娜《基于认知的西周金文名词量词组合的双向选择研究》（《中国文字研究》23辑）调查西周金文中的量词，认为名词与量词的界限不明显，二者在双向选择时，名词起主导作用。

周忠兵《金文所见“菽麦”考》（《考古与文物》3期）将仲叡父盘铭中的字分析从辶，采声，读作“菽”。王晓鹏《师寰簋铭文中的“弗叚组”及其他器铭相关词语考释》（《华夏考古》1期）将“弗叚组”读为“弗可沮”。刘洪涛《释虢季子白盘铭的“经縷四方”》（《中国文字研究》24辑）认为虢季子白盘铭文中的“经縷四方”之“縷”是“[illegible]（擁）”字的省体，“经擁四方”可解释为治理、维护国土。秦晓华《利用异文校释金文两则》（古研31）认为逨盘“盗政四方”与墙盘“適征四方”为异文，“盗”读“诞”，与“適”都是语气词，“政四方”“征四方”与中山王嚳鼎“行四方”可对读，“行、征”应解释为天子或代天子出行、视察邦国州郡；而五祀㝬钟“歓不廷方”与戎生钟“䡆不廷方”、《大雅》“干不庭方”为异文，“歓”读“戡”，训为平定。他的《西周金文“则繇”试析》（《古文字论坛》2辑）把“则”训为曾经，认为“则繇”是同义词连用。朱其智《五年琱生二器铭文对勘》（《出土文献》8辑）认为二器记的是同一件事，对比校勘了其中的字词和句子。朱其智、朱学诚《“彤矢其央”之“其”为代词复指主语作系词》（《古文字论坛》2辑）认为“央”是形容词，“其”则是以代词的身份作系词。刘光《补论金文“申固”与“固”字的释读》（《出土文献》8辑）确定[illegible]字从囗，貈声，读为“固”，“固”字出现较晚，与[illegible]可能是时代不同的异体字。李零《西周金文中的“蔑曆”即古书中的“伐矜”》（《出土文献》8辑）指出“蔑”从“伐”得声，可读为“伐”，“曆”从“甘”得声，读为“矜”，与伐同义，“蔑曆”即古代成语“伐矜”，是夸赞的意思。范常喜《金文“蔑曆”补释——兼谈楚简中两处与“蔑”相关的简文》（《古文字论坛》2辑）利用竹简材料中“穫”“蔑”与“邁”“蠆”相通假的例子，证明金文“蔑曆”之“蔑”可读作“厲”或“勱”，训为勉勵。邹芙都、黄劲伟《𢊁簋铭文“井五楃”新考》（《中国文字研究》23辑）认为“井”是一种类似“箪”的食器，“井五楃”即箪器五提。郑邦宏、喻遂生《善夫山鼎“用作宪司贾”补说》（《中国文字研究》23

辑）将铭文断为“用作宪，司贾”，训“宪”为典范、榜样，认为“司贾”是管理商贾之义。田炜《说利簋铭文中的“又吏”》（《古文字论坛》2 辑）认为西周金文中“又”“厥”经常混用，“又吏”可能是“厥吏”。

（3）分期断代研究

张懋镕《同人同铭金文字形书体的差异性研究》（古研 31）认为同人铜器铭文的字体对断代有一定作用，字体断代必须结合形制、纹饰综合考察。张天宇《一墓多族徽与商周分界》（《江汉考古》6 期）新提出一条商周分界界标：在晚商时期的非商文化分布区内出现“一墓多族徽”墓葬或商文化分布区内出现族徽构成“多而杂”的墓葬，其年代进入西周时期。叶正渤《纪年铜器铭文的历法断代问题》（古研 31）指出纪年铜器铭文的历法断代应当注意的历法问题。汪培梓《郑州“舌”铭铜铙时代与性质浅析》（《中原文物》5 期）认为征集所得的舌铙，时代大约在殷墟二期晚段，是舌族的代表性器物。向桃初、吴小燕《商周青铜方罍序列及皿方罍的年代问题》（《文物》2 期）探讨了青铜方罍的发展演变序列以及皿方罍的兽面纹、扉棱、鋬、牺首，认为皿方罍的年代为西周早期偏早。刘晓霞《小臣謎簋新论》（《考古》4 期）梳理了两件小臣謎簋的出土和流传经过，从铭文书体特点入手，指出这两件器存在器盖盖错的问题，而器物年代在昭王时期或更晚，器铭中的伯懋父不可能是文献中的康伯髦。

（4）商周史研究

经济、政治与军事等方面，侯乃峰《新见鲁叔四器与鲁国早期手工业》（《考古与文物》1 期）分析鲁叔四器铭文，认为鲁国早期手工业水平很高。徐少华《从鄂君商贸析战国时期的关税》（《江汉考古》5 期）认为鄂君启节铭文“五十乘”或“五十舿”是对鄂君商队每次载物车辆或舟船的上限规定，即一次最多不能超过五十乘或五十舿货物，当时楚国境内水、陆交通沿线普遍设关置卡、征收赋税。石安瑞《论西周金文中的小臣及其职务演变》（《北大史学》20 期）指出西周早期小臣职务的基本特征是在掌握王朝仪注的同时，具备较强的射箭技术和战斗技能，西周中期以后，小臣则被纳入周王家政体系，其职责有所分化。王祁《西周早期南征青铜器群及相关史实考察》（《出土文献》9 辑）将西周早期的南征青铜器群划分为“伐荆楚”和“伐虎方”两组，认为这是两次不同的战争，“伐虎方”与昭王末年南巡有关。张树国《〈驫羌钟〉铭与楚竹书〈系年〉所记战国初年史实考论》（《中国文化论丛》2 期）通过铭文与楚简对读，考证了战国初年的一段历史。相关文章另有杨州的《册命金文中“圭瓚”赏赐原因初探》（《中原文物》3 期）。

国族、家族、人物方面，研究叶家山曾国铜器与曾国墓地的有一批文章，黄凤春《从叶家山新出曾伯爵铭谈西周金文中的“西宫”和“东宫”问题》（《江汉考古》3 期）认为西周金文中的“东宫”“西宫”不是指后宫，而是指官署，主政者也可以官署名代称。于薇、常怀颖《叶家山“西宫”爵与两周金文“三宫”及其相关问题》（《江汉考古》5 期）则认为“西宫”“东宫”既可以指宫室、处所，也可以为族氏名，但无法断定其必为官署名，而“南宫”多为族氏名，极少用为宫室、处所名。笪浩波《叶家山西周曾国墓地的几个相关问题》（《中原文物》5 期）认为叶家山墓地只有 M28 曾侯谏和 M111 曾侯犺两位曾侯，M111 簋铭中的“南公”或指 M65 墓主。张天恩《试论随州叶家山墓地曾侯墓的年代和序列》（《文物》10 期）则认为叶家山埋着祖孙相继的三代曾侯：第一代 M111 曾侯犺、第二代 M28 曾侯谏和第三代 M65 墓主。张礼艳《随州叶家山西周曾国墓地M1墓主族属辨析》[《东北师范大学学报》(哲社版)5期]指出M1墓主可能是灭商前居住在当地的广义殷遗民或随南公一支就封至曾国的殷移民。徐少华《"曾侯谏作媿"器组简说》(古研31)指出曾侯夫人来自媿姓复国。张懋镕《再谈随州叶家山西周曾国墓地》(《江汉考古》3期)认为曾国是当时的第一等诸侯，是周王朝攫取土地和矿产的有力帮手。方勤《郭家庙曾国墓地的性质》(《江汉考古》5期)确定郭家庙曾国墓地是西周晚期到春秋早期的曾国公墓地，曾国都城也在郭家庙一带。此类文章还有樊森、邹芙都《随州叶家山曾国墓出土金文文献史料价值发微》(《文献》2期)与樊森、黄劲伟《西周早期"南公"家族世袭探略》[《西南大学学报》(社科版)5期]。讨论曾侯与编钟铭文的亦颇多，王恩田《曾侯与编钟释读订补》(《出土文献研究》15辑)认为李学勤释"吉日"为"朔日"不妥；"上庸(容)"是南宫括的本名；"遣"字当训为改易的"易"，南公是二十三祀盂鼎的器主南公之孙盂，"汭"是地名，假借为"随"；"君比淮夷"实为"君土比淮夷"，国土与淮夷比邻；由铭文"周室之既卑"推断《国语·周语下》"景王崩，王室大乱。及定王，王室遂卑"中的"及定王"是衍文；"夒"借为歃血同盟的"歃"，"謞"借为同官曰寮的"寮"；"剮"借为陷落的"陷"。他的《曾侯与编钟与曾国始封——兼论叶家山西周曾国墓地复原》(《江汉考古》2期)指出据曾侯与编钟铭文，叶家山曾国墓地和南宫氏属姬姓无疑，叶家山墓地只有两位曾侯，没有曾侯与夫人的合葬墓，墓地分为公室墓区和夷人墓区。黄杰《随州文峰塔曾侯与编钟铭文补释》(《中国文字》新42期)认为"正月"应改释为"五月"；"伯适、上帝"当断读，将伯适放在上帝前，反映了当时对上帝的尊崇有所衰退；"楚成"前的字应分析为从"央"声，读为"固"；"楚成"后的字从"屯"声，读为"敦"，训为大；"悴"是"辟"的简省，从心，"辟"或"辞"省声，读为"辞"，是第一人称代词；"嘉树""华英"是曲目名；"律"读为"选"，"选士"指经过挑选的优秀之士，"跄跄"是形容选士的状貌。蒋伟男《曾侯与钟"愕"字补释》(《中国文字研究》24辑)亦认为该字是第一人称代词，但分析字为从心，辛声，是"辞"的异体。马晓稳《曾侯与钟"藉壴华英"试说》(《江汉考古》5期)将"嘉"字改释为"藉"，读为"作"，认为"壴"从木，壴声，读为"鼓"，"作鼓华英"是形容鼓声华美悠扬，又读"浐"为"栈"，训为小钟。魏栋《随州文峰塔曾侯与墓A组编钟铭文拾遗》(《中国国家博物馆馆刊》9期)认为"汭土"指随州一带，"君疕淮夷"即统治淮夷，"加于楚"为"加乱于楚"。

王坤鹏《西周异族邦伯考》(《古代文明》2期)考察了西周时期异族邦伯的历史。张丹《南阳地区出土铭文所见春秋时期楚国联姻考述》(《江汉考古》6期)指出该地区所出铜铭主要体现的是楚国大家族与附庸国之间联姻。陶亮《新命楚王戈相关问题考》(《中原文物》4期)认为戈铭中的楚王是楚平王熊居。刘秋瑞《"楚屈喜戈"考——兼论屈氏家族铭文的特点》(《古文字论坛》2辑)认为"屈喜"即《左传》中的"屈申"，戈的年代在公元前538年。赵燕姣《西周时期的淮夷及相关族群》(《东岳论丛》7期)认为淮夷并非淮河流域的土著居民，而是经周公东征和齐鲁分封后被迫南迁至淮河流域的东夷分支，"南淮夷"是指西周中期遭受周人重创后再次南迁到淮河南岸的淮夷分支，"南夷"则是南方之夷的总称，包括淮夷和南淮夷。曹斌、康予虎、罗璇《匽侯铜器与燕国早期世系》(《江汉考古》5期)借助匽侯铜器梳理燕国早期世系，召公留守王室的一支世系为：召公—召仲—召伯父辛—伯宪(伯龢)—召伯，对应的燕侯前三代分别是匽侯克、匽侯旨和某位不知名的匽侯。方辉《滕州前掌大墓地的国族问题》(《东方考古》

13 集）赞同前掌大墓地为妊姓史氏薛国墓地，附近薛国故城内的小城是薛国都城。吴伟华《陕西韩城梁带村芮国墓地 M28 墓主新考》（《中原文物》3 期）认为 M28 墓主不是国君，而是太子或卿一级的高级贵族，太子的可能性更大。陈小三《韩城梁带村墓地三题》（《中国国家博物馆馆刊》3 期）认为梁带村墓地只有南区与芮国有关，很可能是芮伯万在秦国的支持下返国后，其父母芮桓公和芮姜被迫离开大荔，到了现今韩城梁带村一带的结果。张天恩《周代芮国君主的称谓及其世系》（《古代文明》10 卷）认为从西周末年或略早时候开始，梁带村就已经是芮国的都邑所在，这里至少葬着三代芮君。尹盛平、尹夏清《关于宝鸡市戴家湾、石鼓山商周墓地的国别与家族问题》（《考古与文物》2 期）推测戴家湾墓地是跟随周公东征的塱的家族墓地，石鼓山墓地是“姜氏之戎”夨国姜太公家族的墓地。曹斌《宝鸡石鼓山三号墓研究》（《考古与文物》2 期）认为 M3 的时代为西周早期偏早阶段，墓主则是仅次于诸侯一级的“西土”高级贵族，与戴家湾墓地属于同一墓地。相关文章还有丁岩、王占奎的《石鼓山商周墓地 M4 再识》（《文物》1 期）。

陈颖飞《清华简〈良臣〉散宜生与西周金文中的散氏》（《出土文献》9 辑）结合传世、出土文献与散氏金文，探究西周时期居住在扶风的姬姓散氏。苏影《释䜌左戈铭中的“䜌”字》（《殷都学刊》4 期）改释西南大学历史博物馆所藏铜戈铭“玄舍”为“䜌”字，认为戈是春秋晋国栾氏所有。赵平安《嫫盘及其“郏君”考》（《中国史研究》3 期）认为嫫盘中的“郏”就是子玉治兵的“蒍”地。辛怡华《扶风海家西周青铜爬龙窖藏与太公望家族》（《考古与文物》2 期）根据爬龙形体大以及同出师寍钟铭文中记有“太公”，推测扶风巨良海家一带是姜尚家族的采邑所在。惠翔宇、李毅忠《西周金文中伯雍父、𢦚、彔的身份与关系新探》（《四川文物》6 期）认为师雍父与伯雍父是一人，𢦚与伯𢦚是一人，彔是师雍父的下属，为另外一人，彔伯𢦚是西周诸侯，时代较前三人晚。徐雁宇《申季诸器年世与宣世组器》（《考古》9 期）认为大克鼎、伊簋、五祀裘卫鼎所见之申季并非一人，他们分别是与西申申侯关系较近又长期在王朝供职的申氏一支的几代人。大克鼎与伊簋应分别归于宣王世与厉王或夷王世。田成方《申氏铜器与楚申氏的族属》（《考古》12 期）认为楚申氏是“以国为氏”“食邑于申”的说法不确。翟胜利《中国国家博物馆近藏再鼎、再簋试析》（《中国国家博物馆馆刊》3 期）考证诸再器的年代为西周中期，器主再的身份相当于诸侯国封君。高婧聪《西周宗族形态及德教——以再器所见遣氏宗族为中心的考察》（《历史研究》6 期）指出遣氏大小宗之间具有严格的等级关系，大宗在宗族内的权力不仅表现为对小宗祭祀活动的主导权以及生产资料的分配权，还表现为在思想上对小宗施以德教，用“德”来维系大小宗的上下级关系。相关文章还有王长丰《新见黿族铜器兼及相关盟姻族徽的再认识》（《中原文物》5 期）、邓飞《小子䍙卣铭文释读辨考》（《江汉考古》6 期）、文术发《蔡侯𪔰与大孟姬及相关问题》（《古文字论坛》2 辑）、王正和常军《小子吉父方甗与 M2001 虢季墓年代》（《中原文物》4 期）、刘凤华《“息”字、息国和息夫人》（《出土文献综合研究集刊》3 辑）。

朱凤瀚《商周金文中“亚”字形内涵的再探讨》（新 6 辑）认为“亚”形应从“亚”字的字义理解，表示“次也”，“亚某”表示“某”是其所属宗族的分支。黄铭崇《商周贵族亲属称谓制度的比较研究》（新 6 辑）认为商系贵族的亲属称谓是原生的，所有亲属称谓都是单字，指涉非单一对象，不区分直旁系、分并系和姻亲，周系贵族的亲属称谓基本上是因为承袭书写系统而利用商系贵族的亲属称谓，但应本身亲属制度的差别而作了修改。李峰《西周宗族社会下的“称名区别原则”》（《出土文献与法律史研究》5 辑）从宗族的角度探讨女子称名和“某生”称名的形成原因。李春桃《太师氏姜匜铭文释读》（古研 31）指出太师氏姜为“夫氏 + 姓”女性称谓，铜匜铭文中有金文中罕见的诅咒夺器者的内容。刘丽《“一器媵二女”现象补说》（古研 31）指出为嫁往不同国（氏）的二位女子做一件媵器的现象值得注意。耿超《公典盘铭文及相关问题再探》（《中国国家博物馆馆刊》7 期）认为“邿子姜首”应连读为女子名，其身份是姜姓女子名首嫁于邿国者、做器者公典之妻。叶玉英《春秋时期古越语的音节结构与吴越铜器中国名、人名的解释》（古研 31）指出吴越人名结构有单音节、双音节、三音节，四、五个音节的则是“号 + 名”的结果。

历史地理研究方面，朱继平《晋侯苏钟军事地理问题研究——从柞伯鼎“昏邑”谈起》（《“中研院”史语所集刊》87 本 4 分）认为柞伯鼎的昏就是晋侯苏钟里的[illegible]，皆指位于今山东金乡县卜集乡缗城堌堆遗址的有缗氏。王泽文《试说“海昏”》（《中国史研究》4 期）认为西汉海昏地名与柞伯鼎的“昏邑”有关。陈荣军《新出金文与鄂国历史地理问题探析》（《中华文化论坛》4 期）结合新出材料考察鄂国历史，鄂国西周早期立国于随州地区，穆王时迁入南阳地区，厉王时叛周作乱，春秋早期可能被楚灭。陈絜《射子削、射南簠与谢氏族姓及地望》（古研 31）认为两周时期在今山东曲阜以南有一个任姓谢国，是奚仲的后代。他的《〈梁山七器〉与周代巡守之制》（《汉学研究》1 期）考证大保簋“榆土”在今山东肥城。赵庆淼《芮姞簋与古芮国探微》（《故宫博物院院刊》2 期）指出芮姞是“娘家国名 + 姓”的女子称谓，此姞姓芮国有别于姬姓芮国，位于汧陇一带。杜勇《不其簋史地探赜》[《天津师范大学学报》（社科版）5 期] 将不其簋中与征伐猃狁有关的地名群定在陇东南一带，认为“白氏”是虢季子白，“不其”是秦庄公。李晶《铸国史事辨疑》（《南方文物》3 期）考证铸国为妊姓，地在今泰山南麓的汶水下游。周博《虞、芮地望与“古诸侯称王”补论》（《南方文物》3 期）认为虞在千河流域、芮（姬姓）初居在邻近的华亭县，而西周金文所见国族首领称王者多集中于周王朝的西部边缘地区。孙合肥《辽阳博物馆藏战国铜鼎铭文补释》（《江汉考古》3 期）释铜鼎铭文中的[illegible]为“稍”字，读“稍成”为“宛城”，此地与燕玺中的“宛阳”有关。徐世权《秦二十六年临湘守戈考》（《江汉考古》2 期）考定此戈年代为秦始皇二十六年，“临湘守”是县守，戈是秦代县级武库制造的兵器。周波《战国韩地名“皋落、上皋落”考证》（古研 31）认为“皋落”“上皋落”指一地，在今垣曲皋落。蒋鲁敬、李亮《荆州李家堰墓地出土战国铜戈铭文考略》（《江汉考古》2 期）考释“昭王之諻”戈和“廿八年雍丘令”戈的国别、时代和铭文。蒋鲁敬《新见战国戈铭与楚简地名补释》（《中国文字研究》24 辑）对新见战国铜戈铭文中的“雍丘”“鄗城”和楚简中“郯陵”“陉”地做了考证，认为雍丘属魏，鄗城属赵，郯陵和陉可能是楚县。讨论雍丘的还有傅修才的《魏国雍丘令戈考》（《中原文物》5 期）。石小力《利用楚简考释东周金文地名二篇》（古研 31）将《铭图》16292 的[illegible]释为鄴，是楚叶县之“叶”的专造字，楚叶县在今河南叶县；将鄂君启舟节的[illegible]释为[illegible]，读作“阴”，阴县在今湖北老河口市西北汉水东岸。吴良宝《尖足布币铸造地及相关问题研究》（《史学集刊》2 期）认为“平州”尖足布币的铸造地在今陕西米脂县，“平州、中阳、襄城”尖足布币、“言阳”直刀币、“干关”方足小布等是赵国占据陕北地区后的铸币，实行大、小二等制的尖足布币“虑虒”的铸造地仍以定在今山西五台县境为妥。朱安祥《先秦货币地理研究存在的三个问题》（《中原文物》4 期）认为货币地理研究须注意三个问题：一是货币上的铭文不一定是其铸造地；二是当时有仿铸现象；三是“同地异名”与“同名异地”现象。此类文章还有张立东的《东周货币地名与夏商文化研究》（《古代文明》10 卷）。

玺印文字多与当时的官职、人名、地名有关，程燕《“私库冢子”玺考》（《中山大学学报》5 期）认为该玺属战国韩国官玺，“私库”与“邦库”相对，是职掌冶铸的地方机构，“冢子”是铸器工官。周玲、刘志基《〈二十世纪出土玺印集成〉札记四则》（《考古与文物》1 期）将四方先秦古玺铭文改释为：王鄮、周淍、句虘、庾沽。萧毅《“宜公”玺考》（古研 31）考定《古玺汇编》5517 为一方楚玺，铭文当释作“宜公”。他的《“贵信”玺跋》（《古文字论坛》2 辑）介绍了一方带席纹的古印。刘洪涛《上海博物馆藏楚二合“虞”官印考释》（《文史》2 辑）认为《中国书法全集 92·篆刻编·先秦玺印》105 号的印文不是两个字，而只是一个字，应释为“虞”，是掌管山泽的官。王保成《二十世纪出土古玺释文补正》（《考古与文物》6 期）纠正了《二十世纪出土玺印集成》一书中的 30 方玺文释文。

礼制研究方面，李家浩《大万尊铭文释读》（《出土文献》8 辑）认为大万尊是帝辛时器，记载了纣王宴飨时的金奏、歌舞、腾踊之礼。曹锦炎《宗人簋铭文与西周时的燕礼》（古研 31）对新见的两件宗人簋铭文进行考释，认为铭文涉及西周时的燕礼，继而推论传世礼书记载的先秦礼仪是客观存在的事实。他的《趞簋铭文考释》（《出土文献》8 辑）介绍了一件新见的西周中期的铜簋——趞簋，铭文是有关周王参加执驹礼的记载。贾海生、池雪丰《文盨铭文所记礼典的礼义》（《中原文化研究》1 期）据文盨铭文探讨西周的殷见礼。黄益飞《金文所见拜礼与〈周礼〉九拜》（《南方文物》3 期）指出《周礼·春官·大祝》所记九拜，除振动外，俱见于西周金文，说明九拜大抵为西周制度。王晖《作册嗌卣铭文与西周士大夫礼研究》（《中原文化研究》1 期）考索作册嗌卣铭中的士大夫礼。他的《西周金文所见大宗“收族”现象研究》（《史学月刊》12 期）利用金文材料分析西周宗法制度下的大宗宗子收养“支子”为继承人的现象。贾洪波《关于先秦墓葬中所出非墓主青铜礼器问题——以晋侯墓地为例》［《南开学报》（哲社版）5 期］分析先秦墓葬中随葬的非墓主做青铜礼器的来源属性，认为此类祭祀性青铜礼器可以是墓主先人的，也可以是同宗族平辈兄弟的，但不会有墓主后代的，其他非本国或本族之器则主要来自战争掳获，出土赏赐馈赠或贡献的只是少数且限于非宗庙祭祀铜器。胡宁《从大河口鸟形盉铭文看先秦誓命规程》（《中国史研究》1 期）认为鸟形盉铭文的内容是器主“气”向“公”宣誓效忠，主要记录了誓约过程中的两次立誓，第一次是立誓服从公的命令，第二次是立誓保证不改变第一次立誓的誓词，铭文中称为“誓”和“报厥誓”，这说明先秦誓约规程包含立誓和报誓两个环节。刘佳佳《翼城大河口西周墓地鸟形盉铭文试释》（《考古与文物》1 期）认为盉铭前段为乞立誓称公命，后段“报厥誓”为递解前誓。

思想与法律方面，有罗新慧《“帅型祖考”和“内得于己”：周代“德”观念的演化》（《历史研究》3 期）。西周时期，周人明确了“德”的概念，那么德由何而来、如何获取德，周人创造性地提出了“帅型祖考之德”的修德方法，将距离遥远的天降之德转向“近取诸譬”的祖考之德，为人们修德开辟了可由之径，而儒家的“内得于己”的修身路径，由此启端。吴雪飞《山西绛县横水西周墓出土肃卣补释》（《考古与文物》3 期）认为肃卣铭文反映西周政治中有“正义”的观念，庶人有向上谏诤，纠正“害义”的政治行为的权利。徐海斌《铜器铭文所见白狄中山的天命鬼神观念》（《华夏考古》1 期）

从相关铭文分析白狄中山的天命鬼神观源于华夏文明。相关文章还有连劭名《东周青铜器铭文与传统思想》（《中原文化研究》5 期）、徐义华《商周“称王”与政治思想变化》（《南方文物》1 期）。陈絜《五祀卫鼎铭文的断读及其在先秦法律史研究中的意义》（《出土文献与法律史研究》5 辑）重新断读五祀卫鼎铭文，得出西周时期的狱讼程式包括告、讯、判、履田、付、庆、犀、逆、飧、賸等环节。王进锋《西周时期法律的几个问题——从曶鼎铭文第二段文字补释说起》（《出土文献与法律史研究》5 辑）探讨西周法律形式及诉讼费。相关文章还有王晶《曶鼎（寇禾案）铭文集释及西周盗窃案件审理程序窥探》（《古文字论坛》2 辑）、吕静《“铭者自名”与“著之后世”——以西周中晚期非主流青铜器及铭文的考察为中心》（《出土文献与法律史研究》5 辑）。

天文历法方面，王恩田《滕郲编镈与滕用夏正——兼论器主、器名和年代》（《华夏考古》4 期）考证了滕郲编镈的铭文及相关历法等问题。夏含夷《由〈畯簋〉铭文看“天再旦于郑”》（《历史研究》1 期）认为“夏商周断代工程”定“懿王元年天再旦于郑”为公元前 899 年较为可靠，懿王标准器“畯簋”铭中的“十年正月初吉甲寅”的纪年虽然与前 890 年不合，但与前 888 年较合，这再一次证明了作者与倪德卫西周年历“二元说”的正确。“二元说”是指西周诸王使用两个年历：一个以继位年为元年；另一个以两年后时王正式即位的年份为元年。相关文章还有张闻玉、江少华《从〈畯簋〉历日探讨西周年代》（《贵州大学学报》3 期）。

（5）器名与其他研究

谢明文《谈谈金文中宋人所谓“觯”的自名》（《中国文字》新 42 期）指出宋人所谓的“觯”，西周时叫“鑵”，东周徐国则称为“鍴”。赵平安《“䀇、铺”再辨》（古研 31）认为长方形、斗状、器盖同形器和有镂空高圈足的豆形器的定名都应以器物自名为准，前者叫䀇，后者叫铺，传世文献定名错乱与战国中期以后的用字习惯有关，不宜为据。冯峰《说“醴壶”》（《古代文明》10 卷）认为周代兽首半环形耳圆壶和方壶分别为“醴壶”和“酒壶”。何景成《应侯盨“馨簋”解说》（古研 31）认为应侯盨的[illegible]字当分析为从宀从食从米、聖声，读为“馨”，“馨簋”指盛装馨香黍稷之簋。黄锦前《东周金文“石沱”正解》（《江汉考古》1 期）通过对仲孅蓳鼎自名“橐沱”之“橐”字的解释，认为“石沱”即文献中的“橐驼”。程鹏万《以邓戟自名补正》（古研 31）指出[illegible]字，应从李家浩的释读，从戈从虢声，而以邓戟只是戈、矛组装中的戟头。任家贤《读金札记三则》（《古文字论坛》2 辑）认为金文中的动词“效”当释为“校”，表考校义；铜器自名“鐈”表浅腹器，器名前带“会”则表示该器为浅腹；“吕”与“郘”不同，前者指姜姓吕，由山西迁至河南南阳，后者为姬姓，居地在山西。杨秀恩《据文例考金文二则》（《中国国家博物馆馆刊》11 期）认为工吴季生匜（《集成》10212）、王子适匜（《集成》10190）、曾𣸈臣匜铭文末字从“遗”声或“遗”省声，是“匜”的方言异构字，而虢叔尊（《集成》5914）是媵器，铭末的“㬥鉠”是修饰语，器物自名省略。禤健聪《铜器铭文补释二则》（古研 31）认为敔簋（《集成》4323）的[illegible]字是甗的象形初文的变体，表示“献”；随州出土的可方壶的[illegible]是《说文》“鋞”的或体“巠”，“鋞”是无盖壶的专名。他的《曾公子弃疾铜器铭文辨读二则》（《中原文物》4 期）释曾公子弃疾斗铭中的[illegible]字为“让”，读为“赴”，说明了器物移动使用的特征；释曾子弃疾匿、甗铭中的[illegible]字为“葬”，说明器物专为陪葬而造。他的《方𡚬各鼎铭考释》（《古文字论坛》2 辑）

认为字应释为“鬲鬲”，读“历”，训为列；字应释读为“妻”。雒有仓《说“從彝”及其相关问题》（古研 31）认为将“從彝”铭铜器视为同类铜器或同组铜器的从属器，较为符合实际。此外还有陈英杰的《谈青铜器中器与铭相照应的现象》（《出土文献综合研究集刊》4 辑）。

李零《中国国家博物馆藏战国错金干支仪》（《中国国家博物馆馆刊》5 期）指出这件干支仪是战国赵国器物，设计精巧，类似今日箱包上的密码锁，比较罕见，对中国科学技术史和战国秦汉社会风尚研究具有重要意义。

张世超《“汉人作古文”之发见》（古研 31）认为 1970 年曲阜九龙山汉墓中出土的四方古文印，不是汉人拣用的战国印，而是汉人摹刻的古文印。

汤志彪《〈流散欧美殷周有铭青铜器集录〉琐议》（《华夏考古》2 期）纠正该书释文 4 处。孙合肥《读〈商周青铜器铭文暨图像集成〉札记》（《出土文献》9 辑）为《铭图》指瑕 22 条。陈英杰《容庚〈商周彝器通考 · 上编 · 第十二章《辨伪》〉校补》（古研 31）对《辨伪》章所涉及的西清四鉴部分，标注出处，辨伪存真。另有陈英杰、吴盛亚《容庚先生的青铜器分期和断代研究（下）》（《中国文字》新 42 期）、陈英杰《黄浚〈尊古斋所见吉金图〉读记》（《古文字论坛》2 辑）。

中国盐业考古20年

李水城

中国各地拥有丰富的盐卤资源。东南部有漫长的海岸线，很早就有海盐制作的历史。广袤的大西北和青藏高原遍布内陆湖泊，星罗棋布，其中不少为咸水盐湖，天然成盐。在大西南的云、贵、川，蕴藏丰富的盐矿和盐泉，井盐的开发历史久远，并造就了中国最大的盐都——自贡。在其他各省区，也零星分布有盐泉、盐沼、盐土、盐膏等盐卤资源。

传说早在4000年前，山东沿海的夙沙氏部族就煮海为盐。3000年前，甲骨文已出现"卤""斥"等与盐有关的汉字。再后来，从周代金文、战国简帛到历朝历代的文史典籍都有盐业生产和盐政管理的记载，以及专业性的制盐技术资料，如元代《熬波图》和明代《天工开物》等。这还不包括在地下埋藏大量的制盐遗迹和制盐遗物。在一些边远地区，至今仍保留有形式多样的民族制盐技艺，如西藏芒康的盐井盐田、青海囊谦的山地盐泉盐田、海南岛西北的火山岩制盐等。在自贡等地则保留了一批近现代的民族工业制盐遗产。但遗憾的是，盐业考古在我国却长期是个空白，以至于1997年出版的《中国盐业史》（三卷本）中竟然没有一条盐业考古的资料（《中国盐业史》，人民出版社1997年版）。这对于我们这个拥有丰富盐业资源和悠久制盐历史的文明古国来说，可谓是莫大的缺憾。

中国的田野考古是在西方影响下出现的。说到盐业考古，也只能将视野转向欧洲的法国、英国、奥地利和德国。

17世纪末，有一位法国皇家工程师前往摩泽尔河的支流塞耶河谷考察，在上游的河两岸发现很多隆起的高地，在土堆的下面埋藏着大量奇形怪状的陶器和烧土，附近还分布有盐沼或盐泉。这位工程师推测，那些土堆可能与古代的制盐活动有关，遂将埋藏其中的各类异形陶器命名为"Briquetage"（制盐陶器）。1901年，德国人首次在塞耶河谷的马萨尔（Marsal）遗址进行发掘，证实那些土堆的下面就是古代的制盐遗址。

19世纪70年代，英国人注意到在东南海岸的艾塞克斯分布有大片红色的土丘，为了解这些红丘是如何形成的，1906年成立了一个"红丘研究委员会"。经过十年调查，证实这些位于海岸潮间带上红土堆是铁器时代晚期（公元前100—公元100年）到罗马时代早期的制盐遗址。

1846年，一位名叫约翰·乔治·拉姆萨尔的盐业工程师前往奥地利的哈尔斯塔特寻找硫化矿，在矿区的山上发现一大批古墓，后在博物馆的资助下，他在接下来的16年间发掘了上千座古墓（公元前700—前500年），这是哈尔斯塔特盐矿开采期间死在当地的矿工或管理人员。其中有些墓主非常之富有。至今，哈尔斯塔特仍被作为欧洲青铜时代晚期到铁器时代文化的代表，犹如中国的仰韶文化一样带有标志性意义。

1903年，德国人为了解史前的制盐工艺，按照他们在法国塞耶河谷的发现，在博物馆复制了一座煮盐的炉灶。其实，当时在德国的海尔布隆已发现真正的制盐陶器，但却一直被看作是冶炼金属的坩埚。1939～1940年，在德国南部的施瓦比什哈尔的施工过程中发现一座制盐遗址，在50平方米的很小范围内发掘出土了3万件制盐陶器残片。

上述工作、特别是法国塞耶河谷的考古发掘，标志着盐业考古的诞生。

自20世纪50年代以来，中国开始有零星的工作和研究触及制盐器具，但仅限于猜测，真正的盐业考古直到20世纪末才步履蹒跚地出现。经十余年来的艰苦创业，不仅在盐业考古领域取得了一系列重要发现，也涌现出大批科研成果。以下将国内有关考古发现和研究分作几个区域做一综合介绍。

一　中原地区

在中原腹地的山西运城盆地有座大盐湖。因其位于大河之东，故名“河东盐池”。关于这座盐池，《孔子三朝记》记载：“黄帝杀（蚩尤）于中冀，蚩尤肢体身首异处，而其血化为卤，则解之盐泄也。因其尸解，故名此地为解。”看来，早在史前时期，该地周围的部族就因争夺盐业资源引发争斗或战争。传说中的尧、舜、禹逐鹿中原也是为获取“河东盐池”的控制权。而且在夺取政权后，将各自的都邑都建在了晋南地区。此即“尧都平阳”“舜都蒲坂”“禹都安邑”的由来。

河东盐池每年会随天气转暖和风力蒸发作用自然结晶成盐，不需炉火煎煮，因此很难留下有关人类生产的遗迹或遗物。如此，这里的盐业考古只能开启新的思路，另辟蹊径。2003年，中国国家博物馆等单位在运城盆地东部开展调查，发现大批史前遗址。在青龙河下游发现了以吕儒3号为中心的庙底沟二期文化的大型聚落，该址所在的土壤和水源均不利于农业生产和人畜饮用，这不由得让人想到该聚落是否与盐湖的开发有关。到了二里头文化，东下冯—埝掌7号聚落很可能是为掠取食盐而建的。二里冈时期，东下冯—埝掌10号聚落似乎也具同样性质（《运城盆地东部聚落考古调查与研究》，文物出版社2011年版）。

河东盐池的盐大量用于外销。在盐池以南的中条山中发现数条古代商道，有些应是早期的盐道。20世纪50年代以来，山西省考古研究所在芮城县寺里—坡头遗址发现一批规模巨大、排列有序的窖穴，年代早至新石器晚期的庙底沟二期文化，推测极有可能是仓储重地。至于储藏的是粮是盐，还有待研究［《山西芮城寺里—坡头遗址调查报告》，《古代文明》（3），文物出版社2004年版］。2003年，山西省通过对遗址附近清凉寺墓地的发掘，发现这是中原地区殉人最多、葬玉最丰的史前墓地。发掘者指出，该墓地的厚葬，特别是大量外来玉器的出现暗示，此地居住了一个生活富裕、文化多元、性质特殊的群体。考虑到此地距河东盐池仅15千米，恰好处在通往黄河渡口的要道上，故该墓地应为史前时期控制“潞盐”外销的某个特殊群体（《山西芮城清凉寺墓地与潞盐的初期外销》《东方考古》2015年第12辑）。

张光直很早就指出：“晋南除了铜矿以外，还有华北最为丰富的盐矿，在中国古代的确是一个富有战略性资源的地区”（《关于中国初期“城市”这个概念》，《中国青铜时代》，生活·读书·新知三联书店1999年版）。刘莉、陈星灿等人循此思路提出，夏商将都邑建在洛阳—郑州一线的目的是出于防御和经济发展需要，特别是控制晋南的特殊资源——盐和铜矿。在夏县东下冯遗址城垣西南角发现40余座圆形建筑基址，形状与《天工开物》中的盐仓相似，很可能就是盐仓。如此，东下冯应为夏商时期中原王朝为控制晋南盐和铜矿而设置的一处政治军事据点［《城：夏商时期对自然资源的控制问题》，《东南文化》2000 年第 3 期；《解盐与中国早期国家的形成》《中国盐业考古——国际视野下的比较观察》（二），科学出版社 2010 年版］。若果真如此，至迟在公元前两千纪中期，河东盐池的生产和分配已被纳入国家管理层面，这一策略也许是和早期国家同时诞生的。

冯时通过对商周古文字资料的分析，得出如下认识。1）“卤”“斥”之别起自商周，西方称“卤”，东方称“斥”。后以“卤”借为西方之名；2）甲骨、金文“卤”（廼）字像引池晒卤，形本晒“卤”所得之结晶盐；3）盐系煎煮而成，殷时称“蔓盐”，即“散盐”，用于祭祀待宾；4）商周金文有盐字，初作“覃”，为盐之本字，以像陶器煎煮卤水之形；5）商代甲骨文“卤”做地名，读“鹽”时特指河东盐池；6）卜辞未见明确贡盐记录，可见当时王室已垄断了盐池和东方海盐；7）殷人祭祖献盐卤，祭自然神祇则无盐卤；8）殷人觐见朝宗之礼也献盐卤，充为庭实；9）商周时设有司盐之官，“卤小臣”专长盐池卤事；10）商周之金文“覃”为氏名或族事关煮盐，以职为氏（《古文字所见之商周盐政》，《南方文物》2009 年第 1 期）。

陈伯桢先生认为，商代甲骨文有“取卤”“致卤”“献卤”或“戎卤”等内容，显示商代的盐除食用和祭祀，也涉及再分配。西周至东周，盐作为贵重物品在贵族间流动。西周和东周金文不乏下层贵族接受上层赏赐盐的记载。可见此时盐的流动仍牵扯权力与资源再分配，并以此维系国家统治。战国时，盐作为重要资源，不仅可增强国力，还可操控周边缺盐国家。随着跨国贸易的增强，交通及运输工具改善，盐的成本降低，将盐推向普及。“陈在楚、夏之交，通渔盐之货，其民多贾”（《史记・货殖列传》）这一记载显示，楚国很早便从事远程跨国盐业贸易（《中国早期盐的使用及其社会意义的转变》，台湾《新史学》2006 年第十七卷第四期）。

汉代制盐业有了突飞猛进的发展。元狩四年，改革盐政，实施专卖，全国设立 35 处盐官，从此盐被正式纳入国家管理体系，此举使得盐成为国家财政的命脉，而非少数贵族的“私房钱”。这一变化遂成为中国盐政史的重大转折点。

二 西南地区

（一）成都平原及周边地区

蜀地无盐泉出露，加之早期成都平原水患频仍，史前文化出现较晚。传说蜀地“有咸石，煎之成盐”，但成都平原是否有开采岩盐的历史，无从考证。据《华阳国志・蜀志》记载，秦蜀守李冰“识齐水脉，穿广都盐井，诸陂池”，“蜀於是盛有养生之饶焉”。可见，川西平原的盐业开发至少可上溯到战国，天府之国的形成显然与盐铁的开发有着密切联系。

1999 年初，美国加州大学与北京大学、成都市文物考古研究所合作开展了“成都平原及周边地区古代盐业的景观考古学研究”的考古学与人类学调查，深入了解了这一区域的制盐遗址、古盐井、盐泉、近现代制盐工厂及传统制盐工艺，这项工作拉开了中国盐业考古的序幕［《1999 年盐业考古田野调查报告》，《中国盐业考古——长江上游古代盐业与景观考古的初步研究》（一），科学出版社 2006 年版］。

此前一年，成都市文物考古研究所对蒲江县窑埂村灰沙嘴遗址进行试掘，出土制盐铁锅残片、耐火砖、板瓦、砖及陶瓷器等，时代为晚唐至宋代［《成都市蒲江县古代盐业遗址考古调查简报》，《中国盐业考古——长江上游古代盐业与景观考古的初步研究》（一），科学出版社 2006 年版］。

四川省自贡市得名于“自流井”和“贡井”这两口盐井。此地的制盐业始于东汉。明清时，自贡成为全国盐业中心，并在太平天国和抗日战争的两次“川盐济楚”中发挥了重大作用。考察队通过对“东源井”和“桑海井”的考察，了解到前者为宋代四川“小口井”的杰作，可同时开采卤水和天然气；后者为当时（1835 年）在世界上开凿的第一口超千米深井。当地保留的传统制盐工艺成为盐业考古的宝贵参考资料［《1999 年盐业考古田野调查报告》，《中国盐业考古——长江上游古代盐业与景观考古的初步研究》（一），科学出版社 2006 年版］。2014 年，四川省文物考古研究院组织多家单位对自贡的井盐和盐运古道进行考察。东汉至今，自贡一带开凿盐井达 13000 口。20 世纪 50 年代尚保留 1000 余口（《古盐井——千年盐都的城市记忆》，《中国文化遗产》2014 年第 5 期）。此次调查古盐井 15 处、水运系统 10 处、盐道 4 处、摩崖石刻 4 处、古墓葬 1 处、盐商建筑 61 处，这些文物多与盐业生产和营销有关。此外，还在传说大公井的位置清理一段剖面，在最下层发现南朝晚期至唐代的瓷片，与大公井开凿年代接近（《四川自贡井盐遗址及盐运古道考察简报》，《南方文物》2016 年第 1 期）。

2008 年，成都文物考古研究所等单位对四川盐源境内的黑井和白井展开调查。在黑井所在的盐塘乡扯日沟发现 3 处遗址。第一地点位于沟口坡地上，可见厚 70 厘米的堆积，内含大量形制单一的夹砂红陶杯残片，不见其他器类。第二地点位于沟内中段，采集到与第一地点相同的陶片并发现大片烧土，内含白色结晶物。第三地点位于盐泉源头，发现人工砌筑卤水池等。通过调查认识到，黑井遗址采集陶片时代不晚于唐代，甚至可能早到汉代。但此地制盐规模小，产量有限。不过，采用陶器制盐是较古老的“积薪以齐水灌而焚之成盐法”更先进的工艺。白井所在的盐井沟盐矿质量不佳，含硝多。当地宋代以前用木材做燃料，明清改用煤。白井周边堆积大量焦炭废弃物，时代也较晚近。通过调查可知，盐源制盐出现在青铜时代，汉代设有盐官。唐末至宋，盐源的盐行销外地，并通过对盐的垄断控制滇西与川西南的经济命脉，当地发现大量战国至西汉的墓葬及随葬较多的铜器暗示出这一点（《老龙头墓地与盐源青铜器》，文物出版社 2009 年版）。盐作为一种战略物资，不仅促进了盐源的经济繁荣，也造就了当地的多元文化（《四川盐源县古代盐业与文化的考古调查》，《南方文物》2011 年第 1 期）。

（二）渝东及三峡地区

重庆位于四川盆地的东缘，这里地下蕴藏丰富的盐泉，很早就被开发利用。据《华阳国志·巴志》记载，西周时，巴人曾向周天子供奉食盐。

1999 年，中美盐业考察队在重庆及以东的涪陵、忠县、云阳、奉节、巫溪和巫山开展调查，重点考察了忠县㽏井、涂井，云阳云安，巫溪宁厂等地的近现代盐厂和一大批盐泉、盐井，了解当地的制盐历史和制作工艺。考察期间适逢四川省文物考古研究所挖掘忠县中坝遗址，出土大量尖底杯、花边口圜底罐及涂泥坑池、长条“龙窑”等遗迹。当时的发掘者还没有将这些遗迹和遗物与制盐业相联系，后来才意识到与制盐业的关系［《忠县中坝遗址发掘报告》，《重庆库区考古报告集·1997 年卷》；《忠县中坝遗址Ⅱ区发掘简报》，《重庆库区考古报告集·1998 年卷》；《忠县中坝遗址 1999 年度发掘简报》《重庆库区考古报告集·2000年卷》（下），科学出版社2001、2003、2006年版]。美国阿拉巴马大学人类学系的巴盐教授在㽏井沟口的北大工作站对哨棚嘴、瓦渣地出土的200余件尖底杯进行了形态学的研究，确认它们是早期制作盐锭的模具［《尖底杯：一种可能用于制盐的器具》，《中国盐业考古——长江上游古代盐业与景观考古的初步研究》（一），科学出版社2006年版]。

巫山在汉代属南郡巫县。《汉书·地理志》记载，"南郡，巫县有盐官"。地方志引《舆地广记》载，东汉永平七年（64），从巫溪县宁厂镇到巫山的悬崖峭壁上开凿有上下两条"栈道"，长达80余千米，推测是将宁厂镇宝源山下"白鹿盐泉"的卤水输往巫山制盐。这是在宁厂尚未形成规模化的制盐产业前，当地不惜耗费巨资和劳力开凿的"输卤笕道"。其中，通往长江的为"南栈道"。在巫溪以北还有一条供人力行走运输的"北栈道"，可将巫溪之盐行销秦巴鄂三省交界地区，出现时间也可能早到汉代。

2000年，重庆市文化遗产研究院对大溪遗址进行发掘，在第5期遗存中发现与中坝新石器时代晚期同样的花边口尖底缸，但未见制盐遗迹。有趣的是，该遗址发现一批存放大量鱼骨的圆坑，估计随着三峡地区盐业贸易的活跃，催生出腌制咸鱼或鱼酱的配套产业，鱼骨坑的发现为此类副业的存在提供了物证（《巫山大溪遗址勘探发掘报告》，《重庆库区考古报告集·2000卷上》，科学出版社2007年版）。

奉节在汉代为鱼复县。《华阳国志·巴志》记载："巴东郡，鱼复县，有橘官、盐泉。"在奉节白帝城以西的长江岸边有一处"臭盐碛"，系季节性盐场，近代仍在制盐。在"臭盐碛"所在的长江对岸还有座白盐山，山下有"白盐碛"。

1993～1995年，吉林大学挖掘了奉节老关庙遗址，在该址原生地层出土一批花边口尖底缸残件，质地形态与中坝新石器时代晚期制盐陶器相同，但未见制盐遗迹，考虑到该遗址位置陡峭，空间有限，也没有盐泉，似乎不大可能是制盐遗址。但该遗址所出花边口尖底缸的比例较高，故也不排除有此可能（《奉节县老关庙遗址第三次发掘》，《四川考古报告集》，文物出版社1998年版）。

云阳在汉代属巴郡朐忍县。《汉书·地理志》记载，"巴郡，朐忍县有盐官"。在云阳县云安镇的汤溪河谷很早就有制盐业，《晋书》《水经注》都有记载。云安的白兔井直径逾8米，传始凿于汉代，为三峡各地诸盐井之祖。

2001～2003年，中国国家博物馆考古部和福州市文物工作队在云安镇汤溪河东岸的东大井发掘，出土一批宋代至明清时期的制盐遗迹，包括卤水澄滤池（槽）、灰沟、输卤管道、沉淀卤水槽、盐灶等。这证实从南宋至民国的制盐设施在形制上有所变化，呈现不断进步的趋势，但制盐工艺的变化幅度似乎不大［《重庆云安镇东大井区宋代至民国制盐遗址的发掘及相关研究》《中国盐业考古——长江上游古代盐业与中坝遗址的考古研究》（三），科学出版社2010年版]。

忠县在汉代为临江县。《华阳国志·巴志》记载："临江县，有盐官，在监、涂二溪，一郡所仰；其豪门亦家有盐井。"直到清代雍正年间，当地仍有盐井35口，大多沿用到20世纪。

哨棚嘴—瓦渣地这两处遗址均位于㽏井河口，出土了大量制盐陶器，包括尖底杯、花边口圜底罐和个别的船形杯等。其中，哨棚嘴西周时期堆积所出羊角尖底杯的数量占到同期陶器的94%。东周时期的圜底罐也占同期陶器的82%。可见其文化堆积及器物种类与中坝完全一致。在哨棚嘴遗址还发现了涂泥圆坑，坑底放置石块、残留陶器残片，形状和结构也与中坝遗址的遗迹没有区别（《忠县㽏井沟遗址群哨棚嘴遗址发掘简报》，《重庆库区考古报告集·1997年卷》《重庆库区考古报告集·1999年卷》，科学出版社2001、2006年版）。瓦渣地遗址的堆积几乎全部由陶片组成，数量惊人。其中，圜底罐占同期陶片的95%。在圜底罐堆积之下为羊角尖底杯堆积。此前曾发现放置“200余件尖底杯”的“窑”，被作为烧造陶器的窑场。但此地的“窑”与烧陶器的窑差异很大。推测瓦渣地遗址或许带有双重职能，一方面为制盐工场烧制陶器，同时也制盐。特别是这两座遗址都处在河口位置，或许还兼有盐业贸易集散地和外销码头的角色。即将中坝所产的盐经水路运到这里，再沿长江输往其他地区（《忠县瓦渣地遗址发掘简报》，《重庆库区考古报告集·1998年卷》，科学出版社2003年版）。类似瓦渣地的堆积在相邻的杜家院子遗址也可看到（《忠县杜家院子遗址发掘简报》，《重庆库区考古报告集·2001年卷下》，科学出版社2007年版）。

1994年，在忠县汝溪河下游的李园遗址坡下发现两座残“窑”，出土大批尖底杯残件，应为西周时期一处小规模的制盐作坊（《忠县李园战国及汉代遗址》，《中国考古学年鉴（1995）》，文物出版社1997年版）。2001年，郑州大学在忠县新生镇邓家沱遗址一个面积不足60平方米、体积20立方米的单位内挖掘尖底杯2万余件，堆积厚达60厘米~110厘米。这些尖底杯无明显层次划分，约1/3为完整器。发掘者认为这可能是烧造陶器的场所，但也不排除存在制盐产业（《忠县邓家沱遗址西周时期文化遗存的初步认识》，《重庆·2001三峡文物保护学术研讨会论文集》，科学出版社2003年版）。

1999年，在丰都县高家镇石地坝出土一批商周陶器。这批器物个体不大，厚胎夹砂，口唇略薄，底部圆缓厚重，造型似小船，故名“船形杯”。器口长径9厘米~11厘米、短径5厘米~7厘米、高4.5厘米~6.5厘米。后来在丰都金刚村、巫山大溪、丰都玉溪村、忠县邓家沱、哨棚嘴、云阳丝栗包、合川弯桥村等地也有发现。其中，最大者长40厘米、宽20厘米。中等长24厘米、宽11.5厘米。在石地坝遗址还出有尖底杯、圜底罐和尖底盏。白九江等人认为，船形杯是制作盐锭的模具，可反复使用（《三峡地区的船形杯及制盐功能分析》，《南方文物》2009年第1期）。

据《华阳国志·巴志》卷一记载：“汉髮，有盐井。”“汉髮”即《晋书·地理志》的“汉葭县”，位于在今彭水县东90里的郁山古镇，属涪陵管辖。东汉时，彭水已开凿出鸡鸣井、飞水井（公井）、老郁井（倒鹿井）、鹁井（后井）等盐井。2013年，重庆市文化遗产研究院与彭水县文管所发掘了中井坝遗址，清理出盐灶、蓄卤池、黄泥加工坑、墙、柱洞、排水沟等。出土各类文物200余件。其中，盐灶12座，分布密集有序。形态分为两型。A型长条状，为两灶共有一堵隔墙。由灶前操作间、火膛、火道及烟道组成。火膛马蹄状，残存底部及出渣坑。以4号灶为例，长12.54米、宽1.08米~2.94米、深0.10米~0.92米。B型长条状，两两相邻，共用一堵隔墙，由灶前操作间、火膛、火道及甑子组成。火膛马蹄形，火道与火膛相连，内侧放置成排的土球。甑子位于火道后部，周遭为红烧土，内铺土球。部分盐灶还附设沟槽、灰坑等。以1号灶为例，长9.72米、宽1.32米~2.44米、深0.38米~1.72米。两种灶的差别主要区别在灶的后部设计。A型灶的火道后面为烟道，B型灶在火道后面还设有甑子，可最大限度地利用热能，增加冰土产量。从工艺看，B型灶为A型灶的改进版，时代也稍晚。蓄卤池结构分两型。A型长方形，单池。以1号池为例，长9.30米、宽5.04米~5.96米、深1.08米~2.32米。四壁用长方石块错缝平砌，外部有用卵石砌的护墙，底部铺石板。东南角有方形石槽，四壁垒砌石板，内壁及底部为烧结的红烧土。B 型为相连的双池，或平行、或曲尺状。以 3 号池为例，长方形，长 4.82 米、宽 2.20 米、深 0.66 米～0.98 米。周壁用卵石砌筑，中部有石墙分隔，墙底有孔洞相通，底部铺设黄黏土。后池的底部还有桶状坑，周壁用长条形木板围筑，底部平铺木板。黄泥加工坑为椭圆形，弧壁圜底，坑壁和底部涂抹夹小石子的黄黏土，长径 2.04 米、短径 1.57 米、深 0.26 米。排水沟长条形，从墙下穿过，顶部覆盖石板，两壁垒砌卵石或石块，底面涂抹黄黏土，长 7.98 米、宽 1.02 米～1.48 米、深 0.2 米～0.9 米。出土遗物主要为陶器、瓷器、铜器和铁器等，以陶、瓷类生活用具为主，也有少量工具，均为清代常见器，据出土铜币可确认其年代为清，民国仍在生产。

郁山一带的地下卤水浓度偏低，熬煮前需对卤水提浓。据发掘可知，当时的制盐工艺是将垒砌在灶内的土球先烧热，并不时泼洒卤水，蒸发的盐会留在土球上，待含盐饱和后结为冰土，再将其掘出、捣碎、浸泡，淋沥浓卤，煎煮制盐。进一步的调查表明，在郁山镇还发现有盐井、输卤笕道等制盐遗迹，对当地制盐遗址的分布、保存状况、凿井技术、输卤等有了基本的了解，也为寻找更早的制盐遗址提供了线索（《重庆彭水县中井坝盐业遗址发掘简报》，《南方文物》2014 年第 1 期）。

（三）中坝的考古发掘与研究

三峡境内最重要的制盐遗址为㽏井镇佑溪村的中坝遗址。2003 年，三峡水库正式蓄水后，中坝遗址被淹没到水下。孙智彬撰文介绍了 1997～2002 年四川省文物考古研究所在中坝遗址的发掘收获。该遗址文化堆积达 79 层，厚 12.5 米，时代上迄新石器晚期，历经商、西周、春秋战国、秦汉、南朝、唐、宋，止于明、清，几乎囊括了中国历史上的所有王朝，延续时间达 4500 年。出土遗迹有房基 350 处、灰沟 79 条、灰坑 820 个、墓葬 69 座、涂泥水槽 30 口、窑 41 处、窖穴 2 处、灶 11 口、路 6 条、墙 4 处、地面 5 处。出土遗物有陶、石（玉）、骨、瓷、铜、铁、银等各类文物 268442 件。此外还采集有动植物遗骸、人骨、钙化物、土壤等标本［《重庆忠县中坝制盐遗址的发现及相关研究》，《中国盐业考古——长江上游古代盐业与中坝遗址的考古研究》（三），科学出版社 2010 年版］。

1999～2003 年，中美盐业考古队派员参加了中坝遗址的发掘，负责探方编号为 DT0202。据陈伯桢介绍，他们最初接手是从 17 层开始，至 69 层结束。考虑到该遗址的特殊性及三峡工程的时间要求，为尽可能多地获取信息，该探方采用了极为细致的挖掘和整理方法。即在每一文化层任意选择 1 立方米区域作为抽样区，此区内所有土壤全部经水洗并采集遗物。此区域外的土壤全部过筛（筛孔 =0.4 厘米）并采集遗物。每个文化层都要采集土壤样本，以便后期浮选检测。室内整理程序为，对抽样区以外采集陶片依质地、颜色和器形分类、记录，包括数量和重量等。抽样区以内采集陶片数量过大，只能随机抽样，观测记录 50% 的样本，包括质地、颜色、纹饰、重量、厚度、工艺、痕迹等约 30 项指数。此外，对石器、植物、动物、甲骨、孢子花粉等也都做了系统研究［《㽏井沟遗址群新石器时代晚期至汉代的盐业生产》，《中国盐业考古——长江上游古代盐业与中坝遗址的考古研究》（三），科学出版社 2010 年版］。

1. 先秦时期　中坝遗址先秦时期的文化堆积分为三段，以探方（99ZZAT0301）西壁地层为例，第 56～69 层为新石器时代，第 55～49 层为商周时期，第 48～18 层为东周时期。北京大学考古文博学院实验室与美国贝塔分析（Beta Analytic）实验室对中坝遗址采集的首批有机碳样本做了“串级加速器高能质谱技术”（AMS）检测。探方 99ZZDT0202

第 18 层以下样本的绝对年代（经树轮校正）分为三期：第一期属新石器晚期（第 69 ~ 54 层），年代为 2500BC ~ 1800BC；第二期属青铜时代早中期（第 52b ~ 49b 层），年代为 1800BC ~ 800BC；第三期属青铜时代晚期至铁器时代早期（第 49a ~ 17 层），年代为 800BC ~ 200BC（《中坝遗址的碳十四年代》，《考古》2007 年第 7 期）。

中坝遗址出土各类遗迹、遗物如下。

涂泥圆坑　在新石器时代地层发现 208 座。大口、圜底或小平底，口径 1 米 ~ 2 米、深 1 米余。坑壁和底部涂抹 20 厘米 ~ 30 厘米厚的黄黏土，坑底铺垫较平整的卵石，残留有陶器残件或石块。商代此类坑发现不多。周代发现 81 个，结构大致类似。

涂泥水槽　最早出现在春秋时期，战国时增多。共发现 32 个，均为长方形或不规则圆角长方形，弧壁，圜底。长 1 米 ~ 2 米，宽 0.8 米 ~ 1 米，深 0.2 米 ~ 0.3 米，大小形态略有差异。坑壁和底部涂抹黄黏土，坑内堆积有完整的圜底罐、尖底盏、陶片或其他器物残件。

灶　新石器地层发现 6 座。平面长条状或近长方形。灶内堆积灰白色黏土、红烧土、炭屑和碎陶片等。以编号 Y15 为例，平面圆角长条形，长 9.20 米、宽 1.40 米 ~ 1.70 米、深 0.40 米，横切面为大口锅底形。灶内和底部断续存留厚薄不一的烧结面，显示灶内的温度不是很高。在青铜时代地层中未发现炉灶。

房屋（作坊）　新石器时代的发现 7 座。大多残破，残留地面较纯净，柱洞排列无序。有些洞内残留陶缸残片。商代房屋仅有 1 座，结构形态与早期的相同。西周至战国晚期的发现 299 座。平面长方形或不规则形，地面较纯较硬，大多四周高、中间低，部分斜坡状。发现数量不等的柱洞，排列无序。有的局部范围柱洞密集，不像是插立木柱的设施。房内还发现用火痕迹，个别屋内有不规则红烧土，以及成排的柱洞。这批房屋结构与一般居住址不同，应为制盐作坊。

土洞　见于两周地层，数量非常多，西周早期尤甚。分布无序，有的探方内数量多达上千，形状、大小、深浅不一，口径 7 厘米 ~ 10 厘米、深 15 厘米 ~ 25 厘米之间。所在地表似经火烤。西周晚期以后的“土洞”密度降低，多见于屋内，有的洞内还发现有角杯、圜底罐残片及动物骨骼等。

陶器　新石器时代晚期的陶器有缸、瓮、罐、筒形器、瓶、壶、豆、盘、盆、钵、碗、杯、器盖、器座、釜等 40 余种，但以花边口尖底缸和罐为主，占到同期陶器的 68.48%。不见完整器，推测其口径和高度都在 40 厘米上下。商代主要为角杯、罐和瓮等。其中，尖底杯、角杯占到同期陶器的 68.18%。口径 4 厘米 ~ 5 厘米、高 6 厘米 ~ 14 厘米。西周时期，圜底罐数量大增，至春秋战国时期的比例已占到同期陶器的 95% ~ 98%。口径 10 厘米左右、高 10 厘米 ~ 20 余厘米。形态分为三种：即花边口圜底罐、束颈圜底罐和敛口圜底罐。

石器、骨器、铜器　中坝遗址所出石器有斧、锛、凿等，制作技术分打制、琢制和磨制，很少见钻孔石器。特点是普遍较粗糙，这也是三峡地区石器的普遍特征。骨器少见，铜器仅见少量的鱼钩，还发现一些陶网坠。

甲骨　在 99ZZDT0202 出土数百件甲骨碎片和龟壳残片，可拼合为 182 块卜甲（骨），时代从新石器时代至秦代。这些甲骨均无文字，但有灼痕或凿痕。

动物和鱼类骨骼　在 99ZZDT0202 筛选收集 20 余万件动物骨骼。其中近 13 万件做了初步分析。鱼类和哺乳类动物占绝大多数，鸟类和两栖类爬行类较少。

植物遗存　浮选出的炭化植物遗骸有块茎植物残块、植物种子等。其中，植物种子1235粒，包括黍、粟和稻等，计1166粒，占出土种子总数的94%。还有少量紫苏、商陆、豇豆属、蓼科的种子。

2. 历史时期　中坝发现汉代以后的遗迹有房址、灰坑、灰沟、墓葬、灶等。

汉代的盐灶发现13座。平面长条形，灶头大灶尾小，分为操作间、火门、炉膛、火道、烟道几部分。全长13.5米、宽0.9米~3.79米。灶头操作间和火口位置较低，火门朝向河谷，头宽尾窄，上宽下窄，灶壁砌筑卵石和黏土加固。灶尾烟道和烟囱位置最高，形成一定的高差，有利于燃料的燃烧和提高炉温。

唐、宋时期地层与制盐有关的遗迹主要为制盐作坊和炉灶。其中，发现作坊基址25处。保存有地面、墙基槽、柱洞和炉灶等，屋内主要堆积有炭屑、烧土及釉陶、青瓷碎片等。盐灶8个，平面圆形，平底，残存灶底和部分灶壁。西南侧有宽35厘米的缺口应系火门，保留较厚的烧结面。灶底平整，铺设卵石或石块，直径135厘米、内径110厘米、壁厚10厘米、残高10厘米。这些炉灶数个构成一组，排列较有序。有些炉灶周围散落有碎砖块和条石，系塌落的灶台遗留。

明清时期的盐灶发现2座，均系石材砌筑。其中，11号灶的灶口为葫芦形，分南北两部分，北部近圆形，灶壁烧成质地坚硬的青灰色，残余部分直径190厘米、深64厘米~70厘米，推测为储卤或预热设施。南部平面圆形，灶壁用规整的石条砌筑，有明显的火烧痕，残余直径170厘米、深90厘米~120厘米。时代已晚到清末至民国初年［《中国盐业考古——长江上游古代盐业与中坝遗址的考古研究》（三），科学出版社2010年版］。

（四）西南地区的制盐工艺

中坝先秦时期的制盐工艺经历了三个大的发展阶段，每个阶段都以一种特殊的制盐器具为代表。第一阶段为新石器时代晚期。制盐陶器以花边口深腹尖底（小平底）缸为代表。此器可复原为大敞口、斜直腹、尖底或柱状小平底，口径、器高均在40厘米上下。推测是将这些尖底缸一排排固定于条形炉灶内，煎煮制盐。本期发现大量涂泥圆坑就是用来储存、浓缩或沉淀过滤卤水杂质的设施。第二阶段为青铜时代。制盐陶器改用较小的尖底杯，未见这个阶段的炉灶。早期尖底杯形态矮胖短粗，晚期转为瘦高。两类杯子各自的容积接近。巴盐认为，改用尖底杯制盐的深层原因可能与新石器时代晚期超量砍伐森林（竹林）为燃料，导致周边植被破坏、环境恶化，出现了燃料危机，迫使制盐业不得不放弃传统的柴薪熬盐法。他还进而推测，这种制盐技术可能与美国东部林地基姆斯维克印第安人的制盐方法类似，即将尖底杯插在地上挖好的坑内，加注卤水，通过日晒蒸发和渗透压作用将水分析出，获得盐锭。这种方法的关键是不需要任何燃料［《中坝遗址与南英格兰艾塞克斯红丘遗址出土制盐陶器的比较》，《中国盐业考古——环球视野下的比较观察》（二），科学出版社2010年版］。与此不同，李峰的观察发现，很多尖底杯下半部灰褐色、灰色或灰胎红皮，质地较硬。上半部红色或橘红色，火候偏低。这种现象的成因不可能是烧造时造成的，更有可能与盛入液体后再经加热烘烤时产生的（《忠县邓家沱遗址西周时期文化遗存的初步认识》，《重庆·2001三峡文物保护学术研讨会论文集》，科学出版社2003年版）。白九江等人认为，尖底杯上下两半色泽和硬度明显不同的分界线靠近下部尖底处，推测杯子曾被插入尚有余温的灰烬，经再次受热使得插入灰烬的底部还原为暗色，暴露在外的上部保持原初的红色（《尖底杯在古代制盐工艺流程中的功能研究》，《盐业史研究》2010 年第 2 期）。考虑到发掘中未见这一时期的炉灶，推测此时可能使用较大的陶容器熬煮卤水，待卤水开始结晶时，将湿盐移至尖底杯内形成盐锭。尖底杯属于一次性制盐模具，同时也是销售运输中的容器。这一时期在三峡还发现有制作盐锭的模具——船形杯，此类器的先进之处是可反复使用。第三阶段为青铜时代末期到铁器时代早期。制盐器具改为圜底罐，经对近 200 件圜底罐进行检测，其容积大致恒定在 500 毫升左右，特别是同期的圜底罐容积更接近，暗示此类器兼有量器职能。挖掘中未见这个阶段的盐灶，推测其制盐工艺延续了与尖底杯时期的方法，即用大型容器熬煮卤水，用圜底罐可制成更大的盐锭，制盐工艺有长足的进步，产量也大幅增加。

除上述考古研究外，我们还采用自然科学方法对中坝遗址的土壤和出土陶器进行了检测，得出的证据是：1）同一地区地下卤水的化学成分与遗址中的制盐用具和制盐设施残留物相似。四川盆地东缘地下卤水的杂质特征是富含镁、钙和钾，中坝 F270、M75、F198、F226 等单位土样所含钙、镁也特别高。2）中坝东周时期的圜底罐残留矿物成分与自贡制盐作坊煮盐平底锅的残留物、云阳盐场生石灰废料场的残留物相同。3）圜底罐内壁残留的 Na 和 Cl 浓度很高，由内到外还显示出浓度由高至低的清晰梯度，可确认这些陶器与煎煮卤水有关。

哈佛大学的傅罗文以独特的视角全面介绍并研究了中坝的制盐产业、工艺变革、专业化生产，以及制盐业在三峡地区社会复杂化进程中所扮演的重要角色。此书是第一部由外国学者撰写的中国盐业考古专著。其研究成果不仅开创了三峡盐业考古的先河，也填补了中国产业考古遗址专业化研究领域的空白［《古代中国的盐业生产和社会等级：中国三峡专业化生产的考古学研究》（*Salt Production and Social Hierarchy in Ancient China: An Archaeological Investigation of Specializations in China's Three Gorges*），剑桥大学出版社 2011 年版］。

到了汉代，三峡地区仍采用传统的煮盐方法，但制盐器具改为铁器，在四川蒲江出有汉代的大型铁“牢盆”，口沿下有“廿五石”刻铭，器形大且厚重，由此可见汉代制盐业的规模。中坝挖出的汉代盐灶形态很可能与成都平原出土的东汉井盐画像砖中的龙尾灶接近。近十余年来，在巫山麦沱（《巫山麦沱汉墓群发掘报告》，《重庆库区考古发掘报告集·1997 卷》，科学出版社 2001 年版）、黄膏泥（《巫山县黄泥膏墓地》，《考古重庆（2015）》）及忠县乌杨花二包、甘蔗丘墓地出土一批“陶灶”模型明器。灶的长度为 52 厘米～118 厘米、宽 16 厘米～24 厘米、高 10 厘米～15 厘米。其中，巫山和忠县出土的 5 孔陶灶平面呈舌形、较宽，灶面上的灶孔分两排。还有一批窄长条形陶灶，灶面的圆形灶孔仅有一排，有 8 孔、10 孔、12 孔之别。多数“陶灶”的灶口叠置有陶钵。这批模型明器的出土弥补了中坝汉代龙尾灶灶台部分缺失的不足，为复原汉代的炉灶提供了重要的实物资料（白九江：《制盐龙灶的特征与演变》，《江汉考古》2013 年第 3 期）。

进入唐宋时期以后，三峡地区出土的炉灶结构及排列形态已非常接近现代制盐作坊的布局，其制盐工艺仍保持煎煮的传统。

三　环渤海地区及山东半岛

20 世纪 50 年代以来，在山东省的渤海湾南岸发现大量的“盔形器”，有人推测这是战国时期“齐国大规模‘煮海为盐’的工具”（《山东文物选集（普查部分）》，文物出版社1959年版；《滨州地区文物志》，山东友谊出版社1991年版）。1996年，曹元启撰文指出，盔形器为制盐陶器，并将盔形器划分成12式，发展趋势为从尖底到尖圜底、再到圜底，个体逐渐增大，年代从西周时期延续到汉代。他还认为，滨海地区土质疏松，承重力弱，尖底或圜底的陶器可减轻对地表的压力，但从尖底变为圜底则可增大器物的受火面，提高燃料的利用率（《试论西周至战国时代的盔形器》，《北方文物》1996年第3期）。在此之前，林仙庭等人推测，山东半岛沿海发现的那些大型浅铜盘应为东汉或稍晚阶段煮盐用的“牢盆”（《山东半岛出土的几件古盐业用具》，《考古》1992年第12期）。

（一）先秦时期

2002年，北京大学与山东省文物考古研究所对鲁北及胶东沿海进行了一次大范围的考古调查，重点考察和检测莱州湾沿海各县市出有“盔形器”的遗址和博物馆收藏的盔形器。得出认识如下：1）盔形器分灰陶、褐陶两大类，造型分圜底、尖圜底和尖底，演变趋势则从球形圆腹、圜底——卵圆形深腹、尖圜底——陀螺形腹、尖底。2）盔形器的年代为晚商至西周时期，器高为20厘米左右。部分高60厘米上下的大型盔形器年代已晚到东周。3）盔形器的分布区域有两个。外区集中在莱州湾沿海一线，凡商周遗址均出大量盔形器，系高密度区。内区位于济青公路一线，商周遗址仅零星出有盔形器，系低密度区。4）盔形器为专门的制盐器具，但究竟用火煎法还是日晒法制盐，尚不清楚（《莱州湾地区古代盐业考古调查》，《盐业史研究》2003年第1期；《鲁北—胶东盐业考古调查记》，《华夏考古》2009年第1期）。

2004年，方辉撰文讨论盔形器，认为此类器非鲁北传统，因来源于殷墟三期的陶尊，年代也应早到殷墟三期，下限至战国。通过与中坝制盐陶器的比较，推测盔形器与“收贮和加工天然卤水、摄取食盐”有关，并与国外资料比对分析了不同形态制盐陶器与工艺的关系。他利用古文字资料推测商王朝在山东滨海设有盐政机构，负责海盐生产供给，兰家村商墓的墓主即可能是“卤小臣”或下属盐业官员。西周铜器免盘铭文最后一字可释尊，即盔形器。此器既是制盐器具，也是量器。由此可见，商代征伐“夷方”之说有其合理因素（《商周时期鲁北地区海盐业的考古学研究》，《考古》2004年第4期）。

李水城撰文介绍了日本的制盐遗址多分布在海岸线附近的低台地上，遗址中堆积大量形态单一的制盐陶器残片，比例达90%以上，少见日常生活用具。制盐陶器仅将内壁加工，外观粗糙。遗址中常见炉灶遗迹，有学者据此提出日本早期制盐采用煎煮法。通过比较发现莱州湾沿海商周遗址与日本颇多相似，对于进一步认识此类遗址的性质非常重要。特别是日本列岛在盐业考古出现之前，制盐遗址往往被忽略，制盐陶器也被视为一般生活用具。可见双方都经历了大致相同的路程［《中日古代盐产业的比较观察：以莱州湾为例》，《考古学研究》（6），科学出版社2006年版］。

2005年夏，中美盐业考古队前往寿光双王城考察，并在临淄工作站对所藏盔形器进行系统的检测称重，对此类陶器的功能和特征有了进一步认识。与此同时，山东省文物考古研究所为配合南水北调工程在鲁北展开调查，发现沾化杨家，广饶南河崖、东北邬，寿光双王城、大荒北央，潍坊寒亭央子，昌邑利渔等一批大规模的制盐遗址群（黄铭崇等：《晚商文化的分布及其意义——以山东地区为例的初步探索》，《东亚考古学的再思——张光直先生逝世十周年纪念论文集》，台北，2013年版）。这些遗址群包含数十至上百座制盐作坊，大多属于晚商至东周时期，少量进入历史时期。如此大规模、保存完好的制盐遗址群在世界范围内都很罕见。

2001年，山东大学试掘寿光大荒北央遗址。清理圆形小灰坑、灰沟和白色沉淀物硬面等遗迹。其中圆形圜底小灰坑内壁涂抹黏土，推测为保存淡水或卤水的设施。灰沟为不规则带状，推测为小河沟。该址出土盔形器比例达90%。发掘者认为盔形器的演化是从尖底到圜底、再到圜底略平；腹部绳纹由粗到细。盔形器内壁白色沉淀物与盐有关。部分盔形器外表局部红色系二次氧化，可能与煮盐有关。但有大量盔形器没有二次氧化痕迹，也未见煮盐线索，两类盔形器应有不同用途。红褐陶盔形器的羼合料显示是用当地海相地层含盐高的土烧制的，夹细砂灰陶盔形器应是在鲁北山前地带烧造的输入品。在后来发表的报告中，大荒北央被认定为西周时期的制盐作坊，上述遗迹分别被定为卤水坑、淋卤坑、刮卤摊场和盐灶（《山东寿光市大荒北央西周遗址的发掘》，《考古》2005年第12期）。

2008年，山东省文物考古研究所与北京大学对双王城遗址进行发掘。这座遗址群调查发现遗址83处，后增至89处。其中，新石器时代晚期3处，晚商至西周时期76处，东周时期4处，金元时期6处。发掘揭露商周时期制盐作坊3处，金元时期制盐作坊群2处。

双王城014A作坊占地4000余平方米，这是一座保存完整的制盐作坊。布局以盐灶为中心。作坊西端有卤水井，大敞口，斜壁，1米以下井壁垂直，直径缩至3米，口径4.2米~4.5米、深3.5米。井壁围绕苇编井圈，周边插立木棍加固，井底铺设芦苇，以防井壁泥土剥落并过滤卤水。井的周围有浅沟与沉淀蒸发浅池相连。灶膛左右挖筑长方形蓄卤坑，坑壁和底部涂抹黏土。作坊外的空场分布两排涂泥小圆坑，各16个，排列密集，坑壁和坑底涂泥，口径0.5米~0.7米、深0.5米~0.8米。作坊中心的盐灶为亚腰葫芦形，长17.2米、宽8.3米。分操作间、灶口、灶膛、火道、烟道、烟囱几个部分。炉灶周围为大片的平整地面。

双王城014B作坊占地约900平方米，布局也以盐灶为中心，左右大致对称分布有蓄卤坑、涂泥小圆坑、盐灶、废弃垃圾堆等，沉淀蒸发浅池部分未进行发掘。盐灶也是葫芦形，长13米、宽9米。前端为细长的火道，顶端及左侧各有一烟囱。灶膛左右对称挖筑一对圆角方形蓄卤坑。在2号蓄卤坑底部存留十余件完整盔形器。尤为罕见的是有4件盔形器相互粘连作“∞”状，器口间空隙用盔形器残片填充，极为难得地保留了盔形器在盐灶中的组合。另有个别盔形器底部黏附草拌泥烧土。上述迹象对于复原当时的制盐工艺非常重要。盐灶两侧的涂泥小圆坑呈不对称分布，个别坑内残存完整的盔形器，器口朝上（《南水北调东线工程山东寿光双王城水库盐业遗址调查与发掘》，《2008年中国考古重要发现》，文物出版社2009年版；《山东寿光市双王城盐业遗址2008年的发掘》，《考古》2010年第3期）。

同一年，山东大学与山东省文物考古研究所对东营市广北农场南河崖第一地点进行发掘，该遗址群发现制盐作坊60余处，总面积4平方千米（《山东广饶南河崖发现大规模制盐遗址群》，《中国文物报》2008年4月23日）。发掘遗迹有蓄卤坑、圆坑、盐灶、房址、灰坑和废弃垃圾堆等。盐灶“丫”字形，长13米、宽3.75米、残深0.2米~0.8米，包括火口、灶膛、火道、烟道和烟囱几部分。盐灶两侧为圆角长方形蓄卤坑池、涂泥圆坑、房址、卤水池等。出土大量盔形器及少量的罐、鬲、簋、兽骨、鹿角、贝壳等，时代定为西周（《山东东营市南河崖西周煮盐遗址》，《考古》2010 年第 3 期）。

2009 年，北京大学与山东省文物考古研究所挖掘了双王城 SS－8 作坊遗址。出土卤水井、盐灶、蓄卤坑、圆坑及大量的盔形器残片。作坊的布局略有差异。卤水井位于盐灶右侧，结构与双王城 014A 的井相同。盐灶呈“丫”形葫芦状，前端有两个并列的烟道。在灶膛内发现多处小的红烧土墩，应为当时支撑陶器的黏土。火道细长，烟囱周围用倒扣着的盔形器和黏土加固。灶膛挖筑蓄卤坑，前端为沉淀蒸发浅池。涂泥小圆坑一排 13 个位于卤水井的东侧，弧状分布。另一排 10 个，位于烟道左右（《山东寿光市双王城盐业遗址 2008 年的发掘》，《考古》2010 年第 3 期）。

2009～2010 年，山东省文物考古研究所等单位对昌邑北部沿海展开调查，在市区西北发现两处制盐遗址群。其中，东利渔有制盐作坊 40 处，火道—廒里有制盐作坊 166 处。加上其他地点的发现，总计达 211 处。调查中发现有卤水井、盐灶及灰坑、灶窑、蒸发池等遗迹。在火道—廒里第 14 地点发现一字排开的卤水井 8 口。圆形井口，直径 1 米～5 米，井圈环绕苇编。调查中采集的陶片分为两类，一类为日常用具，如鬲、豆、盂、盆、罐等。大量为制盐器具，泥质灰陶，器形高大厚重，完整器高 60 厘米～70 厘米，造型颇似圜底盔形器的放大版。调查中还对火道—廒里 105 地点一座暴露的盐灶做了发掘。盐灶平面呈三角凸字形，长 3.94 米，由操作间、火口、灶膛、烟道组成。操作间及火口部分破坏，底部残留大量草木灰和红烧土。灶膛梯形，烟囱部位向上抬升。由于上部破坏，残留的陶器仅存下半部，可分两类。第一类胎体稍薄，口径 30 厘米～40 厘米，腹部拍印交错粗绳纹，内壁拍印圆点或不规则方格纹。第二类为厚胎，口径 33 厘米～37 厘米，外壁拍印粗绳纹，内壁拍印菱形纹或方格纹。据介绍，这批遗址年代部分为春秋时期，大多已进入战国时期。这一发现进一步深化了对鲁北东周时期制盐业的了解（《山东昌邑市盐业遗址调查简报》，《南方文物》2012 年第 1 期）。

（二）历史时期

在鲁北地区，迄今尚未发现汉代的制盐遗址。考虑到汉代的 4 处盐官都设置在胶东半岛，或许此时制盐业的中心已向东转移。

2000～2002 年，为配合朔黄铁路建设，河北省文物考古研究所等单位发掘了黄骅市海丰镇遗址，清理炉灶 19 座，出土十几粒莲子，证实了该址的制盐属性。这批盐灶平面为圆形，用半截砖砌筑，直径 0.4 米～0.5 米。烟道长条斜坡状，分砖砌和土筑两种。据称这批炉灶属于汉代，但未见介绍其他的相关物证。

2008 年，山东省文物考古研究所和北京大学对寿光双王城宋元时期制盐作坊进行发掘。清理出盐井、盐灶、卤水沟、过滤沟、储卤池、工棚及各类灰坑。在 SS－8 地点清理 2 口卤水井，直径 4 米～5 米，深度不详。在双王城 07 地点清理制盐作坊 30 座，布局多为两两一组，由操作间、库房、灰坑、盐灶、烟道构成。另在现代排水沟中发现 4 口卤水井，口径超过 4 米，井壁用苇编井圈和木棍加固。这批作坊的占地面积 3 平方米～10 平方米，结构普遍为半地穴式，灶前设置方形或椭圆形操作间，底部较盐灶要深，两侧或一角设置灰坑或卤水缸。盐灶长方形或圆形。前者灶膛长 1.5 米、宽 1 米、深 0.8 米～1 米。后者直径 1 米以内。根据出土的铁盘残块和灶口形状可知，煮盐器具为长方形铁盘或圆形铁锅，烟道长条形，由炉灶一侧倾斜伸出，个别烟道也设有圆形、方形小灶，系利用余温预热设施。在作坊区发现宽 0.5 米～1 米、深 0.4 米～0.8 米的卤水沟和宽 1 米、深

0.5 米的过滤卤水沟，后者在沟底等距离挖有长方小坑，间距 1.5 米、长 0.8 米、宽 0.5 米、深 0.6 米。蓄卤坑设在盐灶旁，圆口圜底，坑壁加工规整，表面残留白色粉状物。在 SS-8 还发掘一座圆角长条形蓄卤坑，长 5.15 米、宽约 1 米、深 0.25 米，坑底挖有 4 个深 0.4 米~0.6 米的小坑，结构与过滤卤水沟相同。工棚为半地穴式窝棚，室内有炉灶及火炕等设施。作坊内出有宋元时期的瓷器残片和砖瓦等（《山东寿光市双王城盐业遗址 2008 年的发掘》，《考古》2010 年第 3 期）。

（三）鲁北商周时期的制盐工艺

崔剑锋等，通过对双王城遗址采集样本中的碳酸钙镁进行 XRD、锶同位素、氧碳同位素的分析，显示莱州湾的制盐工艺以地下卤水为原料文火慢炖，在盔形器内逐步结晶成盐，温度仅有 60 度左右。宋元时期采用铁盘，温度升至 100 度（《山东寿光市双王城遗址古代制盐工艺的几个问题》，《考古》2010 年第 3 期）。经检测，商周时期小圆坑内涂抹黏土残留的微量元素成分与蓄卤坑内的相同，证实二者都是用于储存和过滤卤水的设施（《山东寿光双王城制盐遗址的科技考古研究》，《南方文物》2011 年第 1 期）。

李水城将莱州湾商周制盐工艺总结复原为，汲取井内的卤水入浅坑大池沉淀、提纯，利用风力和阳光蒸发初步提浓。坑池内的草木灰为吸附卤水中有害杂质的步骤。参照国内外资料，可能还要选用细沙土，在灶旁的摊晒场上聚卤，再经淋滤提浓。淋滤设施包括蓄卤坑和涂泥小圆坑，后者可能近似菲律宾保和岛的淋滤设施，即将盔形器放在坑内承接过滤下来的卤水，在有的涂泥小圆坑内放置完整的盔形器可以为证。双王城所出盔形器的底部多见二次氧化及破裂痕迹。在 SS-8 灶膛内发现有草拌泥烧土堆，与盔形器底部黏附的烧土相合。可知煮盐时先用湿的草拌泥将盔形器固定在灶膛。在 014B2 号蓄卤坑发现 4 个相连的盔形器，器口缝隙用陶片封堵，再现了当初盔形器的组合形式，这很像是非洲尼日尔曼嘎地区制盐泥钵在灶内的摆放结构。其目的是使炉灶形成封闭空间，以免热力流失，掌控炉温。加之盔形器普遍为尖圜底，下部可形成一定的空隙，利于火焰游走。由于盐灶为长条葫芦状，不同部位的火力温度会有差异，温度低的区域可以预热，包括有的烟道就具有类似功能。温度高的区域熬盐，达到充分利用热能，降低成本，提高工效的目的。挖掘时在蓄卤坑内常常发现有盔形器或残片，这表明陶器在制盐过程中若残破，将已经结晶的盐取出，再将破损陶器或残片扔入蓄卤坑析出附在陶器内外的盐，增加卤水的浓度。在双王城 SL9YZ1 盐灶曾发现圆柱状、长条状、方柱或扁柱状烧土块，此类遗物既可在灶膛内支撑稳定盔形器，也有类似三峡现代盐灶旁放置泥块的功能。因煮盐时不断要补充卤水，会将卤水泼洒到烧土块上，待土块废弃也会被放入卤水池内析出盐分。遗憾的是，当初在挖掘和随后的研究中存在一些失误。最可惜的就是将 014B 作坊 2 号蓄卤坑中 4 个相连的盔形器随意拆散，导致这组珍贵遗留被毁。再有，已发表的报告将制盐作坊两侧的涂泥小圆坑作为柱洞处理，并复原成房屋建筑模样。其实，只要稍有点建筑学常识就不会犯此低级错误［《中国盐业考古十年》，《考古学研究》（九），文物出版社 2012 年版］。

2001 年，韩国首尔大学在始兴市乌耳岛（Oido）发掘时，在 B 区原三国时代的地层出土一批 U 形圜底陶罐。器高 14 厘米~32 厘米之间，但以高 15.7 厘米~17.6 厘米的最多。器表还有火烧的痕迹。韩国学者最初认为此类陶器系来自北部平壤的炊具。后有学者与山东莱州湾的盔形器比较，认为这批陶罐的造型与莱州湾的“盔形器”有异曲同工之妙，包括器表所饰绳纹、方格纹也颇近似，其功能也与盔形器相同，年代应为公元前 1 世纪的早期。在遗址中还发现有像制盐作坊或盐灶一类的遗迹。这一发现对东北亚先秦时期的历史、考古和文化交流的研究非常重要。韩国学者指出，此类遗存突然出现，又突然消失，很可能与汉武帝实施新的盐铁政策引发的外流移民有关。特别值得重视的是，从山东半岛经海路直接对韩半岛施加文化影响论点的提出（《先秦时期莱州湾与朝鲜半岛文化交流的新线索》《中国文物报》2016 年 7 月 15 日第 6 版）。

四 东南一华南沿海

（一）东南沿海

史前时期 2015～2017 年，宁波市文物考古研究所联合其他单位对大榭岛下厂村一处史前遗址进行发掘，在钱山漾文化地层发现最早的制作海盐遗迹。发掘盐灶 27 座、灰坑 5 个、陶片堆 2 处、废弃堆 18 处。由于遗迹距地表很浅，上层多有破坏，现存炉灶的结构分为两种：一种为单一型，即一灶一灶眼，共有 4 座。保存较好的一组有 2 个，以 YZ25 为例，以圆角长方形，操作间和炉灶分别呈椭圆形。通长（包括灶体外侧火烧面）2.3 米、宽 1.08 米。一种为复合型，即一灶多灶眼，共有 23 座。其中，有 4 个灶眼的一座，操作间近圆形，火口较窄，两侧砌筑石块。灶膛长椭圆形，前后有两个大灶眼，中间并列两个灶眼稍小。以 YZ22 为例，通长（包括灶体外侧火烧面）4.3 米、宽 0.4 米。7 个灶眼的数量较多，平面长椭圆形，操作间不明。灶前有一大灶眼，后面并列三排小灶眼，每排各两个。以 YZ1 为例，通长（包括灶体外侧火烧面）1.62 米、宽 1.02 米。以上炉灶均未发现明显的烟道，炉灶周边被火烧成坚硬的橘红色。遗址内发现多处废弃物堆积，包含物单一，主要为大量红、白、橙、紫色的烧土块和白色钙质结核。经检测，白色钙质结核属碳酸钙，其成因与高温下淋滤滩涂的盐泥有关。其他还有陶器和少量石器，海洋动物骨骼等。陶器分为日用和制盐两类，前者不多，有鼎、豆、罐、盆、盘等，具有典型的钱山漾文化特征。制盐陶器主要有缸、盆和支脚等。其中，缸系夹砂陶，质地粗，个体大，厚胎，素面。大敞口、斜直腹，大平底。口径 47 厘米、高 18 厘米、底径 39 厘米、壁厚 2.5 厘米、底厚 3.7 厘米。陶盆分夹植物碎屑和夹贝壳碎屑两类。质地也较粗，个体大，器表饰线绳纹。大口、弧腹、圜底。口径 36 厘米，高 28 厘米，壁厚 0.8 厘米。此外还发现一批支撑用的陶棍。顶部有道浅凹槽，槽宽 2 厘米、深 1 厘米、器高 17.5 厘米、直径 5 厘米～5.8 厘米。经 ^{14}C 检测，绝对年代为公元前 2400～公元前 2100 年。

大榭制盐遗址的发现非常重要。这批盐灶形式多样、结构较复杂，灶口大小有别，显然制盐容器也有大小之别，有的可能用来预热，有的用于熬盐，制盐工艺已很成熟，此前还应有一个起源和发展阶段。如此，东南沿海的制盐业至少可前推至良渚时期。以往在舟山群岛曾发现有陶棍等遗迹，可见大榭的制盐在当地并非孤立现象。此外，大榭岛还发现有春秋时期的制盐遗物。其中，比较完整的有陶棍，顶部有一“马鞍形”下凹。顶面直径 5 厘米、凹面深 1.2 厘米、底面直径 5 厘米～6 厘米、高 7.5 厘米（《我国古代海盐的最早实证——宁波大榭遗址考古发掘取得重要收获》，《中国文物报》2017 年 12 月 29 日）。

上述发现证实大榭岛的生业经济以制盐为主，所产之盐也绝非仅供岛上居民独享，背后应有相关的产业链和贸易活动，特别是与渔业的密切联系，将这些问题综合加以考虑，对于探索中国海盐制造的起源、发展以及浙东地区史前时期的社会复杂化和经济形态等提供了重要的研究资料。

历史时期　2013 年，浙江温州市和洞头县文物保护考古所对九亩丘遗址进行发掘，出土了包括炉灶、储卤坑、和泥坑、作坊、摊场、引水蓄水设施遗迹及各类制盐陶器等。该址的堆积分早晚两期。早期发现有盐灶、储卤坑和摊场。其中，盐灶建在山麓缓坡上，下挖出圆形或椭圆形的灶坑，直径 1.5 米～2 米、深 0.3 米～0.5 米。灶内堆积有蜃灰、陶支具、陶垫具等。储卤坑位于盐灶附近，圆口，圜底，弧壁，坑壁和坑底涂抹黏土。口径约 1.5 米，残深 0.5 米。摊场位于沙堤底部，堆积有厚度均匀、较纯净的草木灰层内，推测应为摊晒淋滤场地。在其北侧的盆地为蓄水池。出土遗物有陶支具、陶垫具、瓷片等。陶支具为圆柱形，分长短两类。短支具直径约 5 厘米，长 6 厘米～13 厘米。长支具直径 7 厘米～8 厘米，表面平整，大多残断。完整的 1 件长 23 厘米、直径 7 厘米。最长者仅残长就达 37 厘米。陶垫具为圆饼状，数量较多，手工捏制，端面有凹窝。直径 4 厘米～5 厘米、高 2 厘米～5 厘米。陶支具应为在灶膛支撑篾盘的物件，因盐灶为圜底，支具故长短不一。陶垫具系垫塞的加固器具。早期出土瓷器显示的年代为南宋早期。

晚期发现有盐灶、储卤坑、和泥坑、卤水坑，房址等遗迹。盐灶为椭圆形，外侧用大石块围砌，内径 5.5 米。灶内还有用小石块垒砌的环形矮墙，直径 3.5 米，将灶室隔为内外两部分。中心为椭圆形灶室，底部有一凹坑，坑内堆积烧土。矮墙西部为连通内外灶室的火道。储卤坑位于盐灶附近，圆形，斜壁，平底。坑壁及底部涂抹 10 厘米的黄土和 8 厘米的海泥。直径 4.2 米、底径约 2.6 米、深 0.92 米。有的储卤坑底部残存泥块。和泥坑位于盐灶南北两侧。椭圆口、圜底。长径 2.2 米，短径 1.3 米，深 0.4 米。坑内残存多层黄土备料。房址位于沙堤东侧的山麓下面。1 号房址朝西，石块砌筑墙基，居住面用黏土和卵石混合而成，门外用块石铺路。2 号房址的房基不用块石。出土遗物有陶支具、陶垫具、陶碎块及带曲面的陶器等。圆柱形陶支具形态与早期相似，长短不一，有的个体更大，未见完整器。其中部分标本，特别是大型支具的断面可见贯穿的篾孔。陶垫具分为粗细两类。曲面器均系断块，内壁多见交错的竹篾孔，直径 10 厘米左右。晚期出土有皇宋通宝、开禧通宝等钱币，年代为南宋晚至元代之际。

九亩丘早期的盐灶口径 1.5 米～2 米，灶膛为圆坑状，灶内堆积蜃灰和石块等，结合文献推测，此时的煮盐器具可能为竹篾盘，表里涂抹蜃灰，底部用支具支撑，再用垫具塞牢。晚期灶口呈椭圆形，短径即达 5.5 米，可见制盐器具的个体大大增加。我国东南沿海用篾盘煮盐的方法古已有之。东晋裴渊《广州记》记载："东官郡煮盐，织竹为釜，以牡蛎屑泥之烧用，七夕一易。"元代《熬波图》也有相关记载。九亩丘晚期盐灶发现大量带有篾孔的块状器和曲面陶器，有的篾孔相互交错。可见此时篾盘外表改用黄泥涂抹。因用量大，在盐灶两侧设有泥坑，可随时取泥修补篾盘。这种涂抹黄泥的大型篾盘传热慢，一旦起灶开煎，持续多日，也须多人合力协作，恐非一家一户所能承担。这种篾盘制盐技术一直延续至近代，《浙江省盐业志》《镇海县志》都有记载。此次发掘为了解和研究东南沿海地区古代盐场、环境及布局提供了宝贵的样本。宋元时期，温州设有五大官营盐场（《温州市盐业志》，中华书局 2007 年版）。九亩丘遗址规模不大，工艺简单，可能属于盐户的自营产业。由于揭露范围有限，很多问题还有待于廓清。这个发现填补了东南沿海制盐遗址的空白，为探索宋元时期的海盐制造提供了重要资料（《浙江省洞头县九亩丘盐业遗址发掘述要》，《南方文物》2015 年第 1 期）。

（二）华南沿海

先秦时期　朱去非曾撰文提及，20 世纪 50 年代在福建出有距今 4700 年的制盐陶器，进而猜测此时从山东至福建已开始煮制海盐（《中国海盐科技史考略》，《盐业史研究》1994 年第 3 期），但此说显然缺乏考古证据。李岩认为，华南沿海及周围诸岛的制盐可上溯至新石器晚期，并提及在广东发现过疑似制盐的遗址。其中，珠海淇澳岛东澳湾的遗迹现象就很值得关注［《广东地区盐业考古研究刍议》，《华南考古》（一），文物出版社 1994 年版］。容达贤以深圳咸头岭所出红烧土块的特殊现象，作为制盐篾盘出现的证据（《深圳历史上的盐业生产》，《深圳文博论丛》，中华书局 2003 年版）。考虑到华南传统的制盐器具也以内外涂蜃灰的“篾盘”为主，新石器晚期尚未掌握蜃灰烧制术，只能在篾盘内外涂抹泥土，但这一推测还有待于考古发现的进一步证实。鉴于以往对盐业考古了解的欠缺，确有发现制盐遗迹或遗物却不认识的情况，如珠海宝镜湾出土一批“条形陶器”，但报告中却不识此物的用途（《珠海宝镜湾——海岛型史前文化遗址发掘报告》，科学出版社 2004 年版）。早年在华南沿海也曾发现类似制盐器具，至于这些“陶棍”如何使用？还需考古工作的证实。在华南地区有两类现象值得注意，一是遗址中发现的成片烧土，如深圳咸头岭、香港涌浪等遗址所见。二是不见烧土，但却有形制特殊的炉灶，或出有“陶棍”一类遗物。相比较三峡和鲁北地区，华南除了发现制盐遗迹或器物外，也常发现生活用具，或许此时三峡和鲁北已形成规模化的制盐产业和专门的生产场地，而华南地区的制盐场所仍选择在聚落附近，规模也比较小使然。

历史时期　从 20 世纪 30 年代起，在香港的海岸沙堤就发现了古代窑炉，包括大批以海产牡蛎壳为原料烧制“蜃灰”的“壳灰窑”。有人统计，在香港大小岛屿 59 处沙丘发现的窑炉多达 108 座。这些窑炉下挖圆柱形灶坑，炉底铺设石板，炉膛砌砖。火门长条形，用石条铺设。围绕灶口一周用黏土修筑放射状条形沟槽，槽内安放陶板砖，以支撑容器，便于排烟和空气流通。在窑炉内和周围普遍发现有火候不高的圆柱状、圆角方柱状、砖状、钉状支架，出土量每每以千计。经 ^{14}C 检测，这批窑炉的年代都落在了 310～730 年；热释光样本落在距今 1200～800 年。证实其年代从南朝一直延续到了唐代。对上述窑炉的功能有不同认识。李浪林撰文认为与制盐有关，并对窑炉及煮盐用具和方法做了复原。他还根据窑炉的特征推测，当时的制盐器具是华南沿海流行的篾盘（《香港沿海沙堤与煮盐炉遗存的发现和研究》，《燕京学报》新 24 期，北京大学出版社 2008 年版）。

曾昭璇从方言及文字学角度分析了岭南古代的制盐业。如黎语的“番”即“村”，“禺”即“咸”或“盐”，“番禺”二字合文即黎语之“盐村”。汉代以后，珠海、澳门、深圳、东莞、香港等地均隶属于番禺，可见这个广阔区域很早就以产盐闻名了（《“番禺”意即“盐村”——广州古名新解》，《开放时代》1985 年第 5 期）。

五　北方边远地区

史前—先秦时期　2005 年，北京大学考古文博学院与美国加州大学洛杉矶分校、哈佛大学人类学系等机构考察了甘肃礼县盐官镇的盐井祠以及祠内保留的古盐井和土法制盐器具。至今，当地还将盐井祠后院卤水井边的空地作为摊晒场，将井中卤水泼洒在沙土上聚卤，通过淋滤提取浓卤水，用铁锅熬盐。

大约与此同时，甘肃省文物考古研究所等单位在西汉水上游开展考古调查。在盐官镇周边发现古遗址 13 处，采集遗物有仰韶文化（早、中、晚）、常山下层文化、齐家文化、刘家文化、西周文化、寺洼文化、春秋战国及汉代等不同时期，但未发现制盐遗迹。调查者认为，常山下层文化和案板三期文化角逐于西汉水上游的现象发人深思。根据西安相家巷出土“西盐令承”封泥，可知礼县盐官镇的制盐史可上溯至秦，甚至更早的西周。但能否进一步前推至史前时期？值得探讨。关中地区不产盐，此地为陇山以西的重要食盐产地。从史前到周秦，各种文化因素先后出现，很可能与当地的盐业资源有关（《西汉水上游考古调查报告》，文物出版社 2008 年版）。如果那里确为“非子居犬丘，好马及畜，善养息之”的大骆之地，盐对畜牧业的重要性更是有目共睹。

甘肃省漳县的制盐业也可上溯到秦汉。在该县盐井乡、小井沟与盐水屲等地发现多处露头的盐泉和卤水井，此地所产之盐历史上主要行销于西北甘陕各地。2014 ~ 2015 年，甘肃省文物考古研究所对漳县的古盐井、盐泉及周围的遗址展开调查，发现以盐井乡为中心的 10 千米范围内史前遗址分布密集，堆积厚，延续久。调查中采集大量仰韶晚期至齐家文化的陶片。据介绍，其中有种夹粗砂陶缸，器表饰粗绳纹，厚胎，个体较大，少见于甘青地区。特别是在有的盐井盐泉附近的遗址出土陶片带有白色盐碱，值得关注和进一步的工作。东周时期，甘宁一带的西戎文化繁盛起来，北方草原文化的扩张与西北至西南一线的盐业资源分布吻合，漳县的制盐业不仅促进了区域文化交流，也是西北戎人扩张的动力之一（《甘肃漳县古代盐业与文化的考古调查》，《南方文物》2016 年第 1 期）。

历史时期　2013 年，河北师范大学院等单位对位于康保、张北、尚县和内蒙古商都、化德五县交汇地带的西土城城址进行调查和试掘。发现在北城墙以北约 2.8 千米、南城墙以南约 1.2 千米各有一个大盐淖。根据此城的位置和规模，不排除是为州城或金界壕内的州一级堡城。值得关注的是西土城的性质。发掘者认为此城的兴建可能因淖而设、以泺置城，而且当时的盐产量还比较大。目前在城南侧盐淖周边分布有数百块盐田，其中是否保留有金元遗留，尚需进一步工作证实（《河北省康保县西土城城址考古调查简报》，《草原文物》2014 年第 1 期）。

2012 年，吉林大学等单位在大安县尹家窝堡发现一处辽金时期的制盐遗址。2014 年对 VI 号土包进行试掘，发现淋卤坑 5 个、灶址 2 个、灰坑 7 个、墓葬 1 座。淋卤坑平面凸字形，长 3.2 米，分浅坑和深坑两部分。浅坑长方形，长 2.3 米、宽 1.98 米、深 0.35 米 ~0.4 米。北壁和西壁涂抹白膏泥，近底处有一直径 0.1 米的圆洞与深坑相连，坑底高于深坑坑口。底部白膏泥之上放置圆木 6 根，其上再纵向铺设木板，圆木与木板构成的木架将浅坑空间分为上下两部分。深坑也是长方形，长 1.07 米、宽 0.67 米、深 0.23 米 ~ 0.4 米。坑口用圆木加固，坑底铺设编织席子。这类淋卤坑的结构与《天工开物》和《熬波图》中所记“灰淋”和“滷井”设施相似。根据随葬的铜人坠饰和玉石棋子可知墓葬年代为金代，晚于遗址，尹家窝堡制盐遗址的年代应不晚于金，所出遗物有陶罐、瓮、盆残件及仿定窑和定窑的白瓷片等。《金史・食货志》有“肇州盐”的记载。尹家窝堡所在地属金代的肇州，当地有产盐的历史，近现代仍保留有制作土盐的习俗，方法与辽金并无大别。这个发现填补了东北地区辽金时期制盐业的历史空白（《吉林发现东北地区首个辽金时期土盐制作遗址》，《中国文物报》2014 年 9 月 26 日第 8 版）。

就在十几年前，盐业考古在中国考古界还是个陌生词汇。随着“成都平原及周边地区古代盐业的景观考古学研究”国际合作项目的实施，特别是三峡地区制盐遗址的考古发掘，填补了中国盐业考古的空白，也创建了这一新的分支学科。

目前已出版三部《中国盐业考古》（中英文）文集，并在《南方文物》开办“盐业考古”专栏。还分别在英国、美国、德国和国内山东寿光举办了四次中国盐业考古国际学术研讨会。在法国外交部和文化部支持下，北京大学师生连续四年前往法国塞耶河谷参加制盐遗址的发掘。上述工作不仅加深了对盐业考古的理解，积累了经验，扩展了视野，并在很短的时间里缩短了与国外在这一研究领域的差距，取得丰硕的研究成果，极大扩展了中国盐业考古的国际影响。这些成就一方面是考古工作者不懈努力的结果，也与国家文物局指南针研究项目的支持以及主动积极的国际合作交流背景是分不开的。近些年来，各地不断有新的盐业考古遗址被发现，使得盐业考古已经成为中国考古学中非常富有潜力的一个重要分支学科。

第二篇

考古文物新发现

2016年度十大考古新发现

1. 宁夏青铜峡鸽子山遗址
2. 贵州贵安新区牛坡洞洞穴遗址
3. 湖北天门石家河遗址
4. 福建永春苦寨坑原始青瓷窑址
5. 陕西凤翔雍山血池秦汉祭祀遗址
6. 北京通州汉代路县故城遗址
7. 浙江慈溪上林湖后司岙唐五代秘色瓷窑址
8. 上海青浦青龙镇遗址
9. 山西河津固镇宋金瓷窑址
10. 湖南桂阳桐木岭矿冶遗址

【宁夏青铜峡鸽子山遗址】

发掘时间：2016年5~8月

工作单位：宁夏回族自治区文物考古研究所、中科院古脊椎动物与古人类研究所、青铜峡市文物管理所

鸽子山遗址位于青铜峡市西部贺兰山台地中段鸽子山盆地周边。在2013年的考古调查中，共计发现15个地点。2014年、2015年已经对鸽子山遗址连续进行了两年的考古工作。

2016年，宁夏文物考古研究所和中科院古脊椎动物与古人类研究对该遗址的第10地点东部的核心区域开展了第三个年度的考古发掘。发掘面积200平方米。发掘过程采用数字化的方法，对文化层所有出土以5厘米为单位水洗，对含炭屑与灰堆的堆积进行浮选；浮选及水洗筛子孔径最小为2毫米。共记录5822件石制品。181件动物化石及牙齿，采集炭样189个，采集浮选土样超过2000升。

几件直径不足2毫米的串珠成为此次发掘的一个重要收获，其制作工艺、使用方式及其反映的古人类技能和认知能力仍需进一步研究。水筛收集的超过500份样品仍在挑选分类整理中；发掘时还在不同层位采集木炭标本，希望能建立高分辨率的时代框架，为该地域的文化研究提供坚实的背景。超过20处用火遗迹及炭屑密集区被揭露，大量的烧石散落于发掘区内，部分遗迹显然为结构性火塘，围绕这些火塘散落大量烧骨，包括完整脊椎骨、动物下颌等，呈现了古人类生动的活动场景。发掘区第4层揭露数个直径10厘米~20厘米、深度5厘米~20厘米不等、平面近圆形的遗迹，在约20平方米范围内呈带状分布，根据民族学资料推测其很可能是一种类似“风篱”的临时建筑遗迹。

鸽子山遗址的发掘是在中国西北地区首次发现的旧石器时代末期向新石器时代过渡阶段的遗址。我国同类型地貌单元的文化遗物都是地表采集，缺少明确的时空框架。鸽子山遗址的发掘，第一次在西北沙漠边缘地区发现了距今1.2万~1万年，即晚更新世末期至全新世早中期的原生文化层位。

在鸽子山遗址发现了原地埋藏的磨盘，磨棒和典型的两面器与尖状器，明确了该地区这类遗物的时代属性，同时也反映出人类为适应寒冷环境而在生产工具上的转变。数件直径不超过2毫米的鸵鸟蛋皮装饰品是迄今同时代发现最小的同类型遗物，革新了我们对万年前人类认知水平和复杂技术能力的认识。

发现数个结构性火塘和临时建筑遗迹，这是我国旧石器时代遗址中首次发现的建筑遗迹。与同期北美古印第安人用于加工食物、具有多层结构的火塘十分相似，表明鸽子山先民对火和热能具有了娴熟的控制利用能力。不仅反映了古人类生存模式和气候环境背景，其空间分布信息也为探寻古人类用火和居住空间的利用提供了重要信息。

浮选发现的植物种子以及石磨盘上残留的淀粉粒，对于研究晚更新世末期古人类对植物资源的强化利用，乃至西北地区的农业起源都有重要意义。

遗址第四文化层处于更新世末期的一个极冷事件——新仙女木期，对于研究人类在这一特殊地理单元对环境极端事件的适应和文化演化特征具有很高学术价值。

（郭家龙　彭　菲　王惠民）

【贵州贵安新区牛坡洞洞穴遗址】

发掘时间：2016年8~11月

工作单位：中国社会科学院考古研究所、贵州省文物考古研究所、贵安新区社会事务管理局

牛坡洞遗址位于贵安新区马场镇（原属平坝县）平寨村，东北距贵阳市约40千米。2016年8~11月，中国社会科学院考古研究所、贵州省文物考古研究所、贵安新区社会事务管理局联合对遗址进行第5个季度的发掘。

牛坡为一东西走向的石灰岩孤山，东西长约1千米，南北宽不足0.5千米，山顶比较平坦，植被稀疏。遗址由A洞、B洞和C洞三个地点组成。经过持续的调查和发掘，明晰了遗址三个地点的堆积状况和文化面貌。其中以A洞文化堆积最为丰厚，也最具代表性，洞口处堆积厚约6.7米，自上而下，可划分29个文化层，时代约从旧石器时代晚期一直延续到春秋战国时期。

遗址的文化内涵十分丰富，目前已发现灰坑7个、用火遗迹10余处、墓葬7座、活动面两处等。发现了大量地层关系明确的文化遗物，包括石器、骨器、陶片等生活用具、生产工具以及大量与加工打制石器有关的石制品。其中，各类型打制石制品近10万件，骨器约100件，陶片100余片。另外，还发现了大量水、陆生动物遗骸和炭化果核等植物遗存。

根据地层叠压关系及出土遗物变化情况，自下而上可划分为五个文化时期。第一期以体形硕大的石灰岩质打制石制品为主，包括砍砸器、石锤、石核等。推测其应属于旧石器时代晚期，年代可能距今15000年左右。

第二期发现墓葬六座。其中，M1位于A洞，保存状况最好，为蹲踞葬。本期文化遗物，除少量砾石打制石器、石锤和砺石外，以各种细小打制石制品为大宗，主要是与加工细小打制石器有关的石料、断块、石核、石片、碎屑等，以及成形细小打制石器，也有典型细石核、细石叶等。石料以燧石为主。磨制骨器有骨铲、骨锥等。动物遗存主要是鹿科动物，还有熊、猪、水牛、虎等。植物遗存主要有朴树籽，

其次是葡萄和猕猴桃。绝对年代在距今10200～8700年。

第三期发现有活动面和墓葬等。活动面两处，均位于A洞，主要是由大量小型石灰岩角砾铺成，活动面上分布较多文化遗物，有小型磨制石斧、石锤、砺石以及打制石制品等，另有少量螺壳和兽骨。墓葬一座（2016GPNBM5），位于B洞左侧，为仰身屈肢葬。本期新出现磨制石器，但数量较少，主要为石斧。砾石打制石器、石锤和砺石数量较少。其他石器仍以各种细小打制石制品为大宗，成形打制石器有尖状器、刮削器。另有少量细石核、细石叶等。动物遗存主要是鹿科动物。年代在距今8000～5500年。

第四期打制石制品数量急剧下降，陶器开始出现，均为残片。以夹砂陶为主，灰陶居多，土黄陶次之，灰黑陶和红褐陶最少。陶器均为手制，火候较高。纹饰以绳纹为主，还有少量戳印纹、圆圈纹、凹弦纹、水波纹和弧线纹等。可辨器形有高领罐、侈口罐、卷沿罐和敛口钵等。第四期文化遗存与第三期有明显差异，且发现工艺制作水平较高的陶器，两者间应存在较大缺环，年代在距今5000～3000年。

第五期遗物较少，出现方格纹陶器，数量极少，均为残片，仅见夹砂灰陶罐一种器形。本期还有少量打制石制品。第五期文化遗存与第四期相比，明显的区别是开始出现制作技术水平相当高的方格纹陶器。年代可能已经进入春秋战国时期。

牛坡洞遗址的发掘和研究，首次在黔中地区建立了从旧石器时代晚期到春秋战国时期的标尺性的年代序列，为进一步推动该地区的新石器时代考古学研究提供了重要资料。遗址中发现的完整墓葬，填补了贵州地区史前洞穴遗址中不见墓葬的空白，为研究该地区史前人类体质提供了重要线索。首次在贵州区域内的以细小打制石制品为主要内涵的新石器时代遗址中识别出细石器制品，为探索我国西南地区细石器工艺的出现与分布，讨论贵州史前人类的生存模式提供新的研究方向。遗址中出土的陶器，特别是复原出的完整陶器，为认识本地区文化面貌，以及与周边不同区域之间的文化交流提供了重要信息。牛坡洞遗址的发掘与研究，对于认识贵州地区史前文化特征和内涵，构建该地区史前文化，特别是洞穴遗址考古学文化的基本框架和序列，确立贵州在中国史前文化中的地位，探讨整个黔中地区的洞穴遗址、贵州史前史、云贵高原地区的旧新石器时代过渡、史前人类行为模式、人类体质、古代环境及其变迁和人与环境间的互动关系，都有十分重要的意义。

（付永旭）

【湖北天门石家河遗址】

发掘时间：2016年2月～2017年1月

工作单位：湖北省文物考古研究所、北京大学文博学院、天门市博物馆

遗址位于天门市石家河镇北。2016年对石家河核心区域3平方千米进行了系统勘探，对印信台、谭家岭城垣北部、石家河城垣三房湾段缺口在2015年发掘的基础上进行了补充发掘，另于三房湾东台、严家山开展了新的发掘。

勘探显示，石家河遗址核心区域存在多重人工堆筑的大型城壕遗迹。（1）新发现的谭家岭古城位于石家河遗址的中心，平面大体呈圆角方形，城垣东西长440米、南北宽390米，城垣内总面积17万平方米，加之城壕总面积则达26万平方米。城垣用较为纯净的黄土堆筑，底宽15米～18米，残高在0.8米～2米，但东城垣与北城垣东段破坏比较严重。城壕紧贴城垣，北城壕宽20米～30米，东城壕与西城壕宽30米～70米，南城壕则直接利用宽度超过120米的东西向自然河道。城垣普遍高出城壕底部4米～5米。（2）进一步明

确了石家河古城城壕的整体结构，确认该低地的城垣呈弧形通过蓄树岭南部的基本走向，但与东城垣（黄金岭）之间存在一段宽约75米的缺口。同时，这里的城壕并非紧贴城垣，而是呈东西向通过昌门湾东部与肖家屋脊北部，城壕宽约55米。（3）新确认石家河古城外西、北部存在两条人工堆筑的黄土墙体堆积。内侧的一条墙体堆积位于石家河古城外西北角的黄家山—严家山，呈半弧形，长约650米，宽约55米，厚3米~4米，高出两侧壕沟约7米。外侧的一条墙体堆积分为两段：石家河古城外西北部的一段位于鲁台寺—扁担山—三星台，呈半弧形，长约980米，宽30米~70米，最厚的鲁台寺近5米；石家河古城外东北部的一段位于京山坡—毛家岭，京山坡的墙体堆积大致呈东西向，长约586米，宽约10米~37米，厚1.7米~2.2米。毛家岭的墙体堆积大致呈西北—东南向，长约150米，宽5米~40米，厚约2.7米。京山坡墙体与毛家岭墙体之间隔一条古河道。

发掘方面，为完整揭示重点遗址的布局结构、性质及年代，开展如下工作：（1）为进一步确认谭家岭古城城垣及城壕的堆积状况与形成年代，在2015年北城垣解剖区的东部和南部扩展发掘了75平方米。进一步确认了谭家岭古城形成不晚于屈家岭文化早期，结合屈家岭文化早期遗迹打破城垣以及谭家岭台地上发现的大量油子岭文化晚期遗存的实际，推测城垣的始建年代为油子岭文化晚期，而通过城壕内最上层的堆积来看，废弃于屈家岭文化晚期。（2）为进一步了解台基2的布局与结构，在其东部和南部补充发掘275平方米，新增瓮棺29个、灰坑4个、套缸遗迹4组（套缸7~10）。台基2东西长35米，南北宽12米，高1.1米，周围的瓮棺多相对集中分布，与台基3之间的缸片堆积最为密集。（3）为明确石家河古城南城垣西段缺口的性质，在2015年工作的基础上补充发掘500平方米。确认该城垣缺口至少在石家河文化早期已存在，是人为设置的进出石家河古城的通道，但在石家河文化晚期废弃。同时也进一步证明石家河古城的始建年代不早于屈家岭文化早期。（4）为明确三房湾遗址的性质，选择东台地发掘250平方米。出土数以千计的厚胎红陶杯残件，发现的遗迹多属与制陶有关的窑、黄土坑等，初步判断这里是一处石家河文化晚期至后石家河文化时期以烧制红陶杯为主的专业窑场。（5）为了解石家河古城外墙体堆积的年代与结构，选择严家山南端东侧发掘125平方米。遗迹主要有后石家河文化时期的瓮棺20座、石块堆积1处，石家河文化晚期的石块堆积1处。其中，2座瓮棺中出土共计30余件玉器废料；2处石块堆积分别开口在第2层和第5层下，大致呈南北向条状分布，石块属极易破碎的灰白色白云岩，部分石块可见敲打、磨平、钻孔等痕迹，同出的遗物有小石刀、箭镞等。推测这里是一处石家河文化晚期至后石家河文化时期制作石器的小型加工场所，而墙体的年代不晚于石家河文化晚期。

（向其芳　刘　辉）

【福建永春苦寨坑原始青瓷窑址】

发掘时间：2016年11~12月

工作单位：福建博物院、泉州市博物馆、永春县博物馆

永春苦寨坑原始青瓷窑址位于泉州市永春县介福乡紫美村西南面当地人称“苦寨坑”的一座山坡上，与德化三班镇接壤，海拔约674米。窑址分布范围约1500平方米，于2015年12月发现，2016年1月进行试掘，确定内涵后，经国家文物局批准，2016年11~12月，福建博物院联合泉州市博物馆、永春县博物馆再次对其进行考古发掘，发掘总面积约350平方米。

一　地层与年代分期

整个发掘区地层可分 8 层，山坡下部地层堆积较厚，近山顶处较薄。共发现 9 条龙窑遗迹，均依山而建，沿着山坡向上掏挖洞穴而成，分布密集，上部窑炉叠压打破下部窑炉，因此，早期窑炉被晚期破坏，为保存晚期窑炉，部分早期遗迹未全部清理出来，仅局部进行解剖。其中 3 层下有 Y5、Y6、Y7，4 层下有 Y8，5 层下有 Y4，6 层下有 Y3，7 层下有 Y2、Y9，8 层下有 Y1。

发掘结束后，共采集 6 件炭标本送北京大学加速器质谱实验室进行年代测定，为公元前 14 世纪末至公元前 18 世纪中期，即相当于中原商代中期至夏代中期。所测年代序列基本与窑炉叠压打破关系相符。根据窑炉遗迹开口层位以及叠压打破关系，将 9 条窑炉遗迹分成两期：

第一期　Y1、Y2、Y9、Y3、Y4

年代为公元前 16 世纪晚期至公元前 18 世纪中期，相当于中原商代初期至夏代中期。这一时期窑炉较短，一般长约 3 米，宽约 1 米。第一期产品印纹硬陶占比约 70%，印纹硬陶占比约 20%，窑具（垫饼）占比约 10%。器形以罐、尊、钵、壶等为主。原始青瓷釉层较薄，多器表施釉，内壁无釉。

第二期　Y8、Y5、Y6、Y7

年代为公元前 14 世纪晚期至公元前 16 世纪末期。相当于中原商代中期至商代早期。与第一期窑炉相比，这一时期窑炉变长、宽，一般长度在 3 米以上，最长的 Y7 达 4 米多，宽度 1 米 ~ 1.3 米。产品与第一期相比，原始青瓷占比上升，达 30%，印纹硬陶占比则下降，占比约 55%，窑具（垫饼）占比约 15%。器形仍以罐、尊、钵、壶等为主。原始青瓷器除器表施釉外，部分内壁、圈足内亦施釉。

二　产品工艺、流通与科技分析

原始青瓷的装饰技法、纹饰与印纹陶相同，采用刻划、拍印、戳印、堆贴、镂空等手法，纹饰有弦纹、菱格纹、方格纹、直条纹、圆圈纹、篦齿纹、凸棱纹等。大部分器物外壁均有纹饰，腹部以拍印方格纹、菱纹、直条纹为主，肩部戳印圆圈纹、锥刺纹，并间以弦纹、篦齿纹等。大部分垫饼亦拍印有直条纹，少量方格纹和菱格纹。窑址里出土的大部分陶瓷器以及垫饼残片均被人工有意识地打击过，因此发现大量刃部较为锋利的陶瓷片，很多陶瓷片上还可见打击痕迹。

器物成形工艺，原始青瓷和陶器均采用泥条拼接，大型器物内壁可见密集的凹窝，部分圈足、口沿位置采用慢轮修整。

装烧工艺，从部分器物的肩部、口沿出现叠烧以及与垫饼粘连的痕迹分析，应该有部分器物采用叠烧工艺，有的还用垫饼作为器物之间的间隔具。大部分器物采用单件烧造。

在同属晋江流域的泉州丰泽区、南安市、永春县、安溪县等许多遗址中均发现与苦寨坑窑址产品相同的印纹陶及原始青瓷器标本，晋江流域应该是苦寨坑窑址产品的主要流通与消费地。此外，在闽江下游的平潭壳丘头遗址、莆田仑仔山遗址、漳州九龙江下游虎林山遗址中也发现部分与苦寨坑窑址相同的原始青瓷或印纹陶，因此，苦寨坑窑址的产品有可能向北流播到闽江流域，向南影响到九龙江流域。

经中科院上海硅酸盐研究所测试，原始青瓷烧成温度为 1000℃左右。原始瓷吸水率为 10%、11%，印纹陶为 19.5%。

此外，还对苦寨坑窑址产品的胎质以及周边瓷土原料化学成分测试比较，认为产品原料就是本地埋藏浅、易开采的瓷土。同时通过实验考古的方法，用苦寨坑窑址附近的瓷土，通过传统水洗原料，最后烧成瓷器，证明苦寨坑瓷土因富含伊利石矿物，具有良好的可塑性、成型性能，并具有低温独立成瓷的特性，可用单一原料制作陶瓷。

三 价值与意义

（1）苦寨坑窑址是我国目前已知烧造最早原始青瓷的窑址，与浙江地区夏商时期的原始青瓷窑址相比，两者无论是窑业技术，还是产品，均有较大差别，应属两个窑业技术系统。在二期窑址产品中，均有印纹硬陶与原始青瓷并存的现象，因此，苦寨坑窑址对探讨我国原始青瓷与印纹硬陶的关系以及瓷器起源问题有着重要意义。

（2）苦寨坑窑址窑炉遗迹保存较好，出现火膛、窑室、出烟室结构，已是典型的龙窑形态。并且在第一期窑业生产中就出现窑具，已使用垫饼作为间隔具，这些对研究我国龙窑起源以及夏商时期的窑业技术有着重要意义。

（3）在苦寨坑窑址周边区域调查、勘探过程中，约2平方千米范围内已发现10余处规模较大的夏商时期的窑址群和聚落遗址，填补了福建夏商时期陶瓷手工业遗存的空白。

（4）苦寨坑窑址群的发现，为福建晋江流域、沿海地区等遗址中发现的大量原始青瓷和印纹陶确立了产地和年代，为福建地区青铜时期的文化编年提供了可靠的材料。

【陕西凤翔雍山血池秦汉祭祀遗址】

发掘时间：2016年4～12月

工作单位：陕西省考古研究院、中国国家博物馆、凤翔县文化旅游局、宝鸡市考古研究所

雍山血池秦汉祭祀遗址位于凤翔县柳林镇半坡铺血池村以东至沟南村之间的山梁与山前台地上，东南距秦雍城大遗址12千米，这里沟壑纵横，植被丰茂，整个遗址面积达470万平方米。

近年来，随着秦雍城遗址考古工作的不断拓展，遂将在其郊外探寻秦汉时期“雍畤”列入重要的考古工作课题，通过大量的田野调查和发掘，逐步发现和确认出一批重要遗迹，如封土坛、壝、坛场与三垓、建筑遗址、道路、马牛羊祭祀坑，以及出土1900余件（组）诸如玉人、玉璜、玉琮、小型偶车马、车马器等专门用于祭祀文物。这些文物虽小，不是实用器，但制作精细。此外还发掘出土一批西汉时期的建筑材料，如板瓦和瓦当等。

根据此次考古发掘出土信息，结合遗址所处的地理位置与环境、古今地名沿革等线索，以及《史记·封禅书》《汉书·郊祀志》等文献的记载，初步判断该遗址就是西汉初期汉高祖刘邦在雍地设立国家最高等级用于专门祭祀天地及黑帝的固定场所——北畤。

尽管古代文献中记载很多，除几年前仅在甘肃礼县栾亭山发现山顶祭坛和祭祀坑外，一直没有发现有关畤的完整遗迹。而据文献所述，畤应是对一处祭地的综合称谓，其组成部分必须符合其选址在“高山之下，小山之上”这一地貌特征、有“封土为坛，除地为场”和有“为坛三垓，神道八通”标志特征的“坛”和“场”，以及能够提供皇帝亲往主祭的“斋宫”、祠官的常驻管理与祭具存放场所的建筑群落配套设施和大量的祭祀坑等。雍山血池遗址均具备这些要素，因此这一发现系畤遗存完整功能结构的首次发现。

“国之大事，在祀与戎”，中国古代通过祭天活动以达到“与天滋润，强国富民”之祈福。雍地具有悠久的祭祀传统，而秦汉时期在这里创制的畤祭则对中国古代祭祀制度的形成与发展具有承前启后的作用。据《史记·封禅书》记载，雍地的祭祀传统可以追溯到黄帝时期，一直到西周晚期在此还有郊祭活动举行。春秋战国时期，秦先后在雍地建立了包括鄜畤、密畤、吴阳上畤、吴阳下畤的雍四畤祭祀系统，使雍地不但成为当时的政治、经济、军事中心，而且成为国家最高等级的祭祀

"圣都"。汉承秦制，西汉早期汉高祖刘邦在继承秦人雍四畤基础上增设北畤，即形成完整的雍五畤祭祀五帝系统，以郊祀雍畤作为王朝最高祭礼。汉帝先后十八次郊雍，场面非常隆盛和壮观。

雍畤的发现，为在文献背景下以考古遗存研究中国古代的王朝祭祀礼仪文化，则提供了直观材料。雍畤作为秦汉时期的国家最高等级祭祀典礼的文化遗存，从发掘、保护与展示利用方面看，今后持续开展对雍畤文化遗存的进一步细致考古工作则至关重要。

（田亚岐）

【北京通州汉代路县故城遗址】

发掘时间：2016 年

工作单位：北京市文物研究所

为配合北京城市副中心的建设，在 2015 年前期考古工作的基础上，2016 年，北京市文物研究所组织千余名考古人员，重点在通州区潞城镇的胡各庄村、后北营村、古城村等地开展了考古调查、勘探和发掘。至 2016 年 12 月，北京市文物研究所勘探了 122 万平方米，发掘了 4 万多平方米，确定了汉代路县故城城址，并且在城址周边发掘了 1146 座古代墓葬。

路县故城城址位于通州区潞城镇的古城村，西北为京秦铁路，东临胡各庄村，北有运潮减河流过，南以玉带河大街为界。通过考古勘探和发掘，确定了城址的位置、范围、形制、结构等基本情况。埋藏于地下的城墙保存较好，其中，北墙长 606 米，东墙长 589 米，南墙长 575 米，西墙长 555 米。城址的平面为近似方形，总面积约 35 万平方米。这种规模符合黄河中下游地区汉代县城的规制。城墙的残存高度 2.5 米，墙体下宽上窄，墙基宽 18 米，顶部残存的宽度 13 米～15 米。墙体内侧的坡度为 11°，外侧的坡度为 27°。城墙的夯层清晰，厚 0.1 米～0.2 米。

为了进一步明确城址的年代和城内的布局，在城内的北部开设了三条东西走向、贯穿全城的探沟，在探沟的中间位置，发现了南北走向的道路遗存。在此基础上，选择了一处地点进行发掘，清理出汉代道路。路面东西宽 5.5 米，路土保存状况较好，厚度 0.5 米；路的西侧有一条排水沟，宽 1.2 米。在汉代道路遗迹之上，还叠压有辽金时期和明清时期的道路各一条。根据城市考古的经验和理论，我们认为这条汉代道路是城址内的主干道和中轴线。

在城墙外 25 米～30 米处探明了城壕遗址，其走向与相对应的城墙大体一致，宽度约 30 米。在南城墙外的东部进行了考古发掘，清理出城壕、沟渠、道路、灶址、灰坑、瓮棺等。南城壕开口的宽度约 25 米，底部的宽度为 13 米～14 米，残存的深度 0.6 米～2.3 米。在南城壕的外侧发现一处大面积的汉代遗址区，已探明的区域约 15 万平方米，清理出了汉代的道路、灰坑、灶址、活动面等。

在城址的发掘中，出土了一定数量的典型的汉代器物，其中以陶器为主，此外还有铜器、铁器、石器、骨器等。完整或可复原的器物主要有陶豆、釜、盆、纺轮、小陶瓶、小陶盏、小陶饼、瓦当、铜镞、铜刷、磨石、骨锥等。

综合考古勘探、发掘及出土器物，可以确定该城址的始建年代不早于战国晚期，不晚于西汉中期。再结合《汉书》《后汉书》《水经注》等文献的记载，以及以前诸多学者的考证，可以确定这座城址就是两汉时期渔阳郡下属的路（潞）县的治所，即路（潞）城。西汉称"路"，取其路路相通之意；王莽改制，直接称为"通路亭"；东汉因潞水，改作"潞"，取其水陆要通之意。此外，对于该城址的确认，还有一个新发现的证据。在城址外南 860 米处，清理了唐代幽州潞县丞艾演墓。据出土的墓志记载，墓主人艾演葬于"潞县甄升乡，古潞城南一里平原”。“古潞城”指的就是这座汉代城址，“南一里”表明了墓葬与城址的位置关系。可见该城在唐代人的记忆中还是比较清楚的。墓志中“潞县”和“古潞城”分开来记，这与《新唐书》《旧唐书》《太平寰宇记》当中的记载是一致的，表明了汉唐时期城址功能、使用的变化。

以路县故城城址为中心，在以两公里为半径的范围内，发掘了1146座各个时期的墓葬。其中，战国—汉魏时期的墓葬数量最多，共计864座，这与该城址在两汉时期作为路（潞）县治所的功能、使用和地位是相符的。

战国—汉魏时期的墓葬类型最为丰富，包括土坑墓、砖室墓、瓮棺葬、瓦室墓等。胡各庄村集中发现了62座瓮棺葬，这是迄今为止北京地区规模最大的瓮棺葬发掘。特别是成人瓮棺，系首次发现，从地层和瓮棺葬具来判断为汉代。砖室墓的数量众多，形制多样，可分为单室、双室、多室墓等，最多的墓室达8个。砖室墓以单墓道为主，仅有少数墓葬无墓道或为双墓道。墓葬以南北方向居多。砖室墓中出土的随葬品较为丰富，陶器主要有鼎、壶、罐、盆、碗、盘、案、奁、耳杯、灶、灯、炉、磨、仓、井、楼、动物和人物俑等；铜器主要有镜、戈、刀、带钩、印章、钱币等。骨器中有一套算筹，可分为长、短两种，每根筹棍两端齐正，粗细大致均匀，是北京地区考古中首次出土的算筹实物。

此次考古发掘，从考古学上确认了两汉时期路（潞）县县城，该城址是通州区最早的古城。城址周围的墓葬，数量多，延续时间长，形制齐全，器物丰富，对墓葬考古学序列的构建具有重要价值。北京地区现有十余座汉代城址，路县故城是第一处对城址和墓葬区进行整体发掘的汉代遗址，这对具体而系统地研究汉代县域的政治、经济和文化等具有重要价值。路县故城始建于西汉初年，是中原到东北地区大通道上的重要据点，该城址的发掘，有助于进一步了解和认识汉代中原与边疆地区的文化交流。县是中央集权封建政体中的基层政府机构，路县故城遗址的发掘，有助于全面了解和认识秦汉时期郡县制的运行。

路县故城遗址的考古发掘，得到了专家们的认可和指导，并引起了各级文物主管部门与北京市政府的重视。2017年1月9日，北京市政府召开专题会并正式批示，古城城址整体原址保护，建遗址公园，并配套建立博物馆和考古工作站。路县故城城址的原址保护，是2016年北京通州考古中最大的文物保护，也是最成功的文物保护，在北京大遗址保护中也是史无前例的，这对北京考古工作的进一步发展、北京大遗址保护的未来，都具有十分重要的战略价值和意义。

（白　岩　孙　勐）

【浙江慈溪上林湖后司岙唐五代秘色瓷窑址】

发掘时间：2015年10月～2017年1月

工作单位：浙江省文物考古研究所、慈溪市文物管理委员会

为了配合“海上丝绸之路”世界文化遗产的申报工作、探索秘色瓷的产地和唐五代时期宫廷用瓷的来源与生产管理状况，同时为窑址群的下一步保护与展示规划编制提供依据，经国家文物局批准，浙江省文物考古研究所、溪市文物管理委员会办公室于2015年10月～2017年1月对后司岙窑址进行了考古发掘工作。这也是国家文物局批准实施《上林湖越窑遗址2014—2018年考古工作计划》的重要一环。

后司岙窑址位于浙江省慈溪市桥头镇上林湖中部的西岸边，编号为Y66，是上林湖越窑遗址中最核心窑址。发掘过程严

格按照新版田野考古工作规程进行。发掘面积近1100平方米。揭露包括龙窑炉、房址、贮泥池、釉料缸等在内的丰富作坊遗迹，清理了厚达5米多的废品堆积，出土包括秘色瓷在内的大量晚唐五代时期越窑青瓷精品。

此次发掘无论是在考古学方法上还是窑场自身，均取得了丰硕的成果。

一　考古学方法的探索与创新

在考古学方法上，此次发掘过程中进行了许多新的尝试，并取得了理想的成果。

第一是整个窑场，包括废品堆积区，均以遗迹的方式进行清理。每一文化层发掘过程中仅剔除泥土，留下所有的窑具、窑炉砖块以及各种青瓷产品，再进行三维扫描，制作三维立体图等，重要的标本在三维立体图上进行定位编号，使每一件编号器物都有清晰的三维坐标。

第二是以九宫格方法进行标本的清理与采集。由于越窑遗址的堆积比较厚，堆积疏松，这一类型的窑址发掘一般以10米×10米的规格进行。但如此大的探方会遗失一些遗物分布的重要信息，因此我们在10米×10米探方的基础上，以九宫格法将整个探方划分成九格，每一小格独立采集标本。

第三是所有的标本均用统计与采集的方法。窑场的废品数量非常庞大，怎么采集与处理这些海量的标本，一直是瓷窑址考古中的难题。此次发掘以九宫格法分多个层级全部采集。

第四是发掘过程三维化全记录和古代窑场废弃过程的三维化重建。此次发掘过程中，大量使用包括地面激光扫描、低空无人遥感、近景摄影测量等多种现代科技手段进行全方位三维记录。全面记录每一层的发掘过程，并依此重建窑场形成过程的三维模型。

第五是田野考古工地数字化管理平台的使用。为实现田野考古资料与信息记录的规范化、科学化与高效化，我们与北京博科鸿图公司展开合作，针对瓷窑址考古的特征，开发专门的记录系统，有效提高田野考古信息采集技术水平和工作效率，促进考古工地管理的规范化。

二　后司岙窑址的发掘收获

此次发掘基本厘清了以后司岙窑址为代表的晚唐五代时期秘色瓷的基本面貌与生产工艺、唐宋时期高等级窑场基本格局、唐代法门寺地宫与五代吴越国钱氏家族墓出土秘色瓷的产地问题。

目前发掘的后司岙窑址部分，西侧主体堆积主体是唐五代时期，堆积中分别发现了带有“大中”“咸通”与“中和”年款窑具的地层。据此可以确定至少在“大中”年间前后开始生产秘色瓷，在“咸通”年间前后秘色瓷占相当比例，在“中和”年间前后则达到了兴盛，这一过程一直持续到五代中期左右，在五代中期以后质量有所下降。

秘色瓷的产品种类相当丰富，以碗、盘、钵、盏、盒等为主，亦有执壶、瓶、罐、碟、炉、盂、枕、扁壶、八棱净瓶、圆腹净瓶、盏托等，每一种器物又有多种不同的造型，如碗有花口高圈足碗、玉璧底碗、玉环底碗等，盘有花口平底盘、花口高圈足盘等。胎质细腻纯净，基本不见普通青瓷上的铁锈点等杂质；釉色呈天青色，施釉均匀，釉面莹润肥厚，达到了如冰似玉的效果。基本为素面，以造型与釉色取胜。许多器物为首次出土。

从装烧工艺上看，秘色瓷的出现与瓷质匣钵的使用密切相关。瓷质匣钵的胎与瓷器基本一致，极细腻坚致，匣钵之间使用釉封口，以使在烧成冷却过程中形成强还原气氛。这种瓷质匣钵在至少“大中”年间前后开始出现，但普通的粗质匣钵仍旧在大量使用，此后比例不断提高，到了“咸通”年间前后瓷质匣钵已占相当的比例，而“中和”年间前后成为主流，这一过程一直持续到五代中期。五代晚期，匣钵的颗粒开始变粗，密封性下降。因此瓷质匣钵及由此带来的秘色瓷生产，当是以后司岙为代表的上林湖地区窑场的重大发明。

瓷质匣钵上常见有刻划文字，以姓氏为主，亦有纪年、器物的自命名、吉祥语、“官”字款等。

在窑场格局上，以窑炉为中心进行布局。窑炉为依山而建的南方传统龙窑，基本为正南北向，保存较好，保留了包括窑门、窑尾排烟室、多个窑门、窑炉两侧的多道挡墙等在内的较完整结构。窑炉使用砖坯砌筑，而外围的挡墙则用废弃的匣钵叠砌。窑炉西边是丰厚的废品堆积，是主要倾倒窑业垃圾处，废品与窑炉之间使用多道匣钵挡墙隔开。东边主要是作坊遗址，包括两座房址、多个釉料缸、贮泥池等。它与普通窑场以窑炉为中心、两侧均堆积废品的布局有明显区别。

后司岙窑址出土的秘色瓷产品，与唐代法门寺地宫中以及五代吴越国钱氏家族墓中出土的秘色瓷不仅在器形、胎釉特征上十分接近，而且装烧方法亦几乎完全相同，其中八棱净瓶目前仅见于后司岙窑址中。

同时，在后司岙窑址发现多个“官”字款的匣钵。1971 年，在窑址北边的吴家溪一带出土有光化三年墓志罐一件，内有“殡于当保贡窑之北山”等内容。与本窑址位置暗合。据此，后司岙窑址是晚唐五代时期烧造宫廷用瓷的主要窑场，代表了这一时期的最高制瓷水平，其开创的以天青色为特征的秘色瓷产品，不仅是制瓷史上的一大飞跃，同时成了此后高等级青瓷的代名词，影响到后代包括汝窑、南宋官窑、龙泉窑、高丽青瓷等一大批名窑生产与整个社会的审美取向。

（郑建明）

【上海青浦青龙镇遗址】

发掘时间：2010～2016 年

工作单位：青龙镇遗址考古队

青龙镇遗址位于上海市青浦区白鹤镇，据古吴淞江的出海口，文献记载是唐宋时期重要的对外贸易港口。后因吴淞江变迁，港口功能逐渐丧失，至今遗址仅保留了青龙塔等少量遗迹依稀可以追溯旧时风貌。为了了解青龙镇遗址的文化内涵、市镇布局，2010～2016 年上海博物馆考古研究部对该遗址进行了长期的考古勘探和发掘工作，历年共发掘 4000 余平方米，发现了佛塔塔基、建筑基址、铸造作坊、墓葬、水井等重要遗迹，出土了大量的瓷器、建筑构件等遗物，考古取得了丰硕的成果。

一　以聚落考古方法为指导，基本明确了青龙镇市镇布局特征

以往历史时期考古工作重点大都集中于重要城市，而较少关注市镇一级的基层组织单位。鉴于青龙镇在上海城市史和海上贸易史的重要地位，上海博物馆把青龙镇遗址考古纳入了上海地区考古重点项目中。为了适应大遗址考古的需要，根据文献记载与实地勘查，上海博物馆建立了青龙镇遗址的地理信息系统，并将遗址划分为 150 个大区进行网格化管理。考古工作以聚落考古方法为指导，采用大面积钻探和重点发掘相结合的方法，旨在逐步厘清青龙镇关键建筑设施的位置与布局。

2010 年以来，上海博物馆对遗址进行了多次大面积考古勘探工作，勘探涉及范围约 25 平方千米，实际勘探面积约 140 万平方米。通过勘探基本摸清了青龙镇遗址的范围与地层堆积情况。青龙镇遗址主要沿着吴淞江支流——通波塘两岸分布，南北长约 3 千米，东西最宽处 1 千米，窄处仅有 400 米，距河道越近，文化层堆积越丰富，总面积约 2 平方千米。遗址沿河分布的特征，体现了江南水乡市镇布局的特点。勘探显示，宋代青龙镇的范围比唐代

更大，这与文献中青龙镇形成于唐代、鼎盛在宋代的记载相符。

在考古勘探的基础上，上海博物馆对青龙镇遗址进行了考古发掘，共发现了建筑基址 8 处、灰坑 144 个、灰沟 28 条、墓葬 4 座、水井 69 口、炉灶 7 个、铸造作坊 1 处、佛塔遗迹 1 处。建筑基址多为砖砌房屋，主要有唐代和宋代两个时期。F6 为宋代房址，残留部分房基隔墙和挡墙，房址平面呈长方形，坐东朝西，面阔四间，长 14 米，进深一间，宽 4.6 米。房基外有一周回廊，西侧回廊还残存 4 块磉皮石。水井以砖砌为主。J21 直径 0.7 米、深 4.5 米，井壁用小青砖错缝竖砌，对接处用榫卯套合。井内出土有唐代鹦鹉衔枝绶带铜镜、铁釜、铁提梁鼎、铁钩、银簪、青釉罐、木雕饰件等遗物。铸造作坊平面呈带状分布，南北长约 14 米、东西宽约 3 米，4 个火炉呈南北直线排列，火炉周围则堆积着大量的陶范、红烧土块、耐火砖、炉渣、灰烬等。根据采集的部分铁渣初步判断可能为铸铁作坊。

2015 ~ 2016 年度考古发掘发现的佛塔遗迹与文献记载的“隆平寺塔”相吻合，它属于当时青龙镇的“北寺”——隆平寺。隆平寺塔与现存的“南寺”的青龙塔一起构成了复原青龙镇布局南北区域的 2 个关键性地标。

二　大量的贸易陶瓷及相关遗迹，确证了青龙镇是唐宋时期海上丝绸之路的重要港口之一

青龙镇遗址历年考古发现了瓷片堆、河埠头和大量的瓷片等与航运和贸易相关的遗存和遗物。

瓷片堆 CD1 位于通波塘河岸西侧，属于唐代遗存。堆积平面略呈长条形，与河岸平行，总面积约 50 平方米，最厚处约 0.6 米。瓷片堆出土了 600 余件可复原瓷器及大量的碎瓷片，器形以碗为主，另有壶、钵、罐等，瓷器窑口主要为德清窑、越窑和长沙窑。瓷片堆出土瓷器大多没有使用痕迹，而且堆积非常密集，可能是货物运输途中丢弃的破损瓷器。河埠头遗迹为考古勘探过程中发现，西距今通波塘河岸 12 米，勘探显示遗迹正处于古代通波塘的岸线上。河埠头为木构遗迹，平面由纵横交错的木板平铺而成，木板下有木桩支撑。

青龙镇遗址历年发掘出土了数十万片残碎瓷片，其中经过拼对可复原瓷器有 6000 余件，它们大多数是来自福建、浙江、江西、湖南等南方窑口的产品。唐代以越窑、德清窑、长沙窑为主，主要器形有碗、盏、罐、壶、盂、洗等。至宋代渐转为以福建窑口、浙江龙泉窑、江西景德镇窑等为主，主要器形有碗、盏、罐、壶、盏托、炉、瓶、盂、洗等。其中福建窑口瓷器的种类最多，主要为闽江流域的产品，共计有 20 余个窑口，其中以闽清义窑、东张窑、磁灶窑、同安窑、建窑、浦口窑、遇林亭窑、怀安窑等窑口为主。根据文献记载青龙镇海上贸易十分繁盛，“自杭、苏、湖、常等州月日而至，福、建、漳、泉、明、越、温、台等州岁二三至，广南、日本、新罗岁或一至”。青龙镇遗址考古出土的瓷器数量巨大，窑口丰富，且与目前朝鲜半岛和日本考古发现的器物组合十分相似，考古发现与文献相印证，证明了青龙镇是海上丝绸之路重要的贸易港口之一。

新发现的隆平寺塔除了佛塔功能外，更重要的是作为当时的航标塔。文献记载，北宋时期青龙镇港口江面太宽，“与海相接，茫然无辨”，很多商船无法入港，因此有人建议“若建是塔……远近知路，贾客如归”。因此，隆平寺塔的发现也是青龙镇作为贸易港口的重要实证。

三　隆平寺塔基及地宫的发现，反映了北宋时期民间佛教信仰世俗化的特点

隆平寺塔基及地宫的发现是青龙镇遗

址近年来考古工作的重要成果，它是上海地区第一次由考古勘探发现并发掘的佛塔遗迹。文献记载，隆平寺塔始建于北宋天圣年间（1023～1032），为七级佛塔。此次发掘发现了隆平寺塔残存的塔基部分。由于保留了散水、角柱、副阶铺装莲花柱础、倚柱、壶门等塔基的关键部分，为复原隆平寺塔平面结构提供了重要的线索。发掘显示，隆平寺塔基平面呈八角形，散水直径21.7米，副阶直径14.23米，塔身直径8.9米，壶道宽1.28米。塔心室为正方形，边长4.5米。隆平寺塔是民间捐资建造而成的佛塔，在塔砖上常常可以发现“陆仁安并妻孟十娘舍八万四千片”“……一万片入塔内”等的模印文字。

为了解塔基的建造过程和工艺特点，我们对塔心室及外围进行了局部解剖。发掘发现塔基的建造顺序为先挖大型基坑，中置地宫，然后再分层夯筑而成地基，夯土层共33层，用黏土、黏土夹碎砖块交替夯筑而成。夯土中还发现了复杂的梁架结构，它位于塔心室地坪下约2米处，用边长近8米的木梁围成一个方框，四角上分别搭一根抹角横梁，中间置两根长近8米、宽0.6米的十字形木梁与抹角横梁垂直，十字形木梁下部正好是地宫的上口。在抹角梁与木框的相交处，下置缸基承重。

隆平寺塔地宫由砖砌而成，平面呈长方形，东西长1.48米，南北宽1.2米，高1.42米。地宫似佛塔造型，底部有束腰的须弥座，上口以4层青砖收分平砌收顶，南北两侧出檐，顶部有梯形的压顶石，地宫东、南、西三面有火焰状壶门。地宫宫室内壁为石板砌筑，长74厘米、宽24厘米、高30厘米，地宫中部放置一个木函，函外左右各有一座阿育王塔，宫室内满铺大量各时代钱币，共计10693枚。木函为四重套函，由外向内依次为木函、铁函、木贴金椁、银棺，最内重银棺供奉有木贴金释迦牟尼涅槃像，身下铺有芥粒大小的五色石子，身旁有乳香。铁函的一角还放置有一个铜瓶，瓶内有4颗实心的圆珠，3颗为水晶质，它们都应该属于舍利。四重函内还装藏有银箸、铜鎏金匙、银钗、银鎏金龟、铜镜、水晶念珠等近40件（组）供养品。

四　学术意义

青龙镇是上海城镇发展史上重要的一环，相传建于唐天宝五年（746），北宋著名书画家米芾曾经“治事青龙”，诗人梅尧臣曾记载青龙镇有“三亭、七塔、十三寺、二十二桥、三十六坊”，史称“东南巨镇”。近年来的青龙镇遗址考古工作，确定了唐宋时期青龙镇的主要分布范围，发现了许多重要遗迹，为复原青龙镇的布局提供了关键性的证据。考古发现重构了青龙镇兴起、繁荣、衰落的过程，在唐宋时期市镇考古中具有典范意义。

由于地处南北海路交通的要冲，又有吴淞江、长江沟通内陆，地理位置优越，所谓“控江而淮浙辐辏，连海而闽楚交通”，青龙镇成为“海商辐辏之所”，甚至日本、新罗等国海船每年都要到青龙镇进行贸易。南宋时期，青龙镇还专设市舶务管理对外贸易。历年考古发现了大量来自不同窑口的瓷器和一些与航运相关的遗迹，特别是具有航标塔功能的隆平寺塔的发现，从考古实证上确定了青龙镇对外贸易港口的功能，为海上丝绸之路考古研究提供了新的材料。

新发现的隆平寺塔基是北宋时期民间建造佛塔的典型代表，其塔基结构特殊，不同于目前国内已经发掘的其他塔基形式，它的发现对于研究北宋时期南方软土地质结构下的地基筑造技术具有重要的参考价值。隆平寺塔保存了北宋时期完整的地宫，造型独特，它的发现为研究当时的舍利瘗埋制度提供了重要材料。隆平寺塔的建造风格和地宫中的供养品也体现了北宋时期民间佛教信仰的传播与发展。

（王建文　陈　杰）

【山西河津固镇宋金瓷窑址】

发掘时间：2016 年 3～9 月

工作单位：山西省考古研究所、河津市文物局

河津窑是晋南地区宋金时期重要的烧瓷窑场之一。20 世纪 60 年代，古陶瓷学者水既生先生曾对北午芹窑址做过初步调查；2013 年，山西省考古研究所对三普中发现的北午芹、固镇、古垛和老窑头四处瓷窑址进行复查，窑址集中分布于河津市北约 10 千米的吕梁山南麓，遮马峪和瓜峪两条古河道沿线；2015 年，山西省考古研究所进一步对遮马峪和瓜峪沿线进行区域性系统调查；2016 年度，山西省考古研究所、河津市文物局对固镇窑址进行抢救性发掘。

固镇瓷窑址位于河津市樊村镇固镇村，北依吕梁，西眺黄河，南迎汾水，距禹门渡口约 9000 米，遮马峪自村西、北部绵延而过。窑址主要分布于固镇村西、遮马峪东岸台地上。窑址紧邻乡宁煤田，其北的青石峪沿线发现有富集的瓷土矿，为瓷窑的烧造提供了充足的燃料和原料。此次发掘工作分北涧疙瘩、上八亩和下八亩三个地点进行，清理制瓷作坊 4 处，瓷窑炉 4 座，水井 1 处，窑炉残渣及废品堆积坑 35 个，出土完整及可复原瓷器 1326 件，瓷片、窑具标本达 6 吨之多。

一　山西地区首次发现制瓷作坊及瓷窑炉

制瓷作坊及瓷窑炉的发现为此次发掘最重要的收获。在窑场布局上，制瓷作坊紧邻窑炉，每处作坊对应一、两座窑炉，是典型的小手工业作坊。作坊多为窑洞式，其中二号作坊为一处地窨式窑洞，由东、西两孔窑洞组成，中间有洞式过道相通，东侧窑洞的南部有斜坡式门道，门道与窑洞入口处设有天井，地域特色鲜明。作坊间存在明确的分工，结合一号作坊内发现的淘洗池、陶缸，判断其应为练泥的场所；二号作坊内的石磨盘、瓷泥堆、大片的烧结面等遗存，反映其为制坯、晾坯的场所；而四号作坊底部整齐摆放的匣钵、支顶钵，说明其可能为存放装烧具的场所。

发现的四座宋金瓷窑炉，均为半倒焰式馒头窑，均由火膛、窑床、烟室等部分组成。其中的北宋时期的窑炉 Y1 保存相对较好，其火膛底部有狭长的落灰坑，两个烟室位于窑炉后侧，并排分布，单个烟室的面积达 1.7 平方米，烟室的总面积超过窑床的面积，近占整个窑炉面积的一半。这种特殊的烟室结构在国内尚属首次发现，具备缓火、干燥等功能，该窑极有可能已掌握利用窑炉余温进行晾坯的关键技术。三座金代窑炉较北宋窑炉在结构上有所改进，火膛变深，不设单独的落灰坑，火膛前侧有宽而深的通风道，对窑炉温度的掌控更加成熟。因烧造产品的不同，其在通风口的设置、窑床的形制等方面又存在差别。

二　丰富的瓷器品类与精湛的装饰工艺

固镇窑址生产的瓷器品类有粗白瓷、细白瓷、黑酱釉瓷和低温三彩釉陶，以白瓷为大宗。器形有碗、盘、钵、盏、盆、枕、瓶、盒、罐等。装饰技法有剔花填黑彩、白地黑画花、珍珠地划花和印花，题材以诗词、花草为主。其中最能代表该窑工艺水平及产品特色的莫过于北宋的精细白瓷和金代的装饰瓷枕。出土的北宋细白瓷，胎体致密度高，釉面莹润光洁，造型素雅，代表了同时期制瓷工艺的顶尖水平；金代装饰瓷枕分高温和低温两类，造型以八角形和腰圆形多见，独特的八角造型，其枕面宛如一幅展开的扇面，搭配独创的剔花填黑彩工艺，将黑、白色调的强烈对比演绎到了极致，白如凝脂，黑似刷

漆，富浅浮雕效果；以月牙形或壶门开光搭配珍珠地划花技法，枕前留白，意境幽远，给观赏者以遐想和发挥的空间，故宫博物院馆藏的乾隆御题款瓷枕即为其中的上乘之作。低温釉枕的制作更显其技艺的成熟，不拘一格的造型，活泼的多彩套用，流畅的枕面构图，造就出一件件精美的艺术品。

该窑址瓷器产品的装烧方法以覆烧和仰烧为主，根据间隔工具的不同，可分为三叉支钉叠烧、泥钉叠烧和涩圈叠烧。北宋的细白瓷多采用以三叉支钉作间隔多件仰烧的装烧工艺，金代的粗、细瓷既采用以泥钉作间隔多件覆烧的装烧工艺，也采用涩圈叠烧法。另外，金代还有口对口叠摞的对扣烧和大件内套小件的套烧法。

三　价值与意义

固镇窑址的发掘及重要发现，是山西乃至全国陶瓷考古的一次重要突破。首先，四组制瓷作坊和瓷窑炉的发现，填补了山西地区无相关制瓷遗迹的空白。作坊与窑炉存在成组的对应关系，是在同时运行的，对探讨古代手工业生产的生产组织形式和管理体制以及区域经济形态具有重要意义。发现的北宋窑炉 Y1，其烟室结构特殊，在国内尚属首例，该窑极有可能掌握了利用窑炉余温进行晾坯的关键技术，更新了制瓷工程技术史。

其次，出土瓷器产品中北宋的简约素雅与金代的繁褥多姿形成鲜明对比，是宋金分立的历史大格局下，民族文化之间相互渗透融合的一个缩影。河津窑在生产和装饰工艺上与河南、陕西、河北的重要制瓷传统相关联，即通过晋城与焦作地区相关联，通过韩城与耀州窑相关联，通过长治与定窑、磁州窑相关联，又将这些不同的生产传统相融合，碰撞出创新的火花，博采众长而自成一体，使其成为宋金时期北方地区制瓷工艺的集大成者。出土的北宋细白瓷，胎白质细，致密度高，温润如玉，达到了同时期制瓷工艺的顶尖水平。由造型和装饰均独具风采的金代装饰瓷枕，可以明确国内外大量同类馆藏和出土品的烧造窑口。

（高振华　贾　尧　王晓毅）

【湖南桂阳桐木岭矿冶遗址】

发掘时间：2016 年 7～12 月

工作单位：湖南省文物考古研究所、北京大学考古文博学院、中国科学院自然科学史研究所、郴州市文物处、桂阳县文物管理所

2016 年度，湖南省文物考古研究所联合多家单位对桂阳县境内 14 处大型炼锌遗址开展了专项调查，对明清时期的桐木岭遗址进行了主动性考古发掘。调查发掘成果丰硕，科学揭露了一批保存完整、规模宏大的炼锌及多金属冶炼遗迹，出土了一系列重要的冶炼遗物，深化了对明清时期冶炼技术的认识，有力推动了手工业考古研究。

桐木岭遗址位于桂阳县仁义镇大坊村和浩塘镇桐木岭村交界处，东距桂阳县城 12.9 千米，地理坐标为北纬 25°72′86.23″、东经 112°60′3.8″，遗址面积约 11 万平方米。遗址中心部位有一炼渣堆积形成的山体平台，台面略呈三角形，东西约 100 米，南北约 50 米。通过对该山体平台的整体揭露发现该台面呈“品”字形分布，有一个焙烧单元和两个冶炼单元，矿料先经焙烧加工后再进一步冶炼。

焙烧单元位于山体平台前方（南部），呈椭圆形分布，东西长 55 米，南北宽 20 米，面积约 1100 平方米，焙烧区内共有 6 个焙烧台依地形有序分布，每个焙烧台由 4 个或 8 个圆柱形焙烧炉一线排开。焙烧炉大小相近，炉口部直径约 0.9 米，保存高度 0.8 米，坑壁较直，底部平整，在炉室一侧开有通风口。

第一冶炼单元位于平台东部，呈圆角

长方形分布，长 55 米，宽 25 米，面积约 1300 平方米。在该单元中槽形炉 1 号冶炼作坊保存最为完整，这个作坊以槽形炉为主体，分布着储料坑、和泥坑、搅拌坑、原料堆、精炼灶、碎料区、环形护围、柱洞等遗迹，在其旁边有对应的房屋设施。

槽形炉 1 开口于第 1 层下，呈长条形分布，长 20 米，宽 1.8 米，中西部被一长 2.04 米的缺口分为东西两段，其中西段炉体保存较好。槽形炉由炉床和炉室组成。炉床为黄色黏土夯筑，下宽上窄呈梯形，表面平整，在其上修筑炉室。炉室从下到上可分为通风口、炉下室（由炉栅间隔）、炉上室三个部分。两侧通风口对称与炉下室相接，通风口宽 9 厘米 ~ 11 厘米，高 8 厘米 ~ 9 厘米，长为 45 厘米。炉壁保存最完整处高度为 60 厘米，每个炉栅与炉壁组成的炉下室单元格长 34 厘米 ~ 37 厘米，宽 9 厘米 ~ 11.5 厘米。炉下室单元格内两端各放置两块煤饼，中部填以散煤，在煤饼之上放有一垫饼。

冶炼区出土有一系列较为完整的冶炼工具，如坩埚、冷凝兜、冷凝器、冷凝盖、铁铲、铁钎、石砧等。另外，在冶炼区还发现绿色颗粒状散落炉渣和块状波纹炉渣，并在对应位置发现有铜、铅、银含量较高的炼炉遗迹（K23 和 K24）以及一块疑似圆形风箱活塞板。综合以上信息并通过现场和实验室检测分析，可以大致推断这是一处炼锌为主、兼炼铅、可能炼铜和银的多金属冶炼遗址。

在房址和作坊区出土了一些日常生活用具，包括青花碗、青花盘、陶壶、陶钵、陶罐、陶盆、陶缸、砂锅等，另有少量乾隆通宝和嘉庆通宝。根据出土的青花瓷器、钱币、坩埚，结合遗址的堆积厚度，初步推测遗址开始于明末清初，废弃于清代中晚期。

对桐木岭遗址周边区域展开调查，并对调查过程中有重要迹象的陡岭下遗址进行试掘，发现一处长 20 米、左右对称的双排冶炼炉。这种形制的冶炼炉在国内尚属首次发现。利用便携式 X 射线荧光分析仪对冶炼炉的台面、炉壁等多个部位进行了现场检测，发现检测部位砷（As）含量可达 30% 以上，结合有关资料推断应为炼制砒灰（As_2O_3）的冶炼炉。此外还发现了与炼锌有关的焙烧炉、槽形炉、房址等。在遗址旁河床岩石上发现了疑似人工开凿的洗矿槽遗迹。洗矿槽上宽下窄，顺水流方向从上到下逐渐加深，在洗矿槽底部发现了矿砂沉淀后与河床岩石板结的遗迹现象。

通过对遗址的全面调查，探明锌矿石经开采后运输到有煤矿资源的山头进行冶炼，这种“以矿就煤”的生产模式降低了冶炼成本。发掘中通过对遗址中心部位冶炼平台的整体揭露，完整复原出冶炼场址的功能结构布局。这对于认识古代手工业场址的功能分区、工艺流程、生产规模、工人的生活及生产力状况都有重要参考价值。

锌、铅、银、铜等多种金属一体冶炼是中国矿冶考古的首次发现，说明对矿石的利用程度进一步深化，凸显了中国古代科学技术的成就。其中炼锌是将硫化锌矿石经过焙烧、采用蒸馏法冶炼，代表当时最先进的冶炼技术。此次发掘的多个成排圆形焙烧炉填补了我国炼锌技术史研究的一项空白，槽形冶炼炉是迄今为止国内发现保存最为完整的清代炼锌炉，伴之出土的一系列炼锌遗迹与冶炼遗物，与《天工开物》等文献资料的记载多有吻合，对于完整复原古代炼锌术将起到非常关键的作用；对研究我国古代炼锌技术的起源、发展和传播具有重要意义。

炼锌技术是大量黄铜用于铸钱的基础，桂阳大规模的炼锌工场就是为了满足当时政府铸币的需求应运而生的，桂阳作为“币材之都”，有着深厚的文化底蕴和历史内涵。这次考古调查发掘成果对于研究中国矿冶史、铸币史、赋税史乃至政治社会史来说都是不可多得的资料。

（莫林恒　陈建立　肖　亚）

北 京 市

【房山区石经山云居曝经台遗址】

发掘时间：2016 年 3 ~ 11 月

工作单位：北京市文物研究所、首都师范大学历史学院、北京市房山区房山石经与云居寺文化研究中心

云居曝经台遗址是一处明清时期的佛教建筑基址，分为上下两个殿，与下方的雷音洞可构成三进殿。在 2015 年工作的基础上，继续对曝经台遗址进行清理，并及时开展资料整理工作。此次清理面积约为 200 平方米，其中上方佛殿清理约为 150 平方米，下方佛殿清理约 50 平方米。

经过此次发掘与整理，基本厘清了上方佛殿基址的布局及性质。该基址为明代的佛殿基址，面阔三间，面积约为 14.5 米 ×10.4 米见方。房基平面呈长方形，坐西向东，方向为 23°。现存房基包括外围的条石、柱础、台阶以及房子内部的佛坛、柱础、拜石等。由中央佛坛、拜石和台阶构成整个房基的中轴线，南北两侧佛坛和柱础对称分布于左右。房基底部铺设有长方形条石，上有明显的凿刻痕迹，拐角处的条石为曲尺形，制作讲究。墙体直接垒砌在内侧条石之上，按照三顺一丁的方法垒砌。房基内部主要由北侧佛坛、南侧佛坛、中央佛坛、柱础和拜石构成。中央佛坛和拜石居中分布，南、北侧佛坛和柱础对称分布。南北侧佛坛均为曲尺形，其束腰由立柱代替，内为石块垒砌，上下出檐，均为砖砌，两层。中央佛坛仅留束腰及其以下，破坏较为严重。上部为现存的束腰部分，以莲瓣代替，接下来为枭，有出线，下面为枋，最下部为圭角，均为砖垒砌而成，制作比较讲究，可能为明代官家样式。房基东侧正对中央佛坛的地方有一块长约 2 米、宽约 0.9 米的拜石，拜石两侧分别有两个柱础，再向东即为条石以外的台阶。

下方佛殿的情况较 2015 年更加清晰，房基西墙外发现排水沟一条，在山体上凿刻而成，深 0.15 米 ~ 0.2 米，宽 0.25 米 ~ 0.3 米，与西墙的走向一致。除此之外，还发现西墙下有制作比较讲究的条石作为基础部分，上有凿刻的痕迹。在佛殿外东南部发现有旗杆石的底座，呈不规则形，长约 194 米，中部圆孔径长约 40 米，深约 34 米。

此次发掘为深入了解云居寺建筑历史及布局结构演变获得了重要的第一手资料，也为探讨北京地区明清时期佛教考古与古代建筑提供了不可多得的珍贵素材。

（袁广阔　钱益汇　陈雪飞）

【故宫隆宗门西遗址】

发掘时间：2015 年 7 ~ 10 月、2016 年 5 ~ 7 月

工作单位：故宫博物院考古研究所

2015 年 7 月故宫博物院考古研究所在故宫隆宗门西广场北侧、内务府各司值房南侧一条东西向消防施工沟内发现重要遗址，随即上报国家文物局批准开展抢救性发掘。经过两个年度的田野工作，在消防

施工沟及周边共布探方、探坑6个，清理现代管道沟4条，布方面积130平方米，发掘面积88平方米。

发现2处砖铺地面ZM1、ZM2，1条砖砌排水沟ZG1，1道墙和门道基址Q1，4座砖砌磉墩，2处夯土夯砖建筑基槽C2、C3，2处夯土铺砖建筑基槽C1、C4，1处面积较大的素土夯筑层（编号第4层地层）等遗迹。其中最早的素土夯筑层和夯土铺砖层基槽，无论层位关系、营造工艺，还是出土遗物，均是故宫考古的首次重要发现。

夯土铺砖层建筑基槽C4，位于T0101探沟东侧，南侧边沿位于探沟内，施工时被挖断，开口南北宽约2.1米。基槽剖面在T0101北壁呈长方形，可知基槽开口东西向残长2.7米，最大深度2.5米。内部堆积分13层，为一层夯土层，一层铺砖层，层层叠压。夯土为深褐色黏土，大致平面分布，较致密，每层厚度不等，在0.04米~0.12米。铺砖层每层厚0.06米~0.08米，多为二分之一、三分之一青砖残块平铺而成，有的青砖带多道沟纹。基槽C1的土质土色与工艺与C4类似，但质地较为坚硬，可能为另一处功能不同的建筑基槽。

素土夯筑层即第4层地层在该区域分布范围较大，因发掘面积有限边界不明，T0101探沟、T0203探方平面均全方分布。T0101探沟的素土夯筑夯土开口距地表1.1米，最深处距地表3米。为黄色绵沙土、褐色黏土、黄色细沙土的层层夯筑，质地较致密，可分30层以上，每层厚度0.04米~0.12米不等，大体呈平面或波状分布，有的夯层中包含少量坚硬的料礓石块等。偏上部的黄色绵沙土、褐色黏土夯层表面夯窝明显，夯窝直径0.03米~0.05米，夯窝间距0.05米~0.1米。下部的夯层中有多层厚0.02米~0.05米的夹层，夹层为黑褐色土，白色石灰颗粒等包含物明显多于夯土层，出土有青砖、青胎带布纹瓦残块和红胎施化妆土琉璃瓦、铁块、外黑釉内白釉碗腹、黑釉梅瓶底部等残片。其中最下一层夹层出土遗物最丰富，见较多的青砖、青胎布纹瓦、筒瓦、红胎施化妆土琉璃瓦残块，少量白瓷芒口碗口、腹部残片，灰白釉碗口、腹部残片等遗物。第4层下为纯净的黄色粗沙土层，再下为生土层。

从层位关系判断，夯土铺砖层建筑基槽C4、素土夯筑层即第4层地层为该遗址最早的一组堆积，第4层又早于C4。C4和第4层都被建筑基槽C2、C3打破，C2、C3内堆积的土质土色、包含物、营造工艺等与慈宁宫花园东院遗址可早到明早期的夯土夯砖层明显一致，第4层地层出土布纹瓦、琉璃瓦、黑釉、白釉瓷片等遗物具体明显的金元时代风格。推断夯土铺砖层建筑基槽C4、素土夯筑层即第4层地层的年代指向为元代。根据遗迹所处位置和营造工艺判断，很可能是元代大内（皇宫）的廊庑基址。墙和门道基址Q1、铺砖地面ZM2和4座砖砌磉墩大体为明后期，与明代紫禁城西路的仁德门相对应。砖铺地面ZM1、砖砌排水沟ZG1为清中期。

隆宗门西广场至断虹桥消防施工沟的随工考古调查，也发现较大面积的元代素土夯筑层，只是堆积较浅，其中采集到圆形、长方形龙纹琉璃瓦当，琉璃重唇板瓦瓦头等残件具有明显的金元风格。表明故宫隆宗门西至断虹桥一带的地层堆积与元代大内（皇宫）的建筑遗迹有密切关系。

隆宗门西遗址发现层位关系清楚的元明清遗迹，堪称故宫“三叠层”，对研究元大内（皇宫）格局、紫禁城历史和中国古代建筑史具有重要意义。鉴于该遗址地处开放区域，地下堆积和现代管网复杂交错，2016年底对元代地层以套箱的方式局部提取搬迁，原址进行了保护性回填，下一步将树立标识牌阐释其考古发现与价值。

（徐华烽　王光尧）

【故宫慈宁宫花园东院遗址】

发掘时间：2016 年

工作单位：故宫博物院考古研究所

2014～2016 年，故宫博物院考古研究所配合故宫慈宁宫高压热力管线工程建设，经国家文物局批准，对位于慈宁宫以南、慈宁宫花园以东的慈宁宫花园东院遗址进行抢救性考古发掘。2014 年开探方、探沟 7 个，发掘面积 88 平方米；2015 年开探方 18 个，发掘面积 288 平方米。2016 年开探沟 23 条、探方 11 个，发掘面积 364 平方米。目前，发掘总面积 670 平方米。

2014 年、2015 年主要发现由地钉、桩承台、磉墩、夯土夯砖层等遗迹构成的大型宫殿建筑基址。按建筑模数推算，在揽胜门以北、以南区域，分别有一组东西 4 个、南北 2 个共 16 个建筑磉墩。钻探情况表明，磉墩数量还不止于目前的发现，建筑基址范围可延伸到慈宁宫花园东院以东（今故宫修缮技艺部院内）、长信门以南的区域。根据层位关系和出土遗物推测，该宫殿建筑基址至迟始建于明早期，废弃于明后期。与文献记载位于这一地段，始建于明永乐、废弃于明嘉靖时期的大善殿对应。

2016 年的发掘和钻探，掌握了明早期大型宫殿建筑基址周边附属设施的地下遗存分布状况。其中一项重要收获是在慈宁宫花园长信门西北侧基建勘探坑内，发现一条东西向明早期墙基，以及其附属的夯土夯砖层、底部桩承台、基槽等遗迹。在东西向宽 2.5 米、南北向 5.4 米长的探坑内，距地表深 0.3 米以下发现整个慈宁宫区域大面积存在明后期的砖铺地面和厚约 0.3 米的灰土夯筑层。探坑南壁的明后期灰土夯筑层下为残存 20 层、残高 2.8 米的砖砌墙基。墙基以北起加固作用、厚约 2.8 米的 15 层夯土夯砖层。墙基下部北侧可见生土上直接下挖的斗形基槽。北距墙基约 3 米、距地表深约 4.4 米的基槽底部发现东西向 4 根木质地钉（竖桩），地钉之上为东西向一组排木和南北向一组排木（卧桩）组成的桩承台。桩承台向南延伸在墙基之下，桩承台周边基槽内夯筑厚约 0.8 米的碎砖层。解剖碎砖层后，基槽北壁有 3 处疑似脚窝痕迹。此处大体量墙基在层位关系、营造工艺、出土遗物等方面，与慈宁宫花园东院先前发现的明早期大型宫殿建筑基址一致。墙基年代可早到紫禁城始建之初，应与明早期大型宫殿建筑同时期建造，功能上有密切联系。地理专家现场勘查后还认为，此处基槽底部的黄沙层和含有青灰色有机物的生土层是距今 3 万年至 2000 年前后海、北海至中南海一线古高梁河道的自然遗存。

目前学术界对于元代大内（皇宫）与明清紫禁城中轴线是否发生变化存在不同观点，慈宁宫花园东院发现的明早期宫殿建筑基址及周边遗存对研究相关问题提供了重要的考古学依据，对研究北京城市变迁、紫禁城历史、中国古代建筑技术具有很高的科学价值，可谓公众深入了解紫禁城的“前世今生”的生动资料。

在这处目前故宫院内面积最大的遗址发掘过程中，故宫考古者坚持地上紫禁城与地下紫禁城一体的保护理念，在实践中摸索出“跟踪调查，微创发掘，精耕细作，拼缀复原”的特有工作方法，受到历史时期考古学界的关注。2015 年 10 月以来，该遗址实行边发掘边开放，探索公众考古的新模式。2017 年 2 月，故宫博物院正式对外宣布，该遗址规划为故宫考古遗址博物馆，建成一处展示紫禁城建筑历史性变迁、丰富故宫文化遗产内涵的“院中之馆”。

（徐华烽　王光尧）

【故宫大高玄殿建筑考古调查】

调查时间：2015 年 4 月 ~2016 年 12 月

工作单位：故宫博物院考古研究所、故宫博物院工程管理处

2015 ~2016 年，故宫博物院对明清皇家道教宫观——大高玄殿开展研究性保护修缮工作（一期）并圆满完成。其中故宫博物院考古研究所首次参与到此次古建筑修缮保护的各项工作中，并引入考古研究理念与工作方法作为此次研究性保护工作的突破口，其中的一大特色就是故宫博物院考古研究所在大高玄殿实施的“屋顶上的考古”。将古建筑上不同时期的修缮和改动痕迹，视为层层叠压或打破的“考古地层”，对上面所有的信息按照不同时间和空间的层次、叠压打破关系进行全面、细致的提取，以获取其不同时期营建、修缮所留下来的历史信息和做法工艺，最大限度保存建筑历史信息的“真实性”和“完整性”。

在调查过程中，故宫考古研究所的考古人员第一次走上屋顶布置探沟、进行“考古勘探”和解剖。在屋顶考古中发现的各类重要遗物，按照考古学的方法进行编号、记录、绘图与保存；对各种建筑材料，同样进行了考古学分类与详细的信息记录，不仅对木构件进行了详细的测绘、信息记录，对于易被频繁修缮的木基层、灰泥等部位，以及瓦件、砖瓦铭、大木记号等也做了细致的考古学记录，做到了最大化、最真实地全面记录信息，取得了一系列以往修缮中没有的重要历史和修缮信息成果，证明了大高玄殿各建筑除始建时期之外，均保留有不同时期修缮、改动的实物痕迹，同时，不同时期修缮所施加的工艺痕迹明显不同，考古调查收获的修缮历史信息远远多于文献档案中的记载，更提供了以往传统建筑测绘记录中无法触及的空白。这有利于我们完整地了解大高玄殿的历史变迁，为今后修缮保护工作提供了重要的研究资料。同时，这也是国内首次在古建筑修缮保护工作中落实建筑考古理念和方法并与之紧密协作的项目，其不仅给国内古建筑修缮保护科研工作提供了新的思路，还扩宽了考古工作研究对象的内涵。

（吴　伟）

天 津 市

【蓟州区官善村商周至明清时期遗址】

发掘时间：2016 年 10 月

工作单位：天津市文化遗产保护中心、蓟县文物保护管理所

2016 年 10 月，蓟州区白涧镇官善村村民植树掘土时发现大量陶片及建筑构件，天津市文化遗产保护中心闻讯后前往现场调查。

遗址位于官善村东的一处海拔不高的小台地上，现存面积约 1000 平方米，现地表大部为杂草及低矮灌木，土地平整，现场采集到较为丰富的商周时期遗物残片，可辨器形有鬲、罐、盆、钵、陶臼等；遗址现场还采集有汉代陶器残片，金元时期陶、瓷器残片，明清时期建筑构件等遗物。该遗址距张家园商周遗址较近，二者应有密切联系。

（戴　滨　盛立双　梅鹏云　刘福宁）

河北省

【阳原县马圈沟遗址鱼咀沟旧石器地点】

发掘时间：2016 年 6 ~ 12 月

工作单位：河北省文物研究所、河北泥河湾遗址群保护区管理委员会、阳原县文物保护管理所

马圈沟遗址位于阳原县大田洼乡岑家湾村西南 1500 米处的马圈沟南端，1992 年发现，1993 年、2001 ~ 2005 年、2014 年，河北省文物研究所对其进行了多次发掘，已确认 10 个文化层，依古地磁测年结果，年代自 176 万年至 140 万年，是目前盆地内层位最低、时代最早的一处旧石器时代早期遗址。

2014 年、2015 年，河北省文物研究所在遗址区域开展旧石器专题调查，在Ⅰ区北 150 米处、东西向鱼咀沟北侧断壁又发现石制品，定为鱼咀沟地点。为了解马圈沟遗址区域早更新世的古人类活动状况，进一步补充完善泥河湾盆地早更新世旧石器文化序列，2016 年组织此次发掘。

发掘区位于断壁南缘，依地形地势布探方一个，方向 20°，开口位置发掘面积约 40 平方米，发掘深度 18.9 米，至发掘底部，发掘面积约 25 平方米，共发现 5 个文化层、1 个动物化石层，获得文化遗物 258 件，包括石制品 116 件、动物化石 142 件。石制品数量较少，原料以燧石为主，其他种类还有硅质岩、石英等，打制粗糙，但人工特征明显，类型有石核、石片、断块、残片等，经过第二步加工修理可以称为石器的数量非常少。出土的动物化石均较破碎，风化程度均较严重，可鉴定的种类有马、羚羊等。

文化遗物埋藏于泥河湾层下部，时代为早更新世，通过与该遗址相关文化层地层的比较，并结合该区域的古地磁测年数据，第一文化层、化石层、第二文化层、第三文化层层位介于半山遗址（132 万年）与马圈沟遗址第一文化层（155 万年）之间，第四文化层相当于马圈沟遗址第一文化层，第五文化层介于马圈沟遗址第一文化层与马圈沟遗址第二文化层（164 万年）之间，但更接近马圈沟遗址第一文化层。

该地点为该区域新发现的一处重要的早更新世旧石器地点，进一步扩大了泥河湾盆地早更新世古人类活动的范围；文化层丰富，自上而下直接叠压的 5 个文化层、1 个化石层，早晚关系清晰可见，为泥河湾盆地早更新世遗址的地层、时代对比研究提供了标准剖面；新发现第三、第五两个文化层，将马圈沟剖面有人类活动遗存的文化层增加至 13 个，自上而下依次为：BS、MJGIc、MJGIb、MJGIa、M－Y4、MJGI、M－Y6、MJGⅡ－Ⅶ，进一步完善了泥河湾盆地早更新世古人类演化的文化序列，进一步证明泥河湾盆地古人类演化的连续性。

（王法岗）

【阳原县石沟旧石器时代遗址】

工作时间：2016 年 6 月 1 日 ~11 月 1 日

工作单位：河北省文物研究所、河北师范大学历史文化学院、河北师范大学泥河湾研究院

石沟遗址位于张家口市阳原县大田洼

乡岑家湾村西约100米处，北距桑干河干流约200米，南距周家山地质断层约50米，西距马圈沟遗址1100米。2016年对石沟遗址进行了主动性考古发掘，累计面积100平方米。在主发掘区泥河湾湖相沉积层中清理发现自然冲沟两处，冲沟中出土大量更新世早期马、犀牛、羚羊等哺乳动物化石和少许打制石器，部分石器可以拼合。在遗址范围内西侧的牛圈沟地点发现了一处原地埋藏的动物化石堆积，可鉴定种类包括象、牛、犀牛、马、羚羊等，以下颌骨和四肢骨为主几百余件，大量残片上可见鬣狗等食肉类动物留下的牙齿痕，个别化石表面可见疑似人工石器的切割痕。据古地磁测年数据对比，石沟遗址的两处地点文化层年代均不晚于140万年，反映了第四纪更新世早期古代人类的取食场面，以及人类利用鬣狗等动物掠食大型哺乳动物，共同享有食物资源的取食策略。

（赵海龙）

【阳原县油房旧石器时代遗址】

发掘时间：2013年5月~2016年10月

工作单位：河北师范大学历史文化学院、河北师范大学泥河湾考古研究院、河北省文物研究所

油房遗址考古发掘是河北省科技支撑计划重点项目“东方人类探源工程——泥河湾人类起源、地质及环境背景研究”的考古学科专题，自2013年立项开始，经过连续四年的夏秋野外工作，正式发掘探方1个，试掘探沟6条，揭露面积80余平方米。出土标本逾万件，以石制品为主，伴生动物骨骼化石、鸵鸟蛋皮和烧骨等。此外清理出多处古人类用火、剥片和石器加工遗迹。

油房遗址地处泥河湾盆地的东端，新的发掘位置在西沟两侧，邻近20世纪80年代发掘的探方，结合水平相变和不同地貌部位，获取了油房遗址自地表至基岩完整的地层剖面，其中探方内地层堆积厚达13米。发掘显示油房遗址的文化堆积可分为三个主要单元：最底部的下文化层（以探沟2为代表）包含多层黑褐色粉砂质黏土和黏土质粉砂，石制品属于华北传统的石片石器文化；中部（探方的3a~c、4层）为水成沉积，含砂、黏土条带和砾石透镜体，文化遗物相对较少，可能属文化过渡层；上文化层（探方的第2层）为较厚的黄土状堆积，以风成作用为主，石制品数量丰富，以典型石叶和细石叶工业为特点，这是在泥河湾盆地首次明确石叶类遗存的原生层位。

据目前已知AMS－^{14}C和OSL测年数据，下文化层时代为距今8万~5.3万年，上文化层为距今4.3万~2万年（或>1万年），从而对油房遗址的时代和文化内涵有了新的认识，即遗址埋藏于桑干河的支沟——西沟第Ⅲ级阶地及其上部黄土状堆积物中，包含着从旧石器时代中期向晚期、从石片石器向石叶和细石叶工业过渡的重要文化信息，其所代表的文化时代跨越了深海氧同位素第3阶段（MIS3）和末次冰期最盛期（LGM），对于探讨古人类文化演变和气候环境变化的相互关系具有重要意义，也为研究华北晚更新世早期现代人的迁徙和文化交流、石叶工业在泥河湾盆地的出现、细石器传统文化的来源及其与华北传统石片石器文化的关系提供了新的资料。

（梅惠杰）

【阳原县马梁—后沟旧石器时代遗址群】

发掘时间：2016年6~10月

工作单位：河北省文物研究所、河北泥河湾遗址群保护区管理委员会、阳原县文物保护管理所

遗址群位于阳原县大田洼乡东谷坨村北一条南北向冲沟——后沟东西两侧，该区域以往发现有中更新世的旧石器时代遗

址：马梁遗址、三棵树遗址、后沟遗址。2013年以来，河北省文物研究所连续在该区域开展旧石器专题调查，先后发现旧石器时代遗址近20处，并对部分遗址进行试掘，确认该区域为中更新世古人类活动的重要区域。

2016年，为进一步了解该区域古人类遗存的分布状况，建立该区域中更新世古人类演化的文化序列，对后沟6号地点，马梁6号、8号、10号地点分别进行了试掘。后沟6号地点发现石制品49件、动物化石109件，文化遗物埋藏在泥河湾层之上，晚于后沟遗址，依周围已有的光释光年龄，其时代在中更新世晚期。马梁6号地点发现遗物308件，其中：石制品217件、砾石11件、自然石块21件、动物化石59件，埋藏文化遗物的堆积直接叠压于马梁文化层堆积之上，时代稍晚于马梁文化层。马梁10号地点发现石制品185件、砾石68件、动物化石1506件，共1759件，文化遗物丰富，在时间、空间上的分布都非常集中，应为古人类活动面，文化遗物埋藏在低于马梁文化层（79万年）约2.5米的锈黄色沙层中，依古地磁测年结果，时代稍早于90万年。马梁8号地点发现石制品149件、动物化石69件，文化遗物埋藏在马梁剖面底部砾石层之上的浅红色粗砂砾石层中，低于马梁10号地点，是该区域目前确认的层位最低的地点。

结合以往试掘、发掘的地点，该区域已确认9个文化层位，自下而上依次为：马梁8号地点、马梁10号地点、马梁遗址、马梁6号地点、马梁3号地点、马梁2号地点、三棵树遗址、后沟遗址、后沟6号地点，时代在距今100万年至20多万年，基本建立起中更新世古人类演化的文化序列，证明该区域是中更新世古人类连续演化的重要区域。

（王法岗）

【阳原县泥河湾盆地西白马营旧石器时代遗址】

发掘时间：2016年5～11月

工作单位：中国社会科学院考古研究所、河北省文物研究所

西白马营遗址位于阳原县西白马营村南。河北省文物研究所曾于1985年对该遗址进行过发掘，2015年4～7月，中国社会科学院考古研究所联合河北省文物研究所、阳原县文管所对该遗址进行小规模试掘，面积9平方米。在初步了解遗址的文化堆积及年代的基础上，2016年对遗址进行正式发掘，共计布方面积约91平方米。此次发掘过程按照严格考古发掘规程，由上往下，由晚到早，逐层清理，对同一文化层按照水平层（5厘米）发掘，并按单位归放出土物，同时做好照相、绘图、标本提取、土样采集。此次发掘所有的水平层以及重要遗迹均使用多视角三维重建技术保留三维数据。

此次发掘分三个区域进行，获取文化遗物近5000件，包括石器、骨器、动物化石、烧骨、鸵鸟蛋皮、炭粒，以及零星螺壳等。同时发现古人类生活面、用火遗迹等，重要遗迹周边分布大型石板、砾石砍砸器、动物化石和石制品。

2016年度工作对西白马营遗址的分布范围有了更加全面的认识，遗址性质、埋藏特征和年代等关键问题更加明晰。通过对剖面的地质特征分析，遗址并非埋藏于之前所判定的桑干河二级阶地，其形成过程应该与熊耳山（北山）流向桑干河的支流相关，因此其年代并不直接与二级阶地年代等同。遗址堆积虽为河湖相，但并未经过大的水流改造，应为原地埋藏。今年工作最大的收获是发现了几处古人类生活面，既有用火遗迹，也发现了肢解、处理动物资源的场所，大型砾石砍砸器更是泥河湾盆地的首次发现。上述发现对于探寻

泥河湾盆地距今 5 万 ~2 万年人类生存模式提供了重要资料。

（周振宇　王法岗）

【怀来县南家沟旧石器时代遗址】

发掘时间：2016 年 7 ~11 月

工作单位：河北省文物研究所、河北师范大学历史文化学院、河北师范大学泥河湾研究院、怀来县博物馆

怀来盆地地处冀西北山间盆地东部，行政区划隶属于河北省张家口市怀来县，其西接涿鹿盆地，东连北京延庆盆地，地理位置颇为重要。

南家沟遗址位于怀来县桑园镇辛窑村东南，紧邻官厅水库。2014 年，河北师范大学历史文化学院与张家口市怀来县博物馆组成联合考古队在此区域调查时发现该遗址并进行了记录工作。2016 年，经国家文物局批准，开始对该遗址进行主动发掘工作。

南家沟遗址堆积埋藏于永定河右岸二级阶地上部，剖面厚度超过 10 米，为河漫滩相堆积。此次工作发掘面积共约 25 平方米，遗物分布密集，出土石制品、动物化石、装饰品、骨器等文化遗物共计 2000 余件，并筛选出大量石制品碎屑和动物碎骨。该遗址以丰富的细石器遗存为特色，出土大量的楔形细石核和细石叶，此外还包括灰堆、大量炭屑、烧骨等用火遗存；加工精致的石器（如端刮器、尖状器、锛状器等）、骨器（如骨针）以及鸵鸟蛋皮制作的串珠装饰品。

结合石制品类型特征以及遗物埋藏部位推测南家沟遗址年代应为旧石器时代晚期晚段（^{14}C 样品已寄送实验室进行测年）。南家沟遗址是怀来盆地内首个经发掘确认的包含细石叶技术的旧石器晚期遗址，为研究中国北方乃至东北亚地区细石叶技术的起源、扩散等科学问题增添了新的坐标和证据。

（牛东伟）

【迁安市爪村旧石器时代遗址调查】

调查时间：2016 年 3 ~5 月

工作单位：河北省文物研究所、迁安市文广新局

遗址位于迁安市野鸡坨镇爪村一带，滦河南岸的台地上，距离迁安市区 7.5 千米。1958 年，发现 5801 地点，发现有：披毛犀、野驴、野猪、赤鹿、转角羊、原始牛、纳玛象等动物化石，被命名为爪村动物群。1973 年，张森水先生于 5801 地点动物化石的砂质泥灰层及略高层位的砂层中发现一些石制品和动物化石，确认时代为距今 5 万 ~4.2 万年。1986 年，谢飞等再次对爪村遗址进行调查，发现 86019、86020 地点，86019 地点层位与 5801 地点相同，86020 地点为细石器文化遗存，时代更晚。

为了解遗址现状、编制遗址保护规划，开展了此次调查、勘探工作。5801 地点周围地貌变化较大，当年发掘探方已荡然无存，后在该区域大面积勘探，未发现埋藏动物化石、石制品的泥炭层，仅在边缘区域存在少量堆积。86019 地点附近地貌变化较大，村庄已经明显向南、向西发展，未发现 86019 地点任何痕迹。86020 地点位于现村小学南侧、西侧，周围砌有保护围墙，基本保持了当时的原貌，是目前该遗址保存最好的区域。堆积西部较高，明显高出东部 10 余米，西侧与东侧高差是后期取土造成，还是不同级阶地，目前通过调查无法确认，如果西部为高级阶地，则为滦河的第三级阶地，其下部可能保存有 5801、86019 地点的堆积。

新发现旧石器地点 4 处：龙山 1 号地点、厅山 1 号地点、厅山 2 号地点、厅山 3 号地点，都分布在厅山、磁山、龙山环绕的小区域内。龙山 1 号地点位于爪村村

东，龙山西侧，与86020地点隔公路相望，现仅存一个近圆形的小土包，文化层与86020地点地层完全一致。厅山1号地点位于村西北，厅山南坡、半山腰残存的一小片堆积中，在地层顶部的黄色砂层中发现石制品、动物化石，比较丰富，试掘10平方米，发现文化遗物1000余件，石制品原料比较丰富，以燧石为主，个体多较小，以中小型为主，类型包括石核、石片、刮削器、断块、断片等，体现出小石器工业的典型特征。从埋藏部位来看，该片堆积属于滦河第三级阶地的上部；从海拔高度上看，该层晚于5801地点，时代介于5801地点与86020地点。厅山2号、3号地点皆位于厅山南侧的平地上，埋藏类型一致，3号地点试掘约10平方米，在距地表1米左右的黄褐色砂层中发现有石制品、动物化石100余件，石制品的原料有石英、燧石、石英砂岩等，以中小型为主，类型有石核、石片、刮削器、断块、断片等，属于以中国北方以小石制品为主的工业类型，与该区域5801、86019、厅山1号地点一致。动物化石数量较少，无完整者，石化程度一般，种属有披毛犀、普氏野马、原始牛、鹿类等，皆属于爪村动物群的动物种属。该遗址文化遗物可能埋藏于第三级阶地底部，与5801地点相近或更早。

此次工作摸清了该区域旧石器时代晚期的文化遗存状况，进一步丰富了该区域的旧石器文化资料，进一步充实完善了该区域旧石器时代晚期的文化序列。

（王法岗）

【黄骅市战国至秦汉时期瓮棺葬墓地】

发掘时间：2016年5～10月

工作单位：河北省文物研究所、黄骅市博物馆

黄骅瓮棺葬群位于沧州市黄骅市区西北部区域，东南紧邻河北省重点文物保护单位——郛堤城遗址。2016年5月10日，黄骅市湿地公园市政建设施工过程中发现陶器碎片和人骨。河北省文物研究所和黄骅市博物馆随即进场对该处瓮棺葬群开展抢救性发掘工作。

此次瓮棺葬发掘面积共计1200平方米，发现战国晚期至西汉时期墓葬113座，除7座为小型砖瓦墓外，其余均为瓮棺葬。已发掘的瓮棺葬中有成人墓3座，儿童墓110座，其中儿童墓中又可以进一步细分为幼儿墓和少年墓葬。

此次发掘的瓮棺葬数量众多、分布密集，葬具组合样式丰富、类型多样，既有日常生活用器，也有专门烧制的瓮棺葬具。前者有陶釜、陶盆、陶甑、陶碗、陶罐等，后者有筒形瓮、筒形器及一些特殊陶器。瓮棺葬群东南紧邻郛堤城遗址，从地层关系和出土器物来看，两者在年代基本一致，均为战汉时期遗存。除发掘区域外，根据钻探成果显示该瓮棺葬群分为东西两大区域。其中东部为成人区，西部为儿童区。东侧成人瓮棺葬区南北120米、东西30米。儿童瓮棺葬区分布范围南北200第、东西90米。

该瓮棺葬群是黄骅地区首次发现的战汉时期瓮棺葬，也是国内发现的数量最多的瓮棺葬群之一，它的发现具有重要意义。首先，该处瓮棺葬群规模庞大、种类齐全，是该时期最具代表性的瓮棺葬墓地。其次，除了儿童瓮棺葬外还包含有一批成人瓮棺葬，这对研究当地2000多年前的丧葬习俗极为重要。再次，瓮棺葬群和郛堤城址并存发现，可以更全面地从“生”和“死”两个方面研究当地古代社会状况，进一步证明了郛堤城的年代和繁盛程度。最后战汉时期的瓮棺葬习俗对整个东北亚地区都产生了深刻的影响，该处瓮棺葬群正是该丧葬文化传播带上的重要一环。

（马小飞　佟宇喆　程金辉）

【平山县王母村唐代壁画墓】

发掘时间：2016 年 5～12 月

工作单位：河北省文物研究所、平山县文物保管所

壁画墓位于平山县王母村西约 300 米的农田中，北邻滹沱河。2016 年 4 月 30 日，墓葬被盗。5 月中旬，组成王母考古队进行抢救性考古发掘。

墓葬为单墓道圆形砖室墓，方向 184°，由墓道、墓门及门楼、甬道、墓室、棺床及棺床上的房形椁组成，南北通长 11.6 米。

墓道平面为不规则的长条形，剖面为阶梯状，共 14 级。门楼通高 3.98 米，宽 2.6 米。正面辟券门，门上有仿木构斗拱、屋檐，并有彩绘花卉图案。甬道为拱券形，长 1.88 米、宽 1.4 米、高 2.26 米，中部有一道木板门，现仅存门框痕迹。门内东西壁各有一个壁龛，并彩绘一朵折枝牡丹，东壁北部墨绘一灯檠。墓室为圆形、穹隆顶，外径 5.4 米、内径 4.4 米、高 4.48 米。东、西壁墙各砖砌两根倚柱，中部有莲花图案。阑额上各砖砌柱头铺作 1 朵，补间铺作 1 朵，撩檐枋上各有 5 个绘芭蕉叶、宝珠、牡丹花图案的砖构件装饰。墓室内顶绘白色星辰，正中有垂下的铁钩，原应悬挂铜镜。墓壁东西壁有两组壁画，分别为侍女备茶图、备酒图。甬道内口两侧阑额上各绘一只八哥。

墓室北部为须弥座式棺床，正面的 4 个壶门内各浅刻一只飞奔的走兽，棺床上筑房形椁，椁正面有门，由三块石条搭建而成，东西门框顶部内侧各凿出一个固定墓门的凹窝，在棺床南部出土 1 件铁锁，应是门锁。门顶部为砖砌屋檐，有两层装饰，下层为 5 组铺作，上层为 7 个砖砌方格。拱眼壁及方格内各绘 1 朵牡丹花。椁外东西侧各绘一站立的头戴襆头的青年男性。椁室内东西壁各为一幅立式构图的植物图案，北壁为一幅横式构图的独屏水墨山水画，由山、水、树木、白云、飞鸟（大雁）等组成。

墓内葬人骨一具，出土了铁剪刀、铁锁、铜钱、白瓷碗、瓷碾等器物和一盒墓志。墓主人为霍公故夫人博陵崔氏，卒于天复三年（903），葬于天祐元年（904）。

墓葬中出土的独屏水墨山水画和形制独特的房形椁最为引人注目。山水画为目前我国发现最早的独屏水墨山水画，填补了唐、五代、北宋时期的山水画发展序列的缺环，树立了中国早期山水画的标尺。房形椁与北朝隋唐的墓室内房屋形椁有相似之处，但不完全相同。灯檠、仿木构建筑等，为五代宋代壁画墓中的同类因素找到了源头。该墓葬的发现为研究唐宋砖室壁画墓的演变和中国山水画的发展具有重要意义。在清理这座墓葬同时，也对周边区域进行了勘探。目前已经发现砖室墓葬 70 多座，可以认定这里为一处规模较大的唐代墓群，与墓志中记载的“累代祖围”相符合。

（韩金秋　樊书海）

【临漳县邺城遗址核桃园 2 号基址】

发掘时间：2016 年 3～2017 年 6 月

发掘单位：中国社会科学院考古研究所、河北省文物研究所、邺城考古队

邺城遗址位于临漳县西南约 20 千米处，由南北毗连的邺北城、邺南城和外郭区三部分组成，是曹魏至北齐六朝故都。中国社会科学院考古研究所和河北省文物研究所于 1983 年联合组建考古队，开始进行持续考古工作。2016 年度，邺城考古队围绕“邺城遗址考古发掘与研究”创新课题，以探索东魏北齐邺南城外郭区范围和布局为学术目的，对位于南城外郭区的核桃园 2 号基址进行了全面勘探与发掘，发掘面积约 2000 平方米，揭露出一座规模较

大的殿堂类建筑遗迹，为探讨北朝晚期的大型建筑提供了重要资料。

核桃园建筑基址群位于东魏北齐邺城中轴线东侧，西距赵彭城北朝佛寺约600米、北距邺南城南墙约1000米，由一列处于同一轴线、南北向分布的五座建筑基址组成。1号建筑基址经发掘确认为北齐时期修建的一座土木结构方形木塔遗迹，5号基址位于塔基北约40米处，发掘初步认定是一座门址。

经2016年度发掘确认，核桃园2号建筑基址位于塔基北约80米处，保存状况较好，坐北朝南，是一座大型佛殿类建筑，两侧有附属的连廊和廊房。大殿平面呈横长方形，面宽约38米，进深约22米，地上夯土台基残存0.3米~0.5米，地下基槽深约1.2米，范围和形状与台基部分大体相当。台基表面因残损未见础石及础坑痕，但在四角均发现夯土中掺杂大量碎瓦片的迹象。大殿南面设双阶，北面正中设单阶，台阶夯土宽约3米、长约2.5米、残高0.3米左右。台基边缘有条砖包砌和碎砖填缝的痕迹，其外侧为宽约1米的砖铺散水痕，外缘以规整的三角形斫砖砌边。基础部分经解剖确认为条形夯形式，外围为回字形，内部由5条东西向平行分布的条形夯组成。根据基础结构及台阶的分布，可以推测大殿应为面阔七间、进深四间的建筑样式。

大殿东、西两侧南端建有连廊，东西面宽约5米，南北进深约6米，外缘有包砖和散水痕，与大殿连接处地面有地栿槽痕。基础为2道东西向平行分布的条形夯。连廊两侧分别连接两组南北向的廊房，廊房建在质量较差的夯土台基之上，台基高约0.3米，东西跨度约14.7米，外缘有包砖及宽约1米的砖铺散水痕，散水外缘的三角形斫砖与大殿外围斫砖经翼廊南北连为一体。廊房结构为进深两间，面宽、进深约4.3米，前后有宽约2.2米的通廊。墙基系在夯土台上浅挖而成，宽度0.7米~0.9米，深浅不一。外墙及室内东西向短隔墙墙基由三种不同类型的残砖平铺，其上砌筑整砖；而室内南北向的长隔墙墙基则是以碎瓦片铺垫，地面以上瓦墙宽0.8米~0.9米，外缘部分由排列整齐的残瓦叠筑，内部的瓦片铺垫则较散乱。外墙墙基南北连通，室内墙基均不贯通。室内空间略呈方形，面宽、进深3.5米~3.6米，部分屋内尚保存较好的北朝地面及倒塌的白灰墙皮。廊房基础均由等距分布的磉墩组成，磉墩边长约1.5米。

发掘出土遗物以砖、瓦类建筑构件为主，种类有板瓦、筒瓦、瓦当、兽面瓦件及各种类型的砖等。板瓦、筒瓦均破损严重，几乎不见较完整者，但表面多呈黑灰压光处理，显示出时代的特性和建筑物的级别，值得注意的带有戳记的瓦件较多。

核桃园建筑基址群的发现与发掘为我们探索邺南城外郭城的布局和范围以及里坊结构提供了重要的线索；对于我们探讨北朝晚期佛教寺院的形制、布局和功能具有重要意义；为了解北朝晚期大型宗教礼制类建筑的空间布局与结构、建造技术与工艺等提供了丰富的实物资料。

（何利群　沈丽华）

【正定县开元寺南广场唐至明清时期遗址】

发掘时间：2016年3月~2017年1月

工作单位：河北省文物研究所

开元寺为正定八大寺之一，始建于东魏兴和二年（540），时称净观寺，唐开元二十六年（738）玄宗诏令天下州郡各建一大寺，从纪年为寺号，更名为开元寺。寺内建筑自唐至明、清重建和重修。2006年开元寺公布为全国重点文物保护单位。

遗址位于石家庄市正定县燕赵南大街与开元路交叉口西北、开元寺寺院围墙南侧和西侧的开元寺街区更新、整治工程拆迁范围内，地处正定古城中心大十字街南侧，南距正定南门1100米。2016年3～6月，对开元寺南广场遗址进行考古勘查，勘探面积10000平方米，试掘320平方米。2016年11月，经国家文物局批准，开始正式发掘，至2017年1月，发掘面积400平方米。此次考古发掘发现有唐、五代、北宋、金、元、明、清7个历史时期的连续叠压地层以及丰富的文化遗存，共发现遗迹50处，出土了跨越唐五代至明清时期的可复原器物1400多件（套）。

以夯土墙遗迹为主体的晚唐、五代时期的城墙防御体系建筑布局位于发掘区中南部，墙体东西走向，总宽8米。其建筑年代可分为两期，一期为夯筑墙体，平面呈“T”形，剖面呈梯形，北直壁、南斜壁，由基槽、墙体、城台（门）等结构组成，年代为晚唐时期；二期为夯筑墙体外侧包砖，应属后期加固或改作其他用途，年代为五代时期。初步判断该城墙为晚唐、五代时期正定城的内城（牙城）。

以开元寺寺庙建筑为主体的各历史时期的建筑布局主要位于开元寺现址南侧。发现唐代沟渠一条，疑似开元寺寺内引水渠。F2门前漫道的发现基本明确了金元时期开元寺的南界。

以宋金至明清时期的民居建筑、街道体系为主的建筑布局分布在发掘区南部。发现了房址、灰坑、灰沟、灶、水井等遗迹。

遗址出土器物以陶器和瓷器为主。唐、五代时期瓷器主要器形有碗、盘、罐、盒、执壶、研磨器等，釉色以白釉为主，兼有米黄釉。此外还发现了属于该时期的陶制莲花纹瓦当、兽面纹瓦当、筒瓦、板瓦以及龙形建筑构件。宋金时期瓷器主要器形有碗、杯、盏、碟、盘、盆、盂、罐、壶、瓶、梅瓶、炉、枕、瓷塑、器盖等，釉色以白釉为主，兼有酱釉、黑釉、褐釉、青釉、绿釉等釉色，装饰技法有印花、划花、剔花、彩绘等；这一时期的陶器主要有盆、罐、釜、壶、扑满、纺轮等。金元时期的瓷器器形包括碗、杯、盏、碟、盘、盆、罐、壶、瓶、炉、枕等，釉色有白釉、酱釉、褐釉、青釉、绿釉、油滴釉等，装饰技法有印花、剔花、点彩、贴塑等；陶器主要为盆、罐、壶、陶佛像，此外还发现有骨梳、骨刷、骨雕鱼形饰件等骨器。明清时期的瓷器主要器形有碟、盘、碗、器盖、棋子等，青花瓷较多，兼有青釉、黑釉瓷；陶器包括罐、盆等，此外还发现有琉璃瓦、琉璃构件等。

通过发掘，基本确认了开元寺南广场遗址存在三个区域的历史建筑布局，城墙的发现对认识晚唐、五代时期正定城的城市布局和功能具有重要的学术价值；开元寺寺庙相关建筑遗迹的发现明确了唐、金元时期开元寺的结构布局和范围；发现的宋金至明清时期的民居建筑和街道体系，有助于研究正定古城在各历史时期城市建设模式、社会生活。正定开元寺为全国重点文物保护单位，此次考古发掘有助于更好地发挥开元寺、正定古城的历史、科学、艺术、社会价值。

（陈　伟　佘俊英　翟鹏飞）

【大名县大名府故城遗址】

发掘时间：2015年5月～2016年7月

工作单位：河北省文物研究所

大名府故城遗址位于大名县城东北，与县城毗邻，北周始为魏州治所，先后为后唐、后晋、后汉、后周、北宋、伪齐的陪都，北宋时为北宋四京之一的北京。2015年5月～2016年7月，河北省文物研究所首次对大名府故城遗址进行了全面的调查、勘探与试掘工作。勘探面积1万平方米，基本廓清了大名府外城城墙的形状和走向，外城周长20300米，南北长6.2千米，东西4.7千米。发现内城城圈，已探明城圈北半部，长度2.5千米。在外城南城墙外侧发现一段墙体，与外城平行，探明长度2.3千米，结合对该墙体的局部解剖，推测其应为外城城壕的拦水坝（墙）。共完成发掘面积980平方米。主要是对外城南城墙（孔庄段）的解剖发掘，外城发掘的墙体破坏严重，地表以上无存，墙体主体残存最高4.1米，主体为一次性建成，墙体南端经过三次修补，墙体大致可分为四期。Ⅰ期为始建期，底部宽达53.3米，顶部残宽28.3米，主体为平地起建，墙体内外两端呈阶梯状，墙体内外侧皆有下挖的沟槽。外侧沟槽深度要深于内侧深度。墙体外缘（南侧）经过三次修补，墙体不断加宽，至Ⅳ期时，墙基宽度达到57米，顶部残宽度达到42米。Ⅰ期墙体中，包含物较为纯净，在后期修补的墙本中遗物较为丰富，主要有各种建筑构件、礌石、陶瓷残片，少量的铜钱及其他遗物。共出土各类标本71件。根据出土遗物，始建年代不晚于宋早期，最后一次修筑不晚于金，与文献记载大体相符。

（魏曙光）

【隆化县孙志沟辽代墓葬】

发掘时间：2016年7～8月

工作单位：河北省文物研究所、承德市文物局、隆化县文保所

孙志沟墓群位于承德市隆化县尹家营满族乡上京堂行政村孙志沟自然村东北1000米，当地俗称“朝阳地”的山坳南坡。2016年6月16日，孙志沟墓群被盗，7月3日，根据河北省文物局指示，对孙志沟墓群被盗墓葬（以下称M1）进行抢救性考古发掘。

M1位于墓群北部，地表较平坦，南为断崖，北为山坡。墓葬中部可见两个竖井式盗坑，已深至墓室，将墓室中部、北部破坏。M1南侧为一断崖，高约2米，断崖底部有一圆形横向盗洞，直径1米，深3.5米，斜向下贯穿甬道深入墓室中，将墓室南部破坏。

M1为圆形竖穴土坑墓。墓圹口部直径6米，底部直径6.4米，深1.35米。甬道在墓室南部，被盗墓横洞从南北向贯穿。南端在墓圹上，北端与墓室相通。方向34°。两侧下部为生土修成的土墙，高0.45米。上部为毛石干垒石墙，高约0.7米，长1.9米，甬道顶部原搭有柏木顶。

墓圹底部有二层台，在红色生土上挖掘而成。二层台内侧为墓室，呈六边形，边长1.5米，从外向内依次为填土层、木炭层、柏木护墙、柏木墙护石。填土层为疏松的灰褐色土，厚0.3米。木炭层为粗细不一木炭竖立构成，厚0.3米。木炭层内侧部分区域残存红色柏木痕迹，应为护墙。柏木墙内侧原应有一圈用于加固木炭墙及柏木墙的石块，现仅在甬道处及尸床西侧地面可见少量残存。墓室顶部未发现任何类似于墓顶的遮盖遗迹。墓室地面用青砖沿二层台内侧边缘平铺。墓室北壁处为东西向的砖砌尸床。东部被盗坑破坏，仅存西部和东端。尸床上可见下肢骨、足骨三段，大体平行。足骨在西侧，可知人骨头向东。应为两个个体。墓圹南侧顶部有灰坑一座，打破墓圹及填土，距地表1米。平面近似椭圆形，斜壁，圜底，填土以草木灰烬为主，或与下葬完毕后举行祭祀活动有关。灰坑南壁底部有横洞一个，下距灰坑底40厘米，洞口立面呈半圆形，与灰坑相通，洞深1米，内有分层的填土，每层厚约10厘米。此次清理仅在墓室扰土内发现少量遗物，有铜丝网衣上的银靴底、“开元通宝”铜钱、鎏金铜带銙残片、牛皮带残片、白瓷片等。

孙志沟M1的形制较为独特，没有斜坡形墓道，没有墓门，甬道在墓室内。墓室结构复杂，用多种材料、多种方式制成。此前尚未发现同样形制的墓葬。从出土物的特征看，可以大体认定孙志沟M1的年代在辽代中晚期。在已被清理和被盗的墓

葬中，孙志沟 M1 属于该墓地中规模最大的一座。墓葬具有鲜明的民族特色，墓主应为契丹贵族。

（韩金秋 李 乐 康 凯）

【黄骅市金元时期海丰镇遗址】

发掘时间：2016 年 7～12 月

工作单位：河北省文物研究所、国家文物局水下文化遗产保护中心、黄骅市博物馆

海丰镇遗址位于沧州市黄骅市羊二庄镇海丰镇村至杨庄村之间。遗址中心最高处为一东西向土岗，高出周围 4 米左右。此次发掘是河北省文物研究所对该遗址进行的第四次考古发掘，也是第一次带有明确学术目的的主动性发掘。

2016 年度发掘区位于遗址土岗中部区域，布设 10 米×10 米探方 3 个，发掘总面积 300 平方米。通过发掘发现，遗址内地层堆积较厚，最厚处可达 4 米，文化层大致分 8～9 层，南部较北部略厚。第 1 层为耕土；第 2～5 层为元代文化层，第 6～9 层为金代文化层。

发现房址 8 座、道路 1 条、灶 9 座、火炕 2 座、灰坑 53 个、灰沟 5 条、铺砖遗迹 12 处。出土可复原器物 503 件套，包括有瓷器、陶器、骨器、石器、铁器和铜器等。

道路大致呈东西走向，宽 5 米～8 米，厚约 3.1 米，该路从黄沙土上开始使用，由金代一直沿用到元代，最底层路面凹洼不平，似有车辙痕迹。大部分路土为青灰色，土质坚硬，有明显分层，一般 5 厘米～10 厘米，填土中掺杂草秸、碎砖瓦、陶瓷片、小石块和铜钱等。早期路两侧有明显的路沟分布，随着道路的使用到金代的中后期路沟废弃，道路两侧出现类似于砖筑路牙或建筑等遗迹。

房址主要分布在道路北侧，多为长方形，大多为金代遗存，其中 F7 和 F8 尚可看出房址的大致形状和结构，墙体使用单排砖砌成。房址内均有火炕，火炕始端设有灶。房址与道路之间为踩踏面堆积，踩踏面分层明显，层厚 5 厘米～10 厘米，宽 2 米～3 米。

除道路和房址外，还发现数量较多的灶和火炕遗址。从建筑材料上来看，灶可以分为土灶和砖灶两类，其中砖灶多以圆形为主，土灶更多的为椭圆形。火炕也可分为土坯炕和砖炕两类，多有 2 条火道组成。

灰坑发现的数量较多，平面形状为圆形、椭圆形和不规则形。除发现有陶、瓷、铁器和铜钱等一般遗物外，还发现有鱼鳞、鱼骨和螃蟹爪等海洋生物遗存，这在其他遗址中是比较少见的。

陶器主要为泥质灰陶和红陶，器形主要是盆和罐。瓷器有白釉、钧釉、青釉、黑釉、褐釉，装饰手法有刻划花、印花、白底黑彩，窑口有磁州窑、定窑、井陉窑、耀州窑、景德镇窑等。器形也是以碗为大宗，也有盆、盘、瓶、盏、盒等器物。此外，还出土了数量众多的娱乐类遗物如围棋子和骰子等。

此次发掘最重要的收获是明确了东西向道路，发现该道路从生土起用，跨越金元两个时期，一直沿用到遗址废弃。道路两侧由最初的路沟到中后期的临街建筑，为我们进一步探讨遗址作为贸易城镇的性质提供了条件。

（马小飞 晋福新 戴 军）

山西省

【西侯度旧石器时代遗址及其周边考古调查】

调查时间：2016 年 3～6 月

工作单位：山西省考古研究所

西侯度遗址及其周边调查属于省局立项由山西省考古研究所、山西大学历史文化学院和运城市文物保护研究所共同承担的一个考古项目。

3 月 3～22 日，我们在对西侯度遗址附近的狼涧、白砂沟、独头后沟、舜南涧、咸水沟考古调查中，新发现旧石器地点 8 处（独头村后沟 1 地点，狼涧 1～4 地点，舜南涧 1～3 地点），其中可见原生层位的有独头村后沟 1 地点、狼涧 2 地点、舜南涧 2 地点。调查共采集石制品 60 余件，化石 20 余件。其中，在狼涧 2 地点上新世地层中发现石制品 40 余件。

与此同时，由于匼河遗址群自 20 世纪 60 年代以来，发现的地点始终没有一张能够全面反映各个地点地理位置信息的分布图。为此，我们专门设计了针对匼河遗址群石器地点进行复查的表格，对每个地点的地理位置、GPS 坐标、文化层、包含物、剖面和遗址的保存状态等信息进行全面采集。为深入研究匼河遗址群各地点的地貌部位以及遗址的保护研究奠定了基础。

鉴于狼涧 2 地点的重要性，5 月 13 日～6 月 13 日，我们对该地点进行了小型试掘。该地点地层自上至下依次为黄色黏土层、灰白色粉砂土层、砾石层、上新世红土层。石制品和动物化石均出自砾石层。发掘过程中共出土石制品和化石 100 余件。石制品原料以石英岩、石英、石英砂岩为主。类型包括石核、石片、断块等。砸击剥片为主，锤击法次之，石片基本不见二次加工。从狼涧第 2 地点的地层堆积来看，系第三纪三趾马红土顶部与第四纪地层交界部位。因此，该地点的发现对于探讨旧石器时代早期东亚人类起源，以及最早期人类石器技术及其演变具有重要意义。

（王益人）

【丁村旧石器时代遗址群】

发掘时间：2016 年 3～11 月

工作单位：山西省考古研究所

2016 年度考古工作分为调查和发掘两部分。3～4 月继续 2015 年汾河东岸黄土塬区调查，在对鏊子沟、汾道沟、柴庄沟调查中新发现旧石器地点 8 处，均为季节性洪积堆积。采集石制品 40 余件，均为角页岩石核、石片、工具等，时代以旧石器中、晚期为主。

4～11 月对九龙洞遗址、过水洞遗址进行第二年度的发掘，同时对洞门遗址展开发掘。九龙洞遗址 2016 年度主要发掘 A 区北部，发掘过程中出土石制品 2000 余件，原料以角页岩为主，类型包括石片、石核、工具、断片、砾石等。另发现有鸵鸟蛋壳、植物种子、炭屑等。石制品基本不见磨蚀，为原地埋藏，可见不同打制阶段的石核、石片、断片等，呈现出从选料、剥片、废弃完整的操作流程，表明其为丁村人打制石器的临时营地。在室内拼合研究中，拼合出人类打制石器组件80余组，共计400余件；拼合率达到了21.52%。如此之高的拼合率在我国旧石器考古学研究中尚属首次，在国际旧石器考古发现中也是较为罕见的。

洞门遗址位于北涧沟中游北侧黄土梁上部，发掘面积27平方米。在第一条古土壤条带（S1）中出土数量较为丰富的角页岩制品、炭屑等。类型包括石核、石片、断块等，以石片居多，多数未经磨蚀，覆有较厚的钙衣。

过水洞遗址，首先在A区中部选取东西长3米、南北宽2米的探井进行发掘，其上部地层为褐色黏土，出土有石制品、动物化石、炭屑等。石制品原料均为角页岩，类型包括石核、石片、工具等。底部约2米深处发现一条带有炭灰的砾石条带，可能是附近山火灰随洪水堆积于此。第二阶段对A区顶部约20米的黄土堆积进行发掘，以期解决2015年A区发掘中火塘坍塌原因。发掘面积54平方米，编为过水洞遗址C区。C区上部为一大型东南→西北向冲沟，下部依次为黄土层和古土壤层。文化遗物主要出自古土壤层，包括石制品、动物化石、炭屑等。石制品原料以角页岩为主，其次为燧石、石英等，类型包括石核、石片、断块、工具等；动物化石可见食草类、啮齿类头骨、牙齿、肱骨等，化石较为零碎，与A区所出较类似。目前来看，A区中下部红色黏土层中出土的石制品和动物化石可能来自古土壤层。

综合来看，2016年度的考古工作对东部黄土塬区有了进一步的了解，为研究丁村人的生存范围、活动规律、石器打制技术，探讨技术行为背后的人类思维、认知能力等提供了宝贵材料，具有重要的意义。

（袁文明　王益人）

【临汾市桃园新石器时代遗址】

发掘时间：2016年7月30日～12月30日

工作单位：山西省考古研究所、山西大学历史文化学院、临汾市文物考古工作站、襄汾县文化局

临汾桃园遗址位于临汾市尧都区贾得乡桃园村东南与襄汾县邓庄镇寺头村北交界处的台地上，遗存时代集中于新石器时代晚期。遗址区位于塔儿山西麓坡地上，南北两侧有季节河流经。为配合青兰高速山西境（长治至临汾段）建设项目，山西省考古研究所、山西大学、临汾文物部门对公路建控范围内涉及的遗址区进行考古发掘工作，发掘面积约2500平方米。

依据自然地形和公路走势，此次考古发掘共分三个区域进行。其中Ⅰ区位于桃园遗址外缘，共清理灰坑31个，墓葬1座，出土彩绘陶残片、布纹筒瓦等，初步判断，主体文化应归属于庙底沟，但被明清寺庙建筑打破，加之近现代人类干扰较多，遗存遗迹保存状况较差。Ⅱ、Ⅲ区集中于一处台地，属于桃园遗址中心区域。Ⅱ区共清理灰坑260余个，墓葬12座，房址3处、瓮棺葬1座，该区文化跨度较大，从庙底沟文化到仰韶晚期、二里头时期、东周皆有存在，但仍以庙底沟文化为主，出土大量彩绘陶盆、钵，尖底瓶，罐等残片，另有部分残断石器、骨制品等物。墓葬多为东周时期，初步判断为春秋中晚期，随葬有豆、鬲、罐等器物30余件。房址为庙底沟时期典型居址。Ⅲ区共清理灰坑73个，墓葬2座，房址1处，灰坑时代以东周为主，出土大量陶豆、罐、鬲足残片，另零星分布少量庙底沟时期灰坑，可见有彩绘陶罐、钵、盆等。房址F2是Ⅲ区也是此次考古发掘最重要的一个发现，房址面积约90平方米，庙底沟文化时期，地面形状呈五边形，半地穴式，现存较完整的地面、部分墙体、柱洞、火塘等结构。其中，地面坚硬平整，硬结面厚约1厘米，存在

两次修整痕迹；现存墙体的最高处，距房址地面约50厘米，内侧墙壁经涂抹草拌泥后，灼烧、修整；火塘1处，为圆形竖穴状，口径近1.1米，应为古人取暖照明、炊事所用；柱洞清晰可见，房屋中心柱洞内还残留柱体灼烧炭化后的痕迹。同时，F2进一步解剖发现，F2是由一座约60平方米的五边形半地穴式房址扩建而成，综合比较本省以往的考古发现，该房址是山西地区迄今面积较大、保存较完整、营建过程较清晰的一处新石器时代庙底沟文化大型房址。

由于庙底沟时期是我国史前文化最繁盛、辐射力最强的阶段，可谓史前文明向中华文明进阶中的重要步骤，其核心位于晋、陕、豫三省交界处，而晋南地区是该中心的一个重要区域。此次考古发掘地点位于这一核心区域，聚落遗迹丰富且保存较完整，它为深入了解庙底沟文化时期的社会结构、生产生活、文化面貌等提供了一批非常珍贵的实物资料，同时该遗址的发掘对今后认识同时期的同类聚落遗址具有指导意义。

（郑　媛　薛新明　武卓卓　周　翔）

【襄汾县小王村新石器时代遗址】

发掘时间：2016年7月3～29日

工作单位：山西省考古研究所、山西大学历史文化学院、临汾市文物考古工作站、襄汾县文化局

襄汾小王村遗址位于襄汾县邓庄镇小王村东南，属新石器时代。为配合青兰高速山西境（长治至临汾段）建设项目，山西省考古研究所、临汾市文物考古工作站等单位对其建控范围内涉及的地下文物进行了为期一个月的考古发掘。

此次发掘面积约400平方米，共清理灰坑25个，陶窑1座，灶1处。根据文物勘探结果，发掘工作分两个区域进行，其中，Ⅰ区共清理灰坑17个，皆为开口2层下，灰坑平面形状可分为圆形、不规则两种，以圆形灰坑为主，多直壁弧底。出土陶器以泥质红陶为主，包括大量彩陶，陶罐、尖底瓶、钵、盆等器类占较大比例，同时出土石刀、石斧、陶刀等生产工具，另外还有多件陶环。

Ⅱ区位于Ⅰ区西南约400米，共清理灰坑8个，陶窑1座，灶1处，皆为2层下开口，灰坑平面形状多呈不规则形状，个别为近圆形，出土陶器多泥质灰陶，器类有鬲、釜灶、箅、甗等，同时出土石斧、石铲等多件磨制石器。该区清理的陶窑窑室平面形状呈圆形，窑壁向上内弧，窑室内壁呈红色烧结面。可见2条主火道，由于破坏严重，主火道两侧的支火道数量不十分清晰。主火道从火膛底部开始呈斜坡上升。火膛位于窑室前侧下方，顶部已被破坏，后部保存较完整，平面呈圆角不规则长方形。火膛与火道基本呈一条直线。火膛内部堆积有红烧土块、草木灰等。火膛口外有一处白灰面，呈不规则状，应为窑前活动面。

根据此次发掘的情况看，小王村遗址Ⅰ区的文化面貌以庙底沟文化为主，Ⅱ区则为陶寺文化，两块区域虽相距较近，但文化内涵截然不同，为全面了解陶寺文化分布及当地史前文化提供了新的考古学资料。

（武卓卓　周　翔　郑　媛　范文谦）

【浮山县南西河新石器时代遗址】

发掘时间：2016年11月8日～12月8日

工作单位：山西省考古研究所、临汾市文物考古工作站、浮山县博物馆

浮山县南西河遗址位于浮山县张庄乡南西河村东北，属新石器时代中晚期。为配合西气东输一线山西省临汾改线工程浮山县改线段建设项目，山西省考古研究所、临汾市文物考古工作站等单位对其建控范围内涉及的地下文物进行了为期一个月的考古发掘。

此次发掘面积约621平方米，共清理灰坑46个，陶窑1座。该遗址地层堆积基本可见有两层，其中第1层为耕土层，土色为黄褐色；第2层为灰褐色，为近现代扰土层。遗迹全部开口于第2层下，灰坑平面形状分圆形及不规则两种，其中圆形灰坑多袋状或锅底状。出土较多泥质红陶、泥质灰陶陶片，可辨器形有平底瓶、罐、甑等。

陶窑位于发掘区东北，由窑室、窑箅、火塘、火口四部分构成。窑室平面形状呈不规则圆形，直径约2米，窑壁及其顶部大部分已经坍塌。窑箅位于窑室的正下方，由草拌泥封成，厚薄不均，平均厚度在0.34米。现存窑箅上保留有火眼约11个，直径约0.1米，火眼周边有4个不规则火孔，火孔与火眼呈放射状组合。火塘位于窑室下方偏西，火塘平面呈椭圆形，上部略窄，近1.6米，下部直径约1.8米，残高0.72米，火塘底部呈斜坡状，接近火口处略高，火塘四壁用草拌泥涂抹加工，现已呈青灰色烧结面。火口位于窑室南部，顶部被破坏，现残存火口宽0.62米，残高0.42米~0.52米。陶窑南部的H16应为陶窑使用时的窑前工作场。根据陶窑形制及其与周边遗迹关系，初步判断该陶窑时代应属二里头时期。

从发现的遗迹和遗物分析，南西河遗址时代应为新石器时代庙底沟文化，但在之后也多有人类活动。此次发掘为进一步了解南西河遗址以及浮山历史文化提供了富有价值的资料。

（薛新明　郑　媛　武卓卓　乔　峰）

【襄汾县陶寺新石器时代遗址】

发掘时间：2016年3月15日~6月24日

工作单位：中国社会科学院考古研究所、山西省考古研究所

陶寺遗址位于临汾市襄汾县陶寺村南。近年持续在城址内部核心区域进行考古工作。陶寺遗址有着明确的功能分区，其中宫殿区作为一处大型都邑类遗址最为核心的功能区一直是学界关注的区域，也是陶寺遗址都城性质最重要的最直接的物化要素之一。2012年对宫殿区一带的钻探情况表明其周边存在有围垣遗迹，若为宫城城墙，其重大学术意义不言而喻。在“中国社会科学院创新工程”和“中华文明探源工程”项目支持下，自2013年3月31日始，中国社会科学院考古研究所与山西省考古研究所联合持续对陶寺遗址疑似宫城城墙进行发掘，至2015年基本廓清了宫城城墙堆积、结构、年代、发展演变等问题，并开始重点发掘疑似宫城“东南门”和“东南角门”。

陶寺宫城位于陶寺遗址东北部，原来认为的宫殿区的外围。陶寺宫城呈长方形，东西长约470米，南北宽约270米，面积近13万平方米。方向大体北偏西45°，即315°，与陶寺大城方向基本一致。其中北墙编号Q15，东墙为原来的Q10，南墙编号Q16，西墙编号Q11。南墙西段及西南拐角被大南沟破坏掉。

2016年继续扩大发掘并基本揭露了疑似东南门址和东南拐角处的侧门，发掘面积679平方米，基本弄清了二者平面布局结构，局部有待补充发掘以最终确认。

对东南拐角的揭露表明，宫城城墙Q10与Q16之间存在缺口，应该是一处出入宫城的侧门，缺口宽十余米，暂称“东南角门”。更为重要的是，缺口处靠Q10内侧接出一夯土基址，长约10米、宽11米，很有可能是侧门Q10上“内墩台”基础。而Q16在此拐角处又继续向外（东）延伸出约15米收回，整体形成短“L”形。另外，在Q16基槽外侧发现有一处与基槽同期的礎墩类柱础，是否周边还有，有待进一步小面积的扩方发掘。

宫城东南门位于宫城南墙Q16东南段，正对宫城内最大宫殿基址ⅠFJT3，门

址接在 Q16 之上，面向东南，仅余夯土基槽部分，平面近似后世带有“阙楼式”城门，即南墙 Q16 东、西两侧各向南再延伸出夯土基址，类似“短墙”与“阙楼”基址，编号为Ⅰ FJT8。Ⅰ FJT8 的东侧夯土基址被大南沟冲掉一部分，西侧夯土基址保存基本完整，基础长近 21 米，宽 8 米以上，与宫城城墙 Q16 相接并连为一体。东侧基址较西部基址窄，且不甚规整，被大南沟破坏较多。二者之间为门址所在的进出通道，并残留有一小块明显的路土。Ⅰ FJT8被大量的陶寺文化晚期灰坑、房址破坏，显得支离破碎。在 H159 中还发现两块柱础石，不排除与Ⅰ FJT8 有着一定的内在关系。从叠压打破关系看，Ⅰ FJT8 在陶寺文化早期始建，至少延续使用至陶寺文化中期偏晚阶段。该东南门址形制特殊，结构复杂，具有较强的防御色彩，史前罕见，尤其功用性质有待进一步研究。

2016 年陶寺遗址春季的发掘取得重要成果，意义重大。一是两处门址的发掘表明宫城所在为城墙基础，而不大可能是壕沟，也最有可能是原本有沟，之后填平夯打建筑宫城城墙。门址的发掘进一步确认了陶寺宫城的存在，宫城规模宏大，形制规整，并具有突出的防御性质，是我国目前发现的最早的宫城。二是陶寺宫城东南角门整体呈短“L”形，且带墩台基础，在形制结构上与石峁遗址年代稍晚些的外城东门址有些相近。而陶寺东南门址形制特殊，结构复杂，史前罕见，又与后世带有阙楼的门址如隋唐洛阳应天门等有些类似。

（高江涛　何　努　田建文）

【绛县周家庄新石器时代遗址】

发掘时间：2016 年春、秋

工作单位：中国国家博物馆田野考古中心、山西省考古研究所、运城市文物保护研物究

2016 年春、秋两季，由中国国家博物馆田野考古中心、山西省考古研究所、运城市文物保护研究所组成的联合考古队继续在周家庄遗址进行发掘。发掘地点集中在两个区域：一是在遗址西部布设探沟两条，解剖钻探发现的壕沟；二是在遗址Ⅴ区进行大规模发掘，旨在了解该区域堆积概况，为研究聚落结构提供材料。

通过探沟发掘，我们确认了西部环壕的存在，并了解到其形制与东、北部环壕近似，且与之连为一体。至此，周家庄遗址的东、北、西侧环壕，均已确认。

Ⅴ区发掘收获颇丰。首先是发现了一处新的龙山期墓地，并发掘了其中 64 座墓葬。已发掘的墓葬均为小墓，其形制与遗址其他墓地所见者相近，多为东北—西南向，分组排列，鲜见叠压、打破关系，无随葬品；唯头向有别，以往所见多头向西南，此次见者以头向东北居多。此外，还发现数量较多的居住址遗存。遗迹包括灰坑、房址、陶窑等；遗物则有大量陶、石、骨器及一些动、植物标本。

周家庄遗址西环壕的确认，为进一步研究该遗址提供了重要资料，更加确定了周家庄遗址是一处拥有大型环壕的中心聚落。通过Ⅴ区的发掘，我们对遗址北部有了更进一步的认识，了解到这一区域遗存的时代均较晚，处于遗址龙山期晚段。从聚落结构角度来看，这一区域偏早阶段为居住区，另有制陶手工业的存在；后变成了一片墓地。

周家庄遗址规模庞大，龙山时代的文化堆积丰厚。几年的勘探和发掘表明，这里龙山期的堆积表现得相当连续，聚落的发展可能由小到大的扩展过程，而在这一过程中无疑有着统一的规划和管理，聚落内大型环壕的出现就证明了其背后强大的公共权力的存在。迄今我们已发现了多处居住区和不止一处的墓地，而制陶等手工业生产也分散在多处。其中墓葬的发掘还揭示了一定社会等级的差异。这些发现为

研究中国文明起源、社会复杂化提供了重要资料。

（田　伟）

【兴县碧村新石器时代遗址】

发掘时间：2016 年 3 ~ 12 月

工作单位：山西省考古研究所

兴县碧村遗址的考古工作，主要是在 2015 年的基础上，进一步揭露小玉梁石砌排房中的其余三座，并对这组排房背后的生活垃圾区进行全面发掘。

经发掘确认台地中心的排房由五座房址组成，整体坐东朝西，残存部分占地面积约 320 平方米。以规模最大的 F2 为中心，南北各两座，各自东墙逐渐向西递进。南侧两座编号 F1、F3；北侧两座，编号 F4、F5。平面形状分为方形和长方形两类，两种形制的房址相间排列，F2 平面呈方形外，与其紧邻的 F1、F4 平面为长方形，北端的 F5 平面呈方形，南端的 F3 仅存一角。

中心房址 F2 门道应位于西侧，并在西墙外发现有石铺地面。其他几座房址西墙被毁，东墙也并未见其主门道，其朝向应与 F2 基本一致。个别房址如 F1、F3 东墙边角存在设置偏门（即后门）的现象。

火塘呈圆形，除 F3 外，其他几座灶址均有相关发现，直径 1.6 米 ~2.5 米，一般位于房内中央位置，南北呈一线排列。

在房址东墙外的缓坡下，清理了部分灰坑，出土大量陶器，还有一些卜骨、玉器残片即蚌饰品等，这些灰坑与 2015 年发掘的 H8、H9、H12 紧邻，且均位于石砌排房东侧与护坡墙之间，应属于排房背后的生活垃圾区。

这座排房规划有序，建造考究，是目前史前时期北方地区所见规模最大、保存最好的一组石砌房址。房址地处小玉梁最高一级台地的中心，居高临下，三面环河，显示出其高等级性质。排房背后生活垃圾坑内出土的卜骨及玉器等，表明这组排房的主人不仅操纵公共决策，而且还占有社会的稀缺资源，可能是聚落中的最高集团。

（王晓毅　张光辉）

【坊堆—永凝堡遗址调查】

调查时间：2015 年 4 月、2015 年 11 月 15 日 ~12 月 15 日、2016 年 3 月 1 ~9 日

工作单位：山西省考古研究所、临汾市文化局、洪洞县文物局

坊堆—永凝堡遗址位于洪洞县中部，因出土大量西周时期遗物，尤其是以发现西周带字卜骨而著名，为山西省重点文物保护单位，是研究晋文化、晋国历史非常重要的地域之一。近年来坊堆—永凝堡遗址的破坏和盗墓现象十分严重，保护压力巨大，迫切需要搞清楚整个遗址的分布范围、文化内涵及其历史地位，以便为该遗址的有效保护、合理开发利用提供科学依据。

因此，山西省考古研究所等文物单位分别于 2015 年 4 月、2015 年 11 月至 12 月、2016 年 3 月分三次对该遗址进行考古调查，调查面积共计 13 平方公里，涉及三阳堡、北秦、严家庄、早觉、坊堆、西永凝、东永凝、永凝堡、南秦、石桥、南磨上、西冯堡、东冯堡、石家庄、瓦窑等 16 个行政村和自然村。

收获采集点 957 个，解剖处理断面 13 个。发现的遗迹有灰坑 16 个、墓葬 34 座（其中盗洞 33 个）、房址 2 个。采集遗物上万件，质地类型包括陶器、瓷器、铜器、铁器、玉石器，另外还有蚌、牙骨、海贝等。陶器可看出器形的有罐、鬲、豆、甑、盆、大口尊、三足瓮、鸮形俑、纺轮等，以及板瓦、筒瓦、瓦当、砖等建筑构件，陶系有泥质灰陶、夹砂灰陶、泥质红陶、夹砂红陶、磨光黑陶等、纹饰有绳纹、弦纹、篮纹、附加堆纹、“X”形刻划纹等，彩陶多为在泥坯上彩绘图案后烧制，多为

红底黑花，可辨的图案有变体花卉纹、圆点纹、几何纹等。另外在一些砖上发现手印纹。瓷器器形可辨识的有碗、灯盏等，釉色有白釉褐彩、钧釉、酱釉、黑釉、青花等。铜器有残戈（内部）1件、铜钱2件、残铜环1件。玉石器有玉玦、石斧、石刀等。初步推断，遗存的时代涉及庙底沟文化、庙底沟二期文化、龙山文化、夏、商、西周、东周、汉、宋元明清时期。

同时，为了能多角度综合研究该遗址的范围和文化内涵，该调查项目通过向社会公开招募的方式，吸收古环境、历史地理、古水文、遥感测绘、民俗学、摄影摄像等专业人员12人加入调查团队，与文物部门联合开展多学科考古调查与研究。

（郑　媛　郝丽君）

【翼城县大河口西周墓地】

发掘时间：2016年1~12月

工作单位：山西省考古研究所、临汾市文物局、翼城县文物旅游局

大河口墓地位于翼城县城以东约6000米处大河口村北的高台地上。墓地北望二峰山，西邻浍河干流，南邻浍河支流，两河交汇的三角洲正是墓地所在的高台地。大河口墓地现存南北长约300米，东西宽约150米，面积约45000平方米。墓地包括大量不同等级的西周墓葬和从属车马坑，以及晚于墓葬的灰坑。

2016年度发掘面积约10000平方米，共发现和清理西周墓葬660余座，出土器物4500余件组。发掘区十区、十一区位于墓地南部及东南部，十二区位于墓地西南部。目前已经将大河口墓地现存的西周墓葬全部发掘完毕。

此次发掘的墓葬全部为土圹竖穴墓，分布无明显规律性，个别墓葬之间存在打破关系。墓口形状为圆角长方形，部分墓葬的填土经过夯打。墓壁普遍呈口小底大的袋状，深度多不超过3米。大多数为单棺，少数为双棺或一棺一椁。部分墓葬中发现有木质葬具痕迹，一般可以辨别形制和结构。部分墓葬葬具下有垫木和腰坑。绝大多数墓葬为熟土二层台，个别为生土二层台。西向墓占大多数，部分为东向墓，个别为北向墓。墓主人以仰身直肢葬为主，也有部分仰身屈肢葬和侧身直肢葬，极个别为俯身葬。

随葬器物种类有陶器、青铜器、蚌贝器、玉石器、骨角器、漆器、锡器等。陶器以陶鬲和陶罐为主，一般放置于墓主人头端二层台之上，陶纺轮等小件陶器一般放置于葬具内墓主人身旁。青铜器包括礼器、兵器、工具、饰品、车马器等。铜礼器一般放置于墓主人头端二层台之上或棺椁之间。小件铜器一般放置于葬具内墓主人身旁，也有部分置于二层台之上或葬具盖板之上。蚌贝器一般为装饰品，放置于墓主人身上，也有作口琀的情况。玉石器有的是作为工具放置于二层台之上，有的是作为装饰品放置于葬具内墓主人身上，也有个别作为口琀放置于墓主人口内。骨器有在二层台之上的，也有在葬具内墓主人身两侧的。此外还发现数件漆器和锡器。

大河口墓地是西周时期的霸国墓地，年代自西周早期延续至春秋初年。此次考古发掘是以往工作的延续，也是该墓地发掘工作的彻底结束，至此霸国墓地现存的墓葬已经全部发掘完成，共计发掘墓葬2200余座，出土陶器、青铜器、蚌贝器、玉石器、骨器、漆木器、锡器等25000余件组。此次发掘之后，我们搞清了墓地的范围和墓葬分布状况。这是继山西绛县横水倗国西周墓地之后，又一次将西周时期一处封国墓地全部揭露发掘，所获得的资料对于推动西周考古研究和晋南地区封国研究具有重要意义。

（陈海波　王金平）

【绛县雎村西周墓地】

发掘时间：2016 年 1 ~ 12 月

工作单位：山西省考古研究所

绛县雎村墓地位于绛县卫庄镇雎村北 500 米的台塬地上，西距绛县县城约 5 千米。墓地地势平坦，南望中条山，西北倚紫金山，西面为季节性河流，属浍河水系。

绛县雎村墓地于 2011 年 6 月被盗而首次发现。经对被盗墓葬的初步调查和追缴文物的鉴定，判定雎村墓地为一处西周时期墓地。2013 年 5 月，墓地再次被盗后，由山西省考古研究所牵头，对墓地进行全面考古调查和勘探。2015 年 7 月 4 日，雎村墓地联合考古队进驻绛县卫庄镇雎村，开始考古发掘。

截至 2016 年 12 月 31 日，墓地发掘面积 11400 余平方米，在发掘区内发现墓葬 556 座。其中，大中型墓葬 9 座，车马坑 5 个。现共计发掘完成墓葬 447 座，大中型墓葬全部遭盗掘。

雎村墓地是一处贵族墓地，贵族和平民埋葬在一个墓地，墓葬之间极少打破关系，当有统一管理。未发现带墓道的墓葬，夫妻并穴合葬现象亦不明显。墓葬均为东西向的长方形土坑竖穴墓，口小底大。葬具为一棺一椁或单棺。人骨绝大部分为东西向，头向西的墓葬 308 座，东向 97 座（21.7%），北向 3 座，南向 1 座，38 座不详。葬式有仰身直肢、俯身直肢两种，以仰身直肢为主。仰身直肢 213 座、俯身直肢 175 座（39.1%），侧直 2 座，57 座不详。

出土有铜器、陶器、漆器、海贝、毛蚶、蚌泡、蛤蜊等器物共计 1500 余件。其中，青铜器有青铜鼎 10 件、青铜簋 5 件，青铜戈、铜铃、车马器等百余件。陶器种类有鬲、罐、簋、壶、豆，基本组合有鬲、鬲罐、鬲簋、鬲簋罐、鬲豆罐、鬲壶罐六种。漆器数十件，但因腐朽挤压，绝大部分器形不识。

另外，发现有腰坑的墓葬 9 座，发现有殉人的墓葬 9 座，四角带斜洞的墓葬 3 座。车马坑均位于大型墓葬东侧，呈东西向。

从现有的材料看，该处墓地人群单纯，应是与天马—曲村相区别的，属于以横水、大河口墓地为代表的文化。雎村墓地的发现与发掘，使得晋南地区在倗（绛县横水墓地）、霸（翼城大河口墓地）之外又出现了一个区域中心。其与绛县横水墓地直线距离仅 15 千米，与曲村墓地直线距离 24.9 千米，与大河口墓地直线距离 30.1 千米。雎村墓地的发现，对于西周时期各个区域中心的性质及之间的关系研究，如与倗、霸、晋国的关系，与其他古国及周王室的关系的研究，对于西周时期晋南及当时整个社会组织结构的探讨等将起到一定的推动作用。

（段双龙　王金平）

【襄汾县陶寺北东周墓地】

发掘时间：2016 年 3 月 ~2017 年 1 月

工作单位：山西省考古研究所、临汾市文物旅游局、襄汾县文化局

陶寺北墓地位于襄汾县城东北约 7000 米处的陶寺村北。因近年盗掘被发现，山西省考古研究所、临汾市文物旅游局、襄汾县文化局组成的考古队分别于 2014 年、2015 年进行了两次抢救性发掘，共发现春秋时期大中小型墓葬 12 座。本年度考古队第三次对墓地进行抢救性发掘，发掘面积 850 平方米，共发掘春秋晚期墓葬 5 座，其中大型墓葬 2 座，小型墓葬 3 座。

5 座墓葬方向在 5° ~ 20°，墓主人均仰身直肢。ⅢM1、ⅢM2 填土稍经夯打，ⅢM1 北部填土中埋两条殉狗。ⅢM3 ~ ⅢM5 填土土质疏松。根据墓葬规模，可分大、小两类。

ⅢM1 为积石墓。墓口长 6.5 米、宽 5.4 米、深 9.8 米。椁盖板上、墓底均铺

有一层石块，椁室四周也填满石块。葬具为一椁二棺。墓主人为一女性，30 岁出头，腹部有一胎儿，骨骼保存差。

出土器物有青铜器、玉器、铅器、陶器、骨器等。铜容器 25 件，铜鼎 8 件，其中镬鼎 2 件，列鼎 5 件，小盖鼎 1 件。鼎身多饰繁缛细密的蟠虺纹。铜盖豆 4 件，2 件素面，2 件捉手、柄部为镂空蟠蛇纹。铜鉴 2 件，形制相同，腹饰散虺纹。方壶 2 件，形制相同，纹饰精美，颈部饰高浮雕鸟衔蛇纹，腹饰高浮雕双身蟠龙纹。铜鬲 2 件，腹部饰蟠螭纹；簠、舟各 2 件，饰蟠虺纹；盉、盘、甗各 1 件，素面。编镈 1 套 8 件，石磬 2 套 10 件；车軎车辖 1 对；陶鬲 1 件。玉器多为墓主人随身饰品，颈部有串饰，双臂外侧有玉柄形饰，脚部有踏玉。棺椁之间的南部有一片长方形小玉片，玉片上有穿孔，可能缝缀于织物上。铅锡器已成粉末，不辨形状。外棺的四角均发现有铜铃，应是棺饰。

ⅢM2 墓口长 5.4 米、宽 4 米、深 9.6 米。熟土二层台上有少量积石。葬具为一椁二棺。人骨已朽成粉状。出土器物有青铜器 10 件，其中鼎 5 件，盖豆 2 件，盘、匜、舟各 1 件。车軎车辖 1 对。编钟 1 套 9 件，石磬 2 套 10 件。此外在棺椁之间西侧、西北、东北、东南角有铅器和铅锡合金的器物，已成灰白色粉状，可以看出形状的是铅鱼。玉器为墓主人随身饰品，集中于头、颈部。棺椁之间的南部有 1 件长方形漆器。陶器有壶 4 件，盖豆 2 件。

小型墓葬 3 座。墓口长 1.8 米 ~ 2.4 米、宽 0.7 米 ~ 1.1 米、深 2.7 米 ~ 3.6 米。M3 为一棺一椁，M4、M5 为单棺。共出陶器 5 件，有鬲、罐、盆等。铜带钩、铜饰、骨器各 1 件。

以上墓葬年代均属春秋晚期。

M2 人骨保存很差，不能辨识性别。出土器物中未见青铜武器及工具，可能是一名女性。随葬品中有 5 件列鼎，应属大夫阶层。从 2014 年至 2017 年 1 月共发掘墓葬 17 座，除 1 座小型墓南向外，其余均北向。共出土近 80 件青铜容器，百余件玉器。陶寺北墓地从两周之际延续到战国时期，伴随着晋国的兴盛和衰亡，无疑是晋国一处重要的贵族墓地。

（崔俊俊）

【洪洞县南秦东周及清代墓地】

发掘时间：2016 年 3 ~ 11 月

工作单位：山西省考古研究所

南秦墓地位于洪洞县广胜寺镇南秦村西南约 200 米的一处台地之上，北面有瓦日线铁路东西横穿墓地，西南距洪洞县县城约 5000 米，北距永凝堡遗址约 1000 米，东北距坊堆遗址约 2.5 千米，南十余千米为东周洪洞古城遗址。墓地地势较为平坦，东北望霍山，出霍泉河，北面有磨河，南面有洪安涧河。

2016 年 3 月，由山西省考古研究所、临汾市旅游文物局和洪洞县旅游文物局三家单位组成联合考古发掘队，对墓地进行试掘，发掘面积 400 余平方米。

经过近半年的考古发掘，共清理了不同时期的墓葬 9 座，灰坑 4 处。经初步推断，有春秋墓葬 2 座、战国—秦墓葬 3 座、清代墓葬 4 座。发掘出土了各类文物，总计 200 件套。

其中，M6、M4 两座东西向大中型墓是此次发掘的重要发现，皆为口大底小的土坑竖穴木椁墓。M4 墓口长 4 米、宽 3 米，深 9.5 米。一棺一椁，人骨头向东，仰身直肢。随葬器物有铜鼎 2、豆 2、舟、盘、匜各 1；另有陶器、车马器、金箔、漆器、石圭、骨管等。

M6 墓口长 6.2 米、宽 4.8 米、深 10 米。墓壁有抹泥，积石积炭，一椁两棺，人骨头向东，面向上，仰身直肢。随葬器物数量较多，出土有陶、铜、金、玉等各类器物 150 余件。其中，随葬铜容器 21

件，有盖鼎 4、无盖鼎 5、豆 4、方壶 2、敦 2、鉴 2、鬲 2、舟 1、盘 1、匜 1、甗 1、簠 1；铜编钟 9、石编磬 10；陶器 6 件，鬲 1、罐 5；铜兵器有戈、剑、镞；还有车軎、铃、马衔等车马器，凿、锛类铜工具，漆器、金饰、石圭、玉圭、玉饰及各类贝串饰等。

通过此次发掘，可以得知南秦墓地是一处历时长、内涵丰富、保存较为完整的大型墓地，为研究晋南地区不同时期的埋葬制度、人群族属、社会生活等提供了新的资料，尤其是为文献所载两周时期杨国、晋国历史以及与周边文化遗存之间的相互关系提供了珍贵的实物资料。

（曹　俊　杨及耘）

【天马—曲村遗址三张村东夯土城墙】

发掘时间：2016 年 3 ~ 10 月

工作单位：山西省考古研究所

天马—曲村遗址分布在曲村、天马、北赵、三张四个自然村之下及之间的一大片广阔地带，东西 3800 米，南北 2800 米，面积约 11 平方千米。在遗址的南部的三张村西有战国到汉代的三张古城。

2015 ~ 2016 年，曲村考古队在曲村—天马遗址南部的三张村东新发现一段南北走向的夯土城墙基槽及附属城壕遗迹，进行了钻探和发掘。

夯土城墙遗迹为南北走向，已经发现的部分仅有地下基槽部分，南北总长 381 米，宽约 7.8 米。其北端渐行渐窄浅，其他地方也再没有发现。

基槽宽 8 米左右，上部是一个整体的基槽，下部则由东、西平行的两道基槽组成，二者之间是生土，西基槽窄，东基槽宽。西基槽宽 1.96 米 ~ 2.2 米，深 1.2 米，其东西两壁较斜内收，底部平整；东基槽宽 5.5 米，深 2.2 米 ~ 3.2 米不等，底部不在一个深度，西边浅且平整，东边深且略显凹圜底，近底部有较多的淤土，东壁较为齐整，向内斜收。

基槽内夯土分两次夯筑，上部和下部有明显的区别，西基槽下部及东基槽内下部靠西部分一致，东基槽内下部靠东部分及两基槽共同的上部夯土一致。第一次夯层较厚，10 厘米 ~ 20 厘米，土质略显松软，较纯净，呈黄褐色花土。内含有少量碎陶片，可辨器形有罐、鬲。第二次夯层夯土质量较西侧部分致密许多，夯层厚度 8 厘米 ~ 10 厘米，夯层平整，夯土内的陶片较少，有罐、鬲、豆等。

附属城壕遗迹位于基槽东侧，与夯土城墙遗迹平行，长度相同。夯土遗迹与壕沟间距 4 米 ~ 5 米，壕沟宽 10 米 ~ 11.7 米，深度 6 米 ~ 7 米不等，靠城墙一侧边缘呈陡坡状，并有明显的踩踏面和小范围平台，其东侧边缘近直，几乎没有使用时期的痕迹。壕沟底部不在一个平面，靠西浅且略平，靠东急速斜下，且较深。壕沟内堆积填土是两次形成，第一次密实，褐色，第二次多属花土，堆积皆呈斜坡状，东高西低，纯净、疏松、分层明显、各层厚度不一，每层土质土色接近或相同，有青灰色花土、黄褐色花土、黑褐色花土和部分黄砂土，堆积层次明显、清晰，多块状，应该是在很短的时间内填埋的，并且填埋是由东向西倾倒而成。

发掘表明，城墙经过两次施工，在第一次施工后很长一段时间又进行了第二次施工，第二次施工对第一次的东基槽和城壕都进行了拓宽，均向外扩宽，也造成一定的破坏。对出土的陶片分析，第一次施工时间不早于春秋早期，第二次施工时间约在战国时期。

有两个现象值得注意，其一，夯土城墙及城壕的北端渐行渐窄浅，其他地方也没有再发现夯土城墙和城壕遗迹，表明这里可能是尽头；其二，该城墙、城壕均经过两次营造。推测这是一个未完成的工程，且其间经过两次停工，这样的推测是否与历史吻合还有待于以后的工作。

（吉琨璋）

【和顺县许村战国至汉代墓地】

发掘时间：2016 年 8 ~ 10 月

工作单位：山西省考古研究所

墓地位于晋中市和顺县松烟镇许村西北，处于清漳河西岸的二级台地上，墓地东约 100 米为清漳河。此次发掘为配合和顺至邢台铁路山西段建设工程而进行的田野考古发掘。共清理墓葬 22 座，其中 21 座为长方形土坑竖穴墓，时代为战国至汉；1 座为宋金土洞墓。出土有陶鼎、陶豆、陶壶、铜带钩、玛瑙环、骨簪、瓷碗、瓷钵等随葬器物。

战国至汉代墓葬全为土坑竖穴墓，除一座墓葬因平田整地被破坏外其余墓葬保存较好。分南北向和东西向两种，以南北向居多。全为单人葬，仰身直肢为主。墓葬规模较小，随葬器物较少，部分墓葬无随葬品。随葬品以带钩、陶罐为主，部分墓葬随葬组合器物鼎、豆、壶。

宋金墓葬打破战国墓，南北向，为带竖井式墓道的土洞墓，洞室顶部无存，墓壁不规整，石头封门。随葬有瓷碗、瓷罐等器物。

此次发掘的墓葬时代集中战国晚期至汉，墓葬形制单一，同晋中市榆次猫儿岭墓群、侯马等地的同时期墓葬有诸多类似之处，这对研究当地丧葬习俗的发展演变有重要意义。

（古慧莹）

【蒲县曹家庄战国至汉代墓地】

发掘时间：2016 年 10 月 ~2017 年 1 月

工作单位：山西省考古研究所

发掘地点位于临汾市蒲县县城西南约 5 千米处的曹家庄村西北方向。地处昕水河南岸台地（垣）上，原地表海拔 1223 米。

此次发掘面积约 3000 平方米，共清理古墓葬 42 座，发掘墓葬编号为 2016SPC M1 ~ M42，其中战国至汉代墓葬 41 座，仅有一座时代较晚，应属隋唐时期。这批墓葬形制多样，其中长方形土圹竖穴墓 23 座，带斜坡墓道的土洞墓 10 座，竖井墓道土洞墓 4 座，竖井墓道土圹竖穴墓 3 座，竖井墓道侧室土洞墓 1 座，台阶墓道土圹竖穴墓 1 座。墓葬分布情况为土圹竖穴墓均位于发掘区中北部，有墓道的墓葬仅有 M1 位于发掘区西北角，其余均位于发掘区中南部。M11 和 M12、M13 和 M14、M24 和 M25 应为对子墓。墓向无规律可循。

墓葬中有 27 座为石棺（椁）墓，3 座积炭墓。13 座墓带有壁龛，土圹竖穴墓的壁龛均位于头向一侧的墓壁中间，有墓道墓葬的壁龛均位于墓道接近封门处的一侧，仅 M26 有 2 个壁龛，分别位于墓道两侧。墓葬以单人葬为主，仅有 5 座带墓道的墓葬为双人葬。

发掘出土器物以陶器和铜器为主，铁器次之。陶器有鼎、豆、壶、罐、盘、匜、盒、锜、鹰、鸭等，部分器物有彩绘纹饰；铜器有鼎、壶、钫、带钩、铜镜、铜钱、铜扣、灶具、车马器等；铁器有环首刀、铁铲、鐎斗等；此外还有少量铅器、石砚、玉环、骨带钩、漆盘等器物，共计 250 余件。此外，部分墓葬有祭牲现象，祭祀动物主要为羊，牛和狗均仅发现一例，土圹竖穴墓的祭骨多出土于壁龛中，并伴出环首刀。

通过对这批墓葬发掘资料的整理与分析，结合相关史料，以石棺、椁为代表的一类墓葬的墓主很可能是汉武帝时期的内迁匈奴。目前山西境内还没有发现确切的类似资料，如果以上结论成立，将会给山西增添一个新的具有重要学术意义的考古文化。

（穆文军）

【翼城县上韩战国至西汉墓地】

时间：2016 年 8 ~9 月

工作单位：山西省考古研究所

受山西省文物局委托，由山西省考古研究所和当地文物部门组成联合考古发掘队伍，对上韩墓地盗掘行为较多的地点进行了重点考古勘探和试点发掘。

该遗址位于临汾市翼城县里砦乡上韩村，此次试掘地点系依据考古勘探的情况确定，发掘面积为 100 平方米，发掘古墓葬 3 座。

M1 为南北向土坑竖穴墓，开口尺寸为 393 厘米 ×297 厘米，口底同大，深 515 厘米，在西壁南侧可见脚窝，椁盖板上堆置木炭一层。葬具为一椁两棺，两棺分置两侧，东棺距南壁近，西棺距北壁近，分别放置墓主人骨架一具，头向北，葬式为仰身直肢葬。在清理椁内时清理出大量的苇席编织物，后经进一步清理确定其为用苇席编织的箱体，其具体数量不详，可明确的箱体个数有 2 个，分别位于东棺的北侧紧邻北壁处和西棺南帮板处。墓室内的随葬器物包括东棺北侧的铜盖鼎 2 个、铜扁壶 1 个、铜鍪 1 个、铜长柄勺 1 个、铜短柄勺 1 个、铜带钩 2 个、环首铁刀 2 个、圆形石器 1 个以及打磨精致的长方体骨器 3 个，在紧邻东棺西侧立板发现铜鍪 1 个，另在东棺的西侧和北侧分别清理出 1 个漆双耳杯；在西棺的东侧立板处发现了铜盖鼎 2 个，铜蒜头壶 1 个和陶罐 1 个。在该墓东棺的北帮板外发现祭骨一处。该墓葬椁室的构造较为特殊，椁底板由两列东西向的木板铺设，在两列接缝处，上铺一块贯穿椁室的南北向木板；北壁帮板和东西立板为水平横置叠落而成，唯南壁椁室帮板的做法独特，中间位置放置一竖向方木，其东侧帮板呈上下水平横置，西侧帮板则为竖向东西排列，后在清理掉竖向帮板时，在平面发现柱洞；椁盖板呈东西向排列摆放。

M2 经发掘为空墓。其形制为土坑竖穴，开口尺寸为 297 厘米 ×240 厘米、深 515 厘米，西壁、南壁和北壁为直壁，东壁上半部笔直，在下部则向内掏挖，墓底平面呈不对称梯形，在东南角的东壁和南壁相交处可见叠层排列的脚窝，在西壁见生土二层台。

M3 为洞室墓，墓道位于墓室北侧，开口尺寸为 260 厘米 ×160 厘米，口底同大，深 280 厘米 ~315 厘米。在墓道的北壁和西壁交角处有呈对称分布排列的脚窝 3 对。墓室深 225 厘米、宽 120 厘米、高 93 厘米，内放置 1 具南北向棺木，棺内有人骨架，头向北，葬式为仰身直肢葬。随葬器物皆摆放于棺木北侧的近墓道处，有陶鼎 2 个、陶盒 2 个、陶茧形壶 2 个、陶罐 1 个、陶锜 1 个。

通过对上韩墓地的考古试掘和出土器物的比较研究，我们初步可以判断这是一处战国晚期至西汉早期的墓地。其墓葬内墓主人葬式为仰身直肢葬，应系晋地原住居民的墓葬无疑，但其随葬品中的铜蒜头壶、铜鍪、铜扁壶和陶茧形壶等出土器物，又具有明显的秦文化特点，这说明战国晚期秦文化在东渐过程中与晋文化发生碰撞，对当地文化产生的影响，从而形成上韩墓地鲜明特点，其与侯马乔村墓地和侯马虒祁墓地时代相同，文化面貌相近，都具有较多的秦文化因素。

（杨及耘　王迎泽）

【屯留县余吾战国至东汉墓地】

发掘时间：2016 年 3 ~6 月

工作单位：山西省考古研究所

余吾墓地位于长治市屯留县余吾镇东侧，地处白云山山前台地上，所在位置地势平坦。

以往在该区域进行了两次相关发掘，1994 年底，为配合潞安矿井建设，在余吾镇东5000米的后河地点，发掘墓葬154座，主要为战国时期，还有少量汉代墓葬。2006～2007年，为配合潞安集团煤基油项目的建设，山西省考古研究所在余吾镇东约2000米的西邓村东南发掘了208座墓葬，时代主要为战国及西汉时期。

2016年度为配合山西潞安太行润滑油有限公司的建设，山西考古研究所所联合相关部门，于西邓村南清理墓葬119座，此次发掘地点在位于2006年发掘区北约1000米处，墓葬时代上起战国，下至东汉，平均深度5米，最深达8米。墓葬形制包括土坑竖穴、洞室、砖室三类；其中洞室墓有侧洞室、正洞室，砖室墓除土圹砖室外，还有土洞砖室。

战国时期墓葬主要为方形土坑竖穴墓，随葬品多为陶器，基本组合为仿铜陶礼器鼎豆壶或鬲豆罐等，此外，还有一些饰品如铜带钩、玛瑙环。秦代墓葬以M52、M88为代表，土坑竖穴，出土有秦“半两”，还有零星陶罐。西汉时期墓葬除土坑竖穴外，还流行洞室墓，随葬品以鼎盒壶或陶罐为基本组合。流行单人并穴合葬，以M66为代表。东汉时期墓葬该墓地流行砖室墓，墓道狭长，随葬品主要为灶、井、陶罐等。

此次在西邓发掘的这批墓葬流行的偏洞室墓和土洞砖室墓等，在周边地区也较为罕见，这为探讨该区域土洞墓的出现与砖室墓的兴起提供了例证。此外，该地点墓葬排列规律明显，呈相对集中分布，各墓区内墓葬早晚关系明确，形制丰富，为研究墓区发展演变提供了资料。

（张光辉　杨林中）

【晋阳古城二号建筑基址群】

发掘时间：2016年4～10月

工作单位：山西省考古研究所、太原市文物考古研究所

2012～2016年，为了配合国家考古遗址公园建设，山西省考古研究所与太原市文物考古研究所根据“十二五”考古工作计划，对晋阳古城遗址开展了考古调查和考古发掘。2012年开始对晋阳古城遗址西北区域展开考古调查，在距明太原县城北城墙350米、晋阳古城西城墙830米处发现了一处比较重要的建筑基址群，我们定名为“晋阳古城二号建筑基址群”。2016年，主要继续发掘2015年未完成的考古工作。

这个建筑基址群分为东西两组建筑基址，其中西组建筑基址，始建于唐，毁弃于宋初。建筑基址在废弃以后，上部除遭到耕种破坏，并没有再进行营造活动，故整体布局保存基本完整。整组建筑由左右两侧房屋组成一个封闭的多进院落。建筑南向，中轴线左右布局，有院墙、道路、三个庭院、多处面阔三间的建筑组成。其中七号房址平面面积较大，磉墩与柱础石形制也较大，似楼阁式建筑。一号与二号房址为中轴线上庭院之间的建筑，其两侧各有踏步与东西两侧建筑连接。在七号房址廊前灰坑中出土金刚经残碑，在六号与八号房址之间出土大量残碑，其上文字有“迦殿”“造天王堂”“作头”等很多内容。另外，在二号殿址西侧出土有“……善之祥兼固……即隋之晋阳宫……特命良工塑北方……雄异也武皇……”的残碑。由这些碑刻内容可推断此建筑为寺庙建筑，建筑内可能有天王堂、释迦殿等。另据“武皇”可以判断该碑所记内容为后唐追忆前朝之事。该寺庙建筑为大型寺庙建筑的一部分，修建年代为唐，可能在唐武宗时期受到破坏，五代后唐重新塑像或修葺，最终毁灭于宋初。

在西组建筑以东100米，发掘了东组建筑。为了彻底了解该区域内不同时期堆积，选择性对部分探方发掘至生土。最上一期建筑始建于东魏，经北齐、隋，最后废弃于初唐。整个建筑基址形成一个由四

周房屋围合而成的院落，院中排水渠曲折回绕，并且有水井两眼。魏晋十六国时期的窖穴中发现了大量的植物种子，这些种子种类达到数十种，成为研究这个时期人们食谱的重要材料。魏晋十六国文化层以下为汉代文化层，发现有汉代建筑遗迹，主要有水井、房址等，出土的遗物非常丰富。

两组建筑基址分属不同时代，此次发掘揭示了同一区域不同时代不同类型建筑，对于研究古代建筑的布局与演变具有重要意义。尤其是唐五代大型寺庙建筑，其比较完整的建筑平面结构，较为少见。另外，新发现的魏晋十六国文化层及出土遗物，应成为山西地区最明确的魏晋十六国考古研究的标尺。根据发现的“隋之晋阳宫”残碑资料，推断发掘区可能是北朝和隋代晋阳宫所在区域，如果确证，这将对于进一步了解晋阳城不同时代的城市布局奠定了重要基础。

（韩炳华　裴静蓉）

【蒲州故城遗址】

发掘时间：2015 年 3 月 ~2016 年 11 月

工作单位：山西省考古研究所、永济市蒲州故城文物管理处

蒲州故城遗址位于山西南部永济市西三十里的蒲州镇境内黄河东岸，遗址分为东、西两城，东西长 2.49 千米，南北宽 1.71 千米，占地面积 4.26 平方千米。2001 年被国务院公布为第五批全国重点文物保护单位，2013 年列入第二批国家考古遗址公园建设立项名单。

2015 ~2016 年山西省考古研究所对西城内西北部区域进行了大面积发掘，发掘面积 3000 余平方米，发现大规模夯土基址遗存，并对其进行了完整揭露和局部解剖。根据夯土的土质土色、夯层厚度、夯窝尺寸以及夯土夯筑结构等信息，确认夯土从北向南可分为 6 部分，编号为夯 1 ~ 夯 6：

夯 1　东西长约 23、南北宽约 8.9 米，夯土厚 1.7 米 ~ 2.6 米。黄灰色土，土质坚硬致密，夯层厚 5 厘米 ~ 12 厘米，夯窝直径 3 厘米 ~ 5 厘米。夯土内夹杂较多的白石灰颗粒，出土有玉璧形足的白瓷碗残片、莲花纹瓦当、开元通宝铜钱及数量较多的陶片、瓦片。

夯 2　东西长约 14 米，南北宽 9 米，夯土厚约 1.5 米。黄褐色土，土质较硬，夯层厚 5 厘米 ~ 13 厘米，夯窝直径 3 厘米 ~5 厘米。出土较少的瓦片、陶片，可辨器形有陶罐、陶盆、绳纹面板瓦、筒瓦等。

夯 3、夯 4、夯 5 为夯土遗迹主体。目前确定的长度约 130 米，宽 8 米 ~ 10 米，夯土厚 4 米 ~6 米。出土数量较多的绳纹面布纹里、篮纹面布纹里、素面布纹里板瓦、筒瓦片及较多的陶片。陶片绝大多数是泥质灰陶片，器形以陶罐、陶盆为主，另有少量的陶钵、陶壶等，陶罐以双耳侈口矮领鼓腹罐居多。

夯 6　东西长约 30 米，南北宽约 20 米，夯土厚约 3.1 米。深灰褐色土，土质较硬，夯层厚 4 厘米 ~ 22 厘米，夯窝不明显，直径约 5 厘米。

依据各部分夯土分布范围、走向以及夯土的土质土色、出土遗物及夯土之间的叠压关系，确定该夯土基址遗存为一段城墙遗迹。该段城墙位于地表 1.5 米以下，整体呈东西走向，长约 130 米，主体宽 8 米 ~ 10 米，自身厚度 4 米 ~6 米不等，夯筑质量高。

最早修筑夯土城墙时利用了原有的生土高台，将生土高台稍作修整后作为“墙芯”，并依次在生土台的南侧夯筑夯 3、夯 4 和夯 5，形成城墙的主体。夯 5 南侧呈规整的坡面状。此后在城墙南部增筑夯 6，在城墙北部增筑夯 2 和夯 1。各部分夯土的夯层、夯窝特征接近，叠压打破关系明确，依据出土遗物判断该段城墙始建于北

朝时期，唐代沿用并在局部进行了大规模的增筑。

宋金时期，该段城墙墙体功能废弃，在平面和高度上均进行了扩建，其上发现的遗迹有房址、水道、水井等，此时整个夯土基址已作为建筑基址使用，发生了“由墙到台”的转变。

蒲州故城遗址新发现的城墙证实了唐代蒲州城的存在，其年代还可上溯至北朝时期，这与文献中蒲州在北朝置州的记载相印证。它的发现为确定北朝至唐代蒲州城的位置、分布范围提供了十分重要的线索和依据，对进一步探寻北朝至唐代蒲州城的布局规制、探讨蒲州城址的沿革、变迁，丰富蒲州故城历史内涵以及推动蒲州故城国家考古遗址公园建设都具有十分重要的意义。

（刘　岩　赵　辉）

【河津市北午芹瓷窑址考古调查】

调查时间：2016 年 3 月

工作单位：山西省考古研究所、河津市文物局

瓷窑址位于河津市僧楼镇北午芹村，地处吕梁山南麓，汾河支流瓜峪西岸台地上。早年水既生先生等曾对该窑址进行过初步的调查，判断其烧造年代为唐代。3 月，山西省考古所对该窑址及相邻的古垛、固镇和老窑头四处瓷窑址进行了系统的考古调查，对四处瓷窑址的保存现状及分布范围有了更详尽的了解。利用固定翼无人机对窑址进行航拍，并标注典型断面及堆积分布密集区。

因村镇建设及周边化工厂、石料厂的兴建，对窑址的破坏严重，现地表可见的遗存较少，仅在村东、东北部发现两处堆积断面，采集到少量瓷片和窑具，未发现窑炉、作坊等相关制瓷遗迹。

采集的遗物以瓷片为主，少量三叉支钉、垫环。瓷片以粗白瓷为主，少量黑釉瓷。粗白瓷多为黄白胎、土黄胎，胎质较粗疏，可见少量气孔和较多的黑色细颗粒物；釉色多白中泛青黄，釉下施白色化妆土，釉面乳浊感强，但也不乏釉层薄、釉色莹白的产品，个别碗类器物通体罩化妆土；主要器形有碗、盘、钵、盆和罐，其中碗、盘类器物多为尖、圆凸唇，个别饰葵口造型，器物底足均为玉环形底或饼状足。在一件罐的腹壁残片上发现有剔刻的莲瓣纹样。采集的黑釉瓷数量较少，多为浅灰胎，胎质较粗白瓷细而坚致，釉色漆黑或呈黑褐色，可辨识的器形有瓶和瓜棱腹的罐。采集的窑具有三叉支钉和垫环，多为夹细砂粗胎质，从碗、盘类器物内底残存的三个圆形或楔形支钉痕看，其装烧工艺均为以三叉支钉为间隔具的叠烧法。在采集的盆类器底残片中发现有内底刮釉的现象，应为对口扣烧并在其内叠烧碗类产品所形成的。

结合此次调查采集到的瓷片标本，判断北午芹瓷窑址的烧造年代应为北宋早期，其与古垛、固镇两处瓷窑址呈东北—西南一线排列，共同构成宋金时期河津窑的中心窑场区。北午芹与古垛的烧造年代相近，固镇窑址的主体年代为金，个别地点可能早到北宋晚期，三处瓷窑址距离相近，应该存在一定的传承关系，对探讨河津瓷窑址的发展、演变具有重要价值。

（贾　尧　高振华）

【汾西县郝家沟宋金明清墓地】

发掘时间：2015 年 8 月、2016 年 3～6 月

工作单位：山西省考古研究所、临汾市文物工作站、汾西县文物旅游局

郝家沟墓地位于汾西县永安镇郝家沟村北山梁上，东南距汾西县城约 10 千米。2015 年 7 月下旬，山西其亚铝业有限公司在一项目施工取土过程中，发现一座金代砖雕壁画墓，同年 8 月山西省考古研究所对其进行了抢救性发掘。2016 年 3～6 月，

为配合该项目建设，山西省考古研究所、临汾市文物工作站、汾西县文物旅游局组成联合考古队，对郝家沟墓地勘探发现的其余古墓葬进行了考古发掘，发掘面积4000余平方米，清理宋金明清墓葬172余座，其中宋金砖雕壁画墓4座、明清时期砖券墓7座，其余多为明清时期竖穴土洞室墓，出土陶、瓷、铁、铜、砖瓦等各类器物200余件（套），获得了一批重要考古资料。

宋金时期的3座保存较为完整的砖雕壁画墓是此次发掘的重要收获。M1、M2均为仿木构八角形单室砖墓，长方形竖井式墓道，八角叠涩顶，墓室内砖雕假门、窗，彩绘妇人启门图等。M1壁画精美，出土瓷盘1件。M153为圆形砖室墓，长方形竖井式墓道，穹隆顶，砖砌假门、窗，砖雕储物柜、熨斗、一桌二椅、磨盘，生活气息浓厚。出土瓷器瓷碗2件、瓷盘、瓷钵各1件。郝家沟墓地已遭破坏，仅发掘宋金墓葬四座，M2、M19两墓东西毗邻分布，位于发掘区北中部，M1在其西约80米，M153在其南约40米。四座墓除M1有“大定廿二年”（1182）纪年买地券外，2016年发掘的这三座均未出土任何纪年遗物，根据墓葬形制及出土遗物判断，其时代为金代。该墓地宋金墓葬的发掘，为金墓断代研究提供了又一座准确的年代标尺，保存精美的墓葬壁画及雕刻等，也为宋金时期墓葬内涵的深入研究提供了新线索。

明清砖券墓7座，均由墓道、墓门和墓室组成，长方形竖井式墓道，长方形土圹内砖券墓室。土洞室墓是该墓地明清时期的主要墓葬形制，墓葬由墓道、墓门和墓室组成，南北向；墓道多为长方形竖井式，墓室系墓道北壁下掏挖形成洞室。从葬俗看，以尸骨葬为主，合葬方式有单人葬、双人合葬、多人合葬等，流行二次葬。多数墓葬中都会出现头骨下枕炭块、镇墓用符砖、符瓦或石块等。随葬品以民间烧造的粗瓷器和陶器为主。该墓地明清时期墓葬存在很多叠压打破现象，墓地现存部分相对完整，为明清以来的丧葬习俗研究提供了实例，也对认识晚近期墓葬研究的价值及地域丧葬文化具有积极意义。

（武俊华　赵　辉　张新智　王玉富）

【长子县南沟金代壁画墓】

发掘时间：2016年4～5月

工作单位：山西省考古研究所、长治外事侨务与文物旅游局、长子县文物旅游局

长子县南沟金墓位于长治市长子县碾张乡南沟村西南，地处岚水河支流南沟南岸的二级台地上。

2016年度，根据山西省文物局的指示，并报国家文物局批准，山西省考古研究所组织力量对长子南沟被盗的一座墓葬进行了抢救性发掘。

该墓为一座仿木结构的壁画墓，由墓道、墓门、甬道及前后室组成，平面呈近似“中”字形，方向32°。

墓门辟于墓室北壁中部，条砖封堵，拱形，高1.3米、宽0.7米、进深0.63米。

墓室分为前后室，前室土圹呈方形，东西长2.2米，南北宽2.16米，深3.04米。土圹内用长0.32米、宽0.16米、厚高0.06米的条砖砌壁，上部从四面起券结顶。墓底用长0.32米、宽0.31米、厚0.06米的大方砖铺地。沿周壁砌“凹”形棺床，床高0.42米。墓底四隅置砖砌转角倚柱，柱高1.02米、宽0.1米，下部有高0.06米、宽0.16米的柱础，倚柱之上承托仿木斗拱，四壁中间各增设补间斗拱一个，拱上砌撩檐枋，枋上置椽头，再铺盖板瓦，最后攒尖收顶。后室为砖砌洞室，位于前室南部，高0.63米～0.75米、宽

0.58 米、进深 0.91 米，条砖铺地。

壁画仅见于前室，分为底部主题壁画、中部建筑彩绘和墓顶壁画三部分，多以白色打底，用红、黄、橙、黑彩绘制内容。

墓室主题壁画位于地面到阑额之间，分为上下两层，中间描绘折枝花卉作为界隔。上层主题壁画为孝行图，共 24 幅。下层主题壁画主要为门窗、劳作、出行与放牧图。墓门两侧为二人持鞭放牧图，正对墓门的北侧墓室为墓主出行图。建筑壁画主要施于斗拱、橑檐之上，彩绘内容主要为形式多样的折枝花卉。

墓室壁画施于顶部四坡之上，底部先刷成白色，再绘制流云，流云之上有日月星辰、朱雀苍龙及引导升仙图等。

墓底被盗扰，未见任何随葬品，仅发现部分扰乱人骨。

南沟壁画墓结构及壁画内容较为多见，以往在附近的长子、长治、屯留等地均有类似墓葬发现。这给其年代判定提供了参考，该墓与长治北郊明昌六年（1195）金墓、屯留宋村天会十三年（1135）、长子石哲金墓壁画形式相同，二十四孝行图中的人物故事基本一致，仅个别人物有所差别，综合判断此墓年代约在金时期。该座金墓壁画保存较完整，内容丰富，这为研究晋东南金时期壁画及丧葬习俗提供了新的资料。

（杨林中　张光辉）

【侯马市东庄金代家族墓地】

发掘时间：2016 年 8 月

工作单位：山西省考古研究所

为配合侯马市文体活动中心的建设，山西省考古研究所在东庄村东南该项目建设区域内进行了考古发掘。发掘区域为 1200 余平方米，共发掘古墓葬 14 座，其中 6 座为砖室墓。

砖室墓均由墓道、墓门和墓室三部分组成，墓道位于墓室的南侧，墓门辟于墓室的东南角，连接墓道和墓室，墓室为方形或矩形，墓室内砌棺床。M9、M12 和 M14 保存完好，M9 墓室为南北较长的矩形，墓壁雕砖仅北壁有格子门，墓顶为券顶；M12 和 M14 为仿木构砖室结构墓，墓门处安装青砖板门，墓室四隅立方形抹角倚柱，四壁砌筑各式雕砖。M12 北壁中为“妇人启门”造型，左右两侧雕墓主人夫妇对坐图；东西两壁立格子门两合，东壁格子门绦环板壶门内雕“王祥卧冰”和“孟宗哭竹”孝子故事；南壁左侧为墓门内侧，做拱门，拱门周雕“童子嬉戏图”，右侧上雕破子棂窗，窗下砌“舞狮图”。四壁上做四铺作斗拱，斗拱上承八角叠涩攒尖顶。M12 是唯一一座墓室内遍涂彩绘的墓葬，整体以白色为底，红、黑、黄用作描绘和点缀。M14 北壁中为墓主人夫妇对坐造型，两侧分挂画轴一幅，图案为四棱瓶插花图案；东西壁砌格子门两合；南壁左侧为墓门内壁，做拱门，右侧雕一衣架，衣架上方砌一力士花砖和“曹娥哭江”和“孟宗哭竹”孝子故事砖。四壁上立简化的四铺作斗拱，斗拱上承八角叠涩攒尖墓顶。M7 和 M10 被毁，M7 存南壁，雕砌一合板门，M10 留北壁，中间为“妇人启门”图，左右雕侍女侍男。M8 系迁葬，墓室内青砖全部移走，仅发现墓主人夫妇雕砖像。

M1、M2、M3、M4、M6、M8、M11、M13 为土洞墓，皆由墓道和墓室组成，这 8 座土洞墓墓道皆位于墓室的南侧。根据墓道的具体位置又可分为两类，M1、M2、M4、M8、M13 的墓道位于墓室南壁中央，平面呈倒“凸”形布局；M3、M6、M11 的墓道位于墓室南壁的东南角，平面呈“刀”形布局。

东庄墓地所有墓葬的人骨架在 2～4 具，头向皆北，仰身直肢葬。多数墓葬内随葬一个瓷釉灯盏，唯 M12 内随葬虎形瓷枕 1 个，白釉碗 1 个，白釉盘 1 个。

东庄墓地发掘的14座墓葬中，既有仿木构砖室结构墓，也有一定数量的土洞墓。其中几座砖室墓的构造精美，建筑讲究，墓室内的人物刻画栩栩如生，内容题材丰富多彩。尤其M12，更是不可多见的精品。在这14座墓葬中未发现任何有关纪年的记载，通过对比晋南地区已经发表的同类墓葬的资料，我们认为东庄墓地的修建和使用修建年代系金代无疑。此次考古发现的土洞墓丰富了我们对宋金时期此类墓葬的认识。

（杨及耘）

【忻州市监狱解村金元墓地】

发掘时间：2016年11～12月

工作单位：山西省考古研究所

墓地分布于忻州市忻府区北义井乡高家庄村北约1000米的平川地带，土地为忻州监狱解村农场所有。此次发掘为配合山西省忻州监狱迁建项目而进行的田野考古发掘。共清理墓葬18座，时代为金元时期。墓葬全为砖室墓，但损毁严重，墓顶全部不存，部分墓葬墓壁、墓底铺地砖也无存。出土有塔式罐、铜镜、铜钱、瓷碗、瓷盏等随葬器物计20余件。

迁葬墓1座：位于发掘区的最东部。砖构圆形竖井式，墓底铺砖，残高86厘米，底面直径80厘米。砌筑粗糙，用砖多为不规则半砖，鲜有整砖。随葬两具骨架，无随葬品。

八角形墓2座：其一位于发掘区的最北部编号M7，另一座位于发掘区中部编号M17。两座墓葬形制相同，为带长方形竖井式墓道的单室砖构墓。墓道位于墓室南部，砖封门。墓室平面八边形，顶部不存，底部有砖砌棺床。M7清理骨架一具，随葬黑釉瓷罐一个；M17清理骨架两具，其中一具被火烧后置于另一具的胸部，随葬塔式罐、瓷碗、铜镜等。

圆形墓15座：原应全为仿木结构的砖雕墓葬，但因损毁严重，只有极个别墓葬残存斗拱。依据墓葬形制和现存状况又可分为四式。

1. 毁坏严重的。墓壁、墓底的砖基本无存。有7座，编号为M3、M9、M11、M12、M13、M15、M18。

2. 带假门及耳室的2座，编号为M2、M4。墓葬形制相同，带长方形竖井式墓葬的砖构墓，墓道位于墓室南部。墓顶不存，墓室圆形，墓底有砖砌棺床。墓壁残存有仿木结构砖构斗拱。残存墓壁用砖砌四根立柱分为四区，南壁为墓门，北壁有砖砌假门及灯台，东壁底部砌一小耳室，烧骨置于耳室内。随葬器物较少，清理有塔式罐构件。

3. 带假门无耳室的5座，编号M5、M6、M8、M10、M14。墓葬形制基本与M2相同，区别之处即在墓室东壁未置耳室，烧骨凌乱散落于墓室内。随葬器物有塔式罐、瓷盏、铜钱等。

4. 无假门无耳室的1座，编号为M16。墓葬形制基本同M2，区别在于无假门无耳室。该墓墓底铺地砖的铺砌方式不同于其他墓葬，依墓壁圆形砌筑铺地。出土器物有器盖、发簪等。

此次清理的墓葬分布相对集中，墓葬形制多样，虽然墓葬损毁严重，但墓葬形制的多样化及渐次演变依然为该地区金元时期丧葬习俗传承发展的研究提供了重要的实物资料。

（王普军）

【襄汾县燕村北明清墓地】

发掘时间：2016年5月3日～6月18日

工作单位：山西省考古研究所、临汾市文物考古工作站、襄汾县文化局

襄汾县燕村北明清墓地位于襄汾县邓庄乡燕村村北，为配合青兰高速山西境（长治至临汾段）建设项目，山西省考古研究所、临汾市文物考古工作站等单位对

其建控范围内涉及的地下文物展开考古发掘。

此次发掘面积约1400平方米，共清理明代墓葬18座、清代墓葬5座，皆为土洞墓，由单墓道和墓室组成。其中，明代墓葬以迁葬、合葬墓为多，单体墓葬埋葬人数为1至5人不等，葬具见棺床或无葬具，青砖铺底，墓向南北、头向西，墓主人横置于墓室内，墓内出土有买地券，随葬品组合以瓷碗、瓷盏、泥罐、铜钱、铜镜较常见。墓葬分布有规律，地面置“明堂”，内有朱书买地券一方，应为一小型家族墓地。清代墓葬分布零星，有单棺单人和双棺双人两种，棺木内人骨犹存，随葬品简单，有黑釉瓷罐、瓷盏和铜钱等。

该批墓葬共出土明清时期瓷碗、铜镜、瓷罐、铜扣、饰件、陶环等各类文物标本156件，为了解当地明清时期葬俗及历史文化提供了一批实物资料。

（范文谦　郑　媛　武卓卓　周　翔）

内蒙古自治区

【化德县裕民新石器时代遗址】

发掘时间：2016 年 5 月

工作单位：内蒙古自治区文物考古研究所、乌兰察布市博物馆、化德县文物管理所

裕民遗址在配合集通铁路复线工程建设中调查发现，考古试掘面积 100 平方米。2014 年发掘揭露面积 775 平方米。2015 年发掘面积 700 平方米。2016 年发掘面积 2275 平方米。四个年度考古发掘，布探方 5 米 ×5 米探方 150 个，发掘面积 3750 平方米，发现了 7 处遗址，共出土器物 2000 余件，其中大部分为石器，较少量的陶器、骨器。此外，还出土了大量的残碎兽骨。其时代涵盖有裕民遗址文化时期至仰韶中晚期。

（胡晓农　包青川　李恩瑞）

【赤峰市翁牛特旗南湾子北兴隆洼文化遗址】

发掘时间：2016 年 7 ~ 9 月

工作单位：赤峰学院历史文化学院、内蒙古自治区文物考古研究所、翁牛特旗文物局

湾子北遗址位于赤峰市翁牛特旗广德公镇关东铺子村南湾子组西北 1.5 千米处，东南距赤峰市约 70 千米。遗址位于羊肠子河北岸的黄土台塬前缘缓坡上，南距羊肠子河约 100 米，坐标为北纬 42°40′38″、东经 118°37′31″，海拔 900 米。

此次发掘共布探方 18 个，发掘面积 1500 平方米，揭露兴隆洼文化时期房址 9 座，兴隆洼文化时期灰坑 4 个，小河沿文化时期灰坑 5 个。

遗址地层堆积较为简单，房址及灰坑均开口于第 1 层下。房址为圆角方形半地穴式，近正南北向，大致可分 5 排。房址总体保存状况较好，堆积最厚处保留约 0.8 米，直壁平底，面积在 18 ~ 50 平方米。房址内均发现灶址，大部分为石板灶，平面形状可见圆形与方形，F1、F3 发现保存完好的门道。房址活动面保存较好，可见烧烤面及生土踩踏面两种，加工考究。房址内部东、西、南三侧发现高 3 厘米 ~ 5 厘米的土棱，将活动面分为居住及储存加工两区，居住区内摆放器物较少，绝大部分器物放置于土棱之外。房址内外柱洞不多，仅在土棱之上发现少量几个。F2 石板灶北侧放置石人像两具，初步判断为一男一女，女性石像的眼部、嘴部放有蚌壳做成的眼睛及牙齿。F3 东北角土棱内部，堆放有大量动物骨骼，初步鉴定为猪、鹿和牛骨骼。

兴隆洼文化时期灰坑共 4 个，集中分布于 F1 南侧。平面形状为圆形，近直壁圜底，出土物很少，H1 ~ H3 出土石球各 1 件，H11 仅出土少量陶片。小河沿文化时期灰坑除 H7 为袋形坑外，其余皆近直壁平底，包含物仅见少量陶片。

此次发掘所获器物主要为陶器和石器，绝大部分出土于房址内。陶器可见筒形罐、陶杯、陶盅等，石器有大量的磨盘、磨棒、饼形器、圆窝石器，另有少量的石铲、环

状石器等。

南湾子北遗址揭露了兴隆洼文化晚期的一处小型聚落，属白音长汗类型，器物多为兴隆洼文化晚期，少量可到中期。发掘丰富了兴隆洼文化的内涵，尤其是保存完好的土棱状结构房址，为研究兴隆洼文化时期的房址加工方式提供了不可多得的新资料，F2 内发现的两具石人像对于研究此时期的原始信仰及崇拜有重要意义。

（刘江涛）

【清水河县岔河口新石器时代遗址】

发掘时间：2016 年

工作单位：内蒙古自治区文物考古研究所

20 世纪 60 年代初首次发现该遗址，1997 年、1998 年为了配合万家寨水利工程建设，连续两年对该遗址进行抢救性发掘。2016 年对该遗址再次进行钻探、发掘，首次发掘环壕的东门，并再次清理往年发掘过的环壕南门，在此基础上继续往东西两侧扩充发掘。2016 年共布 10 米 ×10 米探方 20 个，实际发掘面积约 2150 平方米。出土陶器、石器、骨器等各类器物 50 余件。

出土遗物以陶器残片占绝大多数，少量打制石器、磨制石器、骨角器。陶器以泥质红陶、夹砂红褐陶为主，少量夹砂灰褐陶。石器以打制、磨制石器为主，多由砂岩或沉积岩磨制而成。器形规整，个体较大。主要器形有磨盘、磨棒、斧、锛、刀、杵、环等。

（吉　平　格日乐图）

【凉城县板城新石器时代石城】

发掘时间：2016 年 7 ~ 10 月

工作单位：内蒙古自治区文物考古研究所、凉城县文物管理所

遗址位于凉城县永兴镇板城村，1987 年、1997 年曾两次对该石城进行过较为全面的测绘和钻探式发掘。发掘房址 34 座，墓葬 1 座，陶窑 3 座，并对保存相对较好的北部墙体进行了解剖。此次发掘的位置在临近石城墙北部墙体隔冲沟的东南部坡体之上。发掘面积约 1000 平方米，共发掘房址 4 座、陶窑 4 座，灰坑 7 个。此外，在对石城进行踏查中，发现北部石墙以外沿河的河槽断崖处也零零散散发现有同期的文化遗存，对其中已经暴露在外的 2 座房址随即进行了清理。

此次发掘增加了对该遗址文化内涵的认识，且初步取得以下几个方面的认识：1. 发掘区内集中发现了较多的陶窑，初步判定该发掘地点应为板城遗址的陶窑烧造区，且也存在居住建筑，此区域应有可能发展成为陶工的工作和居住区。2. 发现保存基本完整的窑洞式房屋和石灰面窑洞式房屋。3. 发现的陶窑可分为横穴式和竖穴式两种。

（曹建恩　党　郁）

【准格尔旗石口子朱开沟文化遗址及东周墓葬】

发掘时间：2016 年 8 月 31 日 ~11 月 5 日

工作单位：中山大学社会学与人类学学院、内蒙古自治区文物考古研究所

石口子遗址位于准格尔旗大路新区小滩村石口子社东南 600 米，地理坐标为北纬 40°11′21″、东经 111°34′28″，海拔 1100 米。遗址坐落于黄河西岸二级台地的沙梁上，相对河面高度 45 米 ~ 50 米。此次发掘总面积 800 平方米，共发掘朱开沟文化灰坑 39 个、房址 1 座，东周时期墓葬 5 座，获陶、石、铜、铁、骨等标本 110 余件。

朱开沟文化晚期遗存，以 H17 为代表。灰坑包含物有大量夹砂红陶片，经过拼合为 3 件花边口沿陶鬲。其他陶片以泥质灰陶居多，偶见泥质褐陶，纹饰主要为细绳纹，仅有几片饰篮纹，亦有素面和磨光，可辨器形有小口矮领罐、高领罐。出

土有大量狗、牛、羊等动物骨骼，还有较多贝壳。朱开沟文化晚期的房址均为地面式建筑，保存状况极差，多数仅残存居住面，部分仅存柱洞和灶。

东周时期遗存仅发现墓葬5座，零散分布。均为长方形竖穴土坑墓，墓壁平直。其中M2、M3、M4、M5墓向为东北—西南向，M1墓向为南北向。从墓向和随葬器物的特点显示这5座墓葬为两个不同的文化系统：M1为典型的赵文化系统，M2、M3、M4、M5为代表的北方游牧文化系统。

M1人骨保存较完整，为单人仰身直肢，头朝北，面向西，双手放置于胯间，脚骨不存。经鉴定，墓主为男性，年龄在50~55岁。随葬品以各类饰品为主，包括：印章1枚置于墓主头骨西北部，玉环1件置于墓主左肋下，带钩2件（残断）、铜镜1面（残）、水晶环2件（残）、骨簪1件（残断）、觿1件（残）、水晶珠1件、骨珠1件分别置于墓主双膝间，铜管1件置于墓主左腿外侧，铜环1件置于墓主右腿下方，印章1枚、骨环1件（残断）、绿松石串珠2件置于墓主小腿间，铜管5件（残）分别位于腿间和填土内，料珠约400颗散见于墓主腰部及以下填土中。

M4人骨保存较为完整，为单人仰身直肢，头朝东北，面向上，双手置于身体两侧，右脚脚趾骨缺失，肋骨被扰乱。经鉴定，墓主为女性，年龄35~40岁。墓坑头骨一端并排随葬3个羊头和1个牛头，吻部朝向与墓向一致。随葬品13件，包括铁器、铜器等，其中铁削刀（残）、铁锥（残）、铁环（残）位于人骨大腿中间，铜管状饰1件位于人骨左臂外侧，铜针管（内含铁针残件和裹针皮革）1件位于人骨左臂外侧，铜铃（残）1件位于人骨左大腿骨外侧，铁环（残）1件位于人骨右大腿骨外侧，牌饰1件位于人骨左脚脚趾处，铁剑（残）1件仅存两截剑身，位于人骨右侧。另有多件铁器因锈蚀严重，无法辨认器形。

（谭玉华）

【赤峰市红山区南台子夏家店下层文化遗址】

发掘时间：2016年8月4日~9月31日

工作单位：内蒙古自治区文物考古研究所、赤峰市博物馆、红山区文物局

此次发掘，共布10米×10米探方20个，编号2016NTZDNT01－T20，发掘面积2000平方米。经发掘该遗址共有三层堆积，第1层即耕土层，厚20厘米~30厘米，土质为灰褐色土，较松软，包含有瓷片、铁器残件等。第2层，厚10厘米~35厘米，为文化层，土质为黄褐色土，较软，包含物有动物骨骼、陶片、石器等。第3层，为生土层，黄色，较硬，夹杂有小石子。

此次发掘因位于遗址的边缘地带，未见遗迹现象，仅在地层中出土了铁、瓷、陶、石等各类器物残片。

石制品中多为磨制石器，可辨器形有石磨棒、石斧等，制作较为精良。

陶片较多，主要是夹砂褐陶和灰陶，泥质褐和灰陶，纹饰有绳纹、附加堆纹等。可辨器形有鬲、罐、纺轮等。

铁器、瓷片多为近现代遗存，主要散布在地表和耕土层中。

从出土的遗物来看，该遗址时代跨度较大，最早的一段夏家店下层文化，可见鬲、罐、纺轮及磨制石器等典型器物。辽金时期的遗存较少，可见少量陶片。耕土层中发现较多近现代青花瓷片。

（王仁旺）

【赤峰市元宝山区高家台子夏家店下层文化遗址】

发掘时间：2016年9~10月

工作单位：内蒙古自治区文物考古研究所、赤峰市元宝山区文物局

高家台子遗址位于赤峰市元宝山区小

五家乡老西营子行政村高家台子村东南约500米处，地处一较高山地的东坡。遗址现已辟为梯田，地表散布有较多的陶片、石器等。遗址因梯田走向而未按正北方向布方，发掘面积200余平方米。此次发掘发现的遗迹有灰坑15个、灰沟4条。灰坑平面形状有圆形、长方形、不规则形等几种，坑壁分斜壁和袋状两种，大多为平底。出土的遗物主要有陶器、石器、骨蚌器、动物骨骼等。

陶器有夹砂、泥质两类，夹砂陶砂粒大小不一，夹大砂粒者多用来制作炊器。陶器种类主要有鬲、罐、尊、鼎、甗、盆、豆、钵、碗、杯，以及纺轮、饼、环等。

（连吉林）

【库伦旗白家湾青铜时代遗址】

发掘时间：2016年

工作单位：内蒙古自治区文物考古研究所

白家湾遗址位于库伦旗扣河子镇白家湾村西北约1.5千米处的缓坡上，遗址西北距库伦镇80千米，西距扣河子镇6000米。

发掘面积达1400余平方米，共清理房址16座、灰坑42个、沟2条、墓葬5座，出土陶器、石器、骨器、玉器等各类器物120余件。

房址均为半地穴式，按其平面形状可分为圆形和圆角方形两种，部分房址居住面经过烘烤而形成烧结面。房内堆积里包含大量的陶片、兽骨、残石器、草木灰等，应为房屋废弃后当作灰坑倾倒生活垃圾。墓葬共发现5座，均为土坑竖穴墓，仰身直肢葬，随葬品仅发现两串料珠。陶器以素面夹砂红褐陶为主，少量灰褐陶和黑灰陶。石器有石斧、石锛、石刀、石钺等。骨器数量较多，多用动物肢骨磨制而成，有骨锥、骨刀、骨针、骨匕。

（吉　平　格日乐图）

【和林格尔县西北滩战国至汉代制盐遗址】

发掘时间：2016年7～9月

工作单位：内蒙古自治区文物考古研究所、内蒙古大学历史与旅游文化学院

遗址位于和林格尔县巧什营乡鸡嘴营子村西北1300米，此次发掘布方面积675平方米，其中，全部揭露275平方米。发掘共清理坑井遗迹1个，盐灶遗迹4个。出土石制工具1件，相当数量的夹砂圜底罐残片和煎盐过程中刮撇出的含钙及石膏等成分的灰白色废料渣，以及少量灰陶制生活用具残片。遗物方面，出土陶片数量较大，但品类少。夹砂圜底罐，是该遗址出土数量最多，也最能反映遗址性质的器物。

（张晓东）

【磴口县沙金套海汉墓】

发掘时间：2016年7～11月

工作单位：内蒙古自治区文物考古研究、巴彦淖尔市考古研究所、磴口县文物管理所

发掘区位于沙金套海苏木西汉朔方郡窳浑县故城东700米处，墓葬散布于起伏的沙丘之中，墓顶多已暴露，保存状况较差。

此次发掘共清理墓葬19座。均为小型单室砖室墓，墓向多为北向或东向。依墓砖的规格，可分为小砖墓、大砖墓两类，前者的时代应较后者为早。小砖墓共15座，多用小砖横向或纵向斜立码砌四壁，大砖墓共5座，墓室长均为大砖横向平铺叠砌墓壁，券顶均已毁，可见梯形砖并列横券痕迹。

共发掘出土各类遗物100余件。以陶器居多，多摆放于墓室前端两侧，器物组合多为壶、罐、仓、灶、井、鼎、屋、鸮壶、俑等，其中俑、屋、鸮壶较具地方特

色。其余随葬品均为随身小件，或口琀，或手握，或随身携带，有铜带钩、铜印、琉璃耳珰、玉扣饰和“五铢”钱、“大泉五十”钱等。较为重要的发现，为四方铜印及部分植物种子。

（王　浩　丹达尔　张文平）

【准格尔旗脑包湾唐代陈氏家族墓地】

发掘时间：2016 年 6～11 月

工作单位：内蒙古自治区文物考古研究所、鄂尔多斯市文物考古研究院、准格尔旗文物管理所

脑包湾陈氏家族墓地地处内蒙古自治区库布齐沙漠东北缘，黄河南岸，西北距离准格尔旗十二连城乡脑包湾村约 2000 米，北距十二连城古城 1300 米。为配合陕京四线输气管道工程建设，联合考古队对工程涉及区域进行了勘探发掘。2015 年清理了 7 座墓葬，根据墓志记载确定该墓地为唐代陈氏家族墓地。2016 年度发掘的 13 座墓葬皆为带斜坡形墓道的砖室墓，大部分墓葬已被盗，砖室遭到不同程度毁坏。所有墓葬均坐北朝南，墓向介于 174°～200°。墓道全部为斜坡式，南窄北宽，部分口大底小，底部呈斜坡形。甬道长短不一，拱形顶。短甬道用砖垒筑，入口及甬道内皆用砖封堵；长甬道仅在墓室入口处砌砖，其余部分为土洞式，甬道两端分别用一堵砖墙封堵。墓室分为四类：第一类是平面为甲字形的单砖室墓；第二类为船形墓，整体造型像倾覆的轮船；第三类墓葬的墓室一侧有砖砌的单侧室；第四类墓葬的墓道一侧建有砖砌侧室。

墓室内随葬的遗物主要有陶碗、陶罐、陶俑、泥俑、瓷瓶、漆盘、漆碗、漆盒、铜镜、铜带饰、铜锁、铜项饰、铜钱、铁锅、铁剪、铁刀、石像生、石砚台、石球、镇墓石、蚌壳、墓志等。泥俑的造型丰富，有镇墓兽、武士天王俑、男侍俑、女侍俑、坐俑、伏听俑、马、骆驼、灶台、磨盘等。

（宋国栋　曹　鹏）

【和林格尔县盛乐古城遗址】

发掘时间：2016 年 4～11 月

工作单位：内蒙古自治区文物考古研究所、和林格尔县文物保护管理所

此次发掘区位于盛乐古城的北城，发掘清理面积为 1720 平方米，为唐代时期的建筑台基，出土了较多的建筑构件；此外在中城发掘面积 950 平方米，清理辽金时期的灰坑 56 个、灰沟 1 条、灶 1 个、火炕 1 组等。出土大量瓦片、陶瓷片、铜钱等遗物。

唐代建筑台基：出土遗物主要是唐代的建筑构件，较为典型的有唐代莲花纹瓦当。

辽金时期遗存：清理辽金时期的房址 1 组、灰坑 56 个、灰沟 1 条、火炕 1 组等，出土大量瓦片、陶瓷片、铜钱等遗物。

（齐溶青　李　强）

【辽上京宫城南门遗址】

发掘时间：2016 年 6～10 月

工作单位：中国社会科学院考古研究所内蒙古第二工作队、内蒙古文物考古研究所

2016 年度辽上京遗址考古发掘或试掘取得了重要收获。

宫城南门位于辽上京宫城南墙中部略偏西，2013 年发掘的南北向大街（一号街道）贯穿南门而过。宫城南门遗址由东、西两侧的墩台、中间的单门道和登临墩台的内侧（北侧）马道三部分组成。根据夯土遗迹和门道内外倒塌的砖瓦堆积，可判断城门之上建有木构门楼建筑。夯土墩台保存较好，其中已揭露的西墩台残高 3.25 米。墩台各面边壁包砖，现仅存底部几层；包砖底部包边条石基础保存较好。东、西

夯土墩台中间设单门道，进深8.2米、宽约7.8米。原位保存有将军石、石门限和门砧石等设施。门道两侧的城门基础做法为石柱础上铺木地栿，上立排叉柱。石柱础每侧6个，即城门门道进深5间。将军石南侧发现葬二犬二羊首的埋藏坑，较为罕见，应与城门营建时的祭祀有关。马道紧贴城墙北侧而建。根据层位关系和遗迹解剖情况可知，宫城南门在辽代可分为四次大的营建。第一次营建应是辽代早期始建；第二次扩建墩台，可能在辽太宗时期；第三、四次修建分别在墩台边壁上刷有白灰皮和作包砖包石，都属于辽代。城门及城墙在金代被彻底废弃，完全被金代小房址所叠压，仅南北向大街（一号街道）继续沿用。

根据考古钻探情况，我们对位于皇城东门和宫城东门轴线上的二号殿院落南廊庑遗址的西段进行试掘，初步确定本院落南廊庑西端的保存状况。同时也对皇城东门内大街进行试掘，可知东西向主街现存3次主要营建。路面残存宽度40余米。此外还发现金代陶窑址和房址等普遍破坏了辽代遗迹。

此次发掘辽代出土遗物以瓦当、筒瓦、板瓦、沟纹砖等建筑构件为主；金代遗物有陶瓷器、铜铁器和砖瓦建筑构件等。

对辽上京宫城南门等遗址的考古发掘，有以下几点认识。一是宫城南门遗址是辽上京遗址已发掘门址中保存最好的门址。通过细致考古发掘，我们首次了解到辽上京宫城南门营建技术、形制结构及其沿革。为研究辽代门址提供重要资料。二是确认辽上京宫城内第二进院落遗址的存在，为研究辽上京城址布局提供新的实物资料。三是确认皇城东门至宫城东门之间的道路宽于40米，而宫城南门外的南北向大街仅宽20米。可以认定这条东西向街道是辽上京城内最宽、最重要的中轴大街。四是通过发掘可知，宫城南门是过洞式单门道的形式，而宫城东门为殿堂式三个门道。并且宫城东门外的东西向主街至少是宫城南门外南北向道路的2倍宽。这些发现再次确认辽上京皇城营建之初，就是以东门作为中轴线、以东向为朝向进行规划布局的。此次发掘进一步推进了对辽上京城址布局和沿革研究，具有十分重要的学术价值。

（董新林　汪　盈）

【多伦县辽代贵妃家族墓地】

发掘时间：2016年7～11月

工作单位：内蒙古自治区文物考古研究所、锡林郭勒盟文物站、多伦县文物局

此次勘探、调查与发掘以贵妃家族墓地的空间平面布局关系及时间（所属墓葬的时间跨度）为基本切入点。对贵妃家族墓地进行了重点勘探，发现墓葬4座，基址1座，勘探面积达5万余平方米。继2015年发掘的M1、M2（即贵妃墓）之后，2016年又在该墓地发掘墓葬4座，其中两座早期被盗，墓葬规模不大，属辽代中小型墓葬。该墓虽多经盗扰，但仍出土了金、玉、银、石等材质的随葬品。其中出土马具为银质鎏金，马具带銙呈长方、心形等形状，皆银质，上模冲缠枝花纹，细部錾刻，颇为精美。还出土大量围棋子，围棋子白、黑两色，皆石质，计291枚。

（盖志勇　李　权）

【和林格尔县躺草地辽金遗址】

发掘时间：2016年7～8月

发掘单位：内蒙古自治区文物考古研究所、内蒙古师范大学历史文化学院

为配合呼和浩特盛乐国际机场的建设，对机场建设所涉及的躺草地遗址进行了抢救性考古发掘。

遗址面积较大，此次发掘主要分为三个区进行了布方。Ⅰ区在布方最深处达2.15米，Ⅱ区位于Ⅰ区西部约1000米处，

Ⅲ区共布5米×5米探方40个，揭露面积1000平方米。

此次发掘遗迹现象较少，仅发现4座灰坑。出土遗物的种类较为丰富，以陶器残片为主，其次为瓷器残片，此外还有一定数量的兽骨以及铁、铜制品以及钱币和紫水晶等。其中，陶器数量最多，陶器标本共24件，没有完整器，皆轮制而成，火候较高，质地坚硬。以泥质陶占绝大多数，泥质陶以灰陶为主。陶器多素面，纹饰仅见极少量的凹弦纹，部分陶器上有钻孔。多数为口沿或器底，可辨认的器形有盆、罐等。此外还发现了陶饼、陶制纺轮、棋子、陶砖等。瓷器数量较少，皆为器物残片，无完整器。器物胎质均较粗糙，釉色以灰白和白黄釉为主，少量泛青，极少酱釉。大多数采用支烧法烧造，支烧痕较为明显。器物多为素面，有部分瓷器残片有花瓣纹、荷花纹和折枝纹等花纹装饰。青铜饰品有卷草纹残饰件。此外，还有铜钱等。铁器残锈严重，不辨器形。发现1件紫水晶石，推测为制作装饰品的原材料。

和林格尔县躺草地遗址文化层较为单一，出土遗物数量和类型均不丰富，罐和盆类器物出土最多，多数为泥质灰陶。遗址中出土瓷器残片底部不施釉，内底可见支钉痕迹，胎质较粗糙，金代特征明显；瓷片中有开片和印花等烧制及装饰手法，多为辽瓷特征。因此，我们初步推断该遗址的年代应为辽金时期。

（刘　扬　于昊申　丁俊凤）

【开鲁县金宝屯辽代墓葬】

发掘时间：2016年6～9月

发掘单位：内蒙古自治区文物考古研究所、开鲁县博物馆

近年来，开鲁县东风镇金宝屯辽代古墓葬多次遭盗掘，墓葬破坏严重，受内蒙古自治区文物局委派，内蒙古自治区文物考古研究所与开鲁县博物馆联合对金宝屯遭盗掘严重的两座墓葬进行了抢救性发掘，墓葬编号为M1、M2。

M1主室北部设长方形尸床，尸床为琉璃砖垒砌。墓主人骨骼也保存很差，仅剩部分头骨和肢骨。墓葬出土随葬品较少，见有鎏金马具构件、铁箭头、陶瓷残片等。M2为单室石室墓，墓葬内出土了少量的遗物，包括陶瓷残片、鎏金铜泡钉、骨簪等遗物。

辽代龙化州建于公元902年，是辽太祖耶律阿保机的“私城”，也是辽太祖耶律阿保机称帝之处，故它在辽代州城中地位较高，是辽代重要的州城。

（连吉林　长　海）

【元上都遗址西关厢】

发掘时间：2016年8～11月

发掘单位：内蒙古博物院、内蒙古自治区文物考古研究所、锡林郭勒盟元上都文化遗产管理局、正蓝旗文物局

为了配合元上都遗址的展示工作，内蒙古博物院、内蒙古自治区文物考古研究所、锡林郭勒盟元上都文化遗产管理局、正蓝旗文物局联合对元上都西关厢遗址进行发掘。发掘区位于元上都遗址西关厢中部，距离外城墙1326米，地理坐标为北纬42°21′11.9″、东经116°09′41.1″，海拔1270米。发掘面积724平方米，清理出房址9座，道路1条，灰坑1个，出土了瓷器、陶器、石器、骨器、建筑构件等一批重要的文物。房屋遗址共完整揭露7座，其余2座只揭露部分。

陶器有盆、罐、陶饼、纺轮、球、围棋子等。瓷器有碗、盏、盘、罐、瓶、高足杯等，有的碗底有墨书，“孟”“记”“刘六”等。骨器有骨把、牙刷、饰件、簪、矩骨、动物牙齿等。石器有石磨、磨石、砚台、石球、饰件等。铜器有环、钩、拉手、镞、小人、簪、钗、铜片等。铜钱

有“崇宁通宝”“天禧通宝”“政和通宝”“至和通宝”“大定通宝”“祥符元宝”等。铁器有剑、剪、圈、辖、钉、饰件等。建筑构件有长方形砖、梯形砖、五边形砖、沟纹砖；莲花纹瓦当、兽面纹瓦当；板瓦、筒瓦、滴水、琉璃瓦等。

通过发掘，我们对元上都西关厢的建筑结构有基本的了解。房址墙基皆用自然石块垒砌，房内均有火炕，这是一处住宅遗址。出土的遗物丰富，反映了元上都居民当时的真实生活水平。出土的瓷器中有一部分墨书题记，这些题记多书于碗底，内容为姓氏和姓名，为研究元代居民的风俗习惯提供了翔实的资料。

（岳够明）

【集宁路古城遗址周边墓葬】

发掘时间：2016 年 5 ~10 月

发掘单位：内蒙古自治区文物考古研究所、乌兰察布博物馆、察哈尔右翼前旗文物管理所

大荒滩墓地位于乌兰察布察哈尔右翼前旗巴彦淖尔镇土城子村集宁路古城遗址北墙东段外侧。墓地处于磨子山和旗杆山中间的平缓地带，北邻 110 国道，东邻磨子河，南邻集宁路古城遗址，西邻一个小型农场，地势平缓，土质为沙土，比较疏松。

近年来，集宁路古城遗址周边墓葬被盗严重。内蒙古自治区文物考古研究所、乌兰察布博物馆、察哈尔右翼前旗文物管理所联合对大荒滩墓地进行了考古勘探。经过勘探，共发现墓葬 45 座，大型垫土遗迹 1 处，道路 1 条，井 1 眼。

由于多数墓葬被盗，出土遗物甚少，有陶器、瓷器、铜器、玉石器、骨器、木器等。陶器有碟；瓷器有酱釉罐、黑釉罐、酱釉梅瓶、黑釉小口瓶；铜器有镜、钱、簪、钗、耳环、印、头饰；铁器有箭镞、车𫐓；玉石器有水晶珠、绿松石珠、玛瑙珠饰；骨器有骨扣、盒、骨带饰；木器有木梳；此外还有漆盒等。

古井遗迹位于大荒滩墓地南部，开口于表土层下，距地表深 20 厘米，被两座墓葬打破。

根据大荒滩墓地的墓葬规格较低、木棺棺板较薄、出土遗物较少，可初步判断该墓地为一处金元时期的平民墓地。而大型遗迹、道路、古井的年代也应属于同一时期。此次发掘的 45 座墓葬中，合葬墓占 35%，其中同穴合葬占合葬墓的 50%，异穴合葬占合葬墓的 50%，由此可见，该墓地在金元时期合葬之风比较盛行。在合葬墓中，有部分人骨与骨灰合葬，一般来说，信仰佛教的人死后才会将尸体火化，由此推测，骨灰合葬墓可能与佛教信仰有关。在以往集宁路古城遗址周边墓葬中曾发现多座人骨骶骨为 10 孔的墓葬，此次发掘又发现三座墓葬的人骨为骶骨 10 孔，这种情况可能与当时的生产生活方式有关，具体结论有待进一步探究。2016 年大荒滩墓地的考古发掘，又为金元时期集宁路（县）的丧葬习俗、路网布设、附属设施研究提供了一批新的资料，具有十分重要的意义。

（张红星　李春雷）

【万里茶道和林格尔县段调查】

调查时间：2016 年 4 ~6 月

参加单位：内蒙古博物院、内蒙古自治区文物考古研究所、和林格尔县文物管理所

万里茶道从山西杀虎口进入内蒙古和林格尔县有东西两条线路，东线：杀虎口站→报马房站→公喇嘛站→凉城县，西线：杀虎口站→新店子站→二十家子站→沙尔沁站→归化站。

一　东线

东线茶马古道自杀虎口站沿着浑河上游支流向西北蜿蜒而行，其途经后圪针沟、东湾、四家窑子等村庄，沿前窑子水库东

岸向北延伸，贯穿新店子乡，穿 S24 省道，沿着茶坊河河谷继续纵深，在黑老夭乡茶坊河沿线由南向北继续延伸，进入凉城县境内。沿线调查有“万古流芳”石碑、“攸往咸宜”石刻文、“六字真言”石刻文和佛像以及车马古道等与茶道相关的遗迹。

二　西线

西线茶马古道自杀虎口起，向西北经过山保岱村，沿着 S210 省道向西北延伸至佛爷沟村，折向西南，沿着浑河河谷再向西北继续与 S210 省道并行至九龙湾村，又沿宝贝河流域折向西南伸入和林格尔县城。古道穿县城后折向北，经上土城村、土默特左旗沙尔沁乡，到达归化城（呼和浩特市）。沿线调查有石碑、石刻文字等相关遗迹。

经过这次调查，对和林格尔县境内的万里茶道遗址有了一定的了解，并在三保岱村新发现了一块埋藏在地里的石碑，石碑的记载内容对研究万里茶道起到了很重要的作用。

（岳够明　丹达尔）

辽宁省

【西丰县城山新石器时代至隋唐时期遗址】

发掘时间：2015 年 8 ~10 月

工作单位：辽宁省文物考古研究所、辽宁大学考古学系

遗址位于铁岭市西丰县金星乡金星村东，小寇河右岸名为“城山”的山冈上，西距小寇河约 200 米。山冈大体呈西北—东南走向，西北部较宽。在山冈西北部南端保存有一座小型城址——“城山山城”。城山遗址则分布于城山冈顶部及西北部坡地上（不含山城），面积约为 10000 平方米。此次发掘地点选择在城山山冈顶部，即遗址中南部、“城山山城”北侧，布 5 米 ×5 米探方 38 个，面积为 950 平方米。

此次发掘共发现土筑墙体 1 段；灰沟 1 条；散乱的石砌遗迹数处，可辨 1 处疑似房址；垫土遗迹 1 处；灰坑 31 个。经初步整理分析，该遗址可划分为四期：分别属于新石器时代，青铜时代中期、晚期，魏晋至隋唐时期。已清理出的遗迹多属于第三、四期遗存。

第一期：遗迹尚未发现，遗物数量较少，多为陶器残片，见 1 件黑曜石细石器（刮削器）。陶器陶质为夹细砂褐陶，器壁较薄，火候一般。无可辨器形，器表皆见有刻划纹饰，为细密平行线组成的平行线、斜线、交错或人字纹。从文化特征判断，应属于新石器时代晚期，文化类型待定。

第二期：仅发现陶器残片，见于晚期灰坑或地层中，发现数量不多，皆为夹砂红褐或黄褐陶，火候不高。可辨器形为深腹鼎（或鬲），还见有花边口沿、鬲足根、三角形扁足等。从文化特征看，或与炮台山二期类型有关，年代为商末周初至两周之际。

第三期：遗迹包括灰坑数个。陶器以夹砂红褐、黄褐和灰褐陶为主，个别有黑色陶衣。可辨器形有高柄豆、喇叭形矮柄豆、环耳壶、叠唇罐等。陶器多为素面磨光，个别陶器的沿下、壶颈、豆座、舌状錾耳底侧可见有戳印纹。此外，还发现一定数量的陶纺轮和纺坠等陶质工具。石器数量不多，可辨器形有穿孔石刀和石斧等。应属凉泉类型遗物，年代为战国至汉初。

第四期：所见石砌遗迹、绝大部分灰坑均为该期遗存。陶器以泥质或夹细砂的灰陶和黄褐陶为主，个别有黑色陶衣。陶质细泥，火候较高，器表通常可见快轮修整的痕迹。器类绝大多数为卷沿罐，还可见少量的甑和钵，横桥状耳流行。陶器多为素面磨光，可见有刻划弦纹、水波纹（单线或复线）、圆圈纹及网格纹暗纹等。此外，还发现数件陶纺轮。并还见有少量铁器，可辨器形有铁镞、铁甲片、铁钉、铁泡等。有较多的高句丽文化因素，年代应为魏晋至隋唐时期。

2016 年度的考古发掘工作不仅在遗址内发现了重点关注的“凉泉类型”遗存，而且还发现了与该文化类型在年代上早晚相承的多种不同文化遗存，且就辽北这一

区域而言，这些遗存都是新发现。上述资料的取得，无疑会促进对凉泉类型的内涵及渊源的深入研究，同时也能填补区域内考古学文化时空框架的空白。

（郑钧夫　华玉冰）

【喀左县土城子夏家店下层文化遗址】

发掘时间：2016 年 8～10 月

工作单位：中国人民大学历史学院、辽宁省文物考古研究所、喀左县博物馆

遗址位于朝阳市喀左县山嘴子镇黄家店村土城子屯西南，大凌河的支流渗津河右岸、大阳山北坡台地上。遗址地势南高北低，较为平缓开阔，地层堆积简单，主体遗存属于夏家店下层文化。对该遗址的发掘从 2014 年开始，2016 年已经是第三次发掘。

此次发掘面积为 900 平方米，共发现了房址 8 座、窑址 1 座、石筑窖穴 1 座、灰坑近 200 个。房址多为圆形地面建筑，土坯垒砌墙。其中 F3 保存比较完整，为圆形地面建筑，墙体内外两侧抹泥，居住面中间有圆形地面灶。F7 的居住面抹有白灰面，地面灶周围有线条边框。F10 则为半地穴式房址，土坯墙体保存较好。陶窑的形制较为独特，没有火膛，有三个通风孔。石筑窖穴为圆形地穴式，穴壁用白色石灰岩石块垒砌。灰坑多为圆形、直壁、平底，其中最大的灰坑坑口直径达 2.7 米，坑内堆积共分为 8 层，较为复杂。

出土遗物较为丰富，包括陶器、石器和骨器。陶器以泥质灰陶和夹砂黑褐陶、红褐陶为主，器形有罐、瓮、尊、盆、鬲、甗、盘、钵等，绳纹、旋断绳纹和附加堆纹最常见，还发现了很少量的彩绘陶。石器以磨制石器为主，打制石器为辅。器形以斧、铲、刀、锤为主，石铲的数量最多，其次是石刀，表明农业生产较为发达。骨器以针、锥为多，还有少量的镞、卜骨和蚌镰。发现了数量较多的动物骨骼。

（吕学明　何雨馨）

【彰武县前皋皋遗址】

发掘时间：2016 年 8～10 月

工作单位：辽宁省文物考古研究所、彰武县文物管理所

前皋皋遗址位于彰武县章古台镇前皋皋村东 1500 米的耕地中，紧邻一条由北向南流淌的地河，南距彰武县城约 30 千米，遗址中心坐标为北纬 42°39′09.4″、东经 122°29′41.2″。遗址地处地河东岸的台地上，地势较开阔，地表种植有花生，西侧为河滩稻田地，北部临近一水泡子。因通辽连接京沈客专快速铁路（辽宁段）从该遗址穿过，对该遗址进行了抢救性考古发掘。此次发掘在铁路沿线内布 5 米 ×5 米探方 52 个，发掘面积 1300 平方米，揭露出房址 3 座、灰坑 11 个，出土陶器、石器等文物标本近百件。

发掘后可知遗址包含了两个不同时期的文化遗存。第一期文化遗存地层被破坏殆尽，仅发现 2 个灰坑和少量遗物。出土的陶器见有夹砂红褐陶、灰褐陶和黄褐陶，还有少量细砂质红衣陶，基本不见泥质陶；烧制火候不均匀，器表颜色斑驳，陶色不太纯正；均手制，泥条圈筑套接成器，口沿内侧呈抹斜状三角尖缘，实足跟为榫卯接法；器耳发达，有桥状耳、鋬耳、盲耳等，直接贴附于器壁上；素面器占绝大多数，纹饰仅见少量的附加堆纹、刺点纹、刻划三角纹；器类有鬲、甗、罐、壶、钵、碗。

第二期遗存发现有 3 座房址，9 个灰坑。房址均为半地穴式，保存较差。灰坑开口有圆形和椭圆形 2 种。出土陶器以夹砂黄褐陶为主，器形主要有大型侈口陶壶、叠唇罐、敛口小钵、豆，还有大量的环形柱状耳、方形鋬耳、舌状耳陶器。

前皋皋遗址地层堆积极浅，遗迹现象

贫乏，遗物种类仅有陶器和石器，且包括石器在内难见完整器，但前皋皋村东遗址仍是近年来在辽北平原地区十分重要的考古发现。发现的第一期遗存属于该地区典型的高台山文化，它的发现为研究该地区青铜文化提供了新的材料。第二期遗存为本地区首次发现，曾有学者称这类遗存为“凉泉类型”，年代为战国晚期至汉代。这类遗存主要分布于辽北东部地带，特别是西丰地区。其特点是出土陶器均为夹砂陶，火候较低，陶色以红褐、黑褐、黄褐为主；器形主要有叠唇罐、侈口壶、高柄豆、敛口小钵等，几乎不见三足器；器耳丰富多样且极具特色，乳丁状耳、方形耳、舌状耳、环形柱状耳等均较常见，方形耳、壶口、罐腹部等陶器部位上流行饰戳点纹。第二期遗存的发现为该地区增添了新的文化内涵，也为填补该地区早期文化谱系提供了重要资料。

（苏军强）

【西丰县河边青铜时代遗址】

发掘时间：2015 年 8 ~ 10 月

工作单位：辽宁省文物考古研究所、辽宁大学考古学系

遗址位于铁岭市西丰县房木镇河边村河边屯西约 300 米的崔家坟西岗梁上。岗梁顶部地势较为平坦，四坡倾斜较大，向南约 500 米是碾盘河的一条支流——妞河，南坡下有村村通公路绕过。遗址主要分布在岗梁的东坡及北坡，南北长约 250 米，东西宽约 40 米，面积约 10000 平方米。此次发掘区位于遗址北部的岗梁顶部北缘，南距 2015 年发掘区约 120 米，布 5 米 ×5 米探方 12 个，发掘面积 300 平方米。

共清理灰沟 4 条，灰坑 1 个及大量遗物。灰沟多为环状，系人工所为，具环壕性质。出土遗物以陶器为主，还见有少量石器。陶器以夹砂红褐或黄褐陶为主，个别有黑色陶衣。可辨器形有喇叭形矮柄豆、环耳壶、矮圈足罐、环耳钵等。陶器多为素面磨光，个别陶器的沿下、豆座、舌状鋬耳底侧可见有戳印纹。此外，还发现一定数量的陶纺轮、陶网坠等陶质工具。石器数量不多，可辨器形有石刀、石锤、石镞、石饼、石加重器等。

2016 年发掘区所获遗存的文化内涵单纯，其文化性质应属辽北地区的“凉泉类型”，年代为战国至汉初。此次发掘出土遗物与遗址东南部 2015 年发掘区所见遗物有一定的差异，应为年代早晚之别，由此表明两年发掘的两处地点非共时的同一遗址，或不同时期遗址范围有所不同。河边遗址的发掘对凉泉类型的内涵有两点较为重要的认识：一是此类遗存多分布于丘陵顶部，周边有环沟，其用途是否与防御或是排水有关尚待进一步发现。二是为探讨辽北地区战国至西汉时期的考古学文化面貌（分期），提供了重要资料与线索。

（郑钧夫　华玉冰）

【阜新市高林台城址】

发掘时间：2016 年 7 ~ 11 月

工作单位：辽宁省文物考古研究所

高林台城址位于阜新市阜新蒙古族自治县阜新镇西扣莫村高林台屯西约 50 米，城址西南距阜新市区约 5000 米。城址现存平面近梯形，东侧被河流冲毁；北侧、东侧城墙无存，西侧城墙遭到村民取土破坏，南侧城墙保存长度约 40 米，高 2 米 ~ 3 米，宽 8 米 ~ 15 米。城址现存范围东西 175 米、南北 165 米。

2016 年发掘区位于城址南城墙中部，因早年土地平整和村民取土，现为一处较高的台地，经勘探该位置为城址南门。布 5 米 ×5 米探方 31 个，发掘面积约 800 平方米。发现门址 1 处、马面 1 座、南城墙以及灰坑 24 个、灰沟 4 条、墓葬 1 座、祭祀坑 1 个，出土各类陶、瓦、铜、铁、骨器、铜钱等计百余件。

地层堆积较厚，可分为5层，遗迹现象比较简单。根据土质土色及包含物可将堆积分为战国、汉、唐三个时期。战国遗存较少，多为晚期扰动，遗物有陶钵、兽面纹瓦当、铜镞、刀币、布币等；汉代遗存较丰富，所清理的门址、城墙、马面主体年代均为这一时期，遗物有陶器、铁器、卷云纹瓦当、绳纹板瓦、筒瓦、铜镞、铜钱等；唐代遗迹见有灰坑、灰沟、墓葬、祭祀坑等，个别灰坑直接打破城墙和马面，遗物有莲花纹瓦当、布纹板瓦、筒瓦、铁器、开元通宝等。

另外，2016年对高林台城址做了全面勘探。经勘探发现马面1座、道路1条、夯土基址9处、大型灰坑和灰沟16个。

此次对高林台城址南门的发掘清理，确认了城门为靠夯土墙及排叉柱支撑的大过梁式建筑形式。这是东北地区目前发现最早、保存最好的土木结构的城门建筑形式实例。同时城址的全面勘探，对了解城内布局及之后的考古工作具有重要意义。

（褚金刚）

【灯塔市燕州城山城】

发掘时间：2016年5～11月

工作单位：辽宁省文物考古研究所

燕州城山城位于灯塔市西大窑镇官屯村，南邻太子河。北距灯塔市约20千米，西距辽阳市约30千米，是国内保存较好的高句丽山城之一。

2016年考古发掘工作共布10米×10米探方22个，根据遗存堆积情况，又对发掘区西部局部进行扩方发掘，发掘总面积约2500平方米。发掘遗迹主要有房址、灰坑、建筑址、道路等。出土遗物有陶器、瓷器、铁器、骨器、铜钱币等。

高句丽时期遗迹有建筑址1座，编号为J1。J1仅保存基础，东高西低。平面呈不规则长方形，南北进深约16.4米，东西面阔约11.4米，仅发现北墙、东墙、西墙，未见南墙。墙基系用不规则形状石块分层砌筑。墙基两侧有倒塌的瓦片堆积。建筑基础被晚期灰坑和房址破坏。该期遗物有板瓦、莲花纹瓦当等。该建筑址是城内发现的第一座高句丽时期大型建筑，规模大，并且用瓦，推测为官府建筑。

辽代遗迹有房址2座，编号为F32、F33。F32保存较好，平面呈不规则长方形，方向北偏东9°，东西面阔约9.3米，南北进深约5.8米。房址倒塌堆积为大面积的红烧土和烧灰，房址应毁于大火。居住面上发现有陶罐。房址室内东北角埋有一灰陶罐，上盖石饼为盖，罐内空。辽代遗物包括陶罐、石器盖等。

金代遗迹有房址32座，建筑址1座，道路1处。其中，F1保存较好，平面呈不规则圆角长方形，南北面阔约4.2米，进深约4.9米。半地穴式，残存有一段石墙。东部保存有炕，炕面用石板铺砌。烟道曲尺形，烟墙系用石块分层砌筑。灶呈不规则长方形，与炕相连，灶门朝西。灶坑内出土有瓷器6件；建筑址编号为J2，仅剩基础，呈不规则长方形，残存有柱础石、散水、排水沟；道路位于城内，西面与金代门址相接。路面随山势东高西低。路两侧砌石，从砌石观察，道路经过多次补修。路内堆积复杂，土质疏松，土色灰黑，夹杂石块。包含物有辽金时期瓷片、瓦片、宋代铜钱币等；该时期遗物种类较为丰富，有陶盆、陶罐、陶甑等陶器，瓷罐、瓷碗、瓷碟等瓷器，铁甲衣、铁甲片、铁兜鍪、铁矛、铁镞、铁釜、铁刀等铁器，骨簪、骨牌等骨器。

金代城内道路经过多次补修，说明其利用率高。城内金代遗迹以居住址居多，分布密集，且叠压打破关系复杂。说明金代人在城内有较长时间密集的活动。

（于怀石）

【盖州市青石岭山城】

发掘时间：2016 年

工作单位：中国社会科学院考古研究所、辽宁省文物考古研究所、盖州市文物局

2016 年度继续对青石岭山城（2016 年起，高丽城山城更名为青石岭山城）进行考古调查和发掘。主要工作是围绕青石岭山城二号建筑址发掘、考古勘探和区域调查而开展的。

目前发掘的二号建筑址东西向、坐南朝北，可能为一组建筑，残长约 110 米、宽约 9 米，残存 41 列础石，每列础石底部有长约 9 米、宽 1.3 米～1.5 米的碎石铺成的小石列，小石列上分布有五块大型础石。

同时我们对金殿山遗址发现的瓦件进行了全面提取，提取过程中严格按照分层、分区的原则进行。同时对金殿山遗址提取的瓦件进行了初步拼对和整理，个别瓦件凸面发现有模印的符号。

2016 年我们在城内钻探面积 6 万多平方米，发现灰坑、冲沟、疑似房址和石筑墙体等遗迹。同时在朱甸水库南侧进行了初步钻探，钻探面积 2 万多平方米。发现疑似夯土遗迹、灰坑及 2 座陶窑。

2016 年 10 月 8 日由中国社会科学院考古研究所主办，邀请 30 余名专家学者在青石岭山城召开现场讨论会。与会专家学者就青石岭山城的考古调查和发掘收获进行了专题研讨，并对山城的下一步发掘和保护等工作提出了建议。

通过 2016 年对青石岭山城的考古调查和发掘，我们在城内发现了陶器、铁器、忍冬纹瓦当、模印符号瓦件以及大量板瓦、筒瓦等高句丽时期的遗物、石器、青铜印章等器物以及大型建筑址、高大的夯土墙等高句丽时期的遗迹。

（王飞峰）

【北镇市洪家街辽代墓地】

发掘时间：2016 年 5～11 月

工作单位：辽宁省文物考古研究所、锦州市文物考古研究所、北镇市文物处

洪家街墓地位于锦州北镇市富屯街道富屯村洪家街村民组西北。2016 年度，辽宁省文物考古研究所组织人员完成了对洪家街墓地 M3 的考古发掘工作。

M3 早期被盗，破坏较严重。该墓为砖室墓，由墓道、墓门、甬道、墓室及排水设施构成。通长 32 米、宽 11 米、深 7.9 米。墓圹内系条形砖砌筑，墓圹内与砖墙之间填有黄褐色土，逐层夯打，土质坚硬。墓葬平面呈近似“琵琶形”，口大底小。墓道呈斜坡式，两壁抹泥，较光滑。墓道东壁靠近墓门处，有 1 条形砖封堵的洞，通往渗水井。墓门残存部分券顶，门洞两侧各砌筑一壁龛。甬道方砖铺地，两壁竖直，双层拱形顶。墓志放置于甬道中部，略有移位。墓室平面呈圆形，方砖铺地，周壁系长方形砖砌筑，穹隆顶，顶部正中放置封顶石。墓室内出土有被锯掉的柏木方榫卯接头，却未见成根柏木方，推测应为早期盗墓活动时，将柏木方的榫卯接头锯掉后盗走。该墓被盗严重，人骨散落于墓室及耳室填土，葬式不详。

出土器物有陶瓷器、木器、金属器、玉石器及墓志等。根据墓志铭文记载：该墓的埋葬年代为“咸雍九年”，“咸雍”是辽道宗耶律洪基的第二个年号，“咸雍九年”即 1073 年。志文称墓主人为“太师”，虽未直接写明墓主人姓名，但是根据墓志志文并结合《永清公主墓志》《辽史》等资料可知，墓主人应为“耶律弘仁”。

（司伟伟　赵　杰　刘　昌）

【彰武县石岭子金代遗址】

发掘时间：2016 年 6 ~ 7 月

工作单位：辽宁省文物考古研究所、彰武县文物管理所

石岭子遗址位于阜新市彰武县五峰镇石岭子村西 700 米的耕地中。为配合通辽连接京沈客专快速铁路（辽宁段）项目的实施，对石岭子遗址进行了抢救性考古发掘。此次发掘在铁路沿线内布 5 米 × 5 米探方 20 个，发掘面积 500 平方米，清理出房址 7 座，灰坑 3 个，灰沟 2 条，室外灶 1 座。出土遗物有陶器、瓷器、铁器、铜器、骨器等。

房址总体保存情况较差，均为半地穴式，地上部分均已无存，仅存地下部分；室内均有灶及火炕；门道虽都不存，但依据室内火炕的位置，可知房屋均为南北向；其建造方法系在原地面向下挖掘而成，半地穴穴壁较直；居住面平坦坚硬，局部有踩踏痕迹；火炕和灶系在生土之上挖掘形成，灶均位于房址的东侧或西侧，通过火眼与火炕烟道相连。灰坑开口平面有圆形、椭圆形和不规则形 3 种。

出土遗物中陶器较为丰富，主要为生活类用器，以罐、盆为主。几乎全为泥质灰陶，素面居多，少量器表磨光，纹饰有弦纹、附加堆纹、戳刺麻点纹等，均为轮制。瓷器基本为生活实用器，器形主要为碗，兼有碟、盘、鸡腿坛、缸、瓮、俑等。胎质坚硬，多呈黄褐色、紫黑色。釉下多施一层化妆土，釉色主要为灰白釉、黄白釉，少见茶叶末釉、青釉等，施釉多不及底，甚至是半釉，器底外侧露胎，内侧留有明显的垫渣痕或涩圈，部分器物外底部中心有乳突。铁器数量和种类较多，种类包含了农具、手工工具、家具用具、狩猎用具、车马具等。

前期调查表明石岭子遗址是一处面积较大、遗存较为丰富的金代遗址。此次发掘在有限的面积内，也发现较为丰富的遗迹及遗物。遗迹中房址密集，方向一致，且有打破关系；遗物中陶器以陶罐、陶盆为主，瓷器多为瓷碗，这些都为常见的生活器皿；铁器中有与农业相关的铁铧、铁镰，与日常生活相关的铁刀、铁凿、铁锥、铁钉等，这些都表明当时有相当数量的人口在此地聚集生活，从事定居农业生活；铁器中还有与狩猎相关的铁镞、铁矛，表明狩猎业也在当时的生业模式中占有一定比例。关于遗址的性质，遗址中不见高等级建筑及建筑构件，遗物也都为普通平民生活、生产器具。因此，该遗址应是一处金代普通平民居住址。该遗址的发掘为研究彰武地区金代历史文化提供了宝贵材料。

（苏军强）

【辽宁地区明清时期海防遗址调查】

调查时间：2016 年 6 ~ 10 月

工作单位：辽宁省文物考古研究所、国家文物局水下文化遗产保护中心、大连市文物考古研究所、大连市近代史研究所

辽宁地区明清时期海防遗址调查工作是在国家文物局水下文化遗产保护中心主导下，辽宁省文物考古研究所会同大连市文物考古研究所、大连市近代史研究所等多家单位共同开展的。调查区域主要是大连市的甘井子区、旅顺口区、沙河口区、西岗区、中山区及金州区。

通过此次调查，我们的主要收获如下：

1. 通过调查我们共发现明清时期各类海防遗址 104 处，其中明代 32 处、清代 72 处。

明代的 32 处海防遗址点包括城址 6 座、墩台 24 座、其他相关遗址 2 处。6 座城址中，除城山山城位于山顶外，牧城驿城址、土城子城址等 5 处均位于山前平原上。墩台多位于低矮山丘上，平面形状多呈方形，除炮台山墩台整体由石块垒砌而成外，其余多为夯土外包石结构。

清代的海防遗址点72处，其中水师营码头旧址1处、清军兵营址（含练兵场）4座、沙俄兵营址4座、日军临时兵营址1座、堡垒6座、炮台23座、弹药库1座、船坞厂及其相关设施7处、灯塔1座、防御性工事及战场遗迹15处、其他相关遗址9处。（清军）城址多位于山前平地上，平面多呈长方形，四周筑有夯土墙。堡垒均位于矮山山顶上，整体规模较大，多由营房、炮台、（弹药）暗堡等组成，上覆土石，外绕沟壕。清军炮台后期均经过沙俄改建，但其基础都由石块垒砌而成，炮台暗堡均为半地穴式，拱顶结构；炮台多与地面齐平；弹药库位于炮位外侧，二者分离。沙俄炮台均由鹅卵石浇灌水泥砌筑而成，炮台暗堡多为地面式建筑，平顶结构；炮位均高于暗堡地面；弹药库都位于暗堡内，二者合二为一。

2. 在野外调查过程中，为了资料的完整性，我们对上述遗址点进行了详细的文字描述、考古测量与绘图。在野外调查即将结束之际，沈阳建筑大学对较有代表性的大案子山堡垒、椅子山堡垒、小鞍子山炮台、松树山堡垒、二龙山堡垒、白银山炮台及"黄营子"沙俄兵营等进行了本体测绘。

3. 在野外调查的过程中，我们对一些海防设施的年代及性质进行了重新的修正。如模珠礁炮台的整体形制已经与沙俄时期的海岸炮台有了较大差别，更接近于苏联红军时期，因此，我们认定其经过苏联红军的整体翻建，其炮台的年代定为苏联红军时期更为合理。

（徐　政）

吉林省

【抚松县枫林旧石器时代遗址】

发掘时间：2016 年 8 ~ 10 月

工作单位：吉林省文物考古研究所

枫林遗址是吉林省东部的旧石器时代旷野遗址之一，位于抚松县漫江镇枫林村，东距长白山天池约 43 千米，东北距头道松花江 1000 米，地理坐标为北纬 41°57′58.1″、东经 127°31′57.4″，海拔约 900 米。2016 年 6 月，为配合漫江镇生态文化旅游综合开发项目建设，吉林省文物考古研究所考古人员对施工区域进行了考古调查，采集石制品 40 余件，类型包括石片、细石叶及各类工具，据此确定该遗址为一处旧石器时代晚期遗址。因遗址位于漫江镇枫林村枫林岗，故将该遗址命名为“枫林遗址”。2016 年 8 月，吉林省文物考古研究所与中国科学院古脊椎动物与古人类研究所、抚松县文管所组成联合考古队，对枫林遗址进行了抢救性发掘。

2016 年度发掘面积共计 230 平方米，分东、西两区。西区为主发掘区，发掘面积 150 平方米。地层共计 6 层，由上至下分别为灰黑色黏土质粉砂层、浅红褐色黏土质粉砂层、蓝灰色粉砂质黏土层、深褐色粉砂质黏土层、褐色砾石层以及红褐色含沙砾层。出土石制品 307 件，类型包括完整石片、不完整石片、细石叶、石叶、细石叶石核、雕刻器、刮削器以及大量残片。原料以黑曜岩为主，偶见凝灰岩、燧石、榴辉岩等。

东区包括东山坡发掘区以及三处探沟，发掘面积 80 平方米。地层堆积与主发掘区相比较浅，由上至下分别为灰黑色黏土质粉砂层、褐色粉砂层以及砾石层。出土石制品 354 件，石制品类型包括完整石片、不完整石片、石叶、石叶石核、细石叶、细石核、刮削器、端刮器和尖状器等。石制品尺寸变化较大，既有大型端刮器、砍砸器，也有小型的细石叶、细石核等。原料仍以黑曜岩为主，也有一定数量的凝灰岩、榴辉岩、燧石、石英岩等。

经初步整理、统计，枫林遗址 2016 年发掘出土各类石制品共 651 件，另外在地表采集各类石制品约 2000 件。遗址东山坡发掘区褐色粉砂层中炭粒的测年结果校正后为距今 1.7 万年左右。该遗址丰富的细石叶工艺产品以及大型石叶石核的发现，显示出枫林遗址为一处以细石叶技术为主、兼有石叶技术的旧石器时代晚期旷野遗址。枫林遗址所出土的细石核和石叶石核造型精美，技术特征明显，与中国北方其他地区的相关发现在技术和形态上具有可比性，也与西伯利亚平原、贝加尔湖地区、朝鲜半岛、日本列岛所发现的石器工业具有紧密关系。

（徐　廷　田　川）

【梨树县长山新石器两周及辽金时期遗址】

发掘时间：2016 年 7 ~ 10 月

工作单位：吉林大学边疆考古研究中心、吉林省文物考古研究所

长山遗址位于梨树县小城子镇长山村陈家屯以北约 300 米处略呈丁字形的狭长

漫岗（当地俗称“长山”）上，北距东辽河约1000米。2016年度发掘面积975平方米，发掘墓葬9座、灰坑79个、灰沟8条。出土可复原陶器12件，铜器、铁器、石器和骨器等各类人工遗物300余件。这些遗存大致分为三个时段：

第一时段遗存未见相关遗迹，只出土了少量器表饰红彩或刻划之字纹、刻划几何形纹的夹细砂陶片以及少量细石器，其年代属新石器时代。

第二时段遗存以H008、H081、H037、M004、M006等单位为代表，陶器以夹砂黄褐、灰褐陶为主，器表多素面，器形有筒形罐、深腹罐、壶、杯等。此外还出土有铜泡、弹簧式铜耳环、石串珠等遗物，其时代大体相当于两周时期。

第三时段遗存以发掘区的第2层及H019、H049、M002等单位为代表，属于辽金时期遗存。陶器主要是泥质灰陶，火候高，质地坚硬，器表多见篦齿纹、弦纹等，器类有罐、壶、盆等。

长山遗址地处东辽河中游左岸，这里是松嫩、辽西、辽东、吉长四大文化区相互接触、影响、碰撞、融合的交汇地带，以往研究相对薄弱。长山遗址的发掘，对于建立和完善东辽河流域汉以前考古学文化的编年框架与谱系结构具有重要意义，也有利于充分了解该区域内狩猎—渔猎定居型聚落的自身特点与发展演变，了解狩猎—渔猎经济社会的复杂化进程，了解区域环境演变对人类活动的影响，以及区域环境差异所引起的人地关系差异等，是解决东北地区诸多学术课题的重要切入点。

（井中伟　林　森）

【吉林市丰满区东团山汉魏及辽金时期遗址】

发掘时间：2016年4～11月

发掘单位：吉林省文物考古研究所

东团山遗址位于吉林市松花江右岸，现隶属于吉林市丰满区，西侧紧邻松花江，东北距龙潭山城2.5千米，南距北华大学东校区2000米，西侧紧邻滨江东路。遗址由山城和平地城（南城子城址）两部分构成。山城位于遗址西北部的椭圆形山丘上，海拔252米。山城上可见三道城墙，城墙为土石混筑，间距20米～30米不等。外城墙残长493米，中墙残长443米，内墙残长78米。平地城位于山城东侧台地上，紧邻山城。平地城平面近椭圆形，周长1050米。城墙仅残存南部一段，外高2米～3米，内高0.5米～1米，其上有一豁口，疑似城门。城内近南城墙处可见一高台，南北长约150米，东西宽约75米，高出城内地表约0.5米。2016年，吉林省文物考古研究所继续对东团山遗址平地城部分进行主动性考古发掘。

2016年度的发掘工作重点仍是平地城内高台处的发掘及南城墙的解剖。2016年度发掘面积2300平方米，揭露地层9层。发现灰坑100余个，灰沟4条，形制较规整的建筑遗迹3组，以及排列不规则的磉堆7个。

经过发掘确认，平地城内靠近南城墙的高台为一处自然台地，经人工平整后作为建筑址的基础，所发现的建筑址均起建于该台地上。2015年度发现的二处台基实为一处，2号台基的四个使用面为台基破坏后进行修补铺垫所形成。该台地北高南低，南部向南城墙方向自然下降。台基上的建筑遗迹年代均为汉魏时期。其中，F3位于发掘区中部偏南，仅残存3排磉堆，排列较规则。东侧一排保存较好，共有9个磉堆，中部一排残存1个，磉堆直径65厘米～80厘米，深25厘米～30厘米，间距2.2米。磉堆制法为在黄土台基上挖坑，坑内下层填充砂砾，上层填充碎石。西侧一排残存磉堆6个，形制与其他两排不同，为在黄土台基上直接摆放碎石块而成。F2位于发掘区中部偏南，打破F3，为一圆角方形环沟所围成的建筑，边长14米，方向南偏西29°，西南侧开门，门宽约2.2米。环沟宽30厘米~45厘米，深35厘米~50厘米。

通过对城墙的解剖，确认城墙筑造年代为汉魏时期，辽金时期进行了修补。

出土遗物除第2层见有少量的辽金时期遗物，其余单位出土遗物均为汉魏时期。主要为陶器，多为残片，从陶质上主要分为夹粗砂和泥质两大系统，泥质陶火候较高，质地坚硬。器类主要有生活用器和建筑构件两大类。生活用器多为残片，主要有夹粗砂红褐陶、泥质灰陶、黑皮陶等，夹砂陶多素面，泥质陶多带有纹饰，纹饰主要有方格纹、菱形纹、弦纹、戳压纹等，器类主要有豆、罐、碗、甑及纺轮等。建筑构件主要为砖瓦残块。砖多为夹粗砂红褐陶，有素面砖和花纹砖两类。花纹主要有菱形纹、几何纹等。部分砖块有火烧痕迹。瓦多为泥质红褐陶，另有少量泥质灰褐陶，火候较高质地坚硬，种类有筒瓦及板瓦，均有纹饰，纹饰主要有绳纹和方格纹等。

经过2016年度的发掘，初步确认东团山遗址平地城筑城年代及繁盛时期为汉魏时期，辽金时期二次利用。

（王　聪　王晓明　张　迪　夏艳平）

【集安市洞沟古墓群山城下墓区】

发掘时间：2016年8~11月

工作单位：吉林省文物考古研究所、集安市文物局、集安市博物馆

山城下墓区位于集安市市区西北约2.5千米，隶属于全国重点文物保护单位洞沟古墓群。墓区北侧紧邻丸都山城南墙东段，距1号门址仅100米左右，东、南、西三面有通沟河环绕而过。中心地理坐标为北纬41°08′48.7″、东经126°09′48.5″，海拔220米。

此次考古清理工作为配合集安市洞沟古墓群墓葬本体保护工程的实施，将山城下墓区山城下片所有尚未经过发掘和维修的墓葬逐一进行清理，根据保护需求对墓葬的形制、边界、材料予以认定，为墓葬保护维修的设计和施工提供考古学依据。此次共著录墓葬302座，发掘墓葬17座，其中积石墓8座，封土墓9座。积石墓呈方形或长方形，边长多在10米左右，四边由稍经加工的花岗岩石块错缝砌筑，以河卵石或碎山石封顶。其中一座墓墓道尚存，方向西南。封土墓以两侧开探沟的方式揭露原封土范围，并挑选其中保存较好的9座墓清理墓室。按照墓室数量可分为单室和双室，墓道方向又有南向和西向之分，墓室的平面形状有长方形、刀形和铲形三种。墓室内以经加工的石条错缝砌筑，有的以白灰勾缝或抹平。藻井分为平盖顶、抹角叠涩、平行叠涩和穹隆顶四类。墓底分为黄土面、铺小碎石、铺石以白灰抹平三类。

此次清理出土较多珍贵遗物，包括保存完好的金饰、鎏金银饰、釉陶片、铁镜、铁棺环、棺钉、陶片等，为墓葬的年代和性质的判断提供依据。

经过2016年度的考古发掘，为每一座墓葬建立了电子档案，并使用航拍和三维建模技术，对部分墓葬的范围和墓室进行重建，为墓葬保护工程设计方案提供更为精准的数据。

从墓葬规格、石材的加工程度、出土器物、人骨及炭样的^{14}C测年等方面分析，并比照山城下墓区已经发掘的墓葬年代，初步判断此次清理的积石墓的年代大致为公元4~5世纪，封土墓年代可能为公元5~7世纪。

（安文荣　李睿哲）

【辽源市龙首山高句丽城址】

发掘时间：2016年7~11月

工作单位：吉林省文物考古研究所

龙首山城址位于辽源市区龙首山上

（即龙山公园内）。城址东西两侧地势开阔，南侧为陡崖，北侧连山，东约2000米为工农山古城，南约150米为东辽河所流经，西侧紧邻龙山大街，东北约1.5千米为七一古城。中心地理坐标为北纬42°53′41.1″、东经125°08′52.5″，海拔319米。城址依自然山势叠土夯筑而成，平面略呈不规则四边形，周长约1200米。为明确该城址的始建年代、文化性质等学术问题，同时也为该城址保护方案的制定与实施提供考古学支撑，吉林省文物考古研究所对该城址进行了主动性考古发掘。

2016年度的工作主要包括解剖城墙、清理角楼以及对城内遗存的勘探与试掘。发掘面积约550平方米。揭露灰坑13个，墓葬1处。

城内的勘探和试掘，出土了大量的陶器残片和一定数量的铁器及少量石器等。陶器可辨器形主要有豆、罐、甑、盆、碗、纺轮、网坠、板瓦、筒瓦等。铁器以铠甲片和箭镞为主。石器数量极少，出有石臼、石镞和磨棒等。经初步判断，出土的遗物中包含有四种不同性质的文化遗存，即青铜文化遗存、汉晋时期的夫余文化遗存、高句丽文化遗存以及辽金文化遗存。其中，大部分遗存为高句丽文化遗存。如此大时间跨度遗存的发现为研究辽源地区的历史文化序列以及龙首山城址相关问题的解决提供了重要的考古材料。

据城墙解剖情况，城墙结构为砂土夯筑。城墙可分为主墙体、附墙和后期补砌墙体三个部分，其中主墙体和附墙之间未发现间歇夯筑迹象，应为一次性构筑而成。城墙的具体砌筑方式为顺着自然坡地垂直向下挖筑基槽，基槽内深外浅，基宽约10米。按照由下至上、由内至外的顺序先修筑主墙体，紧随其后修筑主墙体外侧的附墙。主墙体现存高度约5米，底宽约6米，顶宽约1.5米。附墙底宽约4米。

据角楼清理情况，其结构以及砌筑方式与城墙相同。角楼沿着东、北两面城墙转角的外轮廓修建，其外框由四面墙体组成，其外框的西墙和南墙同城址墙体相接。角楼的西墙与北墙、北墙与东墙略呈直角相接，东墙与南墙略呈钝角相接，故该角楼的外轮廓呈不规则四边形。

以往学界倾向性认为龙首山城为高句丽时期山城，但近年来有部分学者认为龙首山城为夫余后期王城，其主要依据皆为历史地理学方面的考证，缺乏必要的考古学支撑，故关于龙首山城的始建年代及性质等问题一直存在着争议与分歧。2016年龙首山城址的发掘，大致明确了城址的城垣形制与结构。综合城内出土的遗物情况，同时结合城墙本体内部出土的器物判断，城址的始建年代与学界倾向性观点相吻合，应为高句丽时期山城。

（王晓明　薛紫心　孙明明）

【临江市坡口高句丽积石墓群】

发掘时间：2016年6～11月

工作单位：吉林省文物考古研究所、白山市文物保护管理办公室、临江市文物管理所

鸭绿江上游积石墓——坡口墓群位于临江市四道沟镇坡口村西南约500米，五道沟沟口南侧朝向西北的山坡上，墓群所在地西邻鸭绿江，北濒五道沟河，地理坐标为北纬41°43′49.0″、东经127°03′28.6″，海拔约为393米。

为配合白山市鸭绿江上游积石墓群二期保护规划和方案的编制，2016年度吉林省文物考古研究所联合白山市文物保护管理办公室、临江市文物管理所，对坡口墓群进行了主动性考古调查和发掘。通过调查工作，明确墓群所属墓葬的分布范围，初步确认坡口墓群现存墓葬数量为18座，在原有记录10座基础上增加了8座。在调查的同时，我们还清理墓葬7座，编号分别为M1～M7，出土石器、陶器、铁器、

铜器计50余件，这些遗迹和遗物不仅进一步丰富了高句丽积石墓的资料，还为二期保护规划和方案的编制提供了翔实资料和科学依据。

通过调查和发掘工作，了解到坡口墓群所属墓葬类型有方坛积石墓、阶墙积石墓和积石串墓。坡口墓群清理的7座墓葬中，4座发现有火烧痕迹（M3、M4、M5、M6）。其中M1结构较为特殊，从墓葬的构筑方式来讲应属于阶墙积石墓，但其在外观上已经有阶坛积石墓的影子。此外，M1还存在带有附属墓圹的现象，这与2015年度在东甸子墓群Ⅰ墓区清理的部分墓葬有相近之处，附属墓圹与主墓为依附关系，形制较小，应该是高句丽时期鸭绿江上游地区具有地方特色的丧葬习俗的一种反映。

坡口墓群出土陶器较少，陶质和器形与东甸子墓群相比较，更接近于东甸子墓群Ⅱ墓区。另外，坡口墓群出土的铁鑁形制也与东甸子Ⅱ墓区更为接近。坡口墓群的年代应与东甸子墓群Ⅱ墓区更为接近，整体上早于东甸子Ⅰ墓区，时代下限应该在4世纪前后。

（刘晓溪　张福生　Pauline Sebillaud）

【吉林市龙潭山城】

发掘时间：2016年4～11月

工作单位：吉林省文物考古研究所、吉林市文物管理处、吉林市博物馆、吉林市满族博物馆

龙潭山城位于吉林市龙潭区东南部的龙潭山上。经国家文物局批准，吉林省文物考古研究所会同吉林市文物管理处、吉林市博物馆、吉林市满族博物馆的业务人员对山城的北门址和城南阶地进行了发掘，发现了城门址（北门址）、房址、多边形建筑址等遗迹现象。

北门址位于城址北墙中部，西距蓄水池约30米，东北距城址东北角70余米。门址平面呈“工”字形，门址在毁坏后封堵。现存门道为高句丽晚期，门道边石和门垛的外向砌石均为凝灰岩块石。两侧门垛朝向门道的立面用草拌泥作为黏合剂，以不规则石块砌筑，并涂抹草拌泥作为墙面。门道上部原应有木制的门楼，现仅存塌落于门到地面的木质构件过火后残余的木炭迹象，由此可知门楼顶部的结构为：先铺设直径约10厘米的椽子，其上铺设厚度约5厘米、宽约30厘米的木板，再上涂抹有草拌泥，再上应有苫草。门道南侧为瓮城部分，是由两侧夯土城墙和门垛围成的开放式结构。西侧墙体的东南两侧保存有石砌的包墙，东侧墙体仅清理约1.5米长一段，未发现包墙迹象。

房址共发现16座，编号为F26～F40、F42，均发现于第1层下，部分出露于地表，保存状况较差。年代均为隋唐时期（高句丽晚期）。多为圆角长方形，残存有石砌折尺形火炕和部分石砌墙基，火炕由灶坑、烟道、烟囱底座等构成。

多边形建筑址共发现4座，编号为F41、F43～F45，均发现于第1层下。F41、F43为八角形，东西相邻。保留有两圈柱础，柱础均以两块花岗岩质拼对而成，间距10厘米左右。部分础石由于受滑坡或树木根系盘绕导致移位。F44、F45可能为十边形，东西间距10余米。F45保存较为完好，可见有三圈柱础迹象，柱础以凝灰岩石块拼凑成长方形，表面较为平整。F45最大直径为15.4米，三圈础石间距为2.5米。F45东北角位置未见础石迹象，可能作为进出建筑的路径。

出土遗物依材质可分为陶器、铁器、铜器。陶器据其功用可分为建筑构件和日用器皿，建筑构件多为橘红色夹砂板瓦、筒瓦等，板瓦表面饰有绳纹或方格纹，筒瓦多为素面。日用陶器有罐、甑等，多为泥质，陶色有灰褐、红褐、黄褐、黑皮等。铁器有铁钉、铁镞、铁釭、铁镰、铁锅等。

铜器有铜钱、铜镜等。铜钱以北宋时期及金代年号钱为主；铜镜纹饰为金代常见的双鱼纹、龙虎纹等。

通过2016年度的发掘进一步确认了城址为高句丽晚期构建，作为占领或防守夫余故地的军事堡垒。城内遗存主要有三期：第一期为西团山文化遗存，遗迹主要分布在城内南侧坡地的上半部。第二期为高句丽晚期遗存，城内大部分区域均有发现，房址集中发现于南部的阶梯状台地上，成排分布，应有一定规划建造。山城即是这一时期建造和使用，随着唐王朝灭亡高句丽的战争，城址废弃。第三期遗存为辽金时期遗存，主要分布区围城内中部的大型平地，发现有房址、寺庙建筑址等。

（徐　坤　翟敬源　张寒冰　王立民　孟庆卓）

【集安市霸王朝高句丽山城】

发掘时间：2016年6～10月

工作单位：吉林省文物考古研究所

霸王朝山城位于集安市财源镇霸王村东北约4.3千米的山上，凭借山脊而建，北高南低，形若簸箕，平面略呈梯形，周长1230米。城垣石筑，保存基本完好，最高处可见垒砌20多层，高度达5米以上。2015年，吉林省文物考古研究所对城址开展了主动性考古发掘。2016年继续对该城址进行了主动性考古发掘。

2016年度选择南门址和东南角台进行了清理，对山城内自南向北阶梯状分布的第5号台地进行了发掘。通过清理确认了山城南门址的具体位置和形制结构，对5号台地的发掘，确认了城内阶梯状台地的人工属性，在台地上发现了高句丽时期的建筑遗迹。

对南门址的清理，厘正了过去对南门址位置的错误认识，揭露出门道、门道东西两侧门垛和南侧踏步。门址两侧城墙基础修筑在夹碎石的生土之上，城墙基础采用阶梯内收式工法。门道呈西北—东南走向，底部铺石，长约7米，宽2.4米，两侧发现有楔形石改造而成的门枢础石，础石上有一大一小两个圆形孔，础石之间宽度约1.8米，门道上有木炭痕迹。门道南侧发现有7级踏步，每级内收约0.3米。两侧门垛残高2米，底部砌长方形条石，条石上可见木炭痕迹，门垛内侧有增修迹象。南门疑似地栿和门槛木炭痕迹的测年结果校正后为公元550～650年，疑似增修墙体下部的木炭测年结果校正后为公元575～655年。

通过调查与测绘，发现城内至少存在10级自南向北分布的阶梯状台地，台地宽度在10米～20米，边缘石砌。2016年度对5号台地进行了发掘，发现房址5座，其中4座石构房址，1座半地穴房址。以F3为例，平面呈圆角方形，边长5米～6米之间，起建于生土之上，东北角有三条南北向石砌烟道。因城内台地后期人为扰动严重，建筑遗迹破坏严重。5号台地倒塌堆积中木炭的测年结果校正后为公元640～660年，F1内红烧土中残存木炭的测年结果校正后为公元420～475年。

2016年度在城内台地发掘出土大量文化遗物，主要为陶器和铁器。其中陶器可辨器形包括鼓腹罐、敛口罐、双耳陶盆、陶盘、陶甑等，陶器多为素面，纹饰多为施加在肩领部的凹弦纹、波浪纹组合；铁器以兵器为主，以蛇头形带铤铁镞为主，还发现有甲片、带扣、铁削、铁矛等。

两个年度的发掘，对霸王朝山城城垣结构有了清晰的认识，可以确认该城是一座高句丽时期的山城，城内出土遗物的整体风格与五女山城四期文化较为一致，但城墙始筑年代尚无充分的考古学证据。结合考古发现与测年结果，我们倾向于认为霸王朝山城是一座高句丽晚期的重要防御性山城。

（安文荣　徐　廷）

于高句丽时期的可能。

（解　峰）

【珲春市古城村寺庙遗址】

发掘时间：2016 年 4～11 月

工作单位：吉林省文物考古研究所、珲春市文物管理所

两处寺庙址位于珲春市三家子乡古城村东约 100 米，二者相距近 200 米。2016 年度对古城村 1 号寺庙址进行了考古勘探、发掘，对古城村 2 号寺庙址进行了勘探。

古城村 1 号寺庙址发掘面积约 1000 平方米，共设置四个发掘地点。遗址中心区为 A 地点，发现灰坑 6 个、灰沟 4 条、房址 3 处、墙基 4 处、磉堆 3 个。由于晚期破坏严重，寺庙建筑遗迹整体结构不明，在地层堆积及晚期灰坑、灰沟中出土大量板瓦、筒瓦残片，并出土大量石佛像残片、少量陶佛像残片。根据出土的带有三燕文化因素的网格状莲纹瓦当判断，寺庙始建年代可能早至高句丽时期，根据共出的莲纹瓦当判断，寺庙址废弃年代不早于渤海国时期。B 地点位于 A 地点西侧，揭露水井 1 处，根据出土遗物判断，年代为近现代。C 地点位于 A 地点东侧，发现古代窑址 1 处，灰坑 3 个，根据窑内出土遗物判断，窑址应用于烧制生活器皿，通过与同类窑址的形制对比推测，窑址年代可能为渤海国时期，但与寺庙建筑是否有关尚难判断。D 地点位于 A 地点西侧，发现古代窑址 1 处、灰坑 1 个，发现少量陶片，由于本地区尚未发现同类型陶窑，因此窑址年代及其是否与寺庙有关尚难判断。

勘探中，于古城村 2 号寺庙址发现多处疑似台基式建筑，其中保存较好的 2 号疑似台基平面近正方形，边长约 12 米，地表散落大量典型渤海时期板瓦、筒瓦、瓦当等遗物，并发现少量带有高句丽文化因素的莲纹瓦当。由此推测，该寺庙址始建年代不晚于渤海国时期，但不排除其始建

【桦甸市苏密城址】

发掘时间：2016 年 5～11 月

工作单位：吉林省文物考古研究所

苏密城位于桦甸市桦甸镇永吉街道大城子村，北濒辉发河故道，南约 1000 米为辉发河现河道。城址由内外双重城垣组成，平面呈“回”字形。城垣土筑，基本保存完好，只有外城东北角因辉发河水冲毁缺失。继 2013 年、2014 年和 2015 年考古工作，2016 年吉林省文物考古研究所继续对该城址进行主动性考古发掘。

2016 年主要对内城北墙中部偏南的区域进行发掘，共清理以黄黏土和黑黄花土混合夯筑的建筑台基 3 座，小型房址 1 座，灰坑 6 个，灰沟 3 条。建筑址 JZ1 仅见东西向残留磉堆 3 个，皆由大小不均的河卵石堆砌，建筑址 JZ1 向北延伸被北城墙叠压，并在北墙起建层下可清晰见到 JZ1 的灶址和 2 处门础石坑，在其地面出土典型渤海时期的陶罐，进一步为内城的起建年代提供了考古层位学依据。

JZ2 发现残留 2 排 4 列磉堆，磉堆直径 1 米，磉堆中心点排距 4 米，列距 3 米。方向与外城城垣及寺庙址方向一致，倒塌堆积内为单纯典型的渤海建筑构件。在其北为另一处大型建筑基址 JZ3，经解剖发现其叠压在 JZ2 之上，其南部倒塌堆积中发现部分板瓦残块与 2013 年清理内城南墙出土的板瓦残块相同，板瓦较厚重、粗糙，明显有别于渤海时期的板瓦，况且这些残存的板瓦与渤海时期典型的板瓦共出，推测 JZ3 可能是辽灭渤海后，重新起建内城时，在内城中沿用外城渤海时期的建筑，并进行修补的建筑址，但受条件所限，未能对 JZ3 完全揭露。

2016 年出土遗物多为渤海时期的板瓦、筒瓦、瓦当等建筑构件，300 余件；

陶罐、陶盆、陶钵和陶碗等日用陶器；以及少量铁镞、铁甲片、铁刀、铁钉、铜刀、铜镯和铜簪等金属器，还出土了两件长沙窑瓷器的残片，为长沙窑在唐朝向东北渤海国传播的考古研究提供了非常重要的考古资料。

对苏密城持续四年的工作，可以确认内、外城址不仅年代不一，而且内城城壕对外城的渤海寺庙址有直接的打破关系，为内城的断代提供了层位学依据；内城城垣内出土的渤海时期的佛像、瓦件和瓦当等遗物，以及内城垣上发现的不同于渤海的建筑瓦件和内城北城墙下叠压的渤海时期建筑址，对内、外城的断代不仅在遗物，而且在遗迹的层位学上都提供了翔实的考古学依据。故我们倾向认为苏密城外城为渤海始建，内城则可能是辽灭渤海后，在东北旧地建制东丹国时期构建，不过这一结论还有待今后在内城进一步考古发掘证实。

（王志刚　张　哲　王吉峰）

【乾安县春捺钵遗址群后鸣字区遗址】

发掘时间：2016 年 6 ~9 月

工作单位：吉林省文物考古研究所、吉林大学边疆考古研究中心

为配合春捺钵遗址群保护规划的制定、进一步了解春捺钵遗址文化内涵，对乾安县春捺钵遗址群后鸣字区进行考古发掘，共计发掘面积 1010 平方米。

后鸣字区遗址位于乾安县赞字乡后鸣字村西的花敖泡湖的东南岸。遗址内有九百余座土台遗迹，总面积约 4.7 平方千米。遗址中北部有 1 座小城，周长 426 米，小城内已于 2014 ~2015 年发掘出 2 座台基式瓦顶建筑。2016 年度发掘分为四个区，Ⅰ区位于小城的中部，Ⅱ区位于小城东约 100 米处的空地上，Ⅲ区位于 B089 －3 土台，Ⅳ区位于 B055 －7 土台上。共发现 6 处辽金时期火炕遗迹、1 个帐篷遗迹、81 个灰坑、5 条沟、13 个灶、2 处灶面遗迹。发现较多辽金遗物，辽代遗物如篦点纹陶片、陶瓶、鱼形玉饰件等，金代遗物如吻兽残件、黑釉瓷罐、粗白瓷碗盘、定窑划花白瓷器、骨梳、骨簪、陶扑满、陶盆、铁车輨、琉璃器、鎏金铜牌饰等。

在土台中下部发现帐篷遗迹，且在土台底层发现篦点纹陶片，证明辽代契丹人在此活动过，发现的火炕是金代的，如今庞大的土台的主体是金代形成的。2016 年度的发掘进一步丰富了春捺钵遗址的文化内涵。

（冯恩学　武　松）

【白城市城四家子辽金城址】

发掘时间：2016 年 4 ~10 月

发掘单位：吉林省文物考古研究所

城四家子城址位于白城市洮北区德顺蒙古族乡古城村，为一处辽金时期州城遗址。自 2013 年以来，吉林省文物考古研究所对该城址开展了连续性的考古发掘工作。2016 年，为配合城墙保护工程的实施，对该城址的城墙开展了人工钻探和面积不等的探沟式发掘，同时，对城址附近的辽金墓葬进行了抢救性发掘，总发掘面积 350 平方米。

对城址北、东、南三条城墙的钻探，确认了各条城墙上马面的数量和规格。通过对城墙的发掘，确认了各段城墙的宽度及现存高度。对城址东北角、东南角豁口断面的解剖，了解了该处城墙的营建方式、结构及保存现状等情况。这些都为遗址保护规划编制提供了可靠的基础数据。发掘过程中，于城墙内侧发现与城墙走势平行的道路和排水沟等遗迹，道路堆积较厚，可见使用时间较长。城墙内侧局部区域存在不同时期的房址、灰坑等生活类遗迹，为认识城墙周边相关遗存的基本性质及其与城墙间的早晚关系提供了学术依据。

城四家子城址北部有大面积的墓葬区，

经调查确认以辽金时期砖室墓为主。2016年度工作中，对其中的三座遭到不同程度破坏的墓葬进行了抢救性发掘。三座墓葬均为小型砖室墓，平面呈甲字形，墓向朝南，墓室为方形，青砖砌筑，边长2.5米左右，墓底距地表深1.5米，南接一条宽约0.6米的阶梯形墓道。由于墓葬曾遭盗掘破坏，未发现随葬品。从墓葬结构判断时代大致为辽代晚期至金代。此次对墓葬的发掘，为研究吉林省西部地区辽金时期砖室墓葬提供了新资料。

（梁会丽　孟庆旭　魏佳明）

【安图县宝马城金代皇家神庙遗址】

发掘时间：2016年7～11月

发掘单位：吉林省文物考古研究所、吉林大学边疆考古研究中心

宝马城位于安图县二道白河镇西北4000米处的丘陵南坡上，平面呈长方形，周长约465米，20世纪80年代的调查认为该城始建于渤海，辽金时期沿用，以往学术界普遍视其为渤海朝贡道上的重要驿站。为判明宝马城的年代与性质，经国家文物局批准，吉林省文物考古研究所、吉林大学边疆考古研究中心于2014年、2015年连续对城内回廊院落中轴线上北部与居中的土台（JZ3、JZ2）进行了发掘，并依据建筑的严整性、遗物的高等级初步判定该城很可能是金代皇家修建的祭祀长白山的神庙。

为进一步解明城内建筑的结构与布局，经国家文物局批准，吉林省文物考古研究所、吉林大学边疆考古研究中心于2016年7～11月对宝马城遗址进行了第三次正式发掘，实际发掘面积1210平方米，全面揭露了城内回廊院落中轴线上最南侧的台基（编号JZ1），连通台基两侧的南回廊东西两段、西回廊一段与回廊的西南转角，JZ1西北疑似亭子的方形建筑址（JZ6），以及回廊内建筑址之间大片的石墁庭院遗迹，并清理出大片的砖瓦倒塌堆积，出土瓦当、滴水、脊兽、鸱吻等陶制建筑构件逾千件，各式铁钉、铜钉数百枚，以及少量陶器、瓷器、铁器、铜器。

JZ1是一座典型的“分心槽”式山门建筑址。台基平面呈长方形，方向北偏东5°，东西宽约19.2米，南北长约13.9米，夯土筑成，台明高出回廊内石墁庭院约1米，高出回廊外地面1.8米。台基上柱础石保存较好，柱网结构明确，建筑面阔三间，当心间进深两间，东西山墙进深三间。地面墁铺方砖，大体保存尚好。外墙厚约1.3米，大部保存有6～7层砌砖，有明显的向外倾斜倒塌的迹象，墙外台明宽约1.7米。门址位于台基正中间，门砧长方形，东西门础两侧各有隔墙与东西山墙相接，形成门外的闭合空间。门内东西两墙上各开一口，以踏步与南回廊的东西两段连接，回廊宽6米余，高出石墁庭院20厘米，除础石外的部分外，地面均不铺砖。JZ1台基北侧有一踏步可以下至庭院内，JZ6位于建筑组群中轴线西侧，东侧有形制相同的JZ5。台基呈方形，边长约6.3米，残高约0.4米，外立面包砖。台明破坏严重，现存两块十字槽口础石。

2016年度发掘中，在JZ1室内铺地砖上出土汉白玉材质的玉册残块若干，上有“癸丑”“金”“於”等字样，亦发现龙纹襟首残块。唐宋时期皇帝册封山岳多用玉册，泰山就曾出土过唐宋时期的禅地玉册。“癸丑”干支可能对应公元1193年，是年金章宗册封长白山为“开天宏圣帝”，出土玉册和文献两相印证，加之宝马城选址考究，建筑组群中轴线正对长白山主峰，因此可以确认宝马城为金代皇家祭祀长白山的神庙无疑。

宝马城金代神庙遗址的发掘，是中原地区以外首次通过考古发掘揭露的国家山祭遗存，是近年来东北地区辽金时期乃至全国历史时期考古工作中少见的高等级遗

址；不仅是金代历史与考古的重要发现，也是边疆考古和北方民族考古的重大突破，对研究金王朝关于东北边疆的经略以及南北方文化的交流与互动，具有深远的历史与现实意义。

（赵俊杰）

【图们市磨盘村山城东夏国城址】

发掘时间：2016 年 5～10 月

工作单位：吉林省文物考古研究所、延边州文物保护中心

磨盘村山城位于延边朝鲜族自治州图们市长安镇磨盘村西南 2000 米，地处图们市与延吉市交界，西距延吉市区 5000 米，东距图们市 20 千米。地理坐标为北纬 42°54′、东经 129°35′～129°37′。海兰江在城南 1 千米处注入布尔哈通河，山城的南、东、北三面为布尔哈通河所环抱。山城修筑在一座呈盆状的独立山体上，当地称为城子山。山城为金代末期"东夏国"的"南京"治所，2006 年被国务院公布为第六批全国重点文物保护单位。

2013～2015 年，吉林省文物考古研究所、延边州文物保护中心对山城东门址、北门址、北门角楼、城内三座建筑基址、两座院落址、一处冶炼作坊址进行了考古发掘，出土大量陶器、铁器、石器等东夏国文物，并采集到凤鸟纹瓦当、绳纹板瓦、网格纹板瓦等渤海早期文物。2016 年又发掘了东门水渠和 4 号建筑基址两处城内遗迹。

水渠位于山城东门东南 40 米处，开口于东夏国文化层和自然淤积层下，距地表 4 米，除东南端已破坏，整体保存基本完好。水渠平面大致呈"Y"形，由主渠、支渠构成，以石块和石板修筑。渠底用大小不一的石板铺设，由西南至东北渐低；渠壁以毛石块砌筑于渠底石板之上，表面较为平整。主渠残长 12.2 米，内宽 0.9 米～1.1 米，高 0.75 米～1.25 米。支渠位于距主渠东南端 6 米处，长 10 米，内宽 0.6 米～0.9 米，高 0.7 米～0.85 米。水渠内未见遗物，但根据开口层位可知其年代早于东夏国时期。

4 号建筑基址位于城内中心建筑群北部，开口于表土层下。基址平面呈长方形，坐西朝东，南北长 25 米，东西宽 8.3 米。基址内共有 5 排南北向础石，最外侧两排各 21 块，等距排列，间距 0.5 米～6 米；内侧两排各 16 块，为 2—3—3—3—3—2 分组排列，每组间距 1.5 米～1.7 米；中间一排为 5 块，等距排列，间距 5 米。个别础石缺失，仅存础坑。出土遗物以板瓦、筒瓦、兽面瓦当等陶质建筑材料为主，另有少量铁钉。4 号建筑基址的形制、规模与此前发掘的 1～3 号建筑基址相近，础石布局雷同，唯方向相反。这些建筑基址均为东夏国时期遗存。

磨盘村山城 2016 年度考古发掘工作，廓清了东门水渠的形制、走向与构筑方式，辨识了其年代早于东夏国时期，同时明确了 4 号建筑基址的柱网格局及年代，为山城内早期遗存及东夏国建筑格局的研究提供了重要资料。

（李　强　张恒斌　满世金）

【镇赉县后少力元代城址】

发掘时间：2016 年 5～11 月

工作单位：吉林省文物考古研究所、东北师范大学

后少力城址位于白城市镇赉县后少力村西 250 米处土岗上，东距嫩江 10 千米，南距月亮泡 8000 米。城址区域北坡较陡，南坡平缓，第二次全国文物普查时可辨南、北墙长 200 米，东、西墙长 150 米，方向南偏东 50°。现今城墙多因耕种消失。城内散布大量砖、瓦及琉璃建筑构件。

2016 年度为后少力城址首次进行考古发掘工作，对后少力古城城外东部及西北部两处建筑区域局部进行了考古清理。发

掘区地层较为简单，第 1 层耕土层为棕褐色细沙土，当地人称“黑油沙”，厚 10 厘米～20 厘米，包含少量现代扰坑；第 2 层为黑褐色淤积土，厚度不一，仅存于低洼区域，该层未发现遗迹现象；第 3 层为灰褐花土层，厚 18 厘米～45 厘米，大量遗迹出现于该层中，第 3 层下为生土。发掘面积近 850 平方米，清理房址 4 座，灰坑 18 个，灰沟 3 条，城门址 1 处。出土器物千余件，以建筑构件为大宗，其中琉璃建筑构件数量较多；其余还包含陶器、瓷器、铜器、铁器、骨器等。

从现有的发掘情况来看，基本上完成了之前设定的工作预期，通过发掘得出以下认识：首先，古城存续三段时期，最早以第 3 层下灰坑及灰沟遗迹为代表，其中未发现典型元代器物，多出土动物骨骼、细碎仿定白瓷片及少量的兽面瓦当残块，推测其为建城前北方民族的聚落地，其时代可能至金中晚期。其次，以城门、台基建筑为代表的遗迹，出土大量元代琉璃建筑构件，少量景德镇青花瓷片、枢府瓷以及至正通宝等，基本确定城址为元代起建。最后，以 B 区 F2 为代表的房址遗迹，利用城门戗柱为房屋础石，确定该城毁弃后仍有存续。

经过勘探、物探及测绘等工作，确认了城址是以夯土墙为主的方形城，城内三组建筑，中部的建筑规模最大，南部建筑直接与南墙重叠，应为宫城南门。城外有建筑群，可能存在匠做区，城址北侧原为嫩江支流，同时大量的花岗岩础石及松木可能由水路运输，因此北门外可能存在码头遗迹。

出土大量的琉璃龙纹瓦当、滴水，座龙脊兽，可以想象当时建筑规模宏大、金碧辉煌。同时所出土的建筑构件与城门形制与张北元中都基本一致，琉璃构件在元代城址中见于王级以上宫室及寺观遗址，体现后少力古城当时建筑的高等级。

东北地区关于元代的考古工作开展较少，后少力城址的发掘是近年来东北地区元代考古工作中比较重要的一项，同时北方民族在国内考古界、史学界均备受关注，尤其是蒙古民族，留下很多值得研究的文物遗存，吉林省西北部地区曾经是成吉思汗最小的胞弟东道诸王之首斡赤斤的封地，后少力古城应与斡赤斤族系的活动有着密切的联系，此次考古工作多方面填补了吉林省元代考古的空白，为蒙元时期的考古、历史研究提供了具有学术价值的新内容。

（顾聆博　冷文轩）

黑 龙 江 省

【大兴安岭呼中北山洞石器时代遗址】

发掘时间：2016 年 9～10 月

工作单位：黑龙江省文物考古研究所、中国人民大学

遗址位于大兴安岭呼中区碧水镇西北约 2000 米的北山半山腰上，南距呼玛河支流约 250 米。地理坐标北纬 52°07′59″、东经 123°39′4.2″。海拔 540 米，距山下河滩地约 93 米。遗址洞口呈拱形，宽约 3.2 米、高 2 米，洞内纵深 16 米，地势北高南低呈坡状，面积约 100 平方米。

2013 年 9 月，黑龙江省文物考古研究所开展大兴安岭岩画调查时发现该洞穴遗址，在洞口岩壁上发现一处疑似鹿纹的暗红色彩绘岩画。2014 年 8～10 月，黑龙江省文物考古研究所对该遗址进行了考古试掘工作，获得重要发现。为进一步明确该洞穴内各层堆积的文化内涵及年代，推进大兴安岭地区考古学及岩画学的深入研究，2015 年初，黑龙江省文物考古研究所申报该遗址的主动性发掘计划，并获国家文物局审批通过。

2016 年 9～10 月，黑龙江省文物考古研究所对该遗址进行主动性考古发掘工作。采用旧石器标准发掘方法，共布 1 米 ×1 米探方 40 个，方向北偏东 20°，发掘面积 40 余平方米。发掘区的文化堆积以南部近洞口处最为丰富，最厚处达 3.5 米，地层堆积自上而下可分为 11 层：第 1～7 层以沙土堆积为主，内含少量碎石，结构较为紧密；第 8～10 层以石块塌落堆积为主，内含少量沙土，结构较为松散；第 11 层为青灰色砾石层，结构紧密，其下即为山基岩。此次发掘所获遗迹、遗物均出自第2～10 层。共清理灰坑 3 个（编号 H1～H3），临时灶址或火塘遗迹 16 处（编号 Z1～Z16），出土石器、陶器、骨器及动物骨骼等文物标本共计 1900 余件，取得了丰硕成果。

依据地层叠压关系以及出土遗迹遗物的差异，可将此次发掘所获的文化遗存划分为四个时期：第一期遗存主要包括遗址第 2 层及其下叠压的遗迹如 Z1、Z8 等，该层出土少量陶片及石片、石叶、刮削器等石器 6 件，属鲜卑时期文化遗存，年代为距今约 2000 年。第二期遗存主要包括遗址第 3、4、5 层及其下叠压的遗迹如 Z2、Z3、Z9、Z10、Z11、H3 等，该层出土筒形陶罐 1 件以及压制石片、细石叶、石刃、刮削器、凹底三角形石镞、砺石等石器 100 余件，属新石器时代晚期文化遗存。参考北京大学第四纪实验室对遗址第 4、5 层的 ^{14}C 测年结果，年代为距今 5000～4000 年。第三期遗存主要包括遗址第 6、7 层及其下叠压的遗迹如 H1、H2、Z5、Z6、Z7、Z15、Z16 等，该层出土大量陶片以及压制石片、细石叶、细石核、石刃、叶形石镞、刮削器、石珠、磨盘、石锤等石器 1600 余件，属新石器时代早期文化遗存。参考北京大学第四纪实验室对遗址第 6 层的 ^{14}C 测年结果，年代为距今 8000～7000 年。第四期遗存主要包括遗址第 8、9、10 层及其下叠压的遗迹如 Z12、Z13、Z14

等，该层出土打制石片、石叶、刮削器、尖状器、勒瓦娄瓦石核、石球等石器20余件，属旧石器时代晚期文化遗存。参考美国贝塔实验室对遗址第9、10层的^{14}C测年结果，年代为距今1.5万~1.4万年。

此次发掘基本明确了呼中北山洞遗址各层堆积的文化内涵及年代，初步确立了大兴安岭地区从旧石器时代晚期、新石器时代早期、新石器时代晚期及鲜卑文化四个时期的考古学文化序列。其中，以旧石器时代晚期和新石器时代早期文化遗存为此次发掘的最主要收获。旧石器时代晚期文化遗存发现的石器数量较少，器类简单、器形古朴，以勒瓦娄瓦石核、刮削器、尖状器、石球等为典型器，属于我国北方地区的小石器工业类型，剥片技法以锤击法为主，工具加工多采用打制和软锤修理技术。新石器时代早期文化遗存发现的石器数量巨大，器类丰富、器形精美，以细石叶、细石核、石刃、叶形石镞、刮削器等为典型器，属于东北亚地区的细石器工业类型，剥片技法以细石叶和小石片技术为特点，工具加工多采用较为精湛的压制修理技术。

呼中北山洞遗址的文化序列清晰、文化遗迹丰富、延续时间较长，对该遗址系统、科学的发掘及所含多种文化堆积的揭示，对于初步构建及完善大兴安岭地区考古学文化的编年体系，以及深入开展该区域文化谱系、生业方式、生态环境及人地关系等方面的综合研究，具有十分重要的作用。

（王长明）

【饶河县小南山遗址】

发掘时间：2016年9~10月

工作单位：黑龙江省文物考古研究所

小南山遗址位于双鸭山市饶河县城东南的小南山上，处在中俄边境乌苏里江岸边。发现于20世纪50年代，在70年代由黑龙江省博物馆进行试掘。2015年，黑龙江省文物考古研究所发掘300平方米。

2016年度的发掘区位于小南山遗址的中东部，总面积600平方米。主要是将上一年度已经揭露出土的墓葬之间的未发掘区域连接起来，以便进一步弄清小南山遗址的堆积情况、文化内涵和墓葬布局。

由于工作时间较短，2016年度仅清理完第1层和第2层，露出堆石墓葬遗迹后暂停。由于墓葬堆石受到后期扰动和自然滑坡，有些墓葬之间不易区分，出露较为明显的堆石墓近10座。出土文物主要有石制品200余件，玉器2件、陶器1件和陶片若干。由于2016年度尚未发掘到主要文化层和遗迹，因此出土遗物不多，有待2017年继续发掘。

2016年度的发掘收获有两点：第一，进一步确定了小南山早期墓葬的形制，主要为堆石墓，并且发现一座保存非常完整和几座很有规律的圆形堆石墓，为其他墓葬的堆石形制的解析提供了关键证据。第二，可以确定2015年度和2016年度的发掘区均为墓葬区，总面积接近1000平方米，而且尚未完全揭露出墓地的整个区域。目前，在黑龙江流域乃至东北亚地区，年代在距今9000年左右的大规模墓地还没有发现，小南山遗址的发掘填补了这项空白，为乌苏里江及黑龙江新石器考古学文化序列的建立奠定了基础。还为玉器的起源研究提供了新的资料，也为旧新石器过渡的社会复杂化过程以及渔猎型新石器的起源研究提供了难得的资料。

（李有骞）

【抚远市亮子油库新石器时代至辽金时期遗址】

发掘时间：2016年7~10月

工作单位：黑龙江省文物考古研究所、黑龙江大学考古学系、抚远市文物管理所

亮子油库遗址位于抚远市西南约6000

米处蛇山西坡的二级台地上，北距黑龙江约4000米，北倚蛇山，南临浓江河。此遗址为黑龙江省文物保护单位，但近年来由于当地人修建墓地和毁山取石活动遭到日益严重的破坏。经过国家文物局的批准，2016年7月10日～10月21日，黑龙江大学历史文化旅游学院考古学系与抚远市文物管理所组成联合考古队，对该遗址进行了抚远历史上的首次主动考古发掘，揭露面积500多平方米。

此次发掘共揭露汉魏时期灰坑、墓葬和房址等遗迹100多座。首次发现了蜿蜒河类型的2座墓葬。这两座墓葬皆头向西南。M1为一次仰身屈肢葬，出土骨器、石器、玉饰件、动物肩胛骨等十多件，还发现有大量的鱼骨、少量的木头和桦树皮。M2也应该是一次葬，但似经受了后期扰动，葬式不明。随葬陶罐、纺轮、石镞等10件。

出土新石器时代至辽金时期的各类器物小件近2000件。其中，数量最多的是石器，磨制和打制皆有。磨制的多为石斧。打制的细石器数量最多，发现大量的石叶、石叶石核、石镞、石刀等类工具。这些细石器多制作精细，材质不乏水晶、玛瑙、石英等优质原料。

陶器从文化面貌看，可以分为多个时期，数量最多的属于汉魏时期的蜿蜒河类型和新石器时代的马雷舍沃文化。蜿蜒河类型陶器多大中型陶罐，大口，高颈，深腹，小平底，颈腹部多饰有附加堆纹或戳印纹。还有较多的盏形灯，喇叭形口，厚底，有的腹部有3～5个穿孔。此外，还发现少数鸭形壶，皆素面，平底，无尾、翼。新石器时代陶器根据纹饰可分为三类：甲类，数量最多。黑褐陶，器表满饰波浪形、之字形或阶梯形细密篦齿纹，有的先在器表满施或部分施红陶衣，然后在陶衣上戳印（或刻划）篦齿纹。这种装饰风格与俄罗斯马雷舍沃文化类似；乙类，数量不多。灰陶或褐陶，戳印连续鱼鳞纹（俄罗斯称为“阿穆尔编织纹”）。此类风格的陶器在国内的新开流文化、朝鲜的鲁德那亚以及俄罗斯的孔东文化皆有发现；丙类，数量较少。灰褐陶，夹砂夹蚌，口部贴附较为细小的附加堆纹，器体饰浅而细的之字形戳印纹。此类陶器见于俄罗斯境内的沃兹涅谢诺夫卡文化。

此外，还发现少量玉器，其中最重要的是一件璧形玉器，形制和制作工艺与红山文化相似，并呈现出较为原始的特点。

该遗址内涵丰富，层位复杂，对于建立黑龙江流域新石器时代以来的考古学文化编年序列尤为重要。

（王乐文　包曙光　石　岩　杜永发）

【哈尔滨市阿城区李家马架子汉魏至靺鞨时期遗址】

发掘时间：2016年6～8月

工作单位：黑龙江省文物考古研究所

遗址位于哈尔滨市阿城区蜚克图镇蜚克图村李家马架子屯南约250米的岗地上，北距蜚克图河约550米。中心坐标为北纬45°47′23.9″、东经127°6′59.24″。

为配合哈尔滨至佳木斯铁路工程建设，对该遗址进行了抢救性考古工作，采用正方向布方，共布5米×5米探方52个，发掘面积1300余平方米，发掘深度最深为1.8米。共清理房址5座、灰坑31个、灰沟5条，出土陶器、石器、骨器及动物骨骼等文物标本共计200余件，取得了丰硕成果。

房址5座，形制大致相同。以F1为例，为半地穴式房址，平面近方形，边长3.6米～3.8米、深0.4米～0.5米。居住面及四壁均未经特殊加工，为黄褐色黏土。灶位于居住面中间，平面呈圆形，直径0.6米～0.65米、深0.12米。灶内有草木灰，灶边和灶底有红烧土。房址四角分布4个柱洞。房内底部东北部有一圆形陶器坑。未发现门道。房内填土为深灰色黏土，出土较多黄褐、灰色夹砂陶片及附加堆纹的陶罐1件。

灰坑31个，平面分为圆形与长方形两类。H15为袋状坑，平面近圆形，坑口径3.1米、底径3.26米、深1.25米，坑口距地表0.2米。坑内填土可分为8层，呈灰黄、黑色间隔堆积，土质疏松，内含少量陶片、炭灰及红烧土颗粒。

出土陶器多为手制夹砂红褐、灰褐陶，少量泥质陶，陶质普遍疏松，烧造火候较低。器表多素面，部分磨光黑陶，有少量齿状附加堆纹、波浪形划纹及带状彩绘，可辨器形有罐、碗、壶、豆、砖、纺轮等。

根据出土层位及遗迹遗物的差异，此次发掘大致分为以侈口罐、弧腹碗、豆、壶为代表的汉魏时期文化，和以靺鞨罐、斜腹碗等为代表的靺鞨文化两个时期遗存。

（王长明）

【依兰县倭肯辽金至明清时期遗址】

发掘时间：2016年7～9月

工作单位：黑龙江省文物考古研究所、吉林大学边疆考古研究中心

倭肯遗址位于哈尔滨市依兰县东部，隶属宏克力镇马鞍山村倭肯屯，遗址位于牡丹江支流倭肯河右岸的二级台地前缘。遗址北距倭肯屯约400米，东距倭肯河约600米，南距马鞍山（海拔249米）约400米，哈同公路从遗址西北部由东北向西南穿过。

为配合哈尔滨至佳木斯客运专线建设的需要，2016年春，黑龙江省文物考古研究所以及吉林大学边疆考古研究中心共同组成联合考古队，先对遗址进行了复查，在地表也采集到青花瓷片、铜钱等，并在遗址的自然剖面，大致确定遗址的堆积厚度，初步判明其属于埋藏较浅的辽金至明清时期遗址，此次发掘共布设5米×5米探方12个，10米×10米探方6个，总计发掘面积900平方米。

倭肯遗址的地层相对比较简单，大部分区域的堆积可分为两层。

遗迹主要集中在第1层下，根据平面形态及主要特征，可以区分为灰坑和灶址。灰坑平面形态多呈圆形或椭圆形，也有部分灰坑平面呈不规则形。各个灰坑深度不一，一般集中在30厘米～80厘米的区间内，最浅的灰坑仅略低于耕土层底部，最深的灰坑深度超过100厘米。灰坑底部多为平底，个别灰坑呈圜底或坑洼不平状。

H8位于发掘区西部，开口于第1层下，平面形态近圆形，弧直壁，筒形，坑底较平，呈圆形。坑内堆积不分层，坑壁无明显人工痕迹，坑底隐约可见锹类工具加工痕迹。坑口直径140厘米～150厘米，距地表深约15厘米，坑深122厘米，坑底直径为142厘米。坑内出土瓷器（多为青花器底、口沿等）、陶片、动物骨骼等，也可见少量火烧痕迹。

H26位于发掘区中部偏西区域，开口于第1层下，平面形态基本呈圆形，直壁，筒形，坑底相对平整，呈圆形。坑内堆积不分层，坑壁似有人工修整痕迹，坑底局部有红烧土硬块，推测可能经过火烧。坑口直径156厘米，距地表深约25厘米，坑深28厘米，坑底直径156厘米。坑内出土青花瓷器残片，多为口沿与器底，另有少量陶片以及动物骨骼、蚌壳等。

灶坑多为土坑灶，也有石板灶，平面形态与结构不完全一致。

Z4位于发掘区中部偏南区域，开口于第1层下，平面呈葫芦形，灶坑部分略呈椭圆形，烟火道部分也近圆形，长轴方向为北偏西18°，弧壁，浅底。遗迹表面呈深黑色，坑内堆积不分层，夹杂有零星的草木灰与大量红烧土块，无其他遗物出土。坑口长轴35厘米，短轴32厘米，距地表深约20厘米，深约12厘米；烟火道长约45厘米，宽约35厘米，距地表深约20厘

米，深约 10 厘米。

Z6 位于发掘区北部中央，开口于第 2 层下，平面近抹角方形，灶坑部分略呈圆形，烟火道部分呈梯形，长轴方向为北偏西 16°，斜直壁，浅底，灶坑周边烧结现象严重，红烧土层较厚，烟火道部分两侧及底部铺有小块石板，石板相对较酥，多处可见烟苔。坑内堆积不分层，夹杂有零星的草木灰与大量红烧土块，伴有青花瓷片等出土。坑口长轴 40 厘米，短轴 38 厘米，距地表深约 20 厘米，深约 9 厘米；烟火道长约 80 厘米，宽约 40 厘米，距地表深约 22 厘米，深约 5 厘米。

倭肯遗址 2016 年度发掘区内地层及各类遗迹出土遗物相对丰富，尤其是部分灰坑，集中出土了一批特征鲜明的遗物。

从出土遗物的种类看，主要有陶器、石器、瓷器、铁器、铜钱、骨角器以及动物骨骼、蚌壳等。基本完整的遗物计有 38 件，另有特征明显的陶瓷器口沿、带纹饰的腹片、底部以及小件等 100 余件等。

从 2016 年度的发掘情况来看，倭肯遗址应该是一处辽金至明清的生活遗址，其中，明清以降的遗存更为丰富。目前确认的遗迹大多为灰坑与灶址，灰坑中明显具有人工加工痕迹、形制比较规整的灰坑，也有一些不甚规则、出土遗物却很丰富的灰坑，初步判断为具有储藏功能的窖穴以及一些利用自然低洼地势形成的“垃圾坑”。灶坑的位置、平面形态以及基本构造等不尽相同，大部分为烧结程度不太发达的临时或短期炊煮形成的灶坑，结合遗址中少见房屋等居住类遗迹，我们初步判断，当时该遗址多为“窝棚”性临时房址。从遗址中出土有渔网坠以及各种蚌壳的情况来看，该遗址存在一定程度的渔捞经济，距遗址不远的倭肯河应该是当时渔捞经济的重要资源。遗址中还出土有少量动物骨骼，经现场初步判断有些为鹿科动物；铁制农具以及猪、羊等动物骨骼的存在，更显示该遗址比较发达的农业经济形态。

（成璟瑭）

【汤原县辽金时期郎君西古城遗址】

发掘时间：2016 年 6 ~ 7 月

工作单位：黑龙江省文物考古研究所

郎君西古城位于汤原县振兴乡振兴村东北 1000 米处，东距松花江约 2000 米。城址平面呈不规则长方形，城墙夯土版筑，东墙长 200 米，西墙长 250 米，北墙长 450 米，南墙长 470 米，周长约 1370 米。墙外有护城壕。现南墙、西墙南段、东墙南段被松花江堤坝叠压。墙垣存高 2 米，基部宽 9 米，上口宽 2 米。墙外有马面，北墙有 5 个，西墙有 3 个，东墙北段有 1 个；东墙南段与南墙因修江堤被破坏，致使马面无存。通过钻探，在南城墙外侧发现马面 5 个、东城墙南段发现马面 3 个。东北角与西北角各有角楼 1 座。西墙南段有带瓮城的门址一座。城址内分布着较多的布纹瓦和轮制灰陶片。

为配合三江治理之松花江干流治理工程建设，2015 年 11 月，黑龙江省文物考古研究所对城址的南部区域进行了考古勘探，进一步明确了城址的形制和范围；2016 年 6 ~ 7 月，对城址相关区域进行了考古发掘。

郎君西古城西墙南段有一门址，外部环绕瓮城，瓮城门口南向开。瓮城墙大部分保存较好，门址位置被旧坝址叠压。此次重点发掘瓮城及西门址，以确认西门址的形制、瓮城墙走向及外壕的建构情况。于瓮城内布 5 米 × 5 米探方 19 个，清理面积约 475 平方米。

瓮城平面大致呈马蹄形，环绕西门址修筑城墙，南部与西城墙交接处有一缺口，应为瓮城出口。瓮城内南北长约 18.1 米、东西宽约 17.6 米。经钻探，西门址宽约 5.5 米，瓮城出口宽约 9.4 米。

由于河水冲刷及修筑坝址，对瓮城内遗存破坏严重，存留的遗迹不多。所筑江堤大坝较宽，将门址叠压其下，此次未清理至门址的具体位置，仅对瓮城墙结构及修筑方式有所了解。

瓮城墙系平地起建，在城内底部的夯土层之上夯筑城墙，宽 4 米，残高 1.35 米。夯层厚薄不均，有 6 层夯土堆积，每层厚 0.05 米～0.4 米，土质较硬，颜色斑驳，内含零星泥质陶残片，并夹杂少许草木灰等。瓮城墙外有壕沟（编号 G1），口大底小，斜壁，底部略平。上口宽 2.25 米～3.6 米，下口宽 1.2 米，深 1 米。沟内填土呈黑灰色，土质较软，包含少许泥质黑灰陶残片、石块、动物骨骼等，并夹杂大量草木灰。

瓮城内，清理出一条踩踏过的路面（编号 L1）。大致为南北向，路面开口于第 1 层下。清理的长度为 12 米，东西宽 2.7 米～4 米，厚度 0.2 米～0.35 米。L1 的南端是瓮城的出口。

西墙南段被坝址叠压。为了解城墙的结构，对西墙被叠压的北段部分进行了发掘解剖。探沟与城墙垂直，大致处于西城墙中部。探沟（TG01）东西长 16 米，南北宽 2 米，发掘面积 32 平方米。

第 1 层下（表土层下）即为城墙，距地表 0.2 米～0.3 米。城墙主体为夯土版筑。城墙存高 3.5 米，底部宽约 10 米，有 8 层夯土堆积；墙内夯土层包含有少量泥质灰陶片；墙外侧为护城壕，紧邻城墙，开口距地表 1.5 米～1.85 米，壕宽约 4.25 米，深约 1.4 米，壕壁斜直，底部略平，壕内堆积为黑色淤土，内含少量泥质灰陶片和动物骨骼。城墙内侧有一条排水沟，紧邻城墙，开口于探沟东部第 1 层（表土层下）下，开口距地表 0.25 米。沟为圜底，口大底小，上部宽 1.9 米，下部宽 1.4 米。城墙是在生土之上直接堆土起建夯筑，底部未见基槽；夯土土质疏松，含有细沙，夯层不甚细密。

瓮城内出土遗物以陶器为主，多为泥质灰陶，纹饰有压印纹、刻划纹、弦纹等，器类有罐、碗、盆、拍（抹具）、球（珠）等。瓷器见有少量的白釉残片、器底；其他有铁器，包括镞、刀等。

此次发掘，通过城墙解剖，搞清了城址城墙的构筑方式及堆积建造情况。城墙为平地起建，夯土版筑，墙外有深壕，内侧有浅沟。依出土遗物分析，城址修筑于辽金时期。此次对郎君西古城的考古发掘及所获材料，为认识该城址的形制结构及历史沿革等积累了重要的第一手资料。

（刘　阳　赵永军）

【宾县王朝珠辽金时期遗址】

发掘时间：2016 年 6～8 月

发掘单位：黑龙江省文物考古研究所、黑龙江大学考古学系

遗址位于宾县居仁镇东兴村王朝珠屯西约 500 米处的岗地上，中心位置地理坐标为北纬 45°47′27.38″、东经 127°19′0.62″。遗址范围东西约 150 米、南北约 120 米，面积约 18000 平方米。为配合哈尔滨至佳木斯铁路客运专线工程建设，经国家文物局批准，黑龙江省文物考古研究所委托黑龙江大学考古学系对此遗址进行了调查和抢救性考古发掘。

此遗址地表可见大量布纹瓦、泥质灰陶片，依据地表遗物丰富程度以及钻探土样，将发掘区选定在遗址的东南部，先后布设 10 米×10 米的探方 13 个，实际发掘面积 1188 平方米。

遗址文化堆积分为三层：第 1 层为耕土层，厚度约 20 厘米。土色黑褐色，土质较疏松，包含有较多的植物根系、少量的泥质灰陶片、碎布纹瓦等。第 2 层：厚度约 25 厘米。土色灰褐色，土质较疏松，包含有铜钱、铁钉、较多布纹瓦残块、少量

泥质灰陶片、碎青砖块等。第3层：厚度约18厘米，土色浅灰褐色并带有黄土颗粒，土质较疏松，包含有较多的布纹瓦残块、少量泥质灰陶片、碎砖块等。第3层下为生土。

此次发掘共发现灰坑13个、灰沟3条。灰坑无明显的分布规律，坑口形状以近圆形为主，也有少数不规则形。多数灰坑内出土有陶片、铜钱和铁钉等遗物。灰沟，呈不规则形，出土少量陶片和铁钉。

王朝珠遗址所发现遗物主要是残碎的瓦片，还有一些陶瓷器残片以及少量的铁器和铜钱。瓦，发现数量最多，主要为布纹瓦，种类主要为板瓦和筒瓦，此外还发现有少量青砖及残瓦当等建筑构件；陶器，均为泥质灰陶，素面，数量较少，可辨器形者有罐和盆；瓷片数量很少，多白釉，可辨器形有杯。此外，还发现一大型石臼，形体近正方，长、高约有半米。臼窝为圆形，直径和深都有20多厘米，内有旋涡状条形凸棱，重达100多公斤；铁器，均已锈蚀严重，多为生产生活用具，可辨形制者有钩、环、钉等；铜钱，多为北宋钱币，可辨识的有“宋元通宝”“崇宁通宝”“政和通宝”“元祐通宝”“绍圣元宝”“圣宋元宝”。

从出土遗物看，此遗址应该是一处居住址，年代大约在辽金时期。出土的大量瓦片表明，此处原应建有大型建筑，但需要进一步的考古工作进行验证。

（石　岩　王乐文　包曙光）

【哈尔滨市阿城区金上京遗址皇城东1号建筑遗址】

发掘时间：2016年8～10月

工作单位：黑龙江省文物考古研究所

金上京城遗址，位于哈尔滨市阿城区南2000米，阿什河的左岸。金上京城由毗连的南、北二城组成。皇城位于南城的偏西部。通过初步调查勘探，大致了解到，皇城内分布三列建筑址遗存布局，中部为宫殿区，东西两侧各有建筑址依次分布。

2016年8～10月，黑龙江省文物考古研究所对金上京皇城东侧中部区域的建筑址进行了局部勘探，大致探查清楚了该建筑址的分布范围，并对该建筑址西北部的一座基址进行考古发掘，揭露面积1200余平方米。

通过勘查，皇城东部建筑址体量较大，大致位于宫殿区第四殿址以东。在其西北部，与其西侧紧密衔接的为一组相对独立的小型建筑址，编号为2016TJ1，2016年度重点对此小型建筑址台基进行发掘。

该小型建筑址整体平面呈“T”形，由两部分夯土台基组成，北部夯土台基呈东西向，南部夯土台基呈南北向。

北部夯土台基，即TJ1－1平面呈长方形，东西长33米，南北宽11.8米。东、西、北三面为漫坡状，至底部与砖砌路面衔接。台基边缘以长方形砖竖立砌筑。台基中部高于东、西两侧的砖路0.85米，高于北侧的砖铺路面0.65米；台基中部与南部的台基高度相同，中间以砖砌墙相隔。在台基上分布有三处不规则椭圆形坑状遗迹，结构相同。其中东北部发现2处，西北部发现1处。坑壁是以青砖砌筑，并涂抹白灰。但砖壁仅保存少许。坑底部有3个或2个小柱洞，柱洞较深。台基西南角接近路面底部，有一砖砌的排水槽（沟），编号SG3。SG3平面呈长方形，东西走向；SG3表层距地表0.8米。

南部夯土台基，即TJ1－2与北部台基垂直分布，平面呈长方形，南北揭露长度约25.2米，东西长21.6米，高0.5米。该部分台基的四周为环绕的墙基，墙基宽2.35米～2.65米。其建筑方式是用碎砖瓦片夯筑一层，再用素土夯筑一层。同时沿墙基一周有磉墩分布。在墙基东、西两侧及北部有砖槽，槽内砌砖包筑。护墙砖槽宽0.6米，深1.05米～1.15米。护墙砖槽破坏严重，仅存沟槽痕迹和少量砌砖。

在台基北部，东、西两侧，各有一道以砖砌筑的排水槽，分别编号为 SG1、SG2。排水沟底部用砖铺设，中部的砌砖将排水沟一分为二，砖顺砌而成。

台基的边缘和中部分列 16 个柱础的磉墩，平面呈方形，大小略有差异。磉墩的表面层为碎小瓦砾层，上面覆盖一层黄沙，其上为大小不一的石块堆砌于中央，现仅存少量石块，上面的础石无存。

通过磉墩柱网的排列，可确认南部台基址为面阔三间，进深四间。在台基的中部位置偏南，东、西各有一个较大的磉墩分布，应是室内中央的中心柱础，两磉墩内侧间距为 5.8 米。这两个中心柱础将南部建筑基址空间分隔成两部分，两室相通，各进深两间，内部减柱造，为大开间。其中北部室内空间东西长约 16.5 米、南北宽约 7 米；南部室内空间，主体为数条烟道构成的取暖设施（火炕）。现存烟道共有 9 条，烟道两侧壁为黄土堆筑，表层铺砖，烟道口上覆盖方砖。火炕部分南北总体长约 7.3 米，东西宽约 13.5 米。烟道宽 0.35 米～0.4 米，深 0.2 米～0.25 米。烟道口大底小，剖面为“U”形。底部均有木炭。在烟道的南端东西两侧，分布有 3 个灶址。其中东部 1 个，西部 2 个。灶址由操作间、火门、火道、火膛、烟道等部分组成。平面呈“凸”字形，系土圹砖室结构。

该建筑址台基的外侧地面，用大小不同的青砖平铺而成，路的边缘为顺向竖立砌筑的道沿，道沿高出地面 0.03 米～0.05 米。

在 1 号台基（TJ1）的东南部，与其相连的是又一座大型建筑台基址，编号为 TJ2。两座台基址中间以一道砖筑的墙相隔。2016 年度未对 TJ2 进行完整发掘，仅清理出一角。

发掘出土遗物以灰瓦、青砖等建筑构件为大宗。灰瓦有板瓦和筒瓦、滴水及瓦当。瓦当纹饰主要为龙纹，个别为兽面纹；滴水纹饰均为龙纹；其他还有凤鸟、人物塑像等。

2016 年发掘区位于金上京宫城内遗址第四殿址东侧，为皇城东区中部一组建筑遗存的一部分，属于中心宫殿区东侧的一处重要宫殿址的附属建筑。该建筑址整体呈“T”形，主体建筑台基为夯土筑，面阔三间，进深四间，内部减柱造。分隔成两部分，均为大开间。其中南部室内构筑有九条平行排列烟道，东西两侧有灶址相通；该部分为低矮火炕式的取暖设施。建筑址的北端，与之相连的是一呈东西向的露台建筑，为夯土筑。从叠压的层位关系看，露台是属于后期增筑的一部分建筑，年代略晚于主体建筑。

（赵永军　刘　阳）

【甘南县金代土城子堡遗址】

发掘时间：2016 年 9 月 10～24 日

工作单位：黑龙江省文物考古研究所

土城子堡或称为“阿伦河古城”“边堡”“土城”，位于齐齐哈尔市甘南县兴隆乡山湾村土城屯东 500 米，东北临阿伦河，北距金界壕主壕 15 千米，南为广袤的平原，是 12～13 世纪金国为防御蒙古而修筑的重要大型戍边城堡。

黑龙江省文物考古研究所和甘南县文物管理所对土城子堡进行了调查并对东城墙进行了发掘，发掘面积 69 平方米。探明了土城子堡的平面布局、城墙的结构和营造时序、已消失的东城墙的具体位置。

土城子堡呈长方形，南城墙长 412 米，西城墙长 278 米，北城墙和西城墙破坏严重，城墙拐角有角楼，南城墙和西城墙上各现存马面两座，城墙高出城外地面 1.6 米～3.2 米、顶端宽 1 米～1.7 米，基底部宽 14 米～16 米。方向为南偏东 25°，城堡西南角顶部地理坐标为北纬 48°00′

45.2″、东经 123°36′51.5″，海拔 195.4 米。

通过发掘，从探沟南壁剖面可见，城墙由基槽和墙体两部分组成。

城墙构筑之初，先在砂石基层中挖出一条截面呈倒梯形的基槽，上口宽 11.8 米、下口宽 6.8 米、深 1.5 米，填入厚 15 厘米 ~45 厘米不等的四层土做基础。

城墙主体修在基础之上，截面呈梯形，上宽 1.4 米、下宽 7 米、现高 2.7 米，顶部略成弧形，外壁呈 20° 收分，内壁基本垂直，墙体坚硬结实。

墙体分为两部分，由两次构筑而成。

第Ⅰ部分由黄褐色土和黑褐色土铺垫而成，截面呈直角梯形，上宽 1.4 米、下宽 4.25 米、高 2.7 米，外壁呈 20° 收分，内壁不直向外倾斜度。东距基槽边沿 6.3 米。土层厚薄不均，厚 5 厘米 ~30 厘米不等，共有 22 层。上半部分主要由黄褐色土层铺垫，下半部分主要由黑褐色土层铺垫，下半部分由下而上第 4 层为砂石层，中间部位是黄褐色土层和黑褐色土相互叠压铺垫。

第Ⅱ部分在第Ⅰ部分西侧，倚第Ⅰ部分修筑，上宽 0.5 米、下宽 2.7 米、高 1.6 米，第Ⅱ部分和第Ⅰ部分的结合部西距基槽边沿 1.6 米。由灰褐色土层铺垫而成，土层厚薄不均，厚 5 厘米 ~20 厘米不等，共有 11 层。第Ⅰ部分土层土质比第Ⅱ部分坚实硬密。

通过对土城子堡的发掘，使我们对土城子堡城墙的形制、城墙构筑特点等有了进一步的了解，为东北路金界壕及边堡的研究提供了更加翔实的资料。

（赵哲夫　楚福印　戴宏伟）

江苏省

【泗洪县韩井新石器时代遗址】

发掘时间：2016

工作单位：国家博物馆、南京博物院考古所、泗洪县博物馆

韩井遗址位于宿迁市泗洪县梅花镇，西距顺山集遗址约4000米，南距县城约20千米，位于重岗山的东北侧山冈向平原过渡的区域，为一处新石器文化中期的聚落遗址。遗址的考古工作由国家博物馆、南京博物院考古所和泗洪县博物馆联合开展，经钻探，确定遗址为一处环壕聚落，面积约5万平方米，环壕内面积约3万平方米，环壕的使用主要是在顺山集文化二期时，于三期逐步废弃。

2015～2016年的发掘工作集中在环壕内侧东部和南部区域，通过发掘揭露出顺山集文化先民的居住区，并在居住区的北部，环壕内侧，发现了一处水沟和洼地组合的遗迹，此组遗迹开口于第3层下，打破第4～6层。遗迹由三条主要的沟连接了三块洼地构成，三条主沟又分叉成为六条小沟，遗迹东南高，西北和西南低，水流会顺着水沟流入三块洼地。这应是顺山集时期的先民有意识利用和管理水的设施。之后，我们系统地进行了浮选工作，在顺山集文化第一、二期的遗迹单位内发现了炭化稻米十多颗，其中还发现了驯化型水稻小穗轴，炭化稻的测年结果集中分布在公元前6450～前6200年。结合这组遗迹有水口、水沟和洼地结构并且有高差的特点，我们推测这组遗迹与顺山集先民种植水稻的活动有关，可能是当时的稻田。

中国稻作农业起源的研究课题中，淮河流域也是一个重要的区域，且有学者提出在距今8000年左右，淮河流域的稻作发展到一个高峰。淮河上游的贾湖遗址也发现了炭化稻米，在山东地区的后李文化的遗址中也曾发现，但是材料还不丰富。淮河流域的稻作农业如何起源发展，对本地的文化和周围的文化产生了怎样的影响？韩井遗址和顺山集遗址的发掘，尤其是在生业经济方面的研究，将极大地推动此课题的进展。对研究当时长江中下游地区与黄河流域间的交流也具有重要的意义。

（庄丽娜）

【秣陵中庄湖熟文化遗址】

发掘时间：2016年8～9月

工作单位：重庆师范大学历史与社会学院、南京市博物馆

秣陵中庄遗址位于南京市江宁区秣陵街道中庄村，地理坐标为北纬31°50′25″、东经118°48′46″，海拔约12米。遗址地形是西北高、东南低椭圆形向河流（云台河）伸展的椭圆形土墩，南北范围约60米，东西范围约70米。发掘面积500平方米。

秣陵中庄遗址的地层地貌保存较好，遗址原始地貌特征和文化层堆积基本保持遗址原始状况。遗址文化层堆积分为2期：早期为湖熟文化遗存，是遗址的主要文化层堆积物，保存在遗址第2～4层。出土遗迹有墙基槽1个、灰坑1个、柱洞20个，

以及大量陶片。晚期遗存有宋代的 5 座小型墓葬，保存在遗址第 1 层。熟文化时期的出土器物类别和数量丰富。包括有鬲、鼎、甗、瓮、罐、盆、簋、器盖等。其中鬲分为低裆鬲和高裆鬲，鼎可分为圆锥足鼎、扁锥足鼎和圆柱足鼎，罐有软陶罐、硬陶罐和微型罐。出土墙基开凿于生土层，挖掘较深，填土纯净而硬，未见夯筑现象。柱洞分布较密，大而深，单体为圆形或椭圆形，有一定分布规律（成组分布，4 个一组）。柱洞内大部分为填土，也有的填满铁矿石块。遗址出土的宋墓均为长方形浅坑竖穴。墓葬长轴均为西北—东南向，大部分墓葬随葬有器物。随葬器物以罐为主，另有石砚或耳坠等。

（武仙竹）

【新沂市聂墩西周遗址】

发掘时间：2015 年 10 月 ~2016 年 9 月

工作单位：徐州博物馆、新沂市博物馆

聂墩遗址位于新沂市瓦窑镇瓦窑中学西约 700 米的农田中，与西聂墩相望。2015 年 10 月开始，徐州博物馆、新沂博物馆组建联合考古队对其进行抢救性发掘。该遗址由南京博物院 1962 年调查发现，时代为西周至汉。呈墩形，漫坡状，墩心高出周围约 2 米。遗址西部为麦田，东部种植杨树，其东缘被现代水渠破坏。考古钻探表明，遗址面积约 5000 平方米，文化层厚 2 米 ~3 米。

遗址主要包含早、晚两期遗存。耕土层下共发掘汉墓 46 座、灰坑 9 个，墓葬中竖穴土坑墓 45 座，砖室墓 1 座。

早期西周文化层共发掘 300 平方米。2016 年度发掘共揭露遗迹 58 处，其中房址 12 座，灰坑 43 个，灰沟 3 座，并收集到大量文化遗物与动植物标本。房址皆为地面式建筑，F1 为木骨泥墙建筑，复原后为长方形件建筑；F2 仅存一道基槽，全貌不明；F3 ~ F11 为近圆形房址，多由基槽与柱洞构成，少数无基槽，其中 F3、F5 等可见全貌。F12 由众多巨型柱洞构成，多两两成组，整体近方形，其西侧一排柱洞呈东北—西南向延伸，F12 为早期主要建筑。现将少数代表遗迹举例如下：

F1 分布于 T0305、T0306、T0406 中，发现于耕土下，叠压于第 6 层上，保存较差，为遗址主要建筑。主体呈东北—西南向延伸，南部与西部残见部分木骨泥墙，据残存墙体复原后，平面近“L”形，可见 4 间，南端向东延伸。残长 11.9 米，残宽 8.4 米。未发现门道痕迹。房内残存大量红烧土块，北部房内出土一件夹砂灰陶敛口豆，中部与南部出土大量夹砂灰陶残片，多饰绳纹。器形可见鬲、甗、盆、罐等。房内堆积清理后，地面呈褐色，较坚硬，推测为木骨泥墙建造过程中为加固墙体于室内纵火焚烧所致。

F2 位于 T0405 西南部，开口于第 5b 层下，保存很差，残存一道基槽与 3 个柱洞，其中两个柱洞位于基槽两端，基槽呈东西向延伸，东西残长约 3.38 米，南北残宽约 0.56 米。无门道痕迹。基槽周围活动面为浅黄色黏土，土质较疏松，颗粒细腻，包含物很少，厚 5 厘米 ~10 厘米，或为刻意铺垫的房内活动面。

F3 位于 T0405 西南部，开口于第 5b 层下，方向为 120°。平面呈圆形，由基槽与 25 个柱洞构成，基槽平面呈“C”形，直壁平底，东南部有一缺口，应为门道位置。基槽直径约 3.46 米。槽宽约 0.2 米，深约 0.3 米，其内柱洞分布较均匀，但西北部柱洞间隙较大，原因不明。槽内柱洞皆竖直，柱洞直径 0.06 米 ~0.16 米，深 0.12 米 ~0.35 米。门道南侧的柱洞（编号 D25）上半部向北倾斜，显示其内原立有向北倾斜的木柱。门道北侧无柱洞，或被后期破坏。房内堆积为灰黑色粉土，含大量灰烬与木炭颗粒，包含少量陶片，或为用火遗痕。

F5 位于 T0406 北部，开口于第 5c 层下，方向 230°。平面呈圆形，由 18 个柱洞构成，无基槽，门道设于西南部。F5 直径约 2.94 米，门道宽约 0.72 米。周围柱洞多由柱坑与柱窝构成，柱坑直径 0.2 米～0.42 米，深 0.24 米～0.32 米，柱窝直径 0.1 米～0.16 米。其中 D17、D18 位于中部，应为房内起支撑作用的立柱。房内堆积为黄褐色黏土，土质较硬，包含少量木炭颗粒，厚约 0.15 米，应为居住使用的活动面。

F12 分布于 T0305、T0405、T0406 中，开口于第 10 层下，方向不明。F12 平面近方形，由 43 座柱洞构成，呈内外两重，向东延伸入 T0405、T0406 东壁，未作完整揭露。柱洞多柱坑巨大，平面有圆形、椭圆形、圆角方形三种，柱坑宽 0.34 米～1.318 米，深 0.3 米～1.02 米，柱窝直径 0.08 米～0.42 米，深 0.14 米～1.02 米。第 10 层叠压于 F12 的柱洞之上，为灰黄色沙土，土质较硬，纯净、无包含物，且在 3 个探方中皆有分布，且 F12 的木柱柱窝在第 10 层表面可见，应为刻意铺垫而成，推测该层为 F12 的活动面堆积。另第 9 层为灰黑色粉土，土质疏松，含有大量黑色灰烬与灰陶片，或为 F12 的使用堆积。

（田二卫）

【苏州市木渎古城遗址】

发掘时间：2016 年 3～12 月

工作单位：中国社会科学院考古研究所、苏州市考古研究所

2016 年度，苏州古城联合考古队对城址主要进行了四项发掘和研究工作。

木渎古城水环境的探索。考虑到木渎古城位于湖山之间、水网地带，水环境在城址的选址、布局、使用和变迁过程中发挥的作用，考古队认为可以通过水环境的探索深化对城址的系统认识，构建起城址的基本框架。考古队通过与第三方服务提供商合作，对城址及周边地区展开以水系追踪为主要内容的系统钻探，并对发现的有价值地点加以试掘，逐步构建起以水系勾连起的基本框架。

工作主要依照“三面”（城址内遗存分布的重点区域）、“三线”（流经城址的三条主要水系）和“全覆盖”方式展开。此外还注意与周边地区，尤其是与太湖关系的探讨。合计钻探面积约 600 万平方米，钻探出各类水系 70 条，先后发掘探沟 9 处。

通过工作，确认新峰段城墙及河道向南延伸至吕蒙坞村东，总长达到 2000 米，北侧有一条东西向河道与之平行分布，总长约 405 米，深化了布局的认识。在五峰地点发现多处河道，搭建起此区域的基本框架。在合丰地点除确认合丰小城的城壕外，还发现合丰小城与外界连接的通道，发现的内城壕，为探索小城内部布局提供了线索。

在胥江和箭泾河入太湖处，河道显著加宽，被大片水面所占据。箭泾河北段未发现原有河道，为探讨其是否为人工开凿提供了新线索。

通过对这些工作，我们对城址所处的水环境，以及城址的布局等有了一些基本认识：

1. 城址内原先以平原为主，并未形成现在的水网地貌，水网并不密集。

2. 城址内胥江与木光运河可能是在早先地貌的基础上形成的。在遗存密集分布的区域内，水系分布相对密集，有一定的布局结构。

3. 城址内遗存受到水环境的制约而分布零散，整体有着小聚居、大散居的性质。

4. 城址的遗存延续时间长，分布空间范围大，有着复杂的发展演变过程。

230 省道工程二期的考古发掘

2016 年春季，对 230 省道改道工程二期途经合丰小城区域进行发掘。发掘分为

南北两区展开。

北区原为一处土墩，现存东西长径约30米，南北短径约20米，高出周围地面约0.8米。土墩最上部堆积的时代不晚于汉代。在土墩上清理了6座汉代墓葬。墓葬均为西南—东北向，分布有序。墓内随葬品以陶器为主，器类以釉陶壶、红陶罐为主。这批墓葬的时代约在西汉时期，属于一处平民墓地。

在南区合丰小城东南角发现一段城墙并了解了具体位置及走向。此段城墙宽10米～15米，南北长约44米。在城墙外侧发现有平行分布的城壕，宽约6米，间距在5.5米～11米。此处发现与60年代卫星影像上在此处存在的明显的条状带相吻合。

D161的发掘

为配合当地基本建设，对D161进行抢救性发掘。发掘采用十字法进行发掘。在土墩上发现大批古代墓葬，其中除2座明清时期外，其余均为汉代墓葬，共约40座。

明清时期墓葬均属于砖石墓，随葬品以青花瓷碗为主。

汉代墓葬中有两座为砖室墓，墓壁和墓底用青砖垒砌，西侧有台阶状墓道通向墓底。其他汉代墓葬均为土坑竖穴墓。此次发现的汉代墓葬均为东西向。墓葬内随葬品多为釉陶壶、泥质红陶罐的组合，棺内多放置成串铜钱，并在部分棺内有铁剑、铁削等随葬。

土墩的原先中心位置偏北，其具体形成过程、功用、延续情况等尚需进一步确认。

五峰北良渚石器加工遗址的试掘

对五峰村北石器加工遗存进行试掘，共发现各类石制品3800余件，包括成品，半成品、胚料，石片，以及磨石等，构成一处完整的加工链。可见器类有镞、铲、斧、厨刀、耘田器、磨石等。通过对这批材料的深入剖析，对良渚文化的手工业发展水平，尤其是石器制作工艺将有更为深入的认识。

（唐锦琼　孙明利　牛煜龙）

【苏州市吴中区岭下汉代窑址】

发掘时间：2015年12月～2016年7月

工作单位：苏州市考古研究所

岭下窑址考古项目是江苏太湖水下考古项目的组成部分。岭下窑址位于苏州市吴中区东山镇岭下村西北、塔头村东北部，西距现太湖岸线约700米。窑址遗存主要分布在山脚平地上，为一处太湖东侧的簸箕形山湾里，周围小山环绕，窑址北侧有小河直通太湖。

发掘探沟2条，面积150平方米，并清理了一处蟹塘底部暴露的器物堆积，约200平方米。窑址地层堆积简单，只包含一个文化层，文化堆积集中。出土遗物以陶器为主，大致分为两类，一类为窑具，一类为所烧陶瓷器。

陶瓷器主要为陶罐和陶钵两类，陶壶、陶盆、陶瓿数量较少。主要为残、次品或碎片。窑具大致可分四类：一类为支钉，扁饼状，下有三个或四个小尖状足，个别圆饼中部有穿孔；一类为垫杯，腰鼓形，中间通透，器身戳有圆孔，有高矮两种；三是盆钵状支具，还有一类为陶箅。

出土的陶器及窑具大部分制作粗糙，但数量较大，初步判断是一座烧造普通民用器物的地方型陶窑，是遗弃残、次、废品的堆积。根据器形、纹饰、窑具的器物的特征初步判定东山村岭下窑址堆积的年代为东汉晚期。根据TG2－DJ上部的灰黑淤土堆积，遗址的废弃也许和某次太湖水位上升，湖水泛滥，淹没窑址有关。

东山镇岭下窑址是太湖流域继宜兴、无锡、湖州等地之后发现的又一个东汉时期的古窑址点，为我们研究太湖流域汉代陶窑的分布、发展提供了新的材料。岭下窑的发掘对研究太湖古代航道和陶瓷贸易有重要补充作用，为了解太湖水下及沿岸窑业考古工作提供了翔实资料。苏州地区考古尚未发现汉代窑址，作为一处重要的早期窑址，可填补苏州地区古窑址的空白。

（孙明利　张志清　何文竞）

【徐州市子房山汉代墓群】

发掘时间：2015 年 10 月 ~2016 年 4 月

工作单位：徐州博物馆（徐州市文物考古研究所）

子房山汉代墓群位于徐州市子房山南麓，徐州市轨道交通一号线站东广场地铁站施工时发现，2015 年 10 月 ~2016 年 4 月徐州博物馆（徐州市文物考古研究所）对子房山墓群进行了抢救性考古发掘。由于 1976 年、1977 年在子房山西南麓曾发掘了 3 座墓葬（编号为 M1 ~ M3），故将这次发掘的 25 座汉代墓葬编号为 M4 ~ M28。

子房山汉代墓群的墓葬形制主要有石坑竖穴墓和石坑竖穴洞室墓两种，其中竖穴墓 21 座，竖穴洞室墓 4 座，单人墓葬 13 座，夫妻合葬墓 12 座。以 M19、M17、M27、M22、M24 为例简介如下：

M19 为石坑竖穴墓。方向 180°。封土已不存。竖穴长 3 米、宽 2 米、残深 5 米。竖穴底部二层台宽 0.5 米、高 1 米。中间椁室长 3 米、宽 1 米。竖穴内填棕红色黏土，夯层清晰，夯层厚 0.15 米 ~0.2 米。有五层封石，第 1 至 4 层封石为块石平铺，第 5 层为 3 块长方形石板南北向平铺在二层台上，每层封石厚 0.2 米 ~0.3 米。竖穴底部置一漆木棺已朽。棺长 2.3 米、宽 0.8 米。棺内葬一人，尸骨已朽。在南端头部位置出土 2 件玉蝉。头南向，仰身直肢葬。在棺北侧随葬有茧形壶、鼎、盒、壶、盆、匜等彩绘陶器 11 件和铜镜 1 面。

M17 为石坑竖穴墓。方向 20°。封土已不存。竖穴长 3.1 米，宽 2 米，残深 4 米。竖穴内填棕红色黏土。竖穴底部东西放置两漆木棺。东侧棺长 2 米、宽 0.6 米，棺内葬一人，尸骨已朽。头北向，仰身直肢葬。东侧棺内头部位置出土玉枕和玉面罩各 1 件，中部有 1 残玉件、梯形玉片 2 件、铜带钩 1 件和钱币 1 组。西侧棺长 2 米、宽 0.6 米，棺内葬一人，尸骨已朽。头北向，仰身直肢葬。陶器放置在两棺南侧。陶器有鼎、盒、壶、盆、鐎盉、勺等 14 件。

M27 为石坑竖穴墓。方向 110°。封土已不存。竖穴口部南北长 3.4 米、东西宽 3 米、底部南北 3.3 米、东西 2.8 米、深 5.9 米。竖穴内填棕红色黏土，夯层清晰，夯层厚 0.15 米 ~0.2 米。在竖穴底部分为南北两个椁室。北椁室南二层台宽 0.5 米，北二层台宽 0.3 米、高 0.9 米。北椁室长 2.8 米、宽 1.1 米、高 0.9 米、深 4.9 米。底部置一漆木棺已朽，长 2.1 米、宽 0.7 米。棺内葬一人。尸骨已朽。头东向，仰身直肢葬。随葬品放置在棺西侧，有陶鼎、钫，铜镜 1 面，钱币 1 组，铁器 2 组等 7 件（组）。南椁室底部有二层台，南台宽 0.25 米、北台宽 0.15 米、高 0.9 米、深 5.9 米。北椁室南二层台至南椁室北二层台高 1 米。南椁室长 2.9 米、宽 1 米，内置一漆木棺已朽，棺长 2.2 米、宽 0.7 米。棺内葬一人，尸骨已朽，棺内头部位置出土玉琀（3 玉片）1 组，头东向，仰身直肢葬。随葬品放置在棺西侧。有铜镜 1 面，钱币 1 组，陶器有鼎、壶、钫、茧形壶、盆、匜、勺、井、磨、仓、灶、鐎盉等 18 件。

M22 为石坑竖穴洞室墓。方向 280°。封土已不存。竖穴上部被施工破坏。竖穴长 2.9 米、宽 1 米、残深 2 米。洞室位于竖穴南侧，洞室长 2.4 米、宽 0.95 米、高 0.8 米。竖穴内填棕红色黏土。洞室口部用长条形石块垒砌封堵。竖穴底部放置一漆木棺已朽。棺长 2.2 米、宽 0.7 米。棺内葬一人，尸骨已朽。在西端头部位置出土玉片作为口琀。腰部位置有钱币 1 组。

头西向，仰身直肢葬。陶器放置在棺西侧，有鼎、壶、钫、罐、井、磨、仓、猪圈、匜、鐎盉、甑等14件。

M24为石坑竖穴洞室墓。方向260°。封土已不存。竖穴上部被施工破坏。竖穴上部长2.6米、宽1米～1.1米，底部南壁西壁内收0.2米～0.3米、长2.3米、宽0.8米、残深2.3米。洞室位于竖穴北侧，洞室长2.3米、宽0.8米、高0.8米。洞室口部由两块方形石板封堵。竖穴内填青灰色沙土。洞室内置一棺已朽。棺长2米、宽0.6米。棺内葬一人，尸骨已朽。下颌骨、椎骨、股骨等尚存。头西向，仰身直肢葬。在棺内右脚位置出土铜镜1面、铁削1件、骨勒3件和钱币1组。随葬陶器放置在棺西侧，有鼎、壶、罐、匜、盆等6件。

经发掘子房山汉代墓群共出土玉器18件（组）、铜镜9面、铜带钩3件、铜印1枚、钱币15组、陶器180件、瓷器2件、铁器6件（组）、骨器3件等，合计237件（组）。

根据墓葬形制和随葬器物组合可以判断子房山墓群的墓葬时代为西汉早期至晚期。墓主身份为平民或有一定社会地位的贵族。根据墓葬的分布规律可以看出子房山墓群为当时的家族墓地。

子房山墓群的发掘为研究徐州地区中小型墓葬发展演变的规律和当时的丧葬习俗提供了重要的实物资料。

（吴公勤）

【徐州市贾汪区土龙山—小洪山汉代墓地】

发掘时间：2016年4～8月

工作单位：徐州博物馆（徐州市文物考古研究所）

墓地位于徐州市贾汪区泉河村与鹿楼村之间的土龙山至小洪山一线南侧缓坡上，310国道北侧，毗邻阚山电厂铁路专线。墓地区域自西向东分别由土龙山墓地、石猴林墓地及小洪山墓地三处墓地组成。共发现两汉时期墓葬131座，出土各类文物300余件（组）。

土龙山墓地共发现墓葬23座，其中西汉竖穴石坑墓19座、东汉石室墓4座。所见墓葬均遭盗扰，多数墓葬墓口裸露于地表。有4座墓葬地表可见明显的封土遗迹，其中M13残存相对完整的墓垣遗存。墓垣平面呈长方形，南北长22.4米、东西宽17.6米、残高0.3米～1.1米，以不规则石块垒砌而成。垣内夯筑封土，残高2.25米。

石猴林墓地共发现东汉时期砖室墓、砖石混砌墓45座。墓地外围有方形墓垣遗存，以石板或石块垒砌，南北长46米、东西宽45米，墓垣残高0.2米～0.65米。墓葬均为东西向，且以四组东西并列分布，中间以石墙断续相隔。个别墓葬残存有石质封门、祭案等设施。该墓地应为一处多家族的公共墓地。

小洪山墓地墓葬呈多组群分布，分布范围较广，小洪山顶峰及西侧采石场区域是墓葬分布相对集中区域，部分墓葬相互叠压打破。共发现石坑竖穴墓、砖石混砌墓、砖室墓等各类墓葬65座。部分砖石混砌墓其门扉、门楣、门柱等保存完好，且上多刻有铺首衔环、凤鸟等画像图案。

墓地北15千米处即为楚国（彭城国）傅阳县治所在地，这批墓葬的集中发现与傅阳县有着密切的关系，为研究本地区汉代的葬俗、夫妻合葬墓的演化、家族墓地的发展及宗族制度包括对傅阳城的相关研究等提供了重要的参考。

（刘　超）

【徐州市贾汪区伏山魏晋墓群】

发掘时间：2015年10月～2016月1月

发掘单位：徐州博物馆（徐州市文物考古研究所）

伏山墓群位于徐州市贾汪区东北约

5000 米的伏山村西南，1997 年徐州博物馆曾在此发掘过一座魏晋时期的画像石墓，编号为 97XFM1。近年来该墓群屡次被盗，2015 年 9～12 月，在报国家文物局批准后徐州博物馆开始对伏山墓群进行勘探、发掘工作（考执字〔2015〕第 466 号），此次发掘共清理墓葬 11 座，出土陶器、瓷器、钱币等文物 20 余件（组）。

墓葬大多被盗，形制主要有砖室墓和砖石混合结构墓两种。砖室墓 3 座，均有斜坡墓道，墓道平均长约 3 米，方向约 160°～170°。墓室券顶，四壁多以两顺一丁垒砌，墓室长约 3.5 米、宽 2.2 米、高 1.5 米，墓内以素面砖人字形铺地。无甬道，墓门处以长方形砖平砌封堵。三座砖室墓几乎被盗掘一空，仅出土盘口壶、残铁镜等数件器物。从残存遗骸分析，墓主应为单人葬，头朝向墓道方向。

砖石混合结构墓 8 座，多为小型墓，无墓道，使用砖及石块构建墓室四壁，墓顶盖以石板。平均长约 2 米、宽 1.4 米～1.6 米、深 0.4 米～0.7 米。墓内多葬一人，随葬品较少，有的墓葬仅有一件置于头部的双系陶罐。墓葬方向与砖室墓基本一致，多在 160°～170°。墓主骨骼大多保存较差，骨质粉化现象严重，目前尚未对遗骸进行性别鉴定。

伏山墓群墓葬形制简单，因经过盗扰，随葬品也较少，但从墓葬形制来看，特别是 M2、M11 等墓出土的几件鸡首壶、青瓷碗分析，这批墓葬的时代应在东晋中期以后，最晚不超过刘宋、萧齐时期。

（吕　健）

【南京市清凉山六朝石头城遗址】

发掘时间：2016 年 6～12 月

工作单位：南京大学历史学院

2016 年度，南京大学历史学院贺云翱教授担任领队，对南京市清凉山公园内六朝石头城遗址进行考古发掘。经国家文物局批准，发掘面积为 600 平方米。共布 18 个探方、4 条探沟。主要发现有夯土城墙、砖包墙、城门、角楼、路面等遗迹以及文字砖、瓦当、板瓦、筒瓦、青瓷器标本、铁箭头等遗物。整个发掘区遗迹及遗迹现象大致可分为三期：

第一期：以夯土城墙及墙体外侧路面遗迹、人面纹瓦当及瓦构件堆积等为代表，根据地层关系及出土遗物，其时代当在六朝早期（大约相当于东吴时期）。

第二期：以夯土城墙遗迹、角楼遗迹、包砖墙遗迹、铭文砖等为代表，根据地层关系及出土遗物，其时代当在六朝中期（大约相当于东晋—南朝早期）。

第三期：以城门门道遗迹和墙体遗迹、莲花纹瓦当、青瓷器标本等为代表，根据地层关系及出土遗物，其时代当在六朝中后期（大约相当于南朝中晚期）。

此次发掘收获，对研究六朝都城建业—建康时期的城墙结构、城墙建筑材料、城门结构、角楼结构、相关建筑技术及其文化特征等及石头城城墙的演变历程均有重要意义。

（贺云翱）

【隋江都宫城和唐子城遗址】

发掘时间：2016 年

工作单位：扬州唐城考古工作队（中国社会科学院考古研究所、南京博物院、扬州市文物考古研究所）

为了探寻隋江都宫城和唐子城遗址的中轴线，2016 年考古工作队在扬州蜀岗古代城址的南城门遗址西北部、曾经发现有“北门壁”城砖位置附近、原推测为唐子城北门处以及雷塘路东西两侧各 1 处等地点进行了考古发掘，以弄清南城门遗址的沿革、探寻北城门的位置并了解两座城门之间的道路状况。

一 蜀岗古城南城门遗址

位于扬州蜀岗古代城址南城墙中段中部，或即文献中的刘宋“南门”、隋“江都门”或“行台门”、唐“中书门”、杨吴“天兴门”，是南朝广陵城、隋江都宫城、唐代扬州子城、宋代堡城和宝祐城南面的正门。从其所处位置来看，其规格应是隋唐扬州城诸多城门中规格最高的，对其形制和沿革的明晰对于深入认识扬州城遗址具有重要价值。1987 年、1989 年考古勘探结果表明该门址或有 3 个门道，2011 年在其南缘找到了唐宋时期的道路遗迹。2016 年发掘的是遗址的西北部分，揭露出了城墙、道路（其中 L3 从上至下可分为 A、B、C、D 四层，分别与第Ⅱ、Ⅲ、Ⅳ、Ⅴ期的门道相关，或与第Ⅰ期无关）、柱础坑、散水等遗迹，从早至晚可分为第Ⅰ～Ⅵ期遗存。

第Ⅰ期遗存为东西向的夯土墙体（夯 3），方向 88°。根据汉广陵城的城墙夯土特征并结合文献记载，推测其为不晚于刘宋时期的广陵城城墙。

第Ⅱ期遗存包含 L3D、加筑夯土（夯 2）、散水（散水 3）等。L3D 较薄，从夯 3 北边线略南一直延伸至第Ⅳ期门槛石以北，与散水同样被一层较薄的灰色土叠压，L3D 与夯 1 北侧边的交叉位置上可见白石灰黏合剂痕迹，从其残存形状、与 L3B 的关系等来看此处或为门槛痕迹。夯 2 位于第Ⅰ期夯土墙体北侧，见于打破第Ⅰ期夯土的破坏坑壁面上。散水 3 残存两处，分别见于夯 2 之上、夯 3 以北。推测第Ⅱ期遗存是在第Ⅰ期夯土墙体上开设的城门，门道方向 178°，门道北口边线与第Ⅰ期遗存的夯土墙体北边线在同一位置。据《南史》《宋书》中记载，“大明元年（457）秋，（竟陵王诞）又出为南兖州刺史，加都督。知见猜，亦潜为之备。至广陵，因魏侵边，修城隍，聚粮练甲”，“广陵城旧不开南门，云开南门者不利其主。乃开焉”，由此可推测第Ⅱ期遗存是刘宋广陵王刘诞于孝武帝大明二年所开之南门。

第Ⅲ期遗存由 L3C、夯土墙体外侧包砖基槽等构成。L3C 路土内夹杂红烧土块，东西向包砖基槽较之夯 3 向南缩进约 1 米。第Ⅲ期遗存亦为门道遗存，其北口与第Ⅱ期相同。门道宽约 4.15 米，方向 178°。《南史》中有梁武帝天监二年（503）之后长沙王萧业都督南兖州刺史“僦人作甓（即砖）以砌城”的记载，因此推测本期遗存或即萧梁时期用砖修缮过的南门遗存。

第Ⅳ期遗存由 L3B、基槽、加筑夯土（夯 1）、柱础坑、散水（散水 2）等构成。L3B 见于 L3C 以北，路面上有一层含有白石灰膏和黄黏土层，北端残存门槛痕迹。夯 1 见于 L3B 之下、西侧第Ⅲ期基槽以北的第Ⅵ期柱坑东侧。L3B 两侧揭露出了南北 0.65 米、东西 0.6 米的柱础坑 17 个，东侧 11 个（南北向 6 个，最北端的以东又有东西向的 5 个）、西侧 6 个（南北向 4 个，南部似还有 1 个；最北端的以西仅揭露出来 1 个），柱础坑边缘残存含有石灰膏黄黏土。L3B 以东柱础坑北侧用砖瓦砾铺成的散水 2。第Ⅳ期遗存亦是门道遗存，门道宽约 4.15 米，方向 178°，门道北口在第Ⅰ期夯土墙体北边向北 4.35 米。第Ⅳ期遗存与城门相关的遗迹最多，推测或与隋江都门或行台门的门道相关。

第Ⅴ期遗存是由 L3A、散水（散水 1）、柱洞等构成的门道遗存，方向 178°，叠压在第Ⅳ门道北口相同之上，较之第Ⅱ期门道北口向北伸出 12 米。L3A 可分为南北两段，南段有上下两层，北段北端残存一块门槛石。L3A 西侧、同期墙体的北侧可见用残砖铺成的散水 1。发现柱洞 7 个，L3A 东侧 6 个、西侧 1 个。第Ⅴ期遗存之上叠压着一层红烧土，这或与《南唐书》中记载的保大十五年（957）“帝（李璟）知东都必不守，遣使焚其官私庐舍，徙其民于江南”的“焚”有关，目前扬州城遗址唐代城门遗址上多有被红烧土叠压的现象，因此推测本期遗存或与唐代中书门、杨吴天兴门的门道相关。

L3A 西侧有一个踩踏面，南北 4.7 米、东西残宽 3 米。踩踏面东侧铺有莲花纹方砖，铺砖痕迹向南北延伸。莲花纹铺砖中部之下及其东侧，有用条砖侧斜铺成的蹬道。该踩踏面的性质及其与第Ⅴ期、第Ⅵ期的关系，有待后续发掘确认。

第Ⅵ期遗存仅见于 L3 西侧，为平面形状呈“ㄱ”形的包砖墙及其基槽，其北边较之第Ⅴ期夯土墙体北边向北伸出 7.57 米。用砖多为残砖，用白石灰膏黏合，收分不清楚。从其用砖及白石灰膏较多的情况来看，当为南宋时期的遗迹，或与南宋时期堡城宝祐城的南门相关。

在上述遗迹之上还有两条道路（编号为 L1、L2），其中 L1 时代较晚且叠压在第Ⅳ期遗存之上。

根据与门道相关的道路、柱础坑和柱础石的痕迹来看，该城门当为过梁式城门。出土的南朝至隋唐时期的砖和瓦当、杨吴时期的“官”字款砖瓦以及南宋时期包砖墙残存等，也从侧面反映出该门址可能始于刘宋而毁于南宋晚期。

二　蜀岗古城“北门”遗址

位于扬州蜀岗古代城址北城墙东段西部，1978 年南京博物院曾在此发掘找到了“北门”“城门壁”“北门壁”文字的城墙内侧包砖墙。推测此处或与广陵城的北城门、隋江都宫城的玄武门相关，故于 2016 年首先找到 1978 年的探沟并再次发掘。在明确探沟内城墙的宽度及其叠压关系后，向四周扩方，终于在探沟的东侧找到了城门的迹象。揭露出来的遗迹主要有夯土城墙、础石、有“北门”文字砖的城墙内（南）侧包砖墙、杨吴时期城墙外（北）侧包砖墙及其基槽、疑似城门燃烧后留下的木柱炭化痕迹及其下的南北向道路南端等。

夯土城墙遗存可分为 5 期（从上至下编号夯 1～夯 5），夯 5 为汉代夯筑城墙，夯 3、夯 4 缺乏断代依据，夯 2 或是东晋时期加筑在夯 5 内（南侧）的东晋时期夯土墙体，夯 1 为晚唐杨吴时期夯土。础石有圆形、方形两种间隔排列。“北门壁”包砖墙东西方向约 93°，宽 0.4 米。道路位于第 4B 层下，方向近 3°（尚需后续发掘确定）。路土呈灰色，其内包含碎砖瓦砾、木炭灰、红烧土颗粒和水锈斑等。揭露出来的部分道路东西宽 5.7 米，路面上可见外绳纹内布纹或乳钉纹的残瓦和厚 4.5 厘米、宽 13.5 厘米的残砖。杨吴时期的城墙外侧包砖墙基槽方向 88°，宽 1 米～1.3 米。出土遗物主要有汉晋时期的瓦当、“北门”“北城门”“北门壁”的文字砖。

《宋书》中有大明三年（459）“庆之进营洛桥西，焚其东门……诞饷庆之食，提挈者百余人，出自北门，庆之不问，悉焚之”的记载，在北城墙东段西部找到的“北门”遗存，当与刘宋广陵城北门相关。并且，“北门”两侧有隋唐时期的夯土墙体而门道之上不见，说明该城门在隋唐时期依然使用。不过，该门址是否亦与汉广陵城的北门相关，尚有待后续发掘结果。

该“北门”的位置，东距 2015 年在北城墙西段东部发现的汉至南宋晚期的水陆城门（其中隋唐时期遗存与隋芳林门相关）约 400 米。结合下述在原推测为唐子城北门处和雷塘路东西两侧的发掘结果来看，此“北门”即是与蜀岗古城南城门相对应的隋江都城南北中轴线的北侧城门，应与隋江都宫城的“玄武门”相关。

三　原推测为唐子城北门处和雷塘路东西两侧的发掘

扬州蜀岗古代城址北城墙中段中部与雷塘路交叉的位置，原推测为唐子城北门（以下略为“A 地点”）之所在。为了确认 A 地点是否有城门遗存，考古工作队借城壕疏浚及雷塘路北端改线之际，于 2014 ~ 2015 年在此处进行了 2 次发掘［因 A 地点西侧为水塘，中间为道路，东侧为回民公墓，故而 2014 年发掘了原道路西侧，找到了杨吴时期的包砖墙基槽残迹以及方向 358° 的明清时期的道路遗存（编号 YSB0316T5CL1）；2015 年在发掘了原路面之下的部分，没有找到城门遗存］。2016 年发掘了原道路东侧与回民公墓之间，未发现与城门有关的迹象。

为了明确是否有与 A 地点相关的道路，并探寻南宋宝祐城北门与宝祐城北城墙上的豁口是否有关，我队又在宝祐城北城墙内侧雷塘路的北部西侧、中部东侧进行了发掘。结果表明，北部西侧只有明清时期的道路遗迹，中部东侧未找到道路迹象。

结合 2016 年的发掘结果，目前虽然尚不能完全否定雷塘路与宋宝祐城的中轴线有关，但是可以认为其与隋江都宫城和唐子城遗址的中轴线无关。2014 年曾在东距雷塘路稍远处发现道路（编号 YSC0108TG4CL1），大致位于蜀岗南城门和“北门”的连线上，路面上车辙的方向约为 10°。随着“北门”位置的确认，基本可以推定蜀岗南城门和“北门”的连线即为隋江都宫城和唐子城遗址的中轴线。该中轴线的角度约为 2°26′，南北城门之间距离约 1620 米，与杜牧《扬州三首》之三中的“街垂千步柳”之“千步”基本接近。扬州唐子城基本沿用了隋江都宫城，而江都宫城若按照宫城的规制营建，其规划理念中需要首先确定宫城的中轴线及其方向，而广陵城原有的格局必然会影响到其规划建设。或正是因为迁就沿用了南朝广陵城的南门和北门，所以才造成隋江都宫城和唐子城中轴线偏角较大的结果。

（汪 勃 王小迎 王 睿 束家平）

【苏州市姑苏区缪家村汉唐墓葬群】

发掘时间：2015 年 12 月 ~2016 年 2 月

工作单位：苏州市考古研究所

墓葬群位于苏州市姑苏区劳动路南侧、胥台路东侧，地处苏州城外西南，胥江北岸。此处原为缪家村，故称为缪家村墓葬群。此次发掘共布南北向探方 11 个，由南向北编号 T1 ~ T11，实际发掘面积 900 平方米。此次发掘文化堆积简单，遗存以墓葬为主。

该区域原有较大型土墩一座，呈南北向。由于后期建设影响，现存土墩南北长度 100 米左右，东西宽度超过 15 米，不同时期墓葬开口在表土层同一层下。共发现各类墓葬 51 座，器物坑 1 座，出土各类文物 294 件（套）。以汉代墓葬为主，其次为唐代墓葬，还有少量明清时期墓葬。

汉葬 40 座，分布密集，均为竖穴土坑墓，长方形，少数有凸出的边厢。陪葬品主要为陶器，有瓿、鼎、壶、罐、盒等，有少量青铜镜、铁剑或刀，琉璃管、玛瑙器等。从随葬品看，汉代墓葬墓主身份等级接近。在墓葬方向上，14 座南北向，26 座东西向，且部分汉代墓葬存在打破现象，显示出墓葬的方向和布局有一定的随意性。同一平面上，墓葬的深度有明显的差异，土墩可能存在局部或整体加高的现象。初步判定多数汉墓年代为西汉早期。

唐代墓葬 8 座，均为砖室墓，墓室两侧砖壁向内弧。大多墓室顶部被破坏，仅剩墓底。唐代墓葬中随葬品较少，有随葬红陶十二生肖俑。另外，少数墓葬出土有墓志，放置在墓室内，为研究墓主身份提供了可靠的文字资料。

在发掘区的北侧，发现明清时期土坑墓 3 座，无随葬品。明清时期墓葬在发掘区北侧出现，南侧和中间位置不见。

缪家村墓葬群位于苏州古城周边，为苏州城市考古提供了一批新的材料，丰富了地区汉代考古的文物资料。

（周官清　孙明利）

【苏州市相城区南窑宋至明清窑址】

发掘时间：2016 年 6 ~ 11 月

工作单位：苏州市考古研究所

南窑遗址位于苏州市相城区元和街道南窑村，地处润元路以北、元和塘以西、新开河以东。苏州市考古研究所对该遗址进行抢救性考古发掘，揭露面积为 600 平方米。发现文化遗迹 66 处，其中陶窑 2 座、房址 5 座、沉淀池 2 个、辘轳坑 2 个、沟 4 条、灰坑 48 个、井 2 口、灶 1 个。揭露出一处宋至明清时期的烧陶遗址。出土各类遗物千余件（组），以生活用具为主，尤以数量庞大的灯具为特色，还有生产器具和建筑构件等。

江苏地区发现烧制陶器的陶窑甚少。此次南窑遗址考古发掘出土文物以陶灯为大宗，且以破损、变形器为主，其他类型的器物也以残次品为主，因此，本遗址为一处窑址无疑。在陶窑周围均有功能相匹配的多种遗迹与其共存，这些遗迹与陶窑共同组成了功能较完备的制陶作坊区。宋代制陶作坊区平面布局由陶窑、房址、沉淀池、灶坑、水井及众多灰坑等共同构成。从窑址出土残次品以及其生产规模分析，推测其性质可能为民营。结合地层内的瓷片，我们推测该制陶作坊始建于唐末五代，一直延续使用至明清。

（刘芳芳　车亚风）

【扬州市城北乡岗庄宋代窑址】

发掘时间：2015 年 11 月 ~ 2016 年 5 月 10 日

工作单位：南京博物院、扬州市文物考古研究所

岗庄宋代窑址位于扬州市以东、邗江区城北乡黄金村岗庄组，东临扬州电厂，西近岗庄路，南近运河。中心坐标为北纬 32°25′35.64″、东经 119°28′32.22″，海拔 11 米。2015 年 5 月，为配合扬州市竹西智能产业开发工业园区建设，扬州市文物考古研究所对此地块做了全面勘查及试掘，在地块东南一个直径约 30 米的凸起小圆丘处发现一处古窑址。为保护这一历史文化古迹，经国家文物局批准，扬州市文物考古研究所组成考古发掘小组对此遗址进行了抢救性考古发掘。计发掘窑址 4 座、房址 4 座，灶 3 座、灰坑 27 个，另有明清墓葬 12 座等，出土陶、瓷、铜、铁器等珍贵文物数百件。

窑址是此次发掘的重点，位于遗址北侧、东西并列分布，由西向东分别编为 Y1 ~ Y4，其中 Y2、Y3 可分 Ⅰ ~ Ⅲ 期。均是在原生黄土上直接掏挖建成，形制均较小，瓢形。残甚，窑顶（包括烟囱等）均已不存，仅存窑壁底部及火门、火膛、窑床等部位。保存稍好的还有火门、操作间等。多为条砖混杂土坯等铺就，黄泥勾缝。窑床北侧紧贴窑壁有一道宽 20 厘米的条形凹槽，较窑床低 4 厘米 ~ 5 厘米，内有草木灰烬。

Y1：残长 5.5 米、宽 2.7 米，方向 15°。由南向北分为操作间、火门、火膛、窑室等部分：

操作间是用条砖砌成的折角方形，残长 2.3 米、残深 0.5 米。西面已无存，仅东面部分保存。砖多残半。内有一处准备间，不规则圆形，仅存底部。是用土坯与少量砖块等错缝平铺垒砌而成，残存最高 10 层，南侧中部有砖砌斜坡状豁口，可能是出灰的通道。内底有 3 厘米厚的烧结面。

火门：位于窑体南端、窑壁弧形封口处。长 0.64 米、残高 0.3 米。底部用不规则残砖垒成，顶上有 2 层平铺残砖，偏东侧铺砖下有风洞，用乱砖块填塞。不规则圆形，洞底斜坡状，有明显的积灰，可能为掏灰的通道。

火膛：位于火门内侧、窑床南侧，扇

形，圜底，是窑体最低洼处。弧径1.14米~1.64米、残深0.84米。底部有明显的灰黑色烧结面，粘有草木灰烬。

窑床：位于窑内北侧、火膛以北。高于火膛。长1.92米、宽1.8米、残高0.48米。条砖错缝平铺而成，铺砖存留不多。南缘圆弧状，偏东侧铺砖不规则，疑似进火的火道。

窑壁：条砖混杂土坯砌成，长3.34米、宽2.16米、残高0.84米。其中底部残留2层青砖，砖上再用土坯错缝平铺。窑壁内侧为青灰色，外侧则呈赭红色。壁两侧中部有明显的后期修补痕迹。铺砖外还有一层红烧土层，厚0.12米~0.3米。

Y2：方向15°。窑址先后经两次垫高、改建而成。窑北壁基本未变动（仅后期有铺砖增高）；西壁保存较好，但东壁残损较重；火膛位置几经南移；操作间今已不见，火门多不存。可分Ⅰ、Ⅱ、Ⅲ期：

Ⅰ期：最早一期，叠压在后两期窑体之下，直接在原生黄土上建成，残长3.6米、宽2.9米。

火膛：弧径1.2米~1.86米、残深0.56米。北壁用青砖一顺一丁砌成，南侧被后期破坏，痕迹不存。底部呈青灰色，残留较多草木灰烬。

窑床：长2.66米、宽2.12米、残高0.36米。西壁仅存一层铺砖，条砖错缝平铺而成，北面中部铺砖缺失。东南侧亦有一小块铺砖较低，疑为火道。

窑壁：条砖紧贴黄土面砌成，除北壁残留5层外、其余多仅存底部一层。砌砖外侧尚存红烧土。

Ⅱ期：是在Ⅰ期基础上、将窑床垫高扩建而成。垫土中含有较多瓦砾和红烧土。窑床、窑壁等略向外扩，形制较Ⅰ期稍大。残长4.2米、宽2.86米。

火膛：位置较Ⅰ期略向南移，弧径0.9米~1.52米、残深0.9米。其北壁在Ⅰ期火膛中部，残存一排铺砖，底部略深，残损甚重，多仅存痕迹。

窑床：长3米、宽2.1米。条砖错缝平铺而成，残甚，存留不多。

窑壁：长3.4米、宽2.4米。条砖紧贴黄土面砌成，其中北壁残存2层、西壁仅存一层。砖外侧存红烧土。

Ⅲ期：残长3.84米、宽3.16米。最晚期，是在Ⅱ期基础上再垫高而成。垫土中亦含有红烧土、瓦砾等物。边缘与Ⅱ期相似，只留底部铺砖。

火门：长0.74米、残高0.3米。不规整残条砖垒砌而成，已封闭，残存4层。

火膛：长1.76米、宽0.74米~1.6米、残高0.96米，是用砖块和土坯混杂平铺垒砌而成。砌筑不甚规整，砖多残半，色泽不一，表面多黑灰，偏外或底部多赭红。北侧仅存偏东面2小块；东、西两侧存留较多，最高计11层，由底向上逐层外扩。底部不平，有较厚的草木灰烧结层。

窑床：长3.5米、宽2.26米，是在含红烧土块、碎瓦砾的灰黑土上找平筑成，偏南侧存7排铺地砖，保存不佳，多残裂，铺砖除了中间一排纵向平铺外，其余均为横向错缝平铺。

窑壁：长3.6、宽2.66米。残甚，仅西壁尚存部分铺砖，条砖纵向铺就，砖外有明显的赭红色红烧土层。

房址，4座，均为窑址的工作间。仅存底部数层铺砖，位于南侧2座探方中。房内有灶坑、瓷缸等物。

F4：位于T0203西北侧，西侧叠压于T0202东隔梁下。单间，面东辟门。南北残长5.4米、东西宽4.12米、残高0.2米、墙厚0.3米，方向4°。墙垣外以残砖垒砌，中间以泥土、瓦片等填塞。四垣中东壁保存稍好，偏北侧存砖5层，中部门道残宽1.7米；西壁仅偏北侧尚存；南壁仅东南角残存一小部分，北壁基本不存。房内踩踏面痕迹清晰，中部有灶坑，瓢形、圜底，西侧留烟道。径0.7米、深0.36

米、烟道残长 0.2 米。灶壁有明显的红烧土，厚 8 厘米左右。

灰坑，27 个，有方形、袋形、椭圆形及不规则形等，多是与窑址相配套的设施。

椭圆形，5 个。H15 位于 T0202 中部，开口于第 6 层线下，不规则椭圆形，圜底。东西长 7 米、南北宽 5.5 米、残深 0.9 米。是在黄土地面上直接下挖而成，叠压在 F1、F3 之下、被 M8、M9、M10 等墓葬打破。边缘四周分布有 H11、H12、H14 等灰坑。

坑内填土以灰黑土为主，与边缘黄土区别明显。内夹杂有较多碎瓦片、红烧土、碎砖块等，并有少量陶灯盏、瓦当等。偏东侧底部残留有一块黄泥块，南北残长 4 米、东西残宽 2 米、残高 0.35 米。泥质地十分细腻，可能为残留的制作陶器的坯料。

方形，9 个。H4 位于 T0203 西侧，开口于第 6 层线下，偏西侧部分被 H23 打破。圆角，平底。南北长 3 米、东西宽 1.8 米、残深 1.2 米。壁面陡直、较光滑，挖掘痕迹不甚清晰。东壁外扩 0.5 米，由北向南下挖成台阶。

岗庄遗址出土器物丰富，以陶盆为大宗，占出土器物的 90% 以上。另有砖、瓦、灯、瓦当、环、球等陶器，以及罐、盆、碗等瓷器及铜币等。

陶灯，数量较多。惜皆残，未发现可复原者。可分为灯柄、灯盏两部分，灯炳皆片状，上部带一圆形小孔。有圭首、圆首两类。表面多带纹饰，有花草纹等图案，其中一件有“慎火亭”等文字；灯盘圆形，内接一小盏。

钱币有开元通宝、元丰通宝、皇宋通宝、元祐通宝等。

瓷碗，数量较少，有青釉、白釉等，部分可复原。器形稍粗，可能是当时的生活用具。

瓦当，数量少，有虎面、狮面、双鸟衔等兽面纹，模印，制作较精致。

岗庄遗址根据出土遗迹遗物分析，应属一处宋代民窑遗址，所烧造的当属陶灯等民用陶器。

该遗址是扬州首次发现的陶窑遗址，它的发现与发掘，填补了扬州地区考古发现的一个空白，对于研究扬州城宋代的城市布局、复原当时人们的生产生活等方面具有重要的意义。

（周　赟）

【苏州市姑苏区明清和丰仓遗址】

发掘时间：2016 年 6～12 月

工作单位：苏州市考古研究所

和丰仓遗址位于苏州古城西南角，在东大街东，侍其巷南，吉庆街西，新桥巷北。苏州市考古研究所于 2016 年 3 月底配合基建的勘探调查中发现墙基，于 6 月下旬开始进行考古发掘。

结合《苏州府志》卷二十三公署三记载，“吴县和丰仓，在胥门内百花洲东，四面环河，周围一百五十亩，廒屋三十六连，共四百三十二间，明宣德间巡抚工部侍郎周忱建……”与我们发掘的位置和年代均一致，遂定为和丰仓遗址。

建筑西部的墙基保存较完整，格局基本清晰，东部的墙基已被晚期的建筑几乎全部破坏，最东边的外墙体还略有残存。整体建筑东西长 96.8 米，南北宽 27.8 米。南北各一排仓廒，根据清理出保存较好的基础测量，一间仓廒约面宽 3.2 米，进深 6 米，由此推算，一排仓廒约有 30 间。两排仓廒的中间为过道，过道的东端已被破坏，西端有门。在北边一排仓廒的东西两端，各有向北凸出的面宽约 3 间的仓廒。仓廒的大门位于南边，面阔 2 间。在粮仓的外墙四周，设有一圈排水沟，上层排水沟为民国重建，下面叠压着明代的排水沟。

我们对北面一排仓廒的其中七间进行了解剖。通过解剖，发现不是所有的墙基的基础都处于同一水平面。部分内墙直接从明代堆积上开始堆砌，墙基较浅，推测这些内墙为清代时期增加；部分内墙与过道的墙基和整个粮仓的外围墙基一体相连，墙基都较深，建于宋代层上，推测这部分墙基为明代最初建粮仓的原生墙基。解剖的七间仓廒均为明代墙中间隔三道清代墙。

在墙基的南面，有保存较好的排水系统，由墙基四周的排水沟，汇入总暗沟里，墙基南面的总暗沟保存较好，砖砌，上盖石板，最西端往北折，因后期破坏，未找到最北端，最东端也因后期破坏，情况不明，东西向的总暗沟中部偏东处，接有一条南北向的总暗沟，一直往南，但因有现代建筑，南边情况不清楚，现在建筑南边也有一条暗沟，和石砌的蓄水池，但因晚期破坏严重，两者未发现有连接处，关系不确定。

和丰仓遗址作为一处保存较好的仓址，始建于明代，清代对其继续利用，对复原和研究明清时期的粮仓，提供了重要的基础材料，也为研究苏州明清城市布局、历史提供了资料。

【兴化市明代韩贞墓地】

发掘时间：2016 年 3 ~5 月

工作单位：徐州博物馆（徐州市文物考古研究所）

韩贞墓地位于泰州市兴化市戴窑镇窑东村，车路河北岸，总面积 3200 平方米。地面上有 3 座坟堆，其中北侧的坟堆为韩贞墓，前方左、右两侧各有 1 座其子孙墓葬，属于“怀中抱子”的布局。墓前有其后代立的墓碑，墓地南边还有当地政府树立的牌坊。韩贞（1509 ~1585），字以贞，号乐吾，兴化戴窑人，后人尊称为“东海贤人”，为明代泰州学派的重要传人，韩贞墓现为兴化市文物保护单位。此次考古发掘，共布 5 米×5 米探方 8 个，另在遗址东部布 28 米×1.5 米探沟一条，发掘面积 242 平方米。此次发掘遗址文化层堆积较为简单，包含近现代和清代两个时期，以清代文化堆积为主。此次发掘遗迹种类单一，数量较少，仅有两条水沟。遗址出土遗物，较为匮乏，瓷片占绝对多数，基本不见完整者，另有少量陶片及动物骨骼等。

韩贞墓地的发掘，从出土瓷器来看基本上为平民日用器，器形以为碗、杯为主。T0801 第 2 层、TG1 第 3 层的堆积中都发现有宋代的影青瓷碗，韩贞墓地出土影青瓷碗说明最晚到宋代，韩贞墓地一带已经有水路交通的往来。从此次发掘来看，发现有两条水沟分布在韩贞墓地东西两侧，另据当地人讲在两条水沟东北角有一圆形池塘，直径 10 米左右，两条水沟及圆形池塘皆与墓园形制有一定联系。此次发掘对于韩贞墓地保护及明代陵园研究都具有一定价值。

（王庆光）

【兴化市窑南村清代遗址】

发掘时间：2016 年 3 ~5 月

工作单位：徐州博物馆（徐州市文物考古研究所）

窑南村遗址位于泰州市兴化市戴窑镇窑南村八组，川东港工程标段 CS299 ~CS300，分布于车路河南岸，总面积 18000 平方米。窑南村遗址为兴化市文物保护单位，考古调查时曾在遗址周围地面上发现有宋元—明清时期的瓷片。在遗址南部有 1 座保存较为完整的砖窑。此次配合川东港拓宽工程的建设，共布 5 米×5 米探方 37 个，发掘面积 925 平方米。此次发掘遗址文化层堆积较为简单，包含近现代和清代两个时期，以清代文化堆积为主。出土遗物较为丰富，砖瓦残片占绝对多数，另有少量瓷片及动物骨骼等。

通过发掘，对窑南村遗址有了一个初步的认识。从出土大量青花碗底残片来看，至少明清时期窑南村遗址人类活动较为频繁。从附近采集的滴水模具及文字砖资料判断，窑南村窑址砖瓦烧制的历史不会晚于明代。另外据地层堆积情况来看，至少在清代，车路河河道要比现在河道宽阔很多，由于附近窑厂废弃砖瓦残片不断向河道内堆积，导致现在河道变窄很多。此次考古发掘对研究当地明清时期窑址情况将起到推进作用。

（王庆光）

浙 江 省

【义乌市桥头上山文化遗址】

发掘时间：2016 年 2 月 28 日 ~2017 年 1 月 16 日

发掘单位：浙江省文物考古研究所

桥头遗址位于义乌市城西街道桥头村村西，北纬 17′27.54″、东经 119°57′58.59″，省道在其北侧约 150 米处由东向西通过，义乌江支流桐溪在其东侧 50 米处由北向南流过。遗址坐落在一个相对高度约 3 米的高地上，海拔约 89 米。

2012 年 11 月，义乌博物馆提供了桥头遗址的重要线索，同年 12 月中旬，浙江省文物考古研究所对遗址进行了调查勘探（ST1），证实这是一处上山文化遗址，距今约 9000 年，也是迄今发现的义乌市最早的新石器时代遗址。

遗址已遭到耕地及村民建房破坏，2014 年，又面临 03 省道支线扩建工程及桥头村新农村建设工程破坏。经国家文物局批准，浙江省文物考古研究所对其进行了正式发掘。

2016 年，遗址继续发掘。经过发掘揭露，遗址的东、南、北三面为人工的环壕，西面连接自然河道。环壕的内沿基本完整，外沿破坏严重，但在南部和西北角还是得到了局部的保存。南部环壕的上部受到后期洪水的冲击，在考古迹象上表现为商周层下堆积一层砂砾层，在砂砾层下，环壕的底部得到局部的保存；北部环壕被近现代动土破坏严重，仅在西北角保留一部分。总的看来，桥头环壕遗址的完整性基本确立。环壕的宽度 10 米 ~ 15 米，深度 1.5 米 ~2 米。以环壕的外沿为界限，则环壕聚落的南北长度约 80 米，东西宽度约 50 米。

桥头遗址陶器的保存状况较好，陶器类型包括大口盆、平底盘、双耳罐、圈足盘等，陶衣鲜亮，以红衣为主，也有乳白衣，体现出陶器装饰的高超手艺，在已经发现的上山文化遗址中，只有湖西遗址堪与相比。出现了一定数量的彩陶，分乳白彩和红彩两种，以条带纹为主。彩纹中出现了太阳纹的图案。

桥头遗址年代为上山文化中、晚期，其彩陶具备了跨湖桥文化彩陶的基本特质。跨湖桥文化彩陶分乳白色的厚彩和红色的薄彩两种，桥头遗址的彩陶的多样性虽不及跨湖桥文化，但已经具备了两种类型的彩陶特征，桥头遗址的太阳纹图案也与跨湖桥遗址中的太阳纹图案一脉相承，充分说明上山文化是跨湖桥文化的重要源头。

从中期地层中获取的炭屑样品进行 ^{14}C 年代测定，获得了 7985 ± 50（T1③）、8090 ±45（T1④）等数据，校正年代为距今 9000 多年。

（蒋乐平）

【海宁市达泽庙崧泽文化至商周时期遗址】

发掘时间：2016 年 4 ~12 月

工作单位：浙江省文物考古研究所、海宁市博物馆

达泽庙遗址位于海宁市马桥街道先锋

村29组。发现于1988年，遗址面积约4万平方米。1990年春因砖瓦厂取土进行第一次发掘，揭露面积340平方米，清理崧泽—良渚文化墓葬12座，出土遗物100余件（组）。

2016年4月，为配合扩大杭嘉湖南排工程进行第二次发掘。前3个月为勘探和试掘，随后展开大面积揭露。10～12月，省考古培训班12名学员参与了此次发掘。共计揭露面积3000余平方米，清理崧泽文化墓葬8座、灰坑17个、灰沟3条、井窖4个；良渚文化墓葬18座、灰坑11个、灰沟1条；马桥文化灰坑15个、沟2条、井2眼；战国灰坑26个；另有宋至明清遗迹10处。出土各类编号器物340件（组）。

发掘区位于遗址南部，核心为两个崧泽时期土台，良渚文化时期继续延用，主要功能为墓地。土台外围呈较深的灰沟，填土依次为良渚文化、马桥文化、商周、春秋战国时期的堆积。灰沟填平后再覆盖唐宋及明清时期的堆积。总体来看，遗址的年代跨度极大，但以崧泽—良渚过渡阶段和马桥文化的遗存最为丰富和典型。

已清理的26座墓葬大部分位于两个土台，少量良渚文化墓葬出自土台外围。多数墓葬头向朝南，少量朝北。葬具保存均不佳，个别墓葬尚存较完整的人骨。随葬品1～19件不等。陶器基本组合为鼎、豆、罐，另有双鼻壶、盆、壶、器盖、纺轮等。玉器以叶蜡石串珠为主，偶见真玉的锥形器、管、坠等饰品。石器数量不多，器形有钺、刀、耘田器等。

J7为崧泽—良渚过渡阶段的窖藏，口径180厘米，深228厘米，坑壁梯级内收。填土分5层，分批埋藏19件完整陶器，其中壶10件、罐8件、盆1件。

良渚文化时期一些成堆的红烧土块和相对集中的石块分布区应是建筑遗存。地层内出土的遗物以陶片为主，器形有双鼻壶、鱼鳍形足鼎、尊、罐、豆、环等；石器数量较少，器形有耘田器、有段石锛、石犁、砺石等；偶见管、锥形器等玉器。

马桥文化灰坑及地层中出土较多的陶器和石器，陶器有印纹陶盆、罐、豆、圆锥足鼎等，石器有多边刃刀、镞、有段石锛等。

达泽庙遗址的考古发掘还在进行中，发掘部分揭示了崧泽、良渚文化时期一个较完整的聚落单元和演变过程。

（赵　晔）

【余杭良渚古城外围大型水利工程遗存】

发掘时间：2015年7月～2016年3月

工作单位：浙江省文物考古研究所、山东大学、南京大学

良渚古城发现后，浙江省文物考古研究所通过近十年的勘探调查，于2015年最终确认古城西北部存在一个规模宏大的水利系统，涉及范围超过100平方千米。经报请国家文物局批准，浙江省文物考古研究所联合山东大学、南京大学于2015年7月～2016年3月，对老虎岭、鲤鱼山、狮子山等水坝进行了调查勘探与发掘。发掘取得了水利系统整体分布、内部结构、营建工艺等相关认识，获得了关键地层依据，验证了前期^{14}C测定结论的可靠性。

水利系统位于杭州市余杭区瓶窑镇境内，良渚古城的北面和西面，共由11条堤坝组成。从良渚古城的中心到最远的蜜蜂弄坝体，直线距离约10千米。

根据形态和位置的不同，这些堤坝可分为沿山前分布的山前长堤、谷口高坝和平原低坝三种。

1. 山前长堤：原称塘山或土垣遗址，位于良渚古城北侧2千米，北靠天目山脉，全长约5千米，呈东北西南走向，是水利系统中最大的单体。从西到东可将其分成三段。西段为矩尺形单层坝结构。中段为南北双层坝体结构，北坝和南坝间距

20米~30米，并保持同步转折，形成渠道结构。北坝坝顶高程在海拔15米~20米，南坝略低，坝顶高12米~15米。渠道底部海拔7米~8米。双坝的东端连接大遮山向南延伸的一条分水岭。分水岭以东属于塘山东段，为单坝结构。

2. 谷口高坝：位于西北侧较高的丘陵的谷口，包括岗公岭、老虎岭、周家畈、秋坞、石坞、蜜蜂弄6条坝体。可分为东、西两组，各自封堵一个山谷，形成水库。高坝体高程约为海拔30米~35米。坝体长度在50米~200米，大多为100米。坝体厚度近100米。

3. 平原低坝：建于高坝南侧约5.5千米的平原内，由梧桐弄、官山、鲤鱼山、狮子山4条坝将平原上的孤丘连接而成，坝顶高程大约在10米。坝长视孤丘的间距而定，在35米~360米不等。高坝与低坝之间的库区略呈三角形，面积约8.5平方千米，库区地势很低，现今仍为泄洪区。库区东端与塘山长堤相接，共同组成统一的水利体系。

2015年分别对低坝的狮子山、鲤鱼山、高坝的老虎岭进行了发掘，面积共490平方米。

发掘证实狮子山坝体宽约123米，深度逾10米未尽，由多种土分段分层堆筑，堆积层高低不平。坝体内仅出土良渚文化夹砂陶片1块。

发掘勘探显示鲤鱼山坝的堆筑方式为：先在筑坝处地面下挖一个纵向凹槽，宽度约25米，深度达3米，坑内堆填青淤泥和草裹淤泥，可能与防渗有关。之上覆盖一层黄色散土，在北侧迎水面的位置，用草裹黄土和散黄土间杂堆筑形成斜坡，其后部则又用黄色散土覆盖坝体的表面。坝内填土中发现数片崧泽文化时期的粗泥陶片和1片良渚文化中鼎或甗的腹片。

在老虎岭坝体北坡及西侧与山体交接处分别布置探沟2条，发掘面积70平方米，获得了重要的地层叠压关系。在T1内发现良渚晚期的沟3（G3）打破坝体的最西端，沟内出土了T形鼎足、侧扁形鼎足、盉足等典型良渚文化时期陶片。

坝体断面显示草裹泥具有明显的分区现象，这种不同的分区应该是由同一地点运输来的一个周次的运量，同时表明铺筑时草裹泥由不同的地点运送过来，一到即铺筑，没有统一堆料的过程，所以每个区块的草裹泥都能保持材质的统一不相混杂，从而形成明确的区块。

根据地层学和^{14}C测年可证实该水利系统属于良渚时期。

塘山顶部曾发现两座良渚贵族墓葬，一处玉器加工场，证实其年代不晚于良渚时期。老虎岭的地层也证实坝体下限不晚于良渚晚期。

^{14}C测年也可证实坝体的年代。11条坝体中，除塘山长堤、蜜蜂弄、官山和梧桐弄未提取到测年标本，其余6条坝体的样本经^{14}C测定，得出14个测年数据，树轮校正值全都在距今5100~4700年，属于良渚文化早中期。

初步推测该系统可能具有防洪、运输、用水、灌溉等诸方面综合功能，与良渚遗址群及良渚古城的生产与生活关系密切。

良渚的水利系统是中国现存最早的大型水利工程。中国水利史通常始于距今4000年前的大禹治水传说，现存的水利工程遗迹均不早于战国时期。距今5000年左右的良渚水利系统的确认，是中国古代水利史研究的重大突破。

古代东方世界各早期文明的出现，都与治水密切相关。良渚古城是中国境内最早进入国家形态的地点之一，为中华五千年文明的实证。而其外围的水利系统和古城在空间和时间上具有不可分割的密切关系，对研究中华文明起源具有不可替代的标本意义，在世界文明史研究上亦占有重要一席。

（王宁远　刘　斌）

【杭州市余杭区良渚古城遗址】

发掘时间：2016 年 3 ~ 12 月

工作单位：浙江省文物考古研究所、杭州良渚遗址管理区管理委员会

良渚古城遗址位于杭州市余杭区瓶窑镇。自 2007 年古城发现以来，经过十年连续不断的考古工作，确认了良渚古城核心区由宫殿区、内城、外郭城构成，占地面积约 8 平方千米，同时在城外发现规模巨大的水利系统和面积广阔的郊区，由此证实了占地面积达 100 平方千米的良渚古城系统。2009 年以来，我们重点对古城核心区进行了勘探和解剖发掘，至 2016 年，基本搞清了外郭城以及城内宫殿区、贵族墓地等的基本布局。

一　良渚古城莫角山宫殿区的初步认识

莫角山宫殿区位于城内正中心，由古尚顶土台和其上的大莫角山、小莫角山、乌龟山三座宫殿基址组成。通过大规模勘探、长探沟发掘配合探方全面揭露等方法，我们基本搞清了大莫角山、小莫角山和古尚顶平台上的房屋台基分布情况。

大莫角山台基位于古尚顶土台的东北部，是古尚顶土台上三座宫殿台基中面积最大的一个。通过发掘，我们在大莫角山周围发现宽 4 米 ~ 15 米、深 0.6 米 ~ 1.5 米的围沟。围沟在良渚文化晚期，被废弃填平，随后又修建了石头墙基。在大莫角山顶上还发现了 7 个面积 300 ~ 900 平方米的房屋台基，呈南北两排分布。

小莫角山台基位于古尚顶高台的西北部。通过发掘确认小莫角山山顶存在 4 个分属于两个不同阶段的良渚文化房屋台基。早期阶段房基一处，面积也最大，达 380 平方米，部分柱坑直径达 1.25 米。晚期房基三处，东西成排分布，面积较小。

乌龟山台基位于古尚顶高台的西南部，通过发掘明确了乌龟山的边界。因历年来的人为破坏，台基顶部未发现良渚文化的房基等遗迹。

古尚顶平台的发掘确定了宫殿区中部大型沙土广场的分布范围，广场大致呈曲尺形，分布在东西长约 465 米、南北宽约 320 米的范围内，占地面积达 7 万平方米，推测是莫角山宫殿区内举行重要仪式的场所。在沙土广场南部和东部还发现东西成排、南北成列的 9 座房屋台基，面积在 200 ~ 500 平方米间，排列相当整齐，可能是宫殿区内的贵族居所。

二　姜家山贵族墓地的发掘和城内格局的新认识

姜家山位于莫角山西部、反山南部。我们在姜家山土台西坡清理了一处良渚文化贵族墓地，揭露面积 900 平方米，发掘墓葬 14 座，大致呈三排分布，墓葬中共出土文物 425 件组，以单件计 644 件。墓地年代与反山墓地相当，等级远低于反山墓地，推测是一处家族墓地。姜家山墓地的发掘使我们认识到城内宫殿区与王陵及贵族墓地分处东、西，区分明确。

三　城内南北向主河道——钟家港河道的发掘

位于城内宫殿区以东的钟家港古河道，是城内的南北主干道。可分为南段、中段、北段三段。钟家港南段西岸的李家山台地边缘揭露出保存良好的木构护岸遗迹，台地边缘堆积中出土木器坯件等漆木器。在钟家港南段河东岸钟家村台地上发现大片的红烧土堆积，台地边缘堆积中出土较多黑石英石片、玉料、玉钻芯、石钻芯等遗物。钟家港南段的发掘显示李家山和钟家村台地上可能分别存在漆木器和玉石器作坊，这是城内首次发现手工业作坊区，根据以往材料推测良渚古城核心区除宫殿区外主要应该是手工业作坊区。

四　城外郊区聚落勘探的新认识

2015～2016 年完成良渚古城以东约 175 万平方米的勘探工作。经勘探，共发现良渚文化时期遗迹现象 104 处，其中台地 45 处、河道 9 条、草包泥堆筑层 4 处、文化层范围 36 处、水域范围 5 处、湿地 4 处、坑 1 座。此次勘探结果证实良渚古城以东良渚文化台地分布密集，远远超过我们之前的认识。

（刘　斌　王宁远　赵　晔　陈明辉　闫凯凯　王永磊）

【杭州市余杭区玉架山良渚文化遗址】

发掘时间：2016 年 2～9 月

工作单位：浙江省文物考古研究所、余杭博物馆

玉架山遗址位于浙杭州市余杭区，因“余杭经济开发区”建设，经国家文物局批准，浙江省文物考古研究所与余杭博物馆，从 2008 年 10 月起，对该遗址进行了全面钻探调查与发掘，截至 2016 年底工作仍在进行中。

调查勘探面积总计约 1 平方千米，共发现了由六个相邻的环壕围沟组成的良渚文化完整的聚落遗址，总面积约 15 万平方米。目前已发掘面积 28000 余平方米，共清理良渚文化墓葬 499 座、灰坑 25 个，建筑遗迹 10 处，出土陶器、石器、玉器等各类文物 6000 余件（组）。

2016 年度发掘基本情况与主要收获如下：

1. 环壕Ⅰ的发掘：

发掘面积 600 平方米，了解了环壕Ⅰ土台和东壕沟的关系。清理了良渚文化晚期灰坑一个，第 5 层下开口，打破第 6、7 层及生土。

2. 环壕Ⅲ西南角外部小土台的发掘：

此次发掘的小土台是玉架山遗址的新发现，不同于以往的是土台位于环壕的外部，土台周边亦有小壕沟环绕。发掘面积 1000 平方米，清理良渚文化中晚期墓葬 39 座，以晚期为主，出土随葬品 400 余件（组），皆长方形竖穴土坑墓，墓向以朝南为主，仅一座朝北。钻探发现，该土台的东侧约 40 米还有一个类似的小土台。

玉架山遗址首次发现了由多个环壕组成的完整的聚落，各环壕均有从早到晚的墓葬和房屋，说明这些环壕应是同时存在的。玉架山遗址的发掘，为我们研究良渚文化社会的组织结构，基本的社会组织单元及其人口数量，氏族内部和氏族之间的等级差异等都提供了全新的材料和视野。这种聚落模式不仅是良渚文化的首次发现，也是长江流域史前考古的新发现，是田野考古上的新的突破，对于本地区以及良渚文化以后的考古工作有着重要的借鉴意义。

玉架山遗址地处余杭东部，西距良渚古城约 20 千米。玉架山遗址的南面是发现了良渚文化水稻田的茅山遗址、西南面是埋设了贵族墓葬的横山遗址。在遗址周边约 20 平方千米的范围，经调查和发掘的良渚文化遗址已经有 20 多处，表明临平山的西、北部地带存在着一个较大规模较高等级的良渚文化次级中心聚落。

（楼　航　方中华　王建平）

【安吉县金钟山西周至春秋墓葬】

发掘时间：2016 年 3～4 月

工作单位：浙江省文物考古研究所、安吉县博物馆

金钟山古墓葬位于递铺镇安城村金钟山自然村，南距安吉县城约 10 千米，因申嘉湖高速公路安吉段建设进行抢救性发掘，共发掘土墩两座，清理先秦时期墓葬 5 座，出土印纹陶、原始瓷等随葬器物 32 件。

土墩位于海拔 56.5 米的金钟山山顶向北延伸的山脊线上。土墩平面呈圆形及椭圆形，侧视为馒首形，D2 顶部略平。土墩直径 12.1 米～19.6 米，高 1.65 米～2.75 米。两墩间距仅 4 米，墩下缘几乎连在

一起。

D1 内共发现呈品字形布局的三座墓葬，其中 M1、M2 位于北部，系两座并列的石框墓，平面均呈长方形，墓向 0°。M1 石框长 3.2 米、宽 1.3 米～1.7 米，墓深 0.6 米～0.9 米，墓框下部为堆土，上部为杂乱的块石，石框高 0.3 米。M2 石框长 3 米、宽 1.9 米～2 米，石框高 0.2 米。墓葬东、西、南三面为块石垒砌的墓框，北侧均不见石框，中间一道石框为两墓共用。M2 北侧见有很多杂乱的大石块，应是作为石框的封门。墓底均为坑洼不平的山体基岩，两墓内未见任何随葬器物。M3 位于土墩南半部、M1 的南侧，为平面长方形的浅土坑。墓坑长 3.2 米、宽 1.5 米～1.72 米、深 0.5 米，墓向 355°。墓底未见葬具痕迹，随葬器物共 13 件，包括印纹陶坛、罐、原始瓷碗、硬陶盂。其中两件较大的印纹陶坛、罐分别位于墓坑的东北和西北角，紧挨着 M1 的南壁石框（后壁），其余较小的碗、盂分三组分布在墓坑的南部、北部和近中部。根据土墩内三座墓葬的位置关系分析，M3 极有可能是两座石框墓的随葬器物坑，墓葬时代为西周晚期—春秋初期。

D2 发现墓葬两座，位于土墩中部，M1 为平面甲字形的竖穴土坑墓，它是在熟土堆墩的基础上向下挖坑而成的，墓向 75°，与椭圆形的土墩长径方向一致。墓道位于墓坑东端正中。墓坑平面长方形，长 4.4 米、宽 2 米～2.3 米、深 1.35 米，墓坑填土均为夹碎沙石的浅褐色土，墓道平面长 3.7 米、宽 0.9 米～1.8 米，深度与墓坑底持平。墓底发现随葬器物 18 件，主要集中在墓坑南侧和与墓道连接处的东端，随葬品的器物种类有印纹陶坛、罐、原始瓷碗、盂，墓葬时代为西周晚期—春秋初期。M2 叠压在 M1 之上，位于 M1 东端墓道，是一座墓底由大小不一杂乱分布的块石铺垫而成的石床墓，该墓仅发现 1 件印纹硬陶罐，墓葬时代为春秋中期。

虽然此次发掘仅清理了两座中、小型土墩，但墩内的墓葬却各具特点。据不完全统计，浙江全省已发掘并发表资料的先秦土墩已超过 150 座，墩内各种形式的墓葬 300 座左右，但石框和竖穴土坑的墓例为数不多，双石框并列且有专门的随葬器物坑的墓例则是首次发现。以往发现的土坑墓墓坑平面均为长方形，且墓坑较浅，最深的是 2005 年上虞凤凰山发掘的一座岩坑墓，仅深 0.6 米。金钟山 D2M1 墓坑平面甲字形，墓坑及墓道深度均 1.35 米。金钟山土墩墓的发掘极大地丰富了土墩墓的形制结构及埋葬习俗等方面的信息，为越地先秦土墩墓的研究提供了宝贵的资料。

（田正标　游晓蕾）

【安吉县上马山西周至汉代墓葬】

发掘时间：2016 年 5～10 月

工作单位：浙江省文物考古研究所、安吉县博物馆

上马山墓地位于安吉县城北偏西约 18 千米的天子湖镇良朋村，因天子湖工业园区开发建设，2016 年度共发掘土墩 10 座（D164～D173），清理墓葬 14 座，出土随葬器物 107 件。

先秦时期土墩仅 1 座（D169）。墩内共发现 3 座墓葬，均为平地堆土掩埋的土墩墓，随葬品少则 1 件（M1），多则 13 件（M2），均为印纹硬陶和原始瓷器，器物种类有坛、罐、瓿、盂、盅式碗。墓葬集中分布在土墩中部，上下叠压关系明确，其中 M3 为西周中期墓，另两座墓葬时代为春战之交。

春战之交或战国初期土墩 1 座（D170）。墩内仅发现 1 座典型的越式竖穴土坑墓（D170M1），墓葬平面呈凸字形，墓向 105°，由墓道、墓室、壁龛等部分组成。墓道为长方形竖穴斜坡底，墓室部分平面长方形，墓底南北两侧有生土二层台，

墓室底部宽度仅为长 4.1 米，宽 0.7 米～0.8 米，符合长条形的越墓特点。墓室后端有一壁龛。该墓出土随葬器物 17 件，包括印纹陶坛、罐、甑、杯，原始瓷盅式碗，泥质陶盆等，其中墓室内摆放 11 件，壁龛内 3 件。另有 3 件印纹陶坛出土于墓坑北侧一角，3 件器物排列成与墓坑平行的东西向一直线，应是与墓葬同时、和埋葬习俗有关的一组器物，也可视为墓葬随葬品的一部分。

战国晚期—西汉初期的竖穴土坑墓共 9 座，是 2016 年度发掘最主要的墓葬类型，见于 8 座土墩内。这些墓葬墓坑平面均为长方形，墓葬方向有南北、东西向两种。墓坑填土均为灰褐色或黄褐色的五花土，墓葬底部普遍铺垫薄层青膏泥。葬具均已朽烂，从痕迹看均为一棺一椁，有四座墓葬的椁外一侧另设有器物箱。从随葬品摆放位置看，四座墓葬随葬品集中在器物箱内。另有四座墓葬随葬品摆放在椁内一侧呈直线分布，原应设有边箱。随葬品以泥质仿铜陶礼器为主，个别墓葬共存少数越地典型的印纹陶罐、原始瓷罐。每墓随葬品数量 1～16 件不等。从随葬品组合来看，出土泥质陶鼎、盒、钫、豆组合的墓葬有三座，泥质陶鼎、盒、钫组合两座，鼎、盒、壶、豆组合一座，单件硬陶壶一座。D173M1、M2 是此次发现的唯一异穴平行并列合葬墓，两座墓葬随葬品组合分别为鼎、钫、虎子（M1）和豆、硬陶壶、夹砂陶釜（M2），与成套仿铜陶礼器组合的墓葬明显有别。

上马山墓群是安吉古城外围三个重要的古墓群之一，它位于安吉古城的西北，与城址的直线距离仅 3.5 千米。以往考古工作表明，该城址早期为越国西域边境城址，战国中晚期为楚人占领，秦汉时期先后作为鄣郡郡治和故鄣县县治，是太湖南岸保存最好的战国秦汉时期的城址。上马山墓群 2016 年度发掘的 14 座墓葬，以战国晚期—西汉初期的竖穴土坑墓为主，墓葬多带有明显的楚文化风格，反映了楚人占领本地区后直至西汉初期楚文化一直是本地区文化因素的主流。D170M1 是难得一见的越式竖穴土坑墓宝贵墓例，该墓集凸字形平面结构、生土二层台、摆放器物的壁龛等多个因素于一身，墓外挖坑整齐摆放完整的印纹陶器，极大地丰富了越墓形制结构及埋葬习俗等方面的文化内涵。墓群中发现的典型吴越地区土墩墓表明，早在建城之前，就有越人在此生活。

（田正标）

【长兴县碧岩村西周至明清土墩墓葬群】

发掘时间：2016 年 3～12 月

发掘单位：浙江省文物考古研究所、长兴县博物馆

2016 年 3 月起，为配合长兴图影太湖度假区管委会“龙之梦”大型项目的开发建设，浙江省文物考古研究所会同长兴县博物馆对长兴县碧岩村土墩墓葬群展开考古调查和发掘。该项目涉及的土墩墓群位于长兴县洪桥镇碧岩村，东侧为杨小线公路，公路沿线以东有后城村、王家浜村、前城村、涧湾村等自然村落，东临湖泊大荡漾，大荡漾以东为太湖；南、西、北三面环山，山为弁山，弁山上有县级文保单位“弁山石室土墩墓群”。

2016 年度，共发掘土墩 34 处，清理墓葬 260 余座，出土器物 2000 余件。墓葬年代几乎涵盖自西周到明清的多个时期，其中以汉代墓葬为最多。从发掘结果看，西周至春秋战国时期的墓葬，以石床形土墩墓数量较多，少量的平地掩埋型土墩墓、石室土墩墓，其中石室墓受扰较严重。西汉时期有土坑墓、土坑木椁墓、土坑砖椁墓、土坑石框石床墓等。东汉时期土坑墓和砖室墓并存，其中砖室墓大多受扰，六朝至明清基本都是砖室墓且受扰严重。

长兴县碧岩村土墩墓葬群范围大，大

型土墩多为一墩多墓，一些土墩埋葬关系复杂，墓葬类型多样。但发现的西周至汉代墓葬多为中小型墓葬，应该多为平民墓葬或者是少量小型世家家族墓葬，目前尚未发现大型的贵族墓葬。

（徐　军　孟国平）

【安吉县粉坊古墓葬】

发掘时间：2016 年 5 ~ 8 月

工作单位：浙江省文物考古研究所、安吉县博物馆

粉坊古墓葬位于安吉县天子湖镇高禹村粉坊、西村两个自然村所在的南北向岗地上，因杭（州）—商（丘）高速铁路项目建设进行抢救性发掘，共发掘土墩 2 座，清理先秦及汉代墓葬各 1 座。另有 1 座双室并列的砖室墓，墓葬时代不早于明成化年间。

D1 位于西村自然村，土墩侧视呈馒首形，平面为椭圆形，东西直径 24.2 米，南北直径 16.1 米，高 3 米，根据土质土色整个土墩可分为 16 层，各层普遍见有印纹陶、泥质陶、原始瓷残片，尤其是第 6 层以下，陶片数量特别多，且见有较多红烧土块，陶片均不晚于商代。第 14 层以下还发现了灰坑、沟、柱洞等遗迹，表明土墩是建于夏商时期的遗址之上，土墩堆土也是就地取材，因而包含了大量遗址中的陶片。

土墩内仅发现 1 座先秦时期的墓葬（D1M2），为圆角长方形的浅土坑墓，开口在第 6 层下。墓坑南北长 3.1 米、东西宽 2.6 米、深 0.6 米，坑壁自口部向内弧收。墓底共出土随葬器物 10 件，器物分布散乱，无明显规律，包括 1 件印纹硬陶罐，其余 9 件为原始瓷碗、簋、盂、碟等，墓葬时代为西周晚期—春秋初期。

D2 位于粉坊自然村，土墩平面为西北—东南走向的椭圆形，侧视呈低矮的缓坡状凸起，长径 20.75 米，短径 15.25 米，高 1.5 米。土墩地层仅分为 3 层，除表土层外均为纯净松软的黄土，包含陶片极少。

土墩内仅发现 1 座西汉竖穴土坑墓（D2M1），位于土墩中心略偏北。墓坑开口在第 2 层下，打破第 3 层。墓坑平面为长方形，东西残长 2.94 米、宽 2.6 米、残深 0.6 米。墓坑中心有一直径 0.6 米的圆形盗洞，墓底大部被现代盗扰，仅在墓坑西南侧局部残留部分随葬品，表明墓葬的南侧原应是存放器物的边箱位置。该墓出土随葬品 11 件（组），包括釉陶壶、瓿、罍、铁剑、铜五铢钱等。墓葬时代约为西汉中期偏晚阶段。

浙江越地先秦土墩墓的墓葬形制相对较为单一，在无石室的土墩中平地堆土掩埋型占绝大多数，且贯穿整个土墩墓的发展始终，这一时期有土坑的墓葬发现极少，且几乎都为浅坑。此次发掘的 D1M2 也属于浅土坑类型，墓坑边线清晰，坑壁略向内弧收，与战国、秦汉时期墓壁整齐陡直的土坑墓区别明显。

（田正标　汪飞英）

【安吉县窑山春秋至汉代城址】

发掘时间：2015 年 9 月 ~2016 年 11 月

工作单位：浙江省文物考古研究所、安吉县博物馆

窑山遗址位于安吉古城东北，与安吉古城城墙东北角直线距离约 850 米。遗址总体平面近方形，中心为方形高台，顶面平整，面积近 4 万平方米。高台四周有一圈较高台内平面略微隆起的土埂，高台四周有环壕。2015 年，考古工作队对遗址四周土埂及外围壕沟进行详细的钻探。钻探表明，高台四周土埂为人工夯筑的土城墙。

为了验证勘探成果，明确四周城墙的存在，进一步探索遗址的时代和性质，2015 年 9 月起，浙江省文物考古研究所和安吉县博物馆联合对西城墙进行探沟解剖发掘，发掘面积 150 平方米。发掘表明，

除最底部厚35厘米~65厘米含灰白色细沙的黑色淤积土应是高台堆筑前的地表土外，整个高台均为人工堆筑而成。

城内堆筑土大体可分为8层，总厚度约4.2米。下部3层以青灰色淤土为主，上部5层以黄褐色、灰褐色硬质土为主。从探沟东西剖面看，堆积大体呈西低东高的缓坡状，探沟南北剖面显示，各层堆积均北高南低，呈很陡的斜坡状。总体来看城内高台堆积较为纯净，包含物较少，在城内最上一层堆土中发现一组分布密集的陶片堆，其下面还发现完整的印纹陶罐、原始瓷碗各1件。陶片堆中的遗物包括印纹硬陶、原始瓷，印纹陶的拍印纹饰包括叶脉纹、方格纹，原始瓷可见盅式碗的底片。整体面貌显示，该陶片堆的时代为春秋中晚期。

城墙选用颜色不一的纯净土夯筑而成，厚6.2米~7.5米。探沟北壁剖面显示，整个城墙自下向上可分为8层，各层基本呈水平向。与城内高台堆土土质土色相近，底部为青灰色土，较软，其余大部为黄褐色硬质土。根据发掘中探沟平面观察，在距地表1米、2.2米、2.9米等多个铲光的平面上，宽5米的东西向探沟内可清晰地观察到4条东西向平行的条带状夯土，夯土带宽0.9米~1.5米。从探沟中部所留的两个隔梁横剖面观察，条带状土的横切面分界为上下垂直线，表明整个城墙夯土为若干条东西向版筑夯土带构成。在地表向下2.2米的探沟南壁剖面观察到了非常清晰的斜坡向夯土，夯土层厚10厘米~20厘米，西高东低。城墙夯土内陶片及红烧土颗粒等人工遗物。

此次发掘还发现3座西汉土坑墓（M1~M3），均开口于1层下，打破城墙夯土或城内高台堆土的上层。从出土器物分析，墓葬的时代为西汉早、中期。

窑山遗址是安吉古城外围的一座小型城址，总体形制规整，城墙、护城河等要素齐备，保存完好。发掘表明，城址整体为人工堆筑而成，四周有人工夯筑的墙体。根据城内堆土集中发现的陶片堆及打破城墙的西汉土坑墓判断，该城址的始建年代不晚于春秋晚期，废弃年代不晚于西汉中期，其使用年代与安吉古城有部分重合，表明两座城址存在紧密的关联。该城址的发现对于研究安吉古城的性质、城址及周边相关遗存的整体布局具有非常重要的意义。

（田正标　黄昊德）

【湖州市窑墩头汉至六朝墓葬群】

发掘时间：2016年6月~2017年1月

工作单位：浙江省文物考古研究所、湖州市文物保护管理所

为配合湖州铁公水综合物流园区的建设，对位于湖州市杨家埠镇罗家浜村的窑墩头墓葬群进行了配合性考古发掘。共发掘土墩16个，清理先秦土坑墓1座、东汉土坑墓1座、汉六朝砖室墓25座、茔园界墙1条，出土石、玉、陶、青瓷、铁、金、漆等各类器物100多件。

9座土墩为一墩一墓，其余土墩有2~4个墓葬不等。砖室墓分为单室墓和前后双室墓两类，单室墓平面形制有长方形、刀形和船形三种，前后双室墓结构分为四隅券进式穹隆顶墓和石门砖室墓两种。茔园界墙内排列3座墓葬，墓向均为东南向，应为家族墓地。发现“太康七年”“永嘉二年”“齐永明二年”3座纪年墓，其中2座墓有铭文“丘”姓，应属当地丘氏家族墓地。铭文砖多模印有“万岁不败”，花纹砖则以钱币纹、太阳纹、几何纹组合为主。由于被盗严重，这批墓葬随葬品残存较少，主要有灯盏、洗、钵、唾壶、盘口壶、狮形烛台、双系罐、耳杯等青瓷器，水井、鸡圈、灶等模型明器，顶心石、黛板、屏风底座、滑石猪形手握等石质器具，偶有金珠。

东汉土坑墓平面呈凸字形，阶梯状墓道。正对墓道的封土表面出土一圆首石碑及碑座。墓室内设有椁室，椁室南部放置各种随葬陶器、陶甬、铁器等，或为器物箱。较为明显的一棺位于椁室东侧，内有零星玉饰和珠饰。椁下垫排列整齐的枕木。墓室前部置器物箱，出土有五管瓶、锺、罍、壶、罐、耳杯等瓷器，人物俑、动物俑、房屋院落等陶模型明器，案、钵等漆绘陶器，鐎斗、剑、鹤等铁器。

该土坑墓南北两侧各有一座石门砖室墓，方向相对。南侧的 D90M1 墓向 20°，有规整的长方形夯筑封土围护。墓葬由墓道、石门、前室、石门（过道）、后室组成，石门均由门柱、门槛、门楣组成，门扇缺失。墓壁外弧，墓顶无存。北侧的 D84M1 墓向 185°，由墓道、石门、前室、过道、后室组成。前后室均为叠涩穹隆顶，过道作双层券顶，石门仅存门柱、门槛，门楣和门扇缺失。此两墓封土上的扰土中各出土石碑座 1 件。墓砖侧面均模印铭文为“万岁”和“万岁不败”。

此次发掘进一步丰富了湖州地区汉至六朝时期墓葬的研究材料，对认识本地区墓葬习俗演变、家族墓地规划、与周边地区的关系等具有重要意义。

（徐新民　刘亚林　程厚敏）

【宁波市明州罗城望京门段城墙遗址】

发掘时间：2016 年 8 月 ~2017 年 1 月

工作单位：宁波市文物考古研究所、厦门大学人文学院历史系

2016 年 8 月至 2017 年 1 月，为配合宁波市中山路综合整治工程 9# 地块望京门文化公园项目的建设，宁波市文物考古研究所联合厦门大学对明州罗城望京门段城墙遗址进行了重点勘探与考古发掘。勘探面积 4000 平方米，发掘面积 1568 平方米。

此次勘探与考古发掘工作基本探明了该区域的地层叠压关系，发掘了晚唐五代至民国时期的古城墙遗址 1 处，清理了元代灰坑 2 个、灰沟 4 条、水井 1 口，晚清至民国建筑基址 1 组、墓葬 4 座等类型丰富的地下遗存，并出土了产自越窑、龙泉窑、景德镇窑、建窑、德化窑、磁州窑等窑口瓷器，以及波斯陶、砖瓦、铜钱等各类遗物。其中可复原标本多达 300 余件，考古标本数以千计。此次发掘主要收获如下：

发现夯土城墙、包砖、包石、柱桩、护坡等城墙遗迹。夯土城墙位于第 1a 或 1b 层下，残高 0.8 米 ~1.15 米，残宽约 9 米。包砖分别位于夯土城墙内外两侧，宽度约 0.5 米，砖上有“官”“陈”“吉”“王”等字款。包石绝大部分位于第 1b 层下，少数区域处于第 2b 层下，外侧基槽多内缩打破早期城墙遗迹，局部地区打破第 3 层。内侧基槽均打破早期城墙夯土。宽度6.5 米 ~8 米。北部包石外侧有两条明显的直线，为多次修葺痕迹。砌法为大块条石错缝叠砌而成，由下而上不断收分。条石缝隙涂抹石灰。柱桩位于夯土台基下方和护坡边沿，其加固城墙作用。护坡位于城墙外侧，分唐宋两期，以保护城墙基部。

初步厘清明州罗城的始建年代和建筑方法。根据探沟解剖和出土遗物分析，明州罗城始建于唐代晚期。城墙建筑方法与宋代李诫《营造法式》中关于城墙的建造方法多处相符。在建城之前先用木桩钉于下层青灰色黏土之中，起固化软土地基的作用。然后于地表夯筑一层灰黄色黏土，其上铺垫一层瓦砾。瓦砾中部用青灰色和黄灰色膏泥由下而上夯筑起一个致密坚硬、高约 1 米的台基，再于其上砌筑包砖、夯筑城墙。

发现明州罗城历次修缮痕迹。文献记载宋元丰、宝庆年间曾对明州罗城进行较大规模的修缮。此次考古发掘也印证了这一史实。在唐代护坡夯土台的外侧，由下而上分别叠压着宋代城墙倒塌堆积和护

坡。宋代城墙倒塌堆积含有大量的砖块、瓦片、宋代瓷器以及人骨。其上的护坡土色灰黄、土质纯净，似为有意垫筑。护坡中出土的瓷片时代晚至南宋。护坡外侧边沿有一排倒扣的罐或盆，其外是一排桩柱，这些既是护坡的边界，也起到了加固护坡的作用。

探明明州罗城重建与废弃的历史过程。明州罗城被破坏主要集中在两个时期。在元代有一个彻底的毁城与重建过程。元至元十六年（1279），明州罗城被拆毁。直至元至正十二年（1352）浙东元帅纳麟哈剌复筑罗城。其间七十三年宁波罗城被百姓在城墙内外形成了大量堆积。元刘基《复筑庆元城记》记载："时故城久废，室其址者数百家。公命悉徙处官地，发廪粟以助不给，民忘其徙。凡六月而城成，周十有八里，高丈有八尺……"元末复筑的罗城底部宽度6.5米~8米，多采用先挖基槽再填以碎石的方式砌筑，外侧基槽多内缩打破早期城墙遗迹，内侧基槽均打破早期城墙夯土。元末所建罗城，砌法粗糙，建筑材质、大小不一，与元末"凡六月而城成"的记载相符。元末罗城重建之后，经过多次修缮。最终于民国时期被彻底拆毁。

城墙是见证古代城市发展最为重要的物证之一。明州罗城城墙（望京门段）规模宏大、结构清晰、筑法规范、沿革明确，集中反映了宁波自唐末建城以来一千多年的城市发展史，是名城宁波最重要的历史文化遗存之一，也为我国古代沿海地区州府级城市研究提供了可资借鉴的宝贵案例；其建筑规制与工艺同宋代《营造法式·壕寨制度》《营造法式·砖作制度》基本相符，在中国古代城市建筑史上具有重要的学术参考价值；同时，明州罗城及其出土的来自不同地区、种类丰富的陶瓷等遗物，对于研究古代宁波港市形成、布局及其历史地位，提升宁波在"海丝"申遗中的影响力也具有重要意义。

（林叶辉　王新天）

【嘉兴子城五代至北宋时期遗址】

发掘时间：2015年10月~2016年12月

工作单位：浙江省文物考古研究所、嘉兴市文物保护管理所

嘉兴子城遗址位于嘉兴老城区偏东南区域，范围北至中山东路，东至建国南路，南至府前街，西至紫阳街，总占地面积约7.5万平方米。子城是嘉兴自五代天福五年（940）升格为州府城市以来的历代衙署所在地，素来是嘉兴城市的政治中心。2014年下半年，荣军医院整体搬迁后，为配合嘉兴子城遗址保护规划的制定和建设嘉兴子城考古遗址公园需要。浙江省文物考古研究所联合嘉兴市文物保护所对子城遗址进行了正式的考古调查勘探。

通过考古勘探，确定了城墙四至，并沿中轴线勘探后发现了成片的建筑遗迹。

南城墙、北城墙、西城墙遗址，系"内外包砖、城芯夯土"的结构。城墙内夯土的包含物数量较多，其最晚的瓷片为北宋中后期，可作为城墙断代之参考。《至元嘉禾志》记载："子城周回二里十步，高一丈二尺，厚一丈二尺。宋宣和年间，知州宋昭年尝更筑。"据此，可以推断城墙为北宋遗迹。

子城遗址的中轴线上，其主要建筑，自前而后，依次为甬道、谯楼、仪门、戒石亭、设厅、便厅等。明清甬道、仪门基址保存较好。子城整体地势是前低后高，仪门是宋代建筑遗迹和明清建筑遗迹高差的分界点。仪门以南区域，宋代地面与明代地面高差很小，仅在0.1米~0.3米。而仪门以北区域高差越来越大，宋代建筑遗迹距地表基本都在1.9米左右，而明清建筑遗迹则从1.2米抬升至0.3米，高差0.7米~1.6米。仪门以北有大规模地增筑

加高台基的行为，据台基内的包含物，判断仪门以北大规模加高台基的工程，发生于明初。

城市考古向来是历史考古的核心议题，江南地区的“古今重叠型”城市一般很难保留下来。在浙江地区，只有嘉兴子城遗址近乎完整保留至今，具有全面揭露和展示的基本条件。通过考古调查勘探，可知子城城墙和城内遗址保存较好，具有还原中古时期江南子城面貌的基本条件，对研究唐宋衙署建筑和城市制度具有重要价值。

（郑嘉励　楼泽鸣）

【浦江县前王山北宋时期窑址】

发掘时间：2016 年 2 ~ 11 月

工作单位：浙江省文物考古研究所、浦江县文物保护管理所

前王山窑址位于浦江县前吴乡民生村坞坑自然村，该窑址早于 20 世纪 80 年代就已被地方文物工作者调查发现，并于 2010 年 6 月被列为浦江县重点文物保护单位。为进一步了解前王山窑址的生产面貌、时代特征及文化内涵，并对其进行保护性展示，经国家文物局和浙江省文物局批准，由浙江省文物考古研究所负责对该窑址及周边区域内的窑址进行系统调查与发掘。2016 年度前王山窑址发掘面积共 930 平方米，取得重要收获。

第一，揭露出包括龙窑窑炉、房址、挡墙、灰坑在内的较为丰富的遗迹，为复原前王山窑址的窑场布局、生产工艺流程等提供了重要资料。龙窑窑炉 1 处，编号为 Y1。Y1 为依山而建的龙窑，砖砌而成，有少量匣钵填砌。该窑炉保存状况较好。窑炉近南北向，头南尾北。现存窑前工作面、火膛、窑室、窑门、窑尾等，保存较好。房址 1 处，编号为 F1，位于窑炉火膛南部，紧挨窑炉火膛。平面形状为不规则长方形，仅余东壁和南壁。壁面以匣钵、砖块砌成，中间以柱础石，不规则。该房址应该为窑业生产作坊遗迹。挡墙 9 道，依次编号为 Q1 ~ Q9。平面形状均为不规则线形，以 M 形、筒形匣钵叠砌而成，间以残碎窑具填充。其主要应起保护作用，以防止窑业废品堆积滑落对窑炉等遗迹造成破坏。灰坑 2 处，编号为 H1、H2，位于房址南部。平面均为不规则圆形。坑内堆积没有明显分层，包含物有红色碎砖块及碗、盘、碎匣钵等遗物。据初步推断，该灰坑性质应为储泥池等一类的窑业生产作坊遗迹。

第二，出土了包含瓷片、窑具在内的大量遗物，为研究前王山窑址的时代风格、产品面貌等方面提供了翔实的资料。瓷器产品分为精粗两路。精路产品采用单件、垫圈支烧、匣钵装烧，粗路产品采用叠烧、耐火土间隔、匣钵装烧，其中又以后者占绝大比例。精路产品种类有侈口碗、敞口碗、花口碗、直口碗、斗笠碗、敞口盘、侈口盘、盒、钵、执壶、花口盏、敞口盏、碾臼、碾轮、熏炉、盏托、水盂、孔明碗、枕、盆、多管灯、瓶、器盖、罐等。器类较丰富。胎色灰白，胎质较粗。青釉或青黄釉，釉色较滋润。以素面为主，仅少量器物有纹样装饰，如个别斗笠碗内腹及内心满饰蕉叶纹、执壶外腹饰以瓜棱并刻划花卉纹、花口盏内心处模印花卉纹、熏炉外腹刻划莲瓣纹或蕉叶纹、水盂外腹刻划莲瓣纹或蕉叶纹、孔明碗内腹满饰细线划花纹样并外腹粗刻划花卉纹、枕面细线划花等。粗路产品种类有敞口特大碗、敞口碗、侈口大碗、侈口小碗、斗笠碗、敞口盘、熏炉、瓶等。器类较少，以碗类为主。灰白胎或灰胎，胎质普遍较粗。青釉或青黄釉，开片现象严重。器物以素面为主，个别器物偶见花卉纹装饰。窑具包括匣钵、垫圈、垫柱、垫饼、窑塞等。其中匣钵又可以分为 M 形、钵形、筒形、平底椭圆形、平底直壁形等多种造型，其中平底椭圆形匣钵应为烧造执壶所特制。垫圈又可

以分为圆形、喇叭形等。

前王山窑址的产品无论从造型、装饰还是装烧工艺上来看，都与慈溪、上虞等越窑核心区北宋中期的产品相似，从器物对比情况来看，我们认为该窑址应为北宋中期的越窑系窑址。此外浦江县博物馆藏有一件“康定元年”纪年青瓷花口碗，据称采集于民生村窑址群。因而，该窑址的发掘为我们探讨北宋中期越窑系窑址的分布范围、产品特点提供了丰富的资料，并使得我们可以将该窑址出土的产品、制瓷技术与周边地区进行对比研究。

（谢西营）

【台州市黄岩区南宋赵伯澐墓】

发掘时间：2016 年 5 月

工作单位：浙江省文物考古研究所、台州市黄岩区博物馆

2016 年 5 月 2 日，台州黄岩区屿头乡前礁村土名“大坟岗”地方，当地老百姓在宅基地建设中发现古墓，浙江省文物考古研究所随即进行抢救性考古发掘。

这是一座长方形双穴并列的砖椁石板顶的夫妻合葬双穴墓；石板顶上，再起象征性的砖拱；两穴并长 3.2 米、并宽 3.2 米，高 1.8 米。

据右穴（妻室）出土的墓志，墓主人系南宋赵伯澐妻李氏，李氏卒于南宋庆元元年（1195），次年下葬于“黄岩县靖化乡何奥之原”。墓志系赵伯澐亲自撰写，当时的系衔是“文林郎、平江府长洲县丞”。但是，右穴早年遭盗，棺木已朽蚀大半，除墓志外，别无他物。

但是，左穴（男穴）保存完好，朱红髹漆的棺木，套在“外棺”内，如同新造。内棺长 2.14 米，前头宽 72 厘米，后头宽 76 厘米，高约 77 厘米，棺木厚 10 厘米左右。据 1993 年重修《黄岩西桥赵氏宗谱》卷七，墓主人赵伯澐，系宋太祖七世孙，南宋初，其父赵子英始徙居台州黄岩县，遂为黄岩人。绍兴二十五年（1155）生，嘉定九年（1216）卒，赠通议大夫，同年与李氏合葬。

赵伯澐墓棺木的保存完好，出土了大量衣物及少数随身的随葬品，如青玉璧挂件、水晶璧挂件、铜镜、香盒等。其中青玉璧，刻有“大唐皇帝昪谨于东都内庭修金籙道场，设醮谢土，上仰玄泽，修斋事毕，谨以金龙玉璧投诣西山洞府。昇元四年（940）十月日告闻”字样，知为南唐开国皇帝烈祖李昪的投龙玉璧，传世近三百年后，作为古物玩好，为墓主人赵伯澐收藏并随葬，尤为难得。更重要的是，如此系统的南宋男性（文官）服饰成套出土，在浙江省内尚属首例。

（郑嘉励　楼泽鸣）

安徽省

【磨盘山新石器时代至商周时期遗址】

发掘时间：2016 年 7 月 ~2017 年 1 月

工作单位：南京大学历史学院考古文物系、安徽省文物考古研究所

磨盘山遗址位于郎溪县飞鲤镇新发村磨盘山自然村，南漪湖东岸的台地上。2015 年进行了第一次发掘，发现了马家浜文化晚期、崧泽晚期—良渚早期、良渚晚期、商周时期的遗存。2016 年度在 2015 年度的基础上继续扩大布方，布方面积 400 平方米。除已经发现的以上时期遗存外，又发现了良渚末期和二里头文化时期的遗存。

马家浜文化分布范围较广，但文化层堆积较薄，在地势较低的区域，堆积较厚，可分为 11 个亚层，地势较高的区域，仅可见 1 ~2 个亚层。崧泽晚期—良渚早期文化主要分布于发掘区较高位置，可分为 3 个亚层。良渚末期—钱山漾时期遗存分布于发掘区北部和东部，可分为 4 个亚层。二里头—春秋时期遗存分布范围较广，尤其是地势偏低的区域尤为深厚，可分为 3 个亚层。

2016 年度发现的遗迹有 65 座墓葬，72 个灰坑，23 座房址，1 条灰沟和 4 处陶片堆。

马家浜时期以居住遗存为主，分布有大量的红烧土堆积和房址，也有少量墓葬。房址为挖柱洞和圆形深坑，后者之中填红烧土，柱洞分布于红烧土坑周边，并与红烧土坑有 2 米左右的间隔。崧泽—良渚早期以墓葬遗存为主，并利用了马家浜时期的红烧土作为基础。良渚末期—钱山漾时期和二里头—春秋时期也以居住遗存为主，但少见马家浜时期的红烧土建筑，良渚末期见柱洞和基槽，少见红烧土，居住面经过特殊处理。商周时期房屋有多层铺垫，有的还以石块作为房屋基础。本时期也见少量墓葬。墓葬均为竖穴土坑墓。良渚文化至钱山漾文化阶段和商周阶段的墓葬随葬品均较少，仅有一件陶器和一件石器，或仅随葬一件玉器。崧泽文化至良渚文化时期的墓葬随葬品 1 ~14 件，大部分为3 ~4 件，有的还随葬玉器。骨架保存均很差，未发现棺的痕迹。

2016 年度共出土各类完整及可修复者遗物 1200 件，其中一半为各式网坠。一个商周时期灰坑中一次性出土网坠 531 枚。其他主要为墓葬随葬品约 300 件。

2016 年度的发掘再次证实，该区域新石器时代与环太湖地区古代文化的密切联系。

（赵东升）

【萧县金寨新石器时代遗址】

发掘时间：2016 年 9 ~12 月

工作单位：安徽省文物考古研究所、萧县博物馆

遗址位于宿州市萧县庄里乡拗沟行政村金寨自然村周边，向南延伸到宿州市埇桥区夹沟镇草厂村。遗址主体年代相当于大汶口文化中晚期，另有少量龙山、汉代遗存。据初步调查遗址面积约 50 万平方

米。20 世纪 50 年代和 80 年代，该遗址曾出土大量玉器。

由于金寨遗址玉器流散较广，遗址的保护面临巨大的压力。为了合理编制遗址保护规划，加深对金寨遗址的认识，2016 年 9 月，经国家文物局批准，安徽省文物考古研究所对金寨遗址进行发掘，发掘面积 500 平方米。

2016 年发掘区分东西两区，东区位于遗址东部，揭露面积 300 平方米，结果显示该区文化堆积较浅，深 50 厘米～100 厘米，表土以下有少量汉代堆积，之下即为新石器时代堆积，遗迹有墓葬、房址、灰坑等。

墓葬共 30 座，成片有规律分布，均为竖穴土坑墓，墓向均为东稍偏南，人骨保存较差，多为单人葬，少数为多人合葬（两人葬、三人葬、七人葬各一座）。葬具大多无存，仅一座有棺炭化痕。随葬品多寡不一，一般为十件左右，器物组合以鼎、豆、壶、罐为主，另有杯、盆、钵、器盖、鬶、盉、背壶、盒、尊、盅、纺轮、石锛、石凿、玉坠等。

房址共 5 座，多仅存柱洞和基槽。

西区位于遗址西南部，即早年曾出土大批玉器的“玉石塘”的东部和南部，在东部偏北位置发现一条壕沟遗迹。开口宽 10 米，沟底宽 3 米，深 2.5 米，沟内堆积以灰褐土和红烧土为主，出土较多的陶片和少量动物骨骼。

“玉石塘”南侧发现一条以红烧土堆积为主的大型壕沟，由于发掘面积限制仅揭露出一部分，深 3.5 米，沟内填满红烧土，包含较多陶片和少量动物骨骼。陶片以泥质红陶为主，少量彩绘陶，可辨器形有鼎、豆、壶、罐、杯、碗、缸等。

2016 年的发掘初步了解了金寨遗址的地层堆积特点、遗址的年代和文化面貌、遗址的部分布局，为以后的工作积累了经验。

据初步分析，该遗址的主体年代相当于大汶口文化晚期偏早阶段，另有少量大汶口文化中期和龙山文化早中期遗存。文化面貌与鲁南苏北地区的同期文化较为一致，另表现出与良渚、屈家岭文化也有一定的联系。绝对年代距今 5200～4200 年。

（张小雷　任一龙）

【肥西县武斌大墩斗鸡台文化及两周时期遗址】

发掘时间：2015 年 7 月～2016 年 9 月

工作单位：安徽省文物考古研究所

武斌大墩遗址位于合肥市肥西县上派镇北张社区武斌村民组西，遗址中心位置坐标为北纬 31°41′33.57″、东经 117°10′25.15″，海拔约 13 米。遗址为椭圆形台地，地表平坦，相对高度 1.2 米～3.1 米，总面积 5240 平方米。该遗址是 1986 年第二次全国文物普查时发现，因肥西县市政道路建设需要，安徽省文物考古研究所对武斌大墩遗址进行了发掘，发掘面积 900 平方米。

武斌大墩遗址地层堆积平均深约 3.2 米，最深达 3.6 米，包括斗鸡台文化堆积和周代文化堆积等两个时期的文化遗存。

周代文化层是其主体堆积，可分为西周中期、晚期和春秋早期三期。此次发掘所获周代遗迹主要有灰坑、灰沟、房屋基址、墓葬等。发现灰坑 69 个，在遗址中分布密集，直径大小不一，有圆形、椭圆形、不规则形状等多种类型，不同类型的灰坑应具有不同的功用，有垃圾坑、储藏火种的灶坑、用来窖藏粮食的窖穴、暂养鱼类的养殖坑等。房屋基址发现 3 处，可以分为两类，一类是以一定数量基槽构成，基槽内一般有柱洞；另一类则直接以埋设具有一定规律和数量的柱子构成。由于打破、扰乱现象严重，房屋基址均不完整。清理墓葬 14 座，其中成人墓 7 座、未成年人墓 7 座，均为东西向的长方形竖穴土坑墓，有仰身直肢、侧身直肢、俯身直肢等葬式，均无葬具，未成年人墓葬没有随葬品，成人墓仅 M1、M2 随葬了陶鬲和陶豆组合、M13 随葬陶鬲 1 件。部分墓葬有用石头压在死者肩部的习俗。

出土的周代器物以陶器最为丰富。陶质以夹砂红褐陶和灰褐陶为主，并有少量的原始瓷和印纹硬陶。纹饰以绳纹和素面为主，并有弦纹、附加堆纹等。器物种类有鬲、罐、钵、豆、盆、甗、簋等。其中鬲等器形时代特征明显，为判断这些陶器的年代和遗址分期提供了较可靠依据。同时还发现了铜刀、箭镞、铜凿等小件铜器以及砺石、石箭镞、石刀、石镰等小件石器。

此次发掘发现的斗鸡台文化时期堆积较薄，发现的遗迹和出土器物均较少。遗迹主要是灰坑和灰沟。灰坑以圆形为主，直径 1 米 ~2 米，深 0.3 米 ~0.9 米，坑内一般有少量陶片和灰烬等。灰沟一般为长条状或长椭圆形，宽 0.3 米 ~1.1 米，长短不一。G18 纵跨 3 个探方，长度达到十多米，剖面呈倒梯形，上口宽、下底窄，出土了较多的陶器残片。

出土的斗鸡台文化时期器物基本为陶器。陶质以夹砂褐陶和夹砂红陶为主，也有少量的泥质灰陶和泥质黑陶。纹饰主要为素面，也有绳纹、篮纹、小圆泥饼饰等。陶器类型有鼎足、罐、鬶、斝、鬲和豆等。其中鼎足、斝等器形时代特征明显，为判断这些陶器的年代和文化特征提供了重要依据。同时还出土了铜箭镞、砺石等小件铜器和石器。

以陶器为主的出土器物和各类遗迹反映出的文化面貌显示武斌大墩遗址西周中期和晚期遗存以周文化为主，同时地方文化因素也较强的特点；西周晚期大量出现了以折肩鬲、素面高柱足鬲等器物为代表的地方文化因素，同时兼有周文化、山东地区文化以及吴、越文化因素；春秋早期出现了较多的具有刮削痕迹的实柱足鬲足，楚文化因素影响较大。

武斌大墩遗址下层出土的足跟上部带按窝的鼎足以及斝等陶器显示武斌大墩遗址该时期文化因素与寿县斗鸡台文化三期极为相似，应属斗鸡台文化范畴。

通过此次发掘认识到武斌大墩遗址在二里头文化时期属于本地斗鸡台文化范畴，地方特征明显，同时兼有中原和岳石文化特点。周代文化在不同时期呈现不同特点，西周中期由于周王朝分封方国，势力强大，因而武斌大墩遗址表现出了较强的周文化特征；西周晚期和春秋早期由于周王朝势力衰微、各地方势力增强，武斌大墩遗址表现出以本地文化因素为主、各地文化因素并重的多元文化特征。

【阜南县台家寺商代遗址】

发掘时间：2016 年 7 月 ~2017 年 1 月

工作单位：安徽省文物考古研究所、武汉大学历史学院考古系

台家寺遗址位于阜阳市阜南县朱寨镇三合村白庄南，遗址紧邻润河。其中心地理坐标为北纬 32°42′03.5″、东经 115°53′52.8″，海拔 26 米。

2016 年度的工作集中于贵族居住区东部和南部。

东部的大型建筑 F18 整体坐东朝西，方向 280°，面朝北部宫殿建筑南部的广场。房屋整体平面形状呈品字形，自北向南为北室、中室及南室。北室南北长约 15 米，东西宽约 10 米。中室南北长约 15 米，东西宽约 9.5 米。南室南北长约 10 米，东西宽约 10 米。F18 中室西墙向东挪动到与南室、北室东墙平行的位置，使 F18 整体呈品字形。北室、中室、南室西面均设置廊柱，廊柱整体呈凹字形，回廊宽度为 1.5 米。

贵族居住区中部靠近南侧围沟位置发现了一批商代铸铜废弃物填埋坑。这些灰

坑堆积物较单纯，陶片较少，一般都是碎小的烧土和木炭。坑内堆积有大量的炉壁、陶范和炼渣，堆积倾斜方向多来自北边。在铸铜遗物填埋区的灰坑中出土了1000多块商代陶范，其中接近700块可以确定为铸造铜容器的陶范，可以辨识出的铜器器类涵盖了铜觚、爵、斝、鬲、圆鼎、方鼎、尊罍等这一时期主要的商代铜容器器类。从陶范上辨识出的铜器器形、纹饰以及共存遗物可以确定这批陶范的年代与大型建筑一样也是洹北时期。这是商代目前已知的、在都城以外保存最为完整的、规模最大的、遗存最为丰富的铜容器铸造作坊。同时填补了早商和晚商之间青铜容器铸造的缺环。

（何晓琳）

【皖江流域古代矿冶遗址考古调查】

发掘时间：2016年1～4月，2016年12月12～28日

工作单位：中国国家博物馆、安徽省文物考古研究所

2016年，中国国家博物馆与安徽省文物考古研究所合作开展的“皖江流域古代矿冶遗址考古调查”项目主要在皖江西段南岸的池州地区开展工作。2016年1～4月，联合调查组赴池州市贵池区进行古代矿冶遗址专题调查，池州市博物馆、贵池区文物管理所、首都师范大学历史学院、南开大学历史学院参加了在贵池区的调查工作。

共调查古遗迹80处，新发现石灰窑、李湾、施村、濑湖岭、乌谷墩、天塘、枫树岭、铜坑、林茶、滴水崖、苦竹畈、跃进、锈水壕、银子坑、东风岭、双龙、蛇形山等采冶遗址和冶炼遗物采集点35处，涉及采矿种类包括铜、铅、锌等有色金属，以及金、银等贵金属，所见遗迹包括采矿井巷、炼炉、灰坑、火塘等，采集遗物及标本包括陶瓷器残片、石器、竹木器、木支护、炼渣、炭屑等，遗迹、遗物年代推定自商周之际至宋元时期。

2016年12月12～28日，联合调查组赴池州市东至县调查古代矿冶遗址。东至县文物管理所、石台县文物管理所、安徽大学历史系、安徽师范大学历史与社会学院参加了此次冬季调查工作。调查遗迹34处，新发现银子山、铜锣尖、河排、大山尖4处矿冶遗址，采矿种类包括铅、锌、银、铜等，遗址年代尚待检测数据判断。2016年12月29日～2017年1月3日，联合调查组转赴石台县，调查遗迹18处，新发现铜铃坡铜矿遗址1处，年代尚待分析。上述发现填补了东至县、石台县迄今未见矿冶遗址报告的空白。

（李　刚）

【淮北市相山区渠沟遗址发掘成果】

发掘时间：2016年2～9月

工作单位：安徽省文物考古研究所、淮北市文体委、淮北市博物馆

渠沟遗址位于淮北市相山区渠沟路与凤凰山路交口西北，遗址西邻古濉河，东依凤凰山，地理位置优越。为配合淮北市恒基城项目的建设，对遗址进行了发掘，根据实际需要，布设5米×5米和5米×10米探方各5个，不同规格的探沟近90个，总计发掘面积约2100平方米。

从发掘情况来看，该遗址延续使用时间较长，主体部分可分为遗址区和墓葬区两部分。

墓葬区主要位于发掘区南部与东部，此次发掘实际清理出各类墓葬85座，其中土坑墓69座、砖室墓16座（其中画像石墓6座），共出土各类材质器物达430余件，包括青铜器、玉器、铁器、骨器、陶器等。土坑墓一般有生土或熟土二层台，基本未被盗扰，出土文物组合特征鲜明，以陶釜、陶罐、陶鼎等器物组合为主，大部分为东周宋国墓及楚国墓，一部分为汉

墓。至新莽东汉之初出现了一些有菱形纹砖砌筑的砖室墓，墓室结构以前、后两室为主。

遗址区位于发掘区北部，文化层厚可达2米以上，共发现各类遗迹总计533处，其中灰坑170个，灰沟14条，柱洞309个、房址17处、灶坑11个、井5口、陶片堆积2处、红烧土遗迹3处、墙基2处，出土器物可辨器形的有石斧、石锛、石杵、石磨棒、石磨盘、骨针、骨锥、骨镞、骨哨、角锥、陶釜、陶支座等。初步推断该遗址的年代为新石器时代早期，是皖北乃至淮河流域年代最早的新石器遗址之一。

（张义中）

【淮南市谢家集区钱郢孜战国至汉代及魏晋墓群】

发掘时间：2016年2～9月

工作单位：安徽省文物考古研究所、南京师范大学、淮南市博物馆

钱郢孜墓群位于淮南市谢家集区唐山镇乳山村钱郢孜队南，省道S102南侧、合淮阜高速公路北侧，新修的商合杭高铁线路从墓群南侧穿过，墓群北部被高铁淮南制梁场占用。为配合高铁及制梁场建设，对墓群展开了抢救性发掘，实际发掘墓葬360余座，出土各类文物750余件（套）。

已发掘的360余座墓葬，年代分两个大的时段：战国至汉代和魏晋时期。战国至汉代的墓葬数量最多，虽多遭盗扰，但仍出土了一批珍贵文物，这一时期的墓葬分带墓道和不带墓道两种，出土器物有陶器、铜器、铁器、玉器、玻璃琉璃类等。其中陶器有鼎、壶、罐、钫、瓿、盆、豆、炉、杯、灶、纺轮等；铜器有铜镜、铜带钩、铃、剑、戈、矛、镞、壶、鼎等，出土铜镜多保存完好，一面阳燧镜在省内少见；玉器有玉璧、玉龙、玉环、玉璏等；铁器有剑、削等。南北朝时期墓葬多为甲字形砖室墓，早期盗扰严重。其中M180系一座规模较大的画像砖墓，由墓道、甬道、前室和后室四部分组成，墓葬用砖有铭文和图案，铭文为“正光二年田宁陵墓”，图案纹饰有人物、青龙白虎等。随葬品分布在甬道和前室，有石马、石侍女俑和武士俑、石猪、瓷碗和钱币等。

墓群的发掘，获取了一部分重要的实物资料，对研究该器物战国到南北朝时期的丧葬习俗意义重大。

（张义中）

【萧县公园世家汉代墓地】

发掘时间：2015年4～5月

工作单位：安徽省文物考古研究所、萧县博物馆

公园世家墓地位于萧县龙城镇淮海路与公园路交会处西北隅，共发掘墓葬19座，可分为砖室墓和土坑墓两种。砖室墓1座，平面形制为长方形，长2.64米，宽1.6米，残深1.8米，该墓墓室的东、南、西面砌砖，西侧挤压破碎严重，墓底由青砖三顺一丁平铺，人骨架发现有两具，西侧的腐蚀严重，仅保存有头骨和零星的骨架，且从该骨架头骨和腿骨之间的摆放距离推断为二次葬，东侧的骨架较西侧保存较好，保存有头骨和部分腿骨，在墓室的南部发现随葬品，根据墓砖与随葬品可判定该墓为一座汉代墓葬。

土坑墓18座，均为长方形，其中M8带有斜坡式墓道。该批墓葬规模相对较小，结构简单，墓室内随葬品很少、种类单一。墓葬结构相同，排列有序又可以理解为这批墓葬为家族墓地。

根据此次发掘及对发掘资料的初步整理和一些出土器物的时代特征，推测这批墓葬的年代应为西汉中晚期到东汉时期的家族墓地。通过发掘，为研究该地葬制、葬俗提供了新的实物资料。

【当涂县“天子坟”孙吴墓】

发掘时间：2015年11月~2016年12月

工作单位：安徽省文物考古研究所、马鞍山市文物局、当涂县文物管理所

墓葬位于当涂县姑孰镇洞阳自然村，北纬31°34′30″、东经118°36′56″，海拔10米~17.5米。根据史料记载，该墓为吴景帝孙休定陵，故亦名“天子坟”。

发掘表明，该墓为前后室四隅券进式穹隆顶结构砖室墓，包括墓坑、墓室、填土、封土四部分。方向165°。

含墓道总长32.5米、含耳室最大宽13.1米、深3.6米~4.1米。墓道为斜坡式，包括一次墓道和二次墓道，口部水平方向长分别为13.9米和13.3米。

墓室由封门墙、墓门及挡土墙、甬道、前室及左右耳室、后室构成，总长15.4米，含耳室最大宽11米。封门，包括一次封门和二次封门，与一次墓道和二次墓道正对应。墓门，内宽2.5米、高2.25米，三重券顶。甬道，平面呈长方形，券顶。内长3.8米、宽2.5米、高2.25米。前室，平面呈方形，内长4米、宽4米，四隅起券处各设石质牛头一个。券顶被破坏殆尽。东耳室，平面呈方形，券顶。内深2.85米、宽2.45米、高2.3米。西耳室，平面呈方形，券顶。内深2.95米、宽2.4米、高2.3米。后室，平面基本呈长方形，东、西两边外弧，长4.95米、两端宽3.85米、中部宽4.13米、高4.1米。

为防止坑壁坍塌，墓坑填土部分仅发掘了墓道和主墓坑西、南局部。填土由生土层层夯筑，夯层厚8厘米~10厘米、夯窝直径7厘米~8厘米。

封土南北长47米、东西宽35米、厚0米~3.1米，主要由生土层层夯筑而成，仅西南面保存相对完好。

随葬品共出土181件/套，包括漆木器装饰件、女性饰品、车马器构件、兵器、日用品、佛像、俑、神兽构件、钱币九大类，涵盖金、银、铜、铁、陶、瓷、石、琉璃、玻璃、漆器等不同质地。内涵多与道教长生不老、脱俗升仙和早期佛教思想有关。

通过与本地及苏南、湖北、江西等地同时期墓葬形制与随葬青瓷器、陶器比较，初步判断该墓年代为东吴晚期。墓葬内出土一块隶书漆皮，释读为：“永安三年□□日校尉□□□七寸铁镜合八枚□□□翠毛□□□□□□□尉薛□纪□……”此外还发现两块“永安四年”纪年文字墓砖。永安是吴景帝孙休使用的唯一年号，其在位时间为永安元年—七年（258~264），以上纪年文字的发现，说明该墓建造年代应在永安四年或之后不长的时间内。

前后室穹隆顶结构是孙吴时期最高规格的墓葬形制，迄今仅发现两座，另外一座为南京江宁上坊大墓。在北方曹魏地区，形制最接近的是安阳西高穴曹操高陵。该墓规模小于南京江宁上坊大墓，而超过曹操高陵。随葬品质料考究，造型精美，代表了同时期最高工艺水平。而其出土的车马器构件，种类、数量在迄今发现的孙吴大墓中均位居第一。

从对环境的选择看，该墓北依十里长山，南眺姑溪河，阳光充足，空间开阔，环境极为优越。

关于墓主的具体身份，与吴太宗景皇帝孙休和朱夫人相关的间接证据主要包括：首先，与史料记载地望高度吻合。南宋王象之地理学名著《舆地纪胜》卷十八《江南东路·太平州·古迹》载：“吴景帝陵在当涂县东二十五里。”明嘉靖十年《太平府志》载：“吴景帝陵，县东，地名洞阳。”其次，年代吻合。再次，身份相符。漆皮隶书文字“□□□七寸铁镜合八枚”与朱皇后身份等级相符。最后，合葬墓及相关遗迹与史料记载吴景帝孙休和朱夫人

入葬的特殊历史高度吻合。二次墓道和二次封门的发现，说明墓主分两次先后入葬，这正好与吴景帝孙休离世和第二年皇后朱夫人被孙皓逼薨合葬定陵的特殊历史相吻合。《三国志·吴书五·嫔妃传第五》“孙休朱夫人……甘露元年七月，见逼薨，合葬定陵。”

此外，随葬品中既有较多用于男性随葬的龙形饰件，也有掐丝金步摇、金胜等女性饰品。

综上，我们初步推断，“天子坟”为王以上级别孙吴宗室墓，不排除吴景帝孙休与朱夫人的可能性。

“天子坟”的发掘和重要发现对于六朝时期考古学研究特别是孙吴宗室墓研究具有重要价值。

（叶润清）

【灵璧县二墩子段隋唐大运河遗址】

发掘时间：2016 年 6～8 月

工作单位：安徽省文物考古研究所、宿州市文物局、灵璧县文物保护管理所

二墩子运河遗址位于灵璧县界沟村二墩子自然村东，处于 S303 省道 55K～56K 约 500 米处，东临液化气站，西为现在民宅。为配合灵璧县政府在此修建新 S303 省道匝道，在此进行考古勘探、发掘，勘探面积约 15000 平方米，发掘面积约 260 平方米。发掘区地势较为平缓，地表因修路已被清理 2 米左右。

该遗址地层堆积可分 17 层，延续时代从隋唐时期至现代。其中具体堆积情况：第 1～5 层水平分布于整个探方内，其部分土层已被道路施工扰乱，同时在探方西部有扰坑打破第 1～4 层，以灰色黏性淤泥为主；第 6、7 层呈水平状堆积，以细沙土为主，较为纯净；第 8～11 层主要分布在中央河道处，其内发现数个炭化木棒及灰层；第 12～16 层主要分布于河道的南北河坡处，呈斜坡状或凹状，其内发现大量草木灰与粗沙；第 17 层呈水平置于河底，以淤泥为主。根据土质土色及包含物，可推断堆积年代为第 1～6 层为近现代至明清时期；第 7～11 层所出土遗物多为北宋及少量的早期遗物，因此推断为北宋时期；第 12～17 层为五代至隋唐时期。

此次发掘出大运河中心河道、河床和河坡，同时发现大量精美文物。共出土可复原文物 200 多件，瓷片标本约 500 件。出土文物种类包括瓷器、陶器、铁器、动物骨骼等。其中瓷器所占比重较大，经初步整理研究认定这些瓷器归属的窑系包括寿州窑、萧窑、长沙窑、景德镇窑、建窑、吉州窑、磁州窑等，常见的器类有碗、盏、四系罐、钵、瓜棱瓶、壶、铁剑、陶盆、陶印模等。

通过此次发掘证实了隋唐古运河途径灵璧县二墩子境内的走向以及断面结构情况，掌握了古运河河口宽度约为 40 米，深 4 米，底宽 17.5 米。在灵璧县境内又一次经过科学发掘掌握了河堤的基本信息，并在河堤处发现人为的活动痕迹，可能与隋唐古运河的开凿、疏浚、筑堤有关。灵璧县二墩子段隋唐大运河遗址的发掘，为隋唐大运河的开凿、使用、废弃、保护研究以及中国漕运史、贸易史、陶瓷史等研究提供了资料。

（任一龙）

【繁昌县五代至北宋繁昌窑址】

发掘时间：2016 年 4～12 月

工作单位：安徽省文物考古研究所、繁昌县文物局

为继续完成 2015 年度未完成的发掘任务，进一步弄清繁昌窑遗址作坊布局以及配合龙窑保护大棚建设工程，2016 年度安徽省文物考古研究所和繁昌县文物局联合对繁昌窑遗址进行学术性考古发掘，发掘面积约 185 平方米，发现重要遗迹有

陶车基座1处、房基1处和淘洗或制釉陶缸1处，出土大量青白瓷碗、盏、盘、碟、钵、罐、枕和水盂等各类瓷器残片。此外，还发现了荡箍、碾轮、擂钵等制瓷工具。

在繁昌窑龙窑保护大棚施工过程中，我们亦密切注意基坑开挖情况，做好随工清理和相应的资料提取工作。在大棚施工过程中，我们随工清理了房基1处，发现池类遗迹1处，采集了大量青白瓷器，其中可复原器物500余件，出土了一些此前未发现过的瓷器种类，如划花纹脐钉盏、缺花口瓜棱纹盏、凸棱纹宽沿卧足钵、麦穗纹敛口钵、卧足大盘、双系直流壶、五管瓶、鱼纹枕等。此次发现的房基被2015年发现的F2叠压。在作坊区东南部的一处断崖上，还发现了2条龙窑的剖面，龙窑走向大致呈南北向。

此次发掘面积不大，但获得了一些新的认识：1. 从早晚房基叠压且位置基本一致来看，繁昌窑作坊区存在利用、废弃和重新利用的过程，正好与龙窑重修再利用的过程相对应。2. 柯家冲窑遗址龙窑密度非常大，在当前发掘区域即发现4座，说明当时龙窑生产规模浩大，应为青白瓷窑场的聚集中心。3. 柯家冲窑遗址坡上和坡脚均发现了作坊遗迹，为探索制瓷作坊分布规律和布局提供了新线索。由此推测，繁昌窑遗址窑业生产的储藏、转运和窑工生活类遗迹在现在村民住宅地基下非常可能还有一些保存。这也是下一步工作的需要着手探索的方面。

（罗　虎　叶润清　徐　繁　汪发志）

【凤阳明中都遗址】

发掘时间：2015年8月~2016年12月

工作单位：安徽省文物考古研究所

2013年，故城遗址被列入国家考古公园的立项名单，经国家文物局批准，安徽省文物考古研究所配合遗址公园建设于2015年8月对明中都遗址开始发掘，至2016年底，总计发掘面积约3000平方米，主要包括“奉天殿”基址发掘、承天门基址发掘和道路系统解剖。同时在配合文物保护工程施工中也做了一些门址、角台基础的抢救性清理工作。

“奉天殿”基址的发掘已发现了基址的两重边界，推测基址由中心夯土台基与外圈围夯土台构成，但因揭露面积不足，两重夯土台基的长宽尺度还不能确定。发掘显示，中心夯土与外圈夯土存在显著的土色差异，边界清晰、规整。外圈夯土则以条石包筑边缘，经历年破坏，现仅存1~2层基石，从局部保存的圭角和出土的台沿螭首判断，推测原为须弥座式台沿。承天门基址发掘已经揭露出其城台的西北边角，明确了承天门城台为内部夯土作芯外围包砖的结构。其夯土每层先以砖瓦夯实做底，再堆土平夯，加砖瓦层每组夯层厚约0.25米。城台包砖向西宽4.88米，向北宽4.96米。包砖接近土芯的部分以泥浆为黏合剂，外缘包砖则全部使用石灰浆作为黏合剂。发掘还发现了明初修建城楼时在城门北侧以城砖修砌的东西向排水渠道和承天门内侧与门址垂直的南北向红条石包构的夯土台面等。在道路系统的探索中，于城内要道处进行了5处微创式解剖发掘，惜未能发现明确的明初道路或路基，故明初修城时是否已经完成了道路系统的建设，尚无法定论，需要再做工作。

另外，在明中都遗址的文物保护工程施工中做了午门门洞内铺地、东北角楼和东南角楼城台基础、西华门城台顶部和东华门城台基础的抢救性清理工作，获取了一批珍贵的考古资料，对了解明中都宫城城门、角台的形制和营建工艺有着重要价值。

经过2015~2016年的考古发掘和清理，基本掌握了明中都城内各类建筑基址的保存规律，揭示出了部分门址、角楼的城台形制，“奉天殿”夯土基址的形制也渐渐清晰，为逐步探清明中都城的布局、规制、建筑工艺等积累了重要资料。

（王　志）

福建省

【平潭岛史前遗址调查】

调查时间：2015 年 10 月 ~2016 年 6 月

工作单位：中国社会科学院考古研究所、福建博物院

平潭岛（亦称海坛岛）位于闽江入海口与台湾海峡交汇处，是中国第六大岛，福建省第一大岛，距福州 128 公里，东面与台湾省新竹港相距仅 68 海里，是中国大陆距台湾最近处。因其独特的地缘特征，是探讨闽台史前考古的重要地区之一。2015 ~2016 年，福建博物院与中国社会科学院考古研究所联合对平潭岛开展史前遗址调查、勘探工作。通过对平潭主岛全面深入、细致的调查。共发现遗址 13 处，其中，旧石器时代地点 3 处，新石器时代遗址 3 处，新石器—青铜时代遗址 2 处，青铜时代遗址 5 处。基本摸清平潭主岛史前遗址的分布规律、范围和埋藏情况，取得重要收获。

发现的旧石器遗存包括石核、刮削器、石片、断片、微片、断块等，原料包括燧石、石英岩、脉石英等。根据平潭地质资料，岛上的更新世地层为红土丘陵顶部的残积层。上述三处遗址所处的山体即发育有此类地层，为红褐色黏土堆积，厚度 3 米 ~5 米，底部为花岗岩风化壳，石制品应出自此类更新世堆积，后经村民开垦种植，石制品被翻动至地表。根据地层和文化面貌推测，遗址年代距今 3 万 ~1 万年。新石器时代遗存以祠堂后山遗址为代表，发现大量陶片、石器、动物化石、螺壳等。据其文化面貌，推测年代属新石器时代早期。

在此之前，平潭岛最早的人类活动记录为壳丘头遗址，距今约 6000 年。距今 3 万 ~1 万年的旧石器时代文化遗物的发现将平潭岛的历史向前大大推进了一步，也为我们解读中国东南沿海地区的旧石器时代晚期文化提供了极为重要的材料。祠堂后遗址的发现，确认了目前平潭岛最早一期的新石器时代文化，为探讨新石器时代史前人类向沿海地区迁徙提供了关键证据。龟山遗址上层、生楼山遗址上层文化属典型青铜时代文化遗存（即闽江下游的黄土仑文化类型），填补了平谭青铜时代文化的空白。调查发现的 13 处史前遗址，土状堆积、沙丘、贝丘兼有，对探讨平潭史前时期古人类生存环境的状况及发展演化和海岸线的演变等，具有重要的学术意义。

（周振宇　范雪春　羊泽林）

【宁化县湖村盆地史前考古调查】

调查时间：2015 年 10 月 ~2016 年 5 月

工作单位：中国社会科学院考古研究所、福建博物院、宁化县博物馆

近年来，中国社会科学院考古研究所与福建博物院合作在闽西北地区开展考古工作，以重建区域史前考古学文化谱系框架为目标，陆续发掘了南山、岩仔洞、奇和洞等遗址。为深入了解福建史前考古遗址的分布状况，特别是不同环境背景下的遗址分布规律，项目组在三明市宁化县湖

村盆地开展史前遗址专项调查工作，并对重要遗址进行小规模试掘，取得重要收获。

宁化县湖村盆地内石炭系船山组地层广泛出露，富含大量石灰岩，岩溶地貌发育，盆地内分布大量石灰岩洞穴。洞穴内保存完整第四纪堆积，史前考古工作潜力巨大。此次调查新发现十余处史前洞穴遗址并试掘4处，分别为无底洞遗址、官家墩溶洞遗址、天地洞遗址、老虎岩遗址。因福建山区植被茂密，工作难度大，每处遗址试掘面积2~4平方米，平均深度4米，因开口较小，遗址均未试掘至底。

发掘过程中在无底洞、老虎岩、天地洞均发现有新石器时代人类活动面，并获取陶器、石器、动物化石、螺壳、炭粒等多种文化遗物。通过之前的考古工作以及此次调查与试掘，可确认湖村盆地内保存有丰富的史前考古遗址、化石地点，年代跨度距今数十万年至5000年。最新的测年结果显示，无底洞遗址新石器时代文化层距今约9000年，天地洞遗址、老虎岩遗址均存在与之同时代的文化层。

新发现的一大批遗址，填补了该区域史前考古学文化的空白；为未来工作夯实基础，天地洞、无底洞、老虎岩均具备工作潜力；更新世晚期的动物化石及人牙化石表明，该地区具有构建从旧石器时代晚期至新石器时代的完整文化序列的潜力。

（周振宇　陈　端　黄鑫民）

【武夷山市葫芦山新石器时代至商周时期遗址】

发掘时间：2016年4~7月

工作单位：福建博物院、厦门大学历史系考古专业、南平市博物馆、武夷山市博物馆

葫芦山遗址位于武夷山市兴田镇西郊村东南约1000米处。20世纪90年代初、2014年、2015年分别进行了多次发掘。2016年4月至7月，为了配合厦门大学考古专业师生进田野考古教学实习，经国家文物局批准，福建博物院、厦门大学历史系考古专业、南平市博物馆、武夷山市博物馆等单位对葫芦山遗址进行再次考古发掘，共布5米×5米探方12个，发掘面积300平方米，主要发现了属于夏商时期、西周早期和西周晚期三个时期的文化遗存，包括夏商时期灰坑5个，烧坑3个；西周早期基址1处，灰沟1条，灰坑6个，柱洞3个；西周晚期墓葬1座，灰沟3条，灰坑30个，柱洞25个；以及属于上述各个时期的陶器、原始瓷器、石器等。

夏商时期地层的土质土色基本与2014年度发掘的第3、4层相似。无论是地层出土还是属于该时期遗迹单位，出土的遗物都与2014年度相差无几。陶片都是以黑衣陶为主，少量器形有尊、罐、盆、甗形器、钵等。其文化性质应属于马岭类型，根据2014年发掘出土炭样的测年数据来看，其绝对年代为距今4000~3500年。

2016年度揭露出了西周早期和西周晚期的地层和遗迹间的几组上下叠压关系，其中较典型叠压关系为：第2层—M1—G2—F1—第3层和第2层—H44—生土。这是2016年度发掘的重要成果，也是我们将葫芦山遗址周代遗存分为西周早期和晚期的重要依据。

经过多年的发掘，葫芦山遗址揭露了新石器时代晚期、夏商时期、西周早期、晚期的地层和遗存，对于研究闽北地区先秦时期古文化序列具有标杆性的意义。

（黄运明　付　琳）

【霞浦县屏风山贝丘遗址】

发掘时间：2016年3月

工作单位：福建博物院、霞浦县博物馆

屏风山贝丘遗址位于霞浦县东部海岸的沙江镇古县村西，东北距霞浦县城约20

千米，屏风山是一处相对独立、四周陡峭的小山峰，位于福宁湾与东吾洋之间。地理坐标为北纬 26°48′36.62″、东经 119°59′44.49″，海拔 165 米。2008 年第三次全国文物普查发现该遗址，遗址面积约 4000 平方米。

为了探索闽东沿海地区史前考古学文化面貌，经报国家文物局批准，福建博物院文物考古研究所与霞浦县博物馆组成联合考古队，于 2016 年 3 月 7～28 日对遗址进行考古发掘。发掘位置主要选择在遗址东北侧山坡断坎区域和遗址西北侧山顶平坦区域。共布方 2 个，分别为 3 米 ×3 米（T1）和 2 米 ×3 米（T2），实际发掘面积 15 平方米。

由于发掘面积较小，发现遗迹不多。仅在 T2 近北壁处发现柱洞 3 个（ZD1、ZD2、ZD3）。有陶器、原始瓷器、石器、骨器、动物遗骸、木骨泥墙残块等。此次发掘的陶片未发现可复原器。陶片共出土 1554 片，包括夹砂陶、泥质陶、硬陶、黑衣陶和彩陶。其中夹砂陶为大宗，大多为夹砂灰黑陶和夹砂红陶，制作都比较粗糙。泥质陶次之。硬陶、黑衣陶和彩陶较为零星。在器表装饰手法上，有拍印、刻划、镂孔等。器表装饰以素面为主，少量施绳纹、篮纹、条纹、方格纹、竹编纹、云雷纹、菱形填线纹以及方格纹与弦纹的组合纹等。器类有罐、釜、壶、甗形器、钵、器底、支座、网坠、纺轮等。

屏风山文化遗存与黄瓜山上层文化遗存比较接近。通过对屏风山遗址地层出土的木炭样品进行 ^{14}C 测年分析，四个年代数据在公元前 1750～前 1455 年。这与黄瓜山上层遗存的绝对年代也大体相当。

屏风山遗址的发掘，不仅明确了屏风山遗存和黄瓜山上层遗存的性质，也对黄瓜山文化向青铜时代发展的脉络有了较清晰的了解，为研究闽东地区新石器时代文化向青铜时代文化过渡提供了重要材料，也为闽东地区考古学文化序列的建立提供了新的重要资料。

（黄运明）

【邵武市凹外山青铜时代遗址】

发掘时间：2016 年 10～12 月

工作单位：福建博物院、邵武市博物馆

凹外山遗址位于邵武市拿口镇肖坊村炉坊自然村西南侧约 500 米处。地理坐标为北纬 27°39′13.31″、东经 117°39′16.07″，海拔 177 米。北面为拿口镇通往肖坊村的水泥村道；南面毗连一座独立的山包。该山呈南北走向，为一相对独立且低缓的椭圆形山包。为配合顺昌至邵武高速公路工程建设，福建博物院等单位对该遗址进行抢救性考古发掘。发掘前期，为配合南平市文物管理委员会办公室承办的南平市文博骨干考古知识与实践技能培训班培训，共布 6 个 5 米 ×5 米探方进行发掘。发掘后期，又布 21 个 5 米 ×5 米探方进行扩大发掘。遗址发掘面积共 675 平方米。

凹外山遗址出土遗迹只有少量灰坑。出土遗物中，少见可修复器物。陶片以印纹硬陶、夹砂陶、泥质陶为主，也有数量较多的黑衣陶。陶器器表装饰以素面为主，少量有饰席纹、叶脉纹、篮纹、方格纹、绳纹、弦纹等。陶器器形有甗形器、罐、尊、豆、盆、杯、纺轮等。石器也有不少，以砺石为主，还有石锛、石斧、箭镞等。另也见少量原始青瓷豆。

从凹外山遗址的文化内涵看，其文化性质与邵武斗米山遗址上层、武夷山葫芦山遗址中层、浦城猫耳山窑址基本相同。根据学术界研究，这类遗存均属于“马岭类型”。

“马岭类型”是分布于福建闽江上游一支重要的青铜时代早期考古学文化类型，因此，凹外山遗址的考古发现，极大丰富了“马岭类型”的文化内涵，对了解闽北地区商周时期土著文化具有重要意义。

（黄运明）

【福州海域水下文化遗产调查】

调查时间：2016 年 5 ~ 7 月

工作单位：国家文物局水下文化遗产保护中心、福建博物院、福州市文物考古工作队

福州海域是我国古代海上丝绸之路的重要环节，水下文化遗存丰富。自 20 世纪 80 年代末开始，福州海域就成为我国水下考古工作的重点海域，目前已确定的沉船遗址和文物点已达 17 处。为进一步摸清家底，为下一步保护规划提供更充分的依据，经国家文物局批准，2016 年对长乐松下东洛岛海域、福清湾、福清莲峰海域、平潭海坛海峡大练岛南侧海域、草屿海域等进行大面积的探测，对一些疑点进行水下探摸，共发现和确认长乐双脾岛明代水下遗物点、长乐大祉清代铁船、福清东壁岛元代沉船遗址、福清东箭屿南宋沉船、平潭高屿南宋沉船 5 处水下文化遗存，复查分流尾屿五代沉船、九梁明代沉船、老牛礁二号清代沉船 3 处沉船遗址。并采集出水一批陶瓷器、日本银圆、铜钱等标本。陶瓷器中以福建本地窑址生产的陶瓷器为主，主要有闽清义窑、福清东张窑、德化窑等，还有浙江龙泉窑、越窑的产品。

此次调查新发现的福清东箭屿南宋沉船、东壁岛元代沉船，以及复查的老牛礁二号清代沉船都保存较好的船体，东箭屿南宋沉船、东壁岛元代沉船还保存有大量船货，但由于时间和经费关系，未能进一步开展重点调查。此次调查除了确认一批水下文化遗存之外，还开展了大量陆地调查工作，收集一批新的线索，为以后继续开展水下调查提供坚实的基础。

（羊泽林　陈　浩）

【泉州水下文化遗产调查】

调查时间：2016 年 8 ~ 9 月

工作单位：国家文物局水下文化遗产保护中心、福建博物院、泉州市博物馆

泉州地处我国东南沿海，泉州港古称“刺桐港”，是中国古代海上丝绸之路的始发地之一，唐朝时期就已然成为我国重要的对外贸易港口。两宋时期，泉州与国外往来的有 70 余个国家和地区，海外交通畅达东、西二洋，东至日本，南通南海诸国，西达波斯、阿拉伯和东非等地。元代，泉州港成为世界上最大港口之一，号称“东方第一大港”。由于泉州沿岸岛屿较多，暗礁林立，再加上受台风影响，历代过往船只经常在这一带海域沉没，留下了丰富的水下文化遗产。

2016 年，经国家文物局批准，国家文物局水下文化遗产保护中心福建博物院、泉州市博物馆组织队伍，对前陆地调查搜集的线索疑点，进行探测和下水探摸确认。此次调查区域主要位于围头湾、深沪湾、泉州湾、惠安海域。共对 9 处水下文化遗存疑点进行了物探和下水探摸，新发现 2 处、复查 2 处沉船遗址。其中晋江南江村将军岸屿清代沉船规模较大，全长约 70 米，宽约 15 米，保存较好，发现一批枪械构件。其他疑点由于海况、地质、海洋自然环境变化、人为破坏等因素，目前还无法确认其位置、性质面貌，还需要进一步开展深入工作。

（羊泽林　陈　浩）

江西省

【抚河流域先秦遗址考古调查】

调查时间：2016 年 3～12 月

工作单位：江西省文物考古研究所、西北大学文化遗产学院、西安弘道文化遗产保护工程有限公司、抚州市文博文物管理所、金溪县文管所、资溪县文管所、东乡县博物馆、临川区文管所

《抚河流域先秦遗址考古调查》系江西省文物考古研究所 2014 年申请，国家文物局 2014 年批复的专题科研项目（文物保函〔2014〕1400 号），现已纳入国家文物局“十三五”期间开展的“考古中国”重大研究课题的“长江下游区域文明模式研究”子课题范畴，宗旨是为深入研究展现早期中华文明多元一体格局提供基础资料。

2016 年 3～12 月，江西省文物考古研究所联合西北大学文化遗产学院、西安弘道文化遗产保护工程有限公司、抚州市文博文物管理所等高校和文博单位，对抚河流域及支流途经的金溪县、资溪县、东乡县、临川区境域开展了先秦遗址的调查工作，调查面积 1604.87 平方千米，共发现先秦遗址 202 处，其中环壕遗址 80 处，山冈/坡地遗址 122 处。采集了从新石器时代晚期至商周时期的陶器、石器等各类遗物标本。在调查的基础上，我们对所发现的遗址有选择性地开展了勘探工作，以进一步了解各遗址的堆积状况、功能布局等文化属性。资料整理工作亦同步进行，相关简报和调查报告均已完成待刊，考古调查取得了丰硕的成果，主要收获如下：

填补了上述区域先秦时期遗址的空白。由于金溪县、资溪县、东乡县、临川区文博部门专业人员缺乏，长期以来偏重地面文物的调查和保护工作，地下文物的调查工作几乎没有开展，此次调查发现的 200 余处先秦遗址均属新发现，且采集到了丰富的陶器、石器等标本，不仅大大增加了该地区古遗址数量，而且为了解诸遗址的文化面貌及相对年代提供了丰富的实物资料。

对深入了解区域聚落形态提供了重要的依据。通过此次考古调查工作，我们发现区域内先秦时期遗址一般为沿河山地类型，沿河台地类型少见，在某一特定区域亦有数处遗址分布相对集中的现象，使我们对遗址所在的地貌形态有了基本的认识，初步了解了区域聚落形态分布的基本情况。

环壕遗址的发现是考古调查工作的新突破。在考古调查过程中，辨识并发现多处环壕聚落。该类聚落形态多样，或在平地垒土，或在山脚挖出环壕，亦有在山顶挖出壕沟形成。平面形状以方形和长方形居多，其次为圆形和椭圆形，不规则形较少，其中不规则形的环壕聚落遗址面积较大，如金溪城上龚家环壕聚落遗址面积近 20 万平方米。各类环壕规模大小有异，或存在等级方面的差异。从目前掌握的资料来看，抚河流域为江西境内发现环壕数量最多的地域，虽然目前尚未发现面积超过 25 万平方米的环壕聚落，但小型环壕聚落如此星罗棋布般的分布，似乎可以揭示先秦时期人类在抵御外敌或处理人地关系方

面的能动性。环壕聚落建造所需的大量劳动力及聚落规模的差异都体现了当时社会结构的复杂化。因此，有关环壕聚落的发现，将有助于深入揭示区域社会复杂化的进程，有助于早期中华文明多元一体格局研究的深入。

初步构建抚河流域先秦时期文化序列。通过对调查发现的遗址采集所获遗物进行初步分析，获得了各遗址的相对年代，可划分为新石器晚期、夏至早商时期、商代中晚期、西周至春秋时期、春秋晚至战国时期五个阶段，基本可以建立该地区先秦时期文化演变序列。当然，对区域文化的深入研究，建立和完善抚河流域先秦时期的文化演变序列还需要更多考古工作佐证，特别是考古发掘工作的开展。

为区域田野考古调查提供了十分丰富的经验。由于此次调查区域多属山地、丘陵地带，且南方地区植被十分茂盛，地表采集及“拉网式”调查受到限制。通过2016年度调查，对区域内遗址类型有了深入了解，先秦时期遗址一般分布于邻河山地，山包地貌遗址地势高低不一，如遇此种地形，均要上山查看。调查采用分组、分工协作进行，一组负责对发现遗址进行仔细踏查，采集遗物，进行记录；另一组负责在已发现遗址周围5千米范围进行古遗址“搜索”查看，寻找遗址点，发现一处便与另一组信息对接，工作循环进行。在“搜索”过程中，如遇山包植被茂密、地表未见遗物等情况，可采取寻找断面，在山体外围寻找流水冲刷所见的零星遗物。此方法使得调查工作有效开展，并获得较大收获。在金溪县的调查过程中，依据地形特征寻找遗址已得到较好的实践。金溪县以丘陵为主，河流较多，河流两岸台地及丘陵坡前多见有遗址。除此之外，此次调查还积累了难得的实践经验：首先，利用卫星照片寻找环壕聚落。在高清卫星图片上，利用植被和地形的差异，可以明显寻找到呈方形或长方形的环壕聚落，由于内壕地势较低，多成水田，此类环壕形状极为规则，较容易寻找。其次，以环壕聚落为中心，在其周边地区寻找山冈聚落。在调查过程中，以环壕聚落为中心，向周边两千米范围进行辐射性调查，常发现不同规模的山冈聚落。最后，从空间上观察，某些区域所见环壕较为集中，且相距较近，部分地域发现多个小型环壕聚落有围绕更大型聚落的现象。这些都是今后对该区域继续进行考古调查的宝贵经验。

（王上海　严振洪）

【金溪县釜山新石器晚期至商周遗址】

发掘时间：2016年3月~2017年1月

工作单位：江西省文物考古研究院、抚州市文物文博管理所、金溪县文管所

金溪釜山遗址位于金溪县城秀谷镇东北部桐坊新村东约100米的山坡台地上，属山冈坡地类型。此次该遗址考古发掘工作中共布探方19个，其中8米×10米1个，5米×10米2个，10米×10米16个，布方面积为1780平方米。现已完成了其中13个探方的田野发掘工作，实际发掘面积为1530平方米。

发掘过程中发现新石器晚期至早商时期的城墙1条、活动平台1处、房址1座，各个时期的灰坑共46个。城墙在环东、北、西都有分布，形成了外低内高的台地形态；城墙开口在第2层下，叠压在第3层上，现与地表齐，残高35厘米~120厘米，为纯净砂砾土堆筑而成；从地层堆积分析，推断其使用年代在新石器晚期至早商时期，商周时期沿用。活动平台分布在发掘区的东、西、北面，开口于第1层下，叠压第2层，为一个面积较大的圆形垫土层；该垫土层依地势铺垫，中间薄、边缘逐步变厚；垫层土质紧密，呈红褐色，含砂量较大，包含物有少量的陶片，基本不

见炭粒。房址分布在T0402东北角、T0403西北角、T0502东南角、T0503西南角，开口于第1层下，打破第2层；平面呈不规则长方形，长610、宽500厘米；居住面保存有一层黄色垫土层，质紧密，厚约6厘米；垫土层下填有深红色夹砂土用以平整地面，墙基厚度为60厘米～80厘米、残高20厘米～45厘米，保存较好的南墙内侧经烧烤成黑褐色烧结块，外侧敷黄泥土后拍实；墙基分布有11个柱洞，柱洞多为椭圆形或圆形，深度在10厘米～24厘米，直径在10厘米～27厘米，有火烤痕迹；房址中央有一椭圆形灶坑，长径58厘米、短径40厘米、深15厘米。灰坑种类较多，主要有不规则形、圆形、椭圆形等，有的为自然形态的低洼地形成的灰坑。

出土遗物主要有陶器、石器和玉器等，其中可复原陶器60余件。陶器可见器形有鼎（足）、三足盘、甑、豆、杯、盘、盂、钵、圈足器、纺轮和陶刀等，石器以镞、锛为主，另有石钺、石杵、石斧、石凿、石刀、钻棒和砺石等，玉器小件若干。

金溪釜山遗址地层堆积清晰，涵盖了新石器晚期、早商、商周时期三个阶段。城墙、活动平台、房址等遗存的发现，说明在新石器晚期至早商时期已有了“城”的社会形态存在，揭示先秦时期人类在抵御外敌或处理人地关系方面的能动性，体现当时社会结构复杂化的进程。姑不论当时是否产生了“城邦”，至少可以说明当时人类或正处在城邦文明形成的前夜。

金溪釜山遗址新石器晚期的陶器组合为鼎、三足盘（亦称盘形鼎）、豆、圈足盘；纺轮较多；石器种类丰富，有镞、锛、斧等，说明当时的人类是以狩猎、耕种为主，纺织业发达，渔业落后。出土遗物所表现出来的文化面貌与信江流域的社山头遗址、赣江流域的筑卫城、樊城堆、拾年山遗址出土的遗物有着明显不同，说明该遗址有自身文化属性。商周时期遗物的文化面貌则与赣江流域的吴城遗址和信江流域的角山遗址有一定的相似性，但自身特点也较明显。

（严振洪　王上海）

【瑞昌市铜岭铜矿遗址】

发掘时间：2016年8～12月

发掘单位：江西省文物考古研究所、瑞昌市铜岭铜矿遗址管理处、厦门大学历史学院

铜岭铜矿遗址位于瑞昌市夏畈镇。为配合铜岭铜矿大遗址保护和“双遗址”公园建设，深化对遗址分布范围、时代性质和文化内涵的认识，近年来在铜岭遗址持续开展工作，2016年度主要进行了遗址勘探和焦炭厂遗址的进一步发掘。

考古勘探工作在以遗址采矿区为中心约2平方千米的范围内进行，并对檀树咀遗址进行单独勘探。勘探总面积约450000平方米，发现窑炉25座、灰坑23个、冶炼区1处、墓葬8座。其中在焦炭厂遗址东部、檀树咀遗址发现大量商代灰坑。

焦炭厂遗址位于禁地村，与铜岭铜矿遗址采矿区直线距离约600米。此次发掘面积约400平方米，共清理商代活动面1处、房址1座、灰坑10个、窑炉2个（或为火烤壁墓葬），春秋时期灰坑5个、炼铜炉1座。出土较多陶片、原始瓷和少量石器，另有大量炉壁、炼渣、矿石等冶炼遗物。

2座商代窑炉位于发掘区北部。L1平面形状呈长方形，东南部炉壁局部有坍塌。内空长1.65米、宽0.6米、残深0.45米；炉壁厚6厘米～7厘米，靠内壁2厘米呈灰色、外部呈红色。L1内部堆积分3层：第1层为灰色填土，土质较紧密，包含有少量炼渣和炉壁挂渣；第2层为坍塌的炉壁碎块；第3层为灰烬层，厚约5厘米，包含大量木炭。目前对其性质尚不能完全确定，或为火烤壁墓葬。

此次发现并清理的商代活动面、房址

和灰坑等遗迹共同构成一处矿石加工作坊。结合发掘区北部商代文化堆积中出土有炼渣、炼炉残壁、石英等冶炼遗物，该处应为商代冶炼区。遗址中出土的商代冶炼遗物对于研究分析商代的冶炼技术具有重要意义。

（崔　涛）

【景德镇市湖田古瓷窑址】

发掘时间：2015 年 11 月 ~2016 年 7 月

发掘单位：江西省文物考古研究所、景德镇民窑博物馆

湖田古瓷窑址位于景德镇市东南约 4 千米的竟成镇湖田村境内，面积约 26 万平方米。

为配合湖田古瓷窑址——宋元明作坊遗址、葫芦窑窑址保护房重建考古发掘项目，对该保护房拟扩建区域进行了考古发掘。湖田古瓷窑址保护房拟扩建区域处于现今宋元明制瓷作坊遗址北侧与葫芦窑窑址南侧的空隙地带。在拟扩建区域布探方 11 个，发掘总面积 785 平方米。此次发掘揭露出布局清晰、功能明确的元代葫芦窑、窑前工作室、青砖路面、烤炉、小砖池、工作台、釉缸、匣体墙等遗迹；发现宋、元、明三个时期地层叠压关系，同时出土大量瓷片、窑具等遗物，获重要成果。这批遗迹、遗物为研究湖田古瓷窑址的作坊布局、管理制度、产品特征、制作工艺等，提供了珍贵的第一手资料，具有较重要的学术价值。

揭示出的元代遗迹按功能可分为制瓷作坊区与窑业烧成区。

制瓷作坊区位于明代葫芦窑窑址以南 T1 探方内，提露出遗迹有釉缸、烤炉、揉泥石板、小砖池、垫饼台、匣钵墙等，遗迹布局紧凑，但多残破，不完整。其中烤炉是新发现的与制瓷有关遗迹。

烤炉编号为 F6，平面呈大半圆形，四壁用废弃窑砖砌成，炉底用瓷质垫饼铺砌。残留三层窑砖壁。烤炉最大内径长 0.6 米，底边长 0.42 米，残深 0.2 米。在烤炉四壁缝隙里的黄泥烧成了红烧土状，底部残留有一层黑色灰烬。从其所处位置及残留物看，可能为烤坯用或窑工取暖用。

窑业烧成区位于宋元明制瓷作坊遗址以北，有窑炉、窑前工作室、青砖路面等遗迹，保存结构相对完整，功能清晰。

窑炉编号为 Y2，坐北朝南。平面呈葫芦形。窑炉由窑床、火膛、窑门、窑墙、护墙构成。窑炉内空残长 8.2 米、宽 3.8 米、窑壁残高 0.2 米 ~0.8 米。窑床呈斜坡状，坡度为 12°；窑尾被破坏。窑墙由小窑砖砌筑，内侧粘满窑汗，损毁严重。护窑墙紧贴窑墙砌筑，由垫饼、匣钵混合砌成，砌筑工整。在窑炉废弃堆积中，出土一件重要的可表明窑炉时代与窑炉性质的铭文瓷，一件筒瓦残片上戳印“东局”铭文。

窑前工作室编号为 F5，位于 Y2 前部，呈东西向的长方形。窑前工作室南部与西侧未能全部揭露。窑前工作揭露东西长 11 米、南北宽 5.5 米。窑前工作室内有护墙、隔墙、踏步台阶、红石柱础、红泥等遗迹。窑前工作室地面低于与东面相接的青砖路面，呈半地下室状态，这既有利于在呈半坡状的窑炉前工作，也有利于东面作坊地面的干燥，空间错落，结构科学。

青砖路面编号为 F4，位于窑前工作室东侧，路面呈东西走向，中间有一拐折。路面东端呈梭形尖状，西端平直。路面由小青砖砌成，中间弧拱，两侧略低。路面北侧由小青砖砌有排水暗沟，路面南侧砌有护墙。路面东西长 30.6 米、宽 0.9 米。由路的形状、规模及所处位置来判断，应为作坊内露天过道。路面设计大气、雅观，充分考虑路面散水耐磨的特性，同时也照顾了分隔空间的变化。

宋代遗物多为青白瓷、少量黑釉瓷、青瓷等，器形多为碗、盘、碟、盏、杯、罐、壶、器盖，少量瓷塑、炉、棋子等，纹饰多花果纹、凤纹、鱼纹、水波纹等，装饰技法多为刻划、模印。

元代遗物出土较多，品种有青花瓷、黑釉瓷、青白瓷、卵白瓷、青瓷等，器形也较丰富，其中有一组带官窑特征的建筑构件尤具特色，它们为瓷质白釉、绿釉筒瓦与绿釉板瓦，五爪龙纹瓦当、戳印“东局”铭文的残瓦。

明代出土遗物多为青花瓷，少量青白瓷与仿龙泉青瓷。其中新发现两件重要的铭文瓷标本。“天顺元年”铭文的青釉钵、“天启□□”铭文的青花盘底残片。

此次考古发掘围绕着“湖田古瓷窑址——宋元明作坊、葫芦窑遗址保护性设计方案”进行。揭露出来的元代窑业烧成区与制瓷作坊区遗迹布局清晰，功能完整，是展示湖田窑制瓷作坊成就的一个重要窗口。考古清理出的遗迹与出土遗物，为研究中国陶瓷史、窑业技术发展和陶瓷贸易交流等提供了重要的实物资料。

（李育远　何　俊）

【吉州窑茅庵岭窑址】

发掘时间：2016 年 9 月 ~2017 年 1 月

工作单位：江西省文物考古研究所、吉安县博物馆、厦门大学人文学院历史系考古专业、南开大学历史学院考古与博物馆系、江西师范科技大学历史旅游学院考古与博物馆系

2016 年度对吉州窑茅庵岭窑址进行了发掘，布 10 米 ×10 米探方 12 个，揭露面积 700 平方米。清理遗迹共 33 个，其中灰坑 6 个，房屋墙基遗迹 11 处，挡土墙 9 条，砖砌排水沟 1 条，砖砌池 2 个，道路遗迹 3 条，墓葬 1 座。规模最大的一组砖砌道路遗迹，编号 F68，位于Ⅲ层下，西侧偏北 30°，平面略弧，路面呈拱形，共长 26.7 米，由三组路面叠压构成。F68－3 修建时间最早，为红砖砌平砌，现揭露长度 5.1 米。叠压其上的 F68－2 修建时间较晚，二者之间垫有灰色土，揭露 20.7 米，宽 1.5 米，为小青砖纵向平砌。F68－1 修建时间最晚，其西侧利用 F68－2 的部分，向东延伸叠压于 F68－2 之上，二者之间垫有细砂层。该路为匣钵残片纵向竖砌，用匣钵拼砌有菊花和方孔圆形铜钱纹样。道路长 12.1 米，宽 1 米。值得注意的是 F68－1 与 F68－2 的方向不完全一致，东侧向南偏离 10°。根据地层和遗迹关系，结合道路砌筑方式，初步断定：F68－3 为南宋，F68－2 为元代，F68－3 为明代。

此次发掘出土一批宋元明时期的青白釉、白釉、黑釉、绿釉、白地彩绘、龙泉窑青釉瓷器标本，为了解吉州窑的瓷器品种、分期断代提供重要资料，不少新的器形填补了以往吉州窑考古发掘资料的空白。

（张文江　李兆云）

山东省

【章丘市下河浛村北辛文化遗址】

发掘时间：2016 年 9 ~ 10 月

工作单位：济南市考古研究所

下河浛村遗址位于章丘市绣源河风景区大站水库东岸，下河浛村东。东距工业六路福康路口 260 米，西临大站水库距 S244 省道 1400 米，南距世纪大道 1500 米，北距 S102 省道 1700 米。遗址属于 2016 年 5 ~ 6 月配合济南复华未来世界建设项目勘探发现，遗址北不足 500 米为滕朋遗址，南 1400 米为马安遗址，同属位于绣源河（原西巴露河）东岸的遗址。

发掘布 10 米 × 10 米探方 8 个，共计发掘面积 800 平方米。清理灰坑 24 个、墓葬 6 座，另有 3 处疑似房址残留的遗迹。由于该遗址在早年的生产活动中破坏严重，文化层没有保留，仅有少量遗迹底部。出土遗物以第 2 层扰土中为主，包含北辛文化、龙山文化及汉代等不同时期，灰坑内包含较多的北辛时期陶片、兽骨、石料等。

该遗址地表地貌在绣源河建设和早年农业生产期间经过大的改动，遗址主体部分已经被破坏殆尽。2016 年 5 ~ 6 月勘探时，地表采集有汉代、龙山文化和北辛文化陶片，数量较少。地层堆积可分 3 层，以 T3141 西壁剖面为例。第 1 层，耕土层；第 2 层，扰土层，残存几处遗迹开口于该层下；第 3 层，北辛文化层，整个发掘区仅少范围存留。

北辛文化遗迹主要包括几处灰坑，另在地层内出土部分北辛文化时期陶片。灰坑以圆形及不规则形多见，基本仅残存底部。以 H11 为例，不规则形，南北长 2.3 米、东西宽 1.4 米，残存深度 0.18 米，开口第 2 层下，打破生土。清理出土较多北辛文化陶片，可见器形有陶鼎足等，另有较多的石片、石块及动物碎骨等。墓葬为长方形土坑竖穴式，南北向、东西向均有，不见随葬品及葬具。以 M2 为例，开口第 2 层下，打破生土，位于探方东北角，长 2 米、宽 0.76 米，残存深度 0.2 米。东西向土坑竖穴墓，仰身直肢葬，不见葬具及随葬品。

出土器物不见完整器，多为陶支脚，另有大量的石料、石器残件及动物碎骨等。

此次发掘主要收获是清理了一批北辛文化灰坑，出土了部分北辛文化陶器标本、石料等遗物。北辛文化的发现丰富了济南地区新石器早期文化内涵，意义重大。

（何　利　邢　琪　丁文慧　陈永婷）

【泰安市大汶口新石器时代遗址】

发掘时间：2015 年 10 ~ 12 月、2016 年4 ~ 7 月

工作单位：山东省文物考古研究所

大汶口遗址位于泰安市岱岳区大汶口镇和宁阳县磁窑镇之间，平面略呈东南—西北圆角长方形，大汶河将遗址分成南北两部分，现存遗址总面积约 40 万平方米。发掘区位于汶河北岸、省道 801 东侧的大汶口文化居住区，分为南北两部分，揭露面积共计 820 平方米。北发掘区位于大汶口遗址保护碑东北，揭露面积 700 平方米，

南发掘区位于遗址保护碑东南大堤南，揭露面积120平方米。通过发掘共清理出大汶口文化的房基6座、灰坑16个，龙山文化房址1座、灰坑32个，另有元明时期的墓葬1座、道路1条及清至近代的水沟和灰坑多个。

大汶口文化房址均为方形地面式建筑，其上覆盖大量红烧土块，面积小者约15平方米，大者近50平方米，其中F10和F11是面积较大、保存较好的两座房址。F10呈圆角长方形，东西宽约4.5米，南北长约6米，方向240°。四边挖有基槽，墙体多贴于基槽外侧边界起建，厚约0.2米。基槽内发现少量柱洞，四角为转角木柱，填充大块烧土和少量木炭。门道位于西侧偏北，长方形，宽1.2米、长1.3米。室内活动面经过烧烤处理，中间略高、接近墙根的位置较低，厚4厘米~6厘米。活动面以下为垫土层，活动面之上保留有大量坍塌的墙体和屋顶。F11平面形状呈圆角方形，边长约7米，方向340°。四边挖有基槽，槽内铺垫有较大的烧土块，可起到加固作用。墙体筑于基槽之内，大部分墙体已倒塌，仅若干小段原始墙体还有残留。例如南墙的西端尚保留有一段原始墙体，长约80厘米，墙根深入基槽之内，活动面以上的墙体仍残存有20厘米的高度。墙芯是完整连续的青灰色烧土，厚度为8厘米~10厘米，外侧墙皮为红色烧土，已经脱落，根据残留痕迹推测，此段墙体的原始厚度约30厘米。室内活动面经烘烤烧结成硬面，表面平整光滑，厚度在3厘米~10厘米，活动面上摆放有磨盘、磨棒和陶器。柱洞发现十余个，根据其位置、形制和功能不同，可分为三类：一是房址角柱，起到主要承力的作用；二是房内柱坑，向房内倾斜，其作用可能为承托房顶；三是位于墙体之内，尺寸较小，有纵向分布者，也有斜向或横向分布者，应为墙体的支撑结构。门道是房址南边凸出的一片烧土硬面，呈缓坡状。灶紧贴西墙而建，由矮墙形成独立的操作空间，平面略呈方形，灶内下凹呈浅坑状。龙山文化房址破坏较甚，从柱洞分布分析，平面呈长方形，东西残长约3米、南北宽不足4米，柱洞内均用烧土块砸实，室内活动面已遭完全破坏。大汶口文化和龙山文化的灰坑，开口形状多为近圆形，堆积较简单，出土遗物较少，少数灰坑可能作窖藏使用，大多性质不明。

遗址内出土遗物的种类主要有陶器、石器，另有少量骨器。陶器种类包括罐、鼎、三足钵、钵、豆、碗、盂、器盖、陶环、陶纺轮、陶球等，石器种类包括石箭镞、石刀、石凿、石斧、磨棒、磨盘、石纺轮、砺石、石饰品、残石器和石核，多数石器残损严重。

2016年度揭露出的大汶口文化房址布局有序、规划清晰，与2012~2014年清理的房址应属于同一居住区。尤其F11是目前大汶口文化早期阶段发现的规模最大、保存最好的房址，2016年度的发掘成果对于解读大汶口文化房址建筑工艺、聚落形态及其社会性质具有重要意义。

（高明奎　梅圆圆）

【章丘市焦家新石器时代遗址】

发掘时间：2016年3~7月

工作单位：山东大学考古与文博学系

2016年度为配合山东大学考古与文博学系的考古实习，经国家文物局批准，对济南章丘市焦家遗址展开第一次考古发掘。

焦家遗址地处泰沂山系北侧的山前平原地带，位于章丘市西北约20千米处，南距城子崖遗址4000米。遗址中部稍为隆起，地表为农田。该遗址延续时间较长，发现极少量北辛文化晚期陶片，主要遗存为大汶口文化中晚期，下限为汉代。第三次文物普查公布该遗址南北长约800米，东西长约600米，面积约为48万平方米，实际这个数值只包括存在于章丘界内的面积，尚未加入延伸至历城区界内部分。2016 年通过对遗址周围剖面的详细调查得知，该遗址总面积超过 100 万平方米。

2016 年度发掘面积约 1099 平方米。遗址堆积主要有两个大的时期：第一时期为大汶口文化中晚期阶段，另见少量龙山文化早期和岳石文化遗存；第二时期为汉代。此次考古发掘的主要收获有：

对发掘区域内的聚落布局和聚落变迁有了较为清楚的认识。以贯穿遗址东西的道路为界，发掘区分为南北两区。从大的功能分区上看，发掘区位于当时埋葬区和居住区的交会地带。大汶口文化可以分为居住期—埋葬期—居住期—埋葬期—居住期五个大的发展阶段，每一时期的聚落布局各有特点。

填补了鲁中北地区大汶口文化中晚期阶段居住形态研究的空白。此次发掘共发现 61 座大汶口文化房址，可以分为三个类型：1. 半地穴式房屋。面积 5 ~ 15 平方米不等，功能有储存、手工业作坊、居住之分；2. 单间地面式房屋。分为基槽式、柱坑套柱洞式两种类型，面积在 10 ~ 20 平方米；3. 多间地面式房屋，分为双间和三间两种情况，除一处为南北两间外，其余都是东西排房，单间面积多在 6 ~ 10 平方米。

取得一批较为系统和丰富的大汶口文化中晚期阶段的埋葬材料。共发掘 134 座墓葬，为研究鲁中北地区大汶口文化中晚期的葬俗、葬制提供珍贵材料。墓葬全部为土坑竖穴墓，绝大多数为仰身直肢，少数为俯身直肢、侧身直肢、侧身屈肢等。除 3 座成年男女合葬墓外，其余都为单人葬。从墓葬规模、葬具、随葬品等情况来看，墓葬之间呈现明显的社会分化。大型墓葬数量少，面积多超过 6 平方米，棺椁俱全，随葬品数量有四五十件，见玉钺、玉镯、骨雕筒、高柄杯、白陶鬶等。中型墓葬数量较多，葬具为一棺，在墓主头端和脚端位置放置陶鼎、陶罐、陶杯等，随身佩戴小件的玉石、蚌类的装饰品。小型墓葬规模较小，多无葬具，无随葬品或仅见少量陶器、骨器、蚌器等。

总体来看，焦家大汶口墓葬体现出以下几个特点：木质葬具使用比例较高；小件的玉、石、贝、蚌质装饰品很有特点，器形有环、坠、指环、玉镯等；大汶口晚期阶段的大型墓葬有被毁现象；见合葬墓、拔牙、手握獐牙等埋葬习俗。

从地理位置上看，焦家遗址位于泰沂山北侧这一古代文化发展底蕴极其深厚区域的核心地带，距离龙山文化中心城址城子崖遗址只有 4000 米。2016 年度考古发掘成果丰富，加上之前有相当数量的大汶口文化玉器和白陶出土，昭示了这是一处重要的大汶口文化中晚期阶段的中心聚落遗址。

（王　芬）

【章丘市榆林新石器岳石及东周时期遗址】

发掘日期：2016 年 5 ~ 9 月

工作单位：山东省文物考古研究所

榆林遗址位于济南市章丘区绣惠镇榆林村南 500 米处，西侧紧临绣江河。此次发掘分为东西两个发掘区，总面积约 700 平方米。

遗址内堆积丰富，普遍厚 1 米 ~ 2 米，时代自早至晚分别为大汶口文化、龙山文化、岳石文化、早商、东周、唐、宋金、明清几个阶段。其中龙山、岳石、东周时期堆积最为丰富。清理遗迹可分为灰坑、房址、墓葬、灰沟、壕沟、夯土基槽几类。

根据发掘及勘探情况来看，已揭露的岳石文化壕沟为门道北侧端头局部，壕沟内壁局部及底部铺砌石块。其首次开挖于岳石文化时期，早商时期仍可能在使用，至春秋时期弃用并逐渐填平。夯土基槽位于壕沟西侧，其东侧局部被壕沟打破，方向大致呈东南—西北向。经局部解剖可知，该基槽为分段夯筑而成。通过分析壕沟与夯土基槽的位置及相互关系，基本可以确定两者并非同时使用。

此次发掘虽只是揭露了该遗址的冰山一角，但夯土基槽及铺石壕沟的重要发现为认识遗址内涵提供了重要线索。

（朱 超）

【章丘市宁家埠新石器时代及商周时期遗址】

发掘时间：2016年10～12月

工作单位：首都师范大学历史学院、山东省文物考古研究所

2016年9月，首都师范大学历史学院与山东省文物考古研究所组成考古队，承担济青高速公路拓宽工程K308标段章丘宁家埠遗址文物抢救性发掘工作。此项目同时结合首都师范大学2014级考古学专业16名本科生开展田野考古实习。

宁家埠遗址位于章丘市宁家埠镇宁一村北部，北临济青高速路，南面为农田。此次发掘区位于20世纪80年代末原有发掘区的南部。发掘自10月4日至12月4日。共沿济青高速南侧路基狭长区域布设5米×10米探方24个，实际发掘面积约1200平方米。

共发现灰坑134个，墓葬16座，瓮棺葬4座，房址2座，沟24条，陶窑1座，道路1条。以龙山和商周时期的文化堆积为主。

龙山文化的主要遗迹有灰坑和墓葬，其中灰坑19个，墓葬1座。灰坑主要分布在遗址的东部，其平面形状有圆形、椭圆形和不规则形。出土遗物有平底盆、鬶、鼎、豆、甗、盘、杯、盆、器盖、纺轮等。鼎足特色鲜明，有鸟兽形足、圆锥状足、侧三角足等。纹饰以素面为主。墓葬被一晚期墓打破，破坏严重，仅存胫骨以下部分，随葬品放置在脚端，有鼎、豆、杯、器盖、蚌刀各一件。

商周时期的遗迹有灰坑、墓葬和窑。灰坑共计91个，平面形状有圆形、椭圆形等。有的坑壁及底部用料礓石进行加固处理。灰坑出土器物有鬲、盔形器、豆、簋等，纹饰以绳纹最为常见。墓葬5座，其中两座有生土二层台，均无随葬品。瓮棺葬1座，用一红陶鬲盛敛小孩尸骨。陶窑Y1保存较好，平面呈圆形，窑壁为坚硬的红烧面，可见十字形烟道，窑箅亦为十字形，塌落在窑底部。西部偏下方已清理出投柴口。房址F1为半地穴式，可见门道和柱洞；另一座F2仅见残存台基。H4、H33、H61三处较为特殊，灰坑中均发现有人骨，其中H4同时还有完整的牛骨架，H61在小孩人骨下另一层，发现一完整的动物骨骼，为一犬科动物。

汉及汉以后的遗迹有灰坑24个。墓葬10座，其中砖室墓7座，均遭到严重破坏，多仅见墓底的铺地砖，填土中多见碎砖块。其中M15较为特殊，在墓坑西壁用砖块、石板垒砌而成。这些墓葬大部分为空墓，仅有两三座发现有随葬品，出土遗物有罐、五铢钱等。另有1座洞室墓，墓道呈阶梯状下收，考虑到安全问题，未发掘到底。应为一座宋墓。W3为瓦片葬，仅存下颌骨、头骨残片、肩胛骨及部分肢骨，和动物骨骼放置在一起，具体原因不明。

从遗迹功能来看，这些灰坑大多为古代垃圾坑，填土多为较疏松的灰色土。亦有较为明显的窖穴，多数坑壁加工平整，经过特殊处理。灰坑埋人的现象也许和祭祀相关。

另外此次发掘，也发现了大汶口文化彩陶片和岳石文化的陶豆，填补了以往资料的空白。

（袁广阔 王 涛 张 溯）

【章丘市城子崖新石器岳石及东周时期遗址】

发掘时间：2016 年 10 月 16 日 ~ 12 月 31 日

工作单位：山东省文物考古研究所

2016 年对 1931 年发掘进行重新复掘。复掘的探沟位于城子崖遗址北部凸舌形区域西北处，共 5 条，原始编号 A1 ~ A5。这些探沟于 1931 年由中央研究院历史语言研究所进行首次发掘。此次工作在原先认识的基础上又有了新的发现与认识，其中最为重要的是岳石文化晚期城墙时代的确认与建造技术的重新认识。

岳石文化晚期及东周时期夯土城墙发现于 A3 探沟西端，探沟内可见城墙内侧部分。在第二期城墙内侧发现版筑痕迹及侧夯夯窝。另首次发现城墙内侧配套排水沟痕迹。

岳石文化晚期城墙从其结构分析，自下而上可分三小期，整体下宽上窄，第一期为基槽，第二、三期为地面上部分。

第一期：位于最底层。整体呈灰黑色。越靠近城墙中心夯打程度越好。南部被修整呈阶梯状，第一、二期结合程度高。

第二期：呈深灰褐色，夹少量黄褐色土块，包含陶片较少。夯筑程度好，硬度极高，残存高度约 2.6 米，夯层厚约 7 厘米 ~8 厘米。靠近底部可见 3 层保存较好的夹板痕迹，自下而上以夹板呈阶梯状内收，板痕高约 18 厘米。夹板处有侧夯形成的密集夯窝，夯窝较浅，直径 3 厘米 ~4 厘米，侧夯工序应是在夹板拆除后进行的。在加筑第二期前于第一期内侧增宽部分宽度约 3.8 米，呈灰褐色。该处亦为夯筑而成，隔层夯打，硬度较一般，夯层西侧略高，厚约 7 厘米。

第三期：位于中部，呈浅黄色，较纯净，仅夹杂少量灰褐色土块，基本无陶片。夯土硬度极高，残存夯层 8 层，总高度约 70 厘米，层厚 7 厘米左右。

东周时期城墙位于最上部，残高 1.2 米左右。夯层土色不甚统一，大部分以深褐土夹少量灰黑土为主，个别夯层呈灰黑色，包含较多料礓石及粗砂粒。夯层不甚水平，夯筑程度较岳石文化城墙较差，层厚 5 厘米 ~12 厘米。

此次工作在了解遗址西北区域地层堆积情况的基础上对岳石文化晚期城墙结构特点及建造、使用情况有了一定了解，意义重大。

（朱　超）

【淄博市临淄区后李新石器时代及东周遗址】

发掘时间：2016 年 11 月 9 日 ~12 月 22 日

工作单位：山东省文物考古研究所

后李遗址地处泰沂山系北侧山前冲积扇前缘、鲁北平原的东南部。位于淄博市临淄区齐陵镇后李官庄村西北约 500 米处的台地上，西北距临淄齐国故城约 2.5 千米。淄河由南向北经由遗址西南，至广饶县境与小清河交汇入海。

后李遗址发现于 20 世纪 60 年代初期，1965 年北京大学历史系考古专业进行第一次试掘。1988 年 10 月下旬至 1990 年 6 月 20 日，历时两年，首次进行大规模考古发掘，揭露面积约 6500 平方米，清理大中型春秋墓和车马坑各一座，灰坑 3800 余个，灰沟 35 条，小型墓葬 189 座，水井 28 口，陶窑 6 座，房基 6 座。

2016 为配合济青高速扩建工程进行第二次大规模考古发掘，发掘面积 500 平方米。发掘区域位于西南部，地层情况较为清晰、简单。根据目前发掘深度地层可分为 5 层：

第 1 层为表土层，厚约 30 厘米，其下有宋金、唐代遗迹及汉代遗迹。

第 2 层为灰褐黏土，厚 20 厘米 ~40 厘米，其下有战国时期遗迹。

第 3 层为灰褐沙土，厚 25 厘米 ~30

厘米，其下有大汶口及后李文化遗迹。

第4层为黄褐色粉沙土，厚30厘米～40厘米，属于为后李时期。

第5层为黄褐色粉沙土，厚40厘米～50厘米，为后李时期。

目前发掘灰坑119个，墓葬9座，窑址1座，灰沟2条，灶址2座。时代有金、唐、汉代、东周、大汶口及后李文化时期。以东周时期遗迹为主，其次为后李文化时期。金代仅发现有一座被盗掘的墓葬，唐代及汉代发现有少量的灰坑。东周时期有大量灰坑、少量墓葬及一座陶窑。

此次发掘较重要的收获是，确认了属于后李文化时期的地层及大量该时期灰坑和少量墓葬。灰坑多开口于第3层及第4层下，出土有大量的夹砂红褐陶片，多为釜残片。墓葬均为土坑竖穴墓，单人仰身直肢葬，未见葬具，仅一座墓葬发现随葬有石块及蚌壳。

（李振光　董文斌）

【滕州市北台上新石器至明清时期遗址】

发掘时间：2016年6～9月

工作单位：山东省文物考古研究所

北台上遗址位于滕州市羊庄镇后台村北，薛河东岸，遗址南部被后台村占压。遗址高出周围地面，为台地地形。为配合枣庄市庄里水库大坝施工建设，由山东省文物考古研究所、山东大学及郑州大学联合开展考古发掘。目前第一阶段发掘面积3000平方米已基本完成。

发掘区位于遗址东南部，分东、西两部分，文化堆积年代涵盖龙山、周代、汉代、宋元及明清时期。发掘区域地层堆积厚度0.5米～1.4米，自东南向西北逐渐变厚，文化内涵逐渐丰富。此次发现并发掘的遗迹包括灰坑689个、房址11座、墓葬21座、沟34条、灶2个及大型坑状遗迹2处等。其中，龙山文化灰坑约350座，多不规则，少数近圆形；房址8座，多为方形，仅余柱洞或基槽；墓葬4座，均未见随葬品。东发掘区中部发现东西向周代沟一条，填土为淤积土。宋元时期遗迹发现较多，西发掘区西部清理南北向宋元时期壕沟一条，沟内发现石砌墙基，推测为村寨寨墙遗存；南部发现多个规则圆形窖藏坑，坑壁及坑底经过加工；东发掘区内发现宋代东西向道路两条，局部保留清晰的车辙痕迹。

出土遗物数量较多，主要有石凿、石镞、石斧、磨石、石锛、石铲、石镰、石磨棒、陶鼎、陶鬶、陶罐、陶杯、器盖、纺轮、网坠、瓷碗、砖瓦等。

遗址位于薛河中游，自古以来就是人类活动频繁、文化较发达的区域。通过此次发掘，为本地区龙山文化至宋元时期的聚落形态研究提供了新的材料。

（吕　凯　王　龙）

【章丘市孟家阿商周时期遗址】

发掘时间：2015年10月～2016年1月

工作单位：济南市考古研究所

孟家阿遗址位于章丘市孟家阿村南100米，夏庄村以北，彭家庄村以东，中心位置为北纬36°38′60″、东经117°26′39″，海拔116米，东距章丘市区约9000米。遗址范围东界距省道S244约600米，北界距国道G309约1600米。孟家阿村砖厂将遗址分为东西两部分，埠村煤矿铁路贯穿遗址东部。该遗址于2006年调查发现，地表存在大量唐、宋、金代瓷片，其中发现有部分窑具，结合走访砖厂取土工人了解，遗址可能有唐宋时期瓷窑。

为了解遗址具体分布范围、文化内涵、功能布局及保存现状等情况，济南市考古研究所对遗址进行了系统的考古调查勘探，经报请国家文物局批准，对遗址濒临坍塌及被破坏的区域进行了抢救性考古发掘。考古调查勘探及抢救性考古发掘取得重要的阶段性成果。

调查范围东西约800米，南北约700米，总面积约50万平方米，勘探面积约10万平方米，其中重点勘探面积3万平方米。确定遗址范围东西约760米，南北约600米，总面积约45万平方米。遗址分布呈长方形高台堆积，四周环绕冲积沟壑，崖高沟深。北临沟壑深邃，一无名河（编者加，可看地图核实）自西发源于叶亭山、危山，向东经东姚庄南部汇入绣源河。该流域自西向东已知有亭山县旧址、兴国寺、危山汉墓、东姚庄元代墓地等重要遗址。遗址中部原有一南北向冲积沟，现被砖厂取土破坏，仅存南部一小段，传言被破坏窑址就在此冲积沟西侧。同时砖场取土将遗址分为东西两部分，东部为绣源河苗木林区，西为孟家阿村农耕地，取土断崖有墓葬暴露。

采集商周、唐、宋等不同时期陶片、瓷片、窑具等遗物。商周陶片以夹砂灰陶为主，纹饰多见绳纹，器形有鬲、罐等，另有个别陶拍、陶球采集。采集瓷窑具主要是支座和支架，瓷片釉色包括青釉、酱釉、黑釉等，白瓷、青花瓷也有采集，可见器形主要为碗，另有盆、罐、盘、被、瓶等。

此次发掘10米×10米探方3个，2米×7米探沟1条，取除断崖及林木占地，总发掘面积约300平方米。清理东周时期墓葬7处、时代不明墓葬3处，商代灰坑39个、商代房址1座。出土春秋时期陶鼎、豆、鬲、罐、盆、匜、铜剑、骨簪等文物，以及商代陶鬲、豆、罐、簋等重要文物，各遗迹单位出土大量商代陶器标本、石器、骨器等。

商代遗迹以H24为例，开口第2层下，被H1、M5打破，打破生土。平面近椭圆形，袋状、平底，壁面光滑，有人工加工痕迹。保存开口长径246厘米、短径206厘米、深度260厘米。坑内堆积可分六层，总体上可分上下两部分，上半部分包含腐殖物、草木灰等较多，土质疏松，下半部分含腐殖物、草木灰等较少，土质较硬。推测其功能为储藏窖穴在废弃回填后又作为垃圾坑使用。出土大量陶片，可见器形以鬲、簋、豆为主，复原器有鼎、豆等，有少量石器残件。

墓葬以M6为例，土坑竖穴，开口于第2层下，打破H8及生土。墓圹平面长方形，长250厘米、宽216厘米~230厘米，残存深度70厘米。直壁、平底，墓圹内四周有熟土二层台，葬具有一棺，腐朽严重，腐痕长206厘米、宽106厘米~114厘米。藏式为仰身直肢，头向东，人骨保存较好。随葬器物放置在南侧二层台上，有陶罐1件、陶盂1件、陶鬲1件、套豆2件，可修复。随葬品附近有兽骨及石块堆积。

通过考古调查及勘探，了解到该遗址分布面积近45万平方米，文化内涵包括商代、东周、唐代、北宋、金代，遗址面积分布广、文化延续时代长。阶段性考古发掘揭示，遗址西北部为商周时期文化分布区，其商代文化内涵丰富，此次发掘区域可能为商代聚落的窖藏区域，在东周时期演化成为墓葬区。

（何　利　邢　琪　宁述鹏　孙　涛）

【济南市历城区甄家商周遗址】

发掘时间：2016年5~7月

工作单位：济南市考古研究所

甄家遗址位于济南市历城区董家街道办事处甄家村西500米，在建济青高速铁路贯穿遗址。为配合济青高铁基础设施建设，济南市考古研究所对济青高铁项目占压遗址区域进行了考古发掘。

共发掘5米×5米探方12个，总发掘面积300平方米。清理墓葬15座，灰坑14个、窑址1座。其中墓葬和灰坑时代自商代至东周各时期均有，窑址为汉代砖窑。出土商周时期陶鼎、豆、鬲、罐、盆、匜、铜戈、骨蚌器等重要文物30多件，各遗迹单位出土大量陶器标本、石器、骨器等。

墓葬均为长方形土坑竖穴，宽度在0.8米~1.3米、长度在2米左右，残存深度均不超过1米，方向有东西向也有南北向。M1长方形土坑竖穴墓葬，方向92°，长2.4米、宽1.2米，残存深度仅0.6米。填土为浅灰褐色，较疏松，含有较多的烧土颗粒及草木灰等。仰身直肢面向北，人骨保存较好。有熟土二层台，随葬器物有陶罐、盂、豆、鬲等，置于东南二层台上。M14长方形土坑竖穴，方向168°，长2.46米、宽1.4米，残存深度0.55米。填土为灰褐色花土。有一木棺，保存较差，棺木已成白灰状，有腰坑，长0.6米、宽0.4米~0.45米、深0.2米。仰身直肢，人骨腐蚀严重，头骨有明显的位移现象。随葬铜戈、镞及贝壳等，置于墓主身旁。

灰坑多圆形，H8开口于绕土层下，近圆形、直壁、平底，直径约1.4米、残存深度约0.5米。浅灰褐色堆积，含有大量陶片，可见器形有陶豆、盆、罐、瓮等。H3圆形、直壁底部袋状，平底。口径2.64米、深1.5米。黄褐色堆积可分两层，中间以土质纯净的黄土隔离。上层包含物较多，有大量的烧土颗粒及草木灰、炭屑等，坑壁堆放可复原陶甗、盆、簋、鬲、斝、瓮等器物，下层堆积夹杂有灰褐土，包含物较少。H12圆形、直壁、平底。口径2.6米、保存深度1.4米。堆积分为上下两层，下层口径内收0.2米~0.3米，上层底部放置牛骨两具，其中一具为大牛，另一具小牛位于大牛腹内。H13圆形、斜壁、平底。口径1.4米、残存深度1.1米。灰褐色堆积较疏松，包含少量的陶片，可见器形有陶鬲、罐等。底部清理猪骨一具。

窑址发现一座，Y1为地穴式，保存开口为南向“吕”字形。南为斜坡式操作间，通过窑门进入窑室火塘，窑门宽1米、高0.7米，长方形火塘东西长1.8米、宽0.3米~0.4米。窑床上有10条火道，窑箅上堆积大量瓦片、烧土块等，坍塌严重。窑室壁部为火烧生土，顶部坍塌，从清理堆积中发现不到顶部构件。烟道两个，圆柱状，直径0.3米、残深0.8米，距窑床高0.6米处与窑室直角相通。

此次发掘揭示甄家西遗址文化内涵包括商代、东周至汉代文化，遗址早年生产破坏较重，文化层缺少相对年代关系。以M14为代表的南北向墓葬推测为商代，以M1为代表的东西向墓葬为东周时期，灰坑大部分应属于商代文化，存在祭祀坑的可能。但由于大部分墓葬无随葬品出土，具体时代需要进一步的测年解决。Y1年代根据窑床上的陶瓦初步推断为汉代，不排除是战国时代的可能。

（何　利　邢　琪）

【桓台县玉皇阁商周时期遗址】

发掘时间：2016年4月18日~6月1日

工作单位：山东省文物考古研究所

玉皇阁遗址位于淄博市桓台县果里镇玉皇阁村东北约100米处，南距乌河约400米。遗址是配合济青高铁建设工程的抢救性发掘。发掘伊始，工地现场已遭到严重破坏，工程方为修筑便道、建泥浆池，大部分区域已下挖0.5米甚至更深，部分区域已至生土，很多遗迹现象遭到破坏或已不存。

依高铁沿线方向自西向东布设探方14个，方向345°，规格为10米×10米，自西向东编号T1~T14。地层堆积较为简单，共分为5层。第1层，耕土层，厚20厘米左右，深灰色，土质松软；第2层，厚10厘米~20厘米，浅灰色，土质略硬，为近现代活动层；第3层，厚0厘米~25厘米，灰色土，较致密，包含战国时期陶片、瓦片等，大致为战国时期；第4层，厚10厘米~18厘米，深灰色，土质略黏，包含较多西周时期陶片；第5层，厚约20厘米，黑灰色，土质致密较硬，包含较多商代陶片、夹杂少量龙山时期陶碎片。

共发现灰坑 30 余处，沟 4 条。由于层位关系不清，从出土物看，大部分灰坑年代为西周或商代，4 条沟均开口第 4 层下，打破第 5 层。第 4 层和第 5 层之间有人为加工的垫土层，G2、G3、G4 均打破垫土，可能与垫土同期使用。G4 为垫土最早一期壕沟，G2、G3 反映了壕沟的清淤过程。

该遗址正处于城子崖—丁公—桐林—边线王这一龙山时期的交通要道上，承接丁公遗址和桐林遗址，且南邻乌河，地理位置重要；遗址发现商代晚期、西周早期遗存，具有较强的延续性，对于研究该地区商周时期聚落形态、遗址与城子崖的关系，商周时期的鲁北东西交通通道等均有重要价值。

（赵益超　郑同修）

【枣庄市山亭区横岭埠西周及汉代遗址】

发掘时间：2016 年 8 ~ 12 月

工作单位：山东省文物考古研究所

横岭埠遗址位于枣庄市山亭区山城街办横岭埠村北、薛河东岸的一处高台地，面积约 20 万平方米。该遗址主要为周代和汉代遗存，2015 年被公布为山东省第五批省级文物保护单位。

为配合庄里水库建设，2016 年 6 月正式启动对横岭埠遗址的考古工作，前期对遗址进行了详细的考古勘探，采用 5 米 × 5 米加梅花孔的布孔方法，对遗址有了全面细致的了解；8 月正式开始考古发掘工作。因墓葬前期被盗情况严重，今年考古发掘工作主要是为了清理周代及汉代墓葬。

目前已清理西周时期墓葬 1 座，春秋时期墓葬 3 座，汉墓 26 座。

西周时期墓葬 M8 为土坑竖穴墓，有腰坑，但腰坑内未发现随葬器物。陪葬品为陶簋 1、陶罐 1。

春秋时期墓葬均为土坑竖穴墓。M1 规格较高，两椁一棺，器物箱在棺椁南侧，随葬品有石璧 1、玉玦 2、陶鬲 4、陶罍 2、双耳罐 1 等。此墓前期被盗，青铜器已无存，追缴回的九件器物有铜鼎、盘等，多数青铜器上有铭文。M29、M30 形制相同，均为一棺，棺南侧为储物坑。出土器物有陶盖鬲、陶盖豆、陶盖簋等。从墓葬形制及随葬器物来看，此三座墓应跟小邾国有关。

汉墓均为多室石椁墓，二到五人葬不等。多有头箱无墓道，头箱垒砌近似前堂。石板多经简单錾刻修整，部分墓石见有画像，集中于前堂侧挡板和墓室最里侧挡板上。画像内容有铺首衔环、十字穿璧等，刻划多较简单。墓主头向均朝向西。出土器物有铜镜、铜钱、铜指环、陶罐、陶壶、陶楼、陶磨盘、铁剑和铁刀等。根据随葬品和形制等推断，应为东汉墓葬。

灰坑清理约 30 个，多数为圆形窖藏坑，比较规整。坑内陶片较少，年代应属西周晚期或春秋时期。

（王春云）

【曲阜市鲁国故城】

发掘时间：2011 ~ 2016 年

工作单位：山东省文物考古研究所

曲阜鲁国故城是周代重要都城遗址之一，位于山东省西南部的曲阜市。周代和汉代作为鲁国的都城，是 1961 年国务院公布的第一批全国重点文物保护单位。在以往考古工作的基础上，2011 年以来山东省文物考古研究所为配合曲阜鲁国故城国家考古遗址公园建设，开展了考古勘探和发掘工作，取得了一系列重要成果，为遗址本体保护和遗址公园建设提供了考古资料支撑，促进了鲁国、鲁文化研究。

重点考古勘探工作取得新突破。在 1977 年、1978 年两年工作的基础上，2012 ~ 2015 年，对外郭城城墙进行了勘探，重新确定了城墙、城壕范围，壕沟至少分为三期。并新发现了内城壕。2011～2014年，考古勘探确认位于鲁故城中部，全城最高处的周公庙台地上的宫殿建筑群基址区域为鲁故城宫城。发现西门、南门、东门及与之相配的道路。城内发现排水管道、道路及东周夯土建筑等。宫城总体呈长方形，西北角略内折，城内东西约480米，南北220米～250米，城内面积约12万平方米。

内部夯土建筑基址目前辨识81座，主要属东周和汉代时期。夯土基址群分布较有规律，规模较大，规格较高，为基槽式及地面式建筑。西周晚期仅见面积较大的坑状堆积。城墙、城壕环台地边缘一周。部分区域可见晚期墙叠压早期沟的现象。

内城考古发掘确认了鲁故城宫城年代、性质。2012～2014年度，全面揭露发掘了周公庙庙北区东周大型夯土基址F8和西城门，在南城墙、北城墙解剖三条探沟，发掘面积约4000平方米。西南部墙基宽13.75米、深1.27米，分11层，分段夯筑，出土西周晚期和春秋时期陶片，打破西周晚期灰坑。外侧城壕宽约11.05米、深1.5米，分六期，第一期出土春秋晚期陶片。城墙底部预埋五角形陶管道，北面为一蓄水池，与管道相连。为战国至汉代延续使用。并在宫城西段揭露西城门门址，宽约12米，时代从春秋时期延续至唐代。早期路土最宽，南侧分布有水沟，为城门排水设施。

宫城西南部全面揭露东周时期大型夯土基址一处（F8），现仅存墙基部分。平面呈东西长方形（方向186°），长85米、宽约11.37米。面阔6间，中部四大间，东西各一小间。汉代大型房址F6筑于F8基槽之上，现尚存残墙、前披厦、石柱础和散水。房址外侧见北、东院墙。根据F8、F6的布局、位置及该区域建筑的历史沿革，推测二者为礼制性建筑。

外郭城的修筑年代得到重要线索。外郭城解剖了北城墙东北段，揭露了南东门和北东门。南东门遗址门址由东、西对峙的高大门阙和中间门道构成。阙台分两期，时代可早至春秋时期，是目前我国所见最早的门阙实例。通过解剖门址东侧的城墙墙体，可将城墙建造、使用过程分为四期。春秋早期的墓葬打破一期城墙的护坡，为判断早期城墙的年代提供了可靠的层位关系。再综合各阶段的夯筑技术及所包含的陶片分析，推测城墙始建于西周晚期，延续至战国晚期。

北东门遗址原定门址通道处仅发现宋、元、明、清路，呈路沟状。未发现周代路土及城门相关遗存。此处城墙为春秋早期始筑，由内向外增筑扩建至战国晚期。外城壕与城墙相对应，结合发掘和勘探，时代暂分为春秋和战国两大期，春秋时期城壕被战国城墙和城壕叠压打破。灰坑、墓葬等遗迹主要发现于发掘区东南侧，灰坑时代从春秋早期到战国晚期，均与城墙修筑有关，并与城墙存在叠压打破关系，为判断各期城墙始建和增筑、修补年代提供地层依据。

北城墙解剖探沟位于北东门遗址发掘区东部150米，南北向跨鲁故城东北角居住址、城墙和内外城壕。目前发掘正在进行中。城墙现高约7米、宽约30米，目前由上而下发掘春秋至战国时期城墙，其发掘为了解其堆、夯筑建筑技术和时代沿革提供了翔实信息。内壕沟年代为战国晚期，废弃于西汉。墙内侧集中分布大量东周时期遗迹，有陶窑址、墓葬、灰坑、水井、沟等。推测此处为一处居住址和窑址区。

通过2011～2016年考古工作，贯穿城市考古和聚落考古理念，依据地层关系和类型学研究，确立了鲁故城宫城，解决了宫城、外郭城的年代问题，对了解鲁故城的布局以及城内聚落演变等均有重要意义。宫城始建于春秋晚期，战国晚期废弃，汉代重修，最终废弃于魏晋，最初的修建原因可能与仲孙、叔孙、季孙“三家侈张”有关。外郭城始建于西周晚期或春秋早期，各部位城墙修筑年代未必一致，还需要进一步的考古工作来了解。明确了东周时期鲁故城内城外郭两重城制。南东门和宫城南门及主要东周建筑基本构成南北中轴线。

在鲁故城国家考古遗址公园建设中，坚持“考古先行”，考古工作贯穿遗址公园建设始终，明确了考古勘探为遗址本体保护、环境整治和展示利用等遗址公园建设推进的重要手段，也是考古发掘工作坚实的基础。并在考古工作中，坚持力行公众考古工作，使考古成果惠及民众。

（韩　辉　徐倩倩　高明奎　刘延常）

【曲阜市鲁国故城北东门遗址】

发掘时间：2016 年 3～12 月

工作单位：山东省文物考古研究所

为配合曲阜鲁国故城国家考古遗址公园建设，2016 年度对鲁故城北东门遗址全面揭露，对北东门东部 150 米处的城墙（外城墙 TG201）解剖发掘。

北东门遗址位于鲁故城东北部，经 1978 年勘探确定为门址。此次揭露 1975 平方米。主要发现东周时期遗存，包括夯土城墙 1 处、城壕 2 条；灰坑 5 个，墓葬 1 座；其他发现有宋元和明清时期灰坑和墓葬。原定门址处则仅见有宋代至明清时期道路，未见早期道路。

此处城墙宽约 30 米，残高 3.8 米。夯筑时代为春秋早期到战国晚期。春秋时期位于内侧，宽约 18 米。战国时城墙向外增筑扩建。城壕与城墙相对应。同样分为春秋和战国两大期，宽度分别为 20 米和 40 米，最深 7.1 米。春秋时期城壕被战国城墙和城壕叠压打破。

灰坑、墓葬等遗迹主要发现于发掘区东南侧。灰坑均与城墙修筑有关。时代为东周。

同时，外城墙（TG201）对城墙、内外城壕及鲁故城东北角居住址进行解剖。探沟呈南北向，约 492 平方米。目前发掘至战国时期城墙，分段版筑，夯筑坚实。墙顶部北侧有一东西向沟，底部两侧铺板瓦。经勘探残长 100 余米。应为城墙上部排水设施。

外壕沟正在发掘。内壕沟基本完工，宽约 28 米，距地表深 3.8 米，时代为战国晚期，为修筑城墙取土所致。作为排水渠延续至汉唐。

城墙内侧集中分布东周时期灰坑、墓葬、窑址、墓葬、水井等。计春秋时期窑址两处，墓葬 1 座，灰坑 10 个，水井两眼。战国时期灰坑 12 个，墓葬 3 座，沟两条，井两眼。

目前发掘工作已取得重要成果，为鲁故城外城墙始建年代及沿革、建筑方法，该区域聚落演变研究提供重要考古材料，促进了鲁国故城国家考古遗址公园建设。

（韩　辉　赵国靖　刘延常）

【曲阜市鲁国故城周公庙村西夯土建筑基址】

勘探时间：2015 年 12 月～2016 年 1 月

工作单位：山东省文物考古研究所

周公庙村西夯土建筑基址位于曲阜市明故城的东北部，此次勘探范围是曲阜周公庙村西、小北关社区南部，鲁国故城宫城的东南部。勘探区域东西长约 200 米、南北宽约 180 米，总面积约 37000 平方米。整个勘探采用 5 米×5 米中间加密的重点勘探方法，使用 RTK 对勘探区地形地貌、发现遗迹进行测量。共发现春秋至唐宋时期夯土基址 11 处，灰坑 15 个，墓葬 8 座，井 3 眼，窑 1 座，路 3 条，沟 1 条，以周代和汉代遗迹最为丰富。春秋时期夯土基址分布零散，夯 3、夯 7 均为基坑式夯土基址，均为东西向，前后两列，还零星分布一些灰坑。汉代该区域进行大规模人类活动，出现夯 1、夯 2、夯 4、夯 5、夯 6、夯8、夯9、夯10、夯11等基槽式夯土基址，部分夯土基址成组分布表明汉代这一区域是当时重要的居住区；另外唐代沟也是此次勘探的重要发现。

周公庙村西夯土建筑基址紧靠鲁故城宫城，该区域文化内涵丰富。通过勘探，初步分析该区存在春秋、汉代大型夯土建筑基址、战国时期墓葬、唐宋时期的路和沟等重要遗迹，为研究曲阜历史时期城内布局功能提供重要资料，丰富鲁故城宫城遗址公园内涵，为今后该区保护提供可靠材料。

（赵国靖　韩　辉）

【曲阜市鲁国故城望父台遗址】

勘探时间：2016年7～9月

工作单位：山东省文物考古研究所

望父台遗址位于鲁国故城的西部偏北位置。勘探采用2米×2米加梅花加密孔重点勘探方法，使用RTK对勘探区地形地貌、发现遗迹进行测量，勘探面积约83000平方米。勘探发现以周代墓葬为主，明清墓葬也较多，另有少量汉代和唐宋时期遗迹。此次勘探共发现各期墓葬127座，马坑3个，窑址3座，城墙1段，壕沟4条。

周代墓葬主要以中型以上墓葬居多，大型墓M92、M93及周围分布的3个马坑是此次勘探的重要发现。汉代遗迹主要以夯1和G3为代表，墓葬发现较少，仅有三座，实际数量应高于此。夯1即1977年、1978年《曲阜鲁国故城》之汉城墙，夯1打破周代墓葬，层位关系清楚，其夯土质量较好，从夯土夯筑方式为金属小圆夯看，其时代上限可至战国晚期。G3位于夯1北侧，宽16米～27米、深约2米。唐宋时期遗迹主要为G1，G1打破周代墓葬，被明清墓葬打破，出土遗物基本属唐宋。明清时期墓葬21座、灰坑3个、窑址3座。明清墓葬分布相对分布较为集中，主要位于勘探区西部偏中，墓葬规模以中型墓为主，推测为明清家族墓葬。通过此次勘探，结合1977年、1978年的考古工作，对于传说为伯禽登台望其父周公旦之台的“望父台”有了新的认识。

在1977年、1978年考古工作的基础上，此次勘探取得重要成果，基本了解清楚勘探范围内的遗迹分布和文化内涵，为下一步的考古发掘和展示提供资料。

（赵国靖　韩　辉）

【昌乐县都北东周遗址】

发掘时间：2016年3～7月

工作单位：山东省文物考古研究所、潍坊市博物馆、昌乐县博物馆

都北遗址位于潍坊市昌乐县朱刘街道办事处都昌社区都北村东约700米，其北紧临济青高速公路，周围为蔬菜大棚。遗址略呈椭圆形，东西长约500米，南北宽约460米，总面积约23万平方米。所在区域地势略有起伏，遗址东西两侧及南边不远处分别为高埠子。为做好潍（坊）日（日照）高速公路滨海连接线工程项目的考古工作，对工程占压区进行了抢救性发掘。

遗址共布设了86个5米×10米的探方，发掘面积超过4300平方米。由于施工破坏，遗址文化层基本不见，但遗迹遗物十分丰富，共清理灰坑近312个、墓葬66座，水井2口。灰坑时代主要集中在春秋时期，有的属西周、商，个别甚至早至龙山文化时期。灰坑主要出土陶鬲、甗、盂、豆、罐、盆及少量石器、骨器等。值得一提的是，数量较多的灰坑形制较规整，有的呈袋状，显然是作为窖穴使用的。因此，在发掘过程中，从这些灰坑中提取了大量的浮选土样，以期研究这些窖穴的功用。墓葬主要分为春秋、战国、汉、魏晋、宋明等几个时期。汉、魏晋、宋明墓基本被盗掘一空，春秋、战国墓葬一部分亦被盗，

但大部分保留完整。遗址规格最高的为3座魏晋时期带一条窄长墓道的大型砖室墓，这几座墓或为单室，或为双室，有的甚至带有耳室，但皆被盗掘一空。宋明墓墓室多为圆形，皆有较短的墓道，虽然均被盗扰严重，但从其盗余的形制看出，墓葬具有浓厚的当地特色。东周墓葬是这次发掘最重要的收获。一般来说，春秋墓面积较小，出土鬲、盂、豆、罐等陶器；战国墓面积稍大，出土鼎、豆、壶、敦、舟、盘、匜等陶器，有的甚至出现盒，说明墓葬年代已进入战国晚期。这次发掘的东周墓葬，无论从墓葬结构、埋葬习俗，还是从出土器物上，皆具有本地区的特色。例如，该遗址东周墓葬多为长方形或梯形土坑竖穴墓，多数使用一椁一棺，有的为一棺。其最大的特点是一部分墓葬在棺下放置器物。另外，这批墓葬中很多有腰坑，但是腰坑的位置不一，一部分位于墓主人腰部，一部分位于下肢处，有的甚至位于墓主脚部，这说明当时人们对腰坑的设计比较随意，是在椁下葬时或之前即埋入了殉牲。同时，随葬器物出土位置不一，一部分放置于二层台上，一部分置于棺椁之间，另一部分把器物放在棺底以下。放置于棺椁之间的陶器也是深浅不一，而不是埋入棺底或是椁底。从随葬器物上，比较有特色的是流行偶数组合，特别是豆，非但习惯流行偶数组合，其数量也是最多的。此次发掘的器物中，有些器物具有典型的地域特色，如M5出土的两件鹰形灯等，不见或少见于其他地区。

总之，都北遗址在东周时期属齐国，遗址的发掘，不仅对齐国东周时期考古学文化内涵、分期及文化序列的研究具有重要意义，而且有利于研究当地腰坑习俗的流变过程，同时对齐国墓葬制度、聚落结构和布局演化过程等方面的研究亦具有重要的推动作用。

（郝导华　丁露刚）

【济南市历城区梁二村春秋木构水井及战国墓】

发掘时间：2016年8～12月

工作单位：济南市考古研究所

为配合济南市新东站片区安置房建设工程，济南市考古研究所2016年度对历城区鲍山街道梁二村发现的两座战国墓和两眼周代木构水井进行了抢救性发掘。

M1形制为“甲”字形竖穴土坑积石木椁墓，开口距地表至椁室底部，西部保存较好。墓道残长12.75米、残宽7米～9米。墓室口长22.85米、残宽21米、至二层台深5.8米。墓室四壁自开口至二层台呈4级台阶状内收，墓道两壁亦呈台阶状内收、与墓室台阶相连。台阶均加工较为规整，先涂抹一层浅灰褐泥土，再刷以白灰。填土最下为一层较纯净黄褐土，其上为灰褐夹黄褐斑花土，层层夯筑而成，四周较中部略高。夯窝平面呈圆形，圜底近平，直径3厘米～5厘米、深1厘米，夯层厚10厘米～30厘米。据残存部分推测墓道填土先于墓室填土夯筑，先在墓道北端与墓室相接处用填土夯筑成台阶以连通墓室南壁东西两侧台阶，然后再填封墓室。墓室最下层填土之上的东南、西南角各有一只殉狗。椁室宽5.35米、长6.5米、深2米，其内四周以大型石块垒砌，石块间填以卵石和蚌壳。椁室被严重破坏，仅存北侧和南侧下部砌石，其余两侧及棺椁、人骨、随葬品等均被扰乱无存。前期征缴出土器物40余件（组），多已残损，目前初步统计相对完整的有青铜镈钟4、纽钟15、句鑃9、盖豆4、罍1件，另有盒形明器、罐形明器、璧形铜环、其他铜器残片、石磬残片若干。扰乱填土中采集小金环、铜镞、铜戈、圭形铜片、玉璧、骨蚌饰等30余件（组）。墓葬填土中出土骨器、蚌饰等8件；发掘出土铜环2件。

M2 位于 M1 西侧约 150 米，形制为竖穴土坑积石木椁墓，仅存底部椁室部分，方向 173°。椁室长 3.5 米、宽 2.4 米 ~2.6 米、深 0.84 米，底部先平铺一层不规则石板，再填厚约 0.12 米的鹅卵石，其上置一椁一棺。棺椁仅存少量灰痕，椁长 2.2 米、宽 0.98 米，棺长 1.84 米、宽 0.7 米。木椁与墓圹四壁之间填充大量鹅卵石及不规则石块。棺内人骨腐朽严重，仅存少量头骨和肢骨。随葬品 8 件，均置于椁内棺外东西两侧，西北角有铜罇 2，西南角铜戈 2、骨雕 1，东北角圆形铜盒 1，东侧中部铜镜 1、铜剑 1。另于北部卵石中发现铁锛 1 件。

另外，在 M1 发掘过程中，发现其东壁、北侧各打破一座水井。两井形制一致，上部均被破坏，土圹平面近椭圆形，内部保存有较为完整的木构井框，由略经加工的木材层层搭叠而成，两木相交处砍有凹槽。J1 开口于 M1 二层台台面，残存上口长径 3.5 米、短径 3 米，残深 4.5 米。J2 开口距地表 3.3 米，残存上部被 M1 东壁打破呈台阶状，残深 7.7 米。根据井内出土陶片，初步推断其时代大致为春秋时期。为后期更好地研究和展示，水井发掘出上半部后整体搬迁保护，进行室内清理。

两座墓葬虽被严重破坏，但结构相对完整、随葬品较为丰富，尤其 M1 是济南乃至山东地区近年来发现的规模最大的战国墓，根据其形制和出土器物推测墓主人当为大夫一级的贵族，时代大致为战国晚期；M2 墓主人为士级别，应为 M1 陪葬墓或家族墓。为研究齐国葬俗、齐国边邑、齐文化变迁、齐国历史等提供了重要资料。保存相对完整的周代木构水井在山东地区也较为罕见，对研究当地的环境变迁、聚落形态等有重要意义。

（房　振　刘秀玲　郭俊峰　王惠明）

【章丘市巡检村东战国至两汉墓葬】

发掘时间：2016 年 5 ~7 月

工作单位：济南市考古研究所

为配合济青高铁建设施工，济南市考古研究所于 2016 年度对章丘市巡检村东墓地济青高铁占压区域进行了考古勘探和发掘。共发现中小型墓葬 31 座，其形制有土坑竖穴墓 16 座、土坑洞室墓 10 座、砖椁墓 1 座、砖室墓 4 座。

土坑竖穴墓数量最多，分布较散，其中部分墓葬两两并列，似为夫妻并穴合葬墓。墓向多数向北，少数向东，个别向南、向西。其中 M1 内用石块砌筑带壁龛的双室，顶部盖有石板，根据出土的瓷灯、瓷罐、瓷碗、铜钱等器物，推测其时代为清代早期。M9 设生土二层台，墓底置一梯形小棺，棺内中部集中放置经火烧过的碎骨，南侧置一青瓷碗，二层台上盖有石板，时代大致为金元时期。其余土坑竖穴墓绝大多数设二层台、半数设壁龛；葬具多数为一椁一棺，个别带有器物箱；人骨大多保存较差，粉化严重，葬式可辨者均为仰身直肢；随葬品较少，主要为陶罐、陶壶、铜镜、铜钱、兽骨等器物，时代绝大部分为西汉早中期。

土坑洞室墓由墓道、墓门、墓室组成。墓道均为竖井式，底部略有斜坡，方向多数向南、少数向北或西。墓门均为拱形土洞门，多用石板或石块垒砌封门墙。墓室底部平面有长椭圆形和近梯形两种，平底、弧壁或直壁、弧顶。其中 M4 墓道南端东西两壁近墓门处在生土壁上雕出仿地上建筑的屋脊、瓦垄、墙壁，并整体涂黑，局部似用白线勾出砖缝，不甚清晰。墓门上方亦有雕刻的仿木结构，惜已坍塌，形制不清。该类墓可分单人葬和双人合葬两种，均有葬具木棺。随葬品较少，主要随葬有瓷碗、瓷罐、瓷灯、铜钱等，根据出土器物推测土洞墓时代分属金元、明、清时期。

砖椁墓（M30）平面呈长方形，直壁、

平底，底部四周设生土二层台，墓壁西南角二层台之上设一壁龛，龛内置一陶罐。台内砌筑砖椁，未见铺地砖；椁壁与二层台之间空隙较大，底部青砖错缝平砌，上部为侧立砖错缝垒砌；根据板灰痕迹推测椁顶原有木质盖板。椁内有葬具一棺，棺内人骨一具，仰身直肢，头向北。根据出土陶罐推测时代为战国晚期。

砖室墓均被严重破坏，带墓道，有单室墓和多室墓两种。铺地砖有一、二、三层等不同厚度，铺设方式有“人”字形平铺和错缝平铺两种；四壁有“一顺一丁”和“两顺一丁”两种砌法；顶部均残缺。出土器物主要为绿釉红陶耳杯、案、盘、勺、樽、灯等，另有少量灰陶罐、铜钱等。根据墓葬形制、出土器物推断这些墓葬时代为东汉晚期，其中墓室砖壁外弧的 M24 或可晚至魏晋时期。

此次发掘的墓葬形制和随葬品组合与之前发现的鲁北地区战汉、金元、明清时期墓葬基本一致，丰富了济南地区的墓葬资料，尤其 M30 是目前所见山东地区时代较早的砖椁墓，墓壁外弧的砖室墓 M24、墓道生土壁上雕刻仿木结构的土洞墓 M4 均为济南地区所少见，为济南地区战汉至明清时期的葬制葬俗以及社会、历史研究提供了新材料。

（房　振　刘秀玲　陈永婷　郭俊峰）

【临淄齐国故城 10 号建筑遗址】

发掘时间：2015 年 10 月 ~2016 年 5 月

工作单位：山东省文物考古研究所

10 号建筑遗址位于临淄齐国故城小城内，此次发掘为配合临淄齐国故城国家考古遗址公园建设而进行，面积约 1000 平方米。

发掘工作选取遗址中心战国夯土台基南部、东南部及东北部拐角等处进行重点揭露，通过于夯土台基东北部布设的探沟，基本了解了外围夯土地面边缘部位的形制：外围夯土由西向东逐渐变薄，底部逐渐上翘。由此可知夯筑之前先于生土上挖出圜底的基坑；清理出夯土台基东侧延伸部分西南拐角内的堆积剖面，展示出台上建筑垃圾堆弃过程，还可清晰观察到“护坡”堆积的结构以及“烧土堆积—‘护坡’—淤泥层—外围夯土”的叠压关系；对台基主体部分东南内拐角以东进行揭露，明确了台基南部地层堆积，揭露出“护坡”的面貌，“护坡”表面局部保留了密布陶器、瓦片的原貌以供展示，并通过台基外侧堆积剖面对台上建筑垃圾堆弃和掩埋的过程有了进一步了解；对南部伸出的“通道”隔断处进行发掘，发现并完整揭露战国铺石地面一处、清理贴近夯土台基的战国至汉代沟 3 条。

此次发掘对于我们进一步把握战国夯土台基的形制、推测其性质以及丰富遗址公园的展示内容都有重要意义。

（魏成敏　吕　凯）

【淄博市临淄区荣家庄战国遗址】

发掘时间：2016 年 6 ~8 月

工作单位：山东省文物考古研究所

荣家庄遗址位于淄博市临淄区皇城镇荣家庄村南，北距荣家庄村约 300 米，为配合济青高铁建设，我们对占压区域进行了发掘。

荣家庄遗址发掘面积 5300 平方米，其中遗址西部 1300 平方米由烟台博物馆发掘，省考古所发掘剩余部分，实际发掘 2000 平方米（未发掘区域为曹村村民祖坟地及施工形成的泥浆池、管桩占地），此次仅介绍省考古所的发掘情况。

发掘之前我们对遗址进行了详细的勘探，根据勘探掌握的资料制订了工作方案和应急预案。发掘工地依据线路走向共划分为Ⅰ ~Ⅳ四个发掘区，各区探方分别编号，遗迹统一编号。

以Ⅱ区为例介绍遗址的地层堆积：第

1层：耕土层，疏松，厚0米~0.2米，大部已被机械清理掉，包含有陶片、兽骨、青砖块等，清代墓葬开口于该层下。第2层：浅灰褐粉沙土，较致密，厚0.1米~0.6米，含有少量烧土粒、炭屑、陶片、兽骨、蚌壳等。遗迹多为此层下开口。时代为战国。第3层：深褐色粉沙黏土，较致密，厚0.6米~0.8米，大部分被上层遗迹破坏，含有零星烧土粒、炭屑，主要分布在东部，未全部清理。时代为战国早期或春秋。第4层：浅黄色生土。

荣家庄遗址共计发掘各类遗迹92个（座、条），其中灰坑71个，沟2条，井2眼，墓葬17座。

灰坑除近现代扰坑外，基本上全为战国时期。灰坑形状以圆形、椭圆形为主，出土陶片主要为夹砂绳纹灰陶片、泥质绳纹灰陶片、素面瓦、圆陶片等，器形主要有鬲、豆、盆、罐、盂、板瓦、筒瓦，另有少量甗、甑、鼎、纺轮、盔形器等。除陶片外灰坑内还出土有兽骨、蚌壳、骨器、石器等。17座墓葬中，战国墓分为长方形土坑竖穴墓和瓮棺墓两种；唐墓为单室砖墓，被盗，出土砚台、瓷碗各一件：宋金墓分为仿木结构的圆形砖室墓和阶梯墓道土洞墓，仅后者出土一件白釉瓷灯碗；清代墓葬均为砖室墓，分为单室和双室两种，随葬器物主要为瓷罐、铜钱。

荣家庄遗址时代以战国为主，发掘区地势较低，Ⅰ区覆盖有厚1.5米~2米的淤土层，Ⅱ区则见水冲积迹象，陶片磨圆程度较高，遗址西距淄河约350米，可能与淄河泛滥有关。发掘区北部地表可见大量战国陶片，南部曾发掘有春秋战国墓，发掘区应为整个荣家庄遗址的南部。发掘区西端距齐王苑囿雪宫台直线距离约800米，此处建苑囿可能与当时水湿地形有关。

荣家庄遗址西距齐故城约600米，对于研究战国时期齐故城郭外的地理环境、埋葬情况及淄河变迁具有重要意义。

（李宝军　董文斌　魏成敏）

【淄博市临淄区东古城村北遗址】

发掘时间：2016年6月20日~9月30日

工作单位：山东省文物考古研究所

东古城村北遗址位于临淄区齐都镇东古城北，南距齐故城北墙约300米，与临淄齐故城关系密切。为配合济青高铁建设工程建设，山东省文物考古研究所对东古城村北遗址进行考古发掘。

为便于考古发掘和管理，根据地理地形将遗址自东向西分为4个发掘区。1区位于发掘区东端，主要发现汉代制骨遗存、春秋墓葬及西周时期居住遗址。2区位于发掘区中部偏东位置，主要发现周、汉墓群。3区位于发掘区中部偏西位置该区主要为战国至汉代遗存，发现有灰坑、灰沟、墓葬等遗迹，综合判断可能为当时遗址边缘的洼地。4区位于遗址的西部，发现有周汉时期道路、墓葬、房址及灰坑等遗迹。

经此次发掘，对了解临淄齐故城以北区域的文化内涵有很大帮助，今后应将其纳入临淄齐故城的文化景观中加以整体考察和研究。

（赵益超　魏成敏）

【临淄粉庄2号东周至汉代墓地】

发掘时间：2016年5~8月

工作单位：山东大学文化遗产研究院

临淄粉庄2号墓地位于淄博市临淄区齐都镇粉庄村西北部的齐故城北部近郊，2016年5~8月在济青高铁建设过程中，由山东大学文化遗产研究院组织进行了抢救性考古发掘。在东西长约125米、南北宽约38米、发掘面积4775平方米的范围内，发掘出土东周、汉代墓葬131座，灰坑23个，井1口，沟2条。其中瓮棺葬墓31座，均为汉代墓葬，大多沿东西方向直线排列。土坑墓101座，均形制较小，以战国墓为主。其中仅 28 座出土有随葬品，其余均无随葬器物。随葬品以陶制明器为主，器形主要有鬲、豆、盂、盆、罐等；少数墓葬随葬有小型青铜器：剑、戈、带钩等；个别墓葬还出土有少量的骨簪、骨管及玉环、玉管等饰物。

在发掘过程中，使用运动相机等跟拍设备将发掘清理过程全程录像。并采用多视角三维重建技术将遗迹及文物数字化存储，制作成三维模型，最大限度保留各种精确信息。为完整保存和提取墓葬信息，对部分墓葬采用了整体打包套箱提取，在实验室内进行精细发掘清理的工作方式。此外，发掘过程中还全面提取了人骨、兽骨、植物孢粉、纺织品、矿物等遗物，采用多学科的方法和技术手段进行分析、测试和研究。因此，临淄粉庄 2 号墓地的考古发掘，为深入研究东周至两汉时期临淄地区墓葬的埋葬习俗变化和考古学文化的演变，提供了一批重要的新资料。

（朱　磊）

【临淄粉庄 1 号战国及宋金墓地】

发掘时间：2016 年 6 月 ~2017 年 1 月

工作单位：山东省文物考古研究所、临淄区文物局

为配合济青高铁项目的顺利施工，山东省文物考古研究所组织人力，对高铁沿线待下挖区域进行了细致的考古调查和勘探工作，于淄博市临淄区凤凰镇粉庄村西北（待建临淄北站区域）发现一处墓地，其距离齐故城北城墙 1.5 千米，分属粉庄村、王青村管辖。平面略呈东西长，南北宽的长方形，面积约为 20000 平方米。

布设 10 米 ×10 米探方近 180 个，总体揭露面积达 18000 平方米。目前已清理墓葬 611 余座，形制包括砖室墓、土坑墓、瓮棺葬和砖椁墓，另外有灰坑 56 个、井 49 口、沟 8 条、路 2 条，出土陶、铜、骨、铁、石等各类文物小件近 1000 余件。

根据墓葬形制及出土器物，结合相关其他遗迹的出土物，判断墓葬所处年代分别属于战国和宋金时期。

战国墓葬数量较多，有长方形竖穴土坑墓和瓮棺葬墓。其中土坑墓依据葬具不同可分为单椁单棺墓、双椁单棺墓、单棺墓和无棺墓几种类型，由于保存环境较差，棺椁除少部分有残存木头外，多数仅留有灰痕。死者有仰身直肢、俯身直肢和侧身屈肢葬，骨骼多已腐朽。随葬器物见骨笄、铜剑、铁剑、滑石环和豆、罐、鬲等陶器，或放于头端，或置于棺内和墓内壁龛。初步判断墓葬年代当属于战国早中期，个别可能早到春秋晚期。

宋金墓有 20 余座，分为砖室墓、砖椁墓和土坑墓。砖室墓上部多遭破坏，室内置有木棺，常见夫妻合葬墓，内放瓷碗或瓷壶，死者尸骨比较凌乱，周围常散放铜钱；砖椁墓平地下挖稍浅，直接贴壁砌椁，墓底多不铺砖，有的椁室设有壁龛，个别墓葬有盖顶；土坑墓为长方形小型墓，有棺灰痕迹，在墓内或者壁龛中置有器物。此批墓集中分布于墓区西北部和东南部，应为聚族埋葬所致，从随葬器物特征分析，此类墓葬年代多界于宋金时期。

另外还有灰坑、沟、路、井等遗迹现象。据出土陶片判断，除一条路为宋金时期外，其余时代多为战国、两汉时期。

目前所见墓葬存在大量的叠压、打破关系，表明这是一块延续时间较长的墓地。发掘区不同时代、不同类型墓葬清楚的分区、分群现象，以及个别墓葬的分组排列和明显的打破关系，表明特定的墓区应是合理规划的家族茔地；各异的墓葬种类，特征明显的出土遗物，立体展示了不同时期中下层民众的墓葬习俗和信仰倾向。处于齐故城北郊的粉庄 1 号墓地的考古发掘，对研究齐国墓葬习俗和齐文化均具有重要意义。

（王子孟　杨小博）

【高青县狄城战国至秦汉时期遗址】

发掘时间：2016 年 3～7 月

工作单位：山东大学考古与文博学系

狄城遗址位于高青县高城镇信家村、陈窑村和西关村之间。2013 年底至 2014 年初的考古勘探表明，遗址范围超过 50 万平方米，城址面积约 30 万平方米。

2016 年度发掘区域位于遗址的中部偏西和遗址西南。其中，主要发掘区位于遗址的中部偏西，共布设 5 米×5 米探方 19 个；遗址西南布设一条 55 米×4 米探沟。

此次考古发掘的目的在于了解狄城遗址的文化面貌，初步建立该遗址的文化编年，明确城址的始建年代和废弃年代、城址的性质，为进一步开展考古学研究、文化遗产保护和遗址保护规划与展示利用提供基础资料。整个发掘过程中，发掘汉代、明代墓葬 18 座、灰坑 215 个、道路 3 条，另有少量灰沟、窖穴、灶，还发现了与建筑相关的遗存，包括垫土、柱础、柱洞、排水沟等；探沟则主要是对西城墙南段的解剖。出土遗物包括大量的陶质建筑遗存（板瓦、筒瓦、瓦当、铺地砖、墓砖、护阶砖、石灰块）、日用陶器（盆、釜、罐、瓮、鼎）、瓷器（唐、明代）、少量玉石器（包括玉璧）、青铜器（带钩、镞、钱币、铜泡、漆箍、鎏金器耳）、铁器（钉、刀等）、琥珀装饰品；带字陶文（“狄市”“□亭”）等。除人工制品之外，发掘过程中还系统采集大量浮选和植硅石土样、测年标本等自然遗物。

2016 年度的考古发掘工作获得了一大批内涵丰富的考古资料（包括部分文字资料），成为揭示狄城遗址的文化面貌、判断狄城遗址的时代和性质的坚实基础，有助于建立或进一步完善和细化鲁北地区战国秦汉时期的考古学文化编年。

（陈章龙）

【安平故城遗址】

发掘时间：2016 年 6 月 19 日～7 月 20 日

工作单位：山东省文物考古研究所

安平故城遗址位于淄博市临淄区皇城镇皇城村东南。《史记·田敬仲世家》载“田常割齐自安平以东至琅玡，自为封邑”。又《田单传》载“田单走安平，襄王封田单号曰安平君”。清康熙十一年（1672）《临淄县志》载为春秋纪国酅邑，战国齐安平君田单封地，汉置东安平县。1973 年曾进行勘探。故城平面近长方形，东南角内凹，南北长约 2000 米，东西宽约 1800 米，城墙大部分已平毁，现存东北角残垣长 50 米，基宽 40 米左右，残高 2 米。为配合济青高铁建设工程建设，解决城墙、壕沟的结构及年代问题，山东省文物考古研究对安平故城遗址进行考古发掘。

于北墙偏东处布设探沟 1 条，方向 17°，东西宽 2 米、南北长 77 米。城墙夯土多遭现代垃圾坑破坏，残宽 12 米，仅存 5 层夯土，黄土夯筑，层厚约 20 厘米，未见基槽。城墙北约 26 米处为城壕，城壕宽约 12 米，距地表深 5.1 米，沟内填淤土，可明显分为三期。从城墙夯土及沟内填土包含物及打破关系看，该段城墙年代应在战国时期，与历史记载之春秋纪国酅邑当无关系。但此次仅发掘北墙东段一条探沟，也可能与酅城范围未及此处有关，要解决此问题需对安平故城开展更进一步的考古工作。

（赵益超 张 斌）

【潍坊市坊子区杞国故城遗址】

勘探时间：2016 年 3 月 7 日～5 月 4 日

工作单位：山东省文物考古研究所

杞国故城遗址位于潍坊市坊子区黄旗堡街道西南部，遗址西临汶河，东距潍水 5.3 千米，处于两河之间。2013 年公布全国第七批重点文物保护单位，由杞国故城城墙、皇城顶遗址、逄王陵、周家庄子遗址、周家庄子墓地组成。

2016年度由山东省文物考古研究所对城墙及壕沟分布范围进行首次勘探，旨在探明故城的墙体平面结构及门址的相关情况。

城址平面总体呈东西宽、南北略窄的不规则四边形，东北—西南向，城墙东北角及西南部均外凸。城址总面积2670437平方米，城内面积2246951平方米，城壕总长度6428米，城墙总长度6203米。西墙、东墙、北墙中部各发现一处城门，南墙可确认两处城门，另有两处存疑。

城址内部发现有大量的汉代的板瓦、筒瓦、陶盆等器物；从东墙暴露城墙剖面来看，夯层厚达20厘米，基本符合汉代城址建筑技术特点；据《齐乘》《杞纪》《安丘县志》等文献所载，杞国故城为汉代淳于县治所。以上证据表明，汉代仍沿用杞国故城。

在城墙剖面底部发现有东周时期陶片，城内也发现有东周时期遗物，由此可知东周时期已有居民活动。据以上分析，此次勘探杞国故城外围城址建筑年代应始于东周，汉代继续沿用，高齐时并入高密县，自此废置，其城址内部结构及年代还有待进一步的考古勘探和发掘工作。

（董文斌　程　鑫）

【定陶王陵二号墓】

发掘时间：2016年3～12月

工作单位：山东省文物考古研究所、定陶区文物局

根据定陶王陵M2总体保护工程方案，该墓葬周围设置防水帷幕。为防止在施工范围内破坏文化遗存，2016年对M2墓室以及施工区内6米下开口的夯土遗迹进行清理，在墓葬周围发现M2的原有墓道、版筑夯土台等遗迹现象。

墓道开口于5.8米封土之下，叠压在打破墓室的东向G3（原定墓道）下面。墓道东西长21米，方向东向94°。墓道南北两侧版筑墓壁，木板皆已撤除，并发现系拉夹板麻绳及穿棍的痕迹。墓道东口宽8米，被东西宽2.5米夯土封堵；中部墓道至连接墓坑处宽约12.4米。据勘探知墓道平底铺垫青砖，深约11米。墓道上宽下窄，墓壁自下而上随每层夹板增加逐层变宽，每层夹板宽25厘米～30厘米。

墓道南北两侧发现有南北两个形如阙台的夯土台，开口同墓道。北夯土台南北平面宽9.6米～10.4米、东西长11米；南夯土台南北平面宽10.6米～10.2米、东西长11米。两个夯土台内外两侧皆版筑，两台自下而上逐层收缩，台高从汉代地表预判为5米～5.5米，台底部各边长度顺加约1米（预测）。两台东部各有四个间距4米的方形柱坑，柱坑边长约50米、深度1米。两夯土台形如阙台，黄褐花土皆夹杂有青石碎片逐层夯筑，坚硬致密，层次清晰。台边缘内侧皆有竖向穿棍。墓道两侧版筑台基深度暂定与墓道同深。其下亦有厚1.3米夯土，或许为建墓时汉代地表下的基槽夯土。

此外，在墓坑外围有一大型版筑夯土台（简称内台）。开口于5米～5.8米下，台外围贴护木板逐层上缩。斜坡式台面中间高、四周略低口，台面上散落砂粒。版筑夯土台围筑成M2，中间形成墓圹。台平面呈方形，边长48米、高至少5米，版筑夯土台下底宽预测约50米。台西南角逐层揭露夯土时，发现大量车辙痕迹，皆西南向，另有少量牛蹄迹象。

在版筑夯土台以及墓道两侧阙台外围又发现一周围筑的夯土台（简称外台）。平面近方形，边长为76.4米～78.6米。台面斜坡近平。夯土台外侧斜坡下延，坡度较大，外坡边缘不甚规则，深度在0.6米～2米。

围绕墓坑的版筑夯土台、夯土台上近墓框口26处对称分布的柱洞、墓道两

侧形如阙台及台上相对应的8个柱坑，此类遗存与墓室积沙槽内立柱相统一，形成统一的整体，形如一大型高台建筑基址。其礼制意义凸显。正与定陶王陵M2大体量高规格黄肠题凑墓室等级相一致。M2此种封土结构堪称“亚帝王”级，是目前研究西汉帝王墓葬封土结构的唯一实例。

（崔圣宽）

【滕州市前台汉代及明代墓地】

发掘时间：2016年6～12月

工作单位：山东省文物考古研究所、滕州市博物馆

墓地位于枣庄滕州市羊庄镇前台村东南近200米处，地处山前台地。平面略呈东西狭长带状，面积约三万平方米。此次仅对庄里水库大坝占压区进行了勘探和发掘。共清理墓葬315座，出土文物近千件。

汉墓294座，年代为西汉晚期至东汉中期。形制多为石椁墓，部分石室墓（带墓道），少量侧室墓和土坑墓。墓葬多东西向，极少南北向。人骨保存较差，仰身直肢葬为主，头多向西，少量向东，极少南向。部分单人葬，多人葬以2～5室不等，双室合葬为主。部分墓葬带画像石，多集中于石室墓横梁、墓室后挡板及前堂，少数位于石椁墓两段挡板内侧。画像内容多铺首衔环、穿壁、鱼纹、树木、几何纹和人物等。出土器物主要为陶器，多置于头龛或头箱及前堂之内，器形有罐、壶、鼎、盒、奁和灶等，另出有部分铜盆、铜镜、铜钱、铜带钩、铜印、银环和铁长刀、环首刀等器物。

明代中期墓葬21座，多石椁墓，少量石室墓。多双人合葬，少量单人葬。仰身直肢葬为主，部分迁葬，头均向北。出土器物有瓷罐、瓷碟和铜钱等。

该墓地墓葬形制多样，结构具有特色，出土文物丰富，为鲁南地区汉墓研究提供了新材料。

（王　龙　魏慎玉）

【淄博市淄川区寨里窑址】

勘探时间：2016年1～3月

工作单位：山东省文物考古研究所

寨里窑址位于淄博市淄川区寨里镇寨里村与大张村之间，西距淄川城区约6000米。窑址于1957年文物普查时发现，1976～1977年《山东淄博陶瓷史》编写组、山东省博物馆、淄博市博物馆等单位进行了复查和试掘。

为了更好地了解寨里窑址的布局和文化内涵，为窑址总体保护规划的编制提供科学依据，受淄川文物局委托，我们对寨里窑址进行了勘探。勘探前期我们在当地提供的窑址范围内用RTK布50米×50米的探区，后期由于窑址所处区域地块比较完整，故以地块为单位人工布方。勘探孔距为5米，根据实际情况加以变通，对重要探孔、遗迹进行RTK测绘。

由于20世纪50～80年代的平整土地、取土、采矿等原因，寨里窑址的地层堆积遭到严重破坏，基本上以垫土为主，有些区域垫土层厚达4米，仅窑址中北部保存较好，以此处为例地层可分为5层。

勘探表明寨里窑址的范围北至枯河道，东起大张村北土岭，西至原寨里煤矿职工楼，东西长约810米，南北宽约400米，面积约324000平方米。寨里窑址南面因被机械厂、制药厂占压，未能勘探，但是通过走访调查，此处亦应属于窑址范围。

此次勘探出的遗迹主要有瓷窑、灰坑、瓷土区和近现代墓葬四类。

瓷窑共探出5座，其中3座分布在遗址中北部靠近河道处，这五座瓷窑均遭到不同程度的破坏，窑室基本呈椭圆形。

灰坑共探出22个，形状以圆形、椭圆形为主，绝大部分为现代扰坑。在窑址的

中部偏北和中部偏南分别探出两个红褐色颜料坑。

瓷土区共探出3处，分别位于窑址的东部、中部偏南、中北部。瓷土区形状不甚规则，面积最大者形状近椭圆形，南北残长约60米，东西宽约18米，黄、白瓷土叠加分布，瓷土细腻坚硬。

寨里窑釉色以青绿釉、青黄釉、青褐釉为主，另有少量黑釉、酱釉和黄釉，窑具以窑柱、三叉形支钉、齿状支具为主，器形主要为碗、盘，主要器物具有明显的北朝色彩，从采集瓷片看时代可能延续至唐。

寨里窑应是柴烧窑，虽未探出大量草木灰，但群众取土时曾有大量发现，窑址南部的连绵低山、北部的黉山、梓潼山等为窑业烧造提供了充足的柴草，北面的河道则便于取水和运输。

寨里窑是目前北方已发现的较早的青瓷窑址，对于研究北方早期青瓷的生产、瓷业的发展有重要意义。

（李宝军　蔺开庆　李瑞兴　闻其东）

【淄博市淄川区磁村唐宋窑址】

勘探时间：2016年4～5月

工作单位：山东省文物考古研究所

磁村窑址位于淄博市淄川区昆仑镇磁村，1976年山东淄博陶瓷史编写组对该窑址进行过复查和试掘，先后发现窑炉、窖穴、作坊房基、料池、墓葬等遗迹。

为了更好地了解窑址的布局和文化内涵，为窑址总体保护规划的编制提供科学依据，受淄川文物局委托，对磁村窑址进行了勘探。

以往把磁村窑址划分为四部分，由于窑址所在地表已发生较大变化，因此我们将其重新划分为七部分，除村内区未能勘探外，其余分别介绍如下。

北窑洼区位于S326以北，生产路及两侧散落有大量瓷片、窑具。探明范围东西长约360米，南北残宽约250米，面积约9万平方米，探出瓷窑6座、灰坑4个（红褐色颜料坑1个）、瓷片区2处。

磁村水库北区位于水库以北，居民楼以南，仅东南角存在有东西长约70米、南北宽约60米的文化层，探出灰坑1个。

磁村水库南区位于水库以南，面积约28万平方米。地表有极少量瓷片，未见文化层。

小窑洼区此次勘探新发现，位于水库西侧，略呈三角形，东西最长约100米，南北最宽约70米，面积约7000平方米，文化层厚0.3米～1.5米，探出瓷窑3座、灰坑2个（瓷土坑1个）、瓷片区1处。

华严寺区指以华严寺为中心的区域。华严寺东面斜坡上散落有大量窑具，主要为匣钵、垫圈，瓷片以白釉为主，其次为黑釉，未见遗迹。华严寺以南的斜坡处存在文化遗物遗迹，地表散落有大量碎瓷片和窑具。探明范围南北长约100米，东西宽约60米，面积约6000平方米，探出瓷片区、瓷土区各1处。

苹果园区位于华严寺以东，南北以民房为界。目前该区绝大部分区域密植杨树，距地表0.4米～1米为生土或基岩，但地表散落有较多白、黑瓷片、窑具。

北窑洼区采集及探出瓷片釉色主要有白釉、酱釉、青釉、黑釉等，器形主要为碗、盘、罐、钵、盆、炉等，窑具有窑柱、三角支钉、垫条等，白釉碗施釉不到底，碗底以平底、玉璧足为主，圈足者多有三个较大支钉，这些都是典型的唐宋器物特征。

华严寺东坡散落窑具应是烧造时倾倒的，推断寺内应有较多瓷窑，但由于硬化，无法勘探。

华严寺南区采集及探出瓷片基本上全为白瓷，器形以碗为主，其中有一类仿定窑的黑釉芒口碗，内底满釉，下腹及圈足不施釉，该区窑具以匣钵、垫圈居多，应为主要烧造区或倾倒场。

小窑洼区发现瓷片较多，以白釉、黑釉为主，器形有碗、罐、炉、杯等，同时有大量窑具和烧连器物，该处地势低洼，北部地势高亢处现为村庄，建房、修路时曾发现有大量瓷片和烧土，推测小窑洼应为村内烧造区的垃圾倾倒场。

磁村窑的时代北部以唐宋为主，主要烧造青瓷、白瓷，产品以碗为主，宋金时期瓷器烧造场所南移至今华严寺和小窑洼一带，产品主要为黑釉碗、盘和白瓷碗，这种转移可能与就近利用南部山区的瓷土、耐火土、煤炭等资源有关。

（李宝军　闻其东　李瑞兴　蔺开庆）

【淄博市张店区张冉唐代至明清墓地】

发掘时间：2016 年 7 ~10 月

工作单位：山东省文物考古研究所

张冉墓地位于淄博市张店区傅家镇张冉村东 200 米，孝妇河西岸。2010 年公布为市级文物保护单位，南北长 550 米，东西宽 150 米，面积约 8 万平方米。为配合张店区马南路工程建设，2016 年 3 月对墓地进行了调查与勘探，7 ~10 月，进行了发掘，清理 80 座墓葬，时代分属唐、宋、金、元、明和清代。唐代墓葬 4 座，分砖砌与石砌两类，出土铜镜、铜钱、瓷器、陶器等随葬品。宋金元时期墓葬 50 余座，形制有长方形砖椁墓、带墓道砖室墓和土洞墓三类。随葬品有铜钱、瓷器等。瓷器多为磁州窑系。明代墓葬 10 余座，主要是带墓道砖雕壁画圆形穹隆顶墓，部分墓葬绘彩画。随葬品有铜钱、瓷器等。清代墓葬十余座，多为砖砌并列双室墓，夫妻合葬，两室之间连通，顶有券顶和石板覆盖两类。随葬品有铜镜、铜钱、瓷器等。墓地时代延续时间较长，墓葬排列有序，应为各时代家族墓地。这批墓葬的发掘，对研究各时代丧葬习俗和当地历史具有一定的意义。

（党　浩　庄明军）

【博兴县河里村晚唐五代遗址】

发掘时间：2016 年 5 ~7 月

工作单位：山东省文物考古研究所、滨州市文物局、博兴县博物馆

遗址位于滨州市博兴县纯化镇河里村东 1500 米，南距博兴县城 20 千米。

为配合博兴电厂的施工建设，联合考古队对遗址进行了考古发掘，发掘面积 600 平方米。发现有陶窑、灰坑、烧灶、灰沟，并发现晚期墓葬两座。出土较为丰富的陶瓷片及少量铜钱。

遗址上面分布厚达 1 米的淤积沙土或淤泥，下面遗迹保存较好。

发掘陶窑一座。窑门朝东南，方向 140°。圆顶拱形窑门，不规则的梯形工作间。窑室呈西边较直的马蹄形，宽 3.7 米，进深 3.15 米。火塘位于窑室的东南部，呈双弧边椭圆形。窑床东侧台边呈弧状，进深 1.5 米 ~1.85 米。窑床向上 1.5 米用砖券内收，收成圆顶状室顶，由此推测窑室顶部应为圆形穹隆顶。烟孔在窑室西壁近底部，一排九个方形烟孔。烟囱位于成排火孔中部上方。窑床上面残存大量碎砖块。该窑应为烧砖用窑。窑床上面发现铜钱一枚。

灰坑共 38 个，有圆形、椭圆形、不规则灰坑，底部有圜底和平底两种，皆为垃圾坑，未见窖穴。灰坑内有的出土较为丰富的遗物。灰沟共 7 条。烧灶共 6 个，皆为泥土中掏挖而成，由火塘和工作间组成。活动面共 4 处，砖墙一道，保存得不太规整。

遗址出土有陶片、瓷片、兽骨等。陶器，多为泥质灰陶，少量褐陶。器形有盆、罐、壶、瓮等。瓷器，以白瓷为主，另有少量黑瓷、青灰瓷、白瓷绿彩瓷器等。器形有碗、盘、罐、壶等。从窑口看，所出

瓷器多为淄博当地磁州窑系列产品。瓷胎多较为粗糙，白中泛黄，含杂质。白瓷绿彩，多在白瓷上点抹绿彩，色泽嫩绿。黑釉瓷器，表面光亮，黑中泛红。青瓷多为天蓝色青灰瓷，豆绿色青瓷不见。

河里遗址，遗存较为单薄，遗迹分布较少，仅发现有少量的灰坑、灰沟、活动面、烧灶等，与遗址内发现的遗物相结合，推测这个遗址居住使用时间较短，可能因为大水的原因搬迁到其他地方居住。

由遗址出土的瓷片标本分析，主要为唐代晚期遗存，其代表性的遗物为饼状足、玉璧足或环状足的瓷碗、罐、壶、盘等。宋代的圈足碗、盘标本仅发现七八片，而且是河北定窑的产品。唐代晚期到五代的标本虽然发现较少，但时间集中，标本较为单纯，为山东地区唐代晚期瓷器的断代提供了一批重要资料。

（李振光　马　超　张淑敏）

【定陶县戚姬寺遗址】

勘探时间：2016 年

工作单位：山东省文物考古研究所

戚姬寺遗址位于定陶县东北 6000 米处，杜堂镇寺后王庄村中心，西侧接近菏泽、定陶连接线，东距杜堂镇 4000 米，1979 年列为定陶县重点文物保护单位，2006 年被列为山东省重点文物保护单位。为做好戚姬寺遗址的保护、修缮和利用工作，2016 年度山东省文物考古研究所成立戚姬寺遗址勘探队对该遗址进行了科学详细的考古勘探工作，勘探面积总计 2 万余平方米。

戚姬寺原名戚堌寺，修建于堌堆地貌之上，相传最早于汉文帝时期为纪念高祖宠妃戚姬所建，但不见正史记载，翻阅《定陶县志》、参考残存碑刻，可知戚堌寺本为佛寺建筑，现可见最早文献记载于顺治十二年《定陶县志》，时至“文革”期间遭受严重破坏，早期寺庙建筑被拆、院墙不存、残留部分晚期建筑，其中在遗址西南部残存倒塌门楼一处、东西配房各一座、重修庙殿一座等，地表可见文物有石碑残段 2 块、较完整石龟趺 2 座，以及砖、瓦、古井、柱础和石香炉等。

工作以考古勘探为主，调查走访为辅，基本厘清了戚姬寺遗址寺庙建筑的位置、分布范围以及堌堆早期文化遗址的深度和分布范围。

勘探结果表明，该遗址可分早晚两部分。戚姬寺遗址本为晚期寺庙建筑遗址，其修建于堌堆之上，然堌堆本身亦分布龙山—商代文化层。

经过详细勘探，晚期寺庙建筑基址可见东西两排分布，西侧建筑可见 3 处基址，最南侧基址略小，北部 2 处为大殿，基址范围较大，但基址西部缺失。东侧建筑亦有 3 处，整体建筑范围较西排建筑略小，其中最南侧建筑仅残留西半部。由于晚期人为活动对寺庙建筑破坏较甚，所见建筑基址不甚完整，尤以西侧和南侧建筑破坏最为严重。

通过对堌堆周围打深孔，基本确定了龙山至商代聚落址的分布范围：整体呈椭圆形，以保护碑为基点，往北约 80 米、往南约 40 米、往西约 50 米、往东约 90 米，整体南北通长约 120 米，东西宽约 130 米，文化堆积厚度由中部向四周逐渐降低。

由于勘探工作仅能发现建筑基址的砖基、夯土和路土等迹象，难以明确确定建筑基址的起始年代。从遗址的地层堆积可知，建筑基址位于黄色淤沙层之上，黄色淤沙层包含少量元代瓷片，可知黄色淤沙层的年代上限为元代，所以，从地层堆积年代可知，建筑基址的年代上限不早于元代。同时查询《定陶县志》，顺治十二年县志中已有戚堌寺的相关记载，可知佛寺建筑基址的年代下限则不晚于顺治年间。再者，佛寺遗址所在寺后王庄的建村年代和得名由来又可一定程度上证明戚堌寺在明代时期已然存在。

综上所述，现已探明戚姬寺（戚堌寺）建筑基址的年代最早应在元明时期，屡圮屡修，一直延续至今。

（曹　军　孙　明）

【济南市百花洲明清时期泰山行宫遗址】

发掘时间：2016 年 10～12 月

工作单位：济南市考古研究所

泰山行宫遗址位于济南市大明湖景区南部，百花洲景区东部，北为大明湖路，南为万寿宫路，西为岱宗街。根据相关史料记载，行宫始建于明代正德十一年（1516），是历城区开创年代最早的泰山行宫之一。明代、清代及民国多次重修，“文化大革命”时期彻底废弃，延续时间 400 余年。

为配合济南明府城百花洲项目对泰山行宫遗址的保护和展示规划工作，济南市考古研究所对其进行了考古勘探和发掘，以期获得泰山行宫在各历史时期的占地范围、建筑布局等基础资料，为遗址保护、展示方案的编制提供科学依据。

此次勘探和发掘的区域位于百花洲东部，北至百花洲引水渠，南至万寿宫街，西至岱宗街，基本上属于遗址的核心区域。共发现房址 4 座、碑额两通、石雕赑屃两只。房址绝大多数破坏严重，仅存最下部墙体或部分墙基均为石块垒砌，少数残留有铺地砖或石板；个别房址有散水。发掘出土少量瓷片和脊兽残件等器物。

根据一般道教建筑布局，结合房址形制、发掘位置及文献记载，此次勘探和发掘的房址应为现存泰山行宫的主体建筑，行宫布局基本得以廓清，部分房址的性质得以明确。该行宫基本遵守了中国古建筑中轴对称的布局设计，中轴线上自南至北共发现 F4、F2、F1、F3 四座建筑，分别为山门殿、前殿、东配殿、西配殿。通过各房址内遗迹的叠压关系、建造方法、相对高差及出土器物判断，现存泰山行宫遗址可分为早中晚三期，分别为明代创修期、清代重修期以及民国重修期。

山门殿保存较差，其北部被现代建筑破坏。坐北朝南，东西长 11 米，南北残宽 3.8 米，面阔三间，中间为门道，东西两侧各有一门房。东西门房均仅存东西墙基和石板地面，墙基由三合土构成，非常厚实坚固。山门内的遗存可分为明代创修期和民国重修期两期，石板地面应为明代创修期地面，三合土墙基为民国重修期遗存。文献记载民国时期山门为两层门楼式结构，结合山门厚实坚固的墙基推断，文献记载应该是可信的。

前殿是面积最大、等级最高的房址，平面呈长方形，坐北朝南，南侧有前廊，在晚期前廊南部由石砌墙封堵。室内东西长 12.4 米，南北宽 8.7 米，面阔五间，进深三间，北侧设门址，南侧门址无存，北侧门址保存相对较好，在晚期由三合土封堵。室内遗存主要有石板地面、青砖地面、神台及磉墩，可分别为明代创修期、清代重修期以及民国重修期三期。明代创修期遗存包括石板地面及北侧三个放置神像的长方形大神台，石板地面保存较好，由形状不规则的石板铺成，大神台中间略大，东西侧两个略小。清代重修期遗存主要是东西侧的小神台及神台之间的砖砌地面，西侧有三个方形神台，东侧仅存一个，砖铺地面保存较差，残存很小部分。民国重修期遗存包括 9 个磉墩及封堵北门的三合土块，磉墩多为正方形，由砖、石及三合土混筑而成，其顶面基本上位于同一水平面上，且高于所有神坛，因破坏严重，未发现与磉墩对应的地面。该期应为民国时期因地下水位上升而重修。

西配殿，平面呈长方形，坐北朝南，面阔三间，进深三间。残存墙体宽 0.57 米，东墙向南有一南北向石墙相连，石墙南部被破坏，残长 2.7 米，宽 0.5 米，根据其位置推测应为西配殿的东院墙。室内东西长 8.5 米，南北宽 4.25 米。室内遗存主要有砖砌地面、神台及磉墩，分清代重修期及民国重修期两期。清代重修期遗存有砖铺地面和神台，砖铺地面保存较好，长方形青砖南北向错缝平铺，神台仅存底部。民国重修期遗存有砖砌地面和磉墩，均保存较差。

东配殿，平面呈长方形，坐北朝南。残存墙体宽 0.55 米，西墙向南有一南北向石墙相连，石墙南部被破坏，残长 4.7 米，宽 0.55 米，根据其位置推测应为东配殿的西院墙。该院墙西侧有鹅卵石铺成的散水，保存较差。室内东西长 7.9 米，南北宽 3.66 米，室内遗存主要为砖铺地面和神台，为清代重修期。砖铺地面保存较差，室内依北墙、东西山墙各有一长方形神坛并相连通，整体呈凹字形。

此外，发现两通碑额及两石雕赑屃，碑额一篆书阴刻“新建泰山行宫碑记”八字，一篆书阴线刻“重修泰山行宫碑记”八字，均分两列，碑额均通体浮雕有二龙戏珠图案。两石雕赑屃雕刻较为粗糙，赑屃头均遭到破坏，残缺不全。

泰山行宫，又称碧霞元君行宫、碧霞宫，民间俗称娘娘庙、泰山老奶奶庙，是供奉碧霞元君的场所。碧霞元君全称为“东岳泰山天仙玉女碧霞元君”，是中国古代神话传说中的女神，其道场在五岳之尊的东岳泰山，位于山东省泰安市。碧霞元君的影响力由山东省泰安市传播开来，历经上千年，特别是在明代以来，泰山行宫、碧霞宫等供奉场所在北方尤其是山东地区多地兴建，对我国北方地区的宗教文化产生了深远影响。

通过此次勘探发掘，我们对百花洲泰山行宫遗址的现存基址有了初步认识。不仅为保护方案的编制提供了重要依据，而且对于研究明清时期道观的等级、布局及建造方法均有重要意义。根据文献记载，泰山行宫在明正德十一年（1516）创建之后，在明代、清代及民国时期至少经过 5 次维修，此次勘探发掘也证明，泰山行宫至少修缮过两次。而且两次重修均是为了防止室内潮湿、内涝而抬升室内地面，这一现象对于研究济南市明清时期的水文、环境方面均有借鉴意义。此外，根据《续修历城县志》中“碧霞宫，行宫以十数，以德府后为古”的记载判断，百花洲的泰山行宫应该是该区域内始建年代最早的，这对于研究碧霞元君祭祀的源流、演变、传播以及地理分布也可以提供重要素材。

（邢　琪　丁文慧　郭俊峰）

河南省

【栾川县龙泉洞旧石器时代遗址】

发掘时间：2016 年 1 ~ 12 月

工作单位：洛阳市文物考古研究院、栾川县文化广电新闻出版局

龙泉洞遗址位于洛阳市栾川县龙泉山公园内的山坡南麓坡根，距伊河北岸约 1000 米，地理坐标为北纬 33°47′24″、东经 111°36′28″。2011 年洛阳市文物考古研究院曾在该遗址进行过考古发掘，2014 年至今，在 2011 年发掘区域以南 10 米处继续进行考古发掘，目前发掘面积约 20 平方米，发现有用火遗迹和大量的石制品、动物化石。2016 年主要对人类生活活动面进行了磁化率的检测和采样，对古人生活面进行了翻模复制，且往下进一步做了发掘工作。目前发掘出土的标本共 11000 多件，包括石制品、动物化石和疑似骨器等，另外还有大量淘洗出的标本尚未统计。龙泉洞遗址的石制品体现了中国旧石器晚期北方工业特点，以小型为主，石制品的原料以脉石英为主，打片以锤击法为主，偶尔使用砸击法。石制品类型包括石核、石片、工具、断块、碎片和搬入石材等，刮削器为主要类型。另外，龙泉洞遗址还有其自身的一些特色。龙泉洞遗址石制品属于简单石核石片技术传统，年代属于旧石器时期晚期早段。

下一步我们首先将对遗址进一步发掘至探方结束，其次要做动物化石鉴定分类、石器微痕观察、年代检测、用火遗迹科学确认、骨器观察等工作。

龙泉洞遗址属于旧石器时代晚期。该遗址对于全面研究栾川盆地旧石器晚期的文化面貌有着非常重要的意义（包括石器工业文化面貌、环境、动物考古及人类生活用火方式等）。

龙泉洞遗址的科学研究有助于遗址周边区域古环境的分析与重建，可以揭示当时人类对肉食资源的获取倾向、方式以及人与环境的耦合关系，为研究古人类生存模式、栖居形态以及群体组织形式等提供具有很高科研价值的资料。

（顾雪军　李　璇）

【舞阳县贾湖新石器时代墓葬实验室考古】

发掘时间：2016 年 10 ~ 12 月

工作单位：山东大学文化遗产研究院、中国社会科学院考古研究所

继续漯河市舞阳县贾湖新石器文化的两座墓葬 M58、M87 及龟甲组合等遗存的后期修复保护工作。

将 M69∶2 龟甲堆拆解复原，并搞清楚其龟壳的数量、形状及每个龟壳内的石子数量。

对 M87 进行土体脱水处理，以达到展示效果。

在实验室吊装设备的配合下，对 M58 翻箱后进行背面发掘。发现墓主人头下枕一象牙质板状物，其身体正面和背面被数百枚穿孔绿松石片状饰件包裹。在 M58 完成背面的发掘工作之后，利用多视角三维重建技术将背面的绿松石片状饰件分布信

息制作成三维模型进行存储，将墓主人背部的绿松石片状饰件及象牙板采集提取，并复制象牙板替换后，加钢丝石膏背衬，重新翻箱，再次清理 M58 正面至遗迹现象全部暴露，以达到展示效果。

（朱　磊）

【宜阳县苏羊新石器时代遗址】

发掘时间：2016 年 8 ~ 12 月

工作单位：洛阳市文物考古研究院

宜阳苏羊遗址位于洛阳市宜阳县张坞镇苏羊、下村和留召三自然村内，1986 年被列为省级文物保护单位。周围环境优越，北临洛河，南望熊耳山（秦岭余脉），遗址至山脚之间整体呈缓坡状，距山脚最近距离约 5000 米。遗址坐落于洛河南岸的二级、三级阶地上，沿洛河分布，长度约 1200 米，纵深 240 米 ~ 750 米，面积约 60 万平方米。该遗址以所属村庄可分为苏羊区、下村区和留召区，各区的东西两面均有沟壑围绕，在下村区和留召区南部发现有疑似人工壕沟（苏羊区处于现代村庄下情况不明），这样各遗址区即为一完整聚落。根据调查和初步钻探，各区域堆积情况不一，苏羊区堆积最为丰富，较厚处可达 6 米；其次是下村区，堆积厚度约 1.5 米；留召区堆积厚度约 1 米。

2016 年 8 月起，洛阳市文物考古研究院在苏羊遗址进行了试掘，目前开口发掘面积 700 余平方米，所发现的遗迹现象有房址 3 处、灰坑十余个，明清时期墓葬 1 座。其中 F1 为半地穴式房子，地穴宽约 2.65 米，长约 3 米，深约 0.38 米，地穴内有柱洞 3 个，分别位于地穴的西北、西南和东南三角处；门宽 1.6 米，长 0.7 米，深 0.15 米，门口有宽约 2.4 米的踩踏面向南延伸，应是通往外面的道路。F2 为一座地面式连间房址，东西宽约 4 米，南北长约 11.3 米，房内有灶坑 4 座。F2 的建筑方式为先于四周埋房基石，后用料礓平整地面，在此基础上建筑房屋。F3 应为一圆形地面式房址，房址内有一平底灶坑，灶坑周围有大小不一的柱洞若干。大小灰坑十余个，开口形状有圆形、长方形和不规则形，分布于房址周围，用途不详。

出土遗物以陶器为主。陶器有泥质彩陶、泥质黑陶、夹砂灰陶等，器形有罐、钵、盆、瓶等；石器有斧、铲、盘状器等；骨器有骨笄等。根据出土文物分析，苏羊遗址是一处仰韶文化为主体的新石器时代文化遗存，早期器物与庙底沟类型器物类似，晚期器物与王湾二期文化遗存类似，其相对年代约为仰韶文化中期至仰韶文化向中原龙山文化过渡阶段。

苏羊遗址优越的地理环境，丰富的文化内涵，广阔的遗址分布范围，无疑说明该遗址是洛河流域史前时期的一处大型聚落遗址。调查过程中在一些断面发现有夯土墙痕迹，如果这一现象被证明与该遗址的年代一致，是苏羊遗址的一部分，则苏羊遗址就有可能是一处仰韶时期城址。

（程保增）

【邓州市杨岗新石器时代遗址】

发掘时间：2016 年 9 月 ~2017 年 1 月

工作单位：河南省文物考古研究院、邓州市文广新局

杨岗遗址位于南阳邓州市小杨营乡杨岗村。该遗址呈缓坡状，中心位置稍高，遗存分布面积约为 7 万平方米，文化堆积丰富，文化层厚 2 米 ~4 米。

配合郑万高铁项目工程建设，对其进行考古发掘，发掘区位于遗址东部，发掘面积 1000 平方米。发现有东周、龙山文化、屈家岭文化、仰韶时代晚期（朱家台文化）等时期遗存，以新石器时代遗存为主。

发现的遗迹类型有壕沟、房址、灰坑、水井、墓葬、瓮棺葬等，其中各时期灰坑 112 个，房址 4 座，墓葬 4 座，瓮棺葬 12

座。出土器物有铜器、陶器、石器、骨器等。勘探工作表明，该遗址是一处新石器时代晚期的环壕聚落遗址，遗址北侧有一条古代东西向自然河流，东、南、西三面壕沟与自然河流相通。我们在东面壕沟中段布探沟1条，发掘表明壕沟宽约17米，深约7米，壕沟的使用年代涵盖仰韶时代晚期（朱家台文化）、屈家岭文化、龙山文化三个时期。此次发掘所获资料，对我们研究南阳盆地新石器时代文化面貌及南北方文化交流具有重要的学术价值。

（梁法伟）

【驻马店市驿城区国楼新石器时代遗址】

发掘时间：2016年3~10月

工作单位：河南省文物考古研究院、驻马店市文物考古管理所

国楼遗址位于驻马店市驿城区朱古洞乡国楼村西侧200米处，北距驻马店市区约5000米，G107国道从其中部穿过。此次勘探和发掘是为了配合国道G107线驻马店境遂平县和兴至驿（城区）确（山）交界段加宽扩建工程而进行。

勘探表明，遗址现存部分南北长253米，东西宽139米，面积约36000平方米。在遗址的东、北、西三面发现宽8米~12米不等的屈家岭文化时期的围沟，紧贴遗址的边缘，深0.5米~4.3米。在遗址的西南、南、东南面发现一大片湖相沉积层，紧靠遗址的西南边，南北长约280米，东西长约230米，深1米~2米不等，含有少量红烧土粒。

考古发掘共揭露面积3795平方米，发现灰坑、房基、灶、红烧土面、水井、灰（壕）沟、墓葬和瓮棺等各类遗迹现象265处，发掘出土陶质纺轮、罐、盆、大口尊、鼎、觚形器、折腹杯、红陶杯、彩陶高柄杯和石质斧、凿、镞、矛、钺及其他骨角质地的文物487件。国楼遗址文化堆积较厚，遗迹现象复杂，出土遗物丰富，时代跨度较长，包含有屈家岭文化、石家河文化、王湾三期文化杨庄二期类型和二里头文化，其中以屈家岭文化遗存最为丰富。在东、西发掘区内均发现有屈家岭文化时期的房基。其中F2和F9保存较好，皆为多间建筑，局部墙体保存高度近0.4米。室外有烧土铺垫的活动面，F9外靠近壕沟处有较清晰的烧土铺垫散水。此外，在探方的底层发现屈家岭文化时期的墓葬16座，分布比较集中，但人骨腐朽严重，且未见随葬品。石家河文化和杨庄二期类型遗存主要为灰坑。二里头文化时期遗存较少，主要集中在东发掘区的中部少数探方上层。

国楼遗址是驻马店乃至豫东南地区非常重要的一处古遗址，也是该地区新石器时代文化中小型聚落遗址的典型代表，对于研究驻马店地区新石器时代文化的聚落分布、聚落等级和区域社会复杂化有比较重要的价值。另外遗址中发现的王湾三期文化杨庄二期类型和二里头文化属于中原地区文化系统，而屈家岭文化和石家河文化则属于江汉地区的文化系统。南北两大文化系统在各自的发展过程中实力此消彼长。驻马店国楼遗址地处这两大文化系统的交错地带，对其进行科学发掘，有助于研究各种文化在此区域进行的交流与融合，对于揭示驻马店在早期国家形成时期南北文化交流中的重要地位意义重大。

（曹艳朋　齐雪义）

【中牟县后魏新石器时代遗址】

发掘时间：2016年

工作单位：郑州市文物考古研究院

后魏遗址位于中牟县城西南20千米谢庄镇后魏村西北的台地上。东西长约300米，南北宽约200米，面积约60000平方米，是从仰韶文化中期直到向龙山文化过渡时期的新石器时代聚落遗址，为第五批河南省级文物保护单位。G310线中牟境改

建工程项目从后魏遗址南部边缘区建设控制地带内穿过。郑州市文物考古研究院在报请国家文物局、河南省文物局和郑州市文物局批准以后，于2016年7月中旬，开始对该工程的占地进行考古发掘。

截至2016年12月底，已发掘探方12个，发掘面积1200平方米，清理古河道1处，仰韶时期灰坑29个，战国时期的灰坑17个，墓葬4座。出土陶器有陶罐、陶豆、陶钵等。出土陶片多为仰韶、龙山文化时期，泥质灰陶和夹砂灰陶为主，少量的夹砂红陶和泥质红陶，有少量的彩绘陶、磨光黑陶等，多素面，少量的绳纹、弦纹、附加堆纹等，可辨认的器形有陶罐、陶鼎、陶钵、陶壶、陶碗、陶盆、陶环等，另发现有鹿角、石铲等。

墓葬4座，编号为M1、M2、M3、M4，均为长方形竖穴土坑墓，南北向，墓底有人骨架，均保存较差，除M2外，均无随葬品。

M2位于T0303的东北角，南北向，在骨架的股骨附近有陶器3件，分别为陶罐1件、陶豆1件、陶钵1件，另骨架周围有陶片少量，可能为一件陶器破碎而成。

灰坑46个，其中仰韶文化时期的29个，战国时期的17个。

仰韶文化时期的灰坑，多分布在西端T0302、T0303、T0402、T0403内，有2个分布在T0408内，均开口于第3层下，开口平面多为圆形或者近圆形，少量的不规则形。坑壁均较为规整，有斜直壁、竖直壁，多为平底；不规则形斜直壁灰坑多为取土坑，圆形竖直壁坑，多为窖藏坑。

战国时期的灰坑，多分布在中部的T0304、T0404、T0405、T0406、T0407内，均开口于第2层下，开口平面多为不规则形，少量的近椭圆形，坑壁较为规整，多为斜直壁、竖直壁，平底，推测多为取土坑，少量可能为窖藏坑。

古河道1处，编号为G1。G1位于发掘区的东端，分布于T0408、T0409、T0308、T0309内，T0407仅东部少量为西侧边缘。

根据发掘情况看，钻探的古河道G1较为准确，为西北—东南走向，开口于第3层堆积下，开口距地表2.5米，深1.6米，底距地表4.1米；因东部未能发掘，所以就目前发掘情况，尚未能确认G1的宽度；西侧沟壁较为规整，斜直壁，坡度略大，底较为平坦。G1内堆积分为两层，均较为纯净，无包含物，判定其应为古河道堆积，年代应早于遗址文化层的年代。

（高赞岭　闫付海）

【中牟县老寨新石器时代遗址】

发掘时间：2016年8～10月

工作单位：河南省文物考古研究院

老寨遗址位于郑州市中牟县八岗乡八岗村东北，平面大致呈椭圆形，面积逾30万平方米。遗址地势整体较平坦，绝大部分地表被农田和树林覆盖，整体保存情况较好。

为配合郑万高铁建设，考古队在铁路占压遗址西部的建设控制地带内进行了抢救性发掘。此次发掘面积1500平方米，由于发掘位置靠近遗址边缘，遗迹现象并不丰富，共发现道路1条、灰沟1处、墓葬1座、灰坑47个。除少量近现代灰坑及明清道路L1外，其他遗迹年代均为新石器时期。

此次发掘出土遗物较为丰富，以陶片和动物骨骼为大宗，石器、骨器发现较少。其中陶片以夹砂为主，泥质较少，陶色以灰黑、灰褐为主，红陶少见；除素面外，绳纹最为常见，其他纹饰比例接近，数量均较少。常见器类有深腹罐、敛口钵、高领罐、圈足碗、缸、豆、厚胎杯、壶等，还可见少量鼎及鼎足。此外，为研究该阶段生态环境及古人饮食结构，工作人员还在探方剖面及各遗迹中采集了足量的土样。

从遗存内涵来看，此次发掘出土遗物面貌单纯，年代应为龙山早期。目前整个豫中地区龙山早期遗址发现的不多，该阶段文化面貌并不十分清晰，老寨遗址发现的龙山早期遗存丰富了该阶段豫中地区的研究资料，为该地区龙山早期遗存的细分提供了可能，同时对探究整个豫中地区仰韶中晚期至龙山早期考古学文化的嬗变意义重大。

（楚小龙　王　刚）

【宜阳县四岭新石器东周及汉代遗址】

发掘时间：2015 年 10 月 ~2016 年 12 月

工作单位：洛阳市文物考古研究院

遗址位于宜阳县莲庄乡四岭村北部，地处洛河南岸二级台地上。东为乡间小路，西邻鲍河，北部为断崖，临洛河，南临 S319 公路，高程 244 米。遗址平面形状近似梯形，总面积近 12 万平方米。目前已发现各类遗迹现象 61 个，其中灰坑 47 个，房址 4 处，烧结面 1 处，路土 2 条，沟 7 条。出土陶、石、骨、铜各类小件 30 余件。

王湾三期文化遗存主要是灰坑，多数形状不规则。陶器多为夹砂陶，常见的纹饰有绳纹、篮纹、方格纹等，可辨的器形主要有方格纹乳足鼎、小扁足鼎、带双贯耳的高领瓮、折腹盆、圈足盘、豆、斜腹碗、单把杯、双腹杯等；石器主要有钺、斧、刀、铲等；另还出土了一件骨化石制品。从出土的典型器物组合及特征来看，这些遗存的年代大体属于王湾三期文化晚期。

东周遗存主要是发现两座房址，其中 F3 由柱础石、夯土台基和陶排水管道组成。F4 是由柱础石、活动面和陶排水管道组成。两者紧邻，可能为一组建筑。出土的陶器多为夹砂陶，可辨器形有鬲、罐、盆、釜、筒瓦、板瓦等，石器有石刀、斧等。

汉代遗存最主要收获是发现两座房址，其中 F1 是由南北三列、东西六排共计 14 个柱洞组成，柱洞间距 2 米左右；F2 是由柱础石、夯土台组成，柱础石间距 1.7 米左右。两者紧邻，可能为同一组建筑基址。陶器主要是罐、盆等，还出土了一块刻字砖。

（王富国）

【漯河市郾城区郝家台遗址】

发掘时间：2015 ~2016 年

发掘单位：河南省文物考古研究院、北京大学考古文博学院、漯河市文物考古研究所

郝家台遗址位于漯河市郾城区孙庄乡石槽赵村，南距沙河 1000 米，京广铁路从遗址西南穿过。郝家台遗址面积约 5 万平方米，核心是一座龙山古城。遗址现为一高地，中间高，向周边渐低。

郝家台遗址于 1986 ~1987 年由河南省文物考古研究所发掘，发掘面积 3212 平方米。2015 ~2016 年，河南省文物考古研究院、北京大学考古文博学院与漯河市文物考古研究所联合对郝家台遗址进行系统测绘、钻探和发掘。其中，钻探工作覆盖整个遗址，共钻探面积 8 万平方米；发掘面积 672.5 平方米，清理城墙 2 段、城壕 4 段、陶窑 1 座、水井 9 眼、墓葬 25 座、房址 15 座、灰坑 205 个、灰沟 7 条等。经过两次考古工作，基本厘清了郝家台遗址各期文化内涵与聚落结构，并且对聚落的形成发展以及聚落与环境的关系等内容形成初步认识。

郝家台龙山古城平面近长方形，南北长约 200 米，东西宽约 140 米，城内面积约 2.8 万平方米。城墙剖面形状为上窄下宽的梯形，无护坡，均采用生土夯垫的方式进行夯筑，宽约 12 米，残高 1 米 ~1.7 米。城墙外紧挨内、外两条城壕，内壕被外壕打破，残存部分较窄、较浅。外壕整

体较宽，宽30米~100米，深约3.2米~3.5米，包含十余层淤土堆积。我们推测内壕的废弃以及外壕的挖掘可能与垫筑城墙和垫土高台所需土方量增大有关。

郝家台龙山时期的房址主要建造于垫土高台之上，即先民在相对固定的空间范围内持续筑高而居，重复着废弃与重建房屋的循环过程，故而逐渐形成相对高于周围的高台。对整个遗址进行系统钻探工作之后，根据堆积厚度与空间分布能够认识到城内垫土高台大致可分为8排，由此推断郝家台古城的建筑以及城内垫土高台的设置都经过有意规划。

郝家台聚落的形成发展分为前后四个阶段，分属于龙山时期、新砦时期与东周时期。其中，龙山时期聚落以筑城事件为界细分为前后两个发展阶段，筑城之前的聚落形态较为简单，筑城之后的龙山时期聚落是遗址的主体。新砦阶段和东周阶段的郝家台聚落中发现的文化遗存不丰富，但是仍能够体现当时的聚落中存在一定规模的社会组织。

郝家台遗址代表了淮河上游地区一种地处泛滥平原的人工堌堆型遗址，古城的修建和先民的居住习惯即与这种特殊的环境地貌和预防水患有密切的关系。郝家台龙山古城与内、外城壕的修筑以及城内垫土高台的设置都经过严格的聚落安排，体现着统一的城市规划与广泛的社会动员。

（李　维　梁法伟）

【淮阳县平粮台新石器时代遗址】

发掘时间：2016年9月~2017年1月

工作单位：河南省文物考古研究院、北京大学考古文博学院

2016年度遗址共发掘面积1500平方米，工作的重点是对探明的平粮台城址内东部和西北部部分房基进行发掘，收获主要体现在以下三个方面。第一，共发现龙山时期房屋建筑16座，东西向规则分布于垫土规划形成的土台上，排屋和单体房屋均有。一般进深3米~3.4米，单间面积10~14平方米；晚期出现进深超过5米的有东西向隔墙（南北分间）的现象。其中东南区揭露出四排龙山时期的房基，其规划营建顺序大致存在由北向南推进的过程，依次为：（1）北部两排在生土面上垫土挖浅穴起建排房，同时在发掘区南侧出现较多打破生土的取土坑；（2）在使用、垫平这些生土坑的过程中出现中排房屋，同时中排房屋南部也出现了大型取土坑；（3）在中排房屋南部大型取土坑废弃填满的生活堆积上直接垫土营建南排房屋，造成了南部房屋使用面严重塌陷现象。这些不同时间建筑房屋的过程存在共同的特点，即先在拟建地点南部附近挖掘大坑铺垫地基，然后建筑房屋，之后生活废弃物逐渐再将南部大坑填满。这种就近挖坑建房、门前即为大型灰坑的布局方式值得深入研究。第二，发现了商周时期的遗存，集中分布在东南发掘区的西部，为大型坑状堆积，并且首次从“西周遗存”中甄别确认了相当于殷墟晚期的文化遗存。第三，发掘一批楚汉时期的墓葬，出土有包括铜鼎、铜方壶、铜匜、铜洗、玉璧、玉佩、玉璜、玉带钩、玉珌等大批文物。

此外，淮阳平粮台遗址一直致力于田野考古数字化的探索和实践，通过与北京大学考古文博学院的合作，目前遗址已经全面实现田野考古的数字化，该系统使用方便快捷，能够及时汇总各种信息，为指导钻探和发掘及后期整理工作提供极大的便利。

（曹艳朋　秦　岭）

【郑州市华南城仓储物流11区龙山时期至东周遗址】

发掘时间：2016年3~10月

工作单位：郑州市文物考古研究院

遗址位于新郑市龙湖镇郑州华南城创

新路东、华南城二路南，面积约7万平方米。项目区域原为高岗地，岗地东侧有一砖窑厂，经过长期取土及平整土地等因素，岗地地势降低成缓坡状向东倾斜，东部地表残留有许多陶片，文化层几乎丧失殆尽。总发掘面积24500余平方米。

考古发掘灰坑：762个。时代分为龙山、商代、西周、战国等不同时期，因遗址破坏严重，灰坑大多较浅，大部分灰坑不能呈现其完整面貌。

龙山时期灰坑以较规则的圆形、近圆形、椭圆形、长方形等为主，另有少量不规则形状灰坑，坑内填土多为灰褐色，质地疏松，出土陶片器形有罐、鬲、碗、盆等，另有陶埙、竹笄、石刀、石斧等；商代灰坑以圆形、近圆形、椭圆形等较多，坑内填土多为深灰褐色、黑褐色等，灰土堆积较厚，出土陶片器形主要有大口尊、深腹鬲、卷沿鬲、罐、瓮、盆、豆、簋、斝等，另有少量石镰、石刀、石斧、陶纺轮、卜骨等；西周灰坑以椭圆形、圆形、近圆形、长方形等为主，坑内填土多为浅灰色，质地疏松，含细沙，出土陶片器形有鬲、罐、盆、豆、纺轮等，少量石刀、石斧、鹿角器、骨器等；战国灰坑大多以近圆形、近长方形等为主，坑内填土多为浅灰土，质地疏松，含细沙，出土陶片器形有罐、盆、豆、鬲、碗等。

墓葬：25座。时代为龙山时期、商代、战国、汉、宋等不同时期。

龙山文化墓葬1座，土坑竖穴墓，残存骨架局部；商代墓葬1座，土坑竖穴墓，出土有假腹豆、鬲残片；战国墓葬14座，土坑竖穴墓，出土物极少；汉代墓葬5座，带墓道砖室墓葬，盗掘严重，墓室内残存大量碎砖块；宋代墓葬4座，带墓道砖室墓，盗掘严重，墓室内残存碎砖块。

灰沟：6条。其中龙山时期灰沟4条，西周时期灰沟2条。

西周灰坑较浅，深度1.3米左右，上口宽3.5米左右，填土浅灰色，推测是遗址内的排水设施。龙山灰沟中的H4在发掘区北部范围内呈现“L”形半合围状态，向西、向北延伸，发掘长度59米，宽度介于4.75米~6米，残深2米~2.5米，因遗址破坏严重，推测其应当为遗址内的防御工程设壕沟之类等。其余龙山灰坑较浅、较窄，应为排水设施之类。

窑址：3座。时代为西周。均开口于第2层下，位于发掘区南部区域。为典型的西周馒头窑。带工作面，残存部分窑箅、火膛，馒头形窑室被破坏掉，填土浅灰色，包含烧土块。Y1长3.8米，宽0.8米~2.1米，残深0.6米；Y2长5.3米，宽0.8米~2米，残深1米；Y3长4米，宽3米，残深0.7米。

井：11口。均为长方形，时代有龙山、商代、西周、战国等不同时期。出土物陶片有龙山水井有鬲、碗、罐等；商代水井有罐、大口尊、斝、石铲等；西周水井有圜底盆、豆、釜、甑等；战国水井则出土有陶釜、圜底盆等残片。

祭祀坑：1个。龙山时期，长2.1米，宽1米，残深0.7米。填土黄褐色，质地稍坚硬，含少量料礓石，动物骨骼一具。

出土陶器：泥质灰陶：深腹罐、大口尊、瓮、甑、捏口罐、盆、豆、碗、筒瓦、板瓦等，多素面、绳纹。

夹砂泥灰陶：鬲、缸、瓮等。鬲多粗、中绳纹，部分器底残留灰痕，为实用器物。缸、瓮多素面，下部绳纹。

夹砂泥质红陶：鬲、瓮、缸等，饰绳纹。

龙山时期陶器为精选细泥烧制而成，火候较高，器壁较薄，纹饰精细，器物有鬲、罐、盆、小平底碗等，部分器物如盆、罐等表皮为黑皮陶。圆腹罐、深腹罐斜窄沿，中、细绳纹等具有明显河南龙山文化晚期特征。出土龙山时期表皮红褐色陶埙，平底，圆腹，口部缩挤成一溜线形，近底部对穿四孔，颇具特色。

商代陶器包含二里冈上层及商代晚期。其中二里冈期陶器较多，有大口尊、鬲、瓮、豆、缸、甑等。部分鬲的口沿折沿外下垂，饰瘦长体粗绳纹等，大口尊折沿折肩，口径大于肩径的特征等显示二里冈期上层陶器特征。晚期陶鬲显著增多，夹砂灰陶、红陶为主，折沿盘口、袋状足足尖内敛、厚胎粗绳纹等具有殷墟四期特征，大口尊敞口斜折沿、口径大于肩径等特点亦具此时期器物特征。

西周陶器接近于商晚周初，尤其是西周初期的商式鬲演变特征明显，从粗厚宽体向分裆袋状足发展明显。另有泥质灰陶盆罐豆等。

石器：石刀、石镰、石斧、石匕、石铲等，均残器，刃部痕迹明显，为实用器残损后废弃。

骨器：骨锥、骨片、鹿角器等，骨锥为动物胛骨加工而成，质地坚硬锋利。另有几块碎卜骨，有烧灼痕迹。

根据对郑州华南城有限公司物流仓储11#区工程用地进行考古发掘，我们发现该工程项目内原高岗地上分布有龙山、商代、西周、战国等不同时期的文化遗存，是一处较大规模的古代聚落文化遗存。根据出土遗迹和遗物分析，遗址存续的大致时期是龙山晚期、商代二里冈上层至商代晚期、西周早期及战国中晚期。遗址在战国晚期废弃，汉代有人居住，但规模明显缩小。

（黄富成）

【信阳市孙寨龙山文化二里头文化及西周时期遗址】

发掘时间：2016 年

工作单位：河南省文物考古研究院

孙寨遗址位于信阳市平桥区甘岸办事处孔庄村孙寨村民组西南地，西、南面临淮河。遗址由西北和东南两个台地构成，面积约 6.5 万平方米。遗址中心坐标为北纬 32°15′58.76″、东经 113°58′08.27″，海拔 85 米。2008 年，河南省人民政府公布孙寨遗址为省级文物保护单位。

为配合出山店水库工程建设，2016 年度河南省文物考古研究院分别在西北台地和东南台地西部各发掘 700 平方米。西北台地的地层堆积比较简单，上面 3 层均为近现代人类活动形成，第 4 层为古代文化层。东北台地地层堆积较为丰富，第 2 ~ 4 层为西周文化层，第 5 层为龙山文化层。

2016 年度共发掘灰坑 51 个，房基 1 座，陶灶 2 座，灰沟 4 条。F1 为西北—东南向，后期扰乱较为严重，房内活动面无存，仅剩下基槽和柱洞。房基长近 6.5 米，宽约 3.5 米，由两段基槽和 13 个柱洞组成。北基槽长 3.8 米、宽 0.4 米、深 0.45 米；东基槽长 2.5 米、宽 0.3 米、深 0.5 米，基槽均直壁平底，壁面光滑。柱洞平面多为圆角方形。从柱洞分布情况看，西部 D10 和 D11 内收成一条过道，应为门道所在。此外，房基东部分布有两排圆形柱洞，间距 0.5 米 ~ 0.7 米，是否为 F1 附属建筑尚不能明确。

此次出土遗物主要为龙山和西周时期，另有少量的二里头时期遗物。龙山晚期遗物最为丰富，陶器主要为灰陶，红陶相对较少，褐陶极少，夹砂和泥质均较多。纹饰种类丰富，以篮纹为主，其次为绳纹和磨光黑陶，方格纹、附加堆纹，弦纹等相对较少。器形主要有夹砂罐、豆、瓮、鼎足、平底碗、器盖、盆、陶杯等。圈足盘、鬶足、斝足、甗足发现极少。石器主要是半月形穿孔石刀、石镰、石斧、石镞和砾石等。西周器类有鬲足和口沿、甗、豆、罐、盆、瓮等。二里头时期出土遗物有深腹罐、鼎足、花边罐、大口尊等。

此次发掘完善了孙寨遗址的年代序列，遗址包含有龙山、二里头和西周三个时期的文化遗物。基本搞清了遗址的文化属性，通过遗址出土遗物与周边遗址比较发现，孙寨遗址龙山时期更接近于驻马店杨庄，属于河南龙山文化范畴。二里头文化时期亦可归入驻马店杨庄类型。

（王 豪）

【偃师二里头遗址中心区】

发掘时间：2015 年

工作单位：中国社会科学院考古研究所二里头工作队

为配合大遗址保护展示工程和中华文明探源工程，2015 年工作队对二里头遗址中心区进行了勘探和发掘。

勘探工作以进一步了解宫殿区及周边的遗存构成及布局等情况为目标。勘探区域位于宫殿区西部、北侧、东侧，勘探面积约 6 万平方米，发现有灰土集中分布区、大面积夯土、路土多处。

发掘地点位于宫殿区 2 号基址西侧、5 号基址东侧和北院，1 号巨型坑南、北边缘，宫殿区以东的贵族聚居区域。

对 2 号基址西侧、5 号基址东侧和北院的局部复查和重新发掘，旨在探明二里头遗址 2 号、5 号基址的一些关键细节，廓清重要建筑的布局及其相互关系等问题，同时对 2 号、3 号、5 号基址精确测绘和拍照，发掘面积 1300 余平方米（其中 590 平方米为首次发掘）。对 5 号基址原定的北院（新编为 5 号基址第 3 进院）及其北侧全面揭露发现，其北有连续的大面积夯土、路土，这样 5 号基址的院落将超过 3 进。同时，在 5 号基址第 3 进院以北的路土活动面中发现有二里头文化二期的贵族墓葬 2015ⅤM5。2015ⅤM5 东北部被现代墓葬破坏掉约 1/3，在现代墓葬中出土的逾百枚海贝、多枚绿松石珠、绿松石方形器、铜片等，应为该墓的随葬品。该墓墓底铺有朱砂，骨骼无存。2015ⅤM5 残存的随葬品有漆器、小型铜铃、玉器等，其中小型铜铃为二里头遗址首次发现。

对 1 号巨型坑南、北边缘进行解剖，又在巨型坑南、北缘以外发现用料礓铺垫的活动面，在巨型坑中发现二里头文化二期至四期的连续堆积、幼猪等祭祀遗存。结合 2010 年在 1 号巨型坑东、西缘以外发现的同类情况可确认，1 号巨型坑是一处取土挖掘形成、在坑中进行祭祀等活动、外围经过专门处理的场所。同时在坑中发现一座随葬卜骨的小型墓葬，这是首次在二里头文化墓葬中发现随葬卜骨的情况。

在对宫殿区东侧的贵族聚落区域进行系统勘探中，发现一座铺有较厚朱砂的贵族墓葬（2015ⅤM7），随即进行了抢救性发掘。2015ⅤM7 规模较大，保存完好。墓底铺有较厚朱砂，可能有漆棺，出土有包括漆器、玉器、陶器等在内的 30 余件随葬品。

为了更好地了解埋葬的埋葬程序、制度等方面的信息，保护漆器等重要遗迹、遗物，先后把上述两处贵族墓葬整体提取到室内，以后将进行实验室考古。关于这两座墓葬的更多细节有待继续深入清理获知。

（赵海涛 许 宏）

【偃师二里头遗址 5 号基址】

发掘时间：2016 年

工作单位：中国社会科学院考古研究所

为全面、深入了解 5 号基址的形制、结构、年代变迁，以及相近区域的遗存分布情况和时代变化等问题，进而探索以大型夯土基址为代表的二里头文化宫室营建制度等课题，我们在 2002 年、2010～2011 年、2014～2015 年发掘的基础上，对 5 号基址第 3 号院以北进行了发掘，新发现了第 4 号院，基本搞清了 5 号基址的平面布局。

5 号基址台基南端超出发掘区域，最上层夯土总面积超过 2700 平方米。因被后期破坏较严重，5 号基址台基现存表面距地表0.3米～1.1米，坐北朝南，方向约为南偏东4.5°，由至少4进院落组成，自南向北分别编为1～4号院。台基以东、以北、以西有路土活动面。每进院落包括主殿和院内路土，主殿均为以窄墙间隔成不同房间的连间排房，每进院主殿的连间排房均自西向东编号1、2、3……室。

1号院主殿北距2号院主殿南墙约9.5米，至少由三室组成，每室以窄墙间隔，窄墙宽度约0.5米。3室与2室之间或有门道。2室室内面积约36平方米，南墙上有东西宽约1.4米的门道一处。1室被严重破坏，与2室或为二连间式结构。2号院主殿北距3号院主殿南墙外缘约8.7米，总面积约50平方米，面宽2间，南侧均有门道，北侧均无门道。各室南北向墙体中间均有缺口，缺口中间有东西向窄墙，东西向窄墙与南北向隔墙垂直但不相连。3号院主殿北距4号院主殿南墙外缘10.4米～10.9米，总面积约250平方米，被破坏较严重，原面宽应为5间。各室南侧均有门，至少2室、4室北侧也有门。1室东隔墙、5室西隔墙中间有缺口，缺口中间有东西向窄墙，东西向窄墙与南北向隔墙垂直但不相连。4号院主殿总面积约182平方米，面宽5间，也被破坏较严重。根据残存现象，1室、3室、4室南侧有门，其他各室南侧是否有门无法知道，北侧均无门；1室、3～5室的东隔墙中间均有缺口，缺口中间有东西向窄墙，东西向窄墙与南北向隔墙垂直但不相连。

5号基址是目前发现的保存最好的二里头文化早期大型夯土基址，对其详细发掘、深入研究，有望搞清二里头文化早期宫室建筑、宫殿区布局的更多细节。5号基址院内发现的多座贵族墓葬，随葬品丰富且规格较高，为认识二里头文化时期的墓葬制度、研究5号基址的时代和性质等问题提供了重要资料。

在对遗址东部贵族聚落区域（第Ⅴ区）进行系统勘探中，发现绿松石嵌片数枚，推测为贵族墓葬，随即进行了抢救性发掘。为便于多学科、全面、深入了解贵族墓葬的相关信息，并及时采取有效的保护措施，发现此墓葬口部之后，即整体提取了该墓葬。

（赵海涛　许　宏）

【新郑市百荣绿建城项目二里头文化遗址】

发掘时间：2016年9～12月

工作单位：郑州市文物考古研究院

遗址位于新郑市郭店镇郭庄村东、中华路西。项目用地区域沟宽壑深，地势高低不平。发掘区域地层破坏严重，局部残存有文化层，遗迹大多残存底部，总发掘面积近3500平方米。

发掘灰坑115个：其中二里头时期灰坑97个，汉代灰坑18个。

二里头时期灰坑分为三类：一类为较为规则的灰坑，以圆形、近圆形、椭圆形、长方形为主，这类灰坑坑壁规整，上下整齐，坑底平缓，一般在黏土质地中挖掘，坑壁结实，坑内填土和坑壁之间能够自然分离，界限清晰。有些圆形、椭圆形类的灰坑底部略大，呈袋状，少量长方形灰坑坑壁残存有少量穴状凹窝，应是上下攀登的脚窝残留。这类较规整的灰坑应当是古人居留时期用的窖藏坑，废弃后多填埋废弃生活垃圾；二类灰坑为不规则形，深浅不一，形状各异，不属于人工挖掘形成，坑内壁及底部填土多呈青褐色，应是居地周边的原始水坑或沟洼地，内填灰土及残破器具生活垃圾等；三类灰坑为近似于规则灰坑，但又有别于规则的窖藏坑。这类灰坑简单挖掘修整，深浅不一，形状多以近圆形、近椭圆形及不规则形等为主，填土为灰褐色等，包含生活生产残器等，可能是取土坑或垃圾填埋坑。二里头灰坑填土多以灰褐色为主，包含圆腹罐、深腹罐、花边罐、刻槽盆、碗、盘、瓮、尊等陶器残片。

汉代灰坑以圆形、近圆形、椭圆形等规则灰坑为主，坑壁规整，底部平缓，多以窖藏坑为主。有少量不规则灰坑深浅不一，底部凸凹不平，应是随地形而为的垃圾坑。汉代灰坑填土黄褐色为主，包含板瓦、盆、罐等残片。

窑址 3 座：因取土、平整土地等因素破坏严重，均开口于第 2 层下，3 座窑址分布较近，窑址残存底部，均为土坑工作间，带火塘、烟道砖室窑，窑室平面近椭圆形，长方形工作面垂直于窑室，缓坡状。烟囱均为 3 道，位于窑室前端均匀分布，长方形，呈“吕”字。窑室壁砖外围周壁红褐色，烧结面易粉，显示火候不高，三座窑址均为元代。

沟：1 条。横截面呈梯形，长条形东西向分布，方向 270°，开口于第 2 层下，发掘长度 32.75 米，宽 0.5 米 ~ 2.2 米，现深 0.3 米 ~ 0.7 米。沟内填土红褐色花土，质地疏松，含细沙，包含少量砖瓦残片，时代为汉代。

此次发掘出土遗物以陶片为主，共计 91 袋。以泥质灰陶、泥质夹砂陶为主。

泥质灰陶：器形有深腹罐、花边罐、圆腹罐、刻槽盆、三足盘、器盖、瓮、尊、碗、纺轮等。纹饰有绳纹、附加堆纹、刻划纹、弦纹、素面等。其中仅板瓦，素面为汉代遗物，其余为二里头时期器物。二里头时期陶器深腹罐、花边罐、堆纹瓮、三足盘等具有典型特征，陶器多为生活实用器具。

泥质夹砂陶：有鼎、罐等，纹饰以绳纹、素面为主。部分夹砂圆腹罐底部残存灰痕，系生活实用炊器。

瓷片为窑址内出土，较少，为瓷碗、瓷罐等残片。另有少量石刀、石斧残器，兽骨数片，均为二里头晚期。

郑州圣戈班百荣绿建城实业有限公司拟建办公楼及厂房工程用地内广泛分布有二里头时期文化遗存，出土了大量二里头时期遗迹和遗物。根据考古发掘和调查，我们认为项目区域内存在的冲沟、河道在其早期可能为该聚落遗存的天然防御屏障，遗址的中心地带分布于郭庄村及其周边地带，向东延伸至中华路东，其总面积有几十万平方米。在遗址核心地带，遗迹分布较密集，具有较高的科研价值，这对于探讨新郑市早期历史文明研究具有重要意义。

（黄富成）

【新乡市凤泉区王门夏商周时期遗址】

发掘时间：2016 年 4 ~ 11 月

工作单位：河南大学历史文化学院、新乡市文物考古研究所

王门遗址位于新乡市凤泉区潞王坟乡王门村，南距新乡市区 10 千米。2016 年度河南大学历史文化学院继续发掘王门遗址，其间考古文博系部分本科学生在遗址进行了田野实习。发掘面积 800 平方米，主要发现为夏商周时期遗存。2016 年度的发掘区位于遗址中北部，发现夏商时期灰坑（含窖穴）70 个、房基 1 座、水井 1 眼、灰坑葬 1 座，墓葬 1 座；东周时期墓葬 2 座。出土遗物主要有夏商时期的陶器、石器、骨器、蚌器和卜骨等。

辉卫型文化“心形”灰坑 H125，最大径达 3.2 米，南部中间有一段生土隔断，且生土隔断上有台阶可以方便上下，可能为一处大型窖穴。王门遗址辉卫型文化“心形”灰坑的形制特殊、面积较大，同时期及此前均未发现这种形制的灰坑，此后的洹北商城发现有类似的遗迹，可能是一种窖穴，值得重视。辉卫型文化墓葬 2016XWM12 墓主头部放置有破碎的陶盆、罐等随葬品。辉卫型文化墓葬发现的地点不多，该墓为研究辉卫型文化的墓葬形制和埋葬习俗提供了难得案例。王门遗址还发现有辉卫型文化与二里冈文化过渡阶段

的“灰坑葬”，这种现象在二里头都邑和郑州商城都有几例，为研究夏商之际的非正常埋葬提供了重要案例；死者的右上肢缺失，可能是非正常死亡，对认识商代晚期金文中以刀砍手的文字组合具有启发的意义。

（侯卫东）

【焦作市新区李屯夏商周时期遗址】

发掘时间：2016 年 5～8 月

工作单位：河南大学历史文化学院、焦作市文物考古研究所

李屯遗址位于焦作市文昌街道李屯村东南，处于卫河之北、新河之南，其西约 13 千米处是全国重点文物保护单位——府城遗址。李屯遗址原隶属于修武县，2004 年，焦作市文物工作队对该遗址进行了小规模抢救性发掘，发现有龙山文化、辉卫型文化和商时期遗存。2016 年度河南大学历史文化学院与焦作市文物考古研究所合作继续对李屯遗址进行主动性发掘工作。其间河南大学考古文博系部分本科生在遗址田野实习。发掘面积 606 平方米。

地层堆积较为简单。第 1A 层，现代耕土层，为现代耕作农具——旋耕耙犁地而形成；第 1B 层，近代耕土层，为旋耕耙使用之前的蓄力耕作而形成。第 2 层土质较疏松，多为灰黑色，为辉卫文化层。第 2 层下遗迹丰富，有壕沟、灰坑、墓葬等遗迹，多数直接打破生土。

遗迹可以分为辉卫文化、周汉时期、宋代三个时期。

辉卫文化遗迹有灰坑、墓葬、壕沟等。基本上可以确定，2015 年发现的壕沟继续向东南延伸，在 TS18E18、TS19E18 等探方中仍有分布。辉卫文化墓葬一座，为竖穴土坑墓，墓室南部稍宽、北部较窄，单人仰身直肢葬，头向南、面向上，右肩部随葬陶鬲一件。

周汉时期遗迹主要是在遗址东部发现了一条基本呈南北向的大沟。在 TS20E25～TS23E25 四个探方中均有分布，开口宽度约 4.5 米，深 1.8 米左右，圜底，被出土有水波纹陶片的汉代灰坑打破，初步推测其年代在东周时期。已清理出部分长约 27 米。

发现宋代砖室墓 3 座，其中 M1 保存较好，另外两座破坏严重，仅残留墓室少数铺地砖。M1 为砖券墓，由墓道、墓门、墓室组成。墓道朝南，竖井式。墓门南向，以平砖错缝封堵，外用砖环形排列呈拱形。墓室顶部坍塌，下部保存较好，内壁有砖构窗棂等。墓室底部砖构棺床上有人骨两具，破坏严重。

经过 2016 年的发掘，确认李屯遗址为二里头晚期至商代早期的一处遗址。从文化面貌上看，是以辉卫型为主的先商文化，但是受到了二里头文化、东下冯文化的影响，也有一定的岳石文化因素。以陶器为主的器物特征，与鹤壁淇县宋窑遗址比较接近，但又有所差别，因此，为辉卫文化的内涵、分布范围和地方类型研究提供了十分重要的材料。李屯遗址文化持续发展到二里冈文化时期，与郑州地区早商文化交流密切。

（刘中伟）

【郑州商城遗址】

发掘时间：2015 年 10 月～2016 年 5 月

发掘单位：河南省文物考古研究院

为配合郑州供电公司项目建设，河南省文物考古研究院对郑州市管城回族区书院街与塔湾路交叉口东南部区域进行了考古发掘。

此次发掘工作共布 10 米×10 米的探方 12 个，发掘面积共计 1200 平方米。整个发掘工地，发掘深度普遍达 4 米～5 米，清理出商代至明清时期的夯土、灰坑、墓葬、沟、水井等各类遗迹 203 处。其中，夯土基址 3 处，房基 1 座，灰坑 164 个，

墓葬4座，灶3处，路2条，沟7条，水井11眼，房基2座，陶窑4座，火池2座。其中以商代三处夯土基址最为重要。

该项目周边以往开展的考古工作较少，郑州商城内城东南区域商代面貌一直不太清楚，通过此次发掘清理出的商代不同类型遗迹（夯土基址、水井、灰坑等）的平面分布信息将为研究商城东南区域在整个郑州商城的地位提供新的资料。此次发掘清理出的三处商代夯土基址，其位置是目前所知内城发现最为靠南的，其时代最早至二里冈下层一期。尽管夯土基址以上部分被晚期遗存破坏较甚，但这三处夯土推测可能为商城东南部一组大型建筑的基础。此次商代遗存的发掘成果对于探讨郑州商城的城市平面布局、规划以及建筑技术等具有重要的学术价值。

唐宋时期L1、G1、G3、G4、G6的发现表明，路、沟可能同期使用，沟与沟之间互相连通，这些反映了这一时期郑州道路系统的设计思想与排水系统的前期规划。G1、G3内发现了极为丰富的瓷器小件，品种之繁多、器物之精美，令人叹为观止。这些遗迹与遗物也为我们勾勒出唐宋时期郑州地区劳动人民日常的生活场景与画面。

（杨树刚）

【偃师商城宫城遗址】

发掘时间：2016年

工作单位：中国社会科学院考古研究所

2016年的工作分为春夏季大型祭祀坑发掘和秋冬季第六号宫殿复查两个部分。前者自2月底开始至6月底结束，后者自9月中旬开始至12月中旬结束。

大型祭祀坑位于宫城东南部，编号2014YSJ1D5H9，2014年复查第五号宫殿东北角时发现，编为祭祀D区。

1. 祭祀坑形制：此坑平面大致呈南北长的不规则椭圆形，南北最长约20米，东西最宽约10米，总面积接近200平方米，坑中心部位自东周黑灰土层底部算起至坑底的深度约4米，自地表至坑底深约6米。坑的南半部分坑壁陡直，北半部和东北部分较缓。在祭祀坑西壁近底部发现有上下2排清晰的取土工具痕迹，单体宽约10厘米。

2. 祭祀坑内堆积：整体向中心部位倾斜，其中东西方向倾斜度较大，南北方向倾斜度较小。以T5北壁为例，从大坑口部自上而下依次是D5废弃后的淤土层、D5时期的路土层、垫土层；D6时期的路土、垫土层；然后是灰色淤土层，此层普遍较厚，上部颜色偏青，下部略微偏黄，较为纯净，出第二期第3段陶片，坑内大部分的祭祀用猪出自此层（T1此层出猪骨最多）；再向下是由黑色草木灰，灰白色，灰褐色等多层灰土构成的杂灰土层，较厚，亦出3段陶片，此层内出土猪骨较少；在这一大层杂灰土之下的是属于第一期第2段的堆积，有灰绿色、灰白色等，最下面一层是灰白色含水锈斑的土层，这些第2段地层在祭祀坑中部的地方出有较多的以牛骨为主的兽骨，在祭祀坑南部的此层内出有一些猪骨。

3. 祭祀坑外围遗迹有祭祀猪坑（沟）：在祭祀坑北缘外侧发现7个祭祀猪坑，内埋多具猪骨，最多的有6具；在祭祀坑东北部外侧发现一条南北向灰沟，在沟的底部发现有7具猪骨（包括1987年解剖沟内发现的1具）。所见猪骨主要出土在祭祀坑内地层内和祭祀坑周边祭祀坑、祭祀沟内，以属于偃师商城商文化第二期第3段的地层（青灰色和黄灰色）出土最多。最早的属于第一期第2段，最晚的属于第二期第4段。至发掘工作结束共出土猪骨96具。

4. 大型祭祀坑的时代、成因及其填埋过程：

这次发掘清理的祭祀坑从平面关系上看位于宫城第五号宫殿（D5）的庭院东北

部，第六号宫殿（D6）的东院范围内，但从时间顺序上看它又早于 D5、D6 时期，它位于早期宫城的东南部，第四号宫殿（D4）的南面，在 D6 之前此处没有其他建筑遗迹。坑内的堆积以第一期第 2 段和第二期第 3 段时期的地层为主。

综合上述情况，此次发掘的大型祭祀坑应当是最初修建宫城墙或 D4 等早期建筑时取土形成的，随后逐渐被废弃物填充，并在某一时期作为祭祀场所使用过。至 D6 时期被完全填平，并在其中部修建了横贯东西的水道，成为 D6 东部院落的一部分。D6 废弃后又成为 D5 庭院的一部分。

秋冬季工作主要是复查第六号宫殿东庑及其东侧庭院，主要收获如下：

1. 东庑分为南北两部分，采用的是东缘（外缘）木骨墙、西缘（内缘）大型立柱的建筑模式，原简报标识的隔墙残迹不存在，实为晚期地层土。

2. 东庑中部有宽约 2.1 米的东西向门道，门道东端发现一组门柱，每边门柱由三个柱子构成，柱坑底部有柱础石。

3. 门道中央发现有水道穿过，水道分早晚两期，其中晚期水道用石块砌成。

4. 东庑东侧庭院内的地层堆积自上而下为路土、垫土和灰土层。路土和垫土属于六号时期，其上叠压有 D5 时期的垫土层并被少量第 4 段灰坑打破。灰土层被垫土层叠压，在时间上早于六号时期，为偃师商城商文化第二期第 3 段。

5. 水道南侧的庭院内发现水井一口，其年代早于第六号宫殿，属于偃师商城商文化第二期第 3 段。

（谷　飞　曹慧奇　陈国梁）

【郑州市小双桥遗址】

发掘时间：2016 年 10～12 月

工作单位：河南省文物考古研究院

为确认郑州市小双桥遗址各个区域的文化堆积及特点，河南省文物考古研究院在小双桥遗址再次进行大面积的勘探和小规模的发掘工作。

此次发掘在遗址中心区域外围，分别在岳岗村西北和小双桥村西南地两个地点进行，发掘面积 550 平方米。

岳岗村西北的发掘点位于遗址ⅣB01 区，布设探方 4 个（2016ZXⅣB01T0872、2016ZXⅣB01T1072、2016ZXⅣB01T0874、2016ZXⅣB01T1074），共计发掘 300 平方米。小双桥村西南的发掘点位于遗址ⅣA01 区，该处布设东西向、南北向探沟各一条（2016ⅣA01T7486、2016ⅣA01T7184），面积共 250 平方米。此次实际发掘总面积 550 平方米。

岳岗村西北发掘区域原为遗址所在的岗脊附近，20 世纪在平整土地过程中，上层取走厚约 2 米的土，故该处文化层已被破坏殆尽，耕土层下即为各遗迹及浅黄色生土。小双桥村西南发掘点地层堆积状况和遗址中心区域相似，耕土、扰土层下为战国—汉代文化层，再下为商代文化层。共发掘灰坑 11 个，墓葬 7 座，水井 1 眼，道路 2 条，沟 1 条。文化遗存年代历商代、战国—西汉、唐宋等。

在遗址中心区域外，发现了高规格的商代遗存。

水井 2016ZXⅣB01J1，规格较大，构造方式复杂，是一处较为少见的商代大型水井遗迹。该井开口于第 1 层下，开口平面因塌陷呈不规则形，塌陷部分清理之后，暴露出圆形平面，直径约 3.1 米，直壁向下 4.5 米后变为圆角长方形。清理至约 10 米深时，井内填土中出现大量朽化木块，井壁有较规则的木头痕迹，应为当时加固井壁的井框，由于内壁多处坍塌，井圈构造暂不明晰，但推测应是用方木以榫卯结构层叠搭成“井”字形方框。目前已清理深度近 14 米，井筒内暴露人骨及动物骨骼，仍未清理至底。向下钻探得知，下部为淤土，淤土层厚约 0.8 米至生土。

该井外部挖有两重井坑，内层井坑（2016ZXⅣB01H7）打破外层井坑（2016ZXⅣB01H8）。内井坑平面圆角长方形，东西长约7.9米，南北宽约7.2米，斜壁内收。外层井坑（2016ZXⅣB01H8），平面近方形，东西长约9.75米，南北宽约9.6米，除东西两侧局部作剖面挖开外，整体暂未发掘。两层井坑内皆填夯土，夯层较清晰，厚0.05米~0.15米，夯窝明显，为圆形圜底，直径0.07米~0.1米。两层井坑壁上均筑有台阶。该井的结构与小双桥遗址1998年发掘的98ZXⅣJ1以及郑州商城1990年发掘的郑州电力学校J3、河南中医学院东里路家属院92ZSC8ⅡH104有相似之处，建造过程都是先在平地掘坑，后填土夯打，再在夯土中央挖井，略有不同的是2016ZXⅣB01J1经历了两次挖坑、夯筑的过程。

除商代文化遗存外，在发掘区可见较多的汉代堆积。发掘的路2016ZXⅣA01L1位于2016ZXⅣA01T7486全方及2016ZXⅣA01T7184北部，东西向，开口于第3层下，路面为深红褐色土，车辙痕明显，路面碾压层中包含较多炭屑及烧土粒，还有少量汉代陶片。据其开口层位及包含物特征，推测其为汉代道路。从方向及层位关系上来看，该路有可能是2014ZXⅡA01L1在东侧的延伸。此次发掘的战国—汉代墓葬，皆是带竖井墓道的洞室墓，埋葬较深。随葬品较少，有罐、缶、鼎等。

（李素婷　曹凌子）

【安阳殷墟大司空村东南地遗存】

发掘时间：2015年11月14日~2016年5月31日、2016年7月29日~11月4日

工作单位：中国社会科学院考古研究所

安阳大司空是殷墟遗址的重要区域，向西与小屯宫殿宗庙区隔洹河相望，向北约200米即是洹北商城。历年来在该区域进行过多次基建发掘，其中2004年发掘规模最大，分为A、B、C、D四个发掘区，共清理了商代房址55座、灰坑449个，墓葬463座，详见《安阳大司空》。

2015年为配合安阳市棚户区改造工程，对2004年四个发掘区的中部约1万平方米的区域进行了钻探和发掘。此次发掘分为两期进行，历时近10个月。

该区域层位关系较简单。上部被豫北纱厂现代建筑扰乱严重，第3层为唐宋文化层，第4层为商代文化层，第5层为仰韶文化层。晚商建筑群、灰坑、水井和墓葬多开口于第3、4层下，第5层下发现少量仰韶时期灰坑。

晚商夯土建筑基址是此次发掘的最大收获。共清理商代房基48座，编号F1~F48。房基集中在发掘区东部，保存较为完整。F4、F6、F8、F9、F3、F1、F11是东西向坐北朝南的房基，F2、F5、F7、F10为南北向房基。其中，F7、F8、F20从形制上应该是一组四合院。发掘区西南部清理的F22夯土内有七节陶水管，南高北低，排水应是从南向北排出。房基垫土层内出土有陶罐、鬲、盆、骨器等少量陶片，据陶片判断这些房基多数应属殷墟四期房址。从空间布局上看，这些建筑基址位于2004年发掘的“C区建筑基址群”西侧，应是“C区建筑基址群”的组成部分。

在发掘区的西侧偏南清理了F36~F40。其中F36、F37、F40柱网结构明显，应是一组小型四合院建筑。F37房址（为该四合院的西庑）有排水设施，陶水管9节，东高西低。经过发掘，F37的西侧有一大型灰坑H423，向西延伸，面积较大，深达6米以上，F37的排水管正对此坑，由此判断H423应是该处四合院建筑排水设施的一部分。

该批商代建筑基址群的发掘，更进一步证实了我们对晚商建筑基址与巨型土坑

之间关系的判断。

在建筑基址群附近，发现并清理了水井 19 眼，编号 J1 ~ J19。多为圆形，少数为方形，深度普遍在 11 米 ~ 13 米。井内包含物较少，有陶罐、盆、簋、鬲等残片和部分完整陶罐。

清理商代灰坑共 498 个，属殷墟二至四期，其中三期居多。包含物较丰富，陶器有鬲、簋、罐、盆、瓿、瓮、豆、甗、方鼎、纺轮、网坠和弹丸等，骨器有笄、锥、卜骨、卜甲和骨料等，石器有刀、磨石、镰等，蚌器有蛤蚌、蚌镰等。

清理商代墓葬 162 座，其中 M94 为商代车马坑。M94 为两马一车，东侧马架和车轮被新中国成立初期所建备战地道打破，只剩马头，西侧马架较为完整；车厢及东侧车轮部分被盗扰。车马坑内出有铜泡 48 枚，1 件铜铃，马头上有铜饰、小铜泡。其他商墓多数为小型墓，中型墓全部盗扰一空，小型墓多随葬陶鬲、簋、罐、豆、贝等。商墓多属殷墟三、四期。此外，还清理唐、宋墓 5 座，分别编号 M2、M3、M10、M118、M124。

清理商代瓮棺葬 27 座，以泥质红陶或灰陶罐为葬具，多数骨骼已朽尽。经鉴定，多数为婴儿，也有少数为未出生的胎儿。

此次发掘区域，早年曾清理过部分墓葬，此次虽为补充性发掘，但也收获颇丰。首先，此次清理的建筑基址群，实与 2004 年发掘的“C 区建筑基址群”为同一组建筑群，为商代建筑基址研究提供了一组完整的资料；其次，此次发现的刻辞甲骨是大司空区域出土最集中的一次，为殷墟甲骨学研究提供了新资料。

（岳洪彬　岳占伟）

【淇县杨晋庄西周卫国墓地】

发掘时间：2016 年 3 ~ 10 月

工作单位：河南省文物考古研究院

该墓地位于淇县高村镇杨晋庄行政村晋庄自然村村西地，南距淇县县城约 16.1 千米，东距鹤壁市城区 6.4 千米。地处淇河南岸二级台地，海拔 122 米，南依浮山，东北与著名的辛村卫国贵族墓地隔河相望，两地直线距离约 1.3 千米。已发掘面积 5 千平方米，共清理西周时期中小型墓 224 座，马坑 5 个，房址 1 座，出土各类随葬品近 400 件。墓葬均为长方形竖穴土坑，墓口一般长 2 米，宽 1 米，多为一棺或无棺，少数为一棺一椁。可辨有 3 座墓葬为俯身葬，其余均为仰身直肢。头向朝北、朝西各占一百多座，朝东与朝南数量很少。十余座墓葬设腰坑，内有殉狗。M1 为整个墓地最大的一座，东西长 3.8 米，南北宽 2.4 米，深 3.8 米，可惜被盗掘一空。一座殉车墓 M17，方向 95°，长 3 米、宽 2 米、深 4.2 米。有 2 个盗洞，将车舆、车辕破坏，仅有车轭、车衡、两轮保存较好。马坑 5 个，口部一般长 2.4 米 ~3 米，宽 2 米左右，深浅不一。除 MK4 为 4 匹马外，其余均为 2 马。马骨摆放较为规整，应均为死后埋葬，无车马器；MK4 出土 1 枚铜镞。

随葬品可分为陶器与铜器两大类。陶器 200 余件，以鬲、罐为大宗，另有少许陶瓿、陶纺轮。陶鬲多为夹砂灰陶，饰绳纹，部分可见明显烟炱。陶鬲既有盘口矮足的商式鬲，也有卷沿瘪裆的周式鬲，还有一定数量的仿铜陶鬲、斝形鬲。陶器组合可分为三类：鬲罐、单鬲、单罐，未见陶簋、陶豆等商周时期豫北地区流行的器物。一般认为，鬲罐组合在商末周初是周人典型的器物组合特征，在关中甚为流行。带鋬鬲，高领、平裆、尖足，一侧带短鋬，整体形态与斝相似，亦可称为斝形鬲。

整个墓地被盗严重，仅有一件铜鼎，为西周早期典型器；其余均为兵器与车马器，尤以戈、盾昜出土最多，车軎、当卢、泡形带扣车马器较少。墓地流行毁兵葬，铜戈、铜戟均不同程度遭到人为破坏，绝大多数已经断裂，一分为二、三，完整者器身也被折弯甚剧。凡随葬铜戈的墓葬，罕见陶罐，这种现象可能与墓主生前性别或者职业有一定关系。另外有海贝、玉器若干，并有少量漆器、铜鱼。

根据随葬器物特征，墓地的使用年代最早为西周早期偏早，一直延续到西周中期，所出器物多与淇河北岸的辛村墓地相同，墓主以中下层平民为主，墓葬无打破关系，应该是经过严格规划的一处"邦墓地"。墓葬头向、腰坑等相关葬俗，揭示了该墓地族群的多元性，但从陶器的鬲罐组合来看，应当是以周人为主体的墓地。

（韩朝会　高振龙）

【荥阳市高村乡官庄两周城址】

发掘时间：2015 年 7 月 ~2016 年 12 月

工作单位：郑州大学历史学院

官庄两周城址位于荥阳市高村乡官庄村西部。2015 ~ 2016 年度的发掘区有三处：一处位于大城外南侧、南外壕之内，发掘面积 550 平方米；一处位于大城中北部，布方面积 1600 平方米；此外在大城南部偏西清理春秋晚期墓葬 1 座。

大城外南侧发掘区清理东周时期陶窑 1 座、灰坑 124 个、水井 7 口、灰沟 1 条、墓葬 7 座，汉魏时期墓葬 3 座。在 H805 内出土了铸造铜凿的芯范，年代属春秋中晚期。

大城中北部发掘区目前已清理陶窑 5 座、灰坑 400 余个、灰沟 6 条、墓葬 5 座、瓮棺葬 6 座。陶窑集中在发掘区西南部，年代属两周之际，破坏较严重，个别经掏挖改作窖穴。陶窑附近的灰坑中出有陶拍、陶垫、陶器废品等，一些灰坑中发现有未经烧制的陶坯，H1029 底部堆积有较多夹砂泥块，应为备料坑。发掘区西南还出土有较多铸铜遗物，包括陶范、熔炉残块、铜渣、陶管、磨石等。陶范约 300 块，可辨识者有鼎、壶、钟、节约等器物，年代属春秋中晚期。

在发掘的同时，对大城内进行了系统勘探，勘探面积 16.5 万平方米。发现有东西向和南北向道路各 2 条、灰沟 5 条、6 处夯土或垫土区、墓葬 15 座以及多处手工业作坊线索。

2016 年度手工业遗存的发现和发掘，为深入探讨官庄遗址的功能与性质提供了新的资料。

（徐　冬　郜向平）

【伊川县徐阳两周时期墓地】

发掘时间：2016 年 4 ~12 月

工作单位：洛阳市文物考古院

徐阳墓地位于伊川县鸣皋镇徐阳村周围，2013 年发现并确认。2015 年发掘大型墓葬 2 座，陪葬车马坑遗迹 1 座。出土有大量青铜礼乐器、车马器、陶器、金器、骨器、玉石玛瑙器等。在车马坑内发现有随葬马牛羊头蹄葬现象。

2016 年继续开展徐阳墓地考古发掘工作，发掘面积 2000 平方米。此次发掘区域分两部分，一部分位于徐阳村南，一部分位于徐阳村东。共清理各时期墓葬 42 座，东周时期陪葬车马坑 2 个，其中西周时期墓葬 7 座，东周时期墓葬 31 座，宋代时期墓葬 4 座，还清理西周灰坑 1 个，汉代烧窑 1 座，同时对大型墓葬 M6 和 2015 年发掘的东区 MK1 进行了整体搬迁保护。

西周墓 7 座，均为南北向长方形竖穴土坑单棺墓，有在足部或口内放置贝币的现象，出土遗物主要有陶罐、鬲、铜戈、骨贝等。

东周时期墓葬 31 座，其中大型墓葬 1 座，小型墓葬 30 座。大型墓葬编号 M6，方向 105°，东西长 5.5 米，南北宽 4.1 米，口深 5.6 米。一棺一椁，棺内葬一人。随葬品大部分放置在墓室南侧棺椁之间，随葬器物除有铜鼎、豆、壶、盘、匜、舟、鬲、车軎、车辖、玉琮、璜、铲、铜鎏金马形牌饰、金耳环等。中小型墓葬，多为东西向，均为仰身直肢。随葬品以单耳陶罐、绳纹陶罐、陶盆组合为主。也有陶罐、鬲、盆组合，还有铜鼎、簋、陶罐组合等。

东周时期陪葬车马坑清理2个，其中一个整体搬迁，已清理车马坑内葬有完整马匹2个，狗1只，在北侧坑壁附近摆放有马头1个，牛头2个，羊头32个，头骨周边并伴有少量动物蹄骨。随葬物品中，除两匹完整马口中含有的镳、衔外，在其面部及颈部之间，还有的饰有骨贝串饰。

徐阳墓地的大范围发掘为我们进一步认识墓地的性质、文化内涵提供了更多新的资料，为探讨徐阳墓地的属性提供了更直接的考古学证据。它的发现与发掘证实了文献所载“戎人内迁伊洛”的历史事件，是研究春秋战国时期民族迁徙与融合、文化交流与互动的重要资料。

（吴业恒　马占山）

【郑州市航空港区绿地香湖湾项目东周遗址】

发掘时间：2016年5月13日～2016年12月31日

工作单位：郑州市文物考古研究院

郑州市航空港区绿地香湖湾项目，位于郑州航空港区梅河东路东侧、双鹤湖路北侧（原郑州新郑市八千乡雷庄村西北）。考古发掘工作于现阶段发掘面积2900平方米，共发掘清理灰坑210个，墓葬3座，沟2条，总共揭露各类遗迹215处。

灰坑210个，均为东周时期。根据口部形制可以分为圆形、椭圆形、不规则形、长方形四种，其中不规则形较为少见。根据口部直径与底部直径的大小可以分为直壁灰坑、袋状灰坑。多为窖穴，少量取土坑。

墓葬3座。战国墓葬2座，均为近南北向长方形竖穴土坑墓，直壁平底。墓葬盗扰严重，未出土随葬品。清代墓葬1座，近南北向长方形竖穴土坑墓，直壁平底。出土随葬品瓷罐1件，铁环2件。

灰沟2条。均为长条形，G1为南北向、G2为东西向，均出土有东周时期陶片。

通过考古发掘，出土遗物主要为东周时代的文化遗存，出土完整文物相对较少。主要可以分为陶器、石器、骨器、铜器、兽骨等几个大类。

陶器器形有罐、鬲、釜、豆、盆、盂、甑、簋等。根据陶器的质地、颜色可以分为泥质灰陶、泥质夹砂灰陶、亦可见少量泥质夹砂红陶，陶片纹饰以素面、绳纹为主，亦可见少量弦纹、附加堆纹等。

石器，数量较少，均为通体磨光，为石镰、石斧等。骨器，数量较少，为骨锥等。铜器，仅发现1件铜削，环首弧刃，制作精良。兽骨，发现较多的动物骨骼以及鹿角、鹿头骨等。

通过此次考古发掘，发现了大量的东周时期的灰坑遗迹，并且出土了大量东周时期的文化遗存，这些文化遗存的发现，为我们研究当时的自然环境、社会生产、生活状况、埋葬习俗等都提供了重要的实物资料及科学依据。

（高赞岭　朱少铮）

【宜阳县韩都故城遗址】

发掘时间：2016年4～12月

工作单位：洛阳市文物考古研究院

宜阳韩都故城，位于宜阳县韩城镇东。公元前424～前408年，为韩国都城，此后直到魏晋南北朝皆为郡治、县治所在，也是历代军事要冲，东西交通之要道，南北之通衢。

2013年宜阳韩都故城被公布为第七批全国重点文物保护单位后，为编制宜阳韩都故城文物保护规划提供了科学依据。2014年，经国家文物局批准，洛阳市文物考古研究院开展了对宜阳韩都故城全方位考古调查与勘测。2014年我们着重对过去认为的宫城区域进行了考古调查，在该区域未发现与宫城相关的建筑基址，而是发现了大量东周时期墓葬遗迹，分析该处应为公共墓地。2015年，我们着重对城圈和防御水系开展调查，发现东周、汉代两个时期城墙遗存及其相关的城门、马面遗存。基本摸清了韩城外围防御水系来源及保存状况。

2016年，在前期调查工作的基础上对疑似东门遗存和城内部分遗存进行了解剖发掘，发掘夯土、道路、排水渠、烧窑等遗存。发掘道路为东西向，宽8米，厚约0.8米，可分3层，第1层出土遗物有板瓦、筒瓦，白瓷片等，为唐宋时期，第2层、第3层出土遗物为筒瓦、板瓦等，为秦汉时期，第2层路面上还发现众多东西向车辙痕迹。排水渠位于路南侧，与路平行，宽约0.8米，残存深度0.3米。同时调查工作继续开展。调查发现大型墓葬区，发现大型墓葬6座，呈曲尺形分布，特大型墓葬3座，呈东西向分布。此外还发现道路、水系、烧窑、夯土基址等遗存，取得了重要收获。

通过三年来的考古工作，我们对韩城遗址的认识进一步深化，也修正了过去的一些认识，但因韩城遗址自战国一致沿用到魏晋时期，时间长达近千年，面积较大，遗址内各类遗存相互打破叠压，目前钻探仅为一小部分，尚难窥遗址全貌，还有待今后进一步开展工作。

（吴业恒）

【郑东新区龙湖金融智谷项目战国至汉代遗址】

发掘时间：2016年1~5月

工作单位：郑州市文物考古研究院

河南郑州新区建设投资有限公司郑东新区金融智谷项目工程位于郑州东区龙湖中环南路以北，鑫睿路（规划）以南，龙翔四街（规划）以东，龙翔五街（规划）以西。

郑州市文物考古研究院对该工程进行配合性考古勘探及发掘，共清理探方33座。战国墓葬15座，汉代墓葬22座，其中西汉20座，东汉2座，战国灰坑1个，宋代灰坑78个，发掘面积约4000平方米。出土遗物丰富，其中包含较多完整随葬品及宋元精美瓷器。

清理的遗迹中战国墓葬15处，均开口于第2层下，填土为黄褐色五花土，大都有一棺一椁，虽不见明显棺椁痕迹，但熟土二层台迹象较明显。大多数墓葬有人骨，保存较完整，头向北，为仰身直肢葬或侧身屈肢葬。在墓葬的壁龛（如M2）或侧厢（如M4）内发现有鼎、豆、壶、盆、匜这常见的随葬陶器组合。在Ⅰ区所发现的战国墓葬群应为家族墓地。而Ⅱ区零散的战国墓被宋元文化层打破，未能获取其完整的资料信息。

西汉墓葬20座，均为长方形竖穴砖室墓，均有一空心砖棺室，常见的随葬品有陶壶，陶钵及铜带钩，数量较少。人骨腐坏不见。Ⅰ区西汉墓葬或叠压或打破部分战国墓葬。且Ⅰ区大部分西汉墓葬破坏严重，仅剩空心砖残底，人骨散乱。Ⅱ区西汉墓被宋元文化层打破。而发掘区东南部分布的西汉家族墓地墓葬保存较完整。

东汉墓两座，Ⅰ区M9，Ⅱ区M37，均为券顶砖室墓。M9坍塌较严重，内散乱着约5具人骨，均未见上肢骨，只发现一个完整的头骨，且头骨左边发现一明显的孔洞，应为钝器所致，该墓可能为埋葬战犯或俘虏、受刑之人的墓葬。M37是在发掘上部灰坑时发现，出土陶壶3件，铜盆1件，陶罐3件，水晶环1个，陶仓2个，铜勺一组，陶灶一组，铜钱若干。人骨腐朽未见。

灰坑79个，战国1个，位于Ⅰ区。宋代78个，均位于Ⅱ区，大部分呈圆形，椭圆形，有口大底小与直壁平底两种形制。出土大量宋元时期陶瓷片。

宋代窑址 1 个，坍塌严重。

通过对该项目工程用地的考古发掘，确认了该处遗迹的文化性质与时代，同时获取了该区战国、两汉时期墓葬分布较完整的考古发掘资料，这些为研究该地战、汉以及宋元时期人类生息活动，丧葬礼俗、社会发展、文化延续等提供重要的实物资料及科学依据。

（高赞岭　刘　启）

【郑州市航空港区唯品会公司项目战国至汉代遗址】

发掘时间：2016 年 8 月 26 日 ~12 月 20 日

工作单位：郑州市文物考古研究院

河南唯品会跨境电子商务中心项目工程位于郑州航空港区第十一大街以北，枣林北路以西。经郑州市文物勘探办公室勘探，在建设用地范围内共发现古代文化层 1 处、古代墓葬 1 座、古代陶窑 2 座。受建设单位委托，郑州市文物考古研究院经报请上级文物主管部门批准，对其进行配合性考古发掘。

共清理探方 46 座。遗迹单位 160 处：其中战国灰坑 156 个；战国陶窑 1 座；汉代墓葬 3 座。发掘面积 5000 平方米。

（1）清理发掘战国灰坑 156 个：均开口于第 3 层下，平面形状有圆形；椭圆形。填土为灰色杂土，土质结构松软，含红烧土颗粒、炭粒等。内壁规整，直壁，底部平整。清理出土大量战国时期陶器残片、少量陶纺轮、少量兽骨、石器等。

（2）战国陶窑 1 座，平面为圆形。填土为灰色杂土，土质结构松软，含红烧土颗粒、炭粒等。陶窑上部由于扰动严重已无存，仅残存窑底部、火塘。清理出土少量战国时期陶器残片。

（3）汉代墓葬 3 座。均开口均在第 2 层下。平面均为“甲字”形，墓道均为斜坡状。墓室壁较规整、竖直，底较平。M1 出土有陶罐、陶盘。

战国灰坑内出土大量泥质和加沙灰褐陶器残片，其表面多饰有中绳纹和粗绳纹，另有抹光陶器残片。器形有陶罐、陶盆、陶豆、陶釜、陶鼎等。另出土陶纺轮、陶拍子、石斧、石铲、卜骨、骨簪等。

通过对该项目科学的考古发掘，清理出土了一批重要文物标本，确认了该处遗迹的文化性质与时代，同时获取了该区战国、汉代时期的文化层堆积及墓葬分布较完整的考古发掘资料，这些为研究古代人生息活动、丧葬礼俗、社会发展、文化延续等提供重要的实物资料及科学依据。

（高赞岭　校庆义）

【确山县朗陵故城战国至清代遗存】

发掘时间：2016 年 9 月 ~2017 年 1 月

工作单位：河南省文物考古研究院、驻马店市文物考古管理所

朗陵故城遗址位于确山县任店镇南 300 米处。故城平面近梯形，东西长 1590 米，南北宽 260 米，面积约 40 万平方米。现故城东南角、东北角和北边东半部地面城墙墙体犹存，墙体宽 3 米 ~10 米，残高 2 米 ~7 米不等。北边西半部地面墙体已遭人为破坏，无存。在故城南边和西面暂时未发现城墙墙体。经过初步勘探，在城墙外的东、南、西三面均发现有大面积文化层堆积，文化层厚度达 0.5 米 ~1.7 米。国道 107 从遗址中部穿过，把遗址分割为东、西两部分。溱头河从城址南部边缘由西向东注入汝河，城址北边是一条东西向的干渠。

为配合国道 107 驻信段拓宽工程建设，对工程占压区域进行抢救性发掘，现已揭露面积 2200 平方米，共发现战国至两汉时期的灰坑 86 个、灰沟 6 条、水井 3 口、灶 4 个、石砌围墙一段、道路 2 条、陶排水管道 2 处以及宋代至清代的墓葬 7 座。出

土大量的青砖、筒瓦、板瓦等建筑材料残块和陶瓮、罐、盆、豆、甑残片以及陶杈、纺轮、石臼、磨石、铜镞、铁剑、铁锸、铁镢等生活用品和“五铢”“大泉五十”等铜钱。

此次发掘主要收获是在城址的西北部清理出汉代时期冶炼过程中产生的废弃物堆积，其沿用早期形成的深坑对废物进行处理，形成层次比较清晰的冶炼废物堆积层。在发掘过程中发现大量的与冶炼有关的铁矿石块、炼渣、熔渣、铁渣、炉渣、炉壁残块、烧土块、坩埚残块以及建筑材料板瓦、筒瓦和生活相关的盆、罐、豆等器物残片。并出土有大量的已成型的铁块和十余件铸造铁器的陶范模具及陶范，充分说明该处是一功能齐全的冶铁遗址，只是暂时还未发现冶铁炉。随着发掘的继续深入开展，对于了解当时整个城市的具体功能分区、社会形态、建筑技术以及冶炼技术的研究，将提供更多资料。

（周润山 齐雪义）

【扶沟县塔湾战国至宋代遗址】

发掘时间：2016 年 9 ~ 11 月

工作单位：河南省文物考古研究院

塔湾遗址位于周口市扶沟县柴岗乡塔湾村、支亭寺村和梅桥村之间。该文物点是配合郑合高铁建设，在沿线调查中新发现的。经初步勘探，遗址南北约 1400 米，东西 800 米，面积超过 100 万平方米。

2016 年度在遗址的北部共发掘面积 2900 平方米，发现有战国至宋代文化遗存，包括墓葬、灰坑和水井等遗迹现象，尤以唐代遗存相对最为丰富。其中 H53 内发现较完整的牛骨一具，骨骼表面有经过烧烤痕迹。另外宋代墓葬 M1 保存较好，出土有瓷器和铜钱等。

塔湾遗址的北部有梅桥二里头至宋代遗址，西北部有河南省重点文物保护单位支亭寺仰韶文化遗址。此处区域在较大范围内存在有不同时期的古代文化遗存。塔湾遗址的发现和发掘进一步丰富了该区域的文化面貌，具有比较重要的价值。

（朱树政）

【信阳市城阳城址郭楼墓葬区】

发掘时间：2016 年 4 ~ 12 月

工作单位：河南省文物考古研究院

2016 年度在城阳城遗址区内，清理了 3 座被盗墓葬，分别为 M16、M17 和 M18。三座墓葬位于信阳市北部 25 千米的平桥区城阳城址保护区郭楼村南部，紧邻淮河主流，淮河在此处由北流转而略偏向东北。该处岗地在之前当地修建灌渠时，被群众推掉一部分，但仍可看出高于淮河主流河面。其西北部为全国重点文物保护单位——城阳城址。三座墓葬皆处于遗址保护范围和建设控制地带以外。

墓葬形制基本一致，土坑竖穴木椁墓，仅 M18 带斜坡墓道。随葬器物以仿铜陶礼器和漆木器为主，青铜质文物主要是兵器和车马器，数量较少。陶器有鼎、圆壶、钫、敦、盥缶、尊缶等，漆木器则发现有镇墓兽、虎座凤鸟鼓、伞、席等。经初步考古调查、钻探，三座被盗墓葬周围还有一定数量的墓葬分布，该区域应该是一处重要的战国时期楚墓分布区，可称为郭楼墓葬区。这一墓葬区的发现，丰富了我们对城阳城址布局的认识。以往发现的墓葬都集中在城址西南岗地，且多为战国中期楚国贵族墓。郭楼墓葬区位于城址东南，紧邻淮河，多是中小型墓葬，不带墓道，墓葬形制、尺寸以及出土遗物的数量和精美程度都较西南岗墓葬逊色很多。这种差异或许暗示了郭楼墓葬区墓葬级别应较西南岗墓葬低。

此次考古发掘，还采用微博图文直播的形式，全程介绍了 M18 的椁室清理过程。发掘现场完善的防护措施、规范的操作程序、多学科及时介入等，受到好评。

（武志江）

【鹤壁市后营战国墓】

发掘时间：2016 年 6～10 月

工作单位：河南省文物考古研究院、鹤壁市文物工作队

发掘地点位于鹤壁市山城区，西北距市污水处理厂约 1000 米，属于市级文物保护单位后营墓区保护范围。共清理出 2 座长方形竖穴土坑墓，南北向，东西间距 3 米并列。东墓墓口南北长 4.6 米，东西宽 3.83 米，略直壁，填土夯打。墓底距地表 7.1 米，一棺一椁，椁南北长 3.02 米，东西宽 2.1 米；棺南北长 2.16 米，东西宽 1.05 米。墓主仰身直肢，头北脚南。随葬品分布于棺椁内外，出土兵器有铜剑、铜戈、石剑首，另有铜带钩、素面铜镜、穿孔长方形磨石，数件玉器、贝币、骨贝、车马器等；陶器有鼎、豆、壶等，大部分器物内有兽骨。西墓墓口长 3.9 米，宽 2.98 米，直壁，墓底距地表 7.8 米，填土夯打，可见明显夯窝。一棺一椁，棺南北长 2.3 米，东西宽 1 米。墓主人骨腐朽严重，可辨识为仰身直肢。椁板呈东西向，南北平行。椁室西南部出土铜车軎、辖 1 套。出土仿铜陶礼器，可辨器形有鼎、豆、壶、盆等，部分施以彩绘。

根据陶器判断，墓葬时代应该为战国中期偏早，墓葬形制以及仿铜陶礼器的出现，表明墓葬级别不高，为下大夫一级。这两座并列，距离相近，尺寸略有别，出土随葬品，M1 多兵器，M2 未见兵器，应该为夫妻异穴合葬墓。这两座战国墓所处位置为后营汉墓群，该区域部分学者认为在战国早期，属于赵都中牟。此次发掘，时代虽然与赵都中牟时代有差异，但从葬俗葬制看，既有邯郸赵墓文化因素，也有中原地区所见的器物特征，为探讨战国时期鹤壁政治历史文化增添了新的考古学材料。

（韩朝会　牛合兵　高振龙）

【宜阳县南留古城遗址】

发掘时间：2016 年 4～12 月

工作单位：洛阳市文物考古研究院

宜阳南留古城，位于宜阳县白杨镇南留村东。2015 年以来，我院对城址所在区域进行了全方位勘探，确定了城墙的位置范围以及道路分布情况，并对东城墙进行了考古发掘，确定了城墙的基本年代。2016 年，我们对疑似东城门遗址进行了发掘。发掘面积 2000 平方米。经过发掘，东城墙宽度约 30 米，保存状况不佳，中部保存较好，东部被晚期坑打破至生土。

发掘区域北部发现东西向道路遗存 1 条。路面保存状况较差，从堆积情况可分为三个时期，第一期为近现代路面，宽 8.7 米；第二期路面叠压在废弃城墙之上，宽 7.8 米～9 米，厚 0 米～0.37 米。填土中均为汉代筒瓦板瓦，时代应为汉代以后。第三期路面与城墙时期相同，宽 6.57 米，为秦汉时期。第三期路土南北两侧均为夯土城墙遗址。路面破坏严重，第二期和第三期路面发现较多有车辙痕迹。道路南侧发现砖砌痕迹，宽 1.15 米，厚 0.34 米，呈西北—东南走向，打破第二、三层路面，被近现代路面所叠压。第三层路面垫土之下东向沟 2 条，南侧沟宽 1.08 米，深 0.2 米；北侧沟宽 2.4 米，深 0.83 米。两条沟均被第三期道路叠压，时代应早于秦汉时期。在第三期路土南北两侧均发现夯土城墙遗存，由此分析，道路所在区域应为城门遗存所在地，由于破坏严重，尚未发现与城门相关的其他遗存。

从发掘出土“长乐未央”“千秋万岁”筒瓦瓦当，以及外绳纹内布纹或“鱼”形刻划纹筒瓦分析，南留故城应为西汉时期，

结合《水经注》等文献记载，该城址应为两汉时期陆浑县县治所在。

（吴业恒 马占山）

【洛阳市含嘉仓变电站汉宋墓葬】

发掘时间：2016年1月1～18日

工作单位：洛阳市文物考古研究院

为配合洛阳供电公司含嘉仓110千伏变电站项目建设，洛阳市文物考古研究院在洛阳市老城区道北五路与陵园北路交叉口，发掘清理了墓葬35座。其中汉代墓葬29座，宋墓1座，时代不详墓5座。

汉代墓葬依其形制，可分为三型：

Ⅰ型：土洞墓，22座，其中带耳室的土洞墓4座。其中，M4（C8M2924）墓葬的墓道长3米、宽1米、深3米，墓室长5米、宽4米、深5.5米。

Ⅱ型：砖铺地带耳室墓，5座。其中M20（C8M2915）墓葬的墓道长2.5米、宽1米、深5米，墓室长4米、宽3米、深5米。

Ⅲ型：砖铺地无耳室墓，2座。其中M13（C8M2911）墓葬墓道长3米、宽1米、深5.8米、墓室长4米、宽3米、深5.8米。

墓葬出土各类器物约167件套，以陶器为主，为泥质灰陶，器形有陶壶、陶罐、陶仓、陶灶、陶敦、陶鼎、陶井等，另有铁剑（残）及铜钱（锈蚀）。

该墓葬群的发掘，为我们进一步研究洛阳东汉和宋代的丧葬礼制，提供了一批新的考古资料。

（赵晓军）

【洛阳市老城区营庄村安置房项目汉代墓葬】

发掘时间：2016年7～9月

工作单位：洛阳市文物考古研究院

为配合洛阳申诚置业有限公司在老城区营庄村棚户区安置房（一期）项目工程建设，洛阳市文物考古研究院对项目范围内发现的墓葬进行发掘。

发掘区域地处洛阳城区北部的邙山丘陵地带，北临道北五路，西临规划的经六路。属旧城改造项目，地层堆积简单，第1层为现代层，深0米～0.2米，土质较硬，含生活垃圾。第1层以下即为生土。

此次发掘，共清理墓葬8座，均开口于第1层下，其中汉墓1座，明墓2座，另有5座墓葬时代不详。

汉墓　1座。C2M158，方向181°，为长方形土洞墓，由墓道、墓室两部分组成，有耳室。墓道位于墓室南部，长3.4米、宽1.4米、距墓口深5.4米。墓室长3.6米、宽2.5米、高2米，填土为淤土。墓室底部有铺地砖，石墓门。墓室南北两侧各有一耳室，均为土洞，宽0.5米、高0.55米、进深0.2米。该墓盗扰严重，仅出土五铢钱两枚。根据墓葬形制和出土物分析，该墓葬的时代应为汉代。

明墓　2座。C2M159，方向182°，为砖室墓。墓道位于墓室南部，长3.12米、宽1.4米、深5.2米。墓口有石门封门，宽0.7米、高1.1米、厚0.12米。墓室顶部塌陷，填土为淤土，长5米、宽4米、高3.2米。该墓盗扰严重，仅出土铜钱若干，根据墓葬形制和出土物分析，时代应为明代。C2M160（钻编M24），方向182°，为砖室墓。墓道位于墓室南部，长7.4米、宽1.5米、深6.5米。墓室长4.8米、宽3.8米、高3.06米，填土为淤土。在墓室北、东、西侧各发现一耳室，北侧耳室宽0.56米、高0.75米、进深0.3米，东侧耳室宽0.4米、高0.44米、进深0.3米，西侧耳室宽1米、高1米、进深2米。该墓盗扰严重，出土有铜钱、陶鸡和墓志。根据墓志记载，该墓墓主是明代山西左布政使朱用及其夫人沈氏，为夫妻合葬墓。

（张龙丹）

【孟津县新庄汉代烧窑遗址】

发掘时间：2016 年 1～12 月

工作单位：洛阳市文物考古研究院

遗址位于洛阳市孟津县平乐镇新庄村东北部，地处邙山东汉陵区北部，与朱仓东汉帝陵、刘家井东汉帝陵相距约 2.5 千米，洛阳市文物考古研究院于 2014 年 7 月开始对遗址开展了系统的考古工作，发掘面积 3400 平方米，清理窑炉 23 座。

2016 年以来，我们对遗址西北部排水沟进行了解剖，同时启动了东部窑炉密集区的发掘工作。该区域主要分布三排共 39 座窑炉，计划发掘面积 2600 平方米、清理窑炉 17 座，截至 2017 年初工作尚在进行中。

窑炉的建筑方式首先是在生土中向下挖一长方形坑，形成窑床；然后向坑前壁掘出顶为弧形、底部略深的火膛及窑门，窑门与同样在生土中下挖而成的操作坑相通；后壁中部掘出一道沟槽，顺沟槽向后掏挖成立面呈倒置漏斗状的烟室，烟室上端排烟孔与砖砌烟囱相接；然后砌砖将沟槽封死，使烟室与窑室完全隔开，仅留三个烟道相通；最后在开挖的窑室方坑四壁顶部用长方小砖以穹隆顶封顶。

窑炉通长均在 13 米左右，由通道、操作坑、窑门、火塘、窑床和排烟系统组成。窑室平面近方形，顶部为砖券穹隆顶。窑床长约 3 米，宽约 2.8 米。窑壁普遍存在厚约 20 厘米的坚硬烧结层，且发现多处修补的痕迹。西区窑炉火塘内发现了用煤做燃料的迹象，东区窑炉内发现了摆放整齐尚未烧造的砖坯。

出土遗物以砖、瓦、空心砖、五边形水管等建筑材料为大宗，同时还发现少量制陶工具。砖主要为扇形砖、长方砖，多饰席纹；瓦当出土 11 件，均饰卷云纹；筒瓦、板瓦多外绳纹内布纹；空心砖多饰龙、虎、鹿、钱纹；制陶工具发现有支垫和陶拍等。此外，遗址内还出土了少量日用陶器，器形包括盆、罐、釜、甑、臼等。在多件砖、瓦、陶器表面发现了刻划和戳印文字，其中就包含了“建武廿四年”“建武卅一年”“建宁二年”等年号信息。

此次发现的“建武二十四年”纪年陶臼和“建武卅一年”铭文砖，表明东汉建国之初，窑址就已投入使用；“建宁”是北邙东汉陵区最后一位皇帝——汉灵帝的第一个年号，“建宁二年”戳印砖，恰好可以与文献记载的汉天子“即位一年而为陵”完全对应。

文献记载，东汉有前、中、后甄官令，掌砖瓦之事，属将做大匠。新庄汉代烧窑遗址和汉魏洛阳城南砖瓦窑址相比，窑炉形制基本一致，同时也使用煤作为燃料；出土的砖瓦规格较大，种类丰富，制作精良，与朱仓东汉陵园遗址出土的建筑构件基本可以对应，应是陵墓和陵园建设所需建材的重要产地，其性质应为官营无疑。

（李继鹏）

【沈丘县唐庄汉代墓葬】

发掘时间：2016 年 12 月～2017 年 1 月

工作单位：河南省文物考古研究院、周口市文物考古管理所

唐庄墓群位于周口市沈丘县纸店镇唐庄北部。2016 年 12 月中旬，中铁一局新运工程有限公司在新建郑合高铁施工过程中发现古代墓葬，河南省文物考古研究院联合周口市文物考古管理所遂立即展开抢救性发掘工作。共揭露面积 900 平方米，发掘出汉代砖室墓葬 4 座。墓道皆朝西，墓葬被盗扰严重，但仍出土一批随葬品，包括铜釜、铜镜、铜车马饰件、铜钱、铁剑、铁矛、骨质博具、釉陶罐、陶灶和陶罐等。在发掘区北部发现一处瓦砾堆积，见有布纹瓦片和云纹瓦当，其时代大致为汉代，推测此处可能原有房屋。此外，还发现两座窑址，保存相对较好。窑内未见陶瓷片等遗物，从其形制特征和建窑使用

砖的情况分析，大致为宋代。

唐庄墓葬的发现和发掘，为我们了解该区域古代社会状况增加了新的材料。

（朱树政）

【沈丘县王堂村汉代和宋代遗址】

工作时间：2016 年 11 ~ 12 月

发掘单位：河南省文物考古研究院、周口市文物考古管理所

王堂村遗址位于周口市沈丘县新安集镇王堂村东部。地势相对平坦。此次考古工作是为了配合郑合高铁建设而进行。经勘查，遗址东西约 120 米，南北约 100 米，面积 12000 平方米。2016 年度在新建铁路征地范围内发掘面积 1000 平方米，发现有灰坑、墓葬、房基、陶窑等遗迹，出土有陶罐、陶鼎、瓷碗、骨簪、方形骨器和铜钱等遗物，时代包括汉代和宋代。另外，在发掘区的东部，还发现少量破碎严重的鸭嘴形鼎足和方格纹陶片，初步判断可能存在大汶口和龙山晚期文化遗存。

王堂村遗址的发现和发掘，有助于了解该区域古代文化的面貌。其新石器时代文化遗存，与东北部约 1000 米处的黄花城新石器遗址面貌接近，二者之间的关系值得今后进一步探讨。

（朱树政）

【沈丘县大于楼汉宋时期遗址】

发掘时间：2016 年 10 ~ 11 月

工作单位：河南省文物考古研究院

大于楼遗址位于周口市沈丘县北大于楼村东北、李宣庄村南，地势平坦。该文物点是配合郑合高铁建设在沿线调查中发现的。经勘探，遗址大致近方形，东西约 550 米，南北约 500 米，面积约 27 万平方米。此次在遗址的东南部发掘面积 800 平方米。从发掘的情况看，文化堆积比较简单，仅发现有少量的灰坑和墓葬，主要为汉、宋时期的遗存。其中 H1 大致呈椭圆形，坑内发现大量的瓦砾堆积，时代为汉代。另外，发现有小型砖室墓 3 座，墓室宽 0.4 米 ~ 0.7 米，长 1.4 米左右，仅能容身，且埋葬为未成年人，从随葬的铜钱看应为北宋时期。

沈丘大于楼遗址的发现和发掘，丰富了该区域古代文化面貌，为研究汉代和宋代的社会情况提供了新的材料。

（朱树政）

【孟津县朱仓 M722 东汉陵园遗址】

发掘时间：2016 年 1 ~ 12 月

工作单位：洛阳市文物考古研究院

遗址位于洛阳市孟津县朱仓村西部，地处邙山陵墓群东汉帝陵核心区内。勘探陵园平面略呈方形，边长 420 米，四面有垣墙（基槽）。帝陵墓冢位于陵园的中西部，原始封土呈圆形，直径约 136 米。墓葬平面呈“甲”字形，墓道长 50 米、宽 8.8 米 ~ 10.4 米，墓室东西长 28.8 米、南北宽 25 米。陵园建筑主要分布于封土东、南部。

2009 ~ 2010 年连霍高速改扩建工程中发掘面积累计 4700 平方米，2014 ~ 2015 年发掘面积近 6000 平方米。发掘遗迹主要有帝陵原始封土、东部建筑遗址、内外陵园垣墙等。通过前期考古工作，目前初步确定朱仓 M722 陵主为顺帝宪陵，几处建筑单元性质：1 号台基为“石殿”、2 号台基为“寝殿”、3 号台基与 1 号院落为“园省”、2 号院落为“园寺吏舍”局部，在 3 号台基南侧外围还发现有动物祭祀坑等。

2016 年度，发掘面积近 1800 平方米。发掘区域主要集中于 1 号台基（“石殿”）东南部及东部外围垣墙局部，2 号台基（“寝殿”）西南角局部，帝陵封土南侧建筑单元东部区域，以及陵园外围等。主要新发现有：

一是陵园“垣墙”形制。发掘内陵园西北角、西南角，均发现夯土基槽，而未

发现墙体。保存较好的西墙北部，墙体基槽开口于明清层下，并且在陵园西北角发现有道路叠压于基槽上部，同样位于明清层下，道路年代约在唐宋时期。因此，初步推测基槽之上或许本就无墙体，可能与文献中记载的“行马”有关。

二是内陵园门址形制。内陵园东门址位于1号台基东部，仅剩基槽部分，墙基南北连通，门址两端在墙基外侧各有一夯土墩，门宽约24.2米，折合汉尺约100尺。可能与文献记载的“司马门”有关。

三是给水排水系统。在1号台基东侧，发现一处水井遗迹，其北与1号台基东侧排水沟相距很近，排水沟水势流向由南至北。经发掘发现，2号台基西侧排水沟，可能止于西侧而未向东折，水势流向也应为由南至北。此外，在陵园西北角墙基外发现一处蓄水池，结合勘探与发掘的排水沟连通情况推测，其水源除雨水外，还可能来自1号台基东侧水井。

四是封土南侧建筑单元。主要发掘其东侧建筑基址，保存较差，仅存夯土墙基槽，可形成多组闭合的小型院落。

此外，1号台基南部东侧阶道以南遗迹，此处正对内陵园东门，由于地层破坏严重，仅见垫土与晚期破坏沟，具体形制不甚清楚。

（张鸿亮）

【洛阳市伊滨区庞村东汉墓】

发掘时间：2016年6~7月

工作单位：洛阳市文物考古研究院

墓葬位于洛阳市伊滨区庞村镇东庞村，省道320路北，庞村镇第一初级中学校园东侧，因建设餐厅综合楼而发现。

墓葬编号2016YPM1，形制为竖穴与台阶结合式墓道前后室砖墓。由墓道、墓门、前甬道、前室、后甬道、后室及耳室组成。方向275°。墓道分两部分，主体为东西向竖穴式，底部呈斜坡状，长2.9米、宽1.15米，底距开口深6.5米。其南侧有南北向台阶式墓道，长5.5米、宽0.66米。墓门双重，外层为条砖封门，横向错缝叠砌，向外呈弧形；内层为石门，由门楣、门柱、门扇及门槛组成，门扇外饰铺首衔环，内饰龙、虎图案，门宽1.4米、高1.3米，各扇宽0.7米、高1.3米。门楣长1.7米、宽0.2米。门柱高1.3米、宽0.14米。

墓室由前室、后室和耳室三部分组成。前室横列、后室纵长，均为横向券顶。前室不含壁砖南北长6.9米、东西宽2.2米、高2.06米。前室北侧置有棺床，南侧东端有1耳室，耳室进深1.84米、宽1.2米、高1.2米。后室长2.9米、宽2.2米、高2.06米。墓内葬4人，后室2人，头向东，前室北侧棺床1人，头向西（依器物位置判断，未见任何人骨），南侧耳室外1人，头向南。

共计出土器物91件（组），质地有釉陶、陶、铜、铁、铅、石、琉璃等。陶器47件，有瓮、罐、三足罐、盘口罐、樽、圆奁、案、盘、耳杯、碗、灶、井、圈厕、鸡、狗等。釉陶26件，有方奁、壶、罐、盆、仓、炉等。石器3件，有磨、臼、磨石等。铅器1组，为车马器。铜器4件，有镜、刀、铃。铁器4件，为刀、削。绿松石珠1枚。钱币有铜钱5组，铜钱385枚，铅钱2枚，均为五铢。

此次发掘墓葬，墓室结构横前室纵长后室，为典型东汉墓所常见，而墓道西向，且为竖穴与台阶式结合，有别于宽大的长斜坡式墓道，并且墓葬无封土，墓室部分为土洞内修筑，用砖均为顺置单层，以上均显示出墓葬整体结构具有一定的“原始性”。

墓内器物主要为陶器与釉陶器，大致混合分布于前室东、西及耳室内，显示出墓葬可能为一次葬入。组合也由两者共同完成，如釉陶仓、炉，陶灶、井、圈厕等模型明器组合；釉陶方奁，陶圆奁、樽、案、盘、耳杯等仿漆木祭奠器组合。器物特征尤以“釉陶仓”最具特色，器形已近似“罐”，并出现盘口罐，较多受到来自弘农郡地区的影响。两面铜镜均为云雷连弧纹“长宜子孙”镜。钱币品相均较好，无剪轮、綖环等。

综合以上分析，墓葬年代应为东汉早期。

（张鸿亮）

【偃师市聚贤路东汉墓】

发掘时间：2015 年 10 月 ~2016 年 1 月

工作单位：洛阳市文物考古研究院、偃师市文物旅游局

2015 年，偃师市在城关镇规划建设聚贤路，墓葬具体位置位于聚贤路北部，310 国道以南。洛阳市文物考古研究院与偃师市文物旅游局组成联合考古队，在公路拟建区域开展了抢救性发掘。

发掘的三座墓葬自北向南编号 C18M26、C18M27、C18M28，封土于 20 世纪 70 年代左右夷平，残存封土于地表下即见，平面形状略呈圆形，夯土封筑，夯层不明显，残存厚度约 1.2 米。其中，C18M26 封土覆压在 C18M27 之上。

墓葬形制均为长斜坡墓道明券砖石混筑多室墓，墓道朝东。C18M26、C18M27 为三室墓，由墓道、前室、耳室、甬道、横室、侧室、后室组成。C18M28 较 C18M26、C18M27 少一个前室。此次发掘的三座墓葬特别之处，是在挖好土圹之后，构筑砖券墓室之前，在墓门内沿墓壁铺垫一层宽约 50 厘米、厚度不等的青石条作为基础，随后在其上砌筑壁砖券顶；壁砖、顶砖均为两重；铺地砖为两层，下层侧立顺铺，上层错缝平铺，砖底及上下层砖之间均铺有白灰，上层砖面与青石面基本齐平。

C18M26　墓道发掘长 15.9 米，近封门处成平底，南北两侧内收三级台阶。口宽 4.6 米、口深 1.6 米，底宽 1.5 米 ~1.72 米，口底深 6.26 米，台阶宽 0.42 米 ~0.54 米。前室在墓道西，平面长方形，长 3.24 米、宽 2.34 米、高 3.4 米，铺地砖错缝平铺，壁砖“两顺一丁”错缝垒砌，顶部为扇形砖双层拱券。前室中部向北掏一暗券耳室，进深 3.18 米、宽 1.9 米、高 1.9 米 ~1.98 米。甬道连接前室与横室，较前室略窄，长 3.02 米、宽 1.62 米、残高 3.16 米。横室平面长方形，南北长 8.6 米、东西宽 2.9 米、残高 4.34 米。横室向南掏一暗券侧室，进深 3.14 米、宽 1.9 米、高 1.94 米 ~2 米。后室位于横室西部偏南，长 3.8 米、宽 2.4 米、残高 3.54 米，底部保存有较为明显的两具棺痕。

C18M27　形制与 C18M26 基本一致，破坏严重，铺地砖全部被揭掉，仅残存部分壁砖和青石条。墓道发掘长 3.8 米，横截面略呈梯形，上宽下窄，接近底部时渐成直壁，口宽 4.46 米 ~4.8 米、底宽 1.6 米 ~1.7 米。墓门仅残存石门框和门额，墓门上部设置砖砌照壁。前室平面长方形，长 2.8 米、宽 2.34 米。前室中部向南掏一暗券耳室，进深 3.24 米、宽 1.9 米，顶部坍塌。甬道在前室西，较前室变窄，长 2.78 米，宽 1.42 米。甬道西为横室，平面长方形，长 8.7 米、宽 3.06 米、残高 0.23 米 ~1.4 米。横室向南掏一暗券侧室，进深 3.36 米、宽 1.96 米，顶部坍塌。后室位于横室西部略偏南，长 3.76 米、宽 3.1 米、残高 1.4 米 ~2.7 米，残存三根石门框，石门额断裂成三截散落在地面。根据石门的保存状况来看，后室内极有可能也是双棺。

C18M28　形制较 C18M26、C18M27 略小，保存相对较好。墓道发掘长 4.28 米，东部被晚期现象打破，口宽 3.64 米、底宽 1.65 米 ~1.8 米。南壁内收 2 级生土

台阶，土壁上挖出四个长方形凹槽；北壁上发现一处活土二层台，解剖后发现了与南壁对应的凹槽，活土台的形成可能和二次葬有关。甬道长 4.38 米、宽 1.66 米、残高 2.12 米。甬道南壁掏一暗券耳室，进深 2.56 米、宽 1.87 米，顶已坍塌。横室长 7.12 米、宽 3.08 米。横室向南掏一暗券侧室，长 2.52 米、宽 2.36 米，顶部坍塌。后室长 3.8 米、宽 1.66 米、高 3.74 米，底部残留棺痕一具。

三座墓葬均盗扰严重，仅出土少量器物，包括陶器、铁器、铜器、玉石器等。陶器有罐、碗、盘、耳杯、案、仓楼、猪圈、动物俑等，铜器有矛、铺首、合页、盖弓帽等，铁器有镜、铲等，石器有玉片、滑石猪等。三座墓葬内均出土了方形穿孔玉片，其中 C18M26 见银缕。

根据墓葬形制和出土器物，初步判断三座墓葬的年代属东汉晚期。结合文献记载，初步推测其墓主人身份极有可能属于列侯、始封贵人、公主级别的高等级贵族。

（李继鹏）

【汉魏洛阳城北魏西明门外道路遗址及西晋墓】

发掘时间：2016 年 11 月 ~2017 年 1 月

工作单位：洛阳市文物考古研究院

为配合洛阳市洛龙区白马寺污水处理厂建设项目，在位于洛龙区枣园村东约 1500 米，东距汉魏洛阳故城内城西城墙约 700 米，南临中州东路的工程建设范围内清理了西晋墓 3 座，道路 2 条，烧窑 3 座，古井 4 眼，灰坑 30 个，活土沟 1 条，条状乱砖石堆积 1 条等遗迹，发掘面积总计 1175 平方米。

三座西晋墓葬均为斜坡墓道的土洞墓，墓室长度 2.1 米 ~2.7 米，宽 1.3 米 ~2.7 米，深 4.6 米 ~6.4 米，人骨保存较差。其中 C5M2261 随葬文物 4 件（套），C5M2262 随葬文物 14 件（套），另一座墓未见随葬品。器物有陶瓶、铜带钩、陶碗、铜钱、银环、铁镜、铁门环、铁钉、刻铭砖等。C5M2262 出土刻铭砖两块，分别刻有“晋元（注：或为‘太’）康七年三月廿七日张强兴铭”和“张强兴铭”。在 T45 层下发现一条宽约 23 米、厚约 0.25 米的东西向道路（编号为 L2），部分路面被晚期坑打破，路土经长时间踩压，质量较好但较脏，保存较好。烧窑由操作坑、窑门、火膛、窑室、烟道组成。遗物有外素面内布纹板（筒）瓦残片、莲花纹瓦当、卷云纹瓦当等。灰坑多呈近圆形、椭圆形或不规则长方形，灰坑内出土遗物多为外素面内布纹的筒（板）瓦，陶片器身有钻孔，器内壁施波浪纹和成排的点纹，也有少量的瓦当和青瓷碗残片出土。水井口部均近圆形，出土遗物有外素面内布纹瓦残片、花边板瓦、单耳罐、瓦当等。

从出土遗物及地层堆积初步判断墓葬均为西晋时期，烧窑为明清及唐代，灰坑和水井多为唐代及北魏时期，道路共两条，分别为明清及北魏时期。

此次发掘最为重要的发现当属北魏洛阳城西明门外的大道。根据 20 世纪 80 年代中国社会科学院考古研究所洛阳汉魏城工作队的调查勘探结果，西明门（即 I 号门址）外大道“自西明门址向西，穿过 XV 号门址。东西直行，无折拐弯道。路土宽度 30 米 ~40 米，厚度 30 厘米 ~40 厘米，深距地表 0.8 米 ~1.9 米。路土质脏且硬。按两座门址的距离计算，路土长度 3800 米”。由地层堆积情况及出土遗物初步判断，L2 即为北魏西明门外大道，是从内城出城到外郭城内的“御道”。三座西晋墓，虽为小型的土洞墓，但位于西晋都城（即汉魏洛阳城）外仅约 700 米。此区域并非是西晋墓以往集中发现区域，在该区域发现西晋墓，突破了以往对西晋墓分布区域的认识。随葬器物有陶器、铜器、铜钱、铁器等，但未见西晋墓常见的四系罐、陶俑等遗物，为研究洛阳地区西晋墓提供了一批新材料。

（邓新波）

【洛阳市西朱村曹魏墓】

发掘时间：2016 年

工作单位：洛阳市文物考古研究院

墓葬位于洛阳市寇店镇西朱村南约650 米，汉魏洛阳城南约 18 千米。墓葬地处万安山北麓的缓坡上，西侧距曹魏时期圜丘遗址（俗称“禹宿谷堆”）约 2.5 千米。墓葬于 2015 年 7 月 19 日在西朱村村民迁坟过程中被发现，因存在被盗掘的隐患，经国家文物局批准后，洛阳市文物考古研究院对墓葬进行抢救性发掘。同时对墓葬周边进行了大规模的考古调查和勘探，以期解决墓葬的陵墓园建筑和陪葬墓等相关问题。截至 2016 年，勘探总面积 140 余万平方米，共发现两座大型墓葬（编号 M1、M2），对遭到破坏的 M1 进行了考古发掘。

M1 为长斜坡墓道明券墓，东西向，方向 274°，由墓道、甬道、前室、后室组成。墓圹周边发现 39 个柱础坑和 3 条排水沟，南北两侧的柱础坑排列规律，基本南北对称。墓葬土圹东西全长 52.1 米，其中墓道上口东西长 33.9 米，宽 9 米 ~ 9.4 米，南北两侧壁留有七级生土台阶。墓室土圹平面呈“凸”方形，东西长约 18.2 米，南北宽 15 米，内收 6 ~ 7 级斜坡状和水平生土台阶。墓葬口部距墓底深约 10.8 米。甬道长 2.3 米，宽 1.6 米。前室内壁南北宽 4.8 米，东西长 4.4 米，拱券形顶，顶部大部分已坍塌，前室北侧壁残存砖墙高度 4.6 米，前室券顶的复原高度与之大致相当。在前室砖壁上发现有残存的壁画，壁画保存状况较差。后室近方形，边长约 3.6 米，顶部被破坏。墓砖可分为条形砖、扇形砖和楔形砖三种，长度 46 厘米 ~ 48 厘米。在墓砖上发现大量篆书戳印，印文有“澂泥”“沈泥”“澂泥二尺”等。

墓葬出土遗物主要是陶器、铁器、铜器、漆木器、骨器和玉石器等共计 400 余件。陶器可见器形有俑、鸡、狗、猪、灶、井、磨、房、四系罐、盘、勺、炉、灯等，另外出土了数件铁质帐构和八件石质帐座，石壁 4 件，石圭 1 件。墓葬还出土刻铭石牌共计 200 余件。石牌为平首斜肩六边形，长约 8.3 厘米，宽 4.6 厘米 ~ 4.9 厘米，上部有一圆形穿孔，一面有隶书阴刻的文字，文字内容为随葬品的清单，内容丰富，包括衣衾、葬仪、器用、陈设、文房用具、梳妆用具及饰品、食物、戏具、杂具等十几个门类，石牌的尺寸及书写内容、格式和“曹操墓”所出刻铭石牌相似。

M2 位于 M1 东侧约 400 米的高岗之上，墓葬东西向，方向 94°。经过勘探发现墓圹总长度 59.2 米，墓道位于墓室东侧，长 39.6 米、宽 9.4 米 ~ 10.2 米，墓室土圹东西长 19.6 米、南北宽 13.8 米。墓圹周边同样发现有柱础坑遗迹。

曹魏政权存在时间短，明确为曹魏时期的墓葬在全国范围内发现较少，M1 虽被盗掘严重，仍然出土了一批重要的遗物。此次考古发现，为曹魏时期的陵墓制度研究，以及曹魏时期高等级墓葬的葬制提供了重要参考，同时也为理解曹魏时期都城、陵墓和祭祀遗址的关系提供了新的认识角度。西朱村 M1 墓葬出土的 200 余件刻铭石牌，具有重要的史料价值，为复原墓葬的随葬品组合和丧葬礼仪提供了珍贵的资料。

（王咸秋）

【隋唐洛阳城宫城明福门遗址及宋代建筑基址】

发掘时间：2016 年 3 ~ 12 月

工作单位：中国社会科学院考古研究所洛阳唐城队

明福门是唐代洛阳宫城大内西部一座

宫门，位于长乐门街北，处于明堂宫院北侧东西通道与长乐门街南北交通的交叉口，位置十分重要。明福门，隋称显福门。

2016 年为配合隋唐洛阳城遗址公园建设，在九洲池遗址公园与明堂、天堂遗址公园之间的过渡区域进行考古发掘。此次发掘地点位于隋唐洛阳城九洲池东侧，宫城大内西墙以东，天堂遗址以西区域。现代位置处于定鼎北路与唐宫中路交叉口西北角，原洛阳玻璃厂氮氢站，共布探方 30 个，开挖解剖沟 8 个，发掘面积 3000 平方米。

考古发掘收获颇丰，发现隋唐明福门址及其两侧的隔墙，还清理出宋代磉墩建筑基址。另外还有隋唐至宋的水渠遗迹。

明福门址及隔墙，门址分两期。早期门址东西长 29.5 米，南北宽 17.2 米。门址基础由三条东西向夯土组成。其中中间夯土与两侧的隔墙东西相直，长 23.5 米，宽 2.4 米。南北两侧的夯土平面呈凹形，南北相对。东西长均 29.5 米，北侧夯土宽 4.25 米，南侧夯土宽 4.8 米。夯土基础上均有础石遗迹，南北夯土上各有 6 块础石，中间夯土有 4 块础石，另外有 2 块位于隔墙两端，故门址上有 18 块础石，础石行距与列距皆为 5.1 米，系面阔五间，进深 2 间的结构。础石是埋在夯土中，属于承础石，做法讲究，在础石位置，预先在夯土中加铺卵石一层，卵石排列有序，然后打夯到一定高度，再放置整块的承础石，其上打夯土二至三层，然后再放置柱础石。柱础石均无存。台体系一体夯筑而成，残厚 0.18 米。门址台体南沿发现两个方形沙坑，推断为檐柱痕迹，东西间距为 5.1 米，与其北侧的础石间距 3 米。门址台体南侧残存包边砖沟及散水。包砖沟宽 0.75 米，散水宽 0.6 米。

晚期门址是在早期门址的南北扩建形成，东西长 29.5 米，南北宽 24.3 米。北侧增筑东西一排夯土柱墩。夯土柱墩清理出两个，皆长方形，东西长 2.3 米，宽 1.8 米，其间距与门址础石间距相同，皆为 5.1 米。南侧增补一凹形夯土条，东西长 22.8 米，宽 1.83 米。门址南有踏步，砖砌。残存两层，东西残长 7.3 米，南北宽约 2 米。南部有包边砖沟及散水，包砖沟宽 0.65 米，散水宽 0.58 米，残存少量砌砖。

隔墙呈东西向，位于门址两侧。夯筑，宽 3.3 米。隔墙夯土伸入门址基础夯土之间，东西均伸入 2.7 米，故门址中间夯土基础有意缩短，使隔墙与门址三条夯土基础形成咬合之势，以增强门址与隔墙间的牢固性。隔墙夯土与门址基础夯土之间没有打破关系，均有 0.1 米 ~0.15 米的生土隔子。东侧隔墙发掘长 11.2 米，西侧隔墙发掘长 8.5 米。隔墙北侧发现有包边砖沟和散水。包边砖沟宽 0.19 米，散水宽 0.44 米。散水北还残存一小片地面铺砖，两层，下层为长方形砖，上层为莲花纹方砖，上层铺砖皆残碎严重。

门址废弃后，仅存隔墙遗迹。隔墙残长 12 米，地面以上部分宽 1.65 米。隔墙底部残存有少量白灰墙皮。

水渠，距离隔墙散水北边 14.2 米。东西向，发掘长 10 米，渠宽 4.1 米，残深 0.3 米，渠底沉积土中有大量螺壳及蚌壳。

宋代磉墩建筑，由主殿、回廊、南北步廊和天井、踏步等组成。台基东西残长 84 米，南北残宽 29 米。台基夯筑，南北两侧皆有包边砖沟及散水，砖沟宽 0.55 米，残深 0.4 米，包砖无存。散水宽 0.85 米，残存少量砌砖。台基上残存 45 个磉墩，分为东西 7 排，南北 15 列。磉墩平面方形，边长 1.3 米 ~1.5 米。天井两个，位于回廊南侧，步廊东西两侧。主殿位于东天井东侧、回廊南侧。磉墩仅残存 5 个，间距皆 3.9 米。回廊位于主殿及南北步廊北侧，南北宽 18.5 米，残存 30 个磉墩，可复原为南北 15 列，东西向 4 排。其中北部两排与南部两排间距相等，均为 3.9 米，中间两排间距 7.8 米。步廊位于回廊南侧，东、西天井之间，台基东西宽 14.5 米，其上残存 5 个磉墩，可复原为南北 4 列，东西仅清理出 2 排，间距皆 3.9 米。台基东西两侧均有包边砖沟及散水，总宽 15.4 米。

天井 2 个。西天井位于步廊西侧，东西残长 7.9 米，南北残宽 5.4；东天井位于步廊与主殿之间，东西残长 7.8 米，南北残宽 7.6 米。踏步位于回廊南侧，东天井北边中部，被晚期坑破坏，仅残存西侧部分砌砖。踏步南北长 3 米，应为斜坡式。

水渠位于磉墩建筑北侧，间距 18 米。水渠东西向，发掘长 10 米，砖砌，两壁残存有少量砌砖，渠宽 2.7 米，残深 0.4 米，水渠渠底沉积土中含有较多螺壳。

明福门遗址的发现，为认识大内西部宫院的布局和规模提供资料，为进一步研究宫城大内的布局提供可能。北宋以洛阳为西京，宫城是利用隋唐洛阳城的宫城，基于考古发掘的认识，宫城内的宋代建筑基址分布呈现一定规律分布。此次发掘的宋代磉墩建筑位于宫城大内西区东部一组，其形制、磉墩大小、排列都与该组以往发掘的有同一性，在其南、北、西三面均有宋代建筑发现，为复原和研究宋代宫殿布局提供可能。

（韩建华　石自社）

【隋唐洛阳城宁人坊坊内东南建筑基址】

发掘时间：2016 年 3 ~ 12 月

工作单位：洛阳市文物考古研究院

遗址位于洛阳市洛龙区聂泰路东、古城路北、赵村西、董庄村园区路南。经过近年对宁人坊区域的考古调查和发掘，摸清了宁人坊的大体形制结构，清理发掘了宁人坊的南坊门、西坊门、东坊门和穿门而过的坊内道路及部分排水设施。还清理了坊内东南部的方形夯土台基，通过发掘我们了解到坊内东南位置有一组以方形夯土台基建筑为中心的建筑群。

2016 年，经国家文物局批准，继续在东坊门附近和坊内方形夯土台基的四周进行布方发掘，以了解其周围遗迹分布和保存状况。

经过发掘了解到，东坊门外的排水沟为南北走向，可分三期，早期沟被晚期沟叠压。值得注意的是，最早的第Ⅰ期沟并不是南北贯通的，南、北端均止于距墩台外缘 1.2 米处，且沟壁较直，这一现象与坊内十字街两侧路沟相同。第Ⅱ期沟虽南北贯通，但与坊门墩台以及门道对应处明显变浅且收窄，这部分沟内出土较多板瓦、筒瓦等建筑构件，第Ⅲ期沟时代较晚，打破墩台东壁。

通过发掘坊内东南隅我们发现，在方形台基的北、东、西侧均有夯土存在，以北部夯土保存最为完好，整体形状呈东西向的长方形，南北宽 8 米，东西长 20 余米，其上残存有两个柱础石。东、西两端夯土继续延伸，且西端有一明显向北的拐角。还在西端探方内发现有踩踏面、包砖等现象。东端探方内则发现有较多的烧土、瓦片残片，部分夯土直接就地取烧土夯筑，北部 20 米范围内未发现夯土。在方形台基南部 50 米范围内亦均未发现夯土，且地层较深，这部分可能为院落。整体来看，该组建筑可能是以方形夯土台基为中心，周围以“廿”形基础围绕的建筑组群，从夯土向北拐的趋势来看，“廿”形基础以北当存在与之相连的建筑和院落。该区域出土物以筒、板瓦，长砖、方砖等建筑构件为主，还出土有石刻、铜钱等。目前，该区域的考古工作正在进行中。

（赵晓军　屈昆杰）

【隋唐洛阳城西苑水系遗迹】

发掘时间：2016 年 3 ~ 11 月

工作单位：洛阳市文物考古研究院

2015 年 10 月，洛宁县顾县水库至洛阳市引水工程施工中，在位于洛阳市宜阳县寻村镇锁营村西南约600米的原洛河河道，清理出隋唐时期的石堤岸遗迹。推测是隋唐时期向西苑引水的重要水利设施。其作用可能是将洛河河道内的流水加以拦截迫使其水位抬升，使部分洛河水改变流向，向西苑内引水入人工开凿的渠道内，其功能可能与四川的都江堰水利设施相似。

2016年按照工作计划，对2015年在洛河北岸，钻探发现的一条略呈东北方向的渠址遗迹进行勘探和发掘。该遗迹在宜阳县寻村镇夏街村以西，略呈东北至西南走向，西南入洛河。渠址宽10米～15、深9.5米。在夏街村北部弯折向东经锁营村北、马赵营村北、大营村北、在太后营村西钻探出大片疑似湖泽的区域，向东经太后营村北，在于家营村中部横穿该村，在白营村偏北部向东横穿该村，向东基本沿洛宜公路向东至辛店村东过洛宜公路，继续向东至滹沱村，在滹沱村钻探出大片疑似湖泽的区域，沿河洛路北侧向东至瀛洲路与河洛路交会处北侧折向东北方向，在河洛路与三山路交会处钻探出第三处大片疑似湖泽的区域。目前钻探工作仍继续进行。

经钻探该渠道遗迹以夏街村西北部为界，渠岸可明显分两种形制，在夏街村西部渠岸为堆筑，即在地势低洼的区域，渠两岸均经过堆土并经夯打。经堆筑夯打的南北两侧渠岸各宽15米，夯土延伸至渠底部，夯土坚硬，夯质较好。在夏街村北部向东，原地势较高的区域在原生土上向下掏挖成渠。

此次发掘布探方1个，编号LYQT1，面积400平方米。探方东北距隋唐洛阳城西南城角19千米。探方呈南北正方向。清理出渠址及夯土堤岸。堤岸顶部各宽15米，剖面呈上窄下宽的梯形。夯土开口距地表深3.2米，夯土厚6米。夯土可分为明显的三期。一期夯土厚4.5米。层厚20厘米～30厘米，土色红褐，较纯净，包含有少量汉代陶片。时代当属隋唐时期。二期夯土厚1.5米。层厚10厘米～12厘米，土色灰褐，包含物为晚唐时期的瓷片。三期夯土仅分布于渠口的南壁，层厚不均，略呈倾斜状，层厚5厘米～30厘米，土色褐黄，无包含物。渠道：呈口宽底窄，渠壁斜直，规整。发掘区口宽11米，渠内底部为淤砂堆积，上部为淤土堆积。

勘探出的渠址遗迹与文献记载的隋唐洛阳城西苑龙鳞渠遗迹有关。据《大业杂记》载：大业“元年夏五月，筑西苑，周二百里。其内造十六院，屈曲绕龙鳞渠……每院开东西南三门，门并临龙鳞渠。渠面阔二十步，上跨飞桥。”《资治通鉴·炀帝本纪》记载：“五月筑西苑，周二百里。其内为海，周十余里，为方丈、蓬莱、瀛洲诸山，高出水百余尺。台、观、宫、殿，罗络山上，向背如神。海北有龙鳞渠，萦纡注海内，缘渠作十六院，门皆临渠。”

通过此次考古钻探和发掘，初步了解了该渠址使用和废弃的大致时间；了解了与隋唐洛阳城西苑遗址有关的水系“龙鳞渠”遗迹情况，为研究西苑遗址内各建筑遗迹分布的大致范围，提供了重要的考古线索，对研究西苑遗址的工作是有力的支撑，各建筑遗迹还有待于今后的考古工作给予发现和确定。

（王　炬）

【洛阳龙门石窟东山唐代香山寺遗址】

发掘时间：2016年5～12月

工作单位：龙门石窟研究院、北京大学考古文博学院、洛阳市文物考古研究院

龙门石窟香山寺是唐宋时期龙门石窟周边著名的十寺之一。香山寺遗址位于龙门东山南端山麓多级台地上，坐北面南，中心地理坐标为北纬34°32′49″、东经112°28′40″，海拔209米～236米。初步勘查，

遗址总面积约4万平方米。为了进一步探究唐宋时期佛教寺院遗址的空间布局、唐代龙门香山寺与龙门石窟的关系特别是与东山石窟区的密切关系，考古人员对香山寺遗址进行了勘查和初步发掘，总发掘面积1000余平方米。

2016年度发掘主要是对遗址区钻探发现的塔基区和遗址最下级台地建筑基址进行了考古发掘。其中塔基坐落于寺院遗址第一级台地上大殿基址所在区东南部的台地上，北高南侧稍低，塔基区台地东、西侧临沟，北侧与大殿区所在台地东端相连，南侧为缓坡状多级浅台地，发掘面积350平方米。主要遗迹有佛教僧人墓塔塔基、塔院围墙等。遗迹距地表埋藏较浅，其中遗存的围墙顶部与围墙内残砖堆积距离地表约40厘米，围墙内地面据地表100厘米。塔院平面方形，方向10°，四周有围墙，边长约800厘米，为碎石块垒砌而成，东墙保存较好，宽126厘米、高60厘米；南墙紧贴山岩用石块垒砌，部分完好；西墙似受外力挤压而变形，向内倾覆，残损严重；北墙较窄，宽50厘米~55厘米，石块较小，下部有残砖堆积，显示或为二次修复，晚于东墙、南墙。方形围墙中心位置为僧人墓塔遗迹，惜地面上残砖堆积较多，塔身破坏严重，仅残存塔心地宫基础和周边少量铺地砖。地宫居塔院正中，为半地穴式，西边完整，边长约160厘米，南、北边东段残，残长120厘米。推测地宫平面为方形或长方形，方向10°，为在地面山岩上向下凿出方形凹槽，距围墙内地坪20厘米~25厘米。地宫内部形成回字形平面。中部为一浅平台，台南北宽120厘米，东西残长93厘米，高3厘米。平台表面粗糙，周围一圈有宽约20厘米的浅凹槽，用以垒砌石板或砖，以构筑地宫或墓室。地宫左（东）半部地面岩体石质较差，残损、裂隙较大，当用石块修补铺设，东南角残存有部分修补的石块及石板，显示了建塔时选址的不成功。在塔院南墙正中地面、紧贴围墙石块及山体基础之上，残存有两层铺地砖，东西长154厘米，条砖贴缝墁铺，存9块砖；南北进深145厘米，共4列，每列砖数量不等，推测为从南侧进入塔院的踏步。塔院内建筑堆积出土有大量条砖残块、不规则砖，少量残瓦、瓷片、铁钉以及宋代铜钱等。由于塔院内地面砖铺面及塔身破坏严重，对砖塔平面及其高度难以确认。据文献，龙门唐代香山寺创建于武则天时期，中天竺三藏法师地婆诃罗（唐言日照）于垂拱三年（687）卒于东都，武则天敕命葬于龙门东山，后因梁王武三思所请，以地婆诃罗塔院所在地创建香山寺。因此，我们推测此砖塔可能为地婆诃罗墓塔，根据地层和出土物推断在宋代或后来遭到了毁坏。该墓塔的发掘，对全面研究初盛唐卒葬龙门的义福、金刚智、菩提流支、义净等高僧墓，龙门地区早年已发掘的禅宗七祖神会墓塔地宫，以及嵩山少林寺区现存的初盛唐僧尼砖质墓塔具有十分重要的价值。

遗址最下级台地发掘面积600余平方米，发现清代家族墓葬多座、清代建筑基址以及唐宋时期建筑基址。其中清代墓葬出土瓷器、陶器、朱书板瓦等，发现多人随葬及殉牲现象，墓葬打破早期的唐代建筑基址。清代建筑遗迹为一处方形柱础石、地面及砖瓦堆积。唐宋时期的遗迹为房屋基础、烧土堆积、砖瓦堆积、条石基础等，出土有瓷器、屋面陶制装饰构件残件、瓦当、石雕刻残件等，其中规模较大的建筑基址为长条石垒砌基础，目前揭露出的石条基础平面形状呈曲尺形，各条石长100厘米~166厘米不等，宽45厘米，厚约50厘米，外侧雕刻细腻，露明，内侧粗糙，表面露明部分进深20厘米，石条正上表面有磕绊，应为垒砌砖、石时等防止外移滑倒而雕凿。石条内侧填土为夯土，土不纯，夯层不规律，土质较一般堆积要稍坚硬一些，初步判断该条石基础应为建筑的右半部分，或为房屋基础或高台建筑基址，其全貌还有待下一步的考古发掘。

同时，在龙门石窟万佛沟区洞窟考古工作和考古人员对香山寺遗址进行全面调查和勘测期间，在香山寺北谷（其一为“万佛沟”）北崖壁发现一座瘗窟和一座未完工浅龛，在龙门石窟内容总录及窟龛编号图中未予著录和登记，其海拔高程197米。该瘗窟为空龛，窟内高168厘米、宽198厘米、进深227厘米，平面横长方形，窟口立面为竖长方形，窟内正壁正中有一小龛，高152厘米、宽96厘米、深67厘米，大小当容人禅修。考古人员对此窟进行了调查、测绘。为了窟前地面及崖壁测图完整，工作人员对窟外上部、窟前地面平台及平台前端下方坡状崖面上的土石堆积和杂草、灌木进行了考古清理，清理面积100多平方米。随着清理工作的进行，逐步发现了窟外上方梁孔、窟前地面的建筑遗迹、地面平台前端崖面建筑遗迹、石护坡、石雕建筑构件、人工雕凿过的大石块堆积等。目前清理部分，其地层堆积为唐代和近现代。地面建筑遗迹有人工开凿的多级小平台、大小多个柱础槽，其中窟外地面柱槽较小，有方形和圆形，方形的边长一般十几厘米、深7厘米～13厘米。窟外地面前端崖壁下二级平台有东西排列的四个柱础槽，小者边长56厘米、深42厘米，大者边长68厘米、深39厘米。平台前端坡状崖面有多处雕凿的浅槽和石块垒砌的护坡。出土物有瓷器残件、陶器、铁钉、碎瓦片、瘗窟用石门、石质八棱柱、石质方柱、石雕瓦垄残件、宋人游记碑等。根据相关文献以及2008年龙门东山擂鼓台建筑遗址的考古发掘，推断东山石窟擂鼓台三洞区、万佛沟区应属于唐宋时期龙门香山寺广域意义上的寺院属地，擂鼓台区曾被称为香山寺看经院。此次考古清理的瘗窟及窟外建筑基址和构件，规模较大，工程量非一般人财力所能实施，因此该处瘗窟可能与唐代在龙门修行或安葬于此的高僧有着极大关系，其建筑或与生活设施及僧人卒葬后的窟前礼仪性建筑有关。对其建筑构造、文化内涵、瘗葬人物及毁坏过程的深入探究，还有待于下一阶段的考古清理来予以确认。但其窟前建筑构造和洞窟、修行及环境的结合所蕴含的宗教信仰、内涵对研究唐代的佛教、僧尼、龙门石窟的区域文化内涵将具有重要的价值和意义。

2016年度的考古发掘，初步揭露了龙门唐代香山寺的部分建筑基址及新发现瘗窟的窟前建筑，发现了唐代至清代的遗迹，初步了解了台地上的地层堆积和遗迹的文化面貌。发现的建筑遗迹和清代墓葬，对研究唐代香山寺的寺院布局、初盛唐时期僧人墓塔的建造和结构、建筑的毁坏、唐代僧尼的瘗葬龙门、窟前建筑构造、内涵以及清代中原地区家族墓葬的结构、埋葬制度、随葬习俗和信仰等问题有着重要价值。下一阶段的考古发掘，将继续在探究寺院布局、使用过程、文化内涵和窟前建筑等方面深入，以期获得全面的认识。

（路　伟　李兴隆　朴南巡　韦　正）

【虞城县芒种桥乡汴河唐至宋金遗址】

发掘时间：2016年8月～2017年1月

工作单位：河南省文物考古研究院

汴河遗址虞城芒种桥乡段，位于商丘市虞城县芒种桥乡大李庄东北，325省道与京九铁路交会处东侧。该遗址西北距世界文化遗产“通济渠商丘南关段”约12千米，东南距世界文化遗产“通济渠商丘夏邑段”约26千米。该处汴河故道全部被黄河泛滥淤积，深埋于地下。

为配合商合杭铁路的建设，对该遗址进行了考古勘探及发掘。考古勘探长度约30千米，基本上探明了汴河商丘南关段与夏邑段之间大运河的基本形态。汴河遗址虞城段西接睢阳区，东连夏邑县，基本沿省道325呈西北—东南走向。自归德南路至木瓜园村，汴河位于省道325的南侧；自木瓜园村至沙岗村，汴河均位于省道325的北侧，汴河的南岸部分被省道325所占压。自归德南路至沙岗村，汴河的宽度为120米~150米，深度约为15米。

汴河遗址虞城芒种桥乡段南岸发掘面积为500平方米，南岸距离地表1.9米~2.9米，平面形状呈梯形，南岸南侧部分被省道325破坏，现存顶面宽18.5米~19米，河岸内侧呈缓坡状，长度为15.5米。南岸可以分为早、中、晚三期，早期河岸距地表深4.5米~5米，厚2.5米~3米，堆筑而成，出土有少量的白釉瓷片，可辨器形为碗。中期河岸距地表深2.35米~4.75米，厚0.85米~1.6米，斜向堆筑而成，河岸内侧为黏土夹杂少量的沙土堆筑而成，靠近河道部分经过轻夯，外侧为沙土或沙土夹杂少量的黏土块堆筑而成，出土有白釉、青釉、黑釉、酱釉瓷片，可辨器形为碗、盏、瓶、狗等。晚期河岸（河岸顶面）距地表深2.2米~3.1米，厚0米~0.55米，为胶泥掺杂少量的沙土、碎青砖块轻微夯筑而成，比较致密。岸面上存留有少量的脚印，河岸内侧有水流冲积的痕迹。出土有白釉、青釉、白地黑花瓷片，可辨器形为碗。汴河遗址虞城芒种桥乡段北岸发掘面积为1575平方米，北岸距离地表3.5米~4米。北岸顶面呈水平状，河岸内侧呈缓坡状，坡长约17米。在河岸顶面上发现有较多的行人足迹和动物蹄印，土质比较纯净，未见包含物。因地下水位较高，北岸仅清理至河岸顶面，未进行解剖，堆积情况不明。

在南岸晚期堆积之下发现有6座墓葬，均为砖室墓，大部分墓葬均被盗扰，墓室底部均未铺砖。墓葬内均有骨架，但是保存比较差；葬具为木质单棺，仅存朽痕，发现有大量的棺钉。随葬品发现有铜簪、铜耳匙、绿松石珠、铜钱。根据墓葬形制及随葬品推测墓葬年代为宋金时期。

此次考古发掘填补了汴河遗址虞城段未进行过考古发掘的空白，了解了汴河遗址普通河道的具体面貌、建筑技术以及河道清沙加固的历史，同时也为我们研究该区域的地理环境变迁史提供了重要的材料。

（周润山）

【宜阳县西赵村宋代壁画墓】

发掘时间：2015年11月~2016年6月

工作单位：洛阳市文物考古研究院

墓葬是在2015年10月29日，宜阳县赵堡乡西赵村一建设单位在工地施工中发现，洛阳市文物考古研究院对墓葬壁画进行现场保护和抢救性发掘。

该壁画墓位于宜阳县赵堡乡西赵堡村北的山坡地上。东北距洛阳市区直线距离40千米，距宜阳县城13千米，东南距赵堡乡政府3千米。墓葬为带竖穴土坑墓道的仿木结构砖室壁画墓。墓室坐北朝南，方向180°。墓葬全长5.5米，由墓道、墓门、甬道和墓室几部分组成。

墓室为仿木结构砖室墓。墓室顶部被毁，残高2.7米。墓室采用砖雕仿木结构，墓室被四根立柱等距离平分为东、南、西、北四个壁面。

墓室平面呈方形，长、宽各2.5米。在墓室中部，东西方向横置石棺一具，石棺长2.3米，宽0.97米~1.1米，棺下有雕刻莲瓣的须弥座，南侧棺板上线刻佛像三尊，北侧棺板上刻陀罗尼经文三句。棺内有二次葬骨架两具。在石棺东南角竖立方形墓志一方。该墓葬出土随葬器物有墓志、三彩灯、瓷碗、瓷盏、瓷杯、铜钱几类。其中墓室内所出土的随葬品6件（铜钱除外）器形完整；墓道内出土瓷碗3件，均为绘制壁画时放置颜料的器具，用后被全部打碎并弃置于墓道填土内；棺内随葬铜钱共22个品种，42枚。壁画保存基本完好，其内容为宋代典型的妇女启门、开芳宴、厨做、牡丹、莲花等内容。

宋故张居士墓志，方形，长、宽均60.5厘米，紫霄窦兴权撰并书。墓主张昌，字德茂。于北宋徽宗政和八年（1118）三月二十四日终于正寝，享年七十岁，于宣和二年（1120）十月乙酉二次葬于甘泉乡之南原。

这座砖室壁画墓未被盗扰，该墓葬的墓主人身份及埋葬年代明确。该墓虽然被局部破坏，但是墓葬形制基本完整，壁画保存完好，墓室内所出土的随葬品数量较多，所出的石棺在规模和形制及佛教图案、经文等方面在洛阳地区的宋代墓葬中还是首次发现。墓葬的发掘为我们研究洛阳地区宋代墓葬形制的演变及丧葬习俗等提供了宝贵的资料。

（王　炬）

湖北省

【松滋市关洲新石器时代遗址】

发掘时间：2015年11月~2016年5月

工作单位：湖北省文物考古研究所、松滋市博物馆

关洲遗址位于松滋市陈店镇全心村四组关洲东北部（江心洲的下端），经勘探发现，总面积约16000平方米。2013年，考古部门进行水下考古调查时，发现古代人类活动留下来的文化堆积。2016年在国家文物局大遗址保护专项资金资助下，湖北文物考古研究所与松滋市博物馆组成联合考古队，对该遗址进行考古发掘。

遗址时代包含新石器时代、商周时期和隋代，此次发掘13个探方，共325平方米。遗迹有13个灰坑，3座墓葬，以及烧土遗迹一处。以往发现的城背溪文化遗址大多面积较小，文化层较薄。关洲遗址面积大，文化层堆积较厚，整个遗址文化堆积厚达5米以上，共分为11层（其中表土厚5米），新石器时代文化层埋深距地表约7米。

在关洲遗址发现的新石器时代陶器器类多样，有釜、罐、盆、盘、钵、支座等。釜、罐等器表一般饰以粗绳纹，部分圈足盘和钵器表面有磨光的迹象，且部分器形口沿出现慢轮修整痕迹；以及大量以锐棱打制法加工的石片。商周时期的器物有罐等。采集隋代墓葬组合器物有碗、盘和盏等。

关洲遗址发现的最早文化是新石器时代的城背溪文化，距今约8000年，属于发现的江汉平原最早阶段的新石器时代文化遗址，关洲遗址的发现为研究长江中游史前文明化进程提供了重要的资料。

（刘　辉）

【石首市走马岭史前城址】

发掘时间：2016年5月~2017年1月

工作单位：武汉大学历史学院

走马岭遗址位于石首市东升镇（原焦山河乡）走马岭村与屯子山村的交界处。遗址地处低山丘陵向平原的过渡地带，紧邻石首市最大的湖泊上津湖的北部边缘。基点坐标为北纬29°40′13″、东经12°31′07″，海拔30.1米。为了对走马岭遗址进行大遗址保护规划，经国家文物局批准，武汉大学考古系自2014年底至今连续进行了一系列的考古工作。

2016年的田野考古工作自5月起，至2017年1月结束。主要发掘区（编为Ⅵ区）在走马岭内城西北部，共布方15个，布方标准5米×5米；另布有探沟6条，分别位于走马岭北部城垣、走马岭与屯子山连接通道处、屯子山东部、屯子山中部等。总发掘面积达500余平方米。此次发掘发现和清理出房址17座、灶坑3个、红烧土堆积8处、灰坑305个、灰沟9条、墓葬18座、瓮棺3处。出有玉器2件，石器195件（石斧、石锛、石球、石镞、石片等），另有陶片645袋。陶器可辨器形有釜、鼎、高领罐、大口罐、甑、豆、碗、

钵、器盖等；另有较多的陶环、纺轮等。主要文化内涵为屈家岭下层文化、屈家岭上层文化和零星石家河文化。

Ⅵ区的发掘揭露出较为完整的屈家岭上层文化较晚阶段的聚落面和屈家岭上层文化较早阶段的聚落面。特别是屈家岭上层文化较晚阶段的聚落面，发现有3处房屋、粮食加工场所、垃圾坑、瓮棺等组成的遗存组合，为理解当时居民的生活场景、家庭结构等提供了重要资料。

此次发掘还证实了走马岭外城（屯子山部分）存在一定程度的居住现象，且修建年代与内城基本一致，为屈家岭下层文化时期。

（单思伟）

【荆门市屈家岭新石器时代遗址】

发掘时间：2016年5月~2017年1月

工作单位：湖北省文物考古研究所、荆门市博物馆、屈家岭遗址管理处

屈家岭遗址位于荆门市屈家岭管理区屈岭村和京山县雁门口镇高墩村，是以屈家岭遗址点为核心，包括殷家岭、钟家岭、冢子坝、九亩堰、大禾场、土地山、杨湾等遗址点为一体的新石器时代特大型遗址，面积达2.84平方千米。其主要文化内涵是屈家岭文化及其前身——油子岭文化，主体遗存年代距今5300~4500年。

为配合屈家岭考古遗址公园的建设，湖北省文物考古研究所会同荆门市博物馆、屈家岭遗址管理处成立屈家岭遗址联合考古队，开展相关考古工作。

对屈家岭遗址点进行了全面勘探，并重点对屈家岭遗址环壕进行了勘探和解剖，以期明确环壕的年代和结构布局。在勘探的基础上选择了红烧土分布密集、可能存在大型建筑的区域进行了发掘。启动了区域考古调查。完成考古普探面积25万平方米、重探面积2万平方米，区域系统调查面积10平方千米（新发现遗址点2处），考古发掘面积1000平方米。此次考古发掘清理房址4座，墓葬6座（历史时期），瓮棺葬3座，灰坑30个，灰沟10条，出土大量石器和陶器。

2016年度考古工作的初步收获如下：1. 对遗址堆积过程和年代序列有了较完整的把握，在以往发现的油子岭文化遗存、屈家岭文化遗存的基础上，首次确认了周代和石家河时期文化层堆积的存在。2. 对屈家岭环壕的年代、布局有了较准确的判断。通过系统勘探和重点发掘，确认了屈家岭遗址环壕聚落（包括外壕与内壕）的存在，基本明确了其走向、布局，确认外壕年代为屈家岭文化时期，内壕年代为石家河文化早期，并认识到外壕在遗址范围内并未完全连通。为研究我国史前环壕聚落的形态特征提供了关键材料。3. 通过考古调查、勘探，对屈家岭遗址的整体聚落布局有了初步的整体把握。对屈家岭遗址点的内部结构布局和功能分区有了重新认识，对其他遗址点的共时性和历时性变化有了更为深刻的理解。4. 获取一批丰富的遗迹遗物。浮选获取一批植物种子遗存，其中稻谷遗存的数量相当可观。在石家河文化层中发现为数不少的孔雀石，为探索史前矿冶资源的开发提供了重要线索。

（罗运兵　陶　洋　周　伟　罗祖俊）

【荆州市郭家垱新石器时代遗址】

调查时间：2016年12月

工作单位：荆州博物馆

郭家垱遗址位于荆州市沙市区观音垱镇皇屯村一组，北距二龙岗楚墓群约4000米，东距汪家屋场新石器遗址约2000米，西距荆州市区约5000米。

遗址范围由南北排列的两个近长方形的台地组成，台地相距200米，高于周边平地0.3米~0.8米，遗址保存面积约1万平方米，勘探文化层深度1.2米~1.4

米，厚0.6米~1米，包含较多草木灰、陶片等。南台地西部分布约3000平方米红烧土堆积，厚度0.15米~0.3米。

遗址范围内采集到陶片、烧土、石斧等，陶片多为泥质灰陶，次为夹砂褐红陶、泥质黑陶，泥质红陶较少，器形有罐、簋、盆、豆、杯、鼎、壶、盘、纺轮及等，遗物时代为屈家岭文化中晚期至石家河文化早期。

郭家垱遗址邻近已发掘的汪家屋场新石器时代遗址，其南部为地势低洼的湖岔区域，与长江漫滩相连，既有高地，又临水域，是早期人类理想的聚居地，通过对遗址及周边地区的深入考古工作，可了解相关区域早期人类聚落状况及为探索先楚文化起源提供研究资料。

（张正发）

【荆州市凤凰地新石器时代及东周遗址】

发掘时间：2016年3~11月

工作单位：荆州博物馆

凤凰地遗址位于荆州市纪南生态文化旅游区凤凰办事处高路村七组，遗址总面积约4.3万平方米，西距郢城遗址约400米，西北距纪南城4千米，西南距荆州城3.5千米。

为配合楚都大道工程，荆州博物馆发掘凤凰地遗址约1600平方米，发掘新石器时代石家河文化遗存房址4座、灰坑14个、灰沟3条、瓮棺18座，东周灰坑15个、水井2口、建筑台基2座，西汉墓葬60座。石家河文化房址为由柱洞、基槽等组成的窝棚性质房址，灰坑多为圆形或不规则形圜底状，瓮棺多分布在房址周围，葬具多以釜为主，或两釜相扣，或以碗、豆作盖，有3座以两缸相扣，出土器物主要有擂钵、釜、缸、豆、碗等，石器较少，厚胎红陶杯极少见。西汉墓葬年代从西汉早期至西汉晚期，均出土陶仓、灶、井等，晚期出现夫妻合葬墓并出土硬陶或原始瓷器，其中以M24保存较好，为竖穴土坑木椁墓，墓口长4.7米、宽3.1米，椁室长3.36米、宽1.77米，葬具为一椁一棺，分头厢、边厢各一个，出土陶仓（内有金黄色稻谷、粟米）、灶、罐、壶、盂、盆、铜镜、竹笥、篓、木俑、马、牛、车、牍（1块）、简（遣册41枚）、漆耳杯、盘、匕、奁、扁壶及柴薪等各类文物130件，据木牍告地书“十二年八月壬寅朔丁巳，中乡守书，敢告地下乡主：□□大庶长寡杨市人，徙地下新部里，牒书家属、奴、婢、车、马、财物卅四牒，家属皆复不当算事，可令吏以从事。敢告主”，墓主人为“大庶长寡”，即大庶长（西汉十八级爵）的寡妻，下葬于“十二年壬寅朔丁巳”，即汉文帝十二年八月十六日（公元前168年9月20日）。

凤凰地遗址是一处重要的新石器时代石家河文化时期和东周时期遗址，位于秦汉时期的南郡郡城和江陵县城——郢城遗址的东门外不远处，至西汉以后成为墓地，至现代又成为居址。本次考古发掘对郢城遗址及周边历史、地理、古环境等研究提供了新资料。

（贾汉清　肖玉军）

【随县狮子湾新石器时代及东周遗址】

发掘时间：2016年

工作单位：湖北省考古研究所

狮子湾遗址位于随州市随县万福店镇黑龙口村二组，北为黑龙口水库大坝，东南距随州市51千米，西距枣阳市27千米，316国道从遗址南16千米自东南向西北穿过。

狮子湾遗址位于黑龙口水库大坝下游河谷右侧平地，分南北两区，中间夹狮子湾。南区为东周遗址，面积约7万平方米，北区为新石器遗址，面积约2000平方米。中心位置地理坐标为北纬32°2′44.5″、东经113°2′41.2″，海拔153米。

2016 年 7 月 ~10 月，为配合鄂北水资源配置工程建设，湖北省文物考古研究所对遗址进行勘探发掘。在遗址南区布了 10 米×10 米探方 5 个，实际发掘 500 平方米；在遗址北区布了一条 20 米×2 米探沟，发掘面积 40 平方米。

狮子湾遗址南区共发现东周时期灰沟 1 条、灰坑 25 个；明清时期灰沟 2 条、墓葬 1 座、井 1 口。北区发现 2 个新石器时期灰坑。南区东周遗存出土了 20 多袋陶片。陶质主要有泥质灰陶和夹砂红陶，纹饰以绳纹为主，少量印纹和弦纹，主要器形有鬲、罐、豆和盂等。以 H22 为例，H22 坑口近椭圆形，口部和底部边缘明显，剖面近筒形平底，长径 2.86 米，短径 2.28 米，深 1.85 米，坑内堆积为灰黑色细沙土，较疏松，杂有大量草木灰及红烧土颗粒。出土大量东周时期陶片，以夹砂红陶和泥质灰陶为主，少量泥质红陶，纹饰以绳纹为主。主要器形有折沿小口高领双耳灰陶罐、矮领红陶罐、平唇敛口红陶大瓮，折腹灰陶盂、高柄磨光黑陶豆、矮柄灰陶豆、大口折沿弧裆红陶鬲、大口折沿瘪裆红陶大鬲、小口折沿弧裆双耳红陶鬲、灰陶乳丁足鬲等。北区新石器灰坑出土有足饰按窝夹砂红陶鼎足、折沿深腹夹砂灰陶罐、折沿宽口夹砂红陶罐、泥质灰陶盆、外绳纹内刻槽擂钵残片等。

狮子湾遗址南区主要为东周聚落址，北区应该为新石器聚落址。东周聚落址出土陶器以楚文化为主，同时也有来自北边南阳一带的中原文化因素，如双耳鬲和乳丁足鬲等，其年代大约为战国早中期。新石器聚落址出土遗物很少，应该为石家河文化晚期或者说后石家河文化陶器。狮子湾遗址的发现对研究随枣走廊北侧早期考古学文化面貌具有重要的意义。

（陆成秋）

【广水市机场村新石器时代及东周遗址】

发掘时间：2016 年 8 ~10 月

工作单位：湖北省文物局、湖北省文物考古研究所、随州市文化体育新闻出版局、广水市文化体育新闻出版局、广水市博物馆

遗址位于随州市广水市蔡河镇机场村与灯岗村。此次勘探发掘为配合 2016 年湖北省鄂北地区水资源配置工程而做。可分为遗址区和墓葬区两部分。

遗址区位于蔡河镇灯岗村，具体位置为由北而南汇入应山河的两条支流交汇处的二层台地之上，共布 10 米×10 米规格的探方 3 个，发掘面积为 300 平方米。遗址由于 20 世纪 70 年代村民的农田改造而破坏严重，仅残存有灰坑、柱洞、红烧面等遗迹底部。所出相关遗迹有新石器时期灰坑（6 个）和东周时期灰坑（2 个）。地层堆积较为简单：扰土层（包括地表耕土层）→遗迹。要出土遗物以陶片为主，另外亦有零星石质生产工具出土，绝大部分陶片出土于地表耕土层和扰土层当中。陶片可辨器形器类有炊煮器陶鼎、陶鬲、陶釜；盛储器陶罐、陶豆、陶盘、陶瓮、陶杯、陶鬶、陶碗；研磨器刻槽盆；生产生活器陶纺轮、陶刀、陶塑等。石质生产工具器形器类有石斧、石锛、石刀、石镰、砺石等，另外，TA03H8 出土武器类石矛一件。在出土的所有陶片遗物当中，以各种形制的鼎足最具特色，有宽体扁状足、鸭嘴状足、长锥状足、尖锥状足、圆柱平底状足、鱼鳍状足、羊角状足等。其中，长锥状鼎足与器腹部连接的部位多施有按窝纹。另外，各种刻槽类陶器也是出土陶片的一大特色。陶质总体来说以夹砂陶为主，烧制火候较高，陶质较硬，泥质陶鲜见；陶色以灰色、红褐色为主，少量器表饰有黑色陶衣，另外，亦可见部分磨光黑皮陶；制法以轮制为主，不少器物残片内壁、底部见有慢轮修整痕迹，手制法仅见

陶塑一例；纹饰以篮纹、绳纹、方格纹为主，另外可见部分叶脉纹、弦纹、刻划纹、压印纹、附加堆纹等纹饰，一件器物上往往出现以篮纹或绳纹为主体纹饰，以压印纹、附加堆纹等纹饰为修饰纹饰。通过对出土典型陶片标本分析可知，其主体内涵包括河南龙山文化、夏代早期二里头文化、石家河晚期文化及本土文化四类不同的文化因素。年代上限为石家河晚期，下限为东周时期，其中主体年代大致可定为石家河文化晚期。

墓葬区位于蔡河镇机场村，具体位置为应山河下游以西约20米的台地之上。共布10米×10米规格的探方4个，发掘面积为400平方米，发掘东周时期墓葬11座，皆为竖穴土坑木椁墓。大都规模较小，面积在2.5~12平方米。墓圹平面呈圆角长方形，墓向有东南向和西北向两种。墓葬皆开口于地表耕土层之下，打破生土层。墓葬形制根据有无壁龛可分为两种：带壁龛的墓葬，大多规模较小，单棺或无棺，壁龛皆位于墓室西壁，略高于棺位线，壁龛形制均为圆角长方形，大小根据随葬器物而定，随葬器物置于壁龛之内；不带壁龛的墓葬，规模稍大于带壁龛墓，一棺一椁，随葬器物置于棺椁之间。另外，也有一部分墓葬，仅见单棺，无任何随葬品，或者无任何葬具，亦不见任何随葬品。人骨保存较差，大部分呈粉末状。从清理的残存墓葬人骨形制来看，皆为仰身直肢，有的双手交叉置于腹部。年龄、性别等属性因素皆不可得知。墓葬所出随葬品皆为陶器。可分为实用器和仿铜陶礼器两种，大多陶质较差。从器物组合来看，带壁龛墓葬随葬器物组合为鬲、盂、罐，盂、罐之上往往放置一个豆盘作为器盖，可见其是作为实用器随葬，且组合较为固定；不带壁龛墓葬随葬器物均为仿铜陶礼器，器物组合为鼎、敦、豆、壶等，并且往往成套出现，陶器表面大多施黑色或橙黄色陶衣，组合亦较为固定。结合同时期鄂东北地区其他墓葬材料分析，此墓区应为楚文化人群遗存，但在一定程度上保留了本地特色。

（张　博）

【老河口市上河新石器至明清遗址】
发掘时间：2016年6~9月
工作单位：中国人民大学

遗址位于老河口市孟楼镇曹坡村1组，地处上河西岸台地上。发掘面积650平方米。此次发掘共清理遗迹单位38个，其中新石器时期灰坑9个，灰沟2条；东周时期灰坑1个；两汉时期灰坑1个；明清时期灰坑16个，灰沟6条，井1座，墓葬1座。

新石器时期遗存以乱石滩文化为主，是中原龙山文化南下的体现。清理发掘的灰沟、灰坑均受扰动较为严重，深度较浅，但所出陶片较为丰富。陶片主要包括夹砂红陶、夹砂灰陶、泥质红陶、泥质灰陶等。多为素面或篮纹，有少量网格纹和附加堆纹。可辨器形有陶鼎、陶罐、陶豆、高足盘等，其中带有按窝的扁状侧装鼎足和高领罐特征明显，并在数量上占有较大的比例，较具有代表性。同时还发现有石斧等。

东周和汉代遗存较少。东周时期陶片以夹砂红陶为主，有少量泥质灰陶，烧结程度较差，陶片较薄；器表多饰绳纹；可辨器形有罐等。汉代陶片以泥质灰陶为主，烧结程度较好，陶片较厚；多素面无纹，少量饰有绳纹、波浪纹或篦纹；可辨器形有陶甑、陶罐、陶瓦等。

明清时期遗物以瓷器和陶器为主，完整器多出于砖砌水井中。瓷器胎色多为白色或白色偏粉，胎质略显疏松；釉色以青釉或黄灰色釉为主，烧结程度较好；器表多素面无纹。可辨器形有青瓷碗、青瓷碟、青瓷罐等。陶器以泥质灰陶或褐陶为主，烧结程度较好；多素面无纹，有的器表有施釉的痕迹；可辨器形有陶钵、陶罐、韩瓶等。所发现的墓葬为土坑竖穴墓，出有“康熙通宝”铜钱。

（陈昊雯）

【武汉市黄陂区盘龙城商代遗址】

发掘时间：2016 年 9 月 ~2017 年 1 月

工作单位：武汉大学历史学院

盘龙城遗址位于武汉市黄陂区盘龙城经济开发区叶店村。中心地理坐标为北纬 30°41′40″、东经 114°15′57″，海拔 20 米 ~ 40 米，遗址总面积约 3.95 平方千米。

为配合国家考古遗址公园建设，深入研究盘龙城遗址布局与古代地理环境，武汉大学历史学院对盘龙湖湖盆进行了地形测绘，同时对湖面以下的区域进行了考古钻探，发现了分布于当今湖面以下的商代文化堆积。同时，在盘龙城遗址杨家湾、小嘴及大邓湾等地开展了考古发掘工作。

为探究盘龙城遗址商文化时期遗存的分布范围与遗址古代地理环境，武汉大学历史学院和武汉大学遥感与信息工程学院合作，运用超声波测深仪对盘龙湖水下地形进行了高精度测绘，制作完成了盘龙湖等深线图。测绘数据显示，盘龙湖丰水期水位可达 22.4 米，枯水期水位为 19.5 米，湖底最深处海拔为 16.4 米，湖盆整体地形较为平坦。

在对盘龙湖地形进行测绘的基础上，武汉大学历史学院同中国科学院南京地理与湖泊研究所合作，运用水上钻探平台对盘龙湖区域开展水下考古勘探工作。勘探面积约 1 平方千米，探孔共计 65 个。勘探结果表明，在盘龙城杨家嘴至李家嘴之间区域，当代水面以下仍有商文化时期的遗存分布。就海拔而言，盘龙城遗址商文化时期遗存最低可延伸至海拔 17.4 米的区域，较当代盘龙湖枯水期水位 19.5 米还要低 2 米左右。

此外，此次水下勘探工作还在盘龙湖底淤泥层下发现了一层青灰色硬泥层，该地层中包含有商文化时期陶片，且该硬泥层与南方地区常见的水稻土十分相似，由此推测该硬泥层有可能与商文化时期的水稻种植等农业生产活动有关。关于该硬泥层的性质还有待于对土样进行实验室分析后方可得出明确认识。

为进一步确认杨家嘴北坡黄土带的性质，继续追踪盘龙城遗址“外城垣”，武汉大学历史学院在 2015 年发掘的探沟东西两侧，分别布设 2 米 ×30 米探沟一条。在东侧的探沟中发现了南北长约 20 米的黄土带遗迹。因受现代取土活动破坏，西侧探沟中黄土带仅残存 5 米。通过 2016 年的发掘，基本可以确认在杨家湾西北部分布着 20 米 ×90 米的大型黄土带遗迹，该遗迹北部分布着大量人工放置的石块，南部与红色生土存在明显的分界。该遗迹的发现为探寻盘龙城遗址外城垣提供了十分重要的线索。

2015 年武汉大学历史学院在小嘴遗址发现了铸铜作坊遗迹。为继续廓清该遗迹的结构和分布范围，2016 年武汉大学历史学院在 2015 年发掘区的北部和东南部继续布设探方，同时对 2015 年尚未清理完成的灰沟遗迹再次进行清理。发掘工作表明，小嘴铸铜作坊遗迹东西宽约 35 米，南北长达 40 米，在灰烬沟局部区域还发现了集中分布的陶范碎块及数量众多的青铜碎屑。上述证据表明，盘龙城遗址存在较大规模的青铜器生产活动。

在盘龙城遗址博物馆新馆建设过程中，工程部门发现了一批砖室墓。武汉大学历史学院随即对这批墓葬进行了清理。此次发掘共清理砖室墓 6 座，出土有瓷罐、瓷碗及棺钉等遗物，由出土遗物判断这批墓葬年代约为明代晚期。此次墓葬的发现为研究盘龙城区域古代地理环境及人口规模提供了新的证据。

（邹秋实）

【阳新县和尚垴两周遗址】

发掘时间：2015年12月~2016年10月

工作单位：湖北省文物考古研究所、阳新县博物馆

和尚垴遗址位于黄石市阳新县白沙镇红星村陈阿组200米处，地理坐标为北纬29°57′11.50″、东经115°04′16.70″，海拔45米~64米。2008年被湖北省人民政府公布为第五批湖北省文物保护单位，是鄂东南一处两周时期的矿冶遗址。为配合武九客运专线工程建设，在考古勘探基础上，共发掘800平方米。发现了一批两周时期特别是西周时期与冶炼有关的遗物和遗迹。遗物有陶器、石器、竹木器、青铜小件以及狗头骨、龟甲、鹿角、猪下颚等动物骨骼和果核等植物标本，石工具有砧、锤、磨盘等，竹编织物有箢箕、席、筐等，木工具有瓢、槌、船形斗等，另有大量炉渣、炉壁以及粗铜块与青铜小件等出土物；遗迹包括西周时期与冶炼有关的坑2个，春秋时期炼炉1座，以及工棚废弃堆积1处。此次发掘使我们对该遗址的时代、性质、文化内涵、地理景观及其变化、生产方式与技术等均有了一些认识，为后续的工作和研究提供了资料。

（田桂萍　曾　科）

【枣阳市周台两周遗址】

发掘时间：2016年9月17日~2017年1月18日

工作单位：湖北省文物考古研究所、枣阳市博物馆、枣阳市考古队

周台遗址位于枣阳市兴隆镇周台村境内，地处滚河与华阳河交汇之西，是目前随枣走廊地带所发现的规模最大的一处聚落遗址。周台遗址保存状况良好，遗址的大部分位于华阳河古道泥沙沉积区，其分布范围是东西长约1250米、南北宽约1800米，文化堆积平均厚达0.6米~3米，主要包含石家河文化、西周、东周三个时期的文化遗存。周台聚落遗址内的偏南部有一城址——忠义寨，位于郭家庙墓地东南1.5千米，处于滚河的北岸。

为解决郭家庙墓地与周台、忠义寨关系，湖北省文物考古研究所联合当地博物馆、考古队，对这两处遗址进行小面积发掘，发掘总面积605平方米。

考古队主要对忠义寨城内东部区域进行了普探，对东城垣、北城垣东部、南城垣进行重点勘探。工作表明：城垣主体已经被毁掉，残存2米~3.5米，宽8米~16米，是在自然堆积层上夯筑而成，夯层厚15厘米~20厘米。夯土为较纯净的黄色沙土，并夹杂有零星的泥质灰陶片。城内东部及北部有周代文化堆积，厚达0.6米~1.8米，北部有红烧土分布区。

在周台遗址核心区布5米×5米探方18个，发掘面积425平方米，揭露战国早期灰坑9个、灰沟1条及水井2口。二号水井暴露在战国灰坑之下，年代大致在西周至春秋早期，其规模巨大，结构由外圹、井筒及井字形木框组成，东西长16米、南北宽17.2米，深13.7米，是我国目前考古发现的规模最大的木构岩坑水井。外圹内出土竹编筐、木杵、磨光黑陶片，井口填土内出土了磨光灰陶片、葫芦、木棍、竹子、木屑、动物骨骼等。

在忠义寨城址东北布5米×5米探方6个、探沟1条，发掘面积180平方米，共清理春秋早期房基2处、红褐色土堆积面1处。受发掘面积的限制，所揭露的房基与红褐色土堆积面之间的关系尚难以明确定论，但初步判断可能是一组高台建筑。其中，F1为东北—西南方向，由居住面、基槽、柱洞、板灰面构成，所揭露的居住面南北通长672厘米、东西宽592厘米，其南部未发掘；F2为西北—东南方向，由居住面、基槽、柱洞构成，所揭露的居住面东西通长520厘米，南北宽284厘米，其西部未发掘。

2016年的考古工作取得了以下几点认识和收获：首先，忠义寨城址内东北部是一处明显高于周围地势的人工堆砌的台地，其文化堆积厚达2.5米，所揭露的F1、F2及红褐色土堆积区可能是一组大型高台建筑。其年代上限至西周中晚期、下限至春秋早期早段。其次，周台遗址二号大型木构水井的发现及其附近所探得的大型夯土建筑，说明周台遗址是一处大型高等级聚落遗址。最后，已有的考古工作表明：周台遗址、忠义寨城址与郭家庙遗址、九连墩楚墓群有非常密切的关系，即曾人和楚人生前居住在以周台遗址为中心的聚居区内，忠义寨城内可能是高等级的曾人居住区。曾人、楚人死后，集中埋葬于一处，曾人则主要葬于郭家庙墓地，楚人有盗掘曾人墓葬的风气，出于忌讳，主要埋葬在九连墩墓地。

（胡　刚）

【京山苏家垄周代墓群】

发掘时间：2016年4月～2017年1月

工作单位：湖北省文物考古研究所、荆门市博物馆、京山县博物馆

苏家垄墓群位于荆门市京山县坪坝镇，墓群是于1966年开挖郑家河水库灌溉渠时被发现，当时出土以九鼎七簋为核心的共计97件青铜器。2008年又清理了一座残墓。2013年被公布为第六批全国重点文物保护单位。

2016年，湖北省文物考古研究所联合荆门市博物馆、京山县博物馆再次对墓群进行了考古发掘工作。已发掘墓葬近60座、车坑1个、马坑2个。出土文物500余件（套），以青铜器为主，其次为陶器和玉器，另有少量漆器朽痕和铅锡器。初步判断，该墓地应为曾国高等级贵族墓地，其时代上限可能早至西周晚期，下限可能晚至春秋晚期。此次发掘工作极大地丰富了苏家垄墓群的学术内涵，为解决墓群的年代、性质、布局及曾文化的疆域、曾楚关系等重要问题提供了重要资料。

（方　勤）

【大冶市五里界周代城址】

发掘时间：2015年8月～2016年5月

工作单位：湖北省文物考古研究所、北京联合大学应用文理学院

为配合新建武汉至九江客运专线（大冶北至阳新段）工程建设，联合考古队对湖北省大冶市五里界古城遗址进行了抢救发掘，发掘面积为1000平方米。此次发掘区域选择在五里界古城遗址的中部、南部，其中在遗址南部（龙鹏包装厂南侧）布设10米×10米探方7个（A区）、在遗址中部（龙鹏包装厂北侧）布设10米×10米探方3个（B区）。

A区考古发掘发现有长10米～15米保存完整的城墙、内外护坡、外城壕、文化堆积等，其中发现非常清晰的14层夯土、夯窝、窑址等。B区发现的遗迹有8个灰坑，其中有的疑似为建筑遗迹。

通过此次发掘，基本明确了五里界古城南城墙的建筑方式、建筑年代、使用年代等，同时，通过调查，初步明确了五里界、鄂王城、草王嘴等城址与大冶市铜绿山古矿冶遗址的关系，它们可能都是作为铜绿山古矿冶遗址储存矿石的临时性场所，与铜绿山遗址的兴盛、没落息息相关。五里界古城的建筑年代约在西周晚期，春秋战国时期是其发展的鼎盛时期，战国晚期随着铜绿山古矿冶遗址的地位下降，五里界古城逐渐被废弃。

（冯小波）

【随州市庙台子周代遗址】

发掘时间：2016年9月～2017年1月

工作单位：湖北省文物考古研究所、随州市博物馆、曾都区考古队

随州市庙台子遗址位于随州市淅河镇

金屯蒋寨村二组，地处涢水支流漂水东岸呈南北走向的条形台地上。遗址由南北两个台地组成，所在台地高出周围2米~5米，面积近14万平方米，北距叶家山墓地1000米，地理坐标为北纬31°44′33″、东经113°27′24″，海拔78米~81.6米。该遗址于20世纪50年代发现，1983年武汉大学曾对其进行了试掘，初步确认其为一处商周时期的古遗址。2011~2013年在发掘叶家山西周墓地时，曾对叶家山墓地周围进行区域系统调查，发现该遗址有环壕遗迹。2015~2016年对其进行全面勘探，发现该遗址为“8”字形环壕居址，遗址分南北两个台地，且南北台地之间及台地四周均有环壕连接。

2016年9月，湖北省考古研究所对该遗址的南台地进行发掘，在发掘区域内共布5米×5米的探方20个，揭露面积达500平方米。通过发掘，共揭露出遗迹106处，其中灰坑92个，房址6处，灰沟3条，窑址1座，墓葬3座，环壕1个。其中在该遗址的南台子发现西周早期的夯土基址，可能为大型排房建筑，可能与西周早期宫殿基址相关。考虑到高等级中心聚落周围应该有相关同时期聚落遗址共同组成一个大的聚落遗址群，以及该遗址与叶家山西周早期曾国墓地相距约1000米的直线距离，且四周有一批同时期遗址拱卫，其应该是早期曾国的政治中心。

关联2015年度对该遗址环壕的解剖，确认了该环壕居址年代是与叶家山曾国墓地同时期的西周早期，并在2015~2016年对该遗址周围5000米的区域调查中发现了11个西周早期的相关居址，结合2016年度发现的大型夯土建筑，厘清了叶家山墓地与庙台子遗址之间的关系，我们初步认为庙台子遗址为西周早期曾国都城。

【大冶铜绿山遗址四方塘墓地】

发掘时间：2016年9月~2017年1月

工作单位：湖北省文物考古研究所

铜绿山遗址四方塘墓地位于大冶市金湖街道办事处泉塘村六组西侧，坐落在四方塘遗址东部一条西南高东北低的山岗上（俗称对面梁），南北长约150米、东西宽20米~50米，面积约4500平方米。中心地理坐标为北纬30°5′11.3″、东经114°56′2″，海拔31.15米。

为了配合铜绿山遗址博物馆新陈列馆建设选址，2013年4月重点钻探时发现墓地。2014年11月~2015年12月获准在墓地中部进行了连续2次发掘，揭露面积2275平方米，发掘历时性岩（土）坑墓葬135座，其中西周墓葬3座、春秋墓葬120座，出土文物170多件，墓葬与矿冶生产者密切相关，其重大考古成果被评为“2015年度全国十大考古新发现”。

2016年9月，我们在前两次发掘基础上对墓地南部进行全面发掘，揭露面积650平方米，发掘两周时期岩（土）坑墓65座，以西周时期为多，出土陶、铜质地随葬品40多件。

因以往当地在墓地劈山修田、挖坑栽树等动土活动，墓葬普遍保存不好。墓葬分布密集，排列有序，多数墓葬呈西北至东南向，少数东西向或西南至东北向；有数座墓葬存在打破关系。部分墓葬有棺椁，多数无棺；墓葬的葬具和人骨架皆腐朽无存，棺椁仅可辨认朽痕。65座墓葬可分为三种规格：(1) 中型墓：1座。M193（长3米、宽1.5米）为一椁一棺，带有壁坑（残），出土陶刻槽鬲1件、陶豆（残）1件，时代为西周。(2) 长方形小型墓：64座。可分为宽坑长方形小型墓10座，窄坑长方形小墓54座。其中，有15座墓出土随葬品，随葬的生活陶器类有鼎、鬲、豆、瓮、器盖，青铜工具和武器类有凿、斧、刮刀、削刀、铍、鱼钩、带钩，另有孔雀石、铁矿石等。

M143 为窄坑长方形墓，单棺，棺盖上随葬陶器盖 1 件、陶瓮（残）1 件，棺内随葬青铜器凿、刮刀、削刀、铍各 1 件，时代为西周中期。M140 为窄坑长方形墓，单棺。棺内出土铜削刀、鱼钩、铜带钩各 1 件，孔雀石饰品 2 件。时代为春秋。M170 破坏严重，墓坑残南龛出土新石器时代晚期侧扁陶鼎足 1 件，铜铁矿石 3 块。

此外，我们对四方塘遗址西侧山坡施工现场暴露的 2 座明代残焙烧炉进行清理，揭露面积 150 平方米。在 10 号炉东南边发现废矿石堆积，混杂有明代残砖块及春秋炉渣等，这为判定炉子性质和时代提供了实证。

此次发掘资料具有十分重要的学术价值：第一，M170 南壁龛中不仅出土 3 块铜铁矿石，而且出土一件新石器时代晚期侧扁鼎足，这为探讨铜绿山始采年代提供了新线索。第二，西周墓葬资料反映了与矿冶生产的密切关系，扬越文化与西周文化因素的陶器在墓葬中的组合现象，为研究铜绿山与西周（曾国）关系提供了新信息。第三，焙烧炉在四方塘遗址的发现，为研究明代炼铜技术流程增添了实物资料。

（陈树祥　席奇峰　曾　科　赵艺博）

【保康县穆林头遗址调查】

调查时间：2016 年 3 ~ 4 月

工作单位：湖北省文物考古研究所

穆林头遗址位于保康县马良镇紫阳村七、八、九组，地处重阳盆地之中，位于紫阳台地的西南角。中心地理坐标为北纬 31°29′17″、东经 111°23′06″，海拔 293 米。紫阳台地为西北—东南向，呈不规则长方形，南北长 900 米，东西宽 600 米，面积 54 万平方米。台地西北高，东南低。台地北依雒山余脉，南临沮水，西临沮流河，东为冲积平原。北部山中有一条小溪流出，西向注入沮流河。台地高出沮水面 8 米 ~ 10 米，高出四周 3 米 ~ 10 米。遗址在第二次文物普查时发现，采集部分看不出器形的标本。当时定的范围为南北长 200 米、东西宽 100 米，面积 2 万平方米。因在遗址东边约 1000 米的山脚下出土过战国青铜剑，又在遗址上采集“大宋元帅征镇之印”，故年代定为战国—宋元时期。

湖北省文物考古研究所为配合国家社科基金《清华简〈楚居〉与楚国都城研究》项目的开展，对沮漳河流域楚文化遗存进行了调查。在对穆林头遗址进行复查时，采集到西周时期的陶片标本。陶片大多为夹砂褐红陶，少量泥质黑陶。器形有鬲口沿、鬲足、豆柄和罐腹等，鬲口沿皆为卷沿，有圆唇和尖唇两种，鬲足为截锥足和柱足，豆柄中空较大。纹饰以细绳纹为主，少量方格纹和弦纹。北京大学、武汉大学的专家对标本进行了鉴定，认为陶器特征与宜昌万福墩遗址具有相似性，但时代更显早，可到西周中晚期。该遗址是荆山地区目前发现的西周时期最早的遗址，其对于早期楚文化的探索具有重要价值。

（笪浩波）

【襄阳市墓子地东周至汉代遗址】

发掘时间：2016 年 6 ~ 8 月

工作单位：中国人民大学

遗址地处汉水中游东部、河南南阳盆地南缘。位于薛集镇曾家岗村张洼村东北 200 米，东排子河西岸，是一处开阔平坦的二级台地。此次发掘面积 1000 平方米，共清理灰坑、灰沟、水井等遗迹 40 余座。灰坑年代多集中于春秋战国时期，灰沟 G1 为春秋晚期，G2 为春秋晚期至战国早期，水井 J1 为东汉时期。遗址共出土遗物 100 余件，时代范围涵盖新石器至汉代。

该遗址地层堆积较为简单，分为两层或三层。以 T0105 西壁为例，第 1 层为耕土层，第 2 层为东汉时期文化层，第 3 层为春秋战国时期文化层，第 3 层下为生土。

以 T0706 东壁为例，第 1 层为耕土层，第 2 层为东汉时期文化层，第 2 层下为生土。

新石器时代的遗物，按质地分为石器、陶器等。石器分为石锛、石镞等。陶片以夹砂黑衣黄褐陶为主，还包括泥质灰陶、夹砂灰陶、夹砂红陶等。陶器按类型分为陶罐、陶豆、陶鬲等。陶器纹饰有粗绳纹、细绳纹，粗凹弦纹、细凹弦纹、附加堆纹等。

春秋战国时期的遗物，以陶器和铜器为主。陶器有短颈罐、矮柄陶豆、锥足鬲、陶拍、绳纹夹砂陶釜等。铜器有铜箭头 2 枚。

汉代遗物多出自 2016LZMJ1，主要遗物有泥质灰陶网格纹双耳罐、泥质灰陶弦纹双耳罐、泥质灰陶绳纹双耳罐、泥质黄褐素面筒形罐等。另有陶缸 2 件、陶仓 1 件。

从发掘成果来看，本遗址文化层较为单薄，器物种类有限，可资对比的完整器形更少。尽管如此，其文化面貌及发展脉络还是比较清楚的，春秋战国时期和汉代两个时期的文化遗迹占据主要地位。其中，水井制作较为精细，出土较多陶罐及砖块，陶罐和仓的形制及组合具有典型的汉代明器的特征。推测该遗址附近可能有墓地，有待进一步工作研究。该遗址的发现可为进一步搜寻和发现周边区域内更早期的人类生活遗址提供参照。

（王晓琨　石思佳）

【沙洋县余湾东周楚墓】

发掘时间：2016 年 11 月 ~2017 年 3 月

工作单位：四川大学历史文化学院

余湾墓地位于荆门市沙洋县曾集镇雷都村一组，地处一方圆 200 米的坡地上，面积约 4 万平方米，中心位置的地理坐标为北纬 30°43′39.9″、东经 112°21′07.2″，海拔 64.8 米。2016 年冬至 2017 年初，为配合蒙华铁路煤运通道的建设，四川大学历史文化学院考古学系对该墓地进行了全面勘探和考古发掘，发掘面积 7500 平方米，清理墓葬 58 座。

58 座墓葬，除一座为明墓外，其余皆系楚墓。明墓为竖穴土坑，坑内填土近墓底处混有石灰，木棺和人骨遗骸尚存，未见任何随葬品。楚墓集中分布于曾集镇至雷都村公路附近，北距明墓约 300 米，皆为土坑墓，墓向多西北—东南向，另有少量西南—东北和东南—西北向。少数带斜坡墓道，多数为不带墓道的长方形竖穴土坑墓。带墓道者墓室大多长约 4 米、宽约 3 米，深 3 米 ~5 米，最大的一座（M21）墓室长 8.1 米、宽 6.4 米、深约 7 米，墓道长 10 米、宽约 2.5 米；不带墓道者规模大小、深浅不一，小者如 M12，长 2.7 米、宽 1.1 米、深 1.6 米，仅有一棺；大者如 M10，长 5.5 米、宽约 3.5 米、深约 3.4 米。墓葬填土均为五花土，未见一般楚墓习见的青膏泥，故葬具和人骨保存很差。葬具分两种，一种为单棺，一种为一棺一椁。部分棺椁下有垫木。死者均仰身直肢。除个别墓葬外，多数都有随葬品，少者 1 件，多者 15 件。单棺者随葬品多置于头部棺外或头龛中；带棺椁者随葬品多置于椁内棺外的头箱和边箱中。随葬品共计 200 余件，多为陶器，另有少量铜器。陶器组合有鬲、盂、豆、罐，鬲、豆、鼎、壶，鼎、敦、壶，鼎、敦、壶、匜，鼎、盒、壶、匜、豆，盂、壶六种，以鼎、敦、壶居多。铜器以剑、戈、矛、斧、箭镞、匕首等兵器为主，亦有少量带钩，多出自边箱，少数出自棺内。个别墓葬还出有“蜻蜓眼”陶球、玉环和石制品。

此次清理的 57 座楚墓，以地处西北端的两座大墓（M21、M57）为尊，其余墓葬均位于其东部，墓葬规模较之两座大墓小很多。绝大多数墓葬墓向基本一致（110°~135°），相互间无打破关系，排列有序。据此推测该批墓葬应为一家族墓地，系以 M21、M57 两座大墓为中心统一规划而成。从墓葬形制、器物组合和形制看，其年代上限可早至春秋晚期，下限应为战国晚期。这一分布集中、年代跨度较大的家族墓地为研究先秦时期楚国的丧葬礼俗提供了新的重要材料。

（张　科　马驰浩　余晓福　许　云）

【潜江龙湾东周遗址】

发掘时间：2016 年 10 月 ~2017 年 1 月

工作单位：湖北省文物考古研究所、潜江市龙湾遗址文物管理处

龙湾遗址地跨潜江市龙湾、张金两镇，遗址由东北部的放鹰台遗址群和西南部的黄罗岗遗址两部分构成。遗址于 1984 年第二次文物普查工作中发现。1987 ~2001 年进行了多次考古发掘工作。2001 年，被公布为第五批全国重点文物保护单位。2001 年，被评为 2000 年全国十大考古新发现之一。

2016 年，湖北省文物考古研究所联合潜江市龙湾遗址文物管理处对该遗址再次进行了发掘工作，发掘面积 2000 平方米，发掘地点为放鹰台一、二号台基之间。揭露出陶质排水管、带状瓦片堆积等与高等级建筑相关的重要遗迹。此次发掘为探索楚国宫殿群的布局及连接方式提供了重要资料，同时也为龙湾国家考古遗址公园的展示提供了新的素材。

（高旭旌）

【襄阳市宜城黄岗东周遗址】

发掘时间：2016 年 11 ~12 月

工作单位：中国人民大学

黄岗遗址位于襄阳宜城市小河镇高湾村，位于小河镇西南约 7000 米处。此次发掘面积 152 平方米，共清理东周时期的灰坑 9 个。

出土遗物以陶片较为丰富，根据其质地和纹饰大致推断应为东周时期。以泥质灰陶和夹砂红陶为主，另外还有泥质红陶和夹砂灰陶等。素面陶居多，纹饰主要有绳纹和弦纹。

可辨器形有豆、鬲、罐等，以豆最为常见，出土大量豆柄，应是这一遗址的特点。此外部分可辨器形的体量很大，部分器物直径推测可能超过 50 厘米。此外，还出有铜箭镞、石斧、陶纺轮等。

由于埋藏较浅，且遗址所在地为水田，受水浸泡破坏严重，部分陶片纹饰已经全然看不出，部分陶片出土时已成粉状不能提取只有痕迹。遗址堆积分布非常不均，部分地方很薄甚至被全部破坏，由于之前地势不平，新中国成立后进行过平整，因此破坏严重，存留的部分以灰坑为主。总的来说，以东周时期的遗迹最为丰富且带有典型楚文化的特征。

（魏　镇）

【老河口市上寨战国遗址】

发掘时间：2016 年 6 ~12 月

工作单位：南京大学历史学院考古文物系、河南大学历史文化学院考古文博系

上寨遗址位于襄阳市老河口市薛集镇上寨村西 400 米，东排子河东岸的台地上。遗址系第二次全国文物普查时所发现，后被公布为老河口市级文物保护单位。受湖北省文物局委托，南京大学历史学院考古文物系联合河南大学历史文化学院考古文博系，对襄阳市老河口市上寨遗址进行了考古调查和发掘工作。经国家文物局批准，发掘面积为 1000 平方米，共布方 10 个，规格为 10 × 10 平方米。共发现灰沟、灰坑、窖穴路、房址等遗迹单位 213 个，出土铜、铁、陶、瓷、石等不同材质的遗物 102 件。从出土陶器的特征上看，主要是春秋战国时期的生活类陶器及陶器残片，完整和可复原器物主要有豆、鬲、罐、壶等。综合地层和遗迹，判定遗址为战国

晚期。

（张敬雷）

【宜城市袁家湾战国西汉及明代墓群】

发掘时间：2016年11月~2017年1月

工作单位：湖北省文物考古研究所

2016年11月中旬开始，为配合蒙华铁路工程建设，湖北省文物考古研究所组织人员对襄阳市宜城市袁家湾墓群进行了调查、勘探及发掘工作。

袁家湾墓群位于宜城市小河镇杨河村袁家湾自然村南100米，南部紧邻百里长渠，东距宜城市区约16千米，西距南漳县城约25千米，西南距安乐堰墓群约3000米，东南距黄土坡铜器（蔡大膳夫簠）出土点约3000米、距楚皇城城址约23千米。墓群位于一东西向700米、南北400米的坡地上，面积约28万平方米。

袁家湾墓群工程线路涉及范围内共发现墓葬28座，已完成发掘26座，分为三个时段：

战国时期（22座）。按墓葬平面形制分为两类：第一类：长方形竖穴土坑墓（18座），均斜壁、平底，方向多呈南北向，少量呈东西向；葬具多为一棺一椁，仅M17未发现葬具，且器物埋于墓坑之上。第二类：凸字形竖穴土坑墓（4座），均斜壁、平底，南北向，墓道多朝南，仅M6墓道朝北；葬具除M27位单棺外，其余3座都为一棺一椁。出土器物多为鬲、盂、罐陶器组合，少量有完整的鬲、盂、罐、豆组合。

西汉早期（2座）。平面形制均为长方形竖穴土坑墓，直壁、平底；葬具为一棺一椁。M3近东西向，方向118°，距地表深约114厘米处见二层台。出土陶器有鼎、豆、壶。M4近南北向，方向6°，距地表深约180厘米处见二层台。出土陶器有罐、鼎、盘、盒、壶、豆、勺及一件漆耳杯。

明代（2座）。形制基本一致，平面呈长方形，墓室由糯米汁包裹的石灰构筑，直壁、平底，券顶。方向均近南北向，盗扰及施工严重，不见葬具。M1底部发现少量羊骨。

通过对袁家湾墓群的发掘，为深入研究宜城及周边地区战国至明代的文化面貌和丧葬习俗提供了重要材料。

（闻　磊）

【枣阳市小孙庄汉代遗址】

发掘时间：2016年6~9月

工作单位：北京联合大学、湖北省文物考古研究所、枣阳市文物考古队

为配合湖北省“鄂北水资源配置工程”建设，由北京联合大学、湖北省文物考古研究所、枣阳市文物考古队联合组建的小孙庄遗址考古队对小孙庄遗址进行了勘探、发掘，发掘面积900平方米。小孙庄遗址隶属于襄阳市枣阳市环城街道办事处玉皇村五组，位于胡家老坟一条南北向的岗地上，东邻郭庄、西靠胡庄，处于鄂北水资源配置工程正线内。此次发掘发现墓葬12座；灰坑、灰沟等遗迹5处，出土陶瓷器2件、铜钱102件、金器3件、蚌贝装饰品1件等文物。12座墓葬中有2座为东汉时期墓葬，明清时期墓葬有10座。东汉墓葬均为汉代中型墓葬，形制相似，均带有墓道、耳室，其中M1出土了金饰品，为汉代所鲜见。M4略小于M1，墙为基槽双砖，墓室向外凸弧。这两座墓葬的时代初步推测为东汉中晚期。

（冯小波）

【襄阳市车屋程家汉代墓地】

发掘时间：2016年6~9月

工作单位：厦门大学人文学院历史系

为配合鄂北地区水资源配置工程文物保护项目，受湖北省文物局委托，厦门大学历史系承担了襄阳市车屋程家墓地的考古勘探和发掘工作。此次发掘共清理遗迹20处，包括汉代墓葬18座、灰坑2个。

车屋程家墓地位于襄阳市襄州区古驿镇宋湾村一组车屋程家自然村北侧，白河西岸的一处坡地顶部。墓地东西长约140米、南北宽约105米，面积近1.5万平方米。此次清理的18座墓葬均为砖室墓，因遭到后期严重破坏，墓顶大多无存，部分墓葬的墓砖已被全部取走，仅有少量墓葬保存有较完整的券顶。根据墓圹形态差异，可分为“中”字形分室砖墓、“凸”字形单室砖墓、长方形单室墓三种。年代应为西汉末期至东汉时期，通过考察比较墓葬随葬品形制与组合以及墓葬规模与分布情况，又可细分为西汉末期至东汉前期和东汉中晚期两个阶段。

车屋程家墓地诸墓随葬器物的类别大体相同，有的随葬器物在形制上有一定发展，为西汉末期至东汉时期不同阶段延续发展的表现。墓地内所有墓葬的墓砖并未展现出明显的等级差别，从墓葬形制、规模，随葬品器类、组合与形制判断，车屋程家墓地当为汉代平民阶层的墓地。

从墓葬规模来看，墓地东南部的墓葬规模较大，西北部的墓葬规模偏小。从墓葬结构看，有1座分室砖墓、6座“甲”字形单室砖墓和11座长方形单室砖墓。随葬品方面，陶礼器的器形较为缺乏、数量很少，模型明器的器形和数量十分丰富，祭奠明器数量不多，日用器在见有随葬品的墓葬中均有一定出土，金属器数量十分有限，且以带钩、铜勺、铜钱和铁刀等小件器物为主，未见玉器或料器。不论从墓葬形制还是随葬品组合来看，均与此前襄阳市樊城区两座东汉墓相仿，车屋程家诸墓基本反映出了襄阳地区小型汉墓的文化面貌和特征。值得注意的是，车屋程家M7、M8在墓口一端近底部用墓砖设置转角象征墓道，M8内存在多人二次葬的情况，这在以往该区汉墓资料中比较少见，需要我们在今后对于类似现象予以重视，并对其社会意义和葬俗问题做深入解读。

此次对襄阳市车屋程家墓地所做科学、全面的考古勘探、发掘与研究，对于考察襄阳汉墓的区域文化特征和埋葬习俗等问题都具有重要的学术价值。

（付　琳　王新天）

【南漳县申家咀墓地】

发掘时间：2016年12月～2017年1月

工作单位：重庆师范大学西南考古与文物研究中心、湖北省文物考古研究所

申家咀墓地位于襄阳市南漳县武安镇申家咀村四组。申家咀墓地位于东北—西南走向的两条山岗上，岗地东高西低，北部岗地名叫南马山，南部岗地名叫中山。中山中心位置地理坐标为北纬31°69′35″、东经112°09′69″，海拔81米。

此次发掘面积共计189平方米，发现砖室墓4座，共出土陶、铜、玉、骨质小件27件（套）。

M1为带短斜坡墓道的砖室墓。墓圹长4米，最宽处1.50米，墓室平面呈长方形，长2.3米，宽1.1米。该墓发现陶罐2个，陶井1套（共2件，1个井，1个小罐），陶灶1套（共5件，1个灶身，2个陶甑，2个陶釜），玉珠2粒，还发现有铜钱，但是锈蚀严重，无法提取。墓底还有红色漆木器腐痕，形制不清。

M2为带甬道刀把形砖室墓，甬道偏向东侧，墓圹残长4.05米，最宽处2.95米，墓室长2.9米，宽1.8米，甬道残长0.4米，宽0.9米。方向180°。M2出土陶圈1个，陶灶1个，陶鸡1个，陶磨盖1个，铜钱12枚，铜钱锈蚀严重。

M3为一座带有甬道和斜坡墓道的长方形砖室墓。墓圹长5.8米，宽2.1米。墓室由甬道、前室、后室组成，甬道长0.72米，宽0.68米，残高0.3米；前室1.24米，宽1.44米，残高0.37米；后室长1.7米，宽1.54米，残高0.17米。方

向 120°。该墓发现陶罐 2 个，铜钱 15 枚，陶甑 1 个，漆木腐痕 1 处，猪下颌骨 1 个。

M4 是一座带前堂和甬道的券顶式砖室墓。长斜坡墓道，墓圹长近 8 米，最宽处 3.1 米。墓室通长 5.2 米，最宽处 2.7 米，由甬道、前堂、后室组成。甬道长 0.9 米，宽 0.8 米；前堂长 1.3 米，宽 2.7 米；后室长 3.2 米，宽 2.3 米。墓室甬道残存最高 0.9 米，前堂残存最高 1.2 米，后室残存最高 1 米。方向 58°。墓内发现陶罐 2 个，陶井 1 个，陶灶 1 套（共 3 件，1 个灶身，2 个甑），骨珠 1 粒，还有若干不明器形的碎陶片。

（蒋　刚）

【老河口市纪洪北岗东汉墓群】

发掘时间：2016 年 6 ~ 9 月

工作单位：四川大学

北岗墓群位于襄阳老河口市袁冲乡纪洪村，地处一东西向的岗地上，东西长 400 米、南北宽 200 米，面积约 8 万平方米，中心位置地理坐标为北纬 32°35′39.0″、东经 111°42′31.1″，海拔 191 米，西北为六官营村、南为纪洪村，纪淅公路（纪洪—淅川）自南向北从岗地西部穿过。2000 年，老河口市博物馆对该墓群做过抢救性发掘，清理了其中的两座墓葬，判断其年代为东汉晚期。2016 年夏，为配合鄂北水资源配置工程的建设，受湖北省文物局委托，四川大学考古学系对该墓群进行了全面勘探和考古发掘，清理砖室墓 9 座。

9 座砖室墓皆带斜坡墓道和甬道，墓葬形制可分为三种类型：一是单室墓，有 M1 ~ M4、M7、M9 六座；二是“中”字形前后室墓，有 M5、M8 两座；三是带侧室的前后室墓，仅 M6 一座。

墓葬均被盗扰，所出随葬品多寡不一，其中 M5、M6、M8 较多，有陶器、铜器和银器 58 件，另有钱币 22 枚、料珠 18 颗。陶器除个别为泥质灰陶外，余皆为泥质红陶。泥质红陶表面多施绿釉，以釉层剥落殆尽者居多，少量胎釉结合较好。可辨器形有鼎、壶类仿铜礼器，博山炉、罐、瓮、杯、耳杯、盘、樽、甑、釜、钵类日用器和仓、灶、井、磨、圈厕、鸡、猪、狗、房顶类模型明器；铜器包括五乳禽兽纹镜、环、錾、泡钉；银器除佩戴于 M6 所出陶狗身上的项圈外，还有钗；钱币均为方孔圆形铜钱，其中钱文可辨者 15 枚。除 1 枚为“货泉”外，余皆为“五铢”。其余 6 座墓葬或空无一物，或仅数件陶器和“五铢”，形制与 M5、M6、M8 所出者相似。

从墓葬形制和随葬品来看，此次清理的 9 座墓葬均属东汉晚期。9 座墓葬中，以 M5、M6、M8 保存最好、随葬品最丰富，其与 2000 年发掘的两座墓葬在墓葬形制上差异显著，在随葬器物上却颇为相近，具体表现在以下三个方面：一是组合上，皆以陶器为大宗，器类以模型明器或日用器居多，仿铜礼器数量极少；二是陶系上，均以绿釉红陶为主，泥质灰陶只占少数且仅限于罐、瓮类器物；三是器形上，前述罐、猪、耳杯、房顶、瓮、钵、仓、井、鸡、狗、杯、灶、磨、博山炉和壶均可在 2000 年发掘简报中找到相似者。不过，此次发掘清理的鼎、盘、樽、圆形圈厕、方形磨、狗项圈、鎏金铜錾和五乳禽兽纹镜却为 2000 年发掘所不见，其中方形磨、狗项圈、鎏金铜錾和五乳禽兽纹镜在鄂北地区尚属首次发现，即便在全国汉墓中亦不多见，有关发现丰富了鄂北地区汉代文化的面貌，为深入考察该区域汉代文化、丧葬习俗的演变及其与周邻地区的关系提供了重要物证。

（葛林杰　张　科　马驰浩　余晓福）

【荆门市大冢六朝墓群】

发掘时间：2016 年 11 月 ~ 2017 年 1 月

工作单位：湖北省文物考古研究所

大冢墓群隶属于荆门市掇刀区麻城镇

蔡院村。1989 年调查时命名为大冢墓群，第二次及第三次全国文物普查均有登录，荆门市市级文物保护单位。蒙华铁路从墓群中部穿过，为配合铁路工程施工对墓群进行了抢救性发掘。

此次抢救性发掘面积 500 平方米，共发现和发掘了南朝时期的中小型砖室墓 8 座，自北向南呈一列分布，依次编号为 M1～M8，墓葬坐西向东，东侧有较长的排水沟。其中 M1～M3 规模略大，墓室长度 6.5 米～8 米，其余规模较小，墓室长度 3 米～5 米。墓葬保存状况较差，残存墓壁和墓底多被挤压变形，其中 M1～M3 保存相对略好，残存有较高的墓壁，M4～M8 仅余墓底铺砖或部分墓壁。墓葬建构方式和结构相似，均为先开挖墓室和排水沟土圹，再砌筑墓室，垒砌排水沟。墓葬由墓室和排水沟组成，墓室由棺床和甬道构成，棺床位于墓室后部占到大部分面积，甬道略窄，底部低于棺床 2 到 3 层墓砖。甬道和排水沟之间筑有墓门，墓内积水通过较低的甬道底部的砖缝渗入排水沟排水。M2 残存有一块棺板，已被盗掘翻动移位，其余墓葬葬具多已不存，腐朽痕迹亦未发现。墓葬 M3、M4、M7、M8 底部残存有少量的人骨，腐朽严重，M1、M2 人骨因遭晚期盗掘散落于填土之中，呈粉状，墓葬葬式不明。墓葬共计发现有各类随葬品 50 余件。其中瓷器 26 件，器形有盘口壶、细颈瓶、碗、碟等。瓷器质地细腻坚硬，半施黄绿釉，釉面均匀。滑石饰件 4 件，银簪 1 件，铜环 1 件，铁器 1 件。铜钱十余件，有五铢钱和大泉五十两种。8 座墓墓砖制作规整，有长方形砖、楔形砖、梯形砖、子母口券砖等，不同部位使用墓砖的种类及垒砌、铺设方式不同。每座墓均见有花纹墓砖，多分布于砖的两端及侧面，纹样种类组合丰富，有钱纹、鱼纹、菱形纹、莲花纹、弦纹等。

墓葬分布在岗地边缘上，没有打破现象，且自南向北有规律排列，说明这是一块事先勘选好的墓地。尽管墓葬保存不好，但是仍然能够看出其背靠高岗，面临溪水的布局特点。距大冢墓群约 10 千米的麻城镇斗笠岗曾发掘 7 座南朝墓，出土“中大通五年太（岁）癸丑”铭文砖即南朝梁武帝时。尽管此次发掘的 8 座墓中未出土有纪年特征的遗物，但墓葬形制、结构、构筑方式、随葬器物形制特征等均与上述南朝墓相似和相近，故推测年代应与之相近。这处墓地墓葬布局讲究，墓壁砌筑厚实牢固，墓砖纹饰丰富，反映出墓主人具有一定的身份地位。墓葬排列整齐、规划一致，可能为一处家族墓地。荆门地区六朝墓葬发现得不多，此次考古发现是该地区六朝考古的新收获，对于研究区域内的历史、物质文化等具有一定的价值。

（席奇峰）

【鄂州郭家细湾及牛头山六朝墓群】

发掘时间：2016 年 4～6 月、10～12 月

工作单位：湖北省文物考古研究所、鄂州市博物馆

墓群位于鄂州市鄂城区凤凰街办司徒村三组、四组范围内，属河港湖汊和岗丘地形，地理坐标为北纬 30°19′36.8″、东经 114°35′31.6″，平均海拔 25 米。为了配合恒大首府二期地块工程建设，根据 2015 年考古勘探材料，对两墓群进行了抢救性发掘，共清理六朝时期土坑墓和砖室墓 67 座。

此次发掘的 67 座墓葬以小型为主，其中竖穴土坑墓 5 座，单室砖室墓 62 座。砖室墓盗扰严重，分券顶墓和叠涩顶墓，少量叠涩顶墓带有长约 20 米的排水沟。共出土陶器、瓷器、铜器、铁器、金器及银器等各类器物 205 件，其中陶器有双系罐、四系罐、碗、盏、槅盒等；瓷器有双系罐、四系罐、鸡首壶、盘口壶、碗、盏、洗、杯、水盂等；铜器主要为铜镜、铜钱、铜

带钩、铜铃等；铁器有铁刀、铁剪等；金器主要有手镯、指环等；银器主要有手镯、指环及发钗等。此次发掘为湖北六朝时期考古增添了新材料。

（田桂萍　余成龙）

【鄂州市瓦窑咀六朝窑址】

发掘时间：2016 年 10 月 ~2017 年

工作单位：武汉大学考古系、武汉大学科技考古中心、鄂州市博物馆

遗址位于鄂州市鄂城区凤凰街道办事处司徒村 5 组瓦窑咀湾，西北距吴王城遗址约 2000 米。中心地理坐标为北纬 30°23′18.3″、东经 114°54′24.5″。为配合吴王城遗址的保护规划，2016 年，几家单位组成联合考古队对遗址进行了勘探和发掘工作，勘探面积 1 万平方米，发掘面积 900 平方米。

根据勘探结果，发掘地点选择在遗址的西部，分三个发掘区。2016 年度的发掘，共发现遗迹 56 个，其中，有窑炉 9 座、房址 2 座、灰坑 42 个、灰沟 3 条、水井 1 口。出土遗物以陶器为主，另有瓷器、窑具、砖、瓦等，共收集陶瓷片等 200 余袋。目前系统的整理工作正在展开，据不完全统计，可以修复的小件器物有 100 余件。

瓦窑咀遗址发现的窑炉大多保存较好，形态多样。除 1 座龙窑外，其余均为馒头窑。根据平面形状，馒头窑又可分为马蹄形窑和椭圆形窑两类。此次发掘，出土了大量陶瓷遗物。陶器多为泥质灰陶，火候较低，器类有罐、盆、碗、灯盏、刻槽盆、甑等，另有鸡、鸭、羊等家禽家畜模型。瓷器以酱釉为主，亦有青黄釉，胎釉结合较差；胎土细腻，胎质较为坚硬，胎体为褐色或白色；器类有碗、盘口壶、罐等。部分带釉的器物，将釉剥离后，与陶器无异，当为低温釉陶器。还发现大量窑具，多为支烧具，质地坚硬，烧成温度较高，部分外表有釉。支烧具有大小、高矮的差异，但造型风格比较一致，托面平坦内折，中部微束，底部呈喇叭口。

从窑址形态和出土遗物看，瓦窑咀遗址的主体年代为孙吴时期，应当是和孙吴武昌城密切相关的一处大型手工业作坊遗址，这在全国同时期同类型遗址中并不多见。从已发现的遗迹遗物中看，这个大型手工业作坊遗址烧制的时间较集中，在这个时间段内已经形成了规模较为完整的产业链。瓦窑咀遗址的发掘填补了湖北地区六朝陶瓷考古的空白。为探究湖北地区陶器向瓷器的转变过程、该地早期青瓷的特征提供了重要物证，为早期陶瓷史的研究增添了新资料。

（周静怡）

【襄阳市九姓庄宋代墓群】

发掘时间：2016 年 6 ~9 月

工作单位：武汉大学考古系

在配合鄂北地区水资源配置工程基本建设的考古工作中发现并发掘此处宋代墓群。该墓群位于襄阳市襄州区石桥镇黑龙集村和张营村的交界地带。中心位置地理坐标为北纬 32°25′56″、东经 112°1′25″，海拔 110 米。地表现为旱地，种植有玉米等农作物。墓群所在遗址南北长 1120 米、东西宽 120 米，面积约 13.44 万平方米。2015 年湖北省文物考古研究所做过调查，发掘前武汉大学对该遗址进行过复查和勘探工作。我们查明该遗址有汉代、宋代和明清时期遗存。

目前武汉大学完成发掘面积 326 平方米。共发现遗迹 22 处，其中墓葬 6 座，形制多样，有长方形砖室墓 1 座、六边形砖室墓 1 座和圆形砖室墓 4 座，圆形和多边形墓均有土斜坡墓道、砖砌甬道和墓室，其中一座墓葬有仿木斗拱结构，砖雕有假门、假窗和家具等，随葬品有陶罐和白瓷碗等；灰坑 14 个，平面形状皆为椭圆形，

剖面形状有弧形圜底和筒形平底两种，遗物多为陶片和瓷片；沟1条，平面形状为长条形，剖面为筒形平底，呈西北—东南走向，包含有1枚“康熙通宝”的铜钱、1块铁片和少量陶瓷片；碎砖路1条，开口平面为长方形，剖面为弧形平底，碎砖平铺一层，包含少量陶瓷片。

从墓葬层位、形制及随葬品等可断定，墓葬属于宋代，大多数灰坑、沟和碎砖路包含有青花瓷片以及铜钱，判定年代属于明清时期。九姓庄墓群墓葬结构保存相对完整，墓葬文化受到中原地区宋墓的影响。这不仅丰富了鄂北地区北宋时期墓葬的考古资料，也对研究该地区的丧葬习俗有一定的意义。

（侯　芝　谭雨蓉　周　霖）

【老河口市杨庄元明清时期遗址】

发掘时间：2016年6～9月

工作单位：四川大学历史文化学院

杨庄遗址位于襄阳老河口市袁冲乡杜家庄村杨庄自然村，地处一南北向的平地上，长400米、宽180米，面积约7万平方米。该遗址是老河口市博物馆进行第二次全国文物普查时发现的，当时采集的标本不多，调查者推断其年代为东汉至唐宋时期。2016年夏，为配合鄂北地区水资源配置工程的建设，四川大学历史文化学院考古学系对该遗址进行了抢救性发掘，发掘面积300平方米。

地层堆积分为8层，其中第1、2层为现代耕土层，第3至6层为明晚期至清中期地层，第7层为元末明初至明代中期偏早地层，第8层为元代中晚期地层。

清理灰沟17条、灰坑17个、房址2处、灶2个，出土大量陶瓷器、建筑材料，另有少量铁器、银器和钱币。陶器以泥质灰陶为大宗，另有部分泥质或夹砂黄陶、砖红陶和橙红陶；多素面，少量饰弦纹、波浪纹和附加堆纹；可辨器形有盆、罐、钵、盘、灯、瓮、擂钵等，以盆、罐数量居多。瓷器所属窑系（口）较丰富，有汝窑、龙泉窑、磁州窑、钧窑和景德镇窑等，以汝窑系和景德镇窑为主，另有部分粗胎缸，疑为当地窑口产品；可辨器形有碗、盘、杯、高足杯、碟、炉、罐、壶、缸、钵等，以碗、盘、杯居多。建筑材料有板瓦、滴水和残砖三种，泥质灰陶居多，少量泥质红褐、黄褐、灰黄和黑陶。铁器均锈蚀严重，可辨器形者有铁凿、铁门闩和铁棒。银器仅1件，近圆形，其内镂雕花纹，残损严重，可辨元素有鱼，疑其题材或为鱼化龙。钱币大都保存较好，钱文可辨者18枚，其中顺治通宝3枚、康熙通宝4枚、元丰通宝2枚，太平通宝、天禧通宝、至和通宝、治平元宝、□宁元□、元祐通宝、正隆元宝、崇祯通宝和道光通宝各1枚。

依据堆积单位的叠压、打破关系及各单位所出土器物尤其是瓷器的异同，该遗址文化遗存可分为三期，即元代中晚期、元明之际至明代中期偏早、明晚期至清中期。结合各期遗存数量多寡分析知，杨庄遗址兴起于元代中晚期至明代早期，明代中期前后曾趋衰颓，明代晚期复兴。最迟至清咸丰七年（1857），该遗址遭彻底废弃。当地村民曾于杨庄遗址掘得一方形似柱础石的买地券，券文落款有“咸丰七年”字样，即为明证。该遗址是目前鄂北一带发现的屈指可数的晚期遗址之一，考古发掘所获瓷器较为精美，所属窑口较丰富，一定程度上填补了鄂北地区元明清时期考古的空白。

（赵　川　张　科　何　建
邓宏亚　余晓福）

【容美土司遗址调查】

调查时间：2016年

工作单位：湖北省文物考古研究所

容美土司是明清时期中国西南地区诸

土司最强大的土司之一，自元至大三年（1310）建立黄沙寨千户开始，到雍正十三年改土归流（1735）废弃，容美土司历经425年15代23位司主，最强盛时期控制的疆域面积约7000平方公里。东连江汉，西接渝黔，南通湘澧，北靠巴蜀，境内山岳连绵，沟壑纵横，交通十分不便，土司为了加强统治，治署经常迁移，在多处修建行署及相关设施，形成较庞大的容美土司遗址群。

2016年容美土司遗址考古队对恩施土家族苗族自治州鹤峰县、宜昌市五峰县境内的容美土司遗址群开展相关调查、勘探及清理工作，目的是寻找并确认相关容美土司遗址点。本年度共调查约100万平方米，勘探约1.5万平方米，清理约2000平方米，解剖约50平方米。调查、勘探、清理遗址点22处，新发现容美土司相关遗址点8处，排除原遗址点1处。遗址点类型有：洞府遗址4处、独立摩崖石刻6处、桥梁5座、遗址3处、墓地3处。

容美土司遗址群各遗址点因较为分散，加上多分布在崇山峻岭或峡谷河道之间，交通不便。遗址的具体位置、类型、面积、数量、保存情况多不详，通过2016年的调查，掌握了容美土司遗址群各遗址点的详细资料，并发现大量新的遗址点，纠正了以往相关资料的错误，为研究容美土司提供更多信息，也为日后容美土司遗址保护提供原始材料。

此次调查发现的文物数量较少，多为各类型碑刻。碑刻上刻有大量碑文，共辨识有2万余记载当时社会结构、战争、会盟、疆界、行文等重大事件的碑文，通过下一步的释读和研究，将碑文上描述的重大事件结合相关文献资料，可初步复原当时土司时期的民族社会生活、宗教习俗、与周边土司及汉族之间交流的事件，对研究容美土司乃至整个武陵山区土司之间的社会、民族文化有着重要意义。

（康予虎）

湖南省

【沅江赤山岛虎须山旧石器遗址】

发掘时间：2016 年 7～9 月

工作单位：湖南省文物考古研究所、益阳市文物管理处、沅江市文物管理所

遗址位于益阳市沅江市新湾镇陆家村蒋家坳，地理坐标为北纬 28°56′8″、东经 112°17′8″，海拔 62 米。北距新发现的枫树嘴旧石器遗址约 2000 米。

考古发掘区位于赤山岛上一个低矮丘陵的西缘斜坡处，共布正方向 10 米×10 米探方 4 个，实际发掘面积 350 平方米。揭露的文化层剖面厚 5 米，自上而下可分为 5 层：第 1 层为灰黄色黏土，土质疏松，厚 0.2 米～0.8 米；第 2 层为褐红色粉砂质黏土，土质较疏松，厚 0.8 米～1 米；第 3 层为含大量铁锰结核颗粒（膜）的黄红色网纹土，浅黄色网纹细密、呈竖直状分布，土质较紧密，厚 0.5 米～1.2 米；第 4 层为深红褐色网纹土，铁锰结核颗粒稀少，蠕虫状网纹粗而长，由上至下逐渐稀疏，土质紧密，厚 2 米～2.5 米；第 5 层为鲜红色网纹土（未至底），不见铁锰结核，白色网纹短而粗且分布较密，呈蠕虫状，土质坚硬，已发掘 0.4 米～0.5 米。此层以下约 5 米至底部砾石层。

石制品主要出自第 3 层和第 4 层上部，第 2 层中有少量。遗物在遗址中分布较为稀疏，没有发现明显规律。石制品原料以石英砂岩为主，另有石英、硅质灰岩、石英岩，燧石仅为个别，与遗址附近古老河床砾石层的岩性和含量一致。类型包括砾石、石核、石片、断块和工具，是一套不太完整的石制品技术组合。石制品尺寸以大、中型居多，小型产品较少且主要为部分石片和断块。石核多为单台面、双台面和多台面的普通随意石核，另有盘状和多面体石核；石片以反映原料利用率较低的类型为主。打片特点显示延续了早期的简单剥片策略，在预备和生产阶段很少对原料本身进行人为改造，但具有适应不同石料性能进行连续性成功剥片的能力，具备剥取大石片的技能。工具多以砾石直接锤击修理，断块和石片毛坯少见，类别包括砍砸器、手镐、手斧、重型刮削器、刮削器和尖状器，以砍砸器等重型工具居多，手斧和手镐数量少但均典型。手镐有三棱状和舌状两种形态；手斧以硅质灰岩砾石为原料，两面修理、较为对称精致。

据地质相关研究，网纹红土剖面下部电子自旋为共振年龄为距今 49 万～42 万年，古地磁年代为距今 40 万～25 万年，顶部红土光释光年代为 12 万年。发掘中在遗址剖面取了系列光释光样品，目前仍在测试，据文化层埋藏部位推测该遗址年代距今30 万～12 万年的中更新世晚期，属于旧石器时代早期晚段。

该遗址反映的剥片技术具有比较原始的奥杜威工业（模式Ⅰ）指标，但出土的典型手斧、手镐可归入模式Ⅱ工具类型，大石片的生产行为等也显示具有似阿舍利技术特征，表明小比例的模式Ⅱ技术风格产品以镶嵌形式分布于传统的模式Ⅰ石器

工业中，技术特点具有中国本土的独特性。这是湖南首次确认存在似阿舍利传统的旧石器遗址，是长江中游及华南地区旧石器考古的重要进展，在连接中国阿舍利技术传统遗址分布区中扮演着重要角色，为远古人类在中国大陆的迁徙流动、文化传播扩散的时间和路线提供了新的资料。

（李意愿）

【沅江赤山岛枫树嘴旧石器遗址】

发掘时间：2016 年 4 ~6 月

工作单位：湖南省文物考古研究所、益阳市文物管理处、沅江市文物管理所

遗址位于益阳市沅江南嘴镇赵公湖村，地理坐标为北纬 28°56′47″、东经 112°17′22″，海拔 54.8 米。因南县至益阳高速公路工程途经而被调查发现。遗址所处位置属南洞庭湖中挟持隆起形成的赤山岛，现今地貌为红土丘陵区。

考古发掘布正方向 5 米 ×5 米规格探方 18 个，发掘面积 450 平方米。揭露的地层堆积深度达 4 米，据土质土色自上至下可分 5 层：

第 1 层为灰褐色粉砂黏土，土质疏松，含有少量青花、白釉、酱釉等瓷器碎片，属近现代表土层，厚 0.4 米 ~0.5 米。

第 2 层为浅红色黏土粉砂，土质较疏松，厚 0.3 米 ~ 0.8 米，出土有石制品，属上文化层。

第 3 层为黄—红褐色黏土粉砂，较细的灰黄色网纹较密集分布其中，含大量褐色的铁锰结核颗粒，土质较紧密，厚 0.6 米 ~1.5 米，出土有较多石制品，属主要文化层。

第 4 层为网纹红土，呈褐红色，分布其中的灰黄色网纹较上层粗、稀疏，铁锰结核颗粒渐少，但与上部层位无明显界限，呈渐变状态，土质紧密，厚 1 米 ~1.5 米，出土有石制品。

第 5 层为网纹红土（未至底），呈赭红色，灰白色网纹较上部粗，极少或不含铁锰结核颗粒。不见石制品。

出土打制石器共 500 多件。原料以磨圆度较高的石英砂岩和石英砾石居多，其次为硅质板岩、石英岩等。石制品尺寸以大中型为主，类型包括石核、石片、断块和工具，另有数量不少的完整砾石。石核数量较多，石片数量相对较少且与石核及剥片疤数不匹配；工具比例较低，包括砍砸器、手镐、尖状器和刮削器等。遗址石器工业具有华南砾石石器工业的基本特征。

据石制品的分布、产状等情况推测该遗址的埋藏形成过程受到了后期水流等自然因素一定的影响，但并没有经过长距离搬运。根据赤山岛第四纪地质及邻近隆起地区的网纹红土的研究，表明中更新世时期流水（漫滩—湖相）成因的白沙井组是这一区域网纹红土的主要堆积。目前相关年代测定正在进行，推测遗址的时代为中更新世晚期至晚更新世早期（绝对年代在 30 万 ~ 10 万年），属旧石器时代早期晚段。

该遗址的调查和发掘是沅江市首次科学进行的旧石器时代考古工作，此外在遗址邻近区域的调查另发现旧石器地点 10 多处，显示这一地区是远古人类活动频繁的场所。此次发掘初步明晰了赤山岛旧石器埋藏的地层、时代、性质等学术问题，为湖南旧石器文化的区系研究增添了新的考古资料，展现了一个具有研究潜力的新区域。

（李意愿）

【华容县李家屋场新石器时代遗址】

发掘时间：2016 年 10 月 ~2017 年 1 月

工作单位：湖南省文物考古研究所

2016 年 10 月，为配合蒙华铁路建设，湖南省文物考古研究所会同当地市、县业

务人员对华容县李家屋场遗址进行了大规模抢救性发掘。截至 2017 年 1 月已发掘 4500 平方米。

遗址位于华容县胜峰乡十里铺村，城郊的东北部。地理坐标为北纬 29.55°、东经 112.59°，海拔 45 米。遗址坐落在一处低矮岗地上，周围地势较低，西侧较为开阔，并有一条小溪自北向南经李家湖注入华容河。遗址因农田改造以及民房、道路、鱼塘的修建遭到不同程度破坏，现存面积约 1.5 万平方米。

发掘证实，该遗址经历了大溪文化、屈家岭文化和石家河文化三个时期的演变过程，屈家岭文化时期是遗址鼎盛时期。遗址地层简单，文化堆积保存较差，除周边地势较低的位置保留有文化层外，其余地方基本不见文化层，而只是残留一些遗迹现象。现已揭露的遗迹有灰坑、墓葬、红烧土坑、红烧土面以及各种形制的柱洞。墓葬集中分布于遗址西北部，其他遗迹分布较零乱。另外，在遗址东南部紧靠岗地外坡，还揭露出一处屈家岭文化早期疑似墙体的夯筑遗迹。

根据勘探，遗址周边低洼部位几乎都是水域环绕，只在遗址东北部发现一处生土较高的地段，可能是遗址与外界联系的陆上通道。而且，在此地段钻探同样发现类似东南部夯筑遗迹，结合遗址东南部岗地外坡揭露的屈家岭文化早期疑似墙体的夯筑遗迹，我们推测遗址周缘可能还有类似于墙体的夯筑遗迹，而遗址外围呈环状的低洼部分（水域）很有可能是人工取土形成的。

墓地规模不大，面积大约在 100 平方米。现已发掘的数十座墓葬大多属屈家岭文化偏早阶段或略早。墓地位于遗址西北部岗地外围斜坡上，墓葬开口距地表深度 30 厘米～200 厘米不等。墓葬分布密集，排列规律性不强，部分墓葬有叠压或打破现象。墓葬为竖穴长方形，未发现骨架，墓葬基本呈西北—东南方向，随葬品多置于西北端，推测头向可能在东南方向。随葬品以陶、石两类为主，数量悬殊，有数件至数十件不等。随葬陶器组合与车轱山、城头山等屈家岭时期墓葬相若。值得注意的是，该墓地出土石钺较多，形制多样，而且多数出自位于坡顶的墓葬，这与襄阳宜城顾家坡墓地众多石钺占据墓区最突出位置有点类似。

（尹检顺）

【常德市唐林新石器时代至宋代遗址】

发掘时间：2016 年 3 月 31 日～2016 年 8 月 25 日

工作单位：湖南省文物考古研究所、西北民族大学、西洞庭文物管理所

遗址位于常德市西洞庭管理区祝丰镇唐林村北，西南距常德市约 50 千米，南距西洞庭管理区约 3 千米。遗址南接杭瑞高速，北近白芷湖，东距澧水约 12 千米。遗址所在地为平原地貌，周围河网、池塘、湖泊密布，水系发达，地表种植观赏树木、橘树及农作物等。遗址大致呈长方形，东西长约 250 米，南北宽约 160 米，面积约为 4 万平方米。

2010 年第三次全国文物普查时发现该遗址，2012 年定为常德市级文物保护单位。2016 年 3 月，当地村民在遗址西部修建鱼塘，挖出大量文化遗物，对遗址造成破坏，湖南省文物考古研究所报请国家文物局批准后，对该遗址开展抢救性考古发掘。发掘分两个阶段进行，先后布方两批。共发掘探方 17 个，探沟 1 条，实际发掘面积 316 平方米。

此次发掘共发现灰坑 114 个，灰沟 17 条，柱洞 47 个，房屋建筑基址 2 处，并获得大量实物标本。从揭示出来的文化遗存综合分析，该遗址文化因素特点鲜明，包含宋代、商周时期和石家河文化时期三个

阶段的文化堆积。

出土文化遗物以陶瓷器（片）数量最多，另有少量石器和极少的青铜器残块、铜镞等。石器均为磨制，有石斧、石锛、石镞、石球等。

宋代遗物以瓷器（片）为主，釉色多黄釉、酱釉，器形有碗、盆、罐等。

商周时期陶器以泥质灰陶为主，其次为泥质黑陶，少量夹砂红陶、泥质红陶等。素面占多数，纹饰主要有绳纹、方格纹、圆圈纹、云雷纹等。可辨器形有罐、鼎、豆、甑等。

石家河文化时期陶器以泥质红陶为主，其次为夹砂红陶，另有泥质灰陶、泥质黑陶、夹砂褐陶等。素面占多数，纹饰有绳纹、方格纹、刻划纹、按窝、镂孔等。可辨器形有罐、壶、豆、圈足盘、鼎、陶塑动物等。

唐林遗址商周时期遗物以夹砂红褐陶为主，其次为泥质灰陶，纹饰有绳纹、弦纹、乳丁纹和压印几何纹等，典型器物有大口鼓腹罐、高领折肩罐、卷沿罐、盘口折腹鼎、碗形豆、甑等。与石门皂市遗址商代遗存第三期类似，有学者将其称为“澧水类遗存”，但体形巨大的大口鼓腹罐是不见于“澧水类遗存”的，显示了唐林遗址的自身特点。另外乳丁纹和压印几何纹的出现显示了较晚的特征，总体看来，大部分遗存属于晚商时期，少部分可能已进入西周初期。

通过后期初步整理，认识到石家河文化时期遗存可分为两类，第一类以各种陶塑动物、刻槽或“麻面”的宽扁鼎足为代表，属于石家河文化划城岗类型；第二类以矮领广肩罐和大圈足盘为代表，与湖南孙家岗遗址出土器物类似，有学者将其称为“孙家岗类遗存”，年代晚于石家河文化。

（王良智）

【澧县孙家岗新石器时代遗址】

发掘时间：2016年10月~2017年1月

工作单位：湖南省文物考古研究所、澧县文物局

孙家岗遗址位于湖南省西北部，常德市澧县大坪镇大杨村，遗址本体位于一个比周围高出1米~2米的岗地上，总面积约22.9万平方米。中心点地理坐标为东经111°36′30″、北纬29°39′40″，海拔48.2米。1991年曾发掘新石器时代墓葬32座，出土一批陶器和玉器。2015年，对整个遗址进行了全面系统钻探。2016年分三个发掘区对遗址进行了发掘，总发掘面积360平方米。

一区位于遗址东部，东西向5米×5米探方6个。近现代耕土与扰土层下直接见生土。生土面上见7座新石器时代长方形土坑墓，皆略呈东西向，随葬品仅见陶器，有罐、钵、豆等，陶器质地火候差，破碎严重，难以提取。七座墓之间不存在叠压打破关系，分布特征与91发掘区墓葬相类。

二区位于遗址南部，包括南北向5米×5米探方4个和2米×10米探沟1条，是对遗址南部东西向大灰沟的解剖。结合钻探情况，该灰沟南北宽约25米，东西长度超过100米，沟内废弃堆积厚约0.9米，出土陶片以泥质陶为主，有红、灰、黑三色，多素面，纹饰见方格纹和篮纹，器形可辨认出罐、豆、钵、碗、鼎、鬶等。灰沟废弃堆积之上还见有房址和灰坑等其他文化堆积，其中包含人工遗物较少，见有带篮纹的泥质灰陶矮领耸肩罐等。

三区位于遗址所在岗地南缘，包括南北向5米×5米探方6个和2米×10米探沟1条，是对遗址南部外围环壕的解剖。发掘共揭示出三期环壕堆积，在环壕内侧，岗地南缘斜坡上还揭示出多层较纯净的人工堆筑堆积。环壕中出土陶器陶质、陶色、纹饰及器形等与二区相类，另见人形与鸟

形陶塑各一。

根据出土陶片初步判断，孙家岗遗址文化堆积的时代跨度为石家河文化中晚期至后石家河文化时期。

（赵亚锋）

【宁乡县新屋湾商周至唐宋时期遗址】

发掘时间：2016 年 5 ~7 月

工作单位：湖南省文物考古研究所、宁乡县文物局

新屋湾遗址位于宁乡县黄材镇石狮村新屋湾，黄材河南岸，西北距炭河里城址约 1000 米。为配合宁乡炭河里国家考古遗址公园配套设施项目的建设，对新屋湾遗址位于项目施工红线范围内部分区域进行了抢救性考古发掘。先后发掘 10 米 ×10 米探方 51 个，1 米 ×10 米探沟 2 条，揭示出一批分属西周、战国、汉及唐宋时期遗存。

新屋湾遗址 2016 年发掘区，以一东西向的长条形岗地为中心。整个发掘区的堆积可分为六大层：第 1 层为耕土层；第 2 层为近现代堆积；第 3 层为灰白色较紧密粉沙性黏土，为唐宋时期堆积，出土灰色硬陶片与青、褐瓷片；第 4 层为黑灰色紧密粉沙性黏土，为汉代堆积，见灰色硬陶与绳纹瓦片；第 5 层呈深褐色，紧密沙性黏土，为战国时期堆积，出土陶片泥质陶为主，灰、红两色，有鬲、豆、罐、盘、壶等；第 6 层为西周时期文化层，可分两亚层，第 6A 层为黄色紧密黏土堆积，局部少量分布，第 6B 层为黄褐色紧密黏土堆积，岗地西部普遍分布。遗物较少，主要为陶器残片，以鼎、釜、罐为主，另见有碗、盆等器形，见数枚纺轮。

发掘区内揭示出的遗迹，最主要的是两组建筑遗迹。第一组开口于第 3 层下，主要见于岗地中部和东部，为规律分布的多组柱洞，柱洞内黑灰色填土，与第 3 层堆积相类，代表着一组汉代建筑遗迹。第二组建筑遗迹位于西岗地顶部，开口于第 6B 层面，由 5 条灰沟及不成规律的系列柱洞与灰坑构成，代表着一组西周时期的建筑遗迹。5 条灰沟中，位于岗地南北两侧的两条灰沟体量较大，应是为整个居址区所共用的排水沟，另外三个灰沟中见有柱洞，应是建筑基槽遗迹。

（赵亚锋）

【宁乡县钟家湾商周与唐宋时期遗址】

发掘时间：2016 年 3 ~5 月

工作单位：湖南省文物考古研究所、宁乡县文物局

钟家湾遗址位于宁乡县黄材镇黄材村四组，黄材河之北，锻溪之东，西南距炭河里城址约 1.5 千米。于 2015 年针对宁乡炭河里国家考古遗址公园配套设施项目建设而进行的考古调查与勘探中发现。2016 年度对遗址位于项目施工红线范围内部分区域进行了抢救性考古发掘。先后发掘 10 米 ×10 米探方 45 个，2 米 ×130 米探沟 1 条，实际总发掘面积 3905 平方米，揭示出一批西周与唐宋时期遗存。

发掘区内主要堆积可分为五层：第 1 层表土层，为现代耕土；第 2 层灰黄色较疏松堆积，为近现代扰层；第 3 层黑灰色较紧密堆积，局部零散分布，包含物少，见少量青瓷片及一枚宋代铜钱，时代不早于宋。第 3 层下开口有五列约南北向线性分布的柱洞，为唐宋时期建筑遗迹。

第 4 层黄褐色紧密堆积，局部零散分布，为西周时期堆积；第 5 层为褐色紧密堆积，杂密集铁锰结核粒，包含少量陶器残片，为西周时期堆积。

第 4 层下见有 6 座含密集红烧土的坑状遗迹，判断是陶窑。以陶窑为中心，第 4 层下还见有 90 余座平面形状不规则，大小、深浅不一，绝大部分壁底皆凹凸不平的坑状遗迹。这批坑状遗迹的填土中包含有大量陶器残片，泥质以灰陶和红陶为主，

多素面，纹饰多见绳纹，少量弦纹。器形可辨认出鼎、罐、碗、盆和少量豆。其时代为西周早期。初步判断，这批坑状遗迹皆是与烧制陶器相关之取土、炼泥或储水坑。另外 Y2、Y4 附近还发现有少量柱洞，可能是工棚遗迹。

（赵亚锋）

【中方县荆坪战国墓群】

发掘时间：2016 年 6 ~ 8 月

工作单位：湖南省文物考古研究所、怀化市文物处、中方县文物局

荆坪古墓群位于怀化市中方县中方镇荆坪村。为配合中方职业教育城的建设，湖南省文物考古研究所等单位联合组成考古队，对建设用地范围内已征收区域进行勘探，在罗家冲、石马冲、龙宝冲、黄岩坡等地发现楚汉墓葬 36 座。发掘竹子园楚墓葬 17 座、明清窑址 1 处。发掘区竹子园在荆坪大道与紫荆路交叉的东北靠近交叉点的中心区域，勘探区在西北的水库周围。

墓葬为长方形和窄长条形土坑墓，可分为直壁土坑、斜壁土坑和墓底略大于墓口的略呈袋状的情况。部分墓葬分别有墓道、头龛、生土二层台等，葬具为一棺一廓或一棺，多数有枕木沟。规模最大的长、宽 2.9 米 ~ 4.3 米，最小的 16.2 米 ~ 2.2 米。原始地表已被破坏，现在深度在 2 米 ~ 3.2 米。出土有铜剑、矛、戈、带钩，铁器有斧斤，陶器有壶、盒、豆等。现择要进行介绍其中几座墓葬。M146 为长方形土坑竖穴，长 3.2 米、宽 1.9 米，墓底距地表 1.4 米，单棺，出土文物有铜矛、铜剑、铜带钩、铁斧、陶豆、陶盒等。M148 为长方形竖壁土坑，生土二层台，带头龛，单棺，长 2.76 米、宽 1.76 米，墓底距地表 1.8 米。随葬陶器壶、盒、豆放置在头龛中。M153 长方形土坑墓，墓壁稍斜收，墓道在北侧，葬具为一椁一棺，无随葬器物，长 4.28、宽 2.7 米 ~ 2.9 米，墓底距地表 2.4 米。M157 为长方形斜壁土坑墓，墓道在东侧，葬具一椁一棺，墓口长 4 米、宽 2.8 米 ~ 3.1 米，随葬陶器豆、盒 1 组。

2016 年度中方职教城的勘探发掘是 2012 年以来工作的继续。竹子园古墓群在舞水西侧的相邻山丘上。这次发掘的墓葬时代都是战国晚期，分布密集，排列有序。墓地东边 8000 米外，邻近舞水河的稻田中有古城遗址，极有可能是《汉书 · 地理志》武陵郡辖下的无阳县县城遗存。无阳县一名，多次出现在里耶秦简中，也就是说秦朝有无阳县无疑。据此推测，战国晚期的楚国很有可能已设置无阳县，这些墓葬的主人，是当时无阳县的居民。

（张春龙）

【宁乡狮北汉代墓地】

发掘时间：2016 年 4 ~ 8 月

工作单位：湖南省文物考古研究所、宁乡县文物管理局

宁乡狮北墓地位于长沙市宁乡县大屯营镇狮北村。该墓地位于湘江支流靳江河上游的一个山间盆地中，距长沙市区约 30 千米。为配合宁乡花大联合集镇项目建设，对该墓地进行了发掘。揭露面积 3600 多平方米，发现西汉中晚期至东汉晚期墓葬 32 座，其中土坑墓 14 座、砖室墓 18 座，出土陶器、铜器、铁器、滑石器等文物 400 多件（套），取得重要收获。

M10 墓为带甬道横列式前堂双室券顶墓。方向 260°。该墓西半部因农民建房受到破坏。封土堆保存较好，整体呈圆形，直径 19 米，底部面积 360 平方米。土质为浅褐色黏土，土质结构较紧密。该墓形制较为特殊，分别有墓道、甬道、前堂（前室）、后室（为双室）以及排水暗沟等。在前室及甬道内出土器物 30 件（套），有陶器、硬陶器、铁器和钱币等。其中陶鼎 6 件、纺轮 2 件，陶盆、碓屋、猪圈、鸡

圈、仓、灶、井各 1 件，硬陶罐 6 件，铁剑 5 件、斧 1 件、刀 2 件，铜五铢钱 12 枚。

M13、M14、M15 这 3 座墓葬方向、形制、间距大体保持一致，排列整齐。据当地老百姓介绍其上原来有一个大的封土堆，因此很有可能为一处家族墓地。其中 M13 为带斜坡墓道的长方形竖穴土坑墓。方向 255°。墓道坡度 12°，上口长 290 厘米，宽 210 厘米，深 70 厘米。墓室长 470 厘米，宽 280 厘米，残深 180 厘米。椁痕长 410 厘米，宽 204 厘米。墓中填浅褐色五花土。葬具及人骨架不存。墓内有随葬品 32 件（套），其中陶鼎 4 件、钫 2 件、壶 3 件，陶钟、镳壶、熏、盘、纺轮、井、仓、灶各 1 件，硬陶罐 2 件，铜泡 1 件、饰件 5 件、盆 1 件、鍪 1 件，铁剑 1 件、刀 3 件，铜大泉五十钱 7 枚、铜货泉钱 6 枚、泥金饼 2 枚。

宁乡狮北墓地发掘的 32 座中小型墓葬，相互之间没有打破关系，墓地布局清晰，形制规整，其中 9 座墓葬封土堆依然保存较为完好，墓葬时代从西汉中晚期一直延续到东汉晚期，虽然部分墓葬被盗掘，但出土器物仍多达 400 多件（套）。该墓地为研究两汉时期长沙地区中小型墓葬的演变规律提供了重要资料。

（何　赞）

【蓝山县五里坪汉晋墓群】

发掘时间：2016 年 3 ~ 12 月

工作单位：湖南省文物考古研究所

五里坪古墓群位于永州市蓝山县县城东北，是一处以汉晋时期墓葬为主，规模较大的古墓群。其中心区域位于蓝山县德晟纺织厂工业园、湘江源皮具城工业园开发建设范围内。经国家文物局批准，湖南省文物考古研究所在五里坪古墓群抢救发掘古墓葬 116 座、古窑址 8 座，共出土器物 760 余件（套）。

古墓葬主要集中分布在地势相对较高的地方。地表封土堆仍清晰可见。墓葬基本为小型墓，有土坑墓、砖室墓两类，长方形竖穴土坑墓主要有长方形、“凸”字形和“刀”把形三种。砖室墓均为单室墓，由墓道、甬道和墓室三部分组成，主要有“凸”字形和“刀”把形两种。在 M262 有纪年铭文砖，为“建康元年工造”。

随葬器物数量少，种类较丰富，以印纹硬陶器为主，有少量的青铜器、铁器、青瓷器、金银器、玻璃器等。墓葬年代跨度较大，延续时间长，仍以两汉墓葬为主，两晋至宋元时期墓葬数少。

古窑址位于蓝山五里坪古墓群东北角，窑址分布在地势较高的阳面斜坡上，北高南低。窑址分布无明显分布规律，基本由火塘（操作室）、火膛和窑室三部分组成。火塘平面基本呈椭圆形，口大底小。窑室基本为长方形，口小底大，窑室四壁有厚 6 厘米 ~ 10 厘米厚的红烧土，红烧土在窑室口部逐步内收。火塘、窑室内填土堆积较厚，可分层，每层出土遗物基本相同，均为残砖断瓦，年代大体为东汉晚期至两晋时期。

此次五里坪古墓群、古窑址的发现，对研究南平古城聚落遗址有一定的意义，也为建立湘南地区汉晋时期考古学文化编年提供了翔实的资料。

（陈　斌）

【桃江县向阳汉晋窑址】

发掘时间：2016 年 4 ~ 6 月

工作单位：湖南省文物考古研究所、益阳市文物管理处、桃江县文物管理所

2016 年度，湖南省文物考古研究所受湖南省文物局委托，组成了联合考古队，对益马高速途经的向阳遗址开展抢救性考古发掘工作。向阳遗址位于益阳市桃江县

桃花江镇文家渡村向阳组，古獭溪河东侧河岸的一级台地上，西距现在的獭溪河200米，北距桃江县城4.5千米。

此次对向阳遗址的发掘主要收获是清理出一座保存较好的窑炉遗迹（编号Y1），并发现了与窑炉同一时期的房址、灰沟、灰坑等遗迹。出土了陶器、瓷器及较多烧制残废的墓砖。

Y1长度为3.2米，宽度为2.2米，保存高度为0.95米。整体结构保存较好，由窑门、火膛、窑室、烟囱4个部分组成。窑门部位可见一块浅灰色青砖横铺，砖体长0.48米、宽0.18米、厚0.05米。砖体的颜色因烧窑温度较高而成浅灰色。火膛整体呈倒梯形，长度1.6米，宽度1.1米，保存高度0.8米。两侧窑壁厚度为0.16米~0.34米。残存的火膛前部南侧可见斜壁内收的窑壁结构。窑室部分呈长方形，南北长1.9米，东西长1.65米。北侧窑壁保存高度0.63米，南侧窑壁保存0.95米。两侧窑壁由上到下略外扩。在窑室内清理出经过烧制的墓砖，其中在窑室东北部有3块纵向排列的完整墓砖。墓砖长0.28米、宽0.15米、厚0.06米。墓砖上可见典型的菱形纹。窑尾南部拐角保存一段长度为0.38米的窑壁，窑尾有3处烟囱痕迹，其中南侧的烟囱保存较好，烟囱与窑室相接的部位是用青砖砌筑。烟囱平面呈方形，保存部位边长0.1米，向下向南略外扩，保存高度0.7米。烟囱底部有排烟孔与窑室相通，排烟孔底径0.16米、高度0.15米。

根据目前在Y1内发现的有烧制痕迹的墓砖，以及在周围地层及遗迹单位采集到的大量的墓砖残次品，推断这是一座专门烧制墓砖的砖窑。根据墓砖的形制，推测该窑为汉晋时期的一个窑炉遗存。窑址选择在邻近獭溪河东岸，靠近低矮山丘的一级台地挖建而成。一方面该处的土质是一种较耐火的黏土，适合作为窑炉。另一方面，该处靠近獭溪河，有水利交通运输之便。

（莫林恒）

【长沙铜官窑遗址】

发掘时间：2016年3月13日~12月31日
工作单位：湖南省文物考古研究所

因长沙铜官窑国家考古遗址公园配套服务设施项目新华联铜官窑国际旅游度假区一期工程建设，湖南省文物考古研究所启动了长沙铜官窑遗址2016年度的考古发掘工作，2016年度发掘区位于长沙市望城区铜官街道石渚湖村石渚组，属于长沙铜官窑遗址保护范围以南的环境控制地带。该区域历史遗存丰富，自中晚唐以来便是一处重要的聚落，不仅有与长沙铜官窑遗址保护范围内共时的唐五代窑业遗存，也有明清时期的窑业与生活遗存，但因该区域近现代建筑活动频繁，历史遗存保存状况不佳，故而未被列入长沙铜官窑遗址的保护范围。但“石渚”对长沙铜官窑遗址而言具有特殊的历史意义，长沙铜官窑遗址在唐代便以“石渚”之名而为世人所知，是一处集瓷器生产与销售为一体的瓷业草市。

2016年度考古发掘在石渚老街的易家坪和樊家坪两地开展，发掘面积2475平方米。主要历史遗存为明清时期的生活、建筑遗存和唐代石渚窑业遗存。已清理的遗迹有清代早期的砖室木棺夫妻合葬墓1座、清代房屋建筑基槽与墙体、灰坑、炉灶、石子路等，伴出有不少明清时期的历史遗物，以青花瓷为主，器类多为碗、杯、盘残件，以小型器为主，可辨识的文字款识有“大明成化年制”“大清雍正年制”“大明年造”“万福攸同”“佳器”“福”“贵”“寿”等，纹样主题有葡萄、蕉叶、缠枝花草、菊花、凤鸟、蝗虫、鱼、花瓶等。这批历史遗物中既有粗糙的本土青花，也不乏可能来自景德镇的精细青花瓷，从侧面证实了明清时期石渚市的热闹与繁华。揭露的唐代窑业遗存主要为挖泥坑，出土了大量长沙铜官窑窑业遗物，包括大量瓷器残件和一些匣钵、火照等窑具，瓷器品类有碗、壶、盏、碾槽、碟、罐等，釉面以青釉为主，少量酱釉、绿釉、乳浊白釉，装饰技法有釉下诗文、釉下褐绿彩绘等，多见釉下褐绿彩绘花鸟纹瓷碟残片，彩绘精练生动，此外还有少量窑变瓷片。这些标本所使用的制瓷技术和瓷器产品与石渚湖北岸一带谭家坡、瓦渣坪等窑场之间并没有显著区别，证实石渚窑场是长沙铜官窑遗址的有机组成部分，甚至在整个"石渚草市"的产销体系中占据着很关键的位置。

（张兴国）

【衡阳县茶岭宋元窑址】

发掘时间：2016 年 3 月 6 日 ~5 月 19 日

工作单位：湖南省文物考古研究所、衡阳县文物局

茶岭窑址位于衡阳市衡阳县演陂镇石油村秧冲组，窑业废弃堆积主要分布在秧冲组一名为茶岭的山上，为县级文物保护单位，因在建的怀邵衡铁路工程穿越其建设控制地带及其作坊区域南部边缘而对其进行考古发掘。茶岭窑址的窑业废弃堆积在茶岭和原油溪村村部均有分布，第二次文物普查时以"油溪村窑址"之名登记在册。在茶岭窑址窑业废弃堆积的南面与东面，从高到低依次排列着 4 个水塘，其中应有制瓷作坊采泥而形成的水塘。因春季雨水多，我们选择在靠近山体地势相对较高的两处水塘西侧的土岗上布方发掘，共布 5 米 ×5 米探方 14 个，发掘面积 350 平方米。

此次发掘区地层堆积相对简单，以 T8 为例：第 1 层为现代农耕层，灰色黏土，厚 0.1 米 ~0.25 米，包含物少；第 2 层，黄色黏土，厚 0.1 米 ~0.15 米，土质较紧密，较纯净，含有少量红烧土块；第 3 层，灰黄色黏土，厚 0.3 米，土质较紧密，水平状分布，较纯净，含有少量红烧土粒；第 4 层，灰色黏土，厚 0.35 米 ~0.5 米，含较多铁锰结核颗粒，土质紧密，较纯净；第 5 层，褐色黏土，厚 0.1 米 ~0.15 米，夹铁锰结核颗粒，较纯净，含有红烧土；第 6 层，红褐色窑业堆积层，厚 0.4 米 ~0.55 米，含有大量红烧土、窑渣、窑具及陶瓷残次品；第 7 层，黑褐色窑业堆积层，厚 0.1 米 ~0.15 米，含有红烧土、炭末及陶瓷残片等窑业遗物；第 7 层下为黄色生土。揭露的遗迹有两条排水沟，沟内填土为灰黑色黏土，土质疏松细腻，纯净，未见人工遗物。遗物主要为窑业废弃堆积，多为陶瓷器残次品和支丁、垫柱等窑具，产品器形有碗、碟、壶、盏、杯等，釉色可分青、黑、酱、黄等色，装饰以印花为主，多见于碗、碟、盏等圆器之内，装饰纹样有文字、花草、鱼水等。这类窑业遗存与衡山窑、大源窑、云集窑、唐家窑等宋元时期湘江中游地区窑址在装烧方法与装饰技法上存在某些共性，只是各窑场在原料和工艺的精细程度上存在差异，规模和销售范围也大小不一，这一类型的窑业遗存在南宋与元代分布极其广泛，是宋元时期湘江流域城乡社会发展与变迁的物质见证，具有重要科研价值。限于人力与时间，此次发掘未对窑址进行过多的干预，但也为今后的深入工作指明了方向。

（张兴国）

【浏阳市盐泉宋元窑址】

发掘时间：2016 年 10 月 ~2017 年 1 月

工作单位：湖南省文物考古研究所、浏阳市博物馆

为配合蒙西至华中煤运通道的建设，对浏阳盐泉窑址进行了抢救性考古发掘。盐泉窑址位于浏阳市淳口镇山田村，附近有河流通向捞刀河，窑址附近的山田、龙

伏等乡镇分布有丰富的高岭土资源，地表以下几十厘米便有纯净的高岭土，原山田瓷厂位于今盐泉村附近。该窑址发现于1984年第二次文物普查，到目前为止共发现宋元时期青白瓷窑包4处，清代青花瓷窑址1个。根据红线走向及现场的地势情况，此次发掘采用探方和探沟相结合的方法，在窑址废弃堆积区共布5米×5米14个，探沟1条。探方内地层堆积可分为10层。因红线范围所限，此次发现的遗迹不多，共清理出近现代龙窑1座、储泥池1个、沟2条以及挡土墙3处。

近现代龙窑呈斜坡状，斜长31米，宽2.8米～3.7米，高1.4米，由火膛、窑身、烟囱几部分组成。窑炉两侧保留投柴孔46个，窑尾坍塌。窑门1个，位于龙窑前端左侧。该龙窑主要烧制缸、瓦，兼烧少量釉陶棺，废弃堆积位于窑炉两侧及前方，窑头部分原呈椭圆形，后裁圆取直。龙窑的作坊亦保留至今，从作坊内采集到陶车、陶拍、印模等工具，该龙窑时代虽晚，但窑炉技术、制瓷工艺却与宋元时期的窑业技术一脉相承。

宋元时期的遗迹主要分布在T4～T7方内，T8～T14近现代扰乱层下便是极为纯净的高岭土。C1开口于第6层下，已清理部分呈四分之一圆形，以红色窑砖砌筑，池内填土为白色偏黄的高岭土，池内填土结构紧密细腻，池内未发现瓷片等包含物，推测C1为用于存储瓷泥的池子。G2开口于第10层下，呈西北东南方向，未能大面积揭露，G2很可能是连接淘洗池的沟状遗迹。

出土遗物分为瓷器和窑具两大类。瓷器分芒口青白瓷和涩圈青白瓷两种，芒口青白瓷胎体轻薄，产品种类有碗、盏、杯、瓶等，裹足刮釉或满釉，无印花，极少量碗外壁有莲瓣纹。涩圈青白瓷与芒口青白瓷胎壁厚度相当，胎色亦呈青灰色，淘洗精细，釉色也非常接近，所不同的是器底矮圈足较为厚重，内底涩圈，施釉不及底，无装饰纹样。值得注意的是我们复查时在另外两处未发掘的窑址发现了莲瓣纹碗和印花碟，均为芒口器。装烧窑具有垫钵、垫柱、环状支圈、火照等。制瓷工具有荡箍、轴顶帽、轴顶板盏。荡箍，呈圆柱状，中空，使用痕迹明显，其中一件顶面胎体被磨成斜坡。轴顶帽，有五边形和圆形。顶面平，内底施釉，帽状。轴顶板盏，整体呈长条形板状，中间部位圆形盏状，2013年我们在益阳羊舞岭窑发掘时曾出土多件形态一致的轴顶板盏，其中一件带“大德五年八月”刻铭。同类器物在江西景德镇湖田窑、南丰白舍窑均有出土，其功能应与轴顶帽相似。

通过此次发掘，主要有以下几点认识：首先，关于窑址的年代和技术体系，此次发掘的窑业堆积中芒口青白瓷和涩圈青白瓷共存，芒口器数量最多，涩圈器胎质与釉色均接近于芒口青白瓷，不见元代中晚期仿龙泉窑青瓷，表明该窑址处于芒口覆烧向涩圈叠烧过渡的时期，因此盐泉窑址的年代当在南宋末年至元代早期。从出土的轴顶板盏、环状支圈等窑业工具可以看出，盐泉窑与湖南境内的其他青白瓷窑址一样，技术体系来自江西景德镇窑等。其次，关于赣籍工匠入湘的路线，已有学者指出，湖南青白瓷的兴起与南宋时期赣籍工匠入湘的历史背景有关，但入湘的路线不止一条，盐泉窑的发掘进一步印证了宋元之际赣籍工匠入湘的不同路线，盐泉窑和醴陵窑均处于湘东的丘陵地带，而羊舞岭窑位于洞庭湖西岸，羊舞岭窑的赣籍窑工很可能是出鄱阳湖入长江，溯长江向西，这也是景德镇产品西运的路线。而盐泉窑、醴陵窑以及衡东青白瓷窑的兴起则应是赣籍工匠通过湘赣罗霄山脉间通道进入湖南进而发展起来的。

（杨宁波）

【宁乡县冲天湾宋元遗址】

发掘时间：2015 年 3 ~ 7 月

工作单位：湖南省文物考古研究所、宁乡县文物管理局

冲天湾遗址位于长沙市宁乡县大屯营乡韶光村冲天湾组，地处山丘前沿地带，东距韶光村部 2 千米，南面为农田和乡间小道，西面百米开外为该组村民住宅区，北面紧邻低矮山丘。遗址中心点的地理坐标为北纬 27° 59′ 25.28″、东经 112° 36′17.97″。

2013 年 11 月，因当地基本建设工程需要，湖南省文物考古研究所对该区域进行文物调查勘探时发现该遗址。2015 年 3 月 ~7 月，湖南省文物考古研究所、宁乡县文物局对该遗址进行了抢救性考古发掘，共布 10 米 ×10 米探方 11 个，实际发掘面积 900 平方米。该遗址遭明清以来造田耕作破坏严重，残留遗迹有沟和灰坑，以灰坑为主。

G3 位于 T2 东南部和 T3 西北部，开口于第 3 层下，呈长条状，已发掘部分长 7.2 米、宽 1 米、深 0.94 米。沟内为褐色黏土堆积，土质较致密，包含较多碎瓦和破碎瓷器。

H17 位于 T6 中南部，开口于第 6 层下。平面呈不规则椭圆形，坑口最大径 7 米，深 0.82 米，剖面呈袋状。其西南角位于隔梁内，未发掘。坑内堆积可分为 3 层，该灰坑内出土大量瓷器标本，以及少量建筑构件。

H29 瓷器窖藏坑位于 T6 中南部，开口于第 6 层下，被 H17 打破，其下为生土。H29 大体呈方形，南北向，口径长 110 厘米、宽 100 厘米，底径长 90 厘米、宽 80 厘米，深 0 厘米 ~52 厘米。坑内填土为灰黑色夹砂土，土质致密，已板结。H29 出土器物有盘、碗、碟、盏、砚滴、执壶、铁铲、铜钱、板瓦、青砖等，基本保存完好。其中青瓷盘和青白瓷碗分开叠置并向西南方向倾倒，其他器物放置在北侧，坑底垫两件破碎的青瓷盘和青白瓷碟、残砖瓦。

冲天湾遗址出土遗物十分丰富，以宋元时期瓷器为主，数量多达 2000 多件，瓷器种类可分为青瓷、青白瓷、酱釉瓷、黑釉瓷、绿釉瓷等，器形多样，有折沿盘、小圈足盘、碗、碟、盏、壶、杯、罐、钵、炉、盒、擂钵、注子、碾轮等。除此之外，还有少量的匣钵，以及铺地砖、小青砖、杈形器、筒瓦、板瓦、陶龙首等建筑构件。

遗址出土的青瓷折沿盘与龙泉大窑枫洞岩窑址出土的元代早期折沿盘相似，经比较两者在造型、尺寸等各方面均有较高相似性。另外青瓷折沿盘与新安沉船青瓷阴刻莲花纹墨书铭大盘在器物造型上有一定相似之处。青瓷莲瓣纹盘与遂宁金鱼村南宋窖藏一号窖藏出土第一类龙泉窑青瓷 B 型小圈足盘、湖南桃江马迹塘龙泉窑窖藏出土的青釉Ⅰ式盘、元代张弘略墓出土的青瓷莲瓣纹盘相似。青白瓷芒口碗与益阳羊舞岭窑址青白瓷芒口碗、景德镇湖田窑址青白瓷芒口深腹碗类似。青白瓷涩圈碗在湖南的青白瓷窑址中常见，益阳羊舞岭瓦渣仑窑址发掘时有同类型器物出土。为了检验以上判断，我们使用便携式 X 荧光光谱仪（XRF）检测分析了遗址出土的青瓷、青白瓷以及从湖南省文物考古研究所标本库房拣选龙泉窑、景德镇窑、羊舞岭窑、醴陵窑同时期的标本。检测结果显示，遗址出土的青瓷与龙泉窑产品的化学成分相似，出土的青白瓷与景德镇窑、羊舞岭窑和醴陵窑产品的化学成分相似。从而进一步表明，遗址出土的青瓷、青白瓷应分别产自龙泉窑、景德镇窑、羊舞岭窑和醴陵窑等各个窑口。此外，出土的酱釉瓷、黑釉瓷、绿釉瓷由于宋元时期烧造窑口较多，加上缺少比对检测标本，暂时无法断定窑口。

冲天湾遗址出土了 80 余枚铜钱，大部

分为北宋中晚期钱币，如“祥符元宝”“天圣元宝”“宣和通宝”等，南宋时期钱币较少，集中在早中期，如“建炎通宝”“绍兴通宝”“隆兴元宝”等，因此遗址的年代上限应为南宋中期。从出土瓷器来看，青瓷折沿盘时代为元代早期。青瓷莲瓣纹盘时代应为南宋晚期至元代早期。青白瓷芒口碗、涩圈碗在出土瓷器中占比例较大。根据研究，支圈覆烧法已被认为是宋室南渡之后传到南方的，最早源于景德镇窑，始于南宋中期。南宋中期以后，多采用直筒形支圈覆烧法。羊舞岭窑一直沿用至元代中期前后。遗址出土的青白瓷芒口碗多属于这一类型。涩圈叠烧法在宋元时期各窑址广泛应用，南方地区使用涩圈叠烧法最早应在北宋末年至南宋初年。羊舞岭窑使用涩圈叠烧法始自南宋中期前后，元代早期开始大范围使用。遗址出土的青白瓷涩圈碗多属于这一类型。综上所述，冲天湾遗址的相对年代大致应为南宋晚期至元代早期。

根据目前的初步分析，冲天湾遗址出土的大量瓷器来自龙泉窑、景德镇窑、羊舞岭窑、醴陵窑等各个窑口，器形多样。同时由于遗址及周边不见窑址，不见支圈，只见少量匣钵等窑具。另可见铺地砖、小青砖、杈形器、筒瓦、板瓦、陶龙首等建筑构件。此外，遗址地处湘江支流靳江河的上游，距湘江约30千米，交通便利。因此，综合上述因素，冲天湾遗址很有可能是宋元时期销售瓷器的草市遗址。

（何　赞）

广 东 省

【东源县龙尾排商时期遗址】

发掘时间：2015 年 12 月 ~2016 年 4 月

工作单位：广东省文物考古研究所、东源县博物馆

龙尾排遗址位于河源市东源县船塘镇凹头村，地处粤北东江流域上游、灯塔盆地东部。为配合汕昆高速工程建设，广东省文物考古研究所联合东源县博物馆对其进行抢救发掘，发掘面积约 1500 平方米。此次考古发掘主要成果是清理商时期墓葬 52 座，出土各类随葬器物近 400 件。

墓葬主要发现于北坡上缘，按其分布情况又可分为相对集中的东、西两个片区。墓葬形制较为单一，皆为长方形竖穴土坑墓，随葬器物有陶器与石器。陶器分泥质、夹砂两大类，以泥质软陶为主，泥质硬陶次之，夹砂软陶再次之，少量磨光黑皮陶。陶器类型丰富，以圈足器、凹底器为主，零星三足器，器类有豆、罐、钵、簋、壶、盘、尊、釜、器座及纺轮等，其中最具特色的是数量众多、形式各异的陶豆。石器类型相对单一，多为磨制石锛或石锛毛坯，少量砺石、石环、石矛及石镞等。

东源龙尾排遗址是继深圳屋背岭遗址之后在广东地区发现的又一大型商时期墓地。与岭南其他区域商代遗址相比较，龙尾排墓葬因表现出相对的独特性而异于以往所见本地区同时期墓葬材料，尤其数量众多、形式多样的高柄陶豆在随葬品组合中占据大宗地位的现象在岭南先秦考古材料中首见。龙尾排遗址所见文化遗存兼具粤东地区与珠江三角洲商时期遗存的某些共性，同时可见与岭北赣南地区及闽江流域同期考古学文化的密切联系，尤其是反映出长江流域夏商时期考古学文化对岭南地区的强烈影响。

龙尾排遗址是广东地区先秦考古的重要新发现，其文物资料有助于进一步厘清广东地区先秦考古学文化谱系，也为深入研究先秦时期华南地区及广东境内不同区域的考古学文化传播与交流、岭南早期社会文明进程等课题增添了极为重要的新材料。

（刘锁强）

【和平县甲子岗商周墓地】

发掘时间：2016 年 8 ~ 11 月

工作单位：广东省文物考古研究所、和平县博物馆

甲子岗遗址位于河源市和平县大坝镇超田村，地处东江上游、粤赣边境的九连山区。为配合 S339 省道扩建工程建设，广东省文物考古研究所联合和平县博物馆对其进行抢救发掘。

甲子岗为地势和缓的低矮山丘，海拔 183 米，相对高度约 20 米，东距东江二级支流和平水约 850 米。发掘区位于山丘顶部，揭露面积近 800 平方米。此次考古发掘取得丰硕成果，发现大量商周时期遗迹与各类文物，截至 2016 年已清理墓葬 30 余座，灰坑 17 个。

墓葬主要发现于丘顶西侧，部分墓葬之间存在明显的打破关系。墓葬形制整体

较为单一，皆为长方形竖穴土坑墓。墓葬出土陶器与石器等各类随葬器物百余件，其中以类型丰富的陶器数量为多。陶器分泥质与夹砂两大类。陶器纹饰丰富，以方格纹、菱格纹、篦点纹为大宗，少量曲折纹与条纹，另有部分戳印纹，个别器物上见有叶脉纹、条纹等。泥质软陶多见素面器物。陶器以凹底器、圜底器、圈足器为主，三足器亦占一定比例，器类有鼎、鬶、盉、斝、豆、罐、壶、钵、盘、釜、杯、簋、器座及纺轮等。

和平甲子岗商周墓地的发掘，是岭南地区商周考古的重要新发现。由于和平县所处的特殊地理位置，使得甲子岗商时期遗存来源较为复杂，除与粤东、珠三角地区同时期考古学文化存在密切关系之外，在其发展过程中同长江中下游及福建的同期古文化亦存在着千丝万缕的联系，综合分析这批墓葬的形制、随葬器物的特征，厘清其分期、年代和族属，对于研究商时期华南沿海地区的互动关系具有重要意义。甲子岗西周至春秋时期遗存反映出与前段截然不同的文化面貌，代表着另一个时代、族属的历史面貌，为探索西周至春秋时期岭南地区乃至南方地区的考古学文化传播与交流增添了重要的新材料。

（刘　长）

【广州市增城区五联村商至东周墓群】

发掘时间：2016 年 8～11 月

工作单位：广州市文物考古研究院

此次发掘是为配合广州增城沙庄至花都北兴公路二期工程（荔城至花都北兴段）项目建设而进行的抢救性发掘。墓群位于增城区中新镇五岭村的西北部山冈乌石岭及北部的大岭顶和担水坳两座山冈。墓群年代主要为商、东周及清三个时期。

乌石岭清理墓葬 13 座，出土陶、石等不同质地的文物 40 多件，以及先秦时期陶片一批。商代墓葬 2 座，发现于乌石岭山顶，长方形竖穴土坑墓，其中 M11 长 2.09 米、宽 0.94 米～1.14 米、深 0.31 米，出土陶折肩罐、陶圈足罐、石锛及陶鼎 4 件随葬品。东周时期墓葬 11 座，出土少量的陶片，主要是泥质陶，纹饰主要有网格纹和夔纹。

大岭顶发现东周时期墓葬 77 座。主要分布于山冈的西北坡，南坡相对较少。大多数墓葬平面呈椭圆形，个别长方形；多为斜壁、平底；少量墓葬有生土一层台或二层台。M28、M53 等极少量墓葬有使用葬具的痕迹。25 座墓葬有随葬品，出土青铜器、石镞、石锛、陶豆、陶罐及夹砂釜等器物 73 件。其他墓葬仅出土少量陶片，主要是泥质陶，纹饰主要是网格纹和夔纹。

担水坳发掘东周期墓葬 22 座。早期墓葬主要分布于山岗的东坡，西北相对较少。大多数墓葬平面呈椭圆形，个别圆形。基本上为斜壁、平底。墓葬中没有发现完整器物，仅是少量的陶片，主要是泥质陶，纹饰主要是网格纹和夔纹。

此次发掘的东周时期墓葬墓口大多平面近似椭圆形，斜壁，墓底长方形，有些墓葬在墓底侧边做一个或两个生土台。大岭顶个别墓葬较大，其中 M22 长约 7 米、宽 5.6 米、深 2.5 米，M25 长 5.6 米、宽 3.7 米、深 2 米，大多数墓葬长 2 米～5 米，宽 1.3 米～3 米。墓向基本上呈南北向，从山坡到山顶，沿着山坡等高线分布。

五联村东周时期墓葬有鲜明的特点：靠近山顶的墓葬规模大，修建的墓穴讲究，基本上都有随葬品；越靠近山坡底，墓葬规格相对较小，陪葬物少，甚至没有。墓葬之间没有发现互相打破的关系，表明在这区域的墓地是有计划、有安排使用的。墓葬出土的陪葬物多见陶豆，陶罐、陶釜等，少量的石器和青铜器。

（覃　杰）

【广州市增城区墨依山商周及明清墓地】

发掘时间：2016 年 8～11 月

工作单位：广州市文物考古研究院

墨依山位于增城区朱村街官田村东北部，增江西岸山冈坡地，东距增江约 11 千米，西距广州市区 56 千米。此次是配合广州北三环高速公路工程建设进行的考古工作，发掘面积 1650 平方米，清理晚商时期墓葬 76 座，西周时期墓葬 1 座，南越国时期墓葬 1 座，明清时期墓葬 49 座；灰坑 10 个，灰沟 1 条。出土陶器、石器、玉器、铜器、银器等文物 197 件（套）。

发掘区的地层为坡状堆积，集中分布在山冈西、南坡，近山顶处的堆积较薄，山腰处的堆积较厚。地层堆积自上而下为：第 1 层为表土，是现代堆积，遍及整个山冈；第 2 层是先秦时期的冲积层，主要分布于西面山坡，中部山顶和南面山腰局部分布，出土夔纹、双 F 纹、网格纹、曲折纹等几何印纹陶片；第 3 和第 4 层都是商时期形成的堆积，第 3 层分布范围较广，遍及整个山顶和南面山腰，西面坡地上局部分布，出土夹砂灰黑陶片、泥质陶片，可辨器形有釜、鼎、罐、豆、大口尊等，偶见石料和石器。第 4 层主要分布在山顶的西南部，偶见夹砂陶片，是此次发掘所见的最早的文化层堆积。

商时期墓葬数量最多，主要集中在中部山顶的平台上及平台周围，南坡较少，西坡仅零星发现。墓葬都是长方形竖穴土坑墓，全部用原坑土回填。结构简单，部分墓葬有生土二层台，墓壁粗糙，墓底不平。墓坑的大小深浅不同，方向也不完全一致。最大者墓口长 3.2 米、宽 1.5 米；最小者墓口长 1.55 米、宽 0.45 米。最深的 2.2 米，最浅的 0.2 厘米。其中，较大较深的墓葬一般都有后龛，龛内随葬 1 件陶大口尊。M66、M70 出土 T 形玉环、牙璋，为广州地区首次发现。

墨依山是广州地区发现的第一个较大规模的晚商时期墓地，对研究增江流域早期文明及广州地区历史文化源流具有十分重要的意义。以陶大口尊、T 字形玉环、牙璋等为代表的随葬器物，显示增江流域晚商时期文化与粤东闽南地区的浮滨文化有密切联系，是黄河流域、长江流域商文化南渐并与岭南文化融合的历史见证。

（张　希）

【广州市真光中学汉至明清墓葬】

发掘时间：2016 年 10～12 月

工作单位：广州市文物考古研究院

工地位于广州市荔湾区鹤洞路北侧、珠江西岸，东北距广州历史城区中心约 6000 米。此次配合真光中学扩建工程进行的考古勘探和抢救性发掘，清理汉代至明代墓葬 23 座，清代墓葬 108 座，出土各类文物 271 件（套）。

两汉墓葬 8 座。其中西汉墓葬 1 座，为二次迁葬的长方形竖穴土坑墓，规模较小，出土陶罐、陶盂、陶折腹碗等 7 件陶器。东汉墓葬 7 座，分为木椁墓和砖室墓两种，M11 规模最大，为长方形假双层分室竖穴木椁墓。墓坑长 6.5 米、宽 3.2 米、残深 2.06 米，前有斜坡式墓道。椁室长 5.54 米、宽 2.3 米，分前、后室，后室高出前室 0.52 米。墓内随葬陶罐、篹、灶、井、仓、屋、鼎、三足釜、耳杯、案、牛、羊、鸡和铜碗、铁器等器物共 72 件（套）。

三国时期墓葬 6 座。均为砖室墓。M24 为穹隆顶分室砖室墓，由甬道、前室、后室、侧室组成。墓坑长 9 米、宽 6.82 米、残深 1.3 米～1.89 米，墓壁保留至起券位置，墓内残存釉陶盒、釉陶钵、软陶灶、铜镜等 16 件随葬器物。

东晋墓葬 4 座。均为砖室墓，结构简单，出土器物较少。M2、M3 结构相同，规模相近，并列分布，应为同茔异穴夫妻合葬墓。

唐代墓葬5座。均为长方形砖室墓，结构简单，仅有1座墓出土2件陶器。

明清墓葬108座。均为小型竖穴土坑墓，极少数墓葬保存有棺木和人骨，仅有M047等8座墓葬随葬玉佩、釉陶小罐或银耳环等器物。

这批墓葬是芳村地区迄今考古发掘规模最大、分布最密集的古墓群，进一步丰富了广州城区近郊的古墓葬考古资料，为研究古代广州地区葬俗以及历史地理环境变迁提供了实物资料。

（孙玉霞）

【广州市江燕路东汉南朝及清代墓葬】

发掘时间：2016年6~8月

工作单位：广州市文物考古研究院

广州市海珠区江燕路268号地块位于珠江前航道以南，隔江与广州古城相望。这一带为连片的山冈，属于广州市古墓葬重点埋藏地带。此次配合国有建设用地出让进行的考古勘探和抢救性发掘，清理东汉、南朝、南汉墓葬各1座，清代墓葬111座，出土陶器、铜器等文物26件（套）。东汉、南朝砖室墓均被损毁，仅存少量底砖。

南汉砖室墓M3保存较为完好。以汉晋时期墓砖结砌墓壁，墓室可能原为木板封顶，墓底砌棺床。墓内随葬1件青釉瓷四耳罐、1件青釉瓷碗，以及石质合同券和地券各一道。两券大小相近，文字几乎完全相同，券尾刻划量图和道教符号。根据券文可知，墓主人李十一郎，葬于五代南汉乾亨九年（925）。该墓是考古发掘的第三座有明确纪年的南汉墓葬，具有重要的研究价值。

清代墓葬111座，绝大部分为小型竖穴土坑墓，结构较为简单，绝大多数没有随葬器物。1座光绪二十一年（1895）墓规模较大，保存较好，地表尚存垄环、墓碑、山手、挂榜拜台和华表，墓碑阴刻铭文98字，记述了墓主人的相关信息。

这批墓葬的发掘，进一步丰富了广州城区近郊的古墓葬考古资料，为研究历史时期广州地区的葬俗，以及海珠区西南部历史地理环境变迁提供了重要实物资料。

（程　浩）

【茂名市蔡公山南朝至唐代遗址】

发掘时间：2016年5~8月

工作单位：广东省文物考古研究所、茂名市文化广电新闻出版局、电白区文化广电新闻出版局、茂名市博物馆、电白区博物馆

遗址位于茂名市电白区马踏镇牛刚路村北约100米的山冈上，遗址分布面积约6000平方米，地理坐标为北纬21°40′58.12″、东经111°19′37.50″，海拔46米。为配合新建深茂铁路江门至茂名段工程建设，进行了抢救性发掘。遗址西距茂名市约39千米，北依将军岭，南临黄羌河，黄羌河由西向东流入儒洞河，儒洞河向南注入南海。此次考古发掘共布10米×10米探方25个，实际发掘面积2300平方米。清理灰坑11个、灰沟8条、柱洞90个。出土有陶器、青瓷器以及青铜器等。

遗址地势西北高，东南低。地层共分四层：第1层为灰色粗沙土，土质较软，结构疏松，厚8厘米~26厘米。夹杂较多植物根系和碎石粒，含泥质灰陶片。纹饰有水波纹、篦点戳印纹。可辨器形有罐、钵等。第2层为黄褐色粗沙土，土质较硬，结构较致密，厚0厘米~33厘米。夹杂有炭粒，含泥质灰陶片、青瓷片。纹饰有水波纹、戳印纹、组合纹。可辨器形有罐、钵、碗等。第3为层深灰色沙土，土质较硬，结构致密，厚10厘米~32厘米，夹杂有炭粒，含较少泥质灰陶片。第4层为褐色粗沙土，土质较硬，结构致密，厚5厘米~55厘米，夹杂有炭粒，含较少泥质灰陶片。

灰坑形状多为袋状，坑口平面有圆形和椭圆形两种。坑壁以斜壁居多，少量直壁，坑壁不太规整，坑底多为平底。坑内填土为灰黄色黏沙土，夹杂灰土块，土质略松。出土有可复原陶器残片，可辨器形有四耳灰陶罐、四耳褐色陶罐、钵、灰白胎提梁壶等。部分陶器外壁施陶衣，肩部饰水波纹、弦纹及篦点纹，个别陶器近底部饰压印绳纹。

灰沟平面呈弧形，环绕柱洞与袋状坑区域外围，沟内填土略花，大致可分三层：第1层为灰色粗沙土，土质较软，结构疏松，厚0厘米~50厘米。夹杂有炭粒，含泥质灰陶片及青瓷残片。可辨器形有罐、釜、碗等。第2层为灰黄色和灰褐色沙土，土质较硬，结构紧密，厚20厘米~60厘米。夹杂有灰土块及炭粒，含夹砂灰陶片、白陶片。可辨器形有罐、釜、钵、提梁壶等。第3层为黄褐色沙土，土质较硬，结构紧密，厚25厘米~50厘米。夹杂有炭粒，含泥质灰陶片，可辨器形有罐、钵等。

柱洞多为圆形，少量方形。直壁，圜底，较规整。填土为灰褐色黏沙土，土质略松，夹杂有炭粒，含泥质灰陶片。可辨器形有罐、钵等。

遗址出土器物以陶器为主，有少量青瓷器、石器和铜器。陶器以泥质陶为主，夹砂陶次之。可辨器形有双耳罐、钵、提梁壶、釜、纺轮等，完整器较少。装饰手法主要有压印、刻划和戳刺。纹饰有水波纹、弦纹、菱格纹、篦点纹、网格纹、绳纹、方格纹、圆圈纹、附加堆纹、复线“Z”字形纹、组合纹等。瓷器为青瓷碗、青瓷豆。瓷碗为灰胎，直口，深弧腹，饼足内凹，施青釉，外壁施釉不及底，釉层剥落严重。瓷豆为灰黄胎，圆唇，浅腹，高柄，喇叭状底，施青釉，釉层剥落较严重，外腹刻划有一道弦纹。

遗址清理出较多的袋形灰坑，柱洞密集而又排列有序，灰沟环绕在柱洞与袋状坑区域外围。出土器物以罐、釜、钵、碗等日常生活用具为主。结合遗迹类型和出土器物判断，该遗址应为南朝至唐代时期的居住遗址，遗址的发掘为研究南朝至唐代时期粤西地区俚人文化提供了珍贵的实物资料。

（吴启昌）

【茂名市碰岗岭唐代遗址】

发掘时间：2015年12月~2016年3月

工作单位：广东省文物考古研究所

为配合“汕（头）湛（江）高速公路”云浮至湛江段及支线工程博贺疏港支线项目建设，广东省文物考古研究所对茂名市电白区那霍镇水石村碰岗岭遗址进行了抢救性考古发掘，发掘面积600平方米。共清理遗迹146个，其中灰坑34个，窑1座，灶2个，水沟5条，柱洞104个。灰坑多为口小底大、剖面为袋状的袋状坑，坑口多为圆形或椭圆形，弧壁平底，部分灰坑底部有柱洞。地层及灰坑内出土大量陶器残片，少量瓷片及石器。陶片以泥质硬陶、泥质软陶、夹砂陶为主，可辨器形有陶钵、提梁壶、陶罐等。另有少量青瓷残片，初步判断为青瓷碗。石器主要为砺石。

碰岗岭遗址发掘面积不大，但遗迹数量众多，类型丰富，初步判断为聚落遗址，根据地层及出土遗物判断，遗址时代应为唐代，且出土遗物多为粤西地区俚人文化特有的典型器物，该遗址对粤西地区隋唐时期社会面貌及俚人文化物质文明研究具有重要价值。

（柏宇亮）

【广州市越秀北路宋代城墙遗存】

发掘时间：2015年12月~2016年3月

工作单位：广州市文物考古研究院

工地位于广州市越秀北路以东、东风中路以南、东濠涌以西。此次为配合广州市深层隧道排水系统工程建设进行的考古勘探发掘，发掘面积 300 平方米。地层堆积比较简单，自上而下有近现代、民国、明清、宋、五代南汉时期文化层堆积，出土釉陶器、青瓷器和陶球、瓦当等遗物。遗迹以五代南汉包边砖墙及宋代城墙遗址最为重要。

宋代城墙遗存清出北、南边各一部分及东边全部，部分被现代建筑基础打破。东边墙方向 303°，长 13.3 米。包边砖墙残高 0.5 米～0.9 米，宽约 2.2 米，分两期砌筑，第一期砖墙用砖颜色较杂，有灰黄、红黄、青灰等，多残砖，完整的砖规格一般为 47 厘米×25 厘米～4 厘米；第二期用砖多数较完整，以青灰色为主，少量黄灰色，规格一般为 35 厘米×17.5 厘米～5.5 厘米，部分砖侧有“王”等戳印。包边砖墙内填深灰色含贝螺砂质土，较致密，可能经过夯实。

五代南汉包边砖墙被宋代包边砖墙叠压，清出东、北部，以及南部一条砖墙。东部砖墙形成一个方形台，长、宽均为 6.5 米，其南、北边方向接近正东西向；北部砖墙形成一个长方形台，南北宽 4.7 米、东西宽 7.5 米，方向 358°，接近正南北向。包边砖墙均以长方形平砖错缝结砌，宽 0.55 米～1.1 米，砖墙内填灰褐色砂质土，较密实。东、北方形台基相接，西、南部被上层角台基址叠压，具体结构未明。砖墙用砖多为黄灰色，少量青灰色和黄红色，规格一般为（35 厘米～37 厘米）×（17 厘米～19 厘米）～4 厘米。五代南汉包边砖墙以下为厚约 20 厘米的灰褐色含贝螺砂质土，再往下是红褐色基岩。

由于发掘面积所限，五代南汉包边砖墙结构不完整，其性质不能完全确定。初步推测很可能与城墙有关，或至少是大型防御设施。

宋代城墙遗存应当是宋代广州城东城的东北角台基址。这一发现确认了宋代广州城东城的东北角，与 2002 年在越秀北路发掘的宋代城墙一起修正了文献关于宋代广州城东城东界在芳草街以西的记载，为广州古城的复原研究提供了重要实物资料，具有重要的历史地理坐标意义。

（易西兵）

【上川岛大洲湾明清遗址】

发掘时间：2016 年 8～10 月
工作单位：广东省文物考古研究所

大洲湾遗址位于上川岛西北部三洲港的西北角，圣·方济各·沙勿略墓园的南侧，当地人称为“花碗坪”。大洲湾遗址地层堆积清楚，瓷片种类单调，主要是明中期景德镇民窑产品。

首先，我们在建筑基址平台上布置了两个 5 米×5 米的考古发掘探方。平面上现揭露出一片碎石块堆积层，断面上可清楚看到建筑地面和两处建筑基础，以及建筑遗迹下的文化层和碎石堆积层。清理后，已把石构房址房基西北角以及东南角两个直角暴露出来，基本可以确定为一处房址 F1。南部断壁上可清楚判断该房址房基打破明代文化层，因此，该建筑是在明代文化层之后起建的。

为探明断壁上碎石层堆积的进深宽度，堆积状态，以及北面山体早期堆积状况，我们在发掘区附近布设一条探沟 2016SDTG1，清埋出早期山体坡面，大致能看出明代瓷片堆积层也是顺山体坡面分布，而且瓷片多集中堆积于底端断壁附近。

发掘区周边断壁上露出一层碎石层，东西范围长约 80 米。发掘建筑基址的同时，我们还对其周边断面进行刮面清理，揭露出连续分布的人工铺垫的碎石层。

大洲湾一带断崖中，除之前探方发掘区周边近 80 米断面做了刮面，发掘区外还挑选了六处（发掘区以西四处，以东两处）断壁刮面进一步观察该遗址堆积情况。这些断面刮平后基本都有一层相近的沙土层，个别断面还挂有明代青花瓷片，底层一般都有一层碎石层堆积。说明大洲湾一带明代文化层之前有一层比较稳定的碎石层堆积。通过断面分析，大洲湾遗址文化堆积的叠压关系，给我们描绘了这一带明代至近现代海洋活动的历史演变轮廓，是海上丝绸之路上不可多得的一个历史见证。

【广州市番禺区沙亭清代炮台遗址】

发掘时间：2016 年 6 ~ 9 月

工作单位：广州市文物考古研究院、番禺区文物管理委员会办公室

沙路炮台位于广州市番禺区化龙镇北部的沙亭村，由沙亭村北约坊的马腰岗和兵岗两座山腰上的数座炮台组成。北与黄埔长洲岛隔江相望，扼守珠江水道。

为配合沙路炮台维修勘查设计方案和保护规划编制，广州市文物考古研究院会同番禺区文物管理委员会办公室对其进行了重点勘探，通过清理植被、发掘探沟等考古工作，对沙路炮台的形制和分布有了一定认识。由于沙路炮台倒塌严重，很多遗迹仍深埋地下，经国家文物局批准，对沙路炮台开展发掘工作，对 9 座炮台、3 处建筑遗迹及相关道路、排水设施进行了清理，发掘面积 1000 平方米。经发掘清理，明确了沙路炮台的各炮台位置、形制、布局及分布情况等，并发现了 3 处遗迹，出土 200 多件遗物，以工具、零件和碗碟等日用品为主。此外清理出一件纪年砖雕，其上有“光绪甲申年□月□□”铭文，并有“省城冯章记造”款识，这一发现对沙路炮台的修造使用年代提供了重要线索，与文献中“光绪十年”修造相吻合，并补充了进一步的详细内容。

此次考古工作为炮台的修缮和保护提供了科学的实物材料，对于珠江口地区近代炮台等海防设施的研究具有重要价值。

（饶　晨）

【上川岛新地村晚清至民国教堂遗址】

天主教堂遗址位于上川岛大洲湾东侧，大洲村委会新地村大洲小学内，坐东朝西，面向大海。从初建至今已有 150 多年的历史。该教堂的兴建与方济各·沙勿略后的传教活动及后来对他的祭拜活动直接相关。

我们对该教堂做了一些地表的考古调查和发掘工作，共清理整个遗址区约 3300 平方米的植被和表土，同时在南部修女楼原址以排球场框架为基础布设探方发掘，在教堂本体以及周边布设探沟 10 处进行解剖性试掘，进一步弄清楚教堂建筑结构及附属建筑相关情况。

我们把教堂礼拜区铺砖地面清理出来后，还选取了几处布置探沟并清理完，从而基本了解了各个时期地面和部位的结构。从地表清理情况及探沟发掘情况来看，该教堂应是先挖一基础坑，再填铺 40 厘米 ~ 50 厘米厚石层。进入礼拜区可见又铺了一层 40 厘米 ~ 50 厘米厚石层，然后再铺一层黄色砂土，再斜铺方砖，最后再铺一层红褐色砂土抹平。后来被改造成小学时，选了几处再开挖基槽建起石墙，地面则铺一层水泥。

对教堂本体进行清理的同时，我们还找到天主教堂早期南北两侧附属建筑的墙基，清理了晚期附属建筑神父楼内垃圾，暴露的神父楼前的青砖道，发掘了修女楼原址。对早晚期的附属建筑情况已有一定的掌握，为晚清到近现代上川岛中西文化交流研究提供了实物资料。

（肖达顺）

广西壮族自治区

【隆安县娅怀洞石器时代遗址】

发掘时间：2016 年 2～6 月

工作单位：广西文物保护与考古研究所、隆安县文物管理所

娅怀洞遗址位于隆安县乔建镇博浪村博浪屯的一座孤山上，距离隆安县城 13 千米。2014 年发现，总面积约 100 平方米，由前面洞厅和后面内洞两部分组成。为了配合广西壮族自治区那文化（稻作文化）研究课题，广西文物保护与考古研究所会同隆安县文物管理所于 2015 年开始对该遗址进行为期半年多的考古发掘和清理，发现史前人类的用火遗迹，出土石制品等文化遗物上万件。

2016 年的发掘地点位于洞厅北部，揭露面积约 16 平方米，下挖深达 4.2 米（尚未挖到底），地层分为 24 层，其中第 2 层至第 4 层为新石器时代文化层，第 5 层以下为旧石器时代文化层。在第 8 层出土一个人类头骨，在第 21 层发现一处用火遗迹。

出土的文化遗物 1000 多件，包括大量的石制品、少量的蚌器及个别陶片。此外，还出土了大量的螺壳、蚌壳、鱼骨、龟鳖甲、大小哺乳动物遗骸及植物等自然遗存。石制品种类包括石锤、石核、石片、断块、碎片、工具等。工具类型有砍砸器、刮削器、尖状器、切割器、穿孔石器等。石制品的原料有砂岩、石英岩、石英、燧石、玻璃陨石、水晶等。陶片仅见于第 3 层，破碎，只有几小块，均为夹砂绳纹陶片，器形难辨。

此次发掘出土的文化遗存包括旧石器时代和新石器时代两部分。根据 ^{14}C 测年结果，新石器时代遗存的年代约为距今 4000 年，旧石器时代遗存的年代在距今 30000 年至 10000 年。

根据此次发掘并结合 2015 年的发掘看，娅怀洞遗址堆积深厚，文化内涵十分丰富，遗物众多，延续时间长，包含了新、旧石器时代不同时期的文化遗存，文化面貌独特。这对于研究岭南及东南亚地区新、旧石器时代文化过渡以及更新世晚期至全新世早期史前人类行为及文化的多样性具有非常重要的意义；所出土的大量的动植物遗存，为研究这一地区史前人类的生业经济、复原古代环境提供了珍贵的实物资料。

（谢光茂　卢杰英　余明辉）

【南宁市青秀区灰窑田新石器时代贝丘遗址】

发掘时间：2016 年 1～8 月

工作单位：广西文物保护与考古研究所

灰窑田贝丘遗址位于南宁市青秀区三岸园艺场南部的邕江北岸一级台地上，高出水面约 15 米。1973 年调查发现。1977 年以来，广西考古工作者对该遗址进行了数次调查。2006 年，广西文物考古研究所联合南宁市博物馆对该遗址进行了考古试掘。2016 年度，为配合邕宁水利枢纽工程建设，广西文物保护与考古研究所对该遗址进行了抢救性考古发掘，发掘面积 1525 平方米。

此次发掘清理了大量遗迹，包括110座墓葬、50个灰坑、22个柱洞。墓葬葬式包括侧身屈肢葬、仰身屈肢葬、俯身屈肢葬、肢解葬、蹲踞葬等，以各式屈肢葬为主，肢解葬、蹲踞葬次之，还有少部分墓葬无法判别葬式。较多数量的灰坑、柱洞的发现，在以往发掘的广西河旁贝丘遗址中并不多见。遗迹的分布特点是：墓葬分布范围较大，但主要集中于台地南部边缘，呈东西向带状分布；灰坑和柱洞则主要集中分布于台地中间部分。这说明该遗址出现了较为明显的功能分区。

遗址出土了大量遗物，包括陶器、石器、蚌器、骨器、牙器等生产生活用具及水、陆生动物遗骸等。陶器数量不多，均为陶片，不见完整器。陶质均为夹砂陶，羼和料中还混有蚌壳粉末。陶色主要有红色、红褐色、灰褐色、褐色等，以红褐色、褐色为主。器表饰以绳纹。可辨器形有圜底罐或釜。石器以石斧、石锛为主，还有少量砺石、石片等。蚌器数量最多，主要是蚌刀和蚌铲。蚌刀分为穿孔和不穿孔两种。穿孔蚌刀多对穿一孔，少数穿有两孔。骨器、牙器数量不多，包括鱼钩、骨锥、骨镞等。

根据灰窑田贝丘遗址的文化内涵和特征判断，该遗址属于顶蛳山文化，年代大体相当于顶蛳山遗址第三期或略晚，距今7000年左右。该遗址地层明确、保存较完整，对进一步认识顶蛳山文化的特征和内涵、完善广西地区史前文化发展序列有重要意义。

（梁　优　何安益）

【龙州县坡叫环新石器时代贝丘遗址】

发掘时间：2015年12月~2016年1月

发掘单位：广西文物保护与考古研究所、龙州县文物管理所

坡叫环贝丘遗址位于崇左市龙州县上降乡里城村板色屯西北约500米平而河右岸小缓坡的西面坡上。2015年调查时发现，分布面积约300平方米。为配合花山岩画文化景观申报世界文化遗产工作，2015年12月开始发掘，实际发掘面积为32平方米。从遗址试掘状况来看，遗址保存状况较好，地层堆积最深达2.04米，可分为15层，均含螺壳，但螺壳普遍较小。试掘出土了大量的石器、蚌器以及水陆生动物遗骸。石器有2000多件，以大石片石器为主，分为打制石器和磨制石器，打制石器占绝大多数。打制石器以砍砸器、刮削器为主，制作简单。磨制石器，包括石斧、石锛、斧锛类毛坯等。蚌器主要有肩蚌器。遗迹数量较少，包括灰坑和小型石器加工场。石器加工场为左江流域首次发现。从地层堆积和遗物判断，坡叫环遗址年代应该距今5000年左右。

坡叫环遗址遗物以大石片石器为主，文化面貌与广西其他史前遗址差别很大，应该属于一个新的文化类型。由于平而河紧邻越南，而越南北部一些史前遗址中也存在很多大石片石器，因此坡叫环遗址与越南史前文化可能关系密切。

此次试掘不仅进一步补充了左江流域新石器时代的考古材料，还丰富了左江流域史前文化类型。

（杨清平　刘　芸）

【马山县大坛村洞穴遗址群】

发掘时间：2016年9~12月

工作单位：广西文物保护与考古研究所

2016年度，因广西“三区人才”支持计划工作需要，继续在马山县开展洞穴考古工作，对周鹿镇大坛村龙上屯的灰洞遗址进行了试掘和清理，并以该遗址为线索在以大坛村为主的范围内开展洞穴考古调查工作。

灰洞遗址位于周鹿镇大坛村龙上屯西北约300米的山脚下，主要由洞厅、内洞、左耳室三部分组成。遗址堆积仅分布于洞

厅和左侧洞，面积约200平方米，遭受了严重的破坏。2012年调查发现。该洞因含有较多修筑土墙需要用的灰土，而被当地村民称为“灰洞”（壮话译）。为了解遗址的堆积情况和文化内涵，我们在洞厅西南角近洞口处和左洞室各布1个探方进行了试掘，探方规格分别为2米×2米、1米×1米，试掘面积共5平方米，皆下挖至基岩。同时，对遗址被扰乱的部分进行了清理。发现了墓葬以及一些散乱的人骨，出土了较多石器、陶器、骨器、牙器等文化遗物。

墓葬1座，位于洞厅西南部近洞口处，少部分已因村民此前掘取灰土而被破坏。竖穴土坑墓，方向322°，墓坑边线不明显。人骨保存较差，不见头颅。从躯干及四肢的摆放状态判断，该墓应为仰身屈肢葬。

出土遗物以石器为主，其次为陶器，还有少许骨器、牙器等。石器100余件，器类有斧、锛、砺石、石锤、研磨器、穿孔饰品以及斧锛类的毛坯和半成品等。斧和锛皆经磨制，多磨制精细；有的仅刃部磨制较精，器身仅略加磨制；也有的器物以扁薄的砾石为原料，仅精磨刃部，器身保留原石面。出现了有肩石斧、石锛，分单肩和双肩两种类型。陶器均为陶片，不见完整器；多为夹砂陶；火候比较高，质地较硬。夹砂陶分夹粗砂和细砂两种，夹细砂陶的陶泥似经过淘洗，其中所含的多是自然砂粒。器表多有纹饰，包括绳纹、刻划纹、戳印纹、绳纹+刻划纹、附加堆纹等，以细绳纹为主，还有的陶器原本饰以绳纹，之后又将颈部的绳纹抹去，但粗略能看出绳纹的痕迹。陶器制作上使用了泥片贴塑方法。骨、牙器的器类单一，有骨锥和牙制品。

此外，我们还在以大坛村为主的范围内开展了洞穴考古调查工作，共调查洞穴49个。在距灰洞遗址约400米的伏快屯发现了两处洞穴文物点，分别为伏快屯A洞、B洞，皆无文化堆积。伏快屯A洞出土3片夹砂陶片，颜色为褐色，外表饰绳纹。伏快屯B洞仅出土1片夹砂陶片，呈灰红色，外表饰复线刻划纹。

从试掘和调查的情况来看，灰洞遗址堆积较厚且含有大量螺壳，文化内涵较丰富，遗物较多，文化面貌与广西桂南地区河岸贝丘遗址、先秦时期岩洞葬都有相似之处，结合周边的地理环境判断，该遗址应既是古人的居住地点，也是他们埋葬死者的墓地所在；新发现的两处洞穴文物点，从分布特点和遗物特征判断，它们可能属于先秦岩洞葬。此次洞穴考古收获颇丰，特别是灰洞遗址的文化遗物较多、文化面貌特殊，为我们进一步认识广西先秦文化及其与桂南地区河岸贝丘遗址的关系增添了新的考古资料。

（梁　优　何安益）

【合浦县东较场路东汉墓葬】

发掘时间：2016年5月、9月

工作单位：广西文物保护与考古研究所

为配合合浦东较场路东延长线道路施工，发掘东汉砖室墓8座，出土随葬品84件。

墓葬形制有“中”字形、“凸”字形及“长方形”三种。

其中“中”字形墓共5座，分别为：M1、M6、M9、M10、M12。在此类墓葬中，以M12规模最大，形制最为复杂。该墓由墓道、甬道、前室、耳室、后室五部分构成，墓道长11.7米，前端宽1.6米，后端宽1.85米，底为斜坡式。墓道与甬道之间有两道封门，两道封门之间有0.2米的间隙。甬道长1.9米，宽1.73米，高2.1米，四角有双砖错缝结砌的砖柱，砖柱中间的墓壁为二顺一丁结砌。前室长1.8米，宽2.3米，高2.36米，两侧有耳室，其中左耳室宽1.2米，进深2米，高

1.26 米；右耳室宽 1.2 米，进深 2.05 米，高 1.3 米。后室平面呈长方形，长 3.82 米，宽 1.76 米，高 2.16 米，底部比前室高 0.16 米，后壁中部一宽 0.35 米、进深 0.28 米、高 0.45 米的壁龛，壁龛底部与后室底部齐平。

长方形墓共 2 座，分别为 M4、M8；“凸”字形墓仅 M5 一座。

出土随葬品大部分损坏严重，陶器有仓、屋、井、灶、壶、罐、案、杯、盆、碗、鼎、瓮、釜、樽、魁、灯等器物，铜器主要有碗、矛、泡钉等，铁器有铲、戟、棺钉等。

此次发现的这批墓葬，盗扰破坏较为严重，与以往合浦县发现的同类型汉墓比较相似，为研究合浦汉代时期政治、经济、文化及葬俗葬制的演变补充了一些材料。

（黄登奎）

【合浦县汉文化陈列展示馆西汉至三国墓葬】

发掘时间：2016 年 9～10 月

工作单位：广西文物保护与考古研究所

墓葬位于合浦县望州路与南北二级公路交叉口西南 200 米处的合浦县汉文化陈列展示馆主体建筑的施工范围内，发现并清理墓葬 19 座。

墓葬共分为三个时期，其中 M15、M17、M18 为西汉墓，M2～M3、M6～M13、M16 为东汉墓，M1、M5 为三国墓。M4 为一“凸”字形竖穴土坑墓，无出土遗物，因此年代不详。西汉墓皆为竖穴土坑墓；东汉墓中既有砖室墓，也有砖木合构墓；三国墓皆为砖室墓。

在这批墓葬中，M18 的形制相当罕见。其为一座西汉晚期的三室并列合葬竖穴土坑墓，三座墓室并排分布，互相之间以土垣分隔，其中中间墓室编号为 M18a，南侧墓室编号为 M18b，北侧墓室编号为 M18c，墓葬周边分布有 24 个大小不一的柱洞，可能为墓上建筑遗存。

其中墓 M18a 平面呈凸字形，由墓道和墓室两部分构成。墓道长 5.8 米、宽 1.2 米，底为斜坡式。墓室长 4.8 米、宽 2.7 米、残高 1.8 米；墓底左右各有一条枕木构，长 4.5 米、宽 0.2 米、深 0.08 米，两条枕木构之间相距 1.1 米。该墓出土器物较为丰富，共有 33 件，大部分较为完整，分别为 7 件陶罐、2 件陶壶、1 件陶鼎、1 件陶灶、1 件陶井、1 件陶仓、1 件陶盆、1 件陶瓮、3 件铜碗、3 件铜杯、2 件铜壶、1 件铜樽、1 件铜灯、1 件铜鼎、1 件铜鐎壶、1 件铜盆、1 件铜釜、1 件铜镜、2 件铜器残件以及 1 串琉璃珠。

M18b 位于 M18a 的南侧，两座墓室之间有土垣分隔，土垣应该是用原坑回填土用版筑法夯筑而成并打破了 M18a，将部分 M18a 的器物压在其下；墓室平面呈长方形，长 3.75 米、宽 2.5 米、残高 1.5 米；墓底左右各有一条纵向枕木构，长 3.4 米、宽 0.16 米、深 0.11 米，两条枕木构之间相距 1.1 米；墓底棺痕清晰可见，朽痕长 2.2 米、宽 0.45 米；该墓出土器物共有 8 件，分别为 2 件陶罐、1 件陶壶、3 件陶器残件、1 件铜壶、1 件铜器残件。

M18c 位于 M18a 的北侧，两座墓室之间亦有夯土土垣分隔，亦打破 M18a；墓室平面呈长方形，长 3.4 米、宽 1.5 米、残高 1.37 米；墓底左右各有一条枕木构，长 3.4 米、宽 0.1 米、深 0.05 米，两条枕木构之间相距 0.85 米；底部有棺痕，朽痕长 2.1 米、宽 0.5 米；出土器物共 11 件，大部分较为完整，分别为 8 件陶罐、2 件陶壶、1 件陶樽。

此次发现的这批墓葬，虽然盗扰破坏仍然存在，但保存相对良好的墓葬亦占其中相当比例，特别是 M18 这座墓，在合浦地区是相当罕见的。这为研究合浦两汉时期的政治经济文化及葬俗葬制的演变补充了一批新的材料，具有较高的科研价值。

（黄登奎）

【防城港皇城坳南宋遗址群】

发掘时间：2016年3～4月

工作单位：广西文物保护与考古研究所

皇城坳遗址群位于防城港市企沙半岛北部，行政隶属于港口区公车镇沙港村新丰组和东风组，半岛地形为丘陵，山岭交错、沟谷纵横。2016年度，广西文物保护与考古研究所应邀对遗址群进行调查，并选择其中的城顶岭遗址进行局部试掘，揭露面积412平方米。遗址群初步判断为南宋聚落址，是防城港地区少见的宋代遗址，对防城港南宋历史的研究，以及历年采集陶瓷器的断代，具有重要的学术价值。

遗址群包括城顶岭、田墩岭、涡铺岭、伏波山、面前山、高岭头、庞屋后背岭等数个相邻且被田垌环绕的岭坡遗址，略呈众星拱月式布列，城顶岭遗址居中。城顶岭和田墩岭遗址顶部稍平坦，面积也比较大。在遗址地表发现砖、瓦、石等建筑构件及陶器、瓷器等器物。

城顶岭为一处城址，平面呈长方形，南北长约85米、东西宽约60米。城的修筑过程，先是修整原来山岭的顶部，中部修出南北对称且连廊的高台，高台四周整平，往边缘垫土拓宽，再砌石为墙。城墙基础宽1.5米，上部无存。城墙外侧的堆积比较深厚，呈倾斜状，厚度不一。城墙之内的高台及高台四周，地层堆积一般比较浅薄，只有耕土层，从残存的边角痕迹来看，原地面应铺有地板砖。南部高台发现分布有序的柱洞；高台东、西两面发现灰沟（排水沟）；北墙北侧斜坡发现大量的柱洞。高台及四周地面上的建筑或设施已无存。

城顶岭遗址出土大量的石、砖、瓦建筑构件及陶器、瓷器残件。城墙基石为海边岩石，呈紫灰色，规格不一。砖、瓦均为橙红色，烧成温度稍低，铺地砖为扁平状，正面形状有正方形、长方形、一端方形一端尖角、一端方形一端圆角等，有些砖块的一端带有钩钉。瓦有筒瓦和板瓦。陶器有瓮、罐、盆、钵等器形，胎色呈青灰或橙红，不施釉，纹饰有弦纹、水波纹、竖线纹、篦划纹、绳纹等。瓷器有碗、盏、碟等器形，胎灰白致密，釉色呈青白、青绿、青蓝、酱等，釉里有冰裂纹，青白釉较多见，酱釉见于少量的盏、碟，有些碗的内壁或外壁模印菊瓣、折枝花、水波、卷云、瓜棱等纹饰，内底涩圈。

附近村民从城顶岭遗址搬回规整的石板、石块，作为铺砌房舍之用，还采集到完整的砖、瓦构件及莲花纹瓦当、吻兽、塔模型等饰件，饰件的材质、颜色与遗址出土的砖、瓦一致。村民还采集到湖州铜镜、铜钱、陶壶、陶罐、瓷罐、莲瓣纹瓷钵等器物。遗址表土层发现有青花瓷片，表明南宋之后仍有人在此活动。

（蒙长旺）

海南省

【昌江县乌烈新石器时代遗址】

发掘时间：2016 年 1 月

工作单位：国家文物局水下文化遗产保护中心、海南省文物考古研究所、昌江县博物馆

2016 年 1 月，经国家文物局批准［发掘项目执照号：考执字〔2014〕第 147 号］，联合考古工作队对昌江县乌烈镇乌烈新石器时代遗址进行了考古发掘工作。野外发掘作业约 15 天，探方累计发掘面积 200 平方米，发掘最大深度 80 厘米，出土磨制石器一百余件，包括石斧、石锛、石凿、石环等器形以及大量石胚料，与之伴出的还有一定数量的夹砂红褐陶器残片。初步判断，乌烈遗址是一处新石器时代的旷野遗址，具有石器加工场的性质。目前，正在开展相关标本的整理和深入研究。

（孟原召　韩　飞　黄兆雪）

【海南本岛沿海水下考古调查】

调查时间：2016 年 7 ~9 月

工作单位：国家文物局水下文化遗产保护中心、海南省文物考古研究所、琼海市博物馆

海南岛地处海上丝绸之路南海航线，本岛东侧沿海的古代贸易航线尤为重要。根据国家文物局批复，2015 ~2016 年度海南岛沿海水下考古调查主要围绕万宁、陵水、三亚海域进行。此次调查通过线索走访、陆地调查、物理探测、潜水探摸等方式，完成该海域水下文化遗产的初步调查。

通过梳理文献和线索走访，确定以史载独洲山、独洲洋所在的万宁大洲岛海域为重点调查区域，以渔民提供其所亲见的万宁石梅湾清代沉船为重点调查疑点，以藤桥东河河口土福湾为重点调查区域。先后在万宁港北港、大洲岛、石梅湾、洲仔岛，三亚东瑁洲外、藤桥土福湾，陵水双帆石等海域开展。对水下遗存的疑点区域进行大面积的物探扫测，每处疑点扩大为 2000 米 ×2000 米的扫测区域，物探方法以侧扫声呐和多波束为主。

此次调查是首次在海南本岛东南部沿海开展的大规模区域物探调查，初步了解了万宁至三亚重点海域的水下文物资源，摸索出一套适合海南沿海地区的调查方法，积累了一批基础资料和疑点线索。确认了万宁大洲岛、石梅湾为史志所载独洲山、独洲洋区域。对大洲岛前港近代蒸汽铁船进行了测绘，掌握了石梅湾一号清代沉船疑点的具体位置。下一步将对大洲岛、港北港等已掌握的水下疑点进行探摸确认，对石梅湾沉船疑点进行 50 米 ×50 米的水下钻探，对淤沙层较厚的三亚土福湾海域进行浅地层剖面扫描。

（李　钊　蒋　斌）

【三亚藤桥古墓群】

调查时间：2016 年 7 月

工作单位：海南省文物考古研究所、三亚市博物馆

藤桥古墓群位于三亚市海棠湾镇东溪村东 3000 米处的海滨沙滩树林中。其西靠

番岭坡、南临藤桥东河合口港，东面百余米即为土福湾。其范围东西长约1000米，南北宽约500米，占地约20亩，保护区设有围栏。1983年4月，广东省文物管理委员会组织开展文物普查时发现墓葬约45座。1986年试掘了其中的几座墓葬，墓葬均为竖穴土坑墓，墓圹长1.8米~2米，宽0.8米~1米，深1.2米，无葬具和随葬品，墓内骨架侧身屈肢，头朝西北，面朝西。

为了配合海上丝绸之路申报世界文化遗产前期工作，2016年海南省文物考古研究所对遗址进行了复查和测绘，发现现存墓碑共36块，并进行了位置测量。墓葬具有一定的方向性有序排列，均坐东南朝西北，墓圹无封土，有的墓圹前后各竖立一块珊瑚石墓碑，有的仅有一块。这些墓碑经过人为的精心雕刻，具有不同的形制和特征。藤桥古墓群及其周边的番岭坡、合口港、土福湾等历史区域的价值，还有待我们进一步探索。

（李　钊　孙建平）

重庆市

【巫山县大水田新石器至明代遗址】

发掘时间：2016 年 3～8 月

工作单位：重庆市文化遗产研究院、巫山县文物管理所

遗址位于巫山县曲尺乡伍柏村 3 社长江左岸的缓坡台地上，东邻长江，地处著名的大溪文化遗址大溪遗址和人民医院遗址之间。海拔 162 米～169 米，属于三峡工程消落区。此次工作发掘面积 1000 平方米，发现大溪文化、战国中晚期至西汉早期、宋代、明清等多个时期的遗迹 175 处，其中灰坑 118 个、墓葬 53 座、沟 4 条，出土陶、石、瓷、铜、铁、骨质器物小件 500 余件（套）。在考古发掘过程中，使用了柱状剖面土样采集、多旋翼无人机拍摄遗址周边环境及正射影像、浮选法、人骨现场鉴定等方法全面收集和记录考古信息，整体切割保存较好的大溪文化墓葬进行实验室考古。

此次考古发掘首次在大溪文化墓葬中发现墓底有红烧土面和人骨，靠近墓底部分有火烧的迹象，部分墓葬出土了成组黑色板岩珠饰，为探讨大溪文化的墓葬制度和工艺水平提供了重要的实物资料；发现多组玉溪上层文化晚期陶片与大溪文化晚期共存关系，为探讨二者之间的文化交流与影响提供了重要参考，同时为确定玉溪上层文化的年代提供佐证；确定了大溪文化墓葬的分布范围与状况，遗址的北部和西部应属于大溪文化墓地的边缘，大溪文化墓地的核心分布区应在遗址中部；发现了较多宋代墓葬，丰富了遗址的文化内涵，明确了宋代墓葬的分布范围，其核心区域应位于遗址北部海拔较高区域。为探讨宋代这一区域墓葬制度与丧葬习俗提供了重要的实物资料，同时也为研究这一地区社会经济发展状态奠定了坚实的基础。

（代玉彪　白九江）

【开州区姚家坝商周至明清遗址】

发掘时间：2016 年 5～8 月

工作单位：重庆市文化遗产研究院

姚家坝遗址位于开州区赵家街道姚家村 1 社。遗址地处浦里河南岸的台地上，地势平坦。遗址北、西临浦里河，东、南靠大山，西北隔江与赵家场镇相望。遗址东西长约 300 米，南北宽 50 米～100 米，埋藏面积 1 万多平方米。

该遗址于 1994 年普查时发现，2008 年山东大学三峡考古队对该遗址进行了抢救性发掘，发掘面积近 1000 平方米，主要是汉至明清时期遗存。近年来，作为三峡后续消落区考古项目，对该遗址连续开展了较大规模的发掘，2015 年发掘面积近 1400 平方米，发现了丰富的商周遗存，是近年来重庆地区商周考古发现的代表性收获。

2016 年 5～8 月，重庆市文化遗产研究院对该遗址再次进行了抢救性发掘，发掘面积 1700 平方米。清理灰坑 18 个、灰沟 3 条、柱洞 47 个、房 4 座，出土各类文物标本 1200 余件（套）。通过 2016 年度的清理，进一步深化对该遗址文化内涵的认

识：一是商周遗存在遗址的分布十分普遍，出土品十分丰富，陶器器物组合为釜、罐、尖底杯、尖底盏、钵等，具有浓郁的区域特征；二是汉代遗存叠压在宋代遗存之下，未发现地层，说明宋代人类聚居时对汉代遗存进行了较为彻底的破坏；三是宋代堆积较厚，特别是出土了丰富的建筑构件，以及发现有石构房址等，结合2015年的发现，进一步证明了该遗址在宋代可能为一处小型集镇。

（李大地　杨爱民）

【巫山县高唐观西周至明清遗址】

发掘时间：2016年2～8月

工作单位：重庆市文化遗产研究院

高唐观遗址位于巫山新县城西部巫峡镇高唐村3社，地处长江北岸高丘山的耒鹤峰上，三面环山，一面临水，遥对南陵，远眺巫峡。2001年，湖南省文物考古研究所在高唐观遗址南部区域前后进行2次考古勘探及发掘，共计勘探面积45000平方米，发掘面积3055平方米。发掘清理墓葬39座、灰坑2个，比较重要的发现是遗址南部核心区域地层堆积共计13层，最深堆积厚度达4米～5米，其中春秋早期和春秋晚期两个时期的疑似夯土堆积层厚达3米～4米，分布面积约400平方米。2016年2月，重庆市文化遗产研究院对高唐观遗址北部区域进行全面的考古勘探及发掘工作，到8月30日，除少量明清建筑遗存为保护其遗存本体，仅作局部解剖发掘外，其余遗存均清理完毕。

此次发掘根据遗址的自然地形分割为东（Ⅰ区）、西（Ⅱ区）两区，Ⅰ区位于耒鹤峰下，共计布设1米宽探沟6条计45米、10米×10米探方14个、5米×5米探方1个；Ⅱ区位于耒鹤峰顶，共布设10米×10米探方29个、5米×10米探方1个，共计布方面积4420平方米，实际发掘面积4200平方米，共计清理灰坑34个、灰沟4条、池2座、墓葬81座、房址8座，时代涵盖西周、战国、西汉、东汉、南朝、唐宋和明清时期。其中又以战国、两汉时期墓葬遗存和明清时期宗教遗存的收获最为重要。

西周时期遗存被汉代取土建墓、后期防滑坡减载取土行为破坏严重，主要分布在地势相对较低的发掘区Ⅰ区东南部，地层堆积厚度0厘米～45厘米，分布面积约300平方米，清理墓葬2座、灰坑1个。出土遗物以夹砂/夹蚌红褐陶陶片为主，少量的夹砂/泥质灰褐陶，可辨器形有圜底罐、束颈罐、尖底盏、高柄豆、器盖、角纺轮等，纹饰有绳纹、网格纹、捏窝纹等，另有少量石斧、石锛等器物，原生西周地层堆积中，可见有土著文化与楚文化遗存共存的现象，显示出楚文化在巫山地区的早期渗透。

战国时期遗存以墓葬为主，均为长宽比较大的竖穴窄土坑墓，共清理完成15座。出土遗物以陶鬲、盆、豆、罐组合/鼎、敦、壶、豆组合为典型，另有少量楚式青铜剑、铜镞等兵器，体现了楚文化在这一时期已居于主导地位。

两汉时期遗存以墓葬为主，清理完成50座。墓葬形制多样，有竖穴土坑墓（45座）、竖穴土坑石板墓（1座）、竖穴土圹砖室墓（1座）、土洞砖室墓（2座）、土洞石室墓（1座），基本反映了从西汉至东汉墓葬形制的演变规律。清理的45座土坑墓均为宽坑竖穴土坑，出土遗物以陶制模型明器为主，出土遗物以陶制釜甑灶组合、罐、仓、钵、盖豆、鼎为主，另有少量青铜鍪、鼎、勺、印章、带钩、蒜头壶、钱币、铁刀、玉璧等遗物。西汉墓葬仅个别有打破关系，在当时应是一处有规划的墓地，大部分墓葬的填土取土自西周文化层，基本不夹杂大块生土，推测为有意识地取土回填墓穴。

明清时期遗存可分为灰坑（33个）、

灰沟（4 条）、墓葬（14 座）和寺观建筑基址（8 处）四大部分。建筑基础附近的僧人墓葬是一项突破性的发现，对认识同时期僧人墓葬的选址、布局及丧葬行为具有重要的参考价值，寺观建筑基址格局较清晰，建筑分布面积超过 3000 平方米，是复原明清时期的寺观的重要实物基础。

（周　勇　邹后曦）

【万州区银加嘴战国至明代遗存】

发掘时间：2016 年 7 ~9 月

工作单位：重庆市文化遗产研究院、宜昌博物馆

位于万州区新乡镇万顺 5 社，作为三峡后续消落区地下文物保护项目，2016 年7 ~ 9 月，重庆市文化遗产研究院联合宜昌博物馆对墓群开展了抢救性发掘，完成发掘面积 1360 平方米，清理遗迹 18 处，其中竖穴土坑墓 15 座、砖室墓 2 座、窑址 1 座，出土陶、瓷、铜、铁、银、石器等各类遗物共 1395 件，遗存时代包括战国、两汉、六朝、宋及明代。

此次工作以墓葬为主要收获，发现的墓葬排列有序、分布密集，主体时代自战国延续至六朝时期，未发现同时期的居住址，表明该区域在比较长的时期内都作为墓地使用。此外，这批墓葬保存较好，部分墓葬未遭盗扰，出土随葬品数量、器类丰富，进一步充实了峡江地区战国至六朝时期墓葬考古的新材料，是该区域历史文化研究的重要收获。

（范　鹏）

【万州区包上汉代墓群】

发掘时间：2016 年 5 ~8 月

工作单位：重庆市文化遗产研究院、西南民族大学西南民族研究院

位于万州区新乡镇万顺村 1 社，作为三峡后续消落区地下文物保护项目，2016 年 5 ~8 月，重庆市文化遗产研究院联合西南民族大学西南民族研究院对墓群开展了抢救性发掘，完成发掘面积 870 平方米，清理两汉时期墓葬 13 座，出土铜、陶、铁器等各类随葬品 185 件。

其中，砖室墓 1 座（M1），平面呈“凸”字形，打破土坑墓 M12，未见随葬品，时代应在东汉中晚期。其余墓葬均为土坑墓，在分布上较为密集，之间无打破关系，从朝向上来看，M2、M4、M5、M9、M10、M11 为西北—东南向，其余土坑墓为东北—西南向。这批土坑墓的时代应在西汉中晚期，在布局上较为有序，可能是一处经过规划的家族墓地。这一发现为研究峡江地区西汉墓葬形制与墓地布局提供了新的实物资料。

（乔　栋）

【丰都县汀溪汉魏六朝墓葬】

发掘时间：2016 年 5 ~6 月

工作单位：重庆师范大学西南考古与文物研究中心、重庆市文化遗产研究院

汀溪遗址位于丰都县十直镇汀溪村二社。遗址位于长江西侧的一、二级台地上，地理坐标为北纬 30°02′40″、东经 107°50′35″，海拔 260 米 ~264 米。此次发掘面积共计 510 平方米。

此次发掘共发现墓葬 7 座，其中 M6 为建造于基岩上的石室墓，其他 6 座墓葬均为在基岩上开挖墓坑的砖室墓。6 座砖室墓的墓砖均完全被破坏，仅存墓坑。所有砖室墓均开口于耕土层即第 1 层下，相互无叠压打破关系。M4 墓葬填土及墓底共发现可辨器形的釉陶器、陶器共计 12 件，器类计有釉陶盘、釉陶灯、陶俑、陶井盖、灰陶罐等。M5 墓葬填土中发现釉陶器、陶器、铁器、铜钱等遗物共计 11 件（套），器类计有釉陶盘、釉陶盏、陶侍立

俑、铁棺钉、铜钱等。M4 的年代大体为东汉晚期。M5 年代可能为蜀汉时期。

M6 为石室墓，石块暴露于地表，整个墓室系在基岩上建造而成。平面呈长方形，由对称的同墓异穴的南墓室和北墓室组成，北墓室结构保存较好，南墓室南壁遭到破坏。北墓室出土残瓷碗 1 件，其他均为南墓室所出，计有瓷盏 2 件、瓷碗 2 件、青铜钗 1 件、馆钉 3 件。M6 年代大体相当于北宋晚期到南宋时期。

此次发掘的砖室墓均在基岩上开凿而成，排列整齐，虽然墓葬方向有别，年代可能有差异，但是应当为一家族墓地，这为讨论汉魏六朝时期的家族墓地提供了重要资料。M6 为典型的石室墓，出土遗物虽然不多，但是较为典型，为研究三峡地区宋代的丧葬习俗提供了重要资料。

（蒋　刚）

【涪陵区麦子坝汉至六朝及宋明清遗存】

发掘时间：2016 年 4 ~ 10 月

工作单位：重庆市文化遗产研究院、涪陵区博物馆

位于涪陵区南沱镇石佛村 1 社，作为三峡后续消落区地下文物保护项目，2016 年 4 ~ 10 月，重庆市文化遗产研究院联合涪陵区博物馆对麦子坝遗址进行了抢救性发掘。发掘面积 870 平方米，清理遗迹 25 处，包括汉至六朝时期墓葬 13 座、汉代灰沟 1 条、宋代柱洞 1 个、明清时期灰沟 9 条及柱洞 1 个，出土陶、瓷、铜、铁、石、料器等各类遗物 300 余件。

此次发掘的 13 座墓葬是为主要收获，其时代从东汉晚期延续至六朝时期，墓葬形制以“凸”字形砖室墓为主，部分六朝时期墓葬存在借用东汉墓葬的墓壁而建造的现象。随葬品以生活用具为主，有陶罐、陶俑、陶釜、铜耳扣、瓷杯、瓷碗、瓷盘口壶等。此次发掘为研究渝东地区的东汉晚期至六朝时期墓葬分布与特点提供了重要的实物资料。

（黄　海　陈　啸　周　虹）

【丰都县糖房汉晋墓葬】

发掘时间：2016 年 4 ~ 5 月

工作单位：重庆师范大学西南考古与文物研究中心、重庆市文化遗产研究院

糖房遗址位于重庆市丰都县十直镇汀溪村 1 社。遗址位于长江西侧的一二级台地上，地理坐标为北纬 30°04′30″、东经 107°53′40″，海拔 170 米 ~ 176 米。此次发掘面积为 500 平方米。

此次发掘共发现墓葬 3 座，3 座墓均为带墓道的砖室券顶墓，均遭到严重盗扰，甬道均被江水冲毁，尤其是 M1 甬道完全不存。

M1 平面呈刀把形，由甬道、墓室组成，甬道北端已被现代墓打破，残存部分壁砖。墓室南端券顶残存很少一部分，墓室保存较好。墓底无铺地砖。M1 出土陶器、瓷器、铜器、铅器 12 件（套）。器类计有釉陶博山炉盖 1 件、釉陶碗 1 件、陶子母鸡 1 件、陶井架 1 件、陶博山炉座 1 件、陶塘 1 件、瓷碗 1 件、铅指环 7 件、铜铃铛 1 件、铜钗 2 件、铜钱 32 枚。

M2 由墓室、甬道和耳室构成，耳室残毁严重，甬道已不存。墓底无铺地砖，甬道已破坏不存，耳室仅一面残存有墓砖。M2 出土陶罐、陶井小罐各 1 件。

M3 平面呈刀把形。由甬道、墓室组成。甬道北端被江水冲毁。墓底无铺地砖。M3 出土陶器、铁器、铜器 20 件（套）。器类计有陶罐 3 件、陶钵 1 件、陶碗 1 件、陶井 1 件、釉陶罐 4 件、釉陶魁 1 件、釉陶博山炉 2 件、釉陶盘 2 件、釉陶钵 1 件、釉陶锺 1 件、釉陶盆 1 件、铁釜 1 件、铜钱 7 枚。M3 年代大体为东汉中期。M1 和 M2 年代大体相当于两晋时期。

此次发掘的 M1 中出土了 7 件铅指

环经过科学检测，确定为铅器。此次发掘的铅指环不仅增加了新的铅器器类，而且发现数量较多，为今后讨论峡江地区汉晋时期铅器的发展水品提供了重要的资料。

（蒋　刚）

【永川区汉东城汉唐宋及明代遗址】

发掘时间：2016 年 10～12 月

工作单位：重庆市文化遗产研究院

位于永川区朱沱镇汉东村 6 社，地处长江左岸二级阶地。2013 年 10 月～2015 年 1 月，重庆市文化遗产研究院曾对该遗址开展了考古调查、勘探及考古发掘工作，调查面积为 12 平方千米，勘探面积 20 万平方米，发掘面积 1200 平方米。

2016 年 10 月至 2017 年 1 月，重庆市文化遗产研究院对该遗址开展了考古发掘工作，发掘面积共计 1325 平方米，发现遗存主要为唐宋时期，也有少量汉代及明代遗存。清理灰坑、房址、沟、柱洞、墓葬、道路等遗迹 140 座（处），其中灰坑 69 个、房址 10 座、柱洞 46 个、墓葬 3 座、道路 2 条。出土陶、瓷、石、骨、铁、铜、琉璃质器物小件 850 余件（套），以唐宋时期川渝地区各窑口以及景德镇窑、湖田窑、龙泉窑、繁昌窑等瓷器为主。在考古发掘工作中，采用了田野考古发掘数字化管理平台、多旋翼无人机拍摄正射影像、RTK 与全站仪测绘等多种科技手段记录与管理考古遗存信息。

通过此次考古工作，较为系统地认识了汉东城遗址各时期聚落形态与变迁，进一步明确了唐宋时期城址格局及功能分区。此外，还发现了较为完善的排水系统及宋代冶炼类遗存。同时，汉代土坑墓及瓮棺葬的发现，也为探讨这一地区的汉代墓葬制度提供了重要的实物资料。

（代玉彪　白九江）

【丰都县镇江东汉至六朝墓群】

发掘时间：2016 年 4～11 月

工作单位：重庆市文化遗产研究院

2016 年 4～11 月，重庆市文化遗产研究院对丰都县镇江精细化工园 B01、B03、B04、B05 地块（I 期）建设征地区涉及的 5 处文物点，共计 16 座东汉至六朝墓葬进行了清理，发掘面积共计 1000 平方米。

此次发掘共出土器物标本 130 余件，以陶、瓷质为主，另有铜、铁、石、银及琉璃器。陶器包括罐、盆、钵、釜、甑、锺、俑、仓、豆、勺、博山炉、魁等；瓷质形有四系罐、钵、碗、杯、鸡首壶、唾壶、器盖等；铜器有带钩、铜牌饰、钱币；铁器有铁削、锄头；其他材质有石质黛板、银饰及琉璃串珠等。通过此次发掘工作，丰富了丰都镇江地区汉至六朝时期墓葬考古材料，也增添了一大批珍贵文物，具有较高的研究价值。

（黄　伟）

【武隆区老县城东汉至清代遗址】

发掘时间：2016 年 7～9 月

工作单位：重庆市文化遗产研究院

位于武隆区土坎镇五龙村，地处乌江右岸的台地和坡地上。为配合渝怀铁路二线工程的建设，重庆市文化遗产研究院对该遗址进行了发掘，发掘面积共计 1200 平方米，清理汉至明清时期的各类遗迹 20 座，出土各类文物标本 400 余件。

遗存主要可分为东汉至六朝、宋代、明清三个时期。

东汉至六朝时期遗存以墓葬为主，共发现砖室墓 3 座，以生土为底的筑墓方式和车马砖的使用颇具地方特色，出土随葬品主要有陶俑、陶模型明器、陶魁、陶壶、陶罐等。

宋代遗迹较少，仅发现灰坑 1 个。文化层中出土有大量的遗物，按用途主要可分为生活用具、建筑材料等，其中以生活用具为主；可辨器形主要有瓷碗、瓷盏、瓷碟、瓷梅瓶、瓷盆、瓷灯、瓷器盖、陶瓦当、陶滴水、陶板瓦、铜钱币等，这为寻找唐宋时期的武龙县治所提供了线索。

明清时期遗存有灰坑 7 个、排水沟 4 条、道路 3 条、石墙 1 座、石块堆积 1 座、墓葬 1 座以及碑刻 4 块，另调查中还发现清代金单簿文书 1 本。出土遗物以生活用具为主，另有少量的建筑材料，可辨器形有瓷碗、瓷盘、瓷盆、瓷壶、瓷镭钵、瓷灯、陶板瓦、陶瓦当、陶砖、铜钱币等。明清时期的城内交通、排水设施、墓葬区、寺庙宫观遗址的发现勾勒出了明清武隆县城及武隆巡检司的大体布局与功能分区。一批明清时期碑刻及金丹簿的发现为确认明清武隆县城位置、盐运道路、租佃制度、军事活动、民间丧葬仪式等提供了重要的文字材料。

（牛英彬）

【云阳县唐家湾宋明墓群】

发掘时间：2016 年 6 月 11 日 ~7 月 9 日

工作单位：重庆市文化遗产研究院、中山大学社会学与人类学学院

唐家湾墓群位于重庆市云阳县云阳镇蔬菜村 2 组，中心地理坐标为北纬 30°57′10.7″、东经 108°54′50.7″，海拔 150 米 ~172 米，地处三峡水库消落区，为重庆市后续三峡文物保护项目。在发掘之前，考古队以唐家湾为中心，对汤溪河口至叫花岩以西之间长约 1000 米长江北岸消落区进行了现场调查及踏勘，小地名由西至东分别为石板沟、唐家湾、大磨盘和磷肥厂。石板沟发现有较多石室墓；唐家湾因 1982 年浅层滑坡后，还残留一些砖室墓、石室墓的底部；大磨盘保留原始地貌，在旧的乡村公路以上发现较多小型砖石墓和土坑墓；村民曾在原磷肥厂旧址挖出过铜器。

此次发掘分为Ⅰ、Ⅱ两区，分属于唐家湾和大磨盘。Ⅰ区（唐家湾）450 平方米，发掘墓葬 10 座（M1 ~ M10）。Ⅱ区（大磨盘）发掘面积 450 平方米，发掘墓葬 19 座（M201 ~ M219）。2016 年度发掘面积共计 900 平方米，共发掘墓葬 29 座。分属东汉至宋代、明代各个时期，以明代墓葬数量最多。其中东汉至宋代的砖室墓或石室墓 2 座，墓葬为东汉形制，但随葬品为宋代，此种现象与三峡地区唐宋时期常见的“借室为墓”葬俗相似，或为借室葬研究增添了新例。明代石室墓 2 座及土坑木棺墓 25 座，墓内带有不同形制的头龛，随葬魂瓶、衣食罐、蛋壳等，为三峡地区明代葬俗研究提供了有一定价值的实物资料。

（王　宏　冯　爽）

【渝中区朝天门宋至明清遗址】

发掘时间：2016 年 2 ~ 11 月

工作单位：重庆市文化遗产研究院

位于渝中区朝天门街道，地处朝天门与西水门之间，现处重庆来福士广场项目建设用地范围。2015 年 5 月以来，重庆市文化遗产研究院对遗址进行了调查勘探、试掘及考古发掘工作。2016 年 2 ~ 11 月，重庆市文化遗产研究院继续对遗址开展考古发掘。共布设探方 22 个，探沟 7 条，发掘面积 3335 平方米，发现并清理城墙、房址、道路、排水沟、水池、灰坑、柱洞、水井、墓葬及石（砖）墙等各类遗迹 319 处。发掘过程中，完成重要遗存留取保护 32 处，整体套箱留取保护墓葬 1 处。

遗址出土陶、瓷、铜、铁、琉璃及石质器物标本 3600 余件。主要发现于明代城墙夯土层、宋（元）建筑废弃堆积层及城墙顶部清至民国时期遗迹垫土层。瓷器窑口主要有湖田窑、龙泉窑、耀州窑、彭州窑、邛窑及合州窑、清溪窑及涂山窑等。钱币数量较多，主要品类有半两、五铢、直百五铢、大泉五十、开元通宝、祥符元宝、明道元宝、淳祐通宝、万历通宝、崇

祯通宝、康熙通宝、乾隆通宝及民国铜板等，另有“景兴通宝”（安南钱币）1枚。

通过2016年度的发掘，基本廓清了遗址的保存现状、形制结构及时代关系，现存城墙主要为宋、明、清三个时期，综合各探沟剖面，具体形制有单独明代及清代城墙，宋、明两期城墙叠压，明、清两期城墙叠压，宋、明、清三期城墙叠压等多种情况。清理发掘情况显示，遗址内涵丰富，兴废频繁，除城垣建筑外，发现了一批墓砖、阶梯道路、排水设施、作坊建筑、水井、采石场及生活聚落房址等，反映遗址因地处两江交汇区域，历史上人类活动频繁，除主体城垣外，也是码头运输、商贸活动及水运交通的重要区域。根据地层关系，结合出土遗物情况，初步梳理遗址可分为九期，分别为民国、清代、明代、元代、南宋、北宋、唐五代、汉代及东周。其中东周遗存仅发现于D段西部，南宋、北宋遗存最为丰富。

朝天门古城墙是重庆明清古城垣的重要组成部分，宋、明古城墙的叠压关系，解决了明初戴鼎“因旧址筑城”的具体方式以及宋代城墙的用材问题。遗址表现出的“金城汤池、城堤一体”的筑城理念具有鲜明的地域特点，是古代南方山水城市营造设计的典型代表，对于重庆地方史、宋蒙战争史、中国城市史研究均有重要价值。遗址开展了重要遗存留取保护及延时摄影、高分辨率正射影像及纪录片拍摄工作，在全面留取遗址历史信息的同时，也为遗址后期展示利用提供了科学依据和丰富的实物材料，对结合来福士广场项目推动文化遗产保护成果全民共享有重要意义。

（蔡亚林　邹后曦）

【江津区石佛寺宋至明清遗址】

发掘时间：2016年10～12月

工作单位：重庆市文化遗产研究院

位于江津区德感街道办事处中渡村2社，地处长江北岸一处U形山谷的上部，与江津主城隔江相望。2016年10～12月，重庆市文化遗产研究院对该遗址开展考古调查、勘探和试掘工作。调查面积约1000平方米，试掘300平方米，发现有宋至明清时期的寺庙建筑遗迹群、摩崖造像、僧人墓葬群等，出土各类文物标本50余件，种类主要有单体石造像、石构件、石碑刻、石经幢、陶瓦、陶建筑构件、瓷碗等。

石佛寺遗址规模宏大、遗存类型丰富、保存较好，集摩崖造像、寺庙建筑、僧人墓葬等于一体，特别是将自然山势和天然落石有机组合到寺庙建筑中，并以天然落石为轴线的布局结构，是一种独特的寺庙建筑格局，这在中国寺庙遗址中是罕见的，是西南山地古代建筑技术和建筑规划的杰作。遗址中的摩崖造像和单体造像，雕刻精美、技艺纯熟，是西南地区佛教造像中不可多得的艺术珍品。该遗址为研究西南地区的佛教史、宗教史、美术史、建筑史等提供了珍贵的实物资料。

（牛英彬　邹后曦）

【丰都县柑子园堡明代遗址】

发掘时间：2016年4～6月

工作单位：重庆师范大学西南考古与文物研究中心、重庆市文化遗产研究院

该遗址位于丰都县十直镇楼子村3社。此次发掘地点分为三个区，即A区、B区和C区，共发掘面积810平方米。除地层堆积外，在A区清理窑址2座，在B区清理灰坑1个。

柑子园堡遗址的地层堆积可分为3个大地层。第1层为农耕土；第2层为扰乱层，出土一些釉陶器，多为当时烧制器物时遗弃下来的一些残次品；第3层为文化层，基本上都是烧制器物后遗弃下来的一些残次品和各类器物的残片，火候较高，器形主要有匣钵、罐、擂钵、碗、杯、壶、

盏、缸、盆、器盖等。

1号窑址残长19.1米，宽约2米，距地表残深5厘米~70厘米不等，开口于第3层下，窑头、窑身及窑尾等均遭到破坏，仅残存中部的窑室。窑室顶部已塌毁，仅残存靠底部的部分，结构较简单，横断面呈“凹”形，内宽200厘米。窑壁多用长20厘米、宽13厘米、厚7厘米的烧砖，并夹杂有一些长30厘米~45厘米，宽18厘米，厚8厘米~10厘米（有的是长短不一的残砖）的汉砖混砌而成，汉砖有纹饰的一面朝内侧，窑壁厚18厘米~20厘米不等。窑床不见用烧砖铺砌，仅在挖好的沟槽上面均匀铺垫一层细沙，并基本为同一斜度的坡面，因长期烧烤从而形成一层厚约5厘米、坚硬的青灰色烧结面。

2号窑址与1号窑址相距50米，残长约15.8米。宽最东北端约60厘米，西南端约226厘米。东北端的窑头及西南的窑尾均遭破坏，仅残存火膛、火门及窑室部分。窑址用料及砌筑方法与1号窑址基本一样，只是2号窑址的窑室横断面中部略凸，两边略凹，呈弧形状。部分火膛残留下来，位于东北的山包下，残长190厘米，内宽50厘米。火膛与窑室中间具有火门的挡火墙，厚6厘米~10厘米，内宽50厘米。火膛底部用汉砖错缝平铺。火门位于火膛与窑室交界处，宽36厘米，进深30厘米。挡火墙两边各用一块汉砖堆砌，厚72厘米，长30厘米，残高约36厘米。两座窑址出土器物与地层中的出土器物大致一样，只是种类少些而匣钵多一些。

此次发掘使我们对该地区晚期（明代）窑址的资料情况有了更加清楚的认识，尤其是两座龙窑的发掘，为研究三峡地区晚期龙窑的布局与结构、烧制工艺、筑窑技术等提供了较为珍贵的实物资料和研究信息。

（杨　华）

【璧山区生基湾明代墓群】

发掘时间：2016年3~5月

工作单位：重庆市文化遗产研究院

位于璧山区丁家街道铜瓦村10社。2015年4~5月，重庆市文化遗产研究院在配合九永高速建设工程开展的文物调查中发现该墓群。2016年3~5月，重庆市文化遗产研究院对生基湾墓群开展了抢救性发掘，清理墓葬63座，出土遗物130件。

生基湾墓群墓葬呈西北东南向阶梯状分布于山坡上，多为石室墓，少量砖室墓。墓室形制和规模相当，墓室内设有棺床，后壁大多有龛。在其中两座墓葬的封门和门楣石上发现有“万历二十七年”和“万历三十五年”纪年题刻。出土随葬品主要发现于墓室的后部和后龛内，种类包括铜簪、瓷碗、缸胎谷仓罐、缸胎双联谷仓罐等，少量谷仓罐内发现有残存谷物。

根据墓葬形制、出土遗物并结合纪年题刻，推断该墓群为一处明代家族墓群。墓群规模宏大，数量众多，分布密集，是近年来重庆市文化遗产研究院明代墓葬考古的一次重要发现，为研究明代家族墓葬以及丧葬礼俗提供了重要的考古资资料。

（汪　伟）

【石柱县古城坝明清土司遗址】

发掘时间：2016年2~7月

工作单位：重庆市文化遗产研究院

位于石柱土家族自治县悦崃镇新城村古城坝。据文献记载，该遗址自南宋始置石砫安抚司以来，先后为石砫安抚司、石砫军民府（军民安抚司）、石砫宣抚司治所所在地，延续至明初。

为了研究重庆地区的土司文化遗存，国家文物局批准了重庆市文化遗产研究院对古城坝土司遗址的主动性考古发掘工作。野外工作于2016年2月启动，至7月底结束，共完成调查面积约2000平方米，调查文物点包括房屋建筑、墓葬、桥梁、碑刻、建筑基址等共20处；勘探面积达40000平方米；试掘面积875平方米，发现有建筑基址、道路、灰坑、蓄水池等遗迹，出土瓷器、铜器、铁器、瓦片等文物标本仅百件。遗存主体时代为明清时期。

此次工作中，在传统的田野考古工作方法基础上大量应用航测、航拍、RTK和全站仪测绘、考古测量仪、全景拍摄等科技考古手段，同时重点加强了对口述史料的收集。通过多种方法的相结合，获得了全面、翔实的遗存信息。

通过此次工作，厘清了古城坝土司遗址的总体布局与功能分区，明晰了遗址的内外交通体系，为石柱土司以及重庆地区土司文化的研究提供了重要资料。

（杨鹏强　白九江）

【九龙坡区毗卢寺明清寺庙遗址】

发掘时间：2016年8～10月

工作单位：重庆市文化遗产研究院

位于九龙坡区走马镇银岗村17社，地处象皮岭西侧山包顶部，西北距走马古镇约2000米。

为配合九永高速的建设，重庆市文化遗产研究院于2016年8～10月对该遗址进行了抢救性考古发掘，发掘面积1020平方米，清理殿基址、房址、天井、道路、排水沟、坑、井及香炉等各类建筑遗迹21处，出土器物标本95件，主要有陶、瓷、铜、石四大类，可辨器形有滴水、碗、壶、钱币、造像、基座等。

通过此次考古发掘，基本廓清了遗址的布局结构，寺庙坐东北朝西南，中轴线上依次分布有山门、下殿、天井、上殿、送子殿，两侧为雷祖殿、香积厨、客堂及厢房。其中，上殿清理有早晚两期建筑遗存。据发掘调查、历史文献初步判断，毗卢寺遗址建于明代，清初重修，“文化大革命”期间毁弃。毗卢寺遗址格局基本清晰、出土佛教造像精美，为研究重庆地区古代寺庙的选址、布局和造像艺术提供了重要的实物资料。

（孙治刚）

四川省

【大邑县高山古城新石器遗址】

发掘时间：2016 年 10 ~12 月

工作单位：成都文物考古研究所、大邑县文物管理所

高山古城遗址位于成都市大邑县三岔镇赵庵村，地理坐标为北纬 30°27′09.5″、东经 103°34′46.3″，海拔 494.5 米，地处成都平原西南缘的斜江河流域。高山古城于 2003 年由成都文物考古研究所调查发现。2012 年 11 月 ~2014 年 12 月，成都文物考古研究所开始对城址内外区域进行了全面钻探，并在钻探基础上选点试掘。2015 年 10 月至 2016 年 4 月，在城址中部发掘中，发现了一片新石器时代墓地。为进一步确认城内墓地的分布范围，经国家文物局批准，2016 年度在城址中部又进行了发掘，发掘面积 800 平方米。

发掘区内地层堆积依次为现代耕土层、清代层、汉代层、宝墩文化层。其中宝墩文化层较厚，发掘区内的第 4、5、6、7 层均为宝墩文化地层，其中第 4、5 层下均叠压有宝墩文化遗迹。

此次发掘获得宝墩文化灰坑 48 个，灰沟 4 条，墓葬 21 座，石器、陶器标本上千件。遗物主要为陶器、石器。此次发掘又复原了大量陶器标本，其中夹砂陶主要有绳纹花边口瓮、折沿罐、侈口罐、翻卷沿罐、敞口尊、盘口尊、厚胎罐、器盖等，泥质陶主要有喇叭口高领罐、壶、宽沿高领器、宽沿平底尊、瓦楞纹尊、豆等。其中豆和瓦楞纹尊均为泥质黑皮陶，形制规整，器表磨光。还发现有数量不多，但制作较其他陶器精美，可能已经脱离了一般日用陶器的范畴，或具有礼仪性质，如装饰花纹的磨光黑皮陶簋形器、长柄浅盘豆、圈足尊等。玉石器种类有钺、刀、斧、凿、锛、矛等。穿孔石钺通体磨光，制作精美，器体较薄；穿孔石刀整体略呈刃部外弧的长方形。所有穿孔石器均为单面方向钻孔，是高山古城遗址新石器时代石器的特点。

在发掘中同步进行了浮选工作，目前发现的植物种子有水稻、粟、薏苡、苍耳等。目前发现的动物种类有猪、牛、狗、鸡、鱼等，特别是猪骨最为多见。这些动、植物遗存为我们了解高山古城史前居民的生业形态提供了重要参考。

高山古城遗址复原的大量陶器为我们深入认识宝墩文化内涵与分期提供了新的实物资料和契机。城址中墓地位置的确认为我们讨论城址的功能分区提供了线索。

（刘祥宇　周志清　陈　剑）

【丝绸之路河南道（四川阿坝州段）考古调查】

调查时间：2016 年 9 月

工作单位：成都文物考古研究所、阿坝藏族羌族自治州文物管理所、茂县羌族博物馆

为推进国家“一带一路”建设及丝绸之路的考古工作和文化遗产保护工作，配合国家大遗址保护成都片区相关工作的实施。成都文物考古研究所与阿坝藏族羌族

自治州文物管理所、茂县羌族博物馆联合开展丝绸之路河南道（四川阿坝州段）的考古调查及勘探工作。在茂县南新镇别立村上中下三寨及白水寨进行实地调查，发现了原生文化层并采集陶片、红烧土等遗物。并对黑水县黑水河流域的官纳若遗址、白尔窝遗址、色尔古遗址进行了现场调查。黑水河为岷江一级支流，发源于川西北高原草地，在茂县两河口汇入岷江。白尔窝遗址位于黑水县扎窝乡白尔窝村，在遗址断坎上发现有灰坑、房址踩踏面、石砌灶坑等遗迹，在地表和断面上采集有彩陶片、穿孔石刀、陶纺轮、穿孔陶片、泥质陶片、夹砂陶片等遗物。根据初步的分析，白尔窝遗址的年代延续时间较长，距今5000～2000年，包含了新石器时代晚期、龙山文化晚期、秦汉时期三个阶段的文化遗存。从采集陶片的陶质陶色，尤其是纹饰来看，白尔窝遗址的遗存带有十分强烈的地域性文化因素，与周边的同时代遗址相比，存在较大差异。白尔窝遗址的发现，说明从距今5000年开始，黑水河地区已有人类居住和生活，白尔窝遗址发现的彩陶，是黑水河流域的首次发现，为研究川西北彩陶文化的分布和传播提供了新的材料，具有重要的考古学意义。

为进一步了解若尔盖草原沙化地带古文化遗址的分布规律、文化堆积、文化内涵及与周边地区早期文化的联系与互动等内容，考古人员对若尔盖县草地上的协玛坚遗址进行调查及勘探，这里属于黄河上游的支流黑河及白河流域。找到了清晰的层位关系，发现了较为明确的文化堆积，出土了绳纹花边口沿罐、羊颌骨等数量较多的遗物，同时在地表采集到细石叶、磨制石锛、灰陶直口罐（残）等实物标本。协玛坚遗址的考古结果表明，若尔盖草原地区目前所知最早的文化遗存应该是马家窑文化时期的彩陶，然后是稍晚的以戳印花边和泥条附加堆纹罐为特征的遗存，以细石器为代表的遗址在年代上可能要更晚一些。此外，还对若尔盖县降碑卡拉、日莫卡供、龙杨卡拉、抗拉卡拉、贡桑甲卡和哈都卡甲卡等古城遗址进行田野调查，采集到大量陶片。时间跨度从新石器时代晚期至秦汉时期均有发现。此次调查对若尔盖县境内的古城址时代属性提出了新认识，为下一步对草原古城址、古文化遗址的研究提供了新的素材和方向。

（陈　剑　周志清　何锟宇　闫　雪）

【西昌市大厂新石器晚期至商周时期遗址】

发掘时间：2016年8～10月

工作单位：四川省文物考古研究院、凉山彝族自治州博物馆、西昌市文物管理所

大厂遗址位于西昌市阿七乡大田村1组，地处安宁河西岸二级阶地，是一处近年发现的新石器晚期至商周时期遗址，遗址总面积约2000平方米。2016年度为配合成昆铁路峨米段建设对遗址局部进行了抢救性发掘，发掘面积约560平方米。

由于发掘区域在近年的农田改造活动中受到较大破坏，仅局部区域存在少量的早期文化层堆积，出土少量夹砂红褐陶片。在遗址东部清理了2座长方形竖穴土坑墓，分别编号为M1、M2。2座墓葬均已受到严重破坏，M1仅存墓底东侧局部，M2仅存底部。在M1与M2墓坑内共出土陶器20余件，分组摆放于墓坑南北两端。随葬陶器多为夹砂红褐陶，另有少量夹砂灰褐陶，未见泥质陶器；陶器器表均经磨光处理，除少量小型器物如杯、碗、钵、盏等未施或仅施简单纹饰（如弦纹、条形附加堆纹）外，其余器物如罐、壶等多在颈、肩或腹部施有刻划纹、戳印纹，或以前两种纹饰为基本纹饰单元组成的复合纹饰均为平底器，未见圈足、三足器。根据墓葬形制及随葬器物初步判断，M1和M2的年代

距今约4000年。

（万 靖）

【西昌市新庄新石器晚期至春秋时期遗址】

发掘时间：2016年8～12月

工作单位：四川省文物考古研究院、凉山彝族自治州博物馆、西昌市文物管理所

新庄遗址位于西昌市阿七乡螃蟹村1、2、4组及大田村1组，地处安宁河西岸二级台地。遗址呈南北向分布，南北约1000米，东西约400米，分布面积约40万平方米。2014年成昆铁路峨米段扩能改造工程文物考古调查发现。

为配合成昆铁路建设，几家单位联合对该遗址进行了考古发掘与勘探。总共发掘面积3450平方米，清理有灰坑、灰沟、房址、灶、窑址以及墓葬等各类遗迹600余个，出土石器、陶器等各类小件器物2000余件（组）。出土陶器陶质陶色有夹砂红褐陶、灰褐陶、黄褐陶、黑褐陶，另有少量泥质黑陶；纹饰主要有刻划纹、叶脉纹、戳印纹、"∽"形纹饰、附加堆纹、弦纹等纹饰；可辨器有侈口平底罐、敞口平底罐、瓮、单耳罐、双耳罐、花边口器、带流壶、圈足杯、纺轮等。石器主要为磨制石器，另有少量打制石器；磨制石器穿孔石刀、石锛、石凿为主，另有石斧、石镞、石纺轮、磨石等；打制石器有石斧、石镞、刮削器等。

此次发掘清理了先秦时期墓葬180座。可分三类：一类为瓮棺葬，平面形状呈椭圆形，随葬器物为两件夹砂红陶的侈口平底罐，部分腹上部饰有乳丁纹及戳印纹，器物摆放方式为口对口摆放；一类为石构墓，平面长方形；一类为竖穴土坑墓，为该时期主要墓葬形制，方向多为南北向，亦有东西向墓葬，叠压打破关系较多。从目前清理的竖穴土坑墓情况看，多数墓葬都有随葬品出土，1件至20余件不等。随葬摆放方式及器物组合多样。随葬品中主要为明器，有陶双耳罐、陶带流壶、陶带流罐、陶豆、陶杯、陶簋、陶尊、陶折沿平底罐等；饰品有铜手镯、石串珠等；另出土有石剑族、石戈形器、陶纺轮等。

通过对遗址出土遗物的整理，同时结合^{14}C测年数据，新庄遗址的年代为新石器晚期至春秋时期。遗址出土大量生活用具以及以石器为主的生产工具，加之此次发掘区发现成千的柱洞，分布规律、密集，对研究当时的聚落形态有着重要意义；为研究安宁河流域先秦时期的考古学文化提供了新资料，对安宁河流域先秦时期考古学文化序列的建立有着重要意义。

（李万涛）

【西昌市棺山新石器晚期至汉代遗址】

发掘时间：2016年8～11月

工作单位：四川省文物考古研究院

遗址位于凉山彝族自治州西昌市月华乡新星村，地处安宁河西岸二级台地上，面积约7.5万平方米。2014年配合成昆铁路复线建设考古调查时发现，此次发掘面积365平方米，分为南北相距约150米的两个发掘区，出土各类文物100余件及数以万计的陶片。

发掘区南北两区都有包括上下两个文化层在内的5层地层堆积，其中第3层为战国至汉代文化层，第5层为新石器时代晚期至商周时期文化层，其余为耕土层及砂砾石层。

第3层出土较多陶器及零星石器。陶器全部为夹砂陶，以黄褐陶为主，次为灰褐陶。绝大部分陶片带有纹饰，主要是绳纹和刻划纹。均为平底器和圜底器，器形主要是釜、罐、盆等，部分器物带把。石器为杵、臼等。

第5层出土十分丰富的陶器和少量石器。陶器全部为夹砂陶，以黄褐陶为主，

次为灰褐陶，另有少量黑陶。绝大部分陶片为素面，纹饰以叶脉纹为主，另有少量刻划纹、乳丁纹，极少戳印纹和镂孔纹，叶脉纹全部装饰在平底器的外底，乳丁纹和戳印纹装饰在陶器肩部和颈部，刻划纹分为横、竖线划纹和交叉方格纹及 X 形纹。除20余件纺轮外，其余为平底器和圈足器，少数带有器耳和流，器形多为侈口罐，有侈口高领罐、侈口深腹罐，另有簋、豆、钵、杯等。石器主要有斧、锛、凿、锥、镞等。

棺山遗址地层堆积完整清晰，遗迹现象复杂，文化遗物类多量大，尤其是新石器时代晚期至商周时期的遗存十分丰富，是此次发掘的主要成果。第5层共清理灰沟1条、灰坑14个、石墙3道及柱洞230个。其中灰沟南北贯穿南发掘区，已探明长度24米并延伸至发掘区外；简单粗糙的堆砌石墙南北平行分布，已探明长度最长13米并延伸至发掘区外；北发掘区85平方米的发掘面积内密集分布着204个大小不一的柱洞；都显示出棺山遗址是一处规模较大的早期聚落遗址。

此次发掘有助于了解本地区早期的生态环境、生业与聚落形态，对进一步了解安宁河谷新石器时代晚期至商周时期文化内涵有着重要的作用。

（万　靖）

【西昌市松树山新石器晚期至商周时期遗址】

发掘时间：2016年10～12月

工作单位：四川省文物考古研究院、凉山彝族自治州博物馆、西昌市文物管理所

松树山遗址位于西昌市阿七乡大田村1组，地处安宁河西岸二级阶地，是一处近年发现的新石器晚期至商周时期遗址，遗址总面积约3万平方米。2016年度为配合成昆铁路峨米段建设对遗址局部进行了抢救性发掘，发掘面积约700平方米。

通过发掘发现，在发掘范围内南北两端区域早期文化层堆积较厚、遗迹较密集。遗迹包括灰坑、灰沟、柱洞等，共300多处，以柱洞最多且分布最为密集。在文化层及遗迹堆积内出土有少量的石器和陶片。石器有穿孔石刀、球形器等。陶片以夹砂陶为主，陶色以红、灰色为主，另有少量泥质黑陶，器形包括罐、壶、杯等，多为平底，部分器底有刻划而成的叶脉纹。在部分陶片上有刻划纹、戳印纹、附加堆纹等。通过层位关系及出土器物等判断，松树山遗址的文化层堆积以商周时期为主，但部分灰坑等遗迹在年代上可能早至新石器时代晚期。

（万　靖）

【西昌羊耳坡新石器时代至明清遗址】

发掘时间：2016年8月～2017年1月

工作单位：四川省文物考古研究院、凉山州博物馆、西昌市文管所

羊耳坡遗址位于西昌市裕隆回族乡长村及星宿村，地处安宁河西岸二级台地。2014年四川省文物考古研究院在开展成昆铁路复线考古调查时发现该遗址，为配合成昆铁路复线（凉山段）的建设，联合考古队对羊耳坡遗址进行考古发掘工作，目前已发掘面积3800平方米。

羊耳坡遗址是一处涵盖新石器晚期、两周至汉代、南诏大理时期、明清时期的重要古文化聚落遗址。已发掘了不同时期的房址、墓葬、灰坑、窖穴、水沟等各类遗迹现象300多个，出土各类陶、石、铜、铁、金银器等各类文物500余件。

新石器晚期遗存主要为灰坑，出土遗物数量较少，多为陶器残片。整体以夹砂灰褐、夹砂黄褐陶为主，以戳印纹、刻划纹、附加堆纹为主，可辨器形有罐、盆、钵等。

两周到汉代的遗迹主要有房址、墓葬、

灰坑、水沟等。

房址共发现18座，有半地穴式、干栏式建筑和地面建筑三种，半地穴式均为近方形，直壁、平底。面积6～12平方米；干栏式建筑由排列整齐、有序的圆形柱洞构成，6～8排不等，每排10余个，面积20～110平方米；地面建筑为基槽式，基槽宽0.4米～0.5米，面积6～70平方米。

墓葬共发现不同时期的两个土坑墓地，槽子田墓地共发现墓葬35座，可分为大小两种形制，小型墓葬呈长方形，长1.08米～1.86米、宽0.36米～0.76米、深0.22米～0.72米；大型墓葬呈甲字形，由墓道、墓室两部分组成，通长2.7米～8.12米、宽1.4米～3米、深0.6米～1.4米。槽子田墓地的随葬品以陶器为主，主要器类有带流壶、圈足杯、筒形杯、单耳杯、圈足罐、觚形器、簋等；另有少量铜器，有戈、剑、镯、珠、削刀等。从出土器类来看，初步推测槽子田墓地的年代可能在两周时期。

蛮子沟墓地共发现墓葬96座，排列整齐有序，均呈长方形，长1.4米～2.3米、宽0.5米～1.1米、深0.2米～1.1米。绝大多数墓葬均有随葬品出土，1件至10余件不等。出土随葬品种类齐全，兵器类的有铜柄铁剑、铁剑、铁矛、铁斧、铁镞、铜剑鞘尖等；工具类的有铁削刀、铁锸等；饰品类的有金串珠、银管珠、铜牌饰、铜扣、铜手镯、铁手镯、铁带钩等；明器类的有陶双耳罐、陶单耳罐等。从出土器物来看，蛮子沟墓地的年代可能在战国晚期至西汉。

南诏大理时期遗迹主要为窖穴，共发现58座，呈圆形、椭圆形、圆角长方形等，坑壁、坑底均经过修整，平滑圆顺。填土分层现象明显，出土遗物较少，均为陶器残片、花纹砖残块，主要的器形为夹砂红陶绳纹罐，折沿、高领，平底，从口沿到底部均饰绳纹，该类器形与西昌地区出土的南诏大理时期火葬罐为同一器类。

羊耳坡遗址的考古发掘为研究安宁河流域新石器时代晚期、青铜时代和南诏大理国时期的考古学文化提供了新资料。槽子田墓地中的“甲”字形墓葬形制是在该地区的首次发现，出土器物丰富、文化面貌清晰，为构建安宁河流域青铜时代的文化序列提供了重要支撑。而蛮子沟墓地为首次在安宁河流域发现排列整齐、分布密集的青铜时代土坑墓地，其文化面貌也与已知的安宁河流域考古学文化不同，为重新认识安宁河流域战国晚期至汉代的考古学文化提供了新的资料。

（郑万泉　连　锐　张　燕）

【宣汉罗家坝新石器时代及商周时期遗址】

发掘时间：2015年12月～2016年6月

工作单位：四川省文物考古研究院、宣汉县文物管理所

罗家坝遗址位于达州市宣汉县普光镇进化村罗家坝，地处渠江二级支流后河左岸的一级阶地上，遗址面积120万平方米，是一处涵盖新石器、东周、汉代遗存的重要遗址。

2016年度四川省文物考古研究院对罗家坝遗址进行考古发掘工作，发掘面积300平方米，发现了一批新石器时代遗迹，出土了大量的陶器、石器等遗物。共发现各类遗迹75个，其中灰坑71个、墓葬3座、沟1条；出土各类小件200余件，其中石器168件、陶器31件、铜器5件、铁器1件；采集浮选样本75份、植硅石样本56份、兽骨样本48份、木炭样本22份、烧土样本10份。各类遗迹、遗物主要集中分布在新石器时期和商周时期两个阶段。

新石器时期遗迹较为丰富，在发掘的遗迹中以灰坑为最多，灰坑以圆形、椭圆形、不规则形为主，坑内多包含有炭粒、烧土、兽骨、石块、陶片等。出土的陶器

以夹砂灰陶为主，泥质黄褐陶较少，纹饰以绳纹、附加堆纹为主，另有戳印纹、瓦楞纹、素面等，可辨器形有卷沿鼓腹罐、花边口沿罐、折沿直腹罐、卷沿折腹盆、敛口钵等，多为平底器，少见圜底器、圈足器。石器中打制石器较多，磨制石器较少，磨制石器多为石英岩、砂岩，器形有石斧、石镞、磨石、石砧等；打制石器多为黑色燧石，其次为石英石，细石叶数量最多，其余器类有石核、石片、砾石、砍砸器、刮削器、小石器、磨石等。

商周时期遗迹主要为墓葬、灰坑，其中墓葬为战国时期，出土有铜鍪、铜矛、铜剑、铜钺、陶釜、陶豆、陶罐、陶等遗物；灰坑与地层内出土有少量陶片，可辨器形有罐、鬲、豆等。

此次发掘的新石器时期堆积较为深厚，局部厚度达2米。堆积层次较多，遗迹较为丰富，出土器类较多，器形演化规律清晰，尤其是出土了大量的黑色燧石细石器，另外也有较多的砾石器。川北地区的中子铺遗址以细石器为主、张家坡遗址以砾石器为主，不见细石器、邓家坪遗址有少量小石片和细石器的特征，罗家坝遗址与上述遗址有一定联系，同时其陶系也较为接近，这为认识川北、川东地区的新石器晚期的土著考古学文化提供了重要资料。罗家坝遗址与广元、巴中等地的新石器遗址群一起，正在逐步构建川东北地区嘉陵江流域新石器时代晚期的考古学文化序列，同时也为探索四川盆地新石器时期考古学文化的来源提供了新的方向。

（陈卫东　郑万泉）

【阆中市灵山新石器时代遗址】

发掘时间：2016年8月~2017年1月

工作单位：四川省文物考古研究院、南充市文管所、阆中市文物局

遗址位于阆中市文成镇梁山村，地处嘉陵江与东河交汇处灵山山顶与山腰台地上，西距阆中市约5000米，地理坐标为东经北纬31°37′09.8″、106°00′28.4″，海拔500米。遗址呈南北分布，南北100米，东西60米，分布面积约6000平方米，保存状况较好。

因梁山村村民在灵山山腰台地修建蓄水池发现灵山遗址，并使遗址遭到局部破坏。经逐级申报，组成联合考古队对该遗址展开调查、勘探和抢救性考古发掘工作，发掘面积360平方米。

灵山遗址文化层堆积厚80厘米~290厘米，根据土质、土色和包含物划分的文化层有6~13层；发现灰坑23、房址4、墙3、灶2、柱洞5、燎祭1等遗迹38个；出土小件108件，陶、瓷片208袋、骨样8袋、其他标本66袋，采集浮选土样36袋。

从文化层和遗迹间叠压打破关系以及出土遗物观察，灵山遗址的时代可划分为新石器时代晚期、唐宋、明清及近现代几个阶段，以新石器时代遗存最为丰富。

新石器时代晚期遗存有灰坑、柱洞、灶、燎祭等遗迹以及陶器、石器等遗物。

陶器陶质为夹砂陶和泥质陶，以夹砂陶为主。夹砂陶羼和料为石英砂粒，根据石英颗粒粗细可分为夹粗砂和夹细砂两种，以夹细砂为主；陶色有红、黑、灰、褐以及灰褐、黄褐等色，颜色多不纯正；纹饰主要有绳纹、附加堆纹、划纹、凹凸弦纹、戳印纹、镂孔等，多交错绳纹组成的呈方格纹和菱形纹，以及上述纹饰组成的复合纹；器物种类主要为瓮、缸、罐、盆、盘、钵、杯、器盖及纺轮等。

石器有打制与磨制两类。打制石器主要有刮削器、砍砸器。磨制石器多斧、锛、矛，少刀、杵、石球及穿孔礼器等。

唐宋时期遗存有房址、灰坑等遗迹以及釉陶、砖瓦残片、瓷器、“开元通宝”铜钱等遗物。

明清时期遗存有房址、灰坑、墙、灶等遗迹以及砖瓦残片、建筑构件残片、青

花瓷片和残铁片等。

灵山遗址是嘉陵江中游干流首次发现的新石器时代晚期遗存，为我们了解和研究该地区新石器时代晚期的考古学文化面貌和文化内涵提供了确切的实物资料。观察出土的陶、石器，都具有比较明显的地域特色，可能是新的考古学文化或类型。

（孙智彬　李晓玺　周　林　刘富力　唐德兵）

【什邡境内鸭子河与石亭江上游流域考古调查】

调查时间：2016年10～12月

工作单位：四川省文物考古研究院、德阳市文物考古研究所、什邡市博物馆

为进一步了解三星堆遗址周边区域的遗存分布情况和区域聚落形态，对什邡境内鸭子河流域和石亭江上游流域进行了系统考古调查，范围东起什邡市区西侧，西至龙门山脉东麓，南、北均抵什邡边界，面积约210平方千米。共发现商周时期遗址11处以及遗物采集点2处。

11处遗址集中分布于靠近什邡市区的东部，远离山前地带。分别为赵家巷子、复兴村、邓通村、白沙村、南阳村、土产寺、方碑村、柳泉村、玉桥村、瑞虹村和朱家祠堂。除邓通村遗址和朱家祠堂遗址之外，其余9处均为此次调查新发现。遗址面积普遍较小，多在5000平方米以下，最大的邓通村遗址约20000平方米，最小的土产寺遗址和瑞虹村遗址仅600平方米。堆积较薄弱，最薄仅10厘米，最厚75厘米。采集遗物均为陶器，以夹砂褐陶、灰褐陶和黑皮陶为主，泥质陶少见，器类包括圈足罐和豆形器等，年代均相当于三星堆遗址三、四期。

2处采集点分别为洛城村采集点和兴隆村采集点，位于山前地带，与前述遗址群之间有较大面积的空白地带。采集遗物仅有夹砂褐陶片和夹粗砂红褐陶片，均位于河沙沉积堆积中，应非原位堆积。年代分别相当于桂圆桥一期和三星堆遗址三期。

此次调查是该区域第一次大面积系统调查，初步摸清了区域内的遗存分布和年代构成等情况，新石器时代采集点的发现对于探讨成都平原新石器时代晚期考古学文化的来源及途径具有重要意义，众多商周时期遗址亦可促进关于三星堆遗址周边区域聚落形态的认识。

（雷　雨　冉宏林）

【成都市青羊区王家院子商周时期遗址】

发掘时间：2016年9月～2017年1月

工作单位：成都文物考古研究所

王家院子遗址位于成都市青羊区蔡桥村。为配合基本建设，对该遗址进行了发掘，发掘面积约1200平方米，共清理灰坑49个、灰沟4条、柱洞10个，并获得一批商周时期的遗物。遗址堆积可分为五层，其中第5层为商周时期文化层，遗迹均开口于第5层下。

灰坑按平面形状可分为圆形、椭圆形及不规则形三类。其中，较为规整的圆形灰坑是最主要的形制，直径大多在1.5米以上，深度大于0.4米，多为直壁平底，壁大多经过修整；填土多为灰褐色、黑褐色夹杂的黏土，其中包含较多碳屑及红烧土颗粒，部分底部平铺一层鹅卵石。底部铺鹅卵石的圆形灰坑可能有某种特殊的用途。另有少量口小底大的袋状灰坑，可能作为窖穴使用。

灰沟平面形状不甚规整，均为斜壁圜底，填土与灰坑比较接近，多夹杂有鹅卵石。其中G1长约15米、宽约4米，面积较大，可能是居址主要的排水渠道。

柱洞均为较为规整的圆形，直径20厘米～50厘米，深10厘米～20厘米。这些柱洞集中分布于遗址的西北部，但未出土遗物，并不能直接判断它们是某一个或几

个建筑遗迹的组成部分，但推测此地可能有某种杆栏式建筑。

灰坑和灰沟中出土大量遗物，包括石器和陶器两类。石器主要为磨制石器，也有打制石器。磨制石器均使用青灰色砂石，通体磨光，器形有凿等；打制石器则主要为较大的鹅卵石制成的砍砸器。陶器以夹砂灰陶、褐陶和红褐陶为主，也有少量的泥质灰陶和黑皮陶等；纹饰主要为各类绳纹，以粗绳纹和中绳纹居多。器形主要包括敛口罐、高柄豆、束颈小平底罐、盉、瓮、瓶等，未见尖底器。

从遗迹及出土陶器的陶系和器类来看，王家院子遗址遗存面貌接近于中海国际 2 号地点早期遗存（H25、H26），陶器大多为三星堆文化的典型器形。因此，该遗址可能属于三星堆文化，年代约为商代晚期。王家院子遗址的发掘说明三星堆文化晚期成都地区存在同时期的遗址，为探讨三星堆文化的分布及三星堆文化与十二桥文化的关系提供了新的契机。

（田剑波　谢　涛）

【西昌月华大泥坝商周遗址】

发掘时间：2016 年 9 月 ~2017 年 1 月

工作单位：四川省文物考古研究院、兰州大学历史文化学院

遗址位于西昌市月华乡宁乐村四组，地处安宁河西岸 2 级台地，距安宁河河床 200 米，新星堰从遗址中部穿过。遗址总面积约 72000 平方米。

为配合成昆铁路（峨米段）工程建设，2016 年 9 月，四川省文物考古研究院联合兰州大学历史文化学院对施工范围内 1200 平方米的区域进行了考古发掘。遗址分两区，地层共分五层，第 1 层为耕土层，第 2 层至第 4 层为近现代至唐代的文化层，第 5 层为商周文化层。商周时期遗迹分布密集，开口多在第 3 层和第 5 层下，部分直接开口在耕土层下。共发现房址、灰坑、灰沟、柱洞等各类遗迹百余处，其中房址 27 处，灰坑 14 个，灰沟 3 条，柱洞数百个。出土遗物以石器、陶器居多，纳入编号的小件逾 2000 件。此外，还采集到数百个炭样、数百袋土样标本。

出土陶器以夹砂黄陶、灰陶为主，泥质陶极少见。器形包括双耳侈口罐、盲耳侈口罐、矮圈足器、深腹盆、侈口杯、带流器和陶纺轮。器表多素面，纹饰多集中在颈部和底部，常见刻划纹和叶脉纹。石器以打制石器为大宗，盘状器极具特色，另有刮削器，尖状器、石锤和小石器。磨制石器较少，种类有多孔石刀、双孔石刀、石斧、石镞、石凿、石网坠和石球。

遗址内发现的房址多为半地穴式，朝向一致，分布均匀。多呈圆角方形，柱洞或较规律地分布在房址四壁，或在屋内呈双排分布，或仅见于房屋四角。灶多位于屋内正中，东西两侧普遍各有一个或多个柱洞。此外，还出现有基槽式房址。灰坑形制多样，包括圆形、椭圆形和圆角长方形。灰沟呈规则或不规则的长条形，沟壁明显。

根据目前的发现初步推断，大泥坝遗址是一处商周时期持续时间较长、房屋分布密集、整体布局规整的聚落遗址。该遗址的发掘，不仅为安宁河流域先秦时期考古学文化时空框架的构建、完善以及聚落形态的演变提供了重要的实物资料，同时为学界充分认识“边地半月形文化传播带”南端的文化内涵以及西南与西北地区考古学文化之间的互动与交流提供了更多的信息和更广的视角。

（任瑞波　陈　苇）

【西昌安宁场商周时期遗址】

发掘时间：2016 年 8 月 ~2017 年 1 月

工作单位：四川省文物考古研究院、凉山彝族自治州博物馆、西昌市文物管理所

遗址位于西昌市月华乡安宁村，地处

安宁河西岸，东距安宁河约200米。地理坐标为北纬28°08′17.1″、东经102°09′13.7″，海拔约为1580米。遗址呈南北分布，南北2660米，东西200米，分布面积为54万平方米，保存状况较好。

为配合成昆铁路（峨米段）扩能改造工程建设，对施工范围进行了考古发掘，共计2500平方米。遗址堆积层位多，堆积厚度最深处达2.2米。第5层呈黑灰色沙土，亚黏性，为遗址的先秦时期文化层，含大量夹砂陶片和石器。遗迹主要开口在第5层下，发现房址、灰坑、灰沟、窑址等遗迹80余处，柱洞近500个。其中房址13处、灰坑55个、灰沟10条、窑址2座。出土遗物以陶器、石器居多，纳入编号的小件近400件，陶器主要有侈口罐、高领罐、筒形罐、豆形器、平底器、盏和纺轮等。石器有盘状砍砸器、刮削器、石斧、石锛、穿孔石刀、石锤、石球、网坠、砺石、磨盘、磨棒、石杵、箭镞、铁矿石等。此外，采集了200余袋碳样和土样标本。

遗址内发现的房址皆为半地穴式，这些房址平面呈圆角方形，边长在2.6米~4米，残深0.2米~0.6米，除F11发现向南的门道外，其余房址未见门道。推测门道向东或者向南。这些房址底部中间或附近均有用火痕迹，部分已经烧成红烧土，部分留存草木灰烬。用火痕迹旁边多见柱洞，2个一组或者4个一组。少数房址四周可见与之相关的数个柱洞，多数房址四周未见柱洞。灰坑多为不规则形，但有十余座为形制规范的圆形灰坑，部分坑壁可见脚窝。窑址位于发掘区南部，为地面烧制，可见大面积红烧土遗存，周邻散落较多陶片。

出土陶片主要为夹砂褐陶，红褐陶居多，次为灰褐陶和黄褐陶，羼和物以石英砂粒居多，泥质陶数量稀少；绝大部分陶片都为素面，其次可见刻划或戳印组成的几何纹饰，少量陶器饰有绳纹、乳丁纹、附加泥条堆纹，绝大部分平底器器底都有叶脉纹装饰。

安宁场遗址位于安宁河中游西岸，与相邻的冕宁三分屯遗址、西昌礼州遗址、棲木沟遗址、大泥坝遗址、烧房背后遗址等出土器物十分相似。其年代当与这些遗址接近，属于商周之际或略早阶段。

安宁场遗址与大泥坝遗址集中发现的半地穴式房址为讨论该地区古代环境和聚落形态等提供了重要线索，铁矿石及疑似炉渣的发现为寻找早期冶炼提供了新的线索，对构建安宁河流域先秦时期考古学文化年代序列具有重要意义。

（陈　苇　徐海伦　张　琦　唐　亮　姜先杰）

【西昌大泥坝商周时期遗址】

发掘时间：2016年9月~2017年1月

工作单位：四川省文物考古研究院、兰州大学历史文化学院、凉山彝族自治州博物馆、西昌市文物管理所

遗址位于西昌市月华乡宁乐村四组，地处安宁河西岸2级台地，距安宁河河床200米，新星堰从遗址中部穿过。遗址总面积约72000平方米。

为配合成昆铁路（峨米段）工程建设，考古队对施工范围内1200平方米的区域进行了考古发掘。遗址分两区，地层共分五层，第1层为耕土层，第2层至第4层为近现代至唐代的文化层，第5层为商周文化层。商周时期遗迹分布密集，开口多在第3层和第5层下，部分直接开口在耕土层下。共发现房址、灰坑、灰沟、柱洞等各类遗迹百余处，其中房址27处，灰坑14个，灰沟3条，柱洞数百。出土遗物以石器、陶器居多，纳入编号的小件逾2000件。此外，还采集到近百个炭样、数十袋土样标本。

出土陶器以夹砂黄褐陶、灰褐陶为主，

泥质陶极少见。器形包括双耳侈口罐、盲耳侈口罐、矮圈足器、深腹盆、侈口杯、带流器和陶纺轮。器表多素面，纹饰多集中在颈部和底部，常见刻划纹和叶脉纹。石器以打制石器为大宗，盘状砍砸器极具特色，另有刮削器、尖状器、石锤和小石器。磨制石器较少，种类有多孔石刀、双孔石刀、石斧、石镞、石凿、石网坠和石球。

遗址内发现的房址多为半地穴式，朝向一致，分布均匀。多呈圆角方形，柱洞或较规律地分布在房址四壁，或在屋内呈双排分布，或仅见于房屋四角。灶多位于屋内正中，东西两侧普遍各有一个或多个柱洞。此外，还出现有基槽式房址。灰坑形制多样，包括圆形、椭圆形和圆角长方形。灰沟呈规则或不规则的长条形，沟壁明显。

据目前发现，初步认为大泥坝遗址是一处商周时期持续时间较长、房屋分布密集、整体布局规整的聚落遗址。该遗址的发掘，不仅为安宁河流域先秦时期考古学文化时空框架的构建、完善以及聚落形态的演变提供了重要的实物资料，同时为学界充分认识“边地半月形文化传播带”南端的文化内涵以及西南与西北地区考古学文化之间的互动与交流提供了更多的信息和更广的视角。

（陈　苇　任瑞波　徐海伦　唐　亮　姜先杰）

【成都平原青白江区考古调查】

调查时间：2016 年 11～12 月

工作单位：中国社会科学院考古研究所四川工作队、成都市文物考古研究所、青白江区文管所

此次工作是在 2015 年之后继续开展的考古调查课题。2016 年主要沿毗河完成了本区全程的考古调查。同时在青白江沿岸属于青白江区一侧的范围，也进行了考古调查，但未涉及青白江沿岸属于广汉市的地域。调查新发现陶片采集点十多处，新发现古遗址两处。在青白江客运站地点，发现了较好的古遗址。

调查与青白江区相关的考古勘探工作结合起来，希望更多了解青白江地下埋藏的相关情况，同时与成都市考古所承担的配合达成铁路青白江段复线的考古调查有重合，有的调查地点正好就在复线上。调查还寻找相关的线索，如对发现乌木的地点，在周围进行了较深入扩大的调查，获得了新的收获。如祥福镇万年村，曾经发现乌木，2015 年附近基建工地勘探中发现了万年村遗址，成都市进行了详细勘探和初步发掘。2016 年在附近建设散货物流园区 3 号道路挖掘的基槽内，发现汉代遗存和少量先秦时期遗存，也见有早期陶片，仍与乌木地点存在相互关联。在祥福镇福农村和甘泉村也曾发现乌木，经过重点和反复调查，附近采集到了早期陶片，进一步说明乌木的线索在成都平原考古调查中有较重要的提示意义，可以作为可能性的参考依据。乌木是自然灾害形成埋藏的古树，但它往往也与人类的活动有着某些密切联系和依存关系，是成都平原古人类生存的一种特殊自然环境条件。

成都平原在汉代是十分发达的经济区，农业文明极为先进。都江堰工程之后，成都平原河流已形成较稳定的水文态势和地貌走向，适于人类居住和生产活动的许多地方得到开发，聚落群大量涌现，密集分布。而在汉代聚落居址下，经常留存着先秦或史前遗存，通过汉代遗存来进一步寻找先秦或史前时期遗存和遗址，也有一定的参考向导作用，是史前考古调查可以利用的线索。在几处发现汉代遗存的区域地点，经过踏查和仔细寻找，均发现了早期陶片的采集点。毗河区域的调查，找到的采集点相对较多，但普遍还缺乏钻探工作，尚未见遗址。初步分析的认识是，可能毗

河一线的史前古遗址或许应该在更高一些的位置上去寻找，或在距河岸有一定距离的地方，而不是在岸畔。可再深入调查，与钻探勘探结合，考虑增加和扩大工作范围。

新发现两处古遗址均位于青白江沿岸。青白江客运站宏丰村遗址，南距原考古勘探发现的台玻厂宏丰村遗址2000米左右，断面暴露文化堆积，文化层厚约50厘米，可见到红烧土的堆积，地层剖面采集到陶片和残石器，具有三星堆文化或更早一些的特征。附近是新建的客运站和道路，仅有未知情况的一块空地已被围墙包围，暂时无法进行更多调查，是急迫需要进一步深入了解，有待大面积钻探的范围，这也留下了一线希望的可能性。原有台玻厂的宏丰村遗址，已知发现有商周时期遗存外，还包括史前遗存，反映了较重要的现象。客运站宏丰村遗址看来是与之相当的又一处古遗址。

干家湾宏丰村遗址，在宏丰村7组和12组，先是从挖掘的沙石堆积中，采集到较多而且较大片的早期陶片，随后选择周围小范围进行了钻探，在钻探地层中也发现了陶片，但文化层堆积尚不十分确定，有待更密集钻探深入了解。干家湾采集陶片包括商周时期，也有少量汉代陶片，还见到史前特征的陶片，与其他地点汉代陶片中偶见早期陶片的情况不同，调查所获情况综合分析，初步可以肯定此为另一处遗址。宏丰村是一个较大的村子，下辖近20多个自然村组，与广汉市地界错落相交，距青白江河流南岸最近处仅几百米，与广汉三星堆遗址相距不到10千米。估计宏丰村附近是一片较为密集的早期聚落群的分布范围。但因两地交界，分属不同行政区划，又是新道路交通要地和建设开发重点地段，管理上已造成了一些考古调查和勘探工作上的漏洞。亟待协调双边，以更主动的考古调查，来积极弥补。鉴于此，此项考古调查课题的立项，颇为及时且重要。

（叶茂林　兰　玉　张光磊）

【成都市青白江区双元村东周墓群】

发掘时间：2016年3月~2017年1月

工作单位：成都文物考古研究所、青白江区文物保护中心

2015年10月，为配合成都建工电商综合物流园一期项目的建设，两家单位联合对该基建工地进行了考古勘探。2016年3月，在基建工地的东北部即物流园一、二号库房位置发现一处春秋战国时期的墓葬群，之后对该墓葬群进行了科学的考古勘探及发掘。截至2017年1月，共发掘清理墓葬180座。

双元村战国墓地分布范围较大，根据考古勘探，在墓地西北部仍有少量墓葬的分布。已发掘清理的180座墓葬，墓向大部分为南北向，少量为东西向。墓葬大部分成组分布，每一组数量不等，最常见的是两座一组，也有十多座一组的，每一组墓葬的方向基本一致。墓葬年代跨度较大，从春秋晚期延续至战国中晚期。据此推断，该墓地应该为公共墓地，具体埋葬方式为聚族而葬。

从180座墓葬的形制来看，均为长方形竖穴土坑墓，大部分墓葬使用了葬具，葬具多为船棺，个别为木椁。随葬品丰富，出土了大量的青铜器、陶器及漆木器，另外还有少量玉石器。出土青铜器540余件，器类包括鼎、壶、敦、盏、鍪等容器，钺、剑、矛、戈、双剑鞘等兵器，斤、凿、锯、削、环首刀等工具，带钩、铜环等饰件，另外还包括8枚印章。出土漆木器40余件，器类有耳杯、木盒、木构件、木蝉、漆木镜等。陶器主要包括壶、釜、豆、罐、尖底盏、器盖等器形。出土的500多件青铜器，保存完整，纹饰精美，大部分青铜器纹饰为巴蜀文化中常见的纹饰，包括蝉

纹、虎纹、龙纹、手心纹、巴蜀图语等。另外有少量青铜容器的风格与楚文化的铜器风格接近。出土的40余件漆木器器形精美，色彩亮丽，其纹饰风格也与同一时期楚漆器的风格一致。

从墓葬的形制、葬具、随葬品等来看，墓主身份存在等级划分。墓圹长度最长的超过8米，最短的仅1米多；大部分使用了葬具，少部分未见葬具；一些墓葬不仅出土了大量的青铜器，包括铜容器、兵器等，还有大量陶器等，一些墓葬仅随葬少量陶器；一些墓葬既未见葬具，也未出土任何随葬品。特别值得注意的是154号墓葬，墓圹长8.2米，宽2.1米；船棺长6.1米，宽1米。棺内出土的漆木器纹饰特征与成都商业街2号棺、11号棺出土的漆木器纹饰特征非常接近。出土的几枚铜印章特征也与商业街1号棺出土的几枚铜印章特征非常接近。商业街船棺墓葬被认为是战国早期古蜀国开明王朝王族甚或蜀王本人的家族墓地，所以双元村154号墓的墓主身份也相对较高。

成都周边地区的船棺墓葬，过去在蒲江、大邑、彭州等地均有发现，而近年来在青白江地区也陆续有所发现。此次发掘的大弯镇双元村春秋战国墓地，其墓地分布范围广，墓葬数量多，随葬品丰富，而且时代更早。这为研究四川地区春秋战国时期的墓葬分区、分期等提供了极其重要的实物资料。同时对进一步研究古代巴蜀的历史文化、丧葬习俗具有重要的参考价值。

（王天佑）

【渠县城坝遗址】

发掘时间：2016年8月~2017年1月

工作单位：四川省文物考古研究院、达州市博物馆、渠县博物馆

城坝遗址为第六批全国重点文物保护单位，位于渠县土溪镇之渠江东岸，距县城26千米，面积约567万平方米。为配合国家大遗址考古工作，2014年至今，四川省文物考古研究院已连续三年在该区域开展大规模考古勘探及考古发掘工作。

2016年度发掘紧邻2015年发掘区，继续在二区、三区展开。

二区位于遗址西侧，靠近河滩。发掘面积约200平方米，地层分四层，清理灰坑35个、沟4条、房址1处；出土陶器、石器、瓷器、铜钱等少数可复原器物。遗址时代包括东周、汉、明清三个时期。东周遗存仅为数个打破生土层的灰坑，出土少量战国时期陶片。汉代遗迹主要为灰坑和沟，沟内有陶排水管道套接，应该与建筑有关。明清时期遗迹包括灰坑、房址、柱洞，也与建筑有关。二区毗邻早年东周青铜器出土地点。近两年发掘的灰坑、沟、柱洞等遗迹，出土的花边口沿罐、夹砂红陶片等遗物，都表明该区域有早期遗存分布。由于文化层堆积浅、薄，加上后期破坏严重，残存遗迹遗物数量均较少，其具体文化面貌与情况尚不明晰。

三区位于遗址中南部，主要为墓葬区，发掘面积约400平方米。共清理中小型竖穴土坑墓17座。其中小型墓葬仅有单棺，多带有壁龛，有生土二层台，随葬品少且仅为陶器。中型墓多建有木椁，椁内多分箱，随葬品种类及数量都较小型墓葬丰富。这些墓葬均使用膏泥封护，早期多被盗扰过，但出土物依然丰富，共出土铜、铁、陶、漆木竹器等随葬品约240件。中型墓葬出土器物组合基本一致，为罐、盆、钵、釜、灶、仓等；而带头龛的小型墓葬，随葬器物与中型墓葬差异也较大，其组合为单耳罐、壶、豆、釜等。反映了族群关系的复杂。同时勘探与发掘结果均表明，该区域为一处大型汉代墓地，大量土坑墓、木椁墓及砖室墓呈点状密集分布于区域内山岭之上。这也是川东地区目前发现规模

最大、分布最为密集的汉代墓地。

（陈卫东　郑禄红）

【蒲江县飞虎村战国船棺葬墓群】

发掘时间：2016年9月初~12月

工作单位：成都文物考古研究所

墓群位于蒲江县鹤山镇飞虎村，西北距蒲江河约400米、东南距长秋山约1000米，处于山麓与河流间平坝地带，地理环境优越。2016年9月初，成都文物考古研究所、蒲江县文管所在配合“新悦豪庭”商建项目文物勘探工作过程中发现战国“船棺葬”墓群，经进一步确认，施工范围内共存墓葬60座。为配合工程建设，成都文物考古研究所迅速组织力量对墓葬进行抢救性发掘。

墓葬方向多为南北向，由西向东分四排分布，每排7~17座不等。墓葬排列有序，少见打破关系，明显系经严格规划的墓地。墓葬平面多呈狭长形，据规格可分为大中小三类。大型墓葬5座，墓圹长7米~9、宽1.5米~2米；中型墓葬50座，墓圹长4米~6米、宽1米~1.5米，共40余座，其为墓群中的主体；小型墓葬5座，墓圹长2米~3米、宽0.7米~1.2米，共5座。已清理墓葬葬具可辨者皆为船棺。船棺长4米~7米、宽0.9米~2米、高0.5米~1米，其做法是将整段楠木两端截齐，从中间对剖分开，然后分别在中部掏出长方形棺室和棺盖，以此作为葬具。52座墓共计出土随葬器物400余件，主要有铜器、铁器、漆木器、竹质器、草编器、陶器、玻璃器及铜钱等。出土陶器160余件，以釜、圜底罐、豆、釜甑组合为主。出土铜器180余件，主要包括剑、矛、戈、钺、弩机等兵器和斤、锥等生产工具，以及战国“半两”铜钱和巴蜀图语印章12枚。其中M32出土铜矛上刻有篆体“成都”二字，这是考古史上“成都”两字在成都地区首次发现，对研究成都城市史及战国时期巴蜀地区科技水平意义重大。出土漆木、竹编等器物有木几案、竹编器、草篓等。出土玻璃器主要为蜻蜓眼玻璃珠串饰，是研究战国时期巴蜀地区对外经济文化交流的珍贵实物材料。清理墓葬中M49和M52规模较大，且未被盗扰，是非常重要的发现。出土器物中木梳、木几案、两件铁斧木柄、铜弩机臂弓、铜矛柲杆等漆木质及竹质器、草编器都保存十分完整，多为考古新发现。另外，墓底尚存大量植物种子和桃核，为研究战国时期巴蜀地区生业形态和农业水平提供了宝贵资料。

从发掘情况判断，该墓地为大型船棺葬墓地，时代主要在战国晚期，墓地经过严格规划，应为家族或聚落公共墓地。该墓地科学发掘所出土的大量实物资料，对研究战国时期古蜀历史、经济文化交流、科技发展水平等诸多方面都具有重要的意义。

（刘雨茂　龚扬民）

【蒲江县蒲砚村战国船棺葬墓群】

发掘时间：2016年7月初~8月中旬

工作单位：成都文物考古研究所

墓群位于蒲江县鹤山街道办蒲砚村10组，处于长秋山系北麓、距离茅次盐井约500米。2016年7月初，蒲江县在进行“新农村集中住房”项目建设中发现古墓葬，7月中旬开始对墓群进行抢救性发掘，至8月中旬，共清理战国时期船棺葬墓5座。

5座墓葬东西向排列，墓葬平面皆呈狭长形，南北向分布，据规格分为大小两类。大型墓葬墓圹长7米~9米、宽1.5米~2米，共2座，位于墓群两侧；小型墓葬墓圹长4米~6米、宽1米~1.5米，共3座，位于墓葬中部。墓葬葬具皆为船棺，长4米~7米、宽0.9米~2米、高0.5米~1米，是将整段楠木两端截齐，从中间对剖，再在中部掏出长方形棺室和棺盖，大型墓葬葬具周边存厚 20 厘米～40 厘米膏泥层。出土随葬器物 40 余件，主要有铜器、陶器、玻璃器、漆木器和石器等。出土陶器 30 余件，以釜、圜底罐、器盖、豆、釜甑等器形为主。出土铜器共 5 件，主要包括矛和斤，出土巴蜀图语印章 1 枚。M5 出土珠饰一套，由若干管状玻璃珠和一颗蜻蜓眼玻璃珠组成，十分精美。另外，墓底尚存大量植物种子和桃核。

该船棺葬墓地，时代主要在战国晚期。墓地经过严格规划，应为家族墓地。其科学发掘将为古蜀文化研究提供重要实物材料，特别是蜻蜓眼玻璃珠的发现，为古蜀时期中外文化交流提供了重要考古依据。

（龚扬民）

【成都市青羊区张家墩战国秦汉墓地】

发掘时间：2015 年 2 月～2016 年 5 月

工作单位：成都文物考古研究所、四川大学考古学系

张家墩墓地位于成都市青羊区清江东路 65 号，为四川烹饪高等专科学校的旧址。为配合成都市土地储备中心的商业用地需要，成都文物考古研究所与四川大学考古学系对该墓地开展了正式的勘探和发掘工作，发掘面积约 17000 平方米。张家墩墓地共清理古墓葬 222 座，其中新石器时期墓葬 3 座，战国秦汉时期墓葬 204 座（土坑墓 195 座、瓮棺葬 4 座、砖室墓 5 座），唐宋时期墓葬 15 座。

墓地的主体遗存是战国秦汉时期的土坑墓。这 195 座秦汉土坑墓的墓坑大小、葬具及随葬品的数量差别明显，可分成甲、乙两类。甲类，墓葬规模略大，随葬品较丰富。残存棺椁痕迹，推测为一棺一椁。墓主身份等级略高；乙类：规模较甲类小，随葬品以陶器为主，伴随少量铜器，但种类和数量均不如甲类墓。葬具一般为单棺，部分墓葬不见葬具，墓主身份等级较低。

出土随葬品以陶器为主，伴出部分青铜器。铜器主要分为兵器、容器、饰件等。其中兵器以剑、钺、戈、矛、弩机为主；容器以盘、洗、釜、鍪为主；此外还出土一些铜镜和汉字印章。随葬陶器包括生活日用器罐、釜、瓮、盆、甑、釜形鼎等；仿铜陶礼器鼎、盒、壶等；模型明器井、灶等。这批随葬品体现了多种文化因素的交流和融合，其中包括巴蜀文化的铜剑、钺、戈、矛、鍪、釜，陶釜、釜形鼎、釜甑、豆等；楚文化的陶缶；秦文化的陶蒜头壶等。最后形成统一的汉文化，其中包括汉式的陶罐、钵、盆、井、灶等器物。

张家墩墓地是成都市区迄今为止发现规模最大的一处战国秦汉墓地。这批汉墓年代集中在西汉时期，而这一时期正是巴蜀文化消亡，汉文化的兴盛时期，是探讨巴蜀文化融入汉文化的重要材料。同时该墓地与汉代成都城关系密切，为汉代成都城的研究提供了重要材料，同时也丰富了成都平原秦汉时期的墓葬材料。

（易　立　杨　波）

【德昌县宋家坎战国至汉代遗址】

发掘时间：2015 年 8～11 月

工作单位：四川省文物考古研究院、凉山彝族自治州博物馆、德昌县文物管理所

遗址位于凉山州德昌县阿月乡鱼坝村 9 组。2014 年成昆铁路峨米段文物调查时发现。遗址位于安宁河西面的二级台地上，呈东西向长条形分布，总面积 4.5 万平方米。成昆铁路复线横穿该遗址，涉及面积 6000 平方米。

实际发掘面积共计 805 平方米。地层堆积平均深约 0.8 米。共发掘战国至汉代灰坑 2 个、近现代灰坑 4 个。战国至汉代灰坑形制为圆形、斜直壁，平底。共获取战国至汉

代黄、灰色罐或釜陶片60余片，红陶纺轮1件，采集残损穿孔磨制石器1件。

遗址的文化内涵时代为战国至汉代。此次发掘的遗址对于探讨先秦时期安宁河流域的社会经济发展、民族分布迁徙以及开展川渝黔地区先秦时期考古学的研究都有一定价值。

（任　江）

【成都市金牛区王家踝汉至宋代墓地】

发掘时间：2015年10月～2016年6月

工作单位：成都文物考古研究所

王家踝墓地位于成都市金牛区天回镇木龙湾村四组。2016年度，成都文物考古研究所对该墓地进行了勘探和发掘，发掘面积约3000平方米，共清理砖室墓97座，窑2座。

汉墓共7座，平面呈长方形或凸字形，两类墓修筑方式较为接近，墓壁直墙皆以长方形砖平砌而成，未铺底砖，但在墓室内部都以鹅卵石铺底，作防水之用。墓砖多有纹饰，以连璧纹、钱纹为主。葬具大多不存，仅M47有残存的数个陶棺构件，说明此墓可能为多人合葬。相似的形制暗示这批墓葬年代接近。出土陶器仅敛口钵一类，M47出土“直百五铢”，因此推测这批汉墓年代为西汉末期至东汉早期。两座椭圆形窑出土砖的形制与汉墓接近，可能为同时期烧制墓砖之用。另发现晋墓一座，形制与汉墓比较接近。

墓地主体为唐宋时期砖室墓，共89座。

唐墓皆无墓道，按平面形状可分为长方形和梯形两类，底部砖为错缝平铺或斜铺，墓壁直墙为丁砌和平砌结合修筑，梯形墓较宽的一端多有封门砖。随葬品包括四耳盘口壶、四耳罐、盏、香炉等瓷器，发簪、扣等铜器以及各类铜钱。铜钱主要有开元通宝和乾元重宝两类。从墓葬形制和随葬品推测墓葬年代为中晚唐时期。

五代和北宋时期墓葬主要延续了唐墓的形制，也分长方形和梯形两类，修筑方式也较为接近，但底砖较少斜铺、直墙平砌层数减少。随葬品包括盘口壶、四耳罐、双耳罐、碗、碟等瓷器及铜钱。铜钱包括开元通宝和至元道宝等。从墓葬形制和随葬品推测墓葬的年代从五代延续至北宋晚期。

南宋墓大多为火葬墓，可分为近长方形和不规则形两类，修筑都较为简单，一般底砖错缝平铺，四周直墙一丁一平即成，少数甚至仅四块砖围成。随葬品种类与北宋墓葬较为接近，仅一座墓随葬俑，均未出土钱币。南宋墓葬年代跨度较大，从南宋早期至晚期皆有。

在两宋砖室墓中，共计有15座墓室底部有腰坑。腰坑上都盖有两块砖，形成封闭的空间，内部放置器物，北宋墓中仅有双耳罐；南宋墓中一般为一双耳罐，四周环绕五件双耳杯，杯内大多有环状扣。腰坑中的器物可能作镇墓之用。

无论是墓葬规模还是出土器物，都说明王家踝两宋墓葬等级较低，墓地性质为下层平民墓地。南方地区宋墓腰坑较为常见，但如该墓地比例之高，尚且少见，这种现象既与当时崇尚道教的社会风气有关，也可能与下层民众对腰坑的某些信仰相关联。

（田剑波　谢　涛）

【成都市锦江区农科院科研楼汉代及明代墓地】

发掘时间：2016年4～11月

工作单位：成都文物考古研究所

墓葬位于成都市东部锦江区成龙街道晨辉社区，成龙路西侧，当地称“狮子山”上，邻近地铁七号线川师车辆段工地。此次配合四川省农业科学院新科研楼建设发掘一批古代墓葬，根据墓葬集中分布的趋势，共发掘墓葬三组36座，其中汉代墓葬7座，明代墓葬29座。

此次发现的汉代墓葬损毁较为严重，仅从墓底出土少量新莽货币、陶罐等遗物，从墓葬形制和出土器物看应该为西汉末到东汉初，是成都地区较早的汉代砖室墓葬。

明代墓葬大体方向为坐东朝西，均为砖石混筑结构多室墓，原有封土，但是由于后期活动，残留不多。墓葬主体基本石制，其上用砖起券，墓葬由撇山影壁、前室、椁室组成，部分规模较大的墓葬由撇山影壁、前室、后室、椁室组成，椁室内有木棺。墓葬有大量石刻装饰，撇山影壁上浮刻有四爪龙纹、麒麟等瑞兽图案，墓门及墓室内部大多有仿木结构石刻装饰，部分墓葬内还有彩绘壁画，题材以人物升仙为主。墓葬多数被盗严重，出土了陶、瓷、铜、铁、金、银、玉、石、木质等各类文物上百件（组）。根据出土买地券信息，农科院明代墓葬群属于明代金象寺墓地，与2014～2016年发现地铁七号线川师车辆段宦官墓地的应该同属明代中晚期蜀王府宦官的重要墓地之一。从已经发现的买地券、墓碑中确定墓主有门正、典服副、门副、侍御等蜀王府宦官，此外还有授散阶大中大夫（从三品）、中顺大夫（正四品）、奉政大夫（正五品）、奉议大夫（正五品）等。墓葬年代从明嘉靖年间到清顺治年间，对于了解明代中晚期蜀王府宦官有重要意义。

（向　导　谢　涛）

【新津县花源镇汉代崖墓】

发掘时间：2016年9月

工作单位：成都文物考古研究所

墓葬位于成都市新津县花源镇红石机砖厂附近。2016年9月初，新津县在修建杨柳河滨江路时发现古墓葬，闻讯后，成都市文物考古工作队会同新津县文管所立即组织人员对其进行了抢救性发掘，共清理东汉崖墓2座。

2座崖墓东西向并排分布，其中M2仅存墓葬后壁，具体结构不详。M1顶部垮塌，由墓道、墓门、主室、侧室、棺台及排水设施组成。墓道位于墓葬北侧，平面略呈长方形，底部及两壁较平整，残长5.7米、宽1.7米、残高约1.7米。墓门剖面呈长方形，宽1.25米、深0.8米、残高约1.7米，两侧门框形制一致。主室平面略呈长方形，底部南高北低呈斜坡状，墓壁较直，隐约可见长条形凿痕，长8米、宽1.6米、残高约1.7米。主室西侧存长方形侧室，墓底及墓壁较平整，存点状凿痕和打磨痕迹，长9.4米、宽1.63米、残高约1.7米。侧室南侧存长方形棺台，棺台底部比侧室底部高约0.2米，长4.1米、宽约2米、残高约1.5米。墓门西侧门框底部存直径约0.15米、深约0.2米的圆形孔洞，其原应为铺设排水管而设计的，但未完成。

墓葬被扰乱，未见人骨痕迹。在侧室棺台附近发现陶棺残片，判断葬具为陶棺。在侧室近棺台处发现大量陶器和两枚铜钱，陶器可辨者有案、长颈壶、钵、人俑、龟俑等，铜钱为五铢钱。据墓葬形制、葬具和随葬器物组合可判断该墓葬时代为东汉中期。

此次抢救性发掘墓葬位于牧马山山系，1957年四川省博物馆为配合牧马山灌溉工程建设在亦曾在该区域先后清理东汉至隋代崖墓24座。这说明牧马山山系可能存多处崖墓群，亦为四川崖墓分布的重要区域之一。此次抢救性发掘为西南地区崖墓的深入研究及西南地区汉代考古研究提供了宝贵的资料。

（龚扬民）

【青神县瑞峰汉代崖墓群调查】

调查时间：2015年12月～2016年3月

工作单位：四川省文物考古研究院、青神县文物管理所

瑞峰崖墓群系全国重点文物保护单位，

位于青神县瑞峰镇黄桷村五、七组，北距青神县城10千米、原汉代青神县治所在地瑞峰镇刘家场2000米，青神至乐山公路从崖墓群中穿过。为配合墓群的保护规划工作，对其进行了考古调查。

崖墓群分布于岷江西岸的蛮洞子山、王爷庙山临江一线的崖壁和桥沟、洞门子沟等两侧的红砂石崖面上，分布密集，数量庞大，规模大小不一。调查发现仅暴露在外的崖墓就达329座。崖墓的规模大小不同，大型墓的长度超过30米，小型者则长不足2米、宽不到1米。墓葬的结构也繁简不一，大部分为单室墓，少部分为双室墓，多室墓则极为少见。其构成元素主要有墓道、前堂、墓门、甬道、墓室、棺室、侧室（厅）、耳室、石棺、壁龛、灶、排水沟等。葬具主要有四类：连岩石棺、龛形石棺、陶棺和砖砌棺椁。其中连岩石棺、龛形石棺和陶棺较为普遍，见于大部分崖墓中，部分连岩石棺为并列的双棺，龛形石棺又分为简单的壁龛形石棺和经过加工的棺型龛形石棺。调查结果显示绝大多数崖墓都是合葬墓，其中葬具的种类和数量都不是唯一的，大多除了一至两具原岩石棺外，同时还伴置有一具或多具陶棺。根据崖墓的平面布局和形制结构特征可以分为四类：单室墓、双室墓、前堂后穴墓和锥形墓。崖墓全部凿建于红砂石上，留存在崖墓壁上对称的孔洞或沟槽，证实修建时使用了“冲击式顿钻法”。M1有“建初元年十月造”和“元和五年”题记，根据瑞峰崖墓群的墓葬结构、随葬品特征和纪年题记等可以确定崖墓群的年代上限不超过东汉早期，而下限则到了蜀汉时期。

瑞峰崖墓群的数量庞大，建造规模巨大，形制多样，崖墓的建造耗费大量人力物力和财力却能盛行一时，印证了汉代四川经济的繁盛和厚葬之风，崖墓已不仅仅是简单的墓葬，其中能够综合反映出当时的社会经济、政治、文化、科技、宗教意识和艺术审美观等。

（辛中华）

【宜宾县猫猫沱东汉崖墓群】

发掘时间：2015年3~7月

工作单位：四川省文物考古研究院、宜宾市文化广电新闻出版局、宜宾县文物管理所

墓群位于宜宾县高场镇证明村五组，小地名为“猫猫沱”。地理坐标为北纬28°47′00.0″、东经104°27′27.6″，海拔292米。处在宜宾绕城高速岷江特大桥西侧。

墓群地处岷江右岸一低丘的北麓、东麓，北距婉转岩崖墓群45米。墓群东西宽100米，南北进深15米，占地面积约1500平方米。共20座，南北向分为2层一线相连分布，依次分别编号2016SYMM1~2016SYMM20。崖墓均开凿于红色细砂岩基岩当中。其中18座为单室墓，2座主室前附短小的前堂。单室墓形制特征为：墓道/无墓道+递缩式墓门+短甬道+墓室。墓道多凿有排水阴沟，沟内填满鹅卵石。墓室多为拱顶，也有平顶，前设灶，后设一二具原岩石棺，另有数量位置不固定的侧龛、后龛。M10、M11两墓墓门有简单装饰，其他崖墓均无装饰。

M10、M11墓门为仿木构单檐门楼式建筑，下为两重递缩式门框，上为屋顶。两墓外重门楣正中浅浮雕一朵一斗三升斗拱，屋顶刻画一组仰铺的板瓦与圆瓦当。M10屋顶脊饰在3个残损的球形吊饰之间布置2个人头像。M11内重门框立颊饰浅浮雕图像，左侧为伏羲，右侧为女娲。

墓葬出土随葬品小件共计50件，可辨器形有陶罐、陶釜、陶盆、陶俑、铁刀、玛瑙珠等。墓葬时代均为东汉。

此次发掘的20座崖墓形制具有较多地域性特点，对于探讨川南地区东汉时期的社会经济发展、丧葬习俗以及开展川渝黔地区

的汉代墓葬考古学的研究都有重要价值。

（任　江）

【宜宾县婉转岩东汉崖墓群】

发掘时间：2015 年 3～7 月

工作单位：四川省文物考古研究院、宜宾市文化广电新闻出版局、宜宾县文物管理所

墓群位于宜宾县高场镇证明村五组，小地名为“婉转岩”。地理坐标为北纬 28°47′06.8″、东经 104°27′22.3″，海拔 277 米。处在宜宾绕城高速岷江特大桥西侧。

墓群地处岷江右岸一个低丘的北麓，南距猫猫沱崖墓群 45 米。墓群东西宽 50 米，南北进深 10 米，占地面积约 500 平方米。共 10 座，东西向分为 2 层一线相连分布，依次分别编号 2016SYWM1～2016SYWM10。

崖墓均开凿于灰色细砂岩基岩当中。9 座为单室墓，1 座主室前附短小的前堂。单室墓形制特征为：墓道/无墓道＋递缩式墓门＋短甬道＋墓室。墓室多为拱顶，也有平顶，前设灶龛、灶台，后设 1～2 具原岩石棺，另有数量位置不固定的侧龛、后龛。均无装饰。

墓葬出土随葬品小件共计 6 件，可辨器形有陶釜、陶罐、铜釜、五铢钱等。墓葬时代均为东汉。

此次发掘的 10 座崖墓形制具有较多地域性特点，对于探讨川南地区东汉时期的社会经济发展、丧葬习俗及开展川渝黔地区的汉代墓葬考古学的研究都有一定参考价值。

（任　江）

【简阳机场东汉至明清时期墓葬】

发掘时间：2016 年 8～12 月

工作单位：成都文物考古研究所、四川大学历史文化学院、西南民族大学西南民族研究院、简阳市文物保护管理所

成都天府国际机场一期项目位于四川省简阳市芦葭镇、草池镇、石板凳镇，距成都市中心 51.5 千米，总占地面积近 22 平方千米，是四川省 2016 年大型基建项目。

2016 年 7 月 6 日至 15 日，成都文物考古研究所对该项目地下文物分布情况进行实地复查及初步资料提取，最终确定该项目红线范围内地下文物点共 71 处。包括古代墓葬 69 处、古代寺庙遗址 2 处。69 处古墓葬包括岩坑墓、东汉至蜀汉崖墓 21 处，宋、明、清墓葬 48 处。其中 61 处文物点自 2016 年 8 月 10 日开始考古发掘，发掘面积 16475 平方米。10 处文物点因是清代晚期墓葬，仅提取资料，面积 1880 平方米。至 2016 年 12 月 28 日，该项目范围内的考古发掘工作已结束，发掘情况如下。

此次发掘共发现各历史时期墓葬总计 294 座，清代至民国遗址 2 处。东汉岩坑砖室墓 2 座。墓葬居于丘陵顶部边缘，开凿于岩石之上，长方形竖穴，墓壁不规整。填土为黄褐色花土，土质致密，含砂粒和植物根茎。墓室为长方形砖室，壁砖错缝平砌，底砖纵向错缝平铺。葬具推测为木棺。

东汉至蜀汉崖墓 138 座。这批崖墓均分布于半山腰及以上，有单室墓、双室墓和多室墓三种，以单室墓较为常见。墓葬结构由墓道、排水沟、墓门、甬道、墓室组成，部分墓室发现有灶、壁龛、棺龛、侧室、耳室和浮雕等附属设施。墓道呈水平状，一般前窄后宽。排水沟多位于墓道一侧或者中部，大多未见筒瓦或者砖、鹅卵石等，个别见有卵石铺就。封门有砖、石两种，均已遭破坏。葬具有陶棺、木棺、原岩石棺、画像石棺等，石棺为斜线纹。浮雕有仓廪、伏羲、女娲、侍俑、立俑等浅浮雕。12、13、14、64、72 和 75 号文物地点崖墓群出土了大量的浮雕和器物，如 12 号地点尖山坡 M1 发现的镇墓俑头和浮雕人物雕刻，13 号地点毛沟湾 M26 墓室

后壁发现的手擎日月的伏羲女娲雕刻，14号地点吴孟氏山M5发现的两具精美的雕刻有仙人、双阙、鹿、凤鸟的画像石棺，75号地点方古井M13墓室右壁发现的仓廪以及配套的内雕刻有乌龟、鱼等的水田模型、劳作人物俑等，为了解简阳地区东汉时期的社会风貌以及和周围地区的文化关系等提供了可资对比的重要材料。此外值得一提的是，在毛沟湾M21墓门口岩石上阴刻题记“永初七年十月廿八日凤……”为这一批墓葬材料的断代提供了准确的标尺。

该地区墓室结构另一重大特色就是墓葬由前至后呈逐层升高，呈台阶状，这也是沱江流域崖墓的一大特点，利于防潮，防止墓葬积水。

东汉时期墓葬虽多遭盗扰，仍出土有较多量的随葬器物。以陶器居多，器形有瓮、罐、盆、甑、釜、陶马、陶俑、陶猪、灶、鸡、狗、劳作俑、侍俑等；钱币有五铢和货泉等；铜器有摇钱树残片等；铁器有铁削、铁刀等。

宋代墓7座。均为长方形石室墓，单室。先向下将墓圹挖好，然后将再用石条及石板等在墓圹里面垒砌成墓室，在某些关键部位，石条间采用榫卯结构连接。以20号文物点石板凳镇三圣村8组甘蔗嘴石室墓群为例，该墓群为一宋代家族墓地，墓葬按昭穆制度排列，每座墓内均雕刻有佛教人物造像，后壁雕刻妇人启门图，雕刻精美，特征突出，这在整个四川盆地亦不多见。其中M4墓门由方形石柱构成，上雕有宗教题材造像，墓室内空间由另外4块素面石柱组成，立柱之间都留有空隙，外壁由石板相连，左右两侧各形成3个壁龛。墓后壁有壁龛，壁龛雕有妇人启门图。墓顶拱形梁底部雕有富贵吉祥的花纹。以石板封顶，平面呈凸字形。棺台由三层组成，平面呈长方形，立面呈工字形，最底下铺一层石板，中间一层由南北向、东西向各两条条形石组成，靠墓前壁的条石雕刻抬棺力士像，墓封门由4块石板叠垒而成。出土随葬品有酱釉罐、壶、四系罐、碗、碟等。从出土器物和墓葬形制等推测，该墓年代在南宋中晚期。

明代墓葬116座。墓圹平面呈长方形，墓圹与墓壁间填土为褐色黏土。部分墓葬存有少量封土，墓室有单室、双室和多室三种。墓葬由封门、甬道、券顶、盖板、棺床、排水沟和后龛组成。有的墓室后龛上部刻有仿木结构建筑。墓室底部用两块整石平铺。出土随葬品瓷器有瓷勺、龙纹罐、谷仓罐、器盖、双耳罐、青花瓷碗、青花瓷碟等；银器有银簪等。据墓葬形制和出土器物推测为明墓。

清代墓葬31座，均保存有墓碑和封土。从碑文记载来看，时代有嘉庆、道光、咸丰、同治、光绪等。因有后人祭拜，故仅提取资料，未进行发掘。

清代至民国时期遗址2处，均为寺庙遗址，地层堆积较浅。以简阳石板凳镇三圣村6组三圣庙遗址为例进行介绍。发掘区地层共两层，第1层为现代耕土层，土色发黄，偏红褐色，土质为沙性黏土；第2层为明清层，灰褐色沙性黏土，致密度较高。在第1层下共发现灰坑8个，墙基1处。灰坑内出土较多的清代瓷片。墙基为石块垒砌，现仅保存1层。出土遗物有青花瓷片、石柱础、石质仰瓣纹莲座等。从出土器物可大致判断其年代为清代至民国。

此次发掘工作中出土的文物数量众多、质地多样、器形内涵丰富，年代跨度较大，为近年来成都地区配合基建进行的文物考古工作中的一次重要收获，大量的出土材料，不仅收获了丰富的珍贵文物，而且为成都乃至四川地区的葬制、葬俗等研究提供了新资料。

（谢　林　杨　洋）

【荔枝道达州区段调查】

调查时间：2016 年 3 月、7～8 月

调查单位：四川省文物考古研究院、达州市博物馆、合江县文物局

荔枝道为连接川东北地区与陕西关中平原的古代道路系统。《新唐书》载："妃嗜荔枝，必欲生致之，乃置驿传送，走数千里，味未变已至京师"，其所走之路被后世史家称为荔枝道。有关荔枝道的路线具体走向，历来没有明确记载，所做研究与现场调查工作也较少。四川省文物考古院与达州市博物馆在前期调查的基础上，于 2016 年 3 月组织专家对路线所经过的达州地区，进行了考古调查活动。同年 8 月，在合江县文物局配合下，又对传为荔枝道起点之一的合江县进行了初步考古调查工作。

此次对达州地区的调查是在前期调查基础上进行的，前期已对达州万源、宣汉进行了两次调查工作。2016 年度对达州全境的开江、大竹、渠县、通川区、达川区、宣汉、万源等地进行了综合考古调查工作，共调查文物点 60 余处。在合江县境内调查 80 余处文物点。文物点年代由汉至清，包括古建筑、墓葬、遗址等多种类型，对其中的古道路、宋元古城堡、摩崖造像、古城镇古码头等进行了重点调查工作。

通过此次工作，基本摸清了达州、合江境内古代的水陆交通体系，并参照唐宋时期，即荔枝道正式开通和使用高峰时期的文物分布情况，对荔枝道沿线文物保存情况及其基本走向有了初步认识，对研究四川古代道路体系的发展有着重要作用。

（刘　睿）

【成都市实业街唐益州福感寺遗址】

发掘时间：2016 年 4 月～2017 年 2 月

工作单位：成都文物考古研究所

2016 年 4 月，为配合锦鸿集团实业宾馆项目的基建，经报国家文物局批准，成都文物考古研究所对该地点进行了正式的考古发掘工作。该地点位于成都市青羊区实业街 30 号，东近长顺中街，西毗中同仁路，北靠小通巷，南邻实业街，通过前期的发掘，现已取得了阶段性重要收获。

此次发掘出土了 300 余件（块）南北朝至唐代佛教石造像、陶造像，这些造像多集中于 H12、H19、H49、H68 等灰坑中，雕刻内容有佛像、菩萨立像、菩萨头、天王像、千佛造像碑、蟠龙碑首等，部分造像体量较大，雕刻精美，蟠龙碑首上残存有"大唐益州福"等字样。目前国内发现的南朝佛教造像主要集中在成都，因其数量较少且造像精美，具有极高的历史、艺术、宗教、文化等综合研究价值。

在发掘区中西部，发现两处建筑基础（F2、F3），磉墩以卵石、土分层相间夯筑而成，依据建筑开口层位及磉墩内包含物年代判断，这两处建筑大约兴建于隋至唐初，可能与当时的寺院密切相关。

结合此次出土的蟠龙碑首及大量南北朝、隋、唐石造像，再参考相关历史文献和以往该区域考古调查成果，我们初步判定该地点属唐代益州名寺——"福感寺"范围。该寺原名大石寺，初建于东晋，隋时蜀王杨秀王妃又兴建，唐初改名福感寺；大和四年，南诏入侵成都，寺院毁于战火。稍后重修时，刘禹锡曾撰《新修福感寺记》，碑中提到，福感寺位于益州西门石笋街北侧。北宋初王小波、李顺起义，寺院又为战火所波及，"李顺引众攻成都，烧西郭门"，"洎淳化五年狂盗入城，兵火沿焚，福感寺塔相轮坠地。"1980 年，成都市考古队曾在长顺中街 82 号清理出一座塔基，有学者判断其为福感寺内隋代塔基，并对福感寺址作了初步推测。此次发掘取得的重要收获，为我们判断福感寺址的具体方位提供了直接依据。

在此次发现的佛教石造像中，除了有南北朝和唐代造像外，还有多件属于隋代

的造像，这一情况在川内比较少见。按，目前川内隋代造像分布零星，数量较少。此次出土的隋代菩萨头个体较大，可能与文献记载杨秀王妃兴建福感寺有关。

（张雪芬　易　立　江　滔）

【汉源县娃娃窖唐宋墓地】

发掘时间：2016 年 3～4 月

工作单位：四川省文物考古研究院

娃娃窖唐宋墓地处于汉源县瀑布沟水库消落区，因湖水消落冲刷而使墓葬暴露，对该墓地进行了抢救性考古发掘，共揭露墓葬 11 座，其中 8 座墓葬为唐代墓葬，另外 3 座为北宋时期墓葬。

墓葬多为砖室墓，形制可分为券顶墓和船形墓两种，而券顶墓有双室墓和单室墓之分，两座船形墓均为双室墓。娃娃窖墓地发现的 M5、M6 规模较大，在墓室顶部围砌八边形挡土墙的构建方法较为罕见，现对 M6 的发掘情况介绍如下：

M6 为双室砖室墓，墓向 343°，由墓道、墓室、封土墙等部分组成。墓圹长 8.1 米、宽 5.36 米，深 2.20 米，距地表 5.03 米。券顶，顶部砌八边形封土砖墙，墙砖多见菱格纹、花瓣纹、几何纹等花纹。墓道平面呈半椭圆形，为南高北低斜坡状墓道。墓道上部在挡土墙前方修建有拜台，拜台为六行十排，距墓室远端呈高低阶梯状，可分 4 阶。墓室平面呈长方形，分东、西两室。皆由封门、甬道、侧龛、后龛、棺床、排水沟等部分组成。墓室长约为 3.62 米、宽 4.34 米。墓室后龛及左右侧壁均有彩绘图案，因墓室湿度较大，图案保存较差，可辨主题有人物（侍女、和尚）、动物（鸡）和出行图等。墓葬被盗扰严重，残存随葬器物有金币、瓷碗及大量铁钉等。

四川发现的唐代墓葬较少，成都平原以外区域所发现的唐墓更是屈指可数，此次娃娃窖唐代墓葬的发掘，丰富了四川地区的唐墓资料。而发现的 M5、M6 唐代壁画墓，不仅有着八边形挡土墙的特殊构筑方式，而且出土了“开元通宝”金币和金冥币等随葬品，不仅填补了四川唐代壁画墓的发现空白，同时为四川唐墓的研究提供了新的重要实物资料。

娃娃窖墓地在数百平方米的范围内同时分布有唐、北宋时期的 10 余座墓葬。墓地的墓葬形制多样，排列具有规律，对进一步完善四川地区唐、宋墓葬形制及随葬器物序列，对研究唐、宋时期四川地区的经济、文化和社会风俗都具有重要价值。

（刘化石）

【达州与自贡两市散见佛道龛窟造像调查】

调查时间：2016 年 4～9 月

调查单位：四川省文物考古研究院、达州市博物馆、自贡市文广新局

四川保存有大量古代佛教、道教石窟造像，尤其是唐至宋年间的造像，在中国石窟艺术史上占有一席之地。其中有不少呈零散分布、小规模分布的特点，对研究和利用带来较大不便。2016 年起，为改变这一现状，四川省文物考古研究院拟与各地方合作，开展对四川境内（三州地区除外）唐至宋佛、道教散见龛窟的调查整理工作。在以往开展的基建文物调查、文化线路调查等各项工作基础上，于 2016 年 4 月至 9 月，选择达州、自贡两地开始该项调查。

此次调查达州地区 9 处、自贡地区 16 处龛窟造像。每处多则十余龛、少则一龛。通过此次调查，两个地区唐宋时期各自的石窟面貌得以基本清楚。

达州地区所见唐宋龛窟造像，从题材上而言，唐代的佛道混合题材、宋代的密宗题材流行程度较高。如宣汉桥河村唐代摩崖造像多见佛道混合或单龛的道教造像

与佛教造像同面，达川高观音宋代摩崖造像和渠县梭罗碥宋代摩崖造像都见有十一面六臂观音造像。该地区造像风格与邻近巴中地区较为相像。如宣汉浪洋寺摩崖造像特点、屋帐型龛楣等，皆与巴中等地非常相像，可见这一地区造像风格深受巴中影响。

自贡地区造像的分布既有零散的一面，也有“集中”的一面，其分布多集中沱江支流旭水河和渠江支流越溪河两岸。造像题材上，多见有高 4 米以上的大像，如大佛寺、二佛寺、武官大佛摩崖造像中的大佛造像，这是川东地区自宋以来流行大像传统的重要体现。而在旭水河中新发现的唐代佛教造像的断石，也为了解该地区唐代造像面貌提供了重要资料。

此次调查，是第一次系统地对四川地区散见的唐至宋年间的佛道摩崖造像进行的考古调查工作，其调查成果也将以总录的形式尽快向社会、学界公布，这些新资料的发布，对四川地区石窟艺术研究意义重大。

（刘　睿）

【成都市青羊区青龙街五代北宋城墙遗存】

发掘时间：2016 年 4～6 月

工作单位：成都文物考古研究所

为配合成都市第三人民医院综合楼项目建设，成都文物考古研究所对青龙街遗址进行了勘探发掘。遗址位于成都市青羊区青龙街南面，西邻老东城根街。Ⅰ区西南角地理坐标为北纬 30°40′20.51″、东经 104°03′33.16″，海拔约 510 米。勘探面积共计约 6000 米，发掘面积共计约 1510 平方米。

地层堆积可分为 10 层：第 1 层为近现代建渣层，第 2 层为明清时期堆积，第 3、4 层为南宋、北宋时期堆积，第 5、6 层为唐五代时期堆积，第 7～10 层为汉魏时期堆积。此次发掘的重要遗迹之一是摩诃池西北角（C2）的确认，C2 位于 T1～T3 东部，T4 东南部，T7 南部，T12 东北部。开口于第 2 层下，打破生土层。在整个发掘区的面积约呈东西向狭长形分布，东西残长约 106 米、南北残宽约 46 米，池底高低不平，T7 内残高约 2.55 米。池内包含物可辨有青花瓷碗、酱釉粗圈足瓷碗、琉璃建筑构件、陶建筑构件、陶瓦片等。此前在东华门遗址发现了摩诃池东南角，成都博物馆新馆工地发现了摩诃池的南端，结合文献资料，我们认为 C2 可能是明初为修建蜀王府，回填的摩诃池西北角水域范围，该发现有利于我们进一步确认摩诃池的分布范围。

此次发掘的另一重要发现是发掘出一段夯土城墙（Q1），墙体方向约 37°，揭露残长约 79.6 米、上部残宽 0.7 米～4.3 米、残高约 0.9 米。修筑前先填平地面，其上垒土约 0.4 米，然后用一层碎砖瓦瓷片，一层土间隔层层夯筑，夯层基本呈水平堆积，东侧（内侧）城墙的局部残留有长方形包砖，包砖多为残砖。夯层内的出土遗物较多，主要为瓷器，可辨有碗、盆、盏、带系罐等。从出土遗物判断，该段城墙修筑年代约为五代北宋时期，使用时间较短，最迟到北宋早期便废弃了。结合文献分析，该城墙与唐宋时期成都子城的西墙位置相近，但因墙体未见秦汉时期的包含物，应与传统意义的大城（子城）相区别。结合其修筑使用的年代背景，以及修筑方式的简单粗放性，我们倾向于推测该墙体应该属于临时的防御性墙体，是五代北宋时期动荡的社会环境下滋生的产物。

总的说来，此次发掘为成都城市考古提供了新的资料，有利于我们进一步了解成都城市发展史。

（邱　艳　易　立　王　谨）

【西昌小烂坝宋明遗址】

发掘时间：2016 年 12 月 ~2017 年 1 月

工作单位：重庆师范大学西南考古与文物研究中心、四川省文物考古研究院

小烂坝遗址位于德州镇红庙村 4、5 组，发掘区域分为 A、B 两区。A 区发掘面积 600 平方米。B 区发掘面积 400 平方米。

A、B 两区的地层堆积均为坡状堆积。出土遗物包括陶器和瓷器两大类，另有少量铜币。可辨器形有罐、盆、钵、碗、盏、盘、盅、壶、灯等。瓷片以青瓷为主，釉色有青色、灰青色、黄青色、绿青色等，另有黑瓷、白瓷、青花瓷。小烂坝遗址出土较多宋代陶片、瓷片，以及少量的明代青花瓷灯。出土宋代陶瓷器主要是本地生产，但形制等明显受其他瓷器产地影响；出土的明代青花瓷片多见景德镇窑口系统的产品。上述陶瓷器物质文化的特征表明：宋明以来，外来文化在此地的影响持续强化，德昌地区在西南交通上扮演了重要的通道角色。

（孔令远）

【安岳县毗卢寺遗址】

发掘时间：2016 年 1 ~4 月

工作单位：四川省文物考古研究院

毗卢寺遗址为一处寺庙遗址，位于安岳县忠义乡石桅村一社，与大足县高升镇红光村接壤。遗址位于当地一处丘陵的山脚下。

2015 年 5 月，在当地基本建设中发现了 28 件石刻文物，其中包括多件精美的宋代佛教造像。为配合当地基本建设，四川省文物考古研究院与安岳县文物局组成联合考古队，于 2015 年 8 月、2016 年 1 ~4 月两次对遗址进行了发掘，发掘面积约 600 平方米。

整个寺庙遗址围绕一处石窟而建，石窟开凿于一大石包上。窟内及窟外壁面上雕凿有大量地藏、观音及供养人造像，造像旁还发现了五代后蜀“广政二十四年”及北宋时期的三处题记。在石窟的左侧经过发掘发现两侧窟，侧窟内无造像。

残存的建筑遗址主要位于石窟的南侧及后部。其中寺庙的主体建筑位于石窟南侧，从目前保留的地基看，寺庙主体为三进的院落。在主体建筑的北侧还保留有一系列的建筑基础，单体规模较小。因后期破坏严重，建筑的整体及单体结构仍需后期进一步研究。

在发掘过程中，主体建筑的铺地石板上发现一处较大的明代功课碑记。另外在主体建筑的倒塌堆积中发现了大量的残损佛像、建筑残件、瓷片等，判断其时代当为明代。但同时在发掘过程中也发现了五代至宋的遗物，可见宋代时围绕石窟已经建有寺庙，后寺庙损毁，留下了大量的倒塌堆积，明代寺庙在其遗址上修建。

从发掘情况看，该遗址有着重要的历史和文物价值，特别是对于研究安岳古代的佛教文化、佛教艺术有着重要的意义。

（李　飞）

【成都市龙泉驿区大梁村宋代家族墓地】

发掘时间：2016 年 12 月

工作单位：成都文物考古研究所

何氏家族墓地位于成都市龙泉驿区十陵镇大梁村四组。2016 年 12 月，成安渝高速路成都收费站项目在施工过程中发现古墓葬，成都文物考古研究所立即组织专业人员前往现场进行确认，经踏查和钻探，在施工区域内发现两座大型宋代砖室墓，并于当日组织人员进行抢救性发掘。

两座砖室墓皆为南北向双室墓，两墓南北向排列。M1 西室已被施工破坏，东室完整，带斜坡墓道，墓道长 4.9 米、残宽 3 米、高 0 米 ~2.7 米。墓室平面略呈长方形，长 5.2 米、宽约 3 米、深约 2 米。

墓顶用长方形青砖纵向起券三层，券顶上纵向平铺长方形青砖两层，砖缝间用瓷片加固。墓壁下部用长方形青砖两平一丁相间砌成，上部用平砖纵向砌成。墓底用长方形青砖纵向平铺而成。墓室南侧用纵横交错三层平砖砌长方形棺台。M1 西室附近采集彩绘砖俑、瓷碗、瓷罐、梅瓶等近10 件，并存“太夫人归葬别志”一合；东室墓底出土彩绘砖俑、陶俑 20 余件，出土“宋故给事夫人河南郡太君宇文氏墓志铭”一合。据墓志内容可知，M1 为何郯父母合葬墓，其中被破坏的西室是其父何给事墓室，东室是其母宇文氏墓室。墓葬时代在北宋嘉祐年间。

M2 墓道已被施工破坏，东西室结构相同，两者间存宽约 0.7 米的通道。以东室为例，墓室平面略呈凸字形，长约 6.3 米、宽约 3.5 米、高约 2 米。顶部券顶已不存，墓室北端存后龛，两壁共存 3 侧龛，墓壁用长方形青砖两平一丁相间砌成，墓底用长方形青砖纵向平铺而成。东室出土大量陶俑、瓷器、五方真文券残片，另出土元丰元年买地券一件、“宋安德郡君程氏墓志”一合；西室出土大量瓷片和若干至道元宝、祥符元宝和皇宋元宝等铜钱。据买地券和墓志可知，东室为何郯妻子程氏墓室，时代在北宋元丰元年；据东室出土钱币可知，其下葬时代稍早于西室，应为何郯本人墓室。

从发掘情况判断，此次发掘的两座何氏家族砖室墓为目前四川地区已发现宋墓中规模罕见者。墓葬虽被盗扰和破坏，但出土三合墓志和一方买地券都保存较好，为墓葬年代判断提供精确依据。墓葬出土精美文物 60 余件，且其中部分彩绘俑为砖质实心俑，为目前四川地区宋墓中首次发现。何郯字圣从，陵州人，仁宗景祐元年进士，官至尚书右丞，《宋史》有传，且在其他文献中有大量记载。何郯夫妻合葬墓及其父母合葬的科学发掘，为研究宋代政治、历史、丧葬制度提供了珍贵的考古材料。

（龚扬民）

【新津县恒大岷江新城宋代遗址】

发掘时间：2016 年 11 月 25 日 ~ 12 月 19 日

工作单位：成都文物考古研究所、新津县文物管理所

恒大岷江新城建设项目位于成都市新津县普兴镇龙村 2 组。据勘探，2 号地块内发现有宋代遗址。遗址位于一个约 300 平方米的台地上，北部为低坡丘陵，南部为一块低洼地带。为配合项目建设，成都文物考古工作队、新津县文物保护管理对位该遗址进行了清理。发现有墓葬、灰坑、灰沟及等遗迹，出土一批陶器、瓷器。

该遗址地层情况较为简单，可分为三层：第 1 层为耕土层和近现代地层，第 2 层为明清时期堆积，第 3 层为宋代堆积。

宋代墓葬 4 座，均开口于第 3 层下。其中 M1、M3、M5 为砖室墓。M1 分东、西室，平面呈梯形，砖砌券顶，东西室之间有通道相连，头箱和墓室中均分布有随葬品，东西室墓底各有一腰坑。随葬品以四耳罐、碟、盏、碗为主，另有铁钱若干。M5 墓向和形制与 M1 基本一致。出土随葬品有双耳罐、四耳罐、盏、碗、铁钱等。M3 为单室砖室墓，平面呈梯形，砖砌平顶，东西两侧各有三个侧龛。随葬品有四耳罐、串珠、印石、铁钱。M2 为石室墓，单室。平面呈梯形，石砌拱券，东西两侧各有四个侧龛。随葬品有四耳罐、盏、铜簪等。

M4 为明清时期墓葬，保存较差。

灰坑 2 个，H1 开口于第 3 层下，位于 M1、M2 之间，平面呈圆角方形，坑壁规整，一周被烧结成红烧土，坑内有大量灰烬和碳屑。从 H1、M1、M2 的平面布局来看，应该是后人祭祀两座墓葬所遗留。

四座宋代墓葬形制较为接近，呈“一字”形布局，显然是统一规划的家族墓地。根据墓内出土器物来看，时代为北宋时期。此墓地布局规律，对研究宋代家族墓地具有一定参考价值。

（索德浩　颜　彬　魏　楠）

【宜宾市李家坟山宋代崖墓群】

发掘时间：2016 年 10～11 月

发掘单位：四川省文物考古研究院、宜宾市博物院、翠屏区文物管理所

李家坟山宋代崖墓群位于宜宾市翠屏区邱场镇河边村五里坡社。2016 年 10 月底在进行邱场镇至河边村公路扩宽工程建设中暴露 9 座崖墓。11 月初，联合考古队对已暴露的 9 座崖墓进行考古发掘，过程中又对邻近新暴露的 2 座崖墓进行了清理，至 11 月下旬，野外发掘工作顺利结束，共清理墓葬 11 座，出土有陶罐、铁钱、铁钉等。

此次发掘 9 座崖墓均为单室墓，均开凿于崖壁之上，按照发现顺序编号为 M1～M11。其中 M1～M9 位于山丘南坡，方向在 185°～215°，均遭不同程度的破坏；M10、M11 位于山丘东坡，方向 160°～180°，保存较好。各墓规模不一，但结构大致相同，其主要结构包括墓道、封门、墓室三部分，其中 M11 墓道长 2.04 米，墓门宽 1.3 米，墓室略呈梯形，进深 3 米、宽 0.96 米～1.2 米、高 1.62 米。墓道有排水槽与墓室相通。墓门入口处用条石或自然石板封门。墓室内底部正中为棺台，其周围为排水槽，两侧有侧龛，部分墓葬侧龛有动物、花卉等雕刻纹饰。各墓均有后龛，部分墓葬后龛浅浮雕有人物肖像。各墓棺台上散落有大量铁钉，但棺具及骨架不存。随葬品少，仅在其中的两座墓葬中各出土 1 件釉陶罐。

有四座崖墓的左侧门柱保留有题刻，其中 M7、M10 题刻包含有明确年号，分别为“壬午嘉定十五年九月十五日庆寿堂记”“辛未年记嘉定九月二十四日”。“嘉定”为南宋晚期宁宗年号，辛未嘉定年应为嘉定四年，即公元 1211 年，嘉定十五年为公元 1222 年。其余各墓年代应与之相近，在南宋晚期前后。

四川地区崖墓数量庞大，但多为东汉至魏晋时期，宋代崖墓少见，此次发掘对于研究当地宋代历史、葬俗具有较重要的价值。

（金国林）

【武胜县石梯坎南宋石室墓】

发掘时间：2016 年 8～9 月

工作单位：四川省文物考古研究院

石梯坎南宋石室墓位于广安市武胜县华封镇石梯坎村九组，小地名大坟坝。因村民修建道路发现该墓地，2016 年度，四川省文物考古研究院对其进行了抢救性考古发掘，共清理南宋石室墓 2 座，发掘面积约 150 平方米。

M1 为同坟同穴合葬墓，两墓室左右并列，共用墓圹和封土，各有墓道，墓室之间有熟土挡土墙相隔。残存部分封土，为近圆丘形，最厚约 1 米，最大直径约 13 米。墓圹平面近长方形，宽约 10 米，进深约 9 米。

左室为前、后室结构，以门分隔，前室左右各带一侧龛，后室带后龛，后龛前有独立的供桌。墓道为长方形竖穴式，侧边以石条石板构筑，底部略呈斜坡状。左室长 402 厘米，宽 122 厘米，墓道长 302 厘米，宽 202 厘米，最深 158 厘米。前室中间的横梁将其顶部分为两部分，前部分为盝顶，后部分为券顶。顶部横梁立面雕刻朱雀玄武（前横梁已垮塌，朱雀雕刻破碎不存），墓室左、右壁为两柱一间，龛内分别雕刻青龙、白虎及鱼和花卉植物，前柱素面，后柱雕刻后室的门扇，后横梁雕刻建筑屋檐。出土残陶灯 1 件，陶瓷片、

铁钉及碎骨若干。

右室为单室，左、右壁各带两侧龛，后壁带后龛，后龛前有供桌。顶部整体坍塌，右室长386厘米，宽130厘米，墓道长280厘米，宽205厘米。墓室左、右壁为三柱两间，前柱素面，前间底部及壁基雕刻花卉，中柱中部雕刻青龙、白虎，下部雕刻花卉，后间中部雕刻插花花瓶，下部雕刻菱形及动物纹，后柱雕有竖带状缠枝花卉及门扇。后龛左、右立柱刻对联“金玉满堂，福寿延长”，后壁雕刻三扇屏风，后壁及其下的龛台雕刻出一座立体座椅。出土残瓷碗1件，陶瓷片、铁钉及碎骨若干。

M2墓圹宽约3.5米，长超过8米。墓室长385厘米，宽132厘米，高126厘米。底部正中为长方形浅池状棺床，左、右壁为三柱两间，前部侧龛中心雕刻花卉纹，四周为连钱纹，上下分别雕刻莲瓣纹带，壁基雕刻两组鹿纹，过梁雕刻植物纹。后部侧龛中部雕刻立体方椅，上部雕刻花卉。后龛顶部雕刻两重仿木屋顶，上为人字顶，下为歇山顶，左右后柱雕刻门扇，后壁雕刻屏风及花卉，屏风之前雕刻立体供桌。墓室顶部被横梁分为两部分，均为券顶，前部为5块条石，第2、4块雕刻缠枝纹和人物，横梁上雕刻“福海寿命延长”两行六字。出土小件10件，包括带柄铜镜1件、铜锁2件及陶瓷器若干。

（高　寒）

【岳池县小溪沟南宋石室墓】

发掘时间：2015年12月～2016年1月

工作单位：四川省文物考古研究院

小溪沟南宋墓位于岳池县天平镇蒋山镇村8组，地处于堰门口河左岸大坟山西侧。2015年12月，在广安市回龙寺水库建设工程施工过程中发现该墓，四川省文物考古研究院随即对该墓葬进行了抢救性考古发掘工作。

墓葬的墓圹在山体基岩上开凿而成，是长方形竖穴式墓圹。墓葬为长方形石室墓，坐东向西，墓葬由左、中、右三个墓室组成，墓室间各不相通，平行同向。墓葬发现时，墓葬右室、中室的封门石已遭到破坏，左室保存完整。

各墓室内排水沟均由棺台与左、右侧壁及后龛壁、墓门石合围而成，棺台前排水沟底座条石比左右两侧排水沟底座稍低，同时向门槛石稍下倾斜，有少许间隙，积水可从这少许间隙流出墓室。墓室外三墓室共用一排水沟，在基岩上开凿成内高外低的梯状石沟，并在沟内放置筒瓦相嵌而成。排水系统布置精细，功能卓越。

墓室由券顶、棺床、左右侧龛、后龛及排水沟组成。墓道均已被破坏，左墓室墓门由内外双层封门石、门楣、外门柱、内门柱、抵门石和挡土墙构成。在墓室的侧壁下部均雕刻有花卉纹、卷叶纹、果蔬图案。花卉图案主要为折枝牡丹花，果蔬图案有荔枝、葡萄、枇杷、石榴等。各墓室两侧壁均发现由多种颜料绘制的彩绘图案，因保存状况不好，大多已模糊不清，可辨图案有由人物、马匹、侍从和挑夫组成的出行图。墓室后龛均为双重龛，左右室后龛为妇人启门图案，中室为坐椅侍从图案，龛座均为须弥座，常见花卉图案、鹿衔草和龟鹤浮雕图案；后龛两侧柱均雕刻有花瓶插花图案。

墓葬右室及中室已被破坏，仅在墓室内发现有残人骨及少量铁棺钉。左室内发现较完整人体骨架，直肢仰身葬，面朝左，双手置于腹部。同时在左室发现有随葬品组合，器物有贯耳瓶、香炉、黑釉瓷碗、莲瓣青瓷碗、铜瓶、铜制莲花盏、铜镜和铁制剪刀、铁制铺首衔环、金耳饰及石质买地券。

小溪沟石室墓葬在墓葬形制上与四川盆地所发现的同类墓葬基本相同，是典型的南宋石室墓。该墓葬科学完整、布置精细的排水系统较为少见，墓室内精美的雕刻、墓室各侧壁施彩绘图案的发现也为南宋石室墓的研究提供了珍贵的实物资料。

（刘化石）

【长宁县罗赶庙遗址】

发掘时间：2015 年 10 月 ~2016 年 5 月

工作单位：四川省文物考古研究院、宜宾市博物院、长宁县文物管理所

罗赶庙遗址位于宜宾市长宁县老翁镇松林村五组，系 2013 年成贵铁路文物考古调查勘探中发现。遗址东西长约 200 米，南北长约 100 米，分布面积约 2 万平方米，时代为元至清代。调查发现了大量的建筑基址，地表发现了大量的记事碑刻及少量明清时期佛像、瓷片等。

为配合成贵铁路建设，联合考古队对该遗址进行了考古发掘。共发掘面积 5300 平方米，发现有房址、灰坑、灰沟、道路等各类遗迹 90 余个。出土瓷器、铁器、铜器等各类生活用具及建筑构件小件 1000 余件（组）。瓷器可辨器形有碗、碟、盏、杯、灯、钵、罐、俑等，纹饰可见云纹、弦纹、花草、山水人物等；铜器主要为铜钱，可见乾隆通宝、大顺通宝等钱文；建筑构件主要碑座、瓦当、滴水及大量脊或兽的部分以及大量柱础石，瓦当纹饰可见牡丹、兽面、莲花纹等。另外地表采集以及发掘出土的石碑 80 余通，时代从明代崇祯年间至民国均有发现，其中有大量的功德碑和记事碑。

罗赶庙遗址是川南地区一处跨越元明清三代的重要宗教寺庙遗址。通过此次发掘，可以看出罗赶庙的基本布局及其分布范围。罗赶庙的主体建筑分布从发掘情况看分别分布于六个台地，有东西向和南北向的。其中东西向的建筑结构基本一致，均由正殿和厢房组成，厢房南北对称，对认识罗赶庙的布局情况有着重要意义；出土的大量建筑基址和遗物，也为川南地区的宗教考古研究提供了重要的实物资料。

（李万涛）

【盐源县盐棚山盐业遗址调查】

调查时间：2016 年 4 月 15 ~26 日

工作单位：成都文物考古研究所、凉山彝族自治州博物馆、盐源县文物管理所

此次主要调查了四个地点，第一个就是郑家田遗址，该遗址位于盐塘乡郑家田村 4 组，北距盐泸公路 500 米，地理位置北纬 27°20′55.4″、东经 101°10′34.5″，海拔 2208.4 米。该地点由于受到 2015 年的特大山洪，遗址遭到极大破坏，当年尚残剩 400 平方米，目前不到 3 平方米，陶片堆积已不存，仅存一小段烧结面。

第二个地点即盐棚山遗址，地理位置为北纬 27°20′44.8″、东经 101°10′32.9″，海拔 2260 米。为了解该遗址地下遗存的基本情况，在遗址的西南部按正北向布 5 米 ×5 米探沟 2 条。地层堆积出土大量木炭、炼渣、铁锅残片及少量瓷片和“道光通宝”，制盐遗迹发现有灶、窑、木缸、硬土和软土等。

第三个地点即为卤水源头，半山腰上，地理位置为北纬 27°20′38.0″、东经 101°10′35.9″，海拔 2266.8 米。地面踏查采集的陶片多为红色绳纹陶片，发现可能是文献中上尖子和下尖子的位置，另外采集到大量夹砂绳纹红陶片，可辨器形有绳纹侈口罐。

第四个地点盐泉周边低山，普遍发现大量绳纹红色陶片，调查发现有大量绳纹陶片，可辨器形有口沿和网坠。

此次调查发现了盐灶、木缸、铁盆、筒口锅等与制盐相关的遗物，结合周边的斜井、郑家田遗址及低山上绳纹陶片遗存的发现，确认该遗址应当是一个有着不同功能分区的盐业遗存。结合出土陶片观察和文献记载，目前盐棚山遗址所揭露的盐

业遗存的时代上限可能在元代，元代以后随着规模的扩大，熬盐中心转移至沟口。该遗址相关盐矿、卤水、铁锅等标本的实验室分析，进一步佐证了当地盐业发生与发展及其赖以存在的良好资源域条件和独特的铁锅制作技术。盐棚山盐业遗存的发现与确认，以实物资料丰富了盐源地区盐业工艺传统和盐业史研究，同时为四川地区元代盐业研究提供了极为重要的考古资料。

（周志清　补　琦　胡婷婷）

【南江县桥亭关明代遗址】

发掘时间：2016 年 5 ~7 月

工作单位：四川省文物考古研究院、南江县文物局

桥亭关遗址位于南江县桥亭乡桥亭村 1 组，地处南江河左岸的二级阶地上，地势自西向东倾斜。因遗址位于红鱼洞水库的淹没区内，故对其进行了抢救性考古发掘，发掘面积 1000 平方米。

遗址发现的遗存主要与窑址有关，出土的窑具和陶瓷器数量非常多，共计采集陶、瓷器标本近 1000 件。陶器的陶胎有红褐色、灰褐色、褐色等，器形则有罐、瓮、壶、碗、碟、盘、器耳等，其中以敛口、厚唇的罐类器数量最多，带桥形双耳的陶罐数量也不少，部分罐（壶）带流，主要是圈足和平底器。纹饰主要是口沿下饰较粗的辫索状附加堆纹，部分双耳罐表面施米色陶衣，器物多施米色和深绿色酱釉，釉多不及底，器物底部有轮制的痕迹。出土的窑具数量庞大，主要是亚腰形的支垫，垫身上多钻有不规整的圆形孔，高 15 厘米 ~18 厘米，个别陶器内底还刻有工匠的姓氏。

桥亭关遗址出土的陶瓷器特征可以清楚地判定窑址的烧造年代主要是明代，遗址地处米仓道的主干线上，此次发掘的明代窑址和出土的丰富遗物表明桥亭关在当时是汉中至南江的米仓道段上陶瓷器规模化制作、生产、销售的一个中心，烧制的陶瓷器沿米仓道向外贸易交流，也进一步证实了米仓道这条沟通南北交流的重要通道上手工业、商业贸易曾经的繁荣。

（辛中华）

【洪雅县铜矿山矿冶遗址群考古调查】

调查时间：2016 年 4 ~8 月

工作单位：四川省文物考古研究院、洪雅县文物管理所

铜矿山矿冶遗址群位于洪雅县西南瓦屋山镇，以瓦屋山、大田坝及其附近的王河、车岗水等河流流经区域为核心区，遗址群南接汉源县，西邻荥经县。历年来有大量与古代矿冶活动相关遗迹遗存被发现。为此，2016 年度，多单位联合在该区域开展了专项考古调查。

通过实地调查和试掘发现文物点 45 处。其中矿洞、炼炉（冶炼区）、炼渣堆积点 31 处，道路、桥梁遗迹 9 处，窑址 1 处，墓地（与矿工可能相关）3 处，寺庙遗址 1 处。采集、试掘出土有砌筑炼炉的砂岩、鼓风管、铜矿石、铅锌矿石、炼渣、成品铜块、木炭，瓷器主要有青瓷、酱釉瓷、青花瓷等，器形有碗、盘、杯等。综合判断，该矿冶遗址群时代跨度较长，至迟在明代已经兴盛，至民国时期逐渐衰落。与天启《大明一统志》、嘉庆《洪雅县志》等书中记载瓦屋山地区明清曾有大规模矿冶开采贸易活动基本吻合。

《史记》曰："于是赐邓通蜀严道铜山。"《汉书》也有类似记载："上曰：'能富通者在我何曰贫？'于是赐通蜀严道铜山得自铸钱。"嘉庆《洪雅县志》载："县西南一百二十里瓦屋山下有汉严道废城，即汉文帝赐邓通铜山铸钱处。"结合周边区域内的考古发现等，均指向该区域的矿冶开采历史或更早。结合此次调查可知明代该区域矿冶已然十分兴盛，不排除有到

汉代甚至更早的可能。

该遗址群调查分布范围约200平方千米，包含铜矿、铁矿、铅锌矿、银矿、硫黄矿、煤矿、伊利石矿等多个种类。是四川省内目前发现的分布范围最广、开采规模最大、延续时间最长的一处古代矿冶遗址群。为今后研究四川乃至西南地区古代矿冶开采、冶炼、加工、运输贸易等提供了重要参考资料。

（陈　苇　张　琦　鲜继新）

贵州省

【习水县黄金湾新石器商周及汉晋时期遗址】

发掘时间：2015 年 6 月～2016 年 8 月

工作单位：贵州省文物考古研究所、遵义市文物局、习水县文体广电新闻出版局

黄金湾遗址位于遵义市习水县土城镇黄金湾村，属赤水河流域，邻近四川省泸州市古蔺县。遗址处在黄金河与赤水河交汇处的赤水河东岸一级阶地之上。此次工作是在 2014 年度试掘基础上进行的，发掘面积 1000 余平方米。

根据最新的勘探结果，该遗址总面积约 10 万平方米。以黄金河为界，可将遗址分南、北两个区域，南部小地名为官田，北部小地名为兴隆田。官田区域文化堆积厚，文化遗物丰富，兴隆田区域文化层堆积较薄，文化遗物较少。此外在黄金河上游距离官田约 1000 米的干泥坝发现有汉代砖室墓地。发掘情况初步表明，黄金湾遗址的文化遗存分属新石器时代、商周、汉晋等不同时期，以汉晋时期遗存为主。

新石器时代的遗迹主要有房址、陶窑、灰坑等 10 余处，其中陶窑是贵州省境内已发现的时代最早、结构最完整的陶窑之一。出土遗物均为陶器，陶质以夹砂陶为主，泥质陶较少；陶色以红褐、灰褐、灰等色为主；纹饰以细绳纹、细线纹以及细绳纹、细线纹交错构成的菱格纹为主，还见有少量附加堆纹、箍带纹。典型器物有花边口沿罐、菱格纹平底器、杯、敛口小平底钵等，整体上与峡江地区和川南地区的新石器时代晚期遗存具有较多的相似性。

商周时期遗存发现较少，但存在一些小平底罐、尖底杯等典型器物，表明赤水河流域这一时期的古文化已受到了十二桥文化的影响。

汉晋时期遗迹百余处，包括房址、灶坑、灰坑、灰沟、墓葬等。其中墓葬 30 余座，分为竖穴土坑墓、岩坑墓、砖室墓、崖墓、瓮棺葬、瓦棺葬等。墓葬类型多样、分布密集、排列有序、时代相继，大多保存较为完好，埋藏信息丰富，是近年来贵州汉晋时期考古的重要发现。墓葬时代上迄西汉中晚期，下至魏晋时期。其中的一些文化现象，如釜甑、罐甑等炊器组合下方放置石块模拟炊煮场景，罐、瓮底部放置小砾石，随葬鱼类、禽类、蛋类、羊右前腿，随葬兵器较多等，反映了较为特殊的丧葬习俗。汉晋时期遗物极为丰富，包括陶、石、铜、铁、银、鎏金、漆器等不同类型。陶器可辨器形有平底罐、圜底罐、釜、甑、瓮、盆、钵、碗、豆、壶、盒、仓、灯、器盖、板瓦、筒瓦、网坠、纺轮、陶俑、房屋模型、水塘模型等。石器分打制与磨制两种，打制石器以石坠较多见；磨制石器以斧、锛、凿等工具为主。铜器有鍪、釜、手镯、带钩、印章等，还多见有半两、五铢等钱币。铁器有刀、削、剑、矛、釜、锸、锄等。银器多为指圈、指环等装饰品。从出土遗物的总体特征看，与川渝地区的汉晋时期汉文化墓葬具有较多共同的特点。

目前，在贵州省赤水河流域已发现新石器时代至汉晋时期阶地遗址31处，以黄金湾遗址面积为最。赤水河自古为连接川渝地区和黔北地区的重要通道，亦是两汉时期中央王朝以巴蜀地区为前沿依托，开发西南夷地区的通道之一，贵州省赤水河流域各遗址的文化遗存也不同程度地显示出与川渝地区新石器时代至汉晋时期遗存的联系。以黄金湾遗址为代表的这些考古发现，充分显示出赤水河作为一条文化、经济、政治通道的重要作用，对于认识黔北地区和赤水河流域新石器时代至汉晋时期的聚落结构、文化特征、社会风貌、丧葬制度，以及构建该地区的考古学文化发展序列等问题具有重要的学术意义。

（张改课　李　飞　陈　聪　何　烨）

【毕节市马场商周时期遗址】

发掘时间：2016年3月~2017年1月

工作单位：贵州省文物考古研究所

马场遗址位于毕节市七星关区阴底乡马场村，地处乌江上游六冲河与其支流先秀田小河交汇处西北部山前坡地，遗址区主要分布在先秀田小河西岸台地上，海拔1293米。

该遗址于2012年考古调查发现，为配合贵州省夹岩水利枢纽工程的建设，2016年3月，省考古所对马场遗址进行抢救性考古发掘工作。

此次发掘面积共2500平方米，清理灰坑40个、房址8座、沟5条、灶6个和柱洞若干，出土石器、陶器、骨器等各类遗物和标本500多件。

遗址地层共分为13层，第1~8层为明清至近代地层，第8~13层为商周时期地层，出土遗物主要是石器、陶片。石器有磨制石器、打制石器、磨石和少量燧石石片，磨制居多，石料大多采自河滩和周围山上。器形有石锛、石斧、石锤等。

灰坑有袋状、坑状两种，H32内出土大量夹砂陶片，可见纹饰有方格纹、绳纹、交错绳纹、附加堆纹和戳印纹，器底可辨有小平底和圈足底，器形能辨者主要是罐类，坑口有烧过的痕迹。房址均为长方形，面积在10~20平方米，灶一般位于房址中部。

马场遗址出土陶器、石器等不仅与同处乌江上游地带的毕节青场瓦窑遗址具有较多相似性，而且同乌江中下游地区的贵州沿河商周遗址群乃至重庆峡江地区、四川成都平原等新石器时代晚期至商周时期的古文化均有着一定的相似性，如压印花边口沿罐、交错刻划纹、方格纹和菱格纹等均占有较大比重，显示出遗址受四川盆地新石器时代至商周时期文化的一定影响。同时出土遗物显示出鲜明的自身文化特征，对研究贵州黔西北地区新石器时代到商周时期文化的演变及同周边遗存的相互关系，提供了重要的实物依据。同时也为研究西南地区新石器到商周时期文化交流提供了重要材料。

（张合荣　陈　聊）

【纳雍县塘边商周时期遗址】

发掘时间：2016年3~12月

工作单位：贵州省文物考古研究所

塘边遗址位于毕节市纳雍县维新镇扒那河村塘边组，地处乌江上游支流六冲河两岸二级台地上。2012年调查发现，2016年度发掘，发掘总面积1505平方米。发现房址6座、灶坑10个、灰坑37个。房址为近长方形或方形结构。灰坑有近圆形、椭圆形、不规则形。

塘边遗址文化遗存可分为早晚两期，早期陶器陶片均为夹粗砂陶，陶色为黄褐色、黑褐色陶两种，纹饰以戳印纹、刻划纹或绳纹构成的方格纹或菱格纹为主，少量的乳丁纹。陶器口沿为直口。晚期陶器陶质以夹细沙陶为主，极少量的泥质陶；陶色以灰褐色为主，少量的红褐色、黄褐色及灰色陶片。纹饰以交错刻划纹或绳纹构成的方格纹或菱格纹为主，其次为附加堆纹、乳丁纹，有少量的细绳纹、戳印纹，新出现波浪纹、“∽”形云纹、刻划三角形几何纹饰等，大多以组合纹饰出现。陶器口沿有侈口、敛口、直口三种，部分器物口沿为压印花边口沿；器底有平底器器底、圈足器器底，以平底器为主，部分平底器器底饰绳纹，部分器底为素面。

燧石制品，包括石核、石片、石器等类型。石器以刮削器为主。砾石制品，主要是磨制石镞、石斧、石网坠等。从出土遗物特征推断，该遗址的时代为商周时期。

（李二超　胡昌国）

【遵义团溪明代播州土司杨辉墓】

发掘时间：2014 年、2015 年 5 ~9 月

工作单位：贵州省文物考古研究所

2014 年，先期对杨辉墓地及周边遗存进行了全面系统的调查、勘探，重点厘清了杨辉墓墓园格局，包括垣墙的结构、走势、园门及杨辉墓沿轴线分布的规律；对杨辉墓西侧的建筑遗址进行了重点钻探，大致厘清了遗址轮廓；对墓地周边雷水堰、寿安庄及猫山营盘等遗址进行调查，对墓地及周边遗存有了全貌的认知。

在此基础上，经国家文物局批准，2015 年对杨辉墓及墓祠进行了重点发掘，确定既往认知的杨辉墓（M10）是疑冢，发现陶俑共 68 件，均为男性俑。而位于其正前方的一座三室合葬的大型石墓才是真正的杨辉墓（M11），各墓室前室发现大量陶俑残片及钱币，东室下发现完整的腰坑一座，其内出土买地券、铜镜、金银质地四神、铜锣等物。

墓园西北约 100 米处为杨辉墓祠，分布于三级平台之上，经过勘探并局部清理，基本弄清其为前后两进院落式格局，明万历以后杨辉墓祠被改称为雷音寺，但其格局基本没有改变。

（韦松恒）

云南省

【剑川海门口新石器时代遗址】

发掘时间：2016 年 10 月 ~2017 年 1 月

工作单位：云南省文物考古研究所、四川大学考古学系

2016 年度对剑川海门口遗址进行了第四次发掘。这次发掘也是云南省文物考古研究所和四川大学共建考古学实习基地以来的首次发掘。此次发掘发掘区位于第三次发掘区（河滨区）西南，地处海尾河一级台地前缘。发掘面积 1050 平方米，共清理灰坑 123 个、灰沟 24 条、房址 5 座、灶 8 个、路 1 条、墓葬 2 座，出土陶片十余万片，青铜、玉石等各类小件 800 多件。玉器有凿、锛类小型器物。石器以磨制的锥、镞、刀、斧为主，以及杵、凿等器类。青铜小件有镞、锥等青铜时代遗存。陶器以夹细砂陶为主，夹粗砂陶数量很少，有少量泥质陶。灰褐、红褐、黄褐陶比重较大，黑褐陶略少，褐陶、灰陶、黑陶少见。早期纹饰陶发达，以戳印、刻划纹饰为主，多以组合纹饰构成三角、条带、方格等图形，制作精美。晚期陶器制作粗糙、陶胎普遍偏厚。主要器类有敛口钵、双耳罐、侈口罐、壶等。从遗物判断，早期遗存与宾川白羊村新石器时代遗存特征接近，时代应大致相仿，是遗址迄今所发现的最早阶段遗存。此次发掘清理了年代晚于早期遗存的葬墓两座（单人二次葬 1 座、多人二次合葬 1 座），这不仅填补了“海门口文化”墓葬遗存的空白，同时也为我们了解遗址的聚落结构与聚落变迁提供了重要的线索。2016 年度的工作反映出遗址早期阶段人群主要居住于一级台地区域，后期逐步往河滨区靠拢，而一级台地前缘可能已不再是居住区。而在同一区域浅穴式建筑与杆栏式建筑共存也反映了早期人群居住方式的多样性。除早期遗存外，此次发掘也获取了少量历史时期遗迹、遗物，其中平地起建的大型“凹”字形房屋（可能为南诏大理时期）也为大理地区古建筑的研究提供了新的资料。

（闵　锐　何元洪　原海兵）

【大理市磻曲新石器时代至青铜时代遗址及元明清时期墓地】

发掘时间：2015 年 10 月 ~2016 年 2 月

工作单位：云南省文物考古研究所、大理州文物管理所、大理市文物管理所

遗址位于大理州大理市银桥镇磻曲村北，处于苍山三阳峰下的缓坡地带，大丽公路由遗址东侧南北向并行而过。为配合大理磻云落白族人文度假建设项目，对该项目建设用地涉及的磻曲遗址进行了抢救性考古发掘。发掘面积 1000 平方米，分为 A、B 两个发掘区域，各清理 10 米 ×10 米探方 5 个。

A 区紧邻三阳城城墙，为元、明时期火葬墓地，共清理火葬墓 86 座，另有明、清时期石板墓 26 座。火葬墓多以石板围砌墓壁，再以大石板作为盖板，部分盖板上还堆砌小石块，少量仅以圆形土坑作为墓坑，大多墓坑中填满木炭。葬具以带盖红

陶外罐、带盖绿釉内罐为主；年代略早的也使用单罐。部分烧骨贴有金箔并有朱书梵文。

B区位于A区南侧约100米，为青铜时代遗址。共清理灰坑58个、房址50座、活动面12处、沟12条及大量柱洞；另清理南诏、大理时期石砌建筑13处。房址以地面建筑为主，平面多为长方形，少部分房址有门道。大多房址没有经过精细的垫土、夯筑形成居住面，仅将地面略加修整使之平齐。由于人类居住活动时间较长，大多房址废弃后，又在原地重建，废弃房屋的堆积又成为新房屋的垫土。出土遗物以陶器、石器为主，小件编号570多件。石器以磨制石器为主，数量较少。有斧、锛、凿、穿孔石刀、镞、网坠、砺石等。陶片均为夹砂陶，以红陶、红褐陶、橙红陶为主，有少量灰陶、灰褐陶。纹饰陶片较多，以刻划、压印或戳印为主，纹饰多施于颈、肩部，有刻划菱格纹、波折纹、折线纹、人字纹等，多与点线纹饰于同一器物上，形成组合纹饰，具有典型的洱海区域青铜时代陶器的特征。可辨器形有釜、罐、钵、匜、瓮、带檐器、带耳器、平底器、圈足器、支足、纺轮、网坠等。早期陶器以夹砂红陶、夹砂红褐陶为主，有较多夹砂灰褐陶。纹饰陶片比重较大，器形较小，器壁多较薄。少量陶器内壁或外壁抹平，较光滑。主要器形有釜、罐、钵、匜、瓮、支足等，有少量带耳器；晚期陶器以夹粗砂橙红陶、粗砂红陶为大宗，器形多较大，器壁多较厚重。纹饰陶片比重相对较低。部分陶片施红陶衣。除了早期常见器形外，新出现了带檐器。

B区文化堆积厚，文化面貌发展连贯，是继宾川白羊村、大理银梭岛之后，新发现的一处极为重要的遗存，其文化堆积保存完整、文化发展连贯、遗迹遗物非常丰富，既体现了洱海区域青铜时代文化的典型特征，同时又具有自身的地域特征，为构建洱海区域先秦时期考古学文化年代框架提供了极为重要的原始资料。

（何林珊）

【临沧市新地梁子新石器时代至青铜时代遗址】

发掘时间：2016年5～7月

工作单位：云南省文物考古研究所、临沧市文物管理所、临翔区文物管理所

遗址位于临沧市邦东乡昔归村北，澜沧江与麻利河交汇处的台地上，是澜沧江流域新石器至青铜时代重要的遗址。为配合玉溪至临沧高速公路建设，对该项目建设用地涉及的新地梁子遗址进行了抢救性考古发掘，发掘面积3000平方米。

由于遗址中心区域已被破坏，发掘区域属遗址边缘地带，因此古人类活动遗存相对较少；现代耕地、种植橡胶树、茶树等活动，也对遗址文化层造成一定程度的破坏。遗址堆积较完整的区域共清理文化层六层，清理灰坑2个、灶1处、用火遗迹1处。

发掘出土较多瓷片、铜钱、少量陶片及大量石制品，编号小件共计220件。铜钱以清晚期“咸丰通宝”“光绪通宝”等为主。石制品为此次发掘出土数量最多的文化遗物，以打制双肩石斧为大宗，打制双肩石斧为澜沧江流域新石器至青铜时代典型的器物，均本地取材，利用澜沧江边的砾石打出大石片，再修整出柄部和肩部，刃部多未磨制，呈微弧刃状。虽加工程序基本一致，但器形大小及形状上仍有差别。有的刃部宽而柄短，有的刃部呈舌状，器形瘦长，有的长度仅约7厘米，有的已超过了15厘米。大多石器利用坚硬的花岗岩砾石作为原料，也有少量采用了质地松软的页岩。此外，还有较多打制条形石斧、尖状器、砍砸器及少量砺石、网坠等。

该遗址为澜沧江沿岸新发现的一处重

要的早期遗址，通过对该遗址的发掘，不仅增添了澜沧江流域新石器至青铜时代文化研究的新材料，还可与已知的同时期的遗址如老邦东遗址、昔归遗址、菜籽田遗址等进行对比研究，为复原同时期人类生产生活状况、聚落分布、社会结构及人群迁徙与交流等提供不可多得的资料。

（何林珊）

【通海县兴义新石器时代晚期至汉代遗址】

发掘时间：2015 年 9 月 ~2016 年 10 月

工作单位：云南省文物考古研究所、玉溪市文物管理所、通海县文物管理所

遗址位于玉溪市通海县杨广镇兴义村，地处杞麓湖沿岸一座半独立山体的南部坡脚地带，是包含大量螺蛳壳堆积的贝丘遗址。工作思路为精细化发掘，注重发掘的科学性，坚持系统采样开展多学科合作研究。

遗址发掘面积 190 平方米。文化层厚 8.2 米 ~9.4 米，共清理 37 个文化层、47 个活动面，发现房址 18 座、墓葬 20 座、瓮棺葬 4 座、灰坑 6 个、灰堆 10 座、道路 4 条、沟 2 条、护墙 1 道，出土陶、石、骨、青铜器等标本器物 1460 余件。遗存从早到晚分为海东类型、兴义类型、滇文化三个阶段。

海东类型遗存发现 12 座墓葬、3 座灰坑及部分柱洞，典型代表器物有喇叭口圜底罐、长颈圈足罐、尖底瓶等。12 座墓葬除 5 座人骨保存不全外，其余均为成人屈肢葬。M8 发现 4 枚穿孔海贝，M10 随葬有彩绘陶罐。发掘提取了人骨 DNA 样本进行族属研究。

兴义类型遗迹遗物丰富，发现房址 18 座、墓葬 8 座、瓮棺葬 4 座、灰坑 2 个、道路 4 条、灰堆 10 座、沟 2 条等。房址种类较多，有半地穴式、地面式、干栏式、亭棚式等。圆形半地穴式房址 F6 较为罕见地保存有屋顶塌落痕迹，居住面中央有四个柱洞，柱洞中间有灶堆，地穴边缘有密集的小柱洞。地面式房址多为方形，在地面有较浅的基槽，槽内立有木骨泥墙。在房屋周围多发现有活动面、道路、灰堆等遗迹。兴义类型墓葬均为幼儿墓葬，发现 4 座瓮棺葬。

兴义类型陶器以盘口器、带流器居多，代表陶器有盘口圜底釜、盘口罐、带流罐、矮柄豆等；石器以有肩有段石锛、纺锤形网坠、纺轮、有领石环为主，有部分砺石、石箭镞等；骨器发现骨锥、骨镞及刮抹器等。兴义类型发现有一定数量的孔雀石、炼渣、石范、青铜器。除螺蛳、蚌、鱼、蟹、龟等大量水生动物外，还发现家猪、牛、鹿等陆生动物，以及炭化稻、橡子等植物遗存。

遗址晚期为滇文化遗存，根据陶器变化的不同可分为早、中、晚三段。早段仅发现凸弦纹釜残片，中段发现有凸弦纹釜与器壁较薄的折口浅盘共存，晚段发现凸弦纹釜与子母口浅钵共存。

兴义遗址是目前国内已发掘的堆积最厚的贝丘遗址。兴义类型遗存的发现，为研究商至西周时西南地区的文化提供了新材料，也是滇文化起源研究的重要突破。

（朱忠华　杨　杰　李　波）

【晋宁县石寨山遗址】

发掘时间：2016 年 1 ~10 月

工作单位：云南省文物考古研究所、晋宁县文物管理所

石寨山古墓群位于昆明市晋宁县上蒜乡石寨村，为一个集墓地与聚落遗址于一体的遗址，因在该墓地的第六号墓葬中发现黄金质地的“滇王之印”，被认为是滇王及其亲族的墓地，石寨山文化（俗称滇文化）因该墓地遗址而得名。2001 年被国务院公布为全国重点文物保护单位。2014

年 6 月，云南省列入“十二五”时期大遗址保护项目库的石寨山古墓群的考古工作计划获得国家文物局批准。

根据《石寨山大遗址考古工作计划》，2016 年度的石寨山大遗址考古工作主要完成了滇池东南岸上蒜境内片区的钻探、金砂山墓地北坡的钻探和上西河村的勘探以及金砂山墓葬的抢救性发掘，出版了《石寨山文化考古发掘报告集》上下册。

1 月至 7 月底，对上蒜境内的滇池冲积平原开展考古钻探。钻探的工作范围为北起梁王山、南抵昆玉高速公路、西起滇池、东到左卫山—金砂山一线西侧大约 7 平方千米的区域。在该区域共发现遗迹现象 38 处，其中河道 7 条、古水域 1 处，贝壳范围 5 处、黄土范围 18 处、木质范围 3 处、骨质范围 2 处，石块范围 1 处和活土坑 1 处。从钻探的情况来看，主要迹象分布在从河泊所到金砂村一线。在该区域早期有一条自东向西的河流，由东、南部山区向西流入滇池。在该河流的周边还有一些分叉的支流。早期的人类活动主要分布在该河流及其支流的两岸。在该条主河道的南部地区主要为地势低洼的多水地区，在河流的北侧，虽为高地，但却很少发现遗迹现象。

8 月，对金砂山墓地进行第二期的考古钻探，主要在金砂山北坡区域进行，共发现各类遗迹现象 106 处，其中墓葬 84 座，夯土范围 3 处，石块范围 4 处，砖瓦范围 1 处，沟 2 条，活土坑 12 个。

1 月至 6 月底，在上西河村附近的地下开了 8 条探沟对钻探进行检验，发现了汉代的村落遗址以及时代更早的石寨山文化时期的陶片灰坑，证实了钻探的结果是基本可信的。

7 月至 8 月中旬，对河泊所片区选点进行了考古钻探，发现灰坑和灰沟等汉文化时期的遗迹，在其下，发现有石寨山文化的陶片，该处为邻水台地的人类活动遗迹。证实了该处确为遗址。

8 月至 10 月，对金砂山墓葬的抢救性发掘，发掘面积 400 平方米。清理墓葬一座，该墓早年被盗，残留遗物很少。推测该墓为西汉初期的一位身份和等级很高的汉人的墓葬。

（蒋志龙　陆永富　祁自立　杨　薇　杨新鹏　谢霍敏　张　瑜）

【云龙县三岔村青铜时代遗址】

发掘时间：2015 年 10 月 ~2016 年 2 月

工作单位：云南省文物考古研究所、大理州文物管理所、云龙县文物管理所

遗址位于大理州云龙县苗伟乡表村村民委员会三岔自然村东南二级台地上。发掘除严格执行国家《田野考古工作规程》外，还积极开展多学科综合研究、数字考古技术应用。

发掘面积 3000 平方米。发掘区的地层呈坡状堆积，由西向东、由北往南倾斜，探方最深度距地表约 270 厘米，整个发掘区域地层可分为 9 层。发掘共清理遗迹 380 个，其中清理灰坑 94 个，多圆形和椭圆形；清理灰沟 6 条，其中 G5、G6 长度较长，沟壁、底较为齐整，人工痕迹较为明显且沟内出土遗物丰富；清理房址 2 座，或为长方形的干栏式建筑。清理墓葬 41 座，均为竖穴土坑墓，墓向不定，南北或东西向。葬式较为丰富，可见有单人仰身直肢葬、双人仰身直肢合葬、侧身屈肢葬、二次单人葬或二次多人合葬，除 M41、M39 以石棺为葬具外，其余墓葬不见木质或石质葬具。随葬品较少，以小件青铜饰物为主，其中 M34 随葬有磨光残石锥 1 件。M6 出现有随葬猪下颌骨现象。

出土遗物以陶片最多，出土小件器物 22 件。其中陶器 7 件，石器 7 件，铜器 7 件，铁器 1 件。出土陶片多为残片，器形

难以辨识，以出土器耳对比澜沧江上游墓葬或遗址考古资料，三岔村陶器应有双耳罐或单耳罐；石器多以砺石为主，石质为红色砂岩或青色变质岩，另只见1件穿孔石刀与1件残石锥和1件石器断块；铜器基本出土于墓葬中，以小件饰品为主，多见为耳环、手镯；铁器1件，锈蚀严重且残碎严重，无法辨识其器形。

通过对整个考古发掘区域地层及结合出土遗物判断，三岔村青铜时代遗址初步可以分为三期。

第一期为第7～9层，出土器耳多见柱状、扁耳、宽錾耳，以手制为主，几乎不见轮制痕迹，器壁多厚重。纹饰多见绳纹、戳印纹，少量席纹、叶脉纹。第二期为第4～6层，出土器耳多见以柱状、扁耳为主，少量宽錾耳，器物口沿多见为侈口少量卷沿，器壁一般。少量有慢轮痕迹。纹饰以绳纹为主，少量戳印纹。第三期为第3层，出土器耳以柱状、扁耳为主，器耳较为小，器物口沿多见为侈口，器壁较薄。纹饰以绳纹为主。

第一期地层中不见有铁器出现，第二期地层中出现有铁器，因云南青铜时代跨度较大，故我们推断三岔村遗址的相对年代约为战国至西汉时期，绝对年代有待后期相关测年标本的检测及结果。

通过对附近三岔村、科立村、下坝村、茂盛村等村庄和白鹤关、火烧关走访、调查，部分村民反映在自盖房屋时曾发现有石斧、石锛等器物，石棺墓也有发现。三岔村村民反映，之前发掘区域以西，农户自建房和砖厂取土时曾发现有石棺墓，墓内分隔间，头骨与肢骨多分开，头骨以五的倍数堆放，墓中也出有铜镯、耳环、青铜剑等器物。

遗址的发掘为这一地区的古代历史文化研究提供了珍贵的实物资料。

（闵　锐）

【昆明市官渡区羊甫头青铜时代及明清时期墓地】

发掘时间：2016年7～9月

工作单位：云南省文物考古研究所、昆明市官渡区博物馆

墓地位于昆明市官渡区小板桥街道办事处羊甫村。1998年至2001年，曾对墓地进行过考古发掘，其发掘成果被评为“1999年度全国十大考古新发现”。此次发掘为配合中国人民武装警察边防部队士官学校在校内西北角公寓房项目的建设而进行，发掘区位于上次发掘的东北侧，属于墓地的边缘地带。发掘面积1975平方米，清理墓葬53座，出土各类器物313件（套）。墓葬都为竖穴土坑墓，大部分出土有随葬品。墓葬可分为青铜时代和明清时期的墓葬，其中青铜时代墓葬45座，明清时期墓葬8座。

墓地发现的青铜墓葬面积普遍在1.5～4平方米，墓向都为180°～270°。墓葬都未发现人骨朽痕和棺木痕迹，大部分墓葬在墓底中部有腰坑，少数墓葬在墓底两端还有垫木基槽和二层台，个别墓葬存在叠葬现象，最多的达四层。出土随葬品共计230余件（套），一般都出有随葬品，最多的达数十件。出土器物以陶器和青铜器为主，少量铜铁合制器、玉石器，未见漆木器。陶器大致分为陶釜、陶罐、陶杯、陶纺轮、陶同心圆纹盘等，青铜器有铜矛、铜剑、铜戈、铜啄、铜斧、铜削、铜爪镰、铜臂甲、铜钏、铜扣饰等，其他质地的器物有铜柄铁剑、石坠、玛瑙、绿松石、石纺轮、玉玦等。明清时期的墓葬以单人葬为主，个别存在合葬现象。墓坑遭到不同程度破坏，在墓底中央都有腰坑，普遍放置有瓷罐、瓷碗等。墓葬都发现有棺板痕迹，部分墓葬还发现有人骨，葬式为仰身直肢葬。个别在墓底棺板底下发现一层铺垫的碎玉石，应该为一种葬俗。墓葬出土各类随葬品50余件（套），有瓷罐、瓷碗、铜钱、

银发簪、银耳环、玉簪、玉戒指等。

此次发掘的青铜时代墓葬都为小型土坑墓，出土器物也是以陶器和青铜器为主，器形小。根据出土器物及墓葬形制特点，墓葬分属于滇文化墓葬和汉式墓葬，以滇文化墓葬为主。墓葬出土器物也以滇文化青铜器为主，少量汉式青铜器。滇文化青铜器典型器物如长銎铜矛、方形铜扣饰、铜啄、玉玦等，汉式青铜器以出土铜臂甲最为典型。根据出土器物的类型式以及参照《昆明羊甫头墓地》考古报告，青铜年代墓葬大致定在战国中期至西汉末期之间。而明清时期的墓葬，都为小型土坑墓，随葬品少，器物都为生活用具。根据墓葬器物及墓葬形制推断，年代大多在清代早中期，属于平民墓葬。

（胡长城）

【师宗县大园子战国至西汉墓地】

发掘时间：2016 年

工作单位：中国社会科学院考古研究所、云南省文物考古研究所

大园子墓地位于师宗县漾月街道新村社区，面积约 4000 平方米。墓地外形呈近东西向的椭圆形土堆状，由人工熟土不断堆筑而成，其内上、下均埋有墓葬。鉴于墓地遭受严重盗掘和破坏，经报请国家文物局批准，2015 年中国社会科学院考古研究所与云南省文物考古研究所等单位合作对大园子墓地进行了首次发掘，确认其为战国秦汉时期与“西南夷”有关的土著青铜文化遗存。2016 年，为进一步了解墓地文化内涵以及年代和堆积过程等情况，对大园子墓地进行了第二次发掘，取得不少新的收获。

发掘分东部和中部两个发掘点，共揭露面积 200 平方米，发掘深度 4.2 米 ~4.5 米，清理竖穴土坑墓 230 余座。两个发掘点在墓葬排列、形制、葬具、葬式以及随葬品等方面，大体相同。上层墓葬较为稀疏，底层墓葬多开口于生土面上，分布密集且叠压、打破关系复杂。墓葬平面长方形或长条形，大多东南—西北向，未见封土痕迹，一般长 2 米左右或 2 米以内，宽不到 1 米。多数墓中可见板灰痕迹。人骨保存较差。结合随葬品及其摆放分析，葬式多为仰身直肢，头朝东南。出土随葬品 350 余件（组），多为铜器，另有玉石器以及少量木器和陶器。铜器均属青铜制品，有剑、戈、矛、钺、臂甲、锛、锄、凿、削刀、镯、铃、扣饰、发簪、泡饰、珠子、片饰等。玉石器主要是透闪石玉和玛瑙等制成的装饰品，有玦、镯、扣、坠、管饰、剑首、珠子等。木器有少量的镯，多已碳化。陶器仅见个别纺轮和残容器。各墓所出随葬品的数量多寡不一，多的 10 余件（组），少的仅一两件（组），另有少部分墓葬未出随葬品。除手镯等装饰品外，随葬品多集中摆放于头顶位置，少数摆放于腰腹部。很多随葬品尤其是铜兵器下葬时被人为弯折，有些甚至被折为两截，并分开摆放。

此次发掘尤其在墓地中部发掘点仍未发现铁器、五铢钱等汉式器物，因此推测墓地年代可能主要在战国时期，下限为西汉前期。但目前发掘的面积毕竟很小，墓地的整体年代跨度还有待更多的发掘来确定。大园子墓地堆积和埋葬方式独特，出土器物也具有较浓厚的地方特色，可判断是西南夷中某一古国或部族的公共墓地。从地望看，该墓地的发掘或为探寻《汉书·西南夷两粤朝鲜传》等文献记载的漏卧古国提供线索。

（杨　勇）

【曲靖市麒麟区珠街八塔台战国至汉代墓地】

发掘时间：2015 年 7 月 ~2016 年 6 月

工作单位：云南省文物考古研究所、曲靖市文物管理所、曲靖市麒麟区文物管理所

墓地位于曲靖市麒麟区珠街街道办事

处三源村委会董家村东北丘陵缓坡地带。由八个圆形或椭圆形土堆组成，现存总面积约 5000 平方米。

1977 年至 1982 年，云南省博物馆文物工作队分别对一号堆、二号堆（北部）进行了七次发掘，清理青铜时代墓葬共计 353 座。2006 年，八塔台古墓群被国务院批准列入第六批全国重点文物保护单位名单。

为进一步揭示八塔台墓地的文化面貌，切实解决墓地形成的成因，重新把握和厘清墓葬间的层位关系及墓葬的编年序列等学术问题，对墓地 2 号堆进行再次发掘。

此次发掘揭露面积 490 平方米，发掘平均深度近 5 米，共清理墓葬 343 座，出土各类随葬品 485 件（套）；清理墓祭活动面及其他活动面 38 处及祭祀坑 1 个，同时还揭露并清理墓地南部区域大型护坡遗迹一处。

护坡地层堆积由早至晚可分为 33 层，根据护坡地层堆积内包含的陶片及护坡坡面是否有明显加工痕迹等情况分析，其护坡地层堆积由早至晚可分为五期。

揭露的护坡遗迹具有如下功能：其一，由于南部区域地势相对较低，为避免雨水冲刷早期的墓葬（群），起到加固和保护作用，同时兼具有一定的防盗功能。其二，抬高并扩展墓地范围，从而形成一个土墩形台地，其上作为晚期墓地再次埋葬利用。护坡遗迹堆积时代从战国一直延续到汉代。

墓葬初步可分为早、中、晚三期。墓葬形制可分为封土墓及非封土墓两种形制。封土墓在其头端（东端）位置多数有墓上“标志”痕迹。墓葬葬制分为单人葬、双人合葬及三人合葬等。

中期部分墓葬周围多有墓祭活动后形成的活动面，活动面多呈不规则形，土质致密，含大量炭屑和烧灰，厚度多为 3 厘米 ~5 厘米。

随葬品具有鲜明的地域特色。早期墓葬随葬品较少，多数墓葬无随葬品，中期墓葬随葬品数量有所增加，晚期墓葬随葬品无论从数量或器类上看最为丰富。随葬品按质地可分为陶器、青铜器、铜铁合铸器、玉石器、玛瑙器、绿松石等。

八塔台墓地 2 号堆南部区域的护坡遗迹和墓祭活动面，是此次发掘的重要发现和收获。护坡遗迹亦是西南地区青铜时代墓地目前发现的独一无二的墓地设防加固措施，护坡遗迹的揭露，对于我们充分认识和把握 2 号堆墓地形成的成因提供了至关重要的依据。

此次发掘对研究战国秦汉时期西南夷地区青铜文化具有重要的学术意义。同时，这些新的发现亦为我们进一步梳理当地古代居民的葬制、葬俗的发展及演变提供了重要资料。

（康利宏）

【澄江县木官山青铜时代墓地】

发掘时间：2016 年 4 ~7 月

工作单位：云南省文物考古研究所、玉溪市文物管理所、澄江县文物管理所

墓地位于玉溪市澄江县县城西南角，抚仙湖西北岸，龙街街道双树社区西北部一座独立的山包上，海拔 1824. 8 米。为配合昆明绕城高速公路东南环线项目建设，云南省文物考古研究所联合玉溪市文物管理所、澄江县文物管理所对其进行了考古发掘，发掘面积 7000 平方米。

发掘区位于木官山西部，地层堆积分为四层，共清理石寨山文化时期土葬墓 276 座、灰坑 15 个，明清时期火葬墓 9 座。

土葬墓全为长方形或圆角长方形中小型竖穴土坑墓，部分墓葬有二层台和腰坑，少数墓葬随葬品分层埋藏。灰坑形制简单，从平面形状看有椭圆形、圆角长方形、不规则形三种。明清时期火葬墓为圆形或椭

圆形竖穴土坑，仅3座发现葬具。

石寨山文化时期遗存共出土遗物830件，按质地分为铜、铁、铜铁合制、陶、石、玛瑙、绿松石、玉、骨、水晶、漆、料器十二类，皆为石寨山文化的常见器物。明清时期火葬墓出土遗物17件（套），其中葬具7件（套），随葬器物10件，按质地不同分为铜、铁、料器三大类。葬具质地有陶和釉陶两种，有单罐也有内外套罐。

木官山墓地是云南抚仙湖地区石寨山文化的又一处重要墓地，它与金莲山墓地同位于抚仙湖北岸，其二层台、腰坑、器物分层埋葬等结构特征与金莲山墓地相同，与石寨山文化同时期的其他重要墓地如晋宁石寨山、江川李家山、昆明羊甫头等亦相似。少数墓葬存在三层台结构，随葬器物一般置于墓室上层，墓室下层及墓底腰坑中不见随葬品，这一特点在同时期的墓地形制中少见。

从墓葬分布及墓向来看，木官山墓地石寨山文化时期的土葬墓分布规律性较强，自山顶至山脚，呈以山顶为中心的同心圆环状分布，每一圆环之间间隔距离大致相同，墓葬与墓葬之间间距亦相近，叠压打破关系少，96%的墓葬墓向在0°~90°。这种墓葬分布统一规律、管理严格有序的墓地特征在同时期的石寨山文化墓地中并不多见，这也是木官山墓地区别于其他同类墓地的一个重要特点。

根据发掘及调查材料，木官山墓地存在石寨山文化、汉晋及明清三个时期的遗存，石寨山文化时期遗存以土葬墓和灰坑为代表，汉晋时期遗存以调查发现的砖室墓和石室墓为代表，明清时期遗存以火葬墓为代表。石寨山文化时期的遗存可初步分为早晚两期，早期墓葬以出土青铜器为主，伴出部分陶器，典型器物组合为兵器、生产工具和少量装饰品，器形有铜剑、铜矛、铜斧、铜锛、铜扣饰和铜钏，相对年代为西汉早、中期。晚期墓葬以出土铜铁合制器和铁器为主，典型器物组合为兵器和生产工具，器形有铜茎铁剑、铜骹铁矛、铜銎铁卷刃器、铁矛、铁镞和铁削，相对年代为西汉中、晚期。

（周然朝）

【广南县牡宜汉代遗址】

发掘时间：2016年6~7月、9~12月

工作单位：云南省文物考古研究所、文山州文物管理所、广南县文物管理所

遗址位于文山州广南县黑支果乡牡宜村和阿章村地界，总面积约5平方千米。目前的考古成果表明，该遗址共分为11个区。

2016年针对4号区域（对门山）、6号区域（马驮子）和9号区域（白坟）进行了考古发掘，发掘总面积1000平方米。

4号区域位于牡宜遗址中部，为贵族墓葬区，发掘墓葬一座。该墓为带墓道的竖穴土坑墓，平面呈“甲”字形。墓室长方形，长约7.2米、宽约5.1米、深约1.5米，直壁平底。墓道为斜坡状，墓道壁与墓室壁不平行，略向南偏。墓道长约2米、宽约2米至2.3米。墓葬方向305°。墓葬填土为黄褐色五花土，墓底和填土中上部积炭。该墓早年被盗，盗洞位于墓室西北部，随葬品荡然无存，仅从墓葬底部填土水洗出大量用作“珠襦”的串珠、铁斧等器物。

6号区域位于牡宜遗址东部。发掘区域地层堆积平均深度约1米，共6层。4层以下为早期文化堆积。发现灰坑8个、灰沟11条、柱洞300余个、黄土面遗迹1个。发掘出土遗物主要为陶瓷片、铜箭镞和铜器残件、砺石和炼渣。出土的陶瓷片均能和2011年发掘墓葬出土同类器物对应。陶片有两大类，一类是夹砂陶，陶色有褐色、红色等；另一类是硬陶，火候

极高，陶色有灰、红等，某些表面施青釉。瓷片为灰胎，表面施釉，此类遗物同南方地区东汉至魏晋时期的同类遗物一致。从残片分析，硬陶和瓷器以罐类居多，夹砂陶器以罐和釜居多。陶瓷片表面装饰网格印纹和几何图案印文。另外发现两块绳纹瓦残片。铜箭镞数量较少，共3件，形制短小；铜器残件残损严重，很难辨认器形。砺石发现2块，表面磨砺面明显。

9号区域位于牡宜遗址最西端，发掘区域地层堆积平均深度约0.4米，共3层。第2层和第3层为早期文化堆积。发现柱洞200余个、灰坑74个、灰沟1条。发掘出土遗物主要为陶片、石范、纺轮、有人工使用痕迹的石块、红烧土块、炼渣。陶片多为夹砂褐色陶，从残片看绝大多数是圈足圜底器，另有钵、釜等器形。纹饰相对单一，几乎均为绳纹。石范数量较少，仅有1件可以判定铸造器形，为靴形钺。陶纺轮仅发现3件，形制相同，呈圆饼状，中间穿孔。有人工使用痕迹的石块形状多不规整，表面有磨制面、条状磨槽、圆形坑槽、砸击面等人工痕迹。红烧土块的数量也较多，某些呈土坯状，应该是炉壁或窑壁的残留。

初步推断牡宜遗址是青铜时代至魏晋时期句町文化遗址，表现出土著文化和汉文化结合的特点。遗址内各个区域除了功能上的分区外，还存在时代差异，某些区域可能和句町文化早期有关。

（万　杨）

【晋宁县金砂山汉代墓葬】

发掘时间：2016年8～10月

工作单位：云南省文物考古研究所、晋宁县文物管理所

墓葬位于昆明市晋宁区上蒜镇金砂村委会金砂村后山上。此次清理的墓葬位于金砂山北坡，该墓葬在勘探中发现，周围发现有被盗的痕迹，云南省文物考古研究所主持对其进行了抢救性发掘。

墓葬为典型的竖穴土坑墓，墓坑长8米、宽6米、深6米。墓上有封土，封土椭圆形，最厚处达2米左右。墓坑填土分层，从填土看，是用很纯净的土壤作为填土和封土的，每一层均经夯筑。从平面上可以看见明显的夯窝，没有墓道。由于早年被盗，墓内残存器物很少，主要有铜器、陶器、鎏金器、漆器等。还在填土中发现了绳纹瓦残片。

该墓葬为竖穴土坑墓，没有墓道，无论是墓葬的规模还是墓坑的深度，在滇池盆地的汉代墓葬中以前是不多见的。从残存的痕迹来看，该墓葬应该有棺和椁。

墓葬填土、墓葬封土均采用分层夯筑的方法来建筑，在云南以往的考古实践中尚未见过，是一种新的建筑形式。从发现的玉印章来看，该墓葬的墓主当不是本地土著，应该是外来的；从印章的规制和大小（长宽分别为2厘米，厚0.6厘米，桥钮）以及印文（篆书阴刻）“郭张儿印”来看，墓主的身份等级很高，查阅《史记》和《汉书》等古代文献，唯一可与该段历史有关的当属汉代将军郭昌或与郭昌有关的人。该墓墓主虽是外地人，死后却葬在当地，从残存情况看，即可能葬后不久就遭到盗掘，极可能是毁尸灭迹（未见尸骨、棺椁也被搬出并有被烧过的棺材板的痕迹），由此，我们推测该墓的被毁，不应该是单纯的盗墓，而是带有毁墓的性质。

金砂山墓葬为石寨山大遗址核心区域内发掘的唯一一座汉初的墓葬，极可能反映了汉中王朝在置益州郡之前的一段尘封的历史。

（蒋志龙　周忠全　吕家兴
祁自立　杨新鹏）

【巍山县蒙舍城唐代遗址】

发掘时间：2016 年 5 ~9 月

工作单位：云南省文物考古研究所、大理州文物管理所、巍山县文物管理所

巍山蒙舍城遗址位于大理白族自治州巍山县庙街镇古城村东南侧，系蒙舍诏（即南诏）第一个首领细奴逻于公元 7 世纪中期的650 年前后专门为让国于己的张乐进求而建的居所，至公元 8 世纪中叶又作为软禁被南诏征服的其他民族头领及其宗族的住所。1988 年公布为大理白族自治州文物保护单位。

当地人称该城址为“古城窝子”，经现场调查，城址大致东西向，从地表隆起疑为城墙的轮廓线来看，城址分为各呈方形但又相连的东西两城，东城西墙与西城东墙共用同一道城墙。东城（当地人称“上窝子”）面积稍小，边长约 100 米，周长约 400 米，面积约 10000 平方米；西城（当地人称“下窝子”）面积较东城大，边长约 160 米，周长约 640 米，面积约 25600 平方米。城墙外轮廓周长约 840 米，加上两城之间长 100 米的隔墙，城墙全长约 940 米。西城内北端中部有一高出周围地表近 1 米、面积约 400 平方米的长方形高台。

城址轮廓基本完整，东城的北城墙与西城墙的拐角处保存较好，高出地表约 2 米，宽约 6 米，其余地段的城墙则仅稍高出地面。东城东部被中河从北向南穿过，东城的东城墙及东、南两道城墙的拐角处因已被夷为平地而看不出轮廓。

经探铲钻探，基本掌握了蒙舍城的平面形状及城址内遗迹的大概分布情况，确认地表隆起的两个方形轮廓确为城墙，并发现城墙外侧四周均有城壕相连，另发现遗迹迹象 15 处：东城发现疑似北门 1 处、南门 1 处，建筑基址 2 处；西城发现南门 1 处，疑似西门 1 处，建筑基址 4 处，夯土台 2 处，坑 1 处，石基础 2 处。

探沟勘探与钻探成果基本吻合，但钻探疑为城门的城墙豁口实为后人种地深挖所致而非城门，石基础则是村民垒砌的地埂基础而非古代的石墙基，西城北端中部的夯土台实为土台。城墙多数用砂石夹杂少量黏土逐层铺筑，因而其黏性及强度较差，与其他南诏城址截然不同，这可能与城址主要用于软禁投降的敌方上层人士的用途有关，能用就行。整座城址表土层下均有一层细淤沙覆盖于明代文化层上，表明明代时这里曾发生过洪灾，洪水漫过城墙进入蒙舍城后流速减缓，淤沙沉积于城址内将之前的文化层全部覆盖。

此次调勘的发现丰富了对南诏城址的认识，为今后与太和城的对比研究提供了新资料。

（何金龙）

【大理市太和城南诏国都城遗址】

发掘时间：2016 年 1 ~6 月

工作单位：云南省文物考古研究所、大理州文物管理所、大理市文物管理所

太和城遗址位于大理白族自治州大理市下关镇太和村所在的苍山之麓冲积扇缓坡上，是唐代云南地方政权“南诏国”建立后的第一座都城，从公元 739 年定都于此至 779 年迁都大厘城作为都城前后计 40 年，在南诏史上具有重要地位。1961 年 3 月被国务院公布为第一批全国重点文物保护单位，2014 年 6 月，云南省列入“十二五”时期大遗址保护项目库的太和城遗址的考古工作计划获得国家文物局批准，2013 年 12 月被国家文物局列入第二批国家考古遗址公园立项名单。

根据《太和城遗址考古工作计划》，在 2014 年底至 2015 年上半年勘探的基础上，2016 年上半年继续对太和城遗址进行了探沟法勘探。

经勘探，在太和城遗址内西端的核桃山东、南两面山坡上找到了上下金刚城的南、中、北三条道路，其中的南、北两路均从山脚沿城墙内侧而行至山顶与金刚城南北城墙交会处，中路则从金刚城瓮城门处起蜿蜒而下至山脚。三路中的南、中两条的走向及结构特征等基本掌握，均用大小如狗头的石块（当地人俗称为“狗头石”）多层铺筑，路因保存状况不同而残存的宽窄也不一，南路最宽处约 2 米，最窄则仅 1 米，中路最宽处约 5 米，最窄处则仅 1.5 米；东路则仅有零星发现，结构不清。南北两路应主要是军队沿城墙内侧巡逻运动的道路；中路铺筑规矩均匀并与金刚城的瓮城门相接，应是上下山的主道。

在核桃山东坡山腰中部当地人称“圆坟地”的平台上新发现两处大型建筑遗址的石基，其中一处建筑遗址内残存有用筒瓦相连而成的引水管，另一处则有砖铺引水沟。由于这一平台上有较多的现代坟墓散布其间，因而暂时未能将这两处建筑遗存的范围查清。从这里的地势平坦山形突出居高临下来看，这一建筑群落应是南诏王室某种特殊性质或独特用途的遗存。

在核桃山下城址内葶溟溪南岸《南诏德化碑》以西的山神庙东南两侧区域发现有互相紧挨在一起的较厚夯土墙、建筑石基及石挡墙等遗存，表明这一区域可能为互相关联的现暂不清楚其性质的遗存群。这一区域由于有的村民不准在其地上布设探沟而暂时未能查清这一遗存群的范围。

此次勘探的收获为下一步继续寻找太和城遗址内的路网及其他遗存群提供了重要线索，丰富了太和城内地下遗存的种类及分布范围，为了解太和城的功能分区、布局及路网等提供了新的资料。

（何金龙）

西藏自治区

【尼阿木底旧石器遗址】

考古发掘时间：2016 年 6 ~7 月

工作单位：西藏自治区文物保护研究所、中国科学院古脊椎动物与古人类研究所、那曲地区文化文物局、申扎县文化局

尼阿木底遗址位于青藏高原核心区域的藏北高原湖泊区，地处申扎县雄梅乡拉多村，海拔 4600 米，是一处原地埋藏的旧石器时代旷野遗址。遗址东西至少 500 米、南北分布至少 2000 米，地表有大量的打制石器分布。

此次野外工作发掘出土文化遗物 4000 余件，包括石片、石叶、石片石核和石叶石核，以及包括刮削器、尖状器、雕刻器和凹缺器在内的各种工具。尼阿木底文化面貌独具特色，石叶技术为主要文化特征，棱柱状石叶石核数量较多，勒瓦娄哇预制石核有少量发现。该技术在青藏高原的出现对于探讨人群和文化的迁徙与交流具有重要意义。

根据光释光年代数据测定的初步结果，尼阿木底木底遗址年代至少可达距今 3 万年。该年代处于深海氧同位素 3 阶段（MIS 3）、末次冰期间冰阶。MIS 3 阶段是人类演化与旧石器文化研究的重要时期。尼阿木底古代人类文化遗存的发现，既代表了该时期藏北高原可能处于温暖湿润的环境，也反映了更新世晚期古人类对高原生态环境的适应能力。

尼阿木底遗址是青藏高原腹地首次发现具有确切地层和年代学依据的旧石器时代考古遗址，分布面积广、文化遗物丰富，既能填补西藏旧石器时代文化面貌的空白、建立年代和文化框架，又能探索人类开发极端环境的过程，窥见其适应、生存能力。

（张晓凌　何　伟）

【山南市结萨石室墓】

发掘时间：2016 年 7 ~8 月

工作单位：西藏自治区文物保护研究所、山南市文物局、四川大学历史文化学院考古系

为配合做好国家重点基建项目之拉林铁路沿线以及周边施工范围内文物保护工作，2016 年 7 ~8 月，联合考古工作队开展了拉林铁路沿线施工范围至乃东区结萨石室墓地的实地考古发掘工作。

结萨石棺墓地位于西藏山南市乃东区结萨村 1 组居委会省道 101 南约 120 米，佳瓦日苏山口东面冲积扇靠山底。因这一片区均属结萨，故暂命名为结萨石棺墓地。墓地地处雅鲁藏布江南岸，北距江边约 1.7 千米。经调查，结萨石室墓地共发现 12 座墓地，其中对 2 座疑似封丘墓进行调查，对 10 座石室墓遗存进行考古清理、发掘。

12 座墓葬，由南向北依次分布，其中两座疑似圆丘形封土墓位居整个墓地南面。其余 10 座墓葬，均为土坑石室墓（后因土坑受自然和人为破坏，已不易分辨）。构筑墓室的石块系采用较厚的近长方形或

不规则形石块为材料，几乎不见加工痕迹，不排除个别石块经粗略加工。根据实地调查发现先后顺序，编号 M1～M12。经发掘清理 5 个探沟，10 座石室墓遗存，整个发掘清理过程中仅出土 3 个遗物。保存完整的墓室中未见随葬品，仅在 T3、M2 西南 0.6 米处的石盒内放置一个陶罐，以及 T5 东北侧，距地表 1.2 米，发现的陶器残片。经对石棺墓出土的动物骨骸进行碳素测年，结萨石棺墓地的年代为公元前 4 世纪至公元 2 世纪时期。

（罗布扎西）

【贡嘎县色麦村佛塔与擦擦洞窟遗址】

发掘时间：2016 年 6～7 月

工作单位：西藏自治区文物保护研究所

受自治区发改委铁路建设办公室、拉林铁路建设指挥部委托，自治区文物保护研究所负责的青藏铁路拉萨至林芝段文物考古项目之一山南市贡嘎县杰德秀镇色麦佛塔、擦擦洞窟遗址考古发掘工作 2016 年 6 月 20 日正式开始，7 月 19 日顺利结束田野考古发掘工作。

色麦佛塔、擦擦洞窟遗址位于山南市贡嘎县杰德秀镇色麦村 2 组村后方平坝上，地面共计发现 4 座佛塔遗址、1 座房屋建筑遗址，数座擦擦洞窟遗址。其中青藏铁路拉林段建设影响范围内有 3 座佛塔遗址、1 座房屋建筑遗址和 9 座擦擦洞窟遗址。

3 座佛塔由因风吹雨淋、年久失修，所有佛塔均已坍塌、形制不明。经清理，TA1 高 5.5 米，面积 5.5 米×5.2 米，TA2 高 1.7 米、面积 6 米×6 米，TA4 高 5.1 米，面积 6 米×6 米，均呈不规则正方形。三座佛塔皆为从地面上用土砖砌筑的 16 宫格或 9 宫格形状，这种形制的佛塔为目前西藏考古新发现的类型，具有很高的研究价值。其中部分宫格里放置大量擦擦（泥塑小佛像、小佛塔）、擦擦形制均为泥质陀螺式佛塔形擦擦，擦擦基本为陀螺式佛塔，分大、中、小三种，有少许扁状佛像擦擦，另外发现藏文经书的残印。部分宫格却只是填土放石，不见任何遗物。

擦擦洞窟基本位于村后方土坝的悬崖边，在悬崖边开凿洞窟放置擦擦（泥塑小佛像、小佛塔）。经清理，两座遗址共计出土 1300 余麻袋的擦擦，约 50 万擦擦，收集标本数十袋。其中擦擦洞窟出土的擦擦类型基本分为泥塑扁状小佛像和泥塑陀螺式小佛塔，未见有陶制擦擦。主要题材为心性安息观音、金刚勇识、十一面观音、八大佛塔等十余种，其中部分擦擦同阿里地区发现的擦擦风格极其相似，初步认为它可能与阿底侠大师 11 世纪左右在卫藏地区传法布道相关，具有较高的历史、艺术和科学价值。

（赤列次仁）

【萨迦县拉托唐果遗址】

发掘时间：2016 年 9～10 月

工作单位：西藏自治区文物保护研究所

拉托唐果遗址位于日喀则市萨迦县拉洛乡拉多村，位于塞曲河北岸缓坡地和山坡上，西南距拉多村 1178 米，南与拉洛乡府驻地卡玉村隔河相望，北和东北分别靠拉托垭口和德罗山。遗址分为东、中、西三区，遗址东西长约 370 米，南北宽约 137 米，分布范围约 5 万平方米。

发现遗迹：房址 4 处，墓葬 4 处、坑 4 处、石台阶 6 处、墙基 40 处。房址平面为方形，墙基系用大石块砌筑，墙体或用土坯砖垒砌，或用黄土夯筑。墓葬均为竖穴土坑墓，墓主或为抱膝靠坐葬，或为侧身蹲屈葬。出土有陶、铁、铜、石、骨、皮等物，完整器有加砂红陶寰底钵、加砂红陶单耳寰底钵，部分陶器装饰有陶衣。

根据墓葬形制、出土物形制以及送

检 ^{14}C 测年标本结果，推断拉洛遗址的时代应在 11～13 世纪。拉托唐果遗址为研究西藏后弘期墓葬形制、葬俗，以及日喀则地区考古学文化特征等提供了更多基础研究资料。

（何　伟）

陕西省

【南郑县龙岗寺旧石器时代遗存】

发掘时间：2016 年 3～12 月

工作单位：陕西省考古研究院、中国科学院古脊椎动物与古人类研究所、南京大学地理与海洋学院、龙岗寺文管所

2016 年，陕西省考古研究院与中国科学院古脊椎动物与古人类研究所、南京大学地理与海洋学院、龙岗寺文管所联合继续对龙岗寺遗址第三级阶地部位的堆积进行发掘。这是汉中盆地首次系统发掘的，位于第三级阶地的古人类旧石器文化遗存。该部位也是 20 世纪 80 年代初期发掘的新石器遗址位置。

2016 年度发掘面积 171 平方米，发掘深度 15.5 米，出土各类旧石器制品 5000 余件。石制品类型包括石核、石片、石片屑和断块，石器工具有刮削器、砍砸器和尖状器等。发掘工作到达第三级阶地底部的砾石层。新石器地层以下和砾石层之上均产出旧石器制品，根据地层堆积情况看，龙岗寺第三级阶地至少存在 5 个人类活动比较繁盛的层位，分别位于：新石器层之下，距地表 2.3 米～2.5 米；距离地表 3 米上下处；距地表 8 米左右深度；距地表 10 米左右深处；距地表 12 米左右深度。

此次发掘基本查清了龙岗第三级阶地部位旧石器遗存的埋藏堆积状况和文化内涵。初步的年代分析研究显示，龙岗寺第三级阶地遗存形成于距今 60 万年至 10 万年。

（王社江）

【洋县范坝旧石器遗址】

发掘时间：2016 年 2～6 月

工作单位：陕西省考古研究院、中国科学院古脊椎动物、古人类研究所和南京大学地理与海洋学院

该项目是配合西安至成都高速铁路建设所开展的考古工作。2016 年度，陕西省考古研究院、中国科学院古脊椎动物与古人类研究所和南京大学地理与海洋学院联合组队，对“西安—成都铁路客运专线”穿越的洋县谢村镇范坝旧石器遗址进行了发掘，发掘遗址面积 175 平方米。在原生的黄土和古土壤条带中共出土各类旧石器制品 800 余件。石制品类型包括石核、石片、石片屑和断块，石器工具有砍砸器、刮削器等。

洋县范坝遗址是汉中盆地首次发掘的位于第二级阶地的旧石器遗存，初步估计其形成年代在距今 14 万～5 万年，该遗址的发掘填补了汉中盆地中更新世末期到晚更新世阶段人类旧石器文化的时空空白，具有非常重要的学术价值。发掘工作既保障了国家重点工程的进行，同时也使铁路沿线的文物得到最大程度的抢救保护。

（王社江）

【西安市高陵区杨官寨仰韶文化遗址】

发掘时间：2016 年 1～12 月

工作单位：陕西省考古研究院

2016 年度，对“泾欣园三期工程”征

地范围内的古墓葬进行考古发掘过程中，发现了大量的史前墓葬，根据出土随葬品及^{14}C测年等相关资料，推断该批墓葬为与杨官寨遗址环壕聚落同时的大型墓地，系国内首次发现并确认的庙底沟文化成人墓地。墓地位于杨官寨遗址东北部，经发掘，墓地东界距东段环壕约530米，总面积约9万平方米。目前总发掘面积约1967平方米，共发现该类墓葬182座，分布密度非常大，初步推测墓葬总数可能逾2000座，规模空前。

2016年度，对其中75座墓葬进行了清理。墓葬均开口于第5层下，东西向。墓葬形制绝大部分为偏洞式（即以东西向的长方形土坑为墓道，向南北两侧掏挖洞室安葬死者），土坑竖穴墓较少，共发现7座。个别墓葬的西端或东端发现有柱洞，疑似“番”类墓上建筑遗存，是研究当时墓葬排列顺序与葬俗的重要材料。墓葬均为单人一次葬，葬式均为仰身直肢，人骨保存完整，头朝西。四肢摆放整齐，足部大多并拢，个别墓葬的人骨附近还发现有疑似包裹的织物，部分人骨发现有割体葬仪，还有部分戕害女性的现象，暂未发现葬具。随葬品较少，仅少数墓葬出土有夹砂罐、彩陶壶、陶杯、石壁、骨珠等。部分人骨有佩戴骨簪、陶环、石环的现象，是关中地区首次发现。还在一座墓葬内出土一块颜料，颜料为经提纯后纯度很高的赤铁矿。经初步鉴定，墓地人种与亚洲蒙古人种东亚类型关系较近，个体死亡年龄集中在中壮年期，有少量婴幼儿个体，不见老年期个体，男女比例约0.63∶1。同时，为了保护文化遗产，我们对其中两座墓葬进行了加固保护并整体打包，不仅使墓葬得以长久保存，还为下一步杨官寨考古遗址公园、遗址博物馆建设提供更多素材。

鉴于2016年度重大发现，我们联合国内外相关科研院所，对墓地开展了体质人类学、DNA（全基因组水平）、病理学、同位素、牙结石、腹部寄生虫、^{14}C测年等方面的多学科、全方位、深层次合作研究，深入了解墓地内人群组成及血缘关系、食物结构及其排列形成过程等相关情况。

杨官寨遗址庙底沟文化成人墓地的发现，为我们从宏观上认识杨官寨遗址的聚落布局提供了依据，也为杨官寨遗址保护规划及遗址公园设计方案提供了可靠的现实依据，更为庙底沟文化聚落形态、埋葬习俗、人种学、人群血缘关系、社会组织状况等重大课题研究提供了依据。此次发现的偏洞式墓葬当属目前所知最早的同类遗存，将该类墓葬的出现年代提前了400多年，为该类墓葬的起源与传播，以及关中地区与中国西部地区，乃至西方的文化交流与影响提供了珍贵的考古材料。

6～7月，由陕西省考古研究院与UCLA合办的中美田野考古学校，在杨官寨遗址举办了第五期田野考古培训，来自世界各地的11名学员对大型水池遗迹周边遗存进行了发掘实习，促进了中、西方之间田野考古方法、技术与思想的交流。

对环壕西南角发掘资料进行整理。该区域是杨官寨遗址由庙底沟文化时期聚落向半坡四期文化时期聚落迁徙的重要区域，对于我们认识杨官寨遗址聚落变迁及其反应的环境变化具有非常重要的价值。与此同时，杨官寨遗址考古地理信息系统正逐步得到完善，使得考古资料管理更加规范化，杨官寨遗址社科重大招标项目又向前迈进了一大步。

（王炜林　杨利平　胡　珂
张　伟　董闯等）

【神木石峁新石器时代遗址】

发掘时间：2016年5～12月

工作单位：陕西省考古研究院

2016年度峁遗址皇城台发掘工作集中在门址处。皇城台三面临沟，仅北侧偏东有一窄梁通往外界，门址即扼守于此，沿山梁东北方向通往内城东门和外城东门。发掘揭露其主要组成部分自东（外）向西（内）依次为：广场、瓮城、南北墩台、门道等。目前，广场揭露完整，面积超过2100平方米。

广场向东外敞，由南、北基本平行的两道石墙及瓮城东墙一线围成，平面呈长方形，南北长约63米、东西宽约34米。广场内地面用黄褐色沙土铺垫，夹杂较多碎石块和小陶片，局部有踩踏迹象，中部发现一座石砌房址残迹。

瓮城位于广场内侧、南北墩台外侧正中，是平面呈直角“U”形的一座石砌单体建筑。在其外侧墙根地面下发现完整玉钺两件，当系铺设瓮城外的广场地面时埋入。

南、北墩台位于广场内侧，平面呈长方形，石砌外墙包裹夯土内芯结构，分别与广场南墙和广场北墙相接，体量上北墩台要大于南墩台。南墩台顶部的层位关系揭示出其建筑年代可能要早至公元前2300～前2200年。

门道位于瓮城内，以南、北墩台为界，地面以砂岩石板平铺，自广场向台顶斜坡状向上攀升，保存较好，大部分石板上有清晰的踩踏摩擦痕迹。

与外城东门址相比，两座城门结构相似，主体结构均包括了瓮城、南北墩台、门道等，这两处城门遗址的建造设计理念当具备一定的承袭关系。有所不同的是，皇城台门址外有广场，而外城东门址外不见广场。从目前皇城台门址附近出土的遗物及地层关系来看，其修建要早于外城东门址。

另外，还对皇城台西北角墙体进行了发掘，确认了皇城台周边台体以层阶状石墙环绕。目前揭露了三阶石砌包墙，每阶石墙均由砂岩石块平砌而成，外壁齐整，三阶石墙自上而下逐级放大，形成台阶状结构，每阶间宽约1米。每阶上均有排列齐整的“纴木”孔洞，应有平行分布的上下两排，部分孔洞还有纴木外露。揭露完整的第二阶高约4米，其下排纴木洞口外可见竖立的平整石板。

遗物方面，2016年度较为重要的发现有铜器、石范、玉器及骨针“制作链”相关遗物。石范均残，有“一范多器”和“一范一器”两类。器形可辨环首刀、直背刀、锥。铜刀存尾部，刀背平直；铜镞完整，双翼、有銎；铜锥完整，器形细长。从皇城台顶部弃置于西北角包墙堆积的大量兽骨中发现了完整的骨针“制作链”，包括骨料、磨制毛坯、钻孔毛坯、残次品、成品、砺石等遗物，在约30立方米土方内，仅骨针数量就超过了250枚，还有骨锥、骨铲、骨片（饰品）等器形，各类骨器总计逾300件。

从共存陶器来看，2016年度发现的铜器年代为龙山时代晚期至二里头时期，是中国早期铜器的又一次重要发现，尤为重要的是夯实了河套地区在中国铜器起源和传播过程中的地位。皇城台门址瓮城外玉器的发现再一次证实了石峁玉器的特有埋藏背景。骨针“制作链”相关遗物的发现预示着皇城台顶部偏向西北某处可能存在着制骨手工业作坊，以骨针、骨锥、骨铲等为主要产品，尤以骨针产量最大，为探索皇城台顶部聚落结构和石峁城址内部功能区划提供了重要线索。根据上述重要发现，我们将进一步以皇城台的发掘为重点和突破口，加强对石峁遗址“透物见人”的研究，加强石峁遗址同其他相关遗址在中华文明探源工程中的比对分析作用。

（孙周勇　邵　晶　邵安定
夏　楠　赵　益　康宁武等）

【延安市芦山峁新石器时代遗址】

发掘时间：2016年8～11月

工作单位：陕西省考古研究院、延安市文物研究所、西北大学文化遗产学院

芦山峁遗址位于延安市宝塔区李渠镇

芦山峁村西北侧的梁峁上，西距延河约3000米，南距延安新区约3000米。2016年秋，陕西省考古研究院与延安市文物研究所、西北大学文化遗产学院合作，对延安芦山峁遗址进行了考古发掘。

2016年度发掘地点位于芦山峁遗址营盘梁顶部南端，发掘面积581平方米，清理灰坑17个，房址2座，灶址1座，瓮棺墓1座，灰沟3条。较为突出的收获是发现了一座半地穴式房址和一处排水设施。

半地穴式房址整体呈长方形，长7.5米；东南部宽3.8米；西北部宽4.4米；现存深度1.7米。四壁竖直，底部平坦坚硬。西北壁正中间的位置开一长方形小龛。房内堆积可分为5层，其中第1层堆积内发现有玉璇玑及大量碎石片，第2层堆积包含有大量浅黄色硬土块，第3层堆积包含有大量的白灰面残块。F2周围约1米处，发现有环绕的类似通道的遗迹，宽0.6米~0.8米，现存深度0.6米，底部为保存较为完好的白灰面，两壁保存有少量白灰面残块。依据发掘情况推测，F2的门应开于西南侧，周围的白灰面通道应是F2的附属设施。

排水设施，整体呈长条形，东南—西北走向。发掘部分长约10米（东南延伸至发掘区以外），沟口宽约3.8米、沟底宽约3.2米，深约1米。两侧沟壁为浅黄色硬土。在沟底中部有一排石板铺就的排水管道，宽0.2米~0.45米，高0.15米。管道底部平铺一层较厚石板，其两侧各立一排石板，两排石板之上再以大块石板覆盖。管道两侧分布有大量踩踏面。

芦山峁遗址早年因发现有大量的玉器而闻名，此次发现的玉璇玑为该遗址首次考古发掘出土的玉器，证明了之前有关芦山峁遗址发现玉器的种种说法。此次发现的单把鬲、双耳罐等遗物，表明芦山峁遗址的年代应为龙山文化晚期，陶器既有关中地区客省庄二期的特征，又兼具齐家文化风格。芦山峁遗址的发掘，填补了延河流域史前考古工作的空白，为认识这一区域史前时期文化面貌提供了重要资料。

（马明志　翟霖林　张　华　张　伟
杜林渊　王　蕾　白小龙等）

【府谷县寨山新石器时代城址】

发掘时间：2016年6~10月

工作单位：陕西省考古研究院

2016年6~10月，陕西省考古研究院开始对榆林市榆阳区、佳县的葭芦河流域实施系统调查。此次工作将葭芦河1134平方千米的区域，按照最小的河流分割为183块，逐一完成调查，避免遗漏。通过四个多月的野外调查，在已调查的273平方千米区域内，发现史前遗址总数达到118处，是此前所得同时期遗址数量的6.6倍，其中新发现遗址100处，在河流上游发现龙山时代至夏代石城聚落3处，发现大量文化遗迹，采集到丰富的文物标本和科研样本。通过此次区域系统调查，树立了河套地区单位面积内遗址分布数量的第一个参照标尺。通过这个标尺，对尚未开展系统调查的区域进行有依据的测算和评估，有利于推进聚落考古和相关深层研究。这样的系统调查，也为遗址保护提供比较翔实的信息依据。

与此同时，针对府谷石马川流域龙山时代寨山城址的勘探发掘工作也取得初步收获。府谷寨山遗址是一处龙山时代早期石城聚落，面积约130万平方米，沿用至夏代中晚期。城址南端和北端局部墙体保存完好，但大部分墙体因水土流失而遭损毁。2016年度的工作主要为航拍、测绘和系统调查，并对北端石墙体和中部夏代墓地实施发掘。石墙体残高2米~4米，石墙体宽度达2米左右。石墙内侧筑有一道5米~8米夯土墙体，在石墙体损毁的区域，这些夯土墙体成为城墙走向唯一依据。

发掘的4座墓葬均为夏代遗存，位于城址中部偏北，打破龙山时代早期居址，表明这一时期城址内部的功能区布局发生了变化。墓葬多为边长0.7米×1.7米左右竖穴浅坑墓，多有壁龛，随葬品均位于壁龛内，以陶器为主，器物组合为斝（或盉）、高领壶、大双耳罐、大口尊、折肩罐等。个别大型墓葬随葬细石器。最大的墓葬M5边长3米×4米，残存深度超过5米，棺椁痕迹明显。这批墓葬与内蒙古伊金霍洛旗朱开沟遗址的同时期墓葬内涵非常相似，并且双耳陶器非常发达，呈现出齐家文化对河套地区强烈的文化渗透甚至齐家文化移民的到来。

（马明志　郭小宁　康宁武　乔建军　王明清　吕建平　张小荣　祁玉庭等）

【横山县庙梁新石器时代遗址】

发掘时间：2016年9月

工作单位：陕西省考古研究院

庙梁遗址位于横山县横山镇顾新庄东北250米处的庙梁山峁上西南坡上，东距芦河约500米。遗址面积约2万平方米。2016年为配合蒙西铁路（神靖段）的建设，陕西省考古研究院对该遗址进行了发掘。

此次发掘，共发现房址2座、灰坑5个、陶窑1座。房址均为方形半地穴式，灰坑形状不一，陶窑为长条形，破坏较严重。现以F2为例进行介绍。F2位于T3东北角，开口第1层下，打破生土。该房址为半地穴式，由前室、后室组成，前室平面呈长方形，口小底大，弧壁外扩，圆角平底，后室平面呈长方形，口小底大，弧壁外扩，圆角平底。灶坑位于后室中部，圆形。柱洞1个，位于后室东北部。门道向南，近长方形。前室、后室、门道及底部均用白灰涂抹，较平整且光滑，局部有明显脱落。前室平面长2.3米、宽1.3米、深1.2米，后室东西长2.9米、南北宽2.7米、深1.2米，门道长1.3米、宽1米、深1.2米。房内填土分3层，出土少量陶片。从该遗址出土器物看，年代为阿善三期文化。

F2房址地面发现的较完整组合的陶器，提供了房址使用时的状态，为研究这一时期一个聚落内单个家庭的日常生活提供了资料，也为研究当时的文化序列提供了层位关系。

（郭小宁　朱艳玲）

【横山县贾大峁新石器时代遗址】

发掘时间：2016年6～12月

工作单位：陕西省考古研究院

贾大峁遗址位于横山县横山镇贾大峁村，处于两沟之间的山梁上，西距芦河约1000米，面积在100万平方米以上。2016年6～12月，为配合蒙西铁路（神靖段）的建设，在榆林市文物考古勘探工作队、横山县稽查队的支持与配合下，陕西省考古研究院对该遗址进行了发掘。此次发掘共清理灰坑46个、房址9座、陶窑3座、沟3条、墓葬2座。灰坑多为圆形袋状，房址均为半地穴式，圆形或者方形，少量为窑洞式，墓葬为竖穴土坑墓，单人葬，仰身直肢。后阳洼地点F1位于T1东南部，开口于第1层下，打破生土，为半地穴式房址，口小底大，平面近圆形，四壁清晰，平底，南部有一门道。底中部有一红烧土面，应为灶坑，四壁及底面均用白灰面处理。口部长356厘米、宽277厘米，底部长376厘米、宽288厘米，深25厘米～46厘米。坑内填土为红褐色沙质土，土质较松散，内含少量灰陶片。

贾大峁遗址出土器物以灰陶为主，陶器器形有斝、圜底瓮、尖底瓶、罐、杯、盘、钵等，小件器物有石刀、石斧、石刮削器、陶刀、骨笄等。从出土器物特征和组合看，其应属于阿善三期文化。该遗址遗存丰富，遗迹有灰坑、房址、墓葬、陶窑、壕沟等，遗物不仅有大量陶器残片，还有生产工具和生活用具，这些涵盖了一个聚落的大多要素，为研究这一时期的聚落布局提供了条件，也为建立陕北地区或者河套地区的考古学文化序列提供了丰富的实物资料。

（郭小宁　朱艳玲）

【富县畔上新石器时代及两周时期遗址】

发掘时间：2016 年 4 ~6 月

工作单位：陕西省考古研究院

黄陵至延安高速扩建工程经过延安市富县茶坊镇畔上村遗址（又名任家台遗址），该遗址位于畔上村的南山坡八十亩台，北邻黄延高速，向北隔河与庙台相望，东邻北塬、西邻秦家沟、南靠刘家塬。发掘面积 405 平方米。

遗址堆积深厚，发掘深度普遍达 6 米以上，发现有半坡文化、庙底沟二期文化、战国晚期、西汉早期堆积层。共发现灰坑 18 个、墓葬 1 座、沟 4 条，其中 G1 为战国时期、G2 和 G3 为庙底沟二期文化时期遗址的壕沟、G4 为半坡文化晚期壕沟。发掘所获得重要遗存有半坡文化早期的 H6 和 H8、半坡文化晚期的 G4、庙底沟二期文化时期 G2。在发掘之余，还对周边区域进行了考古学调查，发现有庙底沟文化、仰韶文化晚期、龙山文化晚期和西周、战国等时期遗存。

此次调查和发掘填补了延安地区考古学文化的空白，使我们初步认识了该区域的考古学文化面貌。

（张鹏程　郭小宁）

【西安市马腾空新石器时代至唐代及清代遗址】

发掘时间：2016 年 6 ~12 月

工作单位：陕西省考古研究院

该项目为配合恒大雁鸣湖墅建设而开展，考古工作主要在项目用地的中部以南和北部地带，中部、东部和南端被建筑垃圾覆盖或前期取土破坏。该项目的发掘采用象限法，对遗址中心区和墓葬密集区布方发掘。发掘 4500 平方米，建筑基槽内抢救性发掘约 5400 平方米；清理史前、战国、唐及唐代以后灰坑约 110 座；战国、唐代、清代墓葬 37 座、瓮棺 2 座；沟 4 条、井 4 个、陶窑 6 座、路面 3 条。北部墓葬区布方 2800 平方米，发现墓葬 220 余座。发掘工作正在进行，遗址区目前发掘到第 2 层以下的唐代文化层。

目前可知该遗址主要从仰韶晚期延续到唐代。此次发掘是浐河流域一次比较重要的考古发掘，为了解浐河中上游史前到唐代的文化面貌增添了新的资料。遗址北部一段环壕的发现，增加了西安地区史前时期环壕聚落的资料；发现的数量众多的东周时期秦墓，是浐灞流域继西安半坡、蓝田泄湖等战国墓地发掘以来，在浐河流域最大的一次发掘，对于了解渭河以南西安地区秦墓的分布与时代特点增加了新的材料；带围沟唐墓的发现，丰富了对于唐代家族墓地的布局研究以及中国古代围沟墓的资料。

（王志友　段　毅　徐雍初）

【清涧县辛庄商代遗址】

发掘时间：2016 年 4 ~12 月

工作单位：陕西省考古研究院

2016 年度重点对辛庄遗址前老爷盖疑似铸铜区进行发掘，发掘面积 800 平方米，共发现房址 5 座、窑址 3 座、灰坑 8 个、墓葬 2 座、瓮棺葬 1 座。最为重要的是在 3 座房址内发现有容器、器盖、兵器及器形不明等陶范共计 20 余件。出土陶范层位关系明确，年代、埋藏环境、出土位置清楚，丰富了辛庄遗址陶范类型和数量，为研究陕北乃至陕晋高原商代青铜器来源、青铜范铸工艺、铸铜技术与铜料流动，以及北方与中原中间的互动提供了重要考古资料和线索。

为进一步深入研究陕北商代青铜器、李家崖文化聚落结构以及两者之间的关系，我们还对以往出土商代青铜器背景以及商代遗址点进行了调查。

陕北早年出土青铜器报道均相对简单，多数青铜器出土单位性质不明、地点不清、相关信息缺乏，甚至不同记录存在相互矛盾，严重影响相关研究。2016年度我们选择清涧、绥德两县以往出土所有商代铜器点进行核实，采访发现或见证铜器发现的当事人或见证人50余人，对铜器出土地点、埋藏情况、出土单位性质等相关信息有了详细了解和记录，同时还核查出与铜器伴出的其他器物交由其他单位保管（如金耳环多由银行保管）而简报未录的情况。另外，我们以普查资料为基础，对清涧、绥德两县所有商代遗址点进行了全面调查，发现了清涧县寨沟遗址、绥德县吴家渠遗址。这两处遗址均有大面积的夯土遗迹，在夯土遗址点周边山峁可见有墓地、灰坑、地层等商代遗址点，共同组成一个3～5平方千米范围的遗址群。加之清涧县辛庄遗址群、清涧李家崖遗址群，在两县100多平方千米的范围内，至少有4个大型遗址群。在这些遗址群约10千米范围内，均有铜容器发现，这样该区域出土铜容器和夯土遗址群组成一个以约6000米为半径的“夯土遗址＋铜容器墓葬”的大型聚落。4个大型聚落之间也基本为10千米距离。由此我们可以初步了解到清涧、绥德两县商代聚落分布、等级、功能划分，不仅从更宏观的范围和视野进行商代聚落分析，也对认识辛庄遗址在整个区域内的等级和性质提供了背景。

（种建荣　孙战伟　乔建军　贺阿龙　贺立峰　刘　峰　邱学武等）

【周原西周遗址】

发掘时间：2016年3～12月

工作单位：陕西省考古研究院、中国社会科学院考古研究所、北京大学考古文博学院

基于周原遗址都邑性聚落这一基本特点，逐步廓清遗址的布局和聚落结构，是当前周原考古工作的总体目标。在2014年、2015年工作的基础上，由陕西省考古研究院、中国社会科学院考古研究所、北京大学考古文博学院组成的周原考古队，继续对贺家北区域进行系统发掘。发掘对象主要有：凤雏六号夯土建筑基址（F6）、普通居址区、“框架性遗迹”中疑似城墙的条状夯土遗迹，发掘面积共计约2800平方米。

F6位于1976年出土西周甲骨的凤雏甲组东侧，破坏情况严重，现仅残存与西周地面平齐的部分由小砾石铺砌的散水，地面以下的夯土基础，局部平面不完整。从露出的夯土基础形制推断，其应为由北、东、南、西四座夯土基址围绕中间庭院而成的一座四合院式建筑，面积约1400平方米。以南北两座夯土的中线计，建筑的布局方向为350°。遗址区出土的陶器从西周早期至晚期，初步判断始建于西周早期，晚期时废弃。

2016年度发掘的普通居址区位于贺家村西北，董家村东南方向，北距2014年发掘的居址—墓地区约160米。发掘区堆积较厚，时代从先周晚期一直延续到西周晚期。遗迹丰富，在120平方米的发掘范围内，共揭露灰坑65个、墓葬2座，可能和先周建筑有关的夯土遗存2处、柱洞3个、夯墙1条，以及多层先周和西周时期的踩踏面遗存等。

凤雏南疑似城墙的发掘区内，共发现A、B两组带状夯土遗迹，共计5条22块夯土板块。A组为东北—西南向，分南北4列19块。根据北侧打破护坡的墓葬可以

初步推断，条带夯土A的年代早于西周中期偏早。条状夯土A的地上部分残存高度约1米，断面呈梯形，上宽约7.5米，底宽8.5米~9.5米。墙体由中间的两道夯土和两侧的护坡共4道夯土组成。每道夯土都是分块夯筑而成。夯块大小不一。基槽呈倒梯形，开口宽约6.8米、底宽约6.5米、深约1.3米。基槽内夯土未分块夯筑。航拍与钻探结果显示，条状夯土B应为东西向，为一列3条夯土。

F6的建筑风格、方向、时代与凤雏甲组和F3一致，推测三者应为周原遗址范围内西周早期遗存中面积最大的一个建筑群。普通居址区内清晰的层位关系、丰富的陶器遗物，为商周之际的文化变迁提供了新材料。部分先周夯土遗存的发现是周原考古发掘中首次确认的先周时期夯土，为在该区域寻找先周夯土建筑提供了线索。疑似北城墙的发掘工作尚未完成，但目前发现已经显示了重大的学术前景。

2016年度的全面勘探工作亦有序展开，主要针对集中分布有大型夯土建筑基址、手工业作坊等遗存的“召陈—云塘—齐镇”一带进行。勘探范围西至刘家沟，北至黄堆，东至召陈村北的水泥路，南到庄白村北干渠，总面积约400万平方米。目前已勘探面积约120万平方米，发现包括墓葬147座、夯土25处、灰坑573个、窑址3座及水井1处等各类西周遗存752处。

（王占奎　宋江宁　徐良高　雷兴山
种建荣　陈　刚　李彦峰）

【丰镐西周遗址】

发掘时间：2016年1~12月

工作单位：陕西省考古研究院

2016年度继续对白家庄村、普渡村进行考古勘探，共钻探面积26万平方米，发现灰坑、水井、陶窑、墓葬等遗迹，明确了镐京遗址东南部壕沟北段的走向及延伸范围。着重对花园村东地点发现与铸铜有关的青铜工具、房址等重要遗存进行发掘。目前已发掘5米×5米探方36个，清理灰坑182个、墓葬6座、瓮棺葬1座、水井3口、活土坑3个。出土遗物较丰富，灰坑中常见器形有鬲、罐、豆、盂等，多为西周中晚期器物，少数器物年代可至西周早期。已出土小件器物177件，其中以骨笄、骨镞、陶球数量较多，另有陶网坠、鹿角器、骨料、蚌刀、石斧、砺石等；铜器有铜镞、铜锥、铜刀等。此次发掘在灰坑中出土了12块鳄鱼骨板，这是丰镐遗址首次出土该类遗物，为研究西周时期的鳄鱼皮制品或鳄鱼分布提供了重要资料。

H243已清理出的三个壁面竖直，坑底较为平整，推测为一处房址，目前仍在清理中。M17为一座竖穴土圹墓，保存完整，有熟土二层台及葬具一棺。人骨保存较差，已基本朽完，从残存头骨可知头向北。随葬一鬲一罐，置于头端二层台之内。鬲完全埋在二层台活土中，罐腹部埋于二层台，口沿露出，此种随葬器物埋藏方式较为少见。

2016年度的考古勘探和发掘，发现了大量西周时期的遗迹，出土了一批有重要研究价值的文物，为研究镐京遗址东南部边界、地下遗存的分布状况以及西周考古、历史文化等提供了宝贵的实物资料。

（岳连建　杨　磊　郑小洲　滕军平
岳永军　梁向荣　蒋佳妮　罗　丹）

【西安市高陵区东营战国至汉代及宋元时期遗址】

发掘时间：2016年5月至今

工作单位：陕西省考古研究院

该项目是为配合昌建泾渭滨河国际城建设而开展，项目位于西安市高陵区马家湾长庆东路与泾渭八路十字西南角，地处泾河、渭河交汇的三角台地上。陕西省考古研究院对项目用地范围内遗址区进行了考古调查、勘探及发掘工作。

此次发掘区位于昌建城项目用地西南、遗址东南部，共布 10 米 ×10 米探方 9 个，目前已完成发掘面积 600 平方米，共发现灰坑 110 个、墓葬 8 座、瓮棺 13 座、晚期灰沟 2 条、房址 2 座、灶 8 个，出土陶器及小件器物 200 余件。

该发掘区文化遗存十分丰富，地层堆积厚约 3 米，文化堆积以战国至汉代及宋元时期为主，出土有汉代板瓦及宋元时期青花、黑釉瓷片。还有少量客省庄二期文化遗存，主要有单把鬲、夹砂罐、陶豆等。半坡文化史家类型遗存最少，出土有夹砂红陶罐、葫芦口瓶、尖底瓶、圜底钵、彩陶盆，骨锥、石斧及陶铿、陶环等。

发掘的 8 座墓葬中 3 座为秦墓，均为竖穴土圹墓，开口基本为南北长约 3 米、东西宽约 2 米的长方形，深 4 米 ~5 米，建造有高 1.2 米、宽 0.25 米 ~0.5 米的生土二层台。均为单人屈肢葬，头向北，面向上或偏西，葬具均为一棺一椁。随葬品均放置于人骨北侧及棺内，有陶器、骨器、铜器等，以陶器为主，有罐、盆、釜，其中一件陶釜内还发现有动物骨骼，在 M8 内发现未经烧制或低温烧制的陶俑残块。铜器有带钩、镞，骨器有骨锥等。还有五座墓葬为仰韶早期史家类型墓葬，均为长方形竖穴土坑墓，东西向，单人葬，葬式为仰身直肢，人骨基本保存完整，有的被扰乱，大多无随葬器物，仅在 M4 发现一件圜底钵。

瓮棺葬共发现 13 座，开口均为圆形或椭圆形，口径 1 米 ~1.2 米、深 0.3 米。其中两座为秦代，分别编号为 W2、W9，人骨保存较好，仰身直肢，葬具由鬲与盆组成。其余 11 座属半坡文化史家类型，葬具多为夹砂罐与圜底钵扣合而成，人骨保存较差，个别瓮棺内发现有婴幼儿个体，葬式不清。

两座房址均为地面式建筑，破坏均较为严重，根据残存部分推测平面形状为圆角方形，居住面系用黄褐色黏土掺和大量料姜石加工而成，在房址中部建造有圆形灶，因破坏仅残存红烧土灶面，叠压于半坡文化层之上，推测其年代应为客省庄二期文化时期。

此次发掘是继 2001 ~2002 年发掘高陵东营遗址以来的第二次发掘，对遗址的整体聚落布局和文化内涵进行了有效补充。而且，不同时期文化遗存的发现为相关研究提供了依据，尤其是低温陶俑的发现，是十分少见的考古材料，具有重要的研究价值。

（张　伟　杨利平　胡　珂
董　闯　高盼等）

【汉中市龙岗寺两周时期遗址】

发掘时间：2016 年 4 ~5 月

工作单位：陕西省考古研究院、首都师范大学历史学院、陕西省汉中市南郑县龙岗寺文物管理处

汉中市南郑区龙岗寺遗址 2016 年的发掘工作主要位于遗址西南部的龙岗南坡。发掘面积 500 平方米，目前已揭露遗迹 24 处。这一区域最重要的发现是揭露出三座两周时期的秦文化中型墓葬 M23、M25 和 M29。

M25 墓向接近正西，长方形竖穴土圹，南北宽 1.78 米，东西长 3.05 米，现存深度 2.3 米。墓葬内填土为黏性极高的红胶泥和灰土，填土中发现有两周时期的陶鬲残片以及史前时期的陶片。葬具已朽，棺木痕迹明显，无椁室，棺外围有一周宽 30 厘米 ~40 厘米的熟土二层台。墓葬东北角的二层台顶部有一具完整的殉狗骨架。被葬者头向西，附身，下肢交叉，头颅缺失。随葬品多整体摆放在人骨肩部位置以西。随葬品主要为陶器，包括 3 鼎、2 豆、2 罐、2 盆和 5 圭。鼎豆罐均为夹细砂灰陶，盆和圭为泥质灰陶，有的鼎和罐内放

置有动物上肢骨骼。

M29 的墓葬形制墓向接近正西，长方形竖穴土圹，南北宽 1.8 米、东西长 3 米，葬具为长方形木棺，葬式为屈肢葬。棺木外围有二层台，东南角的二层台顶部有殉狗。随葬品均整体摆放在被葬者头骨顶端，随葬品为 2 鼎、2 豆（均带盖）、2 大口罐、2 盆、3 陶圭、1 铜镞。

各种迹象表明，M23、M25 和 M29 所代表的这批墓葬，应该属于西周末期至春秋早期秦文化中小型墓葬。首先，随葬品中的平底鼎和大口罐是秦人墓葬的典型器类，而多种陶器口沿上的深旋纹也是秦文化的典型特征。另外，墓葬内殉狗是秦人的典型特征。M29 及大量更小型墓葬的被葬者均为屈肢葬式也是秦人的典型文化传统。根据陶豆和大口罐的形制特征判断，M25 的年代当在两周之际，而 M29 的大口罐口部直径已经超过肩部，年代当略晚，应在春秋早期。之前我们在龙岗遗址还发现了两周之际的灰坑和秦文化连裆鬲、深旋纹盆等器类，表明秦文化甚至秦人在两周之际已经来到汉中地区，并且分为中型和小型墓葬两个明确的层级。

根据文献记载，两周之际的汉中地区应该存在褒国这个土著方国，而与周人同族同姓的郑人来到汉中，即所谓“郑人南奔”，这两支文化正是我们在汉水上游探寻的重要历史对象。正当此时，秦文化及其人群的文化遗存集中出现在汉中腹地，为相关课题提供了新的依托点，同时提出了更多新疑团。

（马明志　王　涛　陈宥成　冯武明）

【旬邑县枣林河滩新石器时代至西周遗址】

发掘时间：2016 年 4 ~8 月

工作单位：西北大学文化遗产学院、陕西省考古研究院、旬邑县文物旅游局

枣林河滩遗址位于咸阳市旬邑县西南约 13 千米的张洪镇枣林河滩村北，该遗址为东北至西南向斜坡状台地，三水河从遗址北、东、南三侧流经。三水河河谷较窄，遗址所在台地南、北两侧地势斜直，西侧自河岸二级阶地以上均发现有古代遗存，遗址面积约 8 万平方米。

为了探索“古豳地”先秦时期文化变迁与聚落演进，经国家文物局批准，2016 年 4 月至 8 月，由西北大学文化遗产学院、陕西省考古研究院及旬邑县文物旅游局联合对该遗址进行了考古发掘。此次发掘选择在遗址西侧临近河谷的平缓地带，揭露面积 1060 平方米，清理灰坑、窖穴 112 座，房址 3 座、灰沟 12 条，墓葬 4 座，出土陶器、石器、骨器、铜器等百余件。从出土遗物来看，此次发掘所获遗存的年代为新石器时代仰韶文化庙底沟时期、商代晚期及西周时期。

通过发掘所获可以得出，枣林河滩是一处先秦时期聚落遗址，以先周时期遗存为主体，另见有仰韶中期及零星西周遗存。遗址所见先周时期遗存以高领袋足分裆及连裆鬲、折肩罐、甗、折沿盆、粗柄豆等为代表。与周边遗址比较，该遗址陶器组合与长武碾子坡遗址有较多的相似性。依据层位关系及出土器物形态，将枣林河滩先周时期遗存划分为两个阶段，结合 ^{14}C 测年数据，可推定第一阶段的年代与殷墟三、四期相当，第二阶段年代为商末周初。枣林河滩遗址发掘所获，为该区域先周时期文化面貌及聚落形态的深入研究都提供了十分重要的考古资料。

（豆海锋　王　振　翟霖林）

【南郑县龙岗寺两周时期遗存】

发掘时间：2016 年 1 ~5 月

工作单位：陕西省考古研究院

2016 年度，该遗址的发掘工作主要位于遗址西南部的龙岗南坡。发掘面积 500 平方米，目前已揭露遗迹 24 处。这一区域

最重要的发现是三座两周时期的秦文化中型墓葬 M23、M25 和 M29。

M25 墓向接近正西，长方形竖穴土圹，南北宽 1.78 米，东西长 3.05 米，现存深度 2.3 米。墓葬内填土为黏性极高的红胶泥和灰土，填土中发现有两周时期的陶鬲残片以及史前时期的陶片。葬具已朽，棺木痕迹明显，无椁室，棺外围有一周宽 30 厘米～40 厘米的熟土二层台。墓葬东北角的二层台顶部有一具完整的殉狗骨架。被葬者头向西，俯身，下肢交叉，头颅缺失。随葬品多整体摆放在人骨肩部位置以西。随葬品主要为陶器，包括 3 鼎、2 豆、2 罐、2 盆和 5 圭。鼎豆罐均为夹细砂灰陶，盆和圭为泥质灰陶，有的鼎和罐内放置有动物上肢骨骼。

M29 墓向接近正西，墓葬的形制为长方形竖穴土圹，南北宽 1.8 米、东西长 3 米，葬具为长方形木棺，葬式为屈肢葬。棺木外围有二层台，东南角的二层台顶部有殉狗。随葬品均整体摆放在被葬者头骨顶端，随葬品为 2 鼎、2 豆（均带盖）、2 大口罐、2 盆、3 陶圭、1 铜镞。

各种迹象表明，M23、M25 和 M29 所代表的这批墓葬，应该属于西周末期至春秋早期秦文化中小型墓葬。首先，随葬品中的平底鼎和大口罐是秦人墓葬的典型器类，而多种陶器口沿上的深旋纹也是秦文化的典型特征。另外，墓葬内殉狗是秦人的典型特征。M29 及大量更小型墓葬的被葬者均为屈肢葬式也是秦人的典型文化传统。根据陶豆和大口罐的形制特征判断，M25 的年代当在两周之际，而 M29 的大口罐口部直径已经超过肩部，年代当略晚，应在春秋早期。

之前在龙岗遗址还发现了两周之际的灰坑和秦文化连裆鬲、深旋纹盆等器类，表明秦文化甚至秦人在两周之际已经来到汉中地区，并且分为以中型和小型墓葬为代表的两个明确的层级。

根据文献记载，两周之际的汉中地区应该存在褒国这个土著方国，而与周人同族同姓的郑人来到汉中，即所谓“郑人南奔”，这两支文化正是我们在汉水上游探寻的重要历史对象。正当此时，秦文化及其人群的文化遗存集中出现在汉中腹地，为相关课题提供了新的依托点，同时提出了更多新疑团。

（马明志　王　涛　陈宥成　冯武明）

【凤翔县秦雍城遗址】

发掘时间：2016 年 3～9 月

工作单位：陕西省考古研究院

既往围绕秦雍城近郊水系统的考古调查已经取得重要的认识，即秦迁都雍城的初衷源于这里有交错密集的河流成为其首选条件。2016 年度遂将城北水系考古调查作为雍城环境考古的重要议题，并取得了以下几方面的重要收获：

首先，秦国最初择都雍城对水采取自然依赖的关系，随着时间的推移，秦人跨越了从被动依赖水到人工改水的历程，考古发现从雍山发源处直接让河水改道，使其从河水充盈的大河流向水量较小的支流，以平衡调节雍城内外河流的水资源。同时又发现河道筑坝形成的堰塘、人工引水的河沟、地下管道、池沼、水泉等遗迹。

其次，通过雍城水系的考古调查，与《水经注》中“雍水出雍山，东南流，历中牢溪”……“南流经胡城东”……“而左会左阳水，世名之西水”……“左阳水又南流，注于雍水，雍水又与东水合”的相关记载形成吻合，这为区域性历史地理沿革提供了重要之借鉴。

再次，雍城因河流纵横的河流而形成的古代植被景象，与《诗经·秦风·蒹葭》所描述“蒹葭苍苍，白露为霜，所谓伊人，在水一方”这样环境氛围吻合，这为历史文献生成的考据提供了重要的依据。

（田亚岐　陈爱东　董书泰　郁宏伟　董海斌　王元等）

【咸阳市秦咸阳城遗址】

发掘时间：2016 年 1～12 月

工作单位：陕西省考古研究院

2016 年度完成城西平民墓区与建筑区交叉区域条带勘探 6 条，涉及范围约 20 万平方米。再次证实以冶家台塬地为主的古代墓葬分布规律——汉唐等晚期墓葬与战国秦墓分别分布在一条宽 3 米左右的东西向古道路的南、北两侧；战国秦墓区延伸至鸭沟一带的自然沟止；越向东越接近毛王村等已知建筑区域的生活类遗迹明显增多。新发现在冶家台墓地北缘边有大范围淤泥，根据地形推测或与墓地阻、排水设施有关。古道路以布置探沟形式予以小范围揭露，依据路面包含物判断，时代当为秦代。

完成墓葬发掘 4 座，墓葬结构包括 1 座竖穴墓道土洞式、3 座竖穴土圹式。葬具包括二椁一棺计 2 具，一棺一椁计 2 具。出土器物共计 20 余件，铜器主要有鼎、盆、灯、熏炉、镜等，陶器有陶瓮、盆、房仓、灶，另有铁剑和“赵随”玉印章各一件。初步判断墓葬时代为秦末汉初。

建筑遗址发掘正在进行，涉及面积约 1300 平方米。清理北周武帝建德三年墓葬 1 座，出土墓志及铁剑。秦代建筑遗存已经开始暴露。整体建筑分三个单元，每单元内复原柱石数为三排四列计 36 处。柱石间距东西 4.3 米、南北 4.7 米，外侧柱础与墙间距 4.1 米。板瓦、筒瓦等建筑材料堆积见于夯墙内外，但以中部堆积最厚。炭迹、烧土只见于墙内范围，F1、F3 火烧程度较 F2 严重。

2016 年度工作还包括对一些重要区域的基本建设工地的调查。在邓家村南秦宫一路工地，追踪南北向古道路一条。路宽 40 米左右，局部路段踩踏面厚 20 厘米余，已知长度近千米。此道路北与秦咸阳城宫区高台建筑相对，现存南端接近现渭河，初步判断应属咸阳城南北大道。

（许卫红　耿庆刚　张杨力铮　姚　扬　苏庆元　方开祥　王永荣　段育红　许广健　狄明等）

【西安市阎良区秦汉栎阳城遗址】

发掘时间：2016 年

工作单位：中国社会科学院考古研究所、西安市文物保护考古研究院

秦汉栎阳城遗址位于西安市阎良区东侧武屯镇、新兴街道一带。2013 年开始，为进一步确定栎阳城遗址的范围，在文物主管部门安排下，中国社会科学院考古研究所与西安市文物保护考古研究院联合组成的阿房宫与上林苑考古队重启栎阳考古，先后发现并确定一号、二号、三号古城，判断三号古城时代为战国中期至西汉早期。2016 年的栎阳考古从勘探和发掘两方面开展。

2016 年栎阳城勘探，继续以寻找三号古城的城墙等遗存为目的，以三号古城中大型建筑遗址为中心，在三号古城西侧、西北侧进行了大面积勘探，发现东西向沟渠三条，东西向道路两条。并在三号古城中心建筑群东南 330 米左右发现东西两片地下遗存密集分布区。2016 年仍未发现三号古城的城墙城壕等设施。

栎阳城 2016 年度考古发掘集中在三号古城。首先，据勘探资料，在三号古城中心建筑群西侧、北侧文化堆积变少位置布设探沟，各发现一条南北向和东西向道路，在两条道路靠近中心建筑群方向有灰坑、沟渠等遗迹分布，之外则极少发现各类遗迹，表明道路大体可视为三号古城西侧、北侧遗存分布界。其次，在三号古城南侧新勘探发现遗址区布设探沟，清理出大量

灰坑、沟渠和一口水井，发现该区域分布有较厚的红烧土层，出土物除较多板瓦、筒瓦残片外，还发现多枚边缘不规整半两钱币，间接显示该区域可能与铸币有关。并出土一枚紫色颜料棒，经鉴定为中国紫、中国蓝和中国深蓝的混合物。受发掘面积限制，除发现钱币残次品外，尚未发现用于生产的范及其他加工物品，该区域性质尚待进一步确定。最后，对三号古城中心建筑群三号、四号建筑基址进行试掘，确定三号建筑基址台基南北宽约13米，最大残高约1.1米，台基西侧南转与二号建筑遗址相连。台基内清理下沉式房屋一间，向南通过甬道与向台基外廊道相连。屋内倒塌堆积中清理出大量各类建筑材料，并发现两块与秦始皇陵、绥中姜女石宫殿遗址所出被称“瓦当王”相类的巨型瓦当残片。从遗迹和出土遗物分析，该建筑修建于战国时期，沿用至西汉早期，为一大型宫殿建筑群的组成部分。四号建筑基址为东西排房式建筑，夯土墙体宽0.68米~0.88米，残高0.15米~0.45米。西侧房屋室内南北宽3.6米，室内东西清理宽3.06米，南墙东侧门道宽1.2米，房屋东北角发现一座过去仅见于咸阳宫一号宫殿遗址的壁炉。东侧房间室内东西清理宽5.5米，北墙西侧有门宽1.9米，北墙外有一条南北向短墙长约2.3米，向东至东壁宽约1.9米，从遗迹分布看应是另一房间。

通过2016年的栎阳考古，大体确定了三号古城文化堆积的西界和北界，为城墙城壕的寻找提供了重要线索。三号、四号建筑基址的清理进一步表明，三号古城中心建筑群为宫殿，该建筑群大体可视为文献所载栎阳宫的所在。三号古城南侧新勘探发现遗址区的性质与手工业生产有较密切关系，为探寻战国至西汉早期栎阳大型国家工场提供了重要线索。

（刘　瑞）

【汉中市杨寨秦汉及明清时期墓地】

发掘时间：2016年7~10月

工作单位：陕西省考古研究院

杨寨墓地为配合阳（平关）安（康）铁路二线增建项目勉西站至褒河东站段项目建设而开展，于汉中市勉县老道寺镇进行发掘，共发掘墓葬19座，出土器物70余件。

其中M12为秦墓、M3、M4为明清墓，其余均为汉代墓葬。M12为斜坡墓道竖穴墓，墓室较为宽大，随葬器物为蒜头壶、钫、盒罐等陶器以及半两钱。汉代墓葬均为斜坡墓道单室墓，年代集中在西汉中晚期，随葬器物有釉陶鼎、盒、壶、井、灶等，以及陶仓、盆、罐等陶器，墓葬形制、器物组合等与关中地区文化面貌基本相同，釉陶器细部等具有地方风格。此次发掘为汉中地区汉代墓葬研究及其与关中地区比较研究提供了新的资料。

（耿庆刚　左汤泉　刘永利　冯博等）

【泾阳县郑国渠首遗址】

发掘时间：2016年11~12月

工作单位：陕西省考古研究院

为配合泾阳县张家山群泉项目建设，陕西省考古研究院在咸阳市泾阳县王桥镇郑国渠等历代引泾渠首保护范围内进行了发掘工作。

在木梳湾村西、村东南项目管线经过区域布设5米×5米探方8个，发现明代残石碑一通。两处地层堆积略有区别，村西探方有近2米厚的河卵石层，应是唐三白渠岸，系穿渠、淘渠形成的堆积；村东南探方有3米多厚的淤积层，应是郑国渠大坝“库区”。通过发掘，对遗址保护范围内的地层堆积有了一定程度的认识。

此外，在木梳湾（木梳湾村因其地形似梳背形）“梳背形”的最南端及泾惠渠岸边刮铲断面3处，其中DM2长9.3米、高3.1米~5.4米，在第17~19层处发现有绳纹板瓦残片及贝壳等，为判定相关地层或大坝的年代提供了重要资料。对元王御史渠口的淤积层进行了清理，新发现石柱窝19个，包括河道中2个，为宋元以来为堰壅水技术提供了新的证据。深化了对郑国渠等历代引泾渠首规律的认识。

为解决郑国渠坝体、历代引泾渠首、渠线走向等问题，重新启动了相关区域系统性调查、勘探与数字化信息采集工作。目前已开展的工作有：赵家沟西周遗址的调查；宋元渠首的航拍；历代引泾渠首范围内重要遗迹的测绘与信息采集；历代渠线走向调查与资料整合等。为充分发掘郑国渠考古、历史、文化内涵，进一步加强对“世界灌溉工程遗产”研究与保护、利用提供了基础资料。

（李　岗）

【西安市阎良区郑国渠及白渠遗址】

发掘时间：2016年

工作单位：中国社会科学院考古研究所、西安市文物保护考古研究院

郑国渠是在秦王政元年（前237）、白渠是在汉武帝太始二年（前97）先后在关中地区兴建的国家水利工程。除1985年陕西省文物局支持赵荣、秦建明先生开展郑国渠渠首调查以后，长期以来有关郑国渠、白渠的研究就基本均由历史学、历史地理学学者开展。

2013年，由中国社会科学院考古研究所与西安市文物保护考古研究院联合组成的阿房宫与上林苑考古队，重启栎阳考古。国家文物局的批复要求，栎阳考古在“搞清栎阳城布局为目标”的同时，要“寻找道路、河渠系统相关遗迹”。考古队于是在随后开展栎阳城址考古的同时，开展栎阳周围路网和水网的考古勘探与试掘，并在栎阳城东北发现一条东西大型沟渠，2014年试掘确定其时代为汉至隋唐，与文献所载白渠的时代吻合。该项发现得到了陕西省文物局的高度关注，要求考古队以既有阎良境内的发现为基础，向东西两侧的咸阳、渭南境内追踪勘探，尽早确定郑国渠、白渠的走向及相关问题。在经过一系列准备后，中国社会科学院考古研究所阿房宫与上林苑考古队在2016年夏开始发掘，从阎良西界向西进入咸阳市三原县内，顺南北向生产路进行长距离卡探，跟踪确定郑国渠、白渠位置。

目前，三原境内的白渠走向已基本确定，郑国渠的走向尚在勘探之中。从勘探情况看，在三原北原之下，白渠由西向东蜿蜒延伸（中间有7000米左右长度的渠道因地下水位太高而无法勘探），向东至阎良境内与之前勘探试掘确定的白渠相接。渠道口宽10米~15米、开口深2米~4米、自深3米左右。至此从三原西界开始，至阎良境内石川河西岸的白渠长约30千米左右，从石川河向东至阎良东界的长度约10千米，石川河以东和以西的两段白渠渠线之间，有直线距离8000米渠道被石川河冲毁不存。从勘探试掘情况看，白渠的渠线选择、渠道规格均优于郑国渠，显示出秦汉大型水利工程建设的发展与成就。

此外2016年还在阎良区内对勘探白渠、郑国渠开展试掘。发掘确定，白渠沟壁斜收沟近平，沟口南北发掘宽9.8米~11.54米，深3.4米，沟底发掘宽5米~5.2米，沟内水流西北—东南向，使用时间为西汉中期至唐代，之后废弃。清理的郑国渠支渠沟壁斜收，口部南北发掘宽11.2米，沟深2米，沟底较平，沟内水流由东向西。

2016年的勘探与试掘，基本解决了郑国渠、白渠的相互关系、渠线走向及郑国渠石川河段取水问题，填补了秦汉时期最重要国家水利工程的考古学空白，具有重要的学术价值。

（刘　瑞）

【户县兆伦西汉铸钱（锺官）遗址】

发掘时间：2015 年 12 月 ~2016 年

工作单位：中国社会科学院考古研究所陕西第二工作队、西安市文物保护考古研究院

锺官秦代始设，掌钟鼎彝器铸造，汉时以铸钱为主。据研究，西汉锺官遗址的地望在今西安市户县大王镇兆伦村一带。

2015 年 12 月开始，受户县兆伦锺官铸钱遗址博物馆的委托，中国社会科学院考古研究所陕西第二工作队和西安市文物保护考古研究院组成联合考古队对兆伦铸钱遗址进行考古钻探，以确定遗址的分布范围，为遗址保护提供基础考古资料。钻探范围西起户县大王镇凿齿村东，东至长安区大原村南，南起眉坞岭以南，北至 108 国道以北。刘振东担任领队，徐龙国、张建锋、张翔宇和柴怡参加。经过一年的工作，取得了以下收获。

首先，确定钱范主要分布于兆伦村东两河口以北至石桥村以南长条形地带，以新河两岸较为集中。分布范围东西宽约 700 米，南北长约 1200 米。现地面以下 0.2 米为耕土层，1 米 ~3 米为文化层，内含大量钱范、灰土等遗存，钱范及灰土层之下一般为淤泥，淤沙层距地表约深 3.5 米。

其次，在兆伦村一带发现了一处古代城址，确认了其南墙和西墙的地望及范围，并对其北墙及东墙的地望进行了初步推定。城址平面大致呈东南—西北向的长方形，南北约 1400 米，东西约 1000 米。南墙大致呈东北—西南向，长约 1038 米；西墙南部残长约 500 余米，北部被破坏；北墙大致位于兆伦村北、两河口以西的东西向生产路一带，这里原为一东西向的高地，20 世纪修整农田时有 3 米多被平掉；东墙尚未发现，估计不会超出苍龙河故道的范围。南城墙南北残宽 17.5 米，现存高 3.75 米左右。试掘表明其建筑时代不晚于西汉中期。南墙及西墙，俗称为“眉坞岭”。

另外，钻探还发现了一批古代窑址，并确定了苍龙河故道的地望及范围。

钻探和试掘成果表明，位于兆伦村一带的古代城址，应即文献记载的西汉锺官城。主要的钱范分布区域位于城址东北外侧，推测为西汉锺官铸钱遗址的废料堆积区。

西汉兆伦铸钱遗址的新发现，对于重新认识西汉锺官遗址的位置、规模和形制布局，以及汉代以后锺官城的历史沿革等都具有重要价值，也为科学保护锺官遗址提供了新的资料。

（张建锋　刘振东　徐龙国）

【西安市汉长安城渭桥遗址】

发掘时间：2016 年

工作单位：陕西省考古研究院、中国社会科学院考古研究所、西安市文物保护考古研究院

汉长安城渭桥遗址位于西安市西北郊汉长安城北墙址以北渭河故道，地处今西安市北三环路西段南北两侧，汉城大遗址特区六村堡街办西席村、唐家村一带。自 2012 年 4 月当地挖沙时发现古桥遗址后，按国家文物局批复，由陕西省考古研究院、中国社会科学院考古研究所、西安市文物保护考古研究院联合组成渭桥考古队开展考古工作。2016 年的渭桥考古主要从以下几方面展开：

首先，在原定为二号桥、三号桥方位的西安北三环、绕城高速绿化带内可勘探区域进行考古勘探，经调查、勘探，排除了存在厨城门二号桥的可能，原在挖沙坑内残存的暂编为厨城门二号桥的桥桩，可能与渭河北河岸设施有一定关系。对厨城门三号桥的钻探，基本确定了桥梁走向。

其次，按照陕西省文物局批复的回填方案，开展了 2012 ~2014 年厨城门一号桥

发掘区的临时保护性回填。

最后，对厨城门一号桥北端开展解剖清理。清理中发现上下两层石构件堆积，进一步从地层学上确定了各层渭河河道堆积物的大体时代范围，进而确定了渭桥石构件的使用时间，为渭桥营建、毁坏及渭河变迁研究提供了新资料。同时，根据砂层内出土钱币的发现，基本确定2015年发掘的一号古船的时代应不早于新莽时期。通过在一号桥西侧探沟的清理，揭露出至少存在两期桥桩的营建过程。同时，通过对西侧探沟清理，发现西南—东北向冲沟，进一步确定该区域内的渭河改道，是在一号桥西侧由西南向东北将渭桥西侧桥桩冲断、冲毁，为渭河变迁研究提供了新资料。

根据考古计划，2016年渭桥考古是2012发现渭桥以来的最后一次田野工作。2016年度的田野考古不仅解决了厨城门桥群的数量和布局问题，还通过发掘从地层学上进一步完善和丰富了对厨城门一号桥的营建、修缮、废弃乃至渭河改道等的相关认识。

（刘　瑞）

【西安市大原村汉代建筑遗址】

发掘时间：2016年

工作单位：中国社会科学院考古研究所陕西第二工作队、西安市文物保护考古研究院

大原村汉代建筑遗址，位于西安市长安区马王镇大原村西约1000米，东北距汉长安城遗址约22千米，西南距户县县城约12千米。2016年度，中国社会科学院考古研究所陕西第二工作队及西安市文物保护考古研究院，在对户县兆伦村西汉铸钱（锺官）遗址进行考古钻探的过程中，对兆伦村东北约3000米处的这处建筑遗址进行了考古钻探。

除地面上现存的高台建筑基址（俗称大原夯台）外，还在附近发现1处大型建筑基址、3条南北向夯土基址、1条东西向道路及一条东西夯土墙。

“大原夯台”基址现为一处高出地面的不规则形夯台，东西38米，南北38.5米，残高约4米。夯土筑成，夯层厚6厘米~8厘米。南部夯土被一现代取土坑破坏。经钻探，基址平面近长方形，东部和南部被破坏，东西残长约54米，南北残宽约33米。

另一处大型建筑基址位于“大原夯台”以南约160米处。夯土平面呈“L”形，夯土筑成，西南部被现代取土坑破坏。东西残长36.4米，南北残宽37米。

上述两处大型夯土基址东侧，还发现东西并列分布的3条南北向条状夯土基址。西部夯土基址南北残长51.7米，东西宽约10.4米。中部夯土基址南北残长40米，东西宽约7.3米。东部夯土基址南北残长24米，宽约8.8米。中部与东部夯土间距58米，与西部夯土相距2.4米~3.7米。

“大原夯台”基址以北约3米，有一条东西向夯土墙，钻探长度为98.5米，宽约4.2米。

夯土墙以北约31米处，有一条东西向古代道路，钻探长度455米，宽约21米。

在此范围内，地面上发现大量汉代建筑材料，有绳纹板瓦、筒瓦及云纹瓦当残片等。由此推测，这是汉代上林苑中的一处离宫遗址。具体为哪一处离宫，尚待今后的发掘来究明。

（徐龙国　刘振东　张建锋）

【西安市大明宫中学汉墓】

发掘时间：2015年12月~2016年7月

工作单位：中国社会科学院考古研究所陕西第一工作队

此次工作是配合大明宫中学图书体育综合楼基建项目开展的，基建区位于大明宫遗址公园西部。勘探面积为1150.62平方米，勘探发现不同时期的墓葬共7座，

其中以汉墓2016DZXM1规模最大。

发掘显示，2016DZXM1已严重被盗。墓室距现地表深6.5米，坐西朝东，墓向北偏东15°，为甲字形斜坡墓道、双室穹隆顶砖室墓，总长20.3米、最宽处约11.3米。由斜坡墓道、墓门、甬道、穹隆顶前墓室、券顶后室五部分组成，前室南北各开一耳室。其中甬道、前室、两耳室和后室皆以条砖构筑。墓道呈缓坡状，自东往西渐深。墓门位于墓道西端，以条砖砌筑而成。甬道位于墓道和墓门之间。前室平面近正方形，四壁、顶部和地面均以条砖构筑。南北两耳室和后室皆为券顶，壁面和地面也以条砖铺砌。

虽经多次盗扰，仍出土不少随葬品。主要为陶器，有瓦当、筒瓦、方砖、绳文板瓦等建筑构件各1件；生活用品有陶碗3件、陶罐3件，陶耳杯、陶盆、圆形陶盘、方形陶盘、陶敦、陶甑、龙首陶残器各1件；俑类有陶狗、陶猪各1件。其他还有玉剑柄器1件，银环16件，铜簪、铜扣及不明铜器各1件，铁器1件，铜钱66枚（多为“五铢”钱）。此外，墓室淤土中伴出大量木炭，墓底铺有石灰块。

根据墓葬形制结构、器物组合、陪葬品等特点，2016DZXM1大致可归为洛阳烧沟第五期，即东汉章帝—质帝时期。另外，2016DZXM1墓室结构复杂，带有较长墓道和穹隆顶的砖室墓，墓室中铺垫石灰和木炭，且有鎏金铜簪、银环、玉饰等质地的贵重陪葬品，显示了墓主非同一般的高等级身份和地位。墓葬中出土的陶质盘、碗、敦、斗、狗俑、猪俑反映了东汉中后期丰富的社会生活，有着十分重要的研究价值。

（李春林　龚国强）

【咸阳市渭城区费家村南汉代遗址】

发掘时间：2015年11月~2016年6月

工作单位：陕西省考古研究院

该遗址位于咸阳市渭城区周陵镇费家村南，南邻康陵陵园，东隔迎宾大道与周陵陵园相邻，与西汉长安城遗址直线距离约15千米。

发掘古代墓葬29座，清理灰坑16个；道路3条，以东汉家族墓地和西汉道路的发现最为重要，共出土遗物约480件（组）。

东汉墓12座，从规模、布局、方向、随葬品时代特征以及时代的延续分析，应该是一处自东汉中期前段持续到东汉末期的家族墓地。墓葬均为斜坡道砖砌洞室，多座为多墓室，有单人葬及两人、三人的合葬方式。该墓地近邻康陵，而墓葬规模和随葬器物表明墓主身份不低，根据多重因素推测，可能与康陵有着密切关系，大概是其守护或者管理者的家族墓地。

西汉时期道路，在遗址区域内勘探、发掘长度约460米，宽度约48.5米，区域之外调查长度约2.2千米，总长度约3000米，道路呈西北—东南向，方向约126°。车辙碾压的路土呈层叠状，深褐色，纯净，几无包含物，辙宽0.1米~0.3米，辙深（路土厚）度为0.1米~0.4米，轨宽约1.2米~1.4米。依据道路遗迹叠压秦代灰坑而被东汉墓葬打破的现象，初步推测该道路时代可能在西汉时期。并且该道路很可能是汉长安城通向西北区域的一条很重要的高级别道路，也是西汉时期古代丝绸之路的一部分，为咸阳原上“丝绸之路”布局和道路遗迹的研究，提供了重要的线索。

（丁　岩　梁嘉放等）

【咸阳市西汉帝陵】

发掘时间：2016年1~12月

工作单位：陕西省考古研究院

西汉帝陵项目2016年度主要开展了太上皇陵勘探工作。汉太上皇陵是刘邦父亲刘湍（刘太公）的陵墓，汉王五年（前202）刘邦于汜水之阳即皇帝位，同年五月仿效秦始皇追尊庄襄王，“尊太公曰太上皇”。高祖十年（前197）七月，太上皇在栎阳宫去世，“葬万年”，史称“万年陵”亦称“太上皇陵”。

从8月至今，勘探面积约21万平方米。勘探发现帝陵位于整个陵园的中心，封土呈覆斗形，边长约60米，四出墓道，平面呈“亞”字形，其中东墓道最长约88米，西墓道东西长33米，南墓道长44米，北墓道勘探长度6米，其余部分压在部队院内的建筑之下，根据早期勘探资料，北墓道长31米；墓道平面为梯形，底部均呈斜坡，填土为夹杂红褐色土和姜石的五花夯土。

在帝陵的北面、东面发现部分园墙，其中北园墙残长53米，东园墙残长39米，园墙宽度约2.5米，夯墙厚度30厘米~40厘米。同时在帝陵封土南侧边缘以南110米、帝陵封土东侧边缘以东100米均发现围沟，其中南围沟残长75米，东围沟残长145米，沟宽3米~5米，深度约1米，是否为帝陵陵园的围沟还需进一步确定。

帝陵陵园北侧发现部分夯土建筑基址，由于大部分位于部队院内，且许多地方已经硬化，对于建筑遗址的结构并不清楚，初步推断应为陵寝建筑。同时在帝陵东墓道南侧、南墓道以南勘探发现外藏坑6个，分布比较凌乱。外藏坑形制为长方形和曲尺形，长度3米~7米，宽度2米~5米，填土为夯土，土质较硬，底部见骨沫、板灰。

后陵位于帝陵西北，封土局部被破坏，呈馒头形，墓葬为“甲”字形，墓道位于封土北侧，平面呈梯形，底部为斜坡状，通长47米，宽6米~21.3米，深1米~16米。墓室平面呈长方形，南北长27米，宽26米，深17米，底部有0.1米厚的木炭。墓道、墓室填土为夯土，土质坚硬，填土包含红褐色土和姜石。

2016年工作的主要收获在于：发现了太上皇陵的外围沟，从而基本确定了陵园范围。该陵园东西长730米，南北宽680米，略呈东西向长方形。其北围沟距帝陵封土北侧边缘324米，通长722米，宽2.7米~8米，深1~3米，北围沟东西两端较深，中部较浅，填土包含较多汉代瓦片。西围沟距帝陵封土西侧边缘345米，勘探发现仅封土以北保留部分围沟，残长249米，宽2.5米~6.5米，深1.2米~3米，填土呈灰褐色，土质松软，包含瓦片较多。东围沟距帝陵封土东侧边缘307米，残存长度约300米，宽2.3米~3.2米，深1.2米~2.5米，填土呈灰褐色，土质松软，包含瓦片较多。南围沟（根据其走向初步确定为陵园的南围沟）距帝陵封土边缘280米，残存长度194米，宽2米~2.5米，深1.2米~1.8米，填土呈灰褐色，土质松软，包含物较少。

在陵园内外还发现墓葬近40座，其中陵园内墓葬5座，陵园外墓葬35座，除了3座长斜坡墓道的晚期墓以外，其余均为竖穴房坑墓，个别墓葬房坑北侧带有洞室，时代大致应为战国晚期至汉初。

目前正在进一步寻找、确认大陵园的外围墙以及小型附葬墓的勘探。截至目前大致了解太上皇陵园的形制和布局，为研究西汉帝陵陵园制度从“秦制”到“汉制”的转变提供了重要资料。

（马永嬴　杨武站　曹　龙　王　东）

【咸阳市渭城区黄家寨汉代墓葬】

发掘时间：2015年10月~2016年2月

工作单位：陕西省考古研究院

该项目位于咸阳市渭城区正阳镇黄家寨村，为配合咸阳秦汉新城沣泾大道建设项目开展。共发掘墓葬45座，出土器物450余件。此次发掘的墓葬除1座为明代外，其余均为两汉时期墓葬。汉代墓葬形制有斜坡墓道洞室墓和竖穴墓道洞室墓两类。在斜坡墓道洞室墓中有5座带有横长方形的天井，天井与斜坡墓道开口于同一层位，底部与墓道和墓室相通，长度与墓室宽度相当，年代为西汉早中期。从总体来看，天井墓规模略大于普通斜坡墓道洞室墓，天井墓的发掘为研究此类型墓葬源流增加了新的资料。

（杨武站　耿庆刚　宋永利等）

【咸阳市渭城区西石羊庙北区汉墓群】

发掘时间：2015 年 12 月 ~2016 年 5 月

工作单位：陕西省考古研究院

西石羊庙汉墓群（北区）位于咸阳市渭城区周陵镇西。在金牛股份有限公司总部基地迁建项目建设区域内。共清理墓葬 67 座、窑址 2 座，出土遗物 530 件（组）。墓群有多组打破关系。形制包括竖穴墓道洞室墓、斜坡墓道洞室墓、斜坡墓道土圹墓三类。墓向以南向为主，其次为东向。墓室内多用条砖铺底或砌墙起券，M11 等还以几何纹空心砖作室，并出现天井。该批墓葬遭受盗扰的情况极为严重，劫余的随葬品包括陶、釉陶、瓷、铜、铁、玉等质地。除常见的汉代灰陶及釉陶器、模型车马器、五铢铜钱、铜镜、印章及铁剑等外，M41 等多座墓葬中还出现南方类型青瓷器，如壶、鼎、盒、瓿等，甚至还有广州地区常见的三联罐。发掘所见玉石器品类复杂，包括谷纹玉璧、玉圭、女舞人等礼玉及口晗、手握等葬玉，其中玉璧、玉圭等可见旧玉改制的痕迹。另外还有少量玛瑙、水晶等串饰部件。

根据墓葬形制和随葬品，初步判断此墓群计有 64 座墓葬的时代为西汉晚期，个别或可至东汉初年。西石羊庙古墓群与延陵、康陵较近，整体看，该墓群墓主人社会身份较高、经济情况较好，可能与帝陵陪葬有关。

陶窑皆为方形窑室，后壁设三个烟道，向上则汇集为一处开口于地面，窑床较高，火膛为半圆形。时代大体与汉墓同时。

此次发掘的汉代墓葬为探讨西汉晚期帝陵周边陪葬制度提供了资料。集中出现的南方文化因素的青瓷器更是具有重要的学术意义。

（许卫红　张扬力铮　方开祥　王永荣　段育红　许广健　狄　明）

【咸阳市渭城区西石羊庙南区汉代与唐及明清时期墓葬】

发掘时间：2016 年 1 ~7 月

工作单位：陕西省考古研究院

该项目是为配合咸阳建筑产业现代化 PC 工厂一期工程开展的考古工作，位于咸阳市渭城区秦汉新城周陵新兴产业园内，发掘墓葬 99 座，出土文物 564 件。

其中，西汉 70 座、唐代 1 座、明代 20 座、清代墓葬 7 座，年代不详 1 座。出土器物有陶、瓷、玉器和空心砖。清代墓葬 M18 为梯形竖穴墓道、单室券顶墓，东西向，方向 120°，总长 10.1 米。墓道上方的祭台为近年考古中少见。祭台位于墓道东部约 3.2 米处，平面呈方形，竖穴土坑，底部平整，土坑边长为 1 米，

深约 0.7 米，砖台建于土坑内部，紧靠于土坑西壁中间，砖台南北长约 0.54 米、东西宽约 0.36 米，高约 0.62 米，其内放置方砖墓志、铜镜等器物。

西汉晚期墓葬、形制以长方形竖穴墓道、土洞单室居多，砖券墓较少，其中 5 座墓室为空心砖构筑并有两座弧形斜坡墓道、单墓室墓葬。同时发掘了围绕汉墓的 6 条围沟，并在围沟中清理出云纹瓦当、外绳纹内布纹板瓦及筒瓦残片，可以判断围沟与所发掘墓葬为同一时期。结合围沟的出土器物，初步判断该墓葬群为西汉中晚期家族墓葬。位置距离延陵直线距离约为 2000 米，或与延陵陪葬墓有关。

此次考古发掘为西安、咸阳两地汉墓

资料的比较以及研究汉代、明清时期丧葬习俗、墓葬制度提供了实物资料。

（肖健一 胡松梅 岳 明 王 谦 张军龙 王小武 程大宏 任科社等）

【西安市汉唐昆明池水系遗存】

发掘时间：2012～2016 年

工作单位：中国社会科学院考古研究所、西安市文物保护考古研究院

昆明池是汉武帝在元狩三年（前 120）和元鼎元年（前 114）于上林苑中先后两次兴建而成的大型湖泊。先后在 20 世纪 60 年代初、2005 年开展过考古工作，虽基本确定了昆明池的位置，但与昆明池池形、池内高地、进出水口位置的认识有根本差异，并与文献所载昆明池的进、出水口位置及周围水系记载难以形成较好对应，未得到历史学、历史地理学者认可。

2012 年秋至 2016 年夏，受西安昆明池投资开发有限公司委托，由中国社会科学院考古研究所与西安市文物保护考古研究院联合组成的阿房宫与上林苑考古队，为配合陕西省斗门水库项目建设，先后对水库项目的起步区、试验区和库区地块进行了多年连续的考古勘探，勘探面积约 10.28 平方千米，发现大量古代遗迹，并通过 2013 年度试掘，获得了以汉唐昆明池遗址水系为中心的新认识。

第一，重新确定了昆明池的池岸线位置，了解了昆明池池岸的结构、特征和早晚变化，确定早期昆明池面积约 14.2 平方千米，唐代中期扩大为 15.4 平方千米。已勘探区域内未发现过去判断的高地或岛屿，池底部深浅不一，最深处海拔 397.6 米，以北岸的现最大高程计，池最深约 3.3 米。

第二，勘探确定昆明池的水源来自秦岭石砭峪，在石匣口村西北侧进入昆明池，进水口区域构造复杂，是汉代大型水利工程的代表。在勘探中，发现并试掘确定了汉唐漕渠的取水口和走向，并确定在昆明池的池岸东侧、东北侧存在早晚共 4 个出水口，昆明池水通过水渠最后流入漕渠。

第三，在昆明池东侧勘探发现一个东西约 780 米，南北约 340 米，面积近 20 万平方米，外围有一道宽 15 米～25 米沟槽环绕的较大遗址。在其外侧还发现大面积的文化层分布区。试掘获得的人、兽骨标本^{14}C 测年数据显示，该遗址标本校正年代范围为公元前 2040～前 1400 年，遗址主要时段为夏商周断代工程年表所定的夏时期，并向下延伸入商代前期。

第四，在斗门水库勘探中，在昆明池池底淤泥下发现一条位于镐京遗址东、南侧的西南——东北向沟渠，口宽 13.2 米～14.5 米，斜壁弧底，底宽 7 米～8 米，深 2.5 米～4 米，勘探长 4200 米以上。经试掘确定，该渠大体开凿于西周时期，到战国时期尚存水流，开凿昆明池后被完全淤平。其西侧较密集分布大量古代灰坑、墓葬、车马坑等各类遗存，东侧、南侧则不见任何同时期遗存，该沟渠大体可视为镐京遗址的东界及南界。据文献记载和学者研究，该沟渠应为镐水。同时还重新确定了镐池、滮池的位置与形制。

（刘 瑞）

【淳化县南北朝至唐宋时期甘泉宫遗址】

发掘时间：2016 年 3～11 月

工作单位：陕西省考古研究院

2015 年勘探成果显示甘泉宫遗址西城平面近方形，东西长 637 米，南北宽 639 米，三面城墙发现马面 11 处，门址 3 处。2016 年考古工作主要目的是发掘验证西城西墙年代及门址结构。目前一区、二区发掘结束，发掘面积 500 平方米。

一区位于西墙中间，布 5 米 ×5 米探方 12 个，面积 300 平方米，实际发掘面积 363.5 平方米。清理发现，城墙与马面主

体保存较好，夯土坚硬，夯土层清晰，夯层厚 10 厘米 ~15 厘米。城墙、马面南北贯穿探方中部，马面分布于 T2、T3、T4 三个探方内。一区揭露城墙长度 30 米，墙体上宽 5.1 米 ~8 米，底宽 9.3 米 ~10.8 米，残存高度 1.5 米 ~3.15 米。马面南北长约 9.3 米，西面宽出城墙 3.3 米 ~4.2 米，残存高度 0.15 米 ~3.15 米。发掘证实城墙与马面为同期建造，底部均筑于原始生土之上，个别地方打破生土，应为城墙与马面的基槽。城墙西侧第 1 层下发现打破城墙夯土的长方形殉畜坑，南北向，方向 5°，坑壁清晰，底部较平整。坑长 2.4 米，宽 0.9 米 ~1 米，深 0.5 米。坑口向下 0.1 米深发现第 1 层动物骨头，经过初步辨认有马头骨、羊骨、牛骨等；再向下 0.1 米，发现第 2 层动物骨头，以羊头骨为主。部分动物骨骼有火烧痕迹。坑的底部填土中发现外素面内布纹陶片。根据坑的形状、动物骨骼及遗物分析，应为殉畜坑，时代或晚于唐代。

二区位于第一发掘区南约 80 米处，布南北正方向 10 米 ×10 米探方一个。探沟 3 条，发掘面积 200 平方米。揭露西门北墙长 28 米，墙体宽 9 米。北墙向西 28 米处被南北向条状分布淤土叠压。西门南墙被全部破坏，但是拐角清楚。西门门道宽 14 米，应为门道，其间发现少量路土。发掘证实西城西门长 28 米、宽 32 米，门道长 28 米、宽 14 米。

夯土表面皆有成排均匀分布的夯窝，单体直径 4 厘米 ~6 厘米，4 个夯窝为一组。发现叠压夯土墙与马面的唐宋时期文化层及打破夯土墙的唐宋时期灰坑较多，说明城墙、马面、西门门址皆早于唐宋时期。此次发掘在晚期地层及灰坑中发现少量秦汉时期云纹及仅存“长”字的瓦当残片与货泉、布泉等铜钱。在当地考古调查中也发现较多完整云纹瓦当及半两铜钱。解剖城墙后发现叠压于城墙下的时代偏晚的粗绳纹陶片，显示西城的年代可能为南北朝时期。

（肖健一　胡松梅　岳　明　王　谦
张军龙　王小武　程大宏　任科社
肖玉丽　马志敬等）

【西安市隋唐长安城西市西南隅遗址】

发掘时间：2016 年 5 月 ~2017 年 1 月

工作单位：中国社会科学院考古研究所陕西第一工作队

遗址位于西安市碑林区桃园南路以东、东桃园社区以西、南二环西段东北，占地 29100 平方米，地跨隋唐代西市的西南隅。考古工作是配合大唐西市综合体基建项目开展的。

发掘分南北两区，布探沟 15 个。其中北区 2 个，南区 13 个，共发掘 701.2 平方米。清理各类遗迹单位 35 个。其中夯土墙基 1 处、道路 2 条、水沟 1 条、房址 1 座、灰坑 15 个、井 15 口。

夯土墙基（Q）南北走向，残存有夯土基槽。解剖发掘长 1.5 米。断面显示，墙基打破生土，残顶距现地表深 3.45 米 ~4.8 米，夯基宽 4.21 米，厚 0.7 米，夯层均匀，厚 15 厘米 ~24 厘米。底部铺垫有层瓦片碎块，厚 10 厘米 ~35 厘米。墙基顶部为五代宋初路土，路土夹杂瓦渣碎屑，内含绿色三彩陶片。据地层、位置特点判断，该墙基始筑于隋初，沿用至唐末。为长安城西市的西墙基址，颓毁于五代宋初。

道路 2 条（L1、L2），皆南北走向，皆有清晰的车辙沟道。L1 东临水沟，西距西市西墙基 77 米。发掘长 20 米，宽 5.5 米 ~6 米。L2 西距 L1 约 35 米。勘探长 105.7 米，发掘长 4 米，宽 5.7 米。路土直接叠压于生土之上，厚 0.45 米。L2 自北往南随地势呈缓坡状升高，东西两侧为灰土沟，推测原为水沟。

水沟（G1）位于 L1 的东侧，南北走向，局部被唐晚期灰坑打破。残存最长

1.2米，宽0.18米，深0.15米。渠底平坦，两侧壁往上斜直，有木板护壁的痕迹。

房址（F1）位于道路L1西侧，局部被清代墓葬打破，仅余西半部分，为半地下式建筑。残存唐地面以下部分东西4米，南北2.5米，深约1米。室内地面平坦，有长期踩踏形成的活动面，残存少许铺砖。房屋西壁、南壁为生土铲削而成，壁面陡直。散水高出室内，残存有铺砖。

灰坑15座（H1～H15）。散布于道路L1东西两侧。多呈不规则长方形或椭圆形，大小深浅不一。坑内壁多陡直，个别有镢锨的印痕。多为一次性使用的生活垃圾填垫坑。个别灰坑还打破了道路，显示出唐代晚期市内侵街乱挖的现象，亦见市政管理的紊乱与松懈。

井址13口（J1～J13）。皆为圆形直筒式井，可分水井、渗井和储藏窖井。

出土砖瓦、陶器、瓷器、三彩器、玉石器饰、骨质器饰、蚌饰、玻璃器饰、铁器、铜币等唐代遗物511件。

西市遗址曾于1957年、1958年、1962年、2006年先后开展四次考古工作。2016年度的发掘为第五次。此次确认的西市西墙残基，对于明确西市的范围、进行遗址标识有着重要的意义。新发现的5.5米～6米宽的南北向道路L1、L2应为唐文献提及的“曲巷”遗存，为探究西市的内部的布局形制提供了第一手资料。道路两旁所发现的水沟、房址、井、窖、灰坑等遗迹，反映了隋唐时期西市工商业和手工业作坊布局的基本特点。

出土的遗物数量和种类较丰富，对认识西市遗址的性质和当时市内的生产、生活和贸易内容有着重要的价值，也为认识、复原西市遗址历史面貌提供了可靠的实物依据。

（李春林　龚国强）

【西安市隋唐长安城东市东北隅遗址】

发掘时间：2016年6～12月

工作单位：中国社会科学院考古研究所陕西第一工作队

隋唐长安东市遗址位于西安市碑林区，2016年工作区域位处遗址东北，东隔经九路与西安交通大学相望，西、南邻乐居场社区，平面略呈长方形。东西长360米、南北245米，占地面积132亩，实际勘探85600平方米，试掘面积2825平方米。

共布探沟4个（T1、T2、T3、T4）。其中T1（东西5米、南北10米）位于北部，T2（东西10米、南北5米）位于东南，T3、T4呈十字状交叉贯穿于中部，T3（长321米、宽4.5米）为东西向，T4（长185米、宽4.5米）为南北向。

T2位于考古区域东南，共清理遗迹单位21处，包括灰坑15个、窖坑4个、井1口、砖道1条。砖道位于探沟T2东部，南北走向。由砖块铺砌，不甚规整。发掘长5米，宽近1米，南北均伸出T2之外。根据遗迹现象及出土遗物判断，该区域可能是唐代东市某店铺的部分作坊区。

T1、T3、T4尚在发掘之中，已清理至唐代遗迹面，目前发现的主要遗迹有放生池址南岸段落、南北向道路数条、房屋基址2处、灰坑若干、水井2口等，具体布局和遗迹结构尚待下一步工作。

出土遗物有300余件。多为砖瓦类建筑构件，其次以陶瓷器居多，还有大量骨器、石器、铜器、铁器和铜钱等。其中的莲花纹石础、印字“仙仁”的羽人瓦当、莲花纹骨梳柄等都是珍贵的遗物。

经过初步勘探和试掘，基本明确了用地范围内东市遗址的文化层堆积、遗迹分布和保存状况；此次勘探和揭露的隋唐时期的各类遗迹遗存，对于认识东市的形制布局、手工业和商业等内容有重要价值。T2以及正在发掘的T1、T3、T4都显示，东市遗址东北部遗迹保存状况良好，值得进一步开展大规模的考古发掘和相关的保护及展示工作。

此次工作是西安文物考古部门响应和执行国家丝绸之路、“一带一路”国家战略的一项重要举措。目前，东市遗址大多被现代建筑所占压，尚无类似西市遗址博物馆那样的遗址标识。考古收获无疑有助于当地政府增强对东市遗址进行保护和局部展示的意识和决心。

（李春林　龚国强）

【西安市唐大明宫中央官署院落遗址】

发掘时间：2012 年 6 月 ~2016 年 12 月

工作单位：中国社会科学院考古研究所陕西第一工作队

唐大明宫中央官署院落遗址位处 2011 年官署发掘区以东 30 米，东南距含元殿遗址西北约 110 米。发掘工作分别由 2012 年、2014 年、2015 ~2016 年四年三次由西往东、往北渐次完成。其中 2012 年发掘 1250 平方米；2014 年发掘 800 平方米；2015 ~2016 年发掘 828.5 平方米；总计发掘 2878.5 平方米。

发掘结果显示，这是一处有着密集建筑分布的大型院落遗址，发现各类遗迹单位 10 处遗迹，由夯土、砖迹构成。多为房屋类建筑夯土遗存（F1 ~ F7）。以建筑夯基（F3）为界，可分为南北两个院落。北院已经完整揭露，南院仅仅露出 2 座建筑夯基，形制有待进一步发掘。

北院是由四座夯土遗存 F1、F2、F3、F7 四面合围而成，中间为空阔的庭院。庭院部分东西长 62 米、南北宽 36 米。F7 与 F1 东西正对，为东、西厢房；F3 和 F2 南北正对，分别以居中的南厅、北堂和两翼廊房、月台构成。二者之间由砖道 D1、D2 相连，均宽 1.7 米，二者相距 5.3 米，构成庭院的中轴。

F2 位于北院北部，规模最大。基址坐北朝南，平面呈倒“凸”字形，由北堂、东、西廊房和月台四部分构成。东西发掘总长 61 米，南北最宽 16 米，夯土基台高出南面院落约 0.25 米，基台北侧残存散水砖。北堂东西长 25 米、南北宽 11.5 米，夯土厚 0.9 米；东西廊房和月台部位夯土厚 0.7 米，质量稍逊于中央厅堂部分，局部夹杂碎瓦片。东廊房东西发掘长 16.5 米、南北宽 7.8 米；西廊房东西发掘长 18 米、南北宽 7.8 米；月台东西长 13.9 米、南北宽 4.6 米。北堂北侧残存的散水侧立砖表明，F2 北部无置门的迹象。F2 以北为空阔地带，地面平坦，表面有长期踩踏的痕迹，或为衙署排院间的小广场。

F3 位于院落南部，坐南朝北，由南厅、月台和东西两翼廊道构成。东西总长 57.5 米，其中南厅长 24.6 米，宽 6 米；月台北伸，东西 5.4 米，南北 1 米；东廊道长 17.5 米，宽 4 米；西廊道长 14.6 米，宽 4.1 米。夯土基台高出北面院落地面约 0.2 米，基台上面南北两边各有石础。南、北侧皆残有零星包砖，外有散水，散水宽 0.7 米。

F7 和 F1 位处 F2 和 F3 之间，东西对称，规模相当，皆近似方形。基址皆南北 13.6 米，东西约 14.5 米，高出院落约 0.2 米。F1 东面散水保存完好，宽 0.7 米，中间有踏步。F7 基台西南角石础尚存，南侧残存一段包砖和散水。

F1、F2、F3、F7 之间为庭院，地面平坦。其中 F2 和 F3 之间铺有两条砖道，各长 10.7 米，宽 1.7 米。F1 和 F7 各有一条砖道与 F3 连接，南北长 3.5 米，东西宽 1.7 米。除砖道而外，庭院不见有铺砖迹象。

庭院西南有砖砌水渠 Q2，穿过 F3 西廊道西折出院。发掘长 22.1 米，宽 0.4 米，深 0.2 米。

官署院落遗址出土遗物以建筑构件为主，多长方形条砖、素面方砖、莲花纹方砖、筒瓦、板瓦、莲花纹瓦当等。一些板瓦上印“玄武坊开廿九闰四月”“天宝四月官瓦”“□武天宝五月官□”字样。还有线刻祥云纹的石构件、瓷盏、灰陶罐、灰陶瓶、凤字砚、刻有胡人奏乐的汉白玉石牌、黑白围棋子、杏叶形铜钉、铁钉、开元通宝钱等。

官署院落遗址规模宏大，布局对称严谨，建筑等级较高，这一发现填补了大明宫考古的一个空白。特别是北院形制规整，错落有致，主次分明。其中的庭院东西长，南北稍窄，略呈矩形，别具特色。是目前所知考古揭露保存较好的唐代院落遗址，对深入探究大明宫的建筑布局内容有重要的学术价值。

官署庭院南、北与大明宫内第一、二道内宫墙距离相等，由此将宣政殿以西的空间大致南北等分为三。这显示，宣政殿以西的官署可能由三排长方形院落南北平行布局。已发现的北院位置居中，或是核心机关所在。联系文献，可能为唐代宰相议事的中书省所在。

F2、F3 基址南北正对，都有伸向院落的月台，构成院落的重心。从面积规模看，F2 明显要比 F3 更大也更重要。F2、F3 面向院外都没有发现开门的迹象，表明出入北院主要还是通过 F2、F3 东侧的廊道。

主体建筑间以双砖道连接的形式在以往的建筑考古中并不多见，其中包含的文化内涵和功能，极具研究价值。

出土的“玄武坊开廿九闰四月”“天宝四月官瓦”等印文板瓦，为研究相关建筑的营建、改建和扩建提供了明确的断代实物资料。

（李春林　龚国强）

【唐代帝陵】

发掘时间：2016 年 1 ~ 12 月

工作单位：陕西省考古研究院

2016 年唐陵考古队对唐中宗定陵下宫一处宫殿建筑遗址及兴宁陵陵园石刻进行了清理发掘，分别完成考古发掘面积 400 平方米；对唐昭陵及建陵陪葬墓进行了考古勘探，共计勘探墓葬 99 座。

定陵下宫南北长约 302 米、东西宽约 254 米，墙址宽约 2.9 米，宫墙外有围沟。多道夯土基址将宫城内划分出两进三列共 6 个区域，每个区域的形状和内部格局不甚相同，中间两进区域应为核心区，前后两进内各有一个宽约 40 米、进深约 25 米的大型建筑基址。建筑基址 1 位于北部中间的位置，此次对该建筑的南侧边缘进行了清理发掘。该遗址由两个时代的建筑叠压形成，上部为一道东西向夯土台基，应为宋代整修定陵下宫或者修建陵庙留下的遗迹。宋代建筑下为唐代大殿建筑的南侧台基边缘，台基残高约 0.2 米，夯土表面残留少量台基包砖，台基外有 1.2 米宽的砖铺散水。

唐兴宁陵陵园石刻主要分布于南神道两侧，从南向北依次排列 8 对石刻，共 20 件，分别是 1 对石柱、1 对独角兽、2 对石马并牵马人、3 对石人、1 对石狮。原地面保存有 4 对石刻，分别为 1 对独角兽、2 对石马和 1 对石狮。此次新发现石刻 9 件。从造型、艺术风格上看，这批石刻并非一次雕凿，而是分为早晚两期。石狮和独角兽为早期的石刻，石狮与三原李寿墓门前的石狮类似；独角兽则与西魏文帝永陵前的石兽相似。其余石柱、石人及石马均为晚期的石刻。唐陵石柱的覆钵形基座、石人分为左文右武均出现于玄宗泰陵时期。这种现象可能与唐玄宗时期对唐祖陵的一次祭祀有关。

唐昭陵陪葬墓区域内发现墓葬共 218 座，2015 年已经探明了其中的 90 座，还有 17 座墓在勘探区域内未发现，21 座墓因位于村内道路、设施及民居下无法勘探，2016 年度对剩余的 90 座进行了勘探。墓园大多由围沟、封土、墓葬组成，部分墓园带门阙、角阙、石刻。陪葬墓规格存在严格的等级制度，身份等级越高者，带过洞、天井数量越多，墓葬规模越大。如清河公主墓带 7 对天井、过洞，现探明部分长约 50 米。存在父祖陪陵、子孙从葬制度。如豆卢宽与豆卢仁业，皆陪葬于昭陵。两者有独立陵园，两墓围沟相距不足 3 米。建陵陪葬墓位于陵山西南的山下区域，此次勘探共发现 9 座墓，对郭子仪墓封土进行十字解剖勘探，其下未发现墓室迹象，封土周围亦未发现墓道和围沟迹象。

通过定陵下宫大殿建筑遗址的发掘，对于唐陵此类建筑的形制特征有了进一步的了解和认识。对兴宁陵石刻的清理，搞清楚了陵园石刻的初始配置。对昭陵和建陵陪葬墓的考古勘探，搞清了各个陪葬墓的墓园结构和总体布局，反映了陪葬墓的整体保存状况。以上工作为唐代陵墓制度的研究提供了新的资料和信息，为进一步制定文物保护规划工作提供了科学、翔实的依据。

（张建林　田有前　席　琳　张　博　胡春勃）

【镇安县元代毗卢寺遗址】

发掘时间：2016 年 7～12 月

工作单位：陕西省考古研究院

毗卢寺遗址位于商洛市镇安县茅坪镇水泉村，现名为五星村。东距镇安县城 60 千米，西距茅坪镇 12 千米。2016 年度发掘塔基一处；寺院遗迹一处。

毗卢寺塔石塔塔基位于原寺院北部最高处。石塔 1966 年被当地村民拆除，石塔构件被用来修筑梯田垒田坎。塔基为四边形，边长 4.7 米。基残存三面，南侧被毁。塔基在原地面上找平夯实，用碎石压实，其上建石塔。

毗卢寺寺院遗址位于石塔下方 150 米处的台地上，地面现存有民国时期的大殿，为硬山式建筑，面阔三间，进深一间半。对整个平台我们采用开探沟、挖探方的方法，全面揭示院落内古文化遗迹的分布。此次共开探沟 7 条，布探方 4 个。根据遗迹情况，进行扩方或延深探沟长度，基本上搞清楚了毗卢寺大殿前古建筑布局情况。

通过对毗卢寺大殿前院落遗址的发掘，可以证明该寺原有大殿 5 间，北半部分压于现大殿及东耳房基下，其详细结构不明。东、西偏殿各两间，前殿 3 间。这 4 座建筑在组合上形成了一个完整的、完全封闭的四合院形式。

（刘呆运　李　广　路智勇　王啸啸　赵占锐）

【澄城县明清时期尧头窑遗址】

发掘时间：2016 年 3～12 月

工作单位：陕西省考古研究院

尧头窑是一处规模宏大的烧制瓷器、砂器的民窑遗址，因独特的黑釉剔花工艺与粗犷大气的器形装饰，且窑火至今不熄，被誉为“瓷窑活化石”。尧头窑的制瓷工艺被录入国家级非物质文化遗产名录，包括窑炉、作坊、民居、矸石矿等遗迹在内的尧头窑遗址被公布为全国重点文物保护单位。

2016 年度的发掘工作是对尧头窑遗址的首次正式考古发掘，勘探面积 1000 平方米、发掘面积 1000 平方米，揭露窑炉遗迹 5 处、耙泥池遗迹 1 处、其他遗迹 4 处，出土器物包括窑具和瓷器产品两大类，大多残破不堪，极少完整器。窑炉均为半倒焰式窑炉，以煤为燃料。

Y1、Y2、Y3 三座窑炉位于尧头西侧半坡中，先后同址延续使用，窑床相互叠压。这三座窑炉又被叠压于瓷瓦坡之中，时代为明代晚期至清晚期。

Y4 位于尧头西侧坡底，被一处近现代的窑洞作坊打破，其窑箅是用古耐火砖券拱而成。

Y5 位于尧头老街，并叠压于老街之下，已残破。Y5 窑壁简陋，多用石块垒砌，夹杂有窑具搁板。窑室及烟囱内出土有瓮片、搁板、黑釉涩圈碗等遗物。

耙泥池为将矸石耙制成矸泥的场地设施，包括耙池（圆形）、澄池（长方形）、引水渠（明渠）和泥浆渠（暗渠）。

探方 4 地层相对比较连续且完整，共划分 21 层，结合探沟 1 的地层关系，可将该遗址分为三期：第一期，早期，以 M 形匣钵窑具为代表，产品以黑釉涩圈碗为主；第二期，第 15～20 层，中期，以支柱、搁板窑具为代表，产品以黑釉涩圈碗和小底瓮为主；第三期，晚期，第 3～14 层，以直筒形匣钵窑具为代表，产品有黑釉半釉碗、白釉器、青釉器、青花器，还有小底瓮和大底瓮等。

尧头窑后期生产的产品以盆、瓮、海子等大型器为主，碗盘等小型器数量多，所以瓮窑区占整个窑区面积约三分之二。根据出土的器物及传世器物器形，瓷瓮可分为三期：早期，敞口，直斜壁，上腹部向下收，小平底，时代下限为明代晚期；中期，敞口，直斜壁，下腹部向下收，小平底，时代为明代晚期至清代晚期；晚期，敞口，直斜壁，微弧，底内凹，较大，时代为清代晚期至 20 世纪 80 年代。

（王小蒙　于春雷　赵艺蓬
张建锋　王智龙　唐海峰）

甘肃省

【临洮县马家窑遗址】

发掘时间：2016 年 8 ~ 12 月

工作单位：中国社会科学院考古研究所、甘肃省文物考古研究所

马家窑遗址位于定西市临洮县马家窑村，东临洮河，东北距县城约 10 千米。1924 年，瑞典学者安特生此开展考古工作。2014 ~ 2015 年，中国社会科学院考古研究所联合甘肃省文物考古研究所在该遗址进行两次考古发掘，取得重要收获。本年度，双方继续在马家窑遗址开展发掘工作，地点选在遗址南部，巴马峪沟北侧两处台地（瓦家坪）上，共布设探方 14 个，扩方 3 处，揭露面积约 400 平方米，清理出不同时期房址 2 处，灰坑 36 个，墓葬 9 座，沟 2 条，收集了大量陶、石、骨等人工遗物和自然检测样品，进一步丰富了学术界对马家窑遗址不同时期文化堆积及各类遗存的认识，为马家窑遗址的保护、开发及相关学术问题的研究提供了重要资料。本文择要介绍 2016 年度考古发掘的主要收获：

2016 年度两处发掘区在各自范围内地层堆积基本一致，局部稍有不同，但不同发掘区差别较大。第Ⅰ发掘区上部堆积完全相同，可分为三层，自上而下分别为现代耕土层、近代平田整地层和历史时期文化层，其下第 4 ~ 7 层为早期文化层，其中第 4、5 层（第 5 层可分为三个亚层）遍布发掘区，第 6、7 层主要见于发掘区西（南）部，其下为次生土和生土。第 4、5、6 层下均发现遗迹现象，主要为灰坑、墓葬和沟。第Ⅱ发掘区揭露面积较小，地层相对统一，可分为四层，遗迹主要发现于第 3 层下，打破第 4 层（次生土），其下为生土。

2016 年度清理出各种不同类型遗迹 49 处，以下则要介绍几处：

F1：位于第Ⅱ发掘区中部，发现于第 3 层下，打破第 4 层及生土。房址为白灰地面建筑，上半部损毁，下半部保存稍好。从残存部分看，房址坐西朝东（背山面水），可分为室内、室外两部分。其中室内部分大致为圆形，南北略长，约 452 厘米 ~ 473 厘米，东西稍窄，约 372 厘米。明确可辨部分主要有白灰地面、墙壁、中心灶、壁灶、柱础、门道等。室外部分因地形所限未能完全发掘，从已清理部分看，主要为院落和少量遗迹。F1 室内、室外未出土明确可辨时代的遗物，根据房址形制、建造方式并结合相关地层的出土物，我们初步推测 F1 应为齐家文化房址。

M2&M9：位于第Ⅰ发掘区东南部，发现于第 4 层下，打破 H22 及次生土、生土。墓葬均为长方形竖穴土坑墓，M2 口部长约 220 厘米，宽约 60 厘米。墓壁较直，局部略有起伏。墓底平，深 40 厘米 ~ 50 厘米。墓主 1 人，位于墓坑中部，除胸部外，骨骼保存较好。仰身直肢，一次葬。头向西北、面向上略偏南。男性，年龄约 40 岁。未见葬具。幕主右肩部见有 2 块玉料。M9 口部长约 190 厘米、宽约 60 厘米。墓壁较直，局部略有起伏。墓底平，深 80

厘米～86厘米。墓主1人，位于墓坑中部，人骨保存较好。仰身直肢，一次葬。头向西略偏北、面向上略偏北。女性，年龄约40岁。未见葬具及随葬品。从出土遗物和相邻层位关系可大致推测这两座墓葬应属齐家文化时期。

G2：位于第Ⅰ发掘区中部，大致西北—东南向横穿发掘区，发现于第5、6层下，打破次生土及生土。沟口部宽8米～8.5米，两侧斜收，坡度较陡，近底略平，宽3.5米～4.5米。沟口至底部深3.5～4米，堆满不同形状和性质的堆积，可分为6大层7小层。从出土遗物观察，第1层可见主要为马家窑时期遗存，但尚不完全确定；第2～7层出土均为马家窑时期遗物，应为马家窑文化堆积。

（郭志委　周　静）

【兰州市二十里铺大坪齐家文化遗址】

发掘时间：2016年11～12月

工作单位：甘肃省文物考古研究所

二十里铺大坪遗址位于兰州市七里河区八里镇二十里铺村南侧的阿干河西岸二级台地上，遗址南北长约800米，东西宽约300米，面积约24万平方米。遗址文化层厚1.5米～2米，暴露有灰坑和房址，遗址文化层堆积分布北区较南区丰富。调查采集有泥质、夹砂红陶片，纹饰以绳纹、附加堆纹为主，彩陶纹样多为折线纹、同心圈纹和带状纹，器形有盆、罐、壶等，可辨器物有双大耳罐、高领折肩罐等，另外有石器、动物骨骼等。属齐家文化遗存。此次发掘面积600平方米，共清理灰坑40个，形状以椭圆形、圆形袋装坑为主，清理出土器物有一定数量的陶器、骨器、石器等，主要有骨锥、陶罐、陶尊、石凿等。清理出土了一定数量的动物骨骼，其中家养动物骨骼所占比例较大，可辨识的有猪、羊等。

此次发掘区域应当属于遗址中心区域的南部边缘地带。从清理的遗迹和出土的器物初步判断，发掘的遗址区年代应属于齐家文化早期。此次发掘清理的遗迹类型较为单一，均为灰坑，且大部分灰坑形状规整，应是在废弃居址的基础上改为倾倒生活垃圾之用。出土石器以石凿等小型木材加工工具为主，大型砍砸器极少。据此判断，该遗址居民的生产生活资料来源以原始农耕、家畜饲养为主，采集、渔猎等行为所占比重已经很小。二十里铺大坪遗址是兰州周边重要的齐家文化遗址，通过此次发掘，为研究该地区齐家文化时期人类生产、生活方式以及人与环境的关系等研究提供了一批较有价值的资料。

（王　山　岳晓东　俄钦淇）

【广河县齐家坪齐家文化遗址】

发掘时间：2016年7月

工作单位：甘肃省文物考古研究所、北京大学、美国哈佛大学

作为中美合作项目“甘肃洮河流域新石器至青铜时代文化与社会之演进”课题的第一站。2016年7月3～12日，甘肃省文物考古研究所与北京大学、哈佛大学等高校组成联合考古队，对广河县齐家坪遗址进行了第一次试掘。试掘面积虽只有17平方米，但却收获颇丰。试掘地点为2处，分别位于遗址所在台地的南部和北部，试掘目的是验证地表调查和磁力仪物探结果，确认遗迹主要类型，为下一步考古工作奠定技术基础。

南部发掘地点布设一个5米×2米探方，南北长5米，宽2米。根据发掘需要向西扩方1米×1米、向南扩方2米×1米，试掘总面积13平方米。该探方内发现窑址1座，灰坑2个，均属齐家文化。窑址编号Y1，窑体呈东西向，除顶部被平田整地破坏外，其余部分保存比较完好，窑体东侧被H4打破致局部残损，仅对窑址北侧半部进行了清理，且尚未到底。已清

理深度约 0.7 米，堆积分 3 层，第 1 层为黄灰色花土；第 2 层为深灰色花土，夹杂少量红烧土、青烧土；第 3 层包含大量青烧土，为窑顶塌落所致。各层均出土少量齐家文化陶片。

北部发掘地点布设一个 2 米 ×2 米探方，试掘面积 4 平方米。探方内耕土层下便是文化层，发现两个灰坑，均开口于耕土层下，编号 H1 和 H2，H1 打破 H2。H1 为不规则圆形现代垃圾坑，直径 1.1 米 ~ 1.4 米，深约 0.7 米，出土较多现代砖块、齐家文化陶片和兽骨。H2 为较规则圆形，直径约 1.8 米，深约 1.2 米，出土大量齐家文化陶片、兽骨等，最重要的是灰坑下部堆积出土有烧灼痕迹的卜骨 2 件，其中 1 件残损，均为羊肩胛骨。

（周　静　傅罗文）

【漳县墩坪齐家文化遗址及东周墓地】

发掘时间：2016 年 4 ~ 12 月

工作单位：甘肃省文物考古研究所

墩坪遗址位于漳县县城西 15 千米三岔镇北漳河北岸的二级台地上，台地北高南低，遗址区主要分布于台地中、南部，经 2014 年与 2016 年全面考古勘探，遗址面积约 15 万平方米，发现齐家文化到汉代墓葬 230 余座，不同时期的遗迹 10 余处。2016 年根据勘探资料信息继续对该遗址进行抢救性发掘，发掘齐家文化时期房址 5 座，东周时期北方青铜文化墓葬 56 座。

齐家文化时期房址，共发掘该时期房址 5 座，形制有椭圆形和长方形 2 种。长方形房址南北长 258 厘米 ~ 330 厘米，东西宽 316 厘米 ~ 368 厘米，椭圆形房址直径 350 厘米 ~ 370 厘米。房址皆为半地穴式，有门道、灶、柱洞等，个别房址门前有椭圆形活动广场。其中 4 座有白灰面地面及墙裙，各房址门道朝向不一，但多数朝东南，门向 135° ~ 240°。灶位于地面中部，直径 70 厘米 ~ 100 厘米，呈圆形或椭圆形，灶面与地面齐平或呈浅凹形。

墓葬，除 3 座汉墓之外皆为东周时期墓葬。东周时期墓葬，根据出土随葬品及墓葬形制分春秋晚期至战国中期、战国晚期两段。

春秋晚期至战国中期墓葬占绝大多数，形制主要有土坑竖穴墓、土坑竖穴偏室墓两类，部分墓葬带有生土二层台。绝大部分墓葬殉葬马、牛、羊头骨和蹄骨，部分墓葬随葬马或牛的肋骨，个别墓葬用整羊殉葬。墓葬东西两区殉牲略有差异，西区墓葬殉牲绝大多数随意放置，部分墓葬东端有意摆放一排马和牛的头骨和蹄骨，全部正置，吻部朝东，前额向上，蹄骨分别放置头骨两侧；东区多数墓葬除随意放置马、牛、羊的头骨和蹄骨之外，中间必有一层殉牲有意摆放几排马头骨和蹄骨，置于墓葬填土中、东部，马头骨排列整齐，平置，吻部朝东，前额向北，蹄骨置于头骨两侧。个别墓葬填土中发现殉人现象。中型及以上墓葬多有棺、椁葬具。葬式为头东脚西的仰身直肢葬。随葬品包括车马器、装饰品、武器和工具三大类，车马器主要有軎、辖、軎帽、铜泡、马衔、马镳等，装饰品种类繁多，包括耳饰、项饰及服饰等，武器和工具主要有剑、镞、矛、刀等，除装饰品随葬于墓主人周身之外，其余在墓葬填土和墓室中皆有随葬。

战国晚期墓葬数量较少，以 M93 和 M111 为代表，亦为土坑竖穴墓，这一时期墓葬规模较大，殉牲较少，葬具皆为一棺一椁，葬式为头东脚西的仰身直肢葬，随葬品以生活用器为主，有陶器（泥质以灰陶为主，少量夹砂红陶）、漆器和铁刀等，主要发现于北侧棺椁之间。

通过 2014 年、2015 年对墩坪墓地的发掘和文化性质的研究，确认在漳河流域活动着西戎族群的一支。根据史书记载，进一步推测该人群为活动于陇山西侧，渭河上游的獂戎。为搞清楚漳河流域东周时期西戎遗存的分布情况，2016年4～5月进对漳河流域上游区域进行了大规模系统、拉网式区域系统调查，发现53处遗址和墓地，文化遗存包括庙底沟文化、仰韶晚期、马家窑文化、齐家文化、寺洼文化、东周、汉代等。经调查采集点的信息录入地理信息系统ArcGIS，后期数据处理，对漳河流域不同历史时期族群活动变化、迁徙和聚落的形成，有一个全新的认识。

经2016年的考古调查对漳河流域的考古学文化有了进一步的认识，为研究该流域的考古学文化序列获得了新资料，填补了以前对该流域考古学认识的空白，也对东周时期具有北方青铜文化特点的人群的分布范围，不同部族之间、不同时间段的文化特点有了更进一步认识。

通过2016年墩坪墓地的发掘对全面了解该墓的分布范围、墓葬形制、墓葬年代、被葬者的族属、墓地所属部族与秦文化的关系、殉牲的驯养与生业关系等学术问题提供了详细资料。墩坪墓地经三年的考古发掘，该墓地的主要墓葬年代范围延续时间从春秋晚期到战国晚期，从殉牲的随葬特点、墓葬形制等分析该墓地的东、西区存在一定差别。该墓地展示出甘肃东南部东周时期北方青铜文化的分布范围及文化特点，也为了解该地区特殊的地理位置在南北文化交流、东西文化互动方面的作用提供了新的研究材料。

（毛瑞林　杨月光　赵吴成）

【漳县灯笼沟坪新石器时代及东周时期遗址】

发掘时间：2016年5～6月

工作单位：甘肃省文物考古研究所

灯笼沟坪遗址位于漳县盐井乡张家岭村西北漳河南岸的二级台地上，该遗址面积约2万平方米，由于大规模被盗掘，2016年3～5月甘肃省文物考古研究所对该遗址进行了考古勘探和抢救性试掘。勘探面积1.5万多平方米，发现齐家文化时期房址1座、不同时期墓葬36座及个别灰坑等遗迹。

为了搞清灯笼沟坪遗址的文化性质及其分布范围，根据考古调查和勘探提供的信息，5月24日～6月8日，有选择性地对该遗址进行了试掘，发掘齐家文化时期房址1座（编号F1），寺洼文化时期墓葬1座（编号M1），东周时期墓葬2座（编号M2、M3）。

房址为半地穴式，地面及四壁涂抹白灰，平面呈圆角凸字形，东西宽412厘米，南北长542厘米，深24厘米～32厘米。由门道、前室、后室几部分组成，门朝西南，方向214°，在四壁外侧分布有直径12厘米～18厘米的圆形柱洞。

M1为东西向长方形土坑竖穴墓。东西长278厘米，南北宽114厘米，深88厘米，墓向113°。随葬品及殉牲放置于墓室西北角。有长方形木棺葬具，葬式仰身直肢葬，头西脚东，部分指骨错位，或为断指习俗。随葬品有陶器4件、石器2件，陶器为夹砂马鞍口双耳罐、石器为石斧和燧石石核。殉牲为羊骨。

M2为东西向长方形土坑竖穴墓。东西长324厘米，南北宽155厘米，深360厘米，墓向98°。填土内从上到下有四层殉牲，殉牲动物种类包括马、牛、羊头骨及蹄骨等，第1、2层殉牲多为散乱堆放的仅有上颌或下颌的头骨。墓室中有棺木痕迹，该墓被盗掘，无发现随葬品。

M3为东西向长方形土坑竖穴墓。东西长410厘米～420厘米，南北宽320厘米～320厘米，深520厘米，墓向100°。墓葬填土疏松，内有两层殉牲，殉牲动物种类为马、牛、羊头骨和蹄骨。上层殉牲是人为有意摆放，有木棺葬具，棺顶部为南北向横搭棚木。该墓被盗，仅棺西端发现墓主人的趾骨，可判定该墓主人头东脚西。出土器物有铜箭镞3枚、骨marker饰1件和若干铜珠状颗粒。

灯笼沟坪遗址的试掘为研究漳河流域齐家文化、寺洼文化的分布范围及文化特点提供了新的材料。该遗址东周西戎墓地的试掘为我们重新认识漳河流域东周时期青铜文化及其人群分布特点、分布范围及其文化特点，丰富了本省境内特别是东南部以戎人为代表的北方青铜文化的遗存，也为研究不同的北方文化遗存所代表的文化特点和不同人群之间的文化交流提供了新材料。

（毛瑞林　杨月光）

【张掖市西城驿遗址】

发掘时间：2016 年 8 ~ 11 月

工作单位：甘肃省文物考古研究所

西城驿遗址发掘工作自 2016 年度 8 月开始，至 11 月底结束，在考古勘探、发掘和科学技术检测研究方面均取得了一定的收获。

勘探面积 20 万平方米，共发现各类遗迹现象共 180 处，包括房址 23 座，灰坑 103 个，墓葬 46 座，坑 8 个。发掘面积 750 平方米，发现遗迹单位 50 余处，其中房址 2 座、灰坑 48 个、沟 1 条、烧面 2 处。出土有陶片、兽骨、石器、铜器、炉渣、矿石、炉壁及串饰等。完成了 2014 年发掘出土 3412 件动物遗存的科学检测分析；浮选 2014 年发掘采集土样 179 份，获得可鉴定炭化种子和果实共 29611 粒；对出土的 172 件陶器样品进行了化学组成和显微分析。

通过勘探，进一步确定了目前发掘区域南部依然是遗址的重要区域，遗存类型多样，在一定程度上反映了聚落的组成。发掘进一步揭示了西城驿时期的聚落结构。此次发掘单位以灰坑为主，从形制推测，部分灰坑其功能应为储藏坑、窖穴或半地穴式房屋，四坝文化和西城驿文化遗存均有所见，以西城驿文化时期为主。因为此次发掘区域在遗址形成后发生过多次水流冲击破坏，诸多遗迹单位开口于同层下，相对早晚关系难以直接判断，但从遗迹单位出土器物来看，西城驿文化早、中、晚各段都有发现，以西城驿文化中期遗存为主。各项科技考古工作的开展，进一步揭示了当时的环境、生业、技术、人群等状况，对开展早期东西文化交流研究亦具有重要意义。

（陈国科）

【宁县石家东周时期墓群】

发掘时间：2016 年 4 ~ 12 月

工作单位：甘肃省文物考古研究所

石家墓群位于庆阳地区九龙河以南早胜塬上，现隶属于宁县早胜镇西头村石家一组。2016 年度，甘肃省文物考古研究所共发掘东周时期墓葬 12 座，祭祀坑 1 个，车马坑 2 个。

12 座墓葬均为南北向竖穴土坑墓。开口于第 1 层——耕土层下，打破第 2 层——西周文化层。平面大致呈长方形，口大底小或口小底大。墓圹周围流行设二层台。葬具多设棺椁。葬式明确者，除 2 座为仰身直肢葬外，其余皆为侧身屈肢葬。随葬品组合分布上，铜翣成对出现，多置于椁盖之上墓圹东西两侧；车马器诸如铜马衔镳、铜车辖軎、铜衡末饰、铜节约组成的络饰、铜带扣等分布无一定规律，多置于椁盖之上墓圹填土内；青铜（泥）礼（容）器——铜（泥）鼎、铜簋、铜方壶、铜盆等，漆器——漆盒、漆耳杯、漆盘等多置于椁室北侧；以陶（石）磬形饰为主，辅以石（泥）贝、料珠、玛瑙珠、铜铃、铜鱼等串饰遗存分布于木棺周围；棺盖板之上多发现石（陶或蚌）圭。少部分墓葬有殉车、殉狗现象。

祭祀坑 1 座，编号为 2016NSK1。开口于第 1 层——耕土层下，打破第 2 层——西周文化层。东西向，平面呈长方形，四壁斜直，口大于底。坑东南角发现2个脚窝，上下分布，似是人为临时踩踏所致。坑底未构建棺椁，未见人骨。仅在西南侧发现一截动物骨骼，可能是祭祀用牲之骨骼。

车马坑2个，东西向分布。开口于第1层——耕土层下，打破第2层——西周文化层。平面大致呈梯形，东窄西宽，口略大于底。车马同坑。车马坑内均有殉狗现象，置于车舆之下。其中一车马坑（编号为2016NSCMK5），最西端由北至南挖东西向两小坑，内设简易木椁，各殉葬一人，均为屈肢葬。

年代上，墓葬形制上为南北向竖穴土坑墓，墓圹周围流行设二层台。随葬品组合上以车马器、铜（泥）礼（容）器、丧葬器——翣、棺饰组合等为主。器物特征上，铜鼎腹部由深变浅，由圜底趋向平底；铜簋带盖，圆腹，圈足下附三个支足等特征；纹饰流行重环纹、夔龙纹、垂鳞纹、窃曲纹、瓦垅纹等；铜戈直内，圭形锋，援部平直；铜翣、棺饰的盛行等，均符合春秋时期墓葬特点。袝葬车马坑，整车随葬，车马同坑，车与车东西向纵列等埋葬特点；随葬器物如车軎、衡末饰均作圆筒形，纹饰均为夔龙纹等，亦体现出春秋时期车马坑时代特征。

（王永安　张俊民　郑国穆）

【礼县大堡子山春秋时期遗址】

发掘时间：2016年10～11月

工作单位：早期秦文化联合考古队

车马坑K32为礼县大堡子山遗址M32附属车马坑，位于1994年发掘的3号秦公大墓东北方向约20米，M32东侧3米处。

2015年对M32进行清理。M32为西南—东北向长方形竖穴土坑墓，墓口距离地表2.5米，被房址（编号F2）打破。墓室口小底大，其中墓口长4米，宽2米，墓口到墓底深7.66米；墓底距地表10.16米。墓圹内填黄褐色五花土，夹杂少量灰陶片，纹饰以绳纹为主。墓室有生土二层台，二层台距离墓口5.82米、距离墓室底部1.84米；二层台宽度不一。墓室南壁和北壁中部各开有壁龛1个，内有殉人人骨1具；二层台西北角有殉狗1只；墓底中部偏东置一棺；墓室底部有腰坑1个，腰坑有殉狗。东端棺椁之间放置随葬物品和兽骨。出土随葬品有铜器10件，其中鼎3件、簋2件、壶2件、盘1件、匜1件、铜铃1件，鼎内有兽骨；陶器18件，其中陶鬲7件、陶豆7件、大口罐2件、小口罐2件。棺椁之间西端北侧有兽骨若干，主要为马骨。初步判断年代应该为春秋早期。其东侧3米处为附属车马坑，限于时间当年未作清理。

2016年度正式对M32附属车马坑进行清理，编号K32。K32为长、东西向长方形方坑，长约6米，宽3米，下藏2车。两车形制相似，均系驾2匹马。马身下挖有深槽，马骨保存较好，均采用跪伏姿态，马身处有多枚铜泡，推测马身覆盖有皮革、以铜泡连缀。马头置于东壁浅龛内，带有马镳马衔。车衡、车轭、车舟保存较好。车舆由于坍塌，保存较差，素面。车内藏有骨镞、铜戈、铜矛等武器。坑内殉人两具，均为屈肢葬。初步判断，其年代当与M32一致，为春秋早期。

K32为首次完整发现的春秋早期秦人宗室附葬车马坑。后世车马埋藏应该是参照K32的形式进行的。为我们研究秦人车马埋葬制度创造了极好的条件。K32的将秦人车马埋葬制度的研究推进到了春秋早期，使我们的研究有了源头，是研究秦公车马埋藏非常直接的证据。

（侯红伟）

【张家川马家塬战国墓地】

发掘时间：2016年4～12月

工作单位：早期秦文化联合考古队

马家塬战国墓地的考古发掘工作截至

2016年底已连续开展了11个年度。截至目前，共发现墓葬69座，祭祀坑2个，出土马车遗迹56辆。2016年度的发掘区域位于墓地中部自然冲沟西侧的第二台地，揭露面积1500平方米，发现墓葬13座，分别为M37、M40～M48、M69～M70，并发现有被墓葬打破的史前时期灰坑13个、沟1条，根据发掘及研究计划，仅清理了12座战国晚期墓葬。

2016年度清理墓葬都是竖穴洞室墓，竖穴方向皆呈东西向，其中开口面积在30平方米左右的次中型墓2座（M41、M45）、小于10平方米的小型墓10座。按洞室布局可分为偏洞室墓和直洞室墓两种类型，每一类型又有有阶梯和无阶梯之别，阶梯位于竖穴的西端。其中竖穴阶梯偏洞室墓2座，分别为M41、M45；竖穴偏洞室墓2座，分别为M40、M69；竖穴阶梯直洞室墓2座，分别为M42、M48，竖穴直洞室墓6座，分别为M43、M44、M46、M47、M70、M71。各墓皆有殉牲现象，以马、牛、羊的头和蹄为主，个别有马或牛的肋骨和前肢，头向东摆放在竖穴底面东端和马车周围，中型墓有在近开口处放置一二具马头的现象，少数墓葬内有活殉于车上的狗，位于墓地西端边缘的M70、M71将殉牲放置于墓室内棺木左外侧处。在5座墓葬内出土马车遗迹7辆，其中M41竖穴内随葬2辆，M45竖穴及洞室内各随葬1辆。有6座墓葬的洞室被盗扰，洞室内墓主以棺木殓葬，多在棺木外、壁龛或角龛内随葬生活器皿。出土遗物与历年发掘收获相似，以马车饰件、构件、车器、马具、人身体装饰为主，质地有金、银、铜、铁、锡、陶、骨、料珠、肉红石髓等180余组件。

M41、M45在冲沟西侧分布的墓葬中属形制较大者，其所处位置、规模、出土车辆、随葬品等方面，显示了其在该区域的核心地位。冲沟西区墓葬中直洞室墓明显增多，离墓地中心墓葬M6位置相对较远，随葬品的豪华、精美程度不及墓地东端墓葬，似说明西区墓葬年代略偏晚。通过对墓葬填土剖面的观察，发现填土的填埋方式有三种情况：1. 整体一次性回填。2. 先掩埋马车等遗物并经平整，再上的空间进行填埋。3. 逐层平整填埋。填埋作业位置因原地势为北高南低，故多在竖穴南侧及东西两端进行填埋。

（谢　焱）

【肃北县马鬃山径保尔玉矿遗址】

发掘时间：2016年4～7月

工作单位：甘肃省文物考古研究所

马鬃山径保尔玉矿遗址发掘工作自2016年4月14日开始到7月15日结束，为期92天。2016年度工作主要包括考古勘探、发掘、航测航拍等几个方面。

完成勘探及测绘工作，共勘探面积40万平方米。共发现遗迹59处，其中房址9座，灰坑40个，活土坑1处，红烧土范围3处，沟3条，矿渣堆积1处，石块范围2处。出土玉料、石锤等。航拍航测面积1万平方米，获得了正射影像、线图、三维视频、高程晕染、3D影像图等数据。

发掘面积700平方米，共清理遗迹单位70处，其中石料堆积7处，灰坑20个，房屋43座。房屋包括半地穴式、地面柱洞式、地面砌墙式三大类，以半地穴式为主，共36座，地面砌墙房屋2座，柱洞房屋5座。

发掘出土遗物主要有陶器、石器、铜器、铁器、石器、玉料等。陶片有两类共存，A类为汉代陶片，B类为骟马文化陶片。玉料以透闪石为主，多青玉、糖色玉，少量为白色，部分玉料局部磨光，部分有火烧痕迹，有少量戈壁料。石器主要有石锤、石斧、石砍砸器、砺石等。砺石材质以砂岩为主，个别为板岩，形体大小各异，磨光面粗细不同。铜器以箭镞为主。铁器有铁镞、铁矛头及铁剑、铁工具残块等。

通过2011～2016年多年度的发掘，将已发掘区域的房屋布局进行了全面揭示，整体呈圆形。依据房址的空间分布特征和排列规律，可将其分为多组，每组房址数量2～7座不等，各组房址的结构基本相似，房屋的成组分布可能反映了当时生产的组织形式，且不同的建筑形制反映了其不同的性质和功能。对我们开展聚落分期及认识各期聚落组成和形态演变具有重要意义。

（陈国科）

【泾州古城宋代佛教遗址】

发掘时间：2016年6～11月

工作单位：甘肃省文物考古研究所

泾州古城佛教遗址位于泾川县城关镇共池村，原泾州古城内，地理坐标为东经30°20′50.17″、北纬107°21′08.18″，海拔1035米。

此次发掘是在2015年发掘区域的基础上向东、西、北三面进行扩方，发掘面积1300平方米。其中向西布10米×10米规格和5米×10米规格探方各4个；向东布5米×10米规格探方10个；在2014年发掘区域北侧布10米×10米规格探方2个。

遗址西侧遗迹现象与2015年发掘区域有一定延续性，发现房址1座，灶坑2个，排水渠1段，暂不宜归属于房址的墙基若干段。墙基或由青砖、青石铺砌，较为规整，或由残砖、碎瓦垫铺，制作较为粗糙。墙基结束或转弯处见形制规整或由青石代替的柱础石。遗址东侧遗迹现象较少，基本可以确定遗址东侧边界。

出土遗物370余件，主要为建筑构件、陶瓷器、铜钱等，亦见少量铁质构件。建筑构件以瓦当为主，共24件，按纹饰分为莲花纹与兽面纹两大类。铜器以铜钱为主，共65件。除此之外出土佛教造像残件5件，均残毁严重，除1件为青铜质地外，其余均为石质，部分施以彩绘。

2016年的发掘是2014年和2015年发掘工作的继续，旨在弄清宋代龙兴寺的四至及内部功能格局。目前为止遗址的东侧边缘基本已经确定。虽然很多房屋的结构因后代生产、生活以及自然的破坏，遗迹现象较为零散，给遗址内部功能的判断带来一定的困难，但仍能看出存在多重院落。根据房屋中出土的遗物，对于部分房屋的性质功能有了一定的认识。遗址的生活区和宫殿区基本能够清晰地区分开来。发现并清理的造像及其他遗物，具有多方面的重要价值，是甘肃省乃至西北地区有关佛教考古的重要发现。

（吴　荭　马洪连）

【武威市西夏亥母寺遗址】

发掘时间：2016年4～11月

工作单位：甘肃省文物考古研究所

亥母寺遗址位于武威市凉州区新华乡缠山村七组西南侧的祁连山北麓，北邻杂木河斗渠，东距磨嘴子墓群2000米，西距茂林山遗址3000米，西北距新华乡人民政府3000米。地理坐标为东经102°37′07″、北纬37°47′44″，海拔1821米。遗址由4个洞窟及窟前建筑遗存组成，洞窟坐西向东，开凿于南北走向的山梁东坡半山腰处，自北向南编号01、02、03、04号窟。

由于现存洞窟存在不同程度的坍塌，无法了解窟内结构及延伸范围，通过对亥母遗址坍塌洞窟的支护加固，对01、03号两个洞窟进行了考古发掘工作，基本明确了洞窟走向和内部结构。

01号窟保存相对较好，由内外两部分构成。外部由方形青砖建筑基址和依洞窟而建的现代大殿组成，南北长9.6米，东西宽14米。内部为洞窟主体，东西向为不规则状，宽2.5米～5米、窟顶高4.5米～8米，窟内保存有五座藏式喇嘛塔，残损不一，土坯砌筑，方形塔基，方台状塔座，覆钵如瓮，相轮呈粗壮锥体，上有刹珠。窟底为洞窟顶部的坍塌堆积，散见擦擦等文物。窟口往里约9米处，有一西南向洞口，顺此洞口向西延伸约7米至尽头。

03号窟窟口可见向两侧斜向伸展的洞口，南侧有人工开凿的两窟室，内部可见供奉所用的案几等物品。03号窟平面形制不规则，内部由塌落的大型岩块填充。洞窟走向为东西—南北—东西。

亥母寺遗址出土遗物以文献、佛教遗物、生活用品及建筑构件四大类为主，兼有少量兵器、碑刻等物。文献以西夏文文献为大宗，兼有少量汉文、藏文文献。其中，西夏文文献有印本和写本两类，字体有楷体和草书两种形式。内容以佛经为主，另有辞书《音同》残片、军抄条律残片、习字纸残片等社会文书和世俗文献。汉文文献以佛经为主，并发现有至元、万历、道光等纪年文献，另有账簿残片、工尺谱残片及符咒残片等。佛教遗物主要为擦擦，共发现4万余枚，可分为脱佛和脱塔两类。目前只发现金刚瑜伽母和无量寿佛两类形制的脱佛，脱塔形制较多，以一百零八塔为主。另有唐卡、经幡、小型佛造像、佛造像泥范及佛画像残片等物。生活用品以麻毛织物为主，有毡帽、毡靴、皮鞋底、麻布口袋、羊皮袄等，另发现有陶纺轮、瓷碗、木筷、木勺、木碗、角梳、针等物。建筑构件主要为长方形青砖、瓦当、板瓦、筒瓦、滴水、铁钉及木构件等物。此外，还发现有藏文碑刻及汉文碑刻各一通，另有箭镞等兵器发现。

亥母寺遗址创凿于西夏崇宗正德四年（1130），是一处西夏时期的佛教遗存，发现遗物以西夏佛教文物为主，尤其是大量西夏文文献的发现，为研究西夏语言文字、宗教信仰、佛教传布、社会生活等方面提供了重要的实物资料。同时，也是历史上武威地区佛教兴盛并延续不断的有力实物证明。

（蒋超年　赵雪野）

青海省

【共和县151遗址】

发掘时间：2016年4～6月

工作单位：青海省文物考古研究所、兰州大学环境资源学院、共和县文化体育广播电视局

151遗址位于共和县江西沟乡151景区附近，于2007年发现。经多次勘查后，于2014年进行首次正式发掘，此次发掘为我们了解该遗址的文化性质提供了重要信息，但是由于发掘范围有限，获得材料数量较小，代表性较弱，难于准确揭示该遗址的文化内涵。为进一步了解该遗址在古人类使用过程中的季节性问题、石制品打制技术、动植物资源利用、遗址形成过程等内容，以进一步回答古人类在农牧业开始之前对高海拔环境的适应问题，2016年对该遗址进行了再次发掘。

此次发掘面积仍为25平方米，地层划分与2014年发掘相同。发掘深度约3.5米，根据土质、土色、包含物和堆积特征，将地层堆积划分为14层，其中第1～2层为表土层，第5～9层为上文化层，第12～13层为下文化层，其余为自然层。上文化层厚约1米，出土大量动物骨骼、炭屑、未完全腐烂木块、少量石制品和少量骨制品，有多个由石块堆积的火塘遗迹。下文化层厚40厘米左右，在几个相连分布的火塘遗迹内部和周围出土较多的动物骨骼、石制品和炭屑。

目前从151遗址出土遗物和堆积特点看，应该是一处狩猎采集人群活动遗址。尽管发掘过程非常仔细，未发现除火塘以外的遗迹。此次发掘发现的火塘较2014年发现的火塘范围明确，遗存丰富，火塘多无序列地散布较多有火烧痕迹的石块，其内部和周围有大量炭屑，并共存大量动物骨骼和少量石制品。探方西部的火塘多连接在一起，形成红褐色层，厚5厘米左右，可能是长期火烧或烘烤的结果。

此次发掘，不仅获得了丰富的石制品标本，还获得了保存更好的动物骨骼标本，有助于进一步分析古人类在高原上的动物资源利用问题，进而可以了解古人类在晚更新世——早中全新世在青藏高原活动的季节性问题，为分析史前人类对高原环境的适应增添了翔实的资料。

（王倩倩　张东菊　卢　悦　高永旺）

【化隆县沙隆卡细石器至新石器时代遗址】

发掘时间：2016年6～10月

工作单位：青海省文物考古研究所、山东大学考古与博物馆学系、化隆县文物管理所

遗址位于海东市化隆县群科镇安达其哈村西南约250米处的沙隆卡地区，地处黄河北岸支流伊沙尔河口东岸台地，该台地高出黄河常年淹没线24米，高出伊沙尔河床10米。1987年被公布为县级文物保护单位，面积约26000平方米。遗址年代较早，文化层埋藏深度最深距地表4.3米，包含有齐家文化、仰韶文化、细石器遗存等多个时期的文化堆积，是以仰韶文化庙

底沟期堆积为主的遗址，也是目前所发掘过的仰韶文化最西端的遗址。

此次发掘属主动性发掘，选择遗址西南边缘有多个时期文化堆积的区域进行发掘，实际发掘面积 75 平方米。先后清理了齐家文化、仰韶文化庙底沟期的地层和多个细石器地层。齐家时期的房址破坏严重，仅残存局部居址硬面和大量柱洞，发现较为完整的小型房址 1 座，灰坑 22 个，灰沟 2 条，柱洞 103 个；由于发掘区位于仰韶时期遗址的边缘地带，仰韶时期的遗存仅有文化层，未见遗迹单位，仅在地层中发现少量庙底沟期的陶片、陶环、石环和少量的石核、石叶等细石器；细石器遗存是这次发掘的主要发现，在仰韶文化层之下发现 6 个地层中有细石器，有相对集中的细石器加工遗迹、灰烬分布区和火塘等。特别是在第 19 层（^{14}C 测年距今 7900～7800 年）下发现排列成行的 7 个柱洞和长期使用的石器加工场遗迹。细石器地层中石制品有石砧、石叶、石核、石片和大量的断块及石屑等石器加工废料，个别断块有磨痕，在细石器地层中还发现骨针、蚌饰和疑似陶片等，但细石器地层中刮削器及动物骨骼较少。经过 28 份 ^{14}C 标本测年，遗址的年代涵盖了距今 8500～4000 年的时间段。

此次发掘发现了齐家文化、仰韶文化、细石器遗存等有直接叠压关系的地层，反映了这个遗址在多个时期被人们所利用，尤其是在以农业经济为主的仰韶文化层下面发现了多层反映采集狩猎经济的细石器遗存，有助于研究黄河上游农业模式的演变。第一次在细石器地层中发现了有序排列的柱洞，反映了该遗址可能存在季节性定居。细石器地层中发现的疑似陶片时代较早，是研究黄河上游地区陶器起源的重要资料。此次发掘区域的地层共有 32 层，多个文化层与自然层存在相叠压的地层关系，通过地层中植硅体、浮选标本、木炭及土壤磁化率及粒度的分析，有助于研究 8500 年以来的黄河上游地区区域性气候变化规律，也有助于研究人类活动与自然环境的演变关系。

（肖永明）

【民和县喇家新石器时代遗址】

发掘时间：2016 年 5～10 月

工作单位：青海省文物考古研究所、四川大学考古学系、喇家遗址博物馆

喇家遗址位于民和县官亭镇喇家村，地处黄河上游的官亭盆地，坐落于黄河北岸的二阶级地上。遗址分布范围东西长约 880 米，南北宽约 750 米，占地面积约 67.7 万平方米。

2016 年度的考古发掘区域主要位于喇家国家考古遗址公园 3 号保护棚后期建设补充区域、排污管道（Ⅳ3 区）、88 号样板房（Ⅷ3 区）、西侧壕沟 4 个地点。发掘面积约 600 平方米，发现遗迹共计 37 处，其中房址 4 座，灰坑 24 个（其中马家窑文化灰坑 2 个），灰沟 6 条，壕沟 1 条，墓葬 1 座，柱洞圈 1 个（辛店文化），其余遗存均为齐家文化，文化内涵以齐家文化遗存最为丰富。出土陶器、石器、玉器、骨器等诸类标本达数百件。

特别值得一提的是 2016 年度发现的 F63，为二次利用房址，可分为上、下两层，上层房址是利用了下层房址南侧墙壁、扩建西侧和北侧墙壁形成半地穴房址。下层房址根据其结构初步推测为窑洞式房址。在房址的填土、居住面及门前场地上发现较多完整陶器、玉器、石器、骨器等，其中仓形器、陶盉、双耳尊形器、玉斧、玉环等重要器物的发现，丰富了喇家遗址的器物组合类型。

2016 年度的田野工作不仅收获丰硕，而且具有十分重要的意义。其一，在发掘范围内，特别是在Ⅳ3 区、Ⅷ3 区揭露出较

为丰富的齐家文化时期遗存，出土了较多的重要遗物，不仅为我们进一步深入研究喇家遗址齐家文化时期先民的生活状况，而且对于了解当时的聚落形态提供了重要资料，其中Ⅷ3 区齐家文化时期的灾变迹象最为显著，不但有地震所导致的剧烈地表形变，而且也发现了较厚的洪水堆积。同时最新揭露的层位关系表明，地震与洪水的发生状况可能比已有的认识要更为复杂，这为进一步深入研究喇家遗址齐家文化聚落的最终废弃过程提供了特别重要的新线索。其二，往年的发掘和研究成果表明，喇家遗址在齐家文化时期是该地区极为重要的核心聚落，而环壕则是其最为重要的表征之一。2016 年通过对西侧壕沟的发掘，确认遗址西侧存在人工壕沟，并进一步明确了遗址的西界。其三，F63 下层发现了较为完整的壁炉、壁龛、灯壁、灶、器座坑等重要现象。其中壁炉结构清晰，并发现了明确的烟道，有助于更加准确地了解当时壁炉的结构和用途，为了解喇家遗址房屋内部结构提供了重要的新材料。

（杜　玮　甄　强　杜站伟　范小慧）

宁夏回族自治区

【银川市水洞沟旧石器时代遗址】

发掘时间：2016 年 8～10 月

工作单位：宁夏回族自治区文物考古研究所、中国科学院古脊椎动物与古人类研究所、灵武市文物管理所

水洞沟遗址位于银川市东南 28 千米处，西距黄河 18 千米，该遗址由 12 个地点组成，地质时代从距今约 4 万年的晚更新世末期直至全新世早期，涵盖了旧石器时代晚期之初至新石器时代早期的不同文化堆积。文化类型多样，包括石叶、石片、细石叶工业、有意识的用火、象征行为等。

宁夏文物考古研究所和中国科学院古脊椎动物与古人类研究所对水洞沟遗址第 2 地点进行了第三年度的发掘。发掘在选择第 2 地点原有 T1、T2 发掘区北侧，靠近边沟河处开辟 T3 发掘区，共布 1 米×1 米探方 154 个，实际发掘面积约 100 平方米。发掘深度约 10 米，揭露了 8 个文化层。发掘以 10 厘米为单位逐层进行，全程采用全站仪对每件出土器物进行测量。2016 年发掘所有土样均经过水洗，重点遗迹单位进行了浮选，因此发掘的精细程度，是以往发掘所没有的。

共出土石制品（>2 厘米）2152 件，哺乳动物化石 374 件，鸵鸟蛋皮碎片 153 件（1148）（其中装饰品 6 件），采集炭屑样 120 份。发现火塘 3 个，全部位于第 2 文化层，该文化层遗迹遗物分布密集。遗物中，发现大量的鸵鸟蛋皮及烧过的鸵鸟蛋皮，出土的鸵鸟串珠上发现有红色颜料；以及小型禽类的蛋壳。出土一枚动物牙齿，齿根处有明显的人工钻孔痕迹。这样精美装饰品揭示了水洞沟古人类制作装饰品的工艺流程以及遗址不同功能区的空间分布也提供了重要材料。

（郭家龙　彭　菲　王惠民）

【隆德县沙塘北塬齐家文化遗址】

发掘时间：2016 年

工作单位：宁夏回族自治区文物考古研究所

隆德沙塘北塬遗址位于隆德县沙塘镇街道村北侧的渝河二级台地上，2013 年和 2015 年曾经经过两次发掘，发掘面积共 1200 平方米。2016 年度对该遗址进行了继续发掘，揭露面积 1000 平方米。

此次发掘共清理房址 13 座、灰坑 154 个、墓葬 12 座（3 座晚期墓葬），窑址 1 座、晚期灰沟 2 条。房址均为半地穴式，圆角方形，地面和墙壁残存有白灰皮，灶坑多位于房址中间，部分房址灶坑为立式灶，紧靠房址壁面，房内存有 1～3 个柱洞不等。灰坑多为圆形灰坑，部分为不规则状。在部分的灰坑壁面上残存有挖掘灰坑时形成的工具痕迹。清理出的早期墓葬均为长方形竖穴土圹墓，仰身直肢葬，多为南北向，头向北，仅在 M11 中出土有串珠等陪葬饰品。Y3 由操作间和窑室构成。操作间位于窑室的北侧，为一圆形袋装灰坑，窑室位于南侧，平面形状呈“M”状，有两个火道，壁面因长期使用已成青灰色烧

结面。

出土遗物多为小口罐、大口罐、单耳罐、双耳罐为主，其次为盆，另外还有尊、斝等。陶片多为夹砂陶，泥质陶次之；陶色以红陶为主，其次为灰陶，还有极少量的磨光黑陶；纹饰以麻点纹为主，其次为绳纹，另外还有刻划纹、附加堆纹、弦纹等。石器依旧以石镞为主，其次为石刀、石斧、石锛等。发掘中出土了数件玉器和玉料残片。骨器以骨锥、骨针、骨镞等为主，另外还有少量的穿孔蚌壳。

通过整个对整个遗址遗迹现象和出土遗物的分析，以及与页河子龙山文化遗存和师赵村七期的对比，小口罐、双耳罐、单耳罐、盆、器盖等均有相似之处，沙塘北塬遗址、页河子遗址、师赵村七期遗存三者整体文化面貌基本上类同，文化内涵也比较接近，都属于齐家文化早期文化遗存。

【固原市南塬水厂汉代北朝及隋唐时期墓葬】

发掘时间：2015 年 6 ~ 7 月

工作单位：宁夏回族自治区文物考古研究所固原工作站

固原市西南新区拟建南塬水厂位于全国重点文物保护单位北朝—隋唐墓地保护区外围的西南边缘，在配合该项目前期考古勘探中发现 27 座古墓葬，其中汉代墓 5 座、北周墓 1 座、隋墓 1 座、唐墓 5 座、明清墓 16 座。墓葬群分布在拟建水厂西南、西北 50 米 ~ 2400 米处的黄土塬地，周边地势平坦。

墓葬群分东、西区。东区发掘区域集中在拟建水厂院内，自西向东发掘墓葬 20 座，西区分布在水厂输出管线范围，自东向西沿线 2.8 千米（幅宽 30 米）处发掘墓葬 7 座。

汉代墓葬西区 M23 ~ M27 均为斜坡墓道土洞单室墓，平面形制呈甲字形或中字形，全长 13.4 米 ~ 16.7 米不等，由墓道、前厅、封门、墓室等部分组成。除 M24 为双棺合葬墓外，余者为单人葬，葬式为仰身直肢。随葬品 85 件，多出土于椁内或头箱中。主要有陶器（罐、壶、甑、盆、弹丸等），铜器（镜、环首刀、洗、棺花、钱币等），铁器（剑、削、镜、灯盏、环、棺钉等），木漆器（奁、盘、盒、耳杯等），料器（玉龙、水晶、塞），其中木漆器保存不佳，腐朽程度尤为严重。另外还出土少量动物骨骸，种类有乳猪、鸡、鸭等。从墓葬形制和出土器物分析，时代当属西汉晚期至东汉早期。

北周墓 M22 为斜坡墓道洞室墓，平面形制呈镰刀形，有墓道、墓门、墓室三部分，全长 12.54 米，墓主为单人仰身直肢，有二次迁葬痕迹。出土有陶器（罐 1、盏 1）、铜器（带扣 1、鞓空饰 4、带銙 6）、铭文砖 1 合。砖置于墓道北壁墓门之顶端，两砖规格一致（37.5 厘米 × 21.7 厘米 × 5 厘米），一砖为素面盖上，一砖竖行阴刻楷书：“建德六年十二月廿一日纥干莫何弗墓铭”。可知墓主姓纥干，名莫何弗，乃古匈奴语“副酋”之称，且有世袭之惯例。

隋墓 M21 为斜坡墓道土洞墓，全长 13.4 米。单人仰身直肢葬，棺椁痕迹清晰，骨架保存较好。出土遗物数量偏少，仅有陶盏 1、漆器 2（盘、盒）、铜带扣 1、铭文砖 1 合。砖出自墓门入口处，两砖规格为 38.5 厘米 × 19 厘米 × 5.2 厘米，铭文砖采用墨书题写：“惟大隋开皇六年丙午岁次十二月/□□朔十四日庚申原州平高县/□□□田子贵墓铭”。

唐代墓葬 5 座，地处固原市南塬水厂汉、北朝、隋、唐墓葬群中，集中分布于东区水厂院内，自西向东依次排列。出土文物 51 件，共有陶器 6 件、铜器 3 件、银器 1 件、铁器 5 件、白石雕像 8 件、白石墓志 1 合、木漆器 2 件、钱币 25 枚。

其中 M1 和 M3 较为典型。M1 位于墓葬区西南端，为带斜坡墓道洞室墓，平面形制呈刀把形，自南向北由墓道、过洞、天井、侧室、墓门、甬道、墓室七部分组成。全长 9.96 米，方向 165°。墓室位于甬道北侧，南北为纵向土洞室，平面呈梯形，进深 2.76 米，面阔 1.4 米～1.92 米，残高 1.18 米～1.55 米，该墓为双棺夫妇合葬墓，骨架保存完整，葬于墓室西壁与南壁之间的棺床上，棺床平面呈梯形状，南宽北窄，为生土台结构，南北长 2.2 米，北端宽 0.77 米，南端宽 1.2 米，台面光滑，距墓室底高 0.34 米。M1 形制上有别于其他墓葬，在天井与过洞间其墓道东壁开一侧室，内单棺葬一男性，疑为陪葬者。出土遗物均置于棺床南端，有陶罐 2 件、端兽鸾鸟葡萄镜 1 件、铁剪刀 1 件、“开元通宝”5 枚。墓葬时代为唐前期。

M3 是一座斜坡式墓道带 2 个天井、2 个过洞的土洞墓，由墓道、天井，过洞、封门、墓门、甬道、墓室七部分组成，全长 14.8 米。墓室平面呈梯形，进深 3.4 米，北宽 2.4 米，南宽 2.58 米，残高 1.7 米。该墓为带棺椁夫妇合葬墓，棺椁置于墓室生土台棺床之上。出土器物共计 18 件，有木漆盒 1 件、“开元通宝”9 枚、白石雕像 7 件，均带四方底座，内容有人面狮身像 1 件、铠甲武士俑 2 件、马佣 1 件、狮兽 1 件、骆驼 2 件。白石墓志一合，略呈方形，边长 36 厘米，高 6.2 厘米，表面光滑，似经抛光处理，白石质地近似汉白玉，置于棺椁外侧，为盝顶式，盝盖顶平素，上阴刻三行篆字：“大唐故居士刘君之铭”。这批石刻雕像组合清晰，雕刻工艺精巧细腻，线条简洁流畅而不失生动，造型高大厚重且比例和谐，在全国同期墓葬中较为少见。为研究唐代镇墓石的埋葬习俗提供了极为宝贵的实物资料。

（樊　军）

【固原市西郊汉代北朝及宋明清时期墓葬】

发掘时间：2016 年 8～12 月

工作单位：宁夏回族自治区文物考古研究所固原工作站

固原市西郊实施旧城改造工程项目时发现古墓葬，这批墓葬分布面积之广、数量之多在固原境内文保基建中尚属首次发现。墓地位于城西固原博物馆周边区域，勘探发掘墓葬 80 余座，其中汉代 47 座，北朝 1 座，宋墓 19 座，小型明清墓 14 座。

汉代墓葬多为土室墓，仅发现两座砖室墓，土室墓有竖穴土坑墓、竖穴墓道或斜坡墓道土洞单室墓，斜坡墓道居多。小型竖穴土坑墓均口底大小一致，中型土坑墓则口大底小，全长 2.9 米～6.8 米不等。土洞室墓平面形制呈日字、甲字或中字形，由墓道、封门、墓室等部分组成，全长 5.2 米～13.9 米不等，砖室墓由斜坡墓道、封门和墓室等部分组成，平面呈甲字形，葬具及人骨保存程度较差。汉墓出土随葬品 1200 余件，多出土于椁内或头箱和脚箱中。主要有陶器（罐、壶、灶、盆、弹丸等），铜器（壶、鼎、卣、盘、熏炉、灯、盆、臼、镜、带钩、盖弓帽、铃、骆驼、青蛙、柿蒂花、策、衔镳、车軎、钱币等），铁器（剑、镇、杈、棺环、棺钉等），铅器（盖弓帽、衔镳、车軎等），石器（石砚板），料器（串饰、玛瑙等），木漆器（笥、案、盂、碗、奁、棋盘、盒、耳杯、箱等），骨器（棋子、箸头帽）。其中木漆器腐朽严重，保存较差。另外在近 20 座墓中出土动物骨骼，殉牲种类有牛、羊、马、猪、鸡、鱼等。根据墓葬形制特点及出土器物判断，这批墓葬的时代当属西汉中晚期至东汉早期。

北朝墓 M3 为竖穴墓道土洞墓，坐北朝南，平面呈刀把形，由墓道、封门及墓室构成，通长 4.7 米。室内木棺已朽，单人仰身直肢葬，出土陶罐 1 件，鼓腹小平底，器表饰暗弦纹。依墓葬形制和器物特征分析，时代当属北周。

宋代墓葬共计 19 座，均为竖穴墓道土洞室墓，土坯封门，其中 7 座为南北向，12 座为东西向，平面形制呈“日”字或“凸”字形，全长 3.94 米 ~6 米不等。除 M19 为双棺合葬墓外，余者均为单人葬，葬式为仰身直肢葬。随葬品 72 件（套），钱币、铜镜等小件器物出土于棺内，4 套塔式罐置放在墓室壁龛内，其余随葬品多出土于墓室内。主要有陶器（彩绘塔式罐、带盖罐、罐、箕形砚、镇墓文等），铜器（镜、耳环、钱币），铁器（棺环、棺钉）等。此次发掘的宋墓多为平民墓，均围绕固原古城城西而葬，对于研究固原北宋时期的经济、文化有着重要的参考价值。

（樊　军）

【开城安西王府遗址长虫梁城址 1 号基址】

发掘时间：2015 ~2016 年

工作单位：宁夏回族自治区文物考古研究所

开城安西王府是元世祖忽必烈三子忙哥剌在六盘山的避暑府邸，也是当时西北地区行政中枢，该王府建成于至元十年（1273）前后，成宗大德十年（1306）8 月毁废于地震。遗址位于固原市原州区开城镇政府驻地西侧一带，北距固原市区约 18 千米。

遗址核心区面积约 2 平方千米，2001 年 6 月被国务院公布为第六批全国重点文物保护单位。2003 ~2006 年调查勘探遗址区中部的长虫梁城址并发现有大型夯土基址，据此初步推断该城址为开城安西王府宫城遗址。1 号基址为该王府主要宫殿基址（宁夏文物考古研究所等：《开城安西王府遗址勘探报告》，科学出版社 2009 年版）。城址东墙长 475 米，南墙长 328 米，面积约 16 万平方米。1 号夯土基址位于城内中北部，平面呈“工”字形布局，南北长约 125 米，东西宽 54 米，台基上有前中后宫殿基址。

2015 年宁夏文物考古研究所申报对该城址 1 号基址开展考古发掘工作，发掘区位于 1 号基址东南侧边缘，主要想搞清该台基东侧形制结构及布局，并清理北部石瓦坑。截至 2016 年底，累计发掘面积 1150 平方米。

遗址地层堆积划分四层。第 1 ~2 层为近现代平田整地垫土层。第 3 层为元代建筑倒塌物堆积层。第 4 层为元代建筑遗迹层。清理揭露了 1 号基址南部东侧夯土边缘，在其外侧清理出砖壁基槽以及登台慢道、台基东南角三次折角结构及基槽改线迹象、基槽转角处的方形土衬石、台基外侧大面积的地面踩踏面及残留铺砖等许多前期勘探所未确认的重要遗迹现象。

此次发掘出土遗物主要为砖瓦石块等各类建筑材料，包含大量的灰陶砖瓦，白釉瓷筒瓦，粗胎绿釉筒板瓦，红陶琉璃筒板瓦、滴水、瓦当及脊饰套兽残块。在登台慢道两侧出土两件青石质门枕石及十件台沿螭首，另外还少量的有藏文题记的白灰墙皮、金属饰件、兽骨以及陶瓷片等遗物，地面出土有少量铜钱、瓷片等元代遗物。这些遗物充分彰显了遗址的建筑类型与规模等级。

发掘出土 10 件台沿螭首，为确认开城以往相关文物出土地点提供了重要信息与线索。台沿螭首造型与元上都、元中都宫殿遗址区出土物类似，通过以上考古发现，结合此前的勘探工作，基本可以判定 1 号基址为安西王府主殿基址，长虫梁城址即为安西王府宫城。出土的一件残琉璃筒瓦内壁有“丙子年（至元十三年，1276 年）……”等划文题刻，为讨论开城安西王府修建年代提供了重要线索。

（马天行　王仁芳）

新疆维吾尔自治区

【吉木乃县通天洞旧石器时代至铁器时代遗址】

发掘时间：2016 年 7～9 月

工作单位：新疆维吾尔自治区文物考古研究所

通天洞遗址位于吉木乃县托斯特乡阔依塔斯村东北一处当地人称“通天洞”的洞穴中，遗址所在地理环境属于花岗岩球状风化地貌，地形多样，为古人类提供了优良的居住环境和狩猎场所。

洞穴顶部有大面积烧火形成的烟炱，在洞口及洞前斜坡采集到夹砂灰陶、红陶片及石杵残件，陶片表面见刻划纹、剔刺纹构成的折线纹及素面陶片。这些陶片及纹饰与阿凡纳谢沃文化墓葬出土的陶器器形纹饰十分相似。

2014 年，新疆全国第一次可移动文物普查北疆文物认定组与阿勒泰地区、吉木乃县文物局工作人员在吉木乃县工作途经阔依塔斯村时，发现此处遗址，初步认定该遗址属于青铜时代古人类生活居住遗址。2015 年，新疆文物考古研究所派专人对遗址进行了较详细的调查，2016 年初，向国家文物局提出了发掘申请并获得批准。

经过一个多月的发掘发现，洞穴外的探方由近现代生活的层面逐步向下呈现为早期铁器时代的层面，出土了大量的夹砂红陶片以及零星带有刻划纹的陶片，并有石磨盘等石器和大量动物碎骨。探方东侧可能存在三间连着的房屋局部，均为由石块垒砌的墙基，其间为较硬的踩踏面，次年将扩方清理。

洞穴内的探方在早期铁器时代和青铜时代层位下面出现较为纯净的黄沙层和碎岩石块层，东壁、南壁剖面上显示出东南角碎岩石块曾堆出一小岩石堆，其下层位中，发现了旧石器石核、石片以及碎动物骨等遗物。为此，专门邀请北京大学考古文博学院旧石器教研室教师王幼平、何嘉宁，博士生李昱龙参与发掘工作。经过两个月的发掘，标本 469 件，石器 268 件，碎骨 201 件，其中牙齿 17 颗，烧骨 3 件。

通过对出土旧石器及其所在地层的研究，结合遗址周边的考察，初步认定通天洞遗址最早的年代可达旧石器时代晚期之初，甚至可能更早。

通天洞位于阿尔泰山南麓，属于欧亚大陆的中心地带，是旧石器时代古人类迁徙的重要路径，该遗址的发现为研究东西方早期人类与旧石器文化的迁徙交流等课题提供了非常重要的新证据。

遗址旧石器时代地层清楚，堆积较厚，分布面积大；并且自下而上有旧石器时代、青铜时代、早期铁器时代堆积，对了解新疆地区旧石器时代以来古人类演化，确立区域文化发展的编年框架等都具有十分重要的意义。

从发掘出土的旧石器组合来看，其中的汇聚刃边刮器、勒瓦娄哇石核与石片等均与典型莫斯特文化的同类制品一致，表现出较浓郁的莫斯特文化风格。总的来看，通天洞遗址新发现的旧石器组合具有较明显的旧大陆西侧旧石器中期向晚期过渡阶段的文化特征。这在中国旧石器考古发现中是十分罕见的。

^{14}C 年代测定，旧石器遗存距今 4 万多年，从地层堆积和石器特征来看，其年代可能早到深海氧同位素三阶段，这一阶段一直以来是旧石器考古研究的重点。此次发现，亦为东亚现代人起源、人群迁徙以及人类行为复杂化等多项研究填补了空白。

通天洞作为首次在新疆境内发现的旧石器时代洞穴遗址，不仅填补了新疆史前洞穴考古的空白，同时也是中国旧石器考古的重大发现。对该遗址的发掘是一项需要多年延续的工作，对该遗址的研究，是一个长期的、复杂的、需要多学科共同完成的工作。

（于建军）

【巴里坤县泉儿沟青铜时代遗址】

发掘时间：2016 年 6 ~ 9 月

工作单位：新疆维吾尔自治区文物考古研究所、西北大学文化遗产学院

2016 年 6 ~ 9 月，西北大学文化遗产学院与新疆文物考古研究所联合组成的考古队，继续在巴里坤县泉儿沟遗址开展主动性考古发掘工作。

泉儿沟遗址位于巴里坤山南麓，农十三师红山农场厂部以南约 8000 米的缓坡上，水草丰茂，适宜畜牧。2016 年考古发掘地点位于泉儿沟遗址南部墓葬集中分布的区域，在 2015 年考古试掘基础之上，采用探方法，揭露面积 1000 平方米，共发掘中小型墓葬 158 座。绝大多数墓葬地表有椭圆形石圈为标识。发掘区墓葬分布密集，彼此相距 0.2 米 ~ 1 米。地表下均为竖穴土坑，成人墓葬直径 1.5 米 ~ 2.5 米，墓坑深 0.5 米 ~ 1.5 米，墓坑底部有用云杉、圆柏原木搭建的长方形木椁，木椁内安置死者尸体。儿童墓葬直径 0.5 米 ~ 1 米，墓坑较浅，深 0.4 米 ~ 0.8 米，墓坑底部用竖立的石板围砌成方形石椁，石椁顶部也用石板封盖。墓地流行一次葬、死者侧身屈肢、头向西面朝北。同时还存在多人多次合葬和二次扰乱葬现象，扰乱坑多开口于墓坑内，向下进入墓室扰乱死者上半身骨骼。

泉儿沟墓地随葬品主要有陶器、金属器、木器、动物牺牲和红玛瑙、滑石管、绿松石珠穿系的人身装饰品。陶器均为夹细砂红陶，器形主要有双腹耳壶、双耳或四耳釜、单耳罐、单耳杯四类，部分陶器中还发现碳化的植物种子。金属器主要为人身随身佩戴的青铜耳环、青铜梳、青铜饰牌、青铜刀等装饰品、工具，以及少量青铜啄斧、青铜斤、青铜箭镞等武器。据吉林大学边疆考古研究中心聂忠智博士对人骨的判断，泉儿沟遗址墓地人群成人死亡年龄在 17 ~ 35 岁，儿童死亡年龄在1 ~ 10 岁。可知该遗址平均寿命普遍较低。2015 年 ^{14}C 测年数据显示泉儿沟墓地年代在公元前 1200 ~ 前 800 年。

泉儿沟遗址墓葬群位于红山口遗址东侧 1000 米处，出土物品与 2012 ~ 2013 年东天山考古队在红山口遗址 1 号地点发掘的房址出土器形、器类接近。两者 ^{14}C 测年结果都在公元前 1300 ~ 前 800 年，后者应是该聚落人群集中埋葬的公墓区。泉儿沟遗址墓葬结构、葬具、人骨葬式以及出土遗物类别、特征均与新疆文物考古研究所 1981 年在奎苏南湾遗址发掘的墓地面貌一致，同时也与哈密绿洲盆地天山北路墓地、焉不拉克墓地、亚尔墓地存在很多相似性。表明青铜时代晚期东天山南北存在密切的文化交流。泉儿沟遗址的考古发掘为揭示东天山北麓古代人群聚落结构、埋葬习俗、社会结构、生业方式及其与周邻区域文化交流的情况提供了重要的物证，具有重要的学术价值。

（马　健）

【尼勒克县汤巴勒萨伊青铜时代墓地】

发掘时间：2016 年 8～9 月

工作单位：新疆维吾尔自治区文物考古研究所

墓地位于尼勒克县喀拉托别乡萨伊博依村草场中，处于尼勒克县喀什河上游南岸二级台地上。墓地所处地势平坦、开阔，气候夏季温凉多雨，冬季多雪，属典型的山地草原气候。地理坐标为北纬 43°41′48.5″、东经 083°41′52.4″，海拔 1811 米。2010 年新疆文物考古研究所配合当地水库建设发掘墓葬 26 座，其中发掘的青铜时代墓葬，具有重要研究价值和意义，被国家文物局评为“2011 年中国重要考古发现”之一。此次考古发掘区域位于墓地东部，对 5 处地表显露不规则的土堆进行了考古试掘。经过试掘，仅 1 处为青铜时代墓葬（M3），M5 封堆下见清晰墓口，但墓室内无人骨和遗物，M2 和 M4 则未发现任何遗迹现象。M1 较为特殊，地表为不规则的黄土封堆，呈南北向长条状，长约 50 米，宽约 20 米，南宽北窄，南高北低。清除表层草皮，即出土有石器，陶片，距地表 60 厘米～80 厘米处出土铜刀 1 件，铜锥 2 件，但封土下不见墓室和遗迹现象。M3 的墓葬形制、葬式葬俗、随葬遗物与 2010 年发掘的青铜时代墓葬一致，地表封堆大致呈圆形，直径约 10 米，高约 1 米。墓室位于封堆中下部，为竖穴土坑墓，平面呈东西向长方形，长 3.2 米，宽 2 米，深 1.3 米。在墓底四周留有生土二层台（宽 30 厘米～40 厘米，高 25 厘米），内葬一成年男性个体，侧身屈肢，头西脚东，面朝北。在其头端随葬 3 件陶器，旁置马肋骨。

此次发掘虽然收获较小，但使我们对汤巴勒萨伊墓地青铜时代墓葬数量、分布范围、文化内涵等得到确认。结合 2010 年发掘，该类墓葬形制统一，均为竖穴土坑，平面呈东西向长方形或近方形，长 2.5 米～3 米，墓深在 60 厘米～100 厘米，墓室填纯净黄土。以土葬为主，偶见火葬，葬式均为侧身屈肢，头西面北。葬式以单人葬为主，也有双人合葬，无葬具。随葬品统一放置在头端，随葬 2～3 件圈足或平底陶器（陶器旁放置 1～2 根羊或马肋骨）。反映出同一人群同一时期的文化内涵。到目前为止，新疆伊犁地区的考古发现显示，青铜时代考古学文化面貌比较单一，所发掘的墓葬和遗址均反映相同的文化内涵，与中亚安德罗诺沃文化联系紧密。就墓葬形制而言，在汤巴勒萨伊墓地为竖穴土坑墓，在尼勒克乌吐兰墓地和特克斯库克苏河 2 号墓地还存在竖穴石棺墓、竖穴木椁墓、竖穴石室墓等类型，同一文化传统下为什么会存在不同的墓葬类型？是族群不同，还是代表时代演变？因此，不同墓葬类型为我们深入研究伊犁河流域青铜文明的发展具有重要意义和价值。

（阮秋荣　王永强）

【奇台县与吉木萨尔县白杨河青铜至铁器时代墓群及唐宋墓群】

发掘时间：2016 年 4～7 月

工作单位：新疆维吾尔自治区文物考古研究所、奇台县文物局、吉木萨尔县文物局

白杨河墓群位于奇台县、吉木萨尔县两县交界的白杨河东、西两岸台地上。此次发掘墓葬数量共计 110 座，遗迹 5 处，出土陶、木、骨、铜、铁、纺织品等遗物 200 余件（组）。

为配合奇台县、吉木萨尔县白杨河水库项目建设，新疆文物考古研究所、奇台县、吉木萨尔县文物局对两县涉及项目建设的墓葬进行了考古发掘。此次发掘的墓葬及其他遗迹构筑于白杨河东西两岸的山梁顶部及梁腰坡地上，山梁褶皱起伏、高低有别并呈条块状相切于白杨河河岸台地上。白杨河发源于博格达山北麓冰雪融水，夏季径流量变大。从墓群空间布局上看，

这些墓葬分布相对分散，个别片区则相对集中。相对集中的墓葬间距较小，近者封堆相连。依据墓室结构的差异，可以将这批墓葬分为竖穴石室墓、半地面石棺墓、竖穴洞室墓、竖穴土坑墓及竖穴偏室墓、地表葬人墓。根据葬具的使用情况，竖穴土坑墓又可分为无葬具的竖穴土坑墓、竖穴木棺（椁）墓及竖穴石棺墓。白杨河墓群墓葬形制多样，年代跨度较大，文化特征存在明显差异，从周邻地区相近遗存的分布态势及出土遗物上判断，这些墓葬当分属不同时期、不同文化性质的墓葬遗存。依据此次考古发掘出土的遗物并参照多年来周邻地区的文化遗存，可以将这批墓葬划分为青铜时代（可划分为一、二两段）、早期铁器时代、唐宋时期四段。

青铜时代一段墓葬地表栽立石板或垒砌低矮石墙，构成方形石围。墓穴为竖穴石室，墓主流行土、火并行的埋葬方式、随葬缸形陶器、佩戴铜质饰品，这些文化因素多体现了安德罗诺沃文化共合体墓葬的文化特征；青铜时代二段墓葬集中分布于白杨河西岸的山梁上，墓地布局规整，墓葬地表石围石堆分布密集，流行半地面石棺墓、竖穴土坑墓，墓主以屈肢葬为主。从墓葬的整体布局、随葬品组合及葬具、墓主尸姿摆放等诸要素来看，与东天山山麓区南湾墓地、柳树沟墓地等属同一文化类型，绝对年代当在公元前10世纪前后；早期铁器时代的墓葬分布相对分散，其地表封堆为低矮的石堆或土堆覆石，少数墓葬在墓口外侧掏挖浅坑，坑内放置陶器。墓穴以竖穴石棺墓、竖穴偏室墓为代表。墓主流行头西足东的仰身直肢葬，随葬品以素面陶质的钵、罐、杯等最为常见。同类型墓葬在天山北麓的木垒、吉木萨尔、阜康、乌鲁木齐等地多有发现，且在墓葬的空间位置及布局、地表标识、墓室结构、墓主的尸姿摆放、出土遗物及其组合等诸多文化因素方面亦多有相近之处；唐宋时期的墓葬典型特征为墓葬分布相对分散、墓葬封堆多为石堆结构，墓穴流行竖穴土坑墓和竖穴偏室墓。其中竖穴偏室墓的偏室开口于墓道北侧，并以卵石逐层垒砌、填堵偏室开口。墓道内多有殉马现象，随葬品以铜、铁质地的金属马具、桦树皮制的箭箙、形体宽大的三翼形铁镞、羊骨较常见，墓主多佩戴铜质大耳环，墓室内不见陶器，这些特征体现了浓厚的游牧文化气息，其年代多集中在唐代前后。博格达山北麓一带的史前遗址多有发现，但墓葬打破遗迹的层位现象并不多见。在吉木萨尔县白杨河墓群发掘时，我们发现了墓葬打破用火遗迹的层位现象。不同层位的烧结面与自然洪积层相互叠压表明用火遗迹有明显多次使用的痕迹。较厚的烧结面上残留木炭灰烬厚达20厘米，初步推测其使用时间比较长。另外发现的蝶形祭祀性遗迹在新疆地区尚属首次发现，其时代、文化属性、祭祀功能及等诸多问题有待进一步研究。

奇台、吉木萨尔县白杨河墓群考古发掘出土了一批精美的器物，方形铜镜等遗物在新疆地区尚属首次发现。墓葬遗存清晰地再现了白杨河流域上至青铜时代、下到唐宋时期的文化面貌，文化内涵相对丰富，呈现了相对完整的文化序列，为该区域文化序列的构建及其谱系关系的梳理提供了翔实的原始材料，同时还将在不同时期、不同文化族属的生业方式、社会形态、精神信仰、人地关系、地缘政治等诸多深层次的研究上为我们提供了更加丰富、科学、可靠的依据。

（张 杰 冯志东 明 德）

【阜康市白杨河上游青铜时代至唐代墓地】

发掘时间：2016年9~10月

工作单位：新疆维吾尔自治区文物考古研究所

白杨河上游墓地位于阜康市上户沟乡

白杨河村水磨社区南约8000米处，地处博格达山北麓、白杨河上游的山前坡地以及河流两岸的台地上。墓地分为3处，南北相距约10千米，共有墓葬149座。墓地西北距阜康市约43千米，西临白杨河，西北面有乡村公路。

为配合阜康市抽水蓄能电站项目工程，2016年度对2号墓地进行了清理，共清理墓葬51座、灶址1座。墓葬均为土石混合封堆，大小不等，有个别墓葬被盗掘。从发掘的情况来看，有竖穴石棺、竖穴土坑、竖穴偏室、竖穴洞室墓四种类型。其中竖穴石棺墓仅1座，位于墓地东部，为二次葬，骨殖不全，仅随葬少量铜珠；竖穴土坑、竖穴偏室、竖穴洞室墓数量相当，散乱分布，无规律。其中竖穴土坑墓有一次葬、二次葬，一次葬均为单人葬，墓主人头均向西，以仰身直肢葬为主，屈肢葬少量；二次葬墓室较浅，仅发现零星骨殖。从随葬品来看，早期墓葬多随葬有陶器，有的伴出少量铁器，有罐、钵、杯器物组合，陶器有彩陶、素面灰陶；晚期墓葬随葬品中不见陶器，以铜镜、耳环、铜饰等装饰品为主。竖穴偏室墓有南偏室、北偏室，墓主人位于偏室一侧，另一侧多殉马1匹，有的不见马而随葬马镫等。均为单人仰身直肢葬，墓主人头均向西。随葬品少见陶器，以铜带具、带饰、马镫等马具为主，另有弓弥、铜镜、耳环等，出土开元通宝一枚。竖穴洞室墓，洞室多开口于穴壁西侧，墓道内有的殉马1匹。均为单人葬，以二次葬为主，骨殖不全；一次葬仅一座，墓主人位于西侧洞室，仅该墓有随葬品，出土铜牌饰、耳环、铜环等小件装饰品。在墓地东面清理灶址1座，由条形石块围成椭圆形灶，灶坑长径1米，短径0.8米，灶口开在西南，宽约0.3米。在灶址的上层扰土中出土彩陶片、带花边的陶器口沿、灰陶片等陶器残片，灶址周近出土少量刮削器、石核以及动物烧骨。

根据墓葬发掘情况，结合周近地区的发掘材料，对这些墓葬可作出初步的年代判断。其中竖穴石棺墓与木垒县干沟等墓地的同类墓葬相似，年代早至青铜时代。竖穴土坑墓和竖穴偏室墓可分为早、晚两期，早期墓葬随葬品以陶器为主，有少量铁器，年代约为早期铁器时代至汉代；晚期墓葬随葬品以马具和装饰品为主，少见陶器，年代约为唐代。竖穴洞室墓多为唐代。

白杨河上游墓地的发掘丰富了该地区的发掘资料，为深入研究这一区域的考古学文化以及与周边地区的文化交流等提供了新的重要材料。

（闫雪梅　多斯江　宋会宇　冯　超）

【博尔塔拉蒙古自治州双河市泉水沟青铜时代遗址】

发掘时间：2016年7～8月

工作单位：中国人民大学考古文博系、双河市八十四团文物部门

泉水沟遗址地处新疆生产建设兵团第五师双河市八十四团五连辖境内，位于天山山系阿拉套山南麓冲积平原，北距冲积扇顶端约16千米，南距博尔塔拉河约8.5千米。经初步调查，遗址总范围可达30余万平方米。

此次发掘500平方米，西部高台地为居址区（Ⅰ区），东部稍低处为墓葬区（Ⅱ区）。西区（Ⅰ区）共发掘6个探方（5×5），其中T2发现一座灰坑。文化层和灰坑中出土夹砂灰褐陶和灰陶片、石磨盘、内附残铜的陶“坩埚”、铜铁制品残件、铜炼渣、铜矿石，以及羊、马、牛的骨骼、牙齿等。东区（Ⅱ区）T1，发掘10米见方的带基槽的土石墓围，中央有两座竖穴土坑墓（M1、M2）。M1被盗，人骨散乱，墓底人骨之下有烧灼过的兽骨；M2有木棺印痕，墓主人侧身屈肢，头向西，随葬夹砂灰陶平底陶罐和铜扣各一。

泉水沟遗址的年代为青铜时代晚期（前1500～前1000年）。

（韩建业　刘汉兴）

【博乐市都木都厄布得格青铜时代晚期至蒙元时期遗址】

发掘时间：2016年7～8月

工作单位：中国人民大学考古文博系、博乐市文物局

都木都厄布得格遗址，地处博乐市小营盘镇明格陶勒哈村西侧，东南距博乐市约36千米，位于阿拉套山南麓另一冲积扇顶面，其东侧为哈日图热格河谷。

此次共发掘1000平方米，分为南北两区。南区发掘了四座墓葬、解剖了一个三角形石围聚落，北区发掘了一处方形院落。

四座墓葬均为圆形石堆墓，墓室周围用卵石堆砌的墓圹，墓口有长条形卵石覆盖，除了葬式不详外，有仰身直肢葬、侧身屈肢葬，大部分被盗扰，仅在M1出土一件管状骨器。M4是一座中型圆形竖穴土坑石堆墓，地上封堆直径约17米。墓口两侧有规整棚木残留痕迹，墓室填土内含有大量残存圆形棚木，墓内人骨被严重盗扰，仅有零星铁块残件。

三角形石围聚落（石城）面积约7.5万平方米，南侧有门，西墙被已经发掘的三座小墓叠压，年代当不晚于墓葬。解剖发现，石围墙（城墙）下层为土夹石堆筑，上层垒筑石块，现仅略高于地面，宽1米～2米。

北区的方形院落约40米见方，高出周围1米～2米，东侧墙体不连续，可有门。此次共发掘一个探方（T7）和一条探沟（TG5）。

方形院内发掘部分发现二三十个口径2米～3米的规整圆形窖穴，多数为口大底小的圜底状，也有直壁圜底形，窖穴四壁修正光滑，有的底部有石块或小坑。院落内活动面上发现个别平面为圆形或椭圆形的灶址，应当存在居址。方形院落内部有多组叠压打破关系，经过较长时间使用。通过对院落南墙解剖发现有逐层堆砌的墙体，内侧有石头垒砌的护墙，石墙北侧有淤积沟，沟底部有石块。

方形院落出土陶片主要为夹砂红褐陶的敛口瓮残片，此外还发现了绿釉陶器耳、骨簪、一面有条形抹痕的红砖，以及羊、马、牛等家畜的骨骼，估计此处方形院落与仓储有关。

都木都厄布得格遗址中墓葬、三角形石围聚落的年代为早期铁器时代的遗存，方形院落的年代为蒙元时期。

（韩建业　刘汉兴）

【昌吉市楼庄子春秋至汉代墓群】

发掘时间：2016年6～7月

工作单位：新疆维吾尔自治区文物考古研究所

楼庄子墓群位于昌吉市硫磺沟镇楼庄子村西南约12千米，呈西南—东北走向，分布于头屯河西北岸台地上，在第三次全国文物普查中发现并登记古墓葬28座，由于当时的调查时值冬季，墓地上大雪覆盖，有一些墓葬未能发现登记。

2016年6～7月，为配合昌吉市头屯河楼庄子水库淹没区X125线公路新建工程的建设，新疆文物考古研究所派考古人员对该工程所涉及的楼庄子墓群进行了抢救性考古发掘。发掘工作中发现现存墓葬有40多座，由于穿越墓地的X125线公路及配套梁厂已经开工建设，一些墓葬已经被破坏消失，在施工现场可见暴露在外的人骨。此次共发掘工程建设所涉及的古墓葬31座，均位于在建的新X125公路上或其东侧的台地边缘，大致呈线性分布。此外在楼庄子墓群东北约3000米的头屯河西岸台地上也发现零散分布的5座墓葬，由于均位于淹没区或楼庄子水库大坝的施工范围，我们对这5座墓葬也进行了抢救性

发掘，合计共发掘墓葬36座。

此次发掘墓葬地表均有土石封堆，由卵石加土堆成圆丘状，部分外沿有明显的外石圈，封堆直径多在3米~7米，高0.2米~0.6米。封堆下有竖穴偏室和竖穴土坑两种情况，其中竖穴偏室墓占多数，偏室位于竖穴北侧。除部分墓葬被盗扰破坏，情况不明外，其余墓葬均为单人葬，多为仰身直肢，也有屈肢葬，少数墓葬陪葬有马、羊。出土20余件文物，包括铜镜、陶罐、玛瑙珠、铜带扣、骨纺轮等陪葬品。从出土陶罐、铜带扣等分析，初步推测墓地的年代为春秋—汉代。

（艾　涛　侯志军　蔡浩强）

【乌什县卡拉亚尕其艾肯沟口战国至汉代墓地】

发掘时间：2016年3~4月

工作单位：新疆维吾尔自治区文物考古研究所

卡拉亚尕其艾肯沟口墓地位于乌什县东南的卡拉铁克山山前戈壁滩上，在东西十多千米的范围内，星罗棋布地散布有数以百计的石堆墓，是这一地区规模最为宏大的古代墓群之一。2015年10月20日，阿克苏地区文物保护管理局和乌什县文管所开展文物执法巡查时，发现G219线阿克苏至乌什段公路改建工程3标段有约500米的公路穿过墓地核心区域，许多墓葬面临破坏。文物管理部门立即向施工方下达停工通知书，同时向自治区文物局申请对古墓葬进行抢救性考古发掘并获得批准。

2016年3月至4月，在自治区文物局组织协调安排下，为配合国道219线阿克苏至乌什段公路改建工程的建设，新疆文物考古研究所派考古人员对受工程影响的卡拉亚尕其艾肯沟口墓地进行了抢救性考古发掘，此次发掘共涉及古墓葬20座，位于在建的G219线南侧，卡拉亚尕其艾肯沟两岸及沟中一独立的台地上，其中沟西数量最多，共有墓葬13座，沟中台地上2座，沟东5座。封堆直径3米~16米，高0.3米~2米，表面为戈壁砾石。队员们克服了大风、浮尘等不利因素的影响，顺利完成了这20座古墓葬的考古发掘工作，其中3座在封堆下直接葬人，无墓室，此类墓葬均位于沟西。其余17座均为竖穴土坑墓，单人葬，仰身直肢，墓向大致为正北方向，出土陶器、铜饰件、涂有红色颜料的石块等共计18件文物，其中的折沿罐、折沿钵在阿合奇县库兰萨日克墓地与温宿县包孜东墓群等地也有出土，据此初步判断墓地的年代为战国—汉代。

（艾　涛　侯志军　蔡浩强）

【乌苏市哈拉加北战国至汉代墓群】

发掘时间：2016年9月

工作单位：新疆维吾尔自治区文物考古研究所、乌苏市文管所

哈拉加北墓群位于依连哈比尔尕山北麓的山前空旷、平坦的戈壁地带，地势开阔，自南向北的一条冲沟从墓群中部穿过。墓群东距乌苏市直线距离32千米，西北居四棵树镇直线距离5.5千米，其东北侧200米为焦炭厂，西北侧600米为电石厂，南侧400米处为中哈石油管道维护站。

为配合乌苏市马吉克工业园区青龙管业项目建设，新疆文物考古研究所对该工业园区内涉及工程施工的哈拉加北墓群的墓葬进行了考古发掘。第三次全国文物普查资料共计哈拉加北墓群墓葬数量30座。此次发掘区位于该墓群的北侧，墓群所在的戈壁地带地表黄土层较薄，墓葬整体呈南北链状排列。发掘的7座墓葬封堆平面呈圆形，较大者周围有方形或不规则环形壕。墓葬结构有别、大小不一。其中M1~M4、M7为典型的土堆覆石墓，M5、M6地表封土为纯黄土堆积而成。M1~M6封堆直径均在10米以上，M7直径为5米。

M1、M3 被严重盗扰。墓室均开口在原地表砂砾层下，墓室平面呈圆角长方形，直壁、平底，内填大块砂砾石及黄土混合物，填土相对松软。M2、M3 墓底放置了原木榫卯而成的梯形木质尸床。这批墓葬的墓室构筑于戈壁地带的砂砾层下，透气、透水性较强的砂砾层无益于葬具（木尸床）、尸骨、随葬品的保存，为此这些遗存因锈蚀变得异常酥碎。从保存较好的墓葬人骨判断，这批墓葬的墓主人流行头西足东、仰身直肢的埋葬方式。墓主头部附近多随葬 1～2 件陶器，陶器附近置铁刀。

第三次全国文物普查成果显示，依连哈比尔尕山北麓山前戈壁地带分布的墓葬数量众多，体量大小有别。从以往乌苏市八音沟牧场、吉日郭勒水库、四棵树镇以及此次考古发掘情况来看，这些墓葬遗存分属不同时期且在文化性质上有明显的承袭关系。从墓口棚盖原木、竖穴土坑的墓室结构、流行单人仰身直肢、头西足东的埋葬方式，出土彩陶的形制特征及纹样主题、素面陶壶、陶钵、带柄铜镜、铁刀、羊尾等文化因素来看，与乌苏市西邻的伊犁河谷、以东的沙湾县等地同时期墓葬遗存有着明显的相似性。

此次考古发掘的墓葬数量少，但从墓群所处的地理位置、墓葬的分布态势及其形制特征、葬俗风格、随葬品组合及其特征等方面看，这类墓葬遗存显现了鲜明的区域性文化特征，同时清晰地反映了同一时期与周邻地区横向交互的文化联系。

（张　杰）

【布尔津县海流滩铁器时代墓群】

发掘时间：2016 年 9～10 月

发掘单位：新疆维吾尔自治区文物考古研究所

海流滩墓群位于布尔津县窝依莫克乡海流滩村附近的一处高山盆地中的草场上，四面环山，中间地势较为平缓，草场西部有一片麦地，南面有喀纳斯机场和海流滩村，东部有通往喀纳斯景区的柏油路。M2 位于 M1 北侧，东面有南北链状排列的土堆墓，墓葬直径约 34 米，北侧也有一座土堆墓。

根据墓葬形制，先清理发掘探方西半部。封堆揭取完后发现，下面有一个十分规整的石圈，以卵石排列成内外双石圈、中间填以更小的卵石和碎石块构成，石圈宽度约 0.6 米。

经过发掘发现，墓葬是在规整的石圈中央，挖掘东西向的墓穴，并向东延伸出斜坡墓道，墓穴内葬人后，填充大量岩石块，多余的黄土在墓穴周边堆出圆台状土堆，土堆中间用初略加工过的原木封住墓口，墓口周围用木板搭出长方形网状结构。然后再在上面堆土，形成更大的圆台状土堆，土堆表面用较小的卵石密集遮盖，形成卵石层。日积月累之后，表面上长满荒草，成为圆台状的土丘。

清理到墓底发现，墓穴中空无遗骨，仅发现一尊素面鹿石和少量的金箔。根据填土情形推测，墓葬早期可能迁葬过，后来遭到两次盗掘，但因为墓室中填满大石块，均未盗掘到底。

通过一个多月的发掘发现，海流滩墓群是一处规格较高的墓葬群，这些墓葬分布有规律，年代延续时间较长，保存较好。此次发掘的二号墓，形制规整，是阿勒泰地区目前非常少见的墓葬类型，对研究 2000 多年前生活在当地人们的文明程度具有重要的学术价值。其重要意义在于：

1. 此次发掘对明确海流滩古墓群年代、文化内涵奠定了基础；

2. 发掘工作对于促进了解和认识阿尔泰山草原游牧人群的起源，游牧经济的发生、发展，明晰了脉络；

3. 此次发掘使我们以更广阔视野审视阿勒泰地区史前考古学文化的起源和形成、与周边地区的联系及其对中华文明的贡献（战国时期中原铜镜、丝织品等在阿尔泰山北部的巴泽雷克墓葬中发现）等课题。

（于建军）

【精河县查干屯格汉代墓群】

发掘时间：2016 年 5～6 月

工作单位：新疆维吾尔自治区文物考古研究所

查干屯格墓群位于精河县以南约 32 千米的托里乡冬都金村查干屯格牧区放牧点，共有墓葬 40 余座，均分布于冬都金河东西两岸台地上。2016 年 5～6 月，在自治区文物局组织协调安排下，为配合精河二级水利枢纽工程的建设，新疆文物考古研究所派考古人员对受工程影响的查干屯格墓群进行了抢救性考古发掘。共发掘位于水库淹没区的墓葬共 24 座，其中东岸 20 座，西岸 4 座。东岸墓葬被一条无名冲沟分为南北两部分，北侧 15 座，南侧 5 座。除东岸南侧编号为 M19、M20 的墓葬地表为石围外，其余墓葬地表均有土石封堆，封堆直径 5 米～12 米，高 0.3 米～1 米，部分墓葬封堆低平，有明显的外石圈。

除石围墓 M19、M20 未发现墓室外，其余均为竖穴土坑墓，人骨普遍保存较差，部分墓葬人骨缺失或扰乱。人骨保存较好的墓葬均为单人葬，仰身直肢，墓向大致向西。墓葬随葬品很少，加上盗扰破坏以及埋藏环境等因素，这些少量的随葬品也保存很差，铁器、木器均朽蚀严重无法采集，个别的陶器也已糟朽成为酥粉状而无法提取。因此出土文物数量很少，仅 M2 出土有料珠十余颗，其中个别料珠表面有包有金箔，在这一地区较为罕见，具有重要的研究价值。从个别墓葬中出现的羊骨、木盘、铁刀、陶壶组合，参考周边环境相似的乌苏市吉日郭勒水库墓群等墓葬分析，再参考 M2 出土包金箔料珠，初步判断墓葬的年代为汉代。

在全部发掘的墓葬中 M1 形制较为特殊，其西北侧有长约 92 米的石带，石带高约 0.5 米，宽约 2 米，由大石块平铺而成。最大的石块长约 1 米，石带平面略为半圆形，开口朝向西北，西北侧为高约 15 米的断崖，在石带相连的附近有多处用火痕迹。石带所用石块与垒建方法和 M1 基本相同，从 M1 与石带的相邻的叠压关系上看，M1 的年代不早于石带的年代。关于石带的性质主要有三种看法，一种认为 M1 为胡须墓，石带为 M1 的胡须；另一种认为石带为城堡或其他建筑的围墙，后期修建的 M1 紧靠石带而建；第三种认为石带是 M1 的附属结构，形制与我国帕米尔高原与天山南脉地区分布的石带墓类似。对于 M1 及相邻石带的关系与形制还需要进一步研究。

（艾　涛　侯志军）

【奇台县石城子汉代遗址】

发掘时间：2016 年 5 月 17 日～9 月 9 日

工作单位：新疆维吾尔自治区文物考古研究所

石城子遗址位于奇台县半截沟镇麻沟梁村。遗址北通奇台、吉木萨尔等绿洲，南越天山可至吐鲁番盆地，为通连天山南北的重要通道之一。

遗址于 1972 年首次发现，1988 年全国第二次文物普查和 2009 年全国第三次文物普查时均对遗址进行了详细调查，2013 年被国务院核定公布为全国重点文物保护单位。2014～2016 年新疆文物考古研究所持续对遗址进行考古调查，同时运用地磁探测、RTK、航拍和三维合成等先进技术对遗址做了全方位数据采集，主要发现城门、内城等遗迹，取得重要收获。

遗址平面近似长方形，东西长约 280 米，南北长约 380 米，总面积约 11 万平方米。北、西面有城墙，东、南面以深涧为屏障。西北角复建内城一座，东西长约 200 米，南北宽约 100 米。城墙为人工修筑而成，夯筑。墙基宽约 960 厘米、残存高度超过 3 米。城门位于西墙中部，形制比较清晰。城内表层已被破坏，南边被辟为大片耕地。地表散落有筒瓦、板瓦、方砖等建筑材料以及陶器残片等遗物，可分辨的器类主要有罐、盆、瓮、钵等。

发掘区位于内城西北部，面积 640 平方米。清理出房址 2 组，房 8 间。西组房址东西长 22.5 米，南北宽 12.4 米，有房 5 间，呈里外套间结构，门南向。南边为大厅，呈东西向长条状，中东部有 3 个石柱础呈南北向排列。门位于南墙中部，宽 190 厘米。北边有小房 4 间呈东西向排列。墙体为土坯垒砌宽 70 厘米，残高 10 厘米～130 厘米。墙面抹草拌泥，上涂白灰，门边、墙角及地脚线部再涂一层红色。门多位于南墙东端，宽 106 厘米～123 厘米。木质门槛残高约 5 厘米。房址四周为巷道环绕，巷道宽不足 100 厘米。北巷道内有散水；东组房址东部未发掘，现东西长 15.4 米，南北宽 12.6 米。有房 3 间，呈南北向排列。门位于西墙上。墙体为夯筑，宽约 100 厘米。墙基贴方砖和土坯、上部贴碎瓦，表面抹草拌泥、上涂白灰。最北一间房铺青色方砖。

屋内残存大量坍塌的瓦片，中间夹杂少量残陶器和零星方砖，瓦片下有红烧土、炭粒、灰烬等火烧痕迹，初步推测房址应毁于火灾。

遗物主要有板瓦、筒瓦、瓦当等建筑材料以及陶、铜、石、骨器等。建筑材料居多，金属器罕见。瓦当当面图案为云纹，具有明显的汉式风格。陶器均轮制。以夹砂灰陶居多。多素面，少数有弦纹。器形主要有盆、甑、钵、碗等。

在以往城址的发掘中，多倾向于发掘都城、大城，中小城的发掘工作做得很少。石城子遗址作为一座相对比较完整的小城，面积不大，但房址保存之好较为罕见，科学系统的发掘对于解决中小城镇城市布局和功能分区具有极佳的范例作用。

石城子遗址地处天山北麓两汉时期中原王朝经营西域的战略孔道，对古城的发掘可以对中原王朝经略西域的管理制度、选址和内涵有明确的认知，在当时历史背景下，是研究两汉时期管理西域的实证，学术价值大。

此次发掘出土的遗物与内地同时期的遗物制作工艺和艺术风格近似，同时具有本地特色，对于了解丝绸之路中西文化交流有很大意义。

（田小红　吴　勇）

【库车县龟兹故城】

发掘时间：2016 年 11～12 月

工作单位：新疆维吾尔自治区文物考古研究所

龟兹故城位于库车县库车镇内。目前仅存一段北城墙和城内外 4 座土墩。为了保护这份珍贵的文化遗产，库车县目前正在制订龟兹故城保护规划方案。

为了进一步了解龟兹故城遗址的形制布局，探秘龟兹古国历史，了解丝路古道必经之地的经济文化交流状况，做好龟兹故城遗址保护规划。对龟兹故城南城墙进行主动考古发掘，面积约 300 平方米。

发掘现场位于库车县库车镇皮浪社区的一处果园和苗圃地里，北距龟兹故城城内附属高台建筑——皮浪墩约 200 米。发掘出一段城墙和护城河。城墙顶部距离地表 70 厘米，墙基宽 19 米，残高 1.8 米。夯筑。城墙外侧有护城河，距离地表深约 2.7 米。护城河呈 U 形，口宽 7.5 米，深达 3.1 米。

从目前发掘情况来看，城墙可能被增建过，中心部分墙体夯打紧密、夯层明显，包含物比较少。南、北两侧墙体夯层较厚、土质相对疏松，包含物较多，其中含有唐代手掌纹青砖等遗物，说明该段城墙增建年代当不早于唐代，其具体始建及废弃年代尚有待于进一步研究。同时护城河还打破了两层早期文化堆积，说明这段城墙和护城河应该不是龟兹故城最早的遗存。

龟兹国作为两汉时期西域三十六城邦国之一，扼守古丝绸之路北道中段，连接东西方贸易与文明，经济、文化、艺术极为发达。在世界经济、文化历史上亦占据着重要地位。如今，龟兹地区还保存着众多的包含古代印度犍陀罗、龟兹、中原汉文明的大量文化遗存。龟兹国不仅拥有比莫高窟历史更加久远的石窟艺术，著名的龟兹乐舞诞生于此，而且龟兹国的冶铁业也闻名遐迩。公元前59年，西汉为了管理统一后的西域，曾设立西域都护府，地点可能在今轮台县境内；东汉时期，复设立西域都护府设于龟兹地区；唐代，又在龟兹建立了安西都护府，龟兹故城遂成为西域地区重要的政治、经济、贸易中心之一。

此次考古勘探及发掘结果初步表明龟兹故城周长约7000米，城内土墩及高台地下保存面积亦非常大。规模非常宏大，在新疆现存的故城遗址中非常罕见。这次考古发掘和勘探对于研究龟兹历史变化、中原王朝对边疆地区治理沿革以及中西方经济文化交流，都将提供重要的价值和线索。

（吴　勇　田小红）

【阿合奇县塔热勒萨依墓群】

发掘时间：2016年8月

工作单位：新疆维吾尔自治区文物考古研究所

塔热勒萨依墓群位于阿合齐县苏木塔什乡孔吾拉齐村，黑尔塔格山南麓，塔热勒萨依河出山口处的两岸台地上，共有墓葬15座。在建的孔吾拉齐水库管理处位于东岸一处地势平坦的台地上，共涉及塔热勒萨依墓群中东岸的4座古墓葬，其中2座为石堆墓，规模较大，M1封堆直径为8米，石带长40米，宽3米，M2封堆直径9米，石带长23米，宽4米；另外2座为普通石堆墓，规模较小，封堆直径分别为6米和3米。

石带石堆墓是分布于帕米尔高原及天山南脉的一种特殊墓葬，这种墓葬以封堆的一侧为起点，有和封堆相连的条带状地表铺石，在克州主要分布在克州东部的阿图什市和阿合奇县，尤以喀拉铁热克山—黑尔塔格山南麓区域最为集中和典型，一些石带石堆墓规模宏大，石带长达百米以上，蔚为壮观，此次孔吾拉齐水库工程建设所涉及的塔热勒萨依墓群就位于这一区域。长期以来，这一区域的古墓葬被盗掘破坏严重，而石带石堆墓由于外观引人注目，往往是盗掘的重点，许多墓葬封堆中部可见因盗挖形成的大坑，一些封堆甚至被人用工程机械推平后再大肆盗掘。然而，关于这些墓葬正规科学的考古发掘工作却基本是一片空白，关于其年代及文化属性都无从知晓。

为配合阿合奇县孔吾拉齐水库工程建设，在自治区文物局的组织协调安排下，2016年8月，新疆文物考古研究所派考古人员对受工程影响的塔热勒萨依墓群进行了抢救性考古发掘。共发掘5座墓葬，除前述4座墓葬外，还对附近的另外一座被盗石带墓（编号M5）进行了抢救性发掘。其中M4、M5未见人骨，情况不明。M1为竖穴土坑墓，墓室最深处约0.5米，人骨散乱，可能有后期盗扰的情况。M2人骨位于封堆中，高出封堆下地表约0.4米，仅存下肢左右股骨、胫骨、腓骨及一段羊肋骨，在封堆下的中部位置有直径约1米的圆形土坑，坑中未见人骨及其他遗物。M2的石带靠近封堆处立有石板数块，高出地表约30厘米，这些石板成线性排列，两侧有排列有序的石块，形成特殊的列石构造，可能为祭祀死者的祭坛，此外M1、M2石带下的局部发掘未见遗迹遗物。M3人骨位于封堆下的中部位置，仅存少量长骨，随葬陶钵一个，封堆下未见墓室。

（艾 涛 冯志东）

【新和县唐代通古斯巴什古城遗址】

发掘时间：2016 年 7 月 25 日 ~9 月 25 日

工作单位：北京大学考古文博学院、新疆维吾尔自治区文物考古研究所、新疆新和龟兹文化博物馆

经国家文物局批准，由北京大学考古文博学院、新疆维吾尔自治区文物考古研究所、新疆新和龟兹文化博物馆三家单位联合承担“唐安西大都护府考古”项目，本年度继续开展新和县境内通古斯巴什古城考古发掘工作。

在 2014 年、2015 年两年工作所获得的经验基础上，2016 年度对通古斯巴什古城的城内、城外两部分进行了大面积放射状钻探。

城外钻探范围南北两面均探至城墙以外 200 米处。结果显示：

（1）地层堆积厚度均在 5.3 米以上。

（2）最下层为河沙淤积，表明该城应是建于渭干河河道尾闾摆动区域。

（3）地层堆积中有较厚的洪积层，部分洪积层可能与大量降水有关。

（4）钻探未发现通古斯巴什古城有护城河，这可能与该城选址在河道摆动区有关。

（5）在古城内发现东西向、南北向大街各一条，大致呈“十”字形。道路宽 1.5 米左右。南北大街连通南北两城门，东西向道路略呈曲尺状。

（6）城内东部邻近东墙处钻探发现较多土坯、木屑，初步探出有一排长房址。城内中部另探出有一处高台遗址，边长约 5 米。城内靠西墙处探出较多金属块，部分为铁制武器残件，推测可能为武库一类遗址。

经过发掘，找到内城、北瓮城早期几段城墙遗迹。情况表明，北瓮城、北城墙至少经过三次重大的改建才形成目前格局。最初该城并没有瓮城。其后，增建瓮城，并将原北城墙南移重筑。最后，为在瓮城东部新建部分建筑，打掉瓮城东部南段墙体，并向外扩建成曲尺状。瓮城部分每次改建又均与城市生活、城市功能变化密切相关。

在北瓮城东部高台至少有前后 6 期文化堆积。最晚一期的房址建于瓮城东北最后扩建部分，可能为一处较高等级佛寺。由于废弃后破坏严重，整体结构不明，残存一片铺砖地面。砖铺地面有多层重叠，表明该佛寺可能他用的时代也较长，其间有过多次修造。

北瓮城东部还发现中期、早期房址 3 处。最大的一间仅墙基残存，边长约 15 米 ×13 米，墙基宽约 60 厘米，也有部分铺地砖残存。该房址下还叠压两个较早的房址。

北瓮城东部中间区域发现 10 处灰坑，均为规整的圆形直筒状，直径在 1.2 米 ~2.2 米。灰坑壁面及底部先抹草拌泥，外涂白灰。可能用于粮食储存。

综合看来，北瓮城东部高台堆积大约可分 6 期，使用时段较长。后期对前期均有较大的改建。中后期改建过程中出现大面积的过火，可能与大的局势动荡相关。

结合出土遗物，出土文物，表明该城文化面貌丰富多元。从城市改建、出土器物综合来看，2016 年度发掘再次证明通古斯巴什古城中晚期文化堆积为唐代，而该城始建年代则远早于唐，可能不晚于 4 世纪。发掘过程中还调查、测绘了周边部分关联性遗址。

发掘过程中，为了更多地保留遗址信息，我们多次进行数字化信息采集，包括低空航拍、三维高精扫描、摄影测量等。

发掘过程中，采用沙袋装土的办法，按区域排列。既减少对环境的影响，也保证考古工地的整洁美观。考虑到遗址所处

环境条件，在发掘过程中搭建两类大棚。一是军用遮阳网棚，二是彩条布棚。用于减少阳光曝晒、雨水冲刷对遗址的破坏。为了便于面向大众开放参观，以及将来的保护利用，在发掘结束后，我们在发掘区搭建了临时保护彩钢大棚。在保护大棚中，还利用脚架铺设临时参观通道，便于向公众展示宣传。2016 年度发掘与维修加固工程同时进行。遗址发掘所获得的信息，为维修加固工程提供了参考依据。

（陈　凌）

【塔什库尔干县唐代石头城遗址】

发掘时间：2016 年 9 ~ 11 月

工作单位：新疆维吾尔自治区文物考古研究所

石头城遗址位于喀什地区塔什库尔干塔吉克自治县县城北侧，地处被称为“世界屋脊”的帕米尔高原。作为塔什库尔干县石头城遗址综合研究项目的一部分，2015 年 11 月，新疆文物考古研究所在塔什库尔干县文管所的配合下对石头城遗址进行了考古发掘，重点是遗址北部部分城墙及相邻区域（编号为 A 区），共发掘清理长约 20 米的城墙、马面一座、房屋三间、地窖一个，总发掘面积约 200 平方米。

2016 年 9 ~ 11 月，新疆文物考古研究所继续在石头城遗址进行了考古发掘，发掘区域主要集中在遗址北部，共 8 处，编号为 B ~ I，除 E 区外，其余区域均位于石头城遗址的围栏内。这其中 B 区、C 区、F 区为房屋遗址；D 区为蓄水池遗址；E 区为墓葬；G 区形制尚不明确，有可能为佛塔遗址；H 区为城墙及相连的房屋遗址；I 区为石头城遗址东部陡坡下的坡积物。

通过房屋遗址的发掘，发现此地房屋经历过多次的改扩建和修复，在墙体表面局部发现有涂抹白灰以及地面涂牛粪的现象，一些特别厚的墙是由墙体的重叠造成的。在蓄水池的地层中发现较多的动物骨骼，其中以马骨为主，还发现有疑似泉眼的构造。对遗址西部城墙的发掘结果和 2015 年 A 区的发掘较为类似，城墙和马面构造比较复杂，其中城墙外修建有加宽部分，各部分的修建年代也有明显的早晚关系。这种特殊结构应该是多次加固和重建的结果，也是石头城古老沧桑历史的见证。

在原疑为房屋遗址的 E 区地下发现墓葬，从发掘的情况来看，墓葬分布较为杂乱，埋葬深度浅，出土多具人骨和木棺，部分有被扰乱和破坏现象，葬式基本为仰身直肢，头向不一，其中有婴幼儿个体。虽然未见随葬品，但出土的四直腿箱式木棺做工考究，工艺复杂，表明当时的木器工艺达到了相当先进的水平，带转轴的关扇式棺盖更是一项重要的工艺，具有鲜明的地域与时代特色。由其中出土的箱式木棺可知，此处墓地的年代为唐代，也就是说这里应该就是当年朅盘陀国居民的公共墓地。

（艾　涛　冯志东）

【奇台县黑涝坝唐宋时期墓地】

发掘时间：2016 年 8 月

工作单位：新疆维吾尔自治区文物考古研究所、奇台县文物局

黑涝坝墓地位于奇台县半截沟镇江布拉克景区内，景区营建在博格达山山间。此次考古发掘清理石堆遗迹共计 38 处、墓葬 1 座。

为配合奇台县黑涝坝拦水工程项目建设，新疆文物考古研究所、奇台县文物局对该项目涉及的遗存进行了考古发掘。发掘的石堆分布在一处四周环绕山梁的低洼地带，墓葬构筑在洼地的北侧山梁上。石堆东西链状排列。石堆为数块或数十块花岗岩石块堆积而成，平面呈圆形。直径普遍在 1 米 ~1.5 米，高 0.5 米左右。石堆

内及其下部原地表夹杂木炭灰烬、羊下颌骨、马肢骨、未燃尽的木棍残枝、夹砂红陶片以及现代生活垃圾。石堆下普遍见厚约20厘米的腐殖质层，最薄处5厘米左右。该层出土夹砂红陶片、木炭屑、兽骨（多为羊骨）等遗物。墓葬位于石堆遗迹的北侧山梁上，该墓周围未能发现其他地表有明显标志的墓葬，墓葬地表封堆平面呈圆形，土石结构。墓室为竖穴土坑，平面呈圆角长方形，直壁、平底，墓主为单人仰身屈肢葬，随葬铁带扣、带钩及桦树皮弓箙、铁镞等遗物。

此次考古发掘的遗存地处高海拔地带，夏季临近雪线。遗存相对简单，出土遗物较少。墓葬出土的骨弓弭贴片、铁带钩、铁环带具、桦树皮弓箙残片、箭镞、在新疆博格达山及其周邻地区的唐代前后墓葬中多有发现。综合判定，墓葬年代当在唐宋时期。以M1为代表的墓葬遍及博格达山北麓，其地表为石堆或土堆铺石的封堆结构，墓室为竖穴土坑或竖穴偏室，随葬品组合多为铜、铁质地的金属马具、桦树皮制的箭箙、形体宽大的三翼形铁镞和作为祭品的羊肉（多为羊荐椎、羊肋骨），墓室内不见陶器，体现了浓厚的游牧文化气息。

发掘的38处石堆排列规整，其内多出土近现代生活垃圾以及夹砂红陶陶片，部分陶器口沿残片见锔眼，应为陶器破损后的修补所为。石堆内及其下部的腐殖质层内出土的陶片胎内夹杂大量粗砂，胎壁厚重，从质地上看年代并不早于汉代。因此，我们并不排除这些陶片与墓葬存在共时的可能性。石堆应为近现代牧民为便于打草或作为他用才将草地上散落的石块按照一定的方位和间距成行堆放在一起，没有太多证据显示石堆本身具有礼仪性或实用性功能。

（张　杰）

【博乐市宋元时期达勒特古城遗址】

发掘时间：2016年8月15日～10月25日

工作单位：新疆维吾尔自治区文物考古研究所、博乐市文物局

达勒特古城遗址位于博乐市达勒特镇破城子村北缘，东距博乐市约37千米，海拔269米。遗址为内外双重城，外城保存较差，形制不明，现仅保存有部分南墙与西墙，成高低不平的土垄状，夯筑而成。南墙残长约467米，残高1.5米～2米，中部有一缺口，疑似城门所在。西墙残长约80米，残高约1.5米。城址东部为博尔塔拉河古河道所在地，现已开垦为棉田，城内长满了骆驼刺等耐旱植被，散布有大量的陶片。内城位于整个达勒特古城保护区域的北侧，大致呈方形，边长约100米，城墙残高3米～5米，方向为北偏西45°。城墙均为夯筑而成，夯层厚0.1厘米～0.15厘米，部分城墙夯层中夹杂有旱苇。内城四周原应存有马面等防御建筑，现均已坍塌，形制数量不明。城门位于东墙中部，外有瓮城，瓮城已坍塌，形制不明，推测瓮城门道应在东南方向。内城西北角有一近现代百姓取土开挖的缺口。城内破坏严重，散布者大量挖出的砖块、石块。仅西北部、北部与中部存有3处高台，疑似未被破坏区域。

为有效配合国家丝绸之路经济带伟大战略的实施，进一步探究达勒特古城的形制、年代、历史沿革等问题，2016年8～10月，新疆文物考古研究对其进行了首次主动性考古发掘。

发掘区域选择在内城西北部及东门内侧，发掘面积约260平方米。其中内城西北部是此次发掘工作的重点区域，在此区域共布正北向5米×5米的探方10个（ⅠT0817～ⅠT1118），堆积自西向东呈斜坡状分布，大致可分为4层。第1层为表土层；第2层为坍塌堆积层；第3层为文

化层，该层下可发现明显的踩踏面，土坯墙体与少量的灰坑开口于该层下；第 4 层为文化层，灰坑与灶址均开口于该层下。共发现土坯墙体遗迹 1 组（14 道），灰坑 22 个，灶址 4 座，沟渠 1 条，残留密集工具痕迹 1 处。

土坯墙体开口于第 3 层下，共 14 道。其中西南—东北向 13 道，西南端与内城西墙相接，墙体均为残破的土坯随意垒砌，极不规整，单层土坯。墙与墙之间间隔 1.1 米 ~ 1.2 米，单个墙体长 11 米 ~ 12 米，宽约 0.4 米，高在 0.3 米 ~ 0.9 米，且在内城西侧有向南北两端继续分布的趋势。东南—西北向土坯墙体一道，大致与西南—东北向土坯墙体垂直，采用 0.4 米 ×0.17 米 ×0.09 米的完整土坯顺丁垒砌而成，规整，残长 13.5 米，宽 0.4 米，残高约 0.3 米。具体作用性质不明。

灰坑多开口于第 4 层下，部分灰坑叠压于土坯墙体下。H2、H4、H5 开口于第 3 层下。依形制的不同，可分为圆形灰坑与带偏洞式的灰坑两种。圆形灰坑共 16 个，有大小之分，小灰坑直径约 1.1 米，直壁，平底，深多在 0.6 米。大型灰坑口大底小，口径约 1.65 米，底部略向一侧倾斜，倾斜处有一直径约 10 厘米的孔洞与偏洞式灰坑相接；偏洞式灰坑系在地表向下发掘圆形或不规则形坑，而后在一侧向内掏洞，洞内可见明显掏挖的工具痕迹，洞顶有孔洞与大型圆形灰坑相接。灰坑内极少出土遗物。

灶址 4 座，均开口于第 4 层下，分两种。一种系在地表直接下挖坑穴而成，呈长条状，由火道、灶膛、烟道三部分相连构成，火道与烟道均为斜坡状，灶膛为圆形，仅 1 座；另一种为并排分布的 3 个灶，由烟道、灶膛、火门三部分构成，灶膛系向下挖掘的圆形深坑，坑口开一小口作为烟道，灶膛底部向外开凿拱形火门与灶前的操作坑相连。灶址内无遗物。

沟渠仅 1 条，开口于第 4 层下，局部叠压于土坯墙体下。长约 14 米，宽约 0.3 米。

残留密集工具痕迹区域 1 处，大致呈长方形区域，长约 3.25 米，宽 3 米。残留工具痕迹宽约 0.7 厘米，深约 0.5 厘米。

另在靠近西墙的探方内发现西侧城墙采用土坯二次修葺的现象。

遗物主要出土于第 2、3 层，以陶片为大宗，夹砂红陶为主，灰陶次之。绝大多数陶片无法拼合，目前仅修复出陶碗、陶盏、管流罐、红陶罐各 1 件。其余出土器物还有玻璃残件、铁器、陶纺轮、石纺轮、陶灯、铜灯、铜币、铜珠、玛瑙珠、水晶珠、绿松石珠、红宝石、红珊瑚等，但数量极少。另外，填土中还出有大量牛、马等动物骨骼和少量人骨。

内城东门内侧的探沟为南北向，长 10 米，宽 2 米，深 0.7 米 ~ 1.65 米。中部有一水渠遗迹，为 20 世纪村民所修。出土物仍以陶片为主，间杂零星玻璃残件、陶纺轮及残铁器等。

从发掘情况来看，开口于第 3 层下的土坯墙体明显为一组建筑遗存，但具体性质尚不明确。发掘出的圆形大型灰坑、偏洞室灰坑与并排分布的灶址亦有可能为一组遗存，具体作用与性质亦待进一步研究。年代方面，遗迹内基本不出土遗物，主要出土与第 2、第 3 层的陶片基本相似，且多有能拼合者，根据出土陶片的基本陶质陶色与基本形制，大致可判断其年代应在元代，而开口第 4 层下的灰坑、灶址应早于此，这与送北京大学文博学院考古实验室所检测出的 ^{14}C 年代为宋元时期基本吻合。此次发掘所揭露的遗迹现象与早年外城区域时有重要文物发现的实际不相符合，颠覆了我们对内城的认识，有待进一步的探索。

（党志豪）

【乌鲁木齐市清代峡口古城遗址】

发掘时间：2016 年 4 月

工作单位：新疆维吾尔自治区文物考古研究所

峡口古城遗址位于乌鲁木齐市达坂城区达坂城镇红山嘴子村，地处一座平面略呈扇形的小石山上，东西宽约 120 米，南北长约 140 米，高约 5 米，顶部地势较平，地势北高南低。古城依小石山地势而建，包括内城和外城，外城主体部分平面也大致为扇形，周长约 300 米，其中北墙和西墙为直线，东墙为弧形，北墙最为高大，高 5.2 米，厚 3.8 米。西北角残存有平面为圆形的角楼，周长约 60 米，其上部残存部分可见瞭望孔或射击孔。内城平面为梯形，长约 55 米，宽约 45 米，其中北墙和西墙与外城共用同一段墙体，城内地表遍布卵石和细小的角砾。

2016 年 4 月，为配合由新疆金满文物保护工程有限责任公司承担的峡口古城维修加固工程，共发掘 300 平方米的遗址面积，由于发掘的目的主要是配合古城维修加固，根据古城的实际情况，发掘目标以清理墙体下的坍塌堆积为主，力求探沟的位置和排水沟的施工位置重合，尽量减小对遗址的干扰破坏。

发掘结果表明古城内的地层缺乏文化层，多数区域未见文化层，从地表开始的沙石层向下挖掘数十厘米就到达基岩，有的区域甚至基岩直接暴露于地面，仅在内城东侧墙下发现有少量文化层，其中夹杂有动物粪便和少量动物骨骼。究其原因，一方面和此地恶劣的气候有关，由于地处风口，长年的大风不仅对城墙墙体造成严重的破坏，也对古城地面造成侵蚀，文化层堆积难以形成；另一方面，可能也反映人类在这一区域的活动并不多。

在古城内外的地表采集到一批打制石器和陶片，陶片主要是手制的红陶碎块，部分为彩陶，其特征与此前考古发掘过的达坂城区阿拉沟古墓、柴窝堡、昌吉等地出土的基本一致，这一时期多为游牧民族的生活器物，时代特色比较鲜明，年代为春秋战国时期。此外还采集有釉陶缸残片、瓷片、清代铜钱、子弹头、子弹壳等晚期遗物。这些遗物表明峡口古城所在的小石山从石器时代至近现代都断断续续有人在此活动，而弹头弹壳也是此地近代多次战争的证明。

关于现存古城建筑的修建年代，据乌鲁木齐市文物局工作人员介绍，在维修工作的勘测阶段曾在古城内采集^{14}C 样本并由北京大学加速器质谱实验室测定，其年代为清代。从高大圆形角楼、角楼上残留的射击孔、城墙缺乏马面等特征来看，峡口古城和清代一些军事建筑的特征还是基本吻合的，而城墙外观上明显比清代建筑更严重的侵蚀很可能和此地的大风有关，而早年当地老乡在城墙上挖土积肥也是一个重要的原因。

（艾　涛　哈里买买提）

第三篇

赴外考古

【越南永福省义立遗址】

东南亚地区一直是国际考古学界关注的焦点之一，特别是近20年以来，东南亚地区一系列重要的考古发现，促进了东南亚地区史前文化的研究。20世纪80年代以来，越南北部的永福省和富寿省陆续出土了几件形制与三星堆文化同类器极其相似的玉器（牙璋），经报道后，引起了中国学术界的关注，而更早以前，一批关注东南亚考古的中国学者就已经注意到了——越南北部青铜至铁器时代的考古学文化与四川地区同时期或稍早时期的考古学文化面貌存在着某些相似性或一致性，另外，有关古蜀国与位于现越南北部的古文朗国的交流和来往，在中越两国的史籍中均有或多或少的记载和暗喻。因此，了解四川盆地与越南北部青铜时期考古学文化的关系，特别是三星堆文化对东南亚文化的影响，就显得十分必要。2005年，四川省文物考古研究院和陕西省考古研究院分别派出相关专业人员对越南北部的诸多博物馆和相关遗址进行了学术考察；2006年12月～2007年1月，上述两家单位与越南国家历史博物馆在成都签订长期合作的框架性协议，并选定该年度的考古发掘地点。

义立遗址（NAHIA LAP SITE）位于越南永福省永祥县义兴社义立村，地处红河与泸江冲积平原的一级台地上，海拔11米～13米。该遗址发现于1963年，1967～1968年，越南社会科学委员会考古学院对其进行了正式发掘。在考古发掘前，中越联合考古队对该遗址进行了全面的勘探，查明该遗址分布范围约10万平方米。并以义立寺为中心点，将遗址分为A、B两区。此次发掘主要集中在B区，共布5米×5米的探方10个（其中两个探方由越南河内大学发掘，A区的1个探方亦由河内大学考古发掘），实际发掘面积206平方米（中越联合考古队发掘131平方米，河内大学发掘75平方米）。现将中越联合考古队发掘的B区情况介绍如下。

发掘B区的地层较为简单：第1、2、3层分别为耕土层和现代层；第4层为丁朝至前黎朝时期的堆积（相当于中国唐—宋时期的文化层）；第5a、5b、6层为冯原文化层。此次发掘共清理各类遗迹303个，包括灰坑34个、墓葬1座以及与房屋建筑有关的柱洞或小坑268个。

出土器物标本834件，主要包括陶器、石器和玉器。玉器主要包括锛、镯、璜、斧、有领璧形器、箭镞等。石器主要包括锛、斧、凿、拍、璧形器、石范、网坠、簪、石球、砺（磨）石、石料、斧形器等。陶器绝大多数为夹细砂陶，其次为夹粗砂陶和泥质磨光陶；陶色以红陶、红褐为主。纹饰陶极其发达，几乎占了陶片总数的一半，纹饰种类丰富，有绳纹、刻划纹、戳印纹、凹旋纹、凸棱纹、压印纹、梳刷纹、附加堆纹等，尤以在各种刻划纹带内填充篦齿状或篦点状戳印纹的装饰风格最具特点，复合纹饰甚为流行，纹饰图案主要有云纹、S形纹、几何形纹、圆圈纹、水波纹等。器口多为敛口和侈口，器底主要是圜底器和圈足器，器形包括豆、圈足、支座、喇叭口罐、侈口罐、釜、钵、敛口罐、厚唇罐、球、器耳、器鋬等。

义立遗址冯原文化遗存出土器物与越南富寿省的仁村遗址、朋丘遗址出土器物极为相似，同时从^{14}C测定来看，其年代主要集中在距今3700～3500年。此次考古发掘对为解三星堆文化与冯原文化的关系、三星堆文化的辐射范围、南方丝绸之路的走向等问题提供了重要的考古材料。《越南义立—冯原文化遗存》发掘报告已于2016年由文物出版社出版。

（陈卫东）

【越南北宁省陇溪村汉唐城址调查与试掘】

陇溪村汉唐时期城址位于越南北宁省顺城县清姜社，地处红河三角洲冲积平原。2016年度中山大学与越南河内国家大学联合考古队对该城址的城墙、城壕和城外墓葬群，以及城址周边地区的古建筑都进行了调查，并在城内中心区域进行了试掘。

20世纪80年代，越南河内国家大学曾对陇溪城址进行调查，初步确认该城址由内城和外城构成。内城的形状不规则，城墙边长110米~117米，高出地表1.5米~2米。外城平面近似长方形，北城墙长680米，南城墙长520米，东城墙长320米，西城墙长398米。外城墙墙基宽20米~40米，高出地表2米~5.5米，外城城墙有护城壕，宽20米~40米。

2016年度联合考古队对该城址进行了复查。由于近年清姜社百姓在城址范围内从事挖鱼塘、修建房屋和墓地等活动，该城址已经遭受到严重破坏。外城的北城墙只残留210米，南城墙残长190米，西城墙残长290米，东城墙已经完全叠压在居民楼之下。外城墙的墙基残宽13米~30米，残高1.5米~3米。内城的城墙在地表之上已无迹可循。城内建筑堆积被严重扰动，地表随处可见砖、瓦、陶瓷器残片。

在陇溪城址外东南方向，距离城址中心直线距离大约800米处，尚存多座带封土堆的墓葬，其中2座墓葬被严重盗掘，砖砌的墓室完全暴露在外，另外在部分封土堆上发现有盗洞，并在附近采集有带纹饰的墓砖。根据被盗掘墓葬的墓室结构以及所采集的墓砖推断，该墓葬群以东汉时期的砖室墓为主。联合考古队还对城内的士燮祠，城外的士燮墓、榆寺（又称为柚寺）、非相寺等14~19世纪的历史建筑进行了调查。

为了解城内堆积情况，联合考古队在城内中心区域布方试掘了20平方米。此次所试掘的探方文化层平均厚度达2米，发现瓦棺葬、砖砌排水暗渠、灰坑等遗迹现象，所出土的遗物以汉唐时期的砖瓦建筑构件、陶瓷器为主，其中人面纹瓦当、莲花纹瓦当最具特色。

西汉元鼎六年汉武帝在今越南境内设置了交趾、九真、日南郡，三郡下辖20余个县级行政单位，其中交趾郡下辖的各县皆位于红河三角洲地区。根据相关学者的历史地理考证，陇溪城址很有可能是东汉时期交趾郡羸县或龙编县的治所。陇溪城址及其墓葬群，是研究今越南境内汉代城址和墓葬的一份重要资料。联合考古队通过此次考古调查和试掘对陇溪城址有了初步的了解，为开展下一步的工作奠定了基础。

（韦伟燕）

【老挝沙湾拿吉省考古调查与勘探】

根据2013年签订的《中华人民共和国云南省文物考古研究所与老挝人民民主共和国社会科学院历史研究所关于文物考古的合作意向书》，2014年11~12月，云南省文物考古研究所派出以蒋志龙研究员为领队的考古调查团一行5人赴老挝，和老挝历史研究所组成联合考古调查队，先后对老挝沙湾拿吉省的Vilabouly盆地、川圹省的石缸群、琅勃拉邦省的洞穴遗址和一些湄公河台地进行了野外实地调查。

沙湾拿吉省的Xepon市是目前老挝境内出土青铜器最多的地区，经调查，发现有集开采、冶炼和加工铸造为一体的大规模青铜时代遗址群；川圹省的石缸群为老挝著名文化遗产，石缸的功能和年代目前尚无定论，联合考古调查队对第一、第二和第三地点的近千座石缸进行了详细的测绘等资料收集工作，还对地处高山的第四地点进行了实地调查工作，获得了石缸的第一手资料；世界文化遗产琅勃拉邦是老挝著名的古都，贯穿中南半岛的湄公河从该省中部穿过，是老挝发现文物最多的地区。美国宾夕法尼亚大学在此与老挝国家博物馆开展了为期十余年的湄公河中游考古项目（MMAP），联合考古调查队对该项目发掘的四个洞穴遗址和部分湄公河的二级台地进行了实地考察，获得了一些有别于美方的新认识。

通过调查，对老挝文物考古的现状和老挝古代文化的发展脉络有了基本的认识，加深了中老两国考古同行的了解和友谊，取得了预期成果，为下一步与老方更为深入的合作奠定了基础。

在2014年完成对老挝全境三个重点区域的考古调查摸底工作的基础上，2015年11～12月，云南省文物考古研究所再次以蒋志龙研究员为领队，联合四川大学历史文化学院以及老挝历史研究所等单位组成联合考古调查团一行11人，对老挝人民民主共和国沙湾拿吉省的Vilabouly地区开展了考古调查和勘探，为下一步合作考古发掘做好准备工作。

沙湾拿吉省Sepon矿区主要产金、银和铜矿，储量相当丰富，以中国五矿集团五矿有色公司为大股东的国际矿业集团在此开采，青铜器等文物是在2000年开采矿产时发现的。在Sepon矿区的开采过程中，相继发现了Dragon Field、Khanong Shaft A2、Tengkam和Peun Baolo等遗址。

Dragon Field遗址位于Khanong Shaft A2的西北面，面积约30万平方米（长700余米、宽450米左右），现遗址上长满杂草，遗址周边有树林分布。遗址内能够轻易捡到铜矿石和铜渣。2008年，澳大利亚的詹姆斯库克大学对该遗址进行了小规模的发掘，发现了一些地层堆积，清理的文化层有2米左右（2米以下，因为没有做排弹处理，所以不能深挖），出土了一些陶片和石圹堆积（但未解释该遗迹到底是什么性质），在发掘中还清理了一座瓮棺葬，在瓮棺中发现了一些琉璃质地的珠子，同时还发现了冶炼用的坩埚。

因为该区域仍然为雷区，只能对该遗址进行有限度的调查，对于该遗址的性质是否就是冶炼区尚待进一步的工作才能得出结论。该遗址现位于矿区内，得以完整地保存。

Khanong Sheft A2遗址为采矿遗址。从矿区提供的图纸来看，遗址面积相当大，在2000年以来的开采过程中，发现了大量的早期开采的竖井，用木条作为支架，从已清理的矿井竖井来看，最深的木架达23米，在清理的一处斜坡上，发现十余个矿井，木质井架做四边形或者八边形（两个四边形错开、不重叠），木质井架用藤条捆绑固定。根据发现的竖井来看，这显然是开采矿石的区域。十分有意思的是，澳大利亚的詹姆斯库克大学的Nigel Chang在其题为“Cultural Heritage and Archaeology at Sepon”的PPT中，我们见到了排列密集的矿坑。用矿井中的木质支架所做的测年表明，其年代在距今2000多年，相当于中国的汉代前后。该区域还发现了一些青铜器。

Peun Baolo遗址位于整个矿区的西部（以Sepon至Vilabouly区的公路为界，公路以东为东区，公路以西为西区）。遗址面积不详。“Peun Baolo”在老挝语的意思是“坩埚”，该遗址中确实发现过坩埚。2008～2009年，澳大利亚詹姆斯库克大学和老挝考古人员对该遗址进行过三次发掘，发现一些陶片、青铜器等遗物。该遗址被认为是冶炼遗址，据介绍该遗址可能在冶炼方式上与Dragon Field遗址不同，由于没有更多的资料无法得知详情。现遗址已被开矿完全破坏，为一大水塘。

Phou South D遗址位于矿区的西部，在Peun Baolo遗址的西北角，也是一个矿冶遗址，具体面积不详，出土一些青铜器。现已经被开矿破坏殆尽。

Dragon Field遗址的北面靠东部、Khanong Shaft A2 遗址西北部的一个不知名的地点，发现了一面鼓面直径达 1 米的石寨山形铜鼓，铜鼓略有残损。该地还出土了青铜戈、铜斧等文物。在整个矿区的遗址中，发现了数量相当多的青铜斧、铜锛、铜戈、铜刀等工具和铜釜等炊器。同时也发现数量不少的铜鼓。除了这些成型的器物之外，还发现数量十分庞大的长条状的和圆饼状的“半成品”，其尺寸大小大体相同，推测这些“器物”或许是用于贸易的半成品——铜锭，而在附近的山上，村民随处都能捡到各种类型的青铜器，证明这些地区有大量的青铜文物。

从目前掌握的材料来看，Sepon 矿区遗址的年代最早应该在距今 2000 多年乃至更早，延续的时间也相当长，在遗址区内还发现有铁刀、铁剑、铁斧以及青花瓷器等，至今当地的村民仍有使用铜釜的习惯（在铁锅和锑锅传入该地之前）。

Sepon 矿区遗址所发现的铜戈、石寨山型铜鼓等器物与云南古代的青铜文化有联系，同时也与越南南部、泰国中部的青铜文化有着密切的关系，为一个集开采、冶炼、铸造为一体的遗址群，在东南亚比较罕见，该遗址群的发掘及研究对云南直至整个东南亚地区的青铜时代的考古具有重要意义。

在矿区调查结束后，又先后对 Vilabouly 区的 B. Laophaphiluang、Nateu、B. That 等村落进行了详细的调查，在这些村落中都发现了磨光有肩石斧、有肩有段石锛、铜斧、铜钺（不对称型）等器物。同时，在部分村庄的村民家中见到了铜釜以及铜鍪形制的器物，在 B. Laophaphiluang 村和 B. That 村，还发现石寨山形铜鼓。通过对 B. Nampkhem 等村庄的试掘表明该地有一定规模的遗址存在，由于拥有丰富的铜矿，该地制造和使用铜器的习惯一直保留了下来。

沙湾拿吉省的调查工作结束以后，还对老挝南部的占巴塞省、色贡省和沙拉湾省的博物馆等进行了考察。

通过此次考古调查勘探工作，对老挝沙湾拿吉省 Vilabouly 地区的文物遗存状况有了进一步的了解，为下一步的联合考古发掘工作奠定了基础。

（蒋志龙）

【柬埔寨吴哥古迹考古与保护】

一

柬埔寨的吴哥古迹于 1992 年被世界遗产委员会以濒危遗产的形式列入《世界文化遗产名录》，2008 年柏威夏寺也成功列入该名录。1993 年，联合国教科文组织（简称 UNESCO）出面，由法国和日本牵头，组织国际上多个国家和国际组织发起拯救吴哥保护行动，并成立了保护吴哥遗址国际协调委员会（简称 ICC），从而揭开了有史以来规模最大的国际文化遗产保护合作行动的序幕。同年在联合国教科文组织的领导下，组织各国专家研究并制订了吴哥古迹区划及环境管理计划（简称 ZEMP）。1995 年，为回应世界遗产委员会决议的要求，柬埔寨政府成立了吴哥与暹粒地区保护与管理局（简称 APSARA）。经多年努力，吴哥遗址于 2004 年被成功地从《世界濒危遗产名录》中移除，使其成为全球范围内文化遗产保护的典范。

柬埔寨是东南亚考古学的一个关键地区，而吴哥古迹又是最主要的考古学遗址之一。百余年来，吴哥古迹考古艰难发展，尤其是 1992 年列入《世界文化遗产名录》以来，至 2003 年的 10 年间，有 30 多个国家和地区的国际组织承担了拯救面临濒危的吴哥古迹文化遗产，形成了法文、英文、日文等文本的多部以保护维修为主的研究报告。如法国队和日本队分别拓展了吴哥古迹保护研究的视野，主动发掘研究一些废弃的古遗址，如日本一些考古队对塔尼窑等吴哥地区的古窑址开展了发掘研究，对吴哥的建筑和生活陶瓷历史研究有了较大进步。另如澳大利亚、法国、柬埔寨等国家合作开展的大吴哥项目“柬埔寨吴哥—巨型低密度城市化进程”和“吴哥文明的起源”两项研究成果被 2013 年首届“世界考古·上海论坛”评为 2011～2012 年度世界重大考古研究成果。

在国际援助吴哥保护行动二十周年之际，第 37 届世界遗产大会于 2013 年 6 月在柬埔寨举行，从一个侧面反映了国际吴哥保护与研究取得的巨大成就。然而，适合吴哥古迹的、具有柬埔寨特色的保护修复哲学和修复标准并未形成。在国际协调委员会（ICC）的主导下，联合各国参与吴哥古迹保护修复的主要专家学者从 2002 年开始草拟，到 2012 年最后定稿，历经十年制定了《吴哥古迹保护修复宪章》（简称《吴哥宪章》）。《吴哥宪章》是一部专门为吴哥保护工作者进行吴哥古迹保护修复应遵循的理念、原则和行动纲领的技术文件。近年来，吴哥古迹国际保护从“拼投入”到“拼存在”，从“本体保护”到“整体保护”的两大转变也是国际文物保护领域理念与实践大调整的一个缩影。

二

回顾中国政府援助柬埔寨吴哥古迹保护修复与考古工作的 20 余年历史，自 1993 年国家文物局原局长张德勤先生率团出席“国际拯救吴哥古迹国际行动”东京会议开始，中国政府成为吴哥保护国际行动最早的一批发起者和参与者之一，始终怀着敬畏的心情和保护人类共同文化遗产的信念从事吴哥的研究、保护和修复工作，并为此投入了大量人力和资金，完成了历时十年的周萨神庙保护修复工程，目前正在实施茶胶寺保护修复项目。

1996 年，国家文物局派工作组赴吴哥古迹考察；1997 年，国家文物局选定柬埔寨吴哥古迹周萨神庙作为保护修复与研究对象，并委托中国文物研究所（中国文化遗产研究院前身）正式组建“中国政府援助柬埔寨吴哥古迹保护工作队”，着手开展周萨神庙保护修复项目，中国文化遗产研究院也成为以中国政府名义最早赴国外开展文化遗产保护和考古活动的文博科研单位；1998 年，正式启动实施周萨神庙保护修复与考古研究，这是中国文化遗产研究院在柬埔寨实施的第一个文物保护项目，也是中国政府首次参与的第一个大规模文物古迹国际保护合作项目，周萨神庙考古也是中国考古学界第一次真正意义上的代表中国进行的国外考古工作。此项目于 2008 年整体竣工。

周萨神庙位于大吴哥城胜利门以东约 500 米的道路南侧，寺庙坐西朝东，属于庙院式或塔院式平面布局的高棉寺庙建筑，主题建筑平面长方形，由中心圣殿、南北藏经阁及由围墙连接的四座塔门构成，东西长 42.6 米，南北宽 38 米，东门外依次是高架甬道式的婆罗门道、十字平台和神道，东西共长 173.4 米，整座寺庙东西轴线长约 215 米，南北宽 46.2 米，围墙内面积为 1650 平方米，不含北平台和神道的建筑面积为 1240 平方米。神道两侧有水池，神道东侧紧邻暹粒河。考古发掘面积 117 平方米，出土器物 230 余件。该寺庙尚未发现相关文字记载，根据其建筑形式和考古发现推测，其建造年代约为 12 世纪上半叶苏利耶跋摩二世统治时期，后期可能在此基础上，又进行了改建和扩建。

2005 年，伴随着周萨神庙保护修复项目接近尾声，中国文化遗产研究院选择了柬埔寨另一处古迹茶胶寺作为保护修复与研究对象。从 2007 年开始，实质性实施茶胶寺保护修复与考古研究，目前，茶胶寺项目已经进入收尾阶段，按计划将于 2018 年竣工。

茶胶寺位于大吴哥城胜利门以东暹粒河东岸，是一座建造于 10 世纪末 11 世纪初的未完工的国家寺庙，供奉湿婆神，由阇耶跋摩五世始建，在国王优陀耶迭多跋摩一世、阇耶毗罗跋摩、苏利耶跋摩一世时期可能一直处于建造的过程。茶胶寺坐西朝东，正南北向，茶胶寺平面近方形，东西长225米，南北宽195米，由庙山建筑、神道、南北池、壕沟构成。主体建筑由壕沟环绕，处于整体平面呈长方形壕沟的中央偏西，呈金字塔形庙山式，平面方形，由砂岩和角砾岩石建成。庙山三层阶坛总高21.35米，庙宇现在的围墙外地面以上至中央主塔塔顶通高约为42.55米，推测在塔顶塌落之前应该最高约为45米。2011年至2015年先后开展了庙山基础、北桥、神道、壕沟、南池等区域900余平方米的发掘，采集和出土器物标本657件，采集各类石雕刻67件，拓制线刻图像和碑铭41处，发现神道13级石砌护岸，壕沟护岸16级台阶，壕沟底部发现石英和高岭石混合黏土防渗水层等，并发现了寺庙水利设施和排水系统。东壕沟南段和北段分别发现一处石构排水孔遗迹，廓清了各建筑组成单元的先后砌筑顺序，明确了神道、水池多次改筑的过程，同时发现了多处未完工寺庙的考古学依据，多学科交叉合作研究纠正了一些资料和认识的不足。

在茶胶寺保护修复和考古研究的同时，我们还开展了茶胶寺周边相关遗址的考古调查，对于进一步探索研究茶胶寺及其周边遗迹的区位关系、演变历史、排水系统以及纪念祭祀功能性质等，甚至对开展考古学视野下的古代中柬文化交流研究，都具有非常积极的学术意义。调查发现了8处石构建筑，分别编为茶胶寺东遗址、茶胶寺东北一号遗址、茶胶寺东北二号遗址、茶胶寺东北三号遗址、茶胶寺东南塔殿遗址、茶胶寺西北医院石塔遗址以及茶胶寺南、北遗址，新发现了水晶、石狮子底部古高棉文石刻铭文等资料，丰富了对茶胶寺及其周边遗迹分布的认识。

以上对周萨神庙和茶胶寺古迹保护与历史考古工作中始终秉持国际规章和惯例，坚持《国际古迹保护与修复宪章》（简称《威尼斯宪章》）第九条规定“无论在任何情况下，修复之前及之后必须对古迹进行考古及历史研究”及《考古遗产保护与管理宪章》《吴哥宪章》的相关规定。同时，坚持采取了国际合作文物保护与考古交流模式开展考古调查和发掘研究，先后与中方的中国文化遗产研究院、中国社会科学院考古研究所、天津大学建筑学院、郑州大学历史学院、中山大学社会学与人类学学院及柬方的吴哥古迹保护与发展管理局（APSARA）和柬埔寨金边皇家艺术大学考古系（RUFA）等科研管理和高校开展了良好的合作，共同推进了吴哥文物考古研究，特别是对吴哥古迹建筑群和吴哥文明的考古学研究更加深入。

中国政府援助柬埔寨吴哥古迹保护修复工程在柬埔寨当地和国际社会均产生了积极的影响，由中国文化遗产研究院承担的周萨神庙和茶胶寺保护修复工程也得到了国际社会的普遍好评，使中柬双方在文化方面又增加了一条新的合作、交流渠道，巩固和加强中柬传统的睦邻友好关系。

三

中国文化遗产援外项目目前由商务部统一管理，同时涉及外交部、文化部、海关总署、国家文物局等多个部门。柬埔寨吴哥古迹文物保护援助工程是近年来影响较大、效果显著的重要援外文物保护工程项目之一。根据国家文物局《国家文物事业发展“十三五”规划》，按照国家文物局2017年工作要点，围绕“一带一路”，继续做好援助柬埔寨等文物保护修复项目。主动设计面向中亚、南亚等周边国家的文物保护与合作考古项目。

目前，以中国文化遗产研究院为主负责逐步实施的柬埔寨吴哥古迹文物保护与考古活动的具体工作包括，至2018年完成茶胶寺保护修复与考古研究，2016年至2019年完成国家社科基金重大项目“吴哥古迹考古与古代中柬文化交流研究”（16AZD148），重点着手大吴哥城王宫遗址、柏威夏寺、崩密列寺大规模调查和研究工作，并作为援助柬埔寨吴哥古迹“两地四处”文物保护利用与综合研究的重点发展方向，加深王宫遗址、柏威夏寺、崩密列寺的建筑历史和性质等方面的认识，希望对吴哥典型庙宇的建筑特点、格局和发展演变历史等方面的研究有所推进。

2017年2月4日，国家文物局在中国文化遗产研究院召开专题会议研究柬埔寨吴哥文物保护工作，我院柴晓明院长表示尽快向国家文物局提交柬埔寨茶胶寺、王宫遗址、崩密列和柏威夏寺“两地四处”综合研究与保护“总体计划”。目前，这项工作正在全面推进中。实际上，自2014年起，中国与印度共同担任柏威夏寺保护国际协调委员会主席国，目前中国专家已开始对柏威夏寺进行勘测，制订修复计划。2016年开始王宫遗址的前期调查工作已经开始，从2017年下半年起将围绕崩密列寺遗址制订调查和研究计划。

“文物本体保护好、周边环境整治好、经济社会发展好、群众生活改善好”这些中国大遗址保护评价的标准和目标同样适用于吴哥古迹的保护实践中。在援柬吴哥古迹文物保护与研究工作的主要内容方面，我们也作出了重大调整和丰富完善，从之前的文物保护结构加固、材料修复和建筑复原研究与历史考古研究拓展到文化遗产的综合保护研究，包括考古与基础研究、建筑复原与保护技术史研究、文物生物病害研究、砖石文物保护技术研究、文物本体保护工程、遗产监测、展示利用与遗产地经济社会文化发展研究、教育培训、宣传与合作交流及综合信息管理大数据平台建设等多个方面。

四

对吴哥王朝历史进行考古研究是吴哥古迹保护与展示利用的最基础科研工作之一。从研究现状来看，依据以现存都城、寺庙等建筑为核心的历史考古研究，以发现的1300余则碑铭的既有解读，大致勾勒出了吴哥时期的社会面貌。但是，吴哥古迹考古显著欠缺，依然存在着很多有待深入研究的空间。比如，碑铭既有解读存在较多不准确，也有大量未经细致解读研究，荔枝山都城、罗洛士巴昆都城、巴肯都城、贡开都城的具体位置、分布规模等并不清楚，吴哥王国的生产生活及居住建筑不完全了解，婆罗门教和印度教、佛教等宗教建筑考古依然需要深入。

当前，以吴哥古迹保护与发展管理局（APSARA）和柏威夏寺管理局的预防性考古和考古补查行动，不断在丰富古桥、码头、窑址等历史考古研究资料；以金边皇家艺术大学（RUFA）安·朱利（Ang Choulean）教授为代表的柬埔寨古代碑铭研究、社会宗教文化研究，将极大推动吴哥王朝历史研究的不断丰满；以联合国教科文组织（UNESCO）倡导的吴哥保护行动中多家国际组织、国家和地区的文物保护修复与大吴哥项目等联合考古实践，同样是一股不可低估的吴哥王朝历史考古研究的坚实力量。因此，吴哥古迹保护利用和综合研究的前景极为广阔，相信会不断取得丰硕的科研成果。

从1996年开始，中国队也已经开展了较长期的文物保护和考古发掘研究，对周萨神庙和茶胶寺取得了一些建筑保护经验和考古成果，但从吴哥古迹寺庙群的视野下开展建筑考古和对比分析及吴哥文明与古代高棉史的综合研究还比较欠缺。

为此，结合国家社科基金重大项目“吴哥古迹考古与古代中柬文化交流研究”（16AZD148）和相关中央级科研院所基本科研业务费课题的执行，未来三至五年着重开展以下几个方面的考古研究：

1. 加强吴哥文化遗产综合调查与高棉史研究。通过对吴哥古迹较为全面的考古调查和高棉史研究，对分布在柬埔寨、泰国、老挝、越南等国家境内丰富多彩的吴哥都城、寺庙建筑等文化遗产构成、数量、类型和保存状况有一定把握，正在组织编写和计划出版《吴哥古迹考古》。

2. 以大吴哥城王宫遗址为重点开展吴哥都城研究。近年来大吴哥项目（Greater Angkor Project）和柬埔寨考古激光雷达探测计划（Cambodian Archaeological Lidar Initiative，CALI）已经取得了大量可喜的研究成果，如美国《考古》杂志（U. S. A.，*Archaeological Journal*）于2016年发表了有关空中激光扫描发现的古代高棉帝国城市的分布状况。我们也实地调查了茶胶寺南北现存多处建筑遗迹，推测这个较大范围为一处早期都城或聚落遗址。

中国政府选择援助柬埔寨吴哥古迹保护修复和历史考古研究的第三期对象，是一处极具研究价值的吴哥时期都城遗址。宫院内大面积未清理，植被大面积覆盖，功能性质未知，考古工作量大。同时利用我们掌握与吴哥古迹有关的中国古籍和陶瓷文化研究的便利，同时侧重关注这些方面的考古资源收集。

3. 以崩密列寺和柏威夏寺为典型案例持续深化吴哥寺庙研究。以周萨神庙、茶胶寺、王宫、崩密列寺、柏威夏寺五处作为典型案例，梳理建筑特点、格局、历史、文化背景等，与同时期、同类型建筑进行比较研究，尤其与周边其他建筑例如与女王宫、班蒂萨姆雷寺等进行比较研究，比较不同类型和时代的特点及异同，分析建筑的发展与演变，以及吴哥核心区与外围地区的特点和异同。

4. 多视角探索古代中柬文化交流研究。主要选择从考古角度对《真腊风土记》等历史文献之城廓与宫城的考古学调查和注解补释研究，从吴哥地区出土陶瓷器遗物层面入手，以中国队考古发掘和调查采集的陶瓷器以及柬方及其他工作队出土品为主的古代中柬文化交流和海上丝绸之路研究，并拟将佛教与佛教艺术的交流作为古代中柬文化交流研究的另一重要组成部分。

总之，1992～2003年的十年间，先后有30多个国家和国际组织承担了拯救面临濒危的吴哥古迹文化遗产，从2003年开始步入保护与研究并重的轨道。从现实和大家的共识反映出，整个吴哥古迹的考古研究是缺乏的，吴哥文明研究的道路还很漫长。回顾中国队从周萨神庙到茶胶寺再到“两地四处”柬埔寨保护研究“总体设想”，大致在柬埔寨的工作历经三个发展阶段。第一阶段是以周萨神庙为代表，是探索前行、寻找如何完成吴哥古迹保护之路的过程；第二阶段以茶胶寺为代表，开展综合保护项目，强调保护修复与研究并重；第三阶段是目前正向着以研究先行，加强国际交流合作，建设综合整体保护研究队伍，提升中国文物保护和综合研究水平的方向迈进。

（王元林）

【伊朗北呼罗珊省土丘调查与发掘】

伊朗作为古代文明的起源地之一，为世界文明的发展作出了卓越贡献。首先，它是一处文化的摇篮。扎格罗斯山脉是驯化绵羊、山羊、小麦、大麦的重要区域；阿里斯曼（Arisman）铜石并用时期的冶金遗址和卡勒尼萨尔（Kalleh Nissar）的早期青铜表明伊朗是冶金技术的起源地之一。其次，伊朗还是文化交流的十字路口。伊朗连接了西方的地中海、东方的中国、北方的欧亚草原和南方印度河流域，在历史时期的“丝绸之路”上扮演着重要角色（丝绸之路伊朗段也被称为“伟大的呼罗珊之路”）。中国历史文献记载的粟特人就来自呼罗珊地区，他们或旅行，或居住在中国境内，从事着丝绸之路沿线的贸易活动，有的甚至服务于中国政府，同时也为中国带来了新的宗教、文化、技术、艺术甚至生活方式。这些从中国发现的摩尼教、祆教寺院、粟特人墓葬以及墓葬和石窟壁画上的竖琴、马球、猎豹等图案中可窥一斑。

然而伊朗在史前时期所扮演的文化摇篮和通道角色尚未深入研究。早期作物、驯化动物、冶金、彩陶和土坯建筑的传播路线至今仍是未解之谜。这一情况的出现主要是伊朗田野考古工作发展的不平衡造成的。长久以来，伊朗的田野工作都偏重于阿契美尼德至伊斯兰的历史时期都城；史前遗址的发掘工作则集中于伊朗的中部和南部。在我们将要开展工作的伊朗东北部的北呼罗珊省，之前一共只系统发掘过五个史前土丘遗址。最基础的史前文化序列也未建立完全，绝对年代数据存在相当多的缺环。古代陶器、冶金术、建筑技术都存在研究空白。虽然与周边区域的联系，包括戈尔甘平原、中央高原、土库曼斯坦西南部已有所涉及，但是长距离交流，如新疆，还未有研究。

我们在北呼罗珊省工作的目的，就是更好地揭露与理解北呼罗珊省的文化摇篮和通道作用。2015 年夏季，我们在北呼罗珊省文化遗产与旅游组织副主任阿里·瓦赫达提先生的帮助下，考察了北呼罗珊省境内的 54 座土丘和其邻近省份的 5 座土丘。尽管这次考察还不尽完全，但是依然很好地为我们呈现了大致的区域史前文化面貌。基于此次考察，我们选择了纳德利土丘（Tepe Naderi）作为我们的田野工作对象。根据以前的调查，该遗址的陶片年代上抵铜石并用时代，下至伊斯兰时期，文化内涵相当丰富。更为重要的是，这一遗址已被纳入到当地政府的保护规划。遗址上面的电视塔已经迁移，周围民房的拆迁已经开始。我们的发掘项目将揭示土丘的发展史，为将来建设遗址博物馆提供学术支撑，实现我们发掘、保护和展示并重的初衷。

纳德利土丘（坐标北纬 37°23′45.3″、东经 57°55′06.4″）位于阿特拉克（Atrak）河上游河谷，就坐落于今天的希尔凡县城旁。古代的旅行者要前往阿什哈巴德，纳德利是必经之路。根据前人的地表调查，纳德利遗址为一圆形土丘，现高 20 米。2016 年 3 月，南京大学与伊朗文化遗产和旅游研究所签订合作协议，拟于今后五年在伊朗的北呼罗珊省开展考古、文物保护和水下考古。同年 11 ~ 12 月，南京大学与伊朗文化遗产、手工业与旅游组织北呼罗珊省办公室组成的中伊联合考古队发掘了纳德利土丘。除了测绘，我们还带去了探铲。经过系统钻探，我们发现土丘的底部直径为长径 185 米，短径 177 米，底部在地面以下 5 米。我们还在土丘底部发掘了一条 30 米长、2 米宽的探沟，在土丘腰部发掘了一条 7 米长、1 米宽的探沟。由于时间有限，两条探沟都没有挖完，只有部分发掘到底，获得了铜石并用时代和青铜时代的彩陶。除此之外，我们在上面的伊斯兰地层中，发现了仿华青花瓷，感受了中伊之间密切的文化交流。

（张良仁）

【伊朗锡斯坦盆地青铜时代遗址调查与发掘】

根据中山大学社会学与人类学学院和伊朗锡斯坦—俾路支斯坦大学人文学院于 2016 年联合签署的《合作备忘录》规定，2016 年 12 月 15 日 ~ 2017 年 1 月 15 日，中山大学社会学与人类学学院谭玉华老师带领 2014 级考古专业本科生许奎甲同学，应邀赴伊朗锡斯坦—俾路支斯坦省的锡斯坦盆地进行考古调查发掘。在伊朗期间，中山大学师生先后对锡斯坦盆地青铜时代沙赫里·索克塔（Shahr-i Sokhta）遗址，萨法维时期霍兹达城堡（Hozdar Castle）及周边的风力磨坊和居住址，安息时期哈耶山（Mount Khajeh）上琐罗亚斯德教庙宇，阿契美尼德时期的达罕耶·考拉曼（Dahaneh e Gholaman）遗址进行了调查，参观了扎黑丹博物馆和扎博勒市（Zabol）博物馆。

此次合作调查发掘的重点是对锡斯坦盆地萨迪格丘（Tepe Sadegh）遗址进行合作发掘。萨迪格丘遗址，位于沙赫里·索克塔遗址的西南10千米，是一个比周围地面高出20多米的大土堆，属于沙赫里·索克塔大遗址的一部分。2014年、2015年已经进行了两次发掘，这次是第3次。考古队由锡斯坦—俾路支斯坦大学考古系和中山大学社会学与人类学学院10人共同组成，另有当地技工1名、司机1名，没有雇请民工。每天工作时间是上午7时到下午2时。伊朗的考古发掘继承了欧洲考古发掘的技术传统，发掘面积小，记录精细，资料收集完备。此次发掘布5米×5米探方一个，发现土坯居址一处，为多开间式建筑，土坯墙基完整。在房屋基址内发现青铜刀一件，呈柳叶形，原应装柄使用。陶器出土于房址地面及废弃填土内，器形有灰白硬陶盆、瓶、碗等，器壁施红褐彩。萨迪格丘遗址文化内涵与沙赫里·索克塔遗址第三期相一致，为赫尔曼德青铜文明的典型遗址。

赫尔曼德河文明是以发源于阿富汗境内，注入锡斯坦盆地的赫尔曼德河命名的青铜时代考古学文化，其主要分布于河流经过的阿富汗西南和伊朗东部地区，其代表性遗址，除沙赫里·索克塔外，另一处典型遗址为位于阿富汗境内赫尔曼德河上游、坎大哈西北55千米蒙迪加克遗址。沙赫里·索克塔遗址占地1.51平方千米，延续时间从公元前3200年至公元前1800年，可以划分为4期，300年左右为一期，整体上相当于我国中原地区的仰韶时代晚期和龙山时代。沙赫里·索克塔的青铜铸造技术已经非常成熟，遗址发现有精致的短剑、战斧、刀等青铜武器，比我国的青铜时代早了1000年。遗址的功能分区清晰，包括仪式建筑区、居住址、手工业作坊区及墓葬区。由于遗址的延续时间很长、规模巨大、内涵丰富，使其成为东伊朗史前城市文明的重要见证，也是西亚与南亚早期文化交流和商品贸易的重要见证。

此次合作调查发掘是中国考古队首次在伊朗进行的考古发掘项目之一，对伊朗东部地区的总体文化面貌有了清晰的认识，为进一步的考古合作打下了良好的基础。此外，谭玉华还在锡斯坦—俾路支斯坦大学、扎博勒大学进行了岭南考古的系列讲座。

（谭玉华）

【中亚西天山区域考古工作】

乌兹别克斯坦、塔吉克斯坦共和国位于中亚阿姆河、锡尔河流域腹地，自古以来就是东西方文化沟通、经济交流的必经之路，与古代中国文明也存在千丝万缕的联系。在西北大学王建新教授的带领下，西北大学考古队从2000年开始，在甘肃和新疆的东天山地区持续进行了16年的考古调查、发掘与研究。确认了月氏在中国境内的居住地域，总结出游牧文化聚落考古研究的基本思路和方法，并在从东天山到新疆北部古代游牧人群生活的区域，调查发现了大量古代游牧文化的聚落遗址，在国际游牧考古研究领域取得了重大突破。在东天山地区考古工作的基础上，进入中亚开展工作是古代月氏文化考古研究继续深入的必然选择。西北大学丝绸之路文化遗产与考古学研究中心协同多家单位，与乌兹别克斯坦、塔吉克斯坦共和国科学院考古研究所合作，从2009年开始在两国进行了多次考古调查、发掘工作，并获得了丰富的成果。

2009年6月12～27日，王建新教授对乌兹别克斯坦和塔吉克斯坦的重要考古遗存和博物馆进行了15天的初步考察，基本了解了两国古代文化遗存的分布状况和特征，为日后的工作制订了初步的方案。

2010年9月，西北大学文化遗产学院与中国社会科学院考古研究所、新疆维吾尔自治区文物考古研究所联合举办了“欧亚考古学国际学术研讨会——从青铜时代到早期铁器时代”，与会专家学者介绍了欧亚考古的新发现、新资料、新成果，探讨了欧亚考古的研究现状和发展趋势，并希望通过加强国际的合作和交流共同推动欧亚考古研究取得新进展。

2011年5月26日至6月9日、9月26日至10月11日，西北大学、中国国家博物馆综合考古中心、陕西省考古研究院组织联合考察队，先后对中亚塔吉克斯坦和乌兹别克斯坦两国的24个重要文化遗产点和13个博物馆进行了考察。调查范围涵盖了塔吉克斯坦西部和乌兹别克斯坦中东部古代遗存最为丰富的区域，调查遗存的时代从史前时期一直到中世纪晚期，从而全面了解了两国不同区域考古学文化发展的序列和特征，掌握了考古研究和文化遗产保护的历史与现状。

联合考古队经过实地考察和资料收集整理，认为塔吉克斯坦的泽拉夫善河谷地、瓦赫什盆地的青铜时代遗存和乌兹别克斯坦西天山西端区域的撒马尔罕、卡什卡达里亚、苏尔汉河州等地的早期游牧文化遗存在研究方面尚存在一定的空白，可作为今后工作的重点。同时，联合考察队还与两国的多家考古研究所、博物馆、大学等科研单位取得了联系，为日后的工作奠定了基础。

2013年12月，西北大学与乌兹别克斯坦共和国科学院考古研究所在撒马尔罕签署了关于“西天山西端区域古代游牧文化考古调查、发掘与研究”项目的合作协议。该项目获得了陕西省人民政府中亚考古专项经费的支持。

2014年4～5月、8～10月和2015年4月，西北大学与乌兹别克斯坦共和国科学院考古研究所合作，并联合陕西省考古研究院、郑州大学等多家机构，先后在乌兹别克斯坦东南部、西天山北麓的撒马尔罕盆地、西麓的卡什卡河流域以及南麓的苏尔汉河流域开展了详细的考古调查。由于这一区域以往缺乏系统的考古工作，因此在考察的39处古代遗址点中，有31处都是新发现的遗址，对于复查的遗址也产生了很多新认识。其中，位于苏尔汉河州的陶达洞穴遗址、位于卡什卡河州的多处希腊化时期至中世纪的城堡、古城遗址和分布在西天山山区的多处古代游牧文化聚落遗址都是重要的新发现。

陶达洞穴遗址位于苏尔汉河州拜松市西北陶达村北山丘顶部一处自然岩洞内，洞口外可采集到砍砸器、刮削器、石叶等打制石器，洞内文化层堆积厚达1米以上，并采集到青铜时代至希腊化时期的磨制石器、陶片及动物骨骼。

卡什卡河州的城堡、古城遗址共发现十余处，分3个地点在西天山山前地带或谷地内呈链状集中分布，除少量属于希腊化时期或贵霜时期之外，绝大多数属于中世纪。城堡多由庭院和塔楼两部分组成，大多保存较好，地表可采集到丰富的陶片。古城遗址大多保存一般可见城墙、城门等设施的残余，个别形制保存较完整。

古代游牧文化聚落遗址发现十余处，多分布于西天山区域的山前草原地带，以撒马尔罕州的萨扎干遗址、兹纳克遗址，卡什卡河州的奥恰布拉克遗址、阿塔肯特遗址，苏尔汉河州的拜松遗址和谢拉巴特遗址等较为重要。这些遗址大多规模较大，有的达数平方千米，常见石结构居住遗迹、人工平台、道路、墓葬和岩画等遗迹，在聚落不同区域集中分布，尤其大型墓葬多有专门的分布区域，体现出一定的规划布局特点。根据采集到的陶片、石器、青铜器等遗物可知，其年代可从古波斯时期一直持续到中世纪晚期。

通过此次考古调查，中乌联合考古队初步了解了该区域各个时期各类遗存，尤其是游牧民族遗存的考古学文化特征，为今后开展深入的考古发掘与研究奠定了良好的基础。新发现的一批遗址也填补了该区域考古学研究的诸多空白，得到当地科研机构和学术界的大力合作和支持。

2015 年 7～8 月，西北大学与塔吉克斯坦科学院历史历史、考古、民族学研究所合作，对塔吉克斯坦西部的片治肯特谷地和西南部的瓦赫什盆地、吉萨尔盆地等地进行了考古调查，同样发现了一批重要遗址。8 月，西北大学与该所在杜尚别签订了合作协议，旨在未来三年双方联合在相关地区开展考古调查、发掘与研究，为在塔吉克斯坦境内开展进一步的考古工作奠定了良好的基础。

2015 年 9～11 月、2016 年 6～9 月，中乌考古队对经调查选择的乌兹别克斯坦撒马尔罕州萨扎干遗址进行了两个年度的考古发掘，共发掘了早期铁器时代的 5 座中小型墓葬、1 座超大型墓葬、1 处石围居住遗迹和 1 处中世纪墓园。

5 座中小型墓葬位于遗址Ⅱ区和Ⅴ区，地表均有石构封堆，竖穴土坑或偏洞墓室，多为单人仰身直肢葬，头向北，未见葬具。随葬品常见陶壶、罐、铁刀、铁带扣、骨管、漆器残片等，个别墓葬见有祭祀坑。时代均在公元前 2 世纪至公元 1 世纪，可能和前贵霜时期的游牧民族文化有关。

超大型墓葬位于遗址Ⅰ区的大型墓葬分布区内，地表有被破坏的封土堆，直径残长 37 米，高 3.7 米。据残余部分估算，封土原始直径应在 40 米左右。封土下东侧有石砌矮墙，可能起到挡水的作用。封土下西侧有排水沟。

封堆下中部发现双墓室，分布编号 M11、M12。M11 有南北向竖穴墓道，长 10 米，宽 3 米，深约 3.5 米；其南部有 7 级台阶，北部东、南、西三面有生土二层台，台阶及生土二层台的侧面及平面均垒砌木板。墓道的北壁上掏挖洞室，洞室横宽约 3.5 米，进深约 3 米，下部呈长方形，上部为穹隆顶，底部与墓道底齐平。在洞室和墓道之间垒砌泥砖墙，墙内侧有一排立柱作为撑护。洞室东南部有长约 2 米、宽约 1 米的棺木板灰，人骨朽腐不见。在可能是头部及颈肩部的位置发现了 80 件金器，有项坠、管饰等。其他随葬品还有少量铁器和陶器。M11 墓道的西壁有甬道与 M12 相连，M12 为带斜坡墓道的洞室墓，其洞室方向与 M11 垂直，估计与 M11 是异穴合葬的关系。暂未发掘。

石围居住遗迹位于遗址Ⅱ区南侧，为一帐篷结构的小型房址，有圆形石砌边缘，分布少量小型柱洞，室内地面有火塘、灰堆等遗迹，室外有灰坑。出土陶器口沿、陶纺轮和动物骨骼等遗物。

根据出土遗物判断，中小型墓葬、大型墓葬和石围居住遗迹的年代均在公元前 2 世纪至公元 1 世纪，属于当地的前贵霜时期，且具有较强的游牧文化风格。

中世纪墓园位于遗址Ⅲ区，四面有石砌围墙，内部分为多个空间，在不同层位皆有墓葬，均为长方形偏洞室墓，人骨侧身屈肢，无随葬品。文化层出土大量陶器、釉陶、瓷器、玻璃器、钱币等，时代集中在 7～16 世纪，也具有一定的游牧文化特征。墓园周边还分布大量中世纪墓葬和墓碑等遗迹遗物。

对西天山区域古代游牧文化的调查和发掘，取得了丰硕的成果，表现在以下几个方面。

一是目前的考古调查和已有发掘资料表明，在乌兹别克斯坦苏尔汉河流域周边的山前地带，以及塔吉克斯坦卡菲尔尼甘河谷地，为我们寻找古代月氏的考古学文化遗存提供了重要的线索。同时在苏尔汉河两岸及吉萨尔盆地分布的一批古代城址为代表的农耕文化，应属早期贵霜文化，与其前的希腊巴克特里亚和其后的贵霜帝国文化关系密切。我们还需要通过进一步的考古工作获得确凿的证据，最终确认古代月氏的考古学文化遗存，厘清古代月氏与贵霜的关系。

二是在萨扎干遗址的发掘资料表明，撒马尔罕盆地公元前1世纪至公元1世纪的古代游牧文化遗存，应属古代康居文化，这与《汉书》等古代文献的记载是相合的。这也是中国人第一次发掘到古代康居文化的遗存。

古代康居国及其势力范围包括南哈萨克斯坦、塔什干绿洲、撒马尔罕盆地及其周边。中、乌、哈三国的考古机构有必要联合起来开展古代康居文化的研究。

三是在乌兹别克斯坦开展考古工作过程中，我们本着对历史文化遗产负责任的态度，处处注意努力建立中国考古学科和中国考古人在国际上的良好形象。例如，以往俄罗斯和欧美各国在中亚各国进行考古发掘，只重视考古资料的获取，不注意考古遗址的保护，发掘过的探方从不回填，给发掘过的遗迹和遗址景观带来严重破坏。我们对已发掘过的探方和遗迹都进行了回填保护，在大型墓葬发掘的过程中全面考虑了文物保护和未来展示的需要。这种负责任的做法得到了乌方同行和当地居民的好评，产生了良好的影响。我们的工作先后被乌兹别克斯坦撒马尔罕电视台、《人民日报》《光明日报》等新闻媒体报道。2016年6月习近平主席在访乌期间在乌国媒体上撰文指出："中国国家文物局、中国社会科学院、中国西北大学等单位积极同乌方开展联合考古和古迹修复工作，为恢复丝绸之路历史风貌作出了重要努力。"对我们的工作给予了高度评价。习近平主席在访乌参加上合组织峰会期间，还首先单独会见了包括西北大学考古队在内的在乌工作的3个单位十余位考古和文物保护工作人员，表明了对丝绸之路考古和文化遗产保护工作的重视和支持。

（王建新　梁　云　任　萌）

【中蒙联合考古工作】

蒙古国与以内蒙古自治区为主体的中国北方草原地带在地域上相毗邻，同属于欧亚草原游牧文化带。以蒙古高原为中心的欧亚大陆草原地带是连接东西方文明的重要通道。自古以来，北方游牧民族驰骋在欧亚草原上，缔造了灿烂的草原文明，同时在东西方文化交流中起到了重要的桥梁作用。蒙古草原一直是北方游牧民族活动的大舞台，匈奴、鲜卑、突厥、回鹘、契丹、蒙古等游牧民族都曾留下了大量的活动遗迹。为了对两国境内游牧民族考古学文化进行对比研究，内蒙古自治区文物考古研究所于2005～2016年，与蒙古国游牧文化研究国际学院和蒙古国国家博物馆等单位合作实施"蒙古国境内古代游牧民族文化遗存考古调查与发掘研究"项目。

12年来，中蒙联合考古队对蒙古国12个省市的60多个苏木进行了考古调查，总行程25000多千米，共调查各类遗址150余处，时代涵盖了石器时代、青铜时代、匈奴、突厥、回鹘、契丹、蒙元、明清等多个时期。2006～2015年，中蒙考古队对后杭爱省浩滕特苏木境内的四方形墓园与突厥祭祀遗址、布尔干省达欣其楞苏木境内的詹和硕遗址及后杭盖省乌贵诺尔苏木境内的和日门塔拉遗址等进行考古发掘，总发掘面积约15000平方米，清理出匈奴时期墓葬1座、匈奴时期聚落遗址3座、北魏—柔然时期墓葬2座、突厥回鹘时期的祭祀性遗址21处、回鹘时期的墓葬10

座、契丹时期墓葬 1 座、蒙元时期的墓葬 33 座、清代喇嘛庙废墟 4 处、清代兵营遗址房屋 7 处。

十年磨一剑，在中蒙两国有关部门的大力支持和中蒙考古队全体人员的不懈努力下，中蒙合作考古调查与发掘项目取得了重大的学术突破。中蒙考古队通过调查，初步掌握了蒙古国境内古代游牧民族文化遗存的分布情况，为研究蒙古高原游牧民族文明的形成与发展积累了大量基础性资料。后杭爱省匈奴墓葬的发掘，为进一步研究古匈奴人的丧葬制度、生活习俗以及人种提供了新的资料和线索。塔林和日木遗址中发现的柔然墓葬，是在蒙古高原上发现的第一座能够确认为柔然时期的古代墓葬，为柔然考古学文化的界定提供了参照标准。后杭爱省浩腾特苏木四方形遗址的发掘，弄清楚了其结构和功用，明确了文化属性，即属于称雄于蒙古草原的回鹘汗国的可汗家族或贵族墓园，从而修正了过去考古学界将之视作为单纯的祭祀性遗址的错误认识。浑地浩莱山谷 5 号墓园中发现的回鹘壁画墓，是蒙古国境内首次发现的第一座壁画墓，而回鹘墓园内出土的回鹘人类学资料尤为珍贵，反映出回鹘汗国时期民族成分的多源性，这是近年来回鹘考古学研究领域中的重大发现之一。布尔干省达欣齐楞苏木詹和硕辽代墓葬的考古发掘，首次在蒙古国中西部地区发现契丹墓，是辽代西北边疆防御体系建置的实物例证。后杭爱省浩腾特苏木乌布尔哈布其勒山谷 5 号墓园蒙元时期墓葬的发掘，发现了类型多样的墓葬结构和独木棺葬具，反映了蒙元时期漠北草原地区蒙古族这种特殊丧葬习俗的流行与普及。后杭盖省浩腾特苏木阿德根哈里雅尔遗址的发掘，发现了规划整齐、成排分布的清代兵营遗址，这个遗址应是清朝军队深入漠北蒙古高原协同喀尔喀部抗击准噶尔部时的驻扎营地之一，为研究清代的政治、军事、经济等方面的内容提供了全新的考古学资料。

2009 年夏季，内蒙古自治区文物考古研究所与蒙古国游牧文化研究国际学院在蒙古国首都乌兰巴托召开了“古代回鹘考古学文化研究国际学术研讨会”，来自中国、蒙古国、俄罗斯、澳大利亚、日本、新加坡等国的考古、历史文化学者围绕中蒙联合考古工作所取得的收获进行了热烈的探讨，对于中蒙考古队将蒙古国四方形遗址确定为回鹘墓葬这一重大学术成果表示高度赞誉。10 月 4 ~ 7 日，中蒙联合考古队在蒙古国乌兰巴托市共同举办了“草原游牧民族与丝绸之路：中蒙联合考古研究 10 周年”国际学术研讨会，主办方回顾了中蒙考古合作的历程和收获，描绘了美好的合作新前景，各国学者纷纷围绕草原考古学文化充分展开研讨，获得了重要的学术收获。2015 年 8 月 21 日至 10 月 9 日，中蒙联合考古队在蒙古国国家博物馆中心展厅举办了“草原游牧民族与丝绸之路暨中蒙联合考古研究十年成果展”。蒙古国教育文化科学部副部长图拉嘎，中国驻蒙古国大使馆文化参赞、乌兰巴托中国文化中心主任李薇，蒙古国科学院院长、游牧文化研究国际学院院长恩和图布信，以及蒙古国历史考古方面的兄弟单位专家同人也出席了现场开幕式。图拉嘎副部长、李薇参赞分别发表贺词，祝贺中蒙联合考古十周年所取得的学术成就与重大突破。恩和图布信院长发表讲话。内蒙古自治区文物考古研究所萨仁毕力格博士受陈永志教授委托也发表了致辞。展览吸引了来自世界上多个国家的学者与游客前来参观，观众对于中蒙合作所取得的学术成果高度评价，取得了良好的国际效应。

目前，中蒙双方共同出版了《蒙古国境内古代游牧民族文化遗存考古调查报告》《蒙古国后杭爱省浩腾特苏木乌布尔哈布其勒三号四方形遗址发掘报告》《蒙古国后杭爱省浩腾特苏木胡拉哈一号墓园发掘报告》3 部（4 册）考古研究报告书、1 部展览图录，并在国内外学术期刊上发表了 20 余篇简报及研究论文，取得了丰硕的科研成果。其中，《蒙古国后杭爱省浩腾特苏木乌布尔哈布其勒三号四方形遗址发掘报告》在全国文博考古十佳图书评选中，获得了“2008 年度全国最佳考古发掘报告奖”和2010 年度内蒙古自治区第三届社会科学优秀成果政府奖二等奖。这些论著详细地介绍了中蒙合作考古取得的重大成果与学术收获，是中国考古学术研究成果在国际考古学界的闪亮展示，引起了世界各国考古学者的极大关注，标志着中蒙合作考古项目迈上了一个新的台阶。

中蒙联合考古研究项目是近十年来中蒙两国人文合作与交流领域的重要内容之一，该项目的实施和所取得的成果在深入了解两国境内古代游牧民族之间的渊源关系、解决两国游牧民族文化研究中的重大课题和促进我国历史文化等相关科学的发展，以及对中蒙两国文化方面的合作与交流等方面起到了积极的推动作用。

当前，中俄蒙正携手推动经济战略走廊建设，全面拓展三方合作空间，搭建共同发展的新平台，特别是中国“一带一路”倡议，使得草原丝绸之路文化内涵的发掘与提升显得尤为重要。中蒙两国在文化领域互补性强，合作前景十分广阔。开展中蒙考古合作，对于提高游牧文化研究的国际话语权，增强国家间的文化亲近感和友好关系，具有十分重要的意义。总之，中蒙两国之间考古合作已经成功走过 10 周年，奠定了良好的合作基础，积累了丰富的合作经验。该项目今后将继续秉承互利共赢、务真求实、锐意进取的学术宗旨，相信在中蒙两国考古工作人员的共同努力下，未来必将取得更加丰硕的学术成果。

【俄罗斯阿尔泰山脉西侧青铜时代晚期聚落】

2014 年，南京大学与俄罗斯阿尔泰国立大学签订合作协议，拟于之后 5 年内合作发掘俄罗斯境内阿尔泰山脉西侧的青铜时代聚落，研究该区域的古代采矿和金属生产、农业和畜牧起源问题。该区域属于额尔齐斯河流域，现有考古材料表明，额尔齐斯河流域是古代草原丝绸之路的一个重要部分，可能是古代家畜和冶金技术传播的重要通道。但是环阿尔泰山脉的考古工作很少，而且因为跨越中国、哈萨克斯坦和俄罗斯三国，受当代国家边境线的限制，各国之间的考古资料无法交流，更无法开展合作研究，所以对该区域古代人类的生活和生产情况与额尔齐斯河沿线的文化传播，我们还知之甚少。2015 年，双方合作发掘了卡勒望湖—Ⅰ遗址，2016 年双方发掘了年代较晚的遗址苏联路。该课题的目的在于：

（1）了解青铜时代人类开采阿尔泰金属矿产、从事金属生产的情况。阿尔泰山脉坐落在中、俄、哈和蒙四国交界处，北纬 45°～52°、东经 84°～99°，海拔达 4506 米。由于地壳运动，阿尔泰山区蕴藏了丰富的铁、金、铜、锡和铅矿。阿尔泰为蒙语，意为金山。所以国际考古界一直认为这里是西伯利亚、中亚、伊朗、蒙古国和中国新疆的矿源地。新疆境内已经发现了不少史前时期的金属器，但是金属原料从哪里来还是个问题。金属在古代属于贵重材料，它的流通也反映了古代的贸易活动。

（2）了解青铜时代阿尔泰山脉西侧人类的经济生产，包括农业、畜牧业和手工业生产。同时，阿尔泰山脉富有冰川和雪峰，降雨量较大，因此水源充沛，山间盆地和河谷适合人类从事农业和畜牧养殖。阿尔泰山脉西侧的古代居民是否从事农业和畜牧？种植哪些农作物？养殖哪些家畜？

（3）了解额尔齐斯河沿线的文化传播

情况。过去的研究成果表明，小麦、大麦、黄牛和绵羊从西亚传入中国，冶金技术和家马从欧亚草原传入中国，而粟和黍由中国传播到欧洲，冶金技术、农作物和家畜进入中国的北方地区。但是他们通过哪些路线传播还不清楚，额尔齐斯河是否为其中的一条通道？

（4）推动丝绸之路的研究。传统意义上的丝绸之路指的是汉代以后连接中原与中亚和西亚的通道，从玉门出关以后，沿塔里木盆地南北缘和天山北麓进入中亚。现有的考古资料表明，西方的小麦、黄牛和绵羊在公元前三千纪进入中国，而中国的小米也在同时期进入欧洲；中国战国时期的丝绸、漆器和铜镜在公元前一千纪就已经进入阿尔泰山脉，成为巴泽雷克文化墓葬的随葬品。额尔齐斯河在其中扮演什么角色？

2016 年 7～8 月，南京大学和俄罗斯阿尔泰国立大学组成的联合考古队发掘了苏联路遗址。苏联路遗址位于阿尔泰山脉西侧的草原上，旁边有阿列伊河。该遗址 20 世纪 90 年代俄罗斯阿尔泰国立大学做过小面积发掘，是一个青铜时代的聚落。联合考古队布了 10 个 4 米×4 米探方，发掘了其中的 8 个。发掘到 70 厘米仍然没有到底，但是已经到了收工时间，所以均没有挖完。2017 年发掘得到了数量较多的陶片、兽骨、炉渣、铜矿石和青铜器，其中铜容器残片、铜刀和铜锭在青铜时代的西伯利亚都是第一次发现，学术价值非常巨大。在发掘的同时，中俄联合考古队做了浮选，但是没有发现农作物种子，考古队还提取了兽骨、铜渣和铜器样品做 ^{14}C 年代测定和冶金分析。

（张良仁）

【俄罗斯阿穆尔州乌斯季·伊万诺夫卡河口遗址】

对俄办学是一直是黑龙江大学的办学特色与优势，特别是教育部实施“2011 计划”以来，黑龙江大学倾力打造“中俄全面战略协作协同创新中心”，全校上下掀起一股对俄学术交流的热潮。在此背景下，2013 年、2014 年，黑龙江大学历史文化旅游学院考古学系，连续两次同俄罗斯布拉戈维申斯克国立师范大学、阿穆尔州文化遗产保护中心等多所科研机构合作，召开了“中国和俄罗斯：历史与合作前景”国际学术会议，目的就是推动中俄学界的交流与互信。会议期间，考古学系与阿穆尔州文化遗产保护中心进行了互访和交流。通过这两次会议，黑龙江大学考古学专业同俄罗斯学界建立了联系，并为它们所认识和了解。

2015 年，在举世庆祝“世界反法西斯战争胜利七十周年”前夕，俄罗斯有关方面发起了“中俄首次联合搜寻在中国境内牺牲的苏军烈士遗骸活动”，并盛情邀请黑龙江大学予以协助。5 月 12 日，搜寻活动在穆棱市正式启动。黑龙江大学考古学系组成了 6 人的考古志愿队，同俄方搜寻队①一起在穆棱市火烧山一带 32 平方千米范围内进行了为期一个月的搜寻，发现至少 7 具完整的苏军烈士遗骸，以及炮弹碎片、钢盔、步枪、子弹等物品。在搜寻工作中，主要使用探铲进行钻探，一方面对俄罗斯搜寻队找到的“疑似墓葬”进行确认；另一方面对原始档案记载的遗骸埋葬区域进行排查，充分发挥探铲方便快捷的优势，在整个工作起到了至关重要的作用，俄罗斯学者也对探铲产生了浓厚的兴趣。

在艰苦的搜寻工作中，中国考古志愿队的敬业精神和钻探技术得到了俄罗斯学

① 俄罗斯搜寻队主要由来自阿穆尔州文化遗产保护中心的考古队员、来自各行各业的搜寻队员和后勤（摄影医疗）人员组成，都是志愿者，共有 11 人。

者的高度认可，也赢到了俄罗斯社会各界的尊重与赞扬。中俄双方在工作中精诚合作，也建立了深厚的友谊，为接下来的合作奠定了基础。

在苏军遗骸搜寻过程中，黑龙江大学考古学系和阿穆尔州文化遗产保护中心的考古队员共同作为搜寻活动的主力，在工作中就考古研究与方法有着频繁的交流，双方由此萌生了合作进行黑龙江流域考古研究的想法。

2015 年 10 月，阿穆尔州文化遗产保护中心主任吉尼斯·沃尔科夫一行来到黑龙江大学考古学系。经过深入会谈，双方签署了合作协议并成立了“中俄黑龙江流域文化遗产保护与研究中心”，以共同促进黑龙江流域考古、历史研究。协议规定，在不违背双方法律、法规及有关管理制度的情况下，双方本着平等和相互尊重的原则，合作开展以下工作：

1. 联合组织并实施科学研究工作；
2. 联合组织并实施田野考古工作；
3. 联合组织并实施有关资料收集、整理与档案研究工作；
4. 双方合作进行考古教育工作；
5. 用中文和俄文出版双方联合工作成果；
6. 合作举办国际学术会议。

同时还规定，中心定期召开工作会议，每年不少于一次。在每年年底对当年工作计划实施情况进行总结，并讨论和确定下一年度的联合工作计划。在经费上，在俄罗斯阿穆尔州境内的工作费用，由俄方承担，相应地，在我国黑龙江省境内的工作费用，由我们承担。

在“中俄黑龙江流域文化遗产保护与研究中心”成立后，中俄双方合作开展的第一项工作就是联合发掘俄罗斯乌斯季·伊万诺夫卡遗址。2016 年 4 月，双方在布拉戈维申斯克市制定并签署了《2016 年工作计划》。据此计划，由 8 名师生组成“黑龙江大学赴俄罗斯联合考古发掘队”，于 7 月 23 日来到俄罗斯阿穆尔州布拉格维申斯克市东北的乌斯季·伊万诺夫卡河口遗址，同俄方考古人员联合对此遗址进行了钻探和发掘。黑龙江大学考古学系首次将我国特有的探铲钻探技术引入了俄罗斯，对整个遗址进行了系统钻探，并对发现的墓葬进行了发掘。钻探面积 5000 平方米，发掘面积约 500 平方米，清理墓葬 50 余座。墓葬流行火葬，葬式有一次葬和二次葬。随葬品以武器、装饰品为主，有铁器、铜器和骨器。从墓葬形制、丧葬习俗和随葬品来看，墓地的年代在公元 8 ~ 9 世纪，可能属于中国古代文献记载中的黑水靺鞨。

此次中俄两国联合考古发掘活动，得到俄罗斯媒体的广泛关注，阿穆尔州电视台、圣彼得堡第五电视台、《阿穆尔州报》和商业论坛等媒体均对中方考古队员进行了采访和报道。同时也吸引了俄罗斯远东地区政府部门的关注，在发掘期间阿穆尔州州长、布拉戈维申斯克师范大学校长、阿穆尔州公共事业委员会主席均到考古工地慰问参观。此次发掘还邀请到了诸多知名考古学家前来参观指导。

在发掘工作中，中方考古队员克服了饮食、蚊虫、酷热、交通、沟通等重重困难，圆满地完成了既定工作。目前发掘资料已经整理完毕，将以中俄双语在国内出版。

（王乐文　包曙光）

【乌兹别克斯坦安集延州明铁佩古城遗址】

明铁佩（Mingtepa）古城遗址位于乌兹别克斯坦安集延州马哈马特（Marhamat）县，北距安集延州府安集延市（Andijon）约 40 千米，东距奥什（Osh，现属吉尔吉斯斯坦）45 千米，西距库瓦（Kuva）古城约 30 千米，扼守费尔干纳盆地南缘交通要道，是丝绸之路沿线一处重要古城址。“明铁佩”（Mingtepa）在乌兹别克语中是“千个土台”之意。

2011 年 12 月，中国社会科学院考古研究所与乌兹别克斯坦国家科学院考古所组成联合考古队，2012 年 9 月 ~ 2017 年 10 月先后对明铁佩（Mingtepa）古城遗址进行了 6 次大规模的有计划考古勘探发掘，是该遗址史上最大规模的考古工作。

截至 2017 年 10 月，中乌联合考古队在明铁佩遗址勘探面积累计完成约 15 万平方米，共发掘探沟、探方 16 处，发掘面积近 1800 平方米。同时完成了该遗址的数字化地图绘制和三维建模工作，建立起了覆盖全城的测绘系统。

既往了解到的明铁佩古城平面为近长方形，东西宽 500 余米，南北长近 800 米，除南墙多被现代村庄破坏外，其余三面城墙保存较为完好。城址内尚保存有两处大型台基。20 世纪 50 年代至 80 年代，苏联学者曾对明铁佩（Mingtepa）遗址进行过 3 次考古调查、发掘，据此部分学者认为该城址可能是中国古文献中记载的“贰师城”。

中乌联合考古队通过持续的考古工作，对于明铁佩古城遗址内城的城墙城门、道路建筑基址等有了新的发现与了解；此外还发现了外城城垣遗迹、墓葬区等。现概括于后。

一　内城城墙、城门与道路

内城平面为纵长方的平行四边形，东西宽 500 余米，南北长近 800 米，方向约为北偏西 10°。城内地势南高北低。现存的东、西、北城墙一般高出地面 5 米左右，南城墙埋藏在地表下 0.3 米 ~ 0.4 米，墙均宽 11 米 ~ 13 米。城墙系夯土和土坯混合垒砌而成。各城墙均附设有凸出城外的马面。其中东墙、西墙各有 18 个马面，北墙有马面 12 个，南墙勘探出的马面数量与北墙一致，也是 12 个。马面一般宽约 15 米，凸出城墙外侧 8 米 ~ 10 米，两马面之间距约 17 米。从西城墙由南向北第八个马面的发掘来看，马面是由并列的两间房屋构成的中空结构，面朝城外的马面房间墙壁上还发现有竖长方形射击孔。此外，在城圈四角还设置有大型角楼。

既往的苏联学者以及相当一部分乌兹别克斯坦学者认为在城址东、西、南、北城墙中心处各设置有城门各一。但此说法缺乏具体的考古依据。目前考古工作仅确认西墙上存在城门一处。位于西墙从南到北的第八、九马面之间，缺口的东西宽度约 11 米。但受现代道路的破坏，相关城门的遗迹多被破坏。城内道路，目前共发现南北向道路（编号 L1）和东西向道路（编号 L2）各一条。L1 在内城南部居中位置，长约 290 米。L2 位于城内城中部西侧，长约 185 米。L1、L2 路宽均 10 米左右，并在城址中心处大致相连，共同构成平面为“L”形的城内主要道路系统。

二　城内建筑基址及相关遗迹

目前城址内地面上尚存两处大型台基，分别位于城址中心（1 号台基）和城址西北（2 号台基）。苏联学者对 1 号台基东部、2 号台基南部进行过探沟发掘，但未见资料发表。2014 ~ 2015 年，联合考古队分别对这两座台基进行了考古勘探和发掘。发掘工作主要是对 1 号台基东部进行了大面积发掘，对 2 号台基东部进行了探沟发掘。最新资料显示：1 号台基平面呈长方形，东西长 101 米，南北宽 31.3 米，高 2 米 ~ 4.5 米，系人工夯土堆筑而成。2015 年还在台基东部清理出了一条南北走向的铺石道路遗迹，铺石路宽约 3.2 米。2 号台基的平面为不规则圆形，东西约 63.5 米，南北约 75.2 米，凸出地面约 9 米，系采用黄褐色沙性土夯筑而成。此外，在对城址南部的勘探中，还发现有多处地面已无存的夯土台基，当系建筑遗址残迹。

三　手工业作坊区的发掘

2016 年在内城东南的南城墙内侧对

新发现的手工业作坊遗址进行了发掘，发掘面积400平方米。清理出若干大陶瓮、土坯墙址、烧灶、积石、灰坑、道路等遗迹以及陶罐、陶壶、磨盘、磨石、纺轮、兽骨等遗物残件。这些遗存分布有规律可循。其中土坯墙址围成的房址确认有5间，房内分布烧灶、大陶瓮、积石等遗迹并出土有磨石、纺轮、兽骨残骸等遗物。初步推测这是一处与皮革加工有关的手工业作坊区。这也是该城址历史上首次发现有规模的手工业作坊遗址，值得一提的是，此次作坊区发掘出的大瓮遗存，在费尔干纳盆地内也曾有类似发现。此次共发现大瓮数量众多且较为集中，并明确了大瓮与其周边的烧灶、积石等相关遗迹的共生关系，使得对于这一地区同类作坊遗址的建筑布局认识较为明晰，也极大扩展了对明铁佩古城的文化内涵的认识。

四　外城城垣的发现

2016年10～11月，联合考古队在城址原有东、南、西、北城墙外200～1100米不等处的地表下又各勘探出一部分城墙，其中，外城东墙残长420米，西墙残长约430米，南墙残长约750米，北墙残长约500米。这些城墙的走向与现存城墙走向基本一致且大体可以复原围合。这是首次通过考古勘探和发掘，发现了明铁佩古城外（郭）城。外城东墙试掘表明：外城墙体亦为夯土结构，宽11.3米～12.5米。墙东西两侧均伴有文化层堆积。明铁佩古城外（郭）城的发现，使得该城址规模从500米×800米扩大到约2100米×1300米，成为公元前后费尔干纳盆地内面积最大的古代城址。对于进一步明确明铁佩古城的性质，以及其在费尔干纳盆地乃至于整个中亚地区古代城市化进程中的地位具有重要的意义。

五　墓葬区

2016～2017年，外城东墙附近发现了多处墓葬，该区域多数古墓被20世纪50年代平整土地时严重破坏。其中一座墓葬保存较完整。该墓葬（编号M2）大致位于外城东墙西侧并打破外城城墙，为一竖穴土坑墓，人骨保存完整。出土陶罐2件、陶盆2件、铜戒指1件、玻璃珠6件。保存完好的中古时期墓葬，在费尔干纳盆地十分少见，也为进一步探究费尔干纳盆地内的葬制、葬俗和古代文化的面貌提供了新资料。

综上可知，明铁佩城址的出土遗物有陶器、石器以及动物骨骼等，其中绝大部分是陶器，陶质多泥质红陶。器形见有罐、壶、碗、钵、盆、瓮、釜等。陶器中以陶罐、陶壶和大瓮数量较多。通过出土遗物资料整理，再结合对各类出土物的测年数据、地层学依据（如外城东墙附近墓葬人骨的测年数据显示，年代距今2000～1800年）等，我们初步认为：该城址的时代为公元前2世纪～公元6世纪前后。明铁佩古城作为汉晋时期丝绸之路上的大型城邑，在东西方文化交流中扮演了重要角色。该城址平面布局、建筑遗迹形态、出土遗物、墓葬特征等，显示出该城址时代特质和重要的文化面貌。

（何岁利）

第四篇

学术会议

【首届中国考古学大会在郑州市召开】

2016 年 5 月 21～23 日，首届中国考古学大会在郑州市隆重召开。此次大会是中国考古学诞生以来第一次国际化、开放式的大会，也是中国考古学会自 1979 年成立以来考古学领域规模最大、覆盖面最广的一次学术盛会。

大会由中国考古学会主办，河南省文物考古学会、郑州中华之源与嵩山文明研究会承办，河南省文物考古研究院、郑州市文物考古研究院和郑州嵩山文明研究院协办。来自国内高等院校、科研院所以及英国、德国、俄国、日本、韩国、埃及、洪都拉斯、乌兹别克斯坦等十余个国家的中外考古学者以及特邀代表、列席代表、媒体代表等围绕此次大会主题“面向未来的中国考古学、面向世界的中国考古学”展开相关交流和讨论。参加此次大会的正式代表 385 名，列席代表 337 名，共计 722 人。

时任中共中央委员、中国社会科学院党组书记、院长王伟光在致辞中肯定了中国考古学会成立 40 年来，在引领中国考古学事业发展中所起的作用，并认为此大会是中国考古学界发现与研究成果的一次集中展示，也是中外考古学合作交流的一次难得机会。时任国家文物局局长刘玉珠代表国家文物局向大会的召开表示祝贺，他表示首届中国考古学大会是共同探讨当代考古学发展前沿问题的一次盛会，也是我国文物工作的一件大事。印度考古调查局考古所桑杰·库玛尔·曼纽尔所长作为外国学者代表在开幕式上致辞，他对中印两国开展相关考古合作与交流充满期望。

与会者还一起见证了业界的荣光——年逾九旬的学界泰斗、中国佛教考古的开创者宿白荣获首个“终身成就奖”；21 个项目获“田野考古奖”；11 个项目获考古研究成果“金鼎奖”；14 个项目获考古资产保护“金尊奖”；11 人获青年学者“金爵奖”；12 个项目获公共考古“金镈奖”。

首届中国考古学大会期间，与会中国学者还就中国考古学的发展方向进行了交流探讨，达成以下共识，即郑州共识：

中华优秀传统文化是中华民族的精神命脉，是涵养社会主义核心价值观的重要源泉，也是我们在世界文化激荡中站稳脚跟的坚实根基。考古学的研究成果，对于传承中华文明和优秀传统文化，振奋民族精神，增强民族凝聚力，推动社会发展，具有十分重要的作用。中国考古学会应团结、带领全国考古文博界同人，继承传统，开拓创新，促进中国考古学的不断进步。

回忆往昔，中国考古学在近百年中国社会的变迁中历尽艰辛坎坷，不断取得进步，我们向筚路蓝缕，为中国考古学发展贡献出毕生精力的前辈学者表示崇高的敬意。展望未来，中国考古学面临前所未有的发展机遇和广阔前景。作为活跃在考古研究第一线的考古工作者，我们意识到责任重大，使命光荣。为了使中国考古学更好、更快地发展，我们应当努力做到以下几点：

一是强化考古工作者的责任感和使命感，继承老一辈考古学家的优良传统，端正学风，求真务实；爱岗敬业，甘于奉献。严格遵守田野考古操作规程，一丝不苟地开展田野考古工作，确保田野考古质量，不断为中国考古学的发展提供翔实、准确的新资料。

二是正确把握考古学的发展方向，加强中国考古学科体系建设，深化考古学研究，推动自然科学技术手段更加广泛的应用，不断推进学科体系、学术领域、研究手段和方法，以及研究成果的创新。

三是加强国际合作与交流，大力实施“走出去”战略，推动世界不同地区古代文明的比较研究，增强中国考古学在国际学术界的话语权和影响力，使中国成为名副其实的考古强国。

四是认真坚持考古为人民的理念，大力开展公共考古，努力做好考古成果的宣传和考古知识的普及，传承和弘扬中华优秀传统文化。

五是遵守职业道德和从业人员行为规范，不收藏文物，不参与文物的买卖，与盗掘和非法倒卖文物行为做坚决的斗争，保护祖先留下的珍贵遗产。

六是认真贯彻“保护为主，抢救第一，合理利用，加强管理”的文物工作方针，与有关部门积极配合，在城乡建设、考古遗址公园建设、文化遗产保护工作中积极发挥考古学的作用。

中国考古事业正处于承前启后、继往开来的关键时期，任重而道远。让我们团结一心，共同努力，为建设具有中国特色、中国风格、中国气派的中国考古学，为世界考古学的发展，为实现中华民族的伟大复兴，做出新的、更大的贡献！

这次会议为期3天，中国考古学会的13个专业委员会分别组织学术讨论会，就各自专业领域内的学术问题进行深入广泛交流。大会召开期间还组织了青年学者圆桌会议、国外专家座谈会、参观东赵遗址等多项专题活动。同时，大会还在郑州大学、河南大学、郑州师范学院等地点举办16场面向社会的公众讲座，真正地让公众感受到考古的魅力所在。

（年鉴编辑部）

【“文物与博物馆专业硕士人才培养与学科建设研讨会”在北京紫玉饭店举行】

2016年1月9日，由首都师范大学历史学院举办的“文物与博物馆专业硕士人才培养与学科建设研讨会”在北京紫玉饭店举行。来自北京大学、吉林大学等14所高校的考古文博专业和北京市文物研究所、山东省文物考古研究所等全国12家用人单位的60余位代表参加了此次研讨会。

此次研讨会围绕目前文博专硕培养环节的学制及课程设置、实践过程、论文模式与就业等方面问题进行深入探讨。北京大学、吉林大学、北京科技大学等高校分享了各自单位在培养文博专硕过程中的特色与经验，首都师范大学钱益汇和王涛分别介绍了本校文博专硕培养的概况、收获，以及公众考古学方面的教学与实践情况。来自全国各考古文物研究所、博物馆和出版传播机构等用人单位的代表也就文博专硕培养中实践体系的建设等方面情况，介绍各自的体会及需求。

（钱益汇　王　涛）

【“中国高句丽渤海考古论坛”在长春市召开】

2016年1月10日，由中国考古学会、吉林省文化厅、吉林省文物局主办，吉林省考古学会、吉林省文物考古研究所承办的“中国高句丽渤海考古论坛”在吉林省长春市召开，论坛主题为“21世纪中国高句丽渤海考古的主要收获和学术发展规划”。来自中国社会科学院考古研究所、北京大学考古文博学院、陕西省考古研究院等国内18家单位的90余名专家学者参加了论坛。中国考古学会理事长、中国社会科学院考古研究所所长王巍，吉林省文化厅厅长马少红出席了论坛并致辞。王巍指出，2016年是“十三五”的开局之年，黑吉辽三省对过去15年中国高句丽渤海考古的主要收获进行交流和总结，对中国高句丽渤海考古的学术发展规划进行研究和探讨，此次论坛势必对中国高句丽渤海考古和文物保护工作产生重大而深远的影响。

论坛首先由吉林大学边疆考古研究中心魏存成教授做题为“21世纪中国高句丽渤海考古的主要收获和学术发展规划”的主题发言；辽宁省文物考古研究所、黑龙江省文物考古研究所、吉林省文物考古研究所分别针对三省21世纪高句丽渤海考古的主要收获做了专题报告；与会学者就高句丽、渤海学术发展规划开展了分组讨论。

（李　丹　于　丹）

【“冶金技术与中华文明发展暨长江流域矿冶考古联盟第一次学术研讨会”在北京大学召开】

2016 年 1 月 15～17 日，由北京大学考古文博学院、长江流域矿冶考古联盟等单位联合举办的“冶金技术与中华文明发展暨长江流域矿冶考古联盟第一次学术研讨会”在北京大学召开，来自全国 20 余家学术机构的 60 余位学者参加会议。经讨论，与会代表普遍认可长江流域矿冶考古联盟这一“突破行政地域限制构建区域互动的学术团体对矿冶遗址与冶金生产进行专题研究”的模式，并建议该联盟的下一步工作要更大范围地吸引其他相关各省市和各高校的研究力量，完善组织架构，有针对性地涉及学术课题联合攻关，建立统一的采样、发掘和分析标准，设计建立可共享的数据库，培养相对固定的研究团队。

【“2015 年度新疆文物考古成果汇报暨考古与历史文化宣传创新研讨会”在乌鲁木齐市举行】

2016 年 1 月 16～17 日，由新疆维吾尔自治区文物局主办、新疆维吾尔自治区文物考古研究所承办的“2015 年度新疆文物考古成果汇报暨考古与历史文化宣传创新研讨会”在新疆乌鲁木齐市举行。来自中国社会科学院考古研究所、北京大学、西北大学等 11 家区内外科研院所、高校作为年度新疆及丝路考古工作的执行单位的 38 名专家、学者进行专项汇报，内容涉及 2015 年度青铜时代、早期铁器时代考古文化研究等方面。会议主题是交流总结年度工作、分享考古收获和学术研究成果；探讨新疆、中亚及丝路重点和难点问题；加强不同领域、学科间的交流合作。

（索　琼　巴姗姗）

【“安徽省考古学会第九次会员代表大会暨第十二次年会”在合肥市召开】

2016 年 2 月 26～27 日，“安徽省考古学会第九次会员代表大会暨第十二次年会”在安徽省合肥市召开，省政协常委、文史资料委员会副主任、学会名誉理事长陆勤毅，省文物局局长何长风，副局长张媛媛，省社联学会处主任李井伍等人出席了会议开幕式。省直文博单位及有关科研单位、高校，以及各地市县基层文博单位的会员代表约 160 人参加了会议。名誉理事长陆勤毅、省文物局局长何长风分别在开幕式上讲话。

陆勤毅在会上回顾了学会成长历程，肯定了 30 多年来安徽省考古工作取得的显著成绩，并指出在当前打造文化强省的背景下，任重道远，发掘资料要及时整理报告，加强安徽历史文化的深入研究，使我们研究水平达到新的高度。何长风对学会下一步发展提出了四点希望，一是深化安徽考古学研究，加强考古调查，利用世界考古科学前沿方法，加强研究；二是加强安徽地域文化研究，开辟新境界；三是促进文化遗产的保护，为科学保护提供技术支撑；四是服务社会，考古学要做好普及化，继续开展公众考古，促进学会的发展。

会议分为换届选举和考古学术交流两大主题进行。李虹理事长向大会做了《第八届理事会工作汇报》，大会审议通过了《安徽省考古学会章程》《安徽省考古学会会费交纳标准与管理办法》，选举产生了第九届理事会和常务理事会。选举安徽省文物考古研究所所长李虹担任考古学会第九届理事会理事长；选举安徽省文物考古研究所副所长宫希成、安徽省文物局文物处处长杨益峰，安徽省文物考古研究所研究员吴卫红、王峰担任副理事长；安徽省文物考古研究所研究员叶润清担任秘书长；安徽省文物考古研究所副研究员程蓓、姚政权、张辉担任副秘书长。之后，会议邀请了10位专家学者做了大会学术交流。

（程　蓓）

【“鲁西南及周边区域夏商时期的文化与环境学术研讨会”在定陶县召开】

2016年3月25～26日，“鲁西南及周边区域夏商时期的文化与环境学术研讨会”在定陶县召开。此次研讨会由山东省文物考古研究所、菏泽市文广新局、定陶县人民政府主办，来自中国社会科学院考古研究所、中国国家博物馆、北京大学、山东大学等多所科研机构的70多名学者参会。与会专家实地参观了定陶十里铺北遗址，考察了十里铺出土器物标本和定陶汉墓。会议邀请王巍、徐光冀、李伯谦先生致辞，共有28位学者围绕鲁西南及周边区域新石器时代晚期至夏商时期的考古学文化、历史地理和环境变迁等内容做了专题报告，会后请栾丰实、赵辉、刘绪先生总结发言。

与会专家一致认为，鲁西南及周边区域是各种文化力量交汇的重要地区，而十里铺北遗址是了解本地文化面貌的重要遗址，对深入探讨以岳石文化为代表的东方势力在夏商文明形成期所扮演的角色，以及研究夏商时期东西方势力的互动、融合过程具有重要价值。

（梅圆圆　曹　军）

【“文化遗产保护与研究学术研讨会”在山东大学召开】

2016年4月3日，在教育部科技司支持下，山东大学举办了“文化遗产保护与研究学术研讨会”，山东大学校长张荣，国家文物局副局长宋新潮，山东省文物局局长谢治秀，教育部科技司副司长高润生出席会议并讲话。在研讨会上，吉林大学边疆考古研究中心主任朱泓教授、西北大学文化遗产学院院长陈洪海教授、四川大学历史文化学院院长霍巍教授、南京大学历史学院副院长水涛教授、北京大学考古文博学院副院长孙庆伟教授和山东大学历史文化学院院长方辉教授分别就各自学校的文化遗产保护与研究情况及未来发展进行了汇报交流。与会专家还就《文化遗产保护与研究中国高校联盟章程》《成立文化遗产保护与研究中国高校联盟倡议书》有关内容进行了讨论，并对文化遗产保护与研究中国高校战略联盟的成立达成初步共识。

（李　力　杨琳琳）

【“东南考古发展论坛”在厦门大学召开】

2016年4月16日“东南考古发展论坛”在厦门大学历史系召开，共有来自国内文博科研机构40余名代表与会。东南考古学术发展与厦门大学考古学科建设是此次论坛的两大主题。与会代表认为林惠祥教授奠定的面向东南与东南亚、面向海洋、与人类学结合的三大传统是东南考古学术发展所必须坚持的学术取向。厦门大学考古学科要高度重视实习基地建设，为东南文博事业输送更多优秀人才。

（王华芹　王新天）

【“一带一路”沿线国家文化遗产保护交流合作论坛在西安市举办】

2016年5月13日，由国家文物局、陕西省人民政府主办的“一带一路”沿线国家文化遗产保护交流合作论坛在西安举办，其间，由陕西省考古研究院、西北大学文化遗产学院承办的“考古与文物保护分论坛”同期举办。来自韩国、日本、俄罗斯、乌兹别克斯坦等6个丝路沿线国家和陕西历史博物馆、汉阳陵博物馆、西北大学文化遗产学院等文物考古机构的专家学者共80余名代表参加了论坛研讨，共商“一带一路”沿线国家考古与文物保护事业，展开交流合作。

陕西省考古研究院分别与日本奈良县立橿原考古学研究所签署了友好交流合作协议，与乌兹别克斯坦共和国科学院签署了考古调查、学术研究合作协议；与哈萨克斯坦共和国依赛克古墓博物馆签署了依赛克古墓群与长安丝绸之路陵墓制度对比研究合作协议；与韩国庆州文化财研究所再次确认了进行“中韩古代文化遗产研究”合作交流的相关事宜，并交换了双方签字的合作协议；与俄罗斯圣彼得堡国立博物馆签署了“关于雷列赫遗产保护公约翻译合作以及雷列赫在中国考古调查资料研究合作”协议。

在论坛上，哈萨克斯坦依塞克古墓博物馆馆长穆赫塔洛娃·古丽米拉先生以“丝绸之路上的哈萨克斯坦古城”为题、乌兹别克斯坦共和国科学院考古研究所考古部主任阿纳尔巴耶夫·阿卜杜拉哈米帝江以“丝绸之路上的费尔干纳——东西方人文交流与贸易”为题，西北大学文化遗产学院梁云教授以“秦与西戎考古发现与研究”为题、张建林研究员以“唐代帝陵考古方法与遗址保护”为题分别做了演讲。俄罗斯圣彼得堡国立博物馆副馆长蔑利尼科夫·弗拉基米尔还介绍了圣彼得堡国立博物馆概况、雷列赫先生的生平事迹分以及与省考古研究院进行合作研究的概况。演讲之后，与会学者进行了互动交流。

【“首届中欧建筑考古国际研讨会”在北京大学举办】

2016年5月13～15日，“首届中欧建筑考古国际研讨会”（教外司际〔2015〕2008号）在北京大学成功举办。会议由北京大学考古文博学院、北京大学中国考古学研究中心和比利时鲁汶大学工学院、鲁汶大学雷蒙德·勒迈尔国际保护中心联合发起，与中国建筑设计研究院有限公司、清华大学建筑学院和中国社会科学院考古研究所等国内知名学术机构合办。会议筛选出来自中国、比利时、德国等国的数十名学者提交的论文进行现场发表，吸引了各界学者与相关从业人员500余人次到场参会。为期3天的主论坛分11场演讲和讨论，跨越建筑史、考古学、艺术史等学科，发表论文37篇。4场青年论坛计发表论文32篇。另外中国建筑设计研究院还举办一场分论坛，由鲁汶大学资深考古学家详细介绍了欧洲建筑考古学家对建筑遗址从发掘到保护、展示等各方面的系列成果。

【“考古学、人类学与古动物学国际高端论坛”在重庆师范大学召开】

2016年5月15日，“考古学、人类学与古动物学国际高端论坛”在重庆师范大学大学城校区召开。论坛由重庆师范大学主办，重庆师范大学历史与社会学院、重庆市文化遗产研究院承办。巫山文化委员会、四川美术学院影视动画学院、巫山博物馆、开县博物馆、云阳博物馆协办。俄罗斯科学院西伯利亚分院、俄罗斯教育创新大学、俄罗斯远东国立大学、韩国史前文化研究院、韩国汉阳大学、比利时列日大学、吉林大学、西北大学、重庆师范大学、四川美术学院、重庆市文物局、重庆市文化遗产研究院、重庆中国三峡博物馆、江津区陈独秀旧居陈列馆等国内外多所高校及文博科研机构的专家学者30余人参加了会议。论坛围绕亚洲地区人类起源、旧石器时代考古、考古学中的跨学科交叉研究、实验室高端技术在文物研究中的应用、水库库区考古等内容进行讨论交流。

【“第二届丝绸之路考古与文物保护国际学术讨论会”在南京大学举行】

2016年5月20～22日，南京大学举办了“第二届丝绸之路考古与文物保护国际学术讨论会”。这是欧亚大陆—太平洋大学联盟牵头，由南京大学和维也纳应用艺术大学与奥地利考古研究所联合主办的学术会议。来自奥地利、俄罗斯、伊朗、德国及国内多个高校和研究机构的学者和学生70多人参与了此次会议。此次会议的组织者张良仁教授和Krist教授有意识召集了上述各国的考古学家和文物保护专家，其目的在于打破地域和学科壁垒，进一步拓宽学术合作的空间。过去由于政治原因，俄罗斯、伊朗学者很少参与丝绸之路国际会议，此次会议邀请到了两国的学者，让他们有机会与欧美和我国学者相聚一堂，交流各自的研究成果，并且讨论学术合作。

（张良仁）

【“首届中国考古学大会动物考古专业委员会2016年年会暨第七届全国动物考古学研讨会”在郑州市召开】

2016年5月21～22日，由中国考古学会主办，河南省文物考古研究院、中国考古学会动物考古专业委员会、国家文物局动植物重点科研基地联合承办的“首届中国考古学大会动物考古专业委员会2016年年会暨第七届全国动物考古学研讨会”在郑州市召开。来自全国22家高等院校、科研院等学术机构的40位学者参加了此次研讨会。在为期两天的会议中，共有22位专家学者进行了口头汇报和壁报展讲。与会人员从各自的研究成果出发，对遗址出土动物遗存鉴定、家畜起源与饲养、古代动物祭祀等进行了面对面的交流和探讨。

【“故宫考古新发现汇报会暨古建专家座谈会”在故宫博物院召开】

2016年6月24日，由故宫博物院考古研究所主办的“故宫考古新发现汇报会暨古建专家座谈会”在故宫博物院建福宫敬胜斋举行。参会人员包括故宫博物院古建专家及故宫博物院考古研究所成员。故宫博物院考古研究所所长李季表示，故宫考古重视与其他学科的合作，故宫内考古采取“微创手术”方式，同时考古所会以不影响紫禁城的整体风貌为前提，采取可逆的遗迹保护与展示措施。

会议还报告了2014～2016年故宫院内考古发掘成果，包括：故宫南大库消防管道改造抢救性考古发掘、南三所门外电力增容管线工程发掘、东城墙基考古发掘、宝蕴楼修缮工程工地等考古发掘工作。

【“三星堆与世界上古文明暨纪念三星堆祭祀坑发现三十周年国际学术研讨会”在广汉市召开】

2016年7月18～19日，由四川省文物考古研究院、四川广汉三星堆博物馆、中国社会科学院考古研究所、北京大学中国考古学研究中心和中国殷商文化学会共同主办的“三星堆与世界上古文明暨纪念三星堆祭祀坑发现三十周年国际学术研讨会”在广汉市隆重召开。来自美国哈佛大学、加州大学洛杉矶分校、旧金山亚洲艺术博物馆、英国牛津大学、香港中文大学、台湾“中央研究院”历史语言研究所及中国社会科学院考古研究所、陕西省考古研究院、三星堆博物馆、北京大学、四川大学等单位约150名专家学者参加了会议。会议共收到论文近40篇，收入即将出版的会议论文集中，议题涉及三星堆遗址的考古新发现与研究、古蜀文明研究新进展、国内外考古新发现与研究及其与古蜀文明的比较研究等。

（万　娇）

【“早期石城和文明化进程——中国陕西神木石峁遗址国际学术研讨会”在神木县召开】

2016年8月16～19日，“早期石城和文明化进程——中国陕西神木石峁遗址国际学术研讨会”在石峁遗址所在地——陕西神木举办，此次会议由陕西省文物局、榆林市人民政府联合主办，陕西省考古研究院、神木县人民政府、美国斯坦福大学承办，国家文物局副局长宋新潮、陕西省文物局局长赵荣、榆林市长尉俊东等各级领导出席，会议由陕西省考古研究院院长王炜林主持。

此次会议共有近150名专家学者参会，分别来自中国社会科学院考古研究所、中国国家博物馆、台北“故宫博物院”，湖北、浙江等省（自治区）共33个科研院所，北京大学、香港中文大学等15所国内高校，英国牛津大学、美国斯坦福大学等11所国外高校院所。

开幕式上，国家文物局宋新潮副局长和陕西省文物局赵荣局长、中国考古学会副理事长赵辉教授分别为此次会议致辞。陕西省考古研究院副院长、石峁考古队队长孙周勇博士、英国牛津大学罗森爵士（Jessica Rawson）、剑桥大学李约瑟研究所梅建军教授、北京大学吴小红教授、陕西省文化遗产研究院周萍院长分别就石峁遗址的田野考古和研究、石峁在中原地区边缘地带的作用、石峁遗址出土铜器和铸铜遗物、石峁遗址的测年、石峁遗址的保护规划和展示利用做了主题发言。开幕式后，各位专家学者分别就城址考古、聚落考古、类型学、玉器、天文考古、欧亚草原的文化互动等议题进行了分组讨论。

此次以“早期石城和文明化进程”为主题的石峁遗址国际学术研讨会是对2012年以来神木石峁遗址考古发掘的全面总结与学术研讨。

【“丝绸之路文物保护科技研讨会暨全国第十四届考古与文物保护化学学术研讨会”在兰州市召开】

2016年8月16～17日，“丝绸之路文物保护科技研讨会暨全国第十四届考古与文物保护化学学术研讨会”在兰州市召开。研讨会由中国化学会应用化学委员会和考古与文物保护化学委员会联合主办，甘肃省文物考古研究所、秦始皇帝陵博物院、陶质彩绘文物保护国家文物局重点科研基地共同承办。来自全国16个省（市）54个家文博单位以及北京大学、中国科技大学、西北大学等高等院校的110余位代表参加会议。

此届研讨会主题是：丝绸之路上的古遗址保护、实验室考古发掘、不同材质的可移动文物保护与修复。中国科技大学教授龚德才、西北工业大学教授杨军昌、湖北省博物馆研究员李玲、中国社会科学院副研究员梁宏刚分别做了“文物保护现状与发展趋势”“隋炀帝萧后冠实验室考古与保护”“叶家山西周早期墓地出土尊的价值提示与价值保护”“考古现场出土文物清理与保护的实践与探索”的主题发言，22位会议代表围绕馆藏文物保护技术、田野考古、实验室考古等方面取得的研究成果进行了交流发言。会议提交论文77篇，研究范围涵盖了壁画、陶瓷、竹木漆器等多个门类。

（谢欣茜　邓天珍）

【“2016·首届国博遥感考古年会”在中国国家博物馆召开】

2016年9月18～19日，中国国家博物馆、中国资源卫星应用中心、东南大学建筑学院联合主办，中国国家博物馆遥感考古研究中心承办的“2016·首届国博遥感考古年会”在中国国家博物馆召开。会议主题为“遥感考古与古代城市研究”，旨在解析新出遥感技术、促进遥感数据在考古学研究领域和古城等大遗址保护方面的应用。来自国内外考古研究机构的40名学者参加了会议，与会学者在激光雷达、超长航时及大载荷无人机遥感系统、国产陆地观测卫星数据应用等方面发表了演讲，并赴中国资源卫星应用中心，参观了中心展室及多星综合运管大厅。

（李 刚）

【“淮河中下游地区的龙山时代学术研讨会”在宿州市召开】

2016年9月19～20日，由中国考古学会新石器时代考古专业委员会、安徽省文物考古研究所、宿州市文化局、宿州市博物馆联合主办的“淮河中下游地区的龙山时代”学术研讨会在宿州市召开。来自中国社会科学院考古研究所、中国国家博物馆、文物出版社等单位的专家学者60余人参加了此次学术研讨会。

此次会议分开幕式、参观展览、大会发言和自由讨论四个环节。开幕式上，安徽省文物局副局长张媛媛、宿州市政府副秘书长李华民先后致辞，山东大学栾丰实教授做了“龙山文化研究的几个问题”主题报告。开幕式后，专家学者集中参观了宿州芦城孜、杨堡等遗址考古成果展。

大会发言共有14位学者汇报了各自工作研究情况，田野考古工作有固镇南城孜、淮阳平粮台等项目，研究内容有芦城孜新石器遗存分析、淮河中游龙山文化阶段分析等。

【“梁思永先生纪念座谈会”在故宫博物院召开】

2016年9月21日，梁思永先生纪念座谈会暨《思文永在——我的父亲考古学家梁思永》首发式在故宫博物院建福宫敬胜斋举办。会议由故宫博物院考古研究所、中国社会科学院考古研究所、故宫出版社共同主办。

座谈会上，张忠培先生、故宫博物院单霁翔院长、中国社会科学院考古研究所王巍所长、故宫博物院常务副院长王亚民、《思文永在——我的父亲考古学家梁思永》作者梁柏有先生、梁思成女儿梁再冰女士分别发言。

来自中国社会科学院考古研究所、中国文化遗产研究院、国家文物局水下文化遗产保护中心，以及安阳、黑龙江等地的省市考古研究所、中国国家博物馆、北京大学的20余位考古学领域的专家学者相继发言，追忆梁思永先生。大家结合本地的考古工作，学习探讨先生的思想与理论。

（唐雪梅）

【“早期丝绸之路与东西文化交流国际学术研讨会暨中国考古学会丝绸之路考古专业委员会成立大会”在银川市与固原市召开】

2016年9月22～25日，由宁夏回族自治区文物考古研究所、吉林大学边疆考古研究中心、中国考古学会丝绸之路考古专业委员会联合举办的“早期丝绸之路与东西文化交流国际学术研讨会暨中国考古学会丝绸之路考古专业委员会成立大会”在宁夏银川市、固原市召开。来自中国（包括台湾地区）、日本、美国等高校、科研院所及文博单位的80余位专家学者参加了会议。

中国考古学会丝绸之路考古专业委员会成立会，由中国社会科学院考古研究所安家瑶主持，中国考古学会常务理事焦南峰代表中国考古学会与会。会上选举产生了中国考古学会丝绸之路考古专业委员会的组织机构，安家瑶研究员当选首届主任委员，宁夏回族自治区文物考古研究所罗丰当选常务副主任委员。委员会由国内丝绸之路考古领域的专家学者60余人组成。与会委员认真深入地讨论制定了《中国考古学会丝绸之路考古专业委员会工作条例》，并对专业委员会今后的工作提出展望。

“早期丝绸之路与东西文化交流国际学术研讨会”主要议题有：早期丝绸之路

上的重要考古新发现与新认识，早期丝绸之路上的古代文化、生业与环境等。吉林大学边疆考古研究中心林沄、台湾“中央研究院”历史语言研究所王明珂、北京大学李零、日本奈良县立橿原考古学研究所菅谷文则，分别做了“再谈丝路开通之前新疆的交通路线”“国家边界与边界跨越”“图说瑞兽和中国艺术中的狮虎形象”“日本へのソグド人の来航”的主题发言。之后，近30位中外学者发表了精彩的学术讲演，内容包括欧亚草原从旧石器时代至秦汉时期的文化交流，还涵盖了金属器传播等最新的科技考古研究成果。会议共收到学术论文29篇。

（王 琨）

【“早期铜冶金的技术与社会研究2016·中国（铜陵）青铜文化论坛”在铜陵市召开】

2016年9月23～25日，“早期铜冶金的技术与社会研究——2016·中国（铜陵）青铜文化论坛”在铜陵市顺利召开。会议由北京大学中国考古学研究中心、长江流域矿冶考古联盟、安徽省文化厅、铜陵市人民政府主办，由安徽省文物考古研究所、铜陵市文化和旅游委员会承办。来自中国社会科学院考古研究所、北京大学、中央民族大学、南京大学、湖北省文物考古研究所、湖南省文物考古研究所、安徽省文物考古研究所、牛津大学等30多家单位70余名国内外学者参加了会议。

开幕式上铜陵市委副书记、市长倪玉平致欢迎词。安徽省委宣传部原副部长、省政协文史委副主任陆勤毅、中国社会科学院考古研究所所长、中国考古学会理事长王巍先后做了讲话。开幕式后，与会代表在铜陵市博物馆参加了“安徽省矿冶考古研究中心”揭牌仪式，并参观了铜陵博物馆、铜陵建市60周年成果展。此次论坛共有24位学者围绕早期铜冶金技术的发展与生产组织、长江流域早期铜冶金遗存的发现与研究、青铜文化研究新成果新进展3个议题做了大会发言。最后，夏商周断代工程首席科学家、北京大学教授李伯谦先生做了大会总结。

【“古代华南与东南亚：人群迁徙与科技、文化交流”学术研讨会在中山大学举行】

2016年9月29日，由中山大学人类进化与科技考古实验室举办的“古代华南与东南亚：人群迁徙与科技、文化交流”学术研讨会在中山大学南校区（广州）举行。研讨会旨在从多角度探讨古代华南与半岛东南亚等地之间的人群迁徙及科技、文化交流等问题。50余位来自国内一些高校、科研机构及马来西亚的考古学、科技考古、考古人类学等学者参加了研讨会，其中，有20位与会者做了报告。

（刘文锁）

【第二届“文化·族群·社会——黑龙江流域考古学术研讨会”在抚远市和饶河县召开】

2016年10月13～17日，由黑龙江大学历史文化旅游学院和黑龙江省文物考古研究所共同举办的第二届“文化·族群·社会——黑龙江流域考古学术研讨会”在黑龙江省抚远市和饶河县成功召开。来自俄罗斯阿穆尔州文化遗产保护中心、中国文化遗产研究院、吉林大学的50余名专家学者出席了会议。此次会议围绕黑龙江流域新石器时代考古和高句丽、渤海考古等问题做了专题报告。会议期间，与会学者参观了抚远亮子油库遗址的发掘现场并观摩了出土遗物。随后，与会代表考察了饶河大板、渔丰和小南山遗址，并就小南山遗址及乌苏里江流域文化遗产发掘与保护问题进行了座谈。

【“2016国际动物考古协会理事会暨全球发展与中国视角动物考古学术研讨会”在郑州市召开】

2016年10月14～16日，由河南省文物局主办，河南省文物考古研究院承办的“2016国际动物考古协会理事会暨全球发展与中国视角动物考古学术研讨会”在郑州市召开。会议聚集了来自美国、加拿大、墨西哥、阿根廷、法国、德国、瑞典、土耳其、南非、澳大利亚、日本、印度和中国这13个国家的44位动物考古学者，其中18位是国际动物考古协会理事。

研讨会主要围绕以下8个主题展开讨论。一是区域动物考古学综述性研究。二是动物考古数据共享平台建设及数据模型应用。三是稳定同位素和古DNA分析。四是动物埋藏和随葬现象研究。五是关于古代动物屠宰技术和骨器制作的研究。六是对某遗址或地区的动物遗存的综合性研究。七是对某遗址或地区的特定动物种类的研究。八是对古代人类以动物为原型的艺术创作的研究。

（摘编《中国文物报》2016年11月18日）

【“第十届国际音乐考古大会”在湖北省博物馆举行】

2016年10月22～24日，“第十届国际音乐考古大会”在湖北省博物馆举行。此次大会由湖北省博物馆、德国考古研究院、中国博物馆协会乐器专业委员会、国际音乐考古学会联合主办。此次大会的主题为“人类学视野下的音乐考古”，来自世界各地的考古学家、音乐学家，就“音乐文物研究、声学与声景、音乐人类学”等话题展开研讨。湖北省博物馆馆长方勤，韩国汉阳大学教授东亚音乐考古学会会长权五圣，国际音乐考古学会专员、德国考古研究院院长里卡多·艾希曼以及来自中国、法国等17个国家和地区的100多名考古学家、音乐学家参加了会议。此次会议通过了《东湖宣言》宣言。

【“第六届黄淮七省考古论坛与西北五省一校考古联席会议”在西安市举办】

2016年10月25～26日，由陕西省文物局主办，陕西省考古学会和陕西省考古研究院承办的“第六届黄淮七省考古论坛与西北五省一校考古联席会议”在西安举办。来自安徽、江苏等十一个省区的文物局、考古院（所）、博物馆以及西北大学文化遗产学院、中国社会科学院考古研究所、北京大学文博学院等高校代表共计120余人参加此次会议，探讨了从聚落到城市的大遗址考古理念，分享丝绸之路沿线考古发现与研究的最新成果，深入研讨开展多领域广泛合作的模式。

国家文物局文物保护司唐炜副司长、陕西省文物局周魁英副局长、山西省文物局刘正辉副局长等出席论坛开幕式。开幕式由省考古研究院王炜林院长主持。论坛学术演讲分为“史前商周”和“秦汉隋唐”两组进行。各省区考古机构负责人介绍了近年本省考古调查与发掘、文物保护科技等方面的工作内容与收获。会议还特意组织了“青年考古学者论坛”，来自江苏、宁夏等省区的10位青年学者介绍了各自的考古发现与研究成果，涉及旧石器、新石器、商周、秦汉、隋唐、宋元明各个时期的遗址、墓葬的发掘、保护和研究等。

此次“黄淮七省考古论坛与西北五省一校考古联席会议”为各省区之间开展学术交流、跨区域合作、资源整合提供了一个重要平台。

【“东亚牙璋学术研讨会”在郑州市召开】

2016年10月31日，由香港中文大学中国考古艺术研究中心、北京大学中国考古学研究中心主办，郑州市文物考古研究院承办的“东亚牙璋学术研讨会”在郑州市隆重召开。

中国社会科学院考古研究所所长王巍所长就“东亚牙璋学术研讨会”的缘起、意义致辞。此外，著名玉器研究专家、故宫博物院研究员杨伯达，夏商周断代工程首席专家，北京大学考古文博学院教授李伯谦，河南省文物局副局长马萧林，郑州市人民政府办公厅副主任张晓英，香港中文大学中国古代艺术研究中心主任邓聪，北京大学考古文博学院副院长孙庆伟，郑州市文物考古研究院院长顾万发等人出席了开幕式。开幕式由郑州市文物局党委书记、局长任伟主持。两天时间内，共有30多位专家、学者发言。

【“保护与传承视野下的鲁文化学术研讨会”在曲阜市召开】

2016年11月10～12日，“保护与传承视野下的鲁文化学术研讨会”在曲阜市召开。此次会议由山东省文物考古研究所、曲阜市文物局、曲阜师范大学历史文化学院共同主办。来自中国社会科学院考古研究所、中国社会科学院历史研究所、陕西省文物考古研究院、山东博物馆等文博单位以及北京大学、中国人民大学、首都师范大学等高校的专家、学者，以及来自日本岩手大学的国际友人以及山东省文物局及部分地市文博工作者等百余人参加此次会议。

此次会议主题有鲁故城发现与研究；鲁文化发现与研究；鲁国及周边古国研究；鲁文化与周边文化关系研究；周代都城研究；大遗址与国家考古遗址公园相关研究；孔子、儒学及传统文化研究。与会代表考察参观曲阜鲁故城考古发掘现场与出土标本、鲁故城国家考古遗址公园、曲阜及周边区域鲁文化陶器陈列，还参观三孔古建筑群及孔子研究院。此次会议拟在2017年出版会议论文集。

（赵国靖　刘延常　韩　辉）

【“山西2016年隋唐宋金重要考古发现专家会”在太原市召开】

2016年11月13日，由山西省考古研究所、中国考古学会宋辽金元专业委员会、太原市文物考古研究所联合举办的“山西2016年隋唐宋金重要考古发现专家会”在太原市召开。特邀请省内外考古专家学者30余人主要就晋阳古城、蒲州故城、河津固镇瓷窑址三个地点2016年的考古新发现进行专题讨论，同时也将最新考古发掘成果与社会分享。会议由山西省考古研究所王万辉所长主持，首先由晋阳古城、蒲州故城、河津固镇瓷窑址三个地点的发掘领队汇报2016年发掘成果。然后，出席会议的专家代表先后发言，他们立足其研究领域通过不同角度对汇报的三个遗址的考古工作进行了评议，并对未来的工作提出了各自的建议。

（陈　鑫）

【“内陆欧亚草原东段的古代岩画遗存国际学术报告会暨图书编纂交流会”在大连市召开】

2016年11月13～15日，辽宁省红山文化与中华文明协同创新中心、辽宁师范大学历史文化旅游学院、辽宁师范大学出版社共同筹办的“内陆欧亚草原东段的古代岩画遗存国际学术报告会暨图书编纂交流会”在大连市召开。

出席此次会议的学者有蒙古国成吉思汗大学校长、蒙古国考古学会会长拉哈拉苏荣教授，俄罗斯阿穆尔州国立大学历史与宗教理论研究专家、俄罗斯科学院西伯利亚分院考古与民族学科带头人、《宗教学》杂志主编安德烈·帕夫洛维奇·扎比雅科教授，中国社会科学院考古研究所贾笑冰副研究员，大连大学王禹浪教授，大连民族大学黑龙教授、红山文化与中华文明协同创新中心田广林教授、徐昭峰教授等。《草原丝路文明的历史见证——内陆欧亚草原东段的古代岩画遗存》图书的编者与著作者就该套丛书的相关问题进行讨论，成功地完成了该套丛书启动阶段的工作。此项目具有国际视野和填补空白的学术价值。

其间，拉哈拉苏荣校长与安德烈教授还为辽宁师范大学历史文化旅游学院师生做了题为“蒙古岩画研究”和“西伯利亚与东亚岩画”的学术报告。

（徐昭峰　田　野）

【首届“文物考古领域中的可视化技术”交流会在吉林大学召开】

2016 年 11 月 18 ~ 20 日由吉林大学边疆考古研究中心主办，吉林省文物考古研究所和吉林大学文学院协办的首届“文物考古领域中的可视化技术”交流会在吉林大学召开。来自中国社会科学院考古研究所、中国社会科学报、中国人民大学、辽宁省文物局、辽宁省文物考古研究所、吉林省文物考古研究所等科研院所及相关单位的 40 余位代表参加了此次会议。大会开幕式由吉林大学边疆考古研究中心井中伟教授主持，吉林大学边疆考古研究中心主任朱泓教授、吉林省文化厅副厅长兼省文物局局长金旭东研究员分别致辞。

此次会议分为主题报告和讨论交流两种形式，共有 12 位代表就文物考古领域中可视化技术的理论与方法、应用与实践等方面作主题报告，其他与会代表围绕报告内容进行了热烈讨论。吉林大学边疆考古研究中心井中伟教授主持闭幕式，并做会议总结。

【“《两城镇 1998 ~ 2001 年发掘报告》首发式暨中国 · 日照龙山文化学术研讨会”在日照市举行】

2016 年 11 月 19 ~ 21 日，由山东大学、山东省文物局和日照市人民政府共同主办的“《两城镇 1998 ~ 2001 年发掘报告》首发式暨中国 · 日照龙山文化学术研讨会”在日照市举行。国家文物局文保司考古处副处长王铮、山东省文物局副局长周晓波、日照市人民政府副市长郇梅在开幕式上致辞，并对两城镇发掘报告的出版表示祝贺。山东大学历史文化学院院长方辉主持开幕式。耶鲁大学人类学系文德安（Anne Underhill）教授、台湾“中央研究院”历史语言研究所李匡悌教授、北京大学考古文博学院赵辉教授等来自海内外著名高校和科研机构的 80 余位专家学者参加会议。

开幕式之后，山东大学栾丰实教授、于海广教授、靳桂云教授、方辉教授和文德安教授还分别就两城镇考古的各项工作进行大会主题发言。来自海内外的参会学者还就龙山文化的区域研究、社会形态和文明演进等一系列学术问题进行深入探讨。

（王　芬）

【“上山文化命名十周年暨农业起源国际学术研讨会”在浦江县召开】

2016 年 11 月 22 ~ 23 日，“上山文化命名十周年暨农业起源国际学术研讨会”在浦江县召开，来自中国、美国、加拿大等 7 个国家的数十名专家参加了此次会议。会议达成以下几点学术共识：第一，上山文化遗址聚落群是中国境内乃至东亚地区迄今发现的规模最大、分布最为集中的早期新石器时代遗址群。第二，上山文化分为早、中、晚三大期，早期年代上限距今 10000 多年，中期年代距今约 9000 年，晚期年代距今约 8500 年。第三，上山文化最为重要的发现是早期稻作遗存，上山文化的先民已经开始稻作耕种实践，以金衢盆地为中心的钱塘江流域应该是稻作农业的重要起源地。第四，上山文化遗址群内普遍发现环壕、房址等遗迹现象，由此判断上山文化时期已经出现了最早的农业社会和初级村落。第五，上山文化需要制定更加全面的考古规划，同时也要加大对上山文化遗址群的保护力度。

【“良渚遗址发现八十周年学术研讨会”在杭州市召开】

2016年11月24～26日，“良渚遗址发现八十周年学术研讨会”在杭州市召开，此次会议由浙江省文物局、余杭区政府、杭州良渚遗址管理区管理委员会主办，浙江省文物考古研究所、良渚博物院、余杭博物馆联合承办，来自60余家考古文博单位、高校、新闻媒体的150余位代表参加了此次会议。

【“陶器研究：技术、经济与社会学术研讨会”在北京紫玉饭店举行】

2016年11月26日，由首都师范大学历史学院主办的“陶器研究：技术、经济与社会学术研讨会”在北京紫玉饭店举行。来自北京大学、山东大学等高校和中国社会科学院考古研究所、中国科学院地理科学与资源研究所、中国科学院地质与地球物理研究所、北京市文物研究所、中国文物报社等多家考古文博科研机构的专家学者和研究生100余人出席了此次会议，其中24人在会上做专题报告。此次会议聚焦新石器化进程中的早期陶器，与会学者围绕早期陶器的发现与研究、方法与认识两个主题展开热烈讨论。

（王　涛）

【“城市考古与考古遗产保护学术研讨会”在广州市举行】

2016年11月26～27日，由广州市文物考古研究院主办的“城市考古与考古遗产保护学术研讨会”在广州市召开。国内20余家省、市考古单位代表和城市考古领域知名专家、学者近80人参加会议。广州市人民政府副秘书长张建华、广东省文物局局长龙家有与会致辞，国家文物局宋新潮副局长在会上做重要讲话。

中国社会科学院考古研究所刘庆柱学部委员、北京大学考古文博学院杭侃院长分别以“城址考古的意义及保护策略”“地铁建设与城市考古工作的协调发展”为题做专题报告。洛阳、郑州等市考古单位代表分别介绍了当地近年来城市考古与考古遗产保护成绩和经验。与会代表围绕古城考古的发现与探索、新形势下城市考古面临的问题和对策等议题进行了热烈的交流探讨。

（穗文考）

【“石器研究：新发现、新思考、新进展”学术研讨会在北京紫玉饭店举行】

2016年11月27日，首都师范大学历史学院主办的“石器研究：新发现、新思考、新进展”学术研讨会在北京紫玉饭店举行。来自北京大学、香港中文大学等高校师生，和中国科学院古脊椎动物与古人类研究所、中国社会科学院考古研究所、新疆维吾尔自治区文物考古研究所等科研院所共百余位师生参加此次会议。石器研究是当今全球考古学的重要研究领域，此次会议吸引了学界的广泛关注，会议当天共24位学者发表学术报告，另有多位专家参与讨论，各位与会学者围绕“石器研究”从石器新发现、石器研究新思考、石器技术研究、石器微痕研究共四个专题展开报告与讨论，其中部分论文将以专栏形式在《南方文物》上发表。

（陈宥成　钱益汇）

【“国家文物局生物遗存采样及实验室操作系列标准培训班”在兰州市举办】

2016年12月5～10日，“国家文物局生物遗存采样及实验室操作系列标准培训班”在兰州市举办，来自全国27个省、自治区、直辖市的67家考古院所、博物馆及高等院校的100多名学员参加了培训。

此次培训班由国家文物局主办，中国社会科学院考古研究所和甘肃省文物考古研究所承办。采用专家授课、现场研讨、实践操作和遗址现场教学相结合的培训方式，重点对生物遗存采样及实验室操作系列标准基础知识、^{14}C年代测定考古样品采集和实验室操作规范、动植物遗存采样和实验室操作规范等相关知识进行了讲解。

（潘玉灵）

【“曾国考古发现与研究暨纪念苏家垄出土曾国青铜器五十周年国际学术研讨会”在京山县召开】

2016年12月16～19日，在湖北省京山县召开了“曾国考古发现与研究暨纪念苏家垄出土曾国青铜器五十周年国际学术研讨会”。此次会议由中国考古学会两周考古专业委员会、湖北省文物考古研究所、湖北省博物馆、北京大学震旦古代文明研究中心、清华大学出土文献研究与保护中心、武汉大学青铜文明研究中心共同主办，京山县文化体育与新闻出版局承办。来自全国各研究机构、高校和中国香港、中国台湾地区以及美国的中外学者百余人参会。会议提交的47份论文，涉及曾国考古发现、曾国政治中心及变迁、曾国出土器物研究等。

【“2016年度浙江重要考古发现公众分享会”在杭州市西湖博物馆举办】

2016年12月17日，“2016年度浙江重要考古发现公众分享会”在杭州市西湖博物馆举办。分享会由浙江省考古学会主办，浙江省文物考古研究所承办，杭州市文物考古研究所、宁波市文物考古研究所等单位协办。继2015年度浙江重要考古发现公众分享会成功举办后，2016年的分享会吸引来更多全省各地的普通民众，分享会就“王城探秘——良渚古城城内的发掘”“发现秘色瓷——上林湖后司岙”“向东是大海——宁波大榭遗址Ⅰ期考古成果概览”“雾城故事——温州苍南海防城址勘探”四个项目为公众做了考古成果分享，现场座无虚席，观众积极响应、主讲热心解答，省考古所刘斌所长做了总结发言。

【“中国早期历史发展道路与各地文明化进程特点”高峰论坛在重庆师范大学召开】

2016年12月17～18日，“中国早期历史发展道路与各地文明化进程特点”高峰论坛在重庆师范大学大学城校区召开。论坛由《历史研究》编辑部、重庆师范大学中国古代文明与国家起源研究中心、中国殷商文化学会主办，重庆师范大学历史与社会学院承办。中国社会科学院、《历史研究》编辑部、中国人民大学、吉林大学、上海大学及重庆师范大学等高校和科研机构的专家学者十余人参加会议。

论坛上，王震中研究员做了题为“商周之变与从帝向天帝合一转变的缘由”的报告。李禹阶教授、常云平教授做了题为“史前宗教、礼与文明起源中的政、教关系”的报告。王子今教授从交通史的视角对早期国家进行了考察。谢维扬教授深入讨论了中原王朝政治形成对中国早期历史进程的影响。杨建华教授分析了两河流域走向城邦的历程。易建平利用限制理论探讨了史前中国政治演进。徐义华研究员分析了中国早期国家的血缘与地缘的关系。刘俊男教授比较了南北两大生业区早期文明进程。蒋刚教授分析了早期中国北部边疆形势与晋、燕分封的异同。

第五篇

对外学术交流

【中国社会科学院考古研究所】

出访

2016年1月8～12日，根据日中韩三国共同研究课题——“东亚都城与葬地比较研究”的需要，应日本山口大学人文学部的邀请，中国社会科学院考古研究所西安研究室副主任刘振东研究员赴日本参加学术研讨会，并做题为“西汉长安城与城郊墓葬”的报告。

2016年1月14～19日，中国社会科学院学部委员、考古研究所所长王巍研究员应邀率团赴埃及出席中国社会科学院与开罗大学共同举办的“和而不同和中共进：中埃文化交流与共鉴”研讨会，并访问埃及最高文化委员会，就加强双边学术交流合作进行圆桌会谈。

2016年2月13～17日，应日本立命馆大学艺术研究中心的邀请，中国社会科学院考古研究所考古科技实验研究中心副主任刘建国研究员和汉唐考古研究室何利群副研究员赴日本参加“亚洲圈文化资源研究开拓项目国际研讨会”，交流中国邺城遗址出土佛像的考古发掘、研究概况、三维重建等事宜，刘建国做“中国考古发掘现场与出土文物的三维重建”的报告，何利群做“邺城北吴庄遗址出土佛像的修复与展示”的报告。

2016年2月19～23日，应日本德岛县立鸟居龙藏纪念博物馆的邀请，中国社会科学院考古研究所汉唐考古研究室副主任董新林研究员赴日本参加“重新发现鸟居龙藏：日本和域外的视角”国际学术研讨会，并介绍了鸟居龙藏先生在中国所做的考古调查、发掘工作及学术贡献等。

2016年2月20～24日，应日本大阪市立大学的邀请，中国社会科学院考古研究所汉唐考古研究室主任朱岩石研究员赴日本参加“难波宫与大化改新Ⅲ”国际研讨会，并做题为“六世纪中国古代都城的变迁”的主题发言。

2016年2月29日～3月3日，应香港中文大学邀请，中国社会科学院考古研究所夏商周考古研究室主任许宏研究员、考古科技实验研究中心赵春燕研究员和夏商周考古研究室赵海涛助理研究员赴香港参加了“玉器与王朝诞生”学术研讨会，许宏研究员给香港中文大学历史系的师生做了题为《东亚国家起源两大阶段论——以二里头为中心》的学术讲座。

2016年3月1～5日，应日本奈良文化财研究所的邀请，中国社会科学院考古研究所汉唐考古研究室副主任龚国强研究员赴日本参加了“遗迹整备事例研究会——长安·洛阳隋唐遗迹整备活用的现状”的学术会议，并发表题为“长安城大明宫迹的发掘调查成果”的报告。

2016年3月8～12日，应日本明治大学邀请，中国社会科学院考古研究所汉唐考古研究室主任朱岩石研究员赴日本参加“明治大学所藏好大王碑拓本和新出土‘集安高句丽碑碑文’历史研究国际会议”，并以“邺城出土陶砖瓦文字考古研究”为题做了学术发言，主要讨论了北朝时期文字砖瓦与北魏的关系以及制作技术。

2016年3月20～24日，应悉尼大学的邀请，中国社会科学院考古研究所边疆考古研究中心主任丛德新研究员、史前考古研究室副主任贾笑冰副研究员赴澳大利亚，参加了由悉尼大学中国研究中心主办的“中国新疆和欧亚青铜时代研究的新进展”（New Perspectives on China and Eurasia in the Bronze Age）国际研讨会，并分别做了题为“阿敦乔鲁遗址的发现——从欧亚草原的角度看中国新疆西部博尔塔拉河地区的青铜时代”“考古调查和发掘中新方法的运用——以中国新疆博尔塔拉河流域的田野工作为例”的报告。

2016年3月29日～4月2日，应印度德干学院的邀请，中国社会科学院学部委员、考古研究所所长王巍研究员和边疆民族考古研究室黄珊助理研究员赴印度考察印度河文明遗址，并与相关单位商谈开展合作发掘及研究工作事宜。

2016 年 3 月 31 日 ~4 月 11 日，应洪都拉斯人类学与历史研究所的邀请，中国社会科学院考古研究所考古科技实验研究中心副主任刘建国研究员赴洪都拉斯科潘遗址开展工作，对中国社会科学院考古研究所开展发掘工作的 8N－11 建筑遗址与科潘宫殿区遗址等进行超低空拍摄与三维重建。

2016 年 4 月 11 ~ 14 日，应澳门特别行政区文化局的邀请，中国社会科学院考古研究所汉唐考古研究室主任朱岩石研究员和沈丽华助理研究员赴澳门进行学术访问，就以前澳门考古队发掘的“圣保禄学院遗址考古发掘简报”的资料整理、文字编写等开展工作。

2016 年 4 月 29 日 ~5 月 6 日，应乌兹别克斯坦科学院考古研究所的邀请，中国社会科学院考古研究所汉唐考古研究室主任朱岩石研究员、刘涛副研究员和边疆民族考古研究室艾力江副研究员赴乌兹别克斯坦进行学术访问，完成了调查核对发掘资料、与中国驻乌兹别克斯坦大使馆联络、在乌国考古研究所举行发掘项目汇报研讨会、在布哈拉实地考察与配合高访的地点、会见乌国科学院外事局和中国国家博物馆负责人五大项工作。

2016 年 6 月 18 ~ 28 日，应乌兹别克斯坦科学院考古研究所的邀请，中国社会科学院考古研究所汉唐考古研究室主任朱岩石研究员、考古资料信息中心主任巩文编审、文化遗产保护研究中心王亚蓉高级工程师、汉唐考古研究室刘涛副研究员、何岁利助理研究员和边疆民族考古研究室艾力江副研究员赴乌兹别克斯坦进行学术访问，以配合高访。在乌兹别克斯坦主要参加了在安集延州举行的“中乌联合考古项目明铁佩遗址保护碑”落成揭幕典礼；在塔什干接受习近平主席接见；参加在撒马尔罕举行的“中乌丝绸之路考古与历史研讨会”以及调研相关地区古代遗址，为中乌两国合作发掘第二个五年协议提供资料。

2016 年 7 月 3 ~ 12 日，应洪都拉斯人类学与历史研究所、墨西哥人类学与历史研究所的邀请，中国社会科学院学部委员、考古研究所所长王巍研究员和史前考古研究室副主任李新伟研究员赴洪都拉斯科潘遗址和墨西哥玛雅文明遗址进行学术访问，考察科潘遗址 8N－11 贵族居址的发掘情况，商讨中方发掘遗物的存放和修复工作。

2016 年 5 月 3 日 ~10 月 31 日，应洪都拉斯人类学与历史研究所的邀请，中国社会科学院考古研究所史前考古研究室副主任贾笑冰副研究员赴洪都拉斯科潘遗址参加合作考古发掘与测绘工作。

2016 年 5 月 10 ~ 12 日，应美国加州大学洛杉矶分校的邀请，中国社会科学院考古研究所史前考古研究室副主任李新伟研究员和贾笑冰副研究员赴美国对该校考岑考古研究所进行学术访问，商讨中国考古和中美洲考古合作事宜。

2016 年 5 月 31 日 ~6 月 4 日，中国社会科学院考古研究所汉唐考古研究室主任朱岩石研究员随同外交部礼宾司先遣组前往乌兹别克斯坦国进行工作访问，考察了萨曼王陵等文化遗产地，还在拟定会见文物考古专家的布哈拉国宾馆讨论了会见工作的细节。

2016 年 6 月 8 ~ 12 日，应美国哈佛大学人类学系的邀请，中国社会科学院考古研究所夏商周考古研究室副主任何努研究员、考古科技实验研究中心副主任王明辉副研究员、刘煜副研究员、张蕾助理研究员、翟少冬助理研究员和赵欣助理研究员一行 6 人赴美国参加第七届东亚考古学大会（Seventh Worldwide Conference of the Society for East Asian Archaeology)，何驽做了题为“陶寺遗址发现的天文仪器”的演讲；王明辉对中原地区河南舞阳贾湖遗址和河南灵宝西坡墓地出土人骨进行了全面的骨骼健康状况的对比研究；刘煜对中原地区早期金属技术发展进行了概述；张蕾演讲的内容是有关古代妇女头饰中鸟纹的演变；翟少冬对陶寺遗址晚期石器生产的产能进行了估算，分析了陶寺对石器的消费需求；赵欣做了题为“中国北方家养黄牛的古DNA研究”的报告。

2016年6月9～13日，应美国哈佛大学人类学系的邀请，中国社会科学院考古研究所边疆考古研究中心主任丛德新研究员赴美国参加第七届东亚考古学大会(Seventh Worldwide Conference of the Society for East Asian Archaeology)，并做题为“欧亚视角下的阿敦乔鲁”的报告。

2016年6月21～25日，应乌兹别克斯坦科学院的邀请，中国社会科学院学部委员、考古研究所所长王巍研究员随同中国社会科学院院长王伟光率领的代表团出访乌兹别克斯坦，签署两院交流协议，并出席配合高访活动。

2016年7月4～9日，应法国国立历史自然博物馆的邀请，中国社会科学院考古研究所考古科技实验研究中心主任赵志军研究员赴法国巴黎参加了植物考古国际学会第17届大会，并在会上做题为“东北亚稗作农业区—中国东北地区植物考古证据”的学术报告。

2016年8月13～17日，应埃及开罗中国文化中心的邀请，中国社会科学院学部委员、考古研究所所长王巍研究员和《开讲啦》节目组一起前往埃及国家博物馆实地考察埃及的历史与文化，并做了主题为《中华文明五千年，并非只是个传说》的演讲。

2016年8月25日～9月3日，应韩国国立忠南大学百济研究所的邀请，中国社会科学院考古研究所西安研究室副主任刘振东研究员赴韩参加“东亚古代都城与葬地”学术研讨会，考察古代百济、新罗的都城和陵墓，并做题为“汉长安城与墓地·墓葬”的学术报告。

2016年8月28日～9月2日，应日本金泽大学的邀请，中国社会科学院考古研究所夏商周考古研究室主任许宏研究员赴日本参加了在京都召开的第八届世界考古学大会（WAC－8，The Eighth World Archaeological Congress)，参与了分组会议“Early Rice Farming and Civilization in East Asia：Towards a productive Integration of International and Cross-disciplinary Research Agendas（东亚的早期稻作与文明：面向国际化、跨学科研究的有效整合)”的讨论。

2016年9月6日～11月8日，应乌兹别克斯坦科学院考古研究所的邀请，中国社会科学院考古研究所汉唐考古研究室主任朱岩石研究员等一行11人赴乌兹别克斯坦开展发掘工作，对明铁佩遗址进行第五次发掘。发现并确定了明铁佩古城外城的范围，明确了作坊的建筑布局、形制特征等，丰富了对城址文化内涵的理解。

2016年9月17～23日，应俄罗斯新西伯利亚大学的邀请，中国社会科学院考古研究所边疆考古研究中心主任丛德新研究员赴俄罗斯参加了由新西伯利亚大学孔子学院承办的“伟大的丝绸之路学术研讨会”，并做题为“丝绸之路与新疆考古”的发言。

2016年9月26日～10月1日，应葡萄牙托马尔理工学院的邀请，中国社会科学院学部委员、考古研究所所长王巍研究员率代表团赴葡萄牙参加“丝绸之路与中西文化交流”国际学术研讨会，并在会上做题为《汉代张骞通西域之前的中西文化交流》的学术演讲。

2016年11月1～19日，应英国伦敦大学考古系的邀请，中国社会科学院考古研究所考古科技实验研究中心主任赵志军研究员赴英国进行学术访问，与该系中国遗产和考古中心执行主任 Dorian Fuller 教授以及他的研究团队就如何应用植物考古学的研究方法探讨古代农业起源开展了学术交流。

2016 年 11 月 4 ~ 12 日，应埃及古物部的邀请，中国社会科学院学部委员、考古研究所所长王巍研究员和副所长陈星灿研究员、科研处负责人刘国祥研究员、史前考古研究室副主任李新伟研究员、边疆民族考古研究室黄珊助理研究员等一行 6 人赴埃及进行学术访问，实地考察选定合作发掘的遗址，为即将开展的考古所赴埃及考古发掘这一院创新工程重大项目奠定了坚实的基础，同时与埃及古物部就赴埃及考古发掘的具体事宜进行了详细的沟通，促进了中埃在考古领域的交流与合作。

2016 年 11 月 17 ~21 日，应日本九州大学人文科学院的邀请，中国社会科学院考古研究所边疆考古研究中心主任丛德新研究员访问了九州大学和京都府立大学。在九州大学人文科学研究院发表了题目为"欧亚视角下的阿敦乔鲁—西天山地区的青铜文化"的报告。

2016 年 12 月 7 ~ 17 日，应墨西哥人类学与历史研究所、洪都拉斯人类学与历史研究所、美国加州大学洛杉矶分校考岑考古研究所的邀请，中国社会科学院考古研究所党委书记刘政研究员、科研处负责人刘国祥研究员和史前考古研究室副主任李新伟研究员对墨西哥首都墨西哥城、洪都拉斯科潘遗址和美国洛杉矶进行了工作访问，检查了考古所洪都拉斯科潘考古工地发掘工作，并对墨西哥、美国美洲文明研究机构进行调研。

来访

2016 年 2 月 20 日 ~3 月 5 日，英国阿伯丁大学 Ardern Hulme-Beaman 博士受邀到中国社会科学院考古研究所进行学术访问，考察了中国社会科学院考古研究所保存的中国多个考古遗址出土的古代狗的骨骼标本，以及中国科学院动物所及古脊椎动物与古人类研究所生的狼的标本。并培训中国社会科学院考古研究所中国动物考古学者掌握了几何形态测量的照相与基本分析技术，还为中国社会科学院考古研究所科技考古中心的青年学者和动植物考古的研究生做了以几何形态测量分析技术与古 DNA 技术研究鼠类、家猪与狗的学术讲座等，探讨了进一步合作研究古代家犬的研究意向和计划。

2016 年 4 月 26 日，埃及驻华大使麦吉迪·阿米尔（Magdy Amer）应邀到中国社会科学院考古研究所考察访问，中国社会科学院学部委员、考古研究所所长王巍研究员陪同阿米尔大使参观了文物陈列室、文化遗产保护研究中心和考古科技实验研究中心实验室，并与阿米尔大使就中埃考古合作事宜进行了会谈。陈星灿副所长、李港所长助理、朱岩石主任、刘国祥研究员、中国社会科学院世界历史研究所郭子林副研究员、中国社会科学院国际合作局亚非处副处长李斌等参加了这次会谈。

2016 年 5 月 10 日 ~7 月 10 日，应中国社会科学院考古研究所的邀请，乌兹别克斯坦青年考古学者乌拉赫马诺夫（Rahkmanov）先生来华进行学术访问，并参加汉唐研究室田野考古发掘工作。

2016 年 5 月 25 日，中国社会科学院学部委员、考古研究所所长王巍研究员在考古所贵宾接待室会见印度考古调查局考古研究所所长桑杰·库马尔·曼纽尔(Sangjay Kumar Manjul)。此所参会人员包括科研处负责人刘国祥研究员、史前考古研究室主任梁中合研究员、汉唐考古研究室主任朱岩石研究员、史前考古研究室副主任李新伟研究员和边疆考古研究室仝涛副研究员。随后由桑杰·库马尔·曼纽尔所长简要介绍了印度考古调查局的情况，包括其性质和下设机构等。在具体递交合作意向方面，双方达成了共识，即通过学术和外交两方面的途径，尽快推进合作。王巍所长表达了两项具体的合作意向，分别针对哈拉帕文明和佛教研究，并强调合作双方互惠，可以开展学者互访、考古培训和文化遗产保护多方面的协作交流。

2016 年 7 月 21 日，中国社会科学院学部委员、考古研究所所长王巍研究员会见了来访的英国牛津大学著名考古学家杰西卡・罗森教授（Dame Jessica Rawson）和牛津大学科技考古研究实验室与艺术史主任艾伦・马克・波拉德教授（Alan Mark Pollard）一行，就双方感兴趣的研究领域进行了深入交谈。罗森教授一行参观了考古研究所^{14}C 实验室、锶同位素实验室、纺织品修复室和文物陈列室。

2016 年 9 月 3～11 日，应中国社会科学院考古研究所的邀请，日本奈良文化财研究所的主任研究员今井晃树和研究员栗山雅夫来华进行学术访问，此次访问主要是到考古研究所洛阳工作站考察考古遗址出土的砖瓦类遗物。

2016 年 10 月 23～27 日，印度德干学院副院长瓦萨・辛德教授应中国社会科学院学部委员、考古所所长王巍研究员邀请来访。在为期五天的访问中，辛德教授与王巍所长签署了“中国社会科学院考古研究所与印度德干学院合作考古发掘与研究”的项目协议。辛德教授分别做了题为“南亚农业社会起源与发展的最新研究”和“哈拉帕文明与拉吉加希”的讲座，还参观了故宫博物院、雍和宫以及洛阳的龙门石窟、永宁寺遗址、白马寺和考古所洛阳工作站的陈列室等。

2016 年 11 月 4～12 日，应中国社会科学院考古研究所的邀请，加拿大英属哥伦比亚大学托马斯・施耐德教授来华进行学术访问，来访期间，在考古举办了埃及考古系列讲座，与中方专家学者讨论交流，并访问了考古所安阳工作站和西安研究室，考察了相关考古遗址与博物馆。

2016 年 11 月 26 日～12 月 3 日，应中国社会科学院考古研究所的邀请，奈良文化财研究所箱琦和久、大桥正浩和坪井久子一行 3 人来华进行学术访问，考察了考古研究所洛阳工作站和邺城工作站，对相关考古遗址进行了现场调研。

（王一杰）

【故宫博物院】

出访

2016 年 8 月 1～20 日，为落实故宫博物院与德国考古研究院签订的合作协议，应德国考古研究院雅典分所的邀请，故宫博物院考古研究所派徐海锋、吴伟赴希腊进行学术考察与交流。先后考察了希腊国家考古博物馆、雅典卫城石构件修复现场、雅典凯拉米克斯遗址并参与雅典分所开展的古奥林匹亚遗址考古测绘工作。还分别做了题为“紫禁城建筑考古成果”和“故宫大高玄殿修缮保护工程——屋顶上的考古”的讲座，与德国同行一道分享了故宫的建筑考古成果。通过此次考察与交流，深入了解了德方关于建筑考古的工作理念、方法、手段等，为双方今后进一步的合作与交流开创了良好局面。

（徐海峰）

来访

2016 年 4 月 20 日，法国高等实践学院青铜器铭文研究专家风仪诚（Olivier Venture）副教授在故宫博物院做了题为“法国博物馆收藏商周青铜器”的讲座。风仪诚先生介绍了法国吉美博物馆和赛努奇博物馆所藏的中国商周时期青铜器以及两家博物馆的发展历程、藏品来源等问题。

2016 年 9 月 5 日，由故宫博物院与德国建筑考古研究院合作举办的“中德建筑考古暑期培训班”在故宫博物院宝蕴楼会议室召开开班仪式。此次培训的主要目的是通过培训，中德双方共同对故宫博物院内灵沼轩建筑展开详细调查，为制订保护方案做好基础工作；同时在建筑考古等方面进行交流。

2016年10月7~9日，印度喀拉拉邦历史研究委员会（KCHR）一行6人工作组来华进行学术访问。他们参与发掘了慈宁宫花园考古工地，并赴江西省景德镇市考察了御窑厂遗址、落马桥遗址、湖田窑遗址和蓝田窑遗址，还考察了国家文物局水下遗产保护中心。

2016年11月3日，美国著名汉学家夏含夷（Edward Shaughnessy）教授在故宫博物院建福宫敬胜斋做了题为“简论芝加哥艺术研究院藏师望鼎的铸造：试说文字在中国古代意识中的重要地位”的学术讲座。

（赵　瑾）

【山西省考古研究所】

出访

2016年4月19日~5月1日，应美国斯坦福大学之邀，山西省考古研究所历史考古研究中心吉琨璋副研究员赴美国，参加该校东亚研究中心举办的“中国文化的形成——从孔子时代到早期帝国时代”学术研讨会，提交论文《东周青铜艺术的兴衰——以晋国青铜艺术发展为例》并作演讲。

来访

2016年9月29日~10月22日，南非金山大学的国际知名考古学家凯瑟琳·库曼教授继2015年参观考察西侯度遗址后，再次来山西省考古研究所交流访问。与山西省考古研究所王益人研究员、南京师范大学沈冠军教授共同研究了西侯度遗址石制品的人工性质及打制技术，并对“西侯度遗址26Al/10Be等时线埋藏测年”研究的相关问题进行探讨。

【辽宁省文物考古研究所】

出访

2016年3月21~25日，应日本奈良文化财研究所的邀请，辽宁省文物考古研究所副所长胡柏及王宇、齐军、辛宏伟一行四人赴日本进行学术访问和业务交流。

2016年5月9~15日应韩国蔚山文化财研究院的邀请，辽宁省文物考古研究所书记李新全及徐韶钢、肖新琦、褚金刚一行四人赴韩国进行学术访问和业务交流。在韩国李新全做了“永陵南城址的发现与研究”、徐韶钢做了“建昌东大杖子战国墓地出土的铜镞研究及M40出土石饰件研究”、肖新琦做了“江官屯窑址的发现与研究”、褚金刚做了“辽宁地区发现的钵口弦纹壶研究”四个学术讲演，并与韩国方面有关学者就演讲内容进行了充分交流。

2016年9月23~29日，应美国匹兹堡大学的邀请，辽宁省文物考古研究所所长吴炎亮、熊增珑两位同志赴匹兹堡大学进行学术交流。吴炎亮做了《辽宁红山文化研究现状》、熊增珑做了《红山文化墓葬特点——以半拉山墓地为例》的学术讲演。

来访

2016年4月12~17日，韩国蔚山文化财研究院学者吴光燮、高相赫来辽宁省文物考古研究所进行学术交流。双方就东大杖子墓地出土彩绘陶器的科学保护、朝阳县博物馆藏室外大型石质文物的科技保护等学术问题进行了广泛讨论。

2016年10月10~14日，韩国蔚山文化财研究院调查研究室黄昌汉室长一行6名学者来辽宁省文物考古研究所进行学术交流和考察。韩方学者崔得俊、郑大凤和黄昌汉分别做了“关于韩半岛结合式钓针的小考——以槽沟结合式钓针为中心”“从其他角度看韩半岛南部地区新石器—青铜器时代转换期——以接近理论与理解现象为中心”“青铜器时代磨制石镞的地域性研究”的学术演讲。

（李 霞）

【吉林省文物考古研究所】

来访

2016年12月17~24日，俄罗斯科学院远东分院远东民族历史、考古与民族研究所5位学者组成学术考察团，受邀对吉林省文物考古研究所进行了为期8天的学术访问，考察团团长为Н.Г. 阿尔杰米耶娃研究员。访问期间，俄罗斯学者对位于吉林省内的十余处古代遗址进行了考察，并参观了多家博物馆及科研机构。12月20日，俄罗斯学者与吉林省文物考古研究所科研人员进行了会谈。

（解 峰）

【浙江省文物考古研究所】

出访

2016年3月13~21日，孙国平研究馆员应邀赴澳大利亚做学术演讲，演讲题目为“河姆渡文化田螺山遗址考古研究——与西太平洋地区史前文化”。

2016年3月18~23日，刘斌研究馆员、郑云飞研究馆员、方向明研究馆员、王宁远研究馆员，应邀赴日本金泽大学参与“史前文明、农业起源与环境的研究”国际学术课题。

2016年3月19~26日，沈岳明研究馆员、郑建明研究馆员应邀赴日本岩手大学平泉文化研究中心，演讲题目为“十二世纪的龙泉窑”“从窑场格局的变化看十二至十五世纪龙泉窑对外输出”。

（郑建明）

2016年4月10~17日，郑云飞研究馆员、蒋乐平研究馆员应邀赴加拿大多伦多大学做学术交流，演讲题目为“稻作农业遗存情况及中国新石器时代考古”。

（蒋乐平）

2016年4月14~19日，刘斌研究馆员赴英国伦敦大学做学术交流，演讲题目为“良渚古城外围水利系统”。

2016年5月26日~6月1日，王海明研究馆员、孙国平研究馆员、吕苗英（办公室）、何茵茵（财务科）赴日本金泽大学历史言语文化学系做交流访问。

2016年6月1~4日，沈岳明研究馆员赴香港中文大学做学术交流，演讲题目为“哥窑的新发现”“‘秘色’探秘”。

2016年8月28日~9月3日刘斌研究馆员、孙国平研究馆员赴日本金泽大学历史言语文化学系，参加“第八届世界考古学大会”，演讲题目为“良渚古城外围水利系统”。

2016年10月9~29日，傅峥嵘研究馆员赴英国参加“浙江省文物局文化遗产培训团”。

2016年10月12~16日，黄斌研究馆员赴日本岩手大学平泉文化研究中心参加学术交流，演讲题目为“浙江省世界文化遗产资源研究与申报管理”。

【安徽省文物考古研究所】

出访

2016年11月11日，研究员吴卫红、叶润清应匹兹堡大学人类学系、美国科学院院士周南（Robert D. Drennan）教授邀请，赴美开展了学术研讨和交流。吴卫红研究员全程用英文做了题为“玉器与聚落——凌家滩社会复杂化的演进”的演讲。

【山东省文物考古研究所】

出访

2016年8月27~31日，应韩国马韩研究院邀请，山东省文物考古研究所刘延常研究员参加在韩国全南大学举办的“从东北亚看马韩陶器”的学术研讨会，并在会上发表“山东汉代陶器及相关问题的认识”的学术演讲。

2016年9月8～10日，应韩国汉城百济博物馆、春川博物馆邀请，山东省文物局处长赵勇、副处长禚柏红、山东省文物总店经理宋玮、山东省博物馆王绚、山东省考古研究所张溯，参加“孔子和他的故乡：山东”“中华服饰艺术”展览开幕式。山东省考古研究所张溯在汉城百济博物馆做“近年来山东考古的新收获”报告。

【四川省文物考古研究院】

出访

2016年6月7～17日，应美国东亚考古学会邀请，四川省文物考古研究院雷雨、刘志岩、万娇、郑万泉和冉宏林5位学者赴美国剑桥市和波士顿市参加“东亚考古学会第7届国际大会”，议题涵盖东亚地区各方面考古发现和考古研究。大会还专设四川考古讨论小组，5位学者所做报告涵盖了近几年四川最重要的考古发现和研究成果。

（万　娇）

【四川博物院】

出访

2016年7～9月，谢志成、任卓、于甜、郭健出访黑山共和国，完成“四川汉代画像砖拓片展”在黑山布德瓦美术馆的布展及撤展工作。

2016年11月6～10日，卢越受英国博物馆协会邀请出访英国，参加英国博物馆协会2016年格拉斯哥大会，并调研考察包括大英博物馆、苏格兰国家博物馆、河畔博物馆、英国国家美术馆等在内的多家博物馆、美术馆，并与包括大英博物馆等在内的世界一流博物馆的高层交流办馆心得。

2016年12月5～11日，张孜江、颜红、周莉娟受旧金山亚洲艺术博物馆邀请出访美国，调研考察旧金山亚洲艺术博物馆，并与亚洲艺术博物馆馆长许杰，该馆中国部主任张帆，文物保护中心主任Kathy Z. Gillis进行深度交流。

来访

2016年6～8月，罗马尼亚国家博物馆等6家博物馆工作人员来访，完成“罗马尼亚珍宝展”布展及撤展工作。阿格里斯县博物馆（Argeş County Museum）曼德斯库（Măndescu）博士做了The Exquisite Barbarians：Late Iron Age Art and Civilizations on the Territory of Nowadays Romania的讲座。Babes-Bolyai University of Cluj-Napoca的迪亚科尼斯库（Diaconescu）教授做了The Grand Policy of Emperor Trajan的讲座。

2016年8月25日，荷兰国家博物馆公共教育部主任、国际儿童博物馆协会原主席Annemies Broekgaarden女士来访，参加“博物馆教育”主题研讨会，并与参会人员交流座谈。

【云南省文物考古研究所】

出访

2016年2月23～28日，云南省文物考古研究所古人类部主任吉学平、高峰，科技信息部吴沄3人应邀赴印度参加“中国—印度岩画研讨会暨中国岩画展”文化交流活动，在研讨会上，吉学平、高峰、吴沄分别做了题为“The Rock Art Diversity of Yunnan，China Indicates Complex History of Human Migration and Interaction”“Xinfu Rock Painting Group Preliminary Study”及“The Conservation and Management of Jinsha River Rock Art，Southwestern China”的报告。

2016年9月18～27日，云南省文物考古研究所安排副所长李炳南、科技信息部吴沄作为团员，参与由国家文物局对外联络司闫亚林副司长担任团长的缅甸蒲甘佛塔震后联合勘查评估工作组，赴缅甸蒲甘开展佛塔震后勘查评估工作，并协助工作组完成相关工作。

来访

2016 年 6 月 16～19 日，国际著名旧石器考古学家、英国科学院院士、英国埃克塞特大学教授 Robin Dennell（罗宾·丹尼尔）和中国科学院古脊椎动物与古人类研究所研究员、博士生导师高星到云南省文物考古研究所考察近年来在旧石器时代考古领域所获得的重要发现和学术成果。两位学者听取了江川甘棠箐遗址项目负责人刘建辉的汇报，对遗址发现的遗物进行了仔细观摩和讨论分析。

2016 年 8 月 29 日～9 月 4 日，老挝遗产局副局长 Samlane Luangaphay 先生，考古遗产局副局长 Phimmaseng Khamdalavong 女士，维拉泊里区副区长 Sengpheth Khamsouvanh 先生，国际合作司行政人员 Anousack Inthirath 先生，老挝国立大学分处副处长 Khonthong Phabouddy 女士，老挝遗产局副处长 Sitpaseuth Phongchaleun 先生一行到云南进行访问交流。老方人员先后与云南省文化厅杨德聪副厅长以及云南省文物考古研究所、四川大学代表举行会谈。

2016 年 12 月 12 日，越南考古研究院代表团 Bui Van Lien 副院长一行到云南省文物考古研究所交流访问，双方举行了会谈。吉学平和朱忠华分别做了《最早“和平文化”在中国的发现及其意义》及《云南通海兴义遗址考古发掘》的学术报告。

（吴　沄）

【陕西省考古研究院】

出访

2016 年 3 月 17～22 日，受日本金泽大学邀请，陕西省考古研究院王炜林研究员、邵晶助理研究员赴日本参加“中国文明起源”会议，王炜林做了题为“陕西史前考古的新进展——以龙岗寺、杨官寨、新街、石峁遗址为例”的学术演讲。

2016 年 5 月 20～25 日受澳大利亚新南威尔士美术馆之邀，陕西省考古研究院研究员王小蒙赴悉尼，配合南威尔士博物馆“来自丝路之都的唐代艺术”展览，做了题为“溢彩传神——两京唐三彩的发现与研究”的公众报告，并与博物馆相关业务人员和文物爱好志愿者进行了学术交流。

2016 年 10 月 19～22 日，陕西省考古研究院学者田有前受邀参加韩国庆州“皇龙寺遗址发掘调查 40 周年国际学术大会”，并做了“唐代长安与新罗佛寺结构布局的比较研究”的专题演讲。其间还应邀考察了皇龙寺遗址、金庾信墓、月城遗址、东宫遗址等发掘现场。

来访

2016 年 4 月 27 日，以法国文化遗产院（INP）院长菲利普·巴尔巴为团长的法国文化遗产代表团访问省考古研究院，代表团由法国国家遗产院、国家预防性考古研究院、法国博物馆研究与修复中心等 6 家文博单位和法国驻华大使馆代表十余人组成，陕西省考古研究院王小蒙副院长陪同考察，并与法方进行座谈交流。

2016 年 7 月 12 日，陕西省考古研究院邀请美国加州大学叶娃博士、布朗大学柯锋（Brett Kaufman）博士、北卡罗来纳大学教堂山分校人类学系在读博士贝丽姿（Elizabeth Berger）来该院做学术演讲交流。柯锋（Brett Kaufman）博士就中东地区青铜时代的金属冶炼、古代环境重建及它们之间的关系等问题进行了演讲。贝丽姿（Elizabeth Berger）博士以近年来发现的人骨材料为据，对“河西走廊地区青铜时代居民对气候变化的适应”进行了探讨。叶娃博士介绍了陕西省考古研究院杨官寨遗址考古队与美国学者联合开展的杨官寨遗址 H85 灰坑的微观研究成果。

2016 年 7 月 18 日，美国斯坦福大学东亚系刘莉教授受邀来陕西省考古研究院做学术讲座，并被陕西省考古研究院聘为该院客座研究员。刘莉教授以“中国北方新石器时代酿酒方法和饮酒仪式的起源异同和发展”为题进行了演讲。

2016 年 9 月 8 日上午，陕西省考古研究院邀请英国剑桥大学李约瑟研究所所长梅建军教授来陕西省考古研究院进行学术演讲交流，梅建军教授做了题为“中国早期冶金研究的新进展”的演讲。演讲阐述了中国早期冶金研究的新发现、新进展和新认识。

2016 年 9 月 30 日，巴基斯坦开伯尔—普赫图赫瓦省文物局长萨玛德、法国驻阿富汗考古项目负责人胡利奥、中国派驻国际山地综合发展中心专员易绍良一行来陕西省考古研究院交流考察。考察团一行参观了我院探索与发现文物展及文物保护修复实验室。院党委副书记、副院长李岗、副院长孙周勇及部分研究人员与代表团一行进行了座谈交流。

2016 年 10 月 17 日下午，美国哥伦比亚大学考古访华代表团一行 7 人莅临陕西省考古研究院访问，哥大唐氏早期中国中心主任李峰教授和考古中心主任布莱恩·博伊德（Brain Boyd）教授做考古学术讲座。李峰教授的讲座题目是“大遗址调查：归城考古的方法与实践”。布莱恩·博伊德（Brain Boyd）教授的讲座题目是“西南亚史前史：定居、农业与驯化——最新证据与讨论”。

2016 年 12 月 26 日下午，哈萨克斯坦共和国依塞克国家历史文化博物馆馆长穆赫塔洛娃·古丽米拉来陕西省考古研究院交流访问。副院长孙周勇及部分研究人员与穆赫塔洛娃馆长进行了座谈交流。孙周勇介绍了我院考古调查、勘探、发掘、现场文物保护、实验室文物保护修复、资料管理等方面情况。赫塔洛娃馆长表示，陕西省在文化遗产保护工作领域有着很强的实力，哈方期待与陕西省考古研究院在考古调查、勘探、发掘及文物保护方面进行合作。座谈中，双方进一步落实了关于哈萨克斯坦拉哈特古城考古调查发掘的具体事宜。

【甘肃省文物考古研究所】

出访

2016 年 8 月 17～21 日，受英国伦敦大学考古学院邀请，甘肃省文物考古研究所研究员王辉所长赴英国伦敦参加由秦始皇帝陵博物院与英国伦敦大学考古学院联合主办的“国际视野下的秦始皇与秦始皇帝陵”国际学术研讨会，并做“早期秦文化与西戎文化的考古发现”的演讲。

【吉林大学】

出访

2016 年 4 月 7～16 日，美国考古学会第 81 届年会、美国古病理学会第 43 届年会、美国体质人类学会第 85 届年会分别在美国奥兰多、亚特兰大召开，吉林大学边疆考古研究中心博士研究生张群分别以“中国北方地区一例汉代颅骨转移癌的初步诊断”“中国青海地区史前颅骨钻孔研究”为题做了海报展示，介绍了中国生物考古学研究的最新成果。

2016 年 5 月 16～21 日，吉林大学边疆考古研究中心杨建华教授、程妮娜教授、潘玲教授和邵会秋副教授一行 4 人应俄罗斯科学院考古所所长尼古拉·马克洛夫教授邀请，赴俄罗斯莫斯科和圣彼得堡进行学术访问。

2016 年 9 月 28 日～10 月 2 日，吉林大学边疆考古研究中心成璟瑭副教授应韩国庆熙大学校古代史考古学研究所的邀请，赴韩国参加题为“琵琶形铜剑文化的展开与古朝鲜的成立”的学术会议并做学术报告，成璟瑭副教授发言的题目是“最近中国东北地区青铜器时代的考古发现与研究——以青铜器为中心”。

2016 年 10 月 2～8 日，吉林大学边疆考古研究中心杨建华教授、王立新教授、潘玲教授和邵会秋副教授 4 人应俄罗斯西伯利亚联邦大学邀请，赴克里斯诺亚尔斯克市参加第七届“蒙古、贝加尔、西伯利亚和中国北方古代文化”国际学术会议。杨建华教授、王立新教授、潘玲教授和邵会秋副教授分别以 On the Pattern of Burials of Inner Mongolia and Ningxia during the Eastern Zhou Period; The Remain of Neolithic Culture at Houtaomuga Site, Jilin Province, Northeastern China; Study of Binding Parts of Northern China Belts during the Eastern Zhou Period; The Contacts between Chinese Northern Zone and Eurasian Steppe in the Early Iron Age 为题在会议上进行了发言。

2016 年 10 月 13～16 日，吉林大学边疆考古研究中心滕铭予教授应韩国国立全北大学考古文化人类学系的邀请访问韩国，此次访问是作为国立全北大学一年一度的“海外硕学邀请特讲”，由国立全北大学考古文化人类学系和韩国“BK21 Plus 工程事业团”（即“韩国世界一流大学发展计划”）主办。10 月 14 日，滕铭予教授做了题为“中国古代从封国到帝国的考古学观察——以秦文化的研究为中心”的讲演。10 月 15 日，滕铭予教授访问了全罗文化遗产研究院，并应邀在该院做了同题演讲。

2016 年 11 月 30 日～12 月 4 日，吉林大学边疆考古研究中心宋玉彬教授应韩国东北亚历史财团、韩国高句丽渤海研究学会的邀请对韩国进行了学术访问。12 月 1～2 日，在韩国东北亚历史财团主办的“东亚考古学的最新成果与研究”国际学术会议上，宋玉彬教授以“渤海都城研究的学术思考”为题进行了学术发表。12 月 3 日，宋玉彬教授应邀出席了韩国高句丽渤海研究学会在庆熙大学举办的“韩中学界高句丽渤海史最新研究动向”学术会议，以“高句丽渤海瓦当的构图理念”为题进行了主旨讲演。

来访

2016 年 3 月 17～23 日，日本九州大学副校长、日本中国考古学会会长、吉林大学匡亚明讲座教授宫本一夫教授应邀在边疆考古研究中心围绕东亚的早期铁器时代的主题做了 6 场学术报告。

2016 年 4 月 5 日，都柏林大学 Ron Pinhasi 博士受邀来访吉林大学，并在吉林大学边疆考古研究中心做学术报告，报告题目为：Ancient DNA Optimization and Genome-wide Studies of Prehistoric Population Transformations and Migrations。

2016 年 10 月 9 日，牛津大学科技考古实验室 Thibaut Deviese 研究员受邀来到吉林大学边疆考古研究中心做学术讲座，讲座题目：《准备^{14}C 测年样本的新方法——在旧石器时代中期和晚期遗址的应用》。

2016 年 10 月 14～23 日，美国哥伦比亚大学鲁巴特美洲考古学教授特伦斯·戴尔特伊、考古学副教授佐伊·克罗斯兰、人类学副教授赛维林·福尔斯、哥伦比亚大学考古中心主任布莱恩·博伊德、古典艺术与考古学副教授弗朗西斯·安吉列斯来我校进行学术交流并对相关学科做学术报告，共计 10 场学术讲座。

2016 年 11 月 9 日，俄罗斯科学院西伯利亚分院蒙古学、佛学与藏学研究所娜塔丽娅·策德诺娃（Natalia Tsydenova）研究员受邀到吉林大学边疆考古研究中心做学术讲座，讲座题目为“外贝加尔地区早期陶器的出现及其背景”。

2016 年 11 月 23 日下午，俄罗斯科学院物质文化史研究所的弗拉基米尔·拉普申所长和著名匈奴考古专家谢尔盖·米尼亚耶夫教授应邀来吉林大学边疆考古研究中心做学术讲座，题目分别为“俄罗斯科学院物质文化史研究所概况”“外贝加尔查拉姆山谷的匈奴贵族墓葬”。

2016 年 11 月 23 日晚，俄罗斯圣彼得堡国立大学考古学、历史社会学及文化遗产研究所资深研究人员阿列克谢·科瓦列夫应邀来吉林大学边疆考古研究中心，为我校师生做了题目为“蒙古和中国新疆的鹿石的功能和年代”的报告。

2016年12月13日，韩国国立首尔大学校考古美术史学科金钟一教授受邀访问吉林大学边疆考古研究中心，为该校师生带来了一场题为“韩国青铜器时代青铜器的制作与工匠——以‘工艺’概念与青铜器的制作为中心”的学术报告。

【四川大学】

出访

2016年10月24日~11月7日，应日本京都大学东南亚研究所的邀请，罗二虎对日本进行了学术访问。此次访问的目的主要是与京都大学的学者一起实地考察日本的绳文文化。其间重点考察和访问了绳文时代遗址分布十分集中的长野县、青森县和秋田县的绳文文化遗址、博物馆和考古机构等26处，其中重要的有长野县御代田町的川原田遗址，佐久市的浅间绳文陈列馆、枥原崖厦遗址、大深山遗址考察，茅野市的尖石考古馆与尖石遗址、与助尾根遗址公园、中原绳文遗址公园、棚畑遗址，伊那市的神子柴遗址，青森县青森市的三内丸山遗址博物馆、小牧野环状列石遗址、八户市川绳文馆，大平山原遗址——大山故乡资料馆，秋田县鹿角市大汤环状列石遗址和博物馆等。

【郑州大学】

来访

2016年7月27日，美国纽约大学古代文明研究所江雨德教授（Roderick Campbell）应邀赴郑州大学历史学院交流访问，并做了题为“商代经济”的学术报告。

（张　莉）

2016年11月5~12日，应郑州大学历史学院邀请，澳大利亚墨尔本大学文化材料保护中心托尼亚·埃克菲尔德（Tonia Eckfeld）教授、苏菲·克里斯（Susie Collis）博士、凯若琳·柯宜（Caroline Kyi）博士赴历史学院访问交流。埃克菲尔德展示了她拍摄的《古代的秘密——被忘记的女皇武则天》纪录片；凯若琳·柯宜、郑州大学研究生陈娟分别做了“澳大利亚土遗址保护的进展”“官庄遗址出土陶泥料的成分分析”的学术报告。

（崔天兴）

2016年12月14日，美国加州大学洛杉矶分校（UCLA）罗泰（Lothar von Falkenhausen）教授应邀赴郑州大学历史学院访问。罗泰教授赴荥阳官庄遗址发掘现场参观，并在历史学院做了“有关青铜器组合的一些思考”的学术讲座。

（张　莉）

【南京师范大学】

出访

2016年9月28日~10月3日，南京师范大学文博系周裕兴教授及陈瑾瑜、赵淑怡博士生应韩国忠清南道历史文化研究院和韩国百济学会的邀请，前往韩国公州参加“古代东亚文化与百济文化国际学术研讨会”，并做题为“六朝考古所见汉风仙道文化因素——兼述对百济文化的影响”的大会主题发言。

来访

2016年12月26~30日，应南京师范大学文博系邀请，韩国忠南大学考古系朴淳发教授来南京进行学术访问，就中国六朝与朝鲜半岛百济的考古学研究开展学术交流活动。

【中山大学】

出访

2016年8月4~10日，中山大学人类

学系刘文锁教授应俄罗斯联邦鞑靼斯坦共和国科学院及教育、科学部邀请，参加“日本与塔塔尔世界之间的文化、经济、技术接触与互动：过去与现在”国际研讨会，在会上做了“匈奴与突厥时期古代新疆的冶铁与有关问题”报告，并在鞑靼斯坦共和国做了学术考察。

（刘文锁）

2016 年 10 月 29 日 ~ 12 月 18 日，中山大学社会学与人类学学院派出由刘文锁教授带队的研究生和本科生团队，参加以色列海法大学莱昂·瑞卡那提海洋研究所哈特实验室组织的合作发掘项目“加利利海科西海滩考古发掘项目（2016 年度）”。

（刘文锁）

2016 年 12 月 15 ~ 19 日，应越南国家大学所属社会科学与人文大学的邀请，中山大学社会学与人类学学院人类学系余翀博士赴该校进行学术交流，并组织中山大学与该校在越南北宁省顺城县进行了联合考古调查与发掘。

（韦伟燕）

2016 年 12 月 15 日 ~ 2017 年 1 月 15 日，社会学与人类学学院谭玉华老师带领 2014 级考古专业本科生许奎甲同学，应邀赴伊朗锡斯坦—俾路支斯坦省的锡斯坦盆地进行考古调查发掘。先后对锡斯坦盆地青铜时代沙赫里·索克塔（Shahr-i Sokhta）遗址，萨法维时期霍兹达城堡（Hozdar castle）及周边的风力磨坊和居住址，安息时期哈耶山（Mount Khajeh）上琐罗亚斯德教庙宇，阿契美尼德时期的达罕耶·考拉曼（Dahaneh e Gholaman）遗址进行了调查，参观了扎博勒市（Zabol）博物馆，并对青铜时代萨迪格丘（Tepe Sadegh）遗址进行了合作发掘。谭玉华老师还在锡斯坦—俾路支斯坦大学、扎博勒大学进行了岭南考古的系列讲座。

（谭玉华）

2016 年 12 月 25 ~ 28 日，中山大学社会学与人类学学院副院长郑君雷教授、历史系徐坚教授应邀赴越南国家大学所属社会科学与人文大学进行学术访问，与该校历史系主任武文君副教授、副主任邓鸿山博士就双方共同关心的学术课题进行了交流，并就双方合作项目的具体落实充分交换了意见，并赴越南北宁省顺城县，考察了中越联合考古调查与发掘项目的进展情况。

（韦伟燕）

来访

2016 年 3 月 20 日 ~ 4 月 1 日，应中山大学社会学与人类学学院邀请，锡斯坦—俾路支斯坦大学人文学院考古系原主任 Rouhollah Shirazi 副教授来中山大学为考古专业本科生和研究生开展为期两周的伊朗考古系列讲座，系统介绍伊朗史前考古的最新考古发现与研究动态。

（谭玉华）

2016 年 4 月 2 ~ 10 日，受中山大学人类学系邀请，以色列海法大学海洋文明系教授、莱昂·瑞卡那提海洋研究所哈特实验室主任 Michal Artzy 与 Haim Cohen 博士，来中山大学访问，做了三场讲座，分别为“从神话传说到科学发现：科西海滩考古发掘现场的故事”“考古发现中的迦密海岸：锚地、港口与贸易网”“以色列海法大学海洋学院国际交流项目介绍”。

（刘文锁）

2016 年 12 月 13 ~ 15 日，应中山大学社会学与人类学学院邀请，越南国家大学所属社会科学与人文大学历史系副主任范德英博士、副主任邓鸿山博士、林美蓉博士一行来中山大学进行学术访问，双方就考古文博人才培养、学术交流与合作等事宜充分交换了意见，并签署了合作框架协议。其间邓鸿山博士为该院师生做了题为“越南汉唐时期羸𨻻城址——文献记载与考古资料”的学术报告。

（韦伟燕）

【复旦大学】

出访

2016年4~9月，吕静教授出访日本东北学院大学，任研究生院文学研究科外国人客座教授，担任“亚洲文化史”系列讲座，参与东北学院大学、东北大学、爱媛大学、早稻田大学联合共同研究。

2016年11月，本系吕静教授、郑奕副教授等师生6人前往日本爱媛大学短期访学。其间，吕静教授在爱媛大学资料学会2016年度公开演讲会上做“甲骨文再現の新しい課題について——復旦大学所蔵甲骨文の整理・出版をめぐって——”（“关于甲骨著录的新课题——以复旦大学所藏甲骨的整理出版为中心”）的学术报告。

来访

2016年1月，日本爱媛大学法文学部人文学科幸泉满夫副教授来访，举办讲座“基于博物馆学视角的日本埋藏文化遗产的行政管理及展望：从促进日本国内三千多处‘出土文化遗产’的利用来看”。

2016年3月，大英博物馆文物保护与科学研究部王全玉研究员来访，举办讲座“大英博物馆的科技考古与文物保护”。

2016年4月，日本出光美术馆学艺员、考古学博士德留大辅来访，举办讲座“宋元时期东北亚地区流通的中国陶瓷器”。

2016年6月，美国乔治·华盛顿大学博物馆系系主任Kym S. Rice教授来访，举办讲座“利用技术提升博物馆观众体验”（Harnessing Technology to Improve Museum Visitor Experience）。

2016年9月，英国牛津大学伊斯兰美术与建筑贝聿铭讲座教授奥利弗·沃森来访，举办讲座“八至十三世纪的伊斯兰制陶技术”（Technology of Islamic Ceramics 8th－13th Century）。

2016年10月，韩国高丽大学方炳善教授来访，举办讲座“高丽青瓷的变迁：从高丽镶边青瓷到粉青沙器”“朝鲜白瓷之美：造型装饰与对外交流”。同月日本东北艺术工科大学文化财保存修复研究中心主任泽天正昭教授来访，举办讲座“石造世界遗产的保护与活用：以复活节岛石像、吴哥窟遗址、马丘比丘遗址为例”；日本东北艺术工科大学文化财保存修复研究中心石崎武志教授来访，举办讲座“高松冢古坟壁画的微生物问题与周围环境”。另外本月，美国哈佛大学人类学系迈克尔·赫兹菲尔德教授来访，举办讲座“遗产批判研究：‘批判’的是什么？”（What is“Critical” in Critical Heritage Studies）。

2016年11月，日本爱媛大学法文学部讲师三吉秀充来访，举办讲座“日本列岛农耕地研究现状——以文京遗址第60次田野调查发现旱田遗迹为例”。

2016年12月，加拿大皇家学院院士、多伦多人类学系Gary Crawford教授来访，举办讲座“北美东北部的生态位构建与早期农业”。另外日本冲绳县立艺术大学森达也教授来访，举办讲座“韩国新安沉船与日本冲绳发现的中国陶瓷研究”。

【武汉大学】

出访

2016年4~6月，武汉大学历史学院考古系张昌平教授应邀访问芝加哥大学东亚语言文学系，在为期三个月的访问合作开展“盘龙城青铜器综合研究”项目。在访问研究期间，在芝加哥大学做了题为“从盘龙城看中原文化与江汉地区的关系”的演讲。

2016年4月19~23日，张昌平教授访问斯坦福大学，参加“中国文化的形成：从孔夫子时代到早期帝国时代”国际学术研讨会，做了题为“盘龙城新的考古发现与研究”的演讲。

2016 年 5 月 19 ~ 27 日，应马来西亚科技大学全球考古研究中心邀请，武汉大学历史学院考古系余西云教授、宋海超博士赴马来西亚吉打州参加了第一届古吉打国际研讨会（The First Kedah Tua International Conference, Centre for Global Archaelogical Research, Penang, Malaysia, 19 -27 May 2016）。会议期间，参观了公元前 6 世纪以后的 Sungai Batu（石头河）冶铁遗址，就中国与前国家时期东南亚考古学文化比较研究等开展学术交流活动。余西云教授在会上做了题为“中华文明的形成与演进”的学术报告，宋海超博士做了题为“良渚遗址社会复杂化研究”的学术报告。

2016 年 6 月 8 ~ 12 日，张昌平教授、李英华副教授、宋海超博士参加了在美国波士顿召开的“东亚考古学会第 7 届年会”（SEAA），分别做了题为“秦帝国统一中国的文化基础——以长江流域为视角”“A Aacroscopic Technological Perspective on Lithic Production of Hominids from Early to Late Pleistocene in the Hanshui River Valley, Central China”“基于墓葬多维度分析的良渚遗址群社会复杂化研究”的发言。

来访

2016 年 11 月 17 日，以色列海法大学丹尼尔·纳德尔（Daniel Nadel）教授访问武汉大学考古系，就两校考古学科在教学、科研方面的合作进行了商讨，并做题为“史前时期基岩遗迹研究（The Use of Bedrock Features in Prehistoric Culture）”的学术讲座。

【北京联合大学】

出访

2016 年 6 月 6 ~ 13 日，历史文博系讲师张俊娜赴波士顿参加第七届东亚考古学大会（SEAA 7th WORLDWIDE CONFERENCE），并于 6 月 9 日和 11 日分别在哈佛大学和波士顿大学做了题为“Evolution of the Yiluo River and its Influence on the Prehistoric Culture and the Formation of the Erlitou Site in the Luoyang Basin, Henan Province, China”（中国河南省洛阳盆地伊洛河演化及其对史前考古学文化和二里头遗址的影响）和“Environmental Change Promoted the Human Subsistence Strategy Transition during the Early Holocene in Central North China”（中国北方全新世早期环境变化促使人类生存策略转化）的两场主题报告。

2016 年 10 月 11 ~ 15 日，受意大利博洛尼亚大学文化遗产管理系 Luca Zan 教授邀请，北京联合大学历史文博系主任顾军教授一行 3 人赴意大利博洛尼亚大学进行了为期 5 天的访问。此次出访主要了解了意大利高校文化遗产专业特别是文物保护和修复方向的培养方案、课程设置、实践实习以及实验室教学活动的安排。

来访

2016 年 6 月，西密歇根大学历史系熊存瑞教授（Victor Cunrui Xiong, Professor of History, Western Michigan University）来北京联合大学进行学术访问，并于 6 月 5 日在北京联合大学应用文理学院教学楼做了题为“先秦洛阳在中国都城史上的地位”（Luoyang in the Pre-Qin Era of Chinese History）的讲座。

2016 年 11 月，英国三一圣大卫大学埃及学与文化遗产学高级讲师 Katharina Zinn 博士应邀来访，并于 11 月 1 日和 3 日分别在北京联合大学应用文理学院教学楼做了题为“对博物馆中有形文物及其背后传承非物质文化遗产的传记故事——梅瑟菲尔 Cyfarthfa 博物馆 Hartley Harry Southey 的东方藏品案例研究”及“圣境景观的创建与保护：古埃及的两个案例的研究”的两场讲座。

【首都师范大学】

出访

2016年8月28日～9月2日，首都师范大学历史学院考古学与博物馆学系讲师范佳翎赴日本京都参加第8届世界考古学大会（The 8th World Archaeological Congress）。范佳翎博士在T07－C分会场做题为“Art helps Archaeology: Archaeological Education in Chango Children Art Training Institute in China as a Case Study”的发言。

2016年10月3～5日，首都师范大学长江学者宁强教授赴美国西密歇根大学访问，进行两场学术讲座，分别为“Art, Ritual, and Secret Space on the Silk Road”（丝绸之路上的艺术、仪式与隐秘空间）和“Where did the Early Chinese Civilization Come from?”（中国文明的起源）。

2016年11月3～5日，首都师范大学长江学者宁强教授赴美国芝加哥大学，出席“China, Art, History: New Orientations”学术会议，发表学术报告“西夏王国的艺术、仪式与秘密空间”。

2016年11月29日，首都师范大学长江学者宁强教授赴俄罗斯联邦，参加在圣彼得堡国立师范大学召开的“首届俄罗斯东方文化论坛”，发表学术报告“中国传统艺术的现代性挑战”。

来访

2016年10月27日，受首都师范大学历史学院邀请，日本金泽大学秦晓丽教授做了题为“二里头文化时期的陶器扩散与二里岗文化时期陶器的规格化”的学术报告。

【河南大学】

出访

2015年12月～2017年1月，河南大学历史文化学院考古文博系副教授魏继印赴美国圣路易斯华盛顿大学做访问学者，与凯德教授合作研究“河泛区考古的方法与技术”。

来访

2016年7月23日～8月25日，斯坦福大学刘莉教授给河南大学历史文化学院考古文博系开设“社会复杂化的理论与实践”“食物考古”两门课程。

【重庆师范大学】

出访

2016年1月20日～2月5日，重庆师范大学武仙竹教授对位于克拉斯诺亚尔斯克市的科学院考古学与民族学研究中心进行学术访问。其间，对俄罗斯科学院在西伯利亚叶尼塞河岸边发掘的李斯特文卡旧石器遗址出土动物遗骸进行研究。还访问了西伯利亚联邦大学、克拉斯诺亚尔斯克市国立师范大学、克拉斯诺亚尔斯克市边疆区博物馆等学术单位。

（武仙竹）

2016年11月23～28日，重庆师范大学历史与社会学院李禹阶、常云平、袁艳玲、杨华、喻学忠5位教授应邀赴日本东北学院大学参加了“日中韩周缘域宗教与信仰文化研究学术研讨会”，会上李禹阶先生做了题为“中国重庆地区的移民与他们的信仰”的学术演讲。常云平、袁艳玲两位教授还在日本早稻田大学长江流域文化研究所做了题为“重庆师范大学历史与社会学院简介”“楚式鼎的分类、组合及其礼制涵义”的学术演讲。

（杨　华）

2016年11月24～30日，重庆师范大学武仙竹教授参加第36届韩国博物馆学大会。大会在位于首尔市的韩国景福宫召开。武仙竹教授在会上宣读论文《中国远古人类行为模式及动物考古学研究新进展》。

（武仙竹）

2016年11月26日，韩国博物馆学会在首尔召开第36届韩国博物馆学年会，重庆师范大学孔令远教授会上宣读论文《汪宁生对中国民族考古学的贡献》。

（孔令远）

来访

2016年12月17~20日，日本学者谷口满教授及学生7人与重庆师范大学历史与社会学院杨华教授及学生5人赴渝东南地区进行文物与民俗文化考察活动。19日，谷口满教授在长江师范学院做了题为“巴史巴文化的研究——三重证据法”的学术报告，重庆市人文社科重点研究基地、重庆三峡文化与社会发展研究院李禹阶教授对《重庆地区移民史的研究动态》进行了介绍。

（杨　华）

【黑龙江大学】

出访

2016年4月18日，黑龙江大学历史文化旅游学院段光达教授和王乐文副教授应邀来到俄罗斯布拉戈维申斯克市，同阿穆尔州历史文化遗产保护中心商议并签署了2016年中俄考古合作计划。双方约定，7月双方组建联合考古队，对布拉戈维申斯克市附近的乌斯季—伊万诺夫卡遗址进行考古调查和发掘。

来访

2016年8月，俄罗斯科学院西伯利亚分院民族、考古与历史研究所涅斯捷罗夫研究员来黑龙江大学访问调研。

【中国人民大学】

出访

2016年1月6~13日，魏坚参加日本北海道札幌学院大学主办的“北亚调查研究报告会”。

2016年1月，曹斌参加哈佛大学西学前沿学术研讨会。

2016年2月23日~3月4日，魏坚参加印度新德里甘地国家艺术中心（IGNCA）主办的“2016中印岩画艺术展暨专题研讨会”。

2016年2月25日，曹斌参加哈佛大学青年学者的中国考古学思考学术会议。

2016年5月16~19日，曹斌参加哈佛大学“交融和互动——西周国家政治和文化的碰撞”学术会议。

2016年6月24~28日，陈胜前、仪明洁参加日本东京举办的第八届亚洲旧石器联合会国际研讨会，仪明洁做会议报告“New Discoveries of Huangniliang Site in the Coastal area of East China during the MIS 3c”。

2016年9月6~12日，魏坚参加蒙古历史与考古研究所主办的“俄、蒙、中边界地带古代社群的文化转型与互动：中亚和中国北方的岩画”科学论坛。

2016年9月24~27日，魏坚参加蒙古历史与考古研究所主办的“蒙古东部地区考古发现、保护与研究”国际学术会议。

2016年10月2~8日，魏坚参加俄罗斯拉斯诺亚尔斯克市西伯利亚联邦大学主办的第7届“蒙古西伯利亚贝加尔及中国北方古代文化国际会议”，做题为“北魏六镇城址的考古学研究”的学术报告。

2016年11月18~20日，曹斌参加日本京都府里大学中国考古学会京都大会。

【河北师范大学】

出访

2016年6月13~23日，许清海教授赴荷兰参加“Landcover 6k”工作组会议。“Landcover 6k”工作组会议于6月14~16日在荷兰乌特勒支大学召开，会议围绕“利用花粉和其他数据进行植被和土地覆被的定量重建”这一主题展开。许清海教授主持了题为“亚洲土地覆被定量重建研究”的专题讨论会议。

（李曼玥）

来访

2016年9月5日~10月13日，应河北师范大学历史文化学院考古学系和泥河湾考古研究院的邀请，南非金山大学地理、考古与环境研究学院凯瑟琳·库曼教授来河北师范大学进行教学访问。库曼教授为历史文化学院考古系学生开设了为期5周的“非洲古人类与旧石器时代考古”课程，系统讲解了非洲古人类发展序列与旧石器发展模式，并介绍了南非“人类的摇篮”世界文化遗产圣地及著名的斯泰克方丹古人类洞穴遗址的考古发掘工作。其间，库曼教授还将具有代表性的非洲古人类模型标本捐赠于历史文化学院。

（杨晓东）

第六篇

考 古 教 学

2016 年毕业的本科生人数

北京大学考古文博学院考古学专业	27 人
北京大学考古文博学院文物建筑专业	9 人
吉林大学文学院考古学专业	19 人
吉林大学文学院博物馆学专业	20 人
山东大学历史文化学院考古学系	27 人
西北大学文化遗产学院考古学系考古学专业（含文化遗产管理）	50 人
西北大学文化遗产学院文物保护学系文物保护专业	30 人
四川大学历史文化学院考古学系考古专业	22 人
四川大学历史文化学院考古学系文物博物馆专业	7 人
郑州大学历史学院考古系考古学及博物馆学专业	19 人
南京大学历史学院考古文物系考古学与博物馆学专业	10 人
南京大学历史学院考古文物系文物鉴定与修复专业	15 人
南京师范大学社会发展学院文物与博物馆学系	19 人
厦门大学人文学院历史系考古专业	9 人
中山大学社会学与人类学学院人类学系考古专业	19 人
武汉大学历史学院考古学系考古学专业	14 人
南开大学历史学院考古与博物馆学系考古学及博物馆学专业	17 人
复旦大学文物与博物馆学系博物馆学专业	17 人

续表

北京联合大学应用文理学院文物与博物馆学系	74人
中央民族大学民族学与社会学学院考古学系	28人
首都师范大学历史学院考古系	20人
河南大学历史文化学院考古文博系	24人
辽宁师范大学历史文化旅游学院考古文博系	19人
重庆师范大学历史与社会学院考古系	27人
浙江大学文物与博物馆学系文物与博物馆学专业	14人
辽宁大学历史学院考古学系考古与博物馆文化专业	10人
兰州大学历史文化学院考古与文物博物馆学系文物博物馆学专业	23人
河北师范大学历史文化学院考古学系考古学专业	9人

补遗：山西大学2015年毕业本科生人数30人。

注：广西师范大学历史文化与旅游学院考古学及博物馆学专业、黑龙江大学历史文化旅游学院、赤峰学院历史文化学院考古学教研室、山西大学历史文化学院、中国人民大学历史学院考古文博系、中国社会科学院研究生院考古系等院系和专业或目前不招收本科生或2016年无毕业学生，特此说明。

2016年毕业的硕士研究生

北京大学考古文博学院

专业方向：新石器及夏商周考古

黄雪霁：《两周之际到西汉晚期铺首的考古学研究》

指导教师：徐天进

专业方向：文物与博物馆（专业硕士）

丛诗音：《“宇中六极 规矩堪舆”——中国古代地图展内容策划》

谷　雨：《乡村博物馆建设与陈列内容设计初探——以北庄博物馆为例》

郭子莉：《全球化语境下的中国文物出境展览初探》

李绚丽：《博物馆体验式展览初探》

于浩然：《河南巩义慈云寺方塔的复原研究》

指导教师：杭　侃

何　纳：《北京大葆台西汉墓出土木质文物保护修复报告》

李绮霞：《山东省莒县博物馆藏书画保护修复方案》

柳东溶：《山东日照市博物馆馆藏书画文物方案》

马燕莹：《南澳Ⅰ号出水青花瓷与酱釉陶成分及色料分析研究》

伊达绘美：《日本陶瓷传统修复工艺研究——以金缮为例》

指导教师：胡东波

达吾力江·叶尔哈力克：《哈萨克斯坦比加泽—丹迪拜文化墓葬的考古学研究》

指导教师：林梅村

王　星：《耀州窑生产方式的考古学研究》

指导教师：齐东方

蔡鸿博：《试析宋代南方地区丧葬习俗中的信仰因素》

顾志洋：《山东菏泽沉船的考古学研究》

指导教师：秦大树

王诗涵：《性别意识与展示女性》

夏　涛：《艺术博物馆公共关系研究》

周子与：《虚拟现实技术在博物馆展示上的应用》

刘秋佚：《博物馆考古发现类临时展览探析》

指导教师：宋向光

冯　妍：《世界岩画遗产的分类：兼论左江花山岩画的类型问题》

孙雪静：《汉代石阙画像的初步研究》

方若素：《忠县崖脚墓地的初步研究》
商晨雯：《作为线性文化遗产的金牛道初探》
指导教师：孙 华
林怡娴：《甘肃临潭磨沟墓地年代及食性研究》
指导教师：吴小红
郑欣获：《先秦时期流鋈器研究——兼谈流鋈器与礼的关系》
奚牧凉：《公众考古传播的理论与案例研究》
指导教师：徐天进
梁 源：《东汉建筑形制地域特征研究——从关中和汉中、中原、巴蜀地区出土的仿木构建筑史料展开》
吴煜楠：《关中地区唐至金仿木构建筑史料研究》
朱 柠：《四川唐代西方净土变石窟中的仿木构建筑形制研究》
指导教师：徐怡涛
梁根铨：《古建筑木结构老化桐油化学清洗研究》
指导教师：周双林

吉林大学文学院考古学及博物馆学

专业方向：旧石器考古
刘亚林：《端刮器及相关问题研究》
指导教师：陈全家
田 笛：《理论与实践的互动——辽西新石器时代考古史》
指导教师：陈胜前

专业方向：新石器考古
文 璋：《跨湖桥文化再研究》
指导教师：赵宾福
车亚风：《花厅墓地研究》
刘蓓蓓：《老虎山文化研究——以陶器为视角的文化分期与性质探讨》
指导教师：李伊萍
董霄雷：《运城盆地龙山时代考古学文化谱系研究》
侯宁宁：《钱山漾文化研究》
指导教师：段天璟

专业方向：商周考古
和菲菲：《商周时期铜矿开采技术的比较研究——以鄂赣交界地带和辽西地区为中心》
时西奇：《中国北方出土商周时期当卢研究》
袁 瑗：《西周原始瓷研究》
指导教师：王立新
耿 杨：《二里头遗址第四期遗存研究》

指导教师：井中伟

专业方向：北方青铜时代考古

　孟　琦：《寺洼文化分期及有关问题研究》

指导教师：杨建华

　申轩丞：《新疆安德罗诺沃文化遗存研究》

指导教师：邵会秋

专业方向：战国秦汉考古

　孙丹玉：《姜屯墓地研究》

　王双超：《袁台子墓地东周时期墓葬研究》

指导教师：潘　玲

　王　欢：《滇池地区滇文化三个墓地的比较研究》

　何　昊：《甘青宁地区汉代城址研究》

指导教师：滕铭予

专业方向：高句丽考古

　豆丽丽：《辽南地区汉魏晋墓葬的类型与分期研究》

指导教师：王培新

专业方向：宋元考古

　武　松：《乾安后鸣字区遗址研究》

指导教师：冯恩学

专业方向：动物考古

　宋　姝：《南宝力皋吐墓地动物遗存及相关问题研究》

指导教师：陈全家

专业方向：体质人类学

　刘　铭：《内蒙古和林格尔大堡山墓地古代居民的 DNA 研究》

指导教师：朱　泓

　孙志超：《体质人类学　青海省平安县石家营汉晋墓地人骨研究》

指导教师：张全超

　朱思媚：《体质人类学　内蒙古和林格尔县东头号遗址人骨研究》

指导教师：朱　泓

专业方向：考古 DNA

　栾伊婷：《后套木嘎遗址古代牛的分子考古学研究》

指导教师：蔡大伟

专业方向：陶瓷考古
马萌萌：《北方地区宋元时期白地黑花瓷器初步研究》
滕雅竹：《环渤海地区宋元时期瓷器贸易与交流》
席晓云：《江苏省出土的宋元瓷器研究》
赵里萌：《多孔器研究》
指导教师：彭善国

专业方向：博物馆学
郝元琦：《内容设计文本写作视野研究》
指导教师：吕　军
刘　华：《〈申报〉（1912—1949）博物馆史料初步整理与分析》
任金华：《澳大利亚博物馆观众研究的初步研究》
指导教师：史吉祥

专业方向：旧石器考古（专业硕士）
张　言：《石器微痕分析研究的回顾与前瞻》
指导教师：方　启

专业方向：夏商周考古
李　扬：《周代附足铜簋研究》
指导教师：王立新

专业方向：陶瓷考古
汤习羽：《北方地区唐宋时期装烧窑具的初步研究》
指导教师：彭善国

专业方向：博物馆学
卓丽杰：《首都博物馆观众满意度研究——以大众点评网为中心》
指导教师：史吉祥

专业方向：文化遗产
刘德杰：《博物馆的社会化媒体营销研究》
指导教师：李伊萍

专业方向：文物研究
张　欣：《明代洪武景德镇官窑瓷器特征的新认识——以考古资料为中心》
指导教师：吕　军

山东大学历史文化学院考古学系
专业方向：史前考古

武　昊:《滕州薛河流域大汶口文化时期的聚落形态演变》
许晶晶:《安徽淮河流域龙山文化研究》
张馨月:《山东地区古代居民牙齿健康状况研究》
指导教师:栾丰实
杨　凡:《海岱地区史前玉器初探——以制玉工艺为视角》
郑秀文:《公元前6000—4000年长江下游地区居民生计方式研究》
指导教师:王　芬

专业方向:商周考古
杨　薇:《云南宁河泊所和玉碑地遗址植物遗存分析》
姜亚飞:《先秦时期制玉作坊遗存及相关问题研究》
指导教师:方　辉
蒋尚武:《山东地区商代居民的创伤与疾病研究——以济南刘家庄遗址为例》
曹　洋:《山东南部东周陶器分期及聚落研究》
孙　艳:《周代都城的排水系统研究》
指导教师:王　青
宫　玮:《山东济南大辛庄和刘家庄遗址商代先民食谱的研究》
指导教师:陈雪香

专业方向:历史考古
丁文慧:《宋代墓葬出土茶用执壶研究》
指导教师:任相宏
蒋来希:《两周至汉代韘及韘形佩研究》
指导教师:陈淑卿

专业方向:汉唐考古
王　琼:《鲁中南汉墓随葬品的摆放位置研究》
程玉柱:《山东地区出土汉代钱范研究》
指导教师:崔大庸

专业方向:植物考古
马永超:《长江下游地区的水稻驯化过程——水稻扇型植硅体的证据》
武　欣:《河南大赉店遗址龙山时期植物遗存分析》
范宪军:《西城驿遗址碳化植物遗存分析》
指导教师:靳桂云

专业方向:文化遗产保护
马瑞文:《“潍县造”及潍坊仿古铜工艺的研究与保护》
指导教师:方　辉
孙　悦:《考古遗址公园案例分析与展望》

指导教师：王　青
　刘泽军：《县域文物保护单位的窘境与突围——以河北省昌黎县文物保护单位为例》
指导教师：陈淑卿

专业方向：博物馆学
　甘　永：《博物馆连锁模式研究及国内博物馆连锁前景分析——以古根海姆博物馆为例》
指导教师：李慧竹

西北大学文化遗产学院

专业方向：新石器时代考古
　徐　舸：《公元前三千纪至两千纪之初秃尾河流域聚落形态的初步考察》
　卫　雪：《陕西榆林寨峁梁遗址初步研究》
指导教师：张宏彦
　魏唯一：《陕西神木石峁遗址皇城台区域调查与性质分析》
　侯富任：《陕西扶风案板遗址2012年发掘出土动物遗存研究》
指导教师：钱耀鹏
　吕梦琪：《甘青地区史前墓葬随葬陶器组合数量研究》
指导教师：陈洪海
　高　磊：《河北阳原马鞍山遗址Ⅱ区第3、4层石制品分析》
指导教师：高　星　陈洪海

专业方向：商周考古
　熊建雪：《关中地区周秦时期人类体质健康状况研究》
指导教师：陈　靓
　卢　斌：《江陵地区东周楚墓出土青铜兵器研究》
　方喜涛：《云南滇池地区出土劈砍类青铜兵器的初步研究》
指导教师：赵丛苍

专业方向：秦汉考古
　赵凌烟：《箕子朝鲜的考古学探索》
指导教师：王建新
　陈徐玮：《战国秦汉时期标准化研究》
指导教师：段清波
　马　川：《临潼马额秦墓研究》
指导教师：焦南峰　段清波

专业方向：隋唐考古
　岳敏静：《唐代杂技俑的考古学研究》
　綦高华：《隋唐时期带具的考古学研究》

指导教师：冉万里

专业方向：文化遗产管理

唐伊娟：《陕北米脂窑洞古城聚落环境保护与提升研究》

李天一：《西汉后四陵保护中的景观提升研究》

指导教师：刘军民

余　熠：《公众视野下的汉长安城遗址保护与发展研究》

指导教师：徐卫民

专业方向：文物保护学

刘逸堃：《土遗址土体温度变化空间规律及冻融监测系统建模》

指导教师：孙满利

景博文：《山西晋城青莲寺古代泥塑土性能研究》

指导教师：白崇斌　刘　成

金紫琳：《东莞市博物馆馆藏木质棺椁病害调查与保存环境分析》

指导教师：刘　成

周羿辰：《陕西地区出土西周原始瓷工艺特征的初步研究》

指导教师：凌　雪

赵志强：《新疆巴里坤石人子沟遗址群出土玻璃珠的成分体系与制作工艺研究》

指导教师：温　睿

专业方向：文物与博物馆

李　坤：《眉县柳巷城址发掘简报》

指导教师：王小蒙　冉万里

牛　青：《姜寨二期土坑墓的统计分析》

指导教师：陈洪海

刘瀚学：《基于公众视角下的博物馆网站建设研究》

指导教师：庞雅妮　陈洪海

孔利宁：《基于叙事学的考古遗址展示研究》

指导教师：田　静　陈洪海

靳梦瑶：《博物馆学生团体观众研究——以秦始皇帝陵博物院为例》

指导教师：田　静　徐卫民

党姣姣：《西安半坡博物馆解说媒体的观众满意度调查研究》

指导教师：张希玲　徐卫民

刘瑶佳：《我国遗址博物馆陈列展示发展研究》

指导教师：张礼智　徐卫民

刘子豪：《秦东陵遗址保护及利用研究》

指导教师：段清波

张　曦：《两汉女俑服饰及其相关问题研究》

岳　明：《GIS系统在田野考古中的应用——以西藏民院墓群及甘泉宫遗址为例》

指导教师：田亚岐　段清波

赵　琳：《榆次城市发展与猫儿岭墓群保护利用研究》

指导教师：刘军民

余腾飞：《重庆南宋衙署遗址高台建筑基址生物病害的防治》

黄元元：《重庆南宋衙署遗址高台建筑保护工程实践研究》

指导教师：刘　成

杨　欢：《天梯山搬迁壁画保护修复技术研究——以第三窟一幅佛像为例》

指导教师：郭青林　刘　成

刘　欣：《新疆喀拉苏墓地提取物的实验室微观发掘》

指导教师：赵西晨　刘　成

侯雅丹：《皮质文物板结病害的加脂回软实验研究》

指导教师：孙丽娟

梁　雯：《基于PPP模式的传统村落保护研究》

指导教师：周　萍　吴铮争

王　丽：《城郊型遗址文创农业发展初探——以义陵为例》

指导教师：吴铮争

付倩丽：《古代颜料拉曼光谱定量分析方法模拟实验研究》

指导教师：夏　寅　王丽琴

石玲玲：《隋炀帝萧后冠结构、材质和工艺的初步研究》

指导教师：杨军昌　凌　雪

郑　琳：《广西民族博物馆馆藏瑶族传统服饰分析研究》

指导教师：尹夏清　温　睿

衷敏青：《明代复古玉礼器和吉祥玉的初步探究》

指导教师：尹夏清　赵丛苍

曾　丽：《江西金溪釜山遗址发掘简报》

指导教师：刘云辉　赵丛苍

四川大学历史文化学院考古学系

专业方向：先秦考古

张正为：《西藏高原史前动物资源的利用》

指导教师：吕红亮

杨叶语：《三峡地区夏商周时期墓葬研究》

指导教师：李映福

吴超明：《十二桥文化“精品房阶段”遗存初论》

张金玉：《成都温江惠民村遗址十二桥文化遗存的发现与研究》

指导教师：于孟洲

专业方向：考古学研究

王　燕：《岷江上游石棺葬出土双大耳罐研究》

王　瑾：《四川地区战国秦汉铁器研究》

李万涛：《西坝遗址——西汉广汉郡郡治研究》
指导教师：李映福
程　璐：《西南夷铜铃研究》
指导教师：赵德云　周志清
张广浩：《滇池地区仗形器研究》
刘文娟：《考古遗址地层的粒度分析及应用——以重庆永川汉东城遗址为例》
指导教师：李　兰　吕红亮
邹西丹：《泸州玉蟾山明代摩崖造像的调查与初步研究》
指导教师：董华锋　霍　巍
徐海伦：《川西高原碉楼空间分析——以金川县碉楼为例》
指导教师：杨　锋　吕红亮
夏鹏琳：《浙江六朝墓葬画像及花纹砖研究》
黄晓娟：《山西地区宋辽金建筑悬鱼装饰研究》
指导教师：白　彬
刘　刚：《唐宋时期西南门地区毗沙门天王造像研究》
指导教师：霍　巍
薛曼曼：《宋元明时期发簪的研究》
指导教师：罗二虎

专业方向：秦汉至元明考古
周梦蒂：《滇池地区战国秦汉时期墓葬研究》
张梦逸：《岭南地区秦汉铁器的考古系研究》
指导教师：李映福
陈　鹏：《汉文化的形成与地域传统的变迁——太湖地区战国至西汉墓葬研究》
指导教师：赵德云　刘　弘
李红梅：《四川盆地战国秦汉时期彩绘陶器研究》
指导教师：赵德云　索德浩
唐　俊：《马王堆三号墓三幅帛画体现的魂魄二元》
潘绍池：《河南淅川泉眼沟墓地初步研究》
屈　玥：《南阳地区汉画像石“角抵”图像研究》
指导教师：罗二虎
荆　菁：《成都地区明代买地券的初步研究》
指导教师：白　彬

专业方向：文化遗产与博物馆学
肖林芝：《郑山—刘嘴与千佛寨摩崖造像的病害调查及分析》
指导教师：罗雁冰　李映福
任　琳：《中国新石器时代遗址博物馆基本陈列内容设计研究》
张雨颖：《四川地区高校博物馆社会服务功能的调查与研究》
指导教师：霍　巍

专业方向：文物学与艺术史

过　薇：《晋南金墓杂剧砖雕研究》

指导教师：霍　巍　安剑华

黄　蒙：《崇州博物馆藏〈杨忠武侯宣勤积庆图〉初步研究》

指导教师：霍　巍　杜　康

王　龙：《西藏阿里东嘎石窟1号窟金刚界曼荼罗探析》

指导教师：张长虹　罗二虎

专业方向：博物馆管理与研究

唐诗琴：《四川博物院藏传世青铜兵器的整理与研究》

指导教师：李映福

黄怡凡：《现代夹江手工纸和安徽宣纸的比较研究》

指导教师：罗雁冰　李映福

敬林娜：《成都博物馆新馆潜在观众调研报告》

刘　莉：《广安邓小平故居蚕房院子基本陈列文本策划》

吴林栖：《金沙遗址博物馆〈霸：迷失千年的古国〉特展总结评量报告》

指导教师：周　静　霍　巍

刘萌萌：《博物馆餐饮服务营销初探——以金沙遗址博物馆为例》

指导教师：董华锋　霍　巍

池　欢：《博物馆讲解员的现状与角色分析：以金沙遗址博物馆为例》

指导教师：吕红亮

杨　曼：《新时代构建专业化藏品体系的探索》

廖　丽：《论学术研究对公共考古的支撑——“曹操墓”争议的启示》

魏子淇：《浅析综合类博物馆展陈中说明文字的可读性——以四川博物院为例》

刘仁慧：《针对青少年的博物馆讲解——以四川博物院为例》

指导教师：霍　巍

王　征：《如何做好流动博物馆展览工作——以四川博物院“大篷车”流动博物馆为例》

王　莹：《邓小平故居陈列馆观众参观行为调查分析》

指导教师：周　静　霍　巍

雷欣怡：《博物馆室内降尘定量采集方法及金沙遗址博物馆第二展厅室内外降尘通量研究》

秦　昕：《王建墓保护与利用研究》

指导教师：李映福

郑州大学历史学院考古系

专业方向：先秦考古

李世伟：《后岗二期文化与周邻文化关系及相关问题研究》

指导教师：靳松安

鲁　浩：《中原地区先秦城址护城壕研究》
张程昊：《晋系文字地名研究》
指导教师：张国硕
王鸿驰：《郑州东赵遗址战国墓地结构研究》
指导教师：郜向平

专业方向：汉唐宋元考古
尹彩燕：《唐代两京地区夫妇合葬墓研究——以纪年墓葬为中心的考察》
陈　倩：《唐墓中铜镜的出土状态及功能研究》
付江凤：《唐代河东道地区隋唐墓葬研究》
指导教师：李　锋
刘亚玲：《宋代富民阶层生活探究——以北方地区宋代墓葬的考古发掘为视角》
赵俊杰：《山西地区蒙元壁画墓研究》
指导教师：陈朝云

专业方向：文化遗产与博物馆
贾名杰：《宋辽金屏风研究 ——以考古材料为中心》
指导教师：姚智辉
张雨村：《战国魏国桥足布研究》
指导教师：王　琳
潘继业：《精英 · 大众——博物馆服务对象的讨论》
指导教师：徐　玲
吴胜蕊：《工业遗产保护与再利用模式及策略分析——以郑州市区为例》
指导教师：孙　危

专业方向：文物与博物馆专业硕士（不分方向）
谢佳明：《郑州东赵遗址 2014—2015 年度小城南墙发掘简报》
指导教师：郜向平　顾万发
张爱敏：《登州博物馆馆藏周代青铜器的整理与研究》
指导教师：郜向平　杨文胜
王咸秋：《汉函谷关遗址的考古发现和相关问题研究》
指导教师：赵海洲　史家珍
张静怡：《洛阳新出土唐末五代壁画墓的艺术特色研究》
指导教师：韩国河　史家珍
贾付春：《中原地区潮湿土遗址保护理念探索与对策研究——以河南内黄三杨庄汉代聚落遗址为例》
指导教师：韩国河　马萧林
程保增：《北方地区汉代原始瓷的考古学研究》
指导教师：韩国河　史家珍
周淑平：《洛阳陵园路汉代墓葬发掘简报》

指导教师：许俊平　史家珍
王贝贝：《河南省农业文化遗产保护及展示研究——以水利工程类为例》
指导教师：孙　危　武　玮
周鼎凯：《新技术在古代壁画数据采集保护中的应用》
指导教师：徐　玲　周　立
张秋晨：《博物馆公众服务与传播学》
指导教师：徐　玲　武　玮

南京大学历史学院考古文物系

专业方向：新石器时代考古
余金玲：《骆驼墩遗址出土鹿角的痕迹观察与研究》
祁迎迎：《常州新岗遗址出土石器观察与研究》
杨雅琼：《从顺山集遗址出土的陶片看制陶工艺》
辛　攀：《新石器时代太湖东部地区出土石犁铧的观察与研究——以实验考古为重点》
指导教师：黄建秋

专业方向：夏商周考古
雷　萌：《巴蜀地区隋唐时期天众造像图像研究》
张瑶光：《从墓葬材料看两汉时期苏州地区文化的变迁》
张朝智：《岳石文化南传问题研究》
刘　松：《宁波槽江它山堰1号地块出土瓷器初步研究》
指导教师：水　涛

专业方向：战国秦汉考古
赵梦薇：《战国秦汉旋转石磨的考古学研究》
杜　宁：《两汉时期西域农业考古研究》
毛　倩：《巫山地区两汉墓葬研究》
艾宋芸珮：《峡江地区东汉墓砖研究》
鲍　杰：《皖西南地区楚墓研究》
李晓彤：《汉画像石中的“鱼车”图像》
指导教师：刘兴林

专业方向：魏晋南北朝考古
朱　棒：《东晋南北朝六面印研究》
崔贻彤：《考古所见三国两晋南北朝兵器研究》
指导教师：贺云翱
温金星：《东晋建康地区墓葬制度试析》
傅征男：《南京及周边地区出土凭几研究——以东晋、南朝时期为主》
指导教师：吴桂兵

专业方向：宋元考古方向
　李晶鑫：《明末清初漳州窑外销青花瓷研究》
指导教师：周　言

专业方向：古代陶瓷考古
　王福莲：《传统制陶业的民族考古学研究》
指导教师：贺云翱

专业方向：文物与博物馆
　蒋　蓓：《崧泽文化陶豆试析》
　陈书迁：《宁波鱼山遗址史前文化研究》
　夏　慧：《跨湖桥遗址与河姆渡遗址陶器装饰工艺浅析》
指导教师：贺云翱

专业方向：文化遗产方向
　周　杰：《从考古学的角度看巴文化与汉文化的融合》
指导教师：贺云翱

专业方向：非物质文化遗产
　陈志远：《非物质文化遗产的风险问题初探》
　徐秀丽：《非物质文化遗产保护与社区文化建设探讨》
　尹　航：《非物质文化遗产保护与现代生活》
指导教师：徐艺乙

专业方向：书画研究
　杜浩远：《唐寅画作中人物形象初步研究》
指导教师：杨　休

专业方向：青铜器玺印研究
　李逸林：《早期金器的分类及其文化来源》
指导教师：周晓璐

专业方向：文物鉴定
　农俊海：《近四十年新发现铜鼓选鉴》
　李梦晨：《略论两宋时期椅具》
指导教师：周晓璐

专业方向：中国古代书画鉴定
　汪映雪：《徽商收藏视野下的弘仁书画鉴定刍议》

朱译潇：《文徵明款〈兰石图〉的研究与鉴定》
指导教师：杨　休

专业方向：东方建筑
束金齐：《北京紫禁城咸安门建筑形制研究》
指导教师：周学鹰

南京师范大学社会发展学院文物与博物馆学系
专业方向：考古学
陈瑾瑜：《南京近年来出土南朝佛教遗存研究》
高庆辉：《汉晋时期的谒、刺研究》
指导教师：周裕兴
陈　冉：《北阴阳营遗址出土玉器的考古学研究》
指导教师：王根富
范健泉：《秘鲁维鲁河谷聚落形态研究》
指导教师：裴安平
金安妮：《岩画的微腐蚀断代——以仙居岩画为例》
指导教师：汤惠生
林　荫：《南京地区六朝墓砖的铭文研究》
指导教师：陈声波

专业方向：文物与博物馆
赵淑怡：《中学历史教学中的公众考古教育探析》
徐秋怡：《关于屈家岭遗址群大遗址保护的新思考》
指导教师：裴安平
周津丞：《博物馆视野下的"美丽乡村"——以南京地区为例》
李曼菲：《博物馆文化创意产品开发探析——以南京博物院为例》
杨玥韵：《金坛三星村遗址保护模式探析》
阙　强：《南京地区高校博物馆调查研究》
指导教师：周裕兴
姚昕孜：《徐州汉代诸侯王陵墓的保护与利用》
谢梦奇：《高城墩遗址的保护利用探析》
倪玲玉：《试论行业博物馆的现状与前景——以南京地区为例》
周安翠：《博物馆主题展览叙事研究》
马亚坤：《南京六朝博物馆展陈之分析》
指导教师：王根富
钱　茜：《试论区县级博物馆生存现状与发展方向——以南京地区为例》
指导教师：王志高
陈　捷：《南京市建立儿童博物馆的可行性方案研究》
唐闻欣：《浅议博物馆中的语音导览——以南京博物院为例》

陈　静：《博物馆资源与初中历史教学——以南京博物院为例》
指导教师：陈声波

厦门大学人文学院历史系考古专业

专业方向：东南区考古
陈　震：《葫芦山遗址初论》
方　方：《福建沿海地区新石器时代石锛的类型学分析——“南岛语族”的起源和迁移》
指导教师：焦天龙
林叶辉：《白主段类型初步研究》
指导教师：王新天
王玉杰：《漳州史前考古学文化发展序列探讨》
张六英：《闽西地区史前考古学文化初探》
指导教师：张闻捷

专业方向：海洋考古
秦苓育：《16—17世纪中国外销瓷销往欧洲的路径及其对欧洲的影响》
指导教师：焦天龙
陈冬珑：《晋江流域明清青花瓷手工业发展研究》
指导教师：王新天
黎民露：《从沉船资料看宋元时期瓷器的海外贸易》
余佳敏：《扬州出土唐代长沙窑瓷器研究》
指导教师：刘　淼
苏素云：《〈葭沚天后宫泉漳会馆碑记〉所见闽南与台州史研究》
指导教师：周运中

专业方向：科技考古
董诗华：《福建武夷山市葫芦山遗址植物考古研究》
指导教师：葛　威

专业方向：隋唐考古
南新荣：《陕豫地区出土唐代胡俑的初步研究》
指导教师：王新天

中山大学社会学与人类学学院人类学系考古专业

专业方向：考古学及博物馆学
朱　柯：《鄂西北、豫西南石家河文化及相关问题研究》
指导教师：许永杰
卢荣俊：《滇桂边区战国秦汉时期考古学文化研究——以墓葬为中心》
汪越越：《中山大学人类学博物馆馆藏石湾艺术陶瓷研究》

指导教师：郑君雷
冯相燕：《南方史前白陶的创制与发展》
指导教师：王　宏
曹炳龙：《北朝到隋代邢窑碗类的数学定量研究》
惠泽霖：《明代余里窑仿龙泉青瓷与龙泉青瓷对比研究》
李维军：《南汉国出土陶瓷器的产地研究》
指导教师：朱铁权
关丹凤：《清代广州外销画的市井百业题材研究》
指导教师：谭玉华

专业方向：文物与博物馆
沙慧心：《川渝地区汉代画像材料“阙”图像意义研究》
汪瑞琼：《新疆山普拉墓地出土毛织物初探》
刘明君：《宋元时期磁州窑瓷器款识初探》
指导教师：刘文锁
徐风爽：《乳源泽桥山六朝墓葬的考古学研究——基于与湘赣地区墓葬比较的视角》
许　英：《长沙窑出土执壶的类型与分期研究》
指导教师：姚崇新
何　燕：《宋代陶瓷花器研究》
沈　江：《拾年山遗址研究——兼谈拾年山与樊城堆文化的关系》
林妙如：《潮州龙湖古寨乡土建筑研究》
刘　芮：《广州城市遗产保护中的民间草根组织研究》
王鸿洋：《汉画墓虎形图像研究》
指导教师：郭立新
李永歌：《宋元时期中国对菲律宾贸易陶瓷研究》
指导教师：郑君雷
周　蓉：《肇庆古城墙的保护与利用研究》
指导教师：王　宏
游　越：《广东省内华侨博物馆研究》
陈　畅：《江门五邑侨乡“口供纸”研究——以江门市博物馆馆藏为中心的考察》
赵又霖：《文化遗产视角下的房家庄园古建筑群落研究》
周雅淇：《江门五邑华侨华人博物馆馆藏近代护照研究》
指导教师：李宁利
顾燕粼：《广彩颜料研究》
指导教师：朱铁权

武汉大学历史学院考古学系
专业方向：先秦考古
邓春艳：《试论西山文化》

指导教师：余西云
　黎　琪：《从生产工具试析新时期晚期到商代早期长江、黄河中游的农业形态》
　段姝姗：《论两周之际前后周原地区与诸侯国地区青铜礼器所见礼制变化》
指导教师：张昌平

专业方向：东周—宋元明清考古
　陈艺冠：《安徽淮河流域春秋青铜器研究》
指导教师：王　然
　尹以江：《战国秦汉时期滇池地区墓葬研究》
　王吉卿：《浙川阎杆岭战国秦汉墓地研究》
指导教师：徐承泰

专业方向：专门考古
　邹秋实：《盘龙城遗址景观变迁初探》
　周　青：《辽瓦店子遗址新石器晚期至早夏时期聚落形态研究》
指导教师：王　然

专业方向：文物与博物馆学
　张亚莉：《商代前期墓地研究》
　符芷毓：《中国博物馆教育工作发展现状——以湖北省博物馆为例》
指导教师：张昌平
　阮胜胜：《唐家岗遗址分期及文化性质研究》
指导教师：陈冰白
　朱叶菲：《好川墓地研究》
指导教师：余西云
　李翔宇：《宋元时期湖田窑研究》
指导教师：贺世伟

专业方向：文化遗产与博物馆
　马安钰：《河北中南部宋金墓葬分期研究》
指导教师：贺世伟

山西大学历史文化学院考古系
专业方向：史前考古
　雷　蕾：《泥河湾旧石器文化与北京猿人文化关系的探讨》
　刘建超：《从中国旧石器时代遗迹现象初探古人类行为》
指导教师：李　君

专业方向：商周考古
　王　敏：《晋南商文化遗存研究》

指导教师：赵瑞民
曹　洋：《侯马桥村围沟墓属性问题的探讨》
指导教师：郎保利
姚佳昌：《古唐国初步研究》
指导教师：韩炳华
张　旸：《晋西商代青铜器的科学研究》
李　斌：《长子西南呈 M15 随葬车复原及相关问题研究》
指导教师：宋艳花　韩炳华

专业方向：汉唐考古
海　青：《北朝墓葬出土陶瓷器皿的类型学分析》
指导教师：渠传福

专业方向：科技考古
张天琦：《蒲州故城遗址出土陶、瓷器研究》
指导教师：王晓毅

专业方向：博物馆学
杨　菊：《博物馆小学课程资源的开发与利用——以山西博物院为例》
指导教师：宋艳花

南开大学历史学院考古与博物馆学系
专业方向：夏商周考古与物质文化研究
刘司靓：《辽宁地区战国两汉墓葬研究》
指导教师：贾洪波

专业方向：魏晋南北朝考古与物质文化研究
董雪迎：《河北地区汉代陶俑研究》
指导教师：刘尊志

专业方向：陶瓷考古
张晓琳：《考古发现的金代定窑瓷器研究》
付承章：《论辽与伊斯兰世界的文化交流——以陶瓷器为缩影》
指导教师：刘　毅
胡紫薇：《宋代吉州窑瓷器分期研究》
指导教师：袁胜文

专业方向：文物与博物馆（专业硕士）
王新悦：《陕晋豫邻境地区仰韶时期生产工具研究》
指导教师：陈　畅　张卫星

董健楠：《东周图像铜器研究》
指导教师：贾洪波　杨文胜
李安洋：《商代迁都问题再研究》
程文博：《商周青铜农具再研究》
指定教师：贾洪波　任　伟
韩舒宜：《汉画像石中的植物图像研究》
李惠胜：《汉画像石中的禽鸟图像研究》
指导教师：刘尊志　张翔宇
张桂芳：《山东地区历史故事题材汉画像石研究》
指导教师：刘尊志　张卫星
熊　楠：《乾隆朝宫廷仿古玉研究》
指导教师：袁胜文　冯乃恩
白　杨：《湖北宋墓出土瓷器研究》
指导教师：袁胜文　沈岳明
夏一博：《河南龙山文化至二里头文化时期玉器研究》
指导教师：袁胜文　任　伟
梁金鹏：《中国古代皇陵陵区制研究》
指导教师：刘　毅　唐俊杰
杨丰溢：《战国秦汉之际湖北地区墓葬的发展演变》
指导教师：刘　毅　万全文
石兆含：《西安市区出土的瓷片标本分析》
指导教师：刘　毅　沈岳明
石海莉：《天津博物馆老年观众调查与研究》
指导教师：黄春雨　陈　卓
王　越：《全国周恩来纪念场所研究》
指导教师：黄春雨　万全文

复旦大学文物与博物馆学系

专业方向：考古学
白　晨：《秦汉时期私人书信研究——以出土简帛为主体》
刘　沙：《汉画孝子列女图研究——兼论汉代家庭伦理规范》
薛孟一：《六朝香熏研究》
曹凯云：《战国秦汉女子妆容及其审美意识考察》
指导教师：吕　静
董　择：《地理信息系统在传统手工造纸工艺保护方面的应用——以云贵地区为例》
指导教师：陈　刚
胡天天：《陕北汉画像石墓门区图像研究》
朱谊城：《论清三代彩瓷发展中西方传教士影响》
指导教师：朱顺龙

花　苑：《中国博物馆特展改善对策研究》
叶晨曦：《杨浦滨江工业遗产博物馆集群规划思路研究》
指导教师：陆建松
成暠韵：《韩国汉城遗址出土中国青花瓷研究》
指导教师：刘朝晖

专业方向：文物与博物馆
任晓莹：《新疆鄯善县洋海墓地人群经济形态及演变研究》
指导教师：陈　淳
韩　潇：《“漩涡地带”的良渚文化形态研究》
指导教师：高蒙河
黄自圆：《博物馆珠宝首饰类艺术商品的开发与经营研究》
王瑚瑾：《张大千展览内容设计方案》
赵岑瑒：《上海市博物馆事业发展研究》
赵　铭：《上海市历史博物馆“近代上海”馆展览内容设计方案》
赵双苑：《上海市历史博物馆史前与古代部分展览内容设计方案》
指导教师：陆建松
李欣蕾：《基于移动智能终端的博物馆展厅导览方式研究》
指导教师：陈红京
沈　焱：《台州千张纸制作技艺保护研究与思考》
杨　青：《山东地区传统手工造纸保存现状和保护探究》
指导教师：陈　刚
郭姝兰：《晚清民国瓷茶壶研究》
田蔚恩：《清末民初广彩瓷转型研究》
杨琳娜：《文物在博物馆展示中的叙事功能研究》
尤　越：《晚清民国海派画家交游考》
指导教师：朱顺龙
彭家宇：《明代早中期景德镇民窑青花瓷研究——以纪年材料为中心》
指导教师：刘朝晖
王锦旋：《潘祖荫的金石收藏及其活动之考察》
叶睿隽：《近五年中国文物拍卖市场的基本构架及发展趋势——以中国文物市场数据分析为焦点》
指导教师：吕　静

北京联合大学应用文理学院
专业方向：旧石器考古和古人类学
刘　伟：《甘肃东乡林家遗址磨制石质遗存初步研究》
杨瑞生：《浙江田螺山遗址磨制石质遗存研究》
指导教师：冯小波

专业方向：新石器商周考古
　李小龙：《陕北地区龙山时代考古学文化研究》
　李晓杨：《四坝文化再研究》
　龙丽朵：《马家窑文化人物形象研究》
　刘凌云：《马家窑文化装饰品研究》
指导教师：韩建业

专业方向：汉唐宋元考古
　李　莹：《北京地区辽金佛塔基座纹饰研究》
　朱永明：《唐宋墓葬中的四神形象研究》
指导教师：陈悦新

专业方向：文化遗产数字化
　翟　琼：《基于 CIDOC CRM 的面向博物馆藏品信息资源挖掘应用的数据表示与管理》
指导教师：刘宏哲

专业方向：文化遗产数字化
　杨　琨：《历史类博物馆数字展示方式研究》
指导教师：袁家政

中央民族大学民族学与社会学学院考古学系
专业方向：考古学
　胡佳佳：《试论商文化俯身葬》
指导教师：杨　楠
　奚培坤：《试论吴城文化刻符陶器》
指导教师：杨　楠
　刘　菀：《试论夏商时期的绿松石制品》
指导教师：马　赛
　张慧芬：《吐鲁番出土唐代〈入乡巡貌事〉文书研究》
指导教师：张铭心
　杜　然：《东魏北齐世家世系考补——以墓志为中心》
指导教师：张铭心
　张晓霞：《敖伦敖包岩画分期研究》
指导教师：张亚莎
　罗益清：《岩画的保护与公众认知——以将军崖岩画为例》
指导教师：张亚莎
　杨　琪：《山西夏县关帝庙戏台调查研究》
指导教师：戴成萍
　张　爽：《北朝宇文氏碑志研究》

指导教师：刘连香

专业方向：文物与博物馆
陈　霞：《房山云居寺唐代石塔研究》
指导教师：篠原典生　朱岩石
王天宠：《青州龙兴寺窖藏佛教造像损毁及埋藏原因探析》
指导教师：篠原典生　朱岩石
郑松慧：《敦煌莫高窟285窟窟顶壁画来源探究》
指导教师：篠原典生　朱岩石
崔苗苗：《河姆渡文化陶釜初探》
指导教师：杨　楠　孙国平
肖新怡：《河姆渡文化石锛的观察与思考》
指导教师：杨　楠　孙国平
董　雪：《云南省云龙县三岔村遗址发掘及初步研究》
指导教师：肖小勇　闵　锐
郝　磊：《多视角影像三维重建技术在考古学中的应用研究》
指导教师：肖小勇　刘建国
方　芳：《〈日内瓦：时光之芯〉展览版面说明文字运用效果研究》
指导教师：朱　萍　冯　好
赵亚男：《中国国家博物馆儿童教育活动宣传推广方式研究》
指导教师：朱　萍　黄　琛
朱亚婷：《中国国家博物馆亲子教育活动家庭观众满意度研究》
指导教师：朱　萍　黄　琛
符　瑞：《藏族腰饰文化内涵》
指导教师：祁春英　刘　军
沈　婧：《李陈时期越南陶瓷与中国陶瓷的关系》
指导教师：祁春英　胡国强
黄清云：《岩画艺术资源的现代利用》
指导教师：张亚莎　乔　华
吴　桐：《岩画摄影的探索与实践——以宁夏石嘴山岩画为例》
指导教师：张亚莎　乔　华
居　烁：《隋代女性墓志铭体例》
指导教师：张铭心　胡国强
许寒钰：《东魏北齐女性婚姻家庭——以出土墓志资料为中心》
指导教师：张铭心　胡国强
吕淑颖：《定陶汉墓饱水墨书黄肠题凑脱水保护研究》
指导教师：袁凯铮　成　倩
马乐欣：《石峁遗址城防设施初论》
指导教师：马　赛　孙周勇
吴小可：《石峁遗址城墙孔洞功用初探》

指导教师：马　赛　孙周勇
　买岸笛：《酉田生态博物馆建设实践的观察与思考》
指导教师：潘守永　安来顺
　周艳晴：《吴弄村生态博物馆建设前置研究》
指导教师：潘守永　安来顺
　聂晶晶：《论宁氏京绣》
指导教师：卡丽娜　们发延
　朱镜爀：《论曹氏风筝》
指导教师：卡丽娜　们发延
　任　强：《民族文化宫博物馆馆藏锦旗研究》
指导教师：戴成萍　们发延
　沙之舟：《故宫雨花阁建造考》
指导教师：戴成萍　胡国强
　杨　宝：《云冈石窟风化病害调查与初步研究》
指导教师：马赞峰　郭　宏
　郅晓飞：《大明宫国家遗址公园展示方式研究》
指导教师：张薇薇　李彩萍
　袁婧艳：《南方宋墓出土梳篦研究》
指导教师：刘连香　冯　好
　朱涵昊：《东魏北齐纪年墓葬等级探讨》
指导教师：刘连香　胡国强

首都师范大学历史学院考古系

专业方向：新石器时代考古
　赵　婧：《顶蛳山文化鱼头型蚌刀的加工工艺与使用功能研究》
　吴洋洋：《滹沱河流域仰韶至二里头时期聚落形态研究》
　孙羽浩：《庙底沟文化“西阴纹”彩陶图案研究》
　赵雅楠：《豫中颍汝河流域龙山时期文化谱系与文化互动研究》
　张敏航：《二里头文化第四期研究》
指导教师：袁广阔

专业方向：夏商周考古
　钱静轩：《皖南沿江地区周代的铜工业与考古学文化》
指导教师：钱益汇
　罗　超：《灵宝西坡遗址 2013 年出土仰韶时代石制品的综合研究》
指导教师：钱益汇　李新伟

专业方向：商周考古
　刘亚雷：《商代青铜器底部纹饰研究》
指导教师：钱益汇

代培培：《西安地区战国中小型墓葬研究》
指导教师：朱光华

专业方向：汉唐考古
卜艳明：《有关名人墓葬考古的研究——以〈二十四史〉中有独载独传的人物为中心》
王　典：《战国秦汉魏晋时期北方少数民族印章初探》
高连东：《北京地区辽金时期佛教考古发现与初步研究》
指导教师：后晓荣

专业方向：宋元明考古
李　慧：《宋元文物与图像中的“古物”研究》
指导教师：袁　泉

专业方向：科技考古
杨立为：《多种地球物理勘探在探查古代城址中的应用——以濮阳戚城为例》
指导教师：钱益汇　钟　健

专业方向：文物与博物馆
于　洁：《磨制石器的考古学实验与研究——以花地嘴遗址出土石镞为例》
指导教师：袁广阔
邹恒成：《技艺类非物质文化遗产产业化探析——“张一元花茶制作技艺”为例》
指导教师：袁　泉

专业方向：博物馆学
张全礼：《公元前2000—前1000年中国黄金制品的起源与功能研究》
杨菲菲：《从“博物”到“育人”——博物馆中的文化遗产展示与数字媒体应用研究》
仝一帆：《从百年中国美术展览史看美术展览发展趋势》
指导教师：钱益汇
关　键：《北京地区佛教寺庙遗址博物馆新探》
指导教师：朱光华

专业方向：博物馆藏品研究
李继传：《清三代御用瓷器龙纹研究》
指导教师：钱益汇　王光尧

专业方向：文物学
孙昀靖：《陶瓷考古文献研究（1949—2014）——以书籍研究为例》
指导教师：后晓荣

专业方向：文化遗产保护
　汪　洋：《新疆哈密艾斯克霞尔遗址群文化内涵与保护规划研究》
指导教师：钱益汇

专业方向：非物质文化遗产
　张　敏：《非物质文化遗产的传承与保护——以北京绒花绒鸟为例》
指导教师：钱益汇

专业方向：书画鉴定与修复
　朱雪峰：《汉代艺术中的外来因素——以“回身式射法”为例》
　盛　扬：《乾隆时期宫廷年节绘画研究》
　贾寒冰：《安岐书画鉴藏研究》
　艾　心：《博物馆公共性发展研究——以古代书画鉴赏和当代古书画展览为例》
　杨　阳：《以郎世宁及其作品〈羊城夜市图〉为例论中西绘画的融合》
指导教师：欧阳启名

专业方向：玉石器鉴定
　安　天：《汉代琥珀制品的考古发现与初步研究》
指导教师：朱光华

专业方向：出土文献与古文字
　朱江颂：《清华简〈周公之琴舞〉的性质、年代和流传》
指导教师：刘乐贤

河南大学历史文化学院考古文博系
专业方向：夏商周考古
　贾一凡：《小邾国墓地综合研究》
　刘慧颖：《強国墓地丧葬制度研究》
　杨雅书：《芮国墓地丧葬制度研究》
　白晨辰：《从文献及考古资料看殷周鄂国的历史变迁》
指导教师：袁俊杰

专业方向：博物馆学
　何传凯：《中国博物馆营销体系研究》
　阴　鑫：《中国博物馆文化创意产品开发研究》
　魏亚明：《中国博物馆合作发展研究》
指导教师：田　凯　李竞艳

专业方向：文化遗产保护

陈雅琳：《大遗址保护与展示》
指导教师：涂白奎　王运良

广西师范大学历史文化与旅游学院考古学及博物馆学专业

专业方向：区域考古
卢　训：《黔西南桂西北地区新石器时代文化研究》
指导教师：陈洪波　谢光茂

专业方向：区域考古
郭健新：《马来群岛及其附近海域唐宋时期文物的初步研究》
指导教师：黄启善　廖国一

专业方向：区域考古
张　令：《河南宋金时期瓷窑遗存研究》
指导教师：周长山　吴伟峰

专业方向：博物馆学
张小攀：《我国博物馆文化产品营销策略分析》
指导教师：林　强　陈洪波

辽宁师范大学历史文化旅游学院考古文博系

专业方向：环渤海考古
尤彦婷：《小珠山四期文化研究》
指导教师：徐昭峰

专业方向：环渤海考古
于旭涛：《辽东地区北部新石器时代生业研究》
指导教师：徐昭峰

专业方向：环渤海考古
麻丽楠：《战国时期燕辽西郡郡治研究》
指导教师：张德良

专业方向：东北考古
王　露：《代海墓地初步研究》
指导教师：刘俊勇

专业方向：东北考古
李芳芳：《辽西地区汉代墓葬的初步研究》

指导教师：刘俊勇

专业方向：中国古代玉器
　关　昊：《牛河梁第十六地点出土玉器研究》
指导教师：田广林

专业方向：中国古代玉器
　梁景欣：《牛河梁第二地点出土玉器研究》
指导教师：田广林

重庆师范大学历史与社会学院考古系

专业方向：区域考古与历史文化
　罗文锋：《乌江流域重庆段先秦考古发现与研究》
指导教师：杨　华
　张　硕：《汉长安城未央宫遗址布局及功能研究》
指导教师：武仙竹

专业方向：先秦考古
　孙文浩：《试析李家崖文化》
指导教师：蒋　刚
　袁　丽：《淮河流域东周青铜器来源研究》
指导教师：袁艳玲
　黄　慧：《西辽河流域的文明起源研究》
指导教师：刘俊男
　郭海宁：《中国科学考古学诞生微探》
指导教师：邓　晓

专业方向：博物馆学
　彭　露：《1949 年以前中国博物馆学学科构建初探——以 1949 年前博物馆学通论性专著为对象》
指导教师：蒋　刚

专业方向：文物研究（专业硕士）
　谢钟慧：《中国北方地区夏至战国时期出土的石制装饰品初探》
　孔维严：《宣威火腿工艺及当代发展概况调查报告》
指导教师：蒋　刚
　王　蕊：《吴越地区出土东周青铜器纹饰研究》
　费巧红：《郧县出土东周青铜器来源探析》
指导教师：袁艳玲
　娄　雪：《三峡地区楚系青铜器的发现与初步研究》

指导教师：杨 华

专业方向：区域历史文化研究
田 青：《中原地区早期文明进程研究》
陈 鹏：《两河流域早期社会组织与文明起源研究》
指导教师：刘俊男

研究方向：文化遗产保护
郭义强：《重庆渝北区馆藏木质文物的保护与修复》
王 青：《大足宝顶山石刻彩绘的颜料分析》
陈政宇：《清代线装〈四书辨真·论语〉的修复》
指导教师：郑利平
吕冬梅：《沁阳地区手工捞纸工艺考察——以东高村和捏掌村手工捞纸技艺为例》
刘宇飞：《湖北白龙洞动物群研究》
指导教师：武仙竹
黄 星：《对“天水丝毯”制作技艺的调查研究》
陈宏顺：《晚明倪元璐书法艺术研究》
指导教师：邓 晓

浙江大学文物与博物馆学系文物与博物馆学专业
专业方向：博物馆学与文化遗产
张 鲁：《社交媒体时代中国博物馆传播模式研究——以故宫博物院为例》
指导教师：严建强 郑 霞
倪梦婷：《资源整合型特展的初步研究》
指导教师：严建强 傅 翼
苗亚男：《博物馆数字藏品版权问题研究》
指导教师：郑 霞
徐 莹：《唐五代越窑青瓷的国内分布及传播路线研究》
指导教师：项隆元
汪 溶：《清朝前期（1840 年以前）的浙江海防研究——以海防建筑为中心考察》
指导教师：项隆元
吴芳芳：《宁波传统民居封火山墙的形制特征与演变探究》
指导教师：项隆元
王佳悦：《新昌戏台的类型、特色和保护研究》
指导教师：项隆元
蔡 昶：《隋唐时期宫殿建筑台基与基础营造研究》
指导教师：李志荣
魏祝挺：《吴越国佛塔经幢通考及形制分布的初步研究》
指导教师：李志荣
黄彦轮：《休闲视角下的文化遗产保护与利用初探》

指导教师：项隆元
　周恬恬：《非物质文化遗产价值评估理论与方法初探》
指导教师：项隆元

专业方向：科技考古与文物保护
　汪　俊：《内蒙古辉河水坝细石器遗址石器功能与人类行为研究：石器微痕分析结果》
指导教师：陈　虹
　方梦霞：《长江中下游地区旧石器文化的分期与分区》
指导教师：陈　虹
　董艳芳：《河姆渡文化先民海洋文化发展初探——以田螺山遗址动物骨骼稳定同位素分析为例》
指导教师：郭　怡
　俞博雅：《中国家猪驯化路线初探——以中原地区和长江中下游地区遗址出土猪骨为例》
指导教师：郭　怡
　王芮璐：《陕西富平银沟遗址出土瓷器科技考古基础研究》
指导教师：周少华
　杜维莎：《陶质彩绘文物保护材料失效规律的探究》
指导教师：张秉坚
　贾成思：《基于凝胶法的古代壁画表面加固材料的去除技术研究》
指导教师：张秉坚　张　晖
　王丹阳：《古代泥塑彩绘分析中的植物纤维检测技术研究》
指导教师：张秉坚

辽宁大学历史学院考古学系
专业方向：先秦两汉考古
　仲蕾洁：《东大杖子 M40 初步研究》
　张依依：《东大杖子墓地研究》
指导教师：华玉冰　张星德
　何晓望：《辽西地区新石器时代鸟形象研究》
　牟　童：《辽宁东北部地区商周之际考古学文化及相关问题研究》
　朱　超：《沈阳地区汉墓初步研究》
指导教师：张星德

专业方向：文物与博物馆学
　张愉悦：《辽宁省史前考古遗址博物馆的发展现状与问题剖析——以公众为视角》
指导教师：张星德

专业方向：文化遗产与文物保护

西尔瓦·塔瓦斯·阿德利托·山德（Silva Tavares Aderito Sandef）:《佛得角文化遗产旅游资源开发研究——以中国辽宁省为鉴》
指导教师：张星德

黑龙江大学历史文化旅游学院

专业方向：北方考古
李宝龙:《嫩江流域青铜至早期铁器时代墓葬研究》
贾　帅:《考古所见宋元骨刷研究》
指导教师：王乐文
朱珊珊:《中国北方先秦时期青铜人物纹饰的初步研究》
朱丽媛:《中国境内高句丽马具研究》
陆文婷:《先秦时期中国北方地区有銎青铜兵器初步研究》
指导教师：石　岩

中国人民大学历史学院考古文博系

专业方向：新石器考古（学术硕士）
王昕然:《红山文化分期研究》
指导教师：吕学明
常　璐:《庙子沟文化与马家窑文化比较研究》
指导教师：魏　坚

专业方向：文化遗产保护
黄　雨:《元上都世界遗产地保护阐释与管理研究》
Hesham Tawfik Fahmy Khedr:《中国回族清真寺建筑发展进程与特征》
指导教师：魏　坚

专业方向：汉唐考古
王婷婷:《中古墓葬中的祆教因素研究》
指导教师：李梅田

专业方向：新石器考古（专业硕士）
朱彦臻:《北方地区原始时期石城聚落初探》
指导教师：魏　坚　丁　山　森谷一树

专业方向：商周考古
杜　鹏:《商周动物族徽的分类整理和研究》
指导教师：赵福生　曹　斌
马玉芸:《新疆地区铜鍑研究》
指导教师：魏　坚　陈晓露
王　烜:《新疆地区出土牌饰研究》

指导教师：魏　坚　曹　斌

专业方向：汉唐考古

白晓璇：《河套地区军事塞防研究》

指导教师：魏　坚　森谷一树　丁　山

李　童：《汉唐时期招魂葬研究》

指导教师：李梅田　杨　晶

赵　函：《北魏盛乐与平城时代墓葬的考古学研究》

指导教师：魏　坚　王晓琨

专业方向：宋元考古

张晨希：《江苏地区宋塔的分类和特征研究》

何　曼：《蒙元时期北方地区石刻造型和纹样分析》

指导教师：魏　坚　陈悦新

专业方向：陶瓷考古

李　雪：《江西景德镇银坑坞古瓷窑址调查报告》

指导教师：李梅田　刘　未

专业方向：佛教考古

陈　龙：《灵鹫禅寺藏碑刻研究》

指导教师：魏　坚　王清林

专业方向：文化遗产保护

徐　源：《南昌海昏侯墓园的遗产价值与保护研究》

指导教师：魏　坚　王晓琨

王　宁：《国家考古遗址公园现状分析及相关问题研究》

指导教师：王清林　张林虎

姚　婷：《土司文化遗产的价值阐释——以老司城、海龙囤、唐崖土司城为中心》

指导教师：李梅田　杨　晶

李万靖：《鄂西土司文化遗存研究》

杨宏昌：《播州土司文化遗存研究》

指导教师：李梅田　乔　梁

专业方向：博物馆学

刘明昊：《从抽象的“名人”到具体的“人”——中国近现代名人纪念馆展陈观念的转换》

指导教师：李梅田　乔　梁

韦　璐：《陕西地区博物馆文化创意产品现状研究》

指导教师：赵福生　张林虎

田刘琳：《博物馆文创产品的数字营销研究》
指导教师：黄雪寅　张林虎
王　颖：《辽宁省县级博物馆现状及发展对策研究》
指导教师：吕学明　黄雪寅
明　宸：《首都高校博物馆人力资源管理模式研究》
指导教师：赵福生　张林虎
赵　慧：《灾难博物馆研究》
指导教师：黄雪寅　张林虎

兰州大学历史文化学院考古与博物馆学系

专业方向：新石器时代考古
杨芸芸：《甘青地区马家窑文化发展与景观分布探索——基于气候、景观与文化的研究》
指导教师：杜斗成

专业方向：秦汉魏晋南北朝考古
孔凡一：《徐州地区西汉中小型墓葬随葬陶器初步探析》
指导教师：杜斗成

专业方向：宋元明考古
王家梦：《明代金银发簪研究》
指导教师：郭永利

专业方向：边疆考古
王　瑄：《汉唐之际“青海道”墓葬概论——以都兰吐蕃墓葬为中心》
指导教师：杜斗成

专业方向：西夏考古
马　洋：《西夏文物上的牡丹纹与莲花纹研究》
指导教师：郭永利

专业方向：环境考古
王奕心：《阿拉善高原史前考古与游牧业起源研究》
指导教师：杜斗成

专业方向：美术考古
郝　璇：《马家窑文化鸟纹和漩涡纹探析》
指导教师：郭永利

专业方向：宗教考古

何艺培：《我国最早的阶级社会——齐家文化的社会性质研究》
指导教师：杜斗成

专业方向：考古学史
赵　丹：《伯托尔德·劳费尔四次亚洲考古学考察之研究》
指导教师：王冀青

河北师范大学历史文化学院考古学系

专业方向：新石器时代考古
王振祥：《冀西北地区龙山时代遗存分析》
指导教师：崔英杰

专业方向：夏商周考古
梁建波：《赵都邯郸和郑韩故城比较研究》
指导教师：张翠莲、张娅红

专业方向：汉唐考古
祁　杭：《张库大道的产生和发展及历史作用》
指导教师：张文瑞、陈灿平

专业方向：建筑考古
张　冲：《河北承载建筑元素的出土文物研究》
指导教师：张立方

专业方向：建筑考古
赵　荣：《浅析宣化清真南大寺历史与建筑》
指导教师：张立方

专业方向：艺术考古
马　青：《中国旧石器时代个人装饰品研究》
指导教师：汤惠生

专业方向：艺术考古
辛　也：《北方三省伏羲女娲题材汉画像石研究》
指导教师：汤惠生

专业方向：文化遗产保护
康　玉：《清代宗室贵族园寝制度形成研究》
指导教师：宋大川

赤峰学院历史文化学院考古教研室

专业方向：考古技术与应用

刘鑫桐：《西辽河地区旱作农业起源研究》

指导教师：孙永刚

张　倩：《中国北方新石器时代至青铜时代棍棒头及其相关问题研究》

指导教师：孙永刚

专业方向：文物学理论与方法

于　盼：《小珠山上层文化玉器研究》

指导教师：田广林

乌日罕：《鹰岛元代沉船及出土文物研究》

指导教师：陈永志　杨福瑞

金　辉：《内蒙古地区鲜卑金属牌饰研究》

指导教师：陈永志　杨福瑞

专业方向：文化遗产开发与利用

隋瑞轩：《赤峰市松山区三座店石城遗址的保护与利用》

指导教师：塔　拉　曹彩霞

付丽琛：《辉腾梁长城的保护与利用》

指导教师：塔　拉　曹彩霞

戴岳曦：《梵宗寺的保护与利用对策研究》

指导教师：塔　拉　曹彩霞

专业方向：文化产业研发

马会宇：《吉林省西部辽代春捺钵文化产业开发与应用》

指导教师：任爱君　吕富华

吴　迪：《契丹辽朝服饰文化内涵及其应用价值》

指导教师：任爱君　吕富华

李亭霖：《鲜卑历史文化资源在产业开发中的应用》

指导教师：任爱君　吕富华

专业方向：社会文化管理

沙　颖：《南京云锦传承与发展的战略选择》

指导教师：李焕青　于建设

韩丽娟：《我国古代北方游牧民族生活用刀具的发展与传承》

指导教师：李焕青　于建设

王丹丹：《荞麦与荞麦文化产业的创意开发——以赤峰地区为例》

指导教师：李焕青　于建设

专业方向：博物馆学理论与方法

　云彩凤：《元代金银首饰的特点与影响——以内蒙古地区为主进行探讨》

指导教师：付　宁　刚巴图

　刘　洋：《非国有博物馆教育作用刍议——以赤峰玉源博物馆为例》

指导教师：付　宁　刚巴图

　苏　妮：《非物质文化遗产在博物馆展示中的作用——以鄂温克博物馆为例》

指导教师：付　宁　刚巴图

中国社会科学院研究生院

专业方向：边疆民族考古

　马文轩：《兴隆洼文化陶器研究》

指导教师：刘国祥

专业方向：夏商周考古

　李　翔：《青铜时代早期陶方鼎（杯）研究》

指导教师：许　宏

专业方向：汉唐考古

　崔佳兰：《六世纪中期中国和韩国瓦制品比较研究——以邺城地区与扶余地区佛寺遗址为例》

指导教师：朱岩石

　唐丽薇：《唐墓出土乐舞陶俑考古学研究》

指导教师：朱岩石

　郑钟元：《辽上京与高丽开京都城比较研究》

指导教师：董新林

专业方向：文化遗产保护与管理

　李婉玉：《广州市不可移动文化遗产保护战略性总体规划研究》

指导教师：杜金鹏

专业方向：动物考古

　李梓杰：《广东银洲贝丘遗址的动物考古学研究》

指导教师：袁　靖

专业方向：古文字学

　韩　雪：《甲骨文敦地及相关地理研究》

指导教师：冯　时

　王沛姬：《商周青铜器铭文辨伪》

指导教师：冯　时

2015年毕业的硕士研究生（补遗）

山西大学历史文化学院考古系

专业方向：史前考古

张菁婧：《泥河湾盆地旧石器早期文化研究》

指导教师：李　君

专业方向：商周考古

廉明琪：《太原赵卿墓青铜器研究》

指导教师：赵瑞民

冀瑞宝：《太原金胜村M251出土青铜器初步研究》

景耀忠：《曲村青铜礼器墓葬研究》

指导教师：谢尧亭

专业方向：汉唐考古

张　峰：《北魏平城地区墓葬中“华夷糅杂”文化的研究》

指导教师：张庆捷

专业方向：宋元考古

祝　庆：《元代买地券研究》

指导教师：张庆捷

专业方向：博物馆学

郭　帅：《博物馆考古发现类临时展览研究——以〈发现霸国〉系列展为例》

指导教师：石金鸣

专业方向：文物与博物馆

曹碧溪：《商周时期黄河中下游地区夫妻异穴合葬现象研究》

曹　俊：《上马墓地青铜容器墓葬研究》

温　彬：《晋国墓葬度与数的研究》

指导教师：谢尧亭

魏彩云：《史前鸟形玉器研究》

裴　宇：《再论石虎山遗存》

指导教师：李　君

　孙宁宁：《浙江安吉三官乡出土铜器的年代研究》

　卫阳丽：《新干大洋洲出土青铜器研究》

　古慧莹：《宁镇地区西周青铜容器研究》

　张俊凤：《安徽地区长江沿线出土的春秋时期青铜容器研究》

　赵　静：《江苏邳州九女墩二号、三号墩的在研究》

指导教师：陈小三

　王秀玲：《北魏平城出土石葬具研究》

　柳林杰：《历史文化街区保护与活力复兴研究——以呼和浩特市塞上老街为例》

　于　渊：《古陶瓷修复技艺的传承与发展》

　薛鹏锦：《屯留余吾战国至两汉时期人骨的C、N稳定同位素分析》

　王语嫣：《临汾云丘山古村落保护与开发的策略分析》

指导教师：郎保利

　贾　耀：《蒲州故城遗址公园建设人地关系调查》

　张　柯：《唐代梳篦研究》

指导教师：王晓毅

　金佳悦：《北魏砚台研究》

指导教师：张　焯

　许雅婧：《博物馆陈列中文物语言运用研究》

　李　菲：《博物馆陈列设计中的视觉环境探讨——以八路军太行纪念馆为例》

指导教师：韩炳华

　冯雅仙：《郭店儒简治国之道研究》

　张丽丽：《浑源李峪出土铜器研究》

　张慧中：《大同地区辽代壁画墓研究》

　李　婕：《上马墓地研究》

指导教师：赵瑞民

　李　岚：《中国史前蚌器研究》

　石晓润：《黄河中游旧石器时代石英岩的利用模式研究》

指导教师：宋艳花

北京联合大学应用文理学院历史文博系

专业方向：旧石器考古和古人类学

　笪　博：《湖北省郧县滴水岩旧石器时代遗址石制品初步研究》

　李学贝：《湖北省辽瓦店子遗址石质生产工具初步研究》

　刘　越：《广西百谷旧石器遗址石制品初步研究》

指导教师：冯小波

专业方向：新石器及商周考古

　王文华：《中国先秦时期西北地区火葬墓研究》

　马万凯：《北京圆明园文化因素分析》

袁波文：《中国西北地区青铜时代彩陶研究》
戴青云：《新疆察吾呼沟口墓地群分析》
陈苗苗：《马家窑文化彩陶研究》
指导教师：韩建业

中国人民大学历史学院考古文博系

专业方向：新石器时代考古
张　林：《豫北地区二里头时期墓葬研究》
佘俊英：《蔡家坟遗址分期研究》
指导教师：吕学明
张诺慈：《牛河梁红山文化遗址及相关问题研究》
陈　畅：《十二台营子文化陶器初步研究》
指导教师：吕学明　曹　斌
吕韶音：《上海广富林遗址中国人民大学发掘区 2014 年秋季发掘报告》
指导教师：魏　坚　丁　山

专业方向：汉唐考古
李　丹：《三峡地区汉六朝墓地形态初步研究》
任建玲：《三峡地区东汉至六朝墓葬葬俗研究》
指导教师：李梅田
赵　禾：《北京地区魏晋北朝时期墓葬的考古学研究》
指导教师：李梅田　赵福生
窦欣然：《北朝隋唐墓葬中的胡人形象》
指导教师：李梅田　乔　梁

专业方向：宋元考古
白　芸：《吉州窑主图遗物整理报告：尹家岭 T2736、陶瓷厂 T1413、T1414》
廖　星：《吉州窑出土遗物整理报告：尹家岭 T2733、T2734》
尤晓红：《吉州窑出土遗物整理报告：尹家岭 T2735》
蔡思秋：《吉州窑出土遗物整理报告：尹家岭 T2433—T2634、陶瓷厂 T1412—T1514》
指导教师：张文江　刘　未

专业方向：北方民族考古
谌璐琳：《北魏六镇城址研究》
周雪乔：《金元时期汪古部遗存的考古学研究》
指导教师：魏　坚
杨天源：《北魏金陵地望的考古学研究》
指导教师：魏　坚　乔　梁
乌云花：《辽墓壁画中得髡发研究》

指导教师：魏　坚　杨　晶

冯　宝：《阿尔寨石窟的考古学研究》

指导教师：魏　坚　陈悦新

卜彦博：《元应昌路城址的考古学研究》

指导教师：魏　坚　王清林　森谷一树

专业方向：中亚考古与中西文化交流

巴音格·巴彦：《东喀腊希力克别特墓地发掘报告》

指导教师：魏　坚　陈晓露

专业方向：博物馆学

朱　瑶：《博物馆讲解词模式研究》

刘雪银：《延安革命纪念馆现状调查研究》

朴贵成：《博物馆文化产品品牌营销模式探索》

指导教师：黄雪寅　张林虎

专业方向：文化遗产

谭　尧：《贵州苗绣非物质文化遗产保护研究——基于三个典型苗族村寨的实地调研》

柯京良：《世界遗产峨眉山区域的“小产权”房现状调查及对策研究》

汪　益：《四川广元百花石刻保护研究》

指导教师：乔　梁　王晓琨

2016年毕业的博士研究生

北京大学考古文博学院

专业方向：新石器及夏商周考古

黎海超：《资源与社会：以商周时期铜器分配体系为中心》

邓振华：《王朝更替与文化异同——商末周初文化流变的考古学观察》

指导教师：徐天进

徐团辉：《东周城池防御研究》

指导教师：孙　华

专业方向：宋元考古

金连玉：《宋代官员墓葬研究》

指导教师：杭　侃

专业方向：文化遗产保护

范佳翎：《新中国文物古迹保护史（1949—2005）》

指导教师：杭　侃

吉林大学文学院考古与博物馆学专业

专业方向：旧石器考古

石　晶：《云南富源大河遗址石制品研究》

贺存定：《玉米洞遗址石器工业与人类行为》

指导教师：陈全家

专业方向：新石器考古

任瑞波：《西北地区彩陶文化研究》

指导教师：赵宾福

专业方向：史前考古

杨　宽：《辽西史前石器工业研究》

陈伟驹：《岭南地区新石器时代文化的时空框架与生计方式研究》

指导教师：陈胜前

专业方向：魏晋隋唐及高句丽渤海考古

王志刚：《高句丽王城及相关遗存研究》
指导教师：王培新

专业方向：宋元考古学
郝军军：《金代墓葬的区域性及相关问题研究》
指导教师：冯恩学

专业方向：体质人类学
赵东月：《汉民族的起源与形成——体质人类学的新视角》
指导教师：朱　泓

山东大学历史文化学院考古学系
研究方向：史前考古
付永敢：《嵩山东南地区龙山时代的聚落与社会》
指导教师：王　青

研究方向：商周考古
杨　谦：《仪式与晚商社会——殷墟仪式遗存的考古学研究》
指导教师：方　辉

西北大学文化遗产学院
专业方向：商周考古
王　振：《泾河流域商时期遗存研究》
指导教师：王　巍　钱耀鹏

专业方向：文物保护学
赵　静：《典型酥粉陶质文物的病变分析及其保护研究》
指导教师：王丽琴
姚　雪：《榆阳区明长城雨蚀破坏模式及影响机制研究》
指导教师：孙满利

出站的博士后：
专业方向：文化遗产管理
刘　艳：《文化遗产价值探究——以长城世界遗产保护个案为例》
合作导师：段清波

四川大学历史文化学院考古学系
专业方向：文化遗产与博物馆学
李　林：《基于观众体验的博物馆展览设计研究》
指导教师：霍　巍

专业方向：汉唐至宋元明考古
　高金玉：《中国古代莲华化生图像研究》
指导教师：罗二虎

郑州大学历史学院考古学系
专业方向：夏商周考古
　李　昶：《中原早期城市与文明研究》
指导教师：张国硕

专业方向：秦汉考古
　陈钦龙：《东周郑韩文化的考古学研究——以郑州地区都城和墓葬材料为中心》
　毛　娜：《汉画西王母图像研究》
指导教师：韩国河

出站的博士后：
　陶大卫：《中原地区考古遗址出土人牙结石及相关遗存的淀粉粒分析》
合作导师：韩国河

南京大学历史学院考古文物系
专业方向：城市史与城市考古
　周　源：《元末明初南京新城研究》
指导教师：贺云翱

专业方向：考古学专业文化遗产学方向
　毛　敏：《文化遗产学视角下的土楼研究》
指导教师：贺云翱

专业方向：美术考古
　张　珊：《东晋南朝服饰研究》
指导教师：贺云翱

出站的博士后：
专业方向：中国史方向
　叶友琛：《文化遗产到文化动力的组织——以闽都文化为例》
合作导师：贺云翱

南京师范大学社会发展学院文物与博物馆学系
专业方向：考古学
　肖　波：《俄罗斯叶尼塞河流域人面像岩画研究》

指导教师：汤惠生

厦门大学人文学院历史系考古专业

专业方向：东南区考古

张　萍：《从淮系文化的发展看群舒的来源及形成》

指导教师：陆勤毅

专业方向：文化遗产学

Jessica Louise Bookwalte（贝佳思）：《土墩墓遗址管理——中、美两国对文化遗产管理相关法律和保护问题的异同研究》

指导教师：焦天龙

出站的博士后：

专业方向：东南区考古

付　琳：《环太湖地区早期国家形态的考古学观察：从良渚到吴越》

合作导师：蔡保全

中山大学社会学与人类学学院人类学系考古专业

专业方向：商周考古

杨建军：《岭南地区商周时期墓葬研究》

指导教师：许永杰

专业方向：民族考古学

高晶晶：《辽代区域文化的考古学观察——以墓葬资料为中心》

指导教师：郑君雷

专业方向：中外文化交流考古

冯筱媛：《唐代墓室屏风式壁画研究》

指导教师：刘文锁

出站的博士后：

专业方向：南越国历史与考古

辛　蔚：《南越国文字研究》

合作导师：郑君雷

武汉大学历史学院考古学系

专业方向：考古学

靳腾飞：《秦汉简牍所见吏治问题研究》

指导教师：罗运环

南开大学历史学院考古与博物馆学系

专业方向：陶瓷考古

隋　璐：《宋金瓷器花卉纹研究》

指导教师：刘　毅

复旦大学文物与博物馆学系

专业方向：考古学及博物馆学

方　欣：《博物馆展览评价系统研究》

指导教师：陆建松

专业方向：考古学

王　沛：《中国考古纪录片研究》

指导教师：高蒙河

专业方向：文物学

李雅淳：《西方视野下十七、十八世纪中国外销瓷研究》

指导教师：朱顺龙

黄家豪：《从研到砚的转变期研究》

指导教师：高蒙河

首都师范大学历史学院考古系

专业方向：新石器考古

罗　伊：《云南地区新石器时代考古学文化研究》

指导教师：袁广阔

专业方向：出土文献与古文字

张　媛：《秦国疆域地理研究》

指导教师：刘乐贤

出站的博士后：

研究方向：夏商周考古

耿　超：《商周合葬墓的考古学研究》

合作导师：袁广阔

中国人民大学历史学院考古文博系

专业方向：宋辽金元考古

任　冠：《辽中京道的城市考古学研究》

赵立波：《元集宁路遗址的考古学研究》

指导教师：魏　坚

出站的博士后：

专业方向：文物学

王丽娟：《奚族碑刻研究》

指导教师：魏　坚

兰州大学历史文化学院考古系

专业方向：宗教考古

吴　通：《明代韩王与陇东地区宗教的发展》

丁得天：《泾川佛教考古研究》

指导教师：杜斗成

中国社会科学院研究生院

专业方向：夏商周考古

丁思聪：《殷墟墓葬用玉研究》

指导教师：王　巍

专业方向：植物考古

钟　华：《中原地区仰韶中期到龙山时期植物考古学研究》

指导教师：赵志军

补　遗

南京大学历史学院考古文物系

出站的博士后：

专业方向：历史学

王宁邦：《梁祝传说起源考》，2012 年 12 月 15 日出站

合作导师：贺云翱

专业方向：文化遗产可持续利用研究

刘　庆：《青岛博物馆城建设研究》，2012 年 12 月 15 日出站

合作导师：贺云翱

中国人民大学历史学院考古文博系

出站的博士后：

专业方向：北方民族考古

许慧君：《明代长城关堡建置和形制的考古学研究》，2014 年出站

合作导师：魏　坚

第七篇

逝世考古学家

吴汝祚

吴汝祚生于1921年，浙江嘉兴人。1949年毕业于浙江大学史地系，后升为该校人类学系研究生，于1952年毕业，同年进入中国科学院考古研究所。主要研究领域为中国新石器时代考古。任中国社会科学院考古研究所研究员，享受国务院颁发的政府特殊津贴。2016年4月7日因病在北京逝世，享年95岁。

入所后，吴汝祚主要在黄河中游从事考古发掘和调查。1956年起，赴甘青地区参加或主持田野工作。后因考古研究所山东工作队的设立，又将工作重点拓展到黄河下游。离休后直至1990年，仍在浙江等地的考古工地指导发掘。像青海都兰县诺木洪的搭里他里哈，山东的平度县东岳石、滕县北辛、兖州王因、潍县鲁家口、长岛县砣矶岛大口、胶县三里河、曲阜西夏侯，以及浙江象山县的塔山等，都是他曾参与或主持发掘的重要遗址。

吴汝祚一生著述甚丰，在《考古》《文物》《考古学报》《考古与文物》《华夏考古》等刊物和文集上先后发表120余篇论文，合著并主编考古专刊报告《胶县三里河》（文物出版社1988年版）。70岁之后，更是将主要精力投入到撰写学术论著上，尤其在史前巫术、图腾崇拜和神话传说方面做了许多考证和研究，合著的《长江文化史》《黄河文化史》（江西教育出版社1995年、2003年版）和《良渚文化兴衰史》（社会科学文献出版社2009年版），以及独著的《炎黄汇典·考古卷》（吉林文史出版社2002年版）也都是在此期间完成的。2012年，以耄耋之年，奋力独撰《中原地区中华古代文明发展史》这最后一部专著，该书入列“中国社会科学院老年学者文库”，由社会科学文献出版社出版。

这些著述中，对黄河流域新石器时代用力最深。《庙底沟与三里桥》发掘报告一经刊出，吴汝祚便指出庙底沟遗址的仰韶文化遗存（即庙底沟类型）未必“早于三里桥仰韶文化”（《关于〈庙底沟与三里桥〉一书的几个问题》，《考古》1961年第1期）。此后，就学界热议的关于半坡类型和庙底沟类型孰早孰晚的问题进一步发表意见，认为半坡类型虽早于庙底沟类型，但二者“至少有一段平行发展的时期”。并提出作为仰韶文化半坡类型前身的李家村—老官台文化，应属黄河流域新石器时代中期的遗存（《论李家村—老官台文化的性质》，《考古与文物》1983年第2期）。20世纪60至70年代，根据田野调查，识别出以山东滕县北辛遗址为代表的遗存应是大汶口文化的源头，继而在发掘报告中提出“北辛文化”的命名（《山东滕县北辛遗址发掘报告》，《考古学报》1984年第2期）。20世纪80年代初，分大汶口文化为大汶口、大墩子、三里河这3个地域类型，将泰山一带的大汶口类型视作大汶口文化的中心，此中心区不仅从一开始就于“生产和文化的发展上，逐渐居于大汶口文化中的领先地位”，而且，像大汶口这样的重要遗址，几乎在大汶口文化的各个时段都具有中心的作用（《论大汶口文化的类型与分期》，《考古学报》1982年第3期）。

关于黄河流域新石器时代诸考古学文化的社会性质，吴汝祚较早地提出过仰韶文化半坡类型可能处于以对偶家庭为标志的母系氏族社会繁荣阶段（《从墓葬发掘来看仰韶文化的社会性质》，《考古》1961年第12期）。其后，以男女合葬墓的存在而论证大汶口文化前期已向父系社会转变，大汶口文化后期出现贫富分化，氏族制度趋于解体（《试论大汶口文化的三处墓地》，《考古学报》1987年第3期）。黄河上游至河西走廊一带的半山—马厂文化也早已进入父系社会阶段（《甘肃鸳鸯池和土谷台两墓地的初步剖析》，《考古》1990年第1期）。

因对黄河流域乃至整个中国新石器时代的生产技术素有研究，在1974～1975年发掘三里河遗址时，胸有成竹地确认出龙山文化的两件铜质钻形器残段（《胶县三里河》）。

1959年，吴汝祚在柴达木盆地南缘发掘了诺木洪农场的搭里他里哈遗址，不仅识别出一种新的考古学文化，还辨认出与冶铜有关的铜渣，以及炼铜容器残片，据此认为包括“钺形器”在内的这批颇具地域特色的“铜器，有可能是这里铸造的”。并推断这批遗存的年代下限在战国以前（《青海都兰县诺木洪搭里他里哈遗址调查与试掘》，《考古学报》1963年第1期）。随后将之命名为诺木洪文化（《甘青地区原始文化的概貌及其相互关系》，《考古》1961年第1期）。这项在西北地区具有开创性的田野工作得到学界的充分肯定（夏鼐：《碳－14测定年代和中国史前考古学》，《考古》1977年第4期）。

吴汝祚还持续关注长江流域及其以南地区的新石器文化。1975年率先提出马家浜文化的命名，认为这是太湖地区崧泽中层为代表的遗存之前的文化（《从钱山漾等原始文化遗址看社会分工和私有制的产生》，《考古》1975年第5期），这个观点很快得到大家的认同（夏鼐：《碳－14测定年代和中国史前考古学》，《考古》1977年第4期）。《试析浙江余杭反山、瑶山两良渚文化墓地的几个问题》（《华夏考古》1991年第4期）一文，指出反山、瑶山玉器上的“神像形纹”和“神面形纹”“与文明时代青铜礼器上的所谓的饕餮纹有关。实际上，它应是举行不同礼制仪式时，使用礼器时的不同神形。”由此论证“良渚文化已经闪耀着文明的曙光。”《余杭反山良渚文化玉琮上的神像形纹新释》（《中原文物》1996年第4期）进一步论述“反山、瑶山两墓地的玉器制成品中有相当数量的神像形纹，为其他土筑高台墓地出土的玉器中所未见”，以这两墓地玉器和福泉山墓葬、荷叶地墓葬的用玉规格相比较，认为良渚文化存在3个用玉等级，从而“可把良渚文化社会的统治者分为3个不同的等级”，而“这种不同等级的不同用玉，对其后用玉的礼制上是有影响的”。《周礼》中关于用玉的规制，“推其渊源，应是始于良渚文化”。

吴汝祚为人诚恳，谦逊而豁达，他的考古人生为后学树立了榜样。

（朱延平）

马得志

中国著名考古学家，中国汉唐都城考古的开拓者和保护者，中国社会科学院考古研究所马得志研究员于 2016 年 9 月 30 日，在北京病逝，享年 94 岁。

马得志，汉族，祖籍山东省莒县，原名马德湖，1923 年 7 月 19 日出生在山东省莒县关山沟。刚满 3 岁时，随父母和两个哥哥一家人闯关东来到了抚顺。由于不适应东北气候寒冷严峻，父亲很早就病逝了。母亲为人洗衣、做衣、缝补，还不足撑起全家重担，不得已又把马得志的两个哥哥都送去煤矿做童工，咬牙送最小的儿子马得志上了私塾、小学。马得志深受母亲勤奋坚韧品格的影响，聪慧好学，学习名列前茅。马得志在抚顺初中毕业后考上沈阳的奉天日语学院商科。1941 年马得志毕业，因不愿为伪满政权服兵役，就和几个同学结伴逃回关内。几经周转，在山东济南附近的禹城县文昌阁小学当了教师。

在禹城县任教师期间，马得志靠近共产党的地下组织，成了预备党员。在文昌阁小学期间，马得志与同校教师于劲心相恋。1944 年夏天，大批共产党人和抗日仁人志士被日军逮捕，马得志也被叛徒出卖，遭到逮捕。马得志在日本宪兵队受尽严刑拷打。这时正是抗日战争末期，日本国内已无劳动力，日本政府决定将战俘和抓来的老百姓送到日本做劳工。1944 年底，马得志等大批“劳工”被送到日本。马得志这批劳工在石川县七尾港口做搬运工。直到 1945 年 10 月，日方还不宣布 8 月 15 日已投降的事实，仍然奴役中国劳工。通过力争，马得志这批劳工终于在 1945 年底得以回国。但已有许多人永远回不了家了，活着的人也多有伤残，马得志也患了肺结核。美军用军舰将中国劳工送回国，在天津塘沽港靠岸，马得志悄悄溜回了北京，住到爱人于劲心家。马得志在圆明园休养治疗肺结核近一年，终于康复，与于劲心结为伉俪。1947 年，马得志到中央研究院历史语言研究所北平图书史料整理处工作。1950 年 5 月，中国科学院考古研究所在中央研究院历史语言研究所和北平研究院史学研究所的基础上开始组建，马得志就到了考古研究所，马得志在进入史语所前并没有学过考古学，是作为一般技术人员进入研究所的。考古学是新兴学科，急缺科研人员。马得志经历过人生的坎坷，分外珍惜来之不易的研究所工作机会，一切从头学起，在工作之余到北京大学旁听、进修。至 1953 年在安阳大司空村墓发掘时，马得志已能独立主持考古发掘。在大司空村的发掘中还发现了一座唐代墓葬。正是这次发掘，马得志对隋唐时期考古产生了浓厚的兴趣，并开始了一生的学术追求。

马得志的学术贡献主要表现在以下四个方面。

一　田野考古成果卓越

马得志是中国科学院考古研究所建所后第一批田野考古的骨干，参与了 20 世纪 50 年代初考古所建所初期的很多重要考古发掘。1950年8月，参加了河南辉县琉璃阁的发掘和固围村大墓的发掘，这是考古所建立后的第一次考古发掘。1951年4月，参加渑池县仰韶村、不召寨和成皋青台、点将台等史前遗址的调查试掘。1951年8月，参加发掘北京西郊董四墓村的明代万历、天启二帝的嫔妃墓。1952年3月，参加河南禹县白沙水库地区的清理发掘，在为期三个月的时间内，发掘一批小型战国墓、唐墓和宋墓。

1953年，马得志在安阳大司空村主持发掘了一批殷代小型墓葬，参加了洛阳烧沟汉墓的清理发掘。1954年，在洛阳旧城西郊进行勘查发掘，在涧河东岸发现东汉时期的洛阳县，参加了洛阳中州路修筑工程中的发掘任务，发掘了多座东周墓葬。为中原地区东周墓葬的断代提供了标尺。1955年，参加洛阳西郊的大规模发掘，在汉代河南县城遗址内发现汉代的砖砌房基和仓、水井、石子路等遗迹。

1956年10月，王仲殊主持了汉长安城的全面勘查，马得志参加了汉长安城的勘查，对历史时期的城址产生浓厚的兴趣。

1957年3月，考古研究所组建了西安唐城队，马得志任队长，主持了对唐大明宫遗址的勘查发掘。通过多年的考古工作，基本判明大明宫的宫城范围、城门位置，以及主要宫殿和太液池、水渠的分布情况，并且发掘了麟德殿、玄武门、重玄门等遗址。1960年主持发掘了大明宫的主殿——含元殿。

1958年6月，马得志主持勘查了唐兴庆宫遗址，发掘了宫城西南部城墙、勤政务本楼基址和其他建筑遗迹。

1959～1961年，西安唐城队在陕西文管会1957年所作勘测的基础上，对唐长安城外郭城、宫城、皇城的范围，主要街道和里坊进行全面复查与核实，据以绘制了长安城遗址的实测图和复原图。并对东市和西市遗址作部分发掘。

1956～1958年，在西安配合建筑工程中，马得志主持发掘了多座隋唐墓葬。其中隋大业四年（608）李静训墓、唐神功元年（698）独孤思贞墓、景龙三年（709）独孤思敬与原配元氏合葬墓、长安三年（703）独孤思敬的继室杨氏墓、开元十一年（728）鲜于庭诲墓和开元二十八年（740）杨思勗墓都出土了墓志，墓葬规模宏大，文物精美，为隋唐墓葬中的典型。这六座墓葬出土的精美文物长年在中国国家博物馆展陈，是中国国家博物馆的镇馆之宝。

因“文化大革命”停顿的中国考古工作在20世纪70年代初重新启动，马得志抓住这个机遇，1972年主持发掘唐长安外郭城南面正中的明德门遗址。明德门建筑规模宏大，有五个门道。这是中国古都的考古发掘中第一次发现五个门道的城门，显示了唐长安城的等级之高。1973年开始勘查发掘唐青龙寺遗址，主持揭露了青龙寺西部的一座殿堂遗址和一座塔基。1979年再次发掘，揭露了两个伽蓝院落。

1978～1981年，当马得志得知麟游县城于20世纪60年代逐渐搬迁到隋仁寿宫唐九成宫遗址上，遗址正面临着破坏，他立即带领唐城考古队对麟游唐九成宫遗址的勘查，完成了前期的考古勘探和发掘工作。

20世纪80年代，马得志主持发掘大明宫清思殿遗址、三清殿遗址、含元殿前东朝堂遗址、大明宫翰林院遗址、含元殿东侧的含耀门遗址。在长安城范围内，马得志主持唐西明寺遗址的第一次发掘，部分揭露了西明寺遗址的一个院落，出土了刻有“西明寺石茶碾”铭文的石碾。1986年，西安明城墙整修，马得志主持发掘了包在明代城墙内的唐代皇城含光门遗址。

总结马得志近40年的考古田野工作，最重要的贡献是对陕西西安隋唐长安城、唐大明宫和陕西麟游县隋仁寿宫唐九成宫的考古勘探和发掘。

中国历代都城遗址均为当时国家政权的政治、经济、军事中心，是当时社会精英云集、先进文化与先进技术荟萃之地，代表着当时社会发展的最高水平，是中国文化遗产中最重要的组成部分。唐代是我国政治统一、经济发展、文化繁荣、国际交往频繁的盛世。长安城作为唐代的都城，人口一度超过百万，是中世纪的世界名城。唐长安城规划宏大，面积达 84 平方千米，是当时世界上最繁华的国际大都会。通过考古勘查将隋唐长安城的范围布局探明，通过发掘大明宫则明晰了大明宫的布局：前朝后寝，即南半部为政务区，北半部为生活区，两区之间有宫墙相隔。在前朝区的中轴线上从南到北依次排列着含元殿、宣政殿、紫宸殿三大殿建筑，这种三大殿的布局直接影响到宋、明、清。考古工作对中国古代都城形制的发展演变研究提供了重要资料，同时也为隋唐长安城的保护奠定了基础。

隋仁寿宫唐九成宫的考古发掘，揭示出一处隋唐皇帝避暑离宫的规模和建筑形制，获得了极其珍贵的隋代宫殿的实物史料，对研究中国古代建筑史有重要的学术价值。

马得志在进行隋唐都城遗址的考古工作中探索了一套行之有效的勘查方法，着重了解都城的整体规划，首先确定城垣范围和城门位置，再以城门为基点探寻主干大道和重要建筑遗迹。至于古今重合的城市，则充分利用文献资料提供的线索，根据地面现存的古代建筑和可以肯定的旧街道等遗迹，结合重点钻探、发掘，也能较好地复原古城的平面布局。

考古学是一门研究古代遗迹、遗物的学科。然而，考古学家也必须是实干家，如果脱离实际、脱离群众，就无法进行田野考古工作。马得志在田野考古中硕果累累，与他在实际工作中锲而不舍，善于发现机遇，抓住机遇，善于与人沟通，解决各种难题的工作能力分不开。

二 重视考古报告整理出版

马得志在主持考古发掘的同时，重视考古简报和报告的整理出版。他主持编写了考古报告《唐长安大明宫》《唐长安城郊隋唐墓》《隋仁寿宫 唐九成宫——考古发掘报告》，推进了隋唐考古学的研究。

《唐长安大明宫》报告是根据西安唐城队 1957 年 3 月至 1959 年 5 月在大明宫遗址上的勘探和发掘，对宫城的范围、形制、城门的位置和主要宫殿的分布，并对历代有关文献提出补正。这本报告是研究唐代宫城建制的重要参考资料。

《唐长安城郊隋唐墓》没有人们常见的分类排比、分类分式及分期，而是采用大致相同的体例，对一座隋墓和五座唐墓分别进行叙述。这种编写体例别开生面，使读者对隋唐的重要墓葬留下一个更完整的印象，并通过这些现象去探讨更深的问题。

《隋仁寿宫 唐九成宫——考古发掘报告》是马得志主编的一部重要考古报告，是研究隋代和初唐宫廷建筑的不可缺少的参考资料。

三 关注考古遗址的保护和展示

马得志不仅是一名考古学家，也是文物保护专家。他在考古发掘的同时，思考着如何将这份文化遗产留给子孙后代。在 20 世纪 50、60 年代，当时还没有太好的手段保护发掘后的遗址，他认真地执行发掘后的回填，以利于对考古遗址的保护。在马得志等考古工作者的积极呼吁下，唐大明宫、隋仁寿宫、唐九成宫和唐长安城遗址先后被国务院公布为全国重点保护单位。

20 世纪 80 年代，马得志以麟德殿为试点，邀请古建专家杨鸿勋做设计，尝试用唐代的工艺，将麟德殿台基保护起来，不仅完好地保存了唐代遗址，还有展示的功能。他积极争取征购含元殿遗址的土地为文物用地，为1994年联合国教科文组织实施含元殿遗址保护工程的启动和2007年大明宫考古遗址公园的立项奠定了基础。

马得志热爱考古事业和文物保护事业，注重向群众宣传文物保护的理念。在麟游县发掘时，条件极其艰苦，马得志抱病给全县400多名干部讲九成宫的历史和保护九成宫遗址的重要性，对拯救九成宫遗址起了重要作用。

2009年6月马得志获国家文物局颁发文博事业六十年杰出人物奖。

四　促进中日文化交流

中国隋唐时期与日本的交流密切，日本多次派遣了遣隋使和遣唐使，同时还有很多遣唐留学生和留学僧学习中国的先进文化，并把中国的文化带回日本，深深地影响了日本的文明进程。因此，日本的考古学者对隋唐长安城和唐大明宫的考古发掘非常关心，也十分尊敬发掘者马得志。《唐长安大明宫》报告供不应求，被日本青云印刷有限株式会社再版，在北九州书店发行。1981年10月，马得志受日本京都文化财团的田边昭三邀请，与陕西省博物馆馆长王仁波访问日本，在京都、奈良和神户都进行了学术交流，并以“青龙寺”和“唐长安城和大明宫”为题做了公开演讲。此后，马得志多次应邀赴日参加国际学术研讨会，并在多所大学和考古所做与唐长安城、大明宫、青龙寺、九成宫等有关的学术演讲和电视演讲，宣传中国考古成果，促进中日文化交流。

马得志去世后，其子女按照马先生的遗愿，将全部藏书捐给了考古研究所图书室。

（安家瑶）

赵芝荃

赵芝荃先生，1928年1月出生于北京市门头沟区，2016年10月在北京逝世。赵先生1949年考入辅仁大学历史系。1951年转入清华大学历史系，次年又转入北京大学历史系考古专业学习，1955年毕业后入中国科学院考古研究所（现中国社会科学院考古研究所）工作。

1955～1959年，赵芝荃参加洛阳涧滨考古，发掘东周王城遗址、汉河南县城遗址及同乐寨、西干沟、东干沟和瞿家屯等仰韶文化至西周时期遗址。1958年，任洛阳发掘队队长。

1959～1979年，任二里头工作队（或称洛阳发掘队、洛阳二队，1972年后改现称）首任队长，主持发掘偃师二里头遗址。1961～1964年、1972～1975年，主持发掘二里头遗址1号宫殿基址。1977～1978年，主持发掘二里头遗址2号宫殿基址。夏鼐据此提出“二里头文化”的命名。

1962年，调查偃师境内伊河以南地区古代遗址，在滑城发现大汶口文化墓葬。1975年，为探索二里头文化的渊源，主持发掘临汝煤山遗址。学界据此提出“河南龙山文化煤山类型”概念。1975～1979年，先后率队在商丘、周口、洛阳、三门峡、许昌、南阳、郑州、开封、新乡等地区进行考古调查，踏查古代遗址100余处，确认豫西地区是二里头文化的主要分布区。1977～1978年，主持发掘永城王油坊、黑堌堆，柘城孟庄（心闷寺），商丘坞墙，睢县周龙岗遗址。学界据王油坊等遗址的发掘，提出“河南龙山文化王油坊类型”概念。为探索二里头文化的渊源，1979年又主持发掘新密新砦遗址，后据此提出“新砦期二里头文化”概念。

1983～1988年，任偃师商城队（河南二队）首任队长，主持发掘偃师商城遗址，先后对偃师商城进行复探，发掘西二城门、东一城门和4号、5号宫殿基址等重要遗存。

1992年起，因在中国考古学上的突出贡献，享受国务院政府特殊津贴。1993年，其主编的《洛阳发掘报告（1955—1960年洛阳涧滨考古发掘资料）》获中国社会科学院考古研究所优秀科研成果奖。2002年，其主编的《偃师二里头（1959年～1978年考古发掘报告）》获中国社会科学院优秀科研成果三等奖。2008年八十岁寿辰之际，河南省偃师市人民代表大会为表彰其在弘扬当地文化乃至中国古代文明上的业绩，决定授予其“偃师市荣誉市民”称号。

赵芝荃先生毕生致力于夏、商、周三代都邑，尤其是二里头遗址和偃师商城遗址的发掘与研究。在他的主持下，建立起了两大都邑遗址可靠的文化分期框架；大型宫殿建筑等重要遗存的发掘，确立了这两处遗址作为早期王朝都邑的重要历史地位。他的主要研究领域集中在二里头遗址与夏文化、偃师商城与商文化以及夏商文化关系的研究上。此外还涉及以中原为中心的史前文化和洛阳区域考古等课题。他在不同时期关于夏文化以及夏商分界问题学术观点的提出，都推进了相关课题的深入研究，具有重要的学术意义。

赵芝荃先生在长达30余年的田野工作中，有许多学术贡献。他于20世纪50年代率队发掘洛阳东周王城和汉河南县城，在东干沟遗址首次发现了二里头文化墓葬。20世纪60年代在河南偃师滑城发现的大汶口文化墓葬，是这类遗存在中原腹地的首次发现。20世纪70年代发掘的河南临汝煤山、永城王油坊、新密新砦等遗址，为中原地区史前文化类型的划分、文化谱系的建立和夏文明的探索提供了重要的学术支撑。

1959年任二里头工作队队长，主持发掘偃师二里头遗址。十余年间大面积的发掘积累了丰富的遗物资料，建立起了以陶器为中心可靠的文化分期框架，二里头文化一至四期的演变序列得到学术界的普遍认可；1号、2号大型宫殿建筑基址、铸铜作坊遗址、中型墓葬等重要遗存的发掘，确立了二里头遗址作为迄今可确认的中国历史上最早的王朝都城的重要学术地位。1983年始，赵芝荃又主持偃师商城遗址的田野工作，对城墙、城门、宫殿建筑、墓葬和一般居址等进行了较大规模的持续发掘，初步把握了偃师商城的布局、年代与分期、文化内涵等。一系列重要的学术收获，颇受学界瞩目。自此，偃师商城遗址与二里头遗址一道，作为中国青铜时代著名的都邑遗址，在夏商文化以及中国早期国家和王朝文明形成研究中的重要地位得以确立。

赵芝荃先生把毕生的精力都奉献给了中原地区古代文明的发掘与研究，是二里头遗址和偃师商城遗址考古工作的开拓者、夏商考古的重要奠基人之一。他为夏商考古学的发展做出的巨大贡献将载入中国考古学的史册。他的敬业奉献精神以及勇于探索的学风，将永远值得我们怀念。

（许　宏）

麦英豪

著名考古学家麦英豪先生，于2016年11月28日下午4时45分不幸在广州因病逝世，享年88岁。

麦英豪先生1929年3月26日出生于广东省番禺区石碁镇官涌村一个贫苦农民家庭。父亲是一名中医。4岁时父亲去世，11岁时母亲去世。15岁时，经亲戚介绍到广州兆丰园茶楼当学徒一年，失业后回乡种地、做帮工，这期间麦英豪并没有放弃学习。17岁他被招入广州南华补习学校当校务员，后当教员。他对地理、历史、国文有着浓厚的兴趣，利用业余时间如饥似渴地阅读了大量书籍。1949年麦英豪以优异成绩考上广州大学教育系，在校学习两年后，由于经济、生活极度困难，被迫终止了学业。

1952年9月，麦英豪先生被招入广州市文物管理委员会工作。1953年8～11月，他和同时进入文管会工作的黎金一同被单位派到北京，参加文化部、中国科学院考古研究所、北京大学联合举办的全国第二届考古工作人员训练班。学习期间，他接受了郭沫若、郑振铎、梁思永、夏鼐、苏秉琦、宿白等历史和考古学家的面授、指导。此后，他又参加了山西侯马晋国铸铜遗址、北京大葆台汉墓等遗址的发掘工作。

麦英豪先生从培训班结束后回到广州，从此踏上广州考古发掘和研究之路。1953年起，广州和全国其他城市一样，掀起了城市建设的高潮，由此也揭开了配合城市各项建设工程开展大规模田野考古发掘的序幕。麦英豪先生和广州市文物管理委员会考古组其他同事一起奔走于市郊各个基建工地，从1953年至20世纪80年代，他和同事发掘各时期古墓葬700余座，并在从化、白云、增城等地调查发现先秦时期古遗址，在广州城区西郊发掘北宋西村窑址，1975年在广州历史城区核心地带中山四路北侧发现秦代造船工场遗址。这些发现极大地丰富了广州古代史研究的实物资料，也使广州的考古工作在全国产生了重要影响。

1975年，紧接着“乒乓外交”开展之后，作为中美大型文化交流活动的重要内容，“中华人民共和国出土文物展览”在美国举办，国家文物局任命麦英豪先生为随展组组长。1978年4月，“中华人民共和国出土文物展览”在香港展出，此次麦英豪先生同样作为随展组组长带队前往。1980年，他第三次作为随展组组长，第二次赴美主持“伟大的中国青铜器时代”展览工作。随后，他两次应邀在南加州大学进行“新中国的考古现状”和“南越王墓的发现与研究”专题演讲。

1981年，麦英豪和夫人黎金共同执笔的《广州汉墓》由文物出版社出版，这是广州第一本田野考古发掘专刊，为岭南地区两汉墓葬的断代和分期研究树立了重要标尺，1983年获广东省社会科学研究成果二等奖。

1983年6月，在解放北路的象岗山顶

发现南越国时期大墓。国务院批准发掘，国家文物局任命麦先生为考古发掘队长，经过一个半月的发掘，确认墓主人就是南越国第二代王——赵眜，这是广州第一次考古发现汉代诸侯王陵，也是岭南地区规模最大、保存最完整、随葬器物最丰富的彩绘石室墓，在全国引起轰动。

1991 年，他和黄展岳先生共同主编的《西汉南越王墓》考古发掘报告正式出版，详细公布了南越王墓的全部发掘资料，并附有多项检测分析报告。该报告于 1995 年荣获夏鼐考古学研究成果一等奖。

麦英豪先生曾任广州市文物管理委员会副主任、广州博物馆馆长等职务。20 世纪 90 年代，麦英豪先生几次向组织申请退休，均未获批准，因此他仍然奋战在广州文化遗产保护战线，坚持参加田野考古实践，指导了广州地区几乎所有重要考古项目，如南越国宫署遗址和木构水闸遗址、南汉二陵、北京路千年古道遗址等的发掘和保护工作。特别是南越国宫署遗址，1995 年以来，他为该遗址的发掘、论证和保护倾注了大量心血，使该遗址最终得到原址保护，并建立遗址博物馆，在全国树立了城市考古与文物保护的又一典范。

除了继续从事田野考古和研究工作外，近二十余年来，麦英豪先生还担任国家历史文化名城保护委员会委员和广东省、广州市文物保护专家委员会成员，几乎走遍了广东省各地县，参与了广东省、广州市各级文物保护单位的论证和保护工作，为广州文物普查、海上丝绸之路文化遗产保护研究以及广州历史文化名城的保护倾注了大量心血。在他的直接推动下，西汉南越王博物馆、南越王宫博物馆先后建成开放，成为广州重要的历史文化名片。他倡议建设的南汉二陵博物馆也即将对外开放。

因为勤恳的工作和出色的业绩，麦英豪先生于 1985 年被授予广东省劳动模范称号，1991 年享受国务院政府特殊津贴，1992 年被授予广州市优秀专家称号，1993 年获广东省人民政府通令嘉奖，1998 年获“全国文物文博系统先进工作者”称号，2000 年获得“郑振铎王冶秋文物保护奖个人奖”，2003 年获“全国五一劳动奖章”。

麦英豪先生一生淡泊名利，治学严谨，他一贯主张考古工作者要甘于清贫，勤于动手、动脑、动耳、动口，在工作中要实事求是，以考古材料说话。在长期的工作和治学过程中，他十分注重广州文物考古人才队伍的建设，推动了广州文化遗产保护事业的可持续发展。

麦英豪先生是广州现代考古发掘与研究工作的主要开拓者，著述丰厚。他为广州的文化遗产保护事业奉献了毕生精力。他的研究成果和学术思想对于广州文化遗产保护事业具有重要的开拓和指导意义。

（易西兵）

杨鸿勋

中国社会科学院考古研究所研究员，中国建筑学会建筑史学分会前理事长，著名建筑史学家、建筑考古学家杨鸿勋因病医治无效，于2016年4月17日23时19分在北京逝世，享年85岁。

杨鸿勋先生，河北蠡县人，生于1931年12月4日。1955年毕业于清华大学建筑学系。毕业后分配到中国科学院，担任学部委员梁思成的助手及以梁思成为主任的建筑理论与历史研究室秘书；该室改属建筑工程部建筑科学研究院后，任园林研究组组长。

1973年应考古学家夏鼐先生之邀，调至中国科学院考古研究所，从事建筑考古研究，连续就仰韶文化居址、河姆渡干栏建筑遗迹、盘龙城商代宫殿和战国中山王陵等关系早期建筑发展的重大发现进行复原与探索。杨鸿勋先生将考古与文献相结合，填补了单纯文献和实物调研的不足，对从原始社会到封建社会晚期的一系列重要建筑遗址做了科学可信的复原研究，破解了中国古代建筑史的诸多难题，纠正了中国建筑史中若干重大问题的认识，是我国建筑历史研究领域具有开创性贡献的大家，被誉为我国建筑考古学的奠基人。他关于中国早期建筑的考古学研究，奠定了今天中国建筑史界对于早期建筑形态认知的基础。他对于穴居、巢居等早期建筑形态的研究构成了今天对中国建筑起源认知的基本内容，对于中国宫殿基于考古学证据的复原研究，展现了这一代表中国最高等级的建筑类型源于中国文化精神的宏阔和壮丽，无论是对商代宫室的复原，还是对秦代宫殿的研究，以及对唐代大明宫含元殿的复原都构成了我们今天关于中国建筑历史体系的重要组成部分。

杨先生在学术研究上具有极为广阔的视野，对中国早期建筑、中国古典园林、中日古代建筑比较等方面都有极高的造诣。1995年起发起并主持了四届“中国建筑史学国际研讨会”，从理论上提出中国传统建筑对世界建筑史的三大贡献，起草了让中国建筑史学走向世界的《香山宣言》，为中国建筑体系赢得了世界建筑史上应有的地位。

2001年《中国文物报》在全国举行公开选票评选“二十世纪最佳文博考古图书”，其著作《建筑考古学论文集》被评选为“二十世纪最佳文博考古图书”论著类第一名，《中国古典造园艺术研究——江南园林论》被评选为论著类第三名。《宫殿考古通论》《大明宫》等著作，均在国内外获得好评。

同时，他还是一位热心的教育家，曾在国内17所高校和中国香港、中国台湾以及日本、韩国、美国等大学讲学和辅导研究生，可谓桃李天下。曾任日本京都大学、台湾大学、台湾成功大学、上海大学等高校客座教授、复旦大学兼职教授、同济大学顾问教授、华南理工大学顾问教授、华中科技大学兼职教授等。他始终对年轻人充满了热情，不仅在学术上倾囊相授，更是极为热情地提携年轻人，鼓励年轻人，帮助他们在学术上能够有所发展，在他身边总是聚集着年轻的建筑史学者。

作为联合国教科文组织顾问和国家历史文化名城专家委员会委员，杨先生十分重视文物保护工作，极力促成中国的一些具有文物价值的古城、古建筑、古园林列入世界遗产名录。1996～1997年，他担任日本京都大学客座教授期间，中国平遥和丽江申报世界遗产时，联合国教科文组织聘请日本专家进行审查，由于他极具信服力的介绍，使本来持反对意见的专家改变了态度而作了赞成的评定。

他是国家一级注册建筑师，奉守学以致用的信念，40多年来，在科研的同时不断从事城市、建筑与园林风景创作，有颇多优秀的规划设计作品问世，国内如：建国十周年献礼项目“桂林月牙楼”设计，在全国评审会上被梁思成评为“中国民族形式创作的代表作”，郭沫若为之在《人民日报》上发表赞美诗。殷墟博物苑，被夏鼐认为是具有科学复原展示的成功作品；城子崖遗址博物馆的创作，是覆土植被的“地下建筑”方式的首倡，成为遗址保护区“情调保护”的范例。此外还有，国家“十一五”规划中“重大文化工程”项目的“中国文字博物馆”、明水生态文化城规划、鸦片战争博物馆设计、桂林风景区规划、桂林展览馆设计、西安青龙寺遗址空海纪念堂设计、无锡太湖及运河风景区规划、杭州西湖名胜风景点“玉泉观鱼”改建设计、潍坊归真园设计。国外如几内亚共和国克纳克里公园规划设计等。

先生才华横溢，一生勤勉。直至逝世前，他仍然忍受着病痛，以高龄之躯独立撰写鸿篇巨制，其一是关于建筑考古学学科定位、认识论和方法论的《建筑考古学》，其二是阐述中国建筑发展演变历史的《万世一系——中国古代建筑史》。

作为中国建筑历史研究杰出的学者，中国建筑考古学的奠基者和最富成果的开拓者，杨鸿勋先生具有广泛的学术影响，赢得了学界普遍的尊重。曾任联合国教科文组织顾问，俄罗斯建筑遗产科学院院士，中国科学技术史学会建筑史专业委员会主任委员，国家历史文化名城专家委员会委员。1993年中国建筑学会建筑史学分会成立，杨鸿勋先生担任会长（后改称理事长）这一重要学术职务二十年，有效地团结了学人，推动了学术发展，促进了海内外建筑史学的学术交流，提高了中国建筑史学的学术水准。

（曹　劲）

第八篇

考古学文献资料目录

考古学书目

壹　总类

一　考古学通论　附：金石学

考古学前沿研究：理论与问题（国家哲学社会科学成果文库）　陈淳著　北京师范大学出版社　2016年4月　652页　插图23幅　插表13幅　16开

中国古代都城考古发现与研究（中国社会科学院文库：历史考古研究系列）　刘庆柱主编　社会科学文献出版社　2016年1月　全二册　目录18页　文992页　插图252幅　16开

中国古代物质文化史：陵墓　刘毅著　开明出版社　2016年5月　385页　插图317幅　16开

发现山西：考古的故事　山西省考古研究所、山西博物院编　山西人民出版社　2016年9月　246页　插图211幅　16开

重构中国上古史的考古大发现：郑州地区重大考古发现纪实（中国·郑州考古，二十三）　郑州市文物考古研究院编　阎铁成主编　科学出版社　2016年5月　396页　插图408幅　16开

考古安徽（品读·文化安徽丛书）　刘睿编著　合肥工业大学出版社　2016年11月　120页　插图73幅　16开

地下的贵州　贵州省文物考古研究所编　赵小帆主编　贵州教育出版社　2016年12月　全二册　142页　插图305幅　16开

地下长安　刘庆柱著　中华书局　2016年1月　400页　插图312幅　16开

山东古城古国考略　王永波、王传昌编著　文物出版社　2016年12月　文540页　插图390幅　彩版12页　16开

艺术、神话与祭祀：古代中国的政治权威之路（大家小书）　张光直著　刘静、乌鲁木加甫译　北京出版社　2016年12月　138页　插图49幅　32开　译自 *Art, Myth and Ritual: The Path to Political Authority in Ancient China*

华夏　［德］贺东劢（Thomas O. Hollmann）著　刘卫平译　上海文化出版社　2016年8月　256页　插图60幅　16开　译自 *Eine Kulturgeschichte*, 2008

思文永在：我的父亲考古学家梁思永　梁柏有编著　故宫出版社　2016年8月　247页　插图、照片193幅　16开

认识夏鼐：以《夏鼐日记》为中心（震旦博雅书系之四）　胡文怡著　上海古籍出版社　2016年12月　277页　插图42幅　插表3幅　16开

华夏文明的解密者：黄展岳传（大家丛书）　李娟娟著　江苏人民出版社　2016年8月　172页　照片23幅　32开

许顺湛访谈集（河南博物院学术文库）　河南博物院编　中州古籍出版社　2016年12月　文194页　照片21页　16开

岁月如歌：一位老考古人的足迹　杨育彬著　光明日报出版社　2016年2月　498页　16开

读写生命大地：记20世纪知名科学家李伯谦（人文郑州书库）　赵富海著　郑州市文物考古研究院编　中国社会科学出版社　2016年10月　257页　照片119幅　16开

我的考古生涯　李文杰著　中国言实出版社　2016 年 8 月　目录 15 页　文 340 页　插图 11 幅　照片 111 幅　16 开

考古半生缘　赵春青著　上海古籍出版社　2016 年 4 月　220 页　插图 35 幅　32 开

考古图（外五种）（宋元谱录丛编）　（宋）吕大临等著　廖莲婷整理校点　上海书店出版社　2016 年 8 月　476 页　32 开　子目：考古图，考古图释文，啸堂集古录，绍兴内府古器评，续考古图，古玉图

燕赵金石论集　李亚平、李俊卿主编　河北教育出版社　2016 年 1 月　全二册　588 页　插图 109 幅　16 开

长安学研究文献汇刊：考古编·金石卷（第一辑）　陕西师范大学国际长安学研究院编　贾二强主编　科学出版社　2016 年 12 月　影印本　782 页　16 开　子目：集古录跋尾，集古录目，元丰类稿·金石录跋尾，金石录，通志·金石略，隶释，隶续

文物通论（钱基博集）　钱基博著　黄尚明、王玉德、李金凤校订　华中师范大学出版社　2016 年 7 月　文 503 页　照片、书影、书迹 4 页　32 开

文物散论（钱基博集）　钱基博著　傅宏星校订　华中师范大学出版社　2016 年 7 月　文 215 页　照片、书影、书迹 4 页　32 开

补　遗

丝路无疆：西北艺术文物考察团研究　徐伟著　西安交通大学出版社　2015 年 12 月　266 页　插图 113 幅　16 开

二　论文集

中国考古学会第十六届年会论文集（2013）　中国考古学会编　王巍主编　文物出版社　2016 年 3 月　391 页　插图 114 幅　插表 15 幅　16 开

海岱考古（第九辑）　山东省文物考古研究所编　郑同修、何德亮主编　科学出版社　2016 年 12 月　文 494 页　插图 509 幅　彩版 4 页　图版 64 页　16 开

郑州文物考古与研究（三）（中国·郑州考古）　郑州市文物考古研究院编著　顾万发主编　科学出版社　2016 年 4 月　全三册　1550 页　插图 1479 幅　插表 60 幅　16 开

新乡考古发现与研究（第二辑）　新乡市文物考古研究所编　傅山泉主编　中州古籍出版社　2016 年 12 月　765 页　插图 390 幅　插表 31 幅　16 开

湖南省文物考古研究所建所三十周年纪念文集　郭伟民主编　科学出版社　2016 年 12 月　文 491 页　插图 263 幅　插表 39 幅　彩版 20 页　16 开

湖南考古辑刊（第十二集）　湖南省文物考古研究所编　郭伟民主编　科学出版社　2016 年 12 月　文 338 页　插图 194 幅　插表 25 幅　彩版 34 页　图版 18 页　16 开

成都考古研究（三）　成都文物考古研究所编著　科学出版社　2016 年 12 月　521 页　插图 293 幅　插表 34 幅　16 开

西藏文物考古研究（第二辑）　西藏自治区文物保护研究所编著　哈比布、夏格旺堆主编　科学出版社　2016 年 12 月　文 260 页　插图 156 幅　插表 8 幅　彩版 22 页　16 开

东亚都城和帝陵考古与契丹辽文化国际学术研讨会论文集　中国社会科学院考古研究所、内蒙古自治区文物考古研究所编著　科学出版社　2016 年 7 月　522 页　插图 284 幅　插表 21 幅　16 开

扬州城考古学术研讨会论文集　中国考古学会、中国社会科学院考古研究所、南京博物院、扬州市文物考古研究所、扬州博物馆编　王巍主编　科学出版社　2016 年 10 月　文 438 页　插图 235 幅　插表 7 幅　照片 4 页　彩版 12 页　16 开

中国史新论：古代文明的形成分册（“中央研究院”丛书）　黄铭崇主编　“中研院”、联经出版公司　2016 年 4 月　492 页　插图 123 幅　插表 27 幅　32 开

古代文明（第 10 卷）：纪念邹衡先生逝世十周年文集　北京大学中国考古学研究中心、北京大学震旦古

代文明研究中心编　上海古籍出版社　2016年11月　375页　插图128幅　插表22幅　16开

边疆考古研究（第19辑）　吉林大学边疆考古研究中心、边疆考古与中国文化认同协同创新中心编　朱泓主编　科学出版社　2016年6月　文381页　插图159幅　插表39幅　彩版2页　16开

边疆考古研究（第20辑）　吉林大学边疆考古研究中心、边疆考古与中国文化认同协同创新中心编　朱泓主编　科学出版社　2016年12月　文437页　插图203幅　插表40幅　彩版4页　16开

Asian Archaeology v. 4　吉林大学边疆考古研究中心编　科学出版社　2016年　文149页　插图87幅　插表12幅　图版8页　16开

西部考古（第十辑）　文化遗产研究与保护技术教育部重点实验室、西北大学丝绸之路文化遗产保护与考古学研究中心、边疆考古与中国文化认同协同创新中心、西北大学唐仲英文化遗产研究与保护技术实验室编　科学出版社　2016年6月　280页　插图214幅　插表16幅　16开

西部考古（第十一辑）　文化遗产研究与保护技术教育部重点实验室、西北大学丝绸之路文化遗产保护与考古学研究中心、边疆考古与中国文化认同协同创新中心、西北大学唐仲英文化遗产研究与保护技术实验室编　科学出版社　2016年9月　310页　插图146幅　插表13幅　16开

西部考古（第十二辑）：西北大学考古学专业成立六十周年纪念文集（二）　文化遗产研究与保护技术教育部重点实验室、西北大学丝绸之路文化遗产保护与考古学研究中心、边疆考古与中国文化认同协同创新中心、西北大学唐仲英文化遗产研究与保护技术实验室编　科学出版社　2016年12月　491页　插图331幅　插表22幅　16开

东方考古（第十三集）　山东大学文化遗产研究院编　科学出版社　2016年12月　文297页　插图217幅　插表39幅　彩版12页　16开

北方民族考古（第三辑）　中国人民大学北方民族考古研究所、中国人民大学历史学院考古文博系编　魏坚主编　科学出版社　2016年9月　文332页　插图170幅　彩版8页　16开

南方民族考古（第十二辑）　四川大学博物馆、四川大学考古学系、成都文物考古研究所编　霍巍、王毅主编　科学出版社　2016年3月　文292页　插图123幅　插表14幅　彩版34页　16开

川大史学（第二辑）：考古学卷　霍巍、李映福主编　四川大学出版社　2016年9月　608页　插图167幅　插表14幅　32开

浙江大学艺术与考古研究（第二辑）　浙江大学艺术与考古研究中心编　缪哲主编　浙江大学出版社　2016年1月　文379页　插图138幅（组）　彩版11页　16开

水下考古研究（第二卷）　国家文物局水下文化遗产保护中心编　孟原召主编　科学出版社　2016年10月　396页　插图334幅　插表11幅　16开

首都博物馆论丛（第三十辑）　首都博物馆编　北京燕山出版社　2016年12月　391页　16开

辽宁省博物馆馆刊（2015）　辽宁省博物馆编　马宝杰主编　辽海出版社　2016年12月　359页　插图90幅　插表8幅　16开

“城市与文明”学术研讨会论文集　上海博物馆编　宋建、陈杰主编　上海古籍出版社　2016年12月　652页　插图364幅　插图13幅　16开

安徽博物院建馆60周年纪念文集　安徽博物院编　邓峰主编　安徽美术出版社　2016年　363页　16开

蚌埠文博（第一辑）　蚌埠市博物馆编　辛礼学主编　文物出版社　2016年12月　167页　插图183幅　16开

海峡考古辑刊（一）暨2013年海峡两岸考古遗存与海洋文化学术研讨会论文集　福建博物院编　福建教育出版社　2016年9月　文259页　插图122幅　插表10幅　彩版16页　32开

江西省博物馆集刊（七）　江西省博物馆编　李荣华主编　文物出版社　2016年12月　文311页　彩版8页　16开

山东博物馆辑刊（2015）　山东博物馆编　郭思克主编　文物出版社　2016年5月　207页　插图314幅　插表23幅　16开

湖南省博物馆馆刊（第十二辑） 湖南省博物馆编 陈建明、段晓明主编 岳麓书社 2016年8月 文683页 插图823幅 彩版26页 16开

广西壮族自治区博物馆建馆80周年论文选集 广西壮族自治区博物馆编 吴伟峰主编 广西教育出版社 2016年7月 663页 16开

桂林博物馆文集（第三辑） 桂林博物馆编 广西师范大学出版社 2016年9月 426页 插图145幅 插表6幅 16开

大理州文物考古报告文集 大理州文化体育局编 王峥嵘、杨长城主编 云南民族出版社 2016年11月 文407页 插图762幅 彩版24页 16开

昭通文物考古论文集 昭通市博物馆编 云南人民出版社 2016年3月 423页 插图11幅 16开

陕西历史博物馆二十五年文集 陕西历史博物馆编 强跃主编 三秦出版社 2016年5月 457页 插图319幅 16开

陕西历史博物馆馆刊（第二十三辑） 陕西历史博物馆编 强跃主编 三秦出版社 2016年11月 文373页 插图154幅 彩版4页 照片2页 16开

临夏考古：临夏回族自治州博物馆论文集 马珑主编 甘肃文化出版社 2016年1月 494页 插图482幅 16开

高明先生九秩华诞庆寿论文集 北京大学考古文博学院编 科学出版社 2016年12月 文359页 插图152幅 插表11幅 照片12页 16开

敦煌学·丝绸之路考古研究：杜斗城教授荣退纪念文集 段小强、李丽主编 甘肃教育出版社 2016年8月 文665页 插图112幅 照片8页 16开

陈梦家学术论文集（陈梦家著作集） 陈梦家著 中华书局 2016年1月 文765页 插图111幅 照片、手迹4页 16开

从历史中醒来：孙机谈中国古文物 孙机著 生活·读书·新知三联书店 2016年8月 445页 插图291幅 16开

李家和集（江西文物考古论丛） 李家和著 江西人民出版社 2016年12月 468页 插图103幅 16开

陈元甫考古文集（浙江省文物考古研究所学者文库） 陈元甫著 文物出版社 2016年5月 文456页 插图91幅 彩版38页 16开

任常中考古文博论集（河南博物院学术文库） 任常中著 河南博物院编 中州古籍出版社 2016年12月 文285页 插图111幅 照片8页 16开

李昆声文集（云南省高校考古研究学术著作丛书） 李昆声著 云南人民出版社 2016年8月 全四册 目录24页 文2347页 插图1356幅 16开

邯郸考古研究：乔登云考古文集（邯郸市文物保护研究所资料文库） 乔登云著 邯郸市文物保护研究所编 科学出版社 2016年4月 文538页 插图269幅 插表13幅 彩版12页 图版12页 16开

采铜集：田立坤考古文稿 田立坤著 文物出版社 2016年3月 371页 插图281幅 16开

襄阳考古探研（襄博文库之一） 王先福著 科学出版社 2016年12月 251页 插图13幅 插表8幅 16开

张镇洪集（东莞学人文丛） 张镇洪著 广东人民出版社 2016年11月 263页 插图121幅 16开

卜工考古文存（广东省文物考古研究所论丛） 卜工著 科学出版社 2016年10月 291页 插图42幅 16开

半窗意象：图像与考古研究自选集 王仁湘著 文物出版社 2016年12月 461页 插图529幅 16开

南海探古：肖一亭文物考古文集（珠海市文物保护文库） 肖一亭著 文物出版社 2016年12月 500页 插图133幅 16开

陶正刚考古文集　陶正刚著　山西省考古研究所编　三晋出版社　2016 年 10 月　262 页　插图 26 幅　照片 73 幅　16 开

考古杂俎（天津市人民政府参事著述系列）　陈雍著　天津人民出版社　2016 年 9 月　543 页　插图 23 幅　插表 27 幅　16 开

先秦考古探微（吉林大学边疆考古研究中心系列学术文集）　王立新著　科学出版社　2016 年 12 月　序、目录 6 页　文 456 页　插图 89 幅　插表 11 幅　16 开

古器散论（月刊丛书续编）　张临生著　（台北）故宫博物院　2016 年 1 月　207 页　插图 496 幅　16 开

补　遗

宁夏博物馆馆刊（第一辑）　李进增主编　阳光出版社　2015 年 12 月　211 页　16 开

河洛文化论丛（第六辑）　洛阳市文物考古研究院、洛阳市邙山陵墓群管理处编　史家珍主编　中州古籍出版社　2015 年 1 月　332 页　32 开

王恺考古文集　王恺著　黑龙江科学技术出版社　2015 年 12 月　426 页　插图 261 幅　32 开

三　博物馆藏品、陈列和展览图录

近藏集粹：中国国家博物馆新入藏文物（中国国家博物馆古代艺术系列丛书）　吕章申、王永红主编　北京时代华文书局　2016 年 7 月　380 页　插图 75 幅　彩版 121 幅（组）　16 开

石器时代的河北·河北商代文明（河北博物院基本陈列）　河北博物院、河北省文物研究所、河北省文物保护中心编　文物出版社　2016 年 11 月　271 页　彩版 167 幅　遗址图 58 幅　16 开

晋宝藏：山西省馆藏文物精华　山西省文物资料信息中心编　杨国柱主编　山西人民出版社　2016 年 12 月　280 页　彩版 389 幅　16 开

平城文物精粹：大同市博物馆馆藏精品录　大同市博物馆编　王利民主编　江苏凤凰美术出版社　2016 年 7 月　221 页　彩版 254 幅　16 开

北朝艺术研究院藏品图录：石雕　大同北朝艺术研究院编著　李裕群主编　文物出版社　2016 年 5 月　143 页　彩版 65 组　16 开

北朝艺术研究院藏品图录：墓志　大同北朝艺术研究院编著　殷宪主编　文物出版社　2016 年 5 月　247 页　插图 2 幅　彩版 55 组　16 开

北朝艺术研究院藏品图录：青铜器、陶瓷器、墓葬壁画　大同北朝艺术研究院编著　张庆捷主编　文物出版社　2016 年 5 月　191 页　彩版 128 幅　16 开

北朝艺术研究院藏品图录：砖瓦、瓦当　大同北朝艺术研究院编著　王银田主编　文物出版社　2016 年 5 月　191 页　彩版 147 幅　16 开

大象中原：河南历史文化（中国国家博物馆国内交流系列丛书）　中国国家博物馆、河南博物院编著　王永红主编　北京时代华文书局　2016 年 1 月　203 页　彩版 127 幅（组）　16 开

远古神思：山东大学博物馆藏品精选　方辉主编　青岛出版社　2016 年 6 月　221 页　插图 18 幅　彩版 214 幅　16 开

上海师范大学博物馆珍藏集萃　上海师范大学编　上海书画出版社　2016 年 9 月　248 页　8 开

镇赉文物精粹　吉林省文物考古研究所、镇赉县文物管理所、镇赉县博物馆编著　安文荣、刘雪山主编　科学出版社　2016 年 3 月　121 页　彩版 147 幅　16 开

大连汉墓博物馆馆藏文物图录　大连市文物考古研究所编　辽宁美术出版社　2016 年 7 月　150 页　彩版 140 幅　16 开

肃州文物图录肃州区博物馆编　王保东主编　甘肃文化出版社　2016 年 6 月　全二册　273 页　349 页　彩版 703 幅　16 开

揽珍：徐州市第一次全国可移动文物普查　徐州市文物局编　江苏凤凰美术出版社　2016 年　319 页　16 开

吴珍撷萃：苏州市第一次全国可移动文物普查精品选录 苏州市文物局编著 文物出版社 2016年12月 207页 16开

余杭遗珍：余杭区第一次全国可移动文物普查成果集萃 杭州市余杭区文化广电新闻出版局编著 陆文宝、贾晋妍主编 文物出版社 2016年11月 363页 16开

珠海市博物馆馆藏珍贵文物图录（珠海市博物馆第一次全国可移动文物普查成果之一） 珠海市博物馆编 广东教育出版社 2016年 360页 16开

披沙拣金廿五载：陕西历史博物馆新征集文物图录 强跃、师小群、呼啸主编 陕西人民出版社 2016年6月 163页 彩版144幅 16开

旬阳瑰宝（陕西历史文化遗产系列丛书） 陕西省文物保护研究院、旬阳县博物馆编 刘国强主编 世界图书出版（西安）公司 2016年 306页 16开

天水文物精华（天水文史资料，第二十二辑） 天水市政协文史资料委员会编 王振宇主编 甘肃文化出版社 2016年10月 目录8页 彩版265页 16开

丝绸之路：新疆古代文化（续） 祁小山、王博编 新疆人民出版社 2016年1月 434页 16开

文明溯源：张家港文物精粹 张家港博物馆编著 西泠印社出版社 2016年7月 331页 插图80幅 彩版228幅 16开

海外藏中国古代文物精粹：日本泉屋博古馆卷（中国国家博物馆国际交流系列丛书） 陈履生主编 霍宏伟、冯峰编 安徽美术出版社 2016年3月 439页 彩版199幅 8开

海外馆藏中国文物精萃 寇勤主编 中华书局 2016年11月 全三册 897页 彩版448幅 16开

德泽生辉：郑振铎捐献故宫文物特展图录 故宫博物院、温州博物馆编 浙江人民美术出版社 2016年10月 191页 彩版100幅 8开

相映成辉：草原丝绸之路文物精华展图录 大同市博物馆、内蒙古博物院编 江西高校出版社 2016年6月 63页 彩版98幅 16开

天涯若比邻：华夏瑰宝秘鲁行 中国文物交流中心编 文物出版社 2016年9月 185页 插图18幅 彩版133幅 16开

补 遗

地域一体，文化一脉：京津冀历史文化（首都博物馆书库，丙种第叁拾玖部） 首都博物馆、天津博物馆、河北博物院编 科学出版社 2015年6月 304页 彩版、图版、地图339幅 16开

慷慨悲歌，燕赵故事（河北博物院基本陈列） 河北博物院、河北省文物研究所、河北省文物保护中心编 文物出版社 2015年12月 260页 彩版143幅 地图、遗址照片28幅 16开

太原馆藏文物精华 太原市文物局编 山西经济出版社 2015年12月 194页 彩版 16开

四川博物院第一次全国可移动文物普查成果选编 四川博物院编 彭代群主编 文物出版社 2015年12月 序、目录6页 彩版271页 16开

岭南印记：粤港澳考古成果展澳门博物馆编 澳门特别行政区政府文化局 2015年12月 全二册（图录）319页 彩版411幅 （论文集）113页 插图9幅 8开

四 科技考古

环境考古研究（第五辑） 中国第四纪科学研究会环境考古专业委员会、兰州大学西部环境教育部重点实验室、甘肃省文物考古研究所编 莫多闻、陈发虎、王辉主编 科学出版社 2016年10月 243页 插图68幅 插表28幅 16开

陈铁梅科技考古与定量考古文集（北京大学中国考古学研究中心系列丛书） 陈铁梅著 科学出版社 2016年9月 文392页 插图84幅 插表100幅 照片4页 16开

考古现场处置与文物保护技术 李存信著 中国社会科学出版社 2016年1月 306页 插图192幅 16开

人类骨骼遗骸现场鉴定手册 ［美］戴安娜·L. 弗兰茨（Diane L. France）著 张全超、王春雪译 张

群译审　科学出版社　2016年12月　文、图268页　16开　译自 *Human and Nonhuman Bone Identification, a Concise Field Guide*, *2011*

青海省西宁市陶家寨墓地人骨人类学研究（吉林大学边疆考古研究中心系列学术著作）　张敬雷著　科学出版社　2016年3月　文322页　插图83幅　插表38幅　附表5幅　图版4页　16开

新疆伊犁吉林台库区墓葬人骨研究（吉林大学边疆考古研究中心系列学术著作）　张林虎著　科学出版社　2016年7月　文290页　插图48幅　插表36幅　附表5幅　图版9页　16开

空间信息技术考古学应用方法　毛锋著　电子工业出版社　2016年1月　前言、序、目录14页　文416页　插图228幅　插表39幅　16开

五　工具书

中国考古学年鉴（2015）　中国考古学会编　王巍主编　中国社会科学出版社　2016年10月　目录23页　文674页　彩版14页　16开

中国文物年鉴（2016）　国家文物局编　文物出版社　2016年12月　目录7页　文469页　照片、彩版10页　16开

陕西文物年鉴（2015）　陕西省文物局编　吴晓丛主编　陕西人民出版社　2016年12月　文403页　照片26页　16开

浙江文物年鉴（2013年）　《浙江文物年鉴》编委会编　陈瑶主编　浙江古籍出版社　2016年2月　文580页　照片6页　16开

浙江文物年鉴（2014年）　《浙江文物年鉴》编委会编　陈瑶主编　浙江古籍出版社　2016年12月　目录15页　文575页　插图315幅　照片8页　16开

内蒙古文史研究通览存目：文物考古卷　张建华、何远景主编　内蒙古大学出版社　2016年7月　序、前言、目录9页　文373页　16开

贰　田野考古资料

一　调查发掘报告

丽泽墓地：丽泽金融商务区园区规划绿地工程发掘报告（北京文物与考古系列丛书）　北京市文物研究所编著　科学出版社　2016年6月　目录27页　文431页　插图439幅　彩版85页　16开

后迁义遗址考古发掘报告及冀东地区考古学文化研究　张文瑞、翟良富主编　文物出版社　2016年12月　目录15页　文207页　插图194幅　彩版85页　16开

下川：旧石器时代晚期文化遗址发掘报告　中国社会科学院考古研究所、山西省考古研究所编著　科学出版社　2016年4月　目录17页　文552页　插图277幅　插表30幅　彩版16页　图版84页　16开

清凉寺史前墓地　山西省考古研究所、运城市文物工作站、芮城县旅游文物局编著　薛新明主编　文物出版社　2016年12月　全三册　目录33页　文662页　插图300幅　彩版261页　16开

晋阳古城一号建筑基址　山西省考古研究所、太原市文物考古研究所、晋源区文物旅游局编著　韩炳华主编　科学出版社　2016年10月　目录17页　文240页　插图241幅　彩版80页　16开

岱海地区东周墓群发掘报告（河套地区先秦两汉时期文化、生业与环境研究系列报告，二）　内蒙古自治区文物考古研究所、内蒙古自治区文物保护中心编著　曹建恩主编　科学出版社　2016年2月　目录22页　文349页　插图180幅　插表21幅　彩版42页　16开

祖州城：内蒙古满其格山辽代古城址的考古学历史学发掘调查报告（巴林左旗文史资料）　［日］岛田正郎著　李彦朴、鞠冰梅、陈立乾译　内蒙古大学出版社　2016年10月　294页　16开

溧阳神墩　南京博物院、常州博物馆、溧阳市文化广电体育局编著　田名利主编　文物出版社　2016年

1月　全二册　目录36页　文576页　插图560幅　插表30幅　附表81页　彩版206页　16开

顺山集：泗洪县新石器时代遗址考古发掘报告　南京博物院、泗洪县博物馆编著　科学出版社　2016年4月　目录18页　文421页　插图312幅　插表3幅　彩版144页　16开

东山村：新石器时代遗址发掘报告　南京博物院、张家港市文管办、张家港博物馆编著　周润垦主编　文物出版社　2016年5月　全三册　序、目录38页　文854页　插图396幅　插表25幅　附表112幅　彩版463页　16开

句容东岗头遗址：2005年考古发掘报告　南京博物院、镇江博物馆、句容市博物馆编著　朱国平、高伟、何汉生、刘玉斌执笔　科学出版社　2016年12月　目录10页　文189页　插图112幅　彩版、拓片96页　16开

南京文物考古新发现（第四辑）　南京市博物总馆、南京市考古研究所编著　胡宁、祁海宁主编　文物出版社　2016年12月　文365页　插图270幅　彩版40页　16开

京杭大运河清口水利枢纽考古报告　中国文化遗产研究院、南京博物院、淮安市博物馆编著　王剑、胡兵、尹增淮、赵海涛主编　文物出版社　2016年12月　目录20页　文283页　插图79幅　彩版140页　16开

浦江上山（浦阳江流域考古报告之三）　浙江省文物考古研究所、浦江博物馆编著　蒋乐平主编　文物出版社　2016年11月　目录24页　文344页　插图245幅　彩版80页　16开

上山文化：发现与记述　浙江省文物考古研究所编　文物出版社　2016年11月　223页　插图21幅　彩版398幅　16开

绍兴越墓（绍兴越国王陵及贵族墓考古报告）　浙江省文物考古研究所、绍兴市文物考古研究所、绍兴市柯桥区文化发展中心、嵊州市文物管理处编著　文物出版社　2016年12月　序、目录18页　文212页　插图134幅　彩版127页　16开

浙江汉墓　浙江省文物考古研究所编著　胡继根主编　文物出版社　2016年9月　序、目录17页　文407页　插图151幅　插表13幅　彩版135页　16开

宿州芦城孜　安徽省文物考古研究所、宿州市文物管理局、宿州市博物馆编著　文物出版社　2016年9月　目录20页　文406页　插图360幅　彩版151页　16开

马鞍山五担岗　安徽省文物考古研究所、南京大学历史学院考古文物系、马鞍山市文物局、马鞍山市博物馆编著　水涛、白国柱主编　文物出版社　2016年10月　目录28页　文531页　插图375幅　彩版30页　图版68页　16开

双龙机床厂墓群发掘报告（安徽六安城东墓地）　安徽省文物考古研究所、武汉大学历史学院考古系、六安市文物局编著　李德文、徐承泰主编　上海古籍出版社　2016年11月　全五册　目录34页　文1884页　插图920幅　插表59幅　图版133页　彩版95页　16开

唐陈元通夫妇墓　厦门文化遗产保护中心编著　靳维柏、郑东主编　文物出版社　2016年7月　108页　插图158幅　16开

两城镇：1998～2001年发掘报告　中美联合考古队（栾丰实、文德安、于海广、方辉、蔡凤书、王芬、科杰夫）编著　文物出版社　2016年10月　全四册　目录94页　文1624页　插图2232幅　插表356幅　彩版298页　16开

山东薛河流域系统考古调查报告　中国国家博物馆田野考古研究中心、山东大学考古学系编著　科学出版社　2016年7月　目录18页　文400页　插图343幅　彩版64页　16开

临沂洗砚池晋墓　山东省文物考古研究所、临沂市文化广电新闻出版局编著　文物出版社　2016年8月　目录8页　文173页　插图337幅　16开

新郑望京楼：2010～2012年田野考古发掘报告（中国·郑州考古，二十四）　郑州市文物考古研究院编著　顾万发主编　科学出版社　2016年5月　全三册　目录44页　文888页　插图685幅　附表11幅　彩版348页　16开

新郑双楼东周墓地　河南省文物考古研究院编著　大象出版社　2016年4月　目录21页　文639页

插图 323 幅　插表 12 幅　彩版 96 页　图版 72 页　16 开

新郑坡赵一号墓　河南省文物考古研究院编著　中国社会科学出版社　2016 年 5 月　目录 8 页　文 164 页　插图 74 幅　附图 3 幅　插表 15 幅　彩版 57 页　16 开

荥阳西司马墓地　河南省文物考古研究院、郑州市文物考古研究院、荥阳市文物保护管理中心编著　大象出版社　2016 年 9 月　目录 15 页　文 210 页　插图 211 幅　彩版 70 页　16 开

曹操高陵　河南省文物考古研究院编著　中国社会科学出版社　2016 年 10 月　目录 13 页　文 371 页　插图 172 幅　彩版 125 页　16 开

隋唐洛阳城天堂遗址发掘报告　洛阳市文物考古研究院编著　方孝廉、商春芳、史家珍主编　科学出版社　2016 年 11 月　目录 11 页　文 117 页　插图 81 幅　图版 84 页　16 开

洛阳市定鼎北路唐宋砖瓦窑址考古发掘报告　洛阳市文物考古研究院编著　中州古籍出版社　2016 年 1 月　目录 16 页　文 157 页　插图 110 幅　彩版 73 页　16 开

唐·王雄诞夫人魏氏墓　洛阳市文物考古研究院编　吴业恒、史家珍主编　中州古籍出版社　2016 年 8 月　261 页　彩版 238 幅　16 开

河南省安阳市文物考古钻探报告（第一辑）　河南省安阳市文物管理局、河南省安阳市文物钻探队编著　刘彦军主编　中州古籍出版社　2016 年 12 月　312 页　插图 473 幅　16 开

汤阴五里岗战国墓地（南水北调中线工程文物保护项目，河南省考古发掘报告，第二十一号）　中国社会科学院考古研究所安阳工作队、安阳市文物考古研究所编著　孔德铭主编　科学出版社　2016 年 4 月　目录 32 页　文 463 页　插图 588 幅　彩版 102 页　16 开

许昌考古报告集（一）：襄城前顿与许昌十王墓地（南水北调中线工程文物保护项目，河南省考古发掘报告，第二十二号）　河南省文物考古研究院、许昌市文物考古研究管理所编著　姚军英、陈文利、文春峰执笔　科学出版社　2016 年 4 月　文 202 页　插图 190 幅　彩版 6 页　图版 56 页　16 开

新乡金灯寺墓地（南水北调中线工程文物保护项目，河南省考古发掘报告，第二十三号）　郑州大学历史学院考古系编著　靳松安、曹艳朋主编　科学出版社　2016 年 4 月　目录 14 页　文 146 页　插图 109 幅　彩版 12 页　图版 20 页　16 开

淅川马川墓地东周楚墓（南水北调中线工程文物保护项目，河南省考古发掘报告，第二十四号）　河南省文物考古研究院、驻马店市文物考古管理所编著　余新宏、齐雪义、刘文阁、李安娜主编　科学出版社　2016 年 12 月　前言、目录 29 页　文 438 页　插图 359 幅　彩版 22 页　图版 90 页　16 开

淅川阎杆岭墓地（南水北调中线工程文物保护项目，河南省考古发掘报告，第二十六号）　河南省文物考古研究院编著　胡永庆主编　科学出版社　2016 年 4 月　目录 32 页　文 556 页　插图 488 幅　图版 132 页　16 开

淅川赵杰娃墓地（南水北调中线工程文物保护项目，河南省考古发掘报告，第二十七号）　河南省文物考古研究院、南阳市文物考古研究所编著　杨俊峰主编　科学出版社　2016 年 5 月　目录 20 页　文 243 页　插图 203 幅　彩版 20 页　图版 44 页　16 开

淅川金寨子墓地（南水北调中线工程文物保护项目，河南省考古发掘报告，第二十八号）　河南省文物考古研究院、南阳市文物考古研究所、重庆市文化遗产研究院、淅川县文化广电新闻出版局编著　刘新、刘建农、乔保同、袁东山主编　科学出版社　2016 年 4 月　目录 26 页　文 358 页　插图 353 幅　彩版 20 页　图版 36 页　16 开

淅川蛮子营墓地（南水北调中线工程文物保护项目，河南省考古发掘报告，第二十九号）　河南省文物考古研究院、许昌市文物考古研究管理所编著　陈文利、姚军英主编　科学出版社　2016 年 12 月　目录 18 页　文 178 页　插图 162 幅　彩版 14 页　图版 48 页　16 开

鲁山杨南遗址（南水北调中线工程文物保护项目，河南省考古发掘报告，第三十号）　广州市文物考古研究院编著　韩维龙主编　科学出版社　2016 年 4 月　目录 34 页　文 449 页　插图 244 幅　彩版 137 页　图版 40 页　16 开

淅川下寨遗址：东晋至明清墓葬发掘报告（南水北调中线工程文物保护项目，河南省考古发掘报告，第三十一号） 河南省文物考古研究院编著 楚小龙主编 科学出版社 2016 年 6 月 目录 16 页 文 261 页 插图 130 幅 彩版 44 页 16 开

淅川熊家岭墓地（南水北调中线工程文物保护项目，河南考古发掘报告，第三十三号） 河南省文物考古研究院、三门峡市文物考古研究所编著 杨海青、史智民主编 科学出版社 2016 年 12 月 前言、目录 21 页 文 317 页 插图 204 幅 彩版 20 页 图版 73 页 16 开

巩义黄冶窑 河南省文物考古研究院、中国文化遗产研究院、日本奈良文化财研究所编著 科学出版社 2016 年 5 月 全二册 目录 18 页 文 416 页 插图 190 幅 彩版 280 页 16 开

孝感叶家庙 湖北省文物考古研究所、孝感市博物馆、孝感市孝南区博物馆编著 刘辉主编 科学出版社 2016 年 3 月 目录 23 页 文 338 页 插图 293 幅 插表 10 幅 彩版 42 页 图版 82 页 16 开

郢靖王墓 湖北省文物考古研究所、荆门市博物馆、钟祥市博物馆编著 文物出版社 2016 年 1 月 目录 13 页 文 246 页 插图 149 幅 彩版 144 页 16 开

先秦南洞庭：南洞庭湖古遗址发掘报告集 益阳市文物管理处、益阳市博物馆编著 盛定国主编 科学出版社 2016 年 11 月 文 381 页 插图 311 幅 彩版 16 页 图版 62 页 16 开

益阳罗家嘴楚汉墓葬 湖南省文物考古研究所编著 科学出版社 2016 年 12 月 目录 18 页 文 287 页 插图 244 幅 插表 7 幅 彩版 24 页 图版 76 页 16 开

沅水下游汉墓 湖南省常德市文物局、常德博物馆、鼎城区文物局、桃源县文物局、汉寿县文物局编著 文物出版社 2016 年 9 月 全三册 目录 30 页 文 910 页 插图 464 幅 彩版 143 页 图版 172 页 16 开

岳阳唐宋墓 湖南省文物考古研究所、岳阳市文物管理处编著 上海古籍出版社 2016 年 12 月 218 页 插图 669 幅 16 开

长沙古城址考古发现与研究 黄朴华主编 岳麓书社 2016 年 12 月 前言、目录 10 页 文 219 页 插图 161 幅 16 开

深圳盐田三洲田清代至民国时期墓葬群发掘报告 深圳市文物考古鉴定所、中英街历史博物馆编著 文物出版社 2016 年 12 月 151 页 彩版 31 组 拓片图版 18 幅 16 开

2009～2013 年合浦汉晋墓发掘报告 广西文物保护与考古研究所、合浦县文物管理局编著 文物出版社 2016 年 7 月 全二册 目录 16 页 文 389 页 插图 229 幅 彩版 175 页 16 开

丰都关田沟（长江三峡工程文物保护项目报告，乙种第二十六号） 重庆市文化遗产研究院、重庆文化遗产保护中心编著 李大地主编 科学出版社 2016 年 11 月 目录 18 页 文 427 页 插图 380 幅 彩版 40 页 图版 20 页 16 开

丰都二仙堡墓地（长江三峡工程文物保护项目报告，乙种第二十七号） 长沙市文物考古研究所编著 何佳主编 科学出版社 2016 年 6 月 目录 10 页 文 165 页 插图 167 幅 彩版 60 页 16 开

奉节营盘包墓地（长江三峡工程文物保护项目报告，乙种第二十八号） 南京大学历史学院考古文物系、奉节县白帝城文物管理所编著 刘兴林主编 科学出版社 2016 年 9 月 目录 12 页 文 216 页 插图 164 幅 彩版 16 页 图版 48 页 16 开

成都考古发现（2014） 成都文物考古研究所编著 科学出版社 2016 年 12 月 文 510 页 插图 413 幅 插图 11 幅 彩版 36 页 16 开

金沙遗址考古资料集（三） 成都文物考古研究所、成都金沙遗址博物馆编 王毅主编 科学出版社 2016 年 12 月 327 页 插图 188 幅 插表 103 幅 16 开

成都天府广场东北侧古遗址发掘报告 成都文物考古研究所编著 文物出版社 2016 年 11 月 目录 14 页 文 281 页 插图 198 幅 彩版 56 页 16 开

石寨山文化考古发掘报告集（云南省文物考古研究所田野考古报告，第十八号） 云南省文物考古研究所编著 科学出版社 2016 年 7 月 全二册 857 页 插图 872 幅 插表 50 幅 16 开

发现石峁古城 陕西省考古研究院、榆林市文物考古勘探工作队、神木县文体广电局、神木县石峁遗址

管理处编著　文物出版社　2016 年 8 月　340 页　插图 91 幅　彩版 177 幅　照片、书影 43 幅　16 开

宝鸡戴家湾考古研究报告：中意合作考古报告之一　陕西省文物保护研究院编　姜宝莲主编　三秦出版社　2016 年 5 月　目录、前言 8 页　文 219 页　插图 135 幅　彩版 16 页　16 开

周原：庄白西周青铜器窖藏考古发掘报告　宝鸡市周原博物馆编著　科学出版社　2016 年 11 月　目录 22 页　文 137 页　插图 116 幅　图版 3 页　彩版 100 页　16 开

临潼新丰：战国秦汉墓葬考古发掘报告（陕西省考古研究院田野考古报告，第七十五号）　陕西省考古研究院编著　科学出版社　2016 年 12 月　全三册　目录 75 页　文 2106 页　插图 1395 幅　彩版 151 页　16 开

唐懿德太子墓发掘报告（陕西省考古研究院田野考古报告，第七十三号）　陕西省考古研究院、乾陵博物馆编著　科学出版社　2016 年 12 月　目录 20 页　文 447 页　插图 393 幅　彩版 88 页　16 开

镇安县米粮镇滑水河文化景区考古调查勘探报告（陕西文物保护考古咨询研究院考古勘探报告，第二号）　陕西文物保护考古咨询研究院编　三秦出版社　2016 年 11 月　182 页　插图 190 幅　彩版 25 幅　16 开

镇安兴隆寺遗址探查与研究（陕西文物保护考古咨询研究院考古勘探报告，第一号）　陕西文物保护考古咨询研究院编　三秦出版社　2016 年 11 月　161 页　插图 157 幅　16 开

酒泉干骨崖　甘肃省文物考古研究所、北京大学考古文博学院编著　文物出版社　2016 年 8 月　目录 15 页　文 454 页　插图 248 幅　插表 18 幅　彩版 50 页　图版 30 页　16 开

临泽沙河汉晋墓葬　王卫东著　甘肃人民出版社　2016 年 11 月　目录 13 页　文 116 页　插图 290 幅　16 开

贵南尕马台　青海省文物考古研究所、北京大学考古文博学院编著　科学出版社　2016 年 1 月　目录 9 页　文 202 页　插图 133 幅　插表 14 幅　彩版 12 页　图版 28 页　16 开

王大户与九龙山：北方青铜文化墓地（宁夏文物考古研究所丛刊之三十二）　宁夏文物考古研究所、彭阳县文物管理所编著　文物出版社　2016 年 9 月　全二册　目录 28 页　文、彩版 842 页　插图 316 幅　附图 41 幅　插表 39 幅　彩版 214 幅　附彩版 31 幅　16 开

新疆莫呼查汗墓地（新疆维吾尔自治区文物考古研究所丛刊，七）　新疆维吾尔自治区文物考古研究所编著　科学出版社　2016 年 8 月　目录 27 页　文 398 页　插图 372 幅　彩版 192 页　16 开

会宁一带的渤海遗迹　郑永振、李东辉、郑京日著　香港亚洲出版社　2016 年 1 月　278 页　插图 162 幅　彩版 401 幅　16 开

富居里一带的渤海遗迹　郑永振著　延边大学渤海史研究所编　香港亚洲出版社　2016 年 1 月　185 页　插图 83 幅　彩版 208 幅　16 开

越南义立：冯原文化遗存发掘报告　四川省文物考古研究院、陕西省考古研究院、越南国家历史博物馆编著　文物出版社　2016 年 7 月　目录 9 页　文 375 页　插图 116 幅　彩版 96 页　16 开

补　遗

二十世纪五十年代陕西考古发掘资料整理研究　陕西省文物保护研究院编著　姜宝莲主编　三秦出版社　2015 年 12 月　全二册　802 页　450 页　16 开

二　出土文物图录

2015 中国重要考古发现　国家文物局主编　文物出版社　2016 年 4 月　180 页　彩版 317 幅　16 开

考古的故事：山西“十二五”考古成果展　山西博物院、山西省考古研究所编　山西人民出版社　2016 年 12 月　237 页　插图 135 幅　彩版 270 幅　16 开

溯源：“十二五”徐州考古　徐州市文物局、徐州市文物考古研究所编　韩峰、原丰主编　江苏凤凰美术出版社　2016 年 6 月　184 页　插图 128 幅　彩版 242 幅　16 开

大连地区考古发掘成果：新石器时期至青铜时代　大连市文物考古研究所编　王智远主编　万卷出版公

司 2016年12月 113页 彩版110幅 16开

发现：宁波地域重要考古成果图集（2001~2015） 宁波市文物考古研究所、国家水下文化遗产保护宁波基地编著 王结华主编 宁波出版社 2016年11月 全二册 361页 彩版492幅 16开

济南考古图记 李铭主编 济南出版社 2016年1月 彩版227页 16开

沂水纪王崮春秋墓出土文物集萃 山东省文物考古研究所、临沂市文化广电新闻出版局、沂水县文化广电新闻出版局编著 郝导华主编 文物出版社 2016年8月 198页 插图13幅 彩版119幅 16开

沂源东安古城 沂源县文物管理所编著 杨中华、郑德平主编 文物出版社 2016年10月 序、目录12页 文、彩版178页 插图28幅 彩版234幅 16开

沂源文物精粹 沂源县文物管理所编著 张寿玉主编 文物出版社 2016年10月 193页 彩版269幅 16开

三苗与南土：湖北省文物考古研究所"十二五"期间重要考古收获 湖北省文物考古研究所编 方勤主编 《江汉考古》编辑部 2016年 192页 彩版240幅 16开

三国遗韵：襄阳樊城大型三国墓出土文物 襄阳市博物馆、襄阳市文物考古研究所编 张靖主编 科学出版社 2016年7月 134页 插图7幅 彩版82幅（组） 16开

金玉默守：湖北蕲春明荆藩王墓珍宝 浙江省博物馆编 倪毅主编 中国书店 2016年7月 全二册 334页 插图99幅 插表24幅 彩版150幅（组） 16开

黔中遗珍：贵安新区出土文物精粹 贵州省文物考古研究所、中国社会科学院考古研究所、贵州省博物馆、四川大学历史文化学院、成都文物考古研究所、贵安新区党工委管委会编 科学出版社 2016年9月 186页 彩版210幅 16开

大地湾遗址出土文物精粹 甘肃大地湾文物保护研究所编 田多胜主编 商务印书馆 2016年7月 133页 彩版117幅（组） 16开

补 遗

飞鹅岭先秦遗迹图录 中山大学人类学博物馆、广州市天河区博物馆编 郑君雷、温建军主编 岭南美术出版社 2015年12月 148页 16开

叁 考古学分论

一 人类起源与旧石器时代

人类探源：广西早期现代人类起源研究文集 广西文物保护与考古研究所编 广西人民出版社 2016年10月 361页 16开

远祖谜踪：巫山玉米洞发掘记 黄万波、魏光飚、易军著 科学出版社 2016年1月 258页 插图284幅 16开

周口店遗址精品选 周口店北京人遗址博物馆编 董翠平主编 故宫出版社 2016年9月 206页 彩版196幅 8开

二 新石器时代

早期中国研究（第二辑） 北京联合大学考古学研究中心编 张经主编 文物出版社 2016年8月 204页 插图93幅 16开

满天星斗：苏秉琦论远古中国 苏秉琦著 赵汀阳、王星选编 中信出版社 2016年11月 365页 插图41幅 32开

东北新石器时代（中国边疆民族考古文库） 中国社会科学院边疆考古研究中心编 刘国祥主编 文物出版社 2016年4月 469页 插图195幅 16开

红山文化研究（第三辑） 内蒙古红山文化学会、红山文化学院编 于建设、滕海键主编 辽宁人民出版社 2016年8月 188页 插图68幅 16开

第十届红山文化高级论坛论文集 赤峰学院红山文化研究院编 于建设、滕海键主编 吉林出版集团 2016年7月 266页 插图167幅 16开

哈民文化研究文集 通辽科尔沁历史文化研究会暨科尔沁左翼中旗哈民遗址文化旅游区管委会编 中国文史出版社 2016年8月 文304页 插图113幅 插表18幅 彩版8页 16开

2015中国·广河齐家文化与华夏文明国际研讨会论文集 朱乃诚、王辉、马永福主编 文物出版社 2016年8月 文380页 插图295幅 插表21幅 照片16页 16开

大地湾遗址研究文集 甘肃大地湾文物保护研究所编 张力刚、张正翠主编 敦煌文艺出版社 2016年12月 476页 32开

史前求索集（西北大学文化遗产研究丛书） 张宏彦著 科学出版社 2016年8月 前言、目录15页 文422页 插图277幅 插表29幅 16开

海岱地区史前考古论集 王守功著 文物出版社 2016年4月 352页 插图81幅 16开

许昌史前文化（许昌博物馆学术文库） 张金凤著 中州古籍出版社 2016年9月 254页 插图79幅 16开

崧泽文化学术研讨会论文集（2014） 浙江省文物考古研究所编 文物出版社 2016年7月 452页 插图498幅 插表34幅 16开

良渚考古八十年 浙江省文物考古研究所、南京博物院、上海博物馆编著 刘斌、林留根、陈杰主编 文物出版社 2016年11月 310页 插图477幅 16开

跨湖桥文化国际学术研讨会论文集 杭州市萧山跨湖桥遗址博物馆编 吴健、楼卫主编 文物出版社 2016年9月 204页 插图129幅 插表13幅 16开

华南与东南亚新石器时代的文化面貌、生业经济与族群迁徙（人文强桂丛书） 陈洪波著 广西师范大学出版社 2016年4月 229页 插图30幅 16开

史前社会复杂化理论与陶寺文化研究（古代历史文化研究辑刊，第十五编） 苏家寅著 花木兰文化出版社 2016年 全二册 380页 16开

区域互动框架下的史前中国南方海洋文化 乔晓勤著 广西师范大学出版社 2016年5月 297页 插图45幅 16开

彩陶与青铜的对话（丝瓷之路博览） 刘学堂著 商务印书馆 2016年10月 252页 插图95幅 32开

补 遗

台湾史前史专论（“中央研究院”丛书） 刘益昌主编 “中研院”、联经出版事业公司 2015年12月 468页 插图78幅 插表16幅 32开

古城古国：城头山遗址亮点聚焦 刘勇、许申高著 湖南人民出版社 2015年9月 198页 插图77幅 16开

三 夏商周时代

新砦遗址与新砦文化研究（中国·郑州考古，二十） 中国社会科学院考古研究所、郑州市文物考古研究院编著 赵春青、顾万发主编 科学出版社 2016年4月 543页 插图152幅 插表42幅 16开

新砦陶器精华（中国·郑州考古，二十二） 中国社会科学院考古研究所、郑州市文物考古研究院、北京大学震旦古代文明研究中心编著 赵春青、顾万发主编 科学出版社 2016年5月 368页 彩版310幅 8开

王后·母亲·女将：纪念殷墟妇好墓考古发掘四十周年 中国社会科学院考古研究所、首都博物馆、河南博物院编 朱乃诚主编 科学出版社 2016年5月 240页 插图51幅 彩版、图版201幅

8 开

先秦历史与考古研究（“中原历史文化”研究丛书） 张国硕著 科学出版社 2016 年 5 月 前言、目录 14 页 文 390 页 插图 19 幅 16 开

商周墓葬比较研究（中国人民大学国学院国学新锐丛书） 张明东著 中国社会科学出版社 2016 年 4 月 304 页 插图 34 幅 插表 81 幅 16 开

中国北方地区商周时期制陶作坊研究（山东大学东方考古研究书系） 王迪著 科学出版社 2016 年 7 月 213 页 插图 67 幅 插表 6 幅 16 开

丰镐考古八十年（丰镐遗址考古发现与研究系列丛书） 中国社会科学院考古研究所、陕西省考古研究院、西安市周秦都城遗址保护管理中心编著 徐良高、岳连建、高立山主编 科学出版社 2016 年 1 月 前言、目录 13 页 文 210 页 插图 180 幅 彩版 24 页 16 开

封邦建霸：山西翼城大河口墓地出土西周霸国文物珍品 深圳博物馆、山西省考古研究所、山西博物院编乔文杰主编 文物出版社 2016 年 3 月 207 页 插图 37 幅 彩版 168 幅（组） 16 开

东北与北方青铜时代（中国边疆民族考古文库） 中国社会科学院边疆考古研究中心编 刘国祥主编 文物出版社 2016 年 4 月 505 页 插图 174 幅 插表 12 幅 16 开

盘龙城与长江文明国际学术研讨会论文集 盘龙城遗址研究院、武汉大学青铜文明研究中心编 万琳主编 科学出版社 2016 年 12 月 635 页 插图 198 幅 插表 4 幅 16 开

三星堆祭祀坑发掘记 陈显丹编著 文物出版社 2016 年 5 月 174 页 彩版 179 幅 16 开

三星堆：文明的侧脸 朱丹丹著 巴蜀书社 2016 年 8 月 115 页 插图 158 幅 16 开

九连墩的故事：湖北九连墩楚墓精品文物特展 成都金沙遗址博物馆、湖北省博物馆编 王毅、方勤主编 四川人民出版社 2016 年 9 月 151 页 插图 68 幅 彩版 78 幅 16 开

南方霸主：庄蹻故国楚文物大展（云南省博物馆展览图录，第二号） 云南省博物馆、荆州博物馆编 云南美术出版社 2016 年 1 月 226 页 16 开

水乡泽国：东周时期吴越两国历史文化展 秦始皇帝陵博物院编 侯宁彬主编 西北大学出版社 2016 年 11 月 159 页 彩版 92 幅 16 开

青铜遗韵：无锡阖闾城遗址博物馆文物展示图录 无锡阖闾城遗址博物馆编 南京出版社 2016 年 1 月 211 页 彩版 205 幅 16 开

惟薛有序，于斯千年：古薛国历史文化展 山东博物馆、滕州市博物馆编 郭思克主编 浙江人民美术出版社 2016 年 4 月 165 页 彩版 176 幅 16 开

切木尔切克文化 阿勒泰地区文物局（博物馆）编 乌东军、王博主编 新疆科学技术出版社 2016 年 7 月 248 页 插图 193 幅 插表 17 幅 16 开

四 秦汉及汉以后各代

嬴秦溯源：秦文化特展 （台北）故宫博物院、陕西省文物交流中心主办 蔡庆良、张志光主编 （台北）故宫博物院 2016 年 4 月 366 页 插图 99 幅 彩版 132 组 16 开

秦业流风：秦文化特展 （台北）故宫博物院、陕西省文物交流中心主办 蔡庆良、张志光主编 （台北）故宫博物院 2016 年 4 月 350 页 插图 25 幅 彩版 100 组 16 开

秦始皇帝陵博物院（总陆辑） 秦始皇帝陵博物院编 侯宁彬主编 陕西师范大学出版社 2016 年 10 月 289 页 插图 88 幅 16 开

秦文化之考古学研究（秦始皇帝陵博物院学术丛书） 陈洪著 科学出版社 2016 年 9 月 260 页 插图 58 幅 插表 27 幅 16 开

礼仪与秩序：秦始皇帝陵研究（国家社科基金后期资助项目） 张卫星著 科学出版社 2016 年 9 月 序、目录 22 页 文 433 页 插图 101 幅 彩版 12 页 16 开

汉代陵墓考古与汉文化 中国社会科学院考古研究所、徐州博物馆编 白云翔、李银德主编 科学出版社 2016 年 5 月 515 页 插图 286 幅 插表 25 幅 16 开

汉帝国的遗产：汉鬼考（国家哲学社会科学成果文库）　姜生著　科学出版社　2016年4月　目录22页　文590页　插图273幅　插表3幅　16开

从中心到边疆：汉帝国城市与城市体系的考古学研究（“中原历史文化”研究丛书）　陈博著　科学出版社　2016年5月　文170页　插图31幅　插表36幅　图表18幅　彩版20页　16开

汉长安城地区城市水利设施和水利系统的考古学研究　张建锋著　科学出版社　2016年9月　目录16页　文375页　插图150幅　16开

汉阳陵　汉阳陵博物馆编著　晏新志主编　文物出版社　2016年7月　181页　插图17幅　彩版154幅　16开

山东地区两汉文明展　山东省博物馆编　郭思克主编　浙江人民美术出版社　2016年9月　204页　彩版177幅　16开

汉代郡国分治的考古学观察：以关东地区汉代墓葬为中心（国家社科基金后期资助项目）　宋蓉著　上海古籍出版社　2016年11月　435页　插图71幅　插表26幅　附表18幅　16开

北方地区汉墓的考古学研究（国家社科基金后期资助项目）　蒋璐著　浙江大学出版社　2016年12月　228页　插图67幅　16开

纪念马王堆汉墓发掘四十周年国际学术研讨会论文集　湖南省博物馆编　陈建明主编　岳麓书社　2016年10月　710页　16开

五色炫曜：南昌汉代海昏侯国考古成果（首都博物馆书库，丁种，第叁拾捌部）　江西省文物考古研究所、首都博物馆编　徐长青、王季华、王上海编著　江西人民出版社　2016年2月　文11页　彩版196页　16开

纵论海昏：“南昌海昏侯墓发掘暨秦汉区域文化”国际学术研讨会论文集　江西师范大学海昏历史文化研究中心编　江西教育出版社　2016年10月　574页　插图100幅　16开

情境再造：南越国的历史文本与物质文化释读　刘淼鸿著　凤凰出版社　2016年8月　282页　插图36幅　32开

大汉楚王与南越王（西汉南越王博物馆研究丛书）　西汉南越王博物馆、徐州博物馆编著　吴凌云、孟强主编　岭南美术出版社　2016年8月　255页　插图77幅　彩版239幅　16开

两个世界的徘徊：中古时期丧葬观念风俗与礼仪制度学术研讨会论文集（北京大学中国考古学研究中心教育部重大课题成果系列丛书）　北京大学中国考古学研究中心编　齐东方、沈睿文主编　科学出版社　2016年6月　521页　插图193幅　插表24幅　16开

唯美时代：三国两晋南北朝时期古人生活剪影　佟春燕著　学林出版社　2016年10月　159页　插图134幅　16开

长安绎古：汉唐历史考古文集　尚民杰著　文物出版社　2016年6月　386页　插图65幅　16开

雷塘数亩田：扬州隋炀帝陵发掘和展示（扬州文化名城保护与复兴丛书）　华德荣主编　广陵书社　2016年12月　185页　插图123幅　32开

南宋都城临安研究：以考古为中心（南宋及南宋都城临安研究系列丛书）　杜正贤著　上海古籍出版社　2016年12月　全二册　序47页　文531页　插图410幅　16开

辽代墓葬的考古学研究（中国人民大学考古文博学术系列丛书）　刘未著　科学出版社　2016年4月　147页　插图53幅　插表63幅　16开

大同东风里辽代壁画墓　大同市考古研究所编　江伟伟主编　文物出版社　2016年5月　77页　彩版79幅　16开

西京印迹：大同辽金文物　北京辽金城垣博物馆编　王清林主编　北京联合出版公司　2016年8月　184页　插图27幅　彩版81幅　16开

西夏文物·宁夏编　李进增主编　中华书局、天津古籍出版社　2016年12月　全十二册　总序、概述、凡例66页　目录78页　文、彩版5407页　16开

武威地区西夏遗址调查与研究（西夏文献文物研究丛书）　黎大祥、张振华、黎树科著　社会科学文献

出版社 2016年6月 461页 插图510幅 16开

大元三都 首都博物馆编 科学出版社 2016年7月 224页 插图42幅 彩版194幅 8开

元大都的规划与复原（国家社科基金后期资助项目） 郭超著 中华书局 2016年3月 449页 插图138幅 16开

明器载道：嘉兴博物馆馆藏文物·明墓古器 嘉兴博物馆编 吴海红主编 中华书局 2016年1月 219页 插图3幅 彩版163幅 8开

补 遗

西汉南越国史研究论集（一） 南越王宫博物馆编 全洪主编 译林出版社 2015年10月 206页 插图140幅 16开

黄河中下游地区汉至西晋模型明器研究（河南博物院学术文库） 武玮著 大象出版社 2014年10月 290页 插图33幅 插表16幅 16开

泥土之魂：济源汉代陶器 济源市文物局、济源市博物馆编 胡成芳著 中州古籍出版社 2015年4月 246页 插图24幅 彩版157幅 16开

中兴纪胜：南宋风物观止 浙江省博物馆编 王宣艳主编 中国书店 2015年11月 352页 彩版490幅 8开

肆 考古学专论

一 甲骨卜辞 附：古文字研究

甲骨文与殷商史（新六辑）：罗格斯商代与中国上古文明国际会议论文专辑（中国社会科学院甲骨学殷商史研究中心集刊） 陈光宇、宋镇豪主编 上海古籍出版社 2016年6月 310页 插图163幅 插表5幅 16开

殷墟花园庄东地甲骨（修订本）（考古学专刊，乙种第三十六号） 中国社会科学院考古研究所编著 云南人民出版社 2016年11月 全六册 1938页 插图22幅 彩版38幅 拓本、摹本464幅 照片图版546幅 钻凿图版64幅 8开

重庆三峡博物馆藏甲骨集 宋镇豪、黎小龙主编 上海古籍出版社 2016年11月 前言、序、凡例6页 彩版、拓片、摹本第1—105页 释文、检索表第107—138页 8开

笏之甲骨拓本集（中国社会科学院历史研究所藏甲骨墨拓珍本丛编） 宋镇豪主编 赵鹏编纂 上海古籍出版社 2016年10月 全二册 前言、凡例7页 拓本257页 释文、检索表167页 16开

天壤阁甲骨文存并考释（唐兰著作精选） 唐兰著 刘雨整理 上海古籍出版社 2016年12月 影印本 190页 16开

殷虚文字记（唐兰著作精选） 唐兰著 刘雨整理 上海古籍出版社 2016年12月 影印本 179页 16开

殷虚卜辞后编考释（稿本） 曾毅公编著 文物出版社 2016年8月 168页 16开

甲骨拼合四集 黄天树主编 学苑出版社 2016年8月 目录8页 文、缀合图版558页 16开

殷墟花园庄东地甲骨文类纂 洪飏主编 洪飏、王译然、王丛慧、朱添编纂 福建人民出版社 2016年11月 664页 16开

殷墟胛骨文例 刘影著 首都师范大学出版社 2016年3月 324页 插图87幅 32开

甲骨文与中国上古文明（古学纵横） 龙国富编著 华东师范大学出版社 2016年4月 247页 插图40幅 32开

殷墟甲骨文（中国古文字导读） 王宇信、王绍东著 文物出版社 2016年4月 419页 插图241幅 32开

中国文字（新四十二期） 《中国文字》编辑委员会编 艺文印书馆 2016年3月 285页 16开

古文字研究（第三十一辑） 中国古文字研究会、清华大学出土文献研究与保护中心、中国社会科学院

甲骨学殷商史研究中心、首都师范大学甲骨文研究中心编　中华书局　2016 年 10 月　591 页　16 开

古文字论坛（第二辑）：中山大学古文字学研究室成立六十周年纪念专号　陈伟武主编　中西书局　2016 年 11 月　文 369 页　照片、图版 10 页　16 开

古文字学导论（唐兰著作精选）　唐兰著　上海古籍出版社　2016 年 12 月　放大影印本　464 页　图版 39 幅　16 开

中国古文字学概论（中国社会科学院研究生重点教材）　冯时著　中国社会科学出版社　2016 年 3 月　780 页　插图 136 幅　16 开

孙常叙古文字学论集（孙常叙著作集）　孙常叙著　上海古籍出版社　2016 年 1 月　530 页　16 开

初学编：甲金文论著选读、甲骨选片　姜可瑜编著　山东大学出版社　2016 年 8 月　文 295 页　照片、书迹 14 页　16 开

秦文字通论（秦始皇帝陵博物院学术丛书）　王辉、陈昭容、王伟著　中华书局　2016 年 1 月　598 页　16 开

汉代文字编　徐正考、肖攀编著　作家出版社　2016 年 12 月　全六册　凡例、前言、目录 98 页　文 2347 页　检字表 52 页　16 开

二　青铜器及铭文

商周青铜器铭文暨图像集成续编　吴镇烽编著　上海古籍出版社　2016 年 9 月　全四册　前言、凡例 16 页　目录 26 页　文、图版 2017 页　16 开

新出青铜器研究（增订版）（人民美术名家学术文丛）　李学勤著　人民美术出版社　2016 年 2 月　374 页　插图 81 幅　16 开

陈佩芬青铜器论集　陈佩芬著　丁一民编　中西书局　2016 年 8 月　文 721 页　插图 575 幅　插表 20 幅　照片、图版 8 页　16 开

青铜器与宋代文化史　陈芳妹著　台湾大学出版中心　2016 年 5 月　344 页　16 开

古文字与青铜器论集（第五辑）　张懋镕著　科学出版社　2016 年 12 月　392 页　插图 204 幅　16 开

读懂中国青铜器：文化、形式、功能与图案　［法］戴克成（Christian Deydier）著　杨成耀、杰希嘉译　译林出版社　2016 年 8 月　215 页　彩版、照片 80 幅（组）　32 开　译自 *Understanding Ancient Chinese Bronzes, Their Importance in Chinese Culture, Their Shapes, Functions and Motifs*

中国古代青铜器整理与研究：青铜敦卷　谷朝旭著　科学出版社　2016 年 11 月　序、目录 16 页　文 187 页　插图 147 幅　插表 9 幅　附表 10 幅　16 开

中国古代青铜器整理与研究：青铜簠卷　任雪莉著　科学出版社　2016 年 11 月　序、目录 21 页　文 637 页　插图 92 幅　插表 22 幅　附表 8 幅　16 开

中国古代青铜器整理与研究：青铜罍卷　王宏著　科学出版社　2016 年 11 月　序、前言、目录 22 页　文 312 页　插图 275 幅　插表 3 幅　附表 11 幅　16 开

中国古代青铜器整理与研究：特殊鼎类卷　黄薇著　科学出版社　2016 年 11 月　序、目录 18 页　文 381 页　插图 189 幅　插表 23 幅　附表 6 幅　16 开

中国古代青铜器整理与研究：人兽母题纹饰卷　卢昉著　科学出版社　2016 年 11 月　序、目录 20 页　文 235 页　插图 169 幅　16 开

中国古代青铜器整理与研究：晋南地区卷　刘树满著　科学出版社　2016 年 11 月　序、目录 43 页　文 371 页　插图 641 幅　插表 25 幅　附表 7 幅　16 开

熠熠青铜，光耀四方：秦晋豫冀两周诸侯国青铜文化　赵荣、王建武、陈爱兰、张立方主编　陕西旅游出版社　2016 年 10 月　201 页　彩版 204 幅　16 开

其金孔吉：商周青铜器艺术展（清华大学艺术博物馆开馆展丛书）　清华大学出版社　2016 年 8 月　110 页　16 开

扶风韫珍：扶风县博物馆馆藏青铜器精粹　扶风县博物馆编　西北大学出版社　2016 年 12 月　序、综述 25 页　彩版 185 页（291 幅）　16 开

吉金墨影：南阳出土青铜器全形拓　刘新、刘小磊主编　河南美术出版社　2016 年 5 月　全二册　397 页　16 开

鼎盛中华：中国鼎文化展　河南博物院、良渚博物院编　马东峰、田凯主编　浙江摄影出版社　2016 年 8 月　146 页　插图 46 幅　彩版 82 幅　16 开

鼎与中华文明：鼎与中华文明学术研讨会论文集（河南博物院学术文库）　河南博物院编　田凯主编　大象出版社　2016 年 12 月　330 页　插图 276 幅　插表 10 幅　16 开

商周时期南方青铜器研究（珞珈史学文库）　张昌平著　商务印书馆　2016 年 10 月　339 页　插图 154 幅　插表 13 幅　16 开

皖南商周青铜器研究　安徽省社会科学院、安徽大学历史系编著　陆勤毅、宫希成主编　文物出版社　2016 年 4 月　284 页　插图 504 幅　插表 13 幅　16 开

中原地区两周随葬青铜礼乐器制度研究　杨文胜著　大象出版社　2016 年 5 月　文 354 页　插图 6 幅　插表 78 幅　彩版 14 页　16 开

徐国青铜器群综合研究（中国语言文字研究辑刊）　孔令远著　花木兰文化出版社　2016 年　197 页　16 开

翙翙其羽：商周青铜器凤鸟纹饰　郭梅著　西安出版社　2016 年 4 月　151 页　插图 104 幅　16 开

小校经阁金文拓本　刘体智辑　中华书局　2016 年 8 月　影印本　全十八册　3834 页　4 开

陕西金文集成　陕西省古籍整理办公室、陕西省考古研究院编　张天恩主编　三秦出版社　2016 年 6 月　全十六册　致谢、前言、凡例 12 页　图版、索引 3997 页　彩版、拓本 1965 组　8 开

齐系金文集成：鲁邾卷（两周金文分域全编）　张振谦编著　学苑出版社　2016 年 7 月　全三册　8 开

安徽商周金文汇编　孙合肥著　安徽大学出版社　2016 年 10 月　879 页　图版 447 幅　16 开

西周青铜器铭文分代史徵五卷附一卷（唐兰著作精选）　唐兰著　严志斌整理　上海古籍出版社　2016 年 12 月　全二册　617 页　拓片、器形图 1937 幅　16 开

商金文编　严志斌编著　中国社会科学出版社　2016 年 9 月　613 页　16 开

首阳吉金疏证（商周文明探索丛书）　罗新慧主编　上海古籍出版社　2016 年 3 月　188 页　插图 73 幅　32 开

商周金文姓氏通考　张亚初著　中华书局　2016 年 4 月　291 页　16 开

商周金文族徽选编　胡琦峻、王新春编著　学苑出版社　2016 年 7 月　333 页　16 开

金文历朔研究　叶正渤著　上海古籍出版社　2016 年 11 月　388 页　插图 81 幅　16 开

补　遗

中国古代青铜器整理与研究：青铜壶卷　裴书研著　科学出版社　2015 年 12 月　序、目录 20 页　文 371 页　插图 217 幅　插表 17 幅　附表 5 幅　16 开

长江流域的青铜冶铸（长江文明之旅丛书）　万全文著　长江出版社　2015 年 9 月　149 页　16 开

三　简牍、帛书、文书写本

出土文献（第八辑）　清华大学出土文献与中国古代文明研究中心、清华大学出土文献研究与保护中心编　李学勤主编　中西书局　2016 年 4 月　261 页　插图 40 幅　16 开

出土文献（第九辑）　清华大学出土文献与中国古代文明研究中心、清华大学出土文献研究与保护中心编　李学勤主编　中西书局　2016 年 10 月　文 287 页　插图 25 幅　书影、照片、彩版 4 页　16 开

出土文献综合研究集刊（第三辑）　西南大学出土文献综合研究中心、西南大学汉语言文献研究所主办　邓飞主编　巴蜀书社　2016 年 4 月　296 页　插图 43 幅　16 开

出土文献综合研究集刊（第四辑）　西南大学出土文献综合研究中心、西南大学汉语言文献研究所主办　邓飞主编　巴蜀书社　2016 年 9 月　301 页　插图 104 幅　16 开

出土文献研究（第十五辑）　中国文化遗产研究院编　中西书局　2016 年 7 月　文 472 页　插图 37 幅　彩版 19 页　图版 3 页　16 开

出土文献与中国古代文明：李学勤先生八十年寿诞纪念论文集　清华大学出土文献与中国古代文明研究中心、清华大学出土文献研究与保护中心编　中西书局　2016 年 12 月　文 642 页　插图 159 幅　照片 5 页　16 开

简帛研究（2016，春夏卷）　中国社会科学院简帛研究中心主办　杨振红、邬文玲主编　广西师范大学出版社　2016 年 6 月　370 页　16 开

简帛（第十二辑）　武汉大学简帛研究中心主办　陈伟主编　上海古籍出版社　2016 年 5 月　文 291 页　插图 25 幅　插表 16 幅　图版 2 页　16 开

简帛（第十三辑）　武汉大学简帛研究中心主办　陈伟主编　上海古籍出版社　2016 年 11 月　288 页　16 开

中国简帛学刊（第一辑）　济南大学出土文献与文学研究中心主办　蔡先金、张兵主编　齐鲁书社　2016 年 4 月　261 页　16 开

简牍学研究（第六辑）　西北师范大学历史文化学院、甘肃简牍博物馆、河西学院河西史地与文化研究中心、兰州城市学院简牍研究所编　甘肃人民出版社　2016 年 6 月　文 277 页　图版 8 页　16 开

简帛学档案（中国学术档案大系）　魏德胜编著　武汉大学出版社　2016 年 9 月　681 页　16 开

清华大学藏战国竹简（陆）　清华大学出土文献研究与保护中心编　李学勤主编　中西书局　2016 年 4 月　全二册　241 页　6 开

竹简上的经典：清华简文献展（清华大学艺术博物馆开馆展丛书）　李学勤主编　清华大学出版社　2016 年 8 月　文、彩版 169 页　插图 16 幅　16 开

《清华大学藏战国竹简（壹）》整理研究（博士文库）　刘光胜著　上海古籍出版社　2016 年 9 月　280 页　16 开

清华简与古史甄微　刘成群著　上海古籍出版社　2016 年 12 月　298 页　32 开

清华简《系年》与古史新探（清华简〈系年〉与古史新探研究丛书）　李守奎主编　中西书局　2016 年 12 月　528 页　32 开

岳麓秦简复原研究　［德］陶安（Arnd Helmut Hafner）著　上海古籍出版社　2016 年 2 月　文 422 页　插图 36 幅　插表 46 幅　彩版 22 页　16 开

《秦简牍合集》释文注释修订本（壹、贰）：睡虎地 11 号墓竹简（荆楚文库）　武汉大学简帛研究中心、湖北省博物馆、湖北省文物考古研究所编　彭浩、刘乐贤、晏昌贵、伊强、万全文撰著　武汉大学出版社　2016 年 3 月　全二册　序言 17 页　正文 604 页　16 开

《秦简牍合集》释文注释修订本（叁）：龙岗秦墓简牍、周家台秦墓简牍、岳山秦墓木牍（荆楚文库）　武汉大学简帛研究中心、荆州博物馆、湖北省文物考古研究所编　陈伟主编　李天虹、刘国胜、曹方向、蔡丹、彭锦华撰著　武汉大学出版社　2016 年 3 月　281 页　16 开

《秦简牍合集》释文注释修订本（肆）：放马滩秦墓简牍、郝家坪秦墓木牍（荆楚文库）　武汉大学简帛研究中心、甘肃简牍博物馆、四川省文物考古研究院编　陈伟主编　孙占宇、晏昌贵等撰著　武汉大学出版社　2016 年 3 月　246 页　16 开

里耶秦简博物馆藏秦简　里耶秦简博物馆、出土文献与中国古代文明研究协同创新中心中国人民大学中心编著　张忠炜主编　中西书局　2016 年 6 月　264 页　8 开

破译秦朝：里耶秦简中的帝国真相　秦始皇帝陵博物院编　侯宁彬主编　西安地图出版社　2016 年 9 月　175 页　插图 14 幅　彩版 204 幅　8 开

肩水金关汉简（伍）甘肃简牍博物馆、甘肃省文物考古研究所、甘肃省博物馆、中国文化遗产研究院古文献研究室、中国社会科学院简帛研究中心编　中西书局　2016 年 7 月　全三册　彩版 275 页　红外线图版 275 页　释文 140 页　8 开

居延汉简（叁）（“中央研究院”历史语言研究所专刊之一〇九）　简牍整理小组编　“中研院”历史

语言研究所　2016年10月　图版、释文、资料表314页　8开
居延新简集释（甘肃秦汉简牍集释）　张德芳主编　孙占宇、杨眉、李迎春、马智全、肖从礼、张德芳、韩华著　甘肃文化出版社　2016年6月　全七册　537页　557页　820页　557页　495页　424页　793页　8开
河西简牍综论（酒泉历史文化丛书）　孙占鳌、尹伟先主编　甘肃人民出版社　2016年3月　501页　插图46幅　32开
长沙尚德街东汉简牍　长沙市文物考古研究所编　何佳、罗小华主编　岳麓书社　2016年12月　261页　插图179幅　彩版263幅　图版263幅　8开
嘉禾一井传天下：走马楼吴简的发现保护整理研究与利用　长沙简牍博物馆编　李鄂权主编　岳麓书社　2016年8月　318页　插图293幅　16开
湮没的思想：出土竹简中的禅让传说与理想政制（艾兰文集之五）　［美］艾兰（Sarah Allan）著　蔡雨钱译　商务印书馆　2016年10月　396页　插图17幅　32开　译自 *Buried Ideas: Legends of Abdication and Ideal Government in Early Bamboo-Slip Manuscript, 2015*。
有虞故物：会稽余姚虞氏汉唐出土文献汇释（上林湖丛书）　商略、孙勤忠著　上海古籍出版社　2016年10月　227页　拓图41幅　插图11幅　16开
中国国家图书馆藏敦煌遗书总目录：馆藏目录卷　方广锠、李际宁、黄霞著　中国人民大学出版社　2016年3月　全八册　9412页　16开
敦煌遗书（中华文化研究小丛书）　郝春文著　漓江出版社　2016年2月　128页　插图40幅　32开
敦煌吐鲁番文书研究（浙江学者丝路敦煌学术书系）　朱雷著　浙江大学出版社　2016年4月　391页　32开
补　遗
岳麓书院藏秦简（肆）　朱汉民、陈松长主编　上海辞书出版社　2015年12月　全二册　318页　附放大本　8开
出土简牍与秦汉社会续编（简帛研究文库）　杨振红著　广西师范大学出版社　2015年12月　330页　32开

四　古代碑刻、墓志

碑林集刊（第二十二辑）　西安碑林博物馆编　三秦出版社　2016年12月　292页　插图86幅　16开
苏州碑刻博物馆三十周年纪念文集　苏州碑刻博物馆编　西泠印社出版社　2016年9月　245页　16开
秦岭碑刻的田野调查与价值研究　吴敏霞等著　科学出版社　2016年6月　前言、目录10页　文387页　16开
近十年高句丽碑志研究新收获　祝立业主编　中国社会科学出版社　2016年5月　文326页　图版11页　16开
字砖研究（第一辑）　宫长为、朱明岐主编　上海三联书店　2016年3月　81页　16开
契丹寻踪：我的拓碑之路　刘凤翥著　商务印书馆　2016年8月　文376页　插图101幅　照片8页　16开
峄山碑刻集（邹鲁文化丛书）　王川编著　齐鲁书社　2016年12月　序、目录10页　文356页　插图91幅　32开
佛教新出碑志集萃（中国佛学经典宝藏）　丁明夷著　东方出版社　2016年8月　348页　32开
山西省艺术博物馆馆藏碑志集萃　张建华、刘国华编著　山西经济出版社　2016年11月　102页　拓片62幅　图版19幅　8开
西安新获墓志集萃　西安市文物稽查队编　文物出版社　2016年2月　338页　图版152组　8开
墨香阁藏北朝墓志　叶炜、刘秀峰主编　上海古籍出版社　2016年10月　300页　图版159幅　8开
新出魏晋南北朝墓志疏证（修订本）　罗新、叶炜著　中华书局　2016年5月　590页　16开

长安高阳原新出隋唐墓志　陕西省考古研究院编　李明、刘呆运、李举纲主编　文物出版社　2016 年 9 月　295 页　拓本图版 112 幅　彩版 156 幅　8 开

宋代墓志辑释　郭茂育、刘继保编著　中州古籍出版社　2016 年 2 月　519 页　图版 226 幅　8 开

中国佛教石经：四川省（第三卷）：卧佛院 C 区　北京大学考古文博学院、成都市文物考古研究所、四川省文物考古研究院、安岳县文物管理局、德国海德堡科学院编　温狄娅（Claudia Wenzel）、孙华主编　中国美术学院出版社　2016 年 12 月　文、彩版、拓片 486 页　插图 41 幅　8 开

新日下访碑录：大兴卷、通州卷、顺义卷（北京石刻艺术博物馆石刻文化系列丛书）　北京石刻艺术博物馆编著　北京燕山出版社　2016 年 1 月　514 页　16 开

鲁迅藏拓本全集：砖文卷　北京鲁迅博物馆编　西泠印社出版社　2016 年 1 月　全二册　329 页　317 页　8 开

补　遗

新日下访碑录：石景山卷、门头沟卷（北京石刻艺术博物馆石刻文化系列丛书）　北京石刻艺术博物馆编　北京燕山出版社　2015 年 12 月　646 页　16 开

五　古代玉器

丝绸之路与玉文化研究（中国玉文化研究辑丛）　中国文物学会玉器专业委员会编　故宫出版社　2016 年 9 月　文 355 页　插图 313 幅　彩版 7 页　16 开

玉魂国魄：中国古代玉器与传统文化学术研讨会论文集（七）　杨晶、陶豫主编　浙江古籍出版社　2016 年 12 月　463 页　插图 555 幅　16 开

中国玉器时代与玉文化　汪久文编著　科学出版社　2016 年 11 月　314 页　插图 790 幅　16 开

中国古代玉器鉴定（学术故宫）　杨伯达著　故宫出版社　2016 年 1 月　文 734 页　插图 270 幅　彩版 38 页　16 开

中国史前玉器史（学术故宫）　杨伯达著　故宫出版社　2016 年 1 月　文 687 页　插图 1171 幅　彩版 40 页　16 开

玉论　穆朝娜著　科学出版社　2016 年 1 月　330 页　插图 302 幅　16 开

玉器的故事　王亚民、秦伟著　故宫出版社　2016 年 12 月　全二册　419 页　插图 304 幅　16 开

加拿大皇家安大略博物馆藏中国古代玉器（海外博物馆藏中国玉器图集之一）　沈辰、古方主编　文物出版社　2016 年 10 月　391 页　插图 21 幅　彩版 291 幅　16 开

王后·母亲·女将：纪念殷墟妇好墓考古发掘四十周年：玉器篇　中国社会科学院考古研究所、北京艺术博物馆、首都博物馆、河南博物院编著　朱乃诚主编　科学出版社　2016 年 5 月　364 页　彩版 311 幅　插图 161 幅　16 开

妇好墓玉器（广东省博物馆展览系列丛书）　中国社会科学院考古研究所、广东省博物馆编　朱乃诚主编岭南美术出版社　2016 年 12 月　379 页　插图 157 幅　彩版 743 幅　16 开

龙飞凤舞：徐州汉代楚王墓出土玉器（中华文明之旅系列）　北京艺术博物馆、徐州博物馆编著　韩战明、孟强主编　北京美术摄影出版社　2016 年 12 月　219 页　插图 177 幅　彩版 88 幅　16 开

玲珑剔透：陕西古代玉器（考古陕西）　杨岐黄、刘思哲、张伟、耿庆刚著　陕西人民出版社　2016 年 12 月　306 页　插图 368 幅　16 开

明月照琼琚：宝鸡青铜器博物院玉器精粹　宝鸡青铜器博物院编著　三秦出版社　2016 年 12 月　181 页　彩版 157 幅　16 开

六　古代货币

中国历代货币大系（第十二卷）：钱币学与货币文化　马飞海、叶世昌、王炜、傅为群主编　上海人民出版社　2016 年 12 月　文、钱拓 804 页　插图 181 幅　钱拓 4488 幅　彩版 20 页　8 开

中国钱币论文集（第六辑）　中国钱币学会编　中国金融出版社　2016 年 9 月　文 475 页　插图 244

幅　插表 33 幅　彩版 5 页　16 开

钱币史话（中国史话：经济系列）　王永生著　社会科学文献出版社　2016 年 7 月　316 页　插图 150 幅　32 开

古钱极品（中国钱币丛书，乙种本之八）　霍宏伟著　中华书局　2016 年 7 月　289 页　插图 209 幅　32 开

戎刀燕币：尖首刀币起源的故事　北京市古代钱币展览馆编　北京联合出版公司　2016 年 9 月　53 页　插图 28 幅　16 开

戎刀燕币：尖首刀币溯源　北京市古代钱币展览馆编　王培伍、顾莹主编　北京联合出版公司　2016 年 12 月　179 页　插图 21 幅　彩版 76 幅　拓本 7 幅　16 开

七　玺印、封泥

十六金符斋藏汉印遗珍　吴大澂、吴湖帆旧藏　上海书画出版社编　上海书画出版社　2016 年 7 月　97 页　彩版 45 组　16 开

八　铜镜

故宫博物院藏精品选：铜镜　故宫博物院、周口店北京人遗址博物馆编　故宫出版社　2016 年 9 月　227 页　彩版、拓片 106 组　8 开

九　古代兵器

金戈铁马：陕西古代兵器（考古陕西）　丁岩、李彦峰、王东著　陕西人民出版社　2016 年 12 月　239 页　插图 175 幅　16 开

伍　美术考古

一　通论

西域美术全集　金维诺、谢继胜主编　天津人民美术出版社、新疆文化出版社　2016 年 6 月　全十二册　导言 33 页　目录 114 页　专论 479 页　插图 506 幅　彩版 3240 页　编后记 6 页　16 开　子目：一、岩画卷（李贵春主编），二、绘画卷（周菁葆、孙大卫主编），三、雕塑卷（阮荣春主编），四、工艺美术卷（孙大卫主编），五、服饰卷（徐红、陈龙、殷福兰主编），六、建筑卷（孙大卫主编），七～九、龟兹卷·克孜尔石窟壁画（赵莉主编），十、龟兹卷·库木吐喇石窟壁画（赵莉主编），十一、龟兹卷·森木塞姆、克孜尔尕哈等石窟壁画（赵莉主编），十二、高昌石窟壁画卷（谢继胜主编）

艺术史研究（第十八辑）　中山大学艺术史研究中心编　李清泉主编　中山大学出版社　2016 年 12 月　515 页　插图 521 幅　插表 23 幅　16 开

镜花水月：中国古代美术考古与佛教艺术的探讨　颜娟英著　石头出版公司　2016 年 9 月　436 页　插图 216 幅　彩版 18 幅　16 开

艺术史中的汉晋与唐宋之变　颜娟英、石守谦主编　北京大学出版社　2016 年 9 月　文 432 页　插图 270 幅　彩版 12 页　16 开

神圣图像：李凇中国美术史文集　李凇著　人民出版社　2016 年 3 月　文 498 页　插图 221 幅　彩版 5 页　16 开

万变：李零考古艺术史文集　李零著　生活·读书·新知三联书店　2016 年 10 月　479 页　插图 420 幅　16 开

艺术考古学　孙长初著　重庆大学出版社　2016 年 6 月　264 页　插图 163 幅　32 开

陕西汉唐墓葬美术研究　范淑英主编　中国社会科学出版社　2016 年 12 月　348 页　插图 228 幅　16 开

中国汉画研究（第五卷）　中国汉画学会、北京大学汉画研究所编　广西师范大学出版社　2016 年 10 月　文 407 页　插图 450 幅　彩版 17 页　16 开

汉画像的象征世界　朱存明著　里仁书局　2016 年 11 月　文 391 页　插图 84 幅　彩版 32 页　25 开

中国巴蜀新发现汉代画像砖　高文主编　四川美术出版社　2016 年 1 月　350 页　插图 526 幅　16 开

四川汉代画像砖的文化解读　陈志学、徐琳著　巴蜀书社　2016 年 1 月　序、前言、目录 14 页　文 182 页　插图 104 幅　32 开

汉魏六朝列女图像研究（四川大学一流学科建设专项经费资助优秀青年学术著作丛书）　陈长虹著　科学出版社　2016 年 7 月　序、目录 15 页　文 332 页　插图 261 幅　16 开

南朝真迹：南京新出南朝砖印壁画墓与砖文精选　南京市博物馆总馆、南京市考古研究所编著　祁海宁主编　江苏凤凰美术出版社　2016 年 2 月　592 页　插图 140 幅　拓片 493 幅　16 开

天国之享：襄阳南朝画像砖艺术　襄阳市博物馆、襄阳市文物考古研究所、谷城县博物馆编　王先福、张靖主编　科学出版社　2016 年 7 月　164 页　插图 11 幅　彩版 126 幅　16 开

淮北市汉代画像石图录　淮北市文化旅游体育委员会编　朱永德主编　黄山书社　2016 年 12 月　214 页　插图 34 幅　彩版、拓本 81 组　16 开

汉代画像与汉代社会　宋艳萍著　福建人民出版社　2016 年 8 月　323 页　插图 176 幅　16 开

汉画像的叙述：汉画像的图像叙事学研究（深圳学派建设丛书）　李立著　中国社会科学出版社　2016 年 7 月　338 页　插图 234 幅　插表 34 幅　16 开

砖画青史：洛阳古代艺术博物馆藏宋金雕砖　朱世伟、徐婵菲主编　河南美术出版社　2016 年 9 月　190 页　插图 93 幅　彩版 177 幅　16 开

补　遗

图像的表征：中国汉画学会第十五届年会论文集　中国汉画学会主办　朱存明主编　人民美术出版社　2015 年 10 月　594 页　16 开

粟特美术在丝绸之路上的东传　郭萍著　四川大学出版社　2015 年 10 月　375 页　32 开

二　古代雕塑

极简中国古代雕塑史　贺西林著　人民美术出版社　2016 年 6 月　164 页　插图 214 幅　32 开

金石之躯寓慈悲：美国佛利尔美术馆藏中国佛教雕塑（著录篇）　常青著　文物出版社　2016 年 8 月　320 页　彩版 354 幅　16 开

金石之躯寓慈悲：美国佛利尔美术馆藏中国佛教雕塑（研究篇）　常青著　文物出版社　2016 年 8 月　263 页　彩版、照片、线图 251 幅　16 开

梵天东土，并蒂莲华：公元 400 ~ 700 年印度与中国雕塑艺术/*Across the Silk Road, Gupta Sculptures and their Chinese Counterparts during 400 – 700 A. D.*　故宫博物院、福建博物院、浙江博物馆、四川博物院编　故宫出版社　2016 年 9 月　全二册　中文版 545 页　插图 56 幅　彩版 249 幅　地图 4 幅　英文版 198 页　图例 249 幅　插图 56 幅　地图 4 幅　8 开

陕西史前陶塑艺术　张耀著　中国文史出版社　2016 年 1 月　173 页　插图 43 幅　16 开

汉代陵墓石兽研究（考古新视野丛书）　秦臻著　文物出版社　2016 年 5 月　314 页　插图 224 幅　插表 10 幅　32 开

巴蜀汉代陶塑　雷臻编著　重庆大学出版社　2016 年 7 月　177 页　插图 55 幅　彩版 157 幅　12 开

永远的北朝：深圳博物馆北朝石刻艺术展　赵超、吴强华主编　文物出版社　2016 年 8 月　285 页　插图 45 幅　彩版 100 幅　16 开

昭陵博物馆陶俑珍品集　昭陵博物馆编　张志攀、李浪涛主编　北京联合出版公司　2016 年 8 月　全五册　765 页　彩版 380 幅　16 开

中国南北朝时期佛教造像背光研究　金建荣著　东南大学出版社　2016 年 12 月　317 页　插图 406 幅　插表 45 幅　16 开

破碎与聚合：青州龙兴寺佛教造像　范迪安主编　河北美术出版社　2016 年 9 月　172 页　插图 24 幅　彩版 48 幅（组）　16 开

东去西来：11～14 世纪藏传金铜佛像精品展　熊文彬主编　文物出版社　2016 年 3 月　157 页　彩版 39 组　16 开

晋南唐宋元寺观彩塑样式研究（西安美术学院优秀博士文丛）　魏小杰著　文物出版社　2016 年 12 月　文 197 页　插图 175 幅　插表 14 幅　彩版 12 页　16 开

中原北方早期弥勒造像艺术研究　刘慧著　上海三联书店　2016 年 12 月　337 页　插图 171 幅　插表 58 幅　16 开

洛阳古代石刻艺术：陵墓卷　陈长安主编　中州古籍出版社　2016 年 6 月　546 页　插图 454 幅　16 开

雕刻时光：陕西古代石刻（考古陕西）　田有前著　陕西人民出版社　2016 年 12 月　312 页　插图 203 幅　16 开

泸县宋代墓葬石刻艺术（巴蜀濒危文化遗产研究丛书）　肖卫东、陈凤贵、郑轶等著　四川民族出版社　2016 年 3 月　486 页　彩版 429 幅　16 开

泸州市博物馆藏宋墓石刻精品　泸州市博物馆编　任晓波、霍巍主编　中华书局　2016 年 8 月　240 页　插图 130 幅　彩版 172 幅（组）　8 开

敦煌古代石刻艺术　吴军、刘艳燕著　甘肃人民出版社　2016 年 7 月　文 283 页　插图 46 幅　彩版 6 页　16 开

补　遗

佛陀形影：院藏亚洲佛教艺术之美　李玉珉、钟子寅主编　（台北）故宫博物院　2015 年 11 月　319 页　插图 56 幅　彩版 100 组　16 开

三　石窟寺

石窟寺研究（第六辑）　中国古迹遗址保护协会石窟专业委员会、龙门石窟研究院编　孙英民主编　科学出版社　2016 年 1 月　文 448 页　插图 592 幅　插表 15 幅　彩版 4 页　16 开

云岗石窟（第二期，卷八～卷十六）　［日］水野清一、［日］长广敏雄著　中国社会科学院考古研究所编译　科学出版社　2016 年 1 月　全九函十八册　目录 116 页　文 1030 页　拓本 55 幅　实测图 53 幅　彩版 813 页　索引 183 页　8 开

延安石窟菁华　延安市文物研究所编著　陕西人民出版社　2016 年 11 月　404 页　16 开

2014 敦煌论坛：敦煌石窟研究国际学术研讨会论文集（敦煌研究院学术文库）　敦煌研究院编　甘肃教育出版社　2016 年 12 月　全二册　1462 页　16 开

敦煌艺术入门十讲　杨琪著　生活·读书·新知三联书店　2016 年 6 月　251 页　插图 178 幅　16 开

敦煌石窟彩塑艺术概论（敦煌与丝绸之路石窟艺术丛书）　郑炳林、张景峰著　甘肃教育出版社　2016 年 10 月　460 页　插图 333 幅　16 开

敦煌石窟考古与艺术研究文集（敦煌学研究文库）　张景峰著　民族出版社　2016 年 11 月　448 页　插图 159 幅　插表 18 幅　32 开

榆林窟第 25 窟：敦煌图像中的唐蕃关系（敦煌与丝绸之路丛书）　沙武田著　商务印书馆　2016 年 7 月　276 页　插图 147 幅　16 开

敦煌佛影：敦煌北朝佛教艺术面面观　胡同庆、王义芝著　甘肃人民美术出版社　2016 年 9 月　203 页　插图 217 幅　16 开

敦煌十六国至隋石窟艺术（敦煌与丝绸之路石窟艺术丛书）　顾淑彦著　甘肃教育出版社　2016 年 10 月　503 页　插图 545 幅　16 开

敦煌莫高窟第 100 窟研究（敦煌与丝绸之路石窟艺术丛书）　米德昉著　甘肃教育出版社　2016 年 10

月　398页　插图123幅　16开

敦煌莫高窟第454窟研究（敦煌与丝绸之路石窟艺术丛书）　郭俊叶著　甘肃教育出版社　2016年10月695页　插图188幅　插表10幅　16开

文殊堂：曹元忠时代佛教文化与视觉形象个案研究（敦煌与丝绸之路石窟艺术丛书）　邹清泉著　甘肃教育出版社　2016年10月　280页　插图69幅　插表12幅　16开

石窟艺术研究（第一辑）　麦积山石窟艺术研究所编　李天铭、孙晓峰主编　文物出版社　2016年9月　文395页　插图398幅　彩版4页　16开

天水麦积山第127窟研究（敦煌与丝绸之路石窟艺术丛书）　孙晓峰著　甘肃教育出版社　2016年10月　496页　插图176幅　16开

河西北朝石窟（丝路石窟艺术研究丛刊）　张宝玺著　上海古籍出版社　2016年11月　文225页　插图165幅　彩版130页　16开

须弥山石窟志　须弥山石窟文物管理所编　王玺、代学明主编　阳光出版社　2016年1月　499页　16开

须弥山石窟研究　代学明主编　宁夏人民出版社　2016年9月　文375页　插图94幅　彩版8页　16开

铁痕石印：张鲁章文物工作笔记　甘肃北石窟寺文物保护研究所编著　甘肃人民出版社　2016年1月　384页　16开

龟兹石窟与佛教历史（《新疆通史》研究丛书）　霍旭初、赵莉、彭杰、苗利辉著　新疆人民出版社　2016年7月　文549页　插图452幅　彩版96页　16开

川北佛教石窟和摩崖造像研究（敦煌与丝绸之路石窟艺术丛书）　雷玉华、罗春晓、王剑平著　甘肃教育出版社　2016年10月　437页　插图122幅　16开

四川安岳卧佛院石窟刻经研究　邓星亮著　巴蜀书社　2016年1月　347页　插图81幅　32开

大足学刊（第一辑）　大足石刻研究院、四川美术学院大足学研究中心编　黎方银主编　重庆出版社　2016年11月　269页　16开

2014年大足学国际学术研讨会论文集　大足石刻研究院编　黎方银主编　重庆出版社　2016年11月　586页　16开

佛像、图像与遗产：美术考古与大足学研究（大足学研究文丛·大足学讲堂）　秦臻主编　重庆大学出版社　2016年6月　248页　插图597幅　16开

田野、实践与方法：美术考古与大足学研究（大足学研究文丛）　秦臻主编　重庆大学出版社　2016年6月　247页　插图167幅　插表19幅　16开

千佛崖　广元市千佛崖石窟艺术博物馆编　四川美术出版社　2016年10月　128页　彩版、图版149幅　8开

重走梁思成之路：西湖石窟佛影今昔（丝路旧影）　何鸿著　中国美术学院出版社　2016年7月　231页　图版150幅（组）　8开

补　遗

药王山摩崖造像考古报告　铜川市考古研究所、西安美术学院中国艺术与考古研究所编著　于春、陈晓捷著　三秦出版社　2015年11月　文162页　插图125幅　彩版64页　16开

四　古代建筑

中国古代建筑概说（大家小书）　傅熹年著　北京出版社　2016年2月　232页　插图75幅　32开

中国古建筑时代特征举要　杨焕成著　文物出版社　2016年11月　文415页　插图403幅　彩版16页　16开

华彩未央：陕西古代宫殿（考古陕西）　耿庆刚、孙战伟、耿朔著　陕西人民出版社　2016年12月　230页　插图134幅　16开

中国汉传佛教建筑史：佛寺的建造、分布与寺院格局、建筑类型及其变迁 王贵祥著 清华大学出版社 2016年5月 全三册 序、目录18页 文2228页 插图950幅 插表65幅 16开

西夏建筑研究（西夏文献文物研究丛书） 陈育宁、汤晓芳、雷润泽著 社会科学文献出版社 2016年3月 文389页 插图354幅 插表30幅 彩版16页 16开

应县木塔保护研究 中国文化遗产研究院编 侯卫东主编 王林安、永昕群编著 文物出版社 2016年8月 435页 插图553幅 插表106幅 16开

山西万荣稷王庙建筑考古研究（中国古代建筑精细测绘与营造技术研究丛书） 徐怡涛、徐新云、彭明浩、俞莉娜、张梦遥著 东南大学出版社 2016年3月 209页 插图127幅 插表53幅 测绘图142幅 16开

上海市明清海防遗址调查报告（上海文化遗产保护研究丛书） 上海市文物保护研究中心、上海大学文学院编著 褚晓波、郭红主编 上海大学出版社 2016年11月 173页 插图182幅 16开

椽头乾坤：陕西古代瓦当（考古陕西） 田亚岐、孙周勇著 陕西人民出版社 2016年12月 288页 插图230幅 16开

五 陶瓷与窑址

故宫博物院藏中国古代窑址标本：福建 故宫博物院编 冯小琦主编 故宫出版社 2016年3月 全三册 1497页 彩版1977幅 16开

故宫博物院藏中国古代窑址标本：广西 故宫博物院编 冯小琦主编 故宫出版社 2016年6月 478页 彩版632幅 16开

定窑瓷器 故宫博物院编 吕成龙主编 故宫出版社 2016年7月 320页 彩版148组 12开

钧窑瓷器 故宫博物院编 吕成龙主编 故宫出版社 2016年8月 317页 插图15幅 彩版154组 12开

故宫博物院八十八华诞钧窑学术研讨会论文集 故宫博物院陶瓷研究所编 吕成龙主编 故宫出版社 2016年6月 全二册 446页 插图407幅 16开

故宫博物院藏德化窑瓷器 故宫博物院编 黄卫文主编 故宫出版社 2016年10月 全二册 651页 彩版303幅 12开

官窑瓷器 故宫博物院编 吕成龙主编 故宫出版社 2016年11月 309页 彩版165幅 12开

贵似晨星：清宫传世12至14世纪青瓷特展 余佩瑾主编 （台北）故宫博物院 2016年5月 351页 彩版 16开

故宫博物院藏元代瓷器 故宫博物院编 黄卫文主编 故宫出版社 2016年4月 全二册 653页 彩版300组 12开

釉色与纹饰：明代青花瓷 廖宝秀主编 （台北）故宫博物院 2016年10月 319页 彩版81组 16开

蓝白辉映：院藏明代青花瓷展 蔡玫芬、翁宇雯主编 （台北）故宫博物院 2016年 343页 彩版 16开

中国国家博物馆藏古代瓷器（中国国家博物馆古代艺术系列丛书） 吕章申主编 安徽美术出版社 2016年6月 288页 插图27幅 彩版146幅 8开

上海博物馆藏中国古代瓷器珍品：10～19世纪（中华文明系列，Ⅳ） 上海博物馆编 杨志刚主编 上海书画出版社 2016年5月 197页 插图9幅 彩版72幅 16开

海外遗珍：陶瓷 叶佩兰主编 北京大学出版社 2016年6月 全四册 1272页 彩版755幅 16开

纪念刘新园先生文稿 景德镇市陶瓷考古研究所编 江建新主编 文物出版社 2016年9月 文214页 插图55幅 照片12页 16开

古瓷笔诠 李刚著 中国书店 2016年9月 282页 插图95幅 32开

印纹硬陶与原始瓷研究（中国古陶瓷研究辑丛） 中国古陶瓷学会编 王亚民、王莉英主编 故宫出版

社　2016年11月　文292页　插图342幅　彩版7页　16开

泥火幻彩：唐两京三彩精华展　陕西历史博物馆编　三秦出版社　2016年3月　172页　彩版160幅　8开

最是橙黄橘绿时：洛阳唐三彩文物精粹　宝鸡青铜器博物院、洛阳博物馆编著　陈亮主编　三秦出版社　2016年7月　108页　插图23幅　彩版80幅　16开

盛唐瑰宝：洛阳唐三彩精品展图录　大同市博物馆、洛阳博物馆编　江西高校出版社　2016年6月　52页　彩版46幅　16开

泥火幻彩：陕西古代瓷器（考古陕西）　魏女、王小蒙著　陕西人民出版社　2016年12月　300页　插图116幅　插表4幅　16开

华瓷吉彩：黄骅市海丰镇遗址出土文物（吉林大学边疆考古研究中心系列图集）　吉林大学边疆考古研究中心、河北省文物研究所、黄骅市博物馆编著　冯恩学、张宝刚、王会民主编　科学出版社　2016年12月　前言、目录5页　彩版147页　16开

萦青缭白：安阳隋唐墓瓷器（历史文物陈列馆丛书）　陈佳翎著　“中研院”历史语言研究所　2016年10月　95页　彩版45幅　16开

江西宋代纪年墓与纪年青白瓷　江西省博物馆编著　文物出版社　2016年12月　310页　插图528幅　16开

明代成化御窑瓷器：景德镇御窑遗址出土与故宫博物院藏传世瓷器对比　故宫博物院、景德镇市陶瓷考古研究所编　吕成龙、江建新主编　故宫出版社　2016年10月　全二册　725页　插图44幅　彩版310组　12开

明清御窑瓷器：故宫博物院与景德镇陶瓷考古新成果　故宫博物院、景德镇市陶瓷考古研究所编　单莹莹、江小民主编　故宫出版社　2016年10月　409页　插图144幅　彩版169组　12开

陶烟五色永乐瓷：景德镇御窑出土永乐瓷特展　厦门市博物馆、景德镇御窑博物馆编　张仲淳主编　福建科学技术出版社　2016年　238页　彩版　16开

中国长沙窑（中国古瓷窑大系）　北京艺术博物馆编　李建毛、韩战明主编　中国华侨出版社　2016年7月　47页，371页　12开

发现邢窑：邢窑陶瓷特展（西汉南越王墓博物馆专题展览）　西汉南越王墓博物馆、邢台市文物管理处、邢台市邢窑研究所、临城县邢窑博物馆编　吴凌云、张志忠、王维一主编　广东人民出版社　2016年5月　150页　彩版122幅　16开

邢窑（中国古代名窑系列丛书）　张志忠著　江西美术出版社　2016年5月　139页　插图60幅　彩版79幅　16开

定窑（中国古代名窑系列丛书）　王莉英、穆青、耿琪、穆俏言著　江西美术出版社　2016年5月　142页　插图88幅　彩版60幅　16开

磁州窑（中国古代名窑系列丛书）　王建中著　江西美术出版社　2016年5月　138页　插图69幅　彩版68幅　16开

汝窑（中国古代名窑系列丛书）　孙新民、郭木森著　江西美术出版社　2016年5月　119页　插图117幅　彩版29幅　16开

钧窑（中国古代名窑系列丛书）　赵文斌、赵青云著　江西美术出版社　2016年5月　134页　插图72幅　彩版25幅　16开

湖田窑（中国古代名窑系列丛书）　彭涛、彭适凡著　江西美术出版社　2016年5月　151页　插图63幅　彩版36幅　16开

景德镇明清官窑（中国古代名窑系列丛书）　李一平、李子嵬著　江西美术出版社　2016年5月　234页　插图369幅　彩版67幅　16开

吉州窑（中国古代名窑系列丛书）　余家栋、刘杨著　江西美术出版社　2016年5月　142页　插图47幅　彩版96幅　16开

越窑（中国古代名窑系列丛书） 任世龙、谢继龙著 江西美术出版社 2016年5月 162页 插图209幅 彩版55幅 16开

龙泉窑（中国古代名窑系列丛书） 任世龙、汤苏婴著 江西美术出版社 2016年5月 183页 插图49幅 彩版120幅 16开

南宋官窑（中国古代名窑系列丛书） 杜正贤、周少华著 江西美术出版社 2016年5月 123页 插图65幅 彩版15幅 16开

长沙窑（中国古代名窑系列丛书） 周世荣著 江西美术出版社 2016年5月 197页 插图135幅 彩版82幅 16开

洪州窑（中国古代名窑系列丛书） 赖金明、张文江著 江西美术出版社 2016年5月 186页 插图301幅 彩版30幅 16开

建窑（中国古代名窑系列丛书） 叶文程、林忠淦著 江西美术出版社 2016年5月 141页 插图77幅 彩版55幅 16开

德化窑（中国古代名窑系列丛书） 叶文程、林忠淦、陈建中著 江西美术出版社 2016年5月 187页 插图58幅 彩版103幅 16开

宜兴窑（中国古代名窑系列丛书） 张浦生、王健华、霍华、黄兴南著 江西美术出版社 2016年5月 215页 插图309幅 彩版28幅 16开

宋代五大名窑科学技术国际学术讨论会论文集 史宁昌、苗建民主编 科学出版社 2016年9月 480页 插图358幅 插表90幅 16开

杭州市萧山区第一次全国可移动文物普查成果：陶瓷卷 杭州市萧山区第一次全国可移动文物普查办公室编 文物出版社 2016年12月 149页 16开

浴火重生：衢州古陶瓷 柴福有著 商务印书馆 2016年1月 452页 16开

沉船、瓷器与海上丝绸之路（海上丝绸之路与中国海洋强国战略丛书） 刘淼、胡舒扬著 社会科学文献出版社 2016年12月 337页 插图159幅 16开

福建陶瓷与海上丝绸之路：中国古陶瓷学会福建会员大会暨研讨会论文集 厦门市博物馆、泉州市博物馆编 栗建安主编 东北师范大学出版社 2016年12月 文360页 插图377幅 彩版8页 16开

厦门陶瓷之路（厦门社会科学丛书） 郑东著 海峡文艺出版社 2016年2月 177页 插图251幅 16开

华安东溪窑学术研究论文集 福建省华安县人民政府编 林艺谋主编 文物出版社 2016年5月 306页 插图281幅 16开

华安东溪窑史话（中国海丝文化·漳州篇） 林艺谋著 福建人民出版社 2016年12月 文238页 插图196幅 地图9页 16开

明清时期南靖东溪窑与对外贸易（中国海丝文化·漳州篇） 政协南靖县委员会编著 福建人民出版社 2016年1月 215页 插图219幅 16开

从花山溪走向海上丝绸之路（中国海丝文化·漳州篇） 杨征著 福建人民出版社 2016年12月 106页 插图228幅 16开

玄之妙：福建宋元黑釉瓷 福建省文物局、福建省文物鉴定中心编 王永平主编 福建美术出版社 2016年12月 256页 插图34幅 彩版214幅 16开

斯里兰卡与古代中国的文化交流：以出土中国陶瓷器为中心的研究（海上丝绸之路研究丛书） （斯里兰卡） 贾兴和著 中山大学出版社 2016年10月 175页 插图70幅 插表14幅 16开

"华光礁Ⅰ号"出水陶瓷器的保护与修复 包春磊、贾世杰著 海南出版社 2016年11月 314页 插图133幅 16开

补 遗

四川地方窑研究论文选 四川博物院编 魏学峰、张天琚主编 巴蜀书社 2015年10月 523页 图

版、彩版 920 幅　16 开

尚青：高丽青瓷特展　余佩瑾、王明彦主编　（台北）故宫博物院　2015 年 11 月　375 页　插图 28 幅　彩版 187 组　16 开

琼姿玉骨：明清德化白瓷精品展（浙江省博物馆名窑名瓷系列特展之一）　浙江省博物馆编　汤苏婴主编　文物出版社　2014 年 9 月　115 页　插图 26 幅　彩版 76 幅　16 开

盛世风华：大清康熙御窑瓷（首都博物馆书库）　故宫博物院、首都博物馆编　北京出版社　2015 年 7 月　217 页　彩版 100 幅　16 开

六　古代绘画

汉代绘画形态中的循环因素研究（西安美术学院优秀博士文丛）　王伟著　文物出版社　2016 年 12 月　文 206 页　插图 135 幅　彩版 12 页　32 开

敦煌藏经洞出土绘画品研究史（敦煌与丝绸之路石窟艺术丛书）　袁婷著　甘肃教育出版社　2016 年 10 月　411 页　16 开

中意合作古代壁画保护与研究学术研讨会论文集　陕西历史博物馆编　罗文利、成建正主编　文物出版社　2016 年 1 月　401 页　插图 290 幅　16 开

2014 陕西历史博物馆壁画论坛："全球视野下中国古代壁画保护研究"国际学术研讨会论文集　陕西历史博物馆编　强跃主编　三秦出版社　2016 年 5 月　210 页　插图 163 幅　插表 12 幅　16 开

万古丹青：陕西古代壁画（考古陕西）　李明、胡春勃著　陕西人民出版社　2016 年 12 月　169 页　插图 123 幅　16 开

唐韵胡风：唐墓壁画中的外来文化因素及其反映的民族关系　程旭著　文物出版社　2016 年 5 月　323 页　插图 190 幅　16 开

丝路画语：唐墓壁画中的丝路文化　程旭著　陕西人民出版社　2016 年 6 月　290 页　插图 164 幅　16 开

地下画廊：嘉峪关魏晋砖壁画　胡杨、许瑾著　甘肃人民出版社　2016 年 7 月　231 页　彩版 148 幅　16 开

嘉峪关新城魏晋墓砖壁画保护研究　张晓东、王春梅编著　甘肃文化出版社　2016 年 6 月　124 页　插图 108 幅　32 开

北方草原古代壁画珍品　鄂尔多斯市博物馆编　王志浩、窦志斌主编　三秦出版社　2016 年　274 页　8 开

四川佛寺壁画艺术　曾繁森著　四川美术出版社　2016 年 1 月　222 页　插图 221 幅　16 开

元代壁画神仙赴会图（第二版）（培文・艺术史）　景安宁著　北京大学出版社　2016 年 7 月　269 页　插图、彩版 91 幅　16 开

中国古代物质文化史：绘画，寺观壁画（下）：明清　王中旭著　开明出版社　2016 年 9 月　322 页　插图 318 幅　16 开

岩画百年（1915～2015）　陈兆复主编　中州古籍出版社　2016 年 3 月　260 页　插图 176 幅　16 开

岩画研究（2015）：中国岩画青年论坛　中国岩画研究中心、宁夏岩画研究中心编　宁夏人民出版社　2016 年 4 月　523 页　16 开

嘉峪关黑山岩画图录　嘉峪关长城博物馆编著　张晓东、牛海鹏主编　甘肃文化出版社　2016 年 6 月　文、目录 10 页　彩版 124 页　16 开

贵州贞丰红岩岩画研究　牟孝梅著　宁夏人民出版社　2016 年 5 月　240 页　插图 224 幅　16 开

临沧岩画　临沧市文体广电和新闻出版局、临沧市文物管理所编　马娟主编　云南美术出版社　2016 年 1 月　200 页　12 开

补　遗

左江花山岩画研究报告集（左江文库，第一种）　广西壮族自治区文化厅、广西壮族自治区文物局编

广西科学技术出版社　2015 年 11 月　全二册　462 页　557 页　16 开

七　古代书法

商周金文（先秦书法艺术丛刊）　濮茅左主编　中西书局　2016 年 6 月　350 页　彩版、拓本 105 组　8 开

北魏平城书迹研究　殷宪、殷亦玄著　商务印书馆　2016 年 7 月　528 页　插图 56 幅　16 开

石墨镌华：西安碑林书法艺术　赵力光主编　陕西师范大学出版社　2016 年　271 页　16 开

珍稀墓志百品　胡戟著　陕西师范大学出版社　2016 年 8 月　188 页　图版 100 幅　8 开

八　古代工艺美术

西周至汉晋时期中国外来珠饰研究（四川大学一流学科建设专项经费资助优秀青年学术著作丛书）　赵德云著　科学出版社　2016 年 4 月　300 页　插图 68 幅　16 开

中国古代染织纹样史（培文·艺术史）　张晓霞著　北京大学出版社　2016 年 9 月　400 页　插图 706 幅　图例 72 幅　16 开

扎滚鲁克纺织品珍宝新疆维吾尔自治区博物馆编著　王博、王明芳、木娜瓦尔·哈帕尔、鲁礼鹏著　文物出版社　2016 年 4 月　375 页　插图 17 幅　彩版 85 组　16 开

华夏衣冠：中国古代服饰文化　孙机著　上海古籍出版社　2016 年 8 月　317 页　插图 189 幅　16 开

汉代服饰的考古学研究（河南博物院学术文库）　徐蕊著　大象出版社　2016 年 12 月　280 页　插图 82 幅　插表 11 幅　彩版 18 幅　16 开

幽冥里的华丽：高句丽壁画服饰的识读、剖析与演绎（丝瓷之路博览）　郑春颖著　商务印书馆　2016 年 5 月　262 页　插图 223 幅　32 开

敦煌石窟中的少数民族服饰研究（敦煌与丝绸之路石窟艺术丛书）　谢静著　甘肃教育出版社　2016 年 10 月　495 页　插图 293 幅　16 开

敦煌服饰暨中国传统服饰文化学术论坛论文集　刘元凤、贾荣林、陈芳主编　东华大学出版社　2016 年 12 月　264 页　插图 256 幅　16 开

秦漆器研究（秦始皇帝陵博物院学术丛书）　朱学文著　三秦出版社　2016 年 2 月　文 284 页　插图 13 幅　彩版 4 页　16 开

西汉长沙王陵出土漆器辑录　长沙市文物考古研究所编　何旭红主编　岳麓书社　2016 年 12 月　前言 17 页　彩版、文 298 页　插图 141 幅　彩版 124 幅　16 开

错彩镂金：浙江出土金银器　浙江省博物馆编　石超主编　浙江人民美术出版社　2016 年 11 月　306 页　彩版 458 幅　16 开

补　遗

新疆彩陶纹样艺术（新疆少数民族工艺美术研究，纹样卷）　魏久志著　新疆美术摄影出版社　2015 年 6 月　文 195 页　插图 26 幅　纹饰图 7 组　彩版 16 页　16 开

陆　古代科学技术

祖先的智慧：中国古代科技　河南博物院编著　刘玉珍主编　大象出版社　2016 年 7 月　161 页　32 开

中原科学技术史　王星光、符奎、张军涛、刘齐著　科学出版社　2016 年 12 月　前言、目录 31 页　文 462 页　插图 154 幅　16 开

中国古代玻璃技术发展史（科技考古与科学史）　干福熹等著　上海科学技术出版社　2016 年 1 月　348 页　插图 213 幅　插表 80 幅　附表 50 幅　16 开

铜绿山矿冶考古发现与研究（中国矿冶考古）　陈树祥、龚长根、胡新生、谭元敏著　湖北人民出版

社　2016 年 1 月　文 315 页　插图 307 幅　插表 29 幅　彩版、地图 16 页　16 开

炼铁记：古代冶铁竖炉复原与模拟实验（冶金历史文化丛书）　北京大学冶金与材料史研究所、阳城县科技咨询服务中心著　冶金工业出版社　2016 年 12 月　148 页　插图 138 幅　插表 18 幅　照片 15 幅　16 开

中国火药史（插图珍藏版）　潘吉星著　上海远东出版社、中西书局　2016 年 5 月　全二册　前言 10 页　目录 29 页　文 899 页　插图 224 幅　照片 9 页　16 开

补　遗

席龙飞船史研究文选　席龙飞著　武汉理工大学出版社　2015 年 9 月　304 页　插图 133 幅　插表 20 幅　16 开

柒　古代文化生活

载驰载驱：中国古代车马文化　孙机著　上海古籍出版社　2016 年 8 月　178 页　插图 88 幅　16 开

古雅精丽：辨藏中国古代家具　聂菲、张曦著　百花文艺出版社　2016 年 1 月　文 258 页　插图 513 幅　彩版 4 页　16 开

良工匠意：中国古代家具沿革考述　聂菲、张曦著　百花文艺出版社　2016 年 1 月　文 126 页　插图 277 幅　彩版 4 页　16 开

汉代灯具研究　麻赛萍著　复旦大学出版社　2016 年 2 月　324 页　插图 49 幅　插表 11 幅　32 开

真实与方法：中国音乐考古学成果导读　王子慧、孔义龙、张霞主编　文化艺术出版社　2016 年 11 月　484 页　16 开

齐鲁金声：山东地区两周乐钟研究（东方考古研究书系）　朱晓芳著　上海古籍出版社　2016 年 11 月　342 页　插图 87 幅　插表 5 幅　附表 12 幅　32 开

大音希声：陕西古代新音乐文物（考古陕西）　孙伟刚、梁勉著　陕西人民出版社　2016 年 12 月　289 页　插图 231 幅　16 开

舞动生命，乐扬心声：新疆古代舞乐艺术的记忆　新疆维吾尔自治区博物馆编　侯世新主编　新疆美术摄影出版社　2016 年 4 月　179 页　插图 9 幅　彩版 142 幅　16 开

体育考古学导论　陈康、段小强编著　中国社会科学出版社　2016 年 5 月　369 页　插图 84 幅　16 开

补　遗

香远益清：唐宋香具览粹　浙江省博物馆、法门寺博物馆编　董淑艳、黎毓馨主编　中国书店　2015 年 4 月　206 页　插图 171 幅　彩版 79 幅　16 开

捌　民族考古和边疆地区考古

中国东北考古与文物研究：《东北史地》考古与文物论文汇编（第一卷）：高句丽渤海城址、墓葬　祝立业主编　吉林文史出版社　2016 年 5 月　468 页　插图 313 幅　16 开

中国东北考古与文物研究：《东北史地》考古与文物论文汇编（第二卷）：高句丽渤海文物·遗迹　华阳主编　吉林文史出版社　2016 年 5 月　499 页　插图 329 幅　16 开

中国东北考古与文物研究：《东北史地》考古与文物论文汇编（第三卷）：先秦汉唐　赵欣主编　吉林文史出版社　2016 年 5 月　482 页　插图 179 幅　插表 21 幅　16 开

中国东北考古与文物研究：《东北史地》考古与文物论文汇编（第四卷）：宋辽金元明清　刘毅主编　吉林文史出版社　2016 年 5 月　487 页　插图 214 幅　16 开

东北流域文明研究　王禹浪著　社会科学文献出版社　2016 年 7 月　317 页　16 开

辽东半岛青铜时代石棚型制及内涵研究　刘瑛著　黑龙江美术出版社　2016 年　92 页　32 开

奚族文化研究（中国人民大学考古文博系列丛书）　毕德广著　科学出版社　2016 年 12 月　文 242

页 插图31幅 插表23幅 彩版12页 16开

新出土中古有关胡族文物研究（西部边疆研究丛书） 周伟洲著 社会科学文献出版社 2016年12月 382页 插图81幅 16开

青藏高原考古研究（国家哲学社会科学成果文库） 霍巍著 北京师范大学出版社 2016年7月 540页 插图150幅 16开

三星堆与南方丝绸之路 段渝、范小平主编 四川科学技术出版社 2016年12月 243页 插图67幅 插表8幅 16开

寻巴：消失的古代巴国秦始皇帝陵博物院编 侯宁彬主编 西北大学出版社 2016年9月 202页 插图51幅 彩版179幅 8开

中国—东南亚铜鼓：老挝卷 李富强、占塔皮里·兼西苏拉主编 广西人民出版社 2016年11月 372页 彩版80组 8开

铜鼓咚响青蛙鸣（广东省博物馆离退休专家著作丛书） 杨豪著 岭南美术出版社 2016年7月 文218页 插图113幅 照片18页 16开

补 遗

1909考古纪行：从象泉河到杰赫勒姆 ［德］奥古斯特·赫尔曼·弗兰克（A. H. Francke）著 张楚翎、张钫、陈卓、周向力编译 九州出版社 2015年5月 229页 16开 译自*1909 Archaeological Journey, from the Satluj to Jehlam*

玖 宗教遗迹与遗物

图像与仪式：隋唐长安佛教艺术 白文著 商务印书馆 2016年11月 262页 插图326幅 16开

房山云居寺研究（日本北京文史资料翻译丛刊） ［日］塚本善隆、［日］长广敏雄等著 汪师东译 北京联合出版公司 2016年12月 502页 插图52幅 图版38幅 16开

华严寺 大同市华严寺文物管理所编 北岳文艺出版社 2016年8月 131页 32开

东华池塔 华池县文化广播影视局编 张汶钦、舒森主编 甘肃文化出版社 2016年1月 文88页 插图126幅 彩版8页 16开

道教图像、考古与仪式：宋代道教的演变与特色（香港中文大学道教文化研究中心·道教研究学术丛书） 黎志添编著 香港中文大学出版社 2016年10月 428页 18开

补 遗

新疆佛教遗址（新疆维吾尔自治区第三次全国文物普查成果集成） 新疆维吾尔自治区文物局 科学出版社 2015年12月 全二册 744页 插图1590幅 16开

中国古代佛塔地宫文物国际学术研讨会论文集 浙江省博物馆编 黎毓馨主编 中国书店 2015年8月 427页 插图633幅 插表21幅 16开

南京大报恩寺前世今生 夏维中、祁海宁编著 南京出版社 2015年12月 122页 插图48幅 24开

拾 文物保护单位、文物志与历史地理

中国世界文化遗产30年 国家文物局、中国古迹遗址保护协会编 科学出版社 2016年11月 454页 插图69幅 图表38幅 16开

天津市全国重点文物保护单位概览（第一批至第七批） 天津市文物局编 黄永刚主编 文物出版社 2016年7月 253页 彩版320幅 16开

浙江国宝：浙江省全国重点文物保护单位 浙江省文物局编著 浙江摄影出版社 2016年9月 全二册 952页 彩版2512幅 8开

中国不可移动文物地图集：广东省卷 广东省文物局编 龙家有主编 广东省地图出版社 2016年12

月　地图175页　8开

西藏重点文物保护单位的现状、潜在资源分析与保护对策　霍巍、杨锋、谌海霞著　社会科学文献出版社　2016年4月　247页　插图92幅　16开

肃州文物图录：不可移动文物卷　肃州区博物馆编　甘肃文化出版社　2016年　349页　16开

文明之光：古都郑州探索与研究（中国·郑州考古，十五）　顾万发编著　科学出版社　2016年4月　全二册　429页　插图1075幅　16开

焦作市国家级、省级文物保护单位概览　焦作市文物局、焦作市文物勘探队编　中州古籍出版社　2016年9月　197页　16开

以图像为核心：中国古代皇陵早期调查与研究历史考辩（1840～1949）（中国社科·大学经典文库）　曹铁娃、曹铁铮著　中国文史出版社　2016年1月　436页　插图298幅　插表43幅　16开

西北大学藏民国时期教育部艺术文物考察团西北摄影集选　西北大学文化遗产学院编　西北大学出版社　2016年8月　线装一函五册　556页　图版492幅　16开

晋中国保　晋中市考古研究所编　杨羡平主编　山西人民出版社　2016年1月　224页　16开

陕西古代帝王陵墓（考古陕西）　杨武站、张博著　陕西人民出版社　2016年12月　314页　插图227幅　16开

南唐二陵　夏仁琴、濮小南编著　南京出版社　2016年10月　114页　彩版、图版178幅　描图10幅　16开

北固山铁瓮城及两门古道：镇江古代城市的心脏与主脉　刘建国著　镇江市地名委员会编　江苏大学出版社　2016年12月　168页　插图300幅　16开

湖畔寻古：西湖文化遗产区域内的考古发现（杭州市文物考古研究所公共考古系列丛书）　孙媛著　浙江人民美术出版社　2016年7月　163页　插图128幅　32开

广东文化遗产：海上丝绸之路史迹（海上丝绸之路研究丛书）　广东省文物局编　龙家有、郑君雷主编　中山大学出版社　2016年2月　249页　插图651幅　16开

南海水下文化遗产（第二辑）　海南省文化广电出版体育厅、国家文物局水下文化遗产保护中心编　陈文宝、柴晓明主编　江苏人民出版社　2016年5月　266页　16开

珠海淇澳岛文化遗产考古调查报告　珠海市博物馆编　广东教育出版社　2016年3月　176页　插图307幅　16开

全国三国文化遗存调查报告（成都地区）　成都武侯祠博物馆编著　谢辉著　科学出版社　2016年12月　166页　插图208幅　16开

中国长城志：遗址遗存　张柏、黄景略、朱启新等主编　江苏凤凰科学技术出版社　2016年8月　全二册　2099页　16开

河北古长城（燕赵文化丛书）　郑绍宗著　河北教育出版社　2016年6月　348页　插图52幅　16开

内蒙古自治区长城资源调查报告：鄂尔多斯—乌海卷　内蒙古自治区文化厅（文物局）、内蒙古自治区文物考古研究所编著　张文平主编　文物出版社　2016年12月　序、目录19页　文、彩版282页　插图4幅　插表15幅　地图8幅　彩版211幅　16开

内蒙古自治区长城资源调查报告：阿拉善卷　内蒙古自治区文化厅（文物局）、内蒙古自治区文物考古研究所编著　张文平主编　文物出版社　2016年12月　序、目录25页　文、彩版496页　插图25幅　插表4幅　地图12幅　彩版494幅　16开

世界文化遗产：中国大运河通济渠郑州段（郑州历史文明丛书）　郑州市文物局编　任伟主编　科学出版社　2016年12月　159页　插图115幅　16开

大运河苏州古城段遗产研究报告　苏州市文物局著　文物出版社　2016年3月　194页　插图88幅　16开

陕西省志（第十三卷）：文物志（陕西地方志丛书）　《陕西省志·文物志》编纂委员会编　赵荣主编　陕西人民出版社　2016年11月　全三册　序、凡例、概述18页　目录88页　文2493页　插图3614

幅 地图23页 16开
西吉县文物志 李怀仁、摆小龙、马一宝主编 宁夏人民出版社 2016年7月 288页 16开
额济纳旗文物志 傅兴业编著 内蒙古人民出版社 2016年 294页 16开
中原历史地理与考古研究（中华之源与嵩山文明研究系列丛书） 陈隆文著 中国社会科学出版社 2016年9月 480页 16开
觅证荔枝道（西部考古探险系列） 四川省文物考古研究院、万塬市申报世界自然与文化遗产工作领导小组办公室编 高大伦、刘建国主编 四川大学出版社 2016年1月 157页 彩版213幅 16开
补 遗
河南文化遗产：全国重点文物保护单位（二） 河南省文物局编 文物出版社 2015年12月 387页 彩版537幅 16开
巴渝记忆，重庆文脉：重庆市第三次全国文物普查（重庆市文化遗产书系） 重庆市第三次全国文物普查领导小组办公室、重庆市文化遗产研究院编著 幸军、程武彦主编 重庆出版社 2015年 31页 266页 16开
胶州文物志 胶州市博物馆编著 天津人民美术出版社 2015年 431页 16开

拾壹 中外关系与中外文化交流

欧亚草原东部的金属之路：丝绸之路与匈奴联盟的孕育过程（国家哲学社会科学成果文库） 杨建华、邵会秋、潘玲著 上海古籍出版社 2016年3月 目录13页 文556页 插图292幅 插表9幅 彩版13页 16开
丝路豹斑：不起眼的交流，不经意的发现 冉万里著 科学出版社 2016年3月 324页 插图843幅 16开
粟特人在中国：考古发现与出土文献的新印证（宁夏文物考古研究所丛刊之三十一） 宁夏文物考古研究所、北京大学中国古代史研究中心编 荣新江、罗丰主编 科学出版社 2016年8月 全二册 708页 插图338幅 插表26幅 16开
海纳百川：陕西文物折射的对外交流（考古陕西） 王亮亮、夏楠、赵艺蓬著 陕西人民出版社 2016年12月 231页 插图163幅 16开
海丝申报世界文化遗产与东亚海洋考古研究（东亚文化之都·泉州论坛丛书） 出宝阳、陈建中主编 厦门大学出版社 2016年1月 文376页 插图180幅 插表6幅 照片8页 16开
“16至17世纪的海上丝绸之路”国际学术研讨会论文集（广东省博物馆展览系列丛书） 广东省博物馆、广东省文物考古研究所、广州市文物考古研究院编 岭南美术出版社 2016年4月 322页 插图322幅 16开
丝路相连：中塞文化对话 河南博物院编著 中州古籍出版社 2016年3月 141页 彩版104幅 16开
补 遗
丝绸之路文物精品大展（天津博物馆展览系列图集） 天津博物馆编 陈卓、钱玲主编 故宫出版社 2015年4月 241页 彩版188幅 16开
海上丝绸之路文物精品大展（天津博物馆展览系列图集） 天津博物馆编 陈卓、钱玲主编 故宫出版社 2015年8月 239页 彩版222幅 16开
牵星过洋：万历时代的海贸传奇（广东省博物馆展览系列丛书） 广东省博物馆编 魏峻主编 岭南美术出版社 2015年11月 343页 插图97幅 彩版344幅 16开
针路蓝缕：牛津大学珍藏明代海图及外销瓷 香港海事博物馆编 焦天龙主编 中华书局香港公司 2015年11月 全二册 289页 508页 16开

拾贰 文物保护工作、大遗址和文化遗产保护

一 文物保护工作

学习习近平总书记文物保护重要论述体会汇编 国家文物局编 文物出版社 2016年3月 325页 16开

华构重彩：纪念旧都文物整理委员会成立80周年文化遗产保护理念与技术国际研讨会文集 中国文化遗产研究院编 文物出版社 2016年4月 243页 插图125幅 插表18幅 16开

新中国文物保护史记忆 谢辰生口述 李晓东、彭蕾整理 文物出版社 2016年8月 249页 16开

文物保护法修订研究（一） 励小捷主编 文物出版社 2016年1月 370页 16开

文物保护法研究专辑（Ⅳ） 《文物保护法研究专辑》编辑组编 文物出版社 2016年9月 242页 16开

文物工作调研报告汇编（2015） 国家文物局编 文物出版社 2016年4月 304页 16开

第一次全国可移动文物普查专项调查报告 国家文物局第一次全国可移动文物普查工作办公室编 文物出版社 2016年12月 665页 插图77幅 插表61幅 16开

日本文化财保护制度简编 国家文物局第一次全国可移动文物普查工作办公室编译 李黎、杜晓帆译 文物出版社 2016年7月 167页 16开

意大利文化遗产的编目与登录 国家文物局第一次全国可移动文物普查工作办公室编译 詹长法、侯妍妍、刘天一译 文物出版社 2016年7月 202页 插图4幅 插表18幅 16开

中华人民共和国文物保护标准汇编（二） 国家文物局编 文物出版社 2016年11月 413页 16开

中华人民共和国文物保护标准汇编（三） 国家文物局编 文物出版社 2016年11月 379页 16开

中华人民共和国文物保护行业标准（WW/T 0063－2015）：石质文物保护工程勘查规范 国家文物局发布 文物出版社 2016年3月 46页 16开

中华人民共和国文物保护行业标准（WW/T 0064－2015）：文物出境展览协议书编制规范 国家文物局发布 文物出版社 2016年3月 16页 16开

中华人民共和国文物保护行业标准（WW/T 0066－2015）：馆藏文物预防性保护方案编写规范国家文物局发布 文物出版社 2016年3月 9页 16开

中华人民共和国文物保护行业标准（WW/T 0068－2015）：馆藏文物保存环境控制 调湿材料国家文物局发布 文物出版社 2016年3月 10页 16开

中华人民共和国文物保护行业标准（WW/T 0069－2015）：馆藏文物防震规范 国家文物局发布 文物出版社 2016年3月 17页 16开

中华人民共和国文物保护行业标准（WW/T 0070－2015）：文物保护项目评估规范 国家文物局发布 文物出版社 2016年3月 11页 16开

中华人民共和国文物保护行业标准（WW/T 0071－2015）：文物保护项目评估机构服务质量评价规范 国家文物局发布 文物出版社 2016年3月 13页 16开

中华人民共和国文物保护标准化指导性技术文件（WW/Z 0072－2015）：大遗址保护规范 国家文物局发布 文物出版社 2016年3月 12页 16开

文物保护装备标准汇编（一） 文物保护装备产业化及应用协同工作平台编 文物出版社 2016年8月 227页 16开

新疆文物保护研究论文集（一）（新疆文物保护研究丛书，丁种本之一） 新疆维吾尔自治区文物古迹保护中心编 梁涛主编 科学出版社 2016年6月 461页 插图774幅 插表34幅 16开

新疆文物保护研究论文集（二）（新疆文物保护研究丛书，丁种本之二） 新疆维吾尔自治区文物古迹保护中心编 梁涛主编 科学出版社 2016年6月 330页 插图357幅 插表16幅 16开

二 文物保护技术

文物保护概论（吉林大学边疆考古研究中心系列教材） 刘爽著 辽宁教育出版社 2016年7月 文

343 页　彩版 7 页　16 开

2015 年度文物保护科学和技术创新奖成果集　国家文物局编　文物出版社　2016 年 11 月　168 页　插图 250 幅　16 开

文物科技保护研究与实践：安徽博物院建馆 60 周年文物保护工作纵览　安徽博物院编　郑龙亭主编　安徽美术出版社　2016 年 11 月　128 页　插图 206 幅　16 开

文物检测仪器与应用　王艳玲著　宁夏人民教育出版社　2016 年 12 月　181 页　插图 134 幅　插表 76 幅　16 开

博物馆微生物检测与防治（北京市文物局科研丛书）　武望婷著　北京燕山出版社　2016 年 10 月　124 页　插图 45 幅　插表 13 幅　32 开

三　文物保护修复

修复理论（遗产保护译丛）　［意］切萨雷·布兰迪（Cesare Brandi）著　陆地编译　同济大学出版社　2016 年 12 月　299 页　插图 40 幅　16 开　译自 *Teoria del Restauro*

文物修复研究（2015～2016）　中国文物学会文物修复专业委员会编　贾文忠主编　中国文联出版社　2016 年 6 月　740 页　插图 659 幅　插表 42 幅　16 开

江苏省文物科研课题成果汇编　江苏省文物局编　刘谨胜、李顺乾主编　江苏凤凰科学技术出版社　2016 年 5 月　全三册　1346 页　插图 717 幅　插表 148 幅　16 开

文物保护修复理论与实践（深圳博物馆藏品保护丛书）　卢燕玲著　文物出版社　2016 年 2 月　序、目录 10 页　文 349 页　插图 106 幅　插表 24 幅　彩版 17 页　16 开

青铜器修复与仿古技艺论文集　南京博物院编　译林出版社　2016 年 10 月　文 238 页　插图 255 幅　插表 22 幅　彩版 8 页　16 开

山西博物院藏部分青铜器保护修复研究　山西博物院编著　钟家让主编　科学出版社　2016 年 11 月　253 页　插图 186 幅　插表 17 幅　16 开

河南林州大菜园东周墓地出土青铜器保护修复报告　河南省文物考古研究院编著　中州古籍出版社　2016 年 4 月　593 页　插图 61 幅　插表 12 幅　16 开

湖北省长阳土家族自治县博物馆馆藏金属文物保护修复报告　重庆市文化遗产研究院、重庆文化遗产保护中心、长阳土家族自治县博物馆编著　邹后曦、杨小刚主编　科学出版社　2016 年 11 月　目录 12 页　文 204 页　插图 326 幅　插表 25 幅　16 开

重庆市开县馆藏青铜文物保护与研究（重庆文化遗产保护系列丛书）　重庆市文化遗产研究院、重庆文化遗产保护中心、开州博物馆编著　邹后曦、王永威、杨小刚主编　科学出版社　2016 年 11 月　文 236 页　插图 400 幅　彩版 67 页　16 开

海南出水铁质文物的保护与修复　叶帆、符燕著　海南出版社　2016 年 11 月　212 页　插图 27 幅　16 开

古陶瓷修复研究　杨植震、余蕙、陈刚等著　复旦大学出版社　2016 年 10 月　219 页　插图 72 幅　插表 23 幅　彩版 63 幅　32 开

海洋出水瓷器保护研究　李乃胜著　科学出版社　2016 年 6 月　302 页　插图 236 幅　插表 94 幅　16 开

北齐徐显秀墓壁画保护修复研究　汪万福、武光文、赵林毅、裴强强、武发思、郑秀清、刘涛、李铁著　文物出版社　2016 年 12 月　序、目录、前言 12 页　文 359 页　插图 387 幅　插表 42 幅　彩版 27 页　16 开

出土灰化纺织物保护研究　龚德才、魏彦飞等著　中国科学技术出版社　2016 年 3 月　文 252 页　插图 187 幅　插表 43 幅　图表、彩版 20 页　16 开

四　遗址保护

大遗址保护行动跟踪研究（中国文化遗产研究院·社会科学系列）　中国文化遗产研究院编著　文物出

版社　2016 年 7 月　全二册　1021 页　插图 229 幅　插表 449 幅　16 开
文物影响评估　中国文物信息咨询中心、内蒙古自治区文物保护中心、吉林省文物考古研究所编著　吴东风主编　科学出版社　2016 年 7 月　515 页　插图 220 幅　插表 143 幅　16 开
岩土类遗址保护工程档案编写初探　裴强强、郭青林、杨善龙、赵林毅编著　科学出版社　2016 年 4 月　文 432 页　彩版 22 页　16 开
思想的碰撞：中国石窟保护理念的发展（清华大学国家遗产中心·博士文库，文化遗产保护实践研究系列）　吕宁著　科学出版社　2016 年 9 月　255 页　插图 130 幅　插表 53 幅　16 开
天龙山石窟保护研究（中国古建筑制作技术）　左国保、祁伟成著　文物出版社　2016 年 2 月　237 页　插图 220 幅　彩版 39 幅　16 开
敦煌石窟与土遗址保护研究文献汇编　曾俊琴编著　兰州大学出版社　2016 年 6 月　326 页　16 开
敦煌莫高窟壁画病害水盐来源研究　郭青林、王旭东、杨善龙、李最雄著　科学出版社　2016 年 4 月　194 页　插图 161 幅　插表 24 幅　16 开
西藏古格王国遗址洞窟变形破坏机理及加固对策研究　齐干、杨国兴、李兵、李军、陶志刚、奚守中、闫晶、茹东永著　冶金工业出版社　2016 年 1 月　298 页　插图 383 幅　插表 41 幅　附图 5 幅　16 开
汉阳陵帝陵外藏坑遗址展示厅的文物保存环境研究　曹军骥、胡塔峰、马涛、李库编著　科学出版社　2016 年 3 月　文 289 页　插图 110 幅　插表 55 幅　彩版 4 页　16 开
故宫博物院文物防震保护科技研究　周乾著　天津科学技术出版社　2016 年 3 月　目录 13 页　文 491 页　插图 397 幅　插表 91 幅　16 开

五　文化遗产保护

文化遗产保护要案　［墨］豪尔赫·A. 桑切斯·科尔德罗（Jorge A. Sánchez Cordero）著　常世儒等译　文物出版社　2016 年 8 月　217 页　32 开　译自 *Proteccion del Patrimonio Cultural, Casos Relevantes, 2016*
长城保护文件选编　国家文物局编　文物出版社　2016 年 1 月　121 页　16 开
公众参与文化遗产保护研讨会论文集（上海文化遗产保护研究丛书）　上海市文物保护研究中心、上海大学文学院编　褚晓波主编　上海大学出版社　2016 年 11 月　175 页　16 开
文化遗产策展方案集　四川省文物考古研究院编　高大伦主编　上海古籍出版社　2016 年 8 月　240 页　插图 281 幅　16 开
涨海行舟：海洋遗产的考古与历史探索　吴春明著　海洋出版社　2016 年 6 月　296 页　插图 120 幅　16 开

补　遗

文化遗产保护与利用：发展中的平衡　国家文物局文物保护与考古司、无锡市文化遗产局编　凤凰出版社　2015 年　229 页　16 开
让可移动文物活起来　湖北省博物馆协会、湖北省文物交流信息中心、湖北省博协高校博物馆专委会主编　倪婉、吴晓松主编　武汉大学出版社　2015 年 11 月　序、目录 12 页　文 381 页　插图 265 幅　16 开

拾叁　世界古代文明与考古

日本旧石器—古坟时代考古学（吉林大学边疆考古研究中心系列教材）　陈国庆编著　科学出版社　2016 年 3 月　目录 16 页　文 318 页　插图 351 幅　彩版 6 页　16 开
醍醐寺艺术珍宝　上海博物馆、陕西历史博物馆编　杨志刚主编　上海书画出版社　2016 年 5 月　299 页　插图 17 幅　彩版 75 幅　16 开
梵音东渡：日本醍醐寺国宝展　陕西历史博物馆编　赵荣主编　三秦出版社　2016 年 9 月　193 页　插

图 4 幅　彩版 65 幅　16 开

古代蒙古城市（汉译丝瓷之路历史文化丛书）　［苏］吉谢列夫（С. В. Киселёв）、［苏］叶弗楚霍娃（Л. А. Евтюхова）、［苏］Л. Р. 克兹拉索夫（Л. Р. Кызласов）等著　孙危译　商务印书馆　2016 年 10 月　序、目录 23 页　文 310 页　插图 73 幅　图版 139 页　彩版 23 页　16 开　译自 *Древнемонгольскиегорода*，1965

蒙古高原考古研究（北方民族史译丛）　［苏］普・巴・科诺瓦洛夫（П. Б. Коновалов）等著　陈弘法译　内蒙古人民出版社　2016 年 8 月　377 页　插图 40 幅　16 开

突厥人、粟特人与娜娜女神（丝路译丛）　［俄］马尔夏克（Boris Marshak）著　漓江出版社　2016 年 11 月　文 210 页　插图 110 幅　彩版 8 页　16 开

驶向撒马尔罕的金色旅程（丝路译丛）　［法］葛乐耐（Frantz Grenet）著　毛铭译　漓江出版社　2016 年 11 月　文 210 页　插图 79 幅　彩版 8 页　16 开

唐风吹拂撒马尔罕：粟特艺术与中国、波斯、印度、拜占庭（丝路译丛）　［意］康马泰（Matteo Compareti）著　漓江出版社　2016 年 11 月　文 207 页　插图 89 幅　彩版 4 页　16 开

祀神与解脱：古代印度雕刻艺术　白文著　广西师范大学出版社　2016 年 11 月　318 页　插图 240 幅　16 开

人性的启蒙时代：古代美索不达米亚的艺术与思想　于殿利著　故宫出版社　2016 年 6 月　目录 28 页　文 426 页　插图 440 幅　16 开

文明之海：从古埃及到拜占庭的地中海文明　湖北省博物馆编　方勤、侯宁彬、马宝杰、罗向军主编　文物出版社　2016 年 6 月　263 页　彩版 157 幅（组）　16 开

法老・王：古埃及文明和中国汉代文明的故事　南京博物院编　龚良主编　译林出版社　2016 年 8 月　380 页　插图 62 幅　彩版 287 幅　16 开

图坦哈蒙：不为人知的故事（外国考古纪实丛书）　［美］托马斯・霍温（Thomas Hoving）著　王海利等译　商务印书馆　2016 年 11 月　文 353 页　图版 12 页　16 开　译自 *Tutankhamun, the Untold Story*，1978

博物馆与古希腊文明（博物馆与世界文明系列）　上海博物馆编　北京大学出版社　2016 年 4 月　739 页　彩版 609 幅　16 开

补　遗

高棉的微笑：柬埔寨古代文物与艺术（广东省博物馆展览系列丛书）　广东省博物馆编　岭南美术出版社　2015 年 4 月　192 页　插图 32 幅　彩版 80 幅　16 开

（编辑者：张文辉）

考古学论文资料索引

（刊后第一个数字是期号，第二个是页码；2016 年）

壹　总论

一　综述

考古学的“中国梦”　董琦　古代文明（第 10 卷）34 - 38
考古学地层与“使用面”散论　张凤　文博 4：42 - 44
论基于风格与分布的考古遗物产地推定法　白云翔　考古 9：77 - 90
考古遗址学——考古信息的嬗变与传递研究　陈胜前　南方文物 2：72 - 78
考古埋藏学赘议　曹兵武　南方文物 2：56
逆过程的考古学：信息学视野下的考古埋藏学　曹宾武　中国文物报 6 月 17 日 6 版
考古埋藏学的田野实践与思考　钱耀鹏、毛瑞林　南方文物 2：57 - 71
知识、思想与权力的谱系和逻辑——关于福柯知识考古学的随笔　曹兵武　中国文物报 7 月 8 日 6 版
考古学视野下的礼仪甄别方法及其反思　杨谦　东南文化 1：39 - 45
环境考古・聚落考古・史前聚落地理　鲁鹏　地域研究与开发 2：175 - 180
遗址古环境分析的内容和意义　张俊娜　中国文物报 10 月 21 日
古代民俗分类法和动物考古研究　董宁宁　南方文物 3：148 - 154
个人行为与社会变迁：考古学中的能动性研究　陈虹、陈冉　东南文化 3：23 - 29
古代战争遗存的考古学研究现状与思考　赵戈、冉万里　西北大学学报（哲社版）1：17 - 22
简论中国古代军事后勤保障遗存的考古学研究　赵丛苍、张朝　西北大学学报（哲社版）2：11 - 15
“公众考古”抛砖三问——何为“公众考古”？“公众考古”何为？为何“公众考古”？　奚牧凉　中国文物报 9 月 27 日 5 版
我国公共考古现状分析　王菁、陈雍　北方文物 4：63 - 65
公共考古需要注意考古学伦理问题　陈飞　中国文物报 9 月 27 日 7 版
考古发掘报道的公共关系之路　秦存誉　中国文物报 11 月 18 日 7 版
“公众考古热”背后的思考　袁晓　中国文物报 8 月 26 日 7 版
市级考古研究机构公众考古活动的思考　赵今　中国文物报 9 月 27 日 7 版
关于城市考古的几个问题　宋新潮　中国文物报 12 月 27 日 3 版
以江苏省为例看考古发掘项目的命名　吕春华　中国文物报 9 月 13 日 7 版
关于当前中国考古学的几个热点问题　曹兵武　中国文物报 9 月 13 日 7 版
田野考古工作的 HSE 理念　何文竞　中国文物报 3 月 25 日 7 版

二　考古学史和考古学家传记

中国考古学发展中的苏联影响　刘斌、张婷　东南文化 5：32 - 39
历史学变革背景下的中国早期考古学　郭伟民　湖南考古辑刊（第 12 集）186 - 195

1949年以后台湾地区考古学的发展历程——以台湾大学《考古人类学刊》为视角　袁俊杰、韦璇　东南文化3：13－22
金石考史——"金石"在清代学术分类与阮元《南北书派论》研究　高明一　阮元研究国际学术研讨会论文集354－376
"重走黄文弼西北考古之路"行程日志·2015　吴华峰　西域文史（第十辑）329－356
中原文明考古探源：河南新密李家沟遗址和它之前的事　王幼平、郝红星　大众考古32：23－31
回忆裴李岗遗址的发现与发掘　薛文灿　河南文史资料2：109－120
邹衡先生与八里桥遗址　陈旭　古代文明（第10卷）5－8
淇县考古二三事　张渭莲　古代文明（第10卷）31－33
越王勾践青铜剑发现记　陈振裕　光明日报4月7日16版
六十年后再回首——辽阳唐户屯与桑园子汉墓考古发掘记　冯永谦　大众考古38：19－27
心系南越王墓——亲历发掘、编写报告和有关活动的记忆　黄展岳　广州文博（玖）1－13
北宋画家李公麟的金石收藏与著述　史正浩　艺术探索2：29－32
略述阮元丁忧期间考扬州古迹事　黄继林　阮元研究国际学术研讨会论文集264－210
阮元与《山左金石志》　孟凡港　阮元研究国际学术研讨会论文集335－353
阮元、阮福父子与云南的金石之缘　李晓帆　阮元研究国际学术研讨会论文集377－383
朱芳圃学术成就回顾　齐航福　中国文物报11月18日6版
黄文弼：中国新疆考古的先驱　郑智明著　蒋小莉译西域文史（第十辑）319－328
夏鼐先生与甘青地区史前考古　栾丰实　东方考古（第12集）1－6
西北大学考古专业创建过程中的夏鼐先生　刘瑞　西部考古（第12辑）486－489
书痴底色：考古人夏鼐　徐峰、郭志委　大众考古31：29－32
苏秉琦先生关于河南考古工作的几点意见　吴汝祚、郭大顺　华夏考古1：45－47
追忆陈梦家先生　周永珍　中国文物报8月26日7版
风起青萍——单庆麟先生与吉林大学考古专业　彭善国　大众考古41：52－54
苏莹辉先生敦煌学研究述要——纪念先生诞辰100周年　伏俊琏、张志杰　敦煌研究1：135－140
夏商周考古学文化体系与范式的建构者——邹衡先生　徐良高　古代文明（第10卷）18－26
商周考古第一人邹衡教授　蒋廷瑜　古代文明研究通讯69：58－65
良师教诲　风范长存——深切缅怀邹衡先生　陈振裕　古代文明（第10卷）1－4
我与邹衡先生　李文杰　古代文明（第10卷）9－17
桃李不言，下自成蹊——纪念刘士莪先生　付建　大众考古32：48－52
著名考古学家麦英豪与广州文博事业　肖梦雅　中国文物报12月13日8版
文博楷模——麦英豪和他热爱的文博事业　李民涌　中国文物报12月13日8版
永远的怀念——麦英豪先生心系文博学会　程存洁　中国文物报12月13日8版
麦英豪与南越王墓的发掘和保护　吴凌云　中国文物报12月13日8版
悼麦君英豪先生十章并序　陈鸿钧　中国文物报12月13日8版
痛失良师——怀念麦英豪先生　程存洁　中国文物报12月20日4版
痛悼周昆叔先生　严文明　中国文物报7月19日4版
周先生，您安心地走吧　赵春青　中国文物报8月26日7版
斯人已逝　精神永存——追悼考古学家吕烈丹教授　陈星灿　南方文物3：272－276
叶文程的中国古陶瓷研究历程　耿孝臣　美术观察10：132－133
清华简的整理研究与学术价值——访李学勤先生　田乐　中国史研究动态4：81－90
红山文化研究的新思考——郭大顺先生访谈录　红山文化研究（第一辑）1－19
黄永武先生与敦煌学及其敦煌唐诗研究之成就　郑阿财　敦煌研究3：132－140
红山文化研究中的几个重大问题——于建设先生访谈录　滕海键等　红山文化研究（第二辑）1－28

探幽索微诠释亡者之书——信立祥先生访谈录　信立祥等　南方文物 3：23 - 31
见证赤峰考古 40 年——邵国田先生访谈录　红山文化研究（第三辑）1 - 22
笃实远思　践行明智——栾丰实先生访谈录　栾丰实、王芬　南方文物 2：28 - 48
从“消失的城市”到“重现的历史”——袁靖先生访谈录　袁靖、吕鹏　南方文物 1：16 - 33
另一种物质的表述：人类学家方李莉陶瓷文化思想研究　罗易扉　民族艺术 3：12 - 16
黄征自述：我与敦煌学研究　黄征　文化学刊 4：61 - 64
伊安·霍德（Ian Hodder）教授访谈录　［英］伊安·霍德（Ian Hodder）著　刘岩译　杨旭校　南方文物 1：34 - 50
岗村秀典教授访谈录　［日］岗村秀典、秦小丽著　李水城校　南方文物 2：49 - 55
国际视野下的渤海国研究——小岛芳孝教授、伊夫里耶夫研究员、格里曼研究员访谈录　祝立业　学问 2：3 - 7

补　遗

马衡、王国维对金石学的卓越贡献　房鑫亮　探索与争鸣 2015 年 12：119 - 123

三　考古学方法与现代考古学技术

综　述

实验室考古的成绩与问题　杜金鹏等　江汉考古 5：122 - 128

遗址的探查与发掘

由表知里：考古遗址表土层的有关问题　黄可佳　中国文物报 3 月 25 日 7 版
古遗址的热红外遥感探测方法研究　高华光　环境考古研究（第五辑）19 - 26
沙漠环境中历史时期人类活动古遗迹的遥感识别　胡宁科　环境考古研究（第五辑）37 - 43
大安后套木嘎遗址发掘方法、技术与记录手段的新尝试　王立新等　吉林大学社会科学学报 1：113 - 119
综合地球物理方法在晋阳古城墙遗址勘测中的应用研究　王天意等　文物保护与考古科学 1：77 - 85
归一化植被指数在遗址探测中的应用　张文君等　测绘科学 3：62 - 68

年代测定

考古学中的时间不确定性及其数学解决方案　张海　江汉考古 4：95 - 102
放射性碳素测定年代报告（四二）　中国社会科学院考古研究所考古科技实验研究中心 ^{14}C 实验室　考古 7：97 - 101
试论建筑形制考古类型学研究成果对 ^{14}C 测年数据分析的关键性作用——以山西万荣稷王庙大殿为例　徐新云、徐怡涛　故宫博物院院刊 3：41 - 54
系列样品方法与木质文物测年　张雪莲　跨湖桥文化国际学术研讨会论文集 179 - 185
浙江仙居岩画的微腐蚀断代　金安妮等　东南文化 6：64 - 69
左江花山岩画的 U - 系年代研究　邵庆丰　中国文化遗产 4：66 - 69
耀州窑瓷器的热释光特性研究及年代测定　吴婧玮等　文物保护与考古科学 4：89 - 96

成分分析

“见微知著”的推演——物质组成、性质分析对文物保护和科技考古研究的贡献　刘爽　边疆考古研究（第 19 辑）297 - 303
河南禹州瓦店遗址龙山文化壕沟的土壤微形态分析　张海等　华夏考古 4：86 - 95
正构烷烃在考古地层中的分布特征及其考古学意义——以嵊州小黄山及蚌埠禹会村遗址为例　胡飞等　环境考古研究（第五辑）27 - 36
现代科技手段在彩绘文物分析中的应用　李蔓等　中国文化遗产 2：44 - 48
左江花山岩画颜料合成及其机理早期分析研究　邝国敦等　中国文化遗产 4：82 - 85
三种文物颜料样品的检测分析　张艳红、刘根亮　天津博物馆论丛（2015）179 - 190

河南省淅川市王庄汉墓群 M7 彩绘颜料分析 屈亚婷 等东方考古（第 12 集）477－485
唐韩休墓壁画制作工艺及材质研究 严静等 考古与文物 2：117－127
磁县出土北宋墓葬壁画颜料成分分析 李蔓等 电子显微学报 4：340－348
湖南娄底明代壁画墓三合土及壁画彩绘颜料分析 肖亚等 湖南考古辑刊（第 12 集）312－319
白居寺措钦大殿壁画制作材料与工艺分析 王力丹、郭宏 中国藏学 3：171－174
故宫咸福宫区明代中晚期建筑彩画科学分析与特征研究 杨红等 故宫学刊（总第十五辑）276－296
平遥镇国寺天王殿外檐斗栱彩画历史信息解读 刘梦雨、刘畅 中国建筑史论汇刊（第十一辑）252－265
常熟彩衣堂彩画蓝色颜料研究 何伟俊 文物保护与考古科学 3：19－24
噶玛嘎赤唐卡绘画颜料的拉曼光谱分析 边顿、和靖 西藏文物考古研究（第 2 辑）208－212
甘肃泾川出土 5 件佛教造像彩绘分析及相关研究 梁嘉放等 文物保护与考古科学 4：97－105
双通道离子色谱法在陶器保护修复中的应用 荆海燕、卢轩 北方文物 1：53－55
宜昌中堡岛新石器遗址彩陶的初步分析研究 郁永彬等 中原文物 3：118－124
永泰公主墓出土彩绘陶器颜料的无损及微损调查与研究 严静等 文博 1：93－100
新干牛城遗址出土白陶类器物的初步认识 和奇等 中国古陶瓷研究辑丛——印纹硬陶与原始瓷研究 287－292
汉高祖长陵陪葬墓出土红彩着衣式陶俑的分析研究 严小琴等 文物世界 3：70－74
咸阳三义村汉长陵陪葬墓出土白彩着衣式陶俑的研究 葛洪等 文物世界 4：73－75
印纹硬陶和原始瓷的组成特征再研究 鲁晓珂、李伟东 中国古陶瓷研究辑丛——印纹硬陶与原始瓷研究 253－262
杭州地区印纹硬陶与原始瓷器的工艺对比研究 丁银忠等 中国古陶瓷研究辑丛——印纹硬陶与原始瓷研究 275－286
浙江萧山柴岭山墓葬出土原始瓷釉的无损研究 李合等 中国古陶瓷研究辑丛——印纹硬陶与原始瓷研究 263－273
青瓷釉色的成因及相关的鉴定原理 蔡礼君 收藏家 8：81－84
乐平南窑青瓷胎釉组成配方的 EDXRF 分析研究 全留洋等 中国陶瓷 12：121－127
光学相干断层成像技术在定窑瓷器检测中的应用 杨姗姗等 中国激光 2：1－7
宋代汝官窑釉面冰裂纹的特征观察及机理探析 贾翠、苗建民 南方文物 2：225－230
无损分析方法在宋代冰裂纹青瓷研究中的应用 贾翠等 故宫学刊（总第十七辑）303－310
广西窑田岭窑出土北宋瓷片胎釉化学组成研究 郑琳等 文物世界 6：68－71
石墨炉原子吸收光度法对龙泉青瓷中铅镉溶出量的检测与评估 叶银鹏等 中国陶瓷 8：47－50
陕西蓝田北宋吕氏家族墓地出土青釉瓷的产地研究 崔剑锋 两个世界的徘徊：中古时期丧葬观念风俗与礼仪制度学术研讨会论文集 502－508
岳阳茆山宋墓出土瓷器产地探讨 肖亚、杨宁波 湖南考古辑刊（第 12 集）300－311
景德镇早期青白瓷的器形与色度 明朝方等 文物保护与考古科学 4：83－88
南海一号出水景德镇窑与龙泉窑青瓷特征的无损分析研究 黎继立等 光谱学与光谱分析 5：1500－1507
南宋官窑制胎原料的科技分析——兼谈制瓷工艺对锶同位素比值的影响 李合等 中国陶瓷 8：116－121
广东"南澳Ⅰ号"出水明代景德镇青花瓷标本钴蓝颜料研究 马燕莹等 中国国家博物馆馆刊 5：143－151
肯尼亚蒙巴萨耶稣堡出土克拉克瓷的便携式 XRF 产地研究 崔剑锋等 水下考古学研究（第二卷）138－149
北京毛家湾出土瓷片残留物荧光分析及相关问题探讨 赵慧群、李永强 文物春秋 4：53－57
宜兴蜀山窑址出土历代紫砂陶的化学组成特征研究 张茂林等 中国陶瓷 1：108－113

吐鲁番阿斯塔那出土彩绘泥塑文物材料的检测分析初探　姚敏　吐鲁番学研究 1：103－117
郑州商城遗址出土夯土材料的分析研究　刘效彬等　文物保护与考古科学 4：106－112
浙江古城墙传统灰浆材料的分析研究　刘效彬等　光谱学与光谱分析 1：237－242
热膨胀法判定古代琉璃构件胎体烧成温度的模拟实验研究　丁银忠等　南方文物 2：221－224
故宫符望阁建筑装饰构件中珐琅釉的分析研究　曲亮等　故宫博物院院刊 4：126－144
吉林东部地区考古遗址出土黑曜岩石制品产地的初步研究　陈全家　等东方考古（第 12 集）442－454
红山文化萤石质鱼形饰的鉴别和探讨　王荣等　文物保护与考古科学 4：113－119
湖北省博物馆藏出土战国玉（石）器材质研究　朱勤文等　江汉考古 5：108－114
对战国楚地贵族墓葬出土玉器黑色水银沁现象的再认识——以湖南省博物馆藏战国玉器黑色沁为例　赵瑞廷等　草原文物 2：138－144
陕西米脂汉墓出土玉覆面和玉鞋的科学分析与研究　黄晓娟等　考古与文物 5：139－144
便携式 X 荧光光谱结合主成分分析鉴别不同产地的绿松石　先怡衡等　考古与文物 3：112－119
上海明墓出土嵌宝器物上的宝石特征研究　谷娴子　“城市与文明”学术研讨会论文集 640－652
新疆巴里坤石人子沟遗址群出土玻璃珠的成分分析　温睿等　光谱学与光谱分析 9：2961－2965
巴里坤县石人子沟遗址群出土玻璃珠的成分分析　温睿等　新疆文物 1：102－108
新疆哈密巴里坤西沟遗址 1 号墓出土玻璃珠的科学分析　温睿等　文物 5：92－96
江苏盱眙大云山一号墓出土仿玉玻璃编磬的复原研究　王子初　艺术百家 2：45－62
云南陆良县薛官堡墓地出土汉代玻璃珠的分析与研究　崔剑锋等　考古 2：111－120
南澳 1 号明代沉船出水玻璃珠的研究　田兴玲等　文物 12：87－92
原始黄铜初探　苏荣誉　青铜文化研究（第七辑）148－158
尉迟寺遗址文化层的铅污染记录及原始冶金文明起源的铅同位素证据　徐利斌等　青铜文化研究（第六辑）228－237
甘肃岷县占旗遗址出土寺洼文化铜器的初步科学分析　王璐等　西域研究 4：90－100
河南新密新砦遗址出土铜器分析　刘煜等　南方文物 4：108－114
盘龙城杨家嘴遗址 M26 出土青铜斝足内壁白色物质的初步分析　李洋等　江汉考古 2：114－117
殷墟 1004 号王墓出土青铜胄的成分和铅同位素组成研究　田建花等　青铜文化研究（第七辑）139－144
汉中出土商代铜器的科学研究　陈坤龙等　青铜文化研究（第七辑）48－51
巫山双堰塘遗址出土商周时期青铜器的初步研究　凡小盼等　青铜文化研究（第八辑）118－121
信阳罗山天湖墓地出土青铜器的检测分析及相关问题初探　肖梦娅等　华夏考古 2：135－145
随州羊子山 M4 出土噩国青铜器的检测分析及相关问题　郁永彬等　文物 12：76－86
关于叶家山青铜器铅同位素比值研究的几个问题　郁永彬等　南方文物 1：94－102
湖北随州叶家山西周墓地 M28 出土铜锭相关问题研究　郁永彬等　江汉考古 5：100－107
湖南宁乡县炭河里遗址出土青铜器的科学分析　马江波等　考古 7：111－120
山西定襄中霍墓地出土铜器的初步科学分析　张登毅等　文物保护与考古科学 1：7－17
云南剑川海门口遗址第三次发掘出土铜铁器的分析及其年代　李晓岑、闵锐　考古与文物 3：120－128
云南云龙坡头出土铜斧的科学分析　徐润等　文物保护与考古科学 4：76－82
先秦超高锡青铜刃具初探　陈建立等　青铜文化研究（第七辑）133－138
陈璋壶的初步分析与思考　万俐、范陶峰　青铜文化研究（第七辑）173－179
秦始皇帝陵园出土彩绘青铜水禽基体材质分析及相关问题研究　邵安定等　考古与文物 1：121－128
盱眙大云山西汉江都王陵出土兵器用材鉴定与研究　陈潇俐等　中原文物 1：118－121
山东青州香山汉墓出土青铜鐏的成分与金相分析　李延祥等　有色金属工程 3：93－98
甘肃酒泉西沟村魏晋墓铜甑釜残留物的脂质分析　任萌等　文物保护与考古科学 2：116－122
高句丽青铜器及冶铸遗物的检测分析与探讨　贾莹　文物保护与考古科学 3：1－11
湖北鄂州古代冶炼遗物初步分析　崔春鹏等　江汉考古 3：102－111

广西战国汉代墓葬出土铁器的科学研究　黄全胜等　南方文物 1：109－114
吉林省鸭绿江右岸良民遗址出土一种特殊状态过火铁器的初步研究　张玉春　文物保护与考古科学 4：54－58
河北邯郸市矿山村炼铁炉考察　李延祥等　华夏考古 4：55－58
新疆哈密巴里坤西沟遗址 1 号墓出土部分金银器的科学分析　谭盼盼等　文物 5：85－91
巴里坤县西沟遗址 1 号墓出土部分金银器分析检测报告　谭盼盼等　新疆文物 1：92－101
新疆库车魏晋十六国墓（M15）出土金线的科学分析　杨军昌等　文物 9：88－94
古代丝织品炭化研究进展　杨海艳等　中国文物报 4 月 15 日 7 版
拉曼光谱法鉴定文物及艺术品中染料的研究进展　何秋菊、王丽琴　光谱学与光谱分析 2：401－407
古代漆膜的分析研究现状及进展　吴玥等　文物保护与考古科学 2：128－133
长沙风篷岭 M1 出土漆器检测研究　蒋成光等　文物保护与考古科学 1：112－117
金元时期三彩盒内白色物质的检测发析　唐静等　华夏考古 1：150－152
我国人骨 C、N 稳定同位素考古研究评述　陈松涛、靳桂云　东方考古（第 12 集）423－441
北刘遗址人骨的稳定同位素分析　郭怡等　考古与文物 1：115－120
晓坞遗址人骨的碳氮稳定同位素分析　舒涛等　华夏考古 1：48－55
海洋性聚落先民的食物结构：昙石山遗址新石器时代晚期人骨的碳氮稳定同位素分析　吴梦洋等　人类学学报 2：246－256
喇家遗址先民食物的初步探讨——喇家遗址灾难现场出土人骨的碳氮稳定同位素分析　张雪莲、叶茂林　南方文物 4：197－202
青海喇家遗址人类遗骸的锶同位素比值分析　赵春燕等　人类学学报 2：212－222
江苏盱眙东阳军庄汉墓群出土人骨的稳定同位素分析　郭怡等　东南文化 6：56－63
动物牙釉质氧同位素分析：一种季节性研究的新方法　董宁宁　江汉考古 2：53－61
陕西石峁遗址后阳湾地点出土动物牙釉质的锶同位素比值分析　赵春燕等　考古与文物 4：128－133
古食谱分析方法与中国考古学研究　张国文　郑州大学学报（哲社版）4：105－108
青铜时代以来中国古代北方民族生业模式的古食谱分析证据　张国文等　环境考古研究（第五辑）217－223
古代蛋白质分析在考古学中的应用　杨益民　郑州大学学报（哲社版）4：102－105

补　遗

商周时期绿松石嵌片的标量化研究　张登毅等　科学技术哲学研究 2015 年 6：76－81

古代动物分析

啮齿类的动物考古学研究探索　王运辅　南方文物 2：108－115
鉴别古代家猪与野猪的方法探究　张国文　南开学报（哲社版）5：103－108
试论家鸡骨骼的形态特征　［日］江田真毅著　刘羽阳译　邓惠、袁靖校　南方文物 2：104－107
中国新石器时代至先秦时期遗址出土家犬的动物考古学研究　武庄等　南方文物 3：155－161
长江中下游地区史前鱼类遗存初步研究　莫林恒　南方文物 4：223－233
广西百色地区全新世早中期的动物考古学研究　宋艳波、谢光茂　南方文物 1：179－183

古代植物分析

木炭研究方法　孙楠、李小强　人类学学报 1：149－160
云南植物考古现状　李小瑞　南方文物 1：166－170
孢粉记录的青藏高原东北部更尕海地区中晚全新世植被和气候变化　刘思丝等　第四纪研究 2：247－256
广东山地丘陵地带狮雄山遗址秦汉时期植物遗存分析　李昭等　第四纪研究 5：1253－1262
东乡野生稻粒型演化及其保护区古环境的初步研究　罗武宏等　环境考古研究（第五辑）122－133

古代人骨分析

中国古代人群头骨的若干赤道人种特征检测　张银运等　人类学学报 1：36－42

契丹人的人类学研究　图门·达什策维格著　丁晓雷译　王明辉校　东亚都城和帝陵考古与契丹辽文化国际学术研讨会论文集 503－509

计算机技术的应用

多视角三维重建技术在旧石器时代遗址田野考古中的应用　周振宇　考古 7：102－110

三维激光扫描技术在古代墓葬保护规划中的应用探讨　丰立柱等　西部考古（第 10 辑）266－273

两种建模方法在古文物三维模型重建中的研究　罗寒等　工程勘查 2：41－44

可移动文物的多视角影像三维重建　刘建国　考古 12：97－103

文化遗址的彩陶器物 3D 模型重建意义及可行性分析——以蚌埠禹会村遗址为例　胡飞　中国陶瓷 5：84－88

三维激光扫描技术在墓室壁画扫描中的应用　王海　南京文物考古新发现（第 4 辑）360－364

利用三维激光扫描测量数据与电脑绘图软件绘制敦煌彩塑　吕文旭、段奇三　敦煌研究 2：55－59

敦煌石窟考古绘图中的佛龛展开图画法刍议——利用三维激光扫描数据的实践尝试　赵蓉　敦煌研究 1：26－32

面向纺织品考古的三维动画研究　夏颖翀　新美术 7：131－132

观察与量取——对佛光寺东大殿三维激光扫描信息的两点反思　刘畅、徐扬　中国建筑史论汇刊（第十三辑）46－64

应用 CAVE 技术进行历史建筑空间的展示应用初探——以三希堂沉浸式虚拟现实原状陈列展示为例　吴萌　故宫学刊（总第十六辑）194－200

“数字遗产”理论与创新实践研究　贺艳、马英华　中国文化遗产 2：4－17

田野考古：从数字化到信息化　张海　中国文物报 7 月 15 日 5 版

文化遗产数字化与云计算技术应用　黄健铭、苗禾　中国文化遗产 2：39－43

从数字化到信息化：信息技术在建筑遗产领域的应用刍议　吴葱等　中国文化遗产 2：18－24

吐鲁番文物遗址地理空间信息化发展与思考　徐佑成、李辉朝　吐鲁番学研究 2：105－112

数字化手段在大遗址考古工作中的应用——以良渚古城为例　刘斌、王宁远　中国文化遗产 2：25－29

文化科技融合在文化遗产保护中的运用——以敦煌莫高窟数字化为例　陈振旺、樊锦诗　敦煌研究 2：100－107

敦煌彩绘文物数字化保护色卡制作方法研究　梁金星等　敦煌研究 2：117－124

壁画类文化遗产的数字化发展——以敦煌莫高窟为例　吴健　中国文化遗产 2：34－38

吐峪沟 K18 壁画的数码复原　山部能宜　吐鲁番学研究：吐鲁番与丝绸之路经济带高峰论坛暨第五届吐鲁番学国际学术研讨会论文集 194－198

左江花山岩画综合数字信息采集与分析研究　莫志东等　中国文化遗产 4：60－65

基于样本块的干涉条纹延拓图像修复算法研究　姜军等　西藏大学学报（自然科学版）1：78－81

大型高浮雕石质文物的数字化探索——以云岗石窟为例　何勇　中国文化遗产 2：30－33

基于照片建模的大足石刻数字化保护　李绍彬、雷炀　华夏考古 2：146－152

古陶瓷纹饰数字化过程中图像边缘提取的 Matlab 算子选择　吴隽等　中国陶瓷 4：112－116

基于神经网络算法对景德镇传统青花瓷鉴别研究　吴旭东等　中国陶瓷 7：109－114

佛山石湾陶瓷艺术的数字化保护及利用研究　范劲松、安军　文物保护与考古科学 3：102－108

GIS 技术在聚落考古中的应用　张建　郑州大学学报（哲社版）4：113－115

基于 GIS 的洛阳市史前聚落遗址空间分布特征研究　马寅清　洛阳考古（总第 13 期）82－92

GIS 在北京延庆大庄科辽代冶铁遗址群景观考古研究中的初步应用　李潘等　文物保护与考古科学 3：86－91

计算机绘图在考古应用中的几个问题　邱少贝、高超　中国文物报 7 月 29 日 7 版

Agisoft Photoscan 和 Adobe Illustrator 软件在田野考古绘图中的综合应用　付仲杨　四川文物 4：88－96
Agisoft Photoscan 照片建模技术在考古中的应用　马欢欢、赵清坡　文物保护与考古科学 4：144－149

其他

十里岗遗址石制品微痕初步研究　李意愿　湖南考古辑刊（第 12 集）196－214
浙江浦江上山遗址打制石器微痕与残留物初步分析　王佳静、蒋乐平　南方文物 3：117－121
桐柏县月河墓出土玉器显微观察与显微测量研究　张友来　丝绸之路与玉文化研究 275－291
数字化时代甲骨摄影的技巧与方法　李凡　故宫博物院院刊 3：27－31
倾斜摄影技术在青铜器文物数字化保护标准研究中的应用分析　孙志远　故宫学刊（总第十六辑）182－193
无人机影像在文物建筑保护中的应用　付力　中国文化遗产 5：59－64
低空摄影测量及三维数据处理在砖石塔测绘中的实践应用——以天津独乐寺塔为例　李哲等　中国文化遗产 3：61－67
高科技成像技术 RTI 在文物博物馆及考古发掘中的应用　冯楠　边疆考古研究（第 20 辑）419－426
考古绘图在我国的实践　何文竞　中国文物报 7 月 15 日 7 版
手工测绘龛内展开图的基本方法　吴晓慧　敦煌研究 2：60－66
青铜器铭文传拓心得　张越　中国文物报 8 月 5 日 7 版
潮湿环境黏性土地区考古现场地下水控制试验研究　张明泉等　敦煌研究 2：95－99
城头山 2 号遗址区护坡遗迹的套箱提取　张涛、陈磊　湖南考古辑刊（第 12 集）290－299
现代检测仪器在中国古代青铜器鉴定中的应用方法研究　钟家让　文物春秋 5、6：39－49

四　文物保护与修复

综　述

2015 年文化法治研究综述（一）、（二）、（三）、（完）　李袁婕　中国文物报 3 月 15 日 3 版、3 月 18 日 3 版、3 月 22 日 3 版、3 月 25 日 3 版
对《文物保护法》第六十六条第二款进行立法后评估的思考　李袁婕　中国文物报 1 月 22 日 3 版
我国文物保护法制化的发端——论清末《保存古迹推广办法》及其历史作用　李建　文物保护法研究专辑（Ⅳ）103－114
公私利益平衡：比较法视野下的文物所有权限制与补偿　王云霞、胡姗辰　文物保护法研究专辑（Ⅳ）1－14
论民事责任制度在文化遗产法律适用中的意义——以法律概念生成为视角　张舜玺　文物保护法研究专辑（Ⅳ）27－37
基于环境立法价值理念下的文化遗产保护研究　李伟芳　文物保护法研究专辑（Ⅳ）15－26
论非物质文化遗产“保护”（safeguarding）的法律含义　周超　文物保护法研究专辑（Ⅳ）165－176
非物质文化遗产的刑法保护问题研究　吕天奇　文物保护法研究专辑（Ⅳ）177－186
陕甘宁边区文物法规述要　刘卫平　中国文物报 6 月 3 日 3 版
故宫保护若干立法问题研究　李袁婕　故宫博物院院刊 3：32－40
安徽出台凌家滩遗址保护条例　徽文　中国文物报 4 月 8 日 1 版
文化遗产价值体系研究　刘艳、段清波　西北大学学报（哲社版）1：23－27
传承和共享：文化遗产保护的双重伦理向度　季国良　东南文化 4：11－15
文化遗产保护中的风险管理原则　吴玥、龚德才　中国文物报 7 月 22 日 6 版
试论“重建”之于中国文化遗产保护的意义　王新文等　东南文化 6：13－19
非物质文化遗产保护的现实处境与对策研究　杨明　文物保护法研究专辑（Ⅳ）142－164
宏观文物保护学再探　江苏省文物保护学学会　中国文物报 8 月 5 日 6 版
文保规划中文物构成的认定与分类（一）、（二）　孙丽娟　中国文物报 6 月 24 日 6 版、7 月 22 日 6 版

文物保护"西学中用"刍议　曹鑫江、葛川　中国文物报 7 月 15 日 3 版
嬗变与思考——兼谈中、西方文物保护修复理念、方法论　沈宏敏、李玮　博物馆研究 1：79 - 83
浅谈对文物保护与修复理念的认识　杨卫　江西省博物馆集刊（七）193 - 198
常见文物缺陷描述语　王辉　博物馆研究 1：84 - 89
要加强文物保护措施有效性和耐久性的评估　黄克忠　中国文物报 6 月 24 日 6 版
我国不可移动文物保护的问题与对策　石柳霞　丝绸之路 11：59 - 60
考古现场文物保护方法试析　万洁、杨华　吐鲁番学研究 2：113 - 119

补　遗

《中国文物古迹保护准则》在壁画保护中的应用　马琳燕　长安大学学报（社科版）2015 年 4：101 - 105

金属器的保护

文物修复的可识别原则探讨——以青铜文物修复为例　余子骅、龚德才　中国文化遗产 6：56 - 60
论我国古代是否存在青铜器防腐蚀专门处理技术　陆秋燕　文物春秋 4：47 - 52
湖北随州叶家山青铜文物的保护修复　李玲、卫扬波　中国文物报 9 月 2 日 5 版
叶家山西周早期曾国墓地出土青铜罍的保护修复　李玲、谭文　江汉考古 4：103 - 112
江苏省东海县博物馆藏青铜器的修复保护　朱磊、刘彦琪　文物保护与考古科学 4：45 - 75
南阳淅川下寺春秋楚墓青铜鼎保护修复技术研究　赵晟伟等　中原文物 5：120 - 124
长治分水岭墓出土青铜器的保护与修复　钟家让　中国文物报 11 月 11 日 7 版
馆藏出土青铜器保护中的 X 射线成像技术的应用及展望　解晋、闫文祥　文物世界 2：74 - 77
济南长清仙人台遗址出土青铜器的保护研究　仝艳锋　青铜文化研究（第六辑）240 - 245
巧手匠心——从一件青铜方壶修复说起　张海滨　大众考古 42：82 - 85
修复战国蟠纹铜敦的方法　何陟　中国文物报 6 月 24 日 7 版
广州地区出土脆弱青铜器加固材料筛选研究　吕良波　材料导报专 1：458 - 462
汉铜漏壶的保护修复及相关问题探讨　杨忙忙　文物保护与考古科学 4：59 - 64
庄浪县馆藏铜镜调查分析与保护方案　王江平　丝绸之路 8：23 - 24
湖北柳树沟墓群 M24 出土汉代薄胎铜镜的保护修复　南普恒等　文物保护与考古科学 3：78 - 85
西安博物院唐代双鸾衔绶镜分析检查及其保护修复　贾晓燕等　文博 2：104 - 107
唐双鸾双兽纹葵花铜镜的修复　杨凤霞　中国文物报 8 月 19 日 7 版
广西桂平市博物馆藏宋代双凤纹铜镜的修复研究　杜晓俊等　东方博物（第五十九辑）101 - 107
安徽博物院馆藏钱币的清洗与保护　陈华锋　中国钱币 2：73 - 75
一批明清时期贴金彩绘铜佛像的保护修复及制作工艺研究　黄晓娟等　文物世界 4：76 - 80
碱性溶液对出水铁器中四方纤铁矿（β - FeOOH）相中氯的脱除研究　成小林、张然　文物保护与考古科学 1：1 - 6
魏家庄遗址出土铁器的保护修复　王浩天等　南方文物 4：258 - 268
浅谈室外铁质文物的保护修复方法——以晋祠对越牌坊前雄狮保护修复为例　李小波　文物世界 3：75 - 78
WB - 1 复合气相缓蚀剂对清代带锈铁质钱币文物的保护研究　滕飞、胡钢　文物保护与考古科学 1：18 - 23
出土脆弱锡、铅质文物的保护修复——以张家川马家塬三号墓车厢侧板铅牛保护修复为例　段剑蓉、邓天珍　故宫文物月刊 398：52 - 60
实验室考古的成功范例——"扬州隋炀帝萧后冠实验室考古与保护"通过专家验收　郭桂香　中国文物报 9 月 6 日 1 版
千年华冠的精彩"重生"——扬州隋炀帝萧后冠实验室考古与保护　郭桂香　中国文物报 9 月 30 日 5 版

馆藏银器的腐蚀特征与保护研究综述　陶小凤等　北京文博文丛·2016·第4辑105－112

石质文物的保护

非稳态热湿耦合模拟技术在我国石质文物中的应用初探　安程　文物4：91－96

意大利文物化学清洗方法在一件石像保护修复中的应用　荆海燕、蔡淋　文博3：94－97

浅谈一件北魏菩萨立像的保护修复　郭建　文物世界6：76－78

四川绵阳北山院摩崖造像及刻经岩石表层劣化特征研究　赵凡等　四川文物4：76－87

巴蜀石刻艺术保护、研究的国际意义——从日本研究者的观点出发　肥田路美　佛像、图像与遗产——美术考古与大足学研究205－216

杭州飞来峰摩崖石刻造像群保护综述　王丽雅　东方博物（第五十九辑）58－63

潼南大佛与大足千手观音像髹漆贴金过程反思——试论文物修复实践中的文物保护理念　张予南　中国文化遗产3：65－75

浅谈一件砂岩佛坐像的保护与修复　郭建　文物世界2：78－80

复杂形态立柱式石质文物的病害调查及防治对策：以浙江省柯岩云骨岩柱为例　姜效玺等　工程勘查10：1－5

炳灵寺红砂岩石雕佛塔的保护修复　刘宗昌　陇右文博2：87－93

露天碑刻类文物保护与展示新方法　赵希利等　文博5：87－90

明代石拱桥禚湖桥保护技术研究　淳庆等　文物保护与考古科学3：65－72

水硬石灰作为贺兰口岩画加固材料的耐候性能研究　徐飞等　文物保护与考古科学4：31－39

宁明花山岩画病害原因研究　郭宏　中国文化遗产4：48－54

花山岩画岩体开裂机理统计分析　赵莽等　文物保护与考古科学2：24－31

左江花山岩画面层抢险加固材料的选择与研发　戴仕炳、王金华　中国文化遗产4：55－59

玉三镶如意的修复　秦志芳　文物世界3：79－80

古建筑的保护

对古建筑保护修复的一点认知　肯杰古丽　新疆文物2：104－105

古建筑烧结黏土砖性能检测的超声波方法研究　戴仕炳等　文物保护与考古科学2：16－23

古建筑油饰材料防火研究　董凯　中国文物报10月28日7版

中国长城保护报告　国家文物局　中国文物报12月2日3版

晋城市境内战国至五代长城保存现状与病害分析　程勇　文物世界1：78－80

基于灰色关联度分析法的土遗址病害程度量化评价——以陕北明长城单体建筑为例　姚雪、孙满利　敦煌研究1：128－134

南京六朝建康都城城墙夯土遗址锚杆加固技术研究　淳庆等　文物保护与考古科学1：69－76

高昌故城城墙保护加固研究　阿布都艾尼·阿不都拉　敦煌研究5：150－157

明城墙微生物调查及微型藻类腐蚀城墙效应探究　蔡晓琛等　文物保护与考古科学2：44－52

嵌固墙体对穿斗式木构古建抗震性能的影响　周乾　故宫学刊（总第十四辑）323－330

西藏日喀则地区吉隆县曲德寺、卓玛拉康现状勘查报告及修缮设计方案　西藏自治区文物保护研究所（张纪平等）　西藏文物考古研究（第2辑）234－260

西藏吉隆县帕巴寺保护修缮工程设计方案　西藏自治区文物保护研究所（格桑央金等）　西藏文物考古研究（第2辑）223－233

固原城隍庙病害调查及成因分析　胡永祥　博苑耕耘（第2辑）293－298

地质雷达探测在明镜台保护中的应用　雷繁　文博4：105－107

故宫灵沼轩风振响应分析　周乾等　文物保护与考古科学3：55－64

关于海南崖城学宫及保护规划编制的几个问题　姚军　四川文物6：84－92

壁画的保护

古代彩绘类文物胶粘剂类型及病害防治　张亚旭等　西部考古（第10辑）239－247

基于凝胶法的古代壁画表面加固材料的去除技术模拟研究　贾成思、张秉坚　文物保护与考古科学 4：9－18

古代墓室壁画地仗加固材料的室内研究　赵林毅等　敦煌研究 2：108－116

新思路保护加固墓葬壁画——切割青砖支撑体法　李蔓等　中国文物报 1 月 22 日 7 版

薄荷醇在墓葬壁画抢救性揭取上的应用研究　韩向娜等　敦煌研究 5：142－149

馆藏隋代史射勿墓壁画现状调查　武瑛、沈立君　博苑耕耘（第 2 辑）299－309

唐韩休墓壁画的抢救性保护　杨文宗　中国国家博物馆馆刊 12：141－147

九原岗辅国将军墓壁画表面结壳的形成与清除研究　李碧薇等　文物世界 1：3－7

莫高窟壁画疱疹病害调查研究　陈港泉等　敦煌研究 3：110－116

基于近红外高光谱技术的敦煌莫高窟壁画起甲病害风险评估方法　孙美君等　文物保护与考古科学 4：1－8

莫高窟壁画地仗试件物理力学性能分析　杜建国等　文物保护与考古科学 2：38－43

麦积山石窟空鼓壁画的修复　岳永强等　中国文化遗产 2：75－78

馆藏石窟寺保护保护探索——以库木吐喇石窟已揭取壁画修复为例　周智波、余黎星　中原文物 6：120－126

库木吐喇石窟第 56 窟空鼓及起甲壁画的抢救性保护修复　徐永明等　敦煌研究 5：158－164

藏传佛教壁画保护修复技术的创新与突破——西藏哲蚌寺措钦大殿内转经道壁画的揭取与原位复原　郭宏　中国文物报 3 月 4 日 5 版

从凤县天开寺壁画看敷金技法在古代壁画中的运用　张佳　文博 2：108－112

福州三坊七巷壁画和灰塑的揭取与复原回贴　蔡博　文博 5：83－86

文物的原真性基因研究——以福州三坊七巷壁画保护修复为例　杨秋颖　中国文物报 6 月 24 日 5 版

故宫东华门内檐彩画的保护修复与分析　杨红、刘梦雨　故宫学刊（总第十六辑）221－236

曲阜孔庙 11 号碑亭彩画调查与复原初探　刘俊　文物世界 5：82－85

石窟寺的保护

基于仰韶水泥的砂岩石窟裂隙灌浆材料室内筛选研究　赵林毅等　文物保护与考古科学 3：48－54

对症下药　科学修复——兼谈对环氧树脂的认识问题　陆寿麟　中国文物报 1 月 8 日 6 版

简述敦煌莫高窟保护管理工作的探索和实践　樊锦诗　敦煌研究 5：1－5

客观真实性：莫高窟保护与管理中的文化与合作问题　［美］内维尔·阿根纽著　王平先译　敦煌研究 5：6－13

莫高窟窟区微气候环境研究　尚瑞华等　敦煌研究 3：117－123

封闭对敦煌莫高窟洞窟温湿度的影响　李红寿等　文物保护与考古科学 3：40－46

敦煌莫高窟降雨分布及入渗特征研究　刘洪丽等　文物保护与考古科学 2：32－37

麦积山石窟文物保护历程回顾与思考　马千　中国文化遗产 1：58－64

麦积山石窟管理体制的思考和探索　李天铭　中国文化遗产 1：65－67

麦积山石窟保存现状调查　张少昀　丝绸之路 8：18－20

锚筋固危崖　穿洞引水患——麦积山石窟维修加固与渗水治理工程　董广强　中国文化遗产 2：70－74

麦积山石窟第 15 窟保护修复　岳永强等　石窟艺术研究（第一辑）255－264

云岗石窟的污染物病害调查研究　刘仁植等　文物保护与考古科学 2：101－110

四川安岳卧佛院石窟文物赋存环境研究　安程　四川文物 1：91－96

漆木器的保护

基于 CNKI 的漆器文物保护科学领域文献计量分析研究　张毅　文物保护与考古科学 3：114－121

利用荧光偏光技术对古木进行腐朽等级判定及加固程度的辨析　崔新婕等　文物保护与考古科学 4：48－53

古木硅化处理对其物化性能的影响　奚三彩、孙国平　材料科学与工程学报 4：526－529

微波预处理对饱水木材 PEG 脱水加固效果的影响　王亚龙、张欢　跨湖桥文化国际学术研讨会论文集 50 - 56
出土饱水木质文物脱水定型研究现状　王飞　跨湖桥文化国际学术研讨会论文集 57 - 65
复配二甲基脲稳定跨湖桥独木舟的效果评估　卢衡等　跨湖桥文化国际学术研讨会论文集 15 - 30
田螺山遗址木质文物保护　张溪文等　跨湖桥文化国际学术研讨会论文集 43 - 49
成都商业街船棺葬出土棺木保护回顾与展望　肖峰等　跨湖桥文化国际学术研讨会论文集 93 - 101
自动控制喷淋系统在大型出土木质文物保护中的应用——以山东定陶汉墓“黄肠题凑”保护为例　成倩等　跨湖桥文化国际学术研讨会论文集 66 - 78
泉州湾宋代海船保护修复刍议　费利华、李国清　跨湖桥文化国际学术研讨会论文集 165 - 171
海洋出水南宋古沉船饱水木构件的定形保护　刘东坡　东方博物（第五十五辑）115 - 119
上海元代水闸遗址木构件水浸保护前期处理　丁佳荣等　跨湖桥文化国际学术研讨会论文集 79 - 92
宁波“小白礁Ⅰ号”船体病害调查和现状评估　金涛、李乃胜　文物保护与考古科学 2：92 - 100
北京市清代雍和门结构检测鉴定　张涛等　文物保护与考古科学 2：53 - 59
太平天国英王府金龙屏门分析研究与保护修复　严静等　江汉考古 3：112 - 118
一件清代髹漆贴金木雕观音菩萨坐像的保护研究和修复　卢燕玲　文物保护与考古科学 1：38 - 46
馆藏潮州木雕的保护修复——以通雕髹漆贴金花鸟图花板为例　王亚龙　文物天地 12：46 - 48
出土饱水竹简失水干缩的复形研究——以海昏侯墓葬出土竹简等为例　吴昊等　文物保护与考古科学 3：12 - 18
吴简发现研究保护 20 年　管震　中国文物报 10 月 4 日 5 版
长沙走马楼饱水吴简的科技保护　金平　大众考古 37：52 - 56
浙江萧山跨湖桥遗址出土编织物的揭取与鉴定　卢衡等　跨湖桥文化国际学术研讨会论文集 31 - 36
浙江萧山跨湖桥遗址出土编织物的科学保护　刘莺、卢衡跨湖桥文化国际学术研讨会论文集 37 - 42

纸质品的保护

谈我国纸质文物保护的科技需求　何伟俊　东南文化 5：20 - 25
脱酸加固技术在博物馆纸质文物保护中的应用　杨利广　丝绸之路 11：68 - 69
珂罗版复制在书画文物保护中的作用　严培珍　文物保护与考古科学 3：127 - 131
古旧纸本字画孳生霉斑的鉴定　张慧等　文物保护与考古科学 1：108 - 111
书画修复用宣纸性能的研究　徐文娟等　文物保护与考古科学 1：33 - 37
《永乐十二年郑和发心书写金字经》复原研究　章宏伟　学术研究 5：142 - 148
浅谈天一阁藏明代古籍的装帧与修复案例　王金玉　文物保护与考古科学 2：123 - 127
馆藏清代古旧字画酸化调查研究　赵希利等　文博 4：88 - 91
故宫藏《清代董诰花卉图》修复与保护　周海宽　博物馆研究 3：87 - 90
《清吴俊指头绘山水图轴》的指画艺术与修复技法探究　王怡威　博物馆研究 3：91 - 96
黄增《秋林晚翠山水图》修复工艺探索　周海宽、陈文佳　故宫学刊（总第十六辑）237 - 244
符望阁原存隔扇心的调研及修复方案　杨泽华　故宫博物院院刊 4：145 - 151

纺织品的保护

模拟光老化研究黄色植物染料染色丝绸的光致褪色　贺冰等　文物保护与考古科学 3：30 - 39
从光谱角度研究博物馆照明对染色丝绸的影响　徐方圆等　文物保护与考古科学 1：24 - 32
试论丝绸文物保存中的相对湿度问题　路智勇、张静　文博 2：99 - 103
绉丝纱在中国古代纺织品修复中的应用　王淑娟　文物保护与考古科学 2：66 - 72
出土丝织品“半干半湿”研究　刘峰等　中国文物报 1 月 22 日 7 版
新疆山普拉墓地出土纺织品捻向及细度检测分析　牛功青　吐鲁番学研究 1：118 - 121
新疆吐鲁番阿斯塔纳出土唐代米色绢袜保护修复　郑海玲等　文物保护与考古科学 3：73 - 77
安徽南陵县北宋墓出土丝织品的室内揭取　俞翔、龚德才　中国文物报 1 月 8 日 7 版

明代胡靖行书《舞鹤赋》缎本轴的修复　黄瑛等　文物保护与考古科学 2：73－77
清宫绢本通景贴落画的保护与修复　王博　天津博物馆论丛（2015）191－194
乾隆花园三幅通景画的修复　杨泽华　故宫学刊（总第十四辑）229－236

陶瓷器的保护

陶瓷类文物保护与修复工作的几点思考　惠学军　博物馆研究 4：92－96
陶器修复行业技术规范在实践中应用　尚玉平　新疆文物 2：100－103
复合材料贴敷脱盐技术在脆弱陶器脱盐中的应用　王丽琴等　江汉考古 6：91－95
浅谈残损彩陶的修复　贺永安　临夏考古——临夏回族自治州博物馆论文集 473－474
辽宁建昌县东大杖子战国墓地出土彩绘陶礼器的保护修复　王贺等　北方文物 4：40－45
一件汉陶摇钱树座的粘接物科学分析与保护修复　雷淑、吴俊杰　西部考古（第 10 辑）229－238
控制瓷器修复范围　实现最小干预　李西林、李奇　中国文物报 4 月 29 日 7 版
一件剔花瓷器的修复　吴峰天　中国文物报 8 月 19 日 7 版
“南海 I 号”两件出水瓷器文物的保护与修复　吴启昌　文物保护与考古科学 1：93－100
基于力矩平衡原理的秦兵马俑重心测量及临界地震加速度计算　王亮等　文物保护与考古科学 1：101－107
彩绘回贴技术在秦代高级军吏俑保护修复中的应用　兰德省等　文物保护与考古科学 2：60－66
大同善化寺辽金彩塑的保护对策　王玥等　中国文物报 4 月 1 日 7 版
浅谈泥质彩塑保护修复中的问题　刘晚香　文物世界 5：75－79
福胜寺彩绘泥塑病害调查分析　张爱　文物世界 5：39－42
馆藏彩绘泥塑文物保护与修复探讨　张磊　广西博物馆文集（第十一辑）394－404

补　遗

丙烯酸盐配合物溶胶对出土脆弱陶质文物的加固保护研究　陈家昌等　材料导报 2015 年 26：479－482

遗址的保护

关于重挖著名遗址的思索　许永杰　北方文物 4：53－62
遥感考古在大遗址保护中的应用与实践——以河北大遗址为例　白晓燕　北方文物 2：47－49
海南 136 处水下遗址居全国之首——海上大遗址的初步形态基本形成　刘瑾　中国文物报 8 月 12 日 1 版
对古遗址“土”的再认识　王通洋、龚德才　中国文物报 8 月 5 日 7 版
利用红外热像测定土遗址导热系数的方法研究　欧阳先庚等　文物保护与考古科学 1：63－68
土质文物盐害中硫酸钠的研究——从微观到宏观　靳治良等　文物保护与考古科学 1：54－62
机械切割在土遗址搬迁保护中的应用研究　蔡乐刚等　文物保护与考古科学 1：86－92
潮湿环境模拟考古土遗址夯筑支顶加固效果评估　曾俊琴等　文物保护与考古科学 2：78－84
$FLAC^{3D}$ 在潮湿环境史前考古土遗址直立探方稳定预判中的应用　陈鹏飞等　敦煌研究 4：135－140
浙江浦江上山遗址保护与利用的实践和思考　朱江平等　南方文物 3：79－88
跨湖桥遗址潮湿环境综合保护技术效果监测课题研究中期报告　吴健等　跨湖桥文化国际学术研讨会论文集 1－14
生物酶对跨湖桥遗址丝状真菌抑菌作用的研究　吴健、楼卫　文物保护与考古科学 3：25－29
对河姆渡遗址保护、利用的探索与思考　何晓春　跨湖桥文化国际学术研讨会论文集 102－110
草鞋山遗址现状调查及保护对策　赵芊、沈志忠　古今农业 2：96－100
关于大地湾遗址保护与利用的几点思考　张正翠　跨湖桥文化国际学术研讨会论文集 153－164
试论大地湾 F901 新石器时代宫殿遗址的保护方式　张力刚　跨湖桥文化国际学术研讨会论文集 147－153
关于商丘古都古城深入研究与保护利用问题的几点初步见解　朱士光　中国古都研究（第二十九辑）8－13
郑州商城遗址保护思路探析　张红樱、范杨　文化学刊 1：180－182
土遗址原址保护展示的实践与思考——三星堆遗址灾后保护工程为例　董静　跨湖桥文化国际学术研讨

会论文集 135－146

遗址保护应注意的几个问题——以南越国宫署遗址保护为例　詹小赛　中国文物报 11 月 11 日 6 版

吐鲁番境内烽燧保存现状及保护对策　李刚　中国文物报 11 月 25 日 8 版

浅谈安定堡故城的保护与利用　白海峰等　文博 5：91－95

陕西宝鸡石鼓山商周墓地 M4 发掘现场信息提取及文物保护　梁嘉放等　文物 1：88－96

墓道葬车的清理方法探索——以长子西南呈 M15 墓道车辆发掘为例　李斌　文物世界 2：24－26

熊家冢殉葬墓原址保护防水研究　陈华　跨湖桥文化国际学术研讨会论文集 127－134

秦陵陪葬坑土遗址安全含盐量探究　张晓英等　文物保护与考古科学 4：19－25

汉阳陵地下博物馆遗址表面硫酸钙（$CaSO_4 \cdot 2H_2O$）形成原因探析　王永进等　文物保护与考古科学 4：26－30

山东定陶王墓地（王陵）M2 汉墓土遗址保护思路与对策　王乐乐等　跨湖桥文化国际学术研讨会论文集 110－126

原址保护文物菌害防治中的抑菌剂滥用问题　葛琴雅、范晓轩　跨湖桥文化国际学术研讨会论文集 172－178

《乾陵保护总体规划》编制始末与问题解析　樊英峰　乾陵文化研究（十）1－17

《乾陵保护总体规划》的编制实践　芦佳洁　乾陵文化研究（十）18－23

西夏陵夯补支顶加固工艺质量控制研究　张博等　敦煌研究 5：135－141

太原刚玉元代壁画墓搬迁保护　李在青、郝月仙　文物世界 5：64－70

明十三陵裕陵修缮　黎冬青　北京文博文丛·2016·第 1 辑 96－117

补　遗

简论城子崖遗址的发掘和保护　李聪　管子学刊 2015 年 3：74－77

其他

文化线路的研究与保护　童明康　四川文物 3：30－32

文物保护领域中的化学　张吉　古代文明研究通讯 71：1－7

考古发掘现场出土脆弱遗迹提取方法研究述评　容波等　文物保护与考古科学 3：122－126

瞬间曝光对文物的影响探讨　张琳　故宫文物月刊 403：104－108

太赫兹技术在文化遗产领域的应用进展　周萍等　文物保护与考古科学 4：133－143

X 射线荧光面扫描分析技术在文物保护中的应用　王永进等　文博 2：96－98

国内文物保护胶凝材料研究状况及发展趋势——基于中国知网近 15 年来期刊论文的定量分析　李佳佳、张秉坚　文物保护与考古科学 4：120－132

故宫博物院在陈文物防震方法研究　周乾　故宫博物院院刊 4：152－159

故宫内外不可移动文物赋存环境的比较性分析　安程、吕宁　故宫博物院院刊 2：147－153

电脑雕刻机在镶嵌类文物修复中的应用与思考　孙鸥　故宫学刊（总第十四辑）221－228

骨角质文物保护研究进展　王翀等　文物保护与考古科学 1：118－125

新疆五堡墓地出土干燥皮革文物的劣变与保护　周文晖　文物保护与考古科学 1：47－53

皮革文物保护的新尝试——山东出土战国皮囊加固保护取得可喜成效　张杨、龚德才　中国文物报 2 月 5 日 7 版

湖北枣阳九连墩一号墓皮甲的复原　王先福　考古学报 3：417－444

甘肃马家塬战国墓地 M4 出土身体装饰件的保护修复及复原研究　黄晓娟等　中国国家博物馆馆刊 6：148－156

贰　考古学分论

一　综述

甘青地区新石器——青铜时代环境考古的研究进展与展望　董广辉、陈发虎　环境考古研究（第五辑）

230－241
近年来的中国青铜时代考古：新发现与新问题　李伯谦　青铜文化研究（第六辑）1－4
上古国家与文明研究中年代学方法的反思　郭立新、郭静云　南方文物4：17－31
从“归纳”到“解释”：汉唐考古研究的趋势　韦正　东南文化4：6－10
中原历史文化演进的考古学观察　刘庆柱、韩国河　考古学报3：293－318
陇山东西两翼相关考古学文化的一统——兼谈姜炎文化之流与周秦文化之源　刘明科　陇右文博2：3－8
“国族”与“国族文化”辨析　尚友萍　文物春秋5、6：10－24
先秦时期莱州湾与朝鲜半岛文化交流的新线索　李水城、艾婉乔　中国文物报7月15日6版
先秦时期胶东与辽东文化交流及其演变　王富强等　东方考古（第12集）7－27
三代聚落述略　谢肃　聚落考古1：66－82
聚落群聚形态视野下的中国城址与城市起源　裴安平　“城市与文明”学术研讨会论文集43－83
中国城市考古概说　孙华　东亚都城和帝陵考古与契丹辽文化国际学术研讨会论文集21－84
考古学史视域下先秦城市防御文化探索的心路历程——以张国硕先生对先秦城市防御问题的研究为例　史筑夫　洛阳考古（总第12期）50－60
辽宁西部地区先秦时期聚落遗址空间格局分析　公雪霜等　中国科学院大学学报3：373－379
宗庙与祭祀：夏商周都城的突出特征　徐良高　“城市与文明”学术研讨会论文集304－316
中国古代汉唐都城形制的演进——由曹魏太极殿谈唐长安城形制的渊源　钱国祥　中原文物4：34－46
古代悬镜葬俗研究　葛林杰　考古12：90－96
中国古代高级贵族陵墓区规划制度浅探　胡进驻　华夏考古1：93－102
“镇墓”的信仰传统与宗教情怀　刘屹　两个世界的徘徊：中古时期丧葬观念风俗与礼仪制度学术研讨会论文集369－384
论新石器时代到汉代狗在人类社会中的角色演变　刘丁辉　中原文物2：32－44
系统论与世界体系（之一）：从系统论看“火技术”与“木—铁体系”　陈明远、林川　社会科学论坛6：4－20
系统论与世界体系（之二）：“陶—铜体系”即“火技术—陶冶体系”　陈明远、林川　社会科学论坛7：4－16
系统论与世界体系（之三）：“陶—铜体系”——野蛮向文明的过渡　陈明远、林川　社会科学论坛8：4－20
多样的陶器烧制技术：选择还是进化　郭梦　考古3：74－85
先秦时期锯齿刃石钺的考古学研究　崔天兴　中原文物6：31－36
中华文明形成过程中的资源、技术与生业研究　叶晓红　中国文物报1月1日5版
河套地区先秦两汉时期文化、生业与环境研究课题的进展与今后的任务　张忠培　草原文物2：1－12
自然之色与哲学之色——中国传统方色理论起源研究　冯时　考古学报4：445－464
观象授时与文明的诞生　冯时　南方文物1：1－6

补　遗

中国北方地区墓道发展与墓葬建设关系研究：以高等级墓葬为例　王晨仰等　西北大学学报（自然科学版）2015年6：1020－1024

二　人类起源及旧石器时代

综　述

史前埋藏学的历史回顾与再思考　曲彤丽、陈宥成　南方文物2：79－83
旧石器考古发掘方法再思考　林壹　考古3：68－73
石料力学性能分析在旧石器考古学研究中的应用　周振宇等　人类学学报3：407－417

旧石器时代装饰品研究：现状与意义　魏屹等　人类学学报 1：132－148
盘状石核相关问题探讨　陈宥成、曲彤丽　考古 2：88－94
细石器的概念与研究方法　李有骞　北方文物 1：19－22

人类起源

关于北京猿人用火的证据：研究历史、争议与新进展　高星等　人类学学报 4：481－492

华北地区

泥河湾盆地考证　卫奇　文物春秋 2：3－11
泥河湾盆地麻地沟 E5 旧石器地点的遗址成因与石器技术　裴树文等　人类学学报 4：493－508
泥河湾盆地黑土沟遗址　卫奇等　人类学学报 1：43－62
泥河湾盆地葡萄园旧石器遗址　卫奇等　人类学学报 3：321－330
泥河湾盆地南山边遗址发现的旧石器　王法岗　人类学学报 3：331－342
侯家窑遗址地层、年代与形成环境的新认识　李曼玥等　古生物学报 1：122－135
泥河湾侯家窑遗址古河流及环境考古意义　李蕾等　沉积学报 1：111－119
秦岭地区更新世黄土地层中的旧石器埋藏与环境　王社江、鹿化煜　中国科学（地球科学）7：881－890
宾福德与北京猿人遗址之争　战世佳等边疆考古研究（第 20 辑）141－153
本世纪以来山西的旧石器考古与研究　任海云　文物春秋 4：3－6
柿子滩遗址石英岩石料产地调查和研究　宋艳花　华夏考古 3：45－52
柿子滩遗址楔型细石核工艺流程研究及相关问题探讨　任海云　中国国家博物馆馆刊 1：6－13
陵川后河洞遗址调查石制品初步研究　任海云　中原文物 1：14－17
大同广灵洗马庄旧石器遗址调查与再探讨　李君等　文物世界 2：40－44
许昌人遗址第 5 层文化的进步特征探讨——兼论新文化出现的原因　张金凤　中原文物 3：27－34
华北地区旧、新石器时代过渡中的关键变化　林壹　文物春秋 2：12－17
龙王辿遗址第一地点细石器加工技术与年代——兼论华北地区细石器的起源　王小庆、张家富　南方文物 4：49－56

东北地区

鄂尔多斯乌兰木伦遗址的工具类型与修理技术初探　刘扬等　人类学学报 1：76－88
黑龙江省中部山区旧石器遗存的发现与认识　李有骞　草原文物 1：62－69
沈阳法库后大屯二岭山地点发现的旧石器研究　付永平等　北方文物 2：3－11
吉林和龙大洞遗址黑曜岩雕刻器的制作技术与功能　赵海龙等　人类学学报 4：537－548
嫩江流域玛瑙材质原始石器初探　崔昊、刘婷婷　理论观察 6：120－121

其他地区

福建漳平奇和洞遗址的骨制品　范雪春　东南文化 2：58－70
丹江口库区果茶场Ⅱ旧石器遗址形成过程研究　李浩等　江汉考古 1：42－50
郁南磨刀山旧石器遗址考古发掘研究　何英明　丝绸之路 10：49－50
华南晚更新世晚期人类行为复杂化的个案——江西万年吊桶环遗址的发现　王幼平　人类学学报 3：397－406
鲤鱼嘴遗址生业模式演化的环境考古学研究　叶亮、蒋远金　环境考古研究（第五辑）187－195
中国沿海的早期海洋适应性文化　张弛、洪晓纯　南方文物 3：1－13
试论云南地区旧石器时代晚期文化的区域性特点　张涛　四川文物 1：61－71
贵州省习水县渔溪洞遗址发现的石制品　张改课等　西部考古（第 12 辑）71－83

三　新石器时代

综　述

史前考古学视野下的“尚中”思想研究　邓国军　宁夏大学学报（人文社科版）33－38

浅谈中国新石器早期文化的形成 郭明建 环境考古研究（第五辑）10－18
中国早期新石器时代的三类型与两阶段——兼论上山文化在稻作农业起源中的位置 蒋乐平 南方文物 3：71－78
中原和江汉地区文明化进程比较 韩建业 江汉考古 6：39－44
试论区域考古视野下的遗址研究 惠夕平 华夏考古 2：129－134
试论区域考古视野下的遗址研究 惠夕平 聚落考古 1：83－88
聚落考古与城市起源研究 陈淳 “城市与文明”学术研讨会论文集 19－36
中国史前城址研究综述（1999～2016） 肖宇 常州文博论丛 2016 年（第 2 辑）57－65
中国史前城址研究的过去、现在与未来 赵春青 “城市与文明”学术研讨会论文集 84－98
城址考古：史前长江流域的发现与研究 高蒙河、郑好 “城市与文明”学术研讨会论文集 160－167
从新石器时代墓葬随葬器物看社会的演进 徐义华 辽宁师范大学学报（社科版）3：126－132
磨制石器的量化分类方法初探——以中锋端刃器的分类为例 黄可佳 东方考古（第 13 集）101－112
史前的石磨盘——俎、案和磨盘 崔天兴 中国文物报 8 月 12 日 6 版
再论石锛的安柄与使用——从出土带柄石锛谈起 肖宇 农业考古 4：123－128
人类文化进程中的陶器起源：关于陶器起源的另一种假说 周广明、和奇 南方文物 1：51－58
关于快轮制陶的新概念、新判断和新理论 李文杰 文物春秋 4：7－10
中国新石器时代陶甑、甗谱系研究 李晓杨、韩建业 湖南考古辑刊（第 12 集）215－239
试论原始彩陶装饰纹样对中国早期绘画的影响 李甜 丝绸之路 11：50－51
绳与绳纹的民族考古调查、实验与研究 付永旭 南方文物 4：215－222
试析中国早期器物刻画符号的命名问题 马保春、袁广阔 切偲集：首都师范大学历史学院史学沙龙论文集（第一辑）25－48

文明起源研究

近二十年来中国学术界国家起源研究述评 常怀颖 四川文物 1：46－60
中国文明起源研究中的“复杂”概念辨析 崔天兴 华夏考古 2：122－128
都市与文明定义小议 王妙发 “城市与文明”学术研讨会论文集 37－42
从证经补史到独步史前：考古学对“中国”诞生史的探索 许宏 南方文物 1：7－11
“最初的中国”之考古学认定 李新伟 考古 3：86－92
当代民族国家史的构建与“最早的中国”之说 徐良高、周广明 南方文物 4：1－16
国家起源研究中历史性事实对考古学证据意义形成的影响 谢维扬 “城市与文明”学术研讨会论文集 9－18
史前经济基础考古视野里的最初中国形成 何驽 南方文物 2：20－27
探寻红山文化与中华五千年文明源头 刘国祥 中国社会科学报 10 月 31 日 8 版
红山文化与中华文明起源 于建设 红山文化研究（第一辑）20－28
红山文化为代表的中国文明起源之路 滕海键 红山文化研究（第二辑）43－55
红山文明及其对认识中国文明起源的重要意义 朱乃诚 中国社会科学院古代文明研究中心通讯 30：1－11
红山文明及其对认识中国文明起源的重要意义 朱乃诚 红山文化研究（第二辑）29－42
论红山文化在中华文明起源和中华文化源流中的地位 滕海键 红山文化研究（第一辑）29－40
辽西古文化区与中国文明起源 杨笑妮 文化学刊 5：66－68
陶铜审美之变与中国早期国家的形成 刘成纪 郑州大学学报（哲社版）4：5－11

黄河中游地区

黄河中游史前经济概论 戴向明 华夏考古 4：64－77
中国北方裴李岗时代生业经济研究现状与思考 吴文婉等 环境考古研究（第五辑）53－72
试论裴李岗文化房址的演变 王中伟、方拥 中原文物 5：16－22

仰韶文化西来说的形成及论争：学术史视野下的考察　周书灿　河北师范大学学报（哲社版）4：5－12
试析泾水中游地区仰韶文化　罗晓艳　文博 2：49－55
河济地区史前文化的发展及相关问题　魏继印　中原文物 1：18－23
从仰韶到齐家——东亚大陆早期用铜遗存的新观察　许宏　中国社会科学院古代文明研究中心通讯 29：43－55
半坡文化“人面纹”的图像解析与研究　黄华强、黄华明第十届红山文化——高峰论坛论文集 162－202
再论“史家类遗存”　张宏彦　考古 4：75－90
试论大地湾遗址二期房屋的分类　于璞　草原文物 1：70－77
浅析大地湾二期彩陶鱼纹的演变　邵耀峰　丝绸之路 8：21－22
半坡和庙底沟文化中的鱼形纹样探析　徐跃之、王美艳　设计艺术研究 4：92－98
鱼鸟共融图试析　赵春青　南方文物 4：77－81
仰韶文化庙底沟类型彩陶鸟纹研究　朱乃诚　南方文物 4：57－76
论陕西高陵杨官寨遗址发现“喇叭形器”的功用　张伟　西部考古（第 12 辑）102－111
史前窑洞式建筑研究的回顾与展望　郑飞、王天艺　常州文博论丛 2016 年（第 2 辑）66－70
公元前第三千纪北方地区社会复杂化过程考察——以榆林地区考古资料为中心　孙周勇　考古与文物 4：70－79
陕北榆林王阳畔遗址的植硅体分析　夏秀梅等　人类学学报 2：257－266
试论关中地区仰韶文化晚期房址的特点　罗晓艳　文物 7：43－47
西安鱼化寨遗址古环境分析　胡松梅等　环境考古研究（第五辑）81－879
庙底沟二期文化再研究——以豫西晋西南地区为中心　魏兴涛　考古与文物 5：83－99
妯娌遗址“王湾二期文化”墓祭遗迹考识　苏静、李德方　洛阳考古（总第 11 期）53－56
炭化植物遗存的提取与数据分析方法浅析——以八里岗遗址 2007 年浮选结果为例　高玉、邓振华　南方文物 2：97－103
从彩陶纹饰看晋中地区仰韶晚期文化和周边同期文化的互动——兼谈晋中仰韶晚期文化中的红山文化因素　王京燕　第九届红山文化——高峰论坛论文集 242－250
北方地区龙山时代的聚落与社会　戴向明　考古与文物 4：60－69
陕北地区龙山至夏时期的聚落与社会初论　王炜林、郭小宁　考古与文物 4：52－59
河套地区史前时代靠崖式窑洞初步研究　唐博豪　文物春秋 5、6：3－9
陕西神木石峁遗址考古发掘研究的进展及学术意义　赵辉　中国文物报 8 月 23 日 3 版
石峁古城：人类早期文明发展与环境选择　吕卓民　中国历史地理论丛 3：63－68
黄帝文化寻踪——杨官寨、石峁遗址考古　田卫丽　收藏 11：84－88
试论石峁城址的年代及修建过程　邵晶　考古与文物 4：102－108
石峁外城东门址和早期城建技术　国庆华等　考古与文物 4：88－101
马面溯源——以石峁遗址外城东门址为中心　孙周勇、邵晶　考古 6：82－89
瓮城溯源——以石峁遗址外城东门址为中心　孙周勇、邵晶　文物 2：50－56
陕西神木石峁城址祭祀坑出土头骨研究　陈靓等　考古与文物 4：134－142
2012～2013 年度陕西神木石峁遗址出土动物遗存研究　胡松梅等　考古与文物 4：109－121
陕西石峁遗址后阳湾地点出土黄牛的古 DNA 分析　蔡大伟等　考古与文物 4：122－127
石摞摞山龙山古城及相关问题浅论　张天恩、丁岩　考古与文物 4：45－51
陕西榆林寨峁梁遗址浮选结果及分析　高升等　农业考古 3：14－19
中国早期国家——陶寺都邑邦国研究　王震中　出土文献与中国古代文明——李学勤先生八十寿诞纪念论文集 481－502
陶寺遗址石器生产的产能分析　翟少冬　南方文物 2：123－128
陶寺遗址出土多璜联璧初探　高江涛　南方文物 4：89－97

兴县碧村龙山时代遗存初探　王晓毅、张光辉　考古与文物 4：80－87

山西芮城清凉寺墓地与潞盐的初期外销　薛新明东方考古（第 12 集）176－184

嵩山地区龙山城址与中华早期文明　薛瑞泽中国古都研究（第二十七辑）74－81

寻找中华文明的“华源”圣地——河南新郑华阳城遗址　索全星、刘文科　大众考古 42：25－32

新密市新砦古城遗址初探　刘峰亭中国古都研究（第二十七辑）91－96

河南新密新砦遗址 2014 年浮选结果及分析　钟华等　农业考古 1：21－29

果实采集、木材利用和周边环境：河南颍河上游两个龙山时代考古遗址的木炭分析　王叔芝等　环境考古研究（第五辑）157－164

补　遗

陕西北首岭类遗存再探讨　邸楠　西藏民族大学学报（哲社版）2015 年 4：137－142

黄河下游地区

黄河下游及其以北地区新石器时代陶支脚刍议　赵雅楠　中原文物 6：21－30

海岱地区史前聚落结构的演变　栾丰实　东方考古（第 13 集）16－27

山东薛河流域古今聚落的比较研究与启示　郭明建　聚落考古 1：1－17

山东省章丘西河遗址的古地貌及相关问题　王辉等　南方文物 3：141－147

河漫滩加积历史与文化活动：中国黄河下游月庄遗址的地质考古调查　庄奕杰等著　宿凯、靳桂云译　庄奕杰校　东方考古（第 12 集）369－397

济南地区后李文化时期动物遗存综合分析　宋艳波　华夏考古 3：53－59

山东沂源扁扁洞遗址古人食物结构分析　徐珍珍、高华中　农业考古 1：168－170

青岛丁字湾—鳌山湾沿岸遗址资源域调查的理念与收获　王青　聚落考古 1：18－31

尉迟寺大汶口晚期聚落内部的社会结构——以遗存的空间分布为视角　林壹　南方文物 4：82－88

从尉迟寺环壕聚落引发的相关思考　王海军、王吉怀　中国社会科学院古代文明研究中心通讯 29：25－32

安徽宿州杨堡遗址炭化植物遗存研究　程至杰等　江汉考古 1：95－1039

鲁东南沿海地区龙山文化时期的聚落结构和人口　栾丰实　“城市与文明”学术研讨会论文集 143－159

日照尧王城遗址的新发现、新收获与新认识　梁中合　中国社会科学院古代文明研究中心通讯 30：12－21

山东日照六甲庄遗址 2007 年度浮选植物遗存分析　陈雪香　考古 11：23－26

“东夷文字”的系属与语言接触问题　王志平　出土文献与中国古代文明——李学勤先生八十寿诞纪念论文集 589－602

长江中游地区

长江流域全新世以来环境考古研究的回顾与展望　吴立等　环境考古研究（第五辑）165－178

新石器时期三峡地区人类思维演进之证据　邓晓　三峡大学学报（人文社科版）5：1－7

湘赣新石器时代考古学文化比较研究　席道合、李永锋　西部考古（第 12 辑）84－101

长江中游新石器时代城址的空间分布和兴废对环境变化的响应　刘辉　环境考古研究（第五辑）105－121

湖北省黑家院遗址新石器时代石工具初步研究　冯小波等　边疆考古研究（第 19 辑）101－115

湖北省郭家院遗址新石器时代石工具初步研究　冯亦鲁等　江汉考古 2：62－70

七里河遗址石家河文化氏族古老风俗及相关古史探析　王劲　华夏考古 2：39－44

长江下游地区

淮河中游地区史前文化研究的现状与展望　王吉怀、吕春瑾　东南文化 1：77－82

淮河流域史前刻划符号及相关问题研究　王磊　华夏考古 3：60－66

上山文化遗址分布与地理环境的关系　徐怡婷等　南方文物 3：131－138

浙江浦江上山遗址上山文化陶器类型学研究及相关问题　孙瀚龙、蒋乐平　南方文物 3：89－108

浙江浦江上山遗址浮选出土植物遗存分析　赵志军、蒋乐平　南方文物 3：109－116

江苏地区全新世中期文化变迁与环境变化　李兰等　环境考古研究（第五辑）97－104
淀粉粒分析揭示的江苏泗洪顺山集遗址古人类植物性食物来源与石器功能　杨玉璋等　中国科学（地球科学）7：939－948
从太阳纹彩陶看跨湖桥先民的创物精神　吕洪年　跨湖桥文化国际学术研讨会论文集 194－199
浙江嵊州小黄山遗址古环境分析　胡飞等　南方文物 4：209－214
河姆渡文化分期研究　郭梦雨　边疆考古研究（第 20 辑）175－191
台州路桥灵山遗址　罗河笙等　东方博物（第五十五辑）1－6
经丝纬线：植硅体揭示七千年前的编织技术　隰晓飞　中国文物报 9 月 13 日 5 版
环太湖古文化演进与水域变迁关系初论　赵东升　南方文物 3：201－207
环太湖流域早期社会意识形态初探——以马家浜文化墓葬、陶塑和雕刻制品为中心的考古学观察　张童心、王斌　“城市与文明”学术研讨会论文集 217－231
边缘性遗址在考古研究中的价值——以江苏常州史前遗址为例　彭辉　常州博物馆论文集（第一辑）8－13
薛城遗址陶鼎足成型工艺浅析　葛鹏云等　南京文物考古新发现（第 4 辑）263－271
江苏无锡杨家遗址植物遗存分析　邱振威等　中国科学（地球科学）8：1051－1064
中国长江下游茅山遗址新石器时代晚期水稻耕作的水资源管理及农业集约化　庄奕杰等著　宿凯、靳桂云译　庄奕杰校　东方考古（第 12 集）398－422
论侯家寨文化　陈艳　东南文化 2：71－78
安徽淮南小孙岗遗址炭化植物遗存研究　程至杰等　第四纪研究 2：302－311
安徽繁昌缪墩遗址古人类植物性食物资源利用的淀粉粒分析　杨玉璋等　第四纪研究 6：1466－1474
中国早期文明进程中的古国——凌家滩和福泉山　宋建　“城市与文明”学术研讨会论文集 232－248
新石器时代晚期牛河梁、凌家滩、福泉山遗址所见三层坛研究　孙永刚、高云逸　红山文化研究（第二辑）155－164
分化中的凝聚——环太湖流域新石器时代晚期聚落形态和结构的变迁　方向明　“城市与文明”学术研讨会论文集 197－216
良渚社会的权力结构　陈杰　“城市与文明”学术研讨会论文集 276－290
良渚文化的社会政治特征探析　何驽　东南文化 4：43－49
良渚文化主神新证　宋建　南方文物 2：10－19
良渚文化“神徽像”的含义研究　喻仲文、赵芳　设计艺术研究 3：112－117
神守之国——良渚古城　武家璧　聚落考古 1：49－65
良渚古城的筑城理念及方式　刘斌等　“城市与文明”学术研讨会论文集 249－275
南湖良渚文化陶罐图形符号新释　卢雪梅　南方文物 3：281－284
试探广富林文化对中原地区的文化影响及其在中国文明形成中的作用——从玉琮谈起　朱乃诚　“城市与文明”学术研讨会论文集 291－303
广富林文化的本土与外来因素　曹峻　东方考古（第 12 集）28－40

闽台两广地区

有陶与无陶：时间早晚还是空间差异？——简论岭南新石器时代早期文化　陈伟驹　江汉考古 1：51－58
从鱼头形蚌刀到大石铲——桂南史前崇拜解析　马明　广西博物馆文集（第十一辑）188－193
广东英德牛栏洞遗址环境考古研究　谭惠忠等　环境考古研究（第五辑）145－156
昙石山文化时期的贝制工具研究　吴卫　农业考古 3：154－159

西南地区

贵州省贞丰县孔明河遗址发掘的主要收获与意义　张改课等　贵州文史丛刊 2：118－124
云南怒江州兰坪县马鞍山遗址　闵锐等　南方文物 1：157－159

云南宾川白羊村新石器时代遗址人骨研究　赵东月等　南方文物 1：160－165
成都平原史前聚落分析　江章华、何锟宇　四川文物 6：70－78
成都平原史前聚落分析　江章华、何锟宇　中国社会科学院古代文明研究中心通讯 30：40－52
略论成都平原史前城的兴起与聚落变迁　左志强等　“城市与文明”学术研讨会论文集 180－196
试论成都平原龙山时代的城址　何锟宇、左志强　“城市与文明”学术研讨会论文集 168－179

补　遗

宣汉罗家坝遗址新石器时代晚期文化特征分析　王隆毅等　中华文化论坛 2015 年 12：33－37

西北地区

从彩陶纹样的演变反观西北自然环境的变迁　乔韵可、赫荣定　四川戏剧 4：102－105
试从考古发现看史前时期的阿克苏　赵疆囡　丝绸之路 10：47－48
隆德县文化遗存及其墓葬分布述略　刘世友　博苑耕耘（第 2 辑）3－7
试论林家遗址马家窑文化房址的性质　朱延平　聚落考古 1：41－48
关于齐家文化的三个问题　段天璟　边疆考古研究（第 20 辑）205－220
甘青地区史前考古与早期羌文化探索　叶茂林　四川文物 6：40－46
磨沟墓地古代居民头骨的形态学分析　赵永生等　人类学学报 2：181－197
齐家文化与四坝文化铜器年代再认识　陈国科　中国社会科学院古代文明研究中心通讯 29：63－70
临夏出土的史前青铜器概况　杨晓岚　临夏考古——临夏回族自治州博物馆论文集 253－254
论尕马台墓地丧葬习俗及相关问题　任晓燕　中国社会科学院古代文明研究中心通讯 29：33－42
金禅口遗址齐家文化中晚期木炭遗存指示的木材利用和生态环境　王树芝等　农业考古 1：9－15
宁夏南部山区发现的齐家文化遗存及其意义　韩朝阳　博苑耕耘（第 2 辑）33－37
试析宁夏海原县林子梁遗址的两类遗存　陈小三　考古 1：80－87
哈密地区史前考古　张良仁等　欧亚学刊（新 5 辑）3－18
浅析新疆吉尔赞喀勒墓群出土蚀花红玉髓珠、天珠的制作工艺与次生变化　巫新华　四川文物 3：33－55
哈巴河县阿依托汗一号墓群 M22 出土人骨研究　付昶等　新疆文物 2：90－99

补　遗

青海河谷区齐家文化生业模式差异初步探讨　王倩倩　青海师范大学学报（哲社版）2015 年 5：64－69

东北及内蒙古地区

辽河文明和“A 字形的文化带”　禹实夏　第十届红山文化——高峰论坛论文集 217－233
嫩江平原与“中国北方长城地带”的东界——兼析“长城地带”“北方文化带”等学术概念　郑君雷　北方民族考古（第 3 辑）163－175
燕山南北地区全新世环境演变　索秀芬、李铁军　环境考古研究（第五辑）134－144
中国东北地区新石器时代彩陶研究　赵宾福、任瑞波　考古与文物 1：26－37
新石器时代至先秦时期东北地区的生业初探　袁靖　南方文物 3：175－182
文化变迁与边缘效应——西辽河流域北系区新石器时代文化的发现与研究　朱永刚　考古学报 1：1－24
西辽河流域史前经济形态研究概述　孙永刚　红山文化研究（第一辑）103－107
西辽河流域上古自然环境与气候特征研究概述　滕海键　红山文化研究（第三辑）30－44
辽西地区新石器时代的早期石构遗存研究　田野　第九届红山文化——高峰论坛论文集 286－301
典型器与对辽西史前文化阶段性变化的认识——以距今 7200～6500 年圈足器为例　张星德　第九届红山文化——高峰论坛论文集 105－110
辽西地区新石器时代陶器纹饰概览　马海玉　红山文化研究（第一辑）108－115
辽西区陶器几何纹饰的比较研究——以兴隆洼、赵宝沟、红山、小河沿文化为例　马海玉　第九届红山文化——高峰论坛论文集 111－131
8000 年前的兴隆洼人吃什么　张雪莲、刘国祥　红山文化研究（第三辑）120－125

史前机械装置初探——以查海遗址出土石器的实验考古为例　栗荣贺、孙力　第九届红山文化——高峰论坛论文集 42 - 59

白音长汗遗址聚落形态演变　索秀芬、李少兵　聚落考古 1：32 - 40

也谈富河文化　张星德　红山文化研究（第一辑）58 - 70

张忠培先生的红山观　田建文　第九届红山文化——高峰论坛论文集 253 - 258

张忠培先生的红山观——泥圈套接的制陶技术及其他　田建文　南方文物 2：1 - 9

红山文化八十年　田野、赵鹏　第十届红山文化——高峰论坛论文集 250 - 266

从红山文化命名 60 年想到的　郭大顺　红山文化研究（第三辑）23 - 30

为什么说红山文化是中华古文化的"直根系"？　郭大顺　辽宁师范大学学报（社科版）2：121 - 131

红山文化的社会性质及与中华文明的关系　于建设　第十届红山文化——高峰论坛论文集 77 - 82

红山文化的经济结构和社会管理　徐昭峰等　第十届红山文化——高峰论坛论文集 83 - 96

向往阳光：红山文化方位系统　王仁湘　第十届红山文化——高峰论坛论文集 205 - 216

红山文化重要遗存释读——从传统文化的角度　华玉冰　红山文化研究（第二辑）72 - 86

红山文化宗教遗存的发现及其认识　徐昭峰、尤彦婷　第九届红山文化——高峰论坛论文集 168 - 179

斜口陶器浅释　王闯　红山文化研究（第一辑）71 - 78

分层分段式揭示新发现红山文化时期彩陶纹饰的秘密　吴甲才　第九届红山文化——高峰论坛论文集 132 - 140

从陶器底部编织纹看红山文化编织工艺　马海玉　第十届红山文化——高峰论坛论文集 154 - 161

红山文化出土人形塑像研究　杨远　辽宁师范大学学报（社科版）2：140 - 144

红山文化人形坐像研究　田广林等　第九届红山文化——高峰论坛论文集 155 - 167

红山文化面饰的艺术价值研究　刘海年　沈阳师范大学学报（社科版）5：149 - 152

洪格力图墓葬出土的人面饰　雪莲　红山文化研究（第三辑）56 - 61

红山文化居民的体质特征研究　陈山、宗时珍　红山文化研究（第二辑）87 - 106

辽西地区红山文化时期生业方式及其相关问题研究　孙永刚、贾鑫　辽宁师范大学学报（社科版）4：129 - 134

牛河梁遗址发现的三大学术意义——编写牛河梁遗址发掘报告体会之五　郭大顺　第十届红山文化——高峰论坛论文集 3 - 18

牛河梁遗址红山文化遗存的分布与特征　郭明　第十届红山文化——高峰论坛论文集 29 - 41

对牛河梁第二地点各遗迹年代的认识　翟超　第十届红山文化——高峰论坛论文集 55 - 65

从牛河梁到沈阳城——种建都理念的启示　郭大顺　"城市与文明"学术研讨会论文集 110 - 126

从居址到墓地：红山文化牛河梁遗址的时代变迁与功能转变　赵宾福、白玉川　辽宁师范大学学报（社科版）2：132 - 139

牛河梁第十六地点中心大墓选址的天文地理依据　董婕、朱成杰　第十届红山文化——高峰论坛论文集 42 - 54

牛河梁红山文化积石冢的分期和年代　王芬、栾丰实　中原文物 4：27 - 33

西辽河上游地区红山文化积石冢研究　田广林等　辽宁师范大学学报（社科版）4：122 - 128

牛河梁与四平山　刘俊勇　第十届红山文化——高峰论坛论文集 66 - 74

承德境内的红山文化遗迹　于艳玲　第九届红山文化——高峰论坛论文集 279 - 285

论哈民文化及其与红山文化的关系　张翠敏　第九届红山文化——高峰论坛论文集 223 - 241

哈民忙哈遗址经济形态研究：一个居住模式与生态环境悖论的推导　朱永刚　边疆考古研究（第 19 辑）305 - 318

哈民忙哈遗址之石器工具　陈胜前等　人类学学报 4：522 - 536

内蒙古哈民忙哈遗址改制石器研究　陈醉　边疆考古研究（第 19 辑）319 - 329

"丫"形陶器——种未知的史前器具浅析　朱永刚　北方文物 3：26 - 31

哈民忙哈遗址陶器纹饰研究 陈继玲、陈胜前 边疆考古研究（第 20 辑）193 – 204
内蒙古哈民忙哈遗址房址内大批人骨遗骸死因蠡测——关于史前灾难事件的探索与思考 朱永刚、吉平 考古与文物 5：75 – 82
内蒙古哈民哈忙遗址出土骨、角、牙制品的初步研究 陈全家等 人类学学报 3：385 – 396
内蒙古科左中旗哈民忙哈遗址出土猪骨初步研究 陈全家等 边疆考古研究（第 19 辑）331 – 339
内蒙古哈民忙哈遗址蚌制品管钻技术初探 王春雪等边疆考古研究（第 19 辑）347 – 356
哈民忙哈史前聚落遗址出土植物遗存研究 孙永刚等 华夏考古 2：45 – 52
哈民忙哈史前聚落遗址出土植物遗存研究 孙永刚等 第九届红山文化——高峰论坛论文集 205 – 220
哈民忙哈聚落遗址孢粉分析与哈民文化古生态环境初步研究 汤卓炜等 边疆考古研究（第 19 辑）341 – 346
对赤峰地区史前虎形文物的观察 邵国田 红山文化研究（第一辑）41 – 50
庙子沟原始聚落文明再探 魏坚 “城市与文明”学术研讨会论文集 138 – 142
小河沿文化陶器分期、年代及周边文化关系浅谈 马海玉 红山文化研究（第二辑）126 – 154
小河沿文化彩陶纹饰辨析两则 邵国田 第十届红山文化——高峰论坛论文集 137 – 153
辽东半岛史前海事活动初探 徐昭峰、谢迪昕 边疆考古研究（第 19 辑）149 – 161
辽宁长海小珠山遗址考古学文化的年代序列 张雪莲等 考古 5：110 – 120
左家山下层文化新探 赵宾福、于怀石 边疆考古研究（第 19 辑）117 – 147
吉林长岭腰井子遗址新石器时代陶器试析 赵宾福、于怀石 学问 1：24 – 28
黑龙江饶河县渔丰南城址发现的新石器时代文化遗存 杨永才 北方文物 2：12 – 16
浅析嫩江流域原始石器中的切割器 崔昊、董紫新 理论观察 7：124 – 125
浅析嫩江流域原始石器中的刮削器 崔昊、柴志美 理论观察 9：41 – 42
朱开沟遗址聚落分布演变研究 高升 草原文物 2：81 – 83
中国早期土坯建筑发展概述 李晓扬 草原文物 1：78 – 86
大青山以南地区新石器时代陶窑研究 高兴超 中国国家博物馆馆刊 1：14 – 26
黑龙江二百户双区石磨盘功能分析及相关问题研究 葛威等 东方考古（第 12 集）455 – 476

四 夏文化探索

“夷夏东西”的新认识 孙庆伟 古代文明研究通讯 69：1 – 18
对夏文化探索的一些思考 方燕明 “城市与文明”学术研讨会论文集 317 – 329
后岗二期文化与早期夏文化探索 袁广阔 光明日报 1 月 30 日 11 版
颛顼遗都帝丘初探 王景莲 中原文物 1：24 – 29
略论夏禹母族与有莘国历史的若干问题——兼谈伊川新城为有莘国古都 蔡梦珂、蔡运章 洛阳考古（总第 11 期）57 – 64
王城岗与新砦——郑州夏代都城试析 马世之 中国古都研究（第二十八辑）7 – 15
夏王朝时期的城市布局与功能特征 李鑫 华夏考古 1：67 – 74
论二里头遗址发现的学术价值与意义 张国硕、李昶 华夏考古 1：56 – 66
二里头遗址二里头文化四期晚段遗存探析 赵海涛 南方文物 4：115 – 123
二里头遗址制骨遗存的考察 陈国梁、李志鹏 考古 5：59 – 70
二里头遗址的野生动物资源获取与利用 李志鹏、[日] 江田真毅 南方文物 3：162 – 168
偃师二里头遗址的土壤环境地球化学特征与人体健康的初步研究 赵春燕 环境考古研究（第五辑）224 – 229
洛阳地区早期火灶研究 李永强 南方文物 4：234 – 237
郑州望京楼遗址二里头文化时期植物资源和利用——来自石器残留淀粉粒的证据 陶大卫等 第四纪研究 2：294 – 301

洛南鸡眼窑绿松石矿业遗址的石锤 先怡衡等 人类学学报4：549-560

五 殷商

关于商代文化分期的几点思考 谷飞 华夏考古4：96-99
试论二里冈文化构成的演变 侯卫东 江汉考古4：44-52
安阳时期商朝国家的政治版图——从文化分域和重要遗存的角度来考察 孙华古代文明（第10卷）134-178
殷墟文化两个分期体系的比较研究 盛伟 中国国家博物馆馆刊7：120-130
对殷墟文化一期的思考 程平山 古代文明（第10卷）117-123
殷商时期高分辨率的生态环境重建 王树芝等 南方文物2：148-157
商文化的北界 张翠莲 考古4：91-101
商文化前期在东方地区的发展特点 燕生东、丁燕杰 中原文物6：37-44
晚商文化在东方地区的分布态势与周初东封 燕生东 考古与文物5：110-116
河北邯郸地区漳河型下七垣文化遗存的研究 张晓峥 北方文物1：23-28
商丘区域考古研究述评 侯卫东 华夏考古4：139-146
远古郑州自然环境与商城建都背景 徐海亮 中国古都研究（第二十七辑）63-73
以水为屏，以水为景——中国早期都城建制研究之一 郭胜强 中国古都研究（第二十八辑）1-6
从郑州商城青铜礼器的发现与铸造看郑州商城的废弃年代 张国硕 青铜文化研究（第六辑）12-16
漫谈偃师商城西亳说的认识过程——以始建年代为重点 刘绪 古代文明（第10卷）54-83
试论郑州小双桥遗址的性质问题 郑杰祥 古代文明（第10卷）98-102
郑州小双桥商代都邑布局探索 侯卫东 中国国家博物馆馆刊9：6-17
试论洹北商城的规划及相关问题 郭荣臻 洛阳考古（总第11期）65-74
也谈洹北商城大城城垣的建造 赵俊杰 中国文物报1月15日6版
洹北商城与殷墟的路网水网 唐际根等 考古学报3：319-342
盘龙城与长江中游的青铜文明 施劲松 考古8：75-85
试论盘龙城遗址的区域特征 黎海超 南方文物1：89-93
浅论盘龙城灰烬沟遗迹 邱诗萤 南方文物4：32-39
盘龙城遗址灰烬沟遗迹性质浅析 徐劲松、余夏红 江汉考古2：71-75
武父乙盉与殷墟大型宗庙基址F1复原 王恩田 中原文物1：30-33
一墓多族徽与商周分界 张天宇 江汉考古6：45-58
殷土茫茫寻归宿——荥阳司马晚商墓地考古 郝红星、张芳 大众考古42：33-42
从墓上建筑和墓地祭祀谈陵寝制度的渊源 李晓燕 文物春秋4：11-16
商代陶质酒器组合的研究 王祁 南方文物4：141-148
鲁北地区盔形器的类型学分析 于成龙 东方考古（第12集）209-227
大辛庄商代制陶工艺研究 邢琪 东方考古（第13集）174-203
殷墟祭祀坑中的北方文化因素研究 韩金秋 边疆考古研究（第19辑）163-180
鲁北地区晚商到西周时期盐业遗址肉食消费分析 宋艳波 东方考古（第12集）201-208

六 西周

回顾夏商周断代工程——以西周王年研究为例 张懋镕 出土文献与中国古代文明——李学勤先生八十寿诞纪念论文集77-92
周代芮国君主的称谓及其世系 张天恩 古代文明（第10卷）229-241
异域秩序：西周晚期和东周早期的礼俗 杰西卡·罗森著 张经译 刘艳校 早期中国研究（第2辑）1-73

试论先周文化探索中的四种模式　宋殷　古代文明研究通讯 69：19－29
对周原遗址凤雏建筑群的新认识　宋江宁　中国国家博物馆馆刊 3：55－61
凤雏三号建筑基址与周代的亳社　孙庆伟　中国国家博物馆馆刊 3：39－49
凤雏三号建筑的祭祀遗存浅谈　张天恩　中国国家博物馆馆刊 3：50－54
凤雏三号基址与周武王“祀于天位”　王恩田　中国国家博物馆馆刊 3：62－75
从手工业作坊看周原遗址西周晚期的变化　马赛　中国国家博物馆馆刊 3：18－27
成周城析论　徐昭峰　考古与文物 3：56－63
西周成周城的结构布局及其相关问题　蔡运章、俞凉亘　中原文物 1：34－48
论西周晚期成周的位置及营建背景　侯卫东　考古 6：90－97
郑桓公寄孥的考古学观察　黄富成　中原文物 2：27－31
殷墟遗址内西周遗存分布原因管窥　胡洪琼、何毓灵　南方文物 4：124－127
殷墟西北冈西周遗存分析　李宏飞　中国国家博物馆馆刊 11：75－84
胶东半岛西周时期遗存的文化因素分析　曹斌、王晓妮　东方考古（第 13 集）53－63
西周贵族墓葬所见性别差异——兼论西周贵族妇女的社会地位　张礼艳　江汉考古 4：53－63
周初“三都”的葬车及其相关问题　常怀颖　古代文明（第 10 卷）179－204
宝鸡𢐗人墓葬礼的差异和变化　角道亮介　青铜文化研究（第六辑）155－177
关于宝鸡市戴家湾、石鼓山商周墓地的国别与家族问题　尹盛平、尹夏清　考古与文物 2：40－45
宝鸡石鼓山三号墓研究　曹斌　考古与文物 2：46－57
石鼓山墓地 M3 及西周早期壁龛墓渊源及族属探析　张海滨、解华顶　中原文物 2：21－26
石鼓山商周墓地 M4 再识　丁岩、王占奎　文物 1：64－70
宝鸡石鼓山西周墓的发现和高领袋足鬲的年代　西江清高著　路国权、近藤晴香译　西部考古（第 10 辑）89－101
韩城梁带村墓地三题　陈小三　中国国家博物馆馆刊 3：28－38
叶家山西周曾国墓地的几个相关问题　笪浩波　中原文物 5：23－30
再谈随州叶家山西周曾国墓地　张懋镕　江汉考古 3：74－79
试论随州叶家山墓地曾侯墓的年代和序列　张天恩　文物 10：44－54
曾侯与编钟与曾国始封——兼论叶家山西周曾国墓地复原　王恩田　江汉考古 2：80－86
随州叶家山西周曾国墓地 M1 墓主族属辨析　张礼艳　东北师大学报（哲社版）5：167－172
郭家庙曾国墓地的性质　方勤　江汉考古 5：86－88
滕州前掌大墓地的国族问题　方辉　东方考古（第 13 集）33－38
灵台姚家河墓地与古乖国　辛怡华　陇右文博 1：11－16
江苏邳州梁王城遗址西周墓地出土人骨研究　朱晓汀　东南文化 6：46－55
论曲阜鲁国古城遗址西周时期殷遗民墓的腰坑殉狗　印群　东方考古（第 12 集）41－45
扶风案板遗址西周 2007K1 动物遗存鉴定与分析　钱耀鹏等　西部考古（第 10 辑）76－88
论周原齐家制玦作坊的族徽与社会结构　雷兴山　古代文明（第 10 卷）215－228
山东陈家河遗址西周陶器使用浅析　魏峭巍等　文物 8：47－52
山东济南唐冶遗址（2014）西周时期炭化植物遗存研究　安静平等　农业考古 6：7－21
东江考古出土的西周春秋战国时期珍贵文物　傅举有　中国文物报 3 月 8 日 5 版

七　东周

东周赵国考古学文化的演进历程　张渭莲、段宏振　中国国家博物馆馆刊 1：27－35
燕国学术文化成就及原因分析　靳宝　北京文博文丛 · 2016 · 第 2 辑 11－17
钟离国礼制初探　陈艺冠　中原文物 3：51－53
东周列国都城建制诸问题　赵化成、耿庆刚　“城市与文明”学术研讨会论文集 355－361

曲阜鲁国故城与文化传承　刘延常　“城市与文明”学术研讨会论文集 377－385
扬州城的沿革发展及其城市文化　汪勃　“城市与文明”学术研讨会论文集 509－537
“引河沟灌大梁”初探　吴朋飞等　中原文物 1：54－61
武进淹城遗址功能新考　徐峰、施建刚　东方考古（第 13 集）64－73
丝绸之路上的明珠——马鬃山古玉矿遗址的发现及其意义　赵朝洪等　丝绸之路与玉文化研究 15－26
春秋诸侯丧礼殡期间新探　吴柱　文史 4：5－26
周山王陵墓主身份考　赵兆　洛阳考古（总第 12 期）61－66
陕西韩城梁带村墓葬群国别与墓主身份探析　谢伟峰　华夏考古 1：82－85
陕西韩城梁带村芮国墓地 M28 墓主新考　吴伟华　中原文物 3：45－50
北赵晋侯墓地墓位布局原则与相关问题　胡进驻　故宫博物院院刊 2：54－65
关于侯马乔村围沟墓“殉人”问题的讨论　曹洋　文物世界 2：15－17
蚌埠双墩一号春秋墓土丘、土偶墙及相关遗迹试析　三木　东方考古（第 12 集）46－54
中山灵寿城东周时期墓葬研究　滕铭予　边疆考古研究（第 19 辑）181－206
中山王的理想：兆域图铜版研究　莫阳　美术研究 1：45－52
沂源东里东台地一号战国墓及相关问题的思考　任相宏等　管子学刊 1：109－118
辽阳新城战国墓研究　梁景欣　文化学刊 3：224－225
西安北郊战国晚期至东汉时期墓葬方向的几点认识　朱连华　文博 1：38－43
随葬品摆放规则初步研究——以海岱地区东周墓葬为例　毕经纬、杨欢　华夏考古 2：53－60
对燕下都人头骨丛葬性质与成因的初步探讨　赵凌烟、王建新　西部考古（第 10 辑）102－112
焦作温县南平皋遗址东周人骨研究　孙蕾、杨树刚　中原文物 2：113－119
山东临淄发现战国时期铅釉陶罍　于焱、王晓莲　中国文物报 8 月 12 日 6 版
古代仓窖储粮计量问题研究——以洛阳战国与隋唐官仓为例　赵晓军　中国国家博物馆馆刊 8：29－44

秦文化

早期秦文化与西戎文化的关系　梁云　故宫文物月刊 398：22－29
秦文化资源的整合与区域经济发展——以关天地区为中心　贾强　文博 6：62－66
嬴秦西迁三说平议　梁云　古代文明研究通讯 68：1－10
秦都雍城姚家岗“宫区”再认识　王元　考古与文物 3：69－74
秦都咸阳城（北区）西界点的分析　许卫红、苏庆元　北方文物 1：37－43
秦咸阳城遗址石磬残件分析　许卫红等　文博 2：35－41
秦人葬式与社会等级的关系及其演变　陈洪　考古与文物 2：67－75
韩森冢为秦悼太子陵说　耿庆刚　文博 4：68－71
苏州合丰小城 2014SFFM80 的年代与江东“秦墓”的甄别　杨哲峰　中国文物报 8 月 26 日 6 版
小议秦墓出土的陶囷明器　胡亚毅　历史文物 5：70－76
陕西临潼新丰秦墓人骨研究　邓普迎　文博 5：24－29

齐文化

齐文化大型城址考古的又一重大发现：山东高青狄城故城遗址初探　张光明等　管子学刊 1：119－121
论山东枣庄东江墓地春秋时期贵族墓的埋葬特点——与长清仙人台等墓地之比较　印群　东方考古（第 13 集）74－79
山东长清仙人台墓地五号墓国别与年代考　张志鹏　东南文化 1：83－91
新泰周家庄墓地的年代上限、国别及相关问题　王震、滕铭予　文物 11：83－90

楚文化

从考古发现看楚文化对南越文化的影响　乐新珍　西汉南越国史研究论集（一）13－21
对湘鄂赣边区楚国古城址的初步认识　文国勋　湖南考古辑刊（第 12 集）279－289
安徽舒城九里墩墓非钟离公鱼墓考　张志鹏　东南文化 6：70－75

江陵九店东周墓年代下限的讨论　张昌平　江汉考古 4：79－86
淅川丹江水库新发现的楚国东周车马坑及相关问题的研究　杨文胜　出土文献与中国古代文明——李学勤先生八十寿诞纪念论文集 603－613
楚"镇墓兽"功能新解　宋亦箫　民族艺术 1：70－75

吴越文化

鸠兹新证——兼论西周春秋时期吴国都城的性质　张敏　"城市与文明"学术研讨会论文集 405－419
先秦吴越城址试析　曹峻、葛琮源　"城市与文明"学术研讨会论文集 386－404
论先秦时期越国的族属——兼论后良渚时代　赵东升　"城市与文明"学术研讨会论文集 432－440
安吉越文化遗存研究　程永军　东方博物（第五十五辑）7－14
敬天祀神——越族土墩墓背后的信仰与葬俗　林毅、郑建明　大众考古 35：55－62
从广西发现的土墩墓看越人南迁　富霞、熊昭明　考古 8：97－102

八　夏商周时期周边地区的青铜文化

东北及其附近地区

夏家店上层文化祭祀性遗存初探　党郁、孙金松　草原文物 1：87－94
内蒙古凉城县忻州窑子墓地东周时期的人骨　张全超等　人类学学报 2：198－211
内蒙古凉城县水泉墓地战国时期人骨研究　张全超等　边疆考古研究（第 19 辑）263－271
内蒙古和林格尔县土城子遗址战国时期人群的体质量　张群等　人类学学报 4：572－584
赤峰大山前遗址第 1 地点夏家店下层文化梭形石刀的使用方式　董哲等　考古 3：93－101
从二道井子遗址中的遗迹和遗物探讨先民的衣食住行　骆玉梅　红山文化研究（第三辑）126－131
内蒙古敖汉热水汤遗址浮选结果分析　张帅等　农业考古 6：22－27
内蒙古库伦旗三家子遗址浮选结果分析报告　刘玮等　农业考古 3：7－13
内蒙古库伦旗三家子遗址陶器工艺研究　陈醉等　草原文物 2：73－80
白金宝陶器纹饰演进的文化解读　齐甲子　海南大学学报（人文社科版）4：140－144
涉猎经济与白金宝文化陶器上饰纹的演变　齐甲子、黄也平　西北农林科技大学学报（社科版）2：149－152
"双房遗存"辨析　赭金刚　北方民族考古（第 3 辑）13－25
太子河流域青铜时代石构墓葬初探——以洞穴墓和石棺墓为中心　赵少军　文物春秋 2：18－27
辽宁阜新代海墓地文化因素构成分析　李晓健、王立新　北方文物 1：29－36
辽宁建昌东大杖子墓地——燕与土著文化的交流　华玉冰　大众考古 40：28－32
长吉地区西团山文化生产工具及其所反映的经济形态　王玮、张寒冰　北方文物 4：23－27
泡子沿类型文化渊源初探　刘翀　边疆考古研究（第 20 辑）265－275
吉林长白县干沟子墓地的文化性质与相关问题　赵俊杰等　考古 5：71－78
吉林大安市后套木嘎遗址 2011 年度发掘出土人骨鉴定报告　魏东、肖晓鸣　考古 9：22－24
吉林汪清河北遗址出土动物骨骼遗存研究　宋姝、陈全家　草原文物 1：131－140

晋陕高原及其附近地区

再论白燕文化及其相关问题　蒋刚　西部考古（第 10 辑）68－79
陕北高原商代考古学文化简论　张天恩　中国国家博物馆馆刊 9：18－30
李家崖文化分期及相关问题研究　孟琦、杨建华　考古与文物 1：38－53
东龙山商代遗存初探　李翔　南方文物 2：178－189

长江中下游地区

略论安徽地区的岳石文化遗存　张小雷　东南文化 4：50－58
祭牲礼制化的个案研究——何郢遗址动物考古学研究的新思考　吕鹏、宫希成　南方文物 3：169－174

试论湖南澧阳平原商时期考古遗存的发展阶段　豆海锋　江汉考古 3：62－73

东南地区

湖州下菰城的初步勘查与探索　陈元甫　“城市与文明”学术研讨会论文集 420－431

城市文明与陶器制作——基于江西新干牛城遗址的观察　和奇、周广明　“城市与文明”学术研讨会论文集 330－343

广东博罗横岭山墓地年代问题探讨　李龙章　考古 5：98－109

西南地区

三星堆文明与三星堆古城　陈显丹　“城市与文明”学术研讨会论文集 344－354

三星堆考古新发现与古蜀文明新认识　赵殿增　中国社会科学院古代文明研究中心通讯 30：28－39

三星堆遗址古文明的长度宽度和高度　高大伦、郭明　中国社会科学院古代文明研究中心通讯 30：22－27

三星堆遗址古文明的长度宽度和高度　高大伦、郭明　四川文物 6：79－83

三星堆都邑考古新突破——发现大型建筑基址群及两道新的夯土城墙　雷雨　“城市与文明”学术研讨会论文集 355－361

千载蜀魂　精气长存——三星堆和金沙遗址出土文物略谈（上）、（下）　张海军　收藏家 11：23－28、12：15－22

康区炉霍历史文化遗存觅踪　黄家祥、罗军　四川文物 2：51－57

岷江上游与雅砻江流域两地石棺葬的文化联系　刘永文　四川文物 4：35－38

西南地区青铜时代墓葬随葬石范习俗管窥　周志清　江汉考古 6：59－66

宣汉罗家坝遗址东周墓葬文化特征研究　王隆毅等　中华文化论坛 3：69－77

宣汉罗家坝遗址符号图语初探　王隆毅等　中华文化论坛 4：136－141

巴蜀文化栅栏形符号考察　严志斌、洪梅　四川文物 4：47－56

“巴蜀文字”研究的回顾与前瞻（提纲）　高大伦　出土文献与中国古代文明——李学勤先生八十寿诞纪念论文集 503－504

试论成都平原古蜀文化时期石器制作技术　王方　成都文物 1：26－32

夜郎国与夜郎地区青铜文化　段渝　社会科学战线 7：118－130

“滇”社会性质考古分析　杨帆　云南日报 6 月 26 日 3 版

滇池地区石寨山类型相关问题探讨　罗伊　南方文物 1：171－178

云南怒江石岭岗遗址人骨研究　赵东月等　江汉考古 2：104－113

云南江川光坟头遗址植物遗存浮选结果及分析　李小瑞、刘旭　农业考古 3：20－27

西北地区

青铜时代阿尔泰山地区交互作用圈的形成与影响——以中国的发现为主线　水涛　古代文明（第 10 卷）262－267

略论新疆天山北麓青铜文化　阮秋荣　新疆文物 2：65－82

早期游牧王国的夏季礼仪中心——新疆阿勒泰三道海子遗址群的考古发现与研究　郭物　中国文物报 11 月 18 日 6 版

新疆巴里坤东黑沟遗址石筑高台、石围建筑与墓葬关系研究　李雪欣、钟燕丽　西域研究 1：66－72

昆仑山民之“考古”话语　艾力江・艾沙　西部考古（第 12 辑）478－485

西北地区丧葬观念中的羊文化　王永安　大众考古 40：54－57

新疆早期丧葬中的用火现象　肖小勇　西域研究 1：56－65

小河墓地出土人类遗骸的母系遗传多样性研究　李春香、周慧　西域研究 1：50－55

新疆巴里坤县石人子沟遗址生业考古的民族学调查与研究　尤悦等　南方文物 2：116－122

新疆巴里坤县石人子沟遗址人骨的种系研究　陈靓等　西部考古（第 12 辑）112－123

新疆石人子沟与西沟遗址出土马骨脊椎异常现象研究　李悦等　考古 1：108－120

宁夏固原青铜文化遗存的地域特征　冯国富、王效军　博苑耕耘（第2辑）79－88
沙井遗址　（英）安特生著　李勇杰译　陈星灿校　南方文物4：243－257
张掖西城驿遗址2014年出土动物遗存分析　宋艳波等　东方考古（第13集）233－242
临夏州博物馆藏辛店文化陶器赏析　贺永安　陇右文博1：47－50
也谈卡约文化青铜器的分期问题　张文立　边疆考古研究（第20辑）221－238
卡约文化铜器动物纹初探　张文立　草原文物2：84－92

九　秦代

从考古文献资料看秦之管理　徐卫民西部考古（第10辑）113－118
秦城三题　李珍　广西博物馆文集（第十一辑）180－187

一〇　汉代

从考古资料再看汉代列侯的爵位继承制度　尤佳　四川文物2：58－65
中原地区汉代聚落试探　刘海旺　中原文物5：31－37
宁波地区汉晋时期开发历程的考古学研究　许超、张华琴　浙江学刊6：38－44
简论汉长安城之郊　刘振东　考古与文物5：117－121
毛乌素沙地汉代古城遗址空间格局及驱动力分析　阮浩波等　地理学报5：873－882
黑庆壕古城即东汉度辽将军府驻地述论——基于军事考古学的考察　孟洋洋、爱冲　西北大学学报（哲社版）2：16－20
汉长城西端新发现城址与敦煌汉简中的大煎都侯障　李硕　敦煌研究5：125－131
遮虏障、居延都尉府与居延县　张文平　中国文物报3月11日6版
遮虏障、居延都尉府与居延县　张文平　草原文物1：95－100
疏勒河流域甘肃境内古烽燧研究　王璞　陇右文博2：9－15
双鸭山地区古城址的发现与研究　王舜业　理论观察6：110－113
楼兰LE古城建置考　魏坚、任冠　文物4：41－50
岭南汉城与西汉时期岭南汉文化的形成　郑君雷　“城市与文明”学术研讨会论文集474－488
南越国都城“蕃禺城”及相关问题研究　邝桂荣　西汉南越国史研究论集（一）60－70
南越国赵佗军事防御体系的考古蠡测　胡建　西汉南越国史研究论集（一）34－50
外藏系统的兴衰与中央集权政体的确立　段清波　文物8：53－58
汉晋时期的边地与中心：多人合葬的视野　吴桂兵　两个世界的徘徊：中古时期丧葬观念风俗与礼仪制度学术研讨会论文集155－194
试论东汉之前对西汉墓葬的破坏　刘尊志　南开学报（哲社版）5：119－127
辽东半岛汉墓的地理环境、考古发现与分布特征　王天姿、吴博　学问6：52－57
汉魏辽东壁画墓分区与分期研究　李林　中国汉画研究（第五卷）300－324
新发现的辽阳河东新城东汉壁画墓　李龙彬等　学问1：29－32
胶东地区石椁墓及相关问题初探　仲雨、闫勇　文物春秋5、6：29－33
“七孔子”崖墓群的地区分布与文化内涵　严奇岩　中华文化论坛2：125－128
江苏淮安王庄村汉墓群的发现与研究——兼谈淮安地区汉代土墩墓　胡兵　东南文化5：71－81
江苏徐州荆山村西汉墓地性质浅探　刘尊志　中原文物6：49－56
汉哀帝义陵“董贤墓”名位考释　朱晨露　考古与文物2：81－85
重构的秩序——试论汉阳陵墓葬系统的象征性　胡小玉　文博3：57－62
汉阳陵出土的仓和西汉时期的仓　石宁　农业考古1：171－175
西汉皇后葬地研究　杨武站　文博3：45－49
西汉废帝、海昏侯刘贺墓考古发掘的价值及意义略论　信立祥　南方文物3：32－41

汉代海昏侯国与南昌汉代海昏侯墓考古　熊贤礼　收藏家 3：3－8
西汉王侯陵墓考古视野下海昏侯刘贺墓的观察　白云翔　南方文物 3：42－50
海昏侯刘贺墓墓园制度初探　刘瑞　南方文物 3：51－56
海昏侯刘贺墓逾制几论　张仲立、刘慧中　南方文物 3：57－60
侯制与“王气”：论南昌西汉海昏侯墓葬的特征　韩国河　光明日报 2 月 3 日 14 版
海昏侯墓园墓主考　王恩田　中国文物报 9 月 27 日 6 版
说“海昏”　刘新光　光明日报 5 月 14 日 11 版
南昌西汉海昏侯墓出土马饰漫谈　韦正　江西省博物馆集刊（七）169－184
关于北京大葆台汉墓墓葬布局的重新考察　靳宝　北方文物 3：32－36
西汉崖洞墓的建筑形态与观念背景——以北洞山楚王墓为例　王磊　美术研究 2：59－64
徐州地区西汉谋反王侯墓初探　宗时珍　文博 5：37－40
西汉南越王墓与长沙王（后）墓之比较研究　黄明乐　西汉南越国史研究论集（一）51－59
汉代文物中的“南越北楚”　吴丹微　中国文物报 6 月 28 日 5 版
马王堆一号汉墓四重棺与死后仙化程序考　姜生　文史哲 3：139－150
饶家营“张骞墓”的时代与张骞墓探寻　刘瑞　两个世界的徘徊：中古时期丧葬观念风俗与礼仪制度学术研讨会论文集 417－438
长沙风盘岭汉墓墓主及相关问题探讨　赵晓华　中国国家博物馆馆刊 8：6－17
成都老官山汉墓 M1 墓主族属考察　索德浩　考古 5：79－85
略论成都老官山三号墓及绵阳双包山二号墓墓主　刘祥宇、谢涛　江汉考古 4：87－89
云南个旧黑蚂井墓地性质的探讨　吴小平、李冀源　考古 10：104－109
汉代墓葬语境中的阳遂　练春海　中国汉画研究（第五卷）284－299
汉墓中的屏风　杨爱国　文物 3：51－60
浅论广西地区两汉时期随葬品的演变　黄强、陈紫茹　广西博物馆文集（第十一辑）219－225
四川汉代考古资料中的方相氏图像　钟玲　四川文物 1：72－76
东江考古出土的汉代珍贵文物　傅举有　中国文物报 4 月 5 日 5 版
扬州汉墓出土“龙纹铅饼”初探　姜宝莲、赵强　中国文物报 12 月 13 日 5 版
诺音乌拉墓地出土西汉耳杯　奇斯佳科娃·阿格尼娅（Chistyakova A. N.）　北方民族考古（第 3 辑）27－30
青海平安县石家营墓群出土的汉代墓砖鉴赏　闫璘　文物天地 9：74－76
北京延庆西屯墓地汉代颅骨的人类学特征　周亚威、朱泓　边疆考古研究（第 19 辑）273－289
鄂尔多斯市伊金霍洛旗敖包圪台汉代墓地人骨研究　胡春柏等　草原文物 2：125－137
双墩一号汉墓出土植物遗存的鉴定和分析　赵志军、汪景辉　农业考古 1：1－8
三峡地区的盐灶形明器　川村佳男著　刘海宇译　东方考古（第 12 集）258－283
雅安芦山汉墓出土摇钱树座初步研究——再探摇钱树的整体意义　王煜等　中国国家博物馆馆刊 5：42－51
辽宁地区两汉时期白陶器初步研究　徐政、张美子　北方文物 3：37－43
汉代陶器滚筒滚压纹饰研究——基于汉阳陵陵邑区汉墓出土陶器的观察　李云河　古代文明研究通讯 71：37－47
西安地区汉墓出土陶灶分析　王素花　文物春秋 4：58－64
焦作出土东汉联仓式陶仓楼　张保民、赵慧钦　中国国家博物馆馆刊 8：18－28
西汉陶缶赗赙说　王洋　考古 11：89－94
汉代陶壶制作工艺、流程及生产模式研究　单思伟、魏兴涛　中原文物 1：62－68
四川什邡市箭台村遗址出土汉代“陀螺”骰子考　刘章泽　四川文物 2：66－75
汉廷藩屏金玉盛世——汉代长沙国与中山国出土金玉文物略谈　李历松、董远成　收藏家 8：3－10

南越国宫署遗址出土的南越王宫御苑动物遗存　陈雨　西汉南越国史研究论集（一）97－104

补　遗

海昏侯墓发掘的意义　王子今　光明日报 2015 年 12 月 16 日 14 版

入地如何再升天？——马王堆美术时空论　汪悦进　文艺研究 2015 年 12：136－155

一一　三国两晋南北朝

2015 年魏晋南北朝墓葬考古发现与研究述评　郭晓涛　西部考古（第 12 辑）247－258

洛阳地区曹魏时期墓葬及相关问题初探　刘中伟　殷都学刊 1：34－37

曹操墓内发现年长女性遗骨的身份与曹操夫人卞氏年龄考　潘伟斌　西部考古（第 12 辑）230－246

文字、图像与信仰：墓葬所见魏晋十六国河西社会　贾小军　简牍学研究（第六辑）199－207

洛阳地区魏晋墓葬形制研究　耿朔　两个世界的徘徊：中古时期丧葬观念风俗与礼仪制度学术研讨会论文集 37－58

岭南六朝墓葬的区域研究　马啟亮　东南文化 2：79－90

浙江六朝墓概述　刘卫鹏　西部考古（第 12 辑）259－287

再论我国境内出土下颌托的性质及其来源——兼与冯恩学、吴小平二位先生商榷　王维坤、赵金　两个世界的徘徊：中古时期丧葬观念风俗与礼仪制度学术研讨会论文集 3－36

南京地区莲花纹砖文化因素初探——兼论韩国武宁王陵莲花纹砖渊源　马涛　南京文物考古新发现（第 4 辑）272－280

从考古发现看西晋的门阀制度　王莉娜　中原文物 1：80－83

南京后头山东晋张迈家族墓地考古——“考古”与“文献”的碰撞和融合　陈大海　大众考古 34：46－51

西凉迁都与酒泉十六国壁画墓的纪念碑性　贾小军　吐鲁番学研究 2：36－45

广西浦北县发现的南朝墓　黄光清　广西博物馆文集（第十一辑）194－200

嘎仙洞祝文礼制与北魏初期汉化　刘克桥　中原文物 4：96－99

平城附近鲜卑及北魏墓葬分布规律考　曹臣明　文物 5：61－69

北朝清河崔氏乌水房家族墓研究　王佳月　东方考古（第 12 集）72－97

北魏石堂棺床与附属壁画文字——以新发现解兴石堂为例探讨葬俗文化的变迁　张庆捷　两个世界的徘徊：中古时期丧葬观念风俗与礼仪制度学术研讨会论文集 233－249

王子云先生与洛阳金村出土的北魏石棺盖——民国时期“教育部艺术文物考察团”资料整理之四　冉万里、白月　西部考古（第 10 辑）213－219

北魏墓室画像研究综述　云娜　内蒙古民族大学学报（社科版）3：45－53

河北省磁县北朝墓群 M003 墓主人元祜的线粒体 DNA 分析　赵欣等　南方文物 4：203－208

邺城地区东魏北齐墓群布局研究　沈丽华　考古 3：102－115

东魏北齐壁画墓的发现与研究述评　潘攀　南京艺术学院学报（美术与设计版）2：60－65

略述固原北周、隋唐考古文物中的历史人物　黄丽荣、张惠霞　博苑耕耘（第 2 辑）159－170

彭阳北朝、隋唐文物考古及重要收获　杨宁国　博苑耕耘（第 2 辑）152－158

魏晋至隋唐时期中原地区都城规划布局的发展变化及其对高句丽渤海的影响　魏存成　边疆考古研究（第 20 辑）277－306

高句丽的山城与王城　魏存成　“城市与文明”学术研讨会论文集 455－473

高句丽新城考　焦彦超　学问 2：43－48

吉林省东部地区高句丽、渤海国遗址分布对比　金石柱、肖龙　延边大学学报（社科版）1：66－72

国内城体育场地点高句丽遗址研究　王飞峰　东南文化 4：66－72

吉林集安东台子遗址研究　王飞峰　北方文物 3：44－49

吉林珲春发现的燕系瓦当之背景　田立坤　学问 6：25－29

玄菟郡的“三迁”与高句丽的“南北二道” 王绵厚 学问 4：33－38
我国东北地区的高句丽封土石室墓 魏存成 东南文化 4：73－76
好太王的陵墓再确认及相关问题 魏存成 史学集刊 1：84－89
补 遗
论河西与高句丽壁画墓的关系 孙晓岗 艺术探索 2015 年 5：37－43

一二 隋唐五代

隋唐东都城及都畿地区城市空间形态研究 胡方 中国古都研究（第二十七辑）146－154
隋唐东都西苑遗址全释 严辉 洛阳考古（总第 13 期）54－68
龙门与隋唐东都洛阳 焦建辉、顾彦芳 “城市与文明”学术研讨会论文集 498－508
试谈隋唐北方民间墓葬的建筑方式与形制演变 赵超、魏秋萍 中原文物 6：57－62
隋唐墓葬出土帐构研究 何月馨 中原文物 2：94－103
从张盛墓出土的随葬品看隋代粮食加工技术 邵丹、金玉红 农业考古 4：7－10
嘉兴东塔及地宫出土文物 吴凤珍 东方博物（第五十九辑）32－43
唐长安城攻势防御与帝国“世界秩序”的重构 胡岩涛、徐卫民 西北大学学报（哲社版）4：145－150
唐长安城太仓位置及相关问题 徐龙国 考古 6：111－117
唐长安银台门考 贾鸿源 文博 4：72－78
唐筑汴州城 王三营 东亚都城和帝陵考古与契丹辽文化国际学术研讨会论文集 137－142
乌拉泊古城新考 李树辉 敦煌研究 3：84－92
唐代会州故址及其相关问题考——兼谈对于古代城址考察研究的些许体会 李并成 中国历史地理论丛 3：46－53
唐代青龙镇的功用 何继英 “城市与文明”学术研讨会论文集 538－550
晚唐杨吴两宋时期扬州城城门之发掘与研究 汪勃 东亚都城和帝陵考古与契丹辽文化国际学术研讨会论文集 255－265
唐墓研究中的三个问题 李雨生 西部考古（第 12 辑）385－398
论唐代墓葬的形制 牛志平 乾陵文化研究（九）11－21
河北因素与唐宋墓葬制度变革初论 崔世平 两个世界的徘徊：中古时期丧葬观念风俗与礼仪制度学术研讨会论文集 282－311
入唐百济遗民流向与连云港封土石室墓 （韩）朴淳发 东南文化 4：77－81
唐朝对其帝陵建设的探索及完善 刘向阳、郑茂良 乾陵文化研究（十）24－29
关于武则天合葬乾陵问题 孟宪实 两个世界的徘徊：中古时期丧葬观念风俗与礼仪制度学术研讨会论文集 195－210
乾陵陪葬宰相浅析 李阿能 乾陵文化研究（九）22－33
浅谈乾陵文物中的龙图案 李青峰 乾陵文化研究（十）272－280
浅谈唐乾陵章怀太子墓出土的彩绘塔式罐 丁辉 乾陵文化研究（十）281－285
敦煌佛爷庙湾唐代模印塑像砖墓（二）——阴氏家族墓考 戴春阳 敦煌研究 3：9－16
江苏扬州杨吴李娀墓的考古发掘及出土墓志研究——兼及徐铉撰《唐故泰州刺史陶公墓志铭》 刘刚等 东南文化 3：59－66
洛阳谷水唐墓年代探析 郝红星 历史文物 9：82－91
洛阳关林 59 号唐墓年代探析 郝红星 历史文物 7：78－87
唐代木明器初步研究 卢亚辉 两个世界的徘徊：中古时期丧葬观念风俗与礼仪制度学术研讨会论文集 97－135
关于西安东郊秦川机械厂塔基地宫及舍利容器的相关问题 冉万里、郑睿瑜 西部考古（第 10 辑）

135－149
法门寺唐塔地宫出土唐代香料初探　权飞　农业考古4：246－250
何家村窖藏：制作机构及其世界性意义　梁子、程云霞　西北大学学报（哲社版）1：32－37
唐碎叶故城出土“石沙陁龟符”初探　孟宪实　西域文史（第十辑）81－91
中古胡人驯狮现象与唐五方狮子舞——以图像学的视角为中心　韩香　唐研究（第二十二卷）299－320
从谯楼遗址发掘谈温州子城兴废时间　郑梯燕　东方博物（第五十九辑）27－31
前蜀王建墓研究　郑以墨　两个世界的徘徊：中古时期丧葬观念风俗与礼仪制度学术研讨会论文集313－342
闽国王后刘华墓的考古发现　曾凌颂　大众考古35：63－67
论进入高丽的渤海遗民及其社会地位　郭威　学问5：3－7
渤海都城研究补遗　宋玉彬　东亚都城和帝陵考古与契丹辽文化国际学术研讨会论文集143－148
中国建筑考古学研究再探——兼谈渤海国上京龙泉府都城建制　姚庆、张童心　学问1：46－52
渤海“珍陵”问题的再检讨——纪念金毓黻先生逝世50周年　刘晓东　东亚都城和帝陵考古与契丹辽文化国际学术研讨会论文集308－319
渤海物质文化研究札记　彭善国　边疆考古研究（第20辑）307－319
吐鲁番阿斯塔那墓地M336年代及相关问题探析　鲁礼鹏　西部考古（第12辑）399－406
吐鲁番阿斯塔那墓地出土镇墓神兽研究　鲁礼鹏　吐鲁番学研究：吐鲁番与丝绸之路经济带高峰论坛暨第五届吐鲁番学国际学术研讨会论文集205－217
新疆吐鲁番阿斯塔那墓地出土镇墓神兽研究　鲁礼鹏　四川文物5：69－78
吐鲁番出土双头鸟纹样与佛教“共命鸟”无涉　刘政　吐鲁番学研究：吐鲁番与丝绸之路经济带高峰论坛暨第五届吐鲁番学国际学术研讨会论文集225－232
都兰吐蕃古墓考古研究综述　周毛先、宗喀·漾正岗布　西藏研究4：107－113
西藏朗县列山墓地M155出土木材鉴定和树轮分析　王树芝　考古11：65－66

一三　宋至明清

北宋东京城考古综述及最新考古发现　刘春迎　东亚都城和帝陵考古与契丹辽文化国际学术研讨会论文集174－191
北宋西京洛阳城形态分析　石自社　东亚都城和帝陵考古与契丹辽文化国际学术研讨会论文集192－208
试论北宋西京洛阳宫城、皇城的布局及其演变　韩建华　考古11：113－120
北宋西京洛阳宫皇城形制布局初探　韩建华　东亚都城和帝陵考古与契丹辽文化国际学术研讨会论文集209－234
青州北宋城门和明代城墙遗址的发现意义与保护利用措施　李森　东方考古（第12集）98－111
杨家将与杨家城的文献和考古学观察　邵晶　文博2：84－86
南宋皇城考　刘未　东亚都城和帝陵考古与契丹辽文化国际学术研讨会论文集235－254
南宋德寿宫址考　刘未　浙江学刊3：42－46
南宋太庙庙址考　刘未　江汉考古2：98－103
钜鹿故城的发现及相关研究　张保卿　华夏考古3：141－147
山东垦利县海北遗址新发现　徐波、柴丽平　华夏考古1：38－44
香港九龙圣山遗址宋元时期的考古发现与有关问题　刘文锁等　“16至17世纪的海上丝绸之路”国际学术研讨会论文集144－169
河南汝州宋赵廷美墓地考略　孙锦　中原文物4：53－59
韩琦家族墓地的发掘和意义　郭胜强　中国古都研究（第二十七辑）97－105
泸州“生基”墓考　徐吉贵　文化学刊9：222－224

四川合江县13、14号画像石棺考　何沁冰、谢荔　四川文物1：82－90
宋代纸质明器的盛行及其原因　徐吉军　浙江学刊6：45－52
常州武进村前乡南宋墓出土器物丛考　扬之水　常州文博论丛2016年（第2辑）1－10
重庆南宋府衙遗址骨制品及其埋藏背景　武仙竹等　第四纪研究2：312－321
“南澳Ⅰ号”沉船的年代、航路及性质　郭学雷　考古与文物6：118－132
她的“面容”——试论两宋女性的镜中之影　胡译文　美术研究3：77－82
契丹辽代考古发现与契丹文化（四则）　王大方　东亚都城和帝陵考古与契丹辽文化国际学术研讨会论文集510－519
浅谈历史时期地方性城市遗址的规划利用问题——以吉林省辽金时期城址为例　吴敬　学问6：42－47
吉林农安辽代遗存中的渤海文化因素辨析　杨海鹏、徐景华　北方文物3：50－53
沈阳地区辽金城址刍议　赵晓刚　辽金历史与考古（第六辑）3－15
辽宁昌图四面城辽、金时期建置考辨　王雷、赵少军　边疆考古研究（第20辑）321－340
辽上京宫城考古新发现和研究　汪盈、董新林　北方民族考古（第3辑）45－53
2011～2012年辽上京城址的考古发掘和初步认识　汪盈　东亚都城和帝陵考古与契丹辽文化国际学术研讨会论文集128－136
辽中京道城址的考古学观察　任冠　故宫博物院院刊2：66－76
佛教信仰对朝阳辽墓葬俗的影响　尚晓波　辽金历史与考古（第六辑）24－29
契丹早期墓葬研究　毕德广、魏坚　考古学报2：207－230
北京地区辽金时期火葬墓的考古发现与研究综述　彭媛　文物春秋5、6：34－38
北京晏家堡村壁画墓年代探讨　张利芳　中国国家博物馆馆刊10：104－109
大同辽金壁画墓浅析　王利霞　西京印迹——大同辽金文物161－168
沈阳地区仿木结构辽墓初探　林栋　辽金历史与考古（第六辑）16－23
辽宁地区契丹族墓葬艺术考古研究　刘海年、兰中英　辽金历史与考古（第六辑）46－51
辽代皇陵制度的影响　刘毅　东亚都城和帝陵考古与契丹辽文化国际学术研讨会论文集363－387
简论辽代祖陵遗址考古发掘及其学术意义　董新林　东亚都城和帝陵考古与契丹辽文化国际学术研讨会论文集107－127
从考古新发现看辽祖陵龟趺山基址的形制与营造　汪盈、董新林　考古10：24－33
辽朝奉陵邑初探　孙伟祥、高福顺　古代文明1：76－82
阜新腰衙门平顶山辽墓　郭添刚等　辽宁工程技术大学学报（社科版）3：339－348
再论辽代墓葬的棺尸床　林栋　学问2：52－57
关于辽代契丹墓出土的葬具　［日］今野春树著　姚义田译　辽金历史与考古（第六辑）269－286
大同博物馆馆藏辽代葬具　崔长春　西京印迹——大同辽金文物153－159
辽宁凌源市发现辽代四神石函　陈利　辽金历史与考古（第六辑）30－31
辽宁省博物馆藏辽庆陵出土文物综述　刘宁、孙力　东亚都城和帝陵考古与契丹辽文化国际学术研讨会论文集345－362
浅谈辽代镇墓兽造型艺术——彰武辽代镇墓兽研究　刘俊玉　地域性辽金史研究（第一辑）188－193
辽宁法库叶茂台七号辽墓出土人骨研究　么乃亮等　学问3：16－19
宋夏时期发生在固原的战役及其文化遗存　黄丽荣、朱小平　博苑耕耘（第2辑）186－193
西夏的都城、帝陵和寺庙建筑　史金波　东亚都城和帝陵考古与契丹辽文化国际学术研讨会论文集92－106
武威西夏遗址调查研究述略　黎大祥　陇右文博2：16－21
金上京的考古学研究——历程·现状与思考　赵永军　东亚都城和帝陵考古与契丹辽文化国际学术研讨会论文集287－294
辽河东部地区金代遗址探析　王晶　辽宁工程技术大学学报（社科版）4：420－426

吉林安图宝马城遗址：金代历史与考古研究的重要发现　李政　中国文物报 10 月 28 日 2 版
试论金代女真人的丧葬习俗　陈晓敏　西京印迹——大同辽金文物 127－135
完颜守贞墓地位置考略　赵维良、庞志国　学问 3：13－15
“蒋四耶耶”石棺的年代及相关问题研究　郝军军　文物 11：91－96
诗酒相伴——金代李居柔墓出土瓷器、石砚与铜镜　于春雷、苗轶飞　收藏 6：50－55
江官屯遗址出土的铁锁　肖新琦　学问 6：48－51
谈谈金代和“鱼”有关的文化现象　王晓颖　西京印迹——大同辽金文物 137－142
从元大都看中国城市考古　许宏　人民日报 4 月 12 日 2 版
元中都内城所反映的汉地城市与草原城市规划思想初探　陈筱　东亚都城和帝陵考古与契丹辽文化国际学术研讨会论文集 295－307
元代民居下圪坨院考述　卫伟玲　文物世界 4：29－31
复古维新：洛—渭地区蒙元墓葬“复古化”的再思　袁泉　两个世界的徘徊：中古时期丧葬观念风俗与礼仪制度学术研讨会论文集 343－366
北京地区蒙元墓葬研究　宋蓉、罗斌　边疆考古研究（第 20 辑）341－354
蒙元时期的南人士族——以任仁发家族为例的考察　王建文　“城市与文明”学术研讨会论文集 603－620
云氏渡琼始祖夫妻分葬原因探析　王海燕等　丝绸之路 4：10－13
关于元代蒙古墓葬的三则札记　党宝海　两个世界的徘徊：中古时期丧葬观念风俗与礼仪制度学术研讨会论文集 399－413
额敏县也迷里古城遗址墓葬出土颅骨的人种研究　王博、董红　吐鲁番学研究：吐鲁番与丝绸之路经济带高峰论坛暨第五届吐鲁番学国际学术研讨会论文集 176－180
从出土文物看蒙元时期开城安西王府　黄丽荣　博苑耕耘（第 2 辑）206－210
南都旧阙今犹在——南京明故宫遗址　李文彬　大众考古 36：74－81
明代周回 9 里左右的普通府城基址规模研究　敖仕恒　中国建筑史论汇刊（第十一辑）301－329
明清郧阳城复原研究　徐斐宏　中国建筑史论汇刊（第十三辑）301－348
明代辽东镇堡城分布及布局研究　吕海平、吴迪　建筑史（第 38 辑）1－9
明鸦鹘关考　陈山、刘明　边疆考古研究（第 20 辑）355－368
蒙古诸部南下河套与明朝边墙的兴建：以明代延绥镇边墙创修为中心　李大伟、曹志红　内蒙古社会科学 3：79－84
“土司遗址”突出普遍价值体系下的容美土司遗址与唐崖土司城址研究　陈飞等　中国文化遗产 3：22－27
赠封“达赖喇嘛”尊号之寺院——仰华寺遗址考析　恰嘎·旦正、桑吉尖措　中国藏学 4：170－173
川东、川北地区明清墓葬建筑艺术　涂天丽、罗晓欢　寻根 4：62－75
水族石板墓的形制结构与装饰石雕考察研究　王英莉、段晓昀　中华文化论坛 2：98－102
对明代周藩郡王遂平王墓茔之管见　于皓洋　中原文物 6：127－128
镇远侯顾成墓悬疑释解　杜应国　贵州文史丛刊 3：107－111
明代南京前军府都督同知范雄墓　邵磊、骆鹏　江汉考古 6：81－86
厦门明代“大总戎”苏滨泉墓及出土文物研究　靳维柏　文物世界 1：34－38
嘉兴明墓出土《金刚经塔》拓片　扬之水　南方文物 2：231－234
从明代陶宅院模型看古代人的衣食住行　吴艳丽　中国文物报 8 月 26 日 2 版
天津北辰张湾明代沉船出土人骨鉴定与初步分析　李法军等　边疆考古研究（第 20 辑）393－417
吉林省大赉城的调查与研究　李朵等　北方文物 2：39－46
达坂城史地考证——以峡口古城、嘉德城为中心　索琼　新疆文物 1：119－125
礼达乡间：贵州凯里炉山一号墓所见之清代礼仪　李飞　中国国家博物馆馆刊 2：57－69

补　遗

甘肃清水宋金墓葬的艺术美探究　张玉平　敦煌学辑刊2015年3：150－155
金上京考古发现与文物研究综述　王禹浪等　黑龙江民族丛刊2015年6：87－94
齐齐哈尔的明代遗迹鄂勒欢古城　齐悦、傅惟光　理论观察2015年10：95－96
明代南京大报恩寺的选址研究　许婷婷　南京艺术学院学报（美术与设计版）2015年6：86－92

叁　考古学专论

一　甲骨文

甲骨文数量结构研究　柳东春　出土文献与中国古代文明——李学勤先生八十寿诞纪念论文集54－61
从甲骨文论早期形声字的声符形化现象　陈年福　浙江师范大学学报（社科版）2：55－61
四论甲骨卜辞的命辞："可控＋不可控"类吉凶型二重对比复句分类研究　巫称喜　汉字文化1：70－73
甲骨文命辞二重对比复句研究：五论甲骨卜辞的命辞　巫称喜　贵州师范大学学报（社科版）2：111－121
金璋所藏甲骨的著录情况　郅晓娜　南方文物3：220－224
从古文字角度谈《夏商周：从神话到史实》的若干问题　张惟捷　历史研究1：114－139
甲骨文与随葬品中的商代王后妇好——王后·母亲·女将？　朱乃诚　大众考古35：45－49
凤雏庙号卜甲与商纣王伐周　王恩田　殷都学刊4：1－8
从甲骨文及金文探析殷商贾国之历史　张海滨、解华顶　华夏考古4：118－123
商代的召方　连劭名　中国国家博物馆馆刊1：50－55
商代耤田考　张俊成　殷都学刊1：1－7
由甲骨文所见田渔制度说到殷历之岁首　常耀华　出土文献与中国古代文明——李学勤先生八十寿诞纪念论文集45－53
甲骨文所见田猎工具研究　常耀华　中国文字博物馆论文集1－29
小议商代七主之祀　胡进驻　中原文物2：15－20
卜辞所见商代祭尸礼浅探　晁福林　考古学报3：343－364
卜辞所见商代祭尸礼浅探　晁福林　出土文献与中国古代文明——李学勤先生八十寿诞纪念论文集3－20
说花东卜辞的"入有函"及相关问题　姚萱　安徽大学学报（哲社版）2：106－110
殷墟卜辞所见"夕裸"与"蓺裸"探析　张亮　殷都学刊4：9－13
甲骨文"皐辟"乃后世"象魏"考　韩江苏　殷都学刊2：1－11
卜辞所见滴水考　张兴照　南方文物4：161－165
卜辞缶方地望考辨　陈隆文、代玄烨　中原文物1：73－76
卜辞"虘"地与"黎之蒐"　赵庆淼　中国史研究2：29－42
殷墟甲骨文疑难辞例考释八则　齐航福　出土文献与中国古代文明——李学勤先生八十寿诞纪念论文集65－69
《殷墟小屯村中村南甲骨》所见新材料与"两系说"的运用　张志强　古汉语研究1：46－58
殷墟小屯村中村南甲骨释文校勘廿则　刘风华　出土文献与中国古代文明——李学勤先生八十寿诞纪念论文集62－64
读《村中南》札记三则　孙亚冰　南方文物3：217－219
文例规律对历组卜辞时代提前的新证　刘影　考古与文物2：108－110
宾组三类胛骨钻凿与兆序排列的初步整理与研究　赵鹏　出土文献研究（第十五辑）1－13
宾一类胛骨兆序排列的整理研究　赵鹏　南方文物3：210－216
几组缀合为甲骨学研究提供大新材料　刘影　故宫博物院院刊2：106－111

甲骨缀合提供的两条罕见辞例　吴丽婉　中国国家博物馆馆刊 9：53 – 57
宾组卜甲新缀四则　李延彦　华夏考古 2：96 – 99
宾组三类龟腹甲新缀四则及考释　何会　华夏考古 1：121 – 124
何组祭祀卜骨缀合五例　张军涛　华夏考古 1：125 – 127
无名组甲骨拼合六则　莫伯峰　考古与文物 1：105 – 108
《北京大学珍藏甲骨文字》收录甲骨缀合四则　李爱辉　华夏考古 3：120 – 122
故宫博物院藏田猎刻辞初探　杨杨　故宫博物院院刊 3：18 – 26
中国文字博物馆所展邓氏卜甲　张怡等　殷都学刊 3：13 – 15
宝物检视与甲骨文字　李宗焜　出土文献与中国古代文明——李学勤先生八十寿诞纪念论文集 41 – 44
穹庐下的甲骨文——以萨满文化的视角释甲骨文中的巫、卜、贞、扶　王行恭　历史文物 6：66 – 73
甲骨文与金文中的“后母”　刘义峰　南方文物 4：166 – 168
甲骨文所见的动物之“鹿”和“莧”　单育辰　出土文献研究（第十五辑）34 – 47
殷墟甲骨文“𠂤”、“[illegible]”两字用法再探　齐航福　故宫博物院院刊 2：112 – 116
甲骨文“芍（鬱）”的用法　王子杨　文史 3：43 – 56
卜辞“示”与后世“主”之辨析　李双芬　殷都学刊 2：17 – 21
甲骨文中的朿字与商代财政　曹大志　中国国家博物馆馆刊 11：86 – 97
甲骨文“史”字考释与史学起源　关万维　深圳大学学报（人文社科版）3：143 – 147
释甲骨金文中的“僊”——兼论《说文》中“䙴”字来源　李春桃　文史 4：283 – 288
再论“巴”之本义为五步蛇——与曹定云先生再商榷　谷斌　殷都学刊 1：23 – 28
释甲骨文仆、踣字兼说汎字的一种常见用法　刘桓　出土文献与中国古代文明——李学勤先生八十寿诞纪念论文集 24 – 28
甲骨文字文义新释　王晖　殷都学刊 3：1 – 6
甲骨文“閩”字考　韩江苏　南方文物 1：208 – 211
浅谈甲骨卜辞中的“柞”字　张怡　中国文字博物馆论文集 66 – 73
“或”字补说　谢明文　出土文献研究（第十五辑）14 – 33
说[illegible]　张建华　东方博物（第五十九辑）89 – 92
孙诒让考释甲骨文的偏旁方分析法　王斐、程邦雄　语言研究 4：95 – 100
甲骨文“帚”的构形功能及从“帚”相关字考论　刘光　殷都学刊 3：7 – 12
《说文》540 部首今读　路爱军　中国文字博物馆论文集 90 – 102
从《说文》女部字看古代女性地位的变迁　王华、赵娜　中国文字博物馆论文集 84 – 89
从《说文解字》示部字看古人祭祀的目的　姬玉嘉、何顺杰　中国文字博物馆论文集 103 – 112

补　遗

郭沫若早期甲骨学研究的弃中之得　冯时　郭沫若学刊 2015 年 3：58 – 61
天命玄鸟，殷土芒芒：殷墟甲骨文地名的研究方法及意义　马保春　光明日报 2015 年 11 月 4 日 14 版
“吉”“圭”蠡测　高玉平、陈丹　古汉语研究 2015 年 4：109 – 112
从甲金部首析殷周字体演变　张晓明　管子学刊 2015 年 3：114 – 119

二　青铜器与铭文研究

综　述

基于文献计量学的国内青铜器研究文献综述　傅骏等　铸造技术 1：124 – 128
谈谈对青铜器研究的认识　杜迺松　青铜文化研究（第六辑）178 – 179
定量考古学研究述略：兼谈在青铜器分期研究中的应用　叶舒然　学术界 8：239 – 245
中国古代铜器表面装饰技艺概览　谭德睿　青铜文化研究（第七辑）159 – 166
中国青铜时代的礼器　［美］罗樾著　张乔译　新美术 1：27 – 36

试论青铜觯与饮壶、觚、尊、卣等的关系 曹斌 古代文明研究通讯 68：11－21
论商周祭飨中的肆献祼礼 李志刚 殷都学刊 3：21－25
商周时期湖南与岭南的交通——以出土铜器为中心 高成林 湖南考古辑刊（第 12 集）240－262
突出器表——商周时期青铜礼器装饰艺术与铸造技术的交互影响研究之一 张昌平 青铜文化研究（第七辑）40－47
商周青铜器尚大倾向的初步观察 李郁宏、袁红 青铜文化研究（第六辑）67－73
商周时期青铜斧、锛、凿研究综述 李聪 农业考古 4：129－134
商周青铜方罍序列及皿方罍的年代问题 向桃初、吴小燕 文物 2：57－72
商周时期铜方尊及相关问题研究 孙明 文物春秋 3：3－12
山东省莱芜市出土商周青铜容器概述 徐波、李翠霞 中国国家博物馆馆刊 11：58－74
宁镇与皖南地区商周青铜器比较研究 王书敏 青铜文化研究（第六辑）150－154
晋陕高原商末周初北方系青铜器研究：回顾与展望 刘建宇、梅建军 青铜文化研究（第七辑）19－26
天命靡常——商周青铜器人虎母题的衰落 卢昉 青铜文化研究（第六辑）137－141
商周青铜器上的龙纹造型及其内涵研究 杨远 华夏考古 3：76－86
商周青铜器鸟纹饰及相关问题 汤淑君 青铜文化研究（第六辑）64－66
青铜器铭文研究与学习 杜廼松 青铜文化研究（第八辑）11－12
郑州地区出土商周金文概述 苗利娟 殷都学刊 2：22－28
《流散欧美殷周有铭青铜器集录》琐议 汤志彪 华夏考古 2：100－103
陕西历史博物馆藏东周秦汉有铭铜器丛考 韩建武 文博 3：50－56
几件战国秦汉有铭铜器、银器的考释 韩建武 西部考古（第 12 辑）189－203
金文"考"的字词关系研究 陈琴 学术研究 9：174－175

夏、殷商

论青铜时代早期铜礼器系统的形成 方辉 青铜文化研究（第六辑）5－11
器以藏礼——夏代青铜礼器的种类与特征 王金环 收藏家 11：63－66
略谈酒器爵 胡洪琼 殷都学刊 4：14－18
Tetrapod Ding of the Shang Period and the Ding Sacrifice Elizabeth Childs－Johnson 青铜文化研究（第六辑）36－47
陕北地区商代青铜器的文化因素分析 郭妍利、范建国 青铜文化研究（第七辑）27－39
再论晋陕高原青铜器与商代方国的关系 韩炳华北方民族考古（第 3 辑）151－162
皇皇巨制 熔铸王权——郑州商城出土青铜方鼎解读 汤威、杨建军 大众考古 38：57－64
披荆斩棘 铸造辉煌——盘龙城商代青铜工具 雷雨、陈春 文物天地 11：17－22
试论妇好墓"铜尺形器"的功用——兼谈商周青铜爵、觚的使用 何毓灵、马春梅 文物 12：50－58
司母戊鼎制作场景蠡测 李维明 南方文物 4：98－107
郑州"舌"铭铜铙时代与性质浅析 汪培梓 中原文物 5：44－47
河南正阳出土"禽"铭铜器初探 丘山代、刘文阁 南方文物 2：167－177
辽宁绥中东王岗台发现商周窖藏铜器 成璟瑭等 文物 3：67－75
江汉平原出土的商时期青铜器 施劲松 江汉考古 1：59－68
芷江四方园遗址浅析——兼谈倒塘湾出土的铜鸟形器 盛伟 湖南考古辑刊（第 12 集）263－278
皖南出土商代青铜容器的年代与性质 张爱冰、陆勤毅 青铜文化研究（第六辑）20－28
岭南地区出土铜铙和甬钟简论 彭适凡、饶德文 青铜文化研究（第六辑）118－128
华容大口折肩青铜尊研究——兼及挂饰管形牺首饰诸器（上） 苏荣誉、李建毛 美术研究 6：42－52
青铜龙虎尊发微 苏荣誉 青铜文化研究（第八辑）13－22
中国国家博物馆近藏爯鼎、爯簋试析 翟胜利 中国国家博物馆馆刊 3：146－155
青铜器动物纹饰初探 张翼 青铜文化研究（第六辑）102－104

司母戊鼎纹饰与寓意蠡测　李维明　中原文物 6：63－69
“虎食人”之“人”应为鬼魅　孙晓彤　大众考古 31：33－37
湖南醴陵出土商代象尊纹饰分析　吴卫、乔松　装饰 4：110－111
从灵石旌介商墓青铜器看族氏铭文与纹饰的关系　王源　文物世界 4：10－13
新见鼋族铜器兼及相关盟姻族徽的再认识　王长丰　中原文物 5：38－43
“司母戊鼎”更名现象观察　李维明　古代文明（第 10 卷）124－133
“司母戊”还是“后母戊”？　陆倩　文物天地 1：102－104
关于“后母戊鼎”的定名问题　孙机　中国文物报 9 月 13 日 6 版
司母戊鼎铭文形音义研究　杜迺松　中国文物报 8 月 12 日 6 版
小子𫊟卣铭文释读辨考　邓飞　江汉考古 6：104－109
古息吉金——河南罗山天湖出土商代青铜器鉴赏　唐新　收藏家 7：21－26
盛世吉金——云南省博物馆藏江川李家山古滇青铜器赏介　郭佳　收藏家 6：17－26
山西省博物院藏青铜器精品　董艺娇、王甜　收藏 2：112－118
馆藏“石楼—绥德类型”青铜器　谷朝旭　文物天地 6：9－12
上海博物馆藏女嬖方鼎札记　胡嘉麟　文博 1：68－75
商代青铜饮酒器——觚、觯赏析　刘昱午　寻根 1：58－67
商代青铜温酒器——爵、斝、角赏析　刘昱午　寻根 3：84－87
商周时期悬铃青铜礼器赏析　孙明　收藏家 4：16－20

西周

西周宗族形态及德教——以爯器所见遣氏宗族为中心的考察　高婧聪　历史研究 6：4－15
扶风海家西周青铜爬龙窖藏与太公望家族　辛怡华　考古与文物 2：58－60
伯𢦚族属及家族研究　刘卓异　殷都学刊 1：8－15
“梁山七器”与周代巡狩之制　陈絜　汉学研究 1：1－26
周代中原用鼎制度变迁及相关问题探讨　刘颖惠、曹峻　殷都学刊 3：26－33
探索西周时代的外交活动与远距交通：以“匍盉”为例　雷晋豪　出土文献与中国古代文明——李学勤先生八十寿诞纪念论文集 109－115
匽侯铜器与燕国早期世系　曹斌等　江汉考古 5：70－76
芮姞簋与古芮国探微　赵庆淼　故宫博物院院刊 2：98－105
晋侯苏钟军事地理问题研究——从柞伯鼎“昏邑”谈起　朱继平　“中央研究院”历史语言所研究集刊第八十七本（第四分）：669－718
新出金文与鄂国历史地理问题探析　陈荣军　中华文化论坛 4：142－145
新见鲁叔四器与鲁国早期手工业　侯乃峰　考古与文物 1：69－74
再论西周青铜器演变的非均衡性问题　张懋镕　西部考古（第 12 辑）132－171
觯、饮壶、觚、尊、卣等青铜酒器关系刍议　曹斌　农业考古 3：189－196
几例罕见的改制铜器　任雪莉、王莉　文博 6：58－61
浅析小型青铜罐形器及其文化内涵　王瑞　文物世界 4：20－23
令方彝、令簋相关问题再论　陈淑娟　中国文字博物馆论文集 74－83
从“宜侯夨簋”谈起　钱公麟、许洁　中国文物报 10 月 21 日 6 版
小臣谜簋新论　刘晓霞　考古 4：102－115
不其簋史地探赜　杜勇　天津师范大学学报（社科版）5：35－41
说“醴壶”　冯峰　古代文明（第 10 卷）242－254
试论青铜觯的组合和墓葬的关系　曹斌等　殷都学刊 1：16－22
石鼓山四号墓出土簠形铜器初识　宛凌　中国文物报 9 月 27 日 6 版
关于先秦墓葬中所出非墓主青铜礼器问题——以晋侯墓地为例　贾洪波　南开学报（哲社版）5：

109－118
小子吉父方甗与M2001虢季墓年代 王正、常军 中原文物4：72－80
浅析海昏侯墓出土的两件先秦青铜礼器 王泽文 南方文物3：234－236
宝鸡地区所见西周异形铜鼎的初步观察 李郁宏、袁红 青铜文化研究（第七辑）62－67
湖北宜昌万福垴遗址出土甬钟年代及相关问题研究 黄文新、赵芳超 江汉考古4：64－70
吴国特色典型铜器 肖梦龙、杨正宏 青铜文化研究（第六辑）129－136
西周乳钉云纹大铙的相关问题 朱献雄、查月琴 青铜文化研究（第八辑）100－102
齐国青铜器装饰工艺研究 王滨 管子学刊2：49－53
茹家庄窑藏青铜器动物造型艺术及相关问题 李新秦、高次若 青铜文化研究（第六辑）48－53
金文所见拜礼与《周礼》九拜 黄益飞 南方文物3：225－233
册命金文中"圭瓒"赏赐原因初探 杨州 中原文物3：64－66
《尔雅·释亲》王父王母考 李晶 历史研究6：173－180
西周金文中伯雍父、戜、彔的身份与关系新探 惠翔宇、李毅忠 四川文物6：47－52
论天王簋铭文不是韵文 周宝宏 出土文献与中国古代文明——李学勤先生八十寿诞纪念论文集 102－104
新见伐簋铭文考释 吴雪飞 文博2：56－59
师寰簋铭文中的"弗叚组"及其他器铭相关词语考释 王晓鹏 华夏考古1：128－132
曶鼎铭文新释 周凤五 故宫学术季刊33卷2：1－18
申季诸器年世与宣世组器 徐雁宇 考古9：105－109
作册吴盉"隹卅年四月既生霸壬午"解 桂珍明 文物春秋5、6：25－28
金文所见"菽麦"考 周忠兵 考古与文物3：106－109
从大河口鸟形盉铭文看先秦誓命规程 胡宁 中国史研究1：35－44
翼城大河口西周墓地鸟形盉铭文试释 刘佳佳 考古与文物1：63－68
山西绛县横水西周墓出土肃卣补释 吴雪飞 考古与文物3：64－68
曾辨 李维明 中国文物报7月29日6版
随州叶家山曾国墓出土金文文献史料价值发微 樊森、邹芙都 文献2：3－8
从叶家山新出曾伯爵铭谈西周金文中的"西宫"和"东宫"问题 黄凤春 江汉考古3：80－84
叶家山"西宫"爵与两周金文"三宫"及其相关问题 于薇、常怀颖 江汉考古5：77－85
楚公逆钟铭文补释 李家浩 出土文献与中国古代文明——李学勤先生八十寿诞纪念论文集93－98
由应公鼎及相关诸器铭文论应国曾立武王庙 贾海生、池雪丰 湖南大学学报（社科版）5：27－29
贾伯壶浅析 冯克坚 中国文字博物馆论文集41－47
公典盘铭文及相关问题再探 耿超 中国国家博物馆馆刊7：139－144
金文所见"应"与西周政治统治 黄益飞 考古9：91－104
"驹车"考 金小燕 东方博物（第五十九辑）93－100
燕国重器——馆藏琉璃河遗址出土堇鼎 于力凡 文物天地8：9－14
蓬莱古船博物馆发现清宫旧藏中伯盨 杨丁 中国文物报5月31日7版
上海博物馆藏伯弘父盨札记 胡嘉麟 中原文物4：65－71

补 遗

高青陈庄《引簋》与周代军制 谢乃和 管子学刊2015年3：99－103
高青陈庄引簋铭文与周代命卿制度 赵庆淼 管子学刊2015年3：104－108
高青陈庄重大考古发现补正与答疑：高青新出申簋释读商榷 王恩田 管子学刊2015年3：93－98
叶家山曾国墓地"分器"现象与墓葬年代另探 任雪莉 陕西师范大学学报（哲社版）2015年6：23－29

东周

试析青铜文化视野中黄国为楚国所并的原因 牛长立 青铜文化研究（第八辑）55－66

周楚二系：试论东周时期铜簠的分类和谱系 路国权 四川文物 4：39－46
略论东周青铜器形制与纹饰的演变——兼评“宴乐射猎攻战铜壶” 徐真 青铜文化研究（第七辑）99－103
西汉水上游秦早期青铜器中的虎造型及其内在含义 余永红 古代文明 1：59－67
东周燕国铜敦、豆之年代辨微 裘炫俊 考古与文物 2：61－66
滕枺编镈与滕用夏正——兼论器主、器名和年代 王恩田 华夏考古 4：124－129
山东沂水刘家店子春秋墓铜器三题 郎剑锋 江汉考古 4：71－78
山东新见青铜句鑃初识 郎剑锋、赵守祥 东南文化 5：82－86
论太原金胜村 1988M251 铜器群的年代及相关问题 路国权 考古与文物 1：75－89
论太原金胜村 1988M251 铜器群的年代及相关问题——春秋时期青铜器分期分界年代研究之二 路国权 古代文明研究通讯 69：30－50
由赵杏墓地 M358：14 铜匜看吴和晋 张童心 青铜文化研究（第六辑）17－19
盐源出土人兽纹铜树形器渊源考 李帅 江汉考古 1：76－83
江苏盱眙西汉江都王墓出土越国鸟虫书錞于 曹锦炎、李则斌 文物 11：51－58
从制作技术看战国时期江汉地区出土青铜鼎——论包山 2 号墓・天星观 2 号墓・望山 1、2 号墓出土青铜鼎 ［日］丹羽崇史 近藤晴香译 青铜文化研究（第六辑）90－101
莫非工匠搞错了？——谈错嵌图像纹壶透露的工艺讯息 游玲玮 故宫文物月刊 404：86－101
辉县刻纹残铜鉴图像议 汤淑君 青铜文化研究（第七辑）117－121
曾侯乙编钟的纹饰造型 曾燕凌 文物天地 11：23－28
战国青铜器水陆攻战纹饰研究 朱军献 中原文物 1：77－79
申氏铜器与楚申氏的族属 田成方 考古 12：84－89
南阳地区出土铭文所见春秋时期楚国联姻考述 张丹 江汉考古 6：72－78
从鄂君商贸析战国时期的关税 徐少华 江汉考古 5：89－92
凤饰楚铭的文化解读 王祖龙、王曼苏 三峡大学学报（人文社科版）3：97－100
据文例考金文二则 杨秀恩 中国国家博物馆馆刊 11：98－100
庚壶铭文与齐军围莱问题补议 孙刚、李瑶 管子学刊 1：27－29
曾公子弃疾铜器铭文辨读二则 禤健聪 中原文物 4：81－84
曾侯与编钟释读订补 王恩田 出土文献研究（第十五辑）48－55
随州文峰塔曾侯舆墓 A 组编钟铭文拾遗 魏栋 中国国家博物馆馆刊 9：58－64
曾侯舆钟“薵壴华英”试说 马晓稳 江汉考古 5：115－117
战国兵器铭文辨伪 周翔 语文学刊 9：17－19
竞畏矛补论及其相关问题 黄锦前 湖南考古辑刊（第 12 集）324－336
新命楚王戈相关问题考 陶亮 中原文物 4：89－91
襄阳陈坡“昭王之信戈”铭文补释 刘钊 考古 6：98－100
韩兵宜阳四器和十一年令少曲慎戈的特殊辞例新研——兼论《竹书纪年》一条史料的释读 苏辉 出土文献与中国古代文明——李学勤先生八十寿诞纪念论文集 116－120
“毕公左御”戈铭文考释及相关问题研究 王亚楠 中原文物 6：70－76
荆州李家堰墓地出土战国铜戈铭文考略 蒋鲁敬、李亮 江汉考古 2：87－91
天津博物馆馆藏战国名戈知见 尤仁德 天津博物馆论丛（2015）3－10
辽阳博物馆藏战国铜鼎铭文补释 孙合肥 江汉考古 3：119－120
嫼盘及其“郏君”考 赵平安 中国史研究 3：41－48
越王者旨带钩小考——兼说初吉与初干吉日 曹锦炎 出土文献与中国古代文明——李学勤先生八十寿诞纪念论文集 73－76
东周金文“石沱”正解 黄锦前 江汉考古 1：104－108

侯古堆一号墓编镈"音"字补释　谢明文　华夏考古3：123－124
陕西凤翔小沙凹村发现春秋时期窖藏青铜器　景宏伟、曹建宁　考古与文物4：143－144
醲醲酒香间的雄风与礼制——战国中山国出土的青铜酒具　刘卫华　收藏家11：49－57
越王青铜铍　俞珊瑛　青铜文化研究（第七辑）130－132
匜与古代沃盥之礼　孟莹　丝绸之路8：13－14
春秋吴季生铜匜赏析　周怀东　南方文物2：298－300
燕下都楼阙形铜饰件　陈静　文物天地3：70－73
中国国家博物馆藏战国错金干支仪　李零　中国国家博物馆馆刊5：137－142
山东大学博物馆收藏的三件青铜器　郎剑锋　文物6：90－93

秦汉及以后

试论重庆涪陵小田溪M12出土的青铜俎与豆　彭学斌、方刚　文物9：69－72
再论博山炉的起源及相关问题　邵小龙　中国国家博物馆馆刊5：52－61
"立鹤踏龟"博山炉赏析　郭俊峰、李铭　收藏家11：37－39
百色青铜筩铃研究　王美娜　广西博物馆文集（第十一辑）283－287
"凤鸟立龟"造型在汉代的出现及其原因初探　陈春婷　华夏考古3：87－94
江西南昌西汉海昏侯墓出土的凤鸟纹提梁卣及相关问题　周艳明　文博5：30－36
南越王墓出土青铜器的概探　何东红　西汉南越国史研究论集（一）80－96
从南越王墓出土修补青铜器谈起　陈馨　西汉南越国史研究论集（一）71－79
云南江川李家山出土汉代雕花铜板饰的原貌及相关问题　苏奎　中华文化论坛1：171－173
法国发现的与伯希和有关的鸟篆文铜壶研究　李宝才　文物天地2：74－78
定州三盘山汉墓错金银青铜伞挺纹饰涵义考察　路懿菡、郭梅　文博2：60－64
六十年来两汉金文研究述评　王卉　宁夏社会科学9：195－198
铭文所见西汉诸侯王器物的生产机构——兼论西汉工官的设置与管理　钱彦惠　东南文化3：40－46
广州秦汉考古出土"番禺"铭文纪略　陈鸿钧　西汉南越国史研究论集（一）29－33
河北邢台南和左村汉墓出土铜器　井中伟、李轩鹏　文物3：76－78
兰陵九女墩汉画像石墓出土的两件铜器　王树栋　文物天地12：66－67
宿州市馆藏汉代铜器介绍　王磊　青铜文化研究（第七辑）122－129
广州博物馆藏汉鸠杖首浅析　余曼　广州文博（玖）189－199
淮安市博物馆藏青铜虎子　李艳梅　文物8：86－87
映照千古　技美人合——院藏汉代铜釭灯赏析　王茜、王磊　文物天地4：13－16
隋炀帝墓出土鎏金铜铺首的来源和用途　余国江　中国文物报9月13日6版
"铜龟子"考——读苏轼《舍铜龟子文》札记　冉万里　文博4：108－112
唐代梵钟的初步研究——以形制与纹饰为中心　李阳　常州文博论丛2016年（第2辑）47－52
生活气息浓郁的唐代铜器　韩建武　收藏家6：61－66
溪州铜柱铭文加刻文字考辨　付艳丽　广州文博（玖）200－214
平凉天圣铜钟考析　陈安道　丝绸之路4：19－20
"铜钵"、"铜鍾子"：铜磬　扬之水　南方文物3：248－249
公主的铜器——元代全宁路祭器小考　陆鹏亮　故宫文物月刊404：18－26
包头市燕家梁遗址发现的元代"雪堂总统"祭孔铜器　王大方　草原文物1：130
清代祭孔青铜器　陈国珠　收藏3：131－135

其他古文字研究

古陶文著录与研究综述　徐在国　贵州师范大学学报（社科版）2：103－110
安阳小屯18号墓出土玉戈朱书考　吴雪飞　殷都学刊2：12－16
石鼓文研究述评　王素　故宫学刊（总第十四辑）379－392

秦陶文"女市"的发现及其意义　李灶新　西汉南越国史研究论集（一）151－158
河南偃师出土的"天符地节"朱书陶罐文字考释　郭晓涛　洛阳考古（总第11期）81－84
广东出土东汉晋南朝铭文砖述略　陈鸿钧　广州文博（玖）215－232
昆山绰墩出土的唐砖刻字　杨瑞庆　大众考古40：69－70
渤海文字瓦模印文字分期的几点思考　刘晓东　北方文物1：44－49

三　简牍、帛书、文书、写本

综论

中国简帛学理论的构建　胡平生　中国史研究动态2：33－37
对于简帛学建设的几点思考　刘国忠　中国史研究动态2：37－40
竹木石纸史料各自特性与整合使用　蒋非非　中国国家博物馆馆刊12：48－57
2015年秦汉魏晋简牍研究概述　鲁家亮、李静　简帛（第十三辑）249－286
2015年台湾简帛研究概况　颜世铉　简帛（第十三辑）237－247
2015年西文简牍研究概要　钟量　简帛（第十三辑）213－235
秦汉简《关市律》《金布律》解读之若干问题辨析　李力　出土文献研究（第十五辑）145－179
秦汉简牍中的《田律》及其立法宗旨　朱德贵、刘威威　出土文献研究（第十五辑）180－216
秦汉简牍所见"清酒"的祭祀功能考　肖从礼　简牍学研究（第六辑）126－132
试论秦汉简牍中"守"、"假"、"行"　高震寰　出土文献与法律史研究（第四辑）58－79
秦汉简牍中两则简文的读法　邬文玲　出土文献研究（第十五辑）217－227
秦汉简文字考释二则　李洪财　湖南大学学报（社科版）4：23－26
简帛医籍字词释义要则　李烨等　求索2：178－182

补　遗

关于秦汉简牍所见"稍入钱"一词的讨论　李力　国学学刊2015年4：99－108

战国简

战国竹书收卷方式探微　贾连翔　装饰2：94－95
战国简牍所见君王名号浅说　陈伟武　出土文献与中国古代文明——李学勤先生八十寿诞纪念论文集 205－210
出土战国楚简及其研究价值　李天虹　中国社会科学报3：7
战国楚竹书丛释　连劭名　殷都学刊1：90－98
楚简秦简字词考释拾遗　陈伟武　简帛（第十三辑）19－25
楚简与玺印文字合证零札　许可　简帛（第十三辑）15－18
战国楚文字从"黾"从"甘"之字新考　宋华强　简帛（第十三辑）1－9
说楚简中的两个"区"字　黄杰　简帛（第十三辑）11－14
论古文字中戈字变体及相关诸字形音义　张峰、谭生力　江汉考古4：113－119
包山楚简法律文书新证　连劭名　华夏考古3：130－135
包山楚简占卜文书新证　连劭名　中原文物2：60－64
楚国"沈尹"考　刘光　殷都学刊2：34－38
包山楚简姓氏补考　朱晓雪　江汉考古2：118－119
包山楚简"集箸"、"集箸言"性质再辨　王红亮　考古学报2：153－172
试析包山楚简"笲"　谢辉基　华夏考古3：136－140
楚简"学者日益，为道者日损"解析　邓谷泉、柳菁　首都师范大学学报（社科版）4：47－51
郭店楚简《穷达以时》"吕望为牂棘津"考　张卉　四川文物4：57－60
《郭店·性自命出》篇"刚之梪（树）也"之"梪"字释读探析　何春玲　语文学刊7A：25－26
湖北荆州望山桥一号楚墓竹简"中厩尹"及战国秦汉时的"中厩"　蒋鲁敬　出土文献研究（第十五

辑）99－103
古书成书研究再反思——以清华简“书”类文献为中心　程浩　历史研究4：132－143
有关春秋史事的清华简五种综述　李学勤　文物3：79－83
清华简与秦人史事　刘思源　古代文明研究通讯71：27－36
清华五字迹研究　李松儒　简帛（第十三辑）79－89
《清华大学藏战国竹简（壹）》书体特征探析　陈松长　出土文献与中国古代文明——李学勤先生八十寿诞纪念论文集156－163
清华简所见国族名与《左传》合证　李煜　中山大学学报（社科版）2：66－70
清华简与《尚书》字词合证零札　陈剑　出土文献与中国古代文明——李学勤先生八十寿诞纪念论文集211－220
清华简零识二则　程浩　出土文献与中国古代文明——李学勤先生八十寿诞纪念论文集371－374
清华简文字释读四则　王永昌　管子学刊1：107－108
从清华简谈“仁”的源起　季旭昇　出土文献与中国古代文明——李学勤先生八十寿诞纪念论文集302－310
清华简倒“山”字形试论　程薇　出土文献与中国古代文明——李学勤先生八十寿诞纪念论文集355－359
从《清华简·尹至》探讨商民族的发祥地　李玉洁　出土文献与中国古代文明——李学勤先生八十寿诞纪念论文集315－318
“亳中邑”考　冯时　出土文献与中国古代文明——李学勤先生八十寿诞纪念论文集35－40
清华简《尹诰》与《咸有一德》相关文献梳理及其关系考论　张兵　济南大学学报（社科版）1：27－30
从清华简《程寤》篇看“文王受命”问题　晁福林　北京师范大学学报（社科版）5：95－105
《程寤》“六木”寓意另解　田旭东　出土文献与中国古代文明——李学勤先生八十寿诞纪念论文集257－260
清华简《耆夜》辛公诋甲与西周辛氏　陈颖飞　出土文献与中国古代文明——李学勤先生八十寿诞纪念论文集121－130
清华简《耆夜》礼制解疑　刘光胜　出土文献与中国古代文明——李学勤先生八十寿诞纪念论文集337－345
清华简《金縢》与《尚书》郑注文本考：兼论《史记》述《金縢》的今古文问题　李晶　古代文明3：39－47
《尚书·金縢》新探　阮明套　西北大学学报（哲社版）4：161－165
清华简《金縢》校读　黄怀信　出土文献与中国古代文明——李学勤先生八十寿诞纪念论文集228－232
论清华简《皇门》篇写成时代　周宝宏、刘杨　简帛（第十三辑）107－112
清华简《皇门》篇柬释　杨兆贵　考古与文物2：111－116
读清华简《祭公之顾命》札记五则　蔡哲茂　简帛（第十三辑）53－62
清华简《楚居》与楚辞研究三题　代生　济南大学学报（社科版）3：10－14
《楚居》与楚都　辛德勇　出土文献与中国古代文明——李学勤先生八十寿诞纪念论文集190－198
清华简《楚居》熊绎“卜徙”探赜　郭成磊　西北大学学报（哲社版）1：28－31
《楚居》“秦溪”考　赵平安　出土文献与中国古代文明——李学勤先生八十寿诞纪念论文集324－327
从清华简《楚居》看“为”郢之所在　笪浩波　中国历史地理论丛4：27－33
清华简《楚居》“嫩郢”、“鄂郢”考　牛鹏涛　出土文献与中国古代文明——李学勤先生八十寿诞纪念论文集351－354
清华简《系年》成书背景及相关问题考察　黄儒宣　史学月刊8：21－29
清华简《系年》抄写时代之估测——兼从文字形体角度看战国楚文字区域性特征形成的复杂过程　郭永秉　文史3：5－42

清华简《系年》的天命观　张晶、张富鼎　辽宁师范大学学报（社科版）1：74－78
读简笔记：清华楚简《系年》第一至四章　李零　吉林大学社会科学学报4：168－176
清华简《系年》随札——文侯仇杀携王与平王、携王纪年　王占奎　古代文明（第10卷）205－214
春秋早期周王室王位世系变局考异——兼说清华简《系年》"周亡王九年"　王晖　出土文献与中国古代文明——李学勤先生八十寿诞纪念论文集233－240
清华简《系年》"周亡（无）王九年"浅议　徐少华　吉林大学社会科学学报4：183－187
清华简《系年》"周亡王九年"再议　朱凤瀚　吉林大学社会科学学报4：177－182
清华简《系年》楚文王史事考论　罗运环　出土文献与中国古代文明——李学勤先生八十寿诞纪念论文集221－227
清华简《系年》"南怀之行"考论：兼说楚灵王时期的吴楚关系　刘光　三峡大学学报（人文社科版）5：111－114
清华简《系年》所见宋国史事初探　代生　中国国家博物馆馆刊7：132－138
由清华简《系年》论"共和行政"的相关问题　王红亮　史学史研究3：91－99
清华简《系年》第十九章补说——兼论楚县唐、县蔡的有关问题　徐少华　出土文献与中国古代文明——李学勤先生八十寿诞纪念论文集199－204
清华简《系年》"之师"相关问题初探　金宇祥　简帛（第十三辑）91－105
小议《系年》"先建"　李天虹　出土文献与中国古代文明——李学勤先生八十寿诞纪念论文集264－266
清华简《系年》"厥貉"字形补议　黄锡全　出土文献与中国古代文明——李学勤先生八十寿诞纪念论文集99－101
清华简《系年》与𠫑羌钟对读　董珊　出土文献与中国古代文明——李学勤先生八十寿诞纪念论文集105－108
学字小记二札　杨蒙生　出土文献研究（第十五辑）93－98
读《清华大学藏战国竹简（叁）》札记　胡敕瑞　出土文献与中国古代文明——李学勤先生八十寿诞纪念论文集276－280
由清华简《说命》三篇论古书成书与文本形成二三事　谢维扬　出土文献与中国古代文明——李学勤先生八十寿诞纪念论文集140－147
清华楚简《说命》与有关卜辞史迹考　沈建华　出土文献与中国古代文明——李学勤先生八十寿诞纪念论文集29－34
读清华简《说命上》小识　单周尧　出土文献与中国古代文明——李学勤先生八十寿诞纪念论文集133－139
清华简《说命（上）》初探　廖名春　出土文献与中国古代文明——李学勤先生八十寿诞纪念论文集267－275
清华简《说命上》篇失仲探微　吕庙军　出土文献与中国古代文明——李学勤先生八十寿诞纪念论文集311－314
清华简《说命》"鹃肩女惟"疏解　虞万里　出土文献与中国古代文明——李学勤先生八十寿诞纪念论文集165－172
也说《清华简·周公之琴舞》与"孔子删诗"问题——兼与谢炳军博士商榷　马芳　中州学刊7：145－150
《清华简（叁）·周公之琴舞》札记三则　陈美兰　出土文献研究（第十五辑）73－88
论清华简《芮良夫毖》的文本性质　高中华、姚小鸥　中州学刊1：140－143
清华简《芮良夫祕》试论　曹建国　复旦学报（社科版）1：19－30
试说清华简《芮良夫毖》跟"绳准"有关的一段话　沈培　出土文献与中国古代文明——李学勤先生八十寿诞纪念论文集177－189
由清华简《良臣》论初代曾侯"南宫夭"　程浩　管子学刊1：99－100

关于清华简《筮法》的五点认识和五个问题：在清华简与儒家经典专题国际学术研讨会上的演讲 李学勤 济南大学学报（社科版）3：5－9
清华简《筮法》研究述要 高险峰、杨效雷 中原文物2：65－70
读清华简《筮法》札记 李锐 出土文献研究（第十五辑）89－92
也谈“隶首”为“九九乘法表”专名 程少轩 出土文献研究（第十五辑）119－126
清华简《祝辞》研究 罗新慧 出土文献与中国古代文明——李学勤先生八十寿诞纪念论文集 384－386
清华简《赤鹄之集汤之屋》与先秦“小说”——略说清华简对先秦文学研究的价值 黄德宽 出土文献与中国古代文明——李学勤先生八十寿诞纪念论文集 173－176
清华简《赤鹄之集汤之屋》神话元素疏证 陈鹏宇 出土文献与中国古代文明——李学勤先生八十寿诞纪念论文集 360－366
《赤鹄之集汤之屋》：战国时期一则有关伊尹神灵附体和房屋建造的故事 艾兰著 陈鹏宇译 出土文献与中国古代文明——李学勤先生八十寿诞纪念论文集 148－155
读清华简《赤鹄之集汤之屋》笔记 杨蒙生 出土文献与中国古代文明——李学勤先生八十寿诞纪念论文集 375－383
读清华三《赤鹄之集汤之屋》札记 冯胜君 出土文献与中国古代文明——李学勤先生八十寿诞纪念论文集 251－254
清华简《厚父》新探——兼谈用字和书写之于古书成篇与流传的重要性 黄国辉 清华大学学报（哲社版）3：61－71
清华简《厚父》篇“咎繇”与虞夏两代国家形态结构 王震中 南方文物4：151－154
读清华简《命训》札记三则 蔡一峰 简帛（第十三辑）63－69
清华简《命训》中的命论补正 刘国忠 中国史研究1：25－28
清华简《命训》“少命₌身”的读法——兼论古代抄本文献中重文符号的特殊用法 孟跃龙 简帛（第十三辑）71－77
清华简《唐（汤）处于唐丘》与《墨子·贵义》文本 沈建华 中国史研究1：19－24
清华简《汤处于汤丘》校读记 魏栋 管子学刊1：104－106
清华简《三寿》《汤在啻门》二文中的鬼神观 曹峰 四川大学学报（哲社版）5：33－40
清华简《殷高宗问于三寿》所反映的忧患意识 李均明 中国史研究1：5－10
《郑武夫人规孺子》中的丧礼用语与相关的礼制问题 李守奎 中国史研究1：11－18
释楚简中的“规”——兼说“支”亦“规”之表意初文 李守奎 复旦学报（社科版）3：80－86
清华简《郑文公问太伯》与郑国早期史事 马楠 文物3：84－87
清华简《管仲》初探 刘国忠 文物3：88－91
战国楚竹书丛考 连劭名 文物春秋4：22－30
上博藏简所见传说人物名号综考 王辉 中山大学学报（社科版）2：71－76
古汉语的谦词与委婉语——以上博馆藏楚竹书为例 林素清 出土文献与中国古代文明——李学勤先生八十寿诞纪念论文集 241－250
楚简《周易》革卦“改日”考释 于茀 复旦学报（社科版）4：57－60
楚简《曹沫之阵》豫教章新证 孙思旺 军事历史研究2：33－42
谈上博五中的“蹶”字 徐在国 出土文献与中国古代文明——李学勤先生八十寿诞纪念论文集 255－256
《鲍叔牙与隰朋之谏》“箸浮”再探 李天虹 简帛（第十三辑）27－31
上博五《季庚子问于孔子》通释 林清源 汉学研究1：277－308
从出土文献看《离骚》篇题解 刘杨 殷都学刊2：52－55
上博简《郑子家丧》的“祀” 何有祖 简帛（第十三辑）33－41
上博简《君人者何必安哉》发微 刘玉堂、曾浪 湖北社会科学10：103－112

楚竹书《凡物流形》新证　连劭名　文物春秋1：13－21

《上博九·举治王天下》第二篇简文研究　林清源　"中央研究院"历史语言所研究集刊第八十七本（第四分）：719－788

上博九《史蒥问于夫子》考释四则　赖怡璇　简帛（第十三辑）43－52

关于浙大藏简《玉勺》《四日至》两篇的问题　徐凤先　出土文献与中国古代文明——李学勤先生八十寿诞纪念论文集569－575

曾侯乙墓竹简车阵相关问题研究　罗小华　简牍学研究（第六辑）60－66

信阳长台关楚简索隐　李锐、卢坤　华夏考古3：125－129

谈汲冢"《周书》"与《逸周书》——从出土文献研究看古书形成和流传问题　王连龙　出土文献与中国古代文明——李学勤先生八十寿诞纪念论文集470－477

补　遗

利用战国楚简文字讹书校读古籍举例　张峰　古汉语研究2015年4：77－85

先秦出土文献语料类型分析刍议：以《包山楚简》与《郭店楚简》为例　刘志基　语文研究2015年4：19－25

《保训》"中"字及相关问题的再思考　吴国武　扬州大学学报（人文社科版）2015年6：90－96

清华简《耆夜》所见饮至礼新探　王少林　郑州大学学报（哲社版）2015年6：131－135

清华简《周公之琴舞》《耆夜》中的音乐信息　王立增　交响2015年3：48－52

清华简《周公之琴舞》研究述论　张峰　文艺评论2015年12：4－11

清华简《筮法·祟》与睡虎地秦简《日书甲种·诘》对读札记　袁金平、李伟伟　周易研究2015年5：38－41

湖南益阳兔子山遗址九号井出土简牍概述　张春龙、张兴国　国学学刊2015年4：5－7

秦简

秦简赀罚再探　李均明　出土文献研究（第十五辑）104－112

从秦简看秦的酒文化　张士伟　中原文物6：45－48

读秦简札记五则　马志亮　简帛（第十三辑）159－163

秦简释文注释补遗　邬文玲　出土文献与中国古代文明——李学勤先生八十寿诞纪念论文集438－447

秦简中的"祠五祀"与"祠先农"　田旭东　西部考古（第12辑）217－224

秦简中的"吏仆"与"吏养"　沈刚　人文杂志1：73－77

释简牍中的"莫食"　李洪财　敦煌研究6：119－123

秦简牍"从人"考　李洪财　文物12：65－71

秦简所见货币史料校释二题　陈伟武　中山大学学报（社科版）2：63－65

睡虎地秦简《语书》拾遗　郭成磊　江汉考古2：120－125

睡虎地秦简《语书》篇释文商榷一则　夏利亚　江汉考古3：121－122

从睡虎地秦简《日书》看秦人的幸福观　赵兰香　青海师范大学学报（哲社版）4：106－109

放马滩秦简语气词刍议——出土秦简日书虚词研究之——冯玉　简牍学研究（第六辑）208－216

周家台"祠先农"简的释、译与研究　李国强　中国文化研究2：80－100

三府分立——从新出秦简论秦代郡制　游逸飞　"中央研究院"历史语言所研究集刊第八十七本（第三分）：461－506

里耶秦简所见秦代县官、曹组织的职能分野与行政互动——以计、课为中心　黎明钊、唐俊峰　简帛（第十三辑）131－158

出土文献所见秦洞庭郡新识　郑威　考古11：84－88

里耶秦简牍所见"迁陵守丞"补正　杨智宇　简帛（第十三辑）119－130

里耶秦简9－1112与秦国盗贼追捕制度　［日］水间大辅　出土文献与法律史研究（第四辑）28－44

里耶秦简"（牢）司寇守囚"及相关问题研究　何有祖　简牍学研究（第六辑）90－101

里耶简“司空厌弗令田当坐”文书研究　于洪涛　古代文明 1：68－75
里耶秦简“捕羽”的消费主题　王子今　湖南大学学报（社科版）4：27－31
里耶秦简“捕鸟及羽”文书的生活史料与生态史料意义　王子今　西部考古（第 12 辑）204－216
里耶秦简视事简研究　朱红林　出土文献与法律史研究（第四辑）10－27
里耶秦简牍释读札记（五则）　何有祖　出土文献研究（第十五辑）113－118
《里耶秦简（一）》文字补识　韩织阳　简帛（第十三辑）113－117
秦系简牍释文校勘与简帛文献整理　杨艳辉、张显成　南通大学学报（社科版）4：89－94
新出秦简礼俗考　周海锋　中国文化研究 2：101－108
岳麓秦简中的几个令名小识　陈松长　文物 12：59－64
岳麓秦简《廿七年质日》所附官吏履历与三卷《质日》拥有者的身份　［德］史达　湖南大学学报（社科版）4：10－17
《岳麓书院藏秦简（壹）》补释（五则）　高一致　江汉考古 1：109－112
岳麓书院藏简《奏谳书》释读的几个问题　刘信芳　考古与文物 3：110－111
岳麓书院藏简《奏谳书》释读的几个问题　刘信芳　出土文献与中国古代文明——李学勤先生八十寿诞纪念论文集 392－394
谈谈北京大学藏秦简《鲁久次问数于陈起》的一些抄写特点　田炜　中山大学学报（社科版）5：45－51
北京大学藏秦代简牍《制衣》的“裙”与“袴”　彭浩、张玲　文物 9：73－87

补　遗

睡虎地秦简《效律》考释一则　山珊　国学学刊 2015 年 4：122－128
睡虎地秦简《编年记》中“喜”的宦历　陈侃理　国学学刊 2015 年 4：47－50
读放马滩秦简《志怪故事》札记　邬文玲　国学学刊 2015 年 4：13－17
从里耶秦简看迁陵地区农业生产与农民负担　万义广　江西社会科学 2015 年 11：121－126
里耶秦简所见迁陵三乡补论　鲁家亮　国学学刊 2015 年 4：35－46

汉简

简牍文书编纂沿革考　赵彦昌、陈聪　辽宁大学学报（哲社版）4：138－146
西北汉简文字研究综述　黄艳萍　简牍学研究（第六辑）215－230
河西汉简命名刍议　孙占鳌　简牍学研究（第六辑）248－258
从出土简牍看汉代河西商业贸易　刘雪梅　丝绸之路 12：22－29
河西汉简所见《汉律》散简辑证　张瑛　西北师大学报（社科版）4：66－72
对丝绸之路上居延、敦煌汉简中的雇佣券之探讨　屈波、乜小红　江汉考古 5：118－121
读汉简札记（二则）　王挺斌　简帛（第十三辑）199－203
汉代名物选释七则　罗小华　出土文献研究（第十五辑）388－393
“近衣”考论兼订相关诸简释文　何茂活　简牍学研究（第六辑）18－27
西汉时期与“前”字同步变化的几个字　［日］荒金治　出土文献研究（第十五辑）394－410
居延汉简缀合新成果选粹（壹）　石昇烜、颜世铉　古今论衡 29：57－111
居延汉简与劳榦的汉代西北边疆史研究　张峰　西北大学学报（哲社版）6：27－33
汉简所见戍吏经商原因探析　王耀辉　陇右文博 1：42－46
南、北啬夫考　鲁普平　宁夏社会科学 1：198－200
释“慈其”及相关称谓　张丽萍、张显成　敦煌研究 4：130－134
居延新简所见“反笱”略考　肖从礼　出土文献研究（第十五辑）369－372
破城子 2—3 号探方出土居延新简释文校订　孙占宇、魏芳　简牍学研究（第六辑）28－38
《居延新简》中的“行幐幘”　聂丹、聂淼　敦煌研究 1：111－115
新莽简判断标准补说——以居延新简为中心　焦天然　中国国家博物馆馆刊 11：101－113

近年来肩水金关汉简研究综述　马智权　简牍学研究（第六辑）231－247
近五年以来肩水金关汉简研究综述　韩华　陇右文博1：34－41
《肩水金关汉简（贰）》缀合五则　伊强　出土文献研究（第十五辑）382－387
《肩水金关汉简（贰）》考释六则　林献忠　敦煌研究5：132－134
《肩水金关汉简（贰）》“□陵丞印”考　周艳涛、张显成　敦煌研究6：115－118
《肩水金关汉简（叁）》释文商订（之一）　何茂活　出土文献研究（第十五辑）373－381
《肩水金关汉简（叁）》释文商订（之二）　何茂活　简帛（第十三辑）191－198
《肩水金关汉简》所见“燧”及其命名探析　黄艳萍　敦煌研究1：116－122
读金关简札记三则　邬勖　出土文献与法律史研究（第四辑）45－57
《武威汉代医简》“捣之各异斯”句“斯”字考释　袁国华　中山大学学报（社科版）5：37－41
汉简所及敦煌地区水利建设与管理　孟艳霞　敦煌研究2：73－78
汉简反映的汉代敦煌水利刍议　马智全　敦煌研究3：103－109
敦煌汉简中的“卑爰疐”简及其相关问题　侯宗辉　简牍学研究（第六辑）178－186
悬泉汉简中的乌孙资料考证　张德芳　出土文献研究（第十五辑）358－368
悬泉汉简拾遗（七）　初昉、世宾　出土文献研究（第十五辑）330－357
读马王堆古医书札记（五则）　刘建民　简帛（第十三辑）185－189
马王堆汉墓遣册“甘羹”新释　范常喜　中原文物5：54－57
读张家山汉简札记数则　闫晓君　出土文献与中国古代文明——李学勤先生八十寿诞纪念论文集 432－437
张家山247号汉墓《二年律令》书手、书体试析　李婧嵘　湖南大学学报（社科版）4：38－43
张家山汉简《傅食律》二三三号简标点商兑　黄浩波　简牍学研究（第六辑）8－17
张家山汉简《秩律》中所见淮阳国地名及相关问题探究　张英梅　简牍学研究（第六辑）102－114
西汉海昏侯刘贺墓出土《论语·知道》简初探　杨军等　文物12：72－75
说南昌西汉海昏侯墓新出木楬的“绢纨”　张传官　中国文物报7月8日6版
阜阳双古堆汉简辞赋简　胡平生　出土文献与中国古代文明——李学勤先生八十寿诞纪念论文集 389－391
海曲汉简“天汉二年城阳十一年”简探微　秦进才、李艳舒　四川文物6：53－58
汉简《唐勒》重编分章考释　刘信芳　江汉考古6：110－115
银雀山汉简“天地八风图”的再复原及相关说明　杨安　中国国家博物馆馆刊1：56－64
读北大汉简《苍颉篇》札记　胡平生　出土文献研究（第十五辑）280－297
读北大汉简《苍颉》《节》《雨书》等篇丛札　张传官　出土文献研究（第十五辑）298－308
简帛《老子》“多闻数穷，不若守于中”考释　袁青　中州学刊12：96－100
长沙五一广场东汉简牍释译　姚远　出土文献与法律史研究（第四辑）260－340
长沙五一广场出土东汉司法简牍语词汇释五则　庄小霞　简牍学研究（第六辑）39－44
读长沙五一广场所出东汉简札记（二则）　刘国忠　出土文献与中国古代文明——李学勤先生八十寿诞纪念论文集 454－456
长沙东牌楼汉简《侈与督邮书》“空”字补释　陶曲勇　古汉语研究2：75－76
湖南张家界市古人堤汉简释文补正　张春龙　简牍学研究（第六辑）3－7
西北屯戍汉简中的“就人”及其相关词语考论　郭丽华、张显成　中国社会经济史研究2：99－102
萨迦牟云的家园——以尼雅29号遗址出土佉卢文书观鄯善王国的家族与社会　段晴　西域研究3：54－64
古鄯善国佉卢文简牍的形制、功用与辨伪　关迪　西域研究3：84－93
和田博物馆藏佉卢文尺牍放妻书再释译　吴赟培　西域研究3：75－83
《英国国家图书馆藏斯坦因所获未刊汉文简牍》补遗释文　［英］汪涛等　出土文献研究（第十五辑）

320－329

英国国家图书馆藏斯坦因所获汉文简牍未刊部分　张存良、巨虹　文物6：75－79

补　遗

日本研究西北边境出土简牍之新动态　［日］森谷一树等　国学学刊2015年4：129－134

《流沙坠简》释文商酌　刘玉环　宁夏大学学报（人文社科版）2015年5：16－20

居延汉简所见广陵王临终歌诗及相关问题研究　李迎春　国学学刊2015年4：28－34

张家山汉简"蛮夷律"辨正　魏永康　史学集刊2015年6：109－114

三国简·晋简

走马楼吴简上中下品户数簿整理与研究：兼论孙吴的户等制　凌文超　中国经济史研究3：161－175

走马楼简所见孙吴"乡劝农掾"的再研究——对汉晋之际乡级政权的再思考　徐畅　文史1：23－50

走马楼吴简祠祀牛皮蹄甲枚数簿整理与研究——孙吴地方祠祀管窥　凌文超　魏晋南北朝隋唐史资料（第三十三辑）1－15

走马楼吴简所见币种、斛制补论　黎石生　故宫博物院院刊5：118－126

吴简中所见孙仪之职事　凌文超　出土文献研究（第十五辑）443－449

新见吴简私学木牍文书考释　凌文超　简牍学研究（第六辑）45－59

吴简所见孙吴县级草刺类文书处置问题考论　沈刚　文史1：51－68

走马楼吴简所见"汉昌"、"吴昌"考　庄小霞　出土文献研究（第十五辑）437－442

说长沙走马楼三国吴简中的"淕口"　杨芬　简帛（第十三辑）205－212

也释吴简《嘉禾吏民田家莂》中的"旱田"与"熟田"　王勇　简牍学研究（第六辑）152－161

敦煌一棵树烽燧西晋符信补释——兼说汉简中"符"的形态演变　乐游、谭若丽　中国国家博物馆馆刊5：62－71

和田博物馆藏源于龟兹国的一件佉卢文木牍　［哥伦比亚］王臣邑　西域研究3：65－74

唐简

于阗语大案牍——新疆维吾尔自治区博物馆藏初唐案牍研究　段晴等　唐研究（第二十二卷）371－400

新疆和田出土突厥卢尼文木牍初探——突厥语部族联手于阗对抗喀喇汗朝的新证据　白玉冬、杨富学　西域研究4：39－49

帛书

简帛古书书名格式研究　黄威　史学月刊4：72－80

帛书《二三子》新释三则　刘彬　孔子研究1：67－72

帛书《二三子》"理顺五行"、"必顺五行"解　刘彬　国学学刊1：40－44

读马王堆帛书《刑德》《阴阳五行》《天文气象杂占》琐记　邬可晶　出土文献研究（第十五辑）259－279

马王堆帛书《刑德》《阴阳五行》诸篇历法研究——以《阴阳五行》乙篇为中心　程少轩　"中央研究院"历史语言所研究集刊第八十七本（第二分）：313－344

马王堆汉墓帛书《阴阳五行》甲篇整体结构的复原　［日］名和敏光、［日］广濑薰雄　出土文献研究（第十五辑）228－258

马王堆帛书《五十二病方》字词考释三则　刘建民　文史1：283－288

马王堆汉墓帛书《杂疗方》考释一则　刘钊　出土文献与中国古代文明——李学勤先生八十寿诞纪念论文集410－412

补　遗

《五十二病方》释文字词勘误　钟如雄、胡娟　西南民族大学学报（人文社科版）2015年11：195－199

文书

丝路遗珍：粟特语古信札Ⅱ号文献的主要内容及学术价值　苏银梅　博苑耕耘（第2辑）105－111

河西出土魏晋十六国文献纪年信息申论　贾小军　敦煌研究 5：106 – 112
吐鲁番文书所见北凉解文的复原及相关问题研究　黄楼　敦煌研究 3：66 – 73
麦积山文书及瑞应寺藏水陆画　翟玉兰　中国文化遗产 1：52 – 57
楼兰出土文书的整理及其意义　张丽娜　丝绸之路 8：11 – 12
敦煌藏文文献研究综述——以藏文论文为中心　桑吉东知　中国藏学 3：66 – 74
敦煌文献“素书”新考　王启涛　西南民族大学学报（人文社科版）4：189 – 192
略论折冲府的“承直马”——以敦煌吐鲁番出土文书为中心　孟宪实　西域研究 3：1 – 12
西域借贷契约中的债务偿还方式　薛艳丽、王祥伟　西域研究 4：7 – 14
从敦煌吐鲁番出土契约看唐代民间土地买卖禁令的实效　顾凌云　敦煌研究 3：74 – 79
武内绍人与《敦煌西域出土的古藏文契约文书》　杨铭、杨公卫　西藏民族大学学报（哲社版）3：88 – 90
对敦煌吐蕃文契约文书断代的思考　陈国灿　西域研究 4：1 – 6
《吴安君分家契》研究：兼论唐宋时期所谓“遗嘱”的性质　魏道明　青海师范大学学报（哲社版）5：72 – 79
中国国家图书馆藏敦煌契约文书汇录（二）　陈丽萍　隋唐辽宋金元史论丛（第六辑）160 – 191
中国国家图书馆藏两件敦煌法典残片考略　赵晶　隋唐辽宋金元史论丛（第六辑）203 – 217
敦煌伯 3813 唐判与宋代花判　沈如泉　敦煌研究 1：85 – 91
敦煌文书 P. 3885 反映的吐蕃行军路线及神策军驻地、洮州治所等相关问题考　李宗俊　唐史论丛（第二十二辑）233 – 250
敦煌藏文 P. T. 1185 号《军需调拨文书》及相关问题研究　陆离　西藏研究 2：49 – 56
大谷占卜文书研究（之一）——兼与敦煌占卜文书比较　黄正建　敦煌研究 6：102 – 108
从敦煌逆刺占文献看中古时期敦煌民众社会生活　韩红　吐鲁番学研究 1：41 – 47
敦煌寺院会计凭证考释　郁晓刚　敦煌研究 5：92 – 100
P. 3723 鲁地礼物清单所示唐代山东社会生产　周尚兵　敦煌研究 4：101 – 110
敦煌古藏文文献 P. T. 113. 号《大论致沙州安抚论告牒》小议　王东　文献 3：25 – 30
百年来英藏敦煌汉文文献编目成果述评　宋雪春、董大学　敦煌研究 5：113 – 119
Or. 8210/S. 2228 系列古藏文文书及相关问题研究　杨铭、贡保扎西　敦煌研究 5：76 – 83
俄藏敦煌文献 дх. 10787《解梦书》字词校释八则　周晟　敦煌研究 4：126 – 129
中国散藏吐鲁番文献知见录　荣新江　敦煌吐鲁番文书与中古史研究：朱雷先生八秩荣诞祝寿集 26 – 39
唐开元间吐鲁番文书所见的“作人”——与麴氏高昌时期与部曲相似的“作人”的比较　姜伯勤　敦煌吐鲁番文书与中古史研究：朱雷先生八秩荣诞祝寿集 1 – 7
吐鲁番文书所见“麹郎某某”试释　黄楼　吐鲁番学研究 2：25 – 35
论城主与城人城局——唐吐鲁番文书研究　姜伯勤　广州文博（玖）14 – 22
唐西州“张无价文书”新考　游自勇　唐研究（第二十二卷）269 – 282
新疆出土唐代官府文书整理与研究刍议　李方　敦煌吐鲁番文书与中古史研究：朱雷先生八秩荣诞祝寿集 89 – 92
从吐鲁番出土文书看古代高昌的地理信息　荣新江　陕西师范大学学报（哲社版）1：12 – 24
吐鲁番出土文书《张海隆夏田契》录文再释　聂志军　敦煌研究 4：97 – 100
新疆吐鲁番新出唐代貌阅文书　张荣强、张慧芬　文物 6：80 – 89
《吐鲁番出土文献词典》补　王启涛　敦煌吐鲁番文书与中古史研究：朱雷先生八秩荣诞祝寿集 93 – 101
试论回鹘文契约的前后期之分　乜小红　西域研究 3：24 – 29
和田出土粟特语文献中的四件经济文书　毕　波、尼古拉斯·辛姆斯 – 威廉姆斯　西域文史（第十辑）187 – 200
新发现旅顺博物馆藏法制文书考释——兼论唐律在西州诉讼和断狱中的运用　陈烨轩　唐研究（第二十

二卷）181－201
杏雨书屋藏唐蒲昌府文书研究　刘子凡　唐研究（第二十二卷）203－219
日本杏雨书屋藏敦煌寺院经济文书羽677＋羽703研究　王祥伟　中国社会经济史研究2：18－26
归义军政权对徭役影庇的限制——以P.3231《平康乡官斋籍》为主　赵大旺　敦煌研究2：79－85
敦煌文书《后晋开运二年寡妇阿龙牒》考释　刘进宝　敦煌研究3：59－65
英藏《天盛律令》残卷西夏制船条款考　许生根　宁夏社会科学2：212－214
黑水城文书中的别（柏）奇帖木儿大王　陈柳晶、陈广恩　西域研究3：106－111
明封灌顶净觉佑善大国师章巴宁卜敕书考述　刘虎林　丝绸之路11：22－23
萧山博物馆藏葛云飞、葛承升封赠文书　张学惠　东方博物（第五十九辑）77－83
洛阳地区清代地契研究　吴志远　中原文物3：103－107

写本

P.2569背面两首傩歌的校补定名及相关问题　任伟　敦煌研究4：74－79
敦煌写本P.2683《瑞应图》新探　游自勇　敦煌吐鲁番研究（第十六卷）297－312
写本大藏经的编纂方式、种类与系统　方广锠　文史2：107－124
彝族诺苏支系宗教经籍写本特征概述　摩瑟磁火　西南民族大学学报（人文社科版）1：63－68
新疆出土隋唐梵文医学写本述要　王兴伊　吐鲁番学研究2：46－55
敦煌本《佛说佛名经》（十二卷本）缀合研究　张磊、刘溪　敦煌吐鲁番研究（第十六卷）337－351
敦煌文献P.2991《报恩吉祥之窟记》写作年代再考　赵晓星　敦煌吐鲁番研究（第十六卷）391－402
首都博物馆藏《佛说如来八相成道经讲经文》考　段真子　唐研究（第二十二卷）109－130
旅顺博物馆藏《刘子》残片的新发现及《刘子》在西域的流传　徐维焱　唐研究（第二十二卷）357－369
敦煌文献“软五”考辨　赵家栋　敦煌研究3：80－83
佛教譬喻故事“略要本”在西域和敦煌的流传——以敦研256号写卷为例　陈明　文史4：201－228
吐蕃时期古印度因明文献初析——以敦煌藏文残卷P.T.0123为例　改玛本　西藏研究3：93－98
吐蕃统治时期敦煌官府抄写《孝经》考　陆离　敦煌吐鲁番文书与中古史研究：朱雷先生八秩荣诞祝寿集49－60
敦煌《黄帝明堂经》残卷校释　王兴伊、于业礼　敦煌研究4：80－96
敦煌本《灵宝经目》与古灵宝经出世论考（上篇）：兼对古灵宝经出世时间下限的考定　王承文　敦煌学辑刊2：1－21
敦煌疑伪经三种残卷缀合研究　张小艳　浙江大学学报（人文社科版）3：21－34
敦煌疑伪经四种残卷缀合研究　张小艳　敦煌研究1：68－77
敦煌佛经残卷缀合释例　张涌泉、罗慕君　浙江大学学报（人文社科版）3：5－20
《敦煌秘笈》羽673R的缀合及金篆斋仪的再探讨　张鹏　敦煌学辑刊2：22－30
敦煌写本《维摩诘经》注疏残卷的缀合　王晓燕　敦煌吐鲁番研究（第十六卷）353－365
从单注到合注：中古丝绸之路上《注维摩诘经》写本研究　郑阿财　唐研究（第二十二卷）1－25
敦煌本《心经》残卷缀合研究　张磊、陈虹妙　唐研究（第二十二卷）93－107
敦煌本《金光明经》残卷缀合研究　张涌泉、朱若溪　敦煌研究1：58－67
敦煌佛教文献《大乘无量寿经》缀合研究　张磊、左丽萍　敦煌研究1：78－84
敦煌本《大方等大集经》残卷缀合研究　张磊、周小旭　浙江大学学报（人文社科版）3：35－49
国图藏敦煌本《大般若经》缀合补遗举例　徐浩唐　研究（第二十二卷）75－92
英藏未定名敦煌《金刚经》残片续缀　罗慕君、张涌泉　唐研究（第二十二卷）49－73
英藏未定名敦煌《金刚经》残片考　罗慕君、张涌泉　敦煌吐鲁番研究（第十六卷）315－335
敦煌遗书《金刚经》留支译本考　罗慕君、张涌泉　社会科学战线12：105－126
国家图书馆藏四件敦煌变文抄本研读记　陈丽萍　出土文献研究（第十五辑）450－472

苏州博物馆藏梵文本《陀罗尼经咒》图 程义 中国文物报5月6日6版
敦煌吐鲁番道经残卷拾遗 郜同麟 敦煌学辑刊1：34－50
四件敦煌道经残片考辨 张鲁君、韩吉绍 敦煌研究5：101－105
敦煌本道教《十戒经》考论 刘永明 历史研究1：178－192
敦煌本《新集备急灸经》研究 王杏林 敦煌研究6：109－114
唐宋时期"药中王"诃梨勒医方探析——基于敦煌医药文献考察 僧海霞 敦煌研究2：67－72
唐朝敦煌女人社——敦煌遗书S.527《后周显德六年正月三日女人社再立条》赏析 李燕 陇右文博1：51－53
日本永青文库藏敦煌本《文选注》笺证一则 金少华 敦煌吐鲁番研究（第十六卷）291－296
法藏敦煌P.5544册页释考——兼论P.5544与P.4022＋P.3636残卷之关系 蔡副全、宋涛 敦煌研究4：80－90
法藏敦煌文书P.T.986《尚书·牧誓》的藏汉对勘研究 马晟楠 故宫学刊（总第十三辑）68－78
吐鲁番出土《尚书》写本辑考 许建平 敦煌吐鲁番研究（第十六卷）249－276
敦煌吐鲁番出土《郑玄论语注》"束修"条缀补复原研究 何亦凡 敦煌吐鲁番研究（第十六卷）277－289
《唐写本〈五土解〉》性质再探 张鹏 首都师范大学学报（社科版）1：28－35
回鹘文《金光明经》偈颂的体例程式和文体翻译 张巧云 吐鲁番学研究2：70－80
俄藏回鹘文《摩尼教徒忏悔词》译注 张铁山 西域文史（第十辑）67－80
三件古突厥与《五台山赞》残片 ［德］茨默著 杨富学、熊一玮译 吐鲁番学研究1：122－131
霞浦抄本无题夷偈一首考释 林悟殊 欧亚学刊（新4辑）173－190
大中五年张议潭入奏相关问题辨析——以杏雨书屋藏羽032－1《驿程记》为中心 杨宝玉 敦煌研究6：124－129
敦煌写本北宋《重修开元寺行廊功德碑并序》习书考 田卫卫 文史1：117－132
黑水城出土《新集藏经音义随函录》探微 赵阳 吐鲁番学研究1：33－40
凉州会盟与西夏藏传佛教——兼释新见西夏文《大白伞盖陀罗尼经》发愿文残叶 史金波 中国藏学2：88－92
《金刚般若经颂科次纂要义解略记》序及西夏汉藏佛教的一面 索罗宁 中国藏学2：93－101
甘肃新见瓜州县博物馆藏西夏藏文药方考 赵天英 中国藏学2：120－125
明正统御赐甘州卧佛寺《北藏》旨文校补及相关问题探析 陶琦、茹实 陇右文博1：54－58
河南博物院藏《佛母大孔雀明王经》述略 张莉、李卫华 中原文物1：107－108
西安碑林博物馆藏张澍《大足金石录》抄本考略 张彦 文博5：51－56

补 遗

敦煌疑伪经四种残卷缀合研究 张小艳 宗教学研究2015年4：87－94
国图藏敦煌本《四分比丘尼戒本》残卷缀合研究 张磊、胡方方 宗教学研究2015年4：95－103

四 碑刻

汉、魏、晋、南北朝

汉唐丝路碑刻的文化价值及当代启示 李慧 西安交通大学学报（社科版）3：117－122
云南古代重要碑刻刍议 杨瑾、杨恩泉 收藏家1：81－84
"汉大阳檀道界"摩崖刻石考析 景宏波 文物世界1：50－51
离散的《贤良方正允字子游碑》 杨涛、李振洲 大众考古36：35－37
《开母阙铭》"济洪"考 陈世庆 中原文物2：73－77
故事是如何生成的——以山东长清孝堂山郭氏墓石祠为例 杨爱国 社会科学战线9：111－119
文化遗产丰厚的裴氏碑刻 裴建民等 文物世界4：48－51

邹城新发现汉安元年文通祠堂题记及释读　胡新立　中国汉画研究（第五卷）91－106
吕梁左表墓汉画像石题铭考释　赵元　浙江师范大学学报（社科版）3：60－64
汉代石龙山“请雨铭”考释与简析　常德生　文物天地2：71－73
东汉魏郡等字残碑考　么乃亮、赵楠　中原文物2：78－80
东汉魏郡等字残碑考　么乃亮、赵楠　中国文物报4月5日7版
《水经注》徵引吴越石刻文献考论　张鹏飞　江南大学学报（人文社科版）3：71－76
六朝石刻俗字考释八则　邱亮、毛远明　中国语文5：595－600
六朝石刻讹混俗字例释　梁春胜　文史3：71－90
高陵石牌　文字解读　杨小玉、董家亮　中国文字博物馆论文集48－65
“魏武王××”石牌的真伪与曹操高陵的认定　唐际根　中国文字博物馆论文集30－40
三国曹魏《拴驴泉石门铭》考补　郭洪义、毛远明　文物6：70－74
曹魏正始五年《石门铭》所见职官释证　周鼎　中国国家博物馆馆刊4：77－86
元氏所出十六国后赵时期界封刻石小考　孙继民　广州文博（玖）95－106
跋金庭馆碑　魏斌　敦煌吐鲁番文书与中古史研究：朱雷先生八秩荣诞祝寿集119－131
清水北魏秦亭碑考析　李铭、何朝晖　石窟艺术研究（第一辑）277－288
华亭县北朝佛教石刻造像题记校录及其相关问题探析　王怀宥、杨庆宁　陇右文博1：28－33
甘肃华亭县出土北朝佛教石刻造像供养人族属考　王怀宥　敦煌学辑刊2：133－145
石佛镇权氏石造像题记简考　汪明　敦煌研究5：71－75
嵩阳寺造像碑研究　王景荃　中原文物6：88－97
北齐静明等修塔造像石刻探讨　施安昌　故宫学刊（总第十七辑）47－57
甘肃秦安“诸邑子石铭”考析——甘肃馆藏佛教造像研究之三　张铭、魏文斌　敦煌研究5：52－62

补　遗

西汉《杨量买山石刻》的发现与研究　赵宠亮　国学学刊2015年4：135－141

唐、宋、辽、金、元

20世纪90年代以来整理出版唐代石刻文献综述　索荣荣　丝绸之路8：5－10
《大唐平百济国碑铭》关联问题新探　拜根兴、林泽杰　陕西师范大学学报（哲社版）4：13－21
汉荆王庙、墓及其碑记考略　潘美云　江苏科技大学学报（社科版）2：25－30
读贞观十八年《授滕王李元婴金州刺史诏》　赵振华、王迪　故宫学刊（总第十七辑）31－37
唐《蜀丞相诸葛武侯祠堂碑》考辨三题　王晓乔　四川文物5：79－85
唐《豆卢望碑》述略　王其祎、王菁　乾陵文化研究（十）293－303
新见《唐太常卿陇西公李宽碑》考释　权敏　文博6：81－86
杜甫外祖母“芳氏”“崔氏”考辨：张说《赠陈州刺史义阳王碑》中的一则校勘问题　孙微　杜甫研究学刊2：61－66
四川石刻佛经的调查与研究　雷玉华、樊拓宇　石窟艺术研究（第一辑）357－395
唐代禅宗传法世系嵩山碑刻稽考　陈利民　中原文物4：100－105
《慈润寺故大慧休法师灰身塔及记德文》释文校补　郭洪义　中北大学学报（社科版）1：65－70
广东乳源云门山大觉禅寺南汉二碑校勘记　全洪　广州文博（玖）149－188
泰州市新发现唐残经幢考释　李文才　唐史论丛（第二十二辑）179－197
涪陵白鹤梁题刻若干问题辨析　孙华　考古学报1：49－88
《大唐回元观钟楼铭并序》考释　赖俊　中国古都研究（第二十八辑）70－79
都兰吐蕃三号墓石刻考析　恰嘎·旦正　西藏研究1：1－4
碎叶川裴罗将军城出土唐碑考　林梅村　中原文物5：91－104
论宋代石刻的文化建构、凝定与衍生功能　王星　湖南大学学报（哲社版）3：106－111
新见宋人碑志辑考汇评：《全宋文》补目五十七篇　罗昌繁　文献1：139－150

正定隆兴寺三通宋碑相关问题考证　程宇静　文物春秋 2：53－60
四川仁寿北宋《永怀庙碑》的发现与研究　董华锋、钟建明　江汉考古 5：93－99
北宋佛教慈恩宗大家——通照大师之碑考略　刘友恒　文物春秋 1：52－57
大足石篆山《严逊记》碑补正及相关问题考略　高秀军　敦煌学辑刊 1：139－147
河南郾城彼岸寺经幢乐器雕刻考释　贾冬　中原文物 5：115－119
泉州印度教石刻研究回顾与思考　王丽明　海交史研究 1：122－136
《折克行神道碑》补释——兼论《府谷县志·两种》墓志点校错讹　高建国　中国地方志 9：43－47
曲阳县八会寺发现宋金《敕赐利民侯》碑　刘占利等　文物春秋 3：53－57
石刻文字所见辽朝战事考补　张国庆　辽宁工程技术大学学报（社科版）4：409－419
辽上京南发现一座辽代碑刻　石艳军　草原文物 2：104－106
顶幢补识　谢鸿权　文物 11：59－63
北京房山孔水洞金代摩崖题记新考　马垒　北京文博文丛·2016·第 3 辑 38－44
山东长清灵岩寺地界石碑考略　王晶、刘丽丽　东方考古（第 12 集）112－119
天津蓟县盘山天成寺“大朝丁酉”悉昙梵字经幢　天津大学建筑学院、蓟县文物保管所（刘翔宇等）文物 7：91－96
金代《懿洲祐先院复建藏经千人邑碑》补考　谷丽芬　辽金历史与考古（第六辑）348－353
《东相王村董家庄双堠碑》考释　陈晓伟　辽宁工程技术大学学报（社科版）4：443－446
黑龙江省宁安市出土女真文残碑考释　刁丽伟、赵哲夫　北方文物 1：99－101
金川勒乌摩崖石刻的初步研究　才让太　中国藏学 3：31－39
陕西蒙元碑刻述要　李举纲、樊波　西部考古（第 12 辑）446－457
新见元代名臣张养浩碑考释　李森　考古与文物 2：86－93
元代庆阳知府赵玉《神道碑铭》考释　刘宗瑞　丝绸之路 12：37－38
宣化元代潘泽神道碑考释　刘坤　文物春秋 3：58－66
元代《全宁张氏先德碑铭》汉文考释　李俊义等　北方文物 1：102－106
元大德五年《涿州新建庙学记碑》的问题　蔡春娟　北方文物 2：100－103
《邢台开元寺金石志》商榷二则　余国江　文物春秋 3：13－16
金天眷元年《谷积山院建佛顶尊胜陀罗尼幢》考　马垒　文物春秋 2：61－66
焦作石供床刻文记载的元代社火班社　郭颖、郭建设　中原文物 1：102－106

补　遗

李唐宗子碑铭校释二则　吴景山、李建雄　西北民族大学学报（哲社版）2015 年 6：73－87
广西石刻在我国文献史上的独特贡献：广西石刻研究之八　杜海军　广西师范大学学报（哲社版）2015 年 6：1－5

明、清

江西玉山明代圣旨碑考释　吕珺、毛传寿　南方文物 4：293－298
长兴孔庙中的明《御制正孔子祀典说碑》《御制正孔子祀典申记碑》及《圣谕碑》　毛波　东方博物（第五十九辑）64－69
进士题名碑研究系列（一）：北京孔庙“明代进士题名碑记”研究　李晓嶍　名作欣赏·中旬 3：53－55
馆藏碑刻《辞金记》《两桥记》　金怡　文物天地 9：27－29
“万寿白塔”万历三十一年蒙文碑刻汉译及释读　长海　草原文物 2：107－111
石景山新现“皇姑寺碑”探研　任和合　北京文博文丛·2016·第 4 辑 39－44
北京西顶娘娘庙明清时期石碑统计分析　田源、靳昊千　中国道教 3：36－40
济源大明寺碑刻考　范晓晓　中原文物 4：106－111
永宁寺记碑的女真碑文——兼谈明代女真语与满语的关系　綦岩　北方文物 1：107－112

明代天目寺重修路道碑考释　龙腾　成都文物 1：20－25
明代固原《创建城隍庙碑记》疏证　马建民、陆宁　北方民族大学学报（哲社版）5：114－117
明代祈雨碑与时任知县张应扬　何寿松　收藏家 9：59－60
栖霞圆通精舍募资长生田碑考　李翔、骆鹏　南京文物考古新发现（第 4 辑）354－359
明代翁浦与林云同三海岩酬唱诗刻考释　刘瑞　齐鲁艺苑 3：61－64
明代边防隘口地亩营房碑的发现与考释　王浩　中国国家博物馆馆刊 6：91－101
淇县"扯淡"碑的若干特征及文化意义　徐继英　社会科学论坛 2：236－243
人才当义取——江南贡院藏康熙御碑　冯家红　大众考古 40：65－68
谈《乾隆石经》的校勘和磨改　王晓娟　图书馆杂志 2：84－90
清重修大靖寿国寺碑校补及相关问题探讨　杨文科等　陇右文博 2：34－41
《重建古城寺碑记》考析　后永乐　陇右文博 2：42－76
拉萨《磨盘山新建关帝庙碑》及铜钟铭文重录与相关问题略考　陈祖军等　西藏文物考古研究（第 2 辑）179－195
工布江达县"万善同归"碑文考释　陈祖军等　西藏研究 2：80－88
白银市福寿山《太上混元宗派》石刻研究　王科社　西部考古（第 10 辑）196－207

补　遗

关于山西清代部分地区关帝庙碑刻的研究——兼论关帝财神之职　宁俊伟　世界宗教研究 2015 年 5：103－108
清代山西上党禁赌碑刻解读　朱文广　历史档案 2015 年 4：94－103

附：墓志及地券

综述

古代墓志的材料来源问题——古代墓志材料问题探讨之一　任昉　故宫学刊（总第十七辑）38－46
从纸上到石上：墓志铭的生产过程　彭国忠　安徽大学学报（哲社版）3：34－49
《新中国出土墓志·陕西卷·第三辑》综述　吴敏霞　出土文献与中国古代文明——李学勤先生八十寿诞纪念论文集 621－626

补　遗

墓志流源考论　顾春军　民俗研究 2015 年 6：72－81

汉、魏、晋、南北朝

河南出土两汉买地券词语笺释　褚红　殷都学刊 1：99－103
裴祗墓志疏证——兼论西晋时期的社会礼俗　周海燕　中原文物 3：72－76
南京出土六朝时期墓志特征浅析　白宁　故宫学刊（总第十七辑）21－30
南北朝至两宋时期买地券文"为佛采花"释读　黄文博　中国国家博物馆馆刊 4：87－97
武兴国主杨文弘与姜太妃墓志补释　张卉　中原文物 2：85－88
南朝宋谢琉墓志再研究　王素　故宫学刊（总第十七辑）8－20
墓志所见北魏集书诸职起家考　刘军　殷都学刊 2：46－51
新出三方北魏墓志释文补正　章红梅　北方文物 1：78－83
北魏冯熙冯诞墓志与迁洛之初陵墓区规划　刘连香　中原文物 3：82－89
《刁遵墓志》"僵"字臆释　牟发松　敦煌吐鲁番文书与中古史研究：朱雷先生八秩荣诞祝寿集 112－118
北魏王曦墓志简析　王沛、王木铎　洛阳考古（总第 12 期）73－76
李璧墓志探析　于芹　中原文物 5：72－75
北魏墓志"变脸"案例——北魏比丘尼统清莲墓志识伪　宫万松　中原文物 1：84－86
北魏比丘尼统慈庆墓志考释　周玉茹　北方文物 2：91－96
北魏元延明墓志考释　董刚　史学史研究 3：100－107

西安出土北魏《韦辉和墓志》和《韦乾墓志》研读　张小丽等　文博3：76－80
论魏齐之际“河南—河北”政治格局的演变——从东魏张琼父子墓志说起　寥基添　文史3：91－126
东魏齐献武高王闾夫人茹茹公主墓志考释　刘连香　华夏考古2：67－73
新出北齐《赫连迁墓志》考释　黄桢　文物世界4：24－28
新见《魏故乐安太守朱府君墓志铭》考析　李森　华夏考古1：103－106
也论清水李虎墓志与李唐皇室世系　李阿能、穆兴平　乾陵文化研究（十）258－263

补　遗

河西镇墓文丛考（四）：敦煌墓葬文献研究系列之五　吴浩军　敦煌学辑刊2015年3：33－48
东魏张琼墓志考释　刘东升　内蒙古社会科学2015年6：54－57

隋、唐、五代

隋观德王杨雄及夫人王妃墓志　张应桥　中国国家博物馆馆刊12：58－69
新出隋墓志所见大兴城城郊地名释证三题　周晓薇、王其祎　中国历史地理论丛4：34－40
新出墓志：中古文学研究的重要载体　胡可先　光明日报4月7日16版
《唐代墓志汇编》文献版本采择不精问题举隅：以《全唐文》所收墓志为例　马立军　新疆大学学报（哲学·人文社科版）1：119－122
唐代奉敕撰写墓志的制度化及其影响　杨向奎　中国文学研究2：57－61
也谈墓志盖上的“挽歌”——兼析中晚唐五代墓志铭创制中的“泽潞模式”　郭桂坤　两个世界的徘徊：中古时期丧葬观念风俗与礼仪制度学术研讨会论文集211－229
唐陕北地区羁縻府州与民族关系初探——以《唐索文璧墓志》为中心　陈丹、杜林渊　乾陵文化研究（十）264－271
出土唐人墓志与唐代政区地理的几个问题　马强　中国历史地理论丛3：124－134
唐代东都之洛阳县乡村里地名补考——以出土唐人墓志为主的考察　陈呈、马强　中国历史地理论丛1：121－133
新见初唐名臣裴寂墓志及相关问题　王庆卫　中国中古史集刊（第二辑）220－250
新出房先忠墓志所涉唐章怀太子史事发微　顾成瑞　乾陵文化研究（九）356－363
唐英国公李勣之孙武钦载墓志考——兼论徐氏氏族　邹林、穆兴平　乾陵文化研究（九）389－395
唐义阳公主驸马权毅墓志考　穆兴平、白艳妮　乾陵文化研究（九）364－388
唐裴光庭墓志与武氏墓志研究　赵振华　故宫博物院院刊1：101－113
唐代东眷裴氏裴滈墓志考　张丽芳等　中原文物5：109－114
唐韦玄晞墓志释读　郑旭东　文博2：78－84
唐王美畅墓志考略　梁克敏　文物春秋5、6：97－104
唐初名臣高士廉孙《高瑾墓志》考释　张婷　文博4：79－82
新出土唐代段斯立墓及墓志考　张小丽　中国国家博物馆馆刊9：65－73
洛阳出土唐书家萧谅墓志及相关问题研究　毛阳光　中原文物3：90－96
唐赵何一墓志发微　丁俊　乾陵文化研究（十）312－319
唐杨守澹墓志考释　陈耕　乾陵文化研究（十）304－311
新出土的唐代张抱麟墓志　李森　北方文物2：97－99
唐张献甫墓志考　田有前、李小勇　中国国家博物馆馆刊8：46－60
靖远县《唐冯廓墓志》校释研究　吴景山、刘晓禾　西北民族大学学报（哲社版）4：71－81
唐岐山府折冲都尉李琬墓志考　魏鹏、杨萍　乾陵文化研究（九）396－400
新见《唐潮州刺史韦楚望墓志》考释　白艳妮　文博6：75－80
唐刘渭墓志考释　王学文　中国国家博物馆馆刊8：61－66
唐代守明州司马宋元质墓志考略　郤紫琳　文博5：67－72
《唐令狐览墓志》考释——兼谈令狐氏之衍变　马志祥　中国国家博物馆馆刊9：75－83

唐《杨筹墓志》考　张小丽　文物 7：85 – 90

新出《唐杨续墓志》考释　李小勇等　文博 5：62 – 66

新见韦述撰唐代张子渐墓志考释　刘强　文博 2：73 – 77

洛阳唐魏协夫妇墓志浅析　邓新波　洛阳考古（总第 13 期）74 – 78

李商隐撰并书《王翊元夫妇墓志》研究中的几个问题　马瑞、张燕　人文杂志 6：68 – 73

唐代士族女儿与家族光荣——从天宝四年《陈照墓志》谈起　郑雅如　"中央研究院"历史语言所研究集刊第八十七本（第一分）：1 – 66

从王媛墓志看——唐代妇女婚姻及其地位　杨涛　大众考古 35：50 – 54

被遗忘的皇妃：新见《唐故淑妃玉真观女道士杨尊师（真一）墓志铭》考释　雷闻　华中师范大学学报（人文社科版）1：138 – 148

唐代僧人碑志书写与儒释互动　徐俪成　文艺研究 6：60 – 67

新见《唐寂照和尚墓志》考释　张岩　文博 1：81 – 84

洛阳出土唐代梨园弟子曹干琳墓志及相关问题探析　毛阳光　魏晋南北朝隋唐史资料（第三十三辑）57 – 73

唐代三韩贵族墓志的发现与研究　王昊斐、王琬瀛　乾陵文化研究（九）325 – 328

《唐故突骑施王子志铭》再探讨——兼论突骑施黑姓及其与唐朝的关系　吴玉贵　魏晋南北朝隋唐史资料（第三十三辑）40 – 56

唐濛池大都护阿史那怀道墓志考　钱春丽　文博 1：76 – 80

唐康子相和成公崇墓志中有关高昌与西州的资料——近年新刊墓志所见隋唐西域史事考释之三　王素　故宫博物院院刊 1：88 – 100

唐代的翻书译语直官：从史诃耽墓志谈起　李锦绣　晋阳学刊 5：35 – 57

"安居耶尼"考　陈浩　欧亚学刊（新 5 辑）139 – 151

西安新见两方回纥贵族墓志的初步考察　李浩　唐研究（第二十二卷）493 – 508

五代渤海高公夫人王氏墓志考辨　张志云　北方文物 4：66 – 71

后唐德妃伊氏墓志铭释考　马凤磊　草原文物 2：98 – 103

后周李沼墓志铭考释　白洪丽　中原文物 3：97 – 99

广州出土五代南汉刘氏二十四娘买地券考　易西兵　东南文化 3：52 – 58

补　遗

《唐代墓志汇编续集》韵字校读札记　刘本才　宁夏大学学报（人文社科版）2015 年 5：28 – 35

新见唐李誉墓志综考　董刚　浙江师范大学学报（社科版）2015 年 6：104 – 112

新发现唐李百药墓志铭及其价值　李浩　文学遗产 2015 年 6：183 – 185

唐张茂宣墓志考释　李宗俊、周正　中国边疆史地研究 2015 年 4：158 – 166

唐少府监郑岩乃粟特后裔考：以郑岩家族墓志为中心　李建华　敦煌学辑刊 2015 年 3：163 – 169

新见《尼释然墓志》考释：兼谈唐长安比丘尼与本家的关系　樊波　敦煌学辑刊 2015 年 3：156 – 162

宋、辽、金、元

宋金对河州的经略：以买地券为中心的考察　他维宏、康兆庆　青海民族大学学报（社科版）3：74 – 79

欧阳修文所载宋代常州名人墓志考释（二）　黄督军　常州文博论丛 2016 年（第 2 辑）75 – 78

北宋前期孔宗尧墓志铭考释　陈朝云、常乐　中原文物 1：96 – 101

北宋吕倩容墓志考释　魏军　考古与文物 3：89 – 92

神木县北宋徐德墓志铭补释　高建国　北方文物 4：72 – 75

墓志书写：复原一个武将的一生——《大宋故赠宁武军节度使刘公墓志铭》考释，兼说研究对墓志的利用　王瑞来　浙江学刊 5：26 – 34

安康南宋王诚夫妇墓碑考略　张树军　文博 2：87 – 90

南宋《胡纮墓志》补释　马智忠　文物 9：95－96
宋播州冉彦正墓志考释　罗克彬　贵州文史丛刊 3：116－119
《内蒙古辽代石刻文研究》（增订本）补正　李宇峰　地域性辽金史研究（第一辑）131－141
《秦晋国妃墓志》"有诏于显陵"解读——兼谈辽代寝殿学士制度　万雄飞、陈慧　边疆考古研究（第 19 辑）257－261
辽耶律智先墓志浅释　于秀丽、陈金梅　辽金历史与考古（第六辑）342－347
辽代《石延煦墓志铭》考释　张桂霞、李宇峰　辽金历史与考古（第六辑）329－335
北京密云大唐庄出土辽代墓志考释　孙勐　中国国家博物馆馆刊 2：20－35
北京出土辽代李熙墓志考释　孙勐、胡传耸　北方文物 1：84－90
刘六符墓志简述　王策、周宇　北京文博文丛·2016·第 2 辑 37－39
辽《王说墓志铭》考释——兼论辽中京为中晚期首都　赵志伟、李宇峰　辽金历史与考古（第六辑）336－341
辽代《姚企晖墓志铭》与蒙元姚枢、姚燧家族　陈晓伟、刘宪祯　中央民族大学学报（哲社版）5：129－135
《辽萧德顺墓志铭》考释　李俊义、张梦雪　中国国家博物馆馆刊 1：65－72
萧查剌相公契丹文遗言　吴英喆　内蒙古社会科学 2：54－57
契丹小字"地皇后"考　康鹏　西北师大学报（社科版）5：107－111
辽王邻墓志中两机构考略　齐伟　辽金历史与考古（第六辑）354－357
辽代《陈颢妻曹氏墓志》所见汉名"弘孝"驳议　齐香钧　北方文物 1：91－93
金《孙即康坟祭文》暨辽《孙克构墓志铭》考释　孙建权　中国国家博物馆馆刊 6：69－76
金代时立爱家族成员《时昌国墓志铭》考释　王新英　北方文物 1：94－98
金代《李抟墓志铭》考释　王新英　学问 5：34－36
《大元故光禄大夫大司徒领太常礼仪院事田公墓志铭》考释　李雨濛　故宫博物院院刊 5：127－137
元彰德许熙载墓志考论　苏鹏宇　北方文物 3：60－66
元代左庭墓志考释　邹虎、赵鹏翔　中国国家博物馆馆刊 1：73－80
陕西历史博物馆藏元高林墓志考释　呼啸　四川文物 4：70－75
碑林藏两方《元辅昌墓志》释读　傅清音　文博 2：91－95
西安碑林藏元《张翼墓志》补考　樊波　文博 4：83－87
元代唐兀人李爱鲁墓志释补　朱建路　宁夏社会科学 1：205－207

补　遗

四川泸州合江县新发现《宋故侯居士墓志铭》释略　魏华仙等　中华文化论坛 2015 年 10：53－58
读谜谈解：《得勒坚墓志》补说　即实　社会科学辑刊 2015 年 6：171－176

明、清

明代使团成员新角色——以新出土段琦墓志为中心　陈大海　南京文物考古新发现（第 4 辑）335－341
沁阳明代回汉联姻墓志所叙汉化葬制——记买凤马氏合葬墓志　张丽芳　洛阳考古（总第 13 期）79－81
蒋满墓碑再次见证西吉石城之战　苏正喜　博苑耕耘（第 2 辑）181－185
明潞简王墓碑刻初探　苏东鹏　中国文物报 9 月 30 日 6 版
明儒官述泉张公墓志考释　王三营、王庚　华夏考古 3：116－119
《明骠骑将军左军都督府都督佥事王祥墓志》补释　李智裕　博物馆研究 2：72－76
明代赵东垚墓志考　孙媛　东方博物（第六十辑）106－110
南京淳化出土明代《梅母太孺人张氏墓志铭》考　虞金永　文物春秋 5、6：109－114
南京市博物馆旧藏明代宦官墓志考释　邵磊　故宫学刊（总第十四辑）131－153
静宁县博物馆藏明李廷儒墓志及相关问题研究　王科社、李满强　陇右文博 2：27－33

随州市安居镇出土明买地券简介　杨婧雅、左迟　江汉考古 3：127－128
河南新蔡发现一方清代举人墓志铭　谢石华　寻根 6：86－90
四川小金清代穆塔尔墓碑考释　李勤学、杨克明　西藏研究 5：83－87

补　遗
清代土家族墓碑文化研究：以田家洞村为例　郗玉松　青海民族大学学报（社科版）2015 年 4：75－79

五　玉器

综述
中国玉器与玉文化研究之道的思考　张忠培　江汉考古 6：3－7
古代玉器的用料　李明华　红山文化研究（第三辑）74－80
古代玉玦的用途和形制举要　柴晨鸣　中国文物报 1 月 12 日 7 版
新石器时代
多元、交汇、互动——玉文化视野下的中国东部地带早期文明进程　杨晶　"城市与文明"学术研讨会论文集 127－137
长江下游新石器时代动物形玉器的研究　费玲伢　华夏考古 4：78－85
太湖地区升起的第一缕玉光——马家浜文化玉器　刘晓婧　文物天地 1：60－64
红山文化玉器玉料研究现状　崔岩勤　红山文化研究（第三辑）62－73
红山文化玉器的神话信仰研究概要　叶舒宪　第九届红山文化——高峰论坛论文集 13－24
关于红山文化各种玉璧象征意义的研究　禹实夏　第九届红山文化——高峰论坛论文集 71－84
关于红山文化各种玉璧象征意义的研究　禹实夏　红山文化研究（第一辑）79－93
红山文化玉璧寓意管窥　华玉冰　第九届红山文化——高峰论坛论文集 3－12
红山文化勾云形玉器构成辨识　殷志强　第九届红山文化——高峰论坛论文集 25－30
红山文化"玉猪龙"原型新考　崔天兴　北方文物 3：54－59
红山文化玉龙造型在商周时期的流绪　苏辉　红山文化研究（第二辑）107－115
赛沁塔拉 C 形玉龙的造型为鳄说　黄华强等　第九届红山文化——高峰论坛论文集 85－102
红山文化兽面玉牌饰、兽面 Y 型器和兽面玦形饰的创作元兴探究　黄华强等　红山文化研究（第三辑）81－119
红山文化带齿兽面形玉饰创作原型的推测　黄华强、黄华明　第十届红山文化——高峰论坛论文集 114－134
史前艺术中的鸮形主题——以红山玉器为研究的重点　王仁湘　第九届红山文化——高峰论坛论文集 143－154
红山文化马蹄形玉箍功能摭谈　孙力、王忠华　第九届红山文化——高峰论坛论文集 31－41
红山文化斜口筒形玉器溯源　黄华强　红山文化研究（第二辑）116－125
从出土玉器谈红山文化玉器鉴定　崔岩勤　红山文化研究（第一辑）51－57
浅说玉蝉　毛艳清　文物天地 11：96－98
有齿出牙环状玉器——后红山文化时代环渤海地区的文化互动　任妮娜　第十届红山文化——高峰论坛论文集 99－113
山西芮城清凉寺墓地出土玉石器的特色　薛新明　第九届红山文化——高峰论坛论文集 60－70
龙岗寺遗址出土的玉石器试析　杨岐黄　文博 6：43－49
石峁遗址出土玉器补遗　韩建武　收藏家 2：41－44
山东出土牙璋和西朱封玉笄庄里西牙璧的文化传统及有关问题　朱乃诚　中国社会科学院古代文明研究中心通讯 29：11－24
齐家文化玉神器、玉礼器论　华小燕　临夏考古——临夏回族自治州博物馆论文集 239－346

齐家文化玉礼器　梅景峰、吕郁青　收藏4：88－91
齐家文化玉琮器形研究　王裕昌　陇右文博2：61－73
故宫博物院藏齐家文化玉璧综述　徐琳　故宫博物院院刊3：137－151
陈白沙藏牙璋与璋文化小史　曹芳芳　文物天地12：8－12
人首形玉佩的来源、年代与用途　刘昱午　中原文物3：60－63
心灵魅力——天津博物馆藏古代人形玉雕赏研　曹平　天津博物馆论丛（2015）119－124
美玉琳琅——济南市博物馆藏玉器选粹　孙忠梁　收藏家10：39－44

夏、商、周

夏风西渐——试析二里头文化对古蜀玉器的冲击与影响　王方　中国社会科学院古代文明研究中心通讯30：53－74
二里头M3及随葬绿松石龙形器的考古背景分析　许宏　古代文明（第10卷）39－53
二里头镶嵌绿松石铜牌图像与制作工艺考　王汇文　装饰8：84－85
安阳郭家庄出土的商代玉器　杨鑫　收藏2：98－101
虢国墓地出土的商代玉器——前朝美玉后世藏　李清丽　大众考古42：50－57
殷墟晚商玉器切割技术试析　叶晓红等　南方文物4：128－140
新一村遗址出土的石琮玉戈　周志清　成都文物2：64－68
夏家店下层文化玉器六题　朱乃诚　考古2：95－110
关于岭南所见牙璋的分布及相关认识　谌小灵等　华夏考古4：100－107
从闽南、粤东浮滨文化玉（石）器看中原夏商文明的南渐　石荣传　江汉考古5：60－69
天之色　君之德——试论西域碧玉的历史价值　殷志强　丝绸之路与玉文化研究67－83
加拿大皇家安大略博物馆明义士藏中国古代玉器　曹楠　文物11：72－82
西周玉器之管窥　穆朝娜　收藏家1：42－50
西周丰姬墓出土玉器初探　董洁　文博4：45－50
虢国墓地出土玉柄形器和玉觽鉴赏　常军等　收藏4：92－97
三门峡虢国墓地出土鱼形玉器鉴赏　景润刚等　收藏家4：56－58
周代虢国墓地出土玉玦赏鉴　杨海青、王军震　收藏家7：85－88
浅论虢国墓地博物馆馆藏驮鸟蚕身龙首玉　崔天兴　中国文物报3月11日6版
淅川徐家岭楚墓出土的玉器　杨海青、景润刚　收藏2：94－97
东周时期的玉琥　多丽梅　文物天地10：99－107
说“瑗”　方辉　江汉考古6：67－71
馆藏春秋玉器拾萃　陈春　文物天地11：29－34
天地之灵　雕琢之秀——河南博物院藏古代玉器精品赏析　赵磊、高劲松　江西省博物馆集刊（七）284－289
河北博物院藏玉剑饰　冯宁　收藏12：100－103
河北博物院藏玉佩赏珍　夏文峰　收藏9：112－119
关中地区秦墓葬玉探析　朱歌敏　文博4：51－57

秦、汉

秦汉高足玉杯即“方诸”考证　胡在强　西汉南越国史研究论集（一）123－129
中国古代丝绸之路上的玉石东传　周晓晶　丝绸之路与玉文化研究173－189
汉代玉器纹饰分类及特征探究　杜凌霄　丝绸之路9：29－30
南昌汉代海昏侯国考古中的玉器　权敏、罗晓燕　收藏家7：27－32
南昌汉代海昏侯国遗址出土玉剑饰　权敏、罗晓燕　中国文物报6月28日5版
西汉长沙国透雕龙凤纹玉环　胡琼　收藏家5：77－78
盘点山东日照出土汉代玉器　王仕安等　收藏家1：69－74

浅谈广西出土的部分和田玉器　陈小波　广西博物馆文集（第十一辑）226－231

隋、唐及以后

简论隋唐宝玉石制品中的西域文化因素　朱光华　丝绸之路与玉文化研究 223－233
隋唐组玉佩刍议　李明　考古与文物 3：82－88
从何家村玉杯、兀鲁伯玉杯论西域玉作　邓淑苹　丝绸之路与玉文化研究 27－57
杭州博物馆藏玉器选介　董千　收藏 11：76－83
"春水玉"的考古学观察　宋佳、冯恩学　东亚都城和帝陵考古与契丹辽文化国际学术研讨会论文集 491－502
玉中图画——北京地区出土的金代花鸟玉器　闫娟　文物天地 8：15－22
略论蒙元时期陈设用玉的时代特征　李毅君　文物世界 6：6－9
略论蒙元时期陈设用玉的分类　李毅君　文物世界 4：14－19
轻素结玉盒——元代范文虎墓玉贯耳壶的考古学观察　左骏　东南文化 6：84－94
河北博物院藏肖生玉　冯宁　收藏家 7：45－48
新疆在 13 世纪～17 世纪中西玉雕艺术交流中的特殊地位　许晓东　丝绸之路与玉文化研究 103－121
有关明清时期碧玉使用情况的一些研究　于平　丝绸之路与玉文化研究 85－102
明、清碧玉文物工艺特点浅析及通过无损科技检测探究其与玛纳斯碧玉的关系　于平等　丝绸之路与玉文化研究 235－273
玛纳斯碧玉研究的几个问题　杨伯达　丝绸之路与玉文化研究 1－13
乾隆宫廷玛纳斯碧玉研究　郭福祥　丝绸之路与玉文化研究 123－161
和田玉与清代宫廷玉器　张广文　丝绸之路与玉文化研究 163－172
故宫藏九件乾隆御题"和阗绿玉"诗仿古玉器考　黄英　故宫学刊（总第十四辑）68－82
故宫藏乾隆皇帝御题诗铭玉角形杯初探　黄英　故宫学刊（总第十六辑）71－84
晶莹温润　精雕细琢——河北博物院藏清代玉器　冯宁　收藏 7：96－101

六　货币

综述

2015 年中国钱币学研究综述　秦慧颖等　中国钱币 4：70－77
钱币学研究的两种范式　魏镇　中国钱币 3：27－29
古钱上"楔"形图的破解　刘春声　中国钱币 3：25－26

夏、商、周

洋海货贝的历程　吕恩国　吐鲁番学研究 1：8－16
先秦货币地理研究存在的三个问题　朱安祥　中原文物 4：85－88
先秦布币论阴阳　马肖　收藏 6：86－91
东周货币地名与夏商文化研究　张立东　古代文明（第 10 卷）84－97
莫将臆说当史实：《东周钱币起源"契券"考》驳议　王宁　中国社会经济史研究 1：70－80
春秋时期金属铸币起源研究：兼与段颖龙先生商榷　金艳丽　中国社会经济史研究 1：81－84
由燕明刀形制划分兼谈燕明刀起源假说　冯括　中国钱币 5：7－21
战国至秦半两钱文演变规律与年代学检讨　赵路花　中国钱币 1：27－37
战国秦半两钱的类型及其相关问题　徐勇捷　中国钱币 1：18－26
河南新乡辉县出土的战国秦半两　喻战勇　中国钱币 1：62－69
釿　党顺民　收藏 1：99－102
燕国"一化"圆钱考　姜力华　中国钱币 2：3－7
青州西辛战国墓出土"齐法化"刀币范综述　李亮亮等　中国钱币 3：19－24
卢氏涅金再释　王琳　中原文物 2：71－72

汉、南北朝
带有特殊记号的四铢半两钱　董良义　收藏 5：90－92
从西汉刘贺墓说到中国古代的金银钱币　戴志强、李君　中国钱币 5：26－31
西海郡故城新发现新莽钱范　闫璘　中国钱币 1：70－72
“月氏”铭货泉铜母范　杨涛等　中国钱币 4：40－41
西汉岭南钱币初探　彭清云　西汉南越国史研究论集（一）130－136
吐鲁番博物馆馆藏未刊钱币　马丽平　新疆钱币 2：42－45
宁夏固原出土一枚汉代五铢压胜钱　胡永祥、沈军民　中国钱币 4：37－39
浅谈“棘币”　金志昂　中国钱币 5：22－25
直百五铢背“为”钱　陈桥　收藏 11：48－50
龟兹五铢小版式初探　吴文强　新疆钱币 3：31－33
“永安五铢”的版式及分类研究　喻战勇　中国钱币 4：7－14
美泉北周四品　冯馨郴　收藏 7：78－79
隋、唐
隋五铢翻砂铸造寻迹　杨槐　中国钱币 4：14－19
“元是无价宝——庆丰泰・银锭珍藏”专题——中国历代金银锭形制研究　林崇诚　历史文物 2：30－41
河南南阳汽车东站出土窖藏开元通宝钱　姚军　中国钱币 1：57－61
库车县出土唐代窖藏钱币　颜松　中国钱币 6：62－64
吐鲁番出土与馆藏的丝路货币　崔志瑞等　收藏 8：103－107
宋及以后
“建国通宝”钱考辨　陈克双　中国钱币 5：32－41
从南宋金银货币看京城临安的繁荣　李小萍　“城市与文明”学术研讨会论文集 565－575
宋金时期的银铤“行人”铭文　李合群　北京社会科学 2：90－96
锦州市博物馆藏辽金银锭考　刘鲡　地域性辽金史研究（第一辑）334－342
原州区金代钱币窖藏析论　张强　博苑耕耘（第 2 辑）211－219
关于几种西夏文钱币释读问题的再讨论　马肖　收藏 10：100－103
济源市济渎庙发现中统元宝交钞铜钞版　陈隆文　江汉考古 6：79－80
内蒙古卓资县庙坡底遗址出土一枚元代春钱　马婧　中国文物报 7 月 29 日 6 版
永历通宝折银钱　师文涛　收藏 11：49－50
扬州一座明代平民墓出土的铜钱释义　闫璘　中国钱币 6：65－70
“利用通宝”考　刘舜强　故宫学刊（总第十四辑）97－119
乾隆宝苏小平钱版式概述　汪洋　收藏 5：94－97
准噶尔汗国的普尔钱研究　钱伯泉　新疆钱币 2：7－18
漫谈大字版叶尔羌“乾隆通宝”钱　喻战勇　新疆钱币 2：19－22
乾隆通宝“叶尔奇木”钱币　骆宏漠、骆事畴　新疆钱币 3：45
清代西藏“乾隆宝藏六十一年”银币考析　耿毅　中国钱币 3：3－5
咸丰宝苏当十大钱总览　汪洋　收藏 2：80－86
清末河南省铸造的铜元　沈飞　收藏 3：84－87

七　铜镜

清冶铜华　光耀长安——西安博物院藏铜镜精品　李喜萍等　收藏 3：114－129
古今铜镜的文化功能漫谈　万俐　青铜文化研究（第八辑）162－166
西北、北方草原与中原——从瑞典远东古物博物馆新见多圈短斜线纹铜镜谈起　高西省　中国文物报 3 月 25 日 6 版

洛阳出土的战国镶嵌琉璃铜镜 王军花 收藏家 3：75－76
宿州市博物馆馆藏铜镜选粹 王磊 青铜文化研究（第六辑）191－197
两面铜镜与两次异姓夺权 吴悦 收藏家 10：55－59
试论汉代的杜氏铸镜作坊（上）、（下） 张宏林 收藏家 6：34－38、7：55－60
汉镜“圆”与“方”的探析 石兆祥 青铜文化研究（第八辑）43－50
关于徐州汉代铜镜的几点思考 乔菊影 青铜文化研究（第八辑）86－94
汉代画像镜的区域分布与特点 王牧 青铜文化研究（第八辑）23－34
“铜山丹阳”铭文镜的考古学研究 孔祥星、刘一曼 青铜文化研究（第七辑）5－18
望江县藏八卦铭文镜时代重考 张清文 华夏考古 2：74－76
西汉青白连弧铭带纹铜镜年代考 闫虹 丝绸之路 2：12－13
海昏侯刘贺墓出土孔子衣镜 王意乐等 南方文物 3：61－70
南阳出土西汉草叶纹镜研究 孔祥星、刘一曼 青铜文化研究（第八辑）1－10
汉代铜镜纹饰的分类 田英 文物天地 2：84－88
浅谈汉代铜镜中四灵纹饰的文化内涵 姚琤 青铜文化研究（第七辑）68－70
从汉代铜镜铭文看汉代人们的精神面貌与社会追求 刘宝林 青铜文化研究（第七辑）52－51
汉代镜铭之吉祥语 邱龙升 南方文物 1：226－231
谈谈铜镜铭文反映的几处汉代冶铜基地 张宏林 青铜文化研究（第八辑）35－42
洛阳西汉五灵博局纹铜镜铭文考释 李立 中原文物 3：67－71
物勒工名——记汉镜中的铸镜匠师 张宏林 收藏家 1：55－60
汉镜照盛世——许昌博物馆藏汉镜精选 张金凤 收藏家 3：27－33
内乡县衙博物馆馆藏铜镜选介 谢玲、郭涛 中原文物 2：81－84
东汉“天禄”铜镜的发现与探讨 刘卫鹏 文物 3：61－66
一面铭文罕见的东汉龙虎镜 彭适凡、黄洪彬 青铜文化研究（第八辑）72－77
从鸟人到羽人——由东汉重列式神兽铭文镜中的面鸟身像谈起 张莅 故宫文物月刊 397：108－117
东汉三国镜铭简体字刍议 王纲怀、邱龙升 中国文物报 3 月 8 日 7 版
铜镜与铁剪——唐墓随葬品组合的性别含义及丧葬功能 范淑英 两个世界的徘徊：中古时期丧葬观念风俗与礼仪制度学术研讨会论文集 59－96
许昌地区出土唐代铜镜类型与阶段分析 陈文利 中原文物 5：105－108
大唐天子镜 孙克让 青铜文化研究（第八辑）67－71
唐代螺钿镜鉴赏 李曼丽 收藏 7：120－124
馆藏唐代银背镜 胡薇 文物天地 6：56－58
浅释五代都省铜坊镜 刘宝林 青铜文化研究（第六辑）187－190
略论四川出土的宋代湖州镜 岳亚莉 四川文物 3：65－70
馆藏湖州镜初探 夏伙根 文物天地 10：40－44
青州市博物馆藏北宋许由巢父桃形镜 鞠志海 文物春秋 5、6：108
南宋“赣州铸钱院”葵形铜镜续考 彭适凡 中国文物报 10 月 14 日 7 版
“犀牛望月”镜小考 郭学雷 装饰 8：34－38
宋辽金元铜镜的艺术风格特点 赵梦言 青铜文化研究（第八辑）95－99
辽代鸾凤鱼龙纹双款镜 吴汝瑞 青铜文化研究（第八辑）116－117
“许由巢父故事镜”浅议 张金凤 青铜文化研究（第八辑）81－85

补 遗

历史地理学视域下的四川地区战国铜镜分析 张媛 中华文化论坛 2015 年 12：107－112

八 度量衡

河北大学博物馆藏秦代两诏铜权 邵凤芝、李文龙 文物春秋 5、6：95－96

尼雅遗址93A10房址内发现的量具考略　田小红　新疆文物2：83－86
海昏侯刘贺墓出土砝码用途浅析　徐龙国　中国文物报11月4日6版
盖州泉眼沟铜权为元代辨　谷丽芬　辽金历史与考古（第六辑）324－326
萍乡博物馆珍藏元代铜权浅析　邓里　江西省博物馆集刊（七）237－248

九　玺印与封泥

《二十世纪出土玺印集成》札记四则　周玲、刘志基　考古与文物1：109－111
二十世纪出土古玺释文补正　王保成　考古与文物5：134－138
楚“畋雁之鍴”考释　徐畅　中国国家博物馆馆刊2：78－94
上海博物馆藏楚二合“虞”官印考释　刘洪涛　文史2：269－272
齐国古玺陶文杂释二则　陆德富　考古与文物1：112－114
“私库冢子”玺考　程燕　中山大学学报（社科版）5：42－44
古玺文误释一例　马洪　博物馆研究4：83
战国私玺释文“當儒”之误　马洪　学问4：31－32
秦玺印封泥文字研究三题　王伟　考古与文物2：76－80
汉官私印泥封考略稿本小议　杜晓军、郭晓普　收藏家9：67－68
《陕西新出土古代玺印》释文校订　王利娟　语文学刊2B：29－30
云贵高原出土汉代印章述论　杨勇　考古10：92－103
海昏侯墓“大刘记印”研究二题　王刚　江西师范大学学报（哲社版）2：20－26
“大刘记印”与海昏侯墓墓主蠡测　王恩田　中国文物报1月15日6版
汉阳陵博物馆馆藏“东织染官”铜印印文考述　曹发展、闫华军　文博5：57－61
居延地区出土“率善校尉”印章考据　裴海霞　丝绸之路2：16－17
楼兰地区新发现汉印考释　吴勇等　西域研究2：19－23
绍兴御府印的形态学研究　牛克诚　故宫博物院院刊4：51－70
辽代“女真鹿官户太保印”铜印补议　李智裕　北方文物3：67－69
本溪市博物馆馆藏金代四方官印再认识　郭晶　辽金历史与考古（第六辑）319－323
元世祖朝汉字官印新考　薛磊　文物2：81－87
上海出土元明印章的印学思考　孙慰祖　“城市与文明”学术研讨会论文集621－637
明末张献忠农民军用印初探　后晓荣、程义　中国国家博物馆馆刊6：102－109
释文雅堂藏几枚与府有关的秦封泥　王辉　出土文献与中国古代文明——李学勤先生八十寿诞纪念论文集464－469
谈秦封泥中的“奴卢”　刘乐贤　出土文献与中国古代文明——李学勤先生八十寿诞纪念论文集459－463
秦封泥文字考释二则　朱晨、吴红松　江汉考古4：120－122
辽宁郚集屯古城址发现的“临屯太守章”封泥　谷丽芬、王爽　北方文物2：38
从出土封泥谈巨野红土山汉墓的墓主问题　吕健　考古9：110－115

补　遗

金代猛安谋克官印研究述评　王禹浪　黑龙江民族丛刊2015年5：92－98

一〇　铜鼓

铜鼓文化与华南信仰体系探源　张经纬　艺术探索4：68－80
铜鼓蛙雕之寓意探析　黄剑华　青铜文化研究（第六辑）54－59
论黑格尔Ⅰ型铜鼓　李昆声、黄德荣　考古学报2：173－206
安宁太极山铜鼓的初步研究　梁银　青铜文化研究（第六辑）142－149

海南岛古代铜鼓初论　曹量　海南大学学报（人文社科版）4：130－139

一一　兵器

塞伊玛—图尔宾诺文化在中国　林梅村　考古与文物 2：94－101
辽宁朝阳县文管所藏塞伊玛—图尔宾诺铜矛调查及相关研究　刘翔、刘瑞　考古与文物 2：102－107
陕西历史博物馆收藏的一件塞伊玛—图尔宾诺铜矛　贺达炘　考古与文物 2：128
南阳市博物馆收藏的三件倒钩阔叶铜矛　刘霞、胡保华　江汉考古 3：123－126
周代平脊剑的发现及相关问题　朱华东　青铜文化研究（第六辑）60－63
巴蜀青铜剑研究综述　李龙　重庆交通大学学报（社科版）3：28－31
巴蜀文化墓葬出土铜刀类型、分区与分期研究——兼谈环首刀的来源问题　向明文　边疆考古研究（第20 辑）239－263
浅释霍山出土青铜兵器　怀才高　青铜文化研究（第八辑）111－115
吴越系铜剑研究　毛波　考古学报 4：495－532
吉林大学考古与艺术博物馆收藏短茎式铜剑再考　成璟瑭　边疆考古研究（第 19 辑）223－228
载铜以器——旅顺博物馆藏鄂尔多斯式青铜短剑和铜刀　刘立丽　收藏家 6：71－74
传奇中山　雄风浩荡——战国中山国遗址出土的田猎、军事器具　刘卫华　收藏家 5：43－49
马家塬战国錽金银铁矛浅析　王笑　陇右文博 1：17－22
从六安出土战国“蔡侯产”青铜戈看蔡国的兴盛和衰亡　陈曙光　青铜文化研究（第八辑）51－54
魏国雍丘令戈考　傅修才　中原文物 5：51－53
馆藏战国秦汉青铜戈解析　明文秀　成都文物 3：1－8
秦二十六年临湘守戈考　徐世权　江汉考古 2：92－97
秦汉“连弩”考　王子今　军事历史研究 1：33－41
满城汉墓铁匕首所反映的文化联系试析　乔梁　北方民族考古（第 3 辑）185－191
河北发现元明时期管状火器——铜炮、铜铳的研究（上）、（下）　郑绍宗　华夏考古 1：114－120、2：77－95
从清早期武器装备看中原文化对其影响　苏阳、李理　故宫学刊（总第十五辑）318－327

补　遗

佩带的文明：青铜短剑简谈　段奕辰、洪星球　西北民族大学学报（哲社版）2015 年 6：173－177
巴式柳叶剑的考古发现与研究　朱世学　三峡大学学报（人文社科版）2015 年 5：1－8

一二　服饰

周代贵族佩饰中的北方草原文化因素　黄翠梅　北方民族考古（第 3 辑）89－114
试论西周墓葬所见人体护甲及相关问题　豆海锋　西部考古（第 12 辑）172－188
考古发现年代最早的合裆裤　杨静　中国文物报 7 月 29 日 6 版
西安博物院藏玉带钩赏析　朱歌敏　文物世界 6：32－35
布尔津县图瓦新村墓地出土的鹿首饰件研究　马黎夏天　新疆文物 2：87－89
战国内衬毛底皮履　钟宁　中国文物报 11 月 4 日 2 版
汉唐时期的颈饰　卓文静　大众考古 36：38－41
云南考古出土的珠饰　陈浩、赵伟程　文物天地 1：16－21
南越王墓出土带钩的使用功能　李郁　西汉南越国史研究论集（一）116－122
辽宁省苗圃墓地出土的蚩尤纹铜带钩图案释读　徐政　学问 2：33－37
东晋南朝时期女性的“时尚发型”　张珊　大众考古 32：42－47
克孜尔石窟耳饰初探　赵丽娅　吐鲁番学研究 1：92－102
新疆草原石人“蹀躞带”及其配饰研究　王志炜、史洪刚　贵州民族研究 2：177－180

考古发现所见北朝颈饰研究　宋丙玲　四川文物 3：56－64
唐代真珠考略　高翠　中国国家博物馆馆刊 4：98－108
中西合璧——唐代玉带版的装饰纹样　穆朝娜　丝绸之路与玉文化研究 209－221
唐宋凤形簪钗研究　邓莉丽、顾平　艺术工作·鲁迅美术学院学报 4：89－91
永泰公主墓所现帽冠、发髻、服饰考　姜捷等　乾陵文化研究（九）41－55
《簪花仕女图》服饰年代新考　于静芳　南京艺术学院学报（美术与设计版）4：38－42
青海夏塔图吐蕃王朝时期棺板画人物服饰考要　马冬　佛像、图像与遗产——美术考古与大足学研究 189－202
敦煌图像服饰上的联珠纹初探　谢涛、谢静　敦煌学辑刊 2：146－155
唐代三彩天王俑服饰浅析——以陕西唐三彩艺术博物馆馆藏为例　曾丽荣　收藏家 6：67－70
唐代三彩粟特胡俑服饰探析——以陕西唐三彩艺术博物馆馆藏为例　曾丽荣　文博 6：67－74
青海玉树贝纳沟摩崖造像服饰初探　虞黛筠、马冬　西藏研究 2：95－100
大足石窟佛像着衣类型　陈悦新　敦煌学辑刊 1：123－138
安岳石窟佛像着衣类型　陈悦新　文物 10：66－79
唐代宫廷女装中披帛的流行特色探析：以唐墓壁画图像为例　石历丽　陕西师范大学学报（哲社版）2：112－119
“女为胡妇学胡妆”再解读——从馆藏胡服女性形象谈起　杨瑾　文物天地 6：68－75
围腰御仙花　灼灼金銙带——休宁朱晞颜墓出土御仙花金带　程露　文物天地 2：89－91
南宋淳祐时期贵族妇女着装形态考释　张玲　中国国家博物馆馆刊 6：77－90
元代蒙古服饰对汉族服饰之影响探析　罗玮　中国图像史学（第 1 辑）145－166
馆藏曹氏服饰研究　夏骏　文物天地 9：56－58
元代迦陵频伽纹金帽顶小考　马颖　收藏 7：125－127
明清皇家服饰“十二章”考（上）、（下）　李理、车冰冰　收藏家 5：57－64、6：85－89
明清宫廷西方传教士服饰探析　果美侠　故宫学刊（总第十六辑）322－335
江苏地区明代浇浆墓及出土服饰的初步研究　郭正军　中国国家博物馆馆刊 10：110－120
河北博物院藏明清玉带钩鉴赏　吴宁　文物天地 9：78－81
“繁华到底”——明藩王墓出土金银首饰丛考　扬之水　中国国家博物馆馆刊 8：68－98
太原市大东关出土的清代首饰　代爱玲　收藏家 4：44－48
太原市大东关出土的清代首饰　代爱玲　文物天地 3：64－69
云横雪覆　温润和粹——河北博物院藏清代玉带饰鉴赏　朱金龙　收藏家 7：73－74
故宫博物院藏清宫靴子穿用着的判断　阮卫萍　故宫博物院院刊 4：117－125
湖南津市市博物馆藏清代铠甲　彭芳　湖南考古辑刊（第 12 集）320－323

补　遗

春秋战国及秦汉妇女首饰初探　高梅进　管子学刊 2015 年 3：70－73
魏晋南北朝时期梳妆奁考古探究与魏晋时期艺术传承　刘兮炀　文化学刊 2015 年 12：223－225
和田女性传统服饰概述　迪丽努尔·买买提　美术观察 2015 年 12：128－129

一三　其他

覆面和面具之研究　陆锡兴　南方文物 1：215－225
战国水晶杯　董千里　浙江文物 1：26
陕西出土的蚀花石髓珠　刘云辉、刘思哲　文物天地 1：27－29
新疆丝绸之路沿线出土料珠初探　赵志强等　西部考古（第 10 辑）220－228
湖南出土的蚀花玛瑙珠——兼论南方丝绸之路中玉文化的传播　喻燕姣　丝绸之路与玉文化研究 191－207

湖南出土的黑白纹玛瑙珠管赏析 喻燕奴 文物天地 1：22－26
“丹书铁券”的美梦悲歌 王丹誉 中国文物报 9 月 20 日 6 版
西夏文银牌“内宿首领”考释 朱浒 宁夏社会科学 3：213－216
乌兰察布市博物馆馆藏清代蒙文银质乘驿牌考释 李树国 草原文物 2：112－124
中国古代长柄香炉 崔菊姬 中原文物 5：76－84
中日所见晋唐时期的长柄香炉 冯慧 考古与文物 5：122－133
雍正朝清宫香炉制作考 万秀锋 故宫学刊（总第十三辑）242－252

肆 田野考古

一 北京市

周口店第一地点西剖面 2009－2010 年发掘报告 张双权等 人类学学报 1：63－75
通州区考古发现与研究概要 李伟敏 北京文博文丛·2016·第 1 辑 52－59
2015 年北京市文物考古工作回顾 北京市文物研究所（郭京宁等） 北京文博文丛·2016·第 1 辑 44－51
丰台石榴庄汉、明、清墓葬发掘简报 北京市文物研究所（张智勇等） 北京文博文丛·2016·第 2 辑 59－65
昌平未来科技城北区汉墓发掘简报 北京市文物研究所（张智勇等） 北京文博文丛·2016·第 2 辑 51－58
跨越千年的公共墓地——北京大兴三合庄汉至元代遗址获重要收获 尚珩、金和天 中国文物报 1 月 15 日 7 版
北京大兴三合庄遗址 尚珩、金和天 2015 中国重要考古发现 126－131
北京市海淀区学院路北朝墓葬发掘简报 北京市文物研究所（王策、周宇） 北京文博文丛·2016·第 4 辑 51－56
北京金陵遗址的考古发现简述 郭京宁 东亚都城和帝陵考古与契丹辽文化国际学术研讨会论文集 387－394
故宫考古首次发现元明清故宫“三叠层” 李政 中国文物报 4 月 19 日 1 版
大兴旧宫小龙河桥梁遗址发掘简报 北京市文物研究所、大兴区文物管理所（冯双元等） 北京文博文丛·2016·第 2 辑 66－73
故宫东城墙基 2014 年考古发掘简报 故宫博物院考古研究所（冀洛源、单莹莹） 故宫博物院院刊 3：74－85
北京海淀玲珑巷宦官墓葬区发掘收获 孙勐 2015 中国重要考古发现 172－175
圆明园遗址公园大宫门区域考古发掘简报 北京市文物研究所（孙勐等） 北京文博文丛·2016·第 3 辑 76－87
圆明园海晏堂蓄水楼遗址完成考古发掘与资料整理——解谜海晏堂景区地下水循环系统 张利芳、张中华 中国文物报 10 月 11 日 1 版
故宫南大库瓷片埋藏坑发掘简报 故宫博物院考古研究所（冀洛源等） 故宫博物院院刊 4：6－25

二 天津市

天津蓟县营坊旧石器地点调查简报 天津市文化遗产保护中心、吉林大学边疆考古研究中心（盛立双等） 北方文物 3：3－8

三 河北省

泥河湾盆地麻地沟 E6 和 E7 旧石器地点发掘简报 贾真秀等 人类学学报 3：343－358

泥河湾盆地二道梁旧石器时代晚期遗址发掘简报　李罡等　人类学学报4：509－521

河北阳原泥河湾盆地板井子旧石器遗址发掘获大量资料——泥河湾盆地旧石器文化发展序列及古人类行为演化过程有望更加完善　任进成等　中国文物报6月17日8版

河北临城西古鲁营商代遗址发掘简报　河北省文物研究所（任雪岩）　文物春秋1：22－34

太行山东麓地区汉代城址调查简报　徐超　北京文博文丛·2016·第3辑45－53

河北丰润商各庄遗址发掘报告　河北省文物研究所等（张晓峥）　文物春秋2：36－42

河北临漳邺城遗址核桃园一号建筑基址发掘报告　中国社会科学院考古研究所等（何立群等）　考古学报4：563－591

河北临漳邺城遗址核桃园北朝1、5号建筑　朱岩石等　2015中国重要考古发现120－125

邺城佛教考古的主要发现与收获　何立群　西部考古（第12辑）288－312

河北隆化孙志沟发现辽代墓葬　韩金秋、王晓强　中国文物报12月2日8版

张家口明代卫所城调查与研究　郝园林　北方民族考古（第3辑）55－66

邢台巨鹿县阎疃明代砖室墓发掘简报　河南省邢台市文物管理处、巨鹿县文物保护管理所（周海峰）草原文物2：68－72

河北张家口市桥东区东榆林村威远台调查报告　裴蕾　文物春秋5、6：84－91

承德避暑山庄新所、御路遗址的发掘　河北省文物研究所、承德市文物局田野考古队（刘连强、刘子龙）　文物春秋5、6：58－62

四　山西省

山西丁村遗址群2015年考古调查与发掘　王益人等　2015中国重要考古发现6－9

山西吉县柿子滩旧石器时代遗址第五地点发掘简报　柿子滩考古队（宋艳花、石金鸣）　考古4：3－15

山西陵川县麻吉洞遗址的试掘　山西大学历史文化学院（任海云）　考古5：3－8

山西陵川县西瑶泉后河洞遗址调查与试掘简报　任海云　考古与文物3：3－10

山西沁县南涅水遗址考古发掘简报　中国国家博物馆等（李嵘）　华夏考古3：3－23

2015年山西兴县碧村遗址发掘简报　山西省考古研究所、兴县文物旅游局（王晓毅等）　考古与文物4：25－33

山西兴县碧村遗址2015年发掘收获　张光辉、白勇　2015中国重要考古发现28－31

山西襄汾陶寺北两周墓地2014～2015年发掘收获　王京燕、崔俊俊　2015中国重要考古发现82－85

襄汾陶寺北两周墓地——部静默的区域社会史　王京燕、崔俊俊　大众考古34：20－29

发现沉睡3000年的“霸国”——山西翼城大河口墓地　谢尧亭　大众考古38：28－44

山西长子县西南呈西周墓地发掘简报　山西省考古研究所（韩炳华等）　考古3：3－14

山西大同县小坊城遗址的调查与试掘　张喜斌、王银田　边疆考古研究（第20辑）41－53

山西侯马虒祁遗址发掘收获　王金平等　2015中国重要考古发现112－115

太原市晋源区乱石滩汉墓M676发掘简报　太原市文物考古研究所（龙真）　文物世界5：17－20

太原化学工业集团有限公司去发现的两座墓葬　唐洁　文物世界5：28－32

山西2016年隋唐宋元重要考古发现——蒲州故城遗址发现北朝至唐代城墙　刘岩、赵辉　中国文物报12月2日7版

山西忻州九原岗北朝壁画墓的发掘　白曙璋　大众考古35：28－34

云岗石窟窟顶西区北魏佛教寺院遗址　云岗石窟研究院等（张庆捷等）　考古学报4：533－562

山西省和顺县沙峪摩崖造像调查　张弛　敦煌研究4：1－18

山西大同操场城北魏二号遗址发掘简报　山西省考古研究所、大同市考古研究所（秦艳兰等）　文物4：4－25

山西三项隋唐宋金重要考古发现集体亮相　李政　中国文物报11月18日2版

山西2016年隋唐宋元重要考古发现——晋阳古城发掘二号建筑遗址群　韩炳华、裴静蓉　中国文物报

12月2日7版
山西太原果树场唐墓M611发掘简报 太原市文物考古研究所（刘伟伟） 文物世界5：14－16
山西大同西北郊五代墓发掘简报 大同市考古研究所（靖晓亭） 文物4：26－31
娄烦下龙泉村宋代家族墓发掘简报 裴静蓉 文物世界5：3－9
太原市王家庄金元壁画墓发掘简报 太原市文物考古研究所（陈庆轩） 文物世界6：3－5
万柏林区移村金元墓发掘简报 裴静蓉 文物世界5：21－23
山西汾西郝家沟发掘金元、明清时期墓地 武俊华 中国文物报9月13日8版
山西沁县上庄金墓发掘简报 山西省考古研究所、沁县文物馆（白曙璋） 文物8：38－46
山西阳泉古城金墓发掘简报 阳泉市文物管理处（郑海伟、郝楚婧） 文物10：23－31
山西长治贾掌镇抢救性发掘一座石棺墓 赵辉等 中国文物报7月8日8版
山西沁县金代砖室墓 白曙璋 2015中国重要考古发现148－152
山西发掘长子南沟金代壁画墓 张光辉等 中国文物报11月18日8版
古交市河下村元代墓葬 檀志慧 文物世界5：33－35
山西阳泉东村元墓发掘简报 阳泉市文物管理处、阳泉市郊区文物旅游局（韩利忠） 文物10：32－43
太原刚玉五一生活区元代墓葬发掘简报 原江、乔阳 文物世界5：10－13
太原南内环东延与东环高速互通工程明代墓葬发掘简报 乔阳、原江 文物世界5：36－38
太原市五一机车车辆厂发现的明代瓷器 王瞳 文物世界5：24－27

五 内蒙古自治区

内蒙古辉河水坝细石器遗址1996年发掘简报 岳够明等 人类学学报3：371－384
2015年内蒙古自治区文物考古研究所考古发现综述 内蒙古自治区文物考古研究所（党郁） 草原文物1：1－13
内蒙古化德县发现八千年前村落遗址 包青川等 中国文物报6月3日8版
内蒙古化德裕民遗址 胡晓农、包青川 2015中国重要考古发现10－13
敖汉营子遗址与胡斯台遗址中小河西文化遗存调查 邵国田 红山文化研究（第二辑）56－71
巴林左旗索贝山岩画调查简报 巴林左旗辽上京博物馆（金永田、李建奎） 草原文物1：14－18
白庙子岩画调查简报 于建设等 红山文化研究（第三辑）45－51
内蒙古阿拉善左旗苏红图遗址调查简报 北京大学考古文博学院、内蒙古阿拉善博物馆（温成浩、李水城） 考古与文物1：3－8
内蒙古阿拉善左旗头道沙子遗址调查简报 北京大学考古文博学院、内蒙古阿拉善博物馆（温成浩、李水城） 考古与文物1：9－16
2014年内蒙古托克托县海生不浪遗址发掘简报 中山大学南中国海考古研究中心、内蒙古自治区文物考古研究所（谭玉华） 草原文物1：19－39
内蒙古准格尔旗阳湾遗址发掘简报 内蒙古自治区文物考古研究所（曹建恩等） 考古与文物2：3－17
赤峰红山地区古迹调查发掘概要 ［日］东亚考古学会赤峰红山后古迹发掘调查团著 李彦朴译 红山文化研究（第三辑）132－138
内蒙古库伦旗三家子遗址发掘报告 霍东峰等 边疆考古研究（第19辑）61－82
内蒙古乌拉特中旗哈日楚鲁遗址调查报告 西北大学文化遗产学院、边疆考古与中国文化认同协同创新中心（唐云鹏等） 西部考古（第10辑）1－28
内蒙古乌拉特中旗海流图镇石板墓清理简报 内蒙古自治区文物考古研究所等（胡延春等） 草原文物1：40－45
内蒙古自治区准格尔旗头道沟遗址发掘简报 中山大学南中国海考古研究中心等（谭玉华） 草原文物2：17－35
和林格尔县下脑亥遗址发掘简报 内蒙古师范大学历史文化学院、内蒙古自治区文物考古研究所（齐溶

青等） 草原文物 2：43－51

伊金霍洛旗敖包圪台汉墓发掘简报 内蒙古师范大学历史文化学院、内蒙古自治区文物考古研究所（齐溶青等） 草原文物 2：36－42

内蒙古鄂尔多斯考古发现两则——乌审旗发现一座东汉壁画墓 高兴超 中国文物报 9 月 13 日 8 版

内蒙古正镶白旗伊和淖尔墓群 陈永志等 2015 中国重要考古发现 92－95

正镶白旗伊和淖尔墓群 M2 发掘简报 内蒙古自治区文物考古研究所等（陈永志等） 草原文物 1：46－50

内蒙古准格尔旗脑包湾发现唐代陈氏家族墓地 陈永志等 中国文物报 7 月 8 日 8 版

鄂尔多斯发现三座宋代壁画墓 高兴超等 中国文物报 8 月 12 日 8 版

内蒙古鄂尔多斯考古发现两则——准格尔旗发现宋代城址 高兴超等 中国文物报 9 月 13 日 8 版

辽上京城址首次确认曾有东向轴线 董新林等 中国文物报 5 月 6 日 8 版

内蒙古通辽市科左中旗苏尼吐城址调查报告 李鹏 学问 1：33－35

赤峰辽陵及奉陵邑现状调查（2007～2009）述略 永昕群 东亚都城和帝陵考古与契丹辽文化国际学术研讨会论文集 320－344

内蒙古巴林左旗辽祖陵一号陪葬墓 中国社会科学院考古研究所内蒙古第二工作队、内蒙古文物考古研究所（董新林、汪盈） 考古 10：3－23

内蒙古开鲁发现辽代琉璃砖皇族墓葬——确认为耶律蒲古之墓，墓中题记基本确定辽太祖“私城”龙化州城址位置 连吉林、长海 中国文物报 9 月 27 日 8 版

内蒙古多伦小王力沟发现辽代贵妃墓葬——可望填补多处辽史空白 盖之庸等 中国文物报 3 月 11 日 8 版

内蒙古多伦县小王力沟辽代墓葬 内蒙古文物考古研究所等（盖之庸等） 考古 10：55－80

乌兰察布市集宁区白海子镇白海子村辽金时期墓葬发掘简报 乌兰察布市博物馆、集宁区文物管理所（李树国、沈莎莎） 草原文物 1：51－54

乌兰察布市卓资县忽洞坝辽代墓葬 赵杰 草原文物 1：55－61

内蒙古林西县刘家大院辽代墓地发掘简报 内蒙古文物考古研究所、内蒙古博物院（索秀芬等） 考古 2：77－87

内蒙古巴林左旗盘羊沟辽代墓葬 赤峰市博物馆等（马凤磊等） 考古 3：30－44

乌兰察布市卓资县庙坡底遗址发掘简报 内蒙古自治区文物考古研究所、卓资县文物管理所（宋国栋等） 草原文物 2：52－62

六 辽宁省

沈阳市农大后山旧石器时代遗址发掘简报 沈阳市文物考古研究所、吉林大学边疆考古研究中心（陈全家等） 考古 11：3－10

老山头旧石器地点发现的石器研究 万晨晨等 边疆考古研究（第 19 辑）1－11

本溪养树圈西南山地点发现的石器研究 石晶等 边疆考古研究（第 19 辑）13－26

红山文化及相关遗址调查发掘报告目录 红山文化研究（第二辑）165－194

辽宁北票发现七处新石器时代遗址 姜洪军、杜志刚 北方民族考古（第 3 辑）1－12

辽宁长海县广鹿岛东水口遗址发掘简报 大连市文物考古研究所（张翠敏、江红春） 北方文物 4：3－7

辽宁朝阳半拉山墓地考古发掘取得重大收获 熊增珑、樊圣英 中国文物报 12 月 30 日 5 版

辽宁朝阳半拉山墓地 熊增珑、樊圣英 2015 中国重要考古发现 14－17

沈阳市郝心台遗址 2011 年发掘简报 沈阳市文物考古研究所（李树义、赵晓刚） 考古 6：11－21

辽宁新宾满族自治县石盖墓的发现与研究 肖景全等 学问 4：22－30

辽宁营口鲅鱼圈区天瑞水泥厂汉代砖室墓发掘简报 辽宁省文物考古研究所（徐韶钢等） 北方文物

2：17－21
辽宁省盖州光荣村汉墓 M7 发掘简报　盖州市文物管理处（沈迪楠）　博物馆研究 4：67－68
辽宁省鞍山市调军台墓地发掘简报　辽宁省文物考古研究所、鞍山市博物馆（司伟伟等）　北方文物 3：9－16
辽宁桓仁县冯家堡子积石墓群的发掘　辽宁省文物考古研究所等（李新全等）　考古 9：38－53
辽宁盖州高丽城山城调查和发掘获重要收获——发现城墙、城门和大型建筑基址　王飞峰等　中国文物报 6 月 3 日 8 版
辽宁省葫芦岛市金星汉魏墓葬发掘简报　孙建军、王闯　北方文物 1：3－7
辽宁北镇市辽代帝陵 2012～2013 年考古调查与试掘　辽宁省文物考古研究所（万雄飞、司伟伟）　考古 10：34－54
辽宁朝阳马场村辽墓发掘简报　朝阳市文物考古研究所（蔡强、刘超）　文物春秋 5、6：50－57
辽宁“丹东一号”清代沉船　国家文物局水下文化遗产保护中心、辽宁省文物考古研究所（周春水、冯雷）　考古 7：79－89
辽宁“丹东一号”沉船水下考古调查　周春水、冯雷　2015 中国重要考古发现 176－180

七　吉林省

延边和龙大洞旧石器遗址（2007）试掘简报　李万博等　边疆考古研究（第 20 辑）1－11
吉林抚松发现枫林旧石器遗址　徐廷　中国文物报 10 月 21 日 8 版
吉林省大安市 2012～2013 年区域性系统调查简报　刘晓溪等　边疆考古研究（第 19 辑）27－45
吉林大安市后套木嘎遗址 AⅢ区发掘简报　吉林大学边疆考古研究中心、吉林省文物考古研究所（霍东峰等）　考古 9：3－24
敦化官地东山头和岗子遗址调查简报　张福有等　学问 6：30－36
吉林和龙西古城城址 2007～2009 年发掘简报　吉林省文物考古研究所等（宋玉彬、全仁学）　文物 12：4－20
吉林省桦甸市苏密城外城南瓮城考古发掘简报　吉林省文物考古研究所、桦甸市文物管理所（张哲等）　边疆考古研究（第 19 辑）83－100
吉林省临江市河南屯遗址调查和试掘简报　吉林省文物考古研究所（王新胜）　北方文物 1：8－11
吉林延边磨盘村山城　李强等　2015 中国重要考古发现 153－157
乾安春捺钵遗址群后鸣字区遗址调查简报　吉林大学边疆考古研究中心、乾安县文物管理所（冯恩学、郝军军）　边疆考古研究（第 20 辑）71－88
吉林大安尹家窝堡遗址 2015 年发掘简报　吉林大学边疆考古研究中心、吉林省文物考古研究所［Pauline Sebillaud（史宝琳）等］　边疆考古研究（第 20 辑）89－117
吉林省农安县库尔金堆古城址西南角“点将台”的发掘　吉林省文物考古研究所（王新胜等）　北方文物 1：12－18
吉林白城城四家子城址建筑台基发掘简报　吉林省文物考古研究所等（梁会丽等）　文物 9：39－55
吉林白城城四家子城址北城墙发掘简报　吉林省文物考古研究所、白城市文物保护管理所（梁会丽等）　草原文物 2：63－67
吉林白城城四家子城址北门发掘简报　吉林省文物考古研究所、白城市文物保护管理所（梁会丽等）　边疆考古研究（第 20 辑）55－69
吉林白城城四家子遗址三号房址发掘简报　吉林省文物考古研究所等（梁会丽等）　学问 3：9－12
吉林安图宝马城遗址又获发现——金王朝长白山神庙故址证据更加充分　张梦纳等　中国文物报 1 月 15 日 8 版

八　黑龙江省

黑龙江省伊春市桃山遗址 2013 年发掘报告　常阳等　人类学学报 2：223－237

黑龙江饶河小南山遗址发掘获新收获——为乌苏里江及黑龙江下游新石器考古编年谱系研究提供重要资料　李有骞　中国文物报 6 月 17 日 8 版

黑龙江佳木斯市长新遗址抢救性清理简报　佳木斯市文物管理站（张亚平等）　北方文物 2：22－28

黑龙江友谊县凤林城址 1999 年发掘简报　黑龙江省文物考古研究所（田禾等）　北方文物 6：7－22

黑龙江五常市香水河墓地发掘简报　黑龙江省文物考古研究所（魏明江）　考古 4：45－62

黑龙江发掘辽金生女真五国部奥里米城址　刘阳、赵永军　中国文物报 7 月 8 日 8 版

黑龙江汤原发掘辽金时期郎君西古城　刘阳、赵永军　中国文物报 11 月 18 日 8 版

黑龙江省抚远县黑瞎子岛考古调查收获　黑龙江省文物考古研究所（魏明江）　北方文物 2：35－37

金上京皇城揭露一组大型带院落建筑基址　赵永军　中国文物报 4 月 22 日 8 版

黑龙江讷河市团结屯清代墓葬发掘简报　黑龙江省文物考古研究所（陈永婷等）　边疆考古研究（第 20 辑）119－128

黑龙江讷河市全发屯清代墓葬发掘简报　黑龙江省文物考古研究所（陈永婷等）　边疆考古研究（第 20 辑）129－139

九　上海市

探索长江下游文明化进程的关键——上海松江广富林遗址发掘成果丰富　陈杰　中国文物报 3 月 25 日 8 版

上海松江广富林遗址 2014～2015 年发掘收获　黄翔　2015 中国重要考古发现 49－53

上海广富林遗址 2012 年南京大学发掘区良渚文化时期墓葬发掘简报　上海博物馆考古研究部等（徐燕）　江汉考古 4：3－10

考古发掘实证上海青龙镇是唐宋海上丝路重要港口　李政　中国文物报 12 月 6 日 1 版

一〇　江苏省

南京高淳薛城遗址 2010 年发掘简报　南京市考古研究所、南京市高淳区文化广电局（王光明、葛鹏云）　南京文物考古新发现（第 4 辑）3－25

常州孟河镇蒋家墩遗址的调查与收获　常州市考古研究所（黄督军、郑铎）　常州文博论丛 2016 年（第 2 辑）16－25

江苏句容孔塘遗址　朱晓汀等　2015 中国重要考古发现 54－57

江苏兴化、东台蒋庄新石器时代遗址　林留根等　2015 中国重要考古发现 58－61

江苏兴化、东台市蒋庄遗址良渚文化遗存　南京博物院（甘恢元等）　考古 7：19－31

跨越长江的良渚文明——江苏省兴化、东台市蒋庄遗址发掘取得重大收获　林留根等　中国文物报 1 月 29 日 7 版

苏州木渎古城 2011－2014 年考古报告　中国社会科学院考古研究所等（唐锦琼等）　考古学报 2：263－292

江苏邳州梁王城遗址西周墓地发掘简报　南京博物院等（张雪菲等）　东南文化 2：37－57

江苏苏州真山土墩墓（D33）发掘简报　苏州市考古研究所（丁金龙、王霞）　文物 5：4－14

南京溧水洪蓝木头山汉墓发掘简报　南京市考古研究所（陈大海、徐华）　南京文物考古新发现（第 4 辑）26－48

江苏镇江大港龙泉村西汉墓地发掘简报　镇江博物馆（孙研）　东南文化 5：40－50

江苏淮安王庄村汉墓群发掘简报　淮安市博物馆（胡兵）　东南文化 5：51－70

镇江终家村墓葬群发掘简报　镇江博物馆（李西东等）　东方博物（第五十五辑）15－24

江苏宿扬高速公路发现汉墓群　秦宗林、魏旭　中国文物报 6 月 3 日 8 版

南京栖霞上坊庄汉墓发掘简报　南京市考古研究所、南京市栖霞区文化局（骆鹏）　南京文物考古新发现（第 4 辑）49－55

南京六合葛塘汉墓发掘简报 南京市考古研究所、南京市六合区文化局（李翔、张鹏） 南京文物考古新发现（第 4 辑）56－63

徐州睢宁九女墩汉画像石墓 2015 年研究报告 梁勇 中国汉画研究（第五卷）48－66

近年来六朝都城考古的主要收获 贺云翱 东南文化 4：59－65

南京雨花台宁丹路东晋孙氏家族墓发掘简报 南京市考古研究所、南京市雨花台区文化广播电视剧（沈宏敏、苏舒） 南京文物考古新发现（第 4 辑）64－77

南京江宁上坊中下村五座东晋南朝墓发掘简报 南京市考古研究所、南京市江宁区博物馆（陈大海） 南京文物考古新发现（第 4 辑）78－88

南京雨花台华为南京基地 36 号南朝墓发掘简报 南京市考古研究所（李翔、陈大海） 南京文物考古新发现（第 4 辑）89－94

南京板桥街道钟家岗南朝墓发掘简报 南京市考古研究所（王海、陈大海） 南京文物考古新发现（第 4 辑）95－102

镇江金家湾墓地六朝之唐代墓葬发掘简报 镇江博物馆（司伟红、李永军） 江汉考古 2：40－52

南京江宁将军山两座唐墓发掘简报 南京市考古研究所、南京市江宁区博物馆（王宏） 南京文物考古新发现（第 4 辑）103－107

扬州五代谢俯军墓发掘简报 扬州市文物考古研究所（秦宗林、周赟） 东方博物（第五十九辑）20－26

南京浦口章家洼宋墓发掘简报 南京市考古研究所（周保华、张鹏） 南京文物考古新发现（第 4 辑）108－112

南京江宁街道宋墓发掘简报 南京市考古研究所、南京市江宁区博物馆（陈大海） 南京文物考古新发现（第 4 辑）113－116

江苏南京西天寺墓园宋墓 王宏、苏舒 2015 中国重要考古发现 140－143

南京牛首山古代遗存考古调查报告 南京市考古研究所、南京市江宁区博物馆（王光明等） 南京文物考古新发现（第 4 辑）231－238

明代南京外郭城遗址考古调查报告 南京市考古研究所（许志强、王志高） 南京文物考古新发现（第 4 辑）248－260

常州青果巷明清街巷遗址发掘简报 常州博物馆（于成龙） 常州文博论丛 2016 年（第 2 辑）11－15

江苏淮安里运河遗址勘探与发掘简报 淮安市博物馆（祁小东） 东方博物（第六十辑）48－60

南京溧水胭脂河考古调查报告 南京市考古研究所、南京市溧水区博物馆（骆鹏、陈念） 南京文物考古新发现（第 4 辑）239－247

江苏扬州宝应明代刘堡减水闸发掘简报 南京大学历史学院等（张敏等） 东南文化 6：32－39

洪泽湖大堤高良涧船闸段考古发掘简报 薛玲玲等 东方博物（第六十辑）40－47

南京白下瑞金路小学工地明代白虎桥基址发掘简报 南京市考古研究所、南京市秦淮区文化局（贾维勇） 南京文物考古新发现（第 4 辑）222－230

南京江宁将军山明代靖江府右长史周镇家族墓发掘简报 南京市考古研究所、南京市江宁区博物馆（王宏） 南京文物考古新发现（第 4 辑）191－196

江苏泰州明代刘鉴家族墓发掘简报 泰州市博物馆（王为刚） 文物 6：41－62

江苏苏州吴山岭明刘德贞墓发掘简报 苏州市考古研究所（周金波、张铁军） 东南文化 6：27－31

南京雨花台定坊村明代段琦墓发掘简报 南京市考古研究所（陈大海） 南京文物考古新发现（第 4 辑）172－175

江苏徐州睢宁龙头山明墓发掘报告 徐州博物馆、睢宁博物馆（吴公勤、缪华） 东南文化 6：40－45

江苏淮安惠济祠遗址发掘简报 淮安市博物馆（祁小东） 洛阳考古（总第 11 期）31－52

江苏的水下考古工作回顾 吕春华 中国文物报 7 月 15 日 7 版

一一　浙江省

2015年浙江田野考古工作汇报会综述　浙江省文物考古研究所　浙江文物1：20－21
浙江宁波镇海鱼山遗址Ⅰ期发掘简报　宁波市文物考古研究所等（雷少等）　东南文化4：23－37
浙江仙居新发现岩画调查简报　张峋　南方文物1：71－74
良渚古城城内考古发掘及城外勘探取得重要收获——发掘莫角山宫殿区、姜家山贵族墓地和钟家港古河道　浙江省文物考古研究所　中国文物报12月16日8版
5000年前的大型水利工程——浙江余杭良渚古城外围大型水利工程的调查与发掘获重大收获　王宁远　中国文物报3月11日8版
良渚发现5000年前中国最早大型水利工程系统　李政　中国文物报3月18日1版
宁波首次发掘海岛史前文化遗址——大榭遗址Ⅰ期考古发掘的主要收获　雷少、梅术文　中国文物报12月30日5版
绍兴市东湖镇香山M1发掘简报　浙江省文物考古研究所、绍兴市文物局（黄昊德、黄朝伟）　东方博物（第五十九辑）4－19
德清县开发区胡堂庙区域发掘简报　浙江省文物考古研究所、德清县博物馆（周建忠）　东方博物（第五十五辑）25－41
湖州仁皇山汉墓发掘简报　陈云　东方博物（第六十辑）1－9
永嘉县瓯北镇朱岙老坟山古墓葬发掘　周圣玉　东方博物（第五十五辑）42－47
富阳步桥乌龟山六朝墓发掘报告　杭州市文物考古研究所、富阳区文物馆（方健等）　东方博物（第六十辑）10－26
杭州宝石山佛教摩崖造像的初步调查　常青　东方博物（第五十九辑）44－57
浙江临安余村五代墓发掘报告　倪亚清、张惠敏　东南文化4：38－42
杭州南宋临安城址考古：首次发现城内地下引水设施　大规模揭露东城墙遗迹　唐俊杰、王征宇　中国文物报4月22日8版
杭州留下西穆坞宋墓发掘简报　杭州市文物考古研究所（杨曦）　东方博物（第六十辑）27－31
萧山水漾坞明墓发掘简报　杭州市文物考古研究所、萧山博物馆（孙媛、杨国梅）　东方博物（第六十辑）32－39

一二　安徽省

安徽霍山戴家院周代遗址发掘报告　安徽省文物考古研究所、霍山县文物管理所（张小雷、朔知）　考古学报1：125－152
安徽肥东县小黄村西汉墓（M5）发掘简报　安徽省文物考古研究所、肥东县文物管理局（陈小春）　东南文化1：46－54
安徽南陵铁拐宋墓发掘简报　安徽省文物考古研究所、南陵县文物管理所（张辉、孙茂梅）　文物12：34－49
安徽淮北濉溪柳孜运河遗址第二次发掘简报　安徽省文物考古研究所等（陈超等）　文物12：21－33
安徽黄山太平湖水下考古发现广阳城址　张辉、邓启江　中国文物报5月6日8版

一三　福建省

福建武夷山市葫芦山遗址2014年发掘简报　福建博物院等（付琳等）　东南文化2：19－36
福建诏安、平和县新石器时代晚期至商周时期遗址　厦门大学历史系考古教研室等（刘中伟等）　考古12：3－18
福建闽侯发掘大坪顶遗址——系昙石山文化和黄瓜山文化的重要遗址，发现石器制造场　林海南　中国

文物报7月29日8版

福建长泰县龙津溪中游商周时期石器制造场　厦门大学历史系考古专业、漳州市文物管理委员会办公室（佟珊等）　考古5：24－40

一四　江西省

江西省乐安县角峰山遗址考古调查简报　江西省文物考古研究所等（豆海锋等）　南方文物1：64－70

江西新干石牛岗遗址发掘简报　江西省文物考古研究所、江西新干县博物馆（朱福生等）　南方文物2：84－90

江西铜鼓县平顶垴遗址墓葬发掘简报　江西省文物考古研究所、江西铜鼓秋收起义纪念馆（饶华松）　南方文物4：45－48

江西南昌西汉海昏侯墓　杨军　2015中国重要考古发现106－111

南昌市西汉海昏侯墓　江西省文物考古研究所等（杨军、徐长青）　考古7：45－62

西汉王侯的地下奢华——江西南昌西汉海昏侯墓考古取得重大收获　徐长青、杨军　中国文物报3月11日5版

江西农业大学化工厂汉晋墓葬发掘简报　江西省文物考古研究所、江西南昌市博物馆（田庄、胡振）　南方文物2：91－94

江西宜春元代开元寺建筑遗迹的清理　张庆久、黄学敏　江西省博物馆集刊（七）185－190

一五　山东省

扁扁洞遗址现代环境与资源调查报告　贺亚炳等　东方考古（第12集）361－368

山东定陶十里铺北遗址发掘获重要收获——完善鲁西南地区史前文化序列，发现岳石和晚商城址　高明奎　中国文物报2月26日8版

山东日照市六甲庄遗址2007年发掘简报　山东大学历史文化学院考古系（方辉等）　考古11：11－23

济南孟家阿遗址发掘商周时期遗存　何利、邢琪　中国文物报9月27日8版

山东济南发掘甄家西遗址　何利、邢琪　中国文物报12月30日8版

济南市刘家庄遗址商代墓葬M121、M122发掘简报　济南市考古研究所（郭俊峰等）　中国国家博物馆馆刊7：81－119

山东地区周代考古与研究取得重要成果　徐倩倩　管子学刊1：122－125

山东临朐陈家河遗址发掘简报　山东省文物考古研究所、上海大学历史系（魏峭巍等）　文物8：4－19

山东临淄齐国故城10号建筑遗址发掘简报　山东省文物考古研究所、淄博市临淄区文物管理局（吕凯等）　文物8：20－37

山东淄博市临淄区范家墓地战国墓　临淄区文物局（王会田、李民）　考古2：25－63

山东淄博隽山战国墓发掘简报　山东省文物考古研究所、淄博市文物局（赵益超等）　文物10：4－22

济南章丘巡检村东发现古代墓地　房振等　中国文物报8月26日8版

山东临淄山王村汉代兵马俑坑发掘简报　山东省文物考古研究所、淄博市临淄区文物管理局（韩伟东等）　文物6：4－29

山东邹城龙水村西汉画像石椁墓　胡新立　中国汉画研究（第五卷）36－47

古薛城官桥墓地的发现与保护　李慧、狄小卜　中国汉画研究（第五卷）2－35

山东济南魏家庄汉墓发掘简报　济南市考古研究所（郭俊峰等）　华夏考古4：25－54

山东寿光东魏贾思同墓清理简报　寿光市博物馆（王德明、袁庆华）　中原文物5：4－10

山东临朐县古代佛教造像的调查　宫德杰　考古10：115－120

山东临朐石门坊摩崖造像群调查简报　临朐县文化广电新闻出版局（宫德杰）　文物7：48－62

山东莱州南五里村宋代壁画墓发掘简报　烟台市博物馆（闫勇等）　文物2：4－20

山东济南长清崮云湖宋墓发掘简报　济南市考古研究所（刘剑等）　文物2：21－39

济南老城区卫巷遗址出土的宋代金银器窖藏　济南市考古研究所（李铭等）　中国国家博物馆馆刊6：41－53

山东聊城市西梭堤遗址发掘简报　山东大学文化遗产研究院（王迪）　东方考古（第13集）243－258

山东菏泽元代沉船发掘简报　山东省文物考古研究所、菏泽市文物事业管理处（李罡等）　文物2：40－49

山东聊城周家店闸遗址调查、发掘简报　山东大学文化遗产研究院等（龙啸）　东方考古（第13集）270－297

山东地区古建筑壁画保存分布特点调查报告　仝艳锋　东方考古（第12集）495－511

山东淄博清代壁画墓发掘简报　淄博市博物馆（王焕文）　中国国家博物馆馆刊10：82－91

一六　河南省

2015年度河南省五大考古新发现　方燕明　华夏考古3：148－152

洛阳考古2015年取得重要新成果　李政　中国文物报2月5日2版

郑州地区重大考古发现评述　阎铁成　中国文物报7月15日6版

丹江口库区双河二号旧石器地点发掘简报　中国科学技术大学科技史与科技考古系、河南省文物局南水北调文物保护办公室（陈昌富、张居中）　江汉考古5：3－12

灵井许昌人遗址2014年发掘简报　河南省文物考古研究院（李占扬等）　华夏考古1：3－25

“许昌人”石器原料来源获考古新发现　王蔚波　中国文物报8月26日6版

郑州大河村遗址2014～2015年考古发掘简报　郑州市大河村遗址博物馆（胡继忠等）　华夏考古3：24－31

河南灵宝市西坡遗址南壕沟发掘简报　中国社会科学院考古研究所河南一队等（郭志委等）　考古5：9－23

河南淅川单岗遗址屈家岭文化遗存发掘简报　郑州大学历史学院、河南省文物局南水北调文物保护管理办公室（靳松安等）　中原文物4：4－19

中原大地第一域——郑州西山古城发掘记　张玉石、郝红星　大众考古35：19－27

河南信阳孙寨遗址发现龙山晚期到周代遗存　王豪、武志江　中国文物报9月27日8版

河南省郑州市索、须、枯河流域考古调查报告　郑州市文物考古研究院、北京大学考古文博学院（侯卫东等）　古代文明（第10卷）301－375

河南淮阳平粮台遗址考古发掘成果显著——发现早晚期陶排水管和龙山时期墓地　曹艳朋等　中国文物报1月15日8版

河南淮阳平粮台遗址——南门龙山时期排水系统　曹艳朋等　2015中国重要考古发现32－35

郑州市正兴商务大厦商代遗存发掘简报　河南省文物考古研究院（杨树刚等）　华夏考古4：3－17

郑州市南关街商代遗址发掘简报　郑州市文物考古研究院（姜楠等）　华夏考古1：26－37

河南安阳洹北商城发现铸铜制骨手工业作坊遗址　何毓灵　中国文物报12月16日8版

河南安阳市殷墟新安庄西地2007年商代遗存发掘简报　中国社会科学院考古研究所安阳工作队（岳占伟等）　考古2：3－24

河南罗山天湖商周墓地M57发掘简报　河南省文物考古研究院等（楚小龙等）　华夏考古2：3－12

河南平顶山市蒲城店遗址西周遗存的发掘　河南省文物考古研究院、平顶山市文物局（魏兴涛等）　考古6：22－33

河南荥阳官庄遗址2013年度发掘简报　郑州大学历史文化遗产保护研究中心、郑州市文物考古研究院（张继华等）　中原文物3：4－16

河南荥阳市官庄周代城址发掘简报　郑州大学历史文化遗产保护研究中心、郑州市文物考古研究院（韩国河等）　考古8：25－40

河南温县徐堡遗址两周墓葬发掘简报　郑州大学历史学院、河南省文物局南水北调文物保护办公室（李

锋等） 中原文物2：4－8

三门峡市李家窑遗址两周墓发掘简报 河南省文物考古研究院、三门峡市文物考古研究所（王军震、杨海清） 华夏考古4：18－24

河南洛阳市西工区西小屯村春秋墓葬 洛阳市文物考古研究院（程永健） 考古4：16－32

河南洛阳伊川徐阳墓地 吴业恒、马占山 2015中国重要考古发现86－91

河南伊川徐阳发现东周陆浑戎贵族墓地 吴业恒 中国文物报4月22日8版

洛阳东周王城城墙遗址2013年度发掘简报 洛阳市文物考古研究院（薛方） 洛阳考古（总第11期）3－16

河南新郑胡庄战国韩王陵考古发掘纪实——封土下的王侯 马俊才、郝红星 大众考古36：19－30

河南淅川熊家岭墓地M4发掘简报 三门峡市文物考古研究所（祝晓东、杨海青） 洛阳考古（总第12期）18－23

河南淅川熊家岭墓地M24发掘简报 河南省文物考古研究院等（郑立超等） 华夏考古2：13－22

河南淅川县马川墓地秦人异穴合葬墓 河南省文物局南水北调文物保护办公室等（齐雪义） 考古11：44－57

河南信阳城阳城址郭楼墓葬区发掘两座楚墓 武志江 中国文物报10月21日8版

郑州航空港区冢刘战国墓（2013ZZM9）发掘简报 郑州市文物考古研究院、河南省文物局南水北调文物保护办公室（张永清） 文物11：4－6

河南光山何小湾战国墓群发掘简报 刘春霞 中原文物3：17－20

河南淅川简营遗址发掘简报 武汉大学历史学院考古系（张晓云、李长盈） 江汉考古1：21－35

陕县崤函古道遗址考古调查与试掘的初步收获 洛阳市文物考古研究院、陕县崤函古道文物保护管理所（潘付生） 洛阳考古（总第12期）3－5

咸阳市渭城区张闫遗址陶窑发掘简报 陕西省考古研究院（许卫红等） 文博5：3－17

宜阳韩城马窑村汉墓M1发掘简报 洛阳市文物考古研究所（罗火金等） 洛阳考古（总第12期）6－17

宜阳县牌窑西汉画像砖墓 李波、徐婵菲 中国汉画研究（第五卷）1

河南省纺织机械厂M1发掘简报 郑州市文物考古研究院（刘文科、索全星） 华夏考古3：32－37

河南孟津新庄发现汉代烧窑遗址 李继鹏 中国文物报1月29日8版

洛阳孟津卅里铺东汉墓发掘简报 洛阳市文物考古研究院（王咸秋等） 文物11：7－19

河南省洛阳市苗南村三座东汉墓发掘简报 洛阳市文物考古研究院（吴业恒） 洛阳考古（总第13期）3－19

河南洛阳市翟家屯汉墓C1M9816发掘简报 南京大学历史学院等（贺辉等） 考古1：54－67

河南省南阳市东风厂汉画像石墓 南阳市文物考古研究所（梁玉坡等） 中国汉画研究（第五卷）81－90

河南宝丰县廖旗营墓地东汉画像石墓 郑州大学历史学院考古系等（李锋等） 考古3：15－29

河南淅川县马岭汉代砖室墓发掘简报 武汉大学历史学院考古学系等（余西云等） 考古6：34－52

河南淅川全寨子墓地东汉墓的发掘 河南省文物局南水北调文物保护办公室等（李翼等） 中原文物1：4－10

河南孟津县天皇岭东汉墓 郑州大学历史学院、洛阳市文物考古研究院（张鸿亮、马寅清） 考古12：37－55

郑州登封金东村东汉墓M7的发掘 郑州市文物考古研究院、登封市文物保护管理局（张永清、朱少铮） 中国国家博物馆馆刊12：6－17

洛阳西朱村曹魏大墓考古工作取得重要收获 王咸秋 中国文物报11月18日1版

洛阳国龙置业C7M5375魏晋墓 洛阳市文物考古研究院（扈晓霞、商春芳） 中国国家博物馆馆刊4：50－64

洛阳市龙门石窟北西晋墓发掘简报　洛阳市文物考古研究院（张瑾）　洛阳考古（总第 12 期）24－29

河南偃师大冢头西晋墓发掘简报　偃师市文物旅游局、洛阳市文物考古研究院（韩占坡、张鸿亮）　文物 9：28－38

河南淅川下寨遗址东晋至南朝墓发掘简报　河南省文物考古研究院、河南省文物局南水北调文物保护办公室（曹艳朋等）　文物 1：53－63

汉魏洛阳城太极殿遗址发掘获重要成果——明确太极殿及其周边附属建筑规模形制、布局结构、保存状况和时代序列　钱国祥等　中国文物报 1 月 1 日 8 版

河南新乡时代华庭遗址 H37 发掘简报　河南省文物考古研究院、新乡市文物考古研究所（梁法伟等）　华夏考古 3：38－44

河南洛阳市汉魏故城太极殿遗址的发掘　中国社会科学院考古研究所洛阳汉魏故城队（刘涛等）　考古 7：63－78

河南三门峡发掘一批北朝墓葬　史智民、上官荣光　中国文物报 12 月 30 日 8 版

洛阳涧西衡山路北魏墓发掘简报　洛阳市文物考古研究院（刘斌、严辉）　文物 7：4－14

隋唐洛阳城西苑水利设施勘探发掘简报　洛阳市文物考古研究院（胡林、王炬）　洛阳考古（总第 13 期）34－40

隋唐洛阳城宫城西城墙及马面发掘简报　洛阳市文物考古研究院（屈昆杰、赵晓军）　洛阳考古（总第 11 期）17－22

洛阳唐魏协夫妇墓发掘简报　偃师市文物旅游局（李校卿等）　洛阳考古（总第 13 期）25－33

洛阳关林唐墓 C7M6002 发掘简报　洛阳文物考古研究院（郑卫、胡林）　洛阳考古（总第 12 期）30－36

洛阳伊川昌营唐代石椁墓发掘简报　洛阳市文物考古研究院（张建文、卢青峰）　文物 6：30－40

河南郑州市第十四中学砖雕墓发掘简报　郑州市文物考古研究院、荥阳市博物馆（陈高雅）　中原文物 3：21－26

焦作待王唐墓 M1 发掘简报　焦作市文物考古研究所（皇甫小够等）　洛阳考古（总第 12 期）37－41

荥阳市周古寺唐墓 M6 发掘简报　郑州市文物考古研究院（魏青利等）　洛阳考古（总第 13 期）20－24

河南三门峡市印染厂 130 号唐墓清理简报　河南省文物考古研究院（衡云花）　华夏考古 2：23－30

河南巩义王沟新村唐墓 M5 发掘简报　郑州市文物考古研究所、巩义市文物管理局（信应君）　文物春秋 3：17－23

巩义市东区天玺尚城唐墓 M234 发掘简报　河南省文物考古研究院、巩义市文物考古研究所（刘富良）　中原文物 2：9－14

洛阳孟津三十里铺唐墓发掘简报　洛阳市文物考古研究所（赵菲菲、张梨牛）　洛阳考古（总第 11 期）23－30

郑州华南城唐范阳卢氏夫人墓发掘简报　郑州市文物考古研究院（黄富成）　中原文物 6：14－20

巩义市天玺华府宋墓发掘简报　河南省文物考古研究院、巩义市文物考古研究所（张小菲、刘富良）　中原文物 5：11－15

新安县石寺李村北宋宋四郎砖雕壁画墓测绘简报　北京大学考古文博学院、洛阳古代艺术博物馆（俞莉娜）　故宫博物院院刊 1：71－87

济源市龙潭宋金墓葬发掘简报　河南省文物考古研究院、济源市文物工作队（陈良军）　中国国家博物馆馆刊 2：6－18

河南孟津明洛邑居士姚对庵墓发掘简报　洛阳市文物考古研究院（宋玮、潘海民）　洛阳考古（总第 12 期）42－45

河南安阳市明代墓葬发掘简报　中国社会科学院考古研究所安阳工作队（何毓灵等）　考古 5：41－58

开封刘昌墓勘探及神道发掘简报　开封市文物考古研究所（葛奇峰）　华夏考古 4：59－63

一七 湖北省

湖北郧县余嘴遗址旧石器时代遗存发掘简报 吉林大学边疆考古中心（王春雪等） 考古 8：3－11

丹江口库区双河一号旧石器地点发掘简报 陈昌富等 人类学学报 3：359－370

湖北郧县三明寺遗址新石器时代遗存发掘简报 武汉大学历史学院考古系、湖北省文物局南水北调办公室（杜杰、李长盈） 江汉考古 1：3－20

湖北郧县庹家洲遗址老官台文化遗存 武汉大学考古学系等（李默然等） 考古 1：33－39

石家河遗址 2015 年发掘的主要收获 湖北省文物考古研究所（刘辉） 江汉考古 1：36－41

湖北黄陂盘龙城遗址 2015 年发掘收获 许志斌等 2015 中国重要考古发现 64－65

湖北黄陂盘龙城遗址又获重大发现 张昌平 中国文物报 4 月 8 日 8 版

湖北黄陂盘龙城遗址发掘新收获 邹秋实 2015 中国重要考古发现 66－69

2014 年盘龙城杨家嘴遗址 M26、H14 发掘简报 武汉大学历史学院等（黎骐等） 江汉考古 2：23－35

湖北宜昌万福垴遗址发掘简报 湖北省文物考古研究所、武汉大学历史学院考古系（黄文新等） 江汉考古 4：11－35

湖北枣阳郭家庙墓地曹门湾墓区（2015）M43 发掘简报 武汉大学历史学院等（张晓云等） 江汉考古 5：36－49

湖北枣阳郭家庙墓地曹门湾墓区（2014）M10、M13、M22 发掘简报 湖北省文物考古研究所等（胡刚等） 江汉考古 5：13－35

湖北省鄂州市冶炼遗址调查简报 湖北省文物考古研究所、鄂州市博物馆（陈树祥等） 江汉考古 3：41－61

古代矿冶生产者公共墓地国内首现——湖北大冶铜绿山四方塘遗址墓葬区发掘获重大成果 陈树祥等 中国文物报 2 月 26 日 7 版

湖北大冶铜绿山四方塘墓地发掘收获 陈树祥等 2015 中国重要考古发现 78－81

郢路辽远——楚都纪南城宫城区的考古发掘 闻磊、周国平 大众考古 41：19－28

湖北荆州刘家台与夏家台墓地发现大批战国墓葬 田勇、王明钦 中国文物报 4 月 8 日 8 版

湖北荆州望山桥一号楚墓 刘建业等 2015 中国重要考古发现 70－73

湖北襄阳市鏖战岗战国楚墓的发掘 襄阳市文物考古研究所（王志刚） 考古 11：27－43

湖北枣阳兴隆村发现古代墓地 朱励博等 中国文物报 11 月 4 日 8 版

湖北枣阳郭家庙墓地 2015 年发掘收获 方勤等 2015 中国重要考古发现 74－77

湖北随州叶家山 M107 发掘简报 湖北省文物考古研究所等（陈丽新等） 江汉考古 3：3－40

湖北荆州和悦汉、宋墓葬发掘简报 荆州博物馆（李志芳等） 文博 1：17－22

湖北荆州西胡家台墓地发掘简报 荆州博物馆（李志芳等） 文博 2：20－34

湖北省郧县龙门堂墓地 M37 与 M56 汉墓发掘简报 南开大学考古学与博物馆学系、湖北省文物局南水北调文物保护办公室（张国文） 中原文物 6：4－13

湖北郧县辽瓦店子遗址发现两座南朝墓葬 曹昭等 考古 4：116－120

武汉市武昌区梅家山五代超惠大师墓发掘简报 武汉市文物考古研究所、武汉大学历史学院考古系（罗宏斌等） 江汉考古 4：36－43

武汉江夏庙山明代官置砖窑调查发掘简报 武汉市文物考古研究所、武汉市江夏区博物馆（祁金刚等） 江汉考古 6：29－33

湖北襄阳桃花岭墓地明代墓葬发掘简报 襄阳市文物考古研究所（杨一） 江汉考古 6：34－38

武汉黄陂发现一座明代纪年墓 朱励博等 中国文物报 12 月 16 日 8 版

一八 湖南省

湖南澧县袁家山旧石器遗址黄土层发现的石制品及意义 湖南省文物考古研究所、澧县文物局（李意

愿）　湖南考古辑刊（第 12 集）1－21

湖南邵东天子坪遗址发掘简报　湖南省文物考古研究所等（王良智）　湖南考古辑刊（第 12 集）22－39

湖南临湘大畈遗址试掘简报　湖南省文物考古研究所、临湘市博物馆（盛伟）　湖南考古辑刊（第 12 集）40－62

湖南临澧青山崖墓考古调查及试掘报告　湖南省文物考古研究所、临澧县文物局（张涛等）　湖南考古辑刊（第 12 集）63－81

湖南益阳兔子山遗址九号井发掘简报　湖南省文物考古研究所、益阳市文物处（张春龙、张兴国）　文物 5：32－48

湖南益阳兔子山遗址九号井发掘报告　湖南省文物考古研究所、益阳市文物管理处（张兴国、张春龙）　湖南考古辑刊（第 12 集）129－163

湖南省长沙市石家山墓群发掘简报　长沙市文物考古研究所（雷永利）　文博 1：3－16

湖南攸县网岭东周墓发掘简报　株洲市博物馆（文国勋）　湖南考古辑刊（第 12 集）82－96

湖南中方竹子园战国西汉墓葬 2013 年度考古发掘简报　湖南省文物考古研究所等（盛伟等）　湖南考古辑刊（第 12 集）97－128

湖南郴州市北湖区小埠村汉晋墓发掘简报　郴州市博物馆、桂林博物馆（洪德善、罗胜强）　四川文物 1：41－45

湖南岳阳茆山宋墓发掘简报　湖南省文物考古研究所、岳阳市文物考古研究所（杨宁波、李智）　文物 5：49－60

湖南岳阳文桥汽车站北宋合葬墓发掘简报　岳阳市文物考古研究所、岳阳市云溪区文物管理所（杨宁波、李智）　湖南考古辑刊（第 12 集）164－170

湖南宁乡冲天湾遗址 H29 瓷器窖藏坑发掘简报　湖南省文物考古研究所（何赞）　文博 6：11－15

湖南澧县出土元代瓷器窖藏　澧县文物局（曹毅）　湖南考古辑刊（第 12 集）180－185

中国矿冶考古队新突破——湖南省桂阳县桐木岭遗址考古发掘取得重大成果　莫林恒、陈建立　中国文物报 12 月 30 日 6、7 版

湖南娄底明代壁画墓发掘简报　湖南省文物考古研究所（谭远辉）　湖南考古辑刊（第 12 集）171－179

一九　广东省

广东东源龙尾排遗址发现独具风格的商代墓地　刘锁强　中国文物报 8 月 12 日 8 版

广东徐闻县凸岭仔东汉墓发掘简报　广东省文物考古研究所（王欢）　四川文物 3：23－29

广东连州市铁鬼坪墓地清理简报　广东省文物考古研究所（柏宇亮）　四川文物 6：32－39

广州富力唐宁花园五代南汉大宝三年墓　广州市文物考古研究院（易西兵）　东南文化 3：47－51

广东“南海Ⅰ号”发掘收获　孙健　2015 中国重要考古发现 144－147

“南海Ⅰ号”保护发掘阶段性成果公布——确定船体结构、出土文物 14000 余件套　贾昌明　中国文物报 1 月 12 日 2 版

“南海Ⅰ号”宋代沉船 2014 年的发掘　“南海Ⅰ号”考古队（王元林、肖达顺）　考古 12：56－83

“南澳Ⅰ号”与潮汕地区的水下考古　王志杰　大众考古 40：58－64

明代伦文叙夫人区氏墓考古调查报告　广州市文物考古研究院、广州市花都区洪秀全纪念馆（张强禄）　广州文博（玖）444－453

湛江徐闻县清代石板墓发掘简报　广东省文物考古研究所（唐博豪）　常州文博论丛 2016 年（第 2 辑）26－28

二〇　广西壮族自治区

广西田东利老遗址发现大石铲文化新类型　谢广维等　中国文物报 7 月 29 日 8 版

广西合浦县双坟墩土墩墓发掘简报　广西文物保护与考古研究所（熊昭明、富霞）　考古 4：33－44

广西合浦县大浪古城址的发掘　广西文物保护与考古研究所、合浦县博物馆（熊昭明）　考古 8：41－49

广西合浦县草鞋村汉代遗址发掘简报　广西文物保护与考古研究所等（熊昭明等）　考古 8：50－74

广西桂平弩滩村发掘明代巡检司城址——系明代巡检司城址的首次大面积发掘　韦莉果等　中国文物报 6 月 17 日 8 版

明朝藩王陵墓最典型的代表——广西桂林靖江王陵考古获重要发现　韦革　中国文物报 3 月 25 日 8 版

广西桂林靖江王陵　韦革等　2015 中国重要考古发现 162－165

二一　海南省

海南陵水县移辇新石器时代沙丘遗址的发掘　王明忠等　考古 8：116－120

海南东南部沿海地区史前考古取得重要成果——初步建立起海南东南部沿海地区史前文化的基本发展框架　傅宪国等　中国文物报 1 月 15 日 8 版

海南东南部沿海地区新石器时代遗存　中国社会科学院考古研究所华南一队、海南省博物馆（傅宪国等）　考古 7：3－18

海南三亚英墩新石器时代遗址　傅宪国等　2015 中国重要考古发现 44－48

海南西沙群岛“珊瑚岛一号”沉船遗址 2015 年水下考古　邓启江等　2015 中国重要考古发现 166－171

二二　重庆市

重庆市穿洞旧石器时代遗址试掘简报　重庆师范大学、重庆市文化遗产研究院（武仙竹、邹后曦）　考古 6：3－10

重庆云阳丝栗包新石器时代遗址　四川大学历史文化学院考古系等（罗二虎等）　考古学报 2：231－262

三峡水库消落区古坟坝遗址的发掘收获　肖碧瑞、白九江　中国文物报 3 月 11 日 8 版

重庆巫山大溪遗址商周时期遗存发掘简报　重庆市文化遗产研究院、巫山县文物管理所（白九江、邹后曦）　江汉考古 2：3－22

重庆云阳李家坝遗址 2000 年度发掘简报　四川大学历史文化学院、重庆市云阳县文物管理所（何元洪等）　江汉考古 6：8－28

重庆涪陵小田溪墓群 M12 发掘简报　重庆市文化遗产研究院等（方刚）　文物 9：4－27

重庆市巫山县汉晋墓群的发掘　重庆市文化遗产研究院、中国人民大学历史学院（李梅田等）　考古 2：64－76

三峡水库消落区丰都二仙堡墓群发现砖室墓　蒋刚等　中国文物报 7 月 15 日 8 版

二三　四川省

成都平原史前聚落考古的新收获——成都平原年代最早和最为完整的史前墓地——成都大邑高山古城遗址的新发现　成都文物考古研究所（刘祥宇等）　中国文物报 6 月 3 日 6 版

成都平原史前聚落考古的新收获——宝墩古城聚落形态和空间结构更加清晰　成都文物考古研究所（何锟宇）　中国文物报 6 月 3 日 7 版

成都平原史前聚落考古的新收获——防洪的台地型聚落——红桥村遗址　成都文物考古研究所（杨占风）　中国文物报 6 月 3 日 7 版

四川大邑——高山古城遗址　周志清等　2015 中国重要考古发现 36－39

成昆铁路扩能工程凉山段考古工作取得重大成果——发现川西南最早的新石器时代遗存，揭露四川境内除成都平原以外分布最广、数量最多的先秦聚落群，安宁河流域先秦时期考古学文化谱系初步建立

贾昌明　中国文物报 12 月 20 日 1 版

四川昭觉县四开乡石棺墓地的清理　凉山彝族自治州博物馆等（赵德云等）　考古 8：12－24

四川彭州天彭周家院子遗址发掘简报　成都文物考古研究所、彭州市文物保护管理所（索德浩等）　文物 3：4－18

成都郫县波罗村商周遗址发掘报告　成都文物考古研究所、郫县望丛祠博物馆（刘雨茂、杨占风）　考古学报 1：89－124

四川什邡市箭台村遗址Ⅳ、Ⅴ、Ⅵ区发掘简报　四川省文物考古研究院等（刘章泽等）　四川文物 2：5－19

四川汉源县桃坪遗址及墓地 2006 年发掘简报　四川省文物考古研究院等（金国林等）　四川文物 6：5－31

三星堆遗址考古的新突破——发现最高等级建筑区、合围大城及北部小城、城址北部格局逐渐清晰　雷雨　中国文物报 3 月 25 日 5 版

四川青川县郝家坪战国墓葬群 2010 年发掘简报　四川省文物考古研究院、青川县文物管理所（万靖等）　四川文物 3：5－22

四川木里县中铺子村石棺葬墓地发掘简报　四川省文物考古研究院等（郑万泉等）　四川文物 5：5－14

四川自贡井盐遗址及盐运古道考察简报　四川省文物考古研究院（李飞等）　南方文物 1：132－137

四川广汉市罗家包东汉墓发掘简报　四川省文物考古研究院、广汉市文物保护管理所（孙智彬）　四川文物 1：5－40

四川乐山市柿子湾崖墓 B 区 M1 调查简报　四川省文物考古研究院、乐山大佛风景名胜区管理委员会（李飞等）　四川文物 5：15－31

四川绵阳市涪城区桐子梁东晋南朝崖墓发掘简报　四川省文物考古研究院等（李飞等）　四川文物 4：5－11

成都市下同仁路遗址南朝至唐代佛教造像坑　成都文物考古研究所（易立等）　考古 6：55－81

四川阆中石室观摩崖题刻调查报告　西华师范大学历史文化学院、阆中市文物管理局（蒋晓春、刘富立）　四川文物 2：41－50

四川成都通锦路唐、五代园林建筑址　易立等　2015 中国重要考古发现 132－135

四川安岳岳阳镇菩萨湾摩崖造像调查简报　四川大学考古学系等（葛林杰等）　敦煌研究 3：35－45

四川省广安市武胜县“桃园洞”石室调查　四川省文物考古研究院等（代丽鹃等）　中国国家博物馆馆刊 6：54－68

四川丹棱县郭墙宋代大雅杨氏家族墓地发掘简报　四川省文物考古研究院、丹棱县文物管理所（任江）　四川文物 5：32－40

四川邻水麻子坟南宋石室墓　刘化石、连锐　2015 中国重要考古发现 136－139

四川通江县汉壁道调查简报　四川省文物考古研究院等（任江、席凯）　四川文物 4：12－23

四川通江县清代通巴驿道渡水溪遗址调查简报　四川省文物考古研究院等（任江等）　四川文物 4：24－34

二四　贵州省

贵州习水黄金湾遗址　张改课等　2015 中国重要考古发现 100－105

土司考古新探索——贵州遵义播州杨氏土司遗存考古综述　周必素等　中国文物报 4 月 22 日 7 版

土司考古的又一新成果——贵州遵义团溪明代播州土司杨辉墓地　周必素等　中国文物报 4 月 8 日 6、7 版

二五　云南省

云南江川甘堂箐旧石器遗址发掘获重大发现——多层位、埋藏状态极佳，发现多件木制品、骨制品和用

火遗迹　刘建辉　中国文物报 3 月 25 日 5 版
云南江春甘棠箐旧石器遗址　刘建辉等　2015 中国重要考古发现 1－5
云南昌宁县大甸山墓地发掘简报　云南省文物考古研究所等（胡长城等）　考古 1：3－32
2006～2008 年洱海周边考古调查报告　云南省文物考古研究所等（闵锐等）　南方文物 1：149－156
云南曲靖八塔台墓地再次发掘——对研究滇东黔西地区的土著青铜文化具重要意义　康利宏、吴沄　中国文物报 11 月 4 日 8 版
云南晋宁金砂山墓地　蒋志龙　2015 中国重要考古发现 96－99
云南红河县思陀部酋长府车玛遗址调查试掘简报　云南红河州文物管理所（朱云生）　四川文物 2：20－25

二六　西藏自治区

西藏札达度日坚岩画考古调查取得重要收获——首次确立象泉河流域古代岩画在西藏岩画中的重要地位　席琳等　中国文物报 11 月 18 日 8 版
浅析 2012 年度西藏阿里地区噶尔县故如甲木墓地及卡尔东遗址考古新收获　李林辉　西藏文物考古研究（第 2 辑）78－83
林周旁多水利枢纽工程考古调查及发掘报告　西藏自治区文物保护研究所（李林辉等）　西藏文物考古研究（第 2 辑）1－26
西藏昌都察雅县向康吐蕃造像考古调查简报　西藏自治区文物保护研究所、陕西省考古研究院（席琳、夏格旺堆）　西藏文物考古研究（第 2 辑）27－42
西藏工布江达县色沃岩画调查简报　西藏自治区文物保护研究所（何伟、夏格旺堆）　西藏文物考古研究（第 2 辑）72－77
西藏琼结县藏王陵 1 号陵陵垣的试掘　四川大学中国藏学研究所等（吕红亮等）　考古 9：70－76
西藏朗县列山墓地的调查与发掘　中国社会科学院考古研究所西藏队、西藏自治区文物管理委员会（仝涛、赵慧民）　考古 11：58－65
拉萨城关区策门林石构遗迹清理简报　西藏自治区文物保护研究所（何伟）　西藏文物考古研究（第 2 辑）43－47
琼结县坚耶寺壁画调查报告　扎西曲珍、边巴洛桑　西藏文物考古研究（第 2 辑）48－53
吉隆县冲堆 108 塔、穆拉 108 塔调查清理简报　西藏自治区文物保护研究所　西藏文物考古研究（第 2 辑）54－71
补　遗
西藏民族大学新校区墓葬发掘简报　咸阳市文物考古研究所（王亚飞等）　西藏民族大学学报（哲社版）2015 年 4：129－136

二七　陕西省

陕西洛南河口绿松石矿遗址调查报告　北京科技大学冶金与材料史研究所、陕西省考古研究院（先怡衡等）　考古与文物 3：11－17
西安米家崖遗址发现 5000 年前啤酒酿造证据　陕西省考古研究院　中国文物报 5 月 31 日 1 版
陕西榆林寨峁梁遗址 2014～2015 年发掘收获　孙周勇等　2015 中国重要考古发现 24－27
陕西佳县石摞摞山遗址龙山遗存发掘简报　陕西省考古研究所院（张天恩、丁岩）　考古与文物 4：3－13
陕西神木县石峁遗址韩家圪旦地点发掘简报　陕西省考古研究院等（孙周勇等）　考古与文物 4：14－24
陕西神木县神圪垯梁遗址发掘简报　陕西省考古研究院等（王炜林等）　考古与文物 4：34－44
陕西彬县商周时期遗址考古调查　西北大学文化遗产学院（王振等）　中国国家博物馆馆刊 3：6－17

陕西宝鸡石鼓山商周墓地 M4 发掘简报　陕西省考古研究院等（王占奎等）　文物 1：4－52
陕西宝鸡市周原遗址 2014～2015 年的勘探与发掘　周原考古队（李彦峰等）　考古 7：32－44
陕西周原遗址考古获重大收获——发现目前最大规模的西周单体建筑遗存、“居址—墓葬区”和水网系统　王占奎等　中国文物报 1 月 29 日 8 版
西安市长安区大原村西周墓葬发掘简报　付仲杨、徐良高　南方文物 4：40－44
陕西蒲城永丰战国秦汉墓发掘简报　陕西省考古研究院、渭南市文物保护考古研究所（岳连建等）　考古与文物 5：51－62
陕西凤翔发现秦国国君和西汉皇帝亲临主祭的国家大型祭天场所　陕西省考古研究院　中国文物报 12 月 9 日 1 版
西安市阎良区秦汉栎阳城遗址墓葬的发掘　中国社会科学院考古研究所等（刘瑞等）　考古 9：54－69
西安金浮沱小学汉、唐墓发掘简报　西安市文物保护考古研究院（张小丽等）　文博 2：3－19
咸阳崔家村汉墓发掘简报　咸阳市文物考古研究所（武海、赵旭阳）　文博 4：3－9
西安临潼北庄遗址乙区发掘简报　陕西省考古研究院（付建等）　文博 3：3－12
陕西靖边杨桥畔渠树壕东汉壁画墓　段毅　2015 中国重要考古发现 116－119
流沙半掩赫连城——统万城考古纪实　邢福来　大众考古 37：20－31
陕西麟游县喇嘛帽山千佛院佛教造像调查　常青　考古与文物 3：34－46
陕西宜君秦家河摩崖造像调查简报　董彩琪　中原文物 4：20－26
陕西富平银沟遗址调查勘探发现 318 座古窑炉——科技考古为确认遗址性质提供有力支撑　陕文勘　中国文物报 3 月 29 日 9 版
西安市未央区大白杨唐代粮仓的钻探与发掘　中国社会科学院考古研究所汉长安城工作队、西安市文物保护考古研究院（徐龙国等）　考古 1：68－79
西安胜利饭店唐代古井发掘简报　西安市文物保护考古研究院（辛龙等）　文博 5：18－23
西安南郊上塔坡村 132 号唐墓发掘简报　西安市文物保护考古研究院（朱连华等）　文博 1：23－28
西安曲江缪家寨唐代杨筹墓发掘简报　西安市文物保护考古研究院（张小丽等）　文物 7：15－22
陕西西安唐刘智夫妇墓发掘简报　陕西省考古研究院、西北大学考古学系（李明等）　考古与文物 3：18－33
西安南郊唐代杨贵夫妇墓发掘简报　陕西省考古研究院（李明、袁明）　文物 11：20－39
唐代杜江及夫人翟氏墓发掘简报　西安市文物保护考古研究院（张小丽等）　文博 4：10－18
唐凉国夫人王氏墓发掘简报　西安市文物保护考古研究院（辛龙等）　文博 6：3－10
陕西甘泉柳河渠湾金代壁画墓发掘简报　西北大学文化遗产学院、甘泉县博物馆（王天艺、王勇刚）　文物 11：40－50
陕西横山罗圪台村元代壁画墓发掘简报　陕西省考古研究院等（苗轶飞等）　考古与文物 5：63－74
西安航天城元代墓葬发掘简报　西安市文物保护考古研究院（宁琰等）　文博 3：13－18
西安曲江缪家寨元代袁贵安墓发掘简报　西安市文物保护考古研究院（张小丽等）　文物 7：23－42
陕西铜川新区未来城明墓发掘简报　铜川市考古研究所（陈晓捷）　考古与文物 2：31－39

二八　甘肃省

甘肃漳县古代盐业与文化的考古调查　甘肃省文物考古研究所（杨月光、马瑞林）　南方文物 1：138－143
2013 年达溪河流域考古调查报告　中国社会科学院考古研究所（宋江宁）　西部考古（第 12 辑）29－70
甘肃宁县西头村石家墓群发现春秋秦墓　王永安等　中国文物报 8 月 26 日 8 版
甘肃肃北县马鬃山玉矿遗址 2012 年发掘简报　甘肃省文物考古研究所（陈国科等）　考古 1：40－53
风雪马鬃山——甘肃肃北县马鬃山玉矿遗址考古发掘记　杨月光　大众考古 31：20－28

甘肃泾川佛教遗址 2013 年发掘简报　甘肃省文物考古研究所、甘肃省泾川县博物馆（吴荭）　文物 4：54 – 78
甘肃省环县刘家湾汉墓清理报告　环县博物馆（沈浩注）　考古与文物 2：18 – 23
甘肃临泽西寨汉晋墓群　张掖市文物保护研究所、临泽县文物局（王卫东）　中国国家博物馆馆刊 4：6 – 49
甘肃酒泉侯家沟十六国墓地发掘简报　甘肃省文物考古研究所（王永安、赵建龙）　考古与文物 2：24 – 30
敦煌西千佛洞未编号洞窟清理简报　敦煌研究院考古研究所（王建军等）　敦煌研究 6：29 – 35
康乐县杨家庄宋墓调查报告　临夏州文化出版局、临夏州博物馆（张有财）　临夏考古——临夏回族自治州博物馆论文集 69
临夏县尹集汉墓清理简报　临夏州博物馆、临夏县文化馆（张有财）　临夏考古——临夏回族自治州博物馆论文集 70 – 71
临夏县尹集镇汉墓调查报告　临夏州博物馆（张有财）　临夏考古——临夏回族自治州博物馆论文集 105 – 106
临夏县北塬明代砖室墓清理简报　临夏州博物馆、临夏县文化馆（张有财）　临夏考古——临夏回族自治州博物馆论文集 67 – 68
敦煌河州堡遗址保护利用调查　翟少冬　中国文物报 4 月 1 日 6 版
东乡县大树乡黄家村清代清真寺调查简报　甘肃省文物保护维修研究所、临夏州博物馆（张有财）　临夏考古——临夏回族自治州博物馆论文集 140 – 144

二九　青海省

青海民和喇家遗址 2015 年发掘收获　杜战伟等　2015 中国重要考古发现 40 – 43

三〇　宁夏回族自治区

彭阳县境内古遗址调查　海梅　博苑耕耘（第 2 辑）70 – 75
海原“菜园文化”考古发掘与回顾　庞绍兰　博苑耕耘（第 2 辑）52 – 69
隆德县新石器遗址调查　王俊霞　博苑耕耘（第 2 辑）8 – 20
隆德县境内古城寨堡及军事防御设施简述　刘世友　博苑耕耘（第 2 辑）38 – 51

三一　新疆维吾尔自治区

新疆发现距今 4 万年旧石器时代文化遗存　刘杰　中国文物报 12 月 23 日 1 版
2015 年新疆青河县查干郭勒乡考古新收获　郭物　西域研究 1：135 – 137
新疆于田县流水青铜时代墓地发掘简报　中国社会科学院考古研究所新疆队（巫新华等）　考古 12：19 – 36
2015 年新疆尼勒克县吉仁台沟口考古工作的新收获　王永强、阮秋荣　西域研究 1：132 – 134
新疆伊犁首次发现青铜时代大型聚落遗址——2015 ~ 2016 年尼勒克吉仁台沟口遗址发掘取得重要收获　阮秋荣等　中国文物报 12 月 30 日 8 版
新疆温泉发现一处规模庞大的青铜时代早期遗址——呼斯塔遗址调查和发掘的重要成果　贾笑冰等　中国文物报 12 月 2 日 8 版
新疆尼勒克吉仁台沟口遗址和墓地　王永强、阮秋荣　2015 中国重要考古发现 18 – 23
新疆察吾呼文化遗存再获发现——新疆和硕红山墓群发掘的收获　王永强等　中国文物报 2 月 26 日 8 版
拜什塔木遗址调查简报　吐鲁番学研究院、新疆文物考古研究所（王龙等）　吐鲁番学研究 1：1 – 7
2008 年新疆伊吾峡沟墓地发掘简报　西北大学文化遗产学院等（马健等）　考古与文物 1：17 – 25

新疆沙湾县大鹿角湾墓群的考古收获　张杰、白雪怀　西域研究 3：136－139
和硕县红山沟遗址考古发掘报告　新疆文物考古研究所（张杰等）　新疆文物 2：4－27
2015 年新疆和硕县红山墓群的考古发现　侯知军　西域研究 3：132－135
新疆哈密巴里坤西沟遗址 1 号墓发掘简报　西北大学文化遗产学院等（马健等）　文物 5：15－31
巴里坤县西沟遗址 1 号墓考古发掘简报　西北大学丝绸之路文化遗产保护与考古学研究中心等（马健等）　新疆文物 1：79－91
新疆昌吉州阜康市西沟墓地、遗址发掘简报　新疆维吾尔自治区文物考古研究所党（志豪、索琼）　考古与文物 5：3－30
阜康市西沟墓地、遗址考古发掘简报　新疆文物考古研究所（党志豪、索琼）　新疆文物 1：4－49
新疆泉水沟、都木都厄布得格遗址发掘获重要发现——对研究欧亚草原地带距今 3500 年以来的文化谱系、聚落形态、丧葬习俗等具有重要价值　韩建业、陈晓露　中国文物报 9 月 13 日 8 版
新疆青河县花海子三号遗址发掘简报　中国社会科学院考古研究所新疆工作队等（郭物等）　考古 9：25－37
塔城市阿布都拉水库墓地考古发掘简报　新疆文物考古研究所（胡兴军、阿里甫）　新疆文物 1：50－60
拜城县木扎提河三级电站墓地考古发掘简报　新疆文物考古研究所（胡兴军、阿里甫）　新疆文物 1：72－78
新疆奇台县石城子遗址考古调查和发掘获重要发现——城址完整、房址保存较好，是研究两汉时期管理西域的实证　田小红等　中国文物报 10 月 21 日 8 版
新疆库车县库俄铁路沿线考古发掘简报　新疆文物考古研究所（王永强、阮秋荣）　西部考古（第 10 辑）29－50
2015 年度新疆古楼兰交通与古代村落遗迹调查报告　新疆文物考古研究所（于志勇等）　新疆文物 2：28－64
2015 年乌苏市四棵树墓群考古发掘报告　新疆文物考古研究所（阮秋荣、胡望林）　新疆文物 1：61－71
新疆吐鲁番胜金口石窟发掘报告　新疆文物考古研究所（吴勇、田小红）　考古学报 3：385－416
吐鲁番市鄯善县东湖烽火台发掘简报　吐鲁番学研究院、新疆文物考古研究所（刘耐冬等）　吐鲁番学研究 2：1－9
新疆吐鲁番阿斯塔那古墓群西区考古发掘报告　新疆维吾尔自治区博物馆考古部、吐鲁番地区文物局阿斯塔那文物管理所（鲁礼鹏）　考古与文物 5：31－50
新疆阿力玛里故城考古勘探工作取得重要收获　伊犁哈萨克自治州文物局、陕西省文物保护研究院　中国文物报 1 月 29 日 1 版

三二　香港

香港九龙圣山遗址考古发掘简报　吴震霖等　考古与文物 6：3－25

伍　美术考古

一　通论

艺术考古学的合法性与属性问题　练春海　民族艺术 2：75－78
学科还是方法：对“美术考古”性质讨论的思考　刘允东　文艺研究 2：141－148
史前艺术研究方法新探　陈继玲、陈胜前　东南文化 3：30－39
中国美术考古学的风格谱系：以汉唐之间平面图像为中心　李杰、弓淼　美术观察 4：105－109

二 雕塑

画像石·画像砖

汉画研究中的图像描述问题 任楷 中国汉画研究（第五卷）372－374

汉画像石“纪念碑性”及“图像学”驳议 刘道广 东南大学学报（哲社版）5：116－119

汉代画像石中蕴含的汉代文化思想 惠巍 文化学刊6：223－228

汉画像石所体现的汉代勇战尚武精神评析 朱鹏、彭恒礼 江苏第二师范学院学报1：77－80

图像史料：教育活动场景的别样诠释：以两汉图像为例 赵国权 河南大学学报（社科版）5：119－126

试论祭祀题材的画像在汉墓中的配置问题 赵碧玉 洛阳考古（总第11期）75－80

汉代画像石“荆轲刺秦”图像探讨 郑红莉 考古与文物3：75－81

“四神”汉画像中龙虎方位的互逆问题新探 牛天伟 中国汉画研究（第五卷）325－332

汉画像中人首蛇尾擎日月图像研究述论 朱鹏 文化学刊9：202－205

大象有形 垂鼻辚囷——汉代中外交流视野中的大象图像研究 朱浒 故宫博物院院刊6：77－94

地域传统与图像表达——汉画像中的牛耕图 郜媛媛 农业考古6：245－250

汉画所见棨戟研究——论使用、形制和意义 徐志君 中国汉画研究（第五卷）333－361

汉画像石中树图像及其象征意义探析 杨赫、杨孝军 文物世界3：25－30

汉画像石中树纹的审美特征 王志刚、臧之筠 艺术评论9：152－154

味觉与意象：读汉代画像中的鱼纹 王仁湘 佛像、图像与遗产——美术考古与大足学研究149－166

汉画中“吐火”形象考 张延红、王伟 中原文物5：58－61

汉图像中的女性形象考察 范银花 艺术百家1：243－245

试析汉代山东地区“孔子见老子”画像石 王忆楠 丝绸之路9：39－40

汉代“楼阁拜谒图”研究述评——兼谈图像学在美术考古中的应用 王婷婷 常州文博论丛2016年（第2辑）71－74

武梁祠献祭石室的功能和墙饰——类型学和图像学的研究 Doris Croissant 中国汉画研究（第五卷）107－158

细读西汉王阿命刻石：对于一件作品四个层面的研究 郑岩 佛像、图像与遗产——美术考古与大足学研究167－188

山东省沂南汉墓博物馆馆藏画像石 桑玉厚 中国汉画研究（第五卷）67－80

南阳汉代画像石的早期收集、著录与研究综述——附1935年发掘石桥画像石墓初步复原 徐呈瑞 中国汉画研究（第五卷）362－371

南阳汉画画面描述所用的术语与专词 朱青生 中国汉画研究（第五卷）375－378

许昌汉画像石铺首衔环图像研究 陈文利 华夏考古3：95－100

重庆忠县邓家沱汉代石阙再讨论 罗二虎 四川大学学报（哲社版）4：5－14

山西中阳西坡汉墓彩绘画像石 乔晋平、孔令忠 文物世界1：11－13

论汉代“泗水捞鼎”画像石及其图像意义：以日本天理参考馆所藏“泗水捞鼎”画像石为中心 杨孝鸿 南京艺术学院学报（美术与设计版）2：81－86

陕北绥德白家山汉画像石“交战图”刍议 郑红莉 文博3：63－65

汉代“水陆神灵交战图”识读——兼谈东汉祠堂画像的空间位置变化 肖贵田、滕卫 东方考古（第12集）55－71

汉画像石墓出土仿木结构石立柱初步研究——兼谈白杨店画像石墓出土立柱位置 邢琪等 东方考古（第13集）87－100

伯方文庙《孔子圣迹图》考 安建峰、张建军 文物世界1：31－34

洪泽湖大堤上的石刻图 韦清 中原文物6：102－110

江苏洪泽湖大堤石工图案遗存的调查与研究　淮安市博物馆（李艳梅等）　东南文化 5：113－120
汉代戏车画像浅析　赵鑫　中原文物 4：92－95
四川汉代车马出行画像砖试析　王微、陈志学　文物天地 4：84－91
四川地区出土“酒肆”画像砖解读　曾磊　四川文物 5：50－59
洛阳出土的一方西汉空心画像砖　侯秀敏　洛阳考古（总第 13 期）94－95
瓜州县博物馆馆藏画像砖内容及特色分析　王建荣　丝绸之路 9：31－32
浙江地区魏晋六朝时期画像砖的题材类别及分布　袁守云、王京陶　美术 5：121－123
浅析魏晋时期酒泉地区的社会发展状况——以酒泉出土魏晋画像砖为视角　孙阳　丝绸之路 12：30－31
浅析魏晋清谈与竹林七贤画像砖构图形式之关系　赵曦　中原文物 3：77－81
千载存风流——竹林七贤及荣启期模印拼镶砖画赏析　张长东　文物天地 4：17－24
嘉峪关魏晋墓画像砖屯垦图考释　高杨　丝绸之路 8：15－17
南北朝晚期大型墓葬出土胡人驱傩画像砖和俑研究　师若予　中国国家博物馆馆刊 5：72－84
浙江余杭小横山南朝画像砖墓飞仙和仙人　刘卫鹏　中国国家博物馆馆刊 9：31－51
西曲歌与文康舞：邓县南朝画像砖墓乐舞图新释　李梅田　故宫博物院院刊 4：82－94
五代绘画中的乐舞构图与配置：以冯晖墓彩绘砖雕乐舞图为例　王希　陕西师范大学学报（哲社版）3：140－147
五代冯晖墓砖雕上的“音乐会”　申珅　大众考古 39：51－54
临夏宋金时期砖雕艺术　张有财　临夏考古——临夏回族自治州博物馆论文集 279－286
洛阳关林庙宋墓人物持画杂剧雕砖考　徐婵菲　中原文物 3：100－102

补　遗

汉画所见棨戟研究：论使用、形制和意义　徐志君　南京艺术学院学报（美术与设计版）2015 年 5：63－73
徐州洪楼祠堂汉画像石的图像结构研究　孙亚峰　装饰 2015 年 12：102－104

造像

释迦牟尼成佛前的苦行像　李雯雯　收藏家 8：61－64
释迦苦行像研究　刘祺　齐鲁艺苑 2：69－74
韦驮像不同造型含意探究　张建华、李晓霞　文物世界 6：17－19

补　遗

中国早期佛教造像“说法印”样式的演变　李雯雯　南京艺术学院学报（美术与设计版）2015 年 5：106－111
十六国时期河北、凉州两地佛教造像异同比较及启示　叶原　美术观察 2015 年 11：113－117
中国道教宫观主位神造像的梳理研究　汪小洋　民族艺术 2015 年 6：84－89

金铜造像

江苏邳州纪年东汉墓出土铜人造像考辨　赵赟、刘照建　青铜文化研究（第六辑）198－200
东京国立博物馆藏“十六国佛金铜坐像”考　李柏华　中原文物 5：85－90
长安地区北朝金铜佛像形制与铸造技术特征　于春　文博 3：37－44
北魏金铜佛板图像所反映犍陀罗文化因素的东传　李静杰　故宫博物院院刊 5：23－39
浅谈宁县出土的鎏金铜菩萨像与菩萨崇拜的起源　贾粉萍　陇右文博 2：47－52
试论九华山金铜佛教造像的文化内涵和艺术价值　何翔彬、焦健　青铜文化研究（第七辑）71－78
高原上的爱侣——喀什米尔（乌玛—大自在天）造像之年代探析　钟子寅　故宫文物月刊 402：72－82
陕西历史博物馆馆藏唐代银质天王像正名　张晓艳　文博 2：68－72
巴林左旗出土辽代青铜佛板图像分析　李静杰　敦煌研究 6：71－81
天巧之作　皇家风范——元代宫廷风格铜镀金萨迦上师像赏析　黄春和　收藏家 12：48－52
白塔寺藏文款明代释迦牟尼铜镀金造像年代及风格初探　孙涛　北京文博文丛·2016·第 3 辑 54－61

首都博物馆藏慈寿寺及永安寿塔发现造像初步研究　刘丞　北京文博文丛·2016·第3辑62－69
浅谈洛阳藏故宫大佛堂金铜佛像　胡国强　文物天地3：22－32
汉藏融合　皇家气象——馆藏明代永宣宫廷造像　刘丞　文物天地8：37－43
皇家佛宝　宣德至尊——明代宣德宫廷铜镀金观音菩萨像赏析　黄春和　文物天地9：82－91
喀尔喀蒙古的金铜佛像　金申　收藏家11：58－62

石刻造像

南朝佛教造像背光研究——以成都及周边地区石刻造像为例　金建荣　中国国家博物馆馆刊11：115－133
重庆奉节白帝城藏南朝石刻佛像　李裕群　文物1：85－87
古代佛造像的石料产地　金申　收藏8：128－135
南北朝佛教造像背光关系研究：以龙门石窟古阳洞杨大眼造像龛为例　金建荣　南京艺术学院学报（美术与设计版）4：90－96
泾川大云寺遗址新出北朝造像碑初步研究　魏文斌、吴荭　故宫博物院院刊5：74－91
论北魏石窟造像样式的汉化历程　王霞　齐鲁艺苑6：46－53
长安北魏佛教造像分期研究——以纪年造像为中心　于春　故宫博物院院刊5：92－102
新发现泾川窖藏佛教造像的初步认识　吴荭　文物4：79－85
崇信县博物馆馆藏佛教造像浅考　信搏涛　丝绸之路10：51－53
河西石窟以大梵天帝释天为胁侍的造像　张宝玺　敦煌研究4：19－25
麦积山石窟北魏早期大型造像工艺调查　董广强　陇右文博1：23－27
天门·天宫·兜率天宫——敦煌第275窟弥勒天宫图像的来源　何志国　敦煌研究1：1－11
北魏龙门石窟菩萨造像胸饰样式与等级规制　刘明虎　艺术探索1：67－72
龙门石窟隋黄法暾与女弟子文造天尊像　宫万琳　中原文物6：98－101
河南偃师石桥北魏造像龛　郭宏涛、邓宏斌　洛阳考古（总第11期）89－93：
云岗石窟佛教造像与中古时代的“指啸”艺术：兼论阮籍长啸与呼麦之关系　范子烨　晋阳学刊2：13－19
大同云岗北魏中期洞窟人物雕刻模式的形成与传播——以右肩半披式袈裟和通肩式袈裟佛像为中心　黄文智　社会科学战线1：103－119
久别重逢的石雕——云岗石窟窟前出土的几件石雕找到了位置　员小中、王雁翔　敦煌研究2：40－45
山西中南部北魏晚期至东魏石刻佛像造型分析　黄文智　敦煌研究4：33－44
河北中南部北魏晚期至东魏石刻佛像造型分析　黄文智　敦煌学辑刊4：19－25
试析魏齐时期佛教造像风格的两次变更及启示　叶原　美术3：122－125
北周圆雕菩萨像特征及其来源　吴荭　石窟艺术研究（第一辑）240－251
西安北周张子开造立佛像相关问题探讨　刘仕敏　文物世界1：20－25
试析北周长安地区菩萨造像组玉佩纹样　刘明虎　收藏家7：61－67
成都龙泉驿北周强独乐造像考察记　温玉成等　中原文物2：89－93
如意轮观音造像考察——以巴蜀石窟为主　未小妹　田野、实践与方法：美术考古与大足学研究207－236
四川夹江千佛岩摩崖造像研究综述　王守梅、符永利　跨学科视野下的文化遗产保护与活化250－260
四川唐五代摩崖浮雕观无量寿经变分析　孙明利　石窟艺术研究（第一辑）174－239
新发现资中月仙洞两龛僧伽变相初考　高秀军、李向东　敦煌研究2：46－54
大足石窟的题材与风格的探讨——以北山与宝顶山为例　陈清香　佛像、图像与遗产——美术考古与大足学研究20－38
大足石刻佛“毫光”相探析——以宝顶石刻为中心　高秀军　田野、实践与方法：美术考古与大足学研究111－125

唐宋大足、安岳佛教石刻云纹模式研究　张蓓蓓　田野、实践与方法：美术考古与大足学研究 237－246
大足法华寺第 1 窟四佛尊格问题探讨　米德昉、高秀军　四川文物 4：61－69
长安光宅寺七宝台石刻重构中的图像与复原　白文　艺术探索 3：75－91
山东临朐豹子崮石佛堂歪头崮佛教造像　宫德杰　中原文物 4：47－52
藏、川、青吐蕃佛教造像的发现与研究　张建林　佛像、图像与遗产——美术考古与大足学研究 70－94
芒康、察雅吐蕃佛教造像分期研究　席琳　西藏文物考古研究（第 2 辑）98－113
四川省安岳县毗卢洞之千佛洞研究——以“千佛式”人物像为中心　黄夏田野、实践与方法：美术考古与大足学研究 41－62
五代、两宋大足地区星曜造像图像学研究　周洁　田野、实践与方法：美术考古与大足学研究 99－110
石篆山 3 号龛人物形象辨析　褚国娟　田野、实践与方法：美术考古与大足学研究 3－14
杭州玉皇山天龙寺佛教摩崖造像　常青　文博 1：29－37
宝顶圆觉洞与石羊华严洞左右壁图像之非“五十三参”辨　刘静　田野、实践与方法：美术考古与大足学研究 15－27
大足宝顶山圆觉洞跪像考　叶潸　田野、实践与方法：美术考古与大足学研究 29－38
吉县挂甲山金代浅浮雕佛教图像分析　李秋红　文物世界 3：37－45
杭州吴山元代宝成寺救八难摩崖造像考　赖天兵　文博 5：102－107
四川泸县玉蟾山明代十一面千手观音摩崖造像初探　陈凤贵　四川文物 5：86－90
颐和园赅春园十八罗汉摩崖石刻辨析　张龙等　文物 10：80－91

补　遗

大足宝顶十大明王的设计手法和艺术特色　刘卫红、武维臣　民族艺术研究 2015 年 6：69－74

木雕

说“象人”　朱晨露、邢夏菡　常州文博论丛 2016 年（第 2 辑）79－82
古代木雕造像的流派风格　詹文静　收藏 3：136－143
洛阳民俗博物馆藏木雕供养人造像　杜学静　文物天地 9：108－109
云南安宁曹溪寺木雕三大士像考释　赵云　文物天地 7：83－87
馆藏木雕地藏菩萨造像及其信仰研究　马飞　文物天地 5：57－61
木雕造像装藏的宗教信仰行为及心理　田国杰、聂晓雨　文物天地 5：25－29

补　遗

道教武财神赵公明木雕造像艺术特征分析　许蕾　新美术 2015 年 11：46－50

泥塑造像

麦积山石窟力士造像的考察　臧全红　石窟艺术研究（第一辑）70－88
谈善业泥像　金申　收藏 10：111－118
漫谈西藏西部的模制泥塑——擦擦　陈潇　收藏家 5：32－36
大同下华严寺佛教彩塑艺术研究　雷琳　法音 2：54－59
山西新绛福胜寺彩塑制作工艺探析　张海蛟　中国文物报 1 月 8 日 7 版
昆明筇竹寺五百罗汉造像艺术的图像研究　吴浚　敦煌研究 5：63－70
对陕西蓝田水陆庵骑孔雀佛像身份的再认识　熊雯、崔苗苗　装饰 9：98－100

补　遗

善化寺二十四诸天文官女像类型彩塑艺术特点　张卫东、陈智勇　民族艺术研究 2015 年 6：63－68

其他造像

干漆夹苎造像的千年传承　穆宝凤　中国宗教 2：58－59
辽代白衣观音造像考察　成叙永　东亚都城和帝陵考古与契丹辽文化国际学术研讨会论文集 427－461
自在观水月　行深般若时——馆藏元代青白釉水月观音菩萨像研究　武俊玲　文物天地 8：23－36
安徽师范大学博物馆藏佛道人物瓷塑　刘铮　文物春秋 4：68－69

故宫博物院藏德化窑观音瓷器研究　孙悦　故宫学刊（总第十三辑）355－365
何朝宗观音瓷塑考　杨小语　中国文物报9月20日5版

陶俑

戏乐俑考源及其相关问题研究　苏翔　艺术探索1：117－119
乐舞汉世：徐州西汉墓出土乐舞俑　吴丹微　收藏11：12－19
河南博物院征集汉代彩绘乐舞百戏陶俑群　熊丽萍　中原文物6：77－79
抚琴俑及相关材料存在的问题初探　李洪财　音乐探索1：65－73
衣衫下的真实：西汉阳陵裸体着衣俑的造型特征　夏学兵　新美术1：103－105
新乡吕村、大官庄东汉墓所出胡人陶俑考略　郭强　西部考古（第12辑）225－229
对陶俑中胡人族属的追问　宋伟光　美术观察9：115－117
“盛世风华——洛阳唐三彩特展”专题之七——唐三彩陶俑所见——唐代妇女的生活与服饰　黄良莹　历史文物1：24－29
唐秋官尚书李晦墓出土最早的唐三彩人俑　石宁　收藏9：26－35
唐代墓葬中的胡人伎乐形象与唐代的乐籍制度　杨瑾　文博1：44－52
唐墓出土的竿木杂技俑　岳敏静　文物世界1：26－30
阿斯塔那187号墓出土的仕女骑马俑所反映的丝绸之路经济带文化内涵研究　阿丽娅·托拉哈孜　吐鲁番学研究：吐鲁番与丝绸之路经济带高峰论坛暨第五届吐鲁番学国际学术研讨会论文集49－55
常州博物馆藏唐代胡童步打球俑考释　肖宇　中国文物报9月27日6版
宋代彩绘童子抱鞠俑考释　郝勤、高潇　成都体育学院学报1：1－5

陵墓雕刻

汉代陵墓石兽的发现与研究　秦臻　中国汉画研究（第五卷）252－261
东汉时期有翼狮形石兽与中西文化交流　刘汉兴　北方民族考古（第3辑）219－232
南朝陵墓神兽石刻比例关系的图形剖析　曹铁娃等　天津大学学报（社科版）1：83－86
唐顺陵独角兽为“麒麟”考辨　杨岗　乾陵文化研究（九）350－355
裕陵地宫石刻图像与梵字的空间构成和场所意义　陈捷、张昕　故宫博物院院刊5：40－57
四川清代墓葬建筑的亡堂及雕刻图像研究　罗晓欢　美术研究1：60－67

补　遗

霍去病墓石刻的空间与造型特征　王伟　陕西青年职业学院学报2015年3：83－86

其他

汉长安城太液池、昆明池石鲸考　晏新志　文物天地6：17－19
洛阳出土隋代守宫门石狮　陈长安　洛阳考古（总第13期）69－73
新疆昭苏县小洪那海草原石人再考　赵海燕　文博2：65－67
一尊彩绘泥塑侍女像的制作工艺浅析　邵永梅　文博4：97－104
灵台县城隍庙明代铁狮浅析　姜俊华　陇右文博2：53－57
定州天庆观铁狮子　贾敏峰　文物春秋5、6：115－117

三　石窟寺艺术

浅析地理环境因素与中国佛教石窟艺术产生的关系——以麦积山、云岗和龙门石窟为例　李枫等　环境考古研究（第五辑）88－96
龙门古阳洞杨大眼龛雕凿年代考察　曹社松等　中原文物2：53－59
龙门火烧洞（第1519窟）与北魏孝文帝　焦建辉　中原文物5：62－71
安阳灵泉寺石窟与丝绸之路关系研究　孙晓岗　艺术探索1：60－66
关于炳灵寺名称之争的学术史钩沉　曹学文　敦煌学辑刊1：92－99
试论汝州风穴寺总体布局的文化内涵　赵刚、李鑫　中原文物1：92－95

四川佛教石窟寺和摩崖造像概况　雷玉华　佛像、图像与遗产——美术考古与大足学研究 95－124
广元千佛崖石窟调查、保护与研究综述　王乐乐等　边疆考古研究（第 20 辑）385－392
巴蜀佛教石窟艺术与周边佛教艺术之关系——以唐以前的巴蜀石窟为例　龙红、邓新航　中国国家博物馆馆刊 12：98－111
从孔雀明王窟谈唐宋四川地区孔雀明王信仰的流传　陈瑛　田野、实践与方法：美术考古与大足学研究 127－155
延安石窟概述　张华　文博 4：34－41
陕西榆林市藏传佛教石窟及摩崖石刻调查　李俊、乔建军　考古与文物 3：47－55
甘肃省民乐县童子寺石窟内容总录　丁得天、焦成　敦煌研究 3：17－25
浅析炳灵寺天桥栈道及造像题记　董婷婷　丝绸之路 4：16－18
试论女性对石窟发展变化的影响——以甘肃麦积山石窟和重庆大足石刻为例　林梅、甘霖　丝绸之路 12：32－36
麦积山石窟的历史与艺术　孙晓峰　中国文化遗产 1：15－29
丝绸之路与麦积山石窟的营建　顶一峰　中国文化遗产 1：4－14
麦积山石窟的分期、造像题材与佛教思想　魏文斌　中国文化遗产 1：30－42
十六国南北朝七佛图像研究——以麦积山石窟为中心　项一峰　石窟艺术研究（第一辑）53－69
麦积山石窟的重修——以初期洞窟为主考察　魏文斌　石窟艺术研究（第一辑）89－122
麦积山石窟山体岩石软弱夹层对洞窟布局的影响——麦积山 127 窟开凿年代研究系列论文之一　董广强　石窟艺术研究（第一辑）265－274
麦积山石窟双窟研究　孙晓峰　敦煌学辑刊 2：100－112
麦积山石窟北周三壁七佛窟研究——第 26、27 窟为重点　李梅　石窟艺术研究（第一辑）36－52
麦积山舍利塔及其发掘　张铭　中国文化遗产 1：43－47
马蹄寺石窟群北朝内修型洞窟仪式空间与寺院仪轨研究　张善庆　敦煌吐鲁番研究（第十六卷）367－389
“时”、“地”、“人”——敦煌莫高窟开窟因缘述略　柴剑虹　敦煌研究 6：21－25
敦煌莫高窟：见证佛教的荣光与世界文化遗产　释法宝著　王平先译　敦煌研究 6：26－28
敦煌城与莫高窟的历史概观　荣新江　敦煌研究 5：19－24
敦煌石窟归义军首任都僧统洪辩供养像考：兼论中古佛教僧人生活中的随侍现象　沙武田、梁红　敦煌学辑刊 2：69－89
敦煌莫高窟第 285 窟北壁供养人像和供养人题记　［日］石松日奈子著　筱原典生、于春译　敦煌研究 1：12－25
北魏至隋代敦煌中心柱窟图像布局的演变　于向东　南京艺术学院学报（美术与设计版）3：66－72
唐代敦煌艺术中的青年女性形象研究　那泽民　当代青年研究 2：82－87
玉门红山寺石窟新发现的唐代洞窟和壁画及其意义　张小刚　敦煌吐鲁番文书与中古史研究：朱雷先生八秩荣诞祝寿集 61－88
曹氏归义军初期敦煌洞窟营建中折射出的价值观——以莫高窟第 98 窟为例　范鹏　敦煌研究 2：1－7
榆林窟第 35 窟营建年代与功德主辨析　陈菊霞　敦煌研究 3：46－51
麦积山第 4 窟题记识录　张铭、冯学斌　石窟艺术研究（第一辑）289－348
敦煌与瓜州西夏时期石窟艺术的比较研究　何卯平、宁强　敦煌研究 6：41－49
宁夏、内蒙古境内的西夏石窟调查——西夏石窟考古与艺术研究之一　赵晓星、朱生云　敦煌研究 5：42－51
敦煌莫高窟清代游人题记研究　陈光文　敦煌学辑刊 1：60－72
固原佛教石窟寺与佛雕造像　冯国富　博苑耕耘（第 2 辑）119－130
像教精华：克孜尔石窟艺术鸟瞰之一　霍旭初　美术 1：104－110

金碧庄严：克孜尔石窟艺术鸟瞰之二　霍旭初　美术 2：114 - 119
克孜尔石窟谷西区 39 窟现存龟兹语及其他婆罗谜文题记简报　新疆龟兹研究院等（荻原裕敏、庆昭蓉）西域文史（第十辑）15 - 32
龟兹大像窟与大佛思想在当地的流行　李瑞哲　西部考古（第 10 辑）119 - 134
吐鲁番雅尔湖千佛洞 5 号窟突厥文题记研究　张铁山、李刚　吐鲁番学研究：吐鲁番与丝绸之路经济带高峰论坛暨第五届吐鲁番学国际学术研讨会论文集 125 - 133
俄罗斯国立艾尔米塔什博物馆所藏库车、锡克沁壁画题记　荻原裕敏　西域文史（第十辑）34 - 42
西藏阿里帕尔嘎尔布石窟（K1）壁画题记释读与相关问题　张长虹　文物 7：63 - 84
西藏石窟寺综述　何伟等　西藏文物考古研究（第 2 辑）148 - 158

补　遗

论敦煌北魏石窟艺术成就的历史背景　陈明　敦煌学辑刊 2015 年 3：104 - 112
论判教思想对敦煌北朝至隋石窟的影响　胡垚　敦煌学辑刊 2015 年 3：113 - 120
敦煌莫高窟第 237 窟北元时期汉文游人题记考释　陈光文　敦煌学辑刊 2015 年 3：88 - 91
巴蜀隋代佛教石窟艺术初探　龙红等　南京艺术学院学报（美术与设计版）2015 年 5：124 - 131
龟兹佛教与石窟研究新视野　霍旭初　新疆师范大学学报（哲社版）2015 年 5：92 - 100
龟兹石窟“解脱观”研究：以“无余涅槃”图像为中心　赵莉　新疆师范大学学报（哲社版）2015 年 5：101 - 111

四　古代建筑

综述

中国建筑史研究概说及近 5 年中国建筑史研究简况　王贵祥、李菁　中国建筑史论汇刊（第十二辑）21 - 39
从伊东中太的学术研究看中国建筑史基本叙事结构的成因　于水山　中国建筑史论汇刊（第十一辑）3 - 30
梁思成与关野贞对中国与朝鲜古代建筑的调查与保护比较研究　李贞娥中国建筑史论汇刊（第十一辑）31 - 51
建筑文化传播与交流的研究现状与课题——以中国少数民族地区为例　包慕萍　中国建筑史论汇刊（第十二辑）49 - 62
关于《营造法式》中殿堂、厅堂与余屋几个问题的思辨　朱永春　建筑史（第 38 辑）82 - 89
《营造法式》八等材和材份制争议　国庆华　中国建筑史论汇刊（第十一辑）183 - 191
关于《营造法式》大木作制度基准材的讨论　张十庆　建筑史（第 38 辑）73 - 81
《营造法式》与晚唐官式栱长制度比较　陈彤　中国建筑史论汇刊（第十三辑）81 - 91
故宫本《营造法式》图样研究（一）——《营造法式》斗栱榫卯探微　陈彤　中国建筑史论汇刊（第十一辑）192 - 233
故宫本《营造法式》图样研究（二）——《营造法式》地盘分槽及草架侧样探微　陈彤　中国建筑史论汇刊（第十二辑）312 - 373

专题研究

中国长城的基本特征　梁建宏、潘玉灵　西部考古（第 10 辑）208 - 212
鸭绿江中上游早期长城遗迹考古调查研究　李树林　边疆考古研究（第 20 辑）13 - 39
长城的进化——以陕西长城为例　于春雷　文博 4：62 - 67
论明长城区域军事聚落的形成　薛程等　西北大学学报（哲社版）4：151 - 155
延绥镇长城修建与战争及气候的关系　同杨阳、赵丛苍　西北大学学报（哲社版）1：10 - 16
浅析鄂西北地区“楚长城”遗迹　刘礼堂、祝恒富　江汉考古 6：87 - 90
齐、秦、燕三国瓦当艺术比较研究　于丽华、张越　管子学刊 2：44 - 48

汉代凤鸟纹瓦当造型艺术探究　王森　中国陶瓷 7：104－108
阿弗洛狄忒与羽人——唐代青海羽人瓦当艺术渊源刍论　张东芳　美术研究 1：55－59
宁夏出土西夏瓦当初步研究　朱存世　东亚都城和帝陵考古与契丹辽文化国际学术研讨会论文集 478－490
中国古代砖瓦生产中“浇水转釉”技术的起源与发展　李清临　考古与文物 1：96－104
南越国砖瓦规模化和标准化生产分析　章昀　西汉南越国史研究论集（一）105－115
商周时期府库建筑初探　郭明　考古与文物 1：54－62
秦汉人如何装饰自己的家　刘尊志　大众考古 40：37－47
秦汉殿式建筑的布局　陈苏镇　中国史研究 3：57－66
汉代栾栱考辨　刘冠　中国汉画研究（第五卷）262－283
先秦古都城门的装饰建筑研究——以阙与象魏为视角　李玉洁　中原文物 1：49－53
从“阙”到“天门”——汉阙的神秘化历程　宋艳萍　四川文物 5：60－68
汉代建筑中的罘罳　黄婧琳、朱永春　中国建筑史论汇刊（第十三辑）223－243
“鲧化玄鱼”与鸱尾的起源及演变　李世武　民族艺术研究 4：135－141
东亚文化圈鸱尾的类型研究初探　张明晧　敦煌研究 1：33－41
南方地区唐宋元时期滴水研究　高义夫　东南文化 5：87－97
算法基因——两例弯折的下昂　刘畅等　中国建筑史论汇刊（第十二辑）267－311
唐宋时期华北地区木构建筑转角结构研究　周淼、朱光亚　建筑史（第 38 辑）10－30
晋东南地区五代宋元时期补间铺作挑斡形制分期及流变初探　俞莉娜、徐怡涛　中国国家博物馆馆刊 5：21－41
北京地区明清建筑琉璃构件制作工艺的初步研究　丁银忠等　故宫学刊（总第十三辑）159－169
论连架式厅堂与井字式厅堂的地域祖源——以顺栿串为线索　喻梦哲　建筑史（第 38 辑）90－96
江南厅堂井字型构架的解析与比较——以保国寺大殿为主线　张十庆中国建筑史论汇刊（第十一辑）167－182
两宋时期见于记载的几座佛道木构殿堂复原研究　王贵祥　中国建筑史论汇刊（第十一辑）100－138
见于史料记载的几座宋代寺院楼阁建筑复原　王贵祥　中国建筑史论汇刊（第十三辑）134－181
两宋佛教寺院空间格局与建筑配置概说　王贵祥　中国建筑史论汇刊（第十二辑）131－179
史料中几座宋代法堂、僧堂与忏殿的复原探讨　王贵祥　建筑史（第 38 辑）43－72
辽金寺院建筑配置与空间格局初探　王贵祥　中国建筑史论汇刊（第十一辑）55－99
中原地区北朝佛塔研究　唐仲明　考古 11：95－103
公元 5 至 13 世纪中国砖石佛塔塔壁装饰类型分期研究　徐怡涛　故宫博物院院刊 2：6－15
见于史料记载的几座宋代木构佛塔建筑复原　王贵祥　中国建筑史论汇刊（第十三辑）182－201
明堂式道教建筑初探——明世宗“神王”思维的物质载体　陶金、喻晓　故宫学刊（总第十七辑）177－198
明代赈济仓初探——以南直隶地区为例　李菁　中国建筑史论汇刊（第十一辑）330－362

补　遗

论燕瓦当“母题”纹饰及其文化内涵　吴磬军　河北学刊 2015 年 6：197－201

北京·天津·河北·山西

北京旧城弘法寺新考　侯海洋　北京文博文丛·2016·第 2 辑 28－36
浅析智化寺建筑结构风格　杨志国　北京文博文丛·2016·第 1 辑 30－43
论晏公祠与晏宏　张鹏飞等　北京文博文丛·2016·第 2 辑 18－27
明代北京皇城诸内门考　晋宏逵　故宫学刊（总第十七辑）148－165
明嘉靖重修紫禁城与刘伯跃《总督采办疏草》研究　喻梦哲　中国建筑史论汇刊（第十三辑）92－117
紫禁城中轴东移探析　王子林　故宫学刊（总第十五辑）369－379

故宫长春宫正殿建造年代初探　卓媛媛　故宫学刊（总第十三辑）199－208
故宫长春宫大木结构特点初步分析　卓媛媛　故宫学刊（总第十四辑）312－322
天穹宝殿考　王子林　故宫学刊（总第十三辑）181－198
慈宁宫大佛堂调查记　王家鹏　故宫学刊（总第十四辑）289－311
略论清代北京四合院建筑发展演变　李卫伟　北京文博文丛·2016·第4辑 13－25
北京私家园林研究续补　贾珺　中国建筑史论汇刊（第十二辑）377－404
圆明园之“别有洞天”与保定莲花池　贾珺　中国建筑史论汇刊（第十三辑）349－386
清乾隆朝大高玄殿建筑群演变探析　王方捷、何蓓洁　故宫博物院院刊 5：138－149
乾隆时期养心殿装修与陈设考　郭彬雪　故宫学刊（总第十六辑）85－104
乾隆时期宫中戏院考　王子林　故宫学刊（总第十四辑）277－288
故宫毓庆宫惇本殿大木结构尺度问题初探　刘畅等　建筑史（第38辑）109－127
紫禁城宁寿宫区与长春园含经堂区建筑关系探讨　王文涛　故宫学刊（总第十五辑）356－368
毓庆宫内檐装修的添安年代及工艺特征　庄立新、单群璋　中国文物报 2 月 5 日 6 版
独乐寺观音阁旧料及其所见观音阁辽代以前的修建史　孙立娜、丁垚　建筑史（第38辑）31－42
治平寺石塔勘查报告　张剑玺　文物春秋 1：45－51
山海关古城四合院　冯颖　文物春秋 2：48－52
正定隆兴寺天王殿建造年代再认识　王素辉、崔伟丽　文物春秋 5、6：79－83
中国古建筑设计的典型个案——清代定陵设计解析（上篇）　王方捷　中国建筑史论汇刊（第十二辑）215－266
中国古建筑设计的典型个案——清代定陵设计解析（中篇）　王其亨、王方捷　中国建筑史论汇刊（第十三辑）3－45
艺术表现中的山西楼阁建筑　李博　文物世界 5：55－63
再论唐代建筑特征——对佛光寺大殿的几点新见　国庆华　中国建筑史论汇刊（第十三辑）65－80
山西唐至清宗教木构建筑梁架结构演化及图解（上）、（中）、（下）　李会智　文物世界 1：39－43、2：27－31、3：31－36
山西古建筑门枕石时代特征初步分析（上）、（下）　常亚平、任霄　中国文物报 5 月 27 日 8 版、6 月 24 日 8 版
山西晋城紫金山大云院考古调查　安建峰　文物春秋 3：24－35
太原市城隍庙建筑漫谈　柴琳　文物世界 5：43－47
山西砖石塔仿木结构制作技术的时代特征（一）　常亚平、李源　中国文物报 11 月 11 日 7 版
大同地区辽金时期佛教建筑遗存浅析　穆洁　西京印迹——大同辽金文物 93－103
山西高平西李门二仙庙的历史沿革与建筑遗存　杨澍　中国建筑史论汇刊（第十三辑）202－220
山西长治古建筑柱础石时代特征辨析（上）、（下）　常亚平等　中国文物报 3 月 18 日 8 版、4 月 1 日 8 版
东岳庙建筑规制与东岳信仰——以蒲县东岳庙为例　王春波　文物世界 2：3－7
娄烦县罗家曲观音寺　王博　文物世界 5：71－74

江苏·浙江·山东·河南

南宋临安城北内慈福宫建筑组群复原初探——兼论南宋宫殿中的朵殿、挟屋和隔门配置　李若水　中国建筑史论汇刊（第十一辑）266－297
浅析南京明城墙砖文的责任制：以洪武砖文为例　张开正　贵州文史丛刊 2：31－36
从“四方城”到神功圣德碑亭——南京明孝陵神功圣德碑亭修缮设计记思　郭华瑜、孙璨　建筑史（第38辑）97－108
清代南京大报恩寺大佛殿复原初探　杨澍　中国建筑史论汇刊（第十二辑）180－200
慈云遵式与金光明忏殿　谢鸿权　中国建筑史论汇刊（第十二辑）201－211

黄山八面厅的建筑风格与明清官廷建筑的比较研究　黄美燕　故宫学刊（总第十六辑）336－351
泰顺文兴桥木作技术研究　周淼等　文物5：70－84
济南槐荫兴福寺　王晶等　洛阳考古（总第12期）77－81
史前至北魏时期洛阳民居建筑举隅　商春芳　中国古都研究（第二十七辑）136－145
隋唐洛阳城惠训、道术、道德三坊考略　吕劲松等　中国国家博物馆馆刊12：38－46
北宋洛阳私家园林综论　贾珺　中国建筑史论汇刊（第十一辑）364－383
河南恩村祖师庙大殿样式考析　贾海婷　四川戏剧5：158－160

补　遗

南京传统村落砖雕墙门的形态类型探析　陈晨　南京艺术学院学报（美术与设计版）2015年5：216－218

重庆·四川·西藏·陕西·甘肃

重庆忠县汉代乌杨阙再研究　罗二虎　考古8：103－115
北宋邛州龙兴寺罗汉殿复原研究　李德华　中国建筑史论汇刊（第十一辑）139－163
西藏墨竹工卡县唐加寺建筑调查及历史演变　罗布扎西　西藏文物考古研究（第2辑）142－147
近百年消失的陕西古塔　徐进、刘合心　文博3：19－36
唐玉华宫建筑考　陈晓捷　中国国家博物馆馆刊4：65－75
唐宋时期敦煌金光明寺考　陈大为、陈卿　敦煌学辑刊2：48－61

五　陶瓷与窑址

综述

陶瓷之间——略论印纹陶的发展及印纹硬陶与原始瓷的关系　施加农　中国古陶瓷研究辑丛——印纹硬陶与原始瓷研究233－244
刍议“印纹硬陶”器之科学定名　刘渤　中国古陶瓷研究辑丛——印纹硬陶与原始瓷研究223－231
印纹陶的硬度、装饰和艺术性　李大鸣　中国古陶瓷研究辑丛——印纹硬陶与原始瓷研究245－252
东汉至南北朝时期陶瓷烛台的类型学分析　苏晓威　中国国家博物馆馆刊5：6－20
白瓷起源问题管见　杨哲峰　中国文物报6月17日6版
再议钧台、钧州与钧窑　徐华烽　中原文物4：60－64

汉及以前

从粤东印纹硬陶的工艺演变看先民文明进程——以新石器时代至汉代为讨论期　李炳炎　中国古陶瓷研究辑丛——印纹硬陶与原始瓷研究195－211
广西先秦时期印纹陶技术发展进程与融合　何安益、卿熙燕　中国古陶瓷研究辑丛——印纹硬陶与原始瓷研究213－222
略论常州地区先秦时期的陶器和原始青瓷　徐伯元　常州文博论丛2016年（第2辑）29－30
常州地区遗存的先秦时期陶瓷器之研究　徐伯元　中国古陶瓷研究辑丛——印纹硬陶与原始瓷研究69－81
浙江先秦印纹硬陶略论稿　郑建明　中国古陶瓷研究辑丛——印纹硬陶与原始瓷研究1－22
虎林山墓地遗址出土的印纹硬陶　彭维斌　中国古陶瓷研究辑丛——印纹硬陶与原始瓷研究167－177
河南地区商代印纹硬陶的器形和装饰特点　王少宇　中国古陶瓷研究辑丛——印纹硬陶与原始瓷研究83－92
殷墟出土的硬陶、原始瓷和釉陶——附论中原和北方地区商代原始瓷的来源　牛世山　考古8：86－96
福建原始青瓷与印纹硬陶窑址考古新发现及几个相关问题的探讨　羊泽林　中国古陶瓷研究辑丛——印纹硬陶与原始瓷研究141－152
浅谈福建光泽商周印纹硬陶及其与江西印纹硬陶文化的关系　曹建文、彭安妮　中国古陶瓷研究辑丛——印纹硬陶与原始瓷研究153－166

略谈吴越地区出土的印纹硬陶尊　毛波　中国古陶瓷研究辑丛——印纹硬陶与原始瓷研究 59－67
试论夏商时期原始瓷的运输路线　秦超超、曹峻　南方文物 2：158－166
试论原始瓷豆的演变　陈锐　中国古陶瓷研究辑丛——印纹硬陶与原始瓷研究 93－112
在宏观和历史的视角下对北方出土商周原始瓷产地的再探讨　陈铁梅　文物 6：63－69
壶觞沃爵——江南原始瓷酒器与权力的起源　林毅、郑建明　大众考古 37：46－51
西周原始青瓷尊　扈晓霞　洛阳考古（总第 13 期）93
陕西周原遗址出土西周原始瓷工艺特征的初步研究　周羿辰等　光谱学与光谱分析 5：1514－1520
试析湖北随州叶家山西周墓地出土原始青瓷及相关问题　蔡路武等　中国古陶瓷研究辑丛——印纹硬陶与原始瓷研究 113－130
原始青瓷盅制作工艺及模拟实验　张雅男　中国文物报 11 月 4 日 6 版
德清战国窑址出土原始瓷镇的观察与分析　周建忠　中国古陶瓷研究辑丛——印纹硬陶与原始瓷研究 45－58
陶瓷扁壶的源流　袁胜文　中国国家博物馆馆刊 10：93－103
对于秦及西汉南越国时期几组具有典型意义遗存的认识——以陶瓷器为主要线索　张强禄、李岩　中国古陶瓷研究辑丛——印纹硬陶与原始瓷研究 179－194
长江中游汉墓出土瓷器研究　吴小平、蒋璐　考古学报 1：25－48

三国、两晋、南北朝

试论桂东地区六朝墓葬出土的青瓷器　陈紫茹　广西博物馆文集（第十一辑）232－240
东吴西晋时期青釉褐彩瓷的分布与地域性　金智铉　洛阳考古（总第 12 期）67－72
北朝时期窑业技术的初步研究　张勇盛　东南文化 2：91－102
北方白瓷概览　王健丽　收藏家 12：37－41
山西北魏釉陶研究　逯斌、王爱国　文物世界 1：14－19

补　遗

鸡首壶演变的四阶段分析　张亚林、吴紫薇　装饰 2015 年 11：128－129
承继与创新：青瓷鸡头壶的文化承袭与造型演进　宗椿理　美术观察 2015 年 12：126－127

隋、唐、五代

帝国的颜色：六至十世纪的中国白瓷　阎焰　收藏 8：36－41
探寻透影白瓷的制作工艺　鞠荣坤、晋学文　中国文物报 6 月 24 日 7 版
隋代透影白瓷杯　鞠荣坤　文物世界 4：7－9
唐代陶瓷绞胎工艺考辨　郭强　中国陶瓷 9：115－124
唐宋时期罂瓶考　苏舒　南京文物考古新发现（第 4 辑）296－305
唐代贴花黄褐釉执壶　马毅强、马丽君　洛阳考古（总第 12 期）90
花开盛唐：论葵口器对开光形制的影响　蔡花菲、于长敏　装饰 6：124－125
寻觅瓷器上的莲踪　尹青兰　江西省博物馆集刊（七）219－227
试探古代瓷器之“八卦纹”　杨亚鹏　收藏家 10：60－62
唐三彩小型瓷偶　［日］神野惠著　陈枫译　华夏考古 1：133－149
“盛世风华——洛阳唐三彩特展”专题之五——洛阳唐三彩——技术与观念的视角　李思思　历史文物 1：6－13
“盛世风华——洛阳唐三彩特展”专题之六——失落的风华——浅谈唐三彩釉陶工艺发展与陪葬文化　陈勇成　历史文物 1：14－23
古代巴蜀瓷器的辉煌——唐宋时期四川地区瓷器　张天琚　收藏家 10：11－15
法门寺出土秘色瓷之“秘色”涵义再认识　赵婧　中国陶瓷 3：108－112
萨珊波斯与印度佛教风格的融合——洛阳伊川唐墓出土四曲双鱼纹长杯　商春芳　大众考古 39：55－57
青龙镇遗址出土唐代瓷器的相关探讨　叶倩　“城市与文明”学术研讨会论文集 551－564

记“黑石号”沉船中的广东青瓷 谢明良 水下考古学研究（第二卷）1－20
“黑石号”沉船中“盈”、“进奉”款瓷器来源途径考——从唐代宫廷用瓷的几个问题谈起 项坤鹏 考古与文物 6：47－55
佛山奇石古窑及相关的几个问题 黄晓蕙 南方文物 2：211－220
柴窑研究释考 杨君谊 中国陶瓷 3：113－115
长沙窑再认识 李建毛、张艳华 文物天地 12：68－77
异域来风——唐长沙窑瓷上的椰枣纹装饰 陈锐 收藏 1：64－71
黑石遗珍：长沙窑彩绘青瓷碗 王轶凌 人民日报 3 月 20 日 12 版
扬州发现的唐长沙窑瓷盒 徐仁雨 收藏 4：70－75
唐代彩瓷名窑——长沙窑瓷器艺术 杨俊艳 收藏家 10：3－10
鼎盛时期的越窑瓷器艺术 严叶敏 文物天地 1：90－95
中和之美：定窑瓷器艺术 杨俊艳 收藏 6：37－43
惟妙惟肖的耀州窑历代瓷塑 陈宁宁 收藏 7：44－49
雷州窑瓷器装饰纹样艺术特色研究 彭雅莉、李乐 中国陶瓷 1：91－94
沿海唐五代时期孔雀蓝釉陶器的异域风格考析 傅宝姬 装饰 3：72－73
五代时期南方白瓷起源考辨 杨君谊 中国陶瓷 8：122－124
从繁昌窑青白瓷的创烧探究青白瓷起源 崔名芳等 华夏考古 1：107－113
青白之韵——安徽繁昌窑及其产品 王承旭 收藏 8：42－49
比德尚玉——龙泉窑瓷器艺术 杨俊艳 收藏 1：52－62

宋、辽、金、西夏

宋金瓷器折枝花鸟纹初探 隋璐 天津博物馆论丛（2015）142－153
宋金瓷器池塘水禽纹初探 隋璐 北方文物 4：35－39
宋元时期瓷器裹足支烧工艺浅析 丁雨 文物 10：55－65
何得精舍贮芳条：宋元陶瓷花瓶考 袁泉 装饰 8：22－29
无名才子多佳作——近年考古出土宋元瓷器中的诗文辑录 后晓荣、杨燚锋 切偲集：首都师范大学历史学院史学沙龙论文集（第一辑）204－214
两宋皈依瓶探究 朱梦园 华夏考古 3：110－115
宋绿釉刻蕉叶纹枕窑口探究 陈玉琳 收藏 6：61－63
《瓯香谱》青瓷瓶及其他 谢明良 故宫文物月刊 401：108－113
宋“胡姬劝酒”壶小考 郭学雷 收藏 4：67－69
北宋西京洛阳城出土宋三彩初探 韩建华 西部考古（第 12 辑）419－436
浅论巴中地区出土宋代瓷器 杨清慧等 四川文物 3：71－77
吕氏家族墓出土的北宋耀州瓷 刘涛 收藏 3：46－53
湖南岳阳茆山宋墓出土瓷器 杨宁波 收藏 12：44－49
巩义新见绞胎枕的年代及其相关问题 杨振威、孙小菲 华夏考古 3：107－109
关于北宋官窑若干问题的探讨 关宏 收藏家 8：85－90
景德镇宋代龙窑复活探索 吴永开 中国陶瓷 5：108－110
试析繁昌窑与景德镇窑青白瓷发展之关系 崔名芳、朱建华 东南文化 1：98－104
“制样须索”龙泉窑 沈岳明 文物天地 7：62－72
“制样须索”龙泉窑 沈岳明 中国文物报 5 月 10 日 7 版
从丽水地区纪年墓材料看龙泉窑的兴衰 陈芳红、郑建明 文物天地 7：73－79
浙江丽水南宋纪年墓出土的龙泉窑精品 吴东海 收藏 6：44－49
南宋龙泉窑仿商周礼器类瓷的产生背景及其内涵 胡正中 收藏 5：70－73
福建宋元青瓷生产及相关问题的初步讨论 羊泽林 东方博物（第六十辑）73－81

新安沉船与福建陶瓷（续） 李榕青 南方文物 2：190－197
闽北宋韵——福建将乐窑青白釉瓷鉴赏 余学云 收藏 11：20－29
潮州宋笔架山窑青白釉佛教瓷器 黄静 收藏 9：36－41
广西宋代瓷窑格局试析 吴辉 广西博物馆文集（第十一辑）256－263
北京龙泉务窑与内蒙古赤峰缸瓦窑之比较研究 王睿 东亚都城和帝陵考古与契丹辽文化国际学术研讨会论文集 462－477
北票发现一件肩部似辽代鸱吻型的双孔鸡冠壶 王永兰、赵志伟 辽金历史与考古（第六辑）298－303
试析辽陶瓷折肩罐 彭善国 装饰 8：39－41
金代大官屯窑始末 刘立丽 北方文物 1：50－52
山西省盂县窑瓷器装烧技法探究 王丹 文物世界 3：56－58
从竹雀到素竹——金元磁州窑瓷枕“竹”纹传承演变 常樱 中国文物报 11 月 15 日 5 版
浅谈宁夏及周边地区文物考古出土的西夏瓷器 程云霞 博苑耕耘（第 2 辑）171－180

元、明、清

从元代瓷器看汉藏文化交流 达哇彭措、朱德涛 中国藏学 2：209－215
元代青花瓷的伊斯兰风格及成因 谢文璇 回族研究 2：70－74
元青花人物故事器物的艺术渊源及相关问题 徐华烽 故宫学刊（总第十六辑）8－20
元青花四爱图梅瓶纹饰研究 崔鹏、周浩 江汉考古 3：95－101
从元代墓葬出土青花瓷看元代士民的青花瓷品味 陈殿 装饰 8：18－21
内蒙古出土的元青花高足杯及相关问题 余佩瑾 故宫学术季刊 33 卷 2：19－50
元瓷标准器——西安曲江元张达夫及其夫人墓出土陶瓷 张小丽 收藏 3：54－65
镇江京口闸遗址出土元瓷供器 刘丽文 收藏 1：72－77
新安沉船出水花瓶考 袁泉、秦大树 考古与文物 6：76－99
蓝姓后裔的一段痛史安徽繁昌元瓷窖藏探谜 王承旭 收藏 11：30－39
浅谈元代釉里红 沙燕君 收藏家 2：70－72
明清华南瓷业的生产及外销 刘淼、羊泽林 考古与文物 6：146－157
全球化早期的福建瓷业生产及外销 羊泽林 “16 至 17 世纪的海上丝绸之路”国际学术研讨会论文集 187－206
明永乐白瓷绶带耳扁壶 黄兰茵 故宫文物月刊 404：102－111
明宣德官窑祭红瓷器的呈色机制 路辰等 中国科学院大学学报 3：421－426
明成化朝御窑瓷器简论 吕成龙 故宫博物院院刊 4：26－36
从考古资料谈明成化斗彩瓷器的彩绘工艺 江小民 故宫博物院院刊 2：44－53
景德镇与日本肥前古窑比较研究 熊寰 “16 至 17 世纪的海上丝绸之路”国际学术研讨会论文集 207－221
明代景德镇青花混水画法与器形之关系研究 陈殿 装饰 2：103－105
明代龙泉窑青瓷分期研究 陈扬 东方博物（第六十辑）82－91
落砂红——明彭城窑彩绘新品种 穆俏言 收藏 5：74－77
龙缸及龙缸烧造工艺初探 路杰 收藏家 9：69－74
湖北明代“空白期”瓷器研究 蔡路武 文物天地 11：55－69
澳门出土明代青花瓷器研究 马锦强 水下考古学研究（第二卷）171－204
清康熙时期景德镇素三彩的特征探析 王芳 中国陶瓷 7：97－100
质佳而色耀之美——从制胎工艺的角度解析康熙瓷器绘画 李青阳 中国陶瓷 5：111－114
皇家风范——清光绪御赐翁同龢官窑彩釉礼器 陈颖 收藏 1：78－87
绿郎窑考 葛彦 文物天地 9：92－95
安吉孝丰东山窖藏出土的清代瓷器 张秋华 东方博物（第六十辑）92－99

补　遗

明"空白期"御器厂不署纪年款原因探析　杨君谊　装饰2015年12：88－89

窑址的调查与发掘

印纹硬陶与原始瓷研究——故宫博物院窑址调查与收藏　王莉英等　中国古陶瓷研究辑丛——印纹硬陶与原始瓷研究131－140

北京市昌平区朱辛庄与朝阳区豆各庄窑址发掘简报　北京市文物研究所（于璞等）　北京文博文丛·2016·第4辑57－65

河北井陉窑复查再获新发现——发现古采矸子井群、完整窑炉和作坊群组　孟繁峰　中国文物报8月12日8版

山西2016年隋唐宋元重要考古发现——求古寻论——河津窑别样风采　孟耀虎　中国文物报12月2日6版

山西2016年隋唐宋元重要考古发现——改写中国陶瓷史从山西陶瓷开始——河津固镇宋金瓷窑址的重要发现　王晓毅等　中国文物报12月2日6版

辽宁辽阳市江官屯窑址第一地点2013年发掘简报　辽宁省文物考古研究所（郭明等）　考古11：67－83

南京雨花台小行里宋代窑址发掘简报　南京市考古研究所、南京市雨花台区文化广播电视剧（周保华、张鹏）　南京文物考古新发现（第4辑）117－124

上虞凤凰山窑址发现新窑炉形式　郑建明　浙江文物2：10

上虞凤凰山窑址发现三国—西晋时期新窑炉形式　郑建明　中国文物报5月6日8版

浙江省德清县大圣堂青瓷窑址发掘简报　浙江省文物考古研究所、德清县博物馆（周建忠）　东南文化1：55－65

浙江省庆元县唐代黄坛窑址发掘简报　浙江省文物考古研究所、庆元县文物管理委员会办公室（谢西营、叶海）　东方博物（第六十辑）61－72

浙江浦江前王山窑址发掘获重要成果——获得一批北宋中期可与周边地区窑业进行对比的重要材料　谢西营、张智强　中国文物报12月2日8版

萧窑研究又添新资料——安徽萧县发掘欧盘窑址　蔡波涛、张钟云　中国文物报7月29日8版

安徽繁昌骆冲窑遗址2014年发掘简报　安徽省文物考古研究所、繁昌县文物局（罗虎等）　文物3：36－50

安徽繁昌窑窑址分布调查简报　安徽省文物考古研究所、繁昌县文物局（汪发志等）　东南文化1：66－76

安徽繁昌柯家冲窑遗址2013～2014年发掘简报　安徽省文物考古研究所、繁昌县文物局（罗虎等）文物3：19－35

安徽繁昌窑遗址再获重要发现——发现完整的瓷器成型区　罗虎等　中国文物报1月29日8版

福建泉州原始瓷窑址发掘的阶段性成果——发现福建省目前最早的原始瓷窑址　张红兴　中国文物报7月15日8版

福建闽清下窑岗窑址发掘的收获　羊泽林　中国文物报2月26日8版

福建闽清下窑岗遗址发掘收获　羊泽林　2015中国重要考古发现158－161

2014年景德镇御窑遗址考古发掘主要收获　景德镇市陶瓷考古研究所等（江小民等）　故宫博物院院刊2：37－43

景德镇旸府山明代窑址瓷器之考察　陈冲、刘未　水下考古学研究（第二卷）119－187

河南洛阳市白马寺西院唐宋时期窑址的发掘　中国社会科学院考古研究所洛阳汉魏城队（郭晓涛等）考古4：63－74

河南巩义窑址发现古代石灰窑和各类瓷器遗物　李辉　中国文物报8月26日8版

内乡邓窑遗址现状调查　王晓杰　中原文物1：11－13

桂北古代窑址调查与研究　周有光　广西博物馆文集（第十一辑）201－211

遂宁市船山区龙凤镇宋代窑场遗存清理简报　四川宋瓷博物馆（吴自荣等）　四川文物 2：26－40
贵州天柱县瓦罐滩元代瓷窑址发掘简报　四川大学考古学系等（张亮等）　考古 3：45－67
陕西富平发现 318 座重要古窑群　陕文　中国文物报 3 月 25 日 1 版

藏品介绍

馆藏陶瓷器综述　蔡路武等　文物天地 11：35－50
安吉博物馆馆藏印纹硬陶及其相关问题分析　张士轩　中国古陶瓷研究辑丛——印纹硬陶与原始瓷研究 37－44
安吉博物馆馆藏的印纹硬陶　周意群　中国古陶瓷研究辑丛——印纹硬陶与原始瓷研究 23－36
质朴如素　大拙至美——馆藏原始瓷器述略　赵雄、赵丹　文物天地 11：51－54
宁波博物馆藏三件特型越窑青瓷　朱素珍　收藏 5：66－69
浙江宁波博物馆藏四件特型越窑青瓷鉴赏　涂师平　江西省博物馆集刊（七）228－236
灌阳县馆藏青瓷盘口壶研究　文虹　广西博物馆文集（第十一辑）288－292
蓬莱古船博物馆藏唐宋时期瓷器　李小宇、袁晓春　文物 6：94－96
唐代双龙柄尊探究——以故宫博物院藏品为例　徐巍、董健丽　故宫学刊（总第十五辑）220－230
河北博物院藏老窑瓷器珍品赏析（上）、（下）　夏文峰　收藏家 9：82－88、10：21－26
东京国立博物馆藏中国唐代陶瓷精品　李智瑛、王昕宇　中国陶瓷 2：112－116
泥火幻化的唐两京三彩器　禚振西　收藏 10：69－83
扬州出土唐代长沙窑集萃　徐忠文等　收藏家 2：75－78
介休市博物馆馆藏宋金介休窑瓷器　段青兰　文物世界 1：44－46
泉州市博物馆藏宋元外销军持赏析——伊斯兰文化与泉州海上丝绸之路陶瓷外销初探　林珊娜　文物天地 7：80－82
绩溪县博物馆藏南宋青白釉魂瓶　余宁莉　中国文物报 12 月 13 日 7 版
通辽馆藏辽代陶瓷精品　李铁军　收藏 10：84－88
朝阳博物馆藏辽代白瓷器　徐颖　辽金历史与考古（第六辑）292－297
内蒙古馆藏辽三彩　赵晓峰　收藏 4：60－66
仙人十五爱吹笙　学得昆丘彩凤鸣——美国克利夫兰艺术博物馆藏辽仙人吹笙瓷执壶　于奇赫　收藏家 10：27－30
从南越王博物馆藏枕看山西金代陶瓷枕　陈馨　收藏 2：52－61
济南市博物馆藏瓷瓶赏析　尚海波　收藏家 11：29－32
日本国立博物馆藏中国瓷器赏析　刘建安　收藏家 9：48－50
安徽博物院藏明初瓷器精品简析　檀艳萍　中国文物报 2 月 9 日 7 版
御瓷珍赏——耀州窑博物馆藏明清官窑瓷　付春玲　收藏 11：40－47
常熟博物馆藏明官窑瓷器　李前桥　收藏 12：52－55
吉林大学考古与艺术博物馆藏明清青花瓷器　彭善国　文物 8：88－96
河北博物院明代民窑青花瓷鉴赏与研究　冯宁　收藏家 6：12－16
太仓博物馆藏——明代青花缠枝花卉大盘　刘剑　大众考古 42：58－60
馆藏明清德化窑瓷器　王纯婧　文物天地 10：45－49
馆藏明清德化窑白瓷赏析　许平　文物天地 9：43－45
神龙百变——明清两代陶瓷龙纹浅赏　秦慧　江西省博物馆集刊（七）249－258
馆藏清代瓷器赏析　甘玲　文物天地 10：50－59
天津博物馆馆藏清三代精品瓷器赏析　王洋　收藏家 5：18－20
璀璨华美　天工自成——浅析院藏清三代官窑精品瓷　高洁　文物天地 4：43－48
千年窑火　秘殿琳琅——院藏清宫瓷器综述　罗丽欣　文物天地 7：16－20
霁霞尊雅：清代宫廷红釉瓷器　张莹　收藏 3：66－79

墨分五色　娇翠清丽——河北博物院藏康熙民窑青花瓷器赏析　王丽平　收藏家 5：23－26
彩绘精良　套叠成趣——嘉兴博物馆藏清代人物故事彩瓷套杯　葛金根、吴海红　收藏家 7：75－78
黄金狮子乘高座耀州窑蹲狮烛插及狮子装饰　任珍妮　收藏 2：62－65

六　绘画

古代绘画中的织物纹样及其意义　袁宣萍　新美术 4：73－80

岩画

人类学理论与方法对岩画研究的启示　苟爱萍　艺术评论 3：145－152
岩画及其功能探析　潘传瑞等　农业考古 4：239－245
漫论岩画与原始巫术　滕海键　红山文化研究（第一辑）94－102
史前岩画与祝辞咒语　伏俊琏、张艳芳　中国图像史学（第 1 辑）67－82
试论具茨山古代郊祀文化遗存　葛英会　古代文明（第 10 卷）268－282
浙江仙居新发现岩画的判读　张峋　南方文物 1：75－77
试析赤峰地区岩画中的巫觋面具　邵国田　第九届红山文化——高峰论坛论文集 180－192
青藏岩画系统中的甘肃祁连山岩画——兼论中国岩画的四大区域类型　张亚莎　中国藏学 4：17－23
温泉县博尔塔拉河流域岩画初探　尼·葛丽　辽宁师范大学学报（社科版）4：135－140
榆木山岩画与祁连山游牧民族艺术精神　韩晓龙　兰州文理学院学报（社科版）3：6－9
阿纳蒂岩画研究方法及其在广西花山岩画研究重点应用　张嘉馨、张亚莎　中央民族大学学报（哲社版）3：162－168
左江花山岩画文化景观突出普遍价值解读——杰出的岩画艺术与独特的文化景观　赵云　中国文化遗产 4：4－13
左江花山岩画：壮族先民生命意识与力量的文化表征　黄新宇　中华文化论坛 2：92－97
试论左江花山岩画地点的地质环境因素　覃新丹　中国文化遗产 4：109－115
国际视野下的左江花山岩画比较研究　王毅、吴婷　中国文化遗产 4：14－23
花山岩石——左江流域古代民族图像志　张亚莎　中国文化遗产 4：33－40
左江花山岩画与骆越缘由考　陈远璋　中国文化遗产 4：24－32
左江右江流域考古遗存与左江花山岩画关联性初步研究　杨清平等　中国文化遗产 4：41－47
浅论越南使臣与花山岩画　张惠鲜等　广西民族研究 4：119－127
北疆天山牧区岩画的图像研究：以乌苏四棵树河流域岩画为例　刘金萍　新美术 7：98－100
呼图壁县康家石门子岩画的年代和族属问题新探　钱伯泉　新疆文物 1：109－118

补　遗

物象的图像化及符号转型：以岩画的创制和解读为例　邓启耀　民族艺术 2015 年 5：33－39
贵州岩画遗址（地点）调查与研究　曹波　贵州文史丛刊 2015 年 4：119－122

壁画

汉代牵牛、织女图像研究　王煜　考古 5：86－97
规矩三光　四灵在旁——汉代墓室中的天象图　王煜　大众考古 40：48－53
汉墓龙虎交媾图考——《参同契》和丹田说在汉代的形成　姜生　历史研究 4：4－27
试论河北望都一号汉墓壁画布局及其意义　张媛媛　中国国家博物馆馆刊 12：18－27
宁夏固原出土壁画简述　程云霞　博苑耕耘（第 2 辑）147－151
嘉峪关魏晋墓壁画军屯画面考释　乔凤岐　农业考古 3：121－124
北朝墓主人图像的显与隐　倪润安　两个世界的徘徊：中古时期丧葬观念风俗与礼仪制度学术研讨会论文集 250－281
丝路沿线汉唐墓葬壁画的艺术演变与中外文化交流　王江鹏　美术 1：111－115
试析昭陵唐墓壁画反映的乘舆制度　胡元超　文博 3：66－71

乾陵陪葬墓壁画的历史价值与艺术价值　樊英峰　乾陵文化研究（九）34－40
章怀太子墓双面壁画　王晶晶　文物天地6：29－31
从唐代懿德太子墓《阙楼图》看画格与斜线在中国古代建筑壁画中的使用　王卉娟　中国建筑史论汇刊（第十三辑）244－270
唐李寿墓寺观壁画再考察　王静　中国中古史集刊（第二辑）251－264
唐李寿墓壁画的“贞观探索”　倪润安　考古11：104－112
唐李思摩墓壁画中的“翼兽”图探究　杨瑾　乾陵文化研究（九）56－68
以韩休墓室壁画印证唐代山水之变　徐华　美术6：118－121
试析唐韩休墓乐舞图　梁勉　文物天地6：32－34
洛阳唐代安国相王孺人唐氏墓壁画探析　杨志强　中国国家博物馆馆刊12：28－37
浅析唐墓壁画《宫女图》造像与意义　郭岚　艺术评论5：172－174
宁夏固原史姓粟特人墓葬壁画浅析　马彩虹　博苑耕耘（第2辑）194－199
新疆塔吉克族墓葬壁画探析　王永亮　贵州民族研究6：204－207
“妇人启门”构图及其意义　沈睿文　中国中古史集刊（第二辑）422－431
韩城盘乐村宋墓墓主画像释读　崔兴众　艺术探索2：90－97
宋金“画像二十四孝”——中国最早、最成熟的二十四孝　后晓荣　西部考古（第12辑）437－445
辽金元时期壁画研究综述概要　王天姿、王禹浪　满族研究1：25－38
辽代壁画墓中的天象图　李影　西京印迹——大同辽金文物105－113
秦都咸阳壁画的历史与艺术价值　李令福中国古都研究（第二十七辑）25－34
永乐宫壁画墙体制作探析及临摹中的底色制作　刘晓非　艺术工作·鲁迅美术学院学报2：54－56
行道僧图像衰微考　于向东　敦煌学辑刊2：90－99
康定古经堂壁画调查与研究　李春华、张帆洲　东方考古（第12集）120－132
河北正定隆兴寺摩尼殿壁画艺术特征初探　倪春林　美术8：118－121
蔚县故城寺壁画绘制年代考　杨海勇　文物春秋5、6：92－94
湖南江永水龙祠壁画的发现报告　刘灿姣、林伟　世界宗教研究4：18－21
湖南江永勾蓝瑶寨水龙祠壁画释读　胡彬彬、吴灿　世界宗教研究4：22－31
四川蓬溪县慧严寺大雄殿明代壁画初探　杨小晋、刘显成　四川文物3：78－91
宝梵寺佛传壁画研究　田宏亮、侯慧明　中国图像史学（第1辑）83－109
榆林悬空寺万佛洞明代壁画地藏十王地狱变相考察　齐庆媛　故宫博物院院刊5：58－73
贡嘎曲德寺怙主护法殿绘塑图像初探　崔月娇　故宫博物院院刊2：117－131
山西高平清代十二辰相菩萨图像辨析　谷东方　敦煌研究3：26－34
平遥镇国寺万佛殿室内壁画之建筑表现探究　程博、刘畅　中国建筑史论汇刊（第十一辑）234－251
大昭寺转经廊壁画（17～18世纪）制作工艺简述　赤列次仁　西藏文物考古研究（第2辑）213－222
库木吐拉石窟壁画色彩特征的阶段性分析　朱平　装饰5：72－73
石窟壁画乐器图像的真伪及相关方法研究　刘文荣　齐鲁艺苑4：26－31
抒海本生及其在吐峪沟壁画中的呈现　任平山　敦煌研究4：26－32
试探敦煌北朝时期装饰图案的美学特征　胡同庆　敦煌研究4：45－51
敦煌莫高窟东壁门上供养像的图像意义　陈明　敦煌研究6：50－57
麦积山石窟第127窟涅槃图像研究　孙晓峰　石窟艺术研究（第一辑）13－35
论永靖炳灵寺藏传佛教艺术“道果法”祖师毗瓦巴图像：炳灵寺石窟印度成就师图像研究之一　王玲秀　敦煌学辑刊2：113－121
龟兹石窟壁画见证四大文明交汇　范昕　文汇报6月3日2版
龟兹石窟本生因缘图像的形式与内涵分析　王芳　故宫学刊（总第十三辑）20－67
克孜尔石窟“有头光比丘”图像探讨　杨波　吐鲁番学研究2：98－104

敦煌隋代故事画艺术　赵声良　敦煌研究 3：1 – 8
河西地区唐宋时期洞窟维摩诘经变与其他图像组合分析　卢少珊　敦煌学辑刊 1：110 – 122
敦煌壁画的伦理价值探析　高兴　陕西师范大学学报（哲社版）3：148 – 154
未尽的敦煌壁画色彩研究　王荔　新美术 5：39 – 46
敦煌石窟中牢度叉斗圣变消失与再现原因再探　顾淑彦　敦煌研究 3：52 – 58
敦煌莫高窟第 158 窟十方净土图像考论　王惠民　石窟艺术研究（第一辑）3 – 10
莫高窟第 156 窟唐代披铠骑兵图像考释　李旭东　中国图像史学（第 1 辑）110 – 124
敦煌 220 窟《东方药师经变画》乐舞图像研究　陈卉　西北大学学报（哲社版）4：156 – 160
敦煌莫高窟第 217 窟主室供养人画像调查新发现　张景峰　敦煌研究 2：32 – 39
“王女牟尼”本生及龟兹壁画　任平山　西域研究 1：73 – 78
唐与回鹘时期库木吐喇石窟壁画年代探索——以窟群区第 12、15 至 17 窟为中心　刘韬　敦煌研究 6：93 – 101
胡地尚唐风——库木吐喇石窟第 16 窟壁画复原与塑绘内容考析　刘韬　美术研究 6：111 – 119
藏传绘画系谱在敦煌的轨迹　沙武田　西部考古（第 12 辑）407 – 418
敦煌五代旷野鬼夜叉图像小议　王芳　敦煌研究 6：58 – 70
柏孜克里克石窟第 17 窟佛说大乘庄严宝王经变考释　陈爱峰　敦煌研究 6：82 – 92
柏孜克里克第 40 窟如意轮观音经变研究　陈爱峰　吐鲁番学研究 2：81 – 97
文殊山石窟西夏《水月观音图》与《摩利支天图》考释　张小刚、郭俊叶　敦煌研究 2：8 – 15
瓜州东千佛洞的图像源流与历史价值——兼谈东千佛洞的初创年代　刘永增　故宫博物院院刊 4：71 – 81
瓜州石窟寺玄奘取经图探究　刘润钰　丝绸之路 11：20 – 21
榆林窟第 3 窟不空羂索五尊组像研究　贾维维　中国藏学 2：111 – 119
阿尔寨石窟寺壁画中的线条研究　苏万循　美术观察 1：128 – 129
内蒙古阿尔寨石窟第 28、31 窟世俗人物壁画研究　李雨濛　内蒙古社会科学 4：84 – 89
炳灵寺石窟刘琦像辨析　赵雪芬　西藏研究 5：88 – 91

补　遗

界定者：汉墓画像边饰研究　姜生　东岳论丛 2015 年 11：5 – 21
论唐墓屏风式壁画“树与人物”题材的母题与来源　冯筱媛　宁夏社会科学 2015 年 6：162 – 167
河北涿州元墓壁画研究　郑以墨、王丽丽　南京艺术学院学报（美术与设计版）2015 年 5：47 – 55
河西地区唐宋时期维摩诘经变细部图像再认识　卢少珊　敦煌学辑刊 2015 年 3：121 – 140
莫高窟隋唐图案的历史演变和文化交流　陈振旺　深圳大学学报（人文社科版）2015 年 6：144 – 150
论克孜尔石窟壁画人物的“脚尖站立”造型　李云　新美术 2015 年 9：48 – 52
古老的狩猎方式：莫高窟第 285 窟壁画中的“猎杀野猪图”　伏奕冰　敦煌学辑刊 2015 年 3：141 – 149

其他

从马王堆到金雀山：西汉棺盖帛画比较研究　李小旋　艺术探索 3：92 – 98
敦煌捺印佛像研究　戴璐绮　敦煌研究 2：86 – 94
宏佛塔出土绢画题材内容再探　邵军　敦煌研究 4：52 – 62
紫禁城现存明代官式彩画分期探讨——从大木梁檩枋彩画纹饰切入的研究　杨红、纪立芳　故宫博物院院刊 4：95 – 106
塔尔寺嘉木央活佛府邸油饰彩画传统工艺调查初探　裴强强等　文物保护与考古科学 3：93 – 101
慈宁宫花园建筑彩画考略　曹振伟　故宫学刊（总第十六辑）245 – 264

七　书法

杂体书与战国竹书文字的用笔——战国美术体研究之一　刘绍刚　出土文献与中国古代文明——李学勤

先生八十寿诞纪念论文集 527－546
从天圆地方管窥中国古钱币上的文字造型与书法流风（仅以秦代以降为论述逻辑起点） 童领峰 青铜文化研究（第七辑）204－207
论隶势：秦汉简帛隶势的再考察 邢文 出土文献与中国古代文明——李学勤先生八十寿诞纪念论文集 413－431
从新出土汉简看西汉隶书成熟及东汉新体发展 王晓光 出土文献研究（第十五辑）411－422
甘肃简牍及其书法之特征 张林 艺术评论 1：135－138
金石文献中所见篆书种类 尚磊明 汉字文化 2：37－39
神圣与现实——黄河三角洲地区出土佛教造像的铭文题记书法 张卡 大众考古 39：66－69
欧体柳风传递千年法音——苏州瑞光寺塔藏佛经书法艺术简析 朱晋訸 文物天地 9：15－17
论宋代钱币文字造型异化和书法风格流变的成因 童领峰 青铜文化研究（第八辑）167－178

八 工艺美术

漆器

论先秦楚漆器符号的审美意味 余静贵 中华文化论坛 9：34－41
曾侯乙墓出土漆鹿考识 鹏宇 华夏考古 1：86－87
汉代官营漆器生产的相关问题——以蒙古国诺音乌拉墓葬出土漆器为中心 内田宏美 北方民族考古（第 3 辑）177－183
凝走弄香奁 对镜贴花黄——从盱眙出土的汉代漆奁盒漫谈古代女性梳妆文化 张小帆 收藏 11：89－93
日照海曲出土漆器纹样的美术学观察 许姗 中国文物报 12 月 16 日 6 版
中国犀皮漆起源探讨 王伯杨 收藏 7：128－131
出土宋代剔犀漆器的概论 陈晶 常州博物馆论文集（第一辑）195－212
辽代漆器的发现、品种及工艺 么乃亮 辽金历史与考古（第六辑）304－318
元明雕漆之美——从北京艺术博物馆所藏两代雕漆谈起 胡桂梅 北京文博文丛·2016·第 4 辑 32－38
古代漆器髹饰工艺经典著作《髹饰录》 长北 艺术探索 1：73－81
黑漆地戗金花卉人物漆盒浅析 姚晨辰 中国文物报 12 月 16 日 6 版
清代乾隆朝雕漆工艺特征初探 满建民、闵俊嵘 文物天地 5：78－80
清宫藏贵州漆器考 张丽 故宫学刊（总第十四辑）83－96
避暑山庄博物馆藏清代漆盒 杨海霞 文物春秋 2：67－70

补 遗

佛利尔美术馆藏宋元素髹漆器 梁献章著 何振纪译 浙江艺术职业学院学报 2015 年 4：126－131

金银器

北京花丝镶嵌史略 章永俊 北京文博文丛·2016·第 2 辑 44－50
秦文化的草原色彩——以战国晚期金怪兽为例 张文玲 故宫文物月刊 399：66－73
风格迥异 独领风骚——鄂尔多斯出土金银器 李锐 收藏 2：119－125
试论“塞人”黄金工艺入滇 刘珂、蔡郎与 中华文化论坛 9：95－103
秦金银制品的考古发现及相关问题初论 李宇 文博 4：19－26
秦金银器制作工艺探析 李宇 文物世界 3：18－24
试释海昏侯墓大马蹄金上的“上”“中”“下” 刘瑞 中国文物报 2 月 26 日 6 版
淄博市博物馆藏鎏金银盘 王焕文 文物 2：88－91
法门寺地宫出土银质壘子钩沉 刘呆运、王仓西 乾陵文化研究（十）286－292
赤峰地区出土唐宋时期金银器艺术风格浅析 陶建英 草原文物 1：101－108
从何家村到法门寺：金银器工艺的进步与发展 程旭 中国国家博物馆馆刊 10：147－156

何家村窖藏出土唐代金银器属性探讨——以莲花图案为例　文军　文博5：41－46
盛世遗珍　匠心独具——何家村窖藏出土的金、银铛赏析　梁敏、张桢　文物天地6：50－53
唐代人物故事鎏金银盘　黎文宗等　文物春秋5、6：105－107
盛放莲花　大唐气象——鸳鸯莲瓣纹金碗　蔡淋　文物天地6：54－55
辽代金银器中的西域胡文化因素　王春燕、冯恩学　北方民族考古（第3辑）245－253
明荆端王次妃刘氏墓出土的银器　陈春、陈丽新　东方博物（第五十五辑）48－52

补　遗

古蜀金面具与迈锡尼金面具之比较　冯亚　社科纵横2015年12：112－115

家具

南京博物院收藏的古代灯具　张遇　文物天地8：106－111
敦煌五代交椅家具考　杨森　敦煌研究4：63－69
大同地区的辽金家具探析　郝俊琦　文物世界6：10－13
金代大同地区的木家具探析——以金代阎德源墓出土的木家具为例　陶春慧　西京印迹——大同辽金文物169－175
清初宋祖法寿屏考释　谢辰　中原文物4：112－119

补　遗

东竹西渐：明清时期中西方竹家具案例比较研究　方海、汪相　南京艺术学院学报（美术与设计版）2015年6：76－80

文房四宝

"四大名砚"考辨　陈锋　光明日报5月18日14版
砚田千秋风雅颂——温州博物馆馆藏古砚品赏　高启新　收藏家8：33－36
砚墨色光——馆藏唐代陶瓷砚台选介　荆海燕、何颖　文物天地6：82－85
五彩斑斓的虢州石砚　郭婷　中国文物报7月26日8版
化腐朽为神奇：从一块泥巴到一方砚台　郭婷　中国文物报8月23日8版
宋元以来的黑石类文房　陈阳　东方博物（第五十五辑）77－82
宋代砚台浅析　陈静　成都文物3：60－64
清代带铭澄泥石砚考　胡小甜　中原文物2：104－112
浅谈松花砚　袁齐鸣　中国文物报9月20日8版
河北博物院清代砚台珍品　夏文峰　收藏家4：29－32

竹木工艺

竹镂文心生画意——馆藏竹刻赏　宁方勇　文物天地9：39－42
雕梁画栋今犹在——安徽博物院藏徽派建筑木雕精品赏　吴艳　收藏家10：63－66
美轮美奂的培田清代居民隔扇木雕　马青　文物天地3：74－77
清代文房竹雕笔筒赏析　涂乔　中国文物报11月15日7版

补　遗

明清嘉定竹刻仿生器解读　李芃　装饰2015年10：130－131

染织工艺

近三十年来秦汉丝织品及相关问题研究综述　吴方浪　中国史研究动态1：5－13
新都出土明代丝织品浅析　李钢　成都文物4：11－15

玻璃工艺

中国玻璃起源新论　毛晓沪　文物天地4：92－95
中国玻璃起源新论　毛晓沪　收藏家3：58－60
战国琉璃珠眼纹饰样式与观念的本土化　刘滴川　美术1：116－121
长沙市博物馆藏战国两汉琉璃器　张海军　文物天地4：96－101

其他

上海出土古代象牙雕刻器和权杖鉴赏　孙维昌　收藏家 8：19 – 21

淄博市博物馆藏微刻象牙牌考　王滨　东方博物（第六十辑）111 – 116

扇子的起源和变迁　丰家骅　寻根 4：80 – 85

江苏盱眙泗州城遗址出土紫砂器研究　张雪菲　东南文化 3：67 – 72

宜兴紫砂器起源与明代名家茗壶研究　陆明华　东南文化 3：78 – 86

南通博物苑藏陈鸣远制五色紫砂碗　沈倩、金锋　东南文化 3：73 – 77

香事清心　心清事香——馆藏明清香事用具　姚晨辰　文物天地 9：46 – 51

补　遗

唐宋香具的材质与工艺研究　魏洁等　南京艺术学院学报（美术与设计版）2015 年 6：60 – 63

陆　古代科学技术

一　造纸和印刷

甘肃天水放马滩西汉墓出土纸的再研究　李晓岑　考古 10：110 – 114

考古发现的西汉古纸　刘文瑜　成都文物 2：69 – 71

明清时期文化用纸材质初探　王欢欢　中国造纸 9：43 – 46

宁夏宏佛塔天宫装藏西夏文木雕版考述　景永时、王荣飞　敦煌学辑刊 2：156 – 166

二　冶铸

蓬勃发展的冶金考古研究　陈建立　南方文物 1：78 – 83

中国早期冶金术：当前研究面临的挑战　梅建军　早期中国研究（第 2 辑）74 – 92

范式之争：近期欧美学界关于近东冶金技术起源与传播的争论　王璞　青铜文化研究（第七辑）110 – 116

先秦时期冶金术中西交流的两次浪潮　陈建立　中国社会科学院古代文明研究中心通讯 29：56 – 62

冶铜技术可能始创于“块炼铜”　佘玲珠等　青铜文化研究（第六辑）216 – 218

试论古代中国的砷铜发现及传播问题　张旸　文物世界 2：20 – 23

试析热着色在青铜器上的应用　赵敏　青铜文化研究（第八辑）157 – 161

浅谈青铜器表面的垫片与支钉　李从明、郭永和　青铜文化研究（第八辑）138 – 143

中国青铜时代透空青铜器铸作工艺研究的几个问题　王金潮　青铜文化研究（第七辑）198 – 203

中国青铜时代透空青铜器泥范铸作工艺研究　王金潮　青铜文化研究（第六辑）278 – 287

失蜡工艺的起源与失蜡铸造的工艺特征——兼谈失蜡工艺问题研究的进展与意义　周卫荣　青铜文化研究（第六辑）267 – 277

中西方失蜡法之同异——兼评先秦“不存在失蜡法”一说的谬误　华觉明　青铜文化研究（第六辑）246 – 254

中国古代失蜡工艺求真——兼述失蜡工艺特征与青铜器鉴定　周卫荣　青铜文化研究（第七辑）180 – 185

“失蜡失织法”商榷　周卫荣、黄维　青铜文化研究（第八辑）129 – 137

史前黄铜器及其冶炼工艺　凡小盼、赵雄伟　中国国家博物馆馆刊 8：142 – 150

关于早期铜矿业探索如何深化的思考——以鄂东南及铜绿山古铜矿遗址考古为例　陈树祥　南方文物 1：84 – 88

辽西青铜时代早期矿冶遗址考察报告　李延祥等　北方民族考古（第 3 辑）279 – 298

二里头遗址铸铜遗存再探讨　陈国梁　中原文物 3：35 – 44

二里头文化至殷墟文化时期青铜器鋬的铸造技术及其发展 张昌平 文物 9：56－68
辽宁建平两处早期冶铜遗址的调查与初步认识 王立新等 边疆考古研究（第 19 辑）47－59
湖北郧县李营发现的铸铜遗存 张昌平、陈晖 考古 6：118－120
商周时期青铜工业直接生产者的身份和地位问题 李伯谦 青铜文化研究（第七辑）1－4
长江中下游地区商周时期采矿遗址研究 黎海超 考古 10：81－91
长江中下游古铜矿资源整合的相关问题 吕予惠 青铜文化研究（第七辑）94－98
盘龙城遗址首次发现铸造遗物及遗迹 韩用祥 江汉考古 2：36－39
试析盘龙城杨家嘴遗址 M26 所出青铜器铸造缺陷及其补救措施 苏昕 江汉考古 2：76－79
殷墟陶模、陶范、泥芯的制作工艺研究 岳占伟等 南方文物 2：129－140
殷墟孝民屯铸铜遗址出土陶范烧制工艺初探 金锐等 南方文物 2：141－147
大冶铜绿山古矿冶遗址的科学价值解析 陈树祥 中国文化遗产 3：52－60
大冶铜绿山古代矿冶生产者的故事 陈树祥 大众考古 41：29－38
古蜀时期青铜铸造技术研究 王方 成都文物 4：1－10
新疆古代青铜器及铜矿资源的分布 李刚 早期中国研究（第 2 辑）101－115
许公宁青铜透空饰件铸法再研究 李元芝 青铜文化研究（第七辑）167－172
论“苏州片”失蜡铸造工艺的特色及其价值 王汉卿 东南文化 5：26－31
从失蜡铸造、越王勾践剑菱形纹饰技术的争论谈科技考古学术规范问题 谭德睿 青铜文化研究（第六辑）255－266
广西出土越式铜鼎铸造工艺考察 蒋廷瑜 青铜文化研究（第六辑）109－117
九连墩楚墓中青铜器钎焊方式的探讨 金普军、宋爽 青铜文化研究（第六辑）211－215
复原曾侯乙编钟之实践 李明安 青铜文化研究（第八辑）144－153
中国古镜制作技艺中若干待解的认知问题 谭德睿 青铜文化研究（第八辑）122－128
先秦、两汉时期铸钱遗址的分析研究 廉海萍等 青铜文化研究（第七辑）186－197
从出土钱范谈安徽秦汉时期铜币的铸造工艺 方成军 青铜文化研究（第六辑）288－291
唐代冶金业机制与皖南冶铜业的历史地位 周怀宇、崔兰海 青铜文化研究（第六辑）29－35
唐代小金铜佛像的范铸法铸造实验——以四足方座基为中心 于春、董亚巍 四川文物 6：59－69
四川洪雅铜矿冶遗址的调查 陈苇 中国文物报 7 月 8 日 5 版
再论商王朝的衰亡与铅 孙明 华夏考古 1：75－81
古代青铜器锡矿来源的模拟实验分析 张国茂等 青铜文化研究（第七辑）145－147
西周时期周原地区的周原出土周原镀锡技术及文化意义 陈建立等 南方文物 1：103－108
基于炉渣分析的古代炒钢技术判定问题 陈建立、张周瑜 南方文物 1：115－121
经济发展与木—铁体系 陈明远、林川 社会科学论坛 10：22－42
郑韩故城出土战国晚期铁器铸造工艺分析 王淡春等 华夏考古 4：130－138
河南舞钢、西平地区战国秦汉冶铁遗址群的钢铁生产体系研究 秦臻等 中原文物 1：109－117
广西早期冶铁遗址的考古发现 蒙长旺 中国文物报 7 月 8 日 5 版
江西上饶包家金银冶炼遗址的冶金考古调查与研究 刘思然等 南方文物 1：122－131
重庆冶锌遗址群的发现与初步研究 肖碧瑞 中国文物报 7 月 8 日 5 版

补 遗

河东地区在汉代青铜文化中的历史表现 崔建华 长安大学学报（社科版）2015 年 4：133－140
清末漠河金矿考 杨昕沫 前沿 2015 年 9：135－139

三 纺织

扎滚鲁克毛编带研究 贺婧婧、王博 西部考古（第 10 辑）150－195
从考古文物看元代棉纺织品的发展：以隆化鸽子洞窖藏为例 刘蕴莹等 西北大学学报（自然科学版）

2：303－306

四 农业

农田杂草考古研究的意义 刘兴林 古今农业 2：10－15
以农业为切入点的中原地区史前人地关系研究 张俊娜、夏正楷 环境考古研究（第五辑）73－80
论云南地区的原始农业 袁国友 学术探索 5：117－124
赤峰地区古代农业的形成与发展——自小河西文化至明清时期 赵志军 第九届红山文化——高峰论坛论文集 195－204

农业起源

生态位构建视野下的农业探源 潘艳等 江汉考古 5：50－59
稻谷遗存落粒性变化与长江下游水稻起源和驯化 郑云飞等 南方文物 3：122－130
古环境与栽培稻的西进南下 陈昌富、张居中 环境考古研究（第五辑）44－52
先秦两汉农作物分布组合的考古学研究 刘兴林 考古学报 4：465－494
小麦最先入华的两地点考论 宋亦箫 华夏考古 2：31－38
试论中国北方龙山时代至两汉的小麦栽培 李成 考古与文物 5：100－109
论两汉时期中国北方小麦种植的发展 李成等 西北大学学报（哲社版）6：34－40
探析大食农作物在唐代中国的传播——从考古资料入手谈起 华小燕 临夏考古——临夏回族自治州博物馆论文集 375－388

农业工具

周原地区出土先秦青铜农具研究 王文耀 农业考古 3：160－163
古代圆形石磨相关问题研究 张凤 华夏考古 2：61－66
黄河中下游地区汉代铁犁与土壤耕作类型 张凤 中原文物 3：54－59
汉晋南朝岭南地区的牛耕 蒋廷瑜 广西博物馆文集（第十一辑）293－298
中国的船磨与船碓 史晓雷 古今农业 2：17－22

五 畜牧业

新疆地区家养绵羊的出现及早期利用 尤悦等 考古 12：104－114

六 水利

夏商都邑水利文化遗产的考古发现及其价值 杜金鹏 考古 1：88－102
公元前两千纪前后中原地区的水道设施（上）、（下） Pauline Sebillaud（史宝琳） 文物春秋 1：3－12、2：28－35
论城市水利与城市文明——以西汉都城长安为例 张建锋 “城市与文明”学术研讨会论文集 441－454
河道如巷 水系成网——古代广州的城市排水系统 黄巧好 大众考古 38：65－67
四川南充汉代水井遗存与汉代安汉县的农业生产活动 余小洪 农业考古 6：28－31
吐鲁番坎儿井相关问题概述 李刚 中国文物报 4 月 15 日 7 版
唐西州高昌城西水渠考（续）——中古时期西域水利研究之八 李方 吐鲁番学研究：吐鲁番与丝绸之路经济带高峰论坛暨第五届吐鲁番学国际学术研讨会论文集 89－94
明清时期水工技术初探——以江苏淮安清口水利枢纽为例 祁小东 东南文化 5：106－112

七 医药卫生

巫医合一时期的中国医学 赵容俊 出土文献与中国古代文明——李学勤先生八十寿诞纪念论文集 627－641

从简帛资料看盐在古代医学中的应用　刘海宇　东方考古（第12集）248－257
汉代对润湿伤民现象的认识与预防　石宁　文博4：58－61
唐代灸疗兴盛及其原因　高翠　寻根2：26－30
补　遗
古代画像及壁画中兔的医药文化涵蕴　杨金萍　南京中医药大学学报（社科版）2015年2：100－104

八　交通及交通工具

唐宋汴河形态考古学探讨　刘海旺　华夏考古4：108－117
西梭堤周边运河文化考古调查　王迪　东方考古（第13集）259－269
大运河山东段古河道及船闸考察与清代山东段运河高程重建　孙涛等　历史地理（第三十三辑）304－319
独木舟横行杭州湾——六千年前的杭州湾航海文明　吴健等　跨湖桥文化国际学术研讨会论文集186－193
关于先秦的“一车驾三马”之制　赵庆淼　考古1：103－107
战国戎人造车　赵吴成　故宫文物月刊398：38－50
谈谈馆藏北魏陶牛车和古代牛车　杨燕　文物天地11：70－72
早期高桥鞍的结构复原及其发展脉络　李云河　中原文物6：80－87
泉州南宋海船船壳的多重板鱼鳞式塔接技术　何国卫　海交史研究1：1－12
近二十年来明代造船与航海技术研究综述　罗小霞　“16至17世纪的海上丝绸之路”国际学术研讨会论文集82－95
“南澳Ⅰ号”沉船的年代及相关问题研究　郭学雷　“16至17世纪的海上丝绸之路”国际学术研讨会论文集119－143
福建古代造船技术略论　许路　水下考古学研究（第二卷）227－258
补　遗
广州：汉代中国海上丝绸之路第一大港　章深　学术研究2015年10：111－117

九　地理及地图

子午道名称的科技认识探讨　赵静　文博1：53－57
天水放马滩木板地图新探　晏昌贵　考古学报3：365－384
清康熙《富平舆地图》考略　杜永智、艾剑　文博6：87－91

一〇　制盐

黄河三角洲战略下的盐业考古研究与盐业遗产保护　王守功　东方考古（第12集）133－143
关于山东北部盐业考古的新思考　王青　东方考古（第12集）144－175
商周时期海盐生产与黄河三角洲开发　王爱民　东方考古（第12集）196－200
盐之于盐源青铜文化的观察　周志清　东方考古（第12集）185－195
鲁北商周盐业生产组织初步研究：以盔形器为例　魏峭巍　东方考古（第12集）228－243
鲁北沿海魏晋、北朝时期制盐业的考古学观察——东营市广北农场一分场一队东南遗址的个案分析　王子孟、孙兆锋　东方考古（第12集）284－295
香港龙鼓滩煮盐炉及其堆积分析　李浪林　东方考古（第12集）305－314
四川盐源盐棚山盐业遗存初步分析与研究　周志清等　中国文物报7月8日5版
中国古代淋土法制盐技术的发展与演变　牛英彬、白九江　中国文物报7月8日5版

且晒且煎 兼备生熟——海南万宁盐墩村海盐生产传统工艺调查 王仁湘 东方考古（第12集）315－318

一一 其他

北京古代手工业论略 章永俊 中国古都研究（第二十七辑）112－124

柒 古代文化生活

一 音乐

丝绸之路宗教艺术视野下的新疆有品乐器研究 夏凡 世界宗教文化3：131－137

商代编铙与先秦礼乐的肇始 闫浩 中原文物5：48－50

三星堆与金沙出土铜铃比较研究 沈博、幸晓峰 音乐探索1：48－52

海南岛古代青铜乐器研究 曹量、王晓平 中国音乐3：70－79

先秦编钟组合的礼制研究 李玉洁 考古与文物1：90－95

编钟"基组"的形成与定型：西周4件、8件组编甬钟"编列—音列"结构的微观分析 宋克宾 中国音乐2：49－55

郭家庙M30出土的编钮钟 张翔 音乐研究5：10－15

郭家庙曾国墓地发掘与音乐考古 方勤 音乐研究5：5－9

句鑃的功能与用途 马国伟 中国音乐2：56－62

图释周汉军乐之传承流变 李荣有 大汉故里——观图论乐：中国音乐图像学学会第二届年会暨学术研讨会文集3－21

双音乐钟转型之路：从战国中期到西汉早期 朱国伟 音乐艺术2：84－94

楚墓出土瑟座用途与名称重探 范常喜 出土文献研究（第十五辑）56－72

曾侯乙编钟"基""角""曾"三音组音高排列样式研究 黄大同 中国音乐学1：96－101

从音乐文物图像资料看汉唐吹奏乐器的发展 万博 大汉故里——观图论乐：中国音乐图像学学会第二届年会暨学术研讨会文集129－147

汉画图解"相和歌"艺术的个性化标志——丝竹乐 刘振 大汉故里——观图论乐：中国音乐图像学学会第二届年会暨学术研讨会文集84－91

汉画像石中"琴、瑟、筝、筑"图像辨析 武利华 大汉故里——观图论乐：中国音乐图像学学会第二届年会暨学术研讨会文集22－45

从徐州汉画看汉代用乐形式与功能 朱国伟 大汉故里——观图论乐：中国音乐图像学学会第二届年会暨学术研讨会文集103－121

大云山汉墓编钟的测音分析与研究 冯卓慧 中国音乐1：62－77

试论海昏侯墓的乐钟制度 张闻捷 中国文物报5月6日6版

新疆丝路沿线出土琵琶类乐器及其音响复原构想 吴春艳、张寅 音乐研究3：39－48

箜篌图像探赜 贺志凌 天津音乐学院学报2：44－51

论集安高句丽墓壁画中的细腰鼓 王希丹 音乐研究2：44－56

汉传佛经中的"琉璃琴"考——以云岗石窟第六窟的"耶输陀罗入梦图"为例 李美燕 大汉故里——观图论乐：中国音乐图像学学会第二届年会暨学术研讨会文集201－210

龟兹石窟壁画中的乐器考 赵丽娅、台来提·乌布力 新美术5：35－38

此处无声胜有声——唐代墓葬图像中的琵琶及其乐舞组合 周杨 两个世界的徘徊：中古时期丧葬观念风俗与礼仪制度学术研讨会论文集136－152

唐代古琴的形制特征 秦一 中国文物报1月12日7版

大雅大晟钟，睿智昏德公：北宋大晟钟雅俗名实考 李幼平 装饰 1：12－15
大钟寺古钟博物馆藏北宋道钟考析——兼论一件大晟钟钮流传的可能 罗飞 北京文博文丛·2016·第1辑 8－15
有关契丹——辽琵琶的音乐图像学研究 陈璐 大汉故里——观图论乐：中国音乐图像学学会第二届年会暨学术研讨会文集 272－280
宣化契丹——辽墓散乐壁画音乐图像学的初步分析 张杨 大汉故里——观图论乐：中国音乐图像学学会第二届年会暨学术研讨会文集 281－291
壁画音乐图像与社会文化变迁：榆林窟和东千佛洞壁画上的拉弦乐器再研究 郑炳林、朱晓峰 东北师大学报（哲社版）1：1－6
试论镶嵌硬木“百衲琴”制作年代 刘岐荣 故宫学刊（总第十三辑）79－85
补 遗
梵乐之螺贝——以南北朝至隋唐佛教石窟图像为例 安忠义 中国音乐学 2015 年 4：82－89
弹拨乐器流变考：以敦煌莫高窟壁画弦鼗图像为依据 朱晓峰 中央音乐学院学报 2015 年 4：114－128
大晟钟的复原研究与仿（重）制试验 李幼平 黄钟 2015 年 4：58－66
辽代羯鼓探微 王珺 乐府新声（沈阳音乐学院学报）2015 年 3：35－40

二 舞蹈

舞蹈岩画：人与神的身体对话 沈学英 浙江艺术职业学院学报 2：24－31
古代岭南少数民族的乐舞图像及其文化阐释 别志安、李莉 大汉故里——观图论乐：中国音乐图像学学会第二届年会暨学术研讨会文集 243－249
沧源崖画舞蹈图像的象征性和创作者 王玲 大汉故里——观图论乐：中国音乐图像学学会第二届年会暨学术研讨会文集 367－383
骆越舞蹈艺术风采的展示——左江花山岩画人物图像舞蹈属性辨识 覃彩銮 中国文化遗产 4：92－103
汉画像中巾舞与袖舞的辨析 汪洁 大汉故里——观图论乐：中国音乐图像学学会第二届年会暨学术研讨会文集 92－102
文物中的“舞” 吴正光 中国文物报 8 月 5 日 4 版
丝绸之路东段北道上的乐舞文化 石磊 丝绸之路 2：8－9
戎华兼采，鲜卑当歌——北魏平城时代乐舞文化中的鲜卑因素 赵昆雨 大汉故里——观图论乐：中国音乐图像学学会第二届年会暨学术研讨会文集 211－231
中古入华粟特乐舞及其影响 任方冰 音乐研究 4：19－30
龙门石窟唐代造像中的舞蹈形态探微 饶开芹、周安文 中原文物 1：87－91
椎髻文身舞翩跹——铜鼓羽人舞蹈纹探析（二） 罗坤馨 广西博物馆文集（第十一辑）299－315
辽金散乐初探 安晓霞 地域性辽金史研究（第一辑）289－321
补 遗
祭祀性、军事性、娱乐性：汉画像中巴人乐舞性质微探 赵玲 中国音乐 2015 年 3：176－179
敦煌石窟壁画中舞蹈形象的文化解析 汤旭梅 北京舞蹈学院学报 2015 年 5：27－32

三 戏剧

从“逢场作戏”到“粉墨登场” 田建文 古代文明研究通讯 69：51－57
汉画中俳优形象 季伟 大汉故里——观图论乐：中国音乐图像学学会第二届年会暨学术研讨会文集 46－83
晋南地区保存的宋金杂剧乐队图像研究 高兴、牛嘉 大汉故里——观图论乐：中国音乐图像学学会第二届年会暨学术研讨会文集 151－163
试析金代墓葬中的戏曲图像 夏天 南方文物 3：292－300

四 体育与杂技

吐鲁番洋海墓地出土马球考 陈新勇 吐鲁番学研究：吐鲁番与丝绸之路经济带高峰论坛暨第五届吐鲁番学国际学术研讨会论文集 218－224
临淄出土的赛马瓦当与中国古代赛马 朱淑菊、蔡亚非 中国文物报 3 月 8 日 8 版
东汉外来杂技幻术与佛像关系及影响 何志国 民族艺术 1：76－81
从宫殿到石窟：莫高窟早期平棋艺术的构成形式及其功能变迁 邵强军 敦煌学辑刊 1：100－109
从出土文物探讨唐代体育运动的价值观 田卫丽 文物世界 2：8－11
陕西出土的宋代儿童体育文物 魏女 大众考古 31：52－57
世界最早的足球协会：宋代“圆社”考 赵明奇、石星 中国古都研究（第二十七辑）1－6
辽宁彰武出土的辽代双陆棋 梁姝丹 地域性辽金史研究（第一辑）178－187

五 饮食文化

两千年前的茶贸易：植钙体寻迹丝绸之路 隰晓飞 中国文物报 9 月 13 日 5 版
汉画中的酒具和酒仪 郝元义 中国汉画研究（第五卷）159－251
考古资料所见汉代“烧烤”风俗 李欣 四川文物 1：77－81
两汉魏晋南北朝时期的姜 高二旺 农业考古 4：190－194
量茶受汤 乐而忘忧——中国茶叶博物馆馆藏茶则（匙）鉴赏 乐素娜 收藏家 3：85－89
俗世雅韵：宋人生活与器用之逸事 陈彦姝 装饰 1：16－21
俗人雅事：宋代墓葬图像中的“茶事” 丁雨 装饰 8：30－33
吉林省大安市酿酒总厂出土的辽代烧酒器具考述 孔令海 地域性辽金史研究（第一辑）149－156
元代蒸馏酒制作技艺及其现代调查研究 王猛、仪德刚 农业考古 3：197－201
多穆壶定义考略 满泽阳 学问 2：38－42
天涵 地载 人育——中国茶叶博物馆馆藏精品盖碗鉴赏（上）、（下） 乐素娜 收藏家 8：73－77、9：53－58
浅绛夺色——汪友棠瓷绘茶壶赏析 陈明良 收藏家 8：78－80

捌 少数民族考古及民族志

一 西北地区

新疆阿勒泰早期铁器时代石构墓葬的特点 刘思文 宁夏大学学报（人文社科版）1：63－67
吐鲁番地区早期铁器时代考古 张良仁等 早期中国研究（第 2 辑）116－155
塔里木盆地的贵霜大月氏人 陈晓露 边疆考古研究（第 19 辑）207－221
试论匈奴民族的发展与南北文化的交融 高崇文 古代文明（第 10 卷）255－261
东汉至魏晋降汉匈奴人墓葬研究 单月英 两个世界的徘徊：中古时期丧葬观念风俗与礼仪制度学术研讨会论文集 439－472
汉代丝绸之路上的粟特人 林海村 北方民族考古（第 3 辑）193－206
粟特人史君漫谈 丁爱博（ALbert E. Dien）著 陈昊雯译校 北方民族考古（第 3 辑）207－217
青海古代民族弓箭文化考述：以羌、鲜卑、吐蕃为例 逯克胜 青海民族研究 3：206－209

二 东北地区

内蒙古地区早期铁器时代考古学文化与周围的关系 索秀芬、李少兵 内蒙古社会科学 3：73－78
滚兔岭文化与凤林文化关系刍议 张伟等 北方文物 4：28－34

玖　宗教遗迹与遗物

一　原始宗教

说“七”　刘学堂　吐鲁番学研究：吐鲁番与丝绸之路经济带高峰论坛暨第五届吐鲁番学国际学术研讨会论文集 199 - 204

浅议女真萨满墓葬　梁娜　学问 3：82 - 88

二　佛教

汉晋时期中国佛教艺术的考古学观察　贺云翱　佛像、图像与遗产——美术考古与大足学研究 41 - 69

弥勒上生信仰在古代吐鲁番盆地的流传　彭杰　石窟艺术研究（第一辑）349 - 356

文物保护中宗教界的文化自觉与担当——以重庆华岩寺佛教遗迹考察为例　曾友和　中国文物报 10 月 4 日 3 版

十六国至北魏时期的邺城佛教史迹　何利群　中原文物 2：45 - 52

南京地区发现的南朝佛寺遗迹、遗物　岳涌　南京文物考古新发现（第 4 辑）281 - 288

南北朝隋代萨埵太子本生与须大拏太子本生图像　李静杰　石窟艺术研究（第一辑）125 - 173

佛图澄与邺都的佛教传播　吕何生　中国古都研究（第二十七辑）106 - 111

新乡北朝佛教史迹刍议　何利群　华夏考古 3：101 - 106

山西定襄县七岩山“惠应圣母”信仰的源流与演变　徐晔　文物世界 4：32 - 37

隐藏在麦积山石窟佛像中的珍贵文物　张萍　中国文化遗产 1：48 - 51

庄严法相　心性理趣——嘉兴博物馆藏佛教文物赏析　刘云峰　收藏家 6：27 - 33

道成舍利：重读仁寿年间隋文帝奉安佛舍利事件　郑弌　美术研究 3：63 - 70

越南北宁省顺成县春关村出土的隋仁寿元年舍利石函及舍利塔铭——交州龙编县禅众寺舍利石函及塔铭调查记　冉万里　西部考古（第 10 辑）51 - 67

三阶教《七阶礼》与佛名礼忏　杨学勇　敦煌研究 1：92 - 101

试论僧伽崇拜及其相关问题　徐汝聪　“城市与文明”学术研讨会论文集 576 - 602

以东亚玄奘画像为中心审视圣僧神化历程　王静芬著　张善庆译　敦煌研究 2：16 - 31

玄奘图像之滥觞及早期玄奘图像——玄奘图像学考察（一）　刘玉权　敦煌研究 5：36 - 41

从于阗到益州：唐宋时期毗沙门天王图像的流变　霍巍　中国藏学 1：24 - 43

高昌回鹘佛教图像研究补证　霍旭初　吐鲁番学研究：吐鲁番与丝绸之路经济带高峰论坛暨第五届吐鲁番学国际学术研讨会论文集 181 - 193

关于卵塔、无缝塔及普同塔　张十庆　中国建筑史论汇刊（第十三辑）121 - 133

甘肃泾川大云寺舍利石函铭与佛教塔基考古研究　赵超、邱亮　考古 6：101 - 110

涅槃前后——蓝田出土唐代舍利石函图像新探　于薇　美术研究 3：71 - 76

渤海舍利瘗埋形制及其所反映的文化交流信息刍议　张博　中原文物 1：69 - 72

无与伦比　多项之最——法门寺佛宝考古纪略　毛小东　收藏 1：137 - 146

关于法门寺塔基地宫出土银棱盝顶檀香木函的相关问题探讨　冉万里　文博 2：42 - 48

佛装与佛化——中古时期泗州僧伽信仰与图像的在地化　郑弌　中国国家博物馆馆刊 12：71 - 97

佛装与佛化：五代至宋时期僧伽信仰图像的在地化　郑弌　田野、实践与方法：美术考古与大足学研究 67 - 98

11 - 15 世纪佛教艺术中的神系重构（二）——以白伞盖佛母为中心　廖旸　故宫博物院院刊 5：6 - 22

连云港海清寺阿育王塔舍利瘗埋特征探析　朱良赛　常州文博论丛 2016 年（第 2 辑）53 - 56

连云港海清寺阿育王塔出土石函图像考略　赵旭　文物春秋 4：65 - 67

浅析辽代多重信仰的融通性——以摩尼珠纹样演化为例　刘义　辽金历史与考古（第六辑）287－291
北京地区现存辽金佛教遗迹考　陈晓敏　地域性辽金史研究（第一辑）322－333
西夏时期凉州佛教的特点及影响　高辉　陇右文博 2：22－26
居庸关过街塔造像义蕴考——从居庸关图像看佛教美术研究如何面对已有成论的学术个案　谢继胜　佛像、图像与遗产——美术考古与大足学研究 127－148
解析上海出土文物中的藏传佛教因素　徐汝聪　东南文化 5：98－105
碑文所见明代在甘青地区弘扬藏传佛教的客观条件　吴景山、贾竞阳　中国藏学 3：208－212
陕西省现存喇嘛塔遗迹初探　李俊　文博 4：27－33
晋东南的七佛殿与七佛信仰　张君梅　文物世界 1：52－54
北京地区藏明清佛钟尺寸比例探微　黄雯兰　北京文博文丛·2016·第 1 辑 16－21
明代转轮藏探析——以平武报恩寺和北京智化寺转轮藏为例　张磊　文物 11：64－71
雍和宫明代铜铸须弥山之初探　李杨　北京文博文丛·2016·第 2 辑 40－43
巴塘雕刻、建筑及绘画艺术　四川省巴塘县地方志办公室　巴蜀史志 2：18－20
武汉古德寺宗教艺术浅析　熊威　法音 6：45－50
雍和宫藏清代阿弥陀佛极乐世界唐卡艺术风格及来源分析　孙涛　收藏家 5：65－71
丽水山中凡圣聚　且食且饮禅味浓——十世噶玛巴却英多杰绘玛尔巴丝绢唐卡赏析　黄春和　收藏家 11：40－45

补　遗

唐末至五代《观世音菩萨像幡》与《观世音菩萨像幡残片》　韦陀、林保尧　艺术家 2015 年 477：310－317

三　道教

融安南朝墓出土滑石符牌与道教文化初探　马余健　广西博物馆文集（第十一辑）349－355

四　其他宗教

秦汉时期巴蜀地区僰人种族暨宗教信仰探析　苏银梅　博苑耕耘（第 2 辑）94－99
祆教“万灵节”的沿革与礼仪　张小贵　两个世界的徘徊：中古时期丧葬观念风俗与礼仪制度学术研讨会论文集 385－398
北朝粟特人大会中祆教色彩的新图像——中国国家博物馆藏北朝石堂解析　葛承雍　文物 1：71－84
莫高窟第 158 窟图像与祆教关系辨析　张小贵、李清波　欧亚学刊（新 4 辑）191－202

补　遗

辽塔密教图像义蕴考：兼及对图像配置的探讨　于博　南京艺术学院学报（美术与设计版）2015 年 5：112－123

拾　历史地理与名胜古迹

一　历史地理

以古洪水为视角论“禹都阳城”非濮阳所在　王朝辉　洛阳考古（总第 12 期）46－49
三塗山、涂山氏及其历史文化考察　蔡运章等　洛阳考古（总第 13 期）41－53
殷商“仓”、“干”方国史地考　陈琴　历史地理（第三十三辑）247－251
秦楚联军破吴之“沂（析）”地考　魏栋　江汉考古 1：69－75
略论巴人早期的历史与地望　赵炳清　江汉考古 3：85－94
两汉时期大城县故城位置初考　艾冲　中国古都研究（第二十七辑）155－164

汉晋当阳县小考　王琢玺　历史地理（第三十三辑）258－264
福州古代的山水环境与城市形成　楼建龙　“城市与文明”学术研讨会论文集489－497
石门障寻踪　张文平　草原文物2：93－97
“长坂”新探　刘甫　历史地理（第三十三辑）265－268
扜弥国都考　陈晓露　考古与文物3：93－105
试论北魏六镇地望　松下宪一　北方民族考古（第3辑）233－243
唐代明州初治地望考辨　许超等　东南文化1：92－97

二　名胜古迹

北京西山八大处史迹述略　陈康　北京文博文丛·2016·第3辑14－26
京西皇姑寺历史沿革考　苗天娥　北京文博文丛·2016·第3辑27－37

拾壹　中外关系与文化交流

从彩陶、冶铜术的出现看早期中外文化交流　宋亦箫　北方民族考古（第3辑）299－310
丝路考古的世界视野　张远等　中国文物报12月20日1版
“丝绸之路”遗珍暨固原文物考古　冯国富、马兰英　博苑耕耘（第2辑）21－32
对“海上丝绸之路”研究有关问题的重新思考　吴春明　南方文物3：186－191
海上丝绸之路拾珍　朱素珍　收藏8：96－102
考古学视野下的丝绸之路军事遗存　赵丛苍、张朝　文物2：73－80
浅析骆驼城遗址及其在丝绸之路上的重要地位　夏吉金　丝绸之路12：14－15
北部湾地区汉代玻璃和海上丝绸之路　［德］博碧姬（Brigitte Borell）　广西博物馆文集（第十一辑）167－179
刍议敦煌出土的汉代漆器与丝路传播　张海博　丝绸之路4：14－15
汉唐丝路漆器文化外溢：契机、途径与效应　胡玉康　深圳大学学报（人文社科版）1：14－22
丝路河西道上的良马——以汉唐考古资料为中心的考察　贾小军　中国图像史学（第1辑）125－144
宁夏“丝绸之路”重镇发现的中亚粟特人文化遗存　魏瑾　博苑耕耘（第2辑）100－104
刍议东北亚地区古代钢铁技术的发展与传播　陈建立、张周瑜　北方民族考古（第3辑）271－278
9～14世纪南海及周边海域沉船的发现与研究　童歆　水下考古学研究（第二卷）45－101
海上丝绸之路上的璀璨明珠——长沙窑中外文化交流略谈　张海军　收藏家3：17－24
文献和考古材料所见五代南汉国的海外贸易　易西兵　南方文物3：285－291
宋元外销瓷的窑口与输出港口　森达也　考古与文物6：56－64
中国东南沿海及东南亚地区沉船所见宋元贸易陶瓷　刘未　考古与文物6：65－75
肯尼亚乌瓜纳遗址出土的中国瓷器　丁雨、秦大树　考古与文物6：26－46
古龙泉窑的“海上之路”考　吴越滨　美术观察10：111－114
非洲地区发现的元明龙泉窑瓷器　申浚　考古与文物6：110－117
赐赉抑或贩卖？——关于海外留存元代青花瓷输出性质的一个思考　黄珊　水下考古学研究（第二卷）158－170
从沉船资料看明代海外贸易的变迁——以东亚海域发现的16－17世纪沉船瓷器为例　刘淼　“16至17世纪的海上丝绸之路”国际学术研讨会论文集96－110
远涉海外的明末青花——克拉克瓷器　吴文强　收藏家4：59－63
关于所谓“的惺号”及其出土文物的一些意见　陈国栋　水下考古学研究（第二卷）21－44
从玲珑瓷看中国与伊斯兰世界的文化交流　林梅村等　水下考古学研究（第二卷）150－157

补　遗

唐中后期东方海上丝绸之路繁荣原因探析　刘凤鸣　中国高校社会科学2015年6：73－85

拾贰　学术信息与文博工作

一　学术会议

中国考古：更加“外向”　杨雪梅　人民日报5月24日2版

回顾历程　展望未来——历史学视野下的中国考古学——纪念《考古学报》创刊八十周年学术研讨会纪要　贾昌明　中国文物报8月26日6版

初心不改　方兴未艾——首届中国考古学大会公共考古研讨会纪要　张宸、乔玉　四川文物3：92－96

全国考古工作会在武汉召开　郭晓蓉　中国文物报10月14日1版

打造区域合作平台　协同创新共谋发展——第六届黄淮七省考古论坛、西北五省一校考古联席会议在西安举办　陕西省考古研究院　中国文物报11月18日7版

“中国社会科学院考古学论坛·2015年中国考古新发现”纪要　苗霞　考古7：90－96

聚焦文保理念　交流科技成果——中国文物保护技术协会第九次学术年会综述　冯朝晖　中国文物报12月23日5版

第十四届全国考古与文物保护化学学术研讨会在兰州召开　郭桂香　中国文物报8月19日2版

文物保护：信息与文物同样重要——全国第十四届考古与文物保护化学学术研讨会简述　郭桂香　中国文物报9月2日3版

全国文物科技工作会议在京召开——创新驱动　谱写新篇　王龙霄　中国文物报12月13日1版

陕西召开文物科技保护工作会议　庞博　中国文物报11月8日2版

关于城市与文明的一些想法——在“城市与文明”学术研讨会上的发言　严文明　“城市与文明”学术研讨会论文集3－5

我从上海的历史看到了什么？——在“城市与文明”学术研讨会上的发言　张忠培　“城市与文明”学术研讨会论文集1－2

参会收获与联想——在“城市与文明”学术研讨会上的发言　李伯谦　“城市与文明”学术研讨会论文集6－8

中国和东南亚第四纪与史前史研究的新进展——南京第四纪与史前史国际会议与课程综述　周玉瑞、邵庆丰　中国文物报7月8日6版

“黄河流域史前陶器与文明·社会”学术研讨会纪要　胡秋莉等　中国文物报3月11日6版

首都师范大学首场新石器考古学术沙龙纪要　赵雅楠　中国文物报7月15日6版

“都邑与水系考古”专题学术研讨会听记　常怀颖　古代文明研究通讯68：57－66

层出不穷的发现　不断被颠覆的传统认识——陕西神木石峁遗址国际学术研讨会探讨早期石城和文明化进程　李政　中国文物报8月23日1版

“早期石城和文明化进程——中国陕西神木石峁遗址国际学术研讨会”纪要　张鹏程、邵晶　中国文物报9月13日6版

“淮河中下游地区的龙山时代”学术研讨会召开　张小雷、傅静　中国文物报9月30日2版

“顺山集文化学术研讨会”在江苏泗洪召开　南京博物院　中国文物报6月17日6版

顺山集文化诠释淮河流域八千年文明（专家讨论发言摘要）　甘恢元等　中国文物报6月17日7版

“江苏省溧阳市秦堂山遗址考古成果专家论证会”会议纪要　南京博物院（朱雪菲）　东南文化3：124－126

“伟哉，良渚”：学术界研讨纪念良渚遗址考古发现八十周年　李政　中国文物报11月25日1版

伟哉良渚：发现八十载　回首五千年——良渚遗址考古发现八十周年学术研讨会纪实　宋姝等　中国文物报12月2日5版

良渚遗址考古发现八十周年学术研讨会在杭召开　良渚遗址管委会　浙江文物 6：6

“江苏省兴化、东台市蒋庄遗址考古成果专家论证会”会议纪要　南京博物院（朱雪菲）　东南文化 5：121－126

江苏蒋庄遗址考古发掘成果论证会召开　李政　中国文物报 3 月 4 日 2 版

寺墩遗址群良渚文化的重要发现——“寺墩遗址群考古调查暨象墩遗址群考古发掘成果论证会”纪要　朱雪菲　中国文物报 12 月 16 日 6 版

历届学术会议概要回顾　红山文化研究（第二辑）195－241

“五千年文明见证——红山文化与中华文明学术研讨会”综述　徐昭峰、田野　中国史研究动态 4：52－53

多维视角下的红山文化研究：第九届红山文化高峰论坛述要　于建设、滕海键　第九届红山文化——高峰论坛论文集 311－321

“中国早期文明与国家建构”学术研讨会综述　魏永康　中国史研究动态 2：58－59

聚焦河济聚落　追踪中华文明——首都师范大学举办“河济地区文明起源与早期国家”学术研讨会　陈雪飞　聚落考古 1：104－106

嵩山文明与中国早期王都研讨会暨中国古都学会 2014 年年会在郑州召开　亿里　中国古都研究（第二十七辑）165－167

“早期东西文化交流”国际学术会议纪要　贺逸云等　中国文物报 10 月 21 日 6 版

首届“中国考古学大会”夏商考古分组讨论听记　常怀颖　古代文明研究通讯 69：66－76

“鲁西南及周边区域夏商时期的文化与环境”学术研讨会纪要　梅圆圆、高明奎　古代文明研究通讯 69：77－84

鲁西南及周边区域夏商时期的文化与环境学术研讨会召开　李政　中国文物报 4 月 1 日 1 版

草原丝绸之路考古国际学术研讨会会议纪要　刘翀　北方民族考古（第 3 辑）323－332

高层次、高水平、高效率青铜文明与科技考古国际学术研讨会综述　铜文　青铜文化研究（第六辑）306－308

商周青铜器暨铸造工艺研究研讨会在香港中文大学举行　承真楼　华夏考古 4：147－150

“商周青铜器暨铸造工艺研究”会议听记　常怀颖　古代文明研究通讯 71：67－73

“2010 中国（铜陵）青铜文化论坛”会议综述　铜文　青铜文化研究（第七辑）208－210

“2012·中国（铜陵）青铜文化论坛”综述　铜文　青铜文化研究（第八辑）179－182

“宝鸡戴家湾、石鼓山与安阳出土青铜器及陶范学术研讨会”纪要　常怀颖　古代文明研究通讯 68：66－86

曾国考古暨苏家垄出土曾国青铜器五十周年国际学术研讨会召开　李政　中国文物报 12 月 20 日 2 版

青铜器与山东古国学术研讨会纪要　常怀颖、徐倩倩　古代文明研究通讯 68：86－100

“青铜器与山东古国”学术研讨会在莒县召开　徐倩倩、常怀颖　中国文物报 1 月 15 日 6 版

“保护与传承视野下的鲁文化学术研讨会”考古类研究听记　常怀颖　古代文明研究通讯 71：48－54

首届全国（凤翔）秦文化学术研讨会在凤翔召开　贾昌明　中国文物报 8 月 30 日 2 版

楚文化研究会第十四次年会纪要　凡国栋、常怀颖　古代文明研究通讯 68：47－57

“三星堆与世界上古文明暨纪念三星堆祭祀坑发现三十周年国际学术研讨会”综述　雷雨、冉宏林　四川文物 5：91－96

三星堆与世界上古文明暨纪念三星堆祭祀坑发现三十周年国际学术研讨会召开　李政　中国文物报 7 月 22 日 1 版

“跨越欧亚：从天山到阿尔泰山及其周边地区的青铜时代”国际学术研讨会综述　丛德新等　西域研究 4：136－139

展示成果　推进学术　服务大局——汉代海上丝绸之路考古与汉文化国际学术研讨会概述　李政　中国文物报 11 月 4 日 6 版

“汉阳陵与汉文化研究”学术研讨会综述 中国史研究动态1：63－64

“秦汉考古视野下的汉代海昏侯墓地考古及其意义”学术研讨会在南昌召开 洪石 中国文物报1月5日1版

“南昌海昏侯墓发掘暨秦汉区域文化”国际学术研讨会综述 黄雪薇、刘晓霞 中国史研究动态5：63－64

2016敦煌论坛：交融与创新——纪念莫高窟创建1650周年国际学术研讨会在敦煌研究院召开 敦煌研究6：1－2

“纪念莫高窟创建1650周年国际学术研讨会”综述 张先堂、李国 敦煌研究6：13－20

敦煌举办国际学术研讨会纪念莫高窟创建1650周年 文犀 中国文物报8月23日1版

交融与创新：纪念莫高窟创建1650周年国际学术研讨会开幕式致辞 王旭东 敦煌研究6：6－8

“敦煌莫高窟专题研讨会”综述 贺玉蕾 敦煌研究5：31－35

辽宁省盖州市青石岭山城发掘收获及现场讨论会纪要 中国社会科学考古研究所等（王飞峰等） 中国文物报11月18日5版

纪念杨志玖先生诞辰一百周年暨隋唐宋元时期的中国与世界国际学术研讨会综述 沈伏琼 中国史研究动态2：62－63

“丝绸之路与玉文化研讨会”综述 马林 故宫博物院院刊1：153－159

“第四届西夏学国际学术论坛暨河西历史文化研讨会”综述 安北江 中国史研究动态4：56－57

“十六至十七世纪的海上丝绸之路国际学术研讨会”纪要 刘冬媚 中国文物报1月15日6版

桂阳矿冶遗址考古发掘专家座谈会会议纪要 肖亚、莫林恒 中国文物报12月30日7版

第四届“出土文献与法律史研究”学术研讨会纪要 黄海 出土文献与法律史研究（第四辑）362－374

“西域出土文献与丝绸之路历史文化研讨会”综述 段真子 西域研究4：132－135

“第四届中国古文书学研讨会”综述 武绍卫 中国史研究动态5：67－68

简牍学国际学术研讨会在兰州召开 张顺 中国文物报8月23日2版

纪念走马楼三国吴简发现二十周年——简帛研究国际学术研讨会在长沙召开 钱冶 中国文物报9月2日2版

纪念房山石经刊刻与云居寺创建1400周年暨中国佛协发掘拓印房山石经60周年国际学术讨论会召开 张晓磊 中国文物报9月13日2版

中国早期艺术与汉代建筑学术讨论会综述 秦臻、李泽龙 中原文物4：127－128

汉画像研究的新视野——中国汉画学会第十五届年会综述 黄亚甜、朱存明 中原文物2：120－123

广泛交流 跨界合作——北方草原古代壁画艺术保护与研究国际研讨会综述 高兴超等 中国文物报9月30日6版

第二届国家古代壁画与土遗址保护工程技术研究中心召开会议 刘洪丽、吴健 中国文物报3月25日2版

穷古通今——两岸唐三彩暨低温釉陶学术研讨会综述 黄林纳 中原文物2：124－128

“故宫博物院汝窑学术研讨会”会议综述 故宫博物院古陶瓷研究所（韩倩） 故宫博物院院刊3：152－158

天青新视界——记故宫汝窑瓷器展及学术研讨会 耕生 收藏4：50－59

“‘紫泥沉香’宜兴紫砂学术研讨会”综述 杭涛 东南文化3：93－95

第六届西藏考古与艺术国际学术讨论会综述 孟丽、王传播 中国藏学3：241－246

中国海上丝绸之路历史文化研究展望学术研讨会综述 李毅婷 中国史研究动态5：69－70

海上丝绸之路国际学术研讨会召开 杨逸尘 中国文物报6月10日1版

全国沿海地区水下考古座谈会在宁波召开 林国聪 中国文物报6月17日2版

“冶金技术与中华文明”第一次学术研讨会在京召开 常怀颖 中国文物报1月19日1版

“冶金技术与中华文明”学术研讨会纪要 常怀颖 古代文明研究通讯68：101－109

中国西南地区冶金与盐业考古学术研讨会召开　贾昌明　中国文物报 6 月 24 日 2 版
新疆钱币学会 2015 年学术年会综述　蔡杰华　新疆钱币 1：34－35
“第十届国际音乐考古大会”听记　常怀颖　古代文明研究通讯 71：55－66
人类骨悟考古大有可为——人类骨髓考古专业委员会成果综述　王明辉　边疆考古研究（第 20 辑）427－437
中国古脊椎动物学会第 15 次学术年会在大庆召开　苏欣　中国文物报 8 月 30 日 2 版
“全球发展与中国视角动物考古”学术研讨会纪要　王娟、侯彦峰　中国文物报 11 月 18 日 6 版
第七届海峡两岸文化遗产保护论坛在西安开幕　中国文物报 11 月 4 日 1 版
城市考古与考古遗产保护学术研讨会在广州召开　穗文考　中国文物报 12 月 9 日 1 版
东亚纸质文物保护国际学术研讨会在南京召开　郭桂香　中国文物报 11 月 15 日 2 版
龙宿郊民古风在　木叶丹黄醉钟山——东亚纸质文物保护学术研讨会纪实　陈潇俐　中国文物报 11 月 25 日 5 版
长城保护　任重道远——国家文物局《中国长城保护报告》座谈会和传承保护维修研讨会综述　郭桂香、冯朝晖　中国文物报 12 月 6 日 3 版
中国大运河保护利用常州论坛举办　张俊梅　中国文物报 11 月 8 日 1 版

二　文博展览

第十三届（2015 年度）全国博物馆十大陈列展览精品推介　中国文物报 5 月 24 日 10、11 版
大河上下　彩耀中华——黄河流域史前陶器展集萃　徐波等　收藏 5：56－65
青铜的对话——黄河与长江流域商代青铜文明展　杨难得　收藏家 9：3－12
浙江省博物馆举办“银的历程——从银两到银元”展览　林梦璇　浙江文物 1：4
走向帝国——秦·俑—秦文化与兵马俑特展介绍　张志光、蔡庆良　故宫文物月刊 398：4－21
江西南昌汉代海昏侯墓考古成果发布　文宣　中国文物报 3 月 4 日 2 版
五色炫曜——南昌汉代海昏侯国考古成果赴京展出　耕生　收藏 5：114－121
知白守黑——北方黑釉瓷精品文物展　阎焰　收藏 6：56－60
迄今最早纪年墓出土的唐三彩俑——唐秋官尚书李晦墓考古成果在陕展出　耕生　收藏 3：80－83
中兴纪胜——浙江省博物馆举办南宋风物展　王宣艳　收藏 4：98－105
金玉默守——湖北蕲春明荆藩王墓珍宝展　倪毅　收藏家 9：23－31
越过昆仑山的珍宝——院藏伊斯兰玉器特展　邓淑苹　故宫文物月刊 394：62－71
故宫所藏与考古新发现的御窑瓷器展在故宫开幕　伊晓　中国文物报 10 月 28 日 1 版
蓝白辉映——院藏明代青花瓷展　翁宇雯　故宫文物月刊 394：72－83
贵似晨星——清宫传世十二至十四世纪青瓷特展　余佩瑾　故宫文物月刊 396：34－49

三　文博机构介绍

守护与传承——吐鲁番学研究院十周年成果综述　汤士华　吐鲁番学研究 2：120－132
守望敦煌　王旭东　敦煌研究 5：14－18

四　学术信息

首届中国考古学大会在郑州隆重举行——“全国十大考古新发现”评选推介活动获首届公共考古“金镈奖”　郭晓蓉　中国文物报 5 月 24 日 1 版
展示真实的中国考古——2015 年度全国十大考古新发现评选推介活动述评　贾昌明　中国文物报 5 月 20 日 5 版
2015 年度全国十大考古新发现初评结果揭晓　全国十大考古新发现评选活动办公室　中国文物报 3 月 11

日 1 版
2015 年度全国十大考古新发现揭晓　郭晓蓉　中国文物报 5 月 17 日 1 版
2015 十大考古新发现揭晓　王珏　人民日报 5 月 17 日 10 版
中国社科院评出 2015 年度考古新成果：考古新发现，有啥新发现　杨雪梅、王珏　人民日报 1 月 13 日 16 版
2015 年度中国社会科学院考古研究所田野考古成果综述　王巍　中国社会科学院古代文明研究中心通讯 29：1－10
社科院考古所公布 2015 年"六大考古新发现"　郭晓蓉　中国文物报 1 月 15 日 1 版
红山文化研究院学术成果　红山文化研究（第二辑）242－255

拾叁　书刊评介

一　总述

文化与族群——《族属的考古——构建古今的身份》译介　陈淳　中国文物报 1 月 26 日 6 版
中国城市考古学的探索历程——徐苹芳《中国城市考古学论集》书后　王子奇　中国文物报 11 月 1 日 6 版
海洋遗产的历史与考古新探索　刘庆柱　南方文物 3：184－185
大遗址保护与大遗址考古工作——简议《大遗址保护行动跟踪研究》　王巍　中国文物报 10 月 14 日 4 版
国家遗产与精神遗泽——《大遗址保护行动跟踪研究》评述　葛承雍　中国文物报 10 月 14 日 4 版
一本地方大遗址保护工作的重要参考书籍——《大遗址保护行动跟踪研究》读后　孙英民　中国文物报 10 月 14 日 4 版
读谢辰生（口述）《新中国文物保护史记忆》　丹青　中国文物报 12 月 27 日 7 版
谢老与文物　逾一个甲子的守候——《新中国文物保护史记忆》整理记略　李晓东、彭蕾　中国文物报 12 月 27 日 7 版

二　史前考古

一部从新角度研究中华远古史的力作——《远古中华》评介　沈佳茹　中国文物报 7 月 12 日 6 版
一本"非读不可"的史前考古学著作　方梦霞、刘吉颖　中国文物报 2 月 23 日 6 版
从实证到验证——《跨湖桥文化研究》读后　汤惠生　考古 9：116－120
一部读识良渚文明的优秀图录——《权力与信仰（良渚遗址群考古特展）》　方向明　中国文物报 4 月 19 日 6 版
《新绛孝陵陶窑址》读后　张明东　中国文物报 12 月 27 日 6 版
关于《赤峰红山后：热河省赤峰红山后史前遗迹》的几个问题　李俊义　红山文化研究（第三辑）139－153
筚路蓝缕炼石补天——《赤峰红山后》中译本序一　于建设　红山文化研究（第三辑）156－164
有一种治学状态，叫"赤峰红山后状态"——《赤峰红山后》中译本序二　张阿泉　红山文化研究（第三辑）165－168

三　夏商周考古

一本考古学文集的年代意义　段宏振　古代文明（第 10 卷）27－30
《大都无城》：考古学家眼中的早期中国史　曹明明　中国文物报 7 月 12 日 6 版
聚落考古研究的典范——读《二里头（1999～2006）》　张国硕　聚落考古 1：96－103

三十年的坚持与固守——《垣曲商城（二）》读后　刘绪　中国文物报4月19日6版
聚落考古与手工业生产研究新著——《商周时期渤海南岸地区的盐业》读后　马赛　中国文物报3月22日6版
薪火相传　拓荒草原——读《欧亚草原东部的金属之路》　孙庆伟　江汉考古4：123－128
欧亚草原东部的金属之路　林沄　中国文物报11月1日8版
新形势下考古学回归自我的成功之作——《丰镐地区西周墓葬研究》读后　王青　中国文物报5月10日6版
海岱一脉　连通江淮——《新泰周家庄东周墓地》书后　孙敬明　中国文物报5月10日7版

四　秦汉及以后

讲述秦汉帝国交通的故事——《秦汉交通考古》序　赵瑞民　中国文物报5月10日6版
秦官　秦印　秦地——读《秦玺印封泥职官地理研究》　孙兰友　中国文物报5月10日7版
《鲜卑部落联盟研究》评介　董丹　北方文物4：109－110
高句丽考古、历史、文化研究领域的一部力作：评郑春颖教授新著《高句丽服饰研究》　范恩实　延边大学学报（社科版）2：142－144
杜文玉《大明宫研究》读后　刘玉峰　中国史研究动态6：91－92
构建渤海都城研究新平台的学术思考——《八连城》读后　宋玉彬　边疆考古研究（第19辑）367－373
唐武惠妃石椁研究的新成果——评《皇后的天堂：唐敬陵贞顺皇后石椁研究》　杜文玉　唐史论丛（第二十二辑）342－348
古代墓葬田野考古发掘报告的经典之作——再读宿白先生《白沙宋墓》　龙丽朵　洛阳考古（总第11期）85－88

五　古文字与文书

介绍一部早期甲骨拓本集　马季凡、孙亚冰　南方文物4：155－160
填补殷周金文族徽研究领域多项空白的科研著作——《殷周金文族徽研究》评述　凌宏彬　中国文物报2月23日6版
《战国竹书形制及相关问题研究》评介　程浩　中国史研究动态1：88－89
《战国秦汉出土术数文献基础的研究》简评　周硕　中国史研究动态6：90
《秦简牍合集》评介　邬文玲　中国史研究动态1：90－92
《走马楼吴简采集簿书整理与研究》　邓玮光　中国中古史集刊（第二辑）464－476
西安新获墓志重新启动历史记忆　葛承雍　中国文物报7月12日7版
在中国古代石刻研究的旷野中耕耘——读《锲而不舍》之后　郝本性　中国文物报11月1日6版
《敦煌吐鲁番文书论丛》评价　杨剑虹　敦煌吐鲁番文书与中古史研究：朱雷先生八秩荣诞祝寿集102－111

六　美术考古

燕文化开掘的新亮点——《燕下都瓦当考古学观察与思考》读后感　穆强　中国文物报12月27日6版
六十年后的再现与完璧——大型考古调查报告《云冈石窟》的前世和今生　贾昌明　中国文物报8月9日5版
石窟寺考古报告的诸问题——读《莫高窟形》有感　杭侃　中国文物报4月22日5版
唐墓壁画研究的独特视角　李星明　中国文物报11月1日6版
大学应成为陶瓷考古与研究的重镇——彭善国新著《辽金元陶瓷考古研究》读后　刘涛　中国文物报3

月22日6版

评《磁灶窑址：福建晋江磁灶窑址考古调查发掘报告》 谢艾伦（Ellen Hsieh）、李旻 中国文物报10月4日4版

从真爱到真懂——为王海娜博士《清中晚期岭南地区建筑陶塑屋脊研究》序 许永杰 中国文物报8月9日6版

作为思想史的保护史——《建筑保护史》读后 范佳翎 文物4：86－90

补 遗

敦煌石窟营建史研究的新篇章：《敦煌佛教与石窟营建》述评 金海峰 敦煌学辑刊2015年3：170－174

七 其他

写在"王振铎先生日记"出版前 李强 中国文物报7月12日7版

赤子之心 建瓴高屋——读《我的父亲苏秉琦：一个考古学家和他的时代》 郝丽君 中国文物报2月23日6版

缘结考古，岂止半生——从《考古半生缘》说开去 贾利民 中国文物报8月9日6版

中国国家图书馆藏《敦煌学著述考》略释 林世田、杨学勇 敦煌学辑刊1：166－172

科学地研究中国古代银锭——读《中国古代银锭科学研究》 金德平 中国钱币4：78－79

孙敬明新著《海岱古钱新解》 戴志强 中国文物报11月1日8版

主导考古类文化遗产策展是考古人应有的担当——写于《文化遗产策展方案集》出版之际 高大伦 中国文物报7月12日6版

论文集补充说明：

本年鉴所收入论文集含非本年度出版论文集详细信息：

1. 青铜文化研究（第六辑） 《青铜文化研究》编辑部编 黄山书社 2009年12月 308页
2. 青铜文化研究（第七辑） 《青铜文化研究》编辑部编 黄山书社 2011年12月 210页
3. 青铜文化研究（第八辑） 《青铜文化研究》编辑部编 黄山书社 2013年12月 182页
4. 地域性辽金史研究（第一辑） 景爱主编 中国社会科学出版社 2014年9月 344页
5. 故宫学刊（总第十三辑） 故宫博物院编 故宫出版社 2015年5月 425页
6. 故宫学刊（总第十四辑） 故宫博物院编 故宫出版社 2015年7月 427页
7. 故宫学刊（总第十五辑） 故宫博物院编 故宫出版社 2015年12月 459页
8. 广西博物馆文集（第十一辑） 广西壮族自治区博物馆编 广西人民出版社 2014年12月 484页
9. 中国古都研究（第二十七辑） 中国古都学会编 三秦出版社 2014年12月 167页
10. 中国古都研究（第二十八辑） 中国古都学会编 三秦出版社 2015年6月 163页
11. 中国古都研究（第二十九辑） 中国古都学会编 三秦出版社 2015年12月 159页
12. 乾陵文化研究（九） 樊英峰主编 三秦出版社 2015年1月 440页
13. 中国建筑史论汇刊（第十一辑） 王贵祥主编 清华大学出版社 2015年5月 487页
14. 中国建筑史论汇刊（第十二辑） 王贵祥主编 清华大学出版社 2015年12月 423页
15. 红山文化研究（第一辑） 内蒙古红山文化学会、红山文化研究院编 吉林出版集团 2015年7月 140页
16. 红山文化研究（第二辑） 内蒙古红山文化学会、红山文化研究院编 吉林出版集团 2015年7月 259页
17. 东方博物（第五十五辑） 浙江省博物馆编 浙江大学出版社 2015年9月 123页
18. 西汉南越国史研究论集（一） 南越王宫博物馆编 译林出版社 2015年10月 206页

19. 第九届红山文化——高峰论坛论文集　赤峰学院红山文化研究院编　吉林出版集团　2015年7月　321页
20. 中国文字博物馆论文集　李学勤、冯克坚主编　中州古籍出版社　2015年10月　243页
21. 出土文献与法律史研究（第四辑）　王沛主编　上海人民出版社　2015年11月　374页
22. 东方考古（第12集）　山东大学文化遗产研究院编　科学出版社　2015年12月　511页
23. 辽金历史与考古（第六辑）　辽宁省博物馆、辽宁省辽金契丹女真史研究会编　辽宁教育出版社　2015年12月　400页
24. 西域文史（第十辑）　朱玉麒主编　科学出版社　2015年12月　356页

新发表古代铭刻资料简目

（原形字用“□”号代替。期刊名称后的数码依次为期和页）

一　金文

西周

鼎

器内壁铭2行5字：“乍父庚　宝彝”。

鼎

器内壁铭1族徽及2字：“□父乙”。

簋

器内底铭1行5字：“禅監乍隣簋”。

鬲

器内壁铭2字：“父丁”。

爵

器腹内壁铭2行8字：“曾伯乍西宫　宝尊彝”。

爵

鋬上柱体外侧铭2字：“父乙”，与鋬相对柱体外侧铭1族徽：“□”。

觚

圈足内壁铭1族徽：“□”。

觯

器内底铭2字：“父辛”。

尊

器内底铭2字及1族徽：“□父乙”。

卣

器盖及器内底同铭1族徽和2字：“□父乙”。

（以上2013年湖北随州市经济开发区淅河镇蒋寨村八组叶家山M107发现　　江汉考古3：5－30）

甬钟

征部至中鼓左侧铭3行17字（重文一）：“楚季宝钟阙　孙乃献于公＝　其万年受阙福”。

（2012年6月湖北宜昌市白洋工业园区万福垴遗址发现　　江汉考古4：32）

鼎

（M30：1）器内腹口沿下铭：“伯牛父作尊鼎，其万年，子子孙孙永宝用”。

（M30：2）器内腹口沿下铭：“姬牛母作尊鼎，其万年，子子孙孙永宝用”。

（2014年9月至2016年2月陕西宝鸡市岐山县京当镇贺家北区域周原遗址发现　　考古7：38）

春秋

鼎

器腹内壁铭 5 行 23 字："郘君鲜乍　鼎其万年无　疆子孙永用　之其或隹□　则明亟（殛）之"。

盘

器内底中部铭 4 行 21 字："隹郭伯貝懋自　用其万年子　孙永宝盘自　乍宝永用享"。

鼎

腹内壁铭 2 行 11 字："曾子𩵦自乍　行器其永用之"。

鼎

腹内壁铭 2 行 11 字："曾子寿自乍　行器则永祜福"。

（以上 2014 年 10 月至 2015 年 1 月湖北枣阳市吴店镇东赵湖村郭家庙墓地发现　　江汉考古 5：16、18、21、30）

鼎

腹内壁铭 2 行 10 字："曾子𩵦自乍　行鼎其永祜福"。

簠

盖、器同铭 4 行 15 字："隹曾太保　䇂用其吉　金自乍宝　盂用享"。

匜

内壁铭 5 行 23 字："隹九月初吉　壬午矢叔□（?）　父媵孟姬　元女匜盘　其永寿用之"。

（2014 年 10 月至 2015 年 1 月河北枣阳市郭家庙墓地槽门湾墓区 M43 发现　　江汉考古 5：39－48）

甂

肩上部铭一圈 22 字以上（重文二）："丁亥𨚕作其宗器𨻰甂眉寿万年子₌孙₌永……（残缺）"。

（2006 年 4 月 14 日陕西凤翔县城关镇小沙凹村窖藏发现　　考古与文物 4：144）

戈

援正面下端铭 4 字："玄翏之用"，另面铭 1 字："戈"。

戈

内上铭："蔡子□□用戈以厥克成终□之"。

（以上陕西历史博物馆藏　　文博 3：50－51）

战国

戈（2 件）

援身铭 2 行 12 字："昭王之諻择其　吉金乍寺𨌲戈"。

胡部三穿之间铭 2 行 13 字（合文一）："廿八年雍丘命（令）𤊾黑"。

（以上 2012 年河北荆州市荆州区纪南镇三红村十三组李家堰墓葬发现　　江汉考古 2：87－89）

秦

方升

体侧铭："廿六年皇帝尽并兼天下，诸侯黔首大安，立号始皇帝，诏丞相状、绾，法度量，则不壹，歉者明之""□为盛德诏制"。

（陕西历史博物馆藏　　文博 3：51－52）

权

权身一面铭 7 行 40 字："廿六年皇帝尽并兼天下，诸侯黔首大安，立号为皇帝，乃诏丞相状、绾，法度量，则不壹，歉（嫌）疑者，皆明壹之”。权身另面铭10行60字：“元年制，诏丞相斯、去疾，法度量，尽始皇帝为之，皆有刻辞焉，今袭号，而刻辞不称始皇帝，其余久远也。如后嗣为之者，不称成功盛德。刻此诏，故刻左，使毋疑”。

（河北大学博物馆收藏　　文物春秋5、6：96）。

秦至西汉

釜

口沿铭1“王”符号。

甬钟

鼓部一侧铭1组船形巴蜀符号。

錞于

顶部虎纽周围铭6组巴蜀符号。

剑（2件）

剑身近茎处铭有1巴蜀符号。

矛

骹上铭2组巴蜀符号。

矛

骹上铭1组巴蜀符号。

戈

胡上铭1组巴蜀符号。

（以上重庆市涪陵区白涛街道陈家嘴村二社小田溪墓群M12发现　　文物9：8、13－14）

汉

鼎

器腹铭7行16字：“昌邑　籍田　同鼎　容十　升重　四十八斤　第二”。

（2011年至2016年江西南昌市新建区大塘坪乡观西村墎墩山墓葬发现　　考古7：53）

勺（3件）

长柄上铭4字：“当阳七两”。

勺上铭2字：“中府”。

銎上铭1字：“浉”。

灯

灯盘外侧铭1行10字：“公上氏重二斤八两第一”。

锺

颈部铭1行6字：“陈氏锺容十斗”。

锺

器身铭4字：“赵氏卅斤”。

洗

沿上铭5字：“赵氏卅三斤”。

钫

器身铭4字：“赵氏九斤”。

鼎

器盖铭6字：“赵氏二斤五两”，器身铭6字：“赵氏十斤八两”。

鼎

器盖铭：“赵氏一斤十二两”，器身残，口沿处有两处铭：“赵氏”。

鼎

器盖铭 2 字："大利"，器身腹外壁铭 6 字："大利七斤三□"。

鼎

口沿铭 6 字："第三百八十五"。

（以上陕西历史博物馆藏　　文博 3：52－55）

元

铺

盘中铭 28 字："雪堂总统置古铜祭器，奉施古丰宣圣庙内，永远供养，大德九年月日记"。

（2010 年内蒙古包头市燕家梁遗址发现　　草原文物 1：130）

明

明兽形器（铁）

铁狮子胸前正中铭："赵奉"，左胸铭 6 行 59 字："时大明正德肆年己　巳仲夏庚午端阳节后　二十日辛亥丑时王堂黄道　吉期下炉铸造铁狮子一　对定州北街重修天庆观　祖师前镇殿共□□□□"，右胸铭 5 行 71 字："保定府唐县东闾乡东　高和村铸铁匠人掌作　李堂李真赵友良李景□　定州庄绘塑胎匠人张暹天庆观住持刘真洪道士刘元太　发心募缘善士刘达陈鸾闻太玄同志化缘铸造记"。器座底有铭文，字迹漫漶，多为出资者姓名。

铁狮子右肩部铭 7 字："天庆观镇殿狮子"，绶带圆球下铭："天地三界"，器座右侧铭文字迹漫漶，可辨识者应为出资人姓名。

（河北定州市文庙存　　文物春秋 5、6：115－117）

附：金银器刻铭

宋金银器刻铭

金页正面中部铭："韩四郎"，四角各有印铭，字迹漫漶。

银铤正面铭："重贰拾伍两""杭四二郎"，四角钤印："……东"，字迹漫漶。

（以上 2014 年 12 月底广东南海川山群岛沉船发现　　考古 12：80－81）

清乘驿银牌

铜包银牌主板阳刻蒙文 4 行 14 字，汉译为："乌兰察布盟盟长贝子使者全境乘驿牌"（2 块）。

铜包银牌主板阳刻蒙文 3 行 12 字，汉译为："乌兰察布盟盟长贝子使者乘驿牌"（5 块）。

铜包银牌主板阳刻蒙文 5 行 25 字，汉译为："乌兰察布盟副盟长乌喇特中旗扎萨克公差使者乘驿牌"。

铜包银牌主板阳刻蒙文 4 行 18 字，汉译为："乌兰察布盟扎萨克达尔罕旗贝子协理台吉之使者乘驿牌"。

铜包银牌主板阳刻蒙文 5 行 21 字，汉译为："乌兰察布盟盟长喀尔喀扎萨克多罗达尔罕王公差使者乘驿牌"。

铜包银牌主板阳刻蒙文 4 行 17 字，汉译为："喀尔喀扎萨克多罗达尔罕郡王之（旗）协理台吉使者的乘驿牌"。

铜包银牌主板阳刻蒙文 4 行 21 字，汉译为："扎萨克多罗达尔罕郡王旗管旗章京之使者旗内乘驿牌"。

铜包银牌主板阳刻蒙文 4 行 17 字，汉译为："乌兰察布盟喀尔喀扎萨克多罗达尔罕贝勒使者乘驿牌"（2 块）。

铜包银牌主板阳刻蒙文 3 行 17 字，汉译为："旗正参领处公差所遣使者乘驿牌"。

铜包银牌主板阳刻蒙文4行15字，汉译为："广福寺达喇嘛随侍领催旗内乘驿牌"。

（以上内蒙古乌兰察布市博物馆藏　草原文物2：113－120）

二　玺印

（凡未注明质料者均为铜质）

汉

新安长印

（2010年11月至12月浙江龙游县詹家镇夏金村方家山墓志发现　考古3：119－120）

車辅私印

（2013年6月河北荆州市荆州区郢城镇郢南村二组西胡家台墓葬发现　文博2：29）

大刘记印（玉）

刘贺（玉）

（2011年至2016年江西南昌市新建区大塘坪乡观西村墎墩山墓葬发现　考古7：58－60）

唐

吐蕃时期印（骨）

印文为藏文。

（1993年夏季西藏林芝地区朗县金东乡列村墓地发现　考古11：62）

宋

鉴金　□□（双面印）

（2015年4月四川丹棱县双桥镇天宫村一组郭墒大雅杨氏墓地发现　四川文物5：38）

明

端僖王印（木）（木谥宝）

（2009年河南安阳市殷墟西南王裕口南地墓葬发现　考古5：50）

三　墓志

南北朝

北魏韦辉和墓志

首题："魏故员外散骑侍郎韦君墓志铭"。

正光二年（521）卒。

永熙二年（533）葬。

北魏韦乾墓志

永熙二年（533）卒。

永熙三年（534）正月二十六日迁葬。

（以上2001年陕西西安市长安区韦曲北塬墓葬发现　文博3：76－79）

东魏齐献武高王闾夫人茹茹公主墓志

首题："魏故齐献武高王闾夫人墓志"。

武定六年（548）四月十三日卒。

同年五月卅日窆于齐献高王高欢之陵北一里。

（近年发现　　华夏考古 2：68；又见《文化安丰》，2011 年）

北周朱绪墓志

武定元年（543）六月八日卒。

宣政元年（578）十一月三日葬。

（2013 年山东青州市城南郊井亭村建筑工地发现　　华夏考古 1：104）

北齐赫连迁墓志

首题："齐故持节都督广州诸军事镇南将军广州刺史广川县开国男赫连公墓志"。

天保三年（552）四月一日卒。

（近年河南安阳市发现　山西大同市西京文化博物馆藏　　文物世界 4：25；又见《文化安丰》，2011 年；又见《秦晋豫新出墓志蒐佚续编》，2015 年）

隋

隋董琳暨妻魏氏墓志（有盖）（拓本）

盖称："大隋仪同故董琳铭志"。

首题："大隋使持节仪同三司赠凌州刺史区细公董府君之墓志铭"。

开皇七年（587）五月九日卒。

其年十月廿日葬。

（2015 年陕西西安市坊间获得　　陕西历史博物馆馆刊 23：197－198）

唐

唐杨续墓志（拓本）

首题："大唐故郓州刺史弘农县开国男杨府君墓志铭并序"。

永徽三年（652）六月廿五日卒。

其年十一月十九日迁葬。

（私人收藏　　文博 5：63）

唐刘智夫妇合葬墓志（有盖）

无盖称。

首题："大唐故朝散大夫行司宰寺丞上柱国刘府君墓志并序"。

墓主总章二年（669）六月二十日卒。

其妻尹氏永徽四年（653）十二月十六日卒。

（2003 年 11 月至 2004 年 8 月陕西西安市长安区郭杜街道办事处西北大学长安新校区墓葬发现　考古与文物 3：31－32）

唐杨贵夫妇墓志（有盖）

盖称："大唐故杨府君墓志铭"。

首题："大唐故唐州方城县丞赠淄州司马杨府君志铭并序"。

墓主仪凤二年（677）十二月九日卒。

夫人王氏证圣元年（695）十二月十日卒。

开元九年（721）十月十一日合葬。

（陕西西安市南郊雁塔区金浮沱村墓葬发现　　文物 11：37－38）

唐李宽墓碑

首题："大唐故太常卿上柱国陇西公李府君之碑并序"。

仪凤元年（676）十一月廿日卒。

次年二月三日葬。

开元十六年（728）七月十五日立石。

（2013 年陕西西安市长安区韦郭路西段北侧国色天香项目二期工地墓葬发现　文博 6：82）

唐王美畅墓志（有盖）

盖称："大周故润州刺史王府君墓志"。

无首题。

圣历元年（698）正月八日卒。

（陕西西安市长安区引镇北发现　2009 年西安大唐西市博物馆藏　文物春秋 5、6：97－98）

唐韦云晞墓志（盖佚）

首题："大唐赠户部尚书上柱国曹国公韦公墓志铭并序"。

圣历元年（698）十一月十五日卒。

景龙三年（709）正月三日与夫人薛氏合葬。

史祥撰

（2011 年 10 月陕西西安市雁塔区东三爻村以北墓葬发现　文博 2：79）

唐阿史那怀道墓志（有盖）

盖称："大唐故史特进墓志铭"。

首题："大唐故特进十姓可汗濛池大都护上柱国阿史那府君墓志铭并序□□□□□"。

开元十五年（727）闰九月廿三日卒。

（1993 年 3 月至 12 月河南咸阳铁二十局机关院内发现　文博 1：76－77；又见《渭城文物志》：250－252，2007 年）

唐祁氏墓志（有盖）

盖铭志文 15 行。

首题："大唐故文林郎史部常选潘君□夫人祁氏墓志铭并序"。

贞元十六年（728）二月卒。

（河南巩义市站街镇王沟村墓葬发现　东方博物 61：29－30）

唐萧谅墓志（有盖）

盖称："唐故临汝太守贬桂阳郡司马兰陵萧府君墓志铭"。

首题："唐故临汝太守桂阳郡司马兰陵萧府君墓志铭并序"。

墓主天宝六年（747）二月卒。

其妻韦氏天宝二年（743）九月卒。

天宝七年（748）三月廿六日合葬。

（近年河南洛阳市出土　张海书法艺术馆收藏　中原文物 3：91）

唐张子渐墓志

首题："大唐故中散大夫使持节新定郡诸军事守新定郡太守上柱国张君墓志铭并序"。

天宝九年（750）六月廿六日卒。

天宝十年（751）孟冬吉日葬。

书述撰文　窦庭兰书

（近年陕西西安市长安区发现　文博 2：74）

唐故凉国王氏夫人墓志（有盖）

盖称："唐故凉国夫人王氏墓志之铭"。

首题："唐故凉国夫人王氏墓志铭并序"。

上元二年（762）九月五日卒。

（2014 年 3 月陕西西安国家民用航天产业基地内墓葬发现　文博 6：9－10）

唐杜江墓志（有盖）

盖称："大唐故杜府君墓志铭"。

首题："唐故左金吾卫大将军京兆杜府君墓志铭并序"。

兴元元年（784）七月廿二日卒。

贞元元年（785）十月八日葬。

唐杜江夫人翟氏墓志（有盖）

盖称："大唐故杜府君翟夫人墓志铭"。

首题："唐故英武军都虞侯开府仪同三司兼太常　卿杜府君翟夫人墓志铭并序"。

贞元九年（793）八月十五日卒。

次年十月九日葬。

（以上 2012 年 9 月至 11 月陕西西安市唐代长安城南七里永寿乡毕原墓葬发现　文博 4：12－13 、16）

唐张抱麟墓志

首题："唐故御史大夫张公墓志铭并序"。

贞元三年（787）五月卒。

（2014 年春山东青州市区西北郊北阳河南岸平原上发现　北方文物 2：97－98）

唐高瑾墓志（有盖）

盖称："大唐故高府君墓志铭"。

首题："唐故洛州巩县令高府君墓志新铭并序"。

卒年未详。

（近出　文博 4：79－80）

唐司马进暨夫人杨氏合葬墓志（有盖）

盖称："大唐故马府君墓志铭"。

首题："唐故河内郡司马府君墓志铭并序"。

墓主元和八年（813）正月六日卒。

其年十一月廿三日葬。

夫人杨氏元和十二年（817）三月廿八日卒。

大和六年（832）正月十二日葬。

（2015 年 5 月河南巩义市东区天玺尚城墓葬发现　中原文物 2：14）

唐寂照和尚墓志

首题："崇敬寺故临内外坛大德寂照和尚墓志文并序"。

宝历元年（825）四月十日卒。

（2016 年陕西西安市私人收藏　文博 1：82）

唐宋元质墓志（有盖）

盖称："大唐故宋公墓志之文"。

首题："大唐故朝散大夫守明州司马上柱国宋君墓志文并序"。

会昌四年（844）十月二日卒。

其年十一月廿二日葬。

（2006 年 5 月陕西西安市西郊三环路红光路立交桥附近发现　文博 5：67－68）

唐韦楚望墓志（有盖）（拓本）

盖称："大唐故韦府君墓志铭"。

首题："唐故潮州刺史京兆韦公墓志铭并序"。

墓主大中四年（850）九月十七日卒。

夫人大中四年（850）八月十三日卒。

大中五年（851）十月二十九日合葬。

（近年发现　文博6：75－76）

唐杨筹墓志（有盖）

盖称："唐故弘农杨君墓志铭"。

首题："唐故监察御史弘农杨君墓志铭并序"。

咸通七年（866）四月卒。

其年七月七日假葬。

李都撰

（2011年至2012年陕西西安市曲江乡南缪家寨村墓葬发现　文物7：19－20）

唐裴迥妻卢氏墓志（有盖）

盖称："唐范阳卢氏夫人墓志"。

首题："唐通直郎行左骁卫录事参军裴迥妻范阳卢氏墓志铭"。

咸通九年（868）九月九日卒。

其年十一月八日葬。

裴鹄纂

（2010年10月河南郑州市华南城二号广场基建工地墓葬发现　中原文物6：16、18）

唐裴滈墓志（有盖）

盖称："唐故青州副使裴府君墓志铭"。

首题："唐故平卢军节度副使检校国子博士兼侍御史赐绯鱼袋裴府君墓志铭并序"。

咸通十五年（874）夏六月卒。

裴澈撰

（2006年8月河南焦作市博爱县酒奉村发现　中原文物5：109－110）

五代十国

五代十国吴超惠大师塔铭

首题："有吴鄂州黄龙院故超惠大师塔铭并序"。

卒年未详。

（2006年9月湖北武汉市武昌区梅家山墓葬发现　江汉考古4：40－42）

五代十国吴李娥墓志（有盖）

盖称："吴故陇西李氏墓志铭"。

首题："大吴寻阳陶公故夫人陇西李氏墓志铭并序"。

大和六年（934）八月二十五日卒。

志盖由内向外分别阴刻八卦图、十二生肖及星宿图，四刹阴刻青龙、白虎、朱雀和玄武四神图案。

（2013年12月江苏扬州市城北乡三星村西庄组墓葬发现　东南文化3：61－62）

五代渤海高公夫人王氏墓志（有盖）

盖称："琅琊县君"。

首题："□晋竭忠建荣兴复功臣银青光禄大夫检校司徒使持节开州诸军事守开州刺史渤海高公夫人琅琊郡县君王氏墓志铭并序"。

天福七年（942）卒。

其年十一月葬。

（2009年9月陕西延安市宝塔区南泥湾镇樊庄发现　延安市宝塔区文物管理所藏　北方文物4：66－67）

五代十国后周李沼墓志（有盖）

盖称："陇西郡李府君墓志铭"。

首题："周故中散大夫检校尚书户部郎中国子毛诗博士柱国赐紫金鱼袋陇西李公墓志铭并序"。
广顺元年（951）九月八日卒。
其年十一月九日葬。
（2010年冬河南洛阳市伊滨区诸葛镇1号安置小区墓葬发现　中原文物3：98）
五代贾氏墓志（有盖）
盖称："贾府君志"。
首题："燕故河东道横野军副使贾府君墓志铭并序"。
卒年未详。
（2014年4月山西大同市北郊墓葬发现　文物4：30）

宋

宋孔宗尧墓志（有盖）
盖称："宋故鲁国孔府君墓志铭"。
首题："宋故鲁国孔府君墓志铭并序"。
嘉祐元年（1056）正月十八日卒。
元丰三年（1080）六月五日与夫人王氏合葬。
杜纮撰　段绰书
（河南郑州市古荥镇纪公庙藏　中原文物1：101）
宋吕倩容墓志
首题："宋汲郡吕氏第四女倩蓉墓志铭并序"。
大观元年（1107）卒。
（陕西蓝田县三里镇五里头村墓葬发现　考古与文物3：90）
宋宋挺墓志（有盖）
盖称："宋故将仕郎宋公墓志铭"。
首题："宋将仕郎宋参军墓志铭"。
政和元年（1111）二月九日卒。
宋宋炤墓志（有盖）
盖称："助教宋明叔墓"。
首题："炎宋故助教宋明叔墓志铭"。
大观元年（1107）二月十五日卒。
（以上2012年12月山东济南市长清区崮云湖墓葬发现　文物2：34－38）
宋徐德墓志
额称："宋故秉义郎徐君墓志铭"。
首题同。
政和四年（1114年）十一月二十六日卒。
张仲愈撰　王天祐书丹　李及时题额
（2010年前陕西神木县杨家城附近墓葬发现　北方文物4：72－73）
宋□用墓志
志文墨书，多漫漶不清。
首题："大宋莱州故天水……三郎墓志"。
卒年未详。
（2012年10月山东莱州市文昌街道南五里村墓葬发现　文物2：6－9）

辽

辽后唐德妃墓志（有盖）

志盖顶边框内阴刻星象图，再向内框内阴刻八卦图。

盖称："德妃墓志"。

首题："大契丹国故后唐德妃伊氏玄堂志并铭"。

会同五年（942）十一月二十日卒。

会同六年（943）七月六日葬。

王晓撰

（2012 年 7 月至 9 月内蒙古巴林左旗哈利哈达镇大西沟村小西沟自然村西北盘羊沟墓葬发现　考古 3：42－43；又见草原文物 2：99－100）

辽契丹国贵妃兰陵萧氏墓志（有盖）

盖称："故贵妃萧氏玄堂志铭"。

首题："大契丹故兰陵萧氏玄堂志铭并序"。

统和十一年（993）六月二十七日卒。

张幹撰

（2015 年 5 月内蒙古锡林郭勒盟多伦县蔡木山乡铁公泡子村五组西南山谷小王力沟墓葬发现　考古 10：78）

辽墓志（2 件）（残）

志石残片 18 件。文字残存："□天□""复长舆服之制令""军节度宋亳□""□州刺史上柱国"等。

志石残片 4 件。文字残存："忠尽□""□声□""并序""紫金鱼□"等。

（以上 2007 年 8 月至 10 月内蒙古巴林左旗辽祖陵一号陪葬墓发现　　考古 10：21）

元

元高林墓志

首题："大元故汉上九州军民万户高公墓志铭并序"。

至元三年（1266）十一月八日卒。

（陕西历史博物馆藏　　四川文物 4：70－71）

元辅昌砖墓志

无首题。

至元十七年（1280）葬。

元辅昌墓志

额称："元故辅君墓志"。

首题："元故辅君墓志铭并叙"。

至元十七年（1280）二月七日卒。

（以上陕西西安碑林藏　　文博 2：92）

元潘泽神道碑

碑阳首题："有元故朝列大夫江南浙西道肃政廉访副□□公神道碑铭并序"。

至元二十九年（1292）七月一日卒。

碑阴额称："宗祖之图"。

扬桓篆额　姚燧撰文

（2014 年 9 月河北张家口市宣化区宣化炮兵训练基地水门遗址发现　　文物春秋 3：58－61）

明

明刘德贞圹志（有盖）

盖称："故吴妇刘氏圹志铭"。

首题同。

洪武三年（1370）八月二十四日卒。

（2011 年 4 月江苏苏州市吴中区吴山岭公墓三区墓葬发现　　东南文化 6：29）

明梅母张氏墓志（盖佚）

首题："梅母太孺人张氏墓志铭"。

成化十七年（1421）八月卒。

李东阳撰　陈敩书丹

（近年江苏南京市江宁区淳化街道发现　　文物春秋 5/6：109－110）

明汝源端僖王朱厚焆墓志（有盖）

盖称："明赵府汝源端僖王墓"。

首题同。

嘉靖二十八年（1549）二月二十日卒。

明汝源端僖王王妃李氏圹志（有盖）

盖称："明故夫人李氏圹志铭"。

首题同。

嘉靖元年（1522）二月初二日卒。

嘉靖四年（1525）十二月初七日葬。

明张鲁墓志（有盖）

盖称："赠监察御史张公墓志铭"。

首题同。

弘治十一年（1498）三月二十三日卒。

马卿撰

明张鲁妻朱氏墓志（有盖）

盖称："赠监察御史先君母封太孺人合葬墓志"。

首题同。

嘉靖六年（1527）五月八日卒。

嘉靖十七年（1538）三月一日与墓主张鲁合葬。

明张士龙墓志及妻石氏合葬墓志

首题："大明陕西按察司副使张君仲脩暨孺人石氏合葬墓志铭"。

墓主嘉靖四年（1525）正月二十四日卒。

石氏嘉靖二年（1523）十一月十八日卒。

（以上 2009 年河南安阳市殷墟西南王裕口南地墓葬发现　　考古 5：51－57）

明赵东垚墓志（有盖）

盖称："明故东垚处士赵公圹"。

首题："明故东垚处士赵公圹记"。

嘉靖三十九年（1560）十月十五日卒。

（浙江杭州市萧山区闻堰街道水漾坞内墓葬发现　　东方博物 60：38）

明张述泉暨妻贾氏朱氏王氏合葬墓志（有盖）

盖称："明儒官述泉张公配孺人贾氏朱氏王氏合葬墓志铭"。

首题同。

墓主万历四十六年（1618）十月十八日卒。

（2013 年 7 月河南开封市西区毛寨村北隅发现　　华夏考古 3：117）

清

清刘敬宗暨妻董氏墓志（有盖）

盖称："皇清待赠睦斋刘公暨元配董孺人合葬墓志铭"。
无首题。
嘉庆十七年（1813）六月初十日卒。
嘉庆二十五年八月初二日与夫人董氏合葬。
封云杏撰文　冯甲荣书丹　石汝恬篆盖
（陕西渭南市富平县都村北冯组私人收藏　陕西历史博物馆馆刊23：208－209）

附：买地券

五代吴谢氏买地券（木）
券文墨书14行凡158字。
天祐十五年（918）四月十九日立券。
（2014年3月浙江扬州市邗江区西湖镇平山工业园朱塘路与平山北路交汇口墓葬发现　东方博物59：21）

元袁贵安买地券
券文朱书12行，满行22－26字，凡271字。
券主袁贵安贞元元年（1295）四月初十日卒。
其年闰四月初五日葬，同日立券。
（2011年至2012年陕西西安市曲江乡缪家寨村墓葬发现　文物7：32、40－41）

元买地券
券文朱书，字迹漫漶。残存："至元十二年（1352）"等字样。
（2013年12月陕西西安市长安区南郊航天产业园内墓葬发现　文博3：18）

明任福买地券
券文正面朱书18行，满行24－33字，凡364字。
券文背面朱书2字："合同"。
券主任福弘治十一年（1498）正月十九日葬。
（2010年3月陕西铜川市新区未来城小区墓葬发现　考古与文物2：36－38）

明镇墓券
券文朱书，有明嘉靖四十一年（1562）纪年。
（2012年12月甘肃泾川县城关镇共池村大云寺博物馆东侧佛教造像窖藏坑发现　文物4：56）

明严钺买地券
券文朱书，凡210字。
额称："地券"。
首题："明故显考严钺墓中收照"。
万历二十年（1592）五月二十七日卒。
万历二十年（1592）八月初六日立券。
（2013年6月湖北荆州市荆州区郢城镇郢南村二组西胡家台墓葬发现　文博2：33）

四　碑刻

唐碑（残）
碑身残存："□大周□　□□"。
（2006年4月河南洛阳市白马寺西院窑址发现　考古4：73）

唐碑

碑文记述为对年久失修的石室观造像进行了粧修。

广明元年（880）十月十二日立石。

唐碑

额称：“石室神仙窟明真社碑”。

神龙二年（706）正月十五日立石。

（以上四川阆中市城北颉家山石室观崖壁发现　四川文物2：43－44）

宋碑

首题：“永怀庙碑”。

政和五年（1115）四□□立石。

（2011年7月四川仁寿县牛角寨崖壁发现　江汉考古5：93－95）

宋碑

内容为临朐县儒教乡诸王村众人修造圣容九尊。

至和元年（1054）八月十八日立石。

（山东临朐县城西石门坊放景区内石门山谷北端崇圣寺遗址北部崖壁发现　文物7：60－61）

辽碑

石碑正面刻字11行，多已漫漶。

开泰十年（1021）二月十四日立石。

（1973年内蒙古赤峰市巴林左旗辽上京城南南塔附近小辛庄村发现　草原文物2：105）

金碑

额称：“敕赐利民侯”。

碑阳铭文19行，满行24字，为宋神宗熙宁九年（1076）二月十八日敕赐黄山八会寺华严集圣池为利民侯的敕牒。

碑阴铭文17行，满行36字。

天眷二年（1139）三月二十四日立石。

（近年河北曲阳县西羊平村黄山上八会寺发现　文物初秋3：53－56）

元碑

额称：“重修老师洞记”。

首题同。

至元三十年（1293）立石。

（山西晋城市泽州县柳树村口镇东中村紫金山山坳大云院基址发现　文物春秋3：30）

元张养浩碑

碑阳面额部铭张养浩散曲。

额称：“遂闲堂记”。

程文　撰文

碑阴面铭李洞撰书的《云庄先生张公化象赞》及题诗。

至正十四年（1354）四月立石。

（山东济南章丘市绣惠镇发现　2012年山东青州市私人收藏　考古与文物2：87－88）

元碑

碑文为蒙、汉文合璧。

额称：“金宁张氏先德碑铭”。

碑阳为汉字楷书26行，满行99字。

背阴额称为八思巴文。

碑阴正文为回鹘蒙古文。

至元二年（1336）立石。

马祖常撰　胡□□书　赵世延篆额

（内蒙古赤峰市翁牛特旗乌丹镇大新井村委会所辖牌楼村西北张氏家族墓地发现　北方文物1：102－103）

明碑

额称：“重修紫金山老师洞大云院记”。

首题：“重修紫金山老师洞大云院碑记”。

正德十二年（1517）十月立石。

（山西晋城市泽州县柳树村口镇东中村紫金山山坳大云院基址发现　文物春秋3：30－31）

明碑

额称：“御制”。

首题：“御制正孔子祀典说碑”。

嘉靖九年（1530）十月二十八日立石。

明碑

额称：“御制”。

首题：“御制正孔子祀典申记”。

嘉靖九年（1530）十一月初一日立石。

明碑

额称：“圣喻”。

嘉靖九年（1530）十一月初八日立石。

（以上浙江湖州市长兴县雉城镇孔庙内发现　东方博物59：64－68）

明碑

首题：“重修皇姑寺碑记”。

万历四年（1576）七月吉日立石。

（2016年9月8日北京市石景山区文物研究所西大墙修缮工程中发现　北京文博4：40）

明碑

额称：“永思”。

碑身铭：“崇祯叁年（1630）二月二十四月”“明故显考典仪官杨公硕□□□”碑文。

（2013年9月至11月山西太原市迎泽区郝庄镇西部赵北峰村墓葬发现　文物世界5：38）

清碑

额称：“娲皇创立碑记”。

康熙二年（1663）十二月十八日立石。

清碑

额称：“流芳千古”。

首题：“重修紫金山大云院碑记”。

康熙五十一年（1712）立石。

清碑

首题：“重修紫金山助缘人名列于后”。

康熙五十二年（1713）立石。

清碑

碑文字迹漫漶。

乾隆元年（1736）立石。

清碑

额称：“树德务滋”。

首题：“紫金山老师洞置地碑记”。

嘉庆十五年（1810）立石。

（以上山西晋城市泽州县柳树村口镇东中村紫金山山坳大云院基址发现　文物春秋 3：30－33）

清碑

额称："通济桥碑"。

首题："周家店北首□□口公修通济桥碑"。

乾隆四十七年（1782）四□上□□旦立石。

（2013 年 7 月至 2014 年 5 月山东聊城市东昌府区凤凰办事处周店村西周家店闸遗址发现　东方考古 13：289－290）

清碑

额称："禁赌"。

道光八年（1828）仲春月吉旦立石。

清碑

额称："禁赌碑"。

道光三十年（1850）立石。

清碑

额称："禁赌碑"。

道光十三年（1833）冬立石。

清碑

额称："勒石水禁"。

道光二十二年（1842）十二月立石。

清碑

额称："禁赌碑"。

道光二十五年（1845）立石。

清碑

额称："禁赌碑"。

道光二十九年（1849）仲春月立石。

（以上浙江丽水市松阳县发现　东方博物 61：107－111）

清碑

首题："小新场独善桥碑志"。

同治六年（1867）立石。

清"改建佛渡桥碑志"碑

道光十年（1830）十二月立石。

清碑

额称："补修佛头河跳头河墩碑志"。

首题："同结善缘"。

乾隆四十六年（1781）十一月下旬立石。

清碑（残）

碑铭："不必问津"。

清"重修新场官道碑志"碑

文字漫漶。

乾隆四十六年至四十七年（1781 至 1782）间立石。

清碑

碑铭："永垂不朽"。

清碑

首题："重修新场大路碑记"。

乾隆四十七年（1782）立石。

清碑

内容为"罗石匠欠账题记"。

道光十年（1830）立石。

清《建佛渡桥碑志》碑

乾隆十六年（1751）立石。

（以上2012年5月四川通江县汉壁道遗址发现　四川文物4：17－20）

附：造像铭及石刻铭

汉石刻

石铭："汉大阳檀道界君位至三公"。

（20世纪70年代山西芮城县中条山之阳解陌公路道斑西侧悬崖石壁发现　芮城县博物馆藏　文物世界1：50）

汉石磨铭

一面铭2字："大利"。

（2011年10月至12月河南洛阳市孟津县平乐镇天皇岭村东南墓葬发现　考古12：53）

南北朝北齐石函铭

函身残存2字："三""宝"。

（2012年河北临漳县邺城遗址核桃园一号建筑基址发现　考古学报4：575）

南北朝北周造像题记

造像背面下侧碑铭："天和二年（568）正月廿四日……"造像题记30字。

南朝梁造像题记

造像背屏下方碑铭："梁天监十五年（516）……"造像题记144字。

（以上2014年9月至12月四川成都市青羊区下同仁路遗址发现　考古6：62、73）

南北朝北周造像铭

座两侧及背铭："天和六年（571）　岁次辛卯　四月戊寅　朔十七日　甲午佛弟　子毕僧庆"等发愿文百余字。

造像背铭7行，左侧铭1行："夫至圣能人敢化……　有寻童子戏指介……　不动国是以清信女……　波等于甲申之稔仲冬……　十九日发心为子造释……　区庶因兹福愿使恒过……　难清灭普及法界众生""原或等正觉　丁亥岁八 月十一"。

造像碑背铭发愿文9行："……次庚辰□月辛□　……戊寅比丘法起　……区为七世父母　……善知识愿生生　……法若悟洛非处　……萨来助振出世　……安养法界所愿　……形之类同登正　……女供养佛时"。

（以上2012年12月甘肃泾川县城关镇共池村大云寺博物馆东侧佛教造像窖藏坑发现　文物4：57、68、70、72）

南北朝北齐造像铭

像座铭："东□□尚元始为亡父母合家供养"。

像座背面铭："天宝七年（556）六月廿三日阿妃敬造观世音像区为法界众生利苦得□"。

像座左、右、背面铭："天保十年（559）三月郭归安为息惠元（龙?）敬造玉像一区愿生生无量寿国"。

造像底部铭："天宝五年（554）九月八日记……"发愿文110字。

像座铭："大齐河清三年（564）岁次甲申十二月乙卯朔十六日庚午；……"造像题记65字。

（以上2013年12月10日至2014年1月14日河南新乡市凤泉区前路与锦园路交叉口东南角时代华庭遗址发现　华夏考古3：39－42）

南北朝西魏摩崖造像题记

1号龛北侧2号供养人南侧存题记："□□供养"，3号、4号供养人残存题记："亡父□□""亡母……"

1号龛南侧1号供养人头南侧题："亡□□稽保洛供养"，2号供养人头南侧题记："……供养时"，3号供养人头北侧题记："□借（？）阿女供养时"，4号供养人头北侧题记："稽僧妃供养时"，5号供养人头顶题记："稽妃供养"。

（2013年陕西铜川市宜君县城关镇秦家河村西蔡家山崖壁发现　中原文物4：21）

隋造像题记

造像铭："大隋开皇十四年（594）太岁□□十月十五日……"造像题记69字。

造像铭："□□□皇十五年（595）十月十五日三洞弟子赵法会……"造像题记109字。

（以上四川阆中市城北颉家山石室观崖壁发现　四川文物2：42）

隋造像铭

座四周铭："开皇四　年（584）岁次　甲辰十　月庚寅　朔八日　□酉佛……"发愿文47字。

（2012年12月甘肃泾川县城关镇共池村大云寺博物馆东侧佛教造像窖藏坑发现　文物4：63－64、72）

唐造像题记

造像铭："□□贞观十年（636）岁次丙申七月己　未廿九日丁巳成此是年月朔　□侯府君本出燕州上谷人也……"题记278字。

造像铭："弟子侯善寿三月廿四日发心于石室观　敬造龛天尊一座及　左右真人□为亡灵父　母及见在□□同供养　开元七年（719）岁在己未　勒石表示"。

（以上四川阆中市城北颉家山石室观崖壁发现　四川文物2：42－43）

唐摩崖造像题记

主龛铭5行："□周长□□年　□□辰七月乙　□朔十五日己酉临　□县□发心主张玄□□□□□名……"，主龛右侧铭："……齐州□□县大施主师六□施"。

（2009年山东临朐县五井镇马庄村北石河东岸崖壁发现　考古10：118）

唐摩崖造像题记

龛右侧铭："像主监希庄男千戊仏僧　上位国主帝王师僧父母法界苍生咸同斯福"。

龛左侧铭："天宝六载（747）□□□□三月壬午朔□□□敬□"。

龛壁右侧及底部有题记，字迹漫漶；右侧残存："载闰三月十日"字迹。

龛下部铭："维大唐天宝□载　□□郡房场妻　福德□男进"造像题记56字。

龛下铭："□信□弟子□娘　造阿弥陀像一躯　□合家平安　天宝六载（747）五月四日记"。

龛下铭："□□□郭　德礼敬　造阿弥 陀像一躯。"

龛右壁铭："佛弟子兵部常进上柱国　韩□……天宝七载（748）二月记"发愿文47字。

造像下部铭："□□李令璋……天宝十□三月"造像题记44字。

龛左侧铭："佛弟子□琼为染患　敬造观音菩萨一　躯愿合家平安天宝七载（748）九月"。

龛下侧铭："维大唐天宝　□□□□□　亥三月丁丑　□□□□□　广饶□□□　宁□敬造……"造像题记60字。

龛下部铭："□□□上柱国主山石妻张氏□造弥陀一躯□□家平安，天宝九载（750）三月建"。

龛下铭："山石为亡女敬造下　生像一躯愿亡者　托生西方　九载建"。

龛下部铭："晁为师　七代先师□肊　存家口愿师　平安敬造弥　陀像一□"。

龛右侧石壁铭："□□县□□□亡妻敬造□一躯愿合家平安天宝七载（748）八"。

龛左上部铭："佛弟子□□□　祖母傅□敬□□　弥陀像□□"。

龛壁左侧铭：“□弟子杜二朗……天宝□□十一月一日记”发愿文38字。

龛下部铭：“维大唐天宝…… 月丁丑朔十九…… 为身染时患…… 愿敬造…… 国主帝王…… □福□…… 安大娘……”

造像铭：“□□□□咸同□□姚□□ □□□□□□□□□上为国王 □□□敬造释迦牟尼像一躯□□ □□□广饶县人卢大娘女□四娘为有□ □□□天宝六载（747）岁次丁亥三月□朔”。

（以上山东临朐县城西石门坊放景区内石门山谷北端崇圣寺遗址北部崖壁发现 文物7：50、52、54、57、60）

唐摩崖造像题记

3号龛右侧铭题记1则，共8行：“石龛像□ 夫如事上方□□□□□抚□ □□□不□□有□□士以 □□□人心□□□□□事□ ……立□依在□路 ……□者天宝十一（752）……月廿一日 太□合□ 养”。

4号龛右侧铭发愿文1则：“夫如来上圣弥勒下生照导群」迷热□□□仃……幽界」仙虔心□□造□□刊」玫瑰敬……」持者天宝十三载（754）岁次甲午十月□」寅朔十一日□子□仙……”

（以上2013年陕西铜川市宜君县城关镇秦家河村西蔡家山崖壁发现 中原文物4：23－24）

宋墓室题记

底部封门砖墨书6字：“専氏二伯十五”。

西壁上层墨书：“时元丰七年（1084）岁次 甲子十月丁卯朔 十四日石沟□□□ 留绝永记于此处 此□□存□□ □年工画□□□ □□□荣临处 居家豪富旺兴 同保少二李少博于此□”。

西壁南侧画面残存：“齐寿”。

北壁墨书题词四首，分别为魏野的《寻隐者不遇》：“寻真误入蓬莱岛，香风不动松花老。采芝何处未归来，白云遍地无人扫。”第二首：“男儿未遇福如何，落日烟村信聘驰。唯有深思与旧根，翻峰未肯等闲君。”第三首：“青阴阴里一声新，风薄轻轻力未匀，莫道闻时尽惆怅，有愁人有不愁人。”第四首为《喜韩少府见访》：“忽闻梅福来相访，笑着荷衣出草堂。儿童不惯见车马，走入芦花深处藏。”

（以上2012年10月山东莱州市文昌街道南五里村墓葬发现 文物2：5、14、19）

宋摩崖题记

岩壁铭：“皇宋熙宁二年（1069）岁次己酉三月 初四日驾部郎中知州事郑伸 虞部员外郎知县事田侍问观 察之使杨小仪节度推官 王时同游”。

（四川阆中市城北颉家山石室观崖壁发现 四川文物2：47）

宋造像题记

北面石壁右上角铭题记1则，字迹多漫漶：“……周□□家一十五□元丰八年（1085）二月二十八日□」杨□□家一十八口□□一十三家……”

（山东临朐县寺头镇石佛堂村北原小学院内发现 中原文物4：48－49）

金经幢铭

幢身八面铭《佛顶尊胜陀罗尼经》，凡606字。

天眷元年（1138）十二月八日立幢。

（2014年5月北京房山区北部谷积山灵鹫禅寺内发现 文物春秋2：62－63）

金画像榜题

甬道左侧上部墨书：“此是李孛士”。

东北壁壁龛外上部墨书：“香花供养”。

壁龛上方墨书12字：“明昌七年（1193）七月二十六日记处”。

西北壁壁龛上方正中墨书2字：“客位”。

（以上2009年12月陕西甘泉县下寺湾镇柳河渠湾村西北山坡上墓葬发现 文物11：43、49）

金造像题记

造像左侧有 4 行刻铭，为造像施主姓氏。

造像右侧铭：“……□□□□岁次乙亥辛巳上旬丙申……” 题记 366 字。

（山东临朐县城南沂山歪头崮风景区南部山崖发现　中原文物 4：51）

13 世纪上半叶石窟题记

石窟北壁右侧造像铭藏文题记 8 句。

石窟西壁五尊造像下方均铭一排藏文题记。此外，在六尊造像下方绘有一排九尊小像，每尊小像下面均有 1 则藏文题记。

石窟东壁南半部六尊像的下方均有一行藏文题记。此外，在这六尊像左侧有一竖排小像，共七尊，其中两尊造像有藏文题记。

石窟南壁共有藏文题记 6 则。

（以上 2007 年西藏自治区阿里地区札达县帕尔嘎尔布石窟发现　文物 7：63－68）

元造像题记

像座正中铭：“时大元至元三十年（1293）岁次癸巳季春上旬有六日　住持大云老人道凝镌观音之记”。

元塔铭

塔幢正面正中铭：“大云院长老道凝之塔”，其下铭众供养弟子徒孙法号，右侧铭：“尚座道真” 及其弟子明诠、明连法号；左侧铭铭：“讲主道宽” 及弟子法号，“大元元贞元年岁次乙未大吕月十有六日” 立塔。背面上部铭：“紫金山老师洞住持僧古黎甘泉村双峰山大云院凝公长老于甲午岁仲冬下旬九日圆寂，至乙未岁季冬下旬一日葬毕”。

（以上山西晋城市泽州县柳树村口镇东中村紫金山山坳大云院基址发现　文物春秋 3：25、27）

元石刻

石供床床面前沿立面右侧铭：“窃以夫东岳者，尊为五岳之宗，永保一方之庆。神机莫测，祭之必应，圣意难知，四时致祭，常存香火，炉无所置。慈者，有本村王平、王荣兄弟二人，共发虔心之愿，独施供床于□并置立。镌勒姓名，遗传万古。田门待诏刘寰通篆，王待诏补塑记”。

石床床面左侧铭：“共赛本殿各村社火，捕庶花名下项：梗村庄骆驼社，捕庶李通等，梁家庄捕庶吴宽，马坊簇马直社，捕庶刘江等，中水村太尉直，捕庶马玉等。石匠田聚，本村王珪书。延祐元年（1314）孟春下旬有九日记”。

（2007 年河南集作市马村区演马街道办事处耿村发现　中原文物 1：102；又见焦作文博考古与研究　中州古籍出版社，2008 年）

明造像铭

造像上方横书：“重金海潮观音菩萨记”，左侧竖铭：“大明嘉靖十年（1531）十二月□□□□□”。

明摩崖题记

造像下方横书：“□无观世音菩萨”，其下文字多漫漶不清，仅可辨识：“大明国山西泽州……”。

（以上山西晋城市泽州县柳树村口镇东中村紫金山山坳大云院基址发现　文物春秋 3：27）

明摩崖题记

岩壁铭：“大明景泰五……　月初五日人四川（?）”。

（四川阆中市城北颉家山石室观崖壁发现　四川文物 2：47）

明墓室题记

墓室券门石板铭 13 字：“张楷墓”；另块石板背铭：“亲友众贺” 及少数姓氏。

墓前室石供桌南侧铭：“嘉靖四年”“儿”“力”“张” 等字。

（2012 年 8 月河北巨鹿县阎疃镇阎疃村墓葬发现　草原文物 2：69、71）

明墓室题记

前室西部石门门楣描金：“时恩灵堂”。

前室右侧门柱上部描金1字："日"；下部描金："圆觉门中通一线"。

前室右侧门柱上部描金1字："月"；下部描金："西方路上了三乘"。

右侧门中部描金："看破四大满腔念头归衣钵""万历二十三年（1595）四月望日立"。

左侧门中部描金："解脱三有一生事业在蒲团"。

（以上2013年3月15日江苏徐州市睢宁县官山镇西北龙头山墓葬发现　东南文化6：43）

清石匾铭

匾正中铭："普同塔"，左侧铭："大清康熙十二年（1673）二月中下二村恭议同荡然师往长□县全圣□二圣庵请临济正宗讳三十三代江南□南府宜兴县磐山天隐禅院嗣法沙门□知禅师□北□居俗地本州岛西常河和村九里王氏也"，右侧铭："此处□□始从大元年间临济正宗第十代道凝禅师起□□先亡僧□□□野山僧不忍化二村恭给山僧二十人各输资材共建此塔是为不朽之因康熙四十年（1701）正月二十四日建立"，下侧铭施主姓名等。

（山西晋城市泽州县柳树村口镇东中村紫金山山坳大云院基址发现　文物春秋3：29）

清摩崖造像题记

窟口右侧铭诗句4行，龛的东西两侧铭："重修泰山行宫"，以及"乾隆伍拾捌年""道光七年""道光十四年""同治十年"的重修或捐款题记。

（2009年山东临朐县五井镇西大河村岸崖壁发现　考古10：119）

清摩崖造像题记

石窑沟第二窟窟顶及壁面铭汉、藏、蒙文题记3则，第七窟口外铭六字真言1则，第九窟后壁右侧铭六字真言1则。

喇叭庙石窟崖壁存大片藏文题记，题记编号1、2、4、6、8、10－14、17、20、23－25为六字真言，编号9、18为文殊五字真言，编号15为不动佛真言，编号21为如意轮真言，编号16、19为毗卢佛种子字。

庙沟石窟第三窟口外铭藏文题记3则，第四窟外右侧有藏文题记1则，字迹漫漶。第六窟口外铭藏文题记3则，第七窟口外右侧铭藏文六字真言2则，第十窟外右侧铭藏文六字真言1则。

（以上2015年1月陕西榆林市府谷县、神木县石窟发现　考古与文物3：48－51）

清"三费局规费章程及杜弊章程碑"（3通）

光绪七年（1881）立石。

清"贾开和修桥题记"碑

同治九年（1870）立石。

（以上2012年5月四川通江县民胜镇新场村八组渡水溪遗址发现　四川文物4：27－31）

五　有铭砖

汉有铭砖

砖铭："九寸八分"。

砖铭："尺一"。

（2009年2月至2010年9月河南洛阳市孟津县卅里铺村西南邙山大汉冢东汉帝陵陵园遗址附近墓葬发现　文物11：11）

汉有铭砖

砖铭："右五里……永禾二年……"

砖铭："□月廿八日造"。

砖铭："五里□□□五十……二年三月作□"。

（以上2012年7月至9月重庆市巫山县水泥厂墓葬发现　考古2：74）

汉有铭砖

砖正侧面铭："永元八年"，背侧面铭："鞲鹰图"。

（1996 年 11 月 3 日四川广汉市新平镇永兴村 6 社陈家院子罗家包墓葬发现　四川文物 1：6）

晋有铭砖

砖铭："太康十年九月□□□作"（7－8 块）。

砖铭："元熙元年"（3 块）。

砖铭："中"。

砖铭："宽圹"。

砖铭："五"。

砖铭："大"。

砖铭："三"。

（以上浙江杭州市富阳区步桥村乌龟山墓葬发现　东方博物 60：22－24）

晋有铭砖

砖铭："义熙元年八月廿日元部作宽"。

砖铭："义熙二年八月廿"。

砖铭："张种作"。

（以上 2016 年 5 月 16 日浙江绍兴市嵊州市甘霖镇上高村祠堂山墓葬发现　东方博物 61：7－8）

晋至南朝有铭砖

砖正面铭："牛"，背铭："张文庆"。

砖铭："庆"。

（以上 2009 年至 2010 年河南南阳市淅川县滔河乡下寨村北下寨遗址发现　文物 1：60－62）

六朝有铭砖

砖铭："富贵"。

（2011 年 4 月至 8 月江苏镇江市润州区南徐路以北金家湾墓地发现　江汉考古 2：44）

宋有铭砖

砖铭："大雅杨氏墓砖"（5 块）。

（2015 年 4 月四川丹棱县双桥镇天宫村一组郭埇大雅杨氏墓地发现　四川文物 5：34）

宋有铭砖

砖墨书 4 行，部分文字漫漶不清："大宋淳化三年　壬辰六月　□百城甲申□　□□□□"。

（2012 年 12 月甘肃泾川县城关镇共池村大云寺博物馆东侧佛教造像窖藏坑发现　文物 4：55）

宋有铭砖

砖铭 19 行，凡 427 字，为舍利瘗埋记。

大中祥符六年（1013）五月十二日葬。

（2012 年 12 月甘肃泾川县城关镇共池村大云寺博物馆东侧佛教造像窖藏坑发现　文物 4：66、72－73）

辽有铭砖

砖铭："中丰房"。

（2015 年 5 月内蒙古锡林郭勒盟多伦县蔡木山乡铁公泡子村五组西南山谷小王力沟墓葬发现　考古 10：70）

元代有铭砖

砖铭："所祈保身位康宁家眷平安者"（13 块）。

砖铭："所祈寿元绵远禄位高迁者"（15 块）。

砖铭："台州路僧录杨太师舍二千片"（11 块）。

砖铭："奉佛弟子胡主福舍一千片"（8 块）。

砖铭："□都寺七百片"（2 块）。

砖铭："十""上""下""工"等。

（以上 2016 年 4 月浙江临海市巾子山西麓龙兴寺千佛塔院千佛塔内发现　　东方博物 61：）

明有铭砖

砖正面刻八卦图案，中间刻："金""木""水""火""土"。

砖正面刻八卦图案，中间刻："金""木""水""火""土"，左右两侧分别铭："西山""卯向"。

（2013 年 6 月湖北荆州市荆州区郢城镇郢南村二组西胡家台墓葬发现　　文博 2：33）

明有铭砖

砖铭："金"。

砖铭："公"。

砖铭："先"。

砖铭："墓"。

（以上 2013 年 3 月 15 日江苏徐州市睢宁县官山镇西北龙头山墓葬发现　　东南文化 6：40）

明有铭砖

砖一侧铭："武昌府提调官通判张勋，司吏徐用，江夏县提调官王簿王厚泰，司吏夏玉"；另一侧模印或戳印："造砖人……""窑匠……""人户……""甲首……"等字样。

（2007 年 7 月至 11 月湖北武汉市江夏区大桥镇庙山村窑址发现　　江汉考古 6：32）

明清有铭砖

砖铭："双溪"。

（2011 年 9 月至 2013 年 10 月江苏淮安市里运河遗址发现　　东方博物 60：52）

清有铭砖

砖铭："……十年□承□加□□层□七十丈工尾……"

（2014 年 11 月江苏淮安市洪泽县高良涧船闸段发现　　东方博物 60：45）

六　陶文

良渚陶文

黑陶壶外腹铭 1 猪形刻划符号。

（2011 年 10 月至 2015 年 12 月江苏兴化、东台两市交界处蒋庄遗址发现　　考古 7：29）

战国陶文

豆柄身刻划 1 字："十"。

豆下腹刻划 1 字："十"。

釜腹外壁钤 2 字："肖邦"（2 件）。

盆下腹近底处戳印 3 字："司口高"。

碗底刻划 1 字："十"。

碗外壁刻划 1 字："共"。

碗外侧刻划 1 字："中"。

碗内壁刻划 1 字："中"。

碗内壁下腹刻划 1 字："王"。

盆沿面刻划 1 字："王"。

碗外壁刻划 1 字："丰"。

碗外壁刻划 1 字："工"。

豆改碗刻划 1 字："×"。

豆柄刻划 1 字："十"。

碗外壁刻划 1 字："十"。

罐劲部内侧对称阴刻 2 个"十"字状符号。

（以上内蒙古准格尔旗大路新区城壕村头道沟遗址发现　草原文物 2：26－28）

汉陶文

方台正面铭："张子山"，左侧面中部铭："长寿"。

（2013 年 4 月至 7 月河北唐山市丰润区杨官林镇商各庄村遗址发现　文物春秋 2：40）

北魏陶文

板瓦和筒瓦分别铭："伏""贵""白""□"。

（2007 年 9 月至 10 月山西大同市区操场城北部翰林别院建筑工地发现　文物 4：18）

北朝陶文

陶器残片刻划一残损"杨"字。

（内蒙古准格尔旗大路新区城壕村头道沟遗址发现　草原文物 2：33）

隋唐瓷铭

支烧具底部外壁铭 1 字："元"。

支烧具底部外壁铭 2 字："徐□"。

（以上 2014 年 4 月至 5 月浙江湖州市德清县开发区砂村大圣堂窑址发现　东南文化 1：62－63）

唐瓷铭

碗外腹墨书："李□黄"。

碗外底墨书："天王"。

渤海国瓷铭

罐肩下铭："人"形符号。

瓮肩部铭："木"。

（以上 2004 年 9 月至 11 月黑龙江五常市沙河子镇盘山村东香水河墓地发现　考古 4：52、54）

唐瓷铭

碗内底款："王"。

（2014 年 10 月 16 日至 11 月 17 日浙江庆元县竹口镇黄坛村窑址发现　东方文博 60：64－65）

唐至清陶文

陶盆腹部铭 3 字："李大同"。

（2007 年 9 月至 10 月山西大同市区操场城北部翰林别院建筑工地发现　文物 4：23）

漠北回鹘汗国时期（745－840 年）陶文

筒瓦铭 2 行突厥鲁尼文，汉译为："马年七日十五（日）我切割了"。

［2011 年 7 月至 9 月蒙古国后杭爱省（Arkhamgai Aimag）浩腾特苏木（Khotont Sum）赫列克斯浩莱山谷 6 号回鹘墓园内发现　文物 4：35、52］

五代十国渤海国陶文

板瓦瓦身铭："可"（2 件）。

板瓦瓦身铭："典"。

板瓦瓦身铭："俳"（2 件）。

板瓦瓦身铭："左李"。

板瓦瓦身铭："羌"。

板瓦瓦身铭："□"（2 件）。

板瓦瓦身铭："矣"。

筒瓦瓦唇铭："今"。

板瓦铭："典"。

板瓦铭："可"（2件）。

板瓦铭："珍（玠）"。

板瓦铭："尖"。

筒瓦铭："男"。

板瓦铭："自"。

板瓦铭："明"（2件）。

（以上2007年9月至11月吉林和龙市西城镇城南村渤海都城故址北门址发现　文物12：8、14）

五代至宋瓷铭

匣钵上多有刻划字符，数字有："四""六""七""十五""千"等，姓氏有："汪""江""夏""仁""元""许"等。年号有"淳化"，还有其他刻字，如："字""上""大""本""兴"等。

（2014年6月至10月安徽繁昌县阳冲村骆冲村窑址发现　文物3：49）

宋瓷铭

壶外底墨书："东山"。

壶壶身铭："福""禄"。

罐肩部压印："六字□"。

罐外底墨书："艚前公用"。

盏外底墨书："林直"。

（以上2014年12月底广东南海川山群岛沉船发现　考古12：62、69－70）

宋瓷铭

粉盒外底墨书4字："□家名记"。

（2012年12月山东济南市长清区崮云湖墓葬发现　文物2：25）

宋瓷铭

枕底中部刻划4字："裴家花枕"。

（2015年5月河南巩义市天玺华府项目建设区墓葬发现　中原文物5：12）。

宋金瓷铭

盏外底墨书："种□"。

盘内底红彩书："为争三□气，白了少年头"。

盏外底墨书："陆"。

盏外底墨书："魏"。

碗外底墨书："大安"。

盘外底墨书："陈"。

盘外底墨书："大安"。

（以上2012年2月至2013年6月安徽淮北市濉溪县百善镇柳孜行政村柳孜运河遗址发现　文物12：30－33）

辽筒瓦铭

内面墨书3行文字。

（2013年至2014年吉林白城市洮北区德顺蒙古族乡古城村北部城四家子城址发现　文物9：44）

附一：瓦当铭

北魏瓦当铭

有："传祚无穷"。

（2010 年 5 月至 10 月山西大同市南郊区云冈镇云冈石窟窟顶西区佛教寺院遗址发现　　考古学报 4：552 – 553）

北魏瓦当铭

有："平城"（30 余件）。

有："皇祚永延"。

有"□岁□贵 "（2 件）。

有："昌□□寿"（2 件）。

有："永□□□"。

有："□□□□"。

（以上 2007 年 9 月至 10 月山西大同市区操场城北部翰林别院建筑工地发现　　文物 4：13 – 15、19）

辽瓦当铭

当面中部有："王"。

（2013 年至 2014 年吉林白城市洮北区德顺蒙古族乡古城村北部城四家子城址发现　　文物 9：45 – 46）

辽瓷铭

碗圈足内墨书："梁" 字款。

碗底部铭："官" 字款。

罐圈足内铭："官" 字款。

瓶圈足内铭："官" 字款。

（以上 2015 年 5 月内蒙古锡林郭勒盟多伦县蔡木山乡铁公泡子村五组西南山谷小王力沟墓葬发现　　考古 10：65）

金瓷铭

碗内底草书 1 字："王"。

（2004 年山东聊城市梁水镇西梭堤村遗址发现　　东方考古 13：250 – 251）

元瓷铭

罐或钵残片存有："金""用""王""三""廿" 等。

（2009 年冬季贵州黔东州天柱县远口镇中团村清水江东岸瓦罐滩窑址发现　　考古 51、65）

明瓷铭

器底外心有方形画押款（4 件）。

器外底款 4 字，暂不可辨。

器外底款 4 字："成化年办"。

残器圈足内书："怡德堂制"。

（以上 2014 年 10 月至 2015 年 1 月江苏扬州市宝应县盐河镇南侧刘堡减水闸遗址发现　　东南文化 6：36 – 37）

明瓷铭

碗圈足底有："大明成化年制" 款。

（2007 年 9 月至 10 月山西大同市区操场城北部翰林别院建筑工地发现　　文物 4：23）

明瓷铭

碗内底中部草书 "寿"。

（2007 年 7 月至 11 月湖北武汉市江夏区大桥镇庙山村窨址发现　　江汉考古 6：31）

明瓷铭

罐外底款："长命富贵"。

（2002 年 4 月江苏泰州市海陵区鼓楼南路文峰桥西南墓葬发现　　文物 6：53）

明清瓷铭

盘外壁款："大明宣德年制"。

盘足底款："大明嘉靖年制"。

盘足底款："大明万历年制"。

碗足底款："大清康熙年制"。

碗足底款："康熙辛亥中和堂制"。

碟足底款："大清雍正年制"。

（以上吉林大学考古与艺术博物馆藏　　文物 8：88－89、92、95）

明清瓷铭

盘外底款："大明宣德年制"。

碟外底款："大清年制"。

（以上 2014 年 11 月江苏淮安市洪泽县高良涧船闸段发现　　东方博物 60：54）

清瓷铭

带托盖碗底款："大清嘉庆年制""弍知"（5 件）。

带托盖碗盖外中心铭："五二"（2 件）。

杯外底戳印："祥"。

碗外底有文字款，不识。

碗底款："嘉庆"（10 件）。

碗外底款："大清嘉庆年制"（18 件）。

盘外底有文字款，不识。

盘外底戳印："庥"。

盘外底款："大清嘉庆年制"。

碟底铭："喜"。

（以上浙江剑仙孝丰镇东山村窖藏发现　　东方博物 60：92－97）

清瓷铭

罐底边缘处铭 1 字："山"（2 件）。

碟底部有青花颜料书写的符号。

（2013 年 10 月 14 日至 11 月 7 日吉林农安县开安镇库尔金堆村三社城子里屯古城址发现　　北方文物 1：16－17）

附二：杂器铭

秦简牍

有字简牍共 579 枚，均为簿籍类文书。

（2013 年 5 月至 11 月湖南益阳市赫山区三里桥社区铁铺岭兔子山遗址九号井发现　　文物 5：40－47）

汉漆器铭

漆器残片朱书："昌邑九年""昌邑十一年"。

漆瑟（3 件）顶部朱书："第一廿五弦瑟禁长二尺八寸高七寸昌邑七年六月甲子礼乐长臣乃始令史臣福瑟工臣成臣定造"。

（2011 年至 2016 年江西南昌市新建区大塘坪乡观西村墎墩山墓葬发现　　考古 7：56－57）

汉木牍

约 2000 版，包括遣策类的签牌和奏牍。

（2011 年至 2016 年江西南昌市新建区大塘坪乡观西村墎墩山墓葬发现　　考古 7：60）

汉竹简

约5000支。内容大致包括《悼亡赋》《论语》《易经》《礼记》《孝经》《医书》《五色食胜》等。

（2011年至2016年江西南昌市新建区大塘坪乡观西村墎墩山墓葬发现　考古7：61）

前凉木简

木简正面墨书3行汉字："柴桂一枚　绯二丈　绛五"。

前凉衣物疏（纸）

主要是随葬物品名，共计298字。

（以上2006年4月14日至5月25日新疆吐鲁番市阿斯塔纳古墓群西区墓葬发现　考古与文物5：43、49）

吐蕃时期木构件（4件）

榫孔右侧或左侧墨书藏文，汉译为："上面的十""上""雪山之水"。

（1993年夏季西藏林芝地区朗县金东乡列村墓地发现　考古11：61－62）

五代吴漆器

碗内底边缘墨书1字，残存右侧"求"字。

盘内底书："谢"；外腹朱书："谢俯军"。

（以上2014年3月浙江扬州市邗江区西湖镇平山工业园朱塘路与平山北路交会口墓葬发现　东方博物59：23）

宋旌铭（纺织品）

旌上书白字："安康郡太□□氏之柩"。

（2014年6月至9月安徽芜湖市南陵县戈江镇铁拐村铁拐组西北墓葬发现　文物12：39、44）

明缎质铭旌（2件）

旌正中铭："锡义官刘公德明之柩"。

旌正中铭："明故刘孺人田氏之柩"。

明棉布长衫

胸前缝缀一块仿补子白布，上有朱书印文。

（以上2002年4月江苏泰州市海陵区鼓楼南路文峰桥西南墓葬发现　文物6：41、43、51）

明棋子铭（陶）（6枚）

棋子面上阴刻有："卒""马""兵""巾"（帅）、"亻车"（车）、"木月"（相）。

（2014年陕西咸阳市渭城区东北正阳镇张闫遗址发现　文博5：11）

（编辑者：金文馨）

第九篇

大 事 记

2016 年中国考古学大事记

1 月　国家文物局水下文化遗产保护中心、海南省文物考古研究所发掘昌江县乌烈遗址。发掘面积200 平方米，出土磨制石器一百余件，包括石斧、石锛、石凿、石环，以及大量石坯料，还有一定数量的夹砂红褐陶器残片。初步判断，乌烈遗址是一处新石器时代的旷野遗址，可能具有石器加工场的性质。

中华书局出版《陈梦家学术论文集（陈梦家著作集）》。

南京博物院、常州博物馆、溧阳市文化广电体育局编著的《溧阳神墩》由文物出版社出版。

青海省文物考古研究所、北京大学考古文博学院编著的《贵南尕马台》由科学出版社出版。

洛阳市文物考古研究院编著的《洛阳市定鼎北路唐宋砖瓦窑址考古发掘报告》由中州古籍出版社出版。

湖北省文物考古研究所、荆门市博物馆、钟祥市博物馆编著的《郢靖王墓》由文物出版社出版。

1 月 10 日，由中国考古学会、吉林省文化厅、吉林省文物局主办，吉林省考古学会、吉林省文物考古研究所承办的"中国高句丽渤海考古论坛"在吉林长春召开，论坛主题为"21 世纪中国高句丽渤海考古的主要收获和学术发展规划"。来自中国社会科学院考古研究所、北京大学考古文博学院、陕西省考古研究院等国内 18 家单位的 90 余名学者参加了论坛。辽宁省文物考古研究所、黑龙江省文物考古研究所、吉林省文物考古研究所分别就三省 21 世纪高句丽渤海考古的主要收获进行了专题报告；与会学者就高句丽、渤海学术发展规划开展了分组讨论。

1 ~6 月　云南省文物考古研究所等单位在 2014 年底至 2015 年上半年勘探的基础上，继续对太和城遗址进行了探沟法勘探。在太和城遗址内西端的核桃山东、南两面山坡上找到了上下金刚城的南、中、北三条道路。南北两路可能主要是军队沿城墙内侧巡逻的道路；中路铺筑规矩均匀并与金刚城的瓮城门相接，可能是上下山的主道。

1 ~8 月　广西文物保护与考古研究所发掘南宁市灰窑田贝丘遗址。发掘面积 1525 平方米，清理 110 座墓葬、50 个灰坑、22 个柱洞。墓葬主要集中于台地南部边缘，葬式以各式屈肢葬为主，肢解葬、蹲踞葬次之。较多数量的灰坑、柱洞的发现，为以往广西河旁贝丘遗址所罕见。文化面貌属顶蛳山文化，年代大体相当于顶蛳山遗址第三期或略晚，约距今 7000 年。

1 ~12 月　陕西省考古研究院继续发掘西安市高陵区杨官寨仰韶文化遗址，发现杨官寨遗址环壕聚落同时的庙底沟类型的大型墓地。墓地总面积约 9 万平方米。发掘面积约 1967 平方米，发现墓葬 182 座，初步推测墓葬总数可能逾 2000 座。清理墓葬 75 座，绝大部分为偏洞式，土坑竖穴墓较少。个别墓葬的西端或东端发现有柱洞，疑似"畨"类墓上建筑遗存。均为单人一次葬，仰身直肢，人骨保存完整，头朝西。个别墓葬的人骨附近还发现有疑似包裹的织物，部分人骨发现有割体葬仪，还有部分戕害女性的现象。随葬品较少，部分人骨有佩戴骨簪、陶环、石环的现象，是关中地区首次发现。偏洞式墓葬的发现将该类墓葬的出现年代提前了 400 多年。2017 年继续发掘。

山西省考古研究所等单位继续发掘翼城县大河口西周墓地。墓地现存面积约 45000 平方米。2016 年度发掘面积约 10000 平方米，发现和清理西周墓葬 660 余座，出土器物 4500 余件组。至此，已经将大河口墓地现存的西周墓葬全部发掘完毕。自 2007 年以来，共计发掘墓葬 2200 余座，出土陶器、青铜器、蚌贝器、玉石器、骨器、漆木器、锡器等 25000 余件，年代自西周早期延续至春秋初年，是西周时期的霸国墓地。这是继山西省绛县横水倗国西周墓地之后，又一次全部揭露的西周时期一处封国墓地。

山西省考古研究所自 2015 年 7 月以来发掘绛县卫庄镇睢村西周墓地。发掘面积 11400 余平方米，发现墓葬 556 座，其中，大中型墓葬 9 座，车马坑 5 座，清理墓葬 447 座，大中型墓葬全部遭盗掘。车马坑均位于大型墓葬东侧，呈东西向。这是一处埋葬贵族和平民的墓地。墓地人群单纯，可能属于以横水、大河口墓地为代表的文化遗存。睢村墓地的发现，显示晋南地区在倗（绛县横水墓地）、霸（翼城大河口墓地）之外可能还有一个区域中心。

洛阳市文物考古研究院继续发掘孟津县朱仓 M722 东汉陵园遗址。初步确定朱仓 M722 陵主为顺帝宪陵，1 号台基为“石殿”、2 号台基为“寝殿”、3 号台基与 1 号院落为“园省”、2 号院落为“园寺吏舍”局部，在 3 号台基南侧外围还发现有动物祭祀坑等。发掘 1 号台基东部的内陵园东门址，可能与文献记载的“司马门”有关。

2 月　浙江省文物考古研究所继 2014 年再次发掘义乌市桥头遗址。至 2017 年 1 月发现一批上山文化遗存。出现了一定数量的彩陶，彩纹中出现了太阳纹的图案，与跨湖桥遗址中的太阳纹图案有联系。中期地层中的炭屑样品^{14}C 年代测定，为 7985 ± 50（T1③）、8090 ± 45（T1④）等数据，校正年代为距今 9000 多年。

湖北省文物考古研究所、北京大学文博学院继续发掘天门市石家河遗址。至 2017 年 1 月，确认新发现的谭家岭古城位于石家河遗址的中心。平面大体呈圆角方形，城垣东西长 440 米、南北宽 390 米，城垣内总面积 17 万平方米，加之城壕总面积则达 26 万平方米。城垣用较为纯净的黄土堆筑，底宽 15 米 ~ 18 米，残高在 0. 8 米 ~2 米，但东城垣与北城垣东段破坏比较严重。城壕紧贴城垣，北城壕宽 20 米 ~30 米，东城壕与西城壕宽 30 米 ~70 米，南城壕则直接利用宽度超过 120 米的东西向自然河道。城垣普遍高出城壕底部 4 米 ~5 米。谭家岭古城形成不晚于屈家岭文化早期，废弃于屈家岭文化晚期。被评为 2016 年度全国十大考古新发现。在三房湾遗址发掘 250 平方米，出土数以千计的厚胎红陶杯残件，发现的遗迹多属与制陶有关的窑、黄土坑等，明确这里是一处石家河文化晚期至后石家河文化时期以烧制红陶杯为主的专业窑场。

2 ~6 月　广西文物保护与考古研究所继续发掘 2014 年发现的隆安县娅怀洞遗址。在洞厅北部揭露面积约 16 平方米，下挖深达 4. 2 米（尚未到底），地层分为 24 层，其中第 2 至第 4 层为新石器时代文化层，第 5 层以下为旧石器时代文化层。在第 8 层出土一个人类头骨，在第 21 层发现一处用火遗迹。出土遗物 1000 多件，包括大量的石制品、少量的蚌器及个别陶片。还有大量的螺壳、蚌壳、鱼骨、龟鳖甲、大小哺乳动物遗骸及植物等自然遗存。据^{14}C 测年，新石器时代遗存的年代约为距今 4000 年，旧石器时代遗存的年代在距今 3 万至 1 万年。

2 ~9 月　浙江省文物考古研究所勘探、发掘杭州市余杭区玉架山良渚文化遗址。自 2008 年 10 月以来勘探面积总计约 1 平方千米，共发现了由 6 个相邻的环壕围沟组成的良渚文化完整的聚落遗址，总面积约 15 万平方米。已发掘面积 28000 余平方米，共清理良渚文化墓葬 499 座、灰坑 25 个、建筑遗迹 10 处，出土陶器、石器、玉器等各类文物 6000 余件（组）。玉架山遗址地处余杭东部，西距良渚古城约 20 千米。玉架山遗址周边约 20 平方千米的范围，经调查和发掘的良渚文化遗址已经有 20 多处，其中南面又发现了良渚文化水稻田的茅山遗址、西南面有贵族墓葬的横山遗址。这显示在临平山的西、北部地带存在着一个较大规模、较高等级的良渚文化次级中心聚落群。

3 月　江西省文物考古研究院等单位发掘金溪县城秀谷镇釜山遗址。至 2017 年 1 月，发掘面积为 1530 平方米，发现新石器时代晚期至早商时期的城墙 1 条、活动平台 1 处、房址 1 座，各个时期的灰坑共 46 个。城墙在商周时期继续沿用。

成都文物考古研究所发掘成都市青白江区双元村东周墓群。至 2017 年 1 月清理墓葬 180 座，均为长方形竖穴土坑墓，大部分使用了葬具，葬具多为船棺，个别为木椁，随葬品丰富。其中 154 号墓规模较大，墓圹长 8.2 米，宽 2.1 米，船棺长 6.1 米，宽 1 米，出土的漆木器纹饰特征与成都商业街 2 号棺、11 号棺出土的漆木器纹饰特征非常接近，几枚铜印章特征也与商业街 1 号棺出土的几枚铜印章特征非常接近。墓主的身份可能较高。

山西省考古研究所等单位自 2014 年以来第三次发掘襄汾县陶寺北两周墓地。至 2017 年 1 月，发掘面积 850 平方米，清理春秋晚期墓葬 5 座，其中大型墓葬 2 座，小型墓葬 3 座。自 2014 年至 2017 年 1 月在陶寺北墓地共发掘墓葬 17 座，共出土近 80 件青铜容器，百余件玉器。其年代从两周之际延续到战国时期。

湖北省文物考古研究所、孝感市博物馆、孝感市孝南区博物馆编著的《孝感叶家庙》由科学出版社出版。

3～6 月　山西省考古研究所在对西侯度遗址附近的狼涧、白砂沟、独头后沟、舜南涧、咸水沟考古调查新发现 8 处旧石器地点的基础上，试掘狼涧 2 地点，地层堆积系第三纪三趾马红土顶部与第四纪地层交界部位。发掘显示这批遗存的年代很早。

中国社会科学院考古研究所山西队、山西省考古研究所自 2012～2015 年重新明确陶寺文化早期宫城以后，发掘疑似宫城的“东南门”和“东南角门”。陶寺宫城位于陶寺遗址东北部，宫殿区的外围。宫城呈长方形，东西长约 470 米，南北宽约 270 米，面积近 13 万平方米。方向 315°，与陶寺大城方向基本一致。其中北墙编号 Q15，东墙为原来的 Q10，南墙编号 Q16，西墙编号 Q11。南墙西段及西南拐角被大南沟破坏掉。继 2015 年以来在疑似宫城东南门址和东南拐角处的侧门，发掘面积 679 平方米。宫城东南门位于宫城南墙 Q16 东南段，正对宫城内最大宫殿基址 I FJT3。东南门址在陶寺文化早期始建，延续使用至陶寺文化中期偏晚阶段。“东南角门”即宫城东南拐角城墙 Q10 与 Q16 之间的缺口，宽 10 余米。2017 年继续发掘。

3～7 月　山东大学考古与文博学系开始发掘章丘市焦家遗址。遗址面积超过 100 万平方米。发掘面积约 1099 平方米，文化堆积主要为大汶口文化中晚期遗存，另见少量龙山文化早期和岳石文化遗存，以及汉代遗存。发掘区内的大汶口文化遗存先后为居住期—埋葬期—居住期—埋葬期—居住期五个大的发展阶段。清理大汶口文化房址 61 座、大汶口文化中晚期墓葬 134 座。大型墓葬数量少，面积超过 6 平方米，棺椁俱全，随葬品四五十件，有玉钺、玉镯、骨雕筒、高柄杯、白陶鬶等。2017 年继续发掘。

3～8 月　重庆市文化遗产研究院发掘巫山县大水田遗址。遗址位于大溪遗址和人民医院遗址之间，发掘面积 1000 平方米，发现大溪文化、战国中晚期至西汉早期、宋代、明清等多个时期的灰坑 118 个、墓葬 53 座、沟 4 条，出土陶、石、瓷、铜、铁、骨质器物小件 500 余件（套）。在大溪文化墓葬中发现墓底有红烧土面和人骨靠近墓底部分有火烧的迹象，部分墓葬出土了成组黑色板岩珠饰；还发现多组玉溪上层文化晚期陶片与大溪文化晚期陶片共存的现象，为确定玉溪上层文化的年代提供佐证。

3～9 月　山西省考古研究所发掘河津市固镇宋金瓷窑址。在北涧疙瘩、上八亩和下八亩三个地点清理制瓷作坊 4 处、瓷窑炉 4 座、水井 1 处、窑炉残渣及废品堆积坑 35 个，出土完整及可复原瓷器 1326 件，瓷片、窑具标本达 6 吨之多。制瓷作坊紧邻窑炉，每处作坊对应一两座窑炉，是典型的小手工业作坊。作坊多为窑洞式，其中二号作坊为一处地窨式窑洞，由东、西两孔窑洞组成。一号作坊内发现淘洗池、陶缸，为练泥场所。二号作坊内有石磨盘、瓷泥堆、大片的烧结面等遗存，为制坯、晾坯的场所。四号作坊底部整齐摆放匣钵、支顶钵，可能为存放装烧具的场所。四座瓷窑炉均为半倒焰式馒头窑。其中北宋时期的窑炉 Y1 保存相对较好，可能已掌握利用窑炉余温进行晾坯的关键技术。三座金代窑炉较北宋窑炉在结构上有所改进。生产的瓷器品类有粗白瓷、细白瓷、黑酱釉瓷和低温三彩釉陶，以白瓷为大宗。装饰技法有剔花填黑彩、白地黑画花、珍珠地划花和印花，题材以诗词、花草为主。其中北宋细白瓷，胎体致密度高，釉面莹润光洁，造型素雅，代表了同时期制瓷工艺的顶尖水平；金代装饰瓷枕分高温和低温两类，造型以八角形和腰圆形多见，独特的八角造型，其枕面宛如一幅展开的扇面，搭配独创的剔花填黑彩工艺，可据此明确国内外大量同类馆藏和出土品的烧造窑口。此被评为2016年度全国十大考古新发现之一。

3～10月　河南省文物考古研究院发掘淇县高村镇杨晋庄西周卫国墓地。发掘面积5000平方米，清理西周时期中小型墓224座，马坑5个，房址1座，出土盗余各类随葬品近400件。墓葬多为一棺或无棺，少数为一棺一椁。十余座墓葬设腰坑，内有殉狗。M1为整个墓地最大的一座，东西长3.8米，南北宽2.4米，深3.8米，被盗掘一空。墓地流行毁兵葬，铜戈、铜戟均不同程度遭到人为破坏，绝大多数已经断裂。有一件铜鼎，为西周早期典型器。墓地的使用年代，最早为西周早期偏早，一直延续到西周中期，所出器物多与淇河北岸的辛村墓地相同，墓主以中下层平民为主，是经过严格规划的一处“邦墓地”。

3～11月　山西省考古研究所继2015年开展对丁村旧石器时代遗址群的调查，在汾河东岸黄土塬区鏊子沟、汾道沟、柴庄沟新发现8处旧石器地点，并对九龙洞遗址、过水洞遗址进行第二年度的发掘，还开始发掘洞门遗址。其中，九龙洞遗址出土石制品2000余件，另发现有鸵鸟蛋壳、植物种子、炭屑等。在室内拼合研究中，拼合出人类打制石器组件80余组，共计400余件，拼合率达到了21.52%。这是目前我国旧石器考古学研究中石制品拼合率最高的一次。

河南省文物考古研究院等单位再次发掘濮阳市华龙区戚城遗址。遗址地表可见晚期城址一座。古城平面呈圆角方形，四垣周长1520米。地表东城垣最高处8.3米，基宽20余米，城内总面积14.4万平方米。时代应为东周，汉代、宋代又进行了附加修筑。相传春秋戚邑是卫灵公的外孙孔悝的采邑，故又称孔悝城。2008年以来，又在晚期城址之下发现、发掘一座龙山时代城址。龙山城墙东西长约420米，南北宽约400米，面积近17万平方米（含城垣），方向20°。在龙山时代城址城圈之内发现有疑似早期的环壕。东周城址与龙山时代城址大体重合略有错位。在东周时期的内城发现了疑为宫城的城防设施，内城之外发现了大型东周外城。外城南北长约1000米，东西宽约900米，面积约90万平方米。

3～12月　浙江省文物考古研究所、杭州良渚遗址管理区管理委员会继续发掘杭州市余杭区良渚古城遗址。良渚古城自2007年发现以来连续十年工作，确认良渚古城核心区由宫殿区、内城、外郭城构成，占地面积约8平方千米，同时在城外发现规模巨大的水利系统和面积广阔的郊区，由此证实了占地面积达100平方千米的良渚古城系统。莫角山宫殿区位于城内正中心，由古尚顶土台和其上的大莫角山、小莫角山、乌龟山三座宫殿基址组成。在古尚顶平台上发现了宫殿区中部大型沙土广场，占地面积达7万平方米。在莫角山西部、反山南部的姜家山土台西坡清理了一处良渚文化贵族墓地，揭露面积900平方米，发掘墓葬14座，大致呈三排分布，墓葬中共出土文物425件组，以单件计644件。墓地年代与反山墓地相当，等级远低于反山墓地，推测是一处家族墓地。显示城内宫殿区与王陵及贵族墓地分处东、西分布。城内南北向主河道位于城内宫殿区以东的钟家港古河道。在良渚古城以东约175万平方米范围内，共发现良渚文化时期遗迹现象104处，其中台地45处、河道9条、草包泥堆筑层4处、文化层范围36处、水域范围5处、湿地4处、坑1个。这显示良渚古城以东城外郊区的良渚文化台地分布密集。

山西省考古研究所继2015年发掘兴县碧村遗址，进一步揭露小玉梁石砌排房中的其余三座，并对这组排房背后的生活垃圾区进行全面发掘。确认小玉梁台地中心的排房由五座房址组成，整体坐东朝西，残存部分占地面积约320平方米。在房址东墙外的缓坡下，清理了部分灰坑，出土大量陶器，还有一些卜骨、玉器残片及蚌饰品等。这是目前北方地区发现的距今4000年前后规模较大、保存最好的一组石砌房址。

陕西省考古研究院、中国社会科学院考古研究所、北京大学考古文博学院继续发掘周原西周遗址，在贺家北区域发掘面积约2800平方米，清理凤雏六号夯土建筑基址（F6）、普通居址区、疑似城墙的条状夯土遗迹。F6位于1976年出土西周甲骨的凤雏甲组东侧，破坏情况严重，为由北、东、南、西四座夯土基址围绕中间庭院而成的一座四合院式建筑，面积约1400平方米，始建于西周早期，晚期时废弃。是目前所知周原遗址范围内西周早期遗存中面积最大的一个建筑群。

山东省文物考古研究所再次发掘定陶王陵M2墓。在墓葬周围发现M2的原有墓道、版筑夯土台等遗迹现象。在版筑夯土台以及墓道两侧阙台外围还有一周围筑的夯土台（简称外台）。平面近方形，边长为76.4米~78.6米。夯土台外侧呈斜坡状。据此明确，M2的封土结构，是由围绕墓坑的版筑夯土台、夯土台上近墓框口26个对称分布的柱洞、墓道两侧形如阙台及台上相对应的8个柱坑等组成。与墓室积沙槽内立柱相统一，形如一大型高台建筑基址。M2此种封土结构堪称“亚帝王”级，是目前研究西汉帝王墓葬封土结构的唯一实例。

中国社会科学院考古研究所洛阳唐城队发掘隋唐洛阳城宫城明福门遗址。明福门址分两期。早期门址东西长29.5米，南北宽17.2米。晚期门址是在早期门址的南北扩建形成，东西长29.5米，南北宽24.3米。明福门遗址的发现，便于认识宫城大内西部宫院的布局和规模。

湖南省文物考古研究所发掘长沙铜官窑遗址唐代石渚窑业遗存。发掘面积2475平方米。揭露的唐代窑业的挖泥坑，出土了大量长沙铜官窑窑业遗物。证实石渚窑场是长沙铜官窑遗址的有机组成部分，甚至在整个“石渚草市”的产销体系中占据着很关键的位置。还发现一批明清时期的生活、建筑遗存，从侧面证实了明清时期石渚市的热闹与繁华。

4月　广东省文物考古研究所发掘东源县龙尾排遗址。遗址位于河源市东源县船塘镇凹头村，发掘面积约1500平方米，清理商时期墓葬52座，出土各类随葬器物近400件。这是广东地区发现的又一处大型商时期墓地。

湖北省文物考古研究所、荆门市博物馆发掘京山县坪坝镇苏家垄周代墓群。墓群于1966年发现，当时出土以九鼎七簋为核心的97件青铜器。2008年又清理了一座残墓。至2017年1月，发掘墓葬近60座、车坑1个、马坑2个。出土文物500余件（套），以青铜器为主，其次为陶器和玉器，另有少量漆器朽痕和铅锡器。该墓地应为曾国高等级贵族墓地，年代在西周晚期至春秋晚期。

成都文物考古研究所发掘成都市实业街唐益州福感寺遗址。至2017年2月发现两处建筑基础，在H12、H19、H49、H68等灰坑中出土了三百余件（块）南北朝至唐代佛教石造像、陶造像。雕刻内容有佛像、菩萨立像、菩萨头、天王像、千佛造像碑、蟠龙碑首等。部分造像体量较大，雕刻精美，蟠龙碑首上残存有“大唐益州福”等字样。

中国社会科学院考古研究所、山西省考古研究所编著的《下川：旧石器时代晚期文化遗址发掘报告》由科学出版社出版。

南京博物院、泗洪县博物馆编著的《顺山集：泗洪县新石器时代遗址考古发掘报告》由科学出版社出版。

河南省文物考古研究院编著的《新郑双楼东周墓地》由大象出版社出版。

4~6月　青海省文物考古研究所、兰州大学环境资源学院继2014年第二次发掘共和县江西沟乡151处遗址。揭露面积25平方米，发掘火塘遗迹及较多的动物骨骼、石制品和炭屑，可能是早中全新世的一处狩猎采集人群活动遗址。

4~7月　山东省文物考古研究所自2015年10~12月以来连续发掘泰安市大汶口遗址。揭露面积820平方米，清理大汶口文化的房址6座、灰坑16个，龙山文化房址1座、灰坑32个。其中一座大汶口文化早期房址（F11）保存较好，是目前发现的大汶口文化早期规模最大、保存最好的房址。

新疆维吾尔自治区文物考古研究所等单位发掘奇台县与吉木萨尔县白杨河墓群。清理墓葬110座、遗迹5处，出土陶、木、骨、铜、铁、纺织品等遗物200余件（组）。分属青铜时代一段、二段、早期铁器时代和唐宋时期。出土的遗物中，有方形铜镜，为新疆地区首次发现。

云南省文物考古研究所发掘澄江县木官山墓地。清理石寨山文化时期土葬墓276座、灰坑15个，明清时期火葬墓9座。这是在抚仙湖地区发现的又一处石寨山文化墓地。

4~11月　甘肃省文物考古研究所发掘武威市西夏亥母寺遗址。遗址由4个洞窟及窟前建筑遗存组成，出土遗物以文献、佛教遗物、生活用品及建筑构件四大类为主，兼有少量兵器，以及藏文碑刻及汉文碑刻各一通。文献以西夏文文献为主，兼有少量汉文、藏文文献。西夏文文献有印本和写本两类，字体有楷体和草书两种形式。内容以佛经为主，另有辞书《音同》残片、军抄条律残片、习字纸残片等社会文书和世俗文献。汉文文献以佛经为主，并发现有至元、万历、道光等纪年文献，另有账簿残片、工尺谱残片及符咒残片等。亥母寺遗址创凿于西夏崇宗正德四年（1130），是一处西夏时期的佛教遗存。

4~12月　陕西省考古研究院发掘清涧县辛庄商代遗址。发掘面积800平方米，发现房址5座、窑址3座、灰坑8个、墓葬2座、瓮棺葬1座。在3座房址内发现有容器、器盖、兵器及器形不明等陶范共计20余件。其丰富了辛庄遗址陶范类型和数量。

早期秦文化联合考古队自2006年以来第11个年度发掘马家塬战国墓地。累计发现墓葬69座，祭祀坑2个，出土马车遗迹56辆。2016年度在墓地中部自然冲沟西侧的第二台地上揭露面积1500平方米，发现墓葬13座，清理了12座战国晚期墓葬，都是竖穴洞室墓，其中两座为开口面积在30平方米左右的次中型墓（M41、M45），为竖穴阶梯偏洞室墓。M41竖穴内随葬2辆车，M45竖穴及洞室内各随葬1辆车。

陕西省考古研究院、中国国家博物馆、宝鸡市考古研究所发掘凤翔县雍山血池秦汉祭祀遗址。遗址位于凤翔县柳林镇半坡铺血池村以东至沟南村之间的山梁与山前台地上，东南距秦雍城12千米，面积达470万平方米。通过调查和发掘，发现和确认封土坛、壝、坛场与三垓、建筑遗址、道路、马牛羊祭祀坑等一批重要遗迹，出土1900余件（组）祭祀文物，有玉人、玉璜、玉琮、小型偶车马、车马器等，还出土一批西汉时期的建筑材料，如板瓦和瓦当等。这是“畤”遗存完整功能结构的首次发现。初步判断该遗址是西汉初期汉高祖刘邦在雍地设立国家最高等级用于专门祭祀天地及黑帝的固定场所——北畤。其被评为2016年度全国十大考古新发现之一。

5月　湖北省文物考古研究所自2015年11月以来发掘松滋市陈店镇关洲遗址。遗址面积约16000平方米，发掘325平方米。发现城背溪文化遗存，是目前所知江汉平原最早的新石器时代文化遗址，并且是城背溪文化分布的最东部。

成都文物考古研究所、四川大学考古学系自2015年2月以来发掘成都青羊区张家墩墓地。发掘面积约17000平方米，清理墓葬222座，其中新石器时代墓葬3座，战国秦汉时期墓葬204座（土坑墓195座、瓮棺葬4座、砖室墓5座），唐宋时期墓葬15座。195座秦汉土坑墓的墓坑大小、葬具及随葬品的数量差别明显。出土随葬品以陶器为主，伴出部分青铜器。铜器主要分为兵器、容器、饰件等。其中兵器以剑、钺、戈、矛、弩机为主，容器以盘、洗、釜、鍪为主，还出土一些铜镜和汉字印章。这是成都市区迄今为止发现规模最大的一处战国秦汉墓地。

浙江省文物考古研究所台州市黄岩南宋赵伯澐墓。赵伯澐系宋太祖七世孙，南宋初，其父赵子英始徙居台州黄岩县，遂为黄岩人。赵伯澐于绍兴二十五年（1155）生，嘉定九年（1216）卒，赠通议大夫，同年与李氏合葬。出土了大量衣物及少数随身的随葬品，如青玉璧挂件、水晶璧挂件、铜镜、香盒等。其中青玉璧刻有“大唐皇帝昪谨于东都内庭修金籙道场，设醮谢土，上仰玄泽，修斋事毕，谨以金龙玉璧投诣西山洞府。昇元四年（940）十月日告闻”字样，知为南唐开国皇帝烈祖李昪的投龙玉璧，传世近三百年后，为墓主人赵伯澐收藏并随葬。成套南宋男性（文官）服饰为浙江省首次出土。

南京博物院、张家港市文管办、张家港博物馆编著的《东山村：新石器时代遗址发掘报告》由文物出版社出版。

郑州市文物考古研究院编著的《新郑望京楼：2010～2012年田野考古发掘报告（中国·郑州考古，二十四）》由科学出版社出版。

陕西省文物保护研究院编著的《宝鸡戴家湾考古研究报告：中意合作考古报告之一》由三秦出版社出版。

河南省文物考古研究院编著的《新郑坡赵一号墓》由中国社会科学出版社出版。

河南省文物考古研究院、中国文化遗产研究院、日本奈良文化财研究所编著的《巩义黄冶窑》由科学出版社出版。

5月13日，由国家文物局、陕西省人民政府主办的"一带一路"沿线国家文化遗产保护交流合作论坛在西安举办，由陕西省考古研究院、西北大学文化遗产学院承办的"考古与文物保护分论坛"同期举办。来自韩国、日本、俄罗斯、乌兹别克斯坦等6个丝路沿线国家和陕西历史博物馆、汉阳陵博物馆、西北大学文化遗产学院等文物考古机构的专家学者共80余名代表参加了论坛研讨，共商"一带一路"沿线国家考古与文物保护事业，展开交流合作。

5月20～22日，由欧亚大陆—太平洋大学联盟牵头，由南京大学、维也纳应用艺术大学和奥地利考古研究所联合主办的第二届"丝绸之路考古与文物保护"国际学术讨论会在南京大学召开。来自奥地利、俄罗斯、伊朗、德国及国内多个高校和研究机构的70多位学者和学生参加了会议。

5月21～23日，由中国考古学会主办，河南省文物考古学会、郑州中华之源与嵩山文明研究会承办，河南省文物考古研究院、郑州市文物考古研究院和郑州嵩山文明研究院协办的"首届中国考古学大会"在郑州隆重召开。大会主题"面向未来的中国考古学、面向世界的中国考古学"。来自国内科研院所、高等院校以及英国、德国、俄国、日本、韩国、埃及、洪都拉斯、乌兹别克斯坦等十余个国家的中外考古学者以及特邀代表、列席代表、媒体代表等722人参加了会议，其中正式代表385名，列席代表337名。中共中央委员、中国社会科学院党组书记、院长王伟光，国家文物局局长刘玉珠，印度考古调查局考古所所长桑杰·库玛尔·曼纽尔在开幕式上致辞。会上颁布了宿白荣获首个"终身成就奖"；21个项目获"田野考古奖"；11个项目获考古研究成果"金鼎奖"；14个项目获考古资产保护"金尊奖"；11人获青年学者"金爵奖"；12个项目获公共考古"金镈奖"。学术讨论会由中国考古学会下属的13个专业委员会分别组织进行。与会中国学者还就中国考古学的发展方向进行了交流探讨，形成了《郑州共识》。大会期间还组织了青年学者圆桌会议、国外专家座谈会、参观东赵遗址等多项专题活动。在郑州大学、河南大学、郑州师范学院等地点举办16场面向社会的公众讲座。此次大会是中国考古学诞生以来第一次国际化、开放式的大会，也是中国考古学会自1979年成立以来考古学领域规模最大、覆盖面最广的一次学术盛会。

5～6月　重庆师范大学西南考古与文物研究中心、重庆市文化遗产研究院发掘丰都县汀溪墓群。清理墓葬7座。6座砖室墓均在基岩上开凿而成，排列整齐，分属东汉、蜀汉时期。一座（M6）为建造于基岩上的石室墓，平面呈长方形，由对称的同墓异穴的南墓室和北墓室组成，年代在北宋晚期到南宋时期。其为这时期该地区较为典型的墓葬。

5～8月　宁夏回族自治区文物考古研究所、中国科学院古脊椎动物与古人类研究所发掘青铜峡市鸽子山遗址。对第10地点进行第三个年度发掘，揭露面积200平方米，发现灰堆遗迹30处、火塘1个，出土5822件石制品、181件动物化石及牙齿，采集炭样材料189个。其中有1件完整磨盘、1件磨光石斧的毛坯、5枚鸵鸟蛋皮串珠。年代距今1.2万～1万年，是中国西北地区首次发现的具有原生文化层位的旧石器时代末期向新石器时代过渡阶段的遗址。被评为2016年度全国十大考古新发现之一。

5～9月　新疆维吾尔自治区文物考古研究所自2014年以来勘探、发掘奇台县石城子汉代遗址。遗址东西长约280米，南北长约380米，总面积约11万平方米。北、西面有城墙，东、南面以深涧为屏障。西北角复建内城一座，东西长约200米，南北宽约100米。城门位于西墙中部，形制比较清晰。清理房址2组8间。西组房址东西长22.5米，南北宽12.4米，有房5间。东组房址东西长15.4米，南北宽12.6米，有房3间。出土遗物主要有板瓦、筒瓦、瓦当等建筑材料以及陶、铜、石、骨器等。瓦当当面图案为云纹，具有明显的汉式风格。

云南省文物考古研究所勘探巍山县蒙舍城遗址。城址分为各呈方形但又相连的东西两城，东城西墙与西城东墙共用同一道城墙。东城（当地人称"上窝子"）面积稍小，边长约100米，周长约400米，面积约10000平方米。西城（当地人称"下窝子"）面积较东城大，边长约160米，周长约640米，面积约25600平方米。这丰富了对南诏城址的认识。

贵州省文物考古研究所发掘遵义市团溪明代播州土司杨辉墓。确定原认知的杨辉墓（M10）是疑冢，发现陶俑共68件，均为男性俑。而位于其正前方的一座三室合葬的大型石墓才是真正的杨辉墓（M11）。墓园西北约100米处为杨辉墓祠。明万历以后杨辉墓祠被改称为雷音寺。

5~10月　青海省文物考古研究所、四川大学考古学系发掘民和县喇家遗址。确认遗址分布范围东西长约880米，南北宽约750米，面积约67.7万平方米，遗址西侧存在人工壕沟。发掘面积约600平方米，发现一批马家窑文化、、齐家文化遗存辛店文化，以齐家文化遗存为主。其中一座齐家文化房址F63，为二次利用房址，可分为上、下两层。下层房址为窑洞式，有较为完整的壁炉、壁龛、灯壁、灶、器座坑等重要现象。其中壁炉结构清晰，有烟道。上层房址是利用了下层房址南侧墙壁、扩建西侧和北侧墙壁形成半地穴房址。

河北省文物研究所发掘黄骅市区西北部郛堤城遗址附近的战国至秦汉时期瓮棺葬墓地。清理成人瓮棺葬墓3座，儿童瓮棺葬墓110座，其中儿童墓中又可以进一步细分为幼儿墓和少年墓。

5~11月　辽宁省文物考古研究所发掘灯塔市西大窑镇燕州城山城。燕州城山城是国内保存较好的高句丽山城之一，发掘面积约2500平方米，发现高句丽时期、辽代、金代三个时期的遗存。

辽宁省文物考古研究所、锦州市文物考古研究所发掘北镇市富屯街道洪家街辽耶律弘仁墓葬。该墓为砖室墓，由墓道、墓门、甬道、墓室及排水设施构成。墓坑平面呈近似"琵琶形"。出土器物有陶瓷器、木器、金属器、玉石器及墓志等。墓志载：该墓的埋葬年代为"咸雍九年"（1073），墓主人为"太师"。

吉林省文物考古研究所、东北师范大学发掘镇赉县后少力元代城址。城址区域北坡较陡，南坡平缓，南、北墙长200米，东、西墙长150米。确认城址是以夯土墙为主的方形城，城内三组建筑，中部的建筑规模最大，南部建筑直接与南墙重叠，可能为宫城南门。城外有建筑群，北门外可能存在码头遗迹。

5~12月　陕西省考古研究院发掘神木县石峁遗址皇城台门址。门址的结构，自东（外）向西（内）依次为：广场、瓮城、南北墩台、门道等。广场揭露完整，面积超过2100平方米。广场向东外敞，由南、北基本平行的两道石墙及瓮城东墙一线围成，平面呈长方形，南北长约63米、东西宽约34米，中部发现一座石砌房址残迹。瓮城位于广场内侧、南北墩台外侧正中，是平面呈直角"U"形的一座石砌单体建筑。在其外侧墙根地面下发现完整玉钺两件。南、北墩台位于广场内侧，平面呈长方形，石砌外墙包裹夯土内芯结构，分别与广场南墙和广场北墙相接，其建筑年代可能要早至公元前2300~前2200年。门道位于瓮城内，以南、北墩台为界，地面以砂岩石板平铺，自广场向台顶斜坡状向上攀升，保存较好，大部分石板上有清晰的踩踏摩擦痕迹。还对皇城台西北角墙体进行了发掘，确认了皇城台周边台体以层阶状石墙环绕。出土较为重要的遗物，有铜器、石范、玉器及骨针"制作链"相关遗物。骨针"制作链"，包括骨料、磨制毛坯、钻孔毛坯、残次品、成品、砺石等，在约30立方米土方内，仅骨针数量就超过了250枚。这显示了存在着制骨手工业作坊，年代为龙山时代晚期至二里头时期。

龙门石窟研究院、北京大学考古文博学院、洛阳市文物考古研究院发掘洛阳市龙门石窟东山唐代香山寺遗址。揭露面积1000余平方米。在塔基区清理佛教僧人墓塔塔基、塔院围墙等。塔院平面方形，方向10°，四周有围墙，边长约8米。围墙中心位置为僧人墓塔遗迹，仅残存塔心地宫基础和周边少量铺地砖。地宫居塔院正中。推测此砖塔可能为中天竺三藏法师地婆诃罗墓塔。

河北省文物研究所发掘平山县王母村唐代壁画墓。为单墓道圆形砖室墓，由墓道、墓门及门楼、甬道、墓室、棺床及棺床上的房形椁组成，南北通长11.6米。其中椁室内北壁为一幅横式构图的独屏水墨山水画，由山、水、树木、白云、飞鸟（大雁）等组成，为目前我国发现最早的独屏水墨山水画。墓主人为霍公故夫人博陵崔氏，卒于天复三年（903），葬于天祐元年（904）。

6月　四川省文物考古研究院自2015年12月以来再次发掘宣汉县普光镇进化村罗家坝遗址。发现一批新石器时代遗存及战国时期墓葬。新石器时代堆积较为深厚，局部厚度达2米，出土器类较多，除陶器外，还有大量的黑色燧石细石器，也有较多的砾石器。

云南省文物考古研究所自2015年7月以来发掘曲靖市珠街八塔台战国至汉代墓地。清理墓葬343座，出土随葬品485件（套）；清理墓祭活动面及其他活动面38处及祭祀坑1个，同时还揭露并清理墓地南部区域大型护坡遗迹1处。随葬品主要为陶器、青铜器、铜铁合铸器、玉石器、玛瑙器、绿松石等。墓地护坡遗迹和墓祭活动面为西南地区首次发现。

陕西省古籍整理办公室、陕西省考古研究院编的《陕西金文集成》由三秦出版社出版。

长沙市文物考古研究所编著的《丰都二仙堡墓地（长江三峡工程文物保护项目报告，乙种第二十七号）》由科学出版社出版。

6~7月　西藏自治区文物保护研究所、中国科学院古脊椎动物与古人类研究所发掘申扎县尼阿木底遗址。遗址东西至少500米、南北至少2000米，地表有大量的打制石器分布，是一处原地埋藏的旧石器时代旷野遗址。发掘出土遗物4000余件，包括石片、石叶、石片石核和石叶石核，以及刮削器、尖状器、雕刻器和凹缺器等各种工具。根据光释光年代数据测定，遗址年代至少可达距今3万年。这是青藏高原腹地首次发现具有确切地层和年代学依据的旧石器时代遗址。

重庆市文化遗产研究院、中山大学社会学与人类学学院发掘云阳县唐家湾墓群。清理墓葬29座，分属东汉至宋代、明代各个时期。其中东汉至宋代的砖室墓和石室墓2座，墓葬为东汉形制，但随葬品为宋代。此种现象与三峡地区唐宋时期常见的“借室为墓”葬俗相似。

西藏自治区文物保护研究所发掘贡嘎县色麦村佛塔与擦擦洞窟遗址。清理的3座佛塔均呈不规则正方形。1号佛塔高5.5米，边长5.5米~5.2米，2号佛塔高1.7米，边长6米，4号佛塔高5.1米，边长6米。三座佛塔皆为从地面上用土砖砌筑的16宫格或9宫格形状，这种形制的佛塔为目前西藏考古新发现的类型。其中部分宫格里放置大量擦擦（泥塑小佛像、小佛塔）。另外发现藏文经书的残印。清理擦擦洞窟两座，出土1300余麻袋的擦擦，约50万擦擦，其中部分与阿里地区的发现的擦擦风格极其相似。这批遗存可能与阿底侠大师于11世纪左右在卫藏地区传法布道相关。

6~9月　新疆维吾尔自治区文物考古研究所、西北大学文化遗产学院继续发掘巴里坤县泉儿沟青铜时代遗址。揭露面积1000平方米，清理中小型墓葬158座。绝大多数墓葬地表有椭圆形石圈为标识，地表下均为竖穴土坑。随葬品主要有陶器、金属器、木器、动物牺牲和红玛瑙、滑石管、绿松石珠穿系的人身装饰品。部分陶器中还发现碳化的植物种子。经^{14}C测年，年代在公元前1200~前800年。

6~10月　广东省文物考古研究所、北京大学考古文博学院再次发掘英德市青塘遗址。在青塘遗址黄门岩1号洞地点、黄门岩2号洞地点发掘面积20平方米。在黄门岩1号洞地点胶结文化层第4A层下发现墓葬一座（M1），出土保存较为完整的人骨化石一具，包括上肢骨、椎骨、肋骨、盆骨及下肢骨等，人骨下方垫有6块石灰岩角砾，葬式为蹲踞葬。该墓葬经AMS测年数据校正后为距今13600~13455

年，是广东发现年代最早的墓葬，也是广东距今1万年以前保存最为完整的古人类化石。黄门岩2号洞地点发现可能是广东地区最早的陶片。

青海省文物考古研究所、山东大学考古与博物馆学系发掘化隆县沙隆卡遗址。发现齐家文化、仰韶文化庙低沟类型、细石器遗存等多个时期的文化堆积。在仰韶文化层之下发现6个层位中有细石器，有相对集中的细石器加工遗迹、灰烬分布区和火塘等。特别是在第19层（^{14}C测年距今7900～7800年）下发现排列成行的7个柱洞和长期使用的石器加工场遗迹。遗址的年代在距今8500～4000年。这是目前发掘过的仰韶文化最西端的遗址，也是青海地区首次发现的仰韶文化与细石器遗存直接叠压的层位关系。

陕西省考古研究院发掘府谷县寨山遗址，发现一处龙山时代早期至夏代中晚期的石城聚落，面积约130万平方米。清理墓葬4座，打破龙山时代早期居址，为夏代遗存。一座墓葬（M5）较大，长4米、宽3米，残存深度超过5米，棺椁痕迹明显。这批墓葬与内蒙古伊金霍洛旗朱开沟遗址的同时期墓葬内涵非常相似，并且双耳陶器发达，显示齐家文化对河套地区的文化影响。

吉林省文物考古研究所继2015年再次发掘集安市霸王朝高句丽山城。清理南门址和东南角台。发现城内至少存在10级自南向北分布的阶梯状台地。确认该城是一座高句丽时期的山城，城内出土遗物的整体风格与五女山城四期文化较为一致。其可能是一座高句丽晚期的重要防御性山城。

6～12月　河北省文物研究所等单位发掘阳原县马圈沟遗址鱼咀沟旧石器地点。发现五个文化层、一个动物化石层，获得文化遗物258件，包括石制品116件、动物化石142件。第一文化层、化石层、第二文化层、第三文化层层位介于半山遗址（132万年）与马圈沟遗址第一文化层（155万年）之间，第四文化层相当于马圈沟遗址第一文化层，第五文化层介于马圈沟遗址第一文化层与马圈沟遗址第二文化层（164万年）之间，但更接近马圈沟遗址第一文化层。第三、第五两个文化层是新发现的文化层，完善了泥河湾盆地早更新世古人类演化的文化序列。

云南省文物考古研究所发掘广南县牡宜汉代遗址。在遗址的中部贵族墓葬区发掘一座大型墓葬。该墓为带墓道的竖穴土坑墓，平面呈“甲”字形。墓室长方形，长约7.2米、宽约5.1米、深约1.5米。墓道长约2米、宽2米至2.3米。墓底和填土中上部积炭。该墓早年被盗，随葬品荡然无存，仅从墓葬底部填土水洗出大量用作“珠襦”的串珠和铁斧等器物。

南京大学历史学院发掘南京市六朝石头城遗址。在清凉山公园内发掘面积600平方米，发现有夯土城墙、砖包墙、城门、角楼、路面等遗迹以及文字砖、瓦当、板瓦、筒瓦、青瓷器标本、铁箭头等遗物。初步了解了六朝都城建业——建康时期的城墙结构与建筑材料、城门与角楼结构，以及相关建筑技术与文化特征等。

7月　安徽省文物考古研究所、武汉大学历史学院考古系发掘阜南县台家寺商代遗址。揭露了贵族居住区东部的一座大型建筑F18基址，在中部靠近南侧围沟位置发现了一批商代铸铜废弃物填埋坑。在铸铜遗物填埋区的灰坑内堆积有大量的炉壁、陶范和炼渣。其中有1000多块商代陶范，接近700块可以确定为铸造铜容器的陶范，可以辨识出的铜器器类涵盖了铜觚、爵、斝、鬲、圆鼎、方鼎、尊罍等这一时期主要的商代铜容器器类。这是目前已知的、在商代都城以外保存最为完整的、规模最大的、遗存最为丰富的铜容器铸造作坊。同时填补了早商和晚商之间青铜容器铸造的缺环。

宁夏回族自治区文物考古研究所发掘固原市南塬水厂唐墓。清理5座，其中M3是一座斜坡式墓道带2个天井和2个过洞的土洞墓，由墓道、天井、过洞、封门、墓门、甬道、墓室七部分组成，全长14.8米。出土器物共计18件，有木漆盒1件、“开元通宝”9枚、白石雕像7件，白石墓志1合。白石雕像均带四方底座，内容有人面狮身像1件、铠甲武士俑2件、马佣1件、狮兽1件、骆驼2件。白石墓志略呈方形，边长36厘米，高6.2厘米，置于棺椁外侧，为盝顶式，盝盖顶平素，上阴刻三行篆字：“大唐故居士刘君之铭”。这批石刻雕像组合清晰，雕刻工艺精巧细腻，造型高大厚重且比例和谐，在全国同期墓葬中较为少见。

河北省文物研究所自2015年5月以来勘探、发掘大名县大名府故城遗址。勘探面积1万平方米，基本廓清了大名府外城城墙的形状和走向。南北长6.2千米，东西4.7千米，外城周长20300米。发现内城城圈，已探明城圈北半部，长度2.5千米。

江西省文物考古研究院、景德镇民窑博物馆自2015年11月以来发掘景德镇市湖田古瓷窑址。揭露出布局清晰、功能明确的元代葫芦窑、窑前工作室、青砖路面、烤炉、小砖池、工作台、釉缸、匣体墙等遗迹。发现宋、元、明三个时期地层叠压关系，同时出土大量瓷片、窑具等遗物。其中有一件戳印“东局”铭文的元代筒瓦残片，一件“天顺元年”铭文的明代青釉钵、一件“天启口口”铭文的明代青花盘底残片。

厦门文化遗产保护中心编著的《唐陈元通夫妇墓》由文物出版社出版。

中国国家博物馆田野考古研究中心、山东大学考古学系编著的《山东薛河流域系统考古调查报告》由科学出版社出版。

广西文物保护与考古研究所、合浦县文物管理局编著的《2009～2013年合浦汉晋墓发掘报告》由文物出版社出版。

云南省文物考古研究所编著的《石寨山文化考古发掘报告集（云南省文物考古研究所田野考古报告，第十八号)》由科学出版社出版。

7月18～19日，由四川省文物考古研究院、四川广汉三星堆博物馆、中国社会科学院考古研究所、北京大学中国考古学研究中心和中国殷商文化学会共同主办的“三星堆与世界上古文明暨纪念三星堆祭祀坑发现三十周年国际学术研讨会”在广汉市隆重召开。来自中国社会科学院考古研究所、陕西省考古研究院、三星堆博物馆、北京大学、四川大学、香港中文大学、台湾“中央研究院”历史语言研究所以及美国哈佛大学、加州大学洛杉矶分校、旧金山亚洲艺术博物馆、英国牛津大学等单位约150名学者参加了会议。会议收到论文近40篇，围绕三星堆遗址的考古新发现与研究、古蜀文明研究新进展、国内外考古新发现与研究及其与古蜀文明的比较研究等展开讨论。会后编辑出版了《三星堆与世界上古文明暨纪念三星堆祭祀坑发现三十周年国际学术研讨会论文集》。

7～8月　西藏自治区文物保护研究所、四川大学历史文化学院考古系发掘山南市乃东区结萨石室墓。共发现12座墓，由南向北依次分布，其中两座疑似圆丘形封土墓位居整个墓地南面。其余10座墓葬，均为土坑石室墓，年代为公元前4世纪至公元2世纪时期。

7～9月　湖南省文物考古研究所发掘沅江市赤山岛虎须山旧石器时代遗址，在网纹红土地层中发现一批旧石器时代早期晚段的石器。有砍砸器、手镐、手斧、重型刮削器、刮削器和尖状器，以砍砸器等重型工具居多，手斧和手镐数量少但均典型。年代距今30万～12万年的中更新世晚期。

新疆维吾尔自治区文物考古研究所发掘吉木乃县通天洞遗址。遗址于2014年发现。在早期铁器时代和青铜时代层位下面出现较为纯净的黄沙层和碎岩石块层，在其下层位中发现了旧石器石核、石片以及碎动物骨等遗物。共出土石器268件，碎骨201件，其中牙齿17颗，烧骨3件。旧石器中有汇聚刃边刮器、勒瓦娄哇石核与石片等，与典型莫斯特文化的同类制品一致，表现出较浓郁的莫斯特文化风格，具有较明显的旧大陆西侧旧石器时代中期向晚期过渡阶段的文化特征。旧石器遗存距今4万多年，为新疆境内首次发现的旧石器时代洞穴遗址，2017年继续发掘。其被评为2017年度全国十大考古新发现之一。

内蒙古自治区文物考古研究所、赤峰学院历史文化学院发掘翁牛特旗南湾子北兴隆洼文化遗址。发掘面积1500平方米，揭露兴隆洼文化晚期房址9座、灰坑4个。在F2房址的石板灶北侧放置石人像两具，初步判断为一男一女，女性石像的眼部、嘴部放有蚌壳做成的眼睛及牙齿。在F3房址内东北角土棱内部，堆放有大量猪、鹿和牛骨骼。

内蒙古自治区文物考古研究所、内蒙古大学历史与旅游文化学院发掘和林格尔县西北滩战国至汉代制盐遗址。清理坑井遗迹1口，盐灶遗迹4个，出土石制工具1件和相当数量的夹砂圜底罐残片，还发现煎盐过程中刮撇出的含钙及石膏等成分的灰白色废料渣等。

洛阳市文物考古研究院在洛阳市老城区营庄村安置房项目用地发掘中，清理一座明代山西左布政使朱用及其夫人沈氏夫妻合葬墓。

7～10月　内蒙古自治区文物考古研究所继1987年、1997年第三次发掘凉城县永兴镇板城新石器时代石城址。清理房址4座、陶窑4座、灰坑7个，并在北部石墙以外沿河的河槽断崖处清理已经暴露在外的2座房址。房址有保存基本完整的窑洞式房屋和石灰面窑洞式房屋，陶窑为横穴式和竖穴式两种。

新疆维吾尔自治区文物考古研究所继2015年7～9月再次发掘尼勒克县吉仁台沟口遗址。清理房址20座，墓葬5座，出土陶器、石器、铜器、铁器（3件）、骨器等1000余件（组）。大型房址面积100～400平方米，小型房址面积20～30平方米。房址内遗迹现象丰富，有灰坑、灶址、居住面、踩踏面、灼烧面、卵石坑等，火塘一般位于房址中部。房址内出土遗物主要是陶片、兽骨、石器，另有铜刀、铜颗粒等。在房址堆积层和灰坑等单个遗迹内发现了大量的煤块及焚烧过的煤渣和煤灰，当时居民已将煤炭作为生活或生产燃料来使用了。遗址年代在公元前16～前15世纪，文化面貌属于安德罗诺沃文化范畴。这是目前在伊犁地区发现最大、最早的青铜时代遗址。

7～11月　辽宁省文物考古研究所发掘阜新市高林台城址。城址现存平面近梯形，东西长175米、南北宽165米，南侧城墙保存长度约40米，高2米～3米，宽8米～15米。在城址南门发掘约800平方米，发现汉代门址、城墙、1座马面，以及陶器、铁器、卷云纹瓦当、绳纹板瓦、筒瓦、铜镞、铜钱等，还出土了战国时期及唐代遗存。城门为靠夯土墙及排叉柱支撑的大过梁式建筑形式。这是东北地区目前发现年代最早、保存最好的土木结构的城门建筑实例。

吉林省文物考古研究所发掘辽源市龙首山城址。城址依自然山势叠土夯筑而成，平面略呈不规则四边形，周长约1200米。发掘面积约550平方米，通过解剖城墙、清理角楼以及揭露13个灰坑、1座墓葬，明确其为高句丽时期山城。

吉林省文物考古研究所、吉林大学边疆考古研究中心继2014年、2015年第三次发掘安图县宝马城金代皇家神庙遗址。全面揭露了城内回廊院落中轴线上最南侧的台基（编号JZ1），连通台基两侧的南回廊东西两段、西回廊一段与回廊的西南转角，JZ1西北疑似亭子的方形建筑址（JZ6），以及回廊内建筑址之间大片的石墁庭院遗迹，并清理出大片的砖瓦倒塌堆积，出土瓦当、滴水、脊兽、鸱吻等陶制建筑构件逾千件。在JZ1室内铺地砖上出土汉白玉材质的玉册残块若干，上有“癸丑”“金”“於”等字样，亦发现龙纹褾首残块。“癸丑”干支可能对应公元1193年，是年金章宗册封长白山为“开天宏圣帝”。出土玉册和文献两相印证，建筑组群中轴线正对长白山主峰，可以确认宝马城为金代皇家祭祀长白山的神庙。

7～12月　山西省考古研究所、山西大学历史文化学院发掘临汾市尧都区贾得乡桃园遗址。遗址堆积以仰韶文化庙底沟类型遗存为主，其中有一座大房址（F2），面积约90平方米，地面形状呈五边形，半地穴式，保存有较完整的地面、部分墙体、柱洞、火塘等。火塘为圆形竖穴状，口径近1.1米。

湖南省文物考古研究所、北京大学考古文博学院、中国科学院自然科学史研究所对桂阳县境内14处大型炼锌遗址开展了专项调查，发掘明清时期的桐木岭遗址。遗址面积约11万平方米，中心部位有一炼渣堆积形成的山体平台，东西约100米，南北约50米。台面上呈“品”字形分布有一个焙烧单元和两个冶炼单元，矿料先经焙烧加工后再进一步冶炼。焙烧区内共有6个焙烧台依地形有序分布，每个焙烧台由4个或8个圆柱形焙烧炉一线排开。焙烧炉大小相近，炉口部直径约0.9米，保存高度0.8米。第一冶炼单元位于平台东部，呈圆角长方形分布，长55米、宽25米，面积约1300平方米。在该单元中1号槽形炉冶炼作坊保存最为完整，以槽形炉为主体，分布着储料坑、和泥坑、搅拌坑、原料堆、精炼灶、碎料区、环形护围、柱洞等遗迹，在其旁边有对应的房屋设施。1号槽形炉长20米，宽1.8米，由炉床和炉室组成。冶炼区出土一系列较为完整的冶炼工具，发现有铜、铅、银含量较高的炼炉遗迹（K23和K24）以及一块疑似圆形风箱活塞板。推断这是一处以炼锌为主、兼炼铅、可能炼铜和银的多金属冶炼遗址。年代为明末清初至清代中晚期。这是首次发掘的锌、铅、银、铜等多种金属一体冶炼遗址。被评为2016年度全国十大考古新发现。

8月　贵州省文物考古研究所自2015年12月以来第三次发掘习水县黄金湾遗址。再次揭露一批新石器时代、商周时期及汉晋时期遗存，以汉晋时期遗存为主。新石器时代遗存与峡江地区和川南地区的新石器时代晚期遗存具有较多的相似性，商周时期遗存有十二桥文化的影响，汉晋时期遗迹与川渝地区的汉晋时期汉文化墓葬具有较多共同的特点。

四川省文物考古研究院发掘阆中市灵山遗址。发现一批新石器时晚期代遗存，是嘉陵江中游干流的首次发现。

四川省文物考古研究院等单位发掘西昌市月华乡安宁场遗址。发现一批商周时期遗存，其中房址13座、灰坑55个、灰沟10条、窑址2座，出土遗陶器、石器近400件，还有铁矿石及疑似炉渣遗存。

宁波市文物考古研究所、厦门大学人文学院历史系发掘宁波市明州罗城望京门段城墙遗址。初步厘清明州罗城的始建年代和建筑方法，并探明明州罗城重建与废弃的历史过程。明州罗城始建于唐代晚期，文献记载宋元丰、宝庆年间曾对明州罗城进行较大规模的修缮，此次发掘印证了这一史实。明州罗城在元代有一个彻底的毁城与重建过程。元末罗城重建之后，经过多次修缮，最终于民国时期被彻底拆毁。

山西省考古研究所发掘侯马市东庄金代家族墓地。清理6座砖室墓、8座土洞墓，其中M12砖室墓构造精致，保存较好，为仿木构砖室结构墓。四壁砌筑各式雕砖，北壁中为“妇人启门”造型，左右两侧雕墓主人夫妇对坐图；东西两壁立格子门两合，东壁格子门绦环板壶门内雕“王祥卧冰”和“孟宗哭竹”孝子故事；南壁左侧为墓门内侧，做拱门，拱门周雕“童子嬉戏图”，右侧上雕破子棂窗，窗下砌“舞狮图”。四壁上做四铺作斗拱，斗拱上承八角叠涩攒尖顶。墓室内遍涂彩绘，整体以白色为底，红、黑、黄用作描绘和点缀。

陕西省考古研究院、榆林市文物考古勘探工作队、神木县文体广电局、神木县石峁遗址管理处编著的《发现石峁古城》由文物出版社出版。

新疆维吾尔自治区文物考古研究所编著的《新疆莫呼查汗墓地（新疆维吾尔自治区文物考古研究所丛刊，七）》由科学出版社出版。

甘肃省文物考古研究所、北京大学考古文博学院编著的《酒泉干骨崖》由文物出版社出版。

山东省文物考古研究所、临沂市文化广电新闻出版局编著的《临沂洗砚池晋墓》由文物出版社出版。

洛阳市文物考古研究院编著的《唐·王雄诞夫人魏氏墓》由中州古籍出版社出版。

8月16～19日，由陕西省文物局、榆林市人民政府联合主办，陕西省考古研究院、神木县人民政府、美国斯坦福大学承办的“早期石城和文明化进程——中国陕西神木石峁遗址国际学术研讨会”在陕西神木召开。中国社会科学院考古研究所、中国国家博物馆、台北“故宫博物院”，湖北、浙江等省（自治区）共33个科研院所，北京大学、香港中文大学等15所国内高校，英国牛津大学、美国斯坦福大学等11所国外高校院所近150名学者参会。会议全面介绍了2012年以来神木石峁遗址考古发掘收获与总结，并对城址考古、聚落考古、类型学、玉器、天文考古、欧亚草原的文化互动等议题进行了分组讨论。

8～10月　宁夏回族自治区文物考古研究所、中国科学院古脊椎动物与古人类研究所发掘银川市水洞沟遗址。对水洞沟遗址第2地点进行第三年度的发掘，发掘面积约100平方米，揭露了8个文化层。在第2文化层发现火塘3个。共出土石制品（>2厘米）2152件、哺乳动物化石374件、6件鸵鸟蛋装饰品，以及大量鸵鸟蛋皮及烧过的鸵鸟蛋皮。鸵鸟蛋串珠上有红色颜料，一枚动物牙齿齿根处有明显的人工钻孔痕迹。

吉林省文物考古研究所发掘抚松县漫江镇枫林旧石器时代晚期遗址，发现丰富的细石叶工艺产品以及大型石叶石核。另外，在地表采集各类石制品约2000件。对发掘区地层中炭粒的测年经校正后为距今17000年左右。枫林遗址为一处以细石叶技术为主、兼有石叶技术的旧石器时代晚期旷野遗址。文化面貌与中国北方其他地区的相关发现，以及西伯利亚平原、贝加尔湖地区、朝鲜半岛、日本列岛所发现的石器工业有着密切关系。

云南省文物考古研究所在昆明市晋宁区上蒜镇金砂村后山发掘一座大墓。该墓为竖穴土坑墓，没有墓道。墓坑长8米、宽6米、深6米。墓上有封土，封土椭圆形，最厚处达2米左右。墓内残存器物很少，主要有铜器、陶器、鎏金器、漆器等。一枚印章，印文篆书阴刻“郭张儿印”。该墓可能是汉代将军郭昌或与郭昌有关的人。金砂山墓葬为石寨山大遗址核心区域内发掘的唯一一座汉初的大墓，极可能与汉王朝在置益州郡之前的历史有关。

8～11月 中国社会科学院考古研究所、贵州省文物考古研究所第5次发掘贵安新区牛坡洞遗址。遗址由A洞、B洞和C洞三个地点组成。以A洞文化堆积最为丰厚，洞口处堆积厚约6.7米。遗址分为五期。第一期推测属于旧石器时代晚期，年代可能在距今15000年左右。第二期发现墓葬6座。其中，A洞M1保存状况最好，为蹲踞葬。遗物以各种细小打制石制品为主，也有典型细石核、细石叶等。磨制骨器有骨铲、骨锥等。动物遗存主要是鹿科动物，还有熊、猪、水牛、虎等。植物遗存主要有朴树籽，其次是葡萄和猕猴桃。绝对年代在距今10200～8700年。第三期发现有活动面和墓葬等，新出现磨制石斧，年代在距今8000～5500年。第四期年代在距今5000～3000年。第五期年代可能已经进入春秋战国时期。牛坡洞遗址是首次在黔中地区发现的从旧石器时代晚期到春秋战国时期的连续的文化与遗存，还是贵州地区史前洞穴遗址中首次发现完整的墓葬。其被评为2016年度全国十大考古新发现之一。

陕西省考古研究院、延安市文物研究所、西北大学文化遗产学院发掘延安市芦山峁遗址。清理灰坑17个，房址2座，灶址1座，瓮棺墓1座，灰沟3条，以及1处排水设施。1座半地穴式房址（F2）呈长方形，长7.5米，东南部宽3.8米，西北部宽4.4米，现存深度1.7米。四壁竖直，底部平坦坚硬，西北壁正中间开一长方形小龛。房内堆积可分为5层，其中第1层堆积内发现有玉璇玑及大量碎石片。出土陶器有单把鬲、双耳罐等，既有关中地区客省庄二期文化的特征，又兼具齐家文化风格。

广州市文物考古研究院发掘广州市增城区墨依山墓地。清理晚商时期墓葬76座，西周时期墓葬1座，南越国时期墓葬1座，明清时期墓葬49座；灰坑10个，灰沟1条。商时期墓葬数量最多，主要集中在中部山顶的平台上及平台周围。M66、M70出土T形玉环、牙璋，为广州地区首次发现。

吉林省文物考古研究所发掘集安市洞沟古墓群山城下墓区。墓区内有302座墓葬。发掘墓葬17座，其中积石墓8座，封土墓9座。积石墓的年代大致为公元4至5世纪，封土墓年代可能为公元5至7世纪。

8～12月 江西省文物考古研究所、瑞昌市铜岭铜矿遗址管理处、厦门大学历史学院勘探、发掘瑞昌市铜岭铜矿遗址。勘探面积约450000平方米，发现窑炉25座、灰坑23个、冶炼区1处、墓葬8座。并在焦炭厂遗址东部、檀树咀遗址发现大量商代灰坑。在焦炭厂遗址清理商代活动面1处、房址1座、灰坑10个、窑炉2个（或为火烤壁墓葬），可能为1处矿石加工作坊遗迹。还有春秋时期灰坑5个、炼铜炉1座。

济南市考古研究所发掘济南市历城区鲍山街道梁二村两座战国墓。其中一座（M1）为“甲”字形竖穴土坑积石木椁墓。墓道残长12.75米、残宽7米～9米。墓室口长22.85米、残宽21米、至二层台深5.8米。椁室宽5.35米、长6.5米、深2米，其内四周以大型石块垒砌。该墓被盗扰，征缴出土器物40余件（组）。其中相对完整的有青铜镈钟4件、纽钟15件、句鑃9件、盖豆4件、罍1件，另有盒形明器、罐形明器、璧形铜环、铜器残片、石磬残片若干。扰乱填土中采集小金环、铜镞、铜戈、圭形铜片、玉璧、骨蚌饰等30余件（组）。墓葬填土中出土骨器、蚌饰等8件，发掘出土铜环2件。另一座墓（M2）较小，为M1陪葬墓。

9月 武汉大学历史学院与中国科学院南京地理与湖泊研究所合作，运用水上钻探平台对武汉市黄陂区盘龙城商代遗址的盘龙湖区域开展水下考古勘探工作。至2017年1月发现在盘龙城杨家嘴至李家嘴之间区域，当代水面以下仍有商文化时期的遗存分布，最低可延伸至当代盘龙湖枯水期水位（19.5米）还要低2米左右。

湖北省文物考古研究所等单位发掘枣阳市兴隆镇周台遗址。遗址东西长约1250米、南北宽约1800米，是目前随枣走廊地带所发现的规模最大的一处聚落遗址。遗址内偏南处有一城址——忠义寨。在周台遗址核心区发现两处大型高台建筑，年代在西周中晚期至春秋早期，显示周台遗址是一处大型高等级聚落遗址。周台遗址、忠义寨城址与郭家庙遗址、九连墩楚墓群可能有着非常密切的关系。

宁夏回族自治区文物考古研究所、彭阳县文物管理所编著的《王大户与九龙山：北方青铜文化墓地（宁夏文物考古研究所丛刊之三十二）》由文物出版社出版。

浙江省文物考古研究所编著的《浙江汉墓》由文物出版社出版。

安徽省文物考古研究所、宿州市文物管理局、宿州市博物馆编著的《宿州芦城孜》由文物出版社出版。

河南省文物考古研究院、郑州市文物考古研究院、荥阳市文物保护管理中心编著的《荥阳西司马墓地》由大象出版社出版。

湖南省常德市文物局、常德博物馆、鼎城区文物局、桃源县文物局、汉寿县文物局编著的《沅水下游汉墓》由文物出版社出版。

南京大学历史学院考古文物系、奉节县白帝城文物管理所编著的《奉节营盘包墓地（长江三峡工程文物保护项目报告，乙种第二十八号）》由科学出版社出版。

9月21日，由故宫博物院考古研究所、中国社会科学院考古研究所、故宫出版社共同主办“梁思永先生纪念座谈会暨《思文永在——我的父亲考古学家梁思永》首发式”在故宫博物院召开。来自中国社会科学院考古研究所、中国文化遗产研究院、国家文物局水下文化遗产保护中心，以及安阳、黑龙江等地的省、市考古研究所、中国国家博物馆、北京大学的20余位学者相继发言，追忆梁思永先生。

9～10月 黑龙江省文物考古研究所、中国人民大学发掘大兴安岭市呼中区碧水镇北山洞遗址。在下层出土打制石片、石叶、刮削器、尖状器、勒瓦娄瓦石核、石球等石器20余件，属旧石器时代晚期，参考美国贝塔实验室的^{14}C测年数据，年代为距今1.5万～1.4万年。这是大兴安岭地区首次发现旧石器时代晚期遗存。

9～11月 新疆维吾尔自治区文物考古研究所继2015年再次发掘塔什库尔干县唐代石头城遗址。清理三处房屋遗址、一个蓄水池遗址、一处墓葬、一处有可能为佛塔遗址，以及一段城墙及相连的房屋遗址。墓葬出土多具人骨和木棺，四直腿箱式木棺做工考究，带转轴的关扇式棺盖更是一项重要的工艺品，具有鲜明的地域与时代特色。可能是唐代朅盘陀国居民的公共墓地。

9～12月 安徽省文物考古研究所发掘萧县金寨遗址。20世纪50和80年代，该遗址曾出土大量玉器。发掘发现新石器时代房址共5座、墓葬30座，以及灰坑等。随葬品以陶器，有陶鼎、豆、壶、罐为主，另有杯、盆、钵、器盖、鬶、盉、背壶、盒、尊、盅、纺轮，还有石锛、石凿、玉坠等。主体年代相当于大汶口文化晚期偏早阶段，另有少量大汶口文化中期和龙山文化早中期遗存。文化面貌与鲁南苏北地区的同期文化遗存较为一致。

成都文物考古研究所发掘蒲江县飞虎村战国船棺葬墓群。清理墓葬60座。其中大型墓5座，墓圹长7米～9米、宽1.5米～2米。其中M32出土铜矛上刻有篆体“成都”二字，为成都地区首次发现。M49和M52两座墓规模较大，且未被盗扰，出土器物中木梳、木几案、两件铁斧木柄、铜弩机臂弓、铜矛柲杆等漆木质及竹质器、草编器都保存十分完整，墓底尚存大量植物种子和桃核。

10月　湖南省文物考古研究所发掘华容县李家屋场遗址。发现一处屈家岭文化墓地，面积约在100平方米。清理数十座墓葬，大多属屈家岭文化偏早阶段或略早。随葬品有数件至数十件不等，其中出土石钺较多。

云南省文物考古研究所自2015年9月以来发掘通海县兴义贝丘遗址。发现的遗存从早到晚分为新石器时代晚期的海东类型、商周时期的兴义类型，以及滇文化三个阶段。该遗址的贝丘堆积达8米以上，十分罕见。该遗址为探索滇文化的源头提供了线索。

河北省文物研究所、保定市文物管理所、吉林大学边疆考古研究中心、河北大学历史学院自2014以来发掘保定市满城区要庄遗址。确认要庄遗址可分西北区、西南区和东南区。西北区域为一处西周时期城址，当地俗称“南城”和“北城”。城垣的始建年代早于西周中期。“北城墙”中部有城内排水沟与城外护城壕的连接及水门的遗迹。西南区为手工业作坊区，东南区基本为墓葬区。该城址很可能与西周封国甚至燕国分封等密切相关。

山西省考古研究所发掘蒲县曹家庄墓地。清理战国至汉代墓葬41座。其中有27座为石棺（椁）墓，3座积炭墓。13座墓带有壁龛，以单人葬为主，仅有5座带墓道的墓葬为双人葬。出土器物以陶器和铜器为主，铁器次之，还有少量铅器、石砚、玉环、骨带钩、漆盘等器物，共计250余件。部分墓葬有祭牲现象，祭祀动物主要为羊，牛和狗均仅发现一例，土圹竖穴墓的祭骨多出土于壁龛中，并伴出环首刀。这批以石棺、椁为代表的一类墓葬的墓主很可能是汉武帝时期的内迁匈奴。

山西省考古研究所、太原市文物考古研究所、晋源区文物旅游局编著的《晋阳古城一号建筑基址》由科学出版社出版。

中美联合考古队编著的《两城镇：1998～2001年发掘报告》由文物出版社出版。后于2016年11月19～21日，山东大学、山东省文物局和日照市在日照共同主办了“《两城镇1998—2001年发掘报告》首发式暨中国·日照龙山文化学术研讨会”。

10月安徽省文物考古研究所、南京大学历史学院考古文物系、马鞍山市文物局、马鞍山市博物馆编著的《马鞍山五担岗》由文物出版社出版。

河南省文物考古研究院编著的《曹操高陵》由中国社会科学出版社出版。

10月13～15日，由中国社会科学院古代文明研究中心、中共甘肃省委宣传部、甘肃省文化厅、临夏州人民政府主办，甘肃省文物局、甘肃省文物考古研究所、广河县人民政府承办的“齐家文化与华夏文明国际论坛”在广河县召开，来自大陆的20多个研究机构的代表，以及香港中文大学、台北“故宫博物院”、台南艺术大学、日本东北学院大学、美国伊利诺大学、耶鲁大学的120位学者代表出席了会议。会议收到论文或论文提要约60篇，约有50位学者围绕齐家文化新的发现与新认识，甘青宁地区与齐家文化有关的文化谱系、编年、类型、来源等问题的探索，齐家文化与周边地区的文化交流，齐家文化与中原地区夏文化、二里头文化的关系，齐家文化金属冶炼及其制品，齐家文化玉器等议题进行交流讨论。会后编辑出版了《齐家文化与华夏文明国际论坛论文集》。

10月14～16日，由河南省文物局主办，河南省文物考古研究院承办的“2016国际动物考古协会理事会暨全球发展与中国视角动物考古学术研讨会”在郑州召开。来自美国、加拿大、墨西哥、阿根廷、法国、德国、瑞典、土耳其、南非、澳大利亚、日本、印度和中国13个国家的包括18位国际动物考古协会理事的44位动物考古学者参加会议。围绕区域动物考古学综述性研究、动物考古数据共享平台建设及数据模型应用、稳定同位素和古DNA分析、动物埋藏和随葬现象研究、关于古代动物屠宰技术和骨器制作的研究、对某遗址或地区的动物遗存的综合性研究、对某遗址或地区的特定动物种类的研究、对古代人类以动物为原型的艺术创作的研究等课题进行交流讨论。

10月22～24日，由湖北省博物馆、德国考古研究院、中国博物馆协会乐器专业委员会、国际音乐考古学会联合主办“第十届国际音乐考古大会”在湖北省博物馆举行。大会主题：“人类学视野下的音乐考古”，来自中国、法国等17个国家和地区的100多名考古学家、音乐学家参加了会议，围绕“音乐文物研究、声学与声景、音乐人类学”等展开研讨。会议还通过了《东湖宣言》。

10～11月　早期秦文化联合考古队再次发掘礼县大堡子山春秋时期遗址，清理M32附属车马坑。M32于2015年清理，位于1994年发掘的3号秦公大墓东北方向约17米，墓室口小底大，其中墓口长4米，宽2米，墓口到墓底深7.66米。墓室有生土二层台，二层台距离墓室底部1.84米。墓室南壁和北壁中部各开有壁龛1个，内有殉人人骨1具。二层台西北角有殉狗1只。墓底中部偏东置1棺；墓室底部有殉狗腰坑1个。东端棺椁之间放置随葬物品和兽骨。出土随葬品有铜器10件，其中鼎3件、簋2件、壶2件、盘1件、匜1件、铜铃1件，鼎内有兽骨；陶器18件，其中陶鬲7件、陶豆7件、大口罐2件、小口罐2件。棺椁之间西端北侧有兽骨若干，主要为马骨，年代为春秋早期。附属车马坑位于M32东侧3米处，为东西向长方形方坑，长约6米，宽3米，下藏2车。两车形制相似，均系驾2匹马。马身下挖有深槽，马骨保存较好，均采用跪伏姿态，马身处有多枚铜泡，推测马身覆盖有皮革、以铜泡连缀。马头置于东壁浅龛内，带有马镳、马衔。车衡、车轭、车舟保存较好。车舆保存较差，素面。车内藏有骨镞、铜戈、铜矛等武器。坑内殉人两具，均为屈肢葬。其年代当与M32一致，为春秋早期。这是首次发现的完整的春秋早期秦人宗室附葬车马坑。

10～12月　山东大学文化遗产研究院、中国社会科学院考古研究所对整取至室内的舞阳县贾湖遗址新石器时代中期两座墓葬进行清理。其中对M69墓的龟甲堆进行拆解复原，并搞清楚龟壳的数量、形状及每个龟壳内的石子数量。对M58墓清理，发现墓主人头下枕一象牙质板状物，身体正面和背面被数百枚穿孔绿松石片状饰件包裹。

11月　浙江省文物考古研究所自2015年9月以来发掘安吉县窑山城址与上马山墓群。城址面积近4万平方米，四周有环壕，城墙宽6.2米～7.5米。窑山遗址距离安吉古城城墙东北角直线距离约850米，是安吉古城外围的一座小型城址，始建年代不晚于春秋晚期，废弃年代不晚于西汉中期，其使用年代与安吉古城有部分重合，表明两座城址存在紧密的关联。马山墓群在安吉古城的西北3.5千米处，是安吉古城外围三个重要的古墓群之一。发掘土墩10（D164～D173）个，清理墓葬14座，出土随葬器物107件，年代在西周中期至西汉初期。

浙江省文物考古研究所、浦江博物馆编著的《浦江上山（浦阳江流域考古报告之三）》由文物出版社出版。

浙江省文物考古研究所编的《上山文化：发现与记述》由文物出版社出版。

益阳市文物管理处、益阳市博物馆编著的《先秦南洞庭：南洞庭湖古遗址发掘报告集》由科学出版社出版。

中国社会科学院考古研究所编著的《殷墟花园庄东地甲骨［修订本］（考古学专刊，乙种第三十六号）》由云南人民出版社出版。

宝鸡市周原博物馆编著的《周原：庄白西周青铜器窖藏考古发掘报告》由科学出版社出版。

洛阳市文物考古研究院编著的《隋唐洛阳城天堂遗址发掘报告》由科学出版社出版。

重庆市文化遗产研究院、重庆文化遗产保护中心编著的《丰都关田沟（长江三峡工程文物保护项目报告，乙种第二十六号）》由科学出版社出版。

成都文物考古研究所编著的《成都天府广场东北侧古遗址发掘报告》由文物出版社出版。

11月24～26日，由浙江省文物局、余杭区政府、杭州良渚遗址管理区管理委员会主办，浙江省文物考古研究所、良渚博物院、余杭博物馆联合承办的“良渚遗址考古发现八十周年学术研讨会”在杭州召开，来自60余家考古文博单位、高校、新闻媒体的150余位代表参加了会议。

11～12月　新疆维吾尔自治区文物考古研究所发掘库车县库车镇龟兹故城。目前仅存一段北城墙和城内外4座土墩。在南、北两侧墙体夯层中含有唐代手掌纹青砖等遗物，说明该段城墙增建年代不早于唐代。

福建博物院、泉州市博物馆发掘2015年12月发现的永春县苦寨坑原始青瓷窑址。发现9条龙窑遗迹，均依山而建，沿着山坡向上掏挖洞穴而成，分布密集，上部窑炉叠压打破下部窑炉。采集6件炭标本经北京大学加速器质谱实验室年代测定，为公元前14世纪末至公元前18世纪中期。原始青瓷器除器表施釉外，部分内壁、圈足内亦施釉。经中国社会科学院上海硅酸盐研究所测试，原始青瓷烧成温度为1000℃左右。原始瓷吸水率为10%、11%，印纹陶为19.5%。苦寨坑窑址是我国目前已知烧造最早原始青瓷的窑址，与浙江地区夏商时期的原始青瓷窑址相比，两者无论是窑业技术，还是产品，均有较大差别，应属两个窑业技术系统。该遗址被评为2016年度全国十大考古新发现之一。

12月　南京博物院自2015年4月以来发掘句容市郭庄镇孔塘遗址。清理崧泽文化至良渚文化时期墓葬200座，多数为一次葬，大多为仰身直肢葬。随葬品有陶器、石器、玉器等。陶器器形多为鼎、豆、壶、鬶、杯，石器多为锛、钺，玉器有琮、璜、环、镯、珠、管等。文化面貌具有宁镇地区特点。另发现商周墓葬1座，新石器时代至商周时期灰坑130多个。

安徽省文物考古研究所等单位自2015年11月以来发掘当涂县“天子坟”孙吴墓。该墓为吴景帝孙休定陵，故亦名“天子坟”。该墓为前后室四隅券进式穹隆顶结构砖室墓，包括墓坑、墓室、填土、封土四部分。封土南北长47米、东西宽35米、最高3.1米。墓道为斜坡式，包括一次墓道和二次墓道。含墓道总长32.5米。墓室由封门墙、墓门及挡土墙、甬道、前室及左右耳室、后室构成，总长15.4米、含耳室最宽11米。随葬品共出土181件（套），包括漆木器装饰件、女性饰品、车马器构件、兵器、日用品、佛像、俑、神兽构件、钱币九大类，涵盖金、银、铜、铁、陶、瓷、石、琉璃、玻璃、漆器等不同质地。内涵多与道教长生不老、脱俗升仙和早期佛教思想有关。墓内出土一块隶书漆皮，释读为：“永安三年□□日校尉□□□七寸铁镜合八枚□□□翠毛□□□□□□□尉薛□纪□……”此外还发现两块“永安四年”纪年文字墓砖。这说明该墓建造年代应在永安四年（261）或之后不长的时间内。前后室穹隆顶结构是孙吴时期最高规格的墓葬形制。该合葬墓及相关遗迹与史料记载吴景帝孙休和朱夫人入葬的特殊历史高度吻合。

中国社会科学院考古研究所自2012年6月以来对西安市唐大明宫中央官署院落遗址进行发掘。揭露南北两个院落，可能为唐代宰相议事的中书省所在。

成都文物考古研究所发掘成都市龙泉驿区大梁村北宋尚书右丞何郯家族墓地，清理两座大型宋代砖室墓。一座为何郯父母合葬墓。M2为何郯夫妻合葬墓，其东室为何郯妻子程氏墓室。两墓出土文物60余件，部分彩绘俑为砖质实心俑，为目前四川地区宋墓中首次发现。何郯字圣从，陵州人，仁宗景祐元年进士，官至尚书右丞，《宋史》有传。

安徽省文物考古研究所自2015年8月以来发掘凤阳明中都遗址。揭露的遗迹主要包括“奉天殿”基址、承天门基址，对道路系统进行解剖，还对一些门址、角台基础进行抢救性清理。还发现了明初修建城楼时在城门北侧以城砖修砌的东西向排水渠道和承天门内侧与门址垂直的南北向红条石包构的夯土台面等。

故宫博物院考古研究所自2015年4月以来配合对明清皇家道教宫观——大高玄殿开展研究性保护修缮工作，在大高玄殿屋顶上实施考古发掘清理。在屋顶上布置探沟、进行“考古勘探”和解剖。证明了大高玄殿各建筑除始建时期之外，均保留有不同时期修缮、改动的实物痕迹，收获的修缮历史信息远远多于文献档案中的记载，填补了以往传统建筑测绘记录中无法触及的空白。这是国内首次在古建筑修缮保护工作中落实建筑考古理念和方法并与之紧密协作的项目。

山西省考古研究所、运城市文物工作站、芮城县旅游文物局编著的《清凉寺史前墓地》由文物出版社出版。

南京博物院、镇江博物馆、句容市博物馆编著的《句容东岗头遗址：2005年考古发掘报告》由科学出版社出版。

成都文物考古研究所、成都金沙遗址博物馆编著的《金沙遗址考古资料集（三）》由科学出版社出版。

浙江省文物考古研究所、绍兴市文物考古研究所、绍兴市柯桥区文化发展中心、嵊州市文物管理处编著的《绍兴越墓（绍兴越国王陵及贵族墓考古报告）》由文物出版社出版。

陕西省考古研究院编著的《临潼新丰：战国秦汉墓葬考古发掘报告（陕西省考古研究院田野考古报告，第七十五号）》由科学出版社出版。

湖南省文物考古研究所编著的《益阳罗家嘴楚汉墓葬》由科学出版社出版。

陕西省考古研究院、乾陵博物馆编著的《唐懿德太子墓发掘报告（陕西省考古研究院田野考古报告，第七十三号）》由科学出版社出版。

湖南省文物考古研究所、岳阳市文物管理处编著的《岳阳唐宋墓》由上海古籍出版社出版。

陕西省文物保护研究院编著的《二十世纪五十年代陕西考古发掘资料整理研究》由三秦出版社出版。

12 月 27 日至 29 日，由中国社会科学院考古研究所、广东省博物馆、广东省文物考古研究所、广州市文物考古研究院共同举办的“夏商玉器与玉文化学术研讨会”在广东省博物馆召开，中国大陆、香港、台湾，以及美国等 34 个海内外研究机构的 50 多位学者出席了会议，有 40 多位学者在大会上进行了学术交流。会议是配合由中国社会科学院考古研究所与广东省博物馆共同举办的“玉鸣锵锵——商代王后妇好玉器特展”而召开，展览首次展出妇好墓出土的 750 多件玉器，与会代表围绕妇好墓玉器及商代玉器与玉文化而展开讨论，是历年来商代玉器展示与研究的一次盛举。会后编辑出版了《夏商玉器与玉文化学术研讨会论文集》。

2016 年整年

中国国家博物馆、南京博物院考古所勘探、发掘泗洪县梅花镇韩井遗址。遗址西距顺山集遗址约 4000 米，面积约 5 万平方米，发现顺山集文化二、三期的一处环壕聚落，环壕内面积约 3 万平方米。在居住区的北部、环壕内侧发掘，发现一处由水沟和洼地组合的拟是稻田的遗迹。经浮选，发现十多颗炭化稻米，其中有驯化型水稻小穗轴。对炭化稻的测年，结果集中分布在公元前 6450 ~ 前 6200 年。这是淮河流域再次发现的距今 8000 年前的栽培稻遗存。

河南省文物考古研究院、北京大学考古文博学院等单位继 2015 年发掘漯河市郾城区郝家台遗址。遗址面积约 5 万平方米，核心是一座龙山文化时期城址。1986 ~ 1987 年曾发掘 3212 平方米。城址平面近长方形，南北长约 200 米，东西宽约 140 米，城内面积约 2.8 万平方米。城墙剖面形状为上窄下宽的梯形，无护坡，均采用生土夯垫的方式进行夯筑，宽约 12 米，残高 1 米 ~ 1.7 米。城墙外紧挨内、外两条城壕，内壕被外壕打破，残存部分较窄、较浅。外壕整体较宽，宽 30 米 ~ 100 米，深 3.2 米 ~ 3.5 米。推测内壕的废弃以及外壕的挖掘可能与垫筑城墙和垫筑高台有关。龙山文化时期的房址主要建造于垫土高台之上。城内垫土高台大致可分为 8 排，由此推断古城的建筑以及城内垫土高台的设置都经过有意规划，并且可能与这里特殊的环境地貌和预防水患有密切的关系。

宁夏回族自治区文物考古研究所继 2013 年、2015 年第三次发掘隆德县沙塘北塬遗址。揭露面积 1000 平方米，清理齐家文化房址 13 座、灰坑 154 个、墓葬 9 座、窑址 1 座。房址均为半地穴式，圆角方形，地面和墙壁残存有白灰皮。墓葬均为长方形竖穴土圹墓，仰身直肢葬，仅在 M11 中出土有串珠等陪葬饰品。出土一批陶器、石器、骨器，以及数件玉器和玉料残片。

中国社会科学院考古研究所发掘偃师二里头遗址宫城 5 号基址。5 号基址台基最上层夯土总面积超过 2700 平方米，坐北朝南，方向约为南偏东 4.5°，由至少 4 进院落组成，自南向北分别编为 1 ~ 4 号院，是目前发现的保存最好的二里头文化早期大型夯土基址。在 5 号基址院内发现的多座贵族墓葬，其中 2015 年在 5 号基址第 3 进院以北的路土活动面中发现的二里头文化二期的贵族墓葬 2015ⅤM5，墓底铺有朱砂，残存的随葬品有漆器、小型铜铃、玉器等，以及逾百枚海贝、多枚绿松石珠、绿松石方形器、铜片等，小型铜铃为二里头遗址首次发现。在宫殿区东侧的东部贵族聚落区域（第Ⅴ区）发现一座墓葬（2015ⅤM7），规模较大，保存完好，铺有较厚朱砂，出土有包括漆器、玉器、陶器等在内的 30 余件随葬品。

中国社会科学院考古研究所发掘偃师商城宫城遗址内的大型祭祀坑。大型祭祀坑位于宫城东南部（编号 2014YSJ1D5H9），在 2014 年发现。平面大致呈南北长的不规则椭圆形，南北最长约 20 米，东西最宽约 10 米，总面积接近 200 平方米，坑中心部位深约 4 米。出土一批祭祀用的牛与猪的骨架。在祭祀坑北缘外侧发现 7 个祭祀猪坑，内埋多具猪骨，最多的有 6 具。在祭祀坑东北部外侧发现一条南北向灰沟，在沟的底部发现有 7 具猪骨。共出土猪骨 96 具。年代分属偃师商城商文化第一期第 2 段、第二期第 3 段、第二期第 4 段。

山东省文物考古研究所自 2011 年以来再次全面勘探、发掘曲阜鲁国故城，发掘面积 4000 平方米。重新确定了外郭城城墙、城壕范围，壕沟至少分为三期，并新发现了内城壕。推测城墙始建于西周晚期，延续至战国晚期。外郭城南东门址由东、西对峙的高大门阙和中间门道构成。阙台分两期，时代可早至春秋时期，是目前我国所见最早的门阙实例。南东门和宫城南门及主要东周建筑基本构成南北中轴线。确认鲁故城中部、全城最高处的周公庙台地上的宫殿建筑群基址区域为鲁故城宫城。宫城内西南部一座东周时期大型夯土基址（F8），平面呈东西长方形，长 85 米、宽约 11.37 米，面阔 6 间，中部四大间，东西各一小间。汉代大型房址 F6 筑于 F8 基槽之上，推测二者为礼制性建筑。宫城始建于春秋晚期，战国晚期废弃，汉代重修，最终废弃于魏晋，最初的修建原因可能与仲孙、叔孙、季孙“三家侈张”有关。

中国社会科学院考古研究所、西安市文物保护考古研究院勘探、发掘西安市阎良区武屯镇秦汉栎阳城遗址。遗址于 2013 年开始勘探，先后发现并确定一号、二号、三号古城，判断三号古城时代为战国中期至西汉早期。2016 年在三号古城西侧、西北侧发现东西向沟渠三条，东西向道路两条，并在三号古城中心建筑群东南 330 米左右发现三号、四号建筑基址。三号建筑基址台基南北宽约 13 米，最大残高约 1.1 米，清理出大量各类建筑材料，有两块与秦始皇陵、绥中姜女石宫殿遗址所出被称“瓦当王”的相类的巨型瓦当残片。四号建筑基址为东西排房式建筑，夯土墙体宽 0.68 米～0.88 米，残高 0.15 米～0.45 米。推测三号古城中心建筑群为宫殿，可能为文献所载栎阳宫。2017 年继续发掘。

中国社会科学院考古研究所、西安市文物保护考古研究院勘探西安市阎良区郑国渠及白渠遗址。明确从三原西界开始至阎良境内石川河西岸的白渠长约 30 千米，从石川河向东至阎良东界的长度约 10 千米，石川河以东和以西的两段白渠渠线之间，有直线距离 8000 米渠道被石川河冲毁不存。白渠的渠线选择、渠道规格均优于郑国渠，显示出秦汉大型水利工程建设的发展与成就。

中国社会科学院考古研究所、云南省文物考古研究所继 2015 年再次发掘师宗县大园子战国至西汉墓地。清理竖穴土坑墓 230 余座。出土随葬品 350 余件（组），多为铜器，另有玉石器以及少量木器和陶器。年代主要在战国时期至西汉前期。可能是西南夷中某一古国或部族的公共墓地，为探寻《汉书·西南夷两粤朝鲜传》等文献记载的漏卧古国提供线索。

中国社会科学院考古研究所、西安市文物保护考古研究院自 2012 年以来勘探、发掘西安市汉唐昆明池水系遗存。昆明池是汉武帝在元狩三年（前 120）和元鼎元年（前 114）于上林苑中先后两次兴建而成的大型湖泊。在斗门水库项目区域勘探面积约 10.28 平方千米，确定早期昆明池面积约 14.2 平方千米，唐代中期扩大为 15.4 平方千米。在昆明池池底淤泥下发现一条位于镐京遗址东、南侧的西南—东北向沟渠，大体开凿于西周时期，到战国时期尚存水流，开凿昆明池后被完全淤平，该沟渠可能为镐水，据此可重新确定镐池、滮池的位置与形制。在昆明池东侧还发现一处面积近 20 万平方米的夏商时期的遗址。

中国社会科学院考古研究所、西安市文物保护考古研究院自 2015 年 12 月以来勘探户县兆伦西汉铸钱（锺官）遗址，发现西汉锺官城。在城址东北外侧发现大量钱范，分布范围东西宽约 700 米，南北长约 1200 米，推测为西汉锺官铸钱遗址的废料堆积区。

北京市文物研究所自 2015 年以来勘探、发掘通州区汉代路县故城遗址。城址的平面为近似方形，北墙长 606 米，东墙长 589 米，南墙长 575 米，西墙长 555 米，总面积约 35 万平方米。在南城壕的外侧发现一处大面积的汉代遗址区，已探明的区域约 15 万平方米，清理出了汉代的道路、灰坑、灶址、活动面等。在城内中部发现了南北走向的道路，路面东西宽 5.5 米，路土保存状况较好，厚 0.5 米；路的西侧有一条排水沟，宽 1.2 米。在汉代道路遗迹之上，还叠压有辽金时期和明清时期的道路各一条。这条汉代道路可能是城址内的主干道和中轴线。该城址的始建年代不早于战国晚期，不晚于西汉中期。结合《汉书》《后汉书》《水经注》等文献的记载及有关考证，以及在城址外南860米处清理的唐代幽州潞县丞艾演墓的墓志记载，可以确定这座城址就是两汉时期渔阳郡下属的路（潞）县的治所，即路（潞）城。在城址周边发掘了1146座古代墓葬。其中战国—汉魏时期的墓葬类型最为丰富，共计864座。墓中一套骨算筹，可分为长、短两种，是北京地区首次出土的算筹实物。该遗址被评为2016年度全国十大考古新发现之一。

洛阳市文物考古研究院发掘洛阳市寇店镇西朱村两座（编号M1、M2）大型曹魏墓。M1为长斜坡墓道明券墓，由墓道、甬道、前室、后室组成。墓圹周边发现39个柱础坑和3条排水沟。墓葬土圹东西全长52.1米，其中墓道上口东西长33.9米，宽9米~9.4米，南北两侧壁留有七级生土台阶。墓室土圹平面呈“凸”方形，东西长约18.2米，南北宽15米，内收6~7级斜坡状和水平生土台阶。墓葬口部距墓底深约10.8米。甬道长2.3米，宽1.6米。前室内壁南北宽4.8米，东西长4.4米，拱券形顶。在前室砖壁上发现有残存的壁画。在墓砖上发现大量篆书戳印，印文有“澂泥”“沈泥”“澂泥二尺”等。该墓被盗掘，出土遗物计约400件。其中刻铭石牌计200余件。石牌为平首斜肩六边形，长约8.3厘米，宽4.6厘米~4.9厘米，上部有一圆形穿孔，一面有隶书阴刻的文字，文字内容为随葬品的清单，内容丰富，包括衣衾、葬仪、器用、陈设、文房用具、梳妆用具及饰品、食物、戏具、杂具等十几个门类，石牌的尺寸及书写内容、格式和“曹操墓”所出刻铭石牌相似。

中国社会科学院考古研究所、太原市文物考古研究所自2015年以来发掘太原市蒙山开化寺佛阁遗址。蒙山开化寺佛阁遗址位于太原市西南15千米蒙山之阳，创建于北齐文宣帝天保末年。这次发掘，基本上揭露了佛阁的全貌，并在蒙山山脊发现并清理宋代佛塔一座。蒙山大佛及佛阁是中国北朝体量最大的摩崖大佛和佛阁。佛阁柱础保存完好，覆莲柱础和平柱础具有北朝的特点，清晰的柱网结构反映了北朝佛阁建筑的特点。

中国社会科学院考古研究所、辽宁省文物考古研究所继2015年发掘盖州市青石岭山城城址。揭露城内二号建筑址。二号建筑址东西向，坐南朝北，可能为一组建筑，残长约110米、宽约9米，残存41列础石，每列础石底部有长约9米、宽1.3米~1.5米的由碎石铺成的小石列，小石列上分布有五块大型础石。在城内发现了陶器、石器、铁器、青铜印章、忍冬纹瓦当、模印符号瓦件以及大量板瓦、筒瓦等高句丽时期的遗物。

浙江省文物考古研究所自2015年10月以来发掘慈溪市上林湖后司岙越窑遗址。后司岙窑址位于慈溪市桥头镇上林湖中部的西岸边，编号为Y66，是上林湖越窑遗址中最核心窑址。揭露包括龙窑炉、房址、贮泥池、釉料缸等在内的丰富作坊遗迹，清理了厚达5米多的废品堆积，出土包括秘色瓷在内的大量晚唐五代时期越窑青瓷精品。装烧工艺上显示，秘色瓷的出现与瓷质匣钵的使用密切相关。可以确定至少在“大中”年间前后开始生产秘色瓷，在“咸通”年间前后秘色瓷占相当比例，在“中和”年间前后则达到了兴盛，在五代中期以后质量有所下降。秘色瓷的胎质细腻纯净，基本不见普通青瓷上的铁锈点等杂质；釉色呈天青色，施釉均匀，釉面莹润肥厚，达到了如冰似玉的效果。许多器物为首次出土。瓷质匣钵上常见有刻划文字，以姓氏为主，亦有纪年、器物的自命名、吉祥语、“官”字款等。后司岙窑址出土的秘色瓷产品，与唐代法门寺地宫中以及五代吴越国钱氏家族墓中出土的秘色瓷不仅在器形、胎釉特征上十分接近，而且装烧方法亦几乎完全相同，其中八棱净瓶目前仅见于后司岙窑址中。后司岙窑址是晚唐五代时期烧造宫廷用瓷的主要窑场，代表了这一时期的最高制瓷水平。该遗址被评为2016年度全国十大考古新发现之一。

上海博物馆考古研究部自2010以来勘探、发掘青浦区青龙镇唐宋时期遗址。明确青龙镇遗址主要沿着吴淞江支流——通波塘两岸分布，南北长约3000米，东西最宽处1000米，窄处仅有400米，距河道越近，文化层堆积越丰富，总面积约2平方千米。宋代青龙镇的范围比唐代更大，与文献中青龙镇形成于唐代、鼎盛在宋代的记载相符。清理建筑基址8处、灰坑144个、灰沟28条、墓葬4座、水井69口、炉灶7个、铸造作坊1处、佛塔遗迹1处。佛塔遗迹与文献记载的“隆平寺塔”相吻合，属于当时青龙镇的“北寺”——隆平寺，始建于北宋天圣年间（1023~1032），为七级佛塔。发现了隆平寺塔残存的塔基部分与地宫。地宫中部放置一个木函，函外左右各有一座阿育王塔。木函为四重套函，由外向内依次为木函、铁函、木贴金椁、银棺，最内重银棺供奉有木贴金释迦牟尼涅槃像，身下铺有芥粒大小的五色石子，身旁有乳香。铁函的一角还放置有一个铜瓶，瓶内有4颗实心的圆珠，3颗为水晶质，属于舍利。四重函内还装藏有银箸、铜鎏金匙、银钗、银鎏金龟、铜镜、水晶念珠等近40件（组）供养品。宫室内满铺大量各时代钱币，共计10693枚。隆平寺塔与现存的“南寺”的青龙塔一起构成了复原青龙镇布局南北区域的2个关键性地标。在通波塘河岸发现了瓷片堆，数量巨大，窑口丰富，且与目前朝鲜半岛和日本考古发现的器物组合十分相似。考古发现与文献相印证，证明了青龙镇是海上丝绸之路重要的贸易港口之一。该遗址被评为2016年度全国十大考古新发现之一。

宁夏回族自治区文物考古研究所自2015年以来发掘开城安西王府遗址长虫梁城址1号基址。安西王府是元世祖忽必烈三子忙哥剌在六盘山的避暑府邸，西北地区行政中枢。长虫梁城址东墙长475米，南墙长328米，面积约16万平方米。1号夯土基址位于城内中北部，平面呈“工”字形布局，南北长约125米，东西宽54米，台基上有前中后宫殿基址。出土的一批建筑材料中，有10件台沿螭首，造型与元上都、元中都宫殿遗址区出土物类似，判定1号基址为安西王府主殿基址，确认长虫梁城址即为安西王府宫城。

国外考古

至2016年的近20年以来，中国有关科研机构、高等院校陆续派出考古工作队赴国外开展考古发掘研究与文物保护工作。已经开展了的十多个项目，获得一批重要成果。

1997年中国文化遗产研究院组建“中国政府援助柬埔寨吴哥古迹保护工作队”，于1998年启动实施柬埔寨吴哥古迹周萨神庙保护修复与考古研究，于2008年整体竣工。于2007年开始对柬埔寨另一处古迹茶胶寺进行保护修复与考古研究，按计划将于2018年竣工。

内蒙古自治区文物考古研究所自2005以来连续12年与蒙古国游牧文化研究国际学院和蒙古国国家博物馆等单位合作实施“蒙古国境内古代游牧民族文化遗存考古调查与发掘研究”项目。对蒙古国12个省市的60多个苏木进行了考古调查，先后发掘了后杭盖省浩滕特苏木境内的四方形墓园与突厥祭祀遗址、布尔干省达欣其楞苏木境内的詹和硕遗址及后杭盖省乌贵诺尔苏木境内的和日门塔拉遗址，总发掘面积约15000平方米，清理出匈奴时期墓葬1座，匈奴时期聚落遗址3座，北魏—柔然时期墓葬2座，突厥回鹘时期的祭祀性遗址21处，回鹘时期的墓葬10座，契丹时期墓葬1座，蒙元时期的墓葬33座，清代喇嘛庙废墟4处，清代兵营遗址房屋7处。中蒙双方共同出版了《蒙古国境内古代游牧民族文化遗存考古调查报告》《蒙古国后杭爱省浩腾特苏木乌布尔哈布其勒三号四方形遗址发掘报告》《蒙古国后杭爱省浩腾特苏木胡拉哈一号墓园发掘报告》3部（4册）考古研究报告，以及一部展览图录。

2006年12月～2007年1月，四川省文物考古研究院、陕西省考古研究院与越南国家历史博物馆合作组成中越联合考古队，发掘越南永福省永祥县义兴社义立遗址（NAHIA LAP SITE）。该遗址发现于1963年，1967～1968年越南社会科学委员会考古学院曾对其进行了发掘。中越联合考古队对该遗址进行了全面的勘探，查明该遗址分布范围约10万平方米，发掘面积206平方米（中越联合考古队发掘131平方米，河内大学发掘75平方米），发现一批冯原文化遗存，其年代主要集中在距今3700～3500年。后共同编写考古报告专刊《越南义立—冯原文化遗存》（2016年由文物出版社出版）。

2014年4～5月、8～10月和2015年4月，西北大学与乌兹别克斯坦共和国科学院考古研究所合作，并联合陕西省考古研究院、郑州大学等多家机构，先后在乌兹别克斯坦东南部、西天山北麓的撒马尔罕盆地、西麓的卡什卡河流域以及南麓的苏尔汉河流域开展了详细的考古调查。新发现31处遗址，复查8处遗址。其中，位于苏尔汉河州的陶达洞穴遗址、位于卡什卡河州的多处希腊化时期至中世纪的城堡、古城遗址和分布在西天山山区的多处古代游牧文化聚落遗址都是重要的新发现，为寻找古代月氏的考古学文化遗存提供了重要的线索。2015年7～8月，西北大学与塔吉克斯坦科学院历史、考古、民族学研究所合作，对塔吉克斯坦西部的片治肯特谷地和西南部的瓦赫什盆地、吉萨尔盆地等地进行了考古调查，同样发现了一批重要遗址。2015年9～11月和2016年6～9月，中乌考古队发掘乌兹别克斯坦撒马尔罕州萨扎干遗址，清理早期铁器时代的5座中小型墓葬、1座超大型墓葬、1处石围居住遗迹，年代均在公元前2世纪至公元1世纪，属于当地的前贵霜时期，且具有较强的游牧文化风格。应属古代康居文化，这与《汉书》等古代文献的记载是相合的。还发掘1处中世纪墓园。

2014年11～12月，云南省文物考古研究所和老挝历史研究所组成联合考古调查队，先后调查老挝沙湾拿吉省的Vilabouly盆地、川圹省的石缸群、琅勃拉邦省的洞穴遗址和一些湄公河台地。2015年11～12月，云南省文物考古研究所联合四川大学历史文化学院与老挝历史研究所等单位组成联合考古调查团，对老挝沙湾拿吉省的Vilabouly地区再次开展了考古调查和勘探。

黑龙江大学考古学系与俄罗斯阿穆尔州文化遗产保护中心于2015年10月联合成立了"中俄黑龙江流域文化遗产保护与研究中心"，于2016年7月联合发掘俄罗斯乌斯季·伊万诺夫卡遗址。钻探面积5000平方米，发掘面积约500平方米，清理墓葬50余座。墓葬流行火葬，葬式有一次葬和二次葬。随葬品以武器、装饰品为主，有铁器、铜器和骨器。墓地的年代在公元8～9世纪，可能属于我国古代文献记载中的黑水靺鞨。

2016年中山大学与越南河内国家大学联合考古队对越南北宁省顺城县清姜社陇溪村汉唐时期城址的城墙和城壕、城外墓葬群，以及城址周边地区的古建筑都进行了调查，并在城内中心区域进行了试掘。发现多座带封土堆的墓葬，以东汉时期的砖室墓为主。在城内中心区域出土的遗物以汉唐时期的砖瓦建筑构件、陶瓷器为主，其中人面纹瓦当、莲花纹瓦当最具特色。陇溪城址很可能是东汉时期交趾郡嬴𨻻县或龙编县的治所。

2016年11～12月，南京大学与伊朗文化遗产、手工业与旅游组织北呼罗珊省办公室组成中伊联合考古队发掘希尔凡县城旁的纳德利土丘。土丘的底部直径为长径185米，短径177米，底部在地面以下5米，出土铜石并用时代和青铜时代的彩陶。在上面的伊斯兰地层中发现了仿华青花瓷。

2016年12月15日～2017年1月15日，中山大学社会学与人类学学院和伊朗锡斯坦－俾路支斯坦大学人文学院合作调查伊朗锡斯坦－俾路支斯坦省的锡斯坦盆地青铜时代沙赫里·索克塔（Shahr-i Sokhta）遗址、萨法维时期霍兹达城堡（Hozdar castle）及周边的风力磨坊和居住址、安息时期哈耶山（Mount Khajeh）上琐罗亚斯德教庙宇、阿契美尼德时期的达罕耶·考拉曼（Dahaneh e Gholaman）遗址。发掘锡斯坦盆地萨迪格丘（Tepe Sadegh）遗址，文化内涵与沙赫里·索克塔遗址第三期相一致，为赫尔曼德青铜文明的典型遗址。